国家哲学社会科学成果文库

NATIONAL ACHIEVEMENTS LIBRARY
OF PHILOSOPHY AND SOCIAL SCIENCES

农民收入超常规增长的要素配置与战略协同研究

温 涛 等著

科学出版社

内 容 简 介

在当前中央高度重视"三农"发展,致力于解决制约经济发展的深层次矛盾和问题、推进统筹城乡发展的现实背景下,本书研究农民收入超常规增长战略,科学论证其有效运行的要素集聚、组织保障与制度激励,旨在为各级政府部门制定加快农民收入增长,并确保其稳定性、长效性和超越性的政策提供决策依据,并为大力实施乡村振兴战略,加快形成城乡经济社会一体化格局,进一步推进经济发展方式转变,为和谐社会建设提供理论与实证支持。

本书可作为高等院校、科研院所、政府部门等相关专业师生、研究人员、政策制定者的参考资料,也可供对"三农"发展感兴趣的广大读者阅读。

图书在版编目(CIP)数据

农民收入超常规增长的要素配置与战略协同研究 / 温涛等著. —北京:科学出版社,2018.3

(国家哲学社会科学成果文库)

ISBN 978-7-03-056737-6

Ⅰ. ①农… Ⅱ. ①温… Ⅲ. ①农民收入-收入增长-研究-中国 Ⅳ. ①F323.8

中国版本图书馆 CIP 数据核字(2018)第 045689 号

责任编辑:郝 静 / 责任校对:孙婷婷 贾娜娜 王晓茜
责任印制:张克忠 / 封面设计:肖 辉 黄华斌

科 学 出 版 社 出版
北京东黄城根北街 16 号
邮政编码:100717
http://www.sciencep.com
北京通州皇家印刷厂 印刷
科学出版社发行 各地新华书店经销

*

2018 年 3 月第 一 版   开本:720×1000 1/16
2018 年 3 月第一次印刷   印张:51 1/2 插页 4
字数:750 000
定价:368.00 元
(如有印装质量问题,我社负责调换)

作者简介

温　涛　博士、教授，西南大学学术委员会委员、学术评价与学术道德建设专门委员会副主任，经济管理学院院长、博士生导师。国家万人计划哲学社会科学领军人才、国家有突出贡献中青年专家、国家百千万人才工程国家级人选、中宣部文化名家暨"四个一批"人才、教育部"长江学者奖励计划"青年学者、享受国务院特殊津贴专家、教育部"新世纪优秀人才支持计划"获得者。全国政协委员、重庆市政协常委、重庆市政府决策咨询专家委员会专家、民盟重庆市委副主委。

主要研究领域：农村金融与财政、农业经济统计与政策评价。先后主持国家社会科学基金重大招标项目、国家自然科学基金等国家级项目8项，其他省部级科研项目30多项。在《经济研究》、《管理世界》、*Agricultural Economics* 等期刊上公开发表论文100余篇，部分研究成果被中央领导调阅批示，并被国务院、各部委及省级政府等有关决策部门采纳。先后荣获教育部高等学校科学研究（人文社会科学）优秀成果奖一等奖、二等奖、三等奖各2项，中国农村发展研究奖、重庆市社会科学优秀成果一等奖在内的其他省部级奖项10多项；2项成果入选"国家哲学社会科学成果文库"。

《国家哲学社会科学成果文库》

出版说明

为充分发挥哲学社会科学研究优秀成果和优秀人才的示范带动作用，促进我国哲学社会科学繁荣发展，全国哲学社会科学规划领导小组决定自 2010 年始，设立《国家哲学社会科学成果文库》，每年评审一次。入选成果经过了同行专家严格评审，代表当前相关领域学术研究的前沿水平，体现我国哲学社会科学界的学术创造力，按照"统一标识、统一封面、统一版式、统一标准"的总体要求组织出版。

全国哲学社会科学规划办公室
2011 年 3 月

前　　言

　　《农民收入超常规增长的要素配置与战略协同研究》是国家社会科学基金重大招标项目(11&ZD047)资助研究成果的汇总。该项成果在当前中央高度重视"三农"发展,致力于解决制约我国经济发展的深层次矛盾和问题、推进统筹城乡发展的现实背景下,研究了农民收入超常规增长战略,科学论证其有效运行的要素配置、组织保障与制度激励,旨在为各级政府部门制定加快农民收入增长政策并确保其稳定性、长效性和超越性提供决策依据,最终为进一步深化我国经济社会体制改革、加快形成城乡经济社会一体化格局、大力推进经济发展方式转变与和谐社会建设,提供理论与实证支持。该项成果的研究过程中在《经济研究》、《管理世界》、《中国农村经济》、《数量经济技术经济研究》、*Agricultural Economics*、*Journal of Evolutionary Economics* 等中文社会科学引文索引(Chinese social sciences citation index,CSSCI)、科学引文索引(science citation index,SCI)、社会科学引文索引(social science citation index,SSCI)检索期刊公开发表阶段性成果 80 多篇,8 篇阶段性成果先后被人大复印报刊资料、高等学校文科学术文摘全文转载。其中,2 篇调研报告分别获得教育部高等学校科学研究(人文社会科学)优秀成果奖三等奖和重庆市发展研究奖;3 项阶段性研究成果分别获得教育部高等学校科学研究(人文社会科学)优秀成果奖二等奖,省级社会科学优秀成果奖一等奖、三等奖;3 项阶段性成果被省部级领导批示;研究形成的 10 多项决策建议和提案议案被省级政府、政协及相关实务部门采纳;1 项成果受邀参加全国人大农村金融立法调研协调会,并为全国人大做主题报告，获得了学术界和实务界的充分认可。该项成果简要汇总如下。

1. 核心观点

（1）改革开放释放的强大动力，使中国从一个低收入国家跻身中等偏上收入国家行列，起点极低的农民收入水平及结构也得到明显改善，但"不平衡、不协调、不可持续"的痼疾尚未破题。目前，中国的城乡、区域、贫富差距已多方位显现。实践经验表明，在既定的城市化、工业化发展战略下，以现行农民收入增长模式和速度，距离城乡经济社会一体化和全体人民共同富裕的目标依然遥远。走共同富裕道路，是党"为人民服务"根本宗旨的集中体现，是中国特色社会主义的本质特征。而推进农民收入超常规增长，则是"缩差共富"的关键性举措，对于推动中国经济社会均衡发展具有重要战略意义。

（2）"新常态"下，中国要规避"中等收入陷阱"，斩断困扰经济可持续发展的死结，促进经济发展方式转变并实现城乡一体化发展，迫切需要着力布局和推进体现时代发展内涵的农民收入超常规增长战略。众多发展中国家长期徘徊于中等收入阶段的教训表明，保持持续增长并创造出足以打破既定稳态的发展动力，有赖于突破既有体制性障碍的战略决策。新时期下基于这种高度的中国农民收入超常规增长，应该具备全新的内容：其一，在国民经济稳步增长同时确保农民收入快速增长；其二，国民收入分配向农民倾斜，实现农民收入增速持续超过经济增速和城镇居民收入增速；其三，农民收入增长保持稳定状态，其核心在于能够缩小城乡收入差距，建成惠及广大农民的全面小康社会；其四，农民收入增长要确保其可持续性，有利于突破"中等收入陷阱"，进而有效促进消费增长与扩大内需战略顺利实现；其五，在既定时期实现城乡居民收入无差别发展目标，最终实现农业现代化、城乡一体化和国民经济均衡发展。

（3）农民收入超常规增长依赖于生产要素的科学集聚与优化配置，同时也是转变经济发展方式的现实要求。中华人民共和国成立以来，工农产品价格"剪刀差"使农业与农村经济资源不断向城市工业经济主体输出，无疑是对农村经济剩余的攫取。改革开放以后，城市和工业改革也一直迫使政府试图通过牺牲农民、农业和农村的经济利益来向国企注入改革所需要的生产要素，农民收入增长面临的要素瓶颈并未得到有效缓解。经过半个多世纪工业化和城市化进程，中国的非农产业迅速扩大。但是，目前仍然有超过30%的人口依赖仅占国内生产总值(gross domestic product，GDP)不到10%的农业为生。可见，农业资源要素明显不足，农民收入增长受到严格的资源约束。而这种资源要素抑制的长期积累正是当前中国农民收入增长滞后的根本原因。此外，无论是工业反哺农业，还是城市支持农村，落实到具体政策实施，资源要素的有效配置均是关键所在。生产要素的科学配置不仅是农民收入超常规增长的前提，也是实现经济结构优化，加快经济发展方式转变的关键环节。

(4)中国的农民收入超常规增长不仅取决于从国家到农户自上而下的条件塑造、决策优化、行为规范，也取决于乡土社会中"精英俘获"的现实；若舍此，奢谈中国农村制度和战略的变革、调整及资源优化配置，不过是一场徒劳。农民收入超常规增长一方面在客观上对农业生产要素集聚、非农要素整合、经济结构优化提出了更高要求，另一方面也依赖于社会条件和农民自身条件的进一步改善。然而，既有农村经济制度和乡村治理机制的现实格局在一定程度上致使农业农村生产要素的集聚与配置形成"精英俘获"机制，进而导致部分农户被"客体化"和"边缘化"，农民内部收入不平等加剧。农村要素市场的"精英俘获"机制反映了国家治理体系和国家治理能力在市场经济中遇到的考验与挑战。因此，要从根本上实现全面深化改革中国家治理体系和治理能力现代化的总目标，必须在深刻而复杂的经济、社会、历史、政治和文化等诸多方面下厘清精英与农户、组织、企业、政府及国家在村庄治理、市场参与和农村发展中深刻而复杂的关系，各方协同、公平共进。

(5)农民收入超常规增长是一项系统工程，关系到国民经济发展全局，应当是着眼于"三农"可持续发展和城乡经济社会长治久安的顶层设计与整体战略规划。总体战略目标必须从局部关注部分群体收入绝对增长向国家的长治久安转变，通过转变农业发展方式实现农业现代化和确保粮食安全，彻底打破城乡利益格局以保证社会公正性不断提高，真正能够步入城乡一体化经济社会发展的建设轨道，让广大农民共享改革发展成果。战略的核心任务应当明确，在未来30多年保持农民收入年均实际增速应不低于7%，同时确保其高于同期国民经济整体增速，并超越同期城镇居民收入增速两个百分点及以上,在 21 世纪中叶达到发达国家城乡收入比的平均水平,最终确保实现城乡居民收入均衡增长和城乡一体化发展。而战略的具体实施,要求政府纠偏既有战略错位和政策不公,真正转变自身职能,并创造农民增收的包容性发展环境。因此,农民收入超常规增长,既要根据战略重点培育农业核心竞争力并努力创造农业和非农产业就业创业机会,也要通过政府加强国民收入分配的合理调节,同时做好农民财产权利保护工作以提供有益的战略补充,最终形成合力以助推战略目标的实现。

(6) 由于资源禀赋、经济运行效率及制度基础等方面的差异,加上不同地区农业、农村和农民所处发展阶段的不一致,客观要求农民收入超常规增长战略推进不能采取"一刀切"的模式,必须因地制宜、因情而变。在农业发展基础较好的粮食主产区、现代化大农业和都市农业发展地区,应当基于不断推进农业现代化为核心构建农民收入超常规增长战略,以农业专业化和创新驱动为双核,努力打造现代农业产业链、价值链、供应链,着力构建现代农业生产体系、经营体系、产业体系、支持体系,坚持工业反哺农业、城市支持农村,确保农民收入超常规增长,最终实现城乡发展一体化。在农业资源禀赋较弱、发展基础较差和小规模经营普遍的西部山地、丘陵及连片特困地区等,应当以特色效益农业与新型城镇化双轮驱动为核心构建农民收入超常规增长战略,积极引导农户根据自身要素禀赋选择特色效益农业发展的品种、方式和外出务工的地区及行业,大力促进农村产业融合深度与非农产业就业能力同步提升,以培养职业农民和农民工市民化为突破口,破解城乡二元结构,实现农民收入超常规增长。

(7) 农民收入超常规增长与当前政府着力推进的农业现代化、新型城镇化、经济发展方式转变、民生导向经济社会发展战略密切关联,五个战略协同推进才能保证国家整体战略目标的一致性,最终确保全面小康建设、城乡一体化发展目标的实现。农民收入超常规增长既涉及农业生产要素的科学配置和农业现代化发展,也涉及非农产业的要素反哺与结构优化,更关系到国民经济的均衡增长与社会和谐稳定。因此,促进农民收入超常规增长必须立足于国家整体经济社会发展战略的实践要求,根据中国各地区经济、社会发展现实格局进行科学规划并提供有效的战略指导。协同驱动国家的各项重大战略,确保广大农民最大限度地参与到国家发展中来,让其更多地分享经济增长、社会发展的好处，这无疑也是构建和谐社会、实现可持续发展的题中之意。

　　总之，在中国，把"农民收入超常规增长"上升为国家战略，是客观的、必要的，更是刻不容缓的。要在未来30多年乃至更长的时间内保持农民收入的超常规增长，任重道远。客观上要求国家进一步深化改革，进而创造有利于市场竞争的宏观政策环境，并承担更多的社会管理和基本公共服务职能。同时，改革应重点涉及金融、财政、产业、土地等更多领域，逐步形成社会创新性和中国特色，最终公平传递发展的红利惠及广大农民，实现农民收入长期、稳定、可持续的超常规增长。

2. 政策建议

　　(1) 以顶层设计与全面配套的方式深化农村金融改革。进一步深化中国农村金融改革与创新，应当遵循"需求分析—目标定位—顶层设计—立法规范"的思路，通过制度供给为农村金融有序运行保驾护航。第一，农村金融改革要在制度层面矫正对农村金融机构的金融压抑和过度干预，在破除垄断和引导动态竞争的同时，要淡化显性的差别对待和隐性的政策排斥。第二，农村金融的未来发展绝非强求"三农"领域来适应中国的现代金融体系，相反，需要农村金融体系在变革与调整中审视农村金融生态、环境和伦理，提供适应乡土社会经济、文化和历史的现代金融服务。第三，农村金融改革要通过一系列倡导"良治"与"善治"的行政法规体系和市场监管体系营造良好的市场环境，化解市场的劣化机制，保障农贷市场的公平性与正义性。第四，农村金融改革要激励与引导大型金融机构的支农战略及其创新，要促进其在业务拓展、运作模式、企业文化、风险控制等方面实现支农与自身运行并重，进而向广泛贫困群体、农业现代化和产业化主体提供长期、可持续、有特色的优质金融服务。第五，农村金融改革要重视正规金融与非正规金融的协调性和互补性，把握农村金融与城市金融的整体性和相关性，厘清政策性、商业性与合作性金融的功能特色和作用边界。第六，要稳步推进农村金融各项配套改革，通过构建农村普惠信贷体系、强化各类金融分工与协作、发挥农贷服务功能、建立金融扶贫激励机制、促进农村金融市场供需主体协同发展，最终实现农村金融的包容性成长。

(2)加大财政对农民增收的战略性投入。在增加财政对农业总投入的同时，做好资源的合理调配，既要保证转移性支出和补贴支出的合理水平，更要加大促进农民收入超常规增长的战略性投入力度，做到"授人以渔"。第一，加快政府改革，明确政府在农民收入超常规增长战略体系中的基本职能。需要通过改革让政府适应公共服务供给者的角色，通过加大投入力度有效提高农村基本公共服务供给水平和促进城乡均等化程度，为战略目标的实现创造基础性环境。第二，合理界定事权和财权关系，明确不同层级政府财政农业投入的责任及边界。确定不同层级政府在农民收入超常规增长战略实施中的投入责任，以及与之相适应的财权和财力。这有利于保证政府资源的合理配置，形成中央和地方的联动机制。国家战略层面的投入，主要依靠中央政府。地方政府的投入范围是国家战略具体分解到本区域的战略分支和战术性投入、补充及地区配套政策实施的支持。第三，充分保障农业农村基础设施建设的战略性投入，加快其现代化发展。尤其是在粮食主产区的农业基础建设，要重视地区投入的支持，更要从中央战略层面高度重视，为转变农业发展方式及培育核心竞争力创造条件。第四，充分保障农村人力资本改造的战略性投入，加快人的现代化进程。要合理运用转移支付和税收政策，严格财政支农资金的审查与监管，健全财政金融支农政策的协调配合机制，为农村人力资本改造创新提供有效支持。

(3)运用现代产业管理理念和方式促进农业现代化。促进农民收入超常规增长，归根结底是要依靠政府通过产业政策的实施，重点培育新型农业经营主体，完善现代农业产业组织，建立健全现代农业生产体系、经营体系、产业体系和服务体系，促进农业规模化经营，实现农业现代化、新型城镇化、工业化、信息化协同发展。第一，以合作社为核心打造现代农业产业组织。完善合作社外部法规和内部制度建设，依托合作社加快构建新型农业生产经营主体，为其促进农民增收提供制度保障；促进农业产业链整合，提升合作社等新型农业经营主体在产业链中的地位，为合作社促进农民增收提供产业保障；加强农业技术的应用推广，增强合作社综合服务功能，为合作社促进农民增收提供技术保障；加强金融和财政扶持，提升合作社等新型农业经营主体的资金实力和抗风险能力，为合作社促进农民增收提供资金保障；着力合作社文化建设，提升合作社等新型农业经营主体的凝聚力和合作效率，为合作社促进农民增收提供文化保障。第二，以服务体系为支撑转变农业发展方式。建立多元投入体系，共建农业社会化服务体系；依托完备的社会化服务，引导农户与市场有效对接；针对农业基础较好的地区，要稳步推进综合性服务机构建设。第三，以产业融合为途径提高农业产业效益。各级政府要以产业化的理念促进农村产业结构调整，以产业化的手段来提升农业的比较效益，以产业化的思维来管理农业产业发展，不断推进第一、第二、第三产业融合创新成长。第四，以反哺协作为手段加快农业现代化进程。要引导城市和工业资本反哺农业农村，加快对传统农业的改造；要发挥好新型城镇化、工业化、信息化对农业现代化的辐射带动作用。

(4) 实施激励现代要素进入农业农村的科技政策。政府通过科技体制机制改革与政策激励，为现代要素进入农业农村创造条件，引导科技创新，激发农业农村经济活力，通过创新驱动实现农业农村现代化，从而带动农民收入超常规增长。一是加强农业农村的科技基础实力。要增加农业科技创新投入，加强农业科技人才培养，促进农业科技成果转化和示范推广；要集中力量培养一批真正掌握先进技术、能熟悉市场、懂管理、信息吸收能力强、能创新的农业科技人员；要把提高农民的科技文化水平放在整个经济发展的突出位置，切实加强农村企业和农业生产的实用人才培养。二是建立农村科技公共服务平台。通过平台建设，提供包括科技创新基本信息、科技应用推广数据库、农民技术应用辅导等，帮助解决科技工作者与农业经营主体之间信息不对称问题，提升农民成功应用现代科技发展生产经营的可能性。三是推动农村科技创新创业发展。政府要主动作为，通过政策支持和培育，积极引导、加快发展。四是构筑农村科技创新创业风险社会化分担机制。建立大宗农产品收储调节机制，发展农产品期货期权市场，分担农村创新创业的市场风险；加快发展农业保险和再保险，分担创新创业的自然风险和科技风险；建立健全农村科技创新创业的风险投资体系、风险组合分担模式。

(5) 激活土地价值，保障农民财产权益。必须在坚守农民根本利益不受损害的基础上深入推进农村土地制度改革，为农民创造更多的、可靠的财产性收益。一是通过制度创新激活土地价值。一方面，政府应不断提高土地的整体空间布局与规划管理水平，避免土地资源浪费；出台具有法律强制力的农田保护措施，切实保障农户的土地权益；制定统一、完善、规范的管理措施与办法，形成城乡一体的土地有形市场和土地市场监管体系。另一方面，要落实和明确农村土地集体所有权，稳定和强化农户的土地承包权，"放活"土地经营权、引导和鼓励农地经营权有序流转、实现土地在城乡之间市场化流动。二是通过政策引导土地要素优化配置。应根据农民的分工分业发展态势修改完善相关土地政策，建立城乡一体化社会保障制度，降低或消除土地的准社保功能；改革种粮补贴制度，真正做到"谁种粮""谁受益"，确保补贴资金对种粮农户的激励作用。三是通过实践指导提高土地流转效率。应当对土地流转政策绩效考核进行改革，将追求数量转变为追求质量，并以政策文件的形式进行规定，从而使地方政府科学地引导农村土地有序流转，切实提升农村土地的经营效率。

(6)彻底改造就业创业环境，促进农民增收。一要加快形成政策组合拳，支持农民创业就业发展。加快建立健全城乡统一的就业制度和政策，推动城乡融合发展；加快推进有利于农民工市民化的户籍制度改革，促进其公平发展；以新型城镇化培育就业机会，创造良好的非农就业环境；加快培育新型农业经营主体，释放新的人力资本红利。二要依托国家战略引导非农就业创业。依托大众创业、万众创新的新形势，创造农民发展增收机会；依托新型城镇化建设，创造农民非农就业增收机会；依托区域发展规划和产业布局，创造农户非农创业增收机会。三要加大政府政策引导和直接支持，激励自主实现非农创业。重点加强农村的创业培训与创业指导，把有能力、懂科技、了解市场规律的农民培育成发展农村第二、第三产业的主力军和符合现代市场经济要求的企业家，不仅实现自身成长价值，而且成为反哺农业农村的桥头堡，带动全体农民共同实现收入超常规增长、共享发展成果。

3. 主要创新

(1)将农民收入增长问题纳入规范的经济学、管理学、社会学和法学等学科相结合的分析范式内。尽管关于中国农民收入增长和结构问题研究的文献不少，但将其纳入上述交叉学科有机结合分析范式内的研究却不多。很多文献只是对农民收入增长、农村经济发展存在的问题进行描述性分析，在研究上既缺少经济学、管理学、社会学和法学的规范性，数理分析力度也不够，政策建议因此无法具体。在当前中国经济社会发展的现实背景下，农民收入作为农民自身核心权益，既是经济学、管理学关注的焦点，也是社会学研究的重点，更是法学致力于突破的关键环节。因此，本书在规范的经济学、管理学、社会学和法学研究范式内对构建中国农民收入增长战略进行研究，不仅具有研究范式上的创新，而且是对这一问题在上述学科领域的有益探索。

（2）从全景视角深入探索要素集聚与配置对农民增收的作用机制和实际效应，能够为相关研究提供充分的实证依据。促进农民收入增长绝不是简单注入资源要素的过程，现存的许多研究往往容易陷入这个"陷阱"，过多地纠缠在如何增加对农业和农村地区的要素投入，而忽视了要素的科学配置与产业发展的比较利益。因此，全面厘清物质资本、人力资本、技术进步等传统要素和社会资本、组织创新、制度变革等新兴要素对农民收入增长的作用机制、效率组合及协同效应，不仅为这一主题的理论研究形成实证依据，而且能够为相关政策研究提供有效的技术支撑。本书研究发现：一是人力资本和技术创新是农民收入自身可持续增长的核心要素；二是新型城镇化和农业现代化背景下土地要素与金融要素有机结合对实现农民收入超常规增长和缩小城乡居民收入差距具有关键性作用。

（3）运用理论与实证相结合的手段，充分揭示了农村经济制度和乡村治理机制现实格局下，农业农村生产要素集聚与配置的"精英俘获"机制。现有关于"精英俘获"机制的分析和研究在一定程度上揭示了乡土社会中正在发生的趋势性变化，同时也涉及乡村治理和运行中的理论与实践问题，对相应的制度安排提供了宝贵的思想材料。但既有文献主要致力于揭示"精英俘获""富人治村""扈从关系"等乡村治理问题，所得出的结论发轫于学者对现实情况进行的经验分析并得出的感性表述或推测。而且，这些讨论没有对精英俘获资源要素的问题给予专门的关注，因此农村要素市场的"精英俘获"机制并未得到充分揭示。实际上，无论是讨论扶贫项目、基础设施建设、公共管理、村委选举还是农户信贷中的"精英俘获"机制，无外乎是精英农户追求自身利益最大化的结果性表现，甚至可称之为经济学研究中人类追逐财富的欲望所产生的后果。在这一层面上来讲，本书在这种特定经济假设影响下形成的分析，以揭示中国农村要素市场的"精英俘获"机制及其程度和范围，反映了中国农村地区的"精英"及上层建筑的真实状态，并且对于理论之于现实所展开的政策讨论，或许能让人们产生更深刻的认识，因而具有一定创新。

(4)利用行为经济学理论框架,从效用函数和交易费用入手建立应用模型,对农民收入超常规增长的利益相关主体行为动机及其特征、行为互动及其冲突进行研究,从理论上拓展了农民收入问题研究的分析框架。本书研究将中国农民收入增长假设为一定宏观经济、社会环境及其相应制度背景下,各利益相关主体在特定的交易环境中的"交易"结果;而将利益相关主体及其管理部门之间的关系视为委托-代理的博弈关系,这不仅使对利益相关主体行为的研究建立在更加符合实际情况的基础上,而且使研究从数学层面上更加容易揭示农民收入增长面临的问题及其成因的本质特征。这一思路完全不同于传统的农民收入研究模式,因而具有创新特点。

(5)研究内容的整体性和系统性,有利于保障战略设计和政策研究的针对性与有效性。本书研究并不只限于对农民收入超常规增长战略的原则性讨论,而是对其理论内涵、实现机理、主体行为、要素配置、基础性条件、制度障碍、区域差异、保障体系及战略协同驱动等进行了比较系统、全面和规范的数理与实证分析。此外,应用协同论方法,在协同模型设计、协同检验、协同分析的基础上,把构建农民收入超常规增长战略作为国家整体经济社会发展战略系统的有机构成,提出我国农民收入超常规增长战略的协同驱动战略框架。这种方法的应用不仅可以探索影响农民收入超常规增长战略的控制因素,进而充分发挥战略体系内子系统间的协同作用,而且有利于保障我国农民收入超常规增长战略与国家整体经济社会发展战略的目标一致性,从而能够对解决问题提供有益的政策思路。

自2011年10月课题批准立项后,课题组在首席专家温涛的组织下,根据立项答辩时专家组张红宇司长、刘灿教授、辛贤教授、罗必良教授等提出的建议和全国哲学社会科学规划办公室下达的修改意见,重新调整了课题的研究框架和内容。项目开题论证会后,根据钟甫宁、何秀荣、戴思锐、罗必良、朱信凯等专家的建议,课题组进一步凝练研究内容、适度聚焦,并将研究视角从要素集聚拓展到了要素配置整个过程,最终确立了整个研究计划。具体执行计划时,首席专家温涛负责了整个课题的设计、规划和实施,并全程参与了各子课题的研究工作。子课题及各专题负责人包括:温涛、王小华、王煜宇、丁忠民、熊德平、王定祥、杨丹、李敬、黄林秀、高远东、许秀川、张梓榆、王汉杰、朱炯和陶勇；还有 30 多位博士及 40 多位硕士参加课题调研及研究工作。在此对上述专家和课题组成员表示衷心感谢！同时，在研究过程中课题组还得到了各级政府实务部门和研究机构的大力支持，特别是全国哲学社会科学规划办公室、农业部、财政部、中国人民银行及各调研地区人民政府，在此深表谢意！感谢学术同行提供的大量参考文献，为课题的研究提供了重要的帮助。特别需要指出的是，研究中可能存在的缺点和疏漏概由作者负责，也恳请学术同行批评指正！

温　涛

2017 年 9 月

于重庆北碚缙云山

目　　录

Contents

第　1　章

总　　论

1.1　研究问题的展示

1.1.1　研究背景

农业、农村和农民问题[①]是 1952 年以来社会改革和经济建设的根本问题，也是全面建成小康社会、实现"中国梦"所必须克服的关键性问题。自 1978 年农村改革以来，中国农业、农村经济发展取得了举世瞩目的成就：农业综合生产能力得到了极大提高，粮食、蔬菜、水果、肉类和水产品等产量都多年位居世界第一，实现了主要农产品供给由长期短缺到总量平衡和丰年有余的历史性转变，依靠自己的力量稳定地解决了 13 亿多人的吃饭问题；乡镇企业异军突起，带动了农村的产业结构、就业结构变革和小城镇迅速发展，开创了一条具有中国特色的农业、农村现代化道路；农民收入增长明显，农民生活由温饱不足到总体小康[②]，率先实现了联合国千年发展目标。但是，随着

[①] 林毅夫 (2012) 对农业、农村和农民问题的归纳是"农村真穷，农民真苦，农业真危险"。

[②] 联合国根据恩格尔系数的大小，对世界各国的生活水平有一个划分标准，即一个国家平均家庭恩格尔系数大于 60% 为贫穷；50%～60% 为温饱；40%～50% 为小康；30%～40% 属于相对富裕；20%～30% 为富足；20% 以下为极其富裕。截至 2013 年末，中国 31 个省(自治区、直辖市)(不包括港澳台)的恩格尔系数均处于 50% 以下，也就是说，目前中国农村地区已达到总体小康水平。

现代化和工业化进程的逐步推进，经济结构不合理的矛盾长期积累，发展不平衡、不协调、不可持续的问题也日益显现，突出表现在城乡区域经济差距拉大、要素利用效率低下、需求结构失衡、供给结构不协调、环境损害严重、空间布局不够合理等方面。其中，农民收入增长动力不足、增幅缓慢，城乡收入差距巨大，给社会稳定和公平发展带来了巨大危害，已经成为影响全体社会成员利益、制约国民经济发展全局的关键问题，也成为社会关注的热点、政治决策的重点和理论研究的难点。2015 年的中央一号文件《关于加大改革创新力度加快农业现代化建设的若干意见》明确指出："当前，我国经济发展进入新常态，正从高速增长转向中高速增长，如何在经济增速放缓背景下继续强化农业基础地位、促进农民持续增收，是必须破解的一个重大课题。"具体而言，本书的研究背景集中体现在以下四个方面。

(1) 中国正处于进一步完善社会主义市场经济体制，加速经济转型的关键时期。在中国建立完善的市场经济体制是党的十四大确立的基本目标。但是，当前中国还处于经济体制的转型之中，随着市场经济改革的逐步推进，各种涉及公平的制度缺陷也暴露出来，并日益成为影响国民经济健康发展的重要因素。市场经济发展的本身客观要求效率与公平兼顾，有失公平的市场经济发展必将导致严重的社会问题。而农民收入的增长是中国实现社会公平，特别是收入分配公平的一个极为重要的方面。因此，基于效率为基准目标下实现经济公平目标、形成合理的收入分配格局，是完善社会主义市场经济体制必须做出的选择。

(2) 中国正处于转变经济发展方式，调整经济结构的关键时期。党的十七大强调，实现未来经济发展目标，关键要在加快转变经济发展方式、完善社会主义市场经济体制方面取得重大进展；十八大报告也强调，要加快完善社会主义市场经济体制和加快转变经济发展方式；十八届三中全会进一步强调，全面深化改革要加快转变经济发展方式。目前，西方各国在应对国际金融危机冲击的同时，都在对本国产业发展进行新的部署，开始了新一轮抢占科技和产业发展制高点的竞争。世界范围内生产力、生产方式、生活方式、经济社会发展格局正在发生深刻变革。中国经济发展也进入了"新常态"时期，挑战前所未有，机遇也前所未有。我们必须紧紧把握世界产业革命的大趋势，依托发展战略上的重大突破和创新，让所有劳动者的活力和创造力都得到充分发挥，通过公平合理的劳动报酬分配拉动消费、启动内需，推动经济结构重大调整，提供新的增长引擎，切实加快经济发展方式转变。

(3) 中国正处于着力解决"三农"问题，实现城乡统筹的关键时期。农业、农村、农民问题是在中国经济转型的进程中逐渐凸显出来的主要问题，其核心是农民收入和农村经济增长乏力、城乡差距和工农差距持续扩大。党中央审时度势，将解决"三农"问题作为当前各级党和政府的头等大事，而党的十六大提出的"城乡经济统筹发展"正是解决"三农"问题的基本战略。进入 21 世纪以来，党和政府为了提高农民收入采取了一系列举措，如提高农产品价格、全面取消农业税及推行粮食直接补贴政策等，农民收入出现了恢复性的增长势头。十八大也进一步强调了"加大强农惠农富农政策力度，让广大农民平等参与现代化进程、共同分享现代化成果；着力促进农民增收，保持农民收入持续较快增长；加快完善城乡发展一体化体制机制，促进城乡要素平等交换和公共资源均衡配置"。但是，农民未来收入增长来源单一化、波动风险显著增加，而且农民收入增长的长效机制尚未形成。可以预见的是，未来的很长一段时间内，"三农"问题仍是中国经济持续发展必须面临的难题。

(4) 中国正处于探索共同富裕的实现路径，构建和谐社会的关键时期。实现共同富裕是建设中国特色社会主义的本质要求，也是构建和谐社会进而实现中国梦的必由之路。改革开放 30 多年来，中国现代化建设取得了举世瞩目的成就，人民生活水平不断提升，目前经济总量已位居世界第二位，成为全球具有重要影响的最大新兴经济体和世界工业与制造业大国。但受多种因素影响，区域之间、城乡之间发展极不平衡，尤其是贫富差距持续扩大，成为影响社会和谐稳定的关键性难题。加快缩小贫富差距，逐步实现共同富裕，是当前十分紧迫的重大战略任务。

1.1.2　研究价值

农民收入增长问题是经济发展理论和多数发展中国家工业化进程中普遍面临的一个不可逾越的根本性问题。理论逻辑和历史事实无一不清楚地表明，中国国情下农民收入可持续增长，对中国经济和社会发展具有特殊的重要意义。但中国农业、农村、农民的经济资源和经济剩余推动中国经济以独特的"中国模式"创造"中国奇迹"的同时，20世纪90年代，尤其是其后半期以来，农民收入增长和农村经济发展出现了与国民经济发展不相适应的景象。在既定经济发展格局下，实现农民收入增长及结构优化、缩小城乡经济差距，已经成为困扰国民经济发展的难点。因此，在当前中央高度重视"三农"发展，致力于解决制约我国经济发展的深层次矛盾和问题、推进统筹城乡发展的现实背景下，研究农民收入超常规增长战略，科学论证其有效运行的要素集聚、组织保障与制度激励，旨在为各级政府部门制定加快农民收入增长，并确保其稳定性、长效性和超越性的政策提供决策依据，并为进一步深化我国经济社会体制改革，加快形成城乡经济社会一体化格局，大力推进经济发展方式转变与和谐社会建设提供理论及实证支持。具体来说，本书的研究意义和价值在于以下四个方面。

（1）农民收入超常规增长是促进共同富裕，实现城乡经济社会一体化发展与社会和谐的内在要求。改革开放30多年，我们在做大蛋糕方面取得举世公认的成就，然而蛋糕如何切分始终把握得不够好，城乡差距、区域差距、贫富差距已逼近社会容忍红线。据统计，1978～2014年，中国经济平均实际增长9.57%，农民实际收入平均增长率仅为7.57%；城乡居民的名义收入绝对差距从209.8元扩大到18 952元，比例由20世纪80年代初期的1.8∶1逐步扩大到90年代中期的2.5∶1，之后进一步扩大到2009年的历史最高3.3∶1，2014年这一比例仍然高达2.92∶1——如果考虑到城镇居民的隐性收入和农民收入中的实物部分，实际城乡收入比例很可能超过5∶1。2013年，东部地区、东北地区、中部地区和西部地区的城乡居民收入比分别为2.47、2.26、2.75和3.26。尤为值得注意的是，西部地区农村人口比重乃全国之首，高达70%，其中还包括全国60%以上的贫困人口。城乡和区域经济结构不合理问题，不仅关系到内需扩大和发展空间拓展，也关系到经济的均衡增长与社会和谐稳定。30多年的实践经验表明，在既定的城市化、工业化发展战略下，以现行农民收入增长模式和速度，实现城乡经济社会一体化和全体人民共同富裕的目标依然遥远。走共同富裕道路，是党为人民服务根本宗旨的集中体现，是中国特色社会主义的本质特征，是实现科学发展、社会和谐的内在要求。而推进农民收入增长，是缩小城乡、区域、贫富差距的关键性举措，对于推动中国经济社会科学发展，加强和创新社会管理，探索共同富裕的实现路径，具有重要战略意义。

(2) 农民收入超常规增长依赖于生产要素的科学集聚与优化配置，同时也是转变经济发展方式的现实要求。农民收入增长不是人为拉低城镇居民收入的增速，而是设法让农民增收步伐更快一些，能够实现跨越式发展、不断缩小城乡差距。而实现农民收入增长，首先必须解决的是生产要素的投入问题。中华人民共和国成立以来，在工业化、城市化的发展战略下，农业、农村和农民只能成为经济资源和经济剩余的源头，为了有效地动员这种经济资源和经济剩余，内生于经济发展战略的国家经济体系必然要延伸到农村(张杰，2003)，强制性地使"三农"服从于国家的整体经济发展战略，成为在国家强有力控制下，不断向工业和城市传输经济资源与剩余的管道(林毅夫等，1994；林毅夫，2003；熊德平，2009)。改革开放以后，城市和工业改革也一直迫使政府试图通过牺牲农民、农业和农村经济的经济利益来向低效率的国有企业注入改革所需要的生产要素(冉光和，2009)，农民收入增长、农村经济发展面临的要素约束并没有得到有效缓解(温涛和董文杰，2011)。经过半个多世纪的工业化和城市化进程，特别是经过改革开放 30 多年间经济的高速发展，我国的非农产业迅速扩大，农业在 GDP 中的比重由中华人民共和国成立初期的51%(1952年)降低到9.17%(2014年)。但与此不成比例的是，2014年仍然有超过 30%的人口依赖仅占 GDP 不到 10%的农业为生。这说明，农业资源要素明显不足，农民收入增长受到严格的资源约束。而这种资源要素抑制的长期积累正是当前中国农民收入增长问题产生的根本原因。此外，无论是工业反哺农业，还是城市支持农村，落实到具体政策的实施，资源要素的有效配置都是关键所在。因此，生产要素的科学配置不仅是农民收入超常规增长的前提，也是实现经济结构优化，加快经济发展方式转变的关键环节。

(3) 农民收入超常规增长是一项系统工程，关系到国民经济发展全局，必须立足于国家整体发展战略的高度科学规划、精心布局。从农民收入增长、农业和农村经济发展的角度看，增加资源要素的投入是必要和紧迫的(陈锡文，2010)。但是，促进农民收入超常规增长绝不是简单的注入资源要素的过程，许多研究往往容易陷入这一"陷阱"，过多地纠缠于如何加大农业和农村地区的要素投入力度，反而忽视了要素的科学配置和产业发展的比较利益驱动。实际政策运行的结果往往是一边不断有要素的投入，另一边则会出现大量资源要素通过更多的渠道流失，还有许多生产要素沉淀在一些低效的项目上，而农村经济发展和农民收入水平却鲜有提高(张杰，2004；温涛和王煜宇，2005；冉光和，2009)。农民收入超常规增长既涉及农业生产要素的科学配置和农业现代化发展，也涉及非农产业的要素反哺与非农产业的结构优化，更关系到国民经济的均衡增长与社会和谐稳定，是一项任务艰巨的系统工程。因此，促进农民收入超常规增长必须立足于国家整体经济社会发展战略的实践要求，根据中国各地区经济、社会发展现实格局进行科学规划，并提供有效的战略指导，确保农民收入超常规增长战略与转变经济发展方式、民生导向社会发展等战略的协调推进。

(4)农民收入超常规增长的要素配置与战略协同研究既是经济社会发展的内在要求，也将丰富中国特色国民经济管理研究的理论成果。农民收入问题历来是经济发展理论研究的重点和热点。受体制转轨与经济社会转型的影响，中国农民收入问题有着一定的特殊性、复杂性和艰巨性，明显带有经济体制转轨时期独特的烙印，使得经典的发展经济学理论在解释这一问题遇到了障碍。如何确定农民收入超常规增长的基础性条件？如何规范农民收入超常规增长的利益相关主体行为？如何为农民收入超常规增长提供相应的资源要素？如何通过资源要素的合理配置，促进农民收入超常规增长并形成相应的长效机制和区域协调机制？如何通过农民收入超常规增长，实现农业现代化和农村经济发展，并最终解决"三农"问题？如何通过农民收入超常规增长，推动工业化、城镇化与农业现代化协调发展？如何通过农民收入超常规增长，扩大国内市场需求、促进第三产业的发展、优化产业结构？如何通过农民收入超常规增长，探索共同富裕与社会和谐的实现路径？如何科学设计农民收入超常规增长战略，确保其与国家整体发展战略目标的一致性？如何为农民收入超常规增长战略实施提供科学的制度保障？……这些问题既是当前经济发展出现的新的热点和焦点，也是本书必须解决的、极具挑战性的难点问题。对这些问题的研究是涉及管理学、经济学、社会学、法学、地理学等多个领域的综合跨学科研究，将对城乡统筹与经济发展方式转变背景下农林经济管理、应用经济学、社会学、法学、地理学的学科发展在理论和实践方面提供素材与贡献。因此，农民收入超常规增长的要素配置与战略协同研究不但具有重要的现实意义，而且有助于上述领域交叉学科研究的创新与融合，拓展其理论研究应用领域，在一定程度上也可以丰富国民经济管理研究的方法，完善中国特色的社会主义市场经济理论体系。

1.2　国内外研究现状

1.2.1　国外研究现状及评述

在已有的理论文献中，国外对发展中国家的农民收入增长及发达国家的农业经济增长问题进行了大量研究，形成了一系列经典文献，主要包括以下三个方面。

1. 农民收入增长的要素需求、行为选择及影响因素研究

早在 20 世纪中期，Hasody 就认为大多数农民属于小农，如果要提高他们的收入水平，就应该通过政府发展和组织对小农提供贷款来实现。Lewis(1954)也认为，农民需要的资本远超过他们能够进行的储蓄，信贷资金对于小农业、小工业发展和农民收入水平提高是必不可少的。Nelson(1956)综合研究了在人均收入和人口按不同速率增长的情况下，人均资本的增长与资本形成问题，从而形成了"低水平均衡陷阱"理论，认为克服资本要素稀缺是农村经济发展、农民收入水平提高的关键所在；提出只有进行大规模的资本投资，使投资和产出的增长超过人口增长，才能冲出"陷阱"，实现人均收入的大幅度提高和经济增长。Friedman(1962)认为科技进步是促进城乡居民收入均衡增长的重要途径，但他对政府垄断的科技资源配置模式提出质疑，因为该模式导致效率低下，资源浪费。Schultz(1964)在其著作《改造传统农业》中分析了穷人贫困的根源和农业不能成为经济增长源泉的原因，提出了具体解决措施：进行与先进技术相适应的制度变革，从供、求两个方面为引进现代生产要素创造条件，并对农民进行人力资本的开发投资，提高其收入水平。Nelson 和 Phelps(1966)运用统计数据对人力资本、技术推广对收入水平提高的贡献进行了分析。Harris 和 Todaro (1968)提出从农村转移出的劳动力往往对就业地和居住地缺乏选择权,导致其失业率更高,并对其收入水平带来不利影响。Phelps (1970)、McCall (1970)、Lucas (1974)将"职业搜寻匹配"假说引入经济学中,形成了关于劳动力收入与就业搜寻匹配的分析框架。Mincer (1974)构建了关于收入分配的人力资本模型进行分析,认为人口总体的平均受教育程度和教育分布状况都会影响收入分配状况。Jovanovic (1979)提出了不同的模型分析农村劳动力工作搜寻跨期成本与收入的选择行为。Lipton (1980)则断定农村迁移户的农业生产收入会减少,他认为其原因:一是年轻劳动力的流失;二是留守者(往往是生产效率更低者)会由于能得到汇款而倾向于更多地消费闲暇。Bartel 和 Borjas (1981)指出,年轻的劳动力转换工作会使其收入提高,但这种收入的提高随着年龄的增加而递减。Mines 和 Janvry (1982)发现,外出者的务工收入主要被用于直接消费,他们的土地主要由其年老的父辈或事业上较不成功的亲属经营,因而使得农村土地荒废、农业收入反而下降。Kydland 和 Prescott (1982)则认为,农村劳动力转移就业和工业化必然相伴,但并不是农民收入增长的根本动因。Lucas (1987)考察了南部非洲一些国家的农民到金矿务工对家乡农业的影响,认为务工农户农业收入的提高来源于其将务工收入进行了更多的农业生产性投资。Schultz (1988)认为教育水平的提高使劳动力更有能力获得非农就业岗位,其从事非农工作的概率增大,收入水平也往往随之提高。Aschauer (1989)的实证研究表明基础设施对发展中国家低收入阶层经济状况改善的极端重要性。

进入 20 世纪 90 年代以后,针对发展中国家的相关研究进一步深化。To-eh'ŏl Sin (1990)的研究指出,正是发展中国家农村经济产值低下、农村经济发展滞后,使部分农村劳动力向城市转移以获取更高的工资收入。Mason (1995)指出发展中国家由于农民文化科技水平低,经营管理方式相对落后,提高农民文化科技素质的任务非常艰巨,因此农民收入增长比较缓慢。Castroleal (1996)就非洲国家马拉维的科技发展模式及其对贫困人口的影响做了实证研究,从公共科技资源分配效应角度证实了政府增加科技投入的主导模式在反贫困促增收政策层面起到了显著效果。Durand 等(1996)发现,有家庭成员外出务工的农户的主要投资是房屋建设和子女教育,其并未对本地农业发展和农民收入产生积极影响。Foster 和 Rosenzweig (1996)则对绿色革命以来农业技术变化和农村人力资本的回报与投资进行了研究和比较分析。Wu 和 Meng(1997)对中国的研究发现,农户收入中非农份额的增加会显著降低农户在农业生产工具购买上的支出,这可能会对长期的粮食安全产生不利影响,而农村劳动力转移对农户收入的影响与地区发达程度相关。Zeller 和 Sharma(1998)根据孟加拉、喀麦隆、中国等 9 个亚非国家的调查数据,分析了农村穷人实现收入增长对金融服务的需求情况。Kung(2002)的研究指出,农户非农就业的发展和劳动力转移就业对农地租赁需求产生决定性影响,进而会影响到农地规模化经营和农民收入增长。Rozelle 等(1999)分析了发展中国家劳动力外出对农业生产的影响,发现外出务工人数每增加 1 人,农户的玉米单产水平就将净下降 14%。Galor 和 Moav(2000)的研究表明,造成个人能力差异的技术转移往往导致收入不平等,并不利于经济的均衡增长。Colesb 和 Wright(2002)提出工资水平对农村劳动力转移就业具有决定性的影响,并认为工资水平由劳动力者搜寻时间、空缺职位匹配按"纳什议价"规则确定。Heckman(2003)通过对明瑟的收入决定模型进行拓展,分析了教育和工作经历这些具有生产力特性的要素在劳动力市场上的收益率。Taylor 等(2003)通过实证方法定量考察了中国农村劳动力外出务工对农户农业收入的影响,发现农户中一个劳动力外出务工将使该农户农业收入减少。Taylor(2003)发现农户使用家庭成员外出务工汇款购买资本要素以补偿或部分补偿劳动力流失,将对农业生产的收入产生消极作用。Llop 和 Manresa(2004)将相对收入乘数进行了分解,得到相对收入的净乘数效应,以比较其对城乡居民收入相对变化的贡献。

　　近年来,越来越多影响农民收入的具体因素被揭示出来。Hertel 等(2004)发现劳动力流动性及城乡资源的分布结构会对农民收入产生影响。Gan 等(2005)发现,村庄选举有助于减少疾病冲击给农民收入带来的负面影响,并且这种效应对较穷的农民更明显一些。Fan 等(2005)利用坦桑尼亚的家庭调查数据研究了公共投资和道路建设对家庭收入与贫困的影响,发现基础设施的可获得性与家庭收入之间呈现显著的正相关关系,有利于缓解贫困。Fernandez-Cornejo 等(2005)研究发现,耕地保护技术的应用能够促进农户家庭总收入提高 46%,抗虫害技术的应用能够促进农户家庭总收入提高 97%。Woodruff 和 Zenteno(2007)的研究则发现,外出务工汇款对农户与非农小企业的投资及发展具有显著的促进作用,也进而带动了当地收入水平提高。

Wouterse 和 Taylor(2008)认为由于农户的非农收入多来自一些劳动力密集的零工或手艺活，家庭成员外出务工与从事本地非农生产存在冲突，它将使农户本地的非农收入显著下降。Geda 等(2009)利用埃塞俄比亚数据的研究表明，获得信贷资金是通过平滑消费，从而减少贫困的重要因素；但由于流动性约束的限制，农户因为不能平滑消费而进一步陷入贫困陷阱。Alene 和 Coulibaly (2009)的实证研究表明，农业新技术对增加农民收入具有良好的效果。Dillon 等(2011)利用尼泊尔的面板数据，对不同类型的农村公共投资(包括道路建设、灌溉设施和技术推广等)进行了研究，结果表明农村道路和灌溉设施建设投入是最具生产率的农村投资，可以有效带动农业经济增长和农民增收减贫。Šimurina 和 Tica(2010)从历史的视角定位和测度了第一次产业革命以来技术进步对经济发展、收入分配的全面作用。Monke(2010)的研究结论表明，政府在促进农业信贷和农村资本形成中起着积极作用，但同时强调不同地区因为经济条件的差异可能造成政策效果存在差别。El-Osta(2011)利用美国农业资源管理的调查数据，分析了人力资本与家庭经营性收入之间的关系，结论表明，除了收入分配最高和最低组以外，高等教育对农户收入有显著的积极作用。Kehinde(2012)的研究却发现，农业信贷虽然对农业部门收入增长具有重要且显著的作用，但对整个国民经济实现增长并没有什么影响。Uddin 等(2014)利用孟加拉国数据，研究了金融发展、经济增长与贫困减少之间的关系，发现三者之间存在长期协整关系，且金融发展有助于贫困的减少和收入增长，但是这一效果并不是线性的。

2. 农民收入持续增长的模式选择及其配套政策措施研究

国外对农民收入持续增长的模式选择及相应的制度创新进行了深入研究。Nurkse(1953)指出发展中国家的资本不足现象，无论从需求方面还是从供给方面看，都容易产生恶性循环，成为经济发展的障碍；他认为，恶性循环的成因在于发展中国家人均收入过低，人均收入过低的原因是资本稀缺，而资本稀缺的根源又在于人均收入过低，低收入使一国贫穷，低收入和贫穷无法创造经济发展所需要的储蓄，而没有储蓄就没有投资和资本形成，其结果又导致该国的低收入和持久贫穷；由此 Nurkse 得出一个著名的命题："一国穷是因为它穷"；因此，他认为要打破"贫困恶性循环"，必须大规模地增

加资金供给，扩大投资，带动收入提高，促进资本形成。美国发展经济学家
Lewis（1954）的"二元经济结构理论"指出，发展中国家存在两大经济部门，
分别是工业发展的现代部门和维持生计的传统部门，经济发展应当以现代部
门扩张为主，要提高农民工资，就要靠农业人口的减少，就要靠非农业部门
的快速发展和就业率的提高。Todaro（1969）则在对西欧和美国的经济发展过
程做了深入的研究之后认为，发展中国家政府应通过加大资金投入发展农村
经济，增加农民收入，改善农民的生活水平。

　　20 世纪 70 年代开始，越来越多的研究关注了政府的教育政策、财政政
策及金融政策等对农民增收的作用。Mincer（1974）认为发达国家城乡差别小，
农村教育与农业及其他教育融为一体，政府和社会的支持力度大，从基础教
育到专业教育、职业教育、技术推广、继续教育形成一套完整的教育体系，
强调理论与实践结合，注重生产与生活并举，通过立法并规定相应的奖励措
施予以保证，设有专门的管理机构和足够的教育经费，使农民的文化科技素
质普遍较高，相应的农业生产和农民收入也保持较高的水平。Barnum 和
Sabot（1977）对城郊剩余劳动力转移与教育之间的关系进行了分析，提出有针
对性的教育培训是解决其就业、增加其收入的关键环节。Hayami 和
Ruttan（1985）论述了财政政策在农业发展和提高农民收入中的作用。Singh 等
（1986）的研究表明，现代化农业生产要投入大量的智力资本，国家投资农业
教育，降低了农业企业和劳动者的人力资本投资，也就降低了总投资，使生
产成本降低；同时用节约的人力资本投资，进行物力资本投资，购置最先进
的生产设备等，进一步提高生产效率、降低成本，这样使其农产品在国际贸
易中具有廉价的优势，有利于保持农民收入的持续增长。Fan（1990，1991）
对中国农业区域劳动生产率的增长进行了考察，并分析了技术、研发投资与
制度变迁在中国农业经济发展中的作用，强调政府利用财政政策加强农业技
术改造和研发投资对改善农民收入的重要意义。Schultz（1994）指出美国政府
自 1955 年以来，对农业科研投资大体上以 8% 的年增长率增长，与此同时，
政府采取具体措施发展农业与农村教育，如不断更新农业专业训练，扩大农
业科技知识教育范围；农业科技教育对象不只限于从事农业生产的人，而把
产前、产中、产后的从业人员包括在内，进行全民农业知识教育；培养农民
一专多能；培养农民对市场变化趋势和市场需求的迅速反应能力；培养农民

竞争意识与创新精神；加强农业、农村教育与其他学科合作；提高科技和管理训练标准等；这些措施极大地提高了美国农业的生产力和竞争力，有效促进了农业现代化发展和农民收入水平稳定。Tatom(1993)、Gramlich(1994)、Holtz-Eakin 等(1994)、Evans 和 Karras(1994)、Garcia-Mila 等(1996)均对政府在农村进行教育、研究开发、基础设施建设、创造私人投资环境方面的政策措施与农民收入增长、农村经济发展之间的关系进行了理论与实证研究。Wright(1998)认为，大力发展农村金融是缓解农村低收入阶层困境的有效措施，而农村金融除了提供基本的贷款和储蓄服务，还应当为穷人发展新的金融服务。此外，Berman 和 Mulligan(1998)、Lucas(1988)、Barro(1999)分别对政府促进技术进步带动收入增长的作用、机制进行了分析和国际比较。

进入 21 世纪以后，相关研究进一步深化。Yao(2000)的研究表明，农村劳动力转移速度加快、更加异质性的人群及更加自由的劳动力市场会促使农地使用权流转更加频繁，有利于农业实现规模经济、增加农民收入。Mochebelele 和 Winter-Nelson(2000)认为，外出务工带来的劳动力流失与非农收入提高会使农户粗放经营农业，导致技术效率下降；汇款的流入则可以帮助农户更及时地使用农药、化肥等需要利用资金购买的要素，提高农业技术效率；他们对莱索托的研究结果显示，有成员外出务工的农户，其技术效率显著较高，因而汇款流入的积极作用比劳动力流失的消极作用更重要；因此，他们认为政府应当有序组织农村劳动力转移就业。Matin 等(2000)根据调查得出结论，发展农村金融产品和服务应当适应客户的偏好，这样才能实现农村金融对农村居民收入贡献的提升。Glaeser 和 Mare(2001)则认为政府促进农村劳动力向城市转移是为了积累人力资本，反过来提升农村的基本工资水平。Johnson(2001)认为，只有提高农村居民的教育水平和质量、大幅增加非农就业机会从而减少农业人口，才能真正长期有效地增加农民收入。Hansen 和 Prescott(2002)认为，是经济结构本身的调整使劳动力转移就业成为伴随工业化的必然规律；到了一定阶段，农业就业比重将稳定在一个相对平稳的比例，增加农民收入必须依托工业创造更多就业岗位。De Brauw 等(2002)的研究表明，从 20 世纪 80 年代后期到 90 年代中期，政府主导的教育培训及其教育水平在决定劳动力转移到工业部门的工资水平方面发挥越来越重要的作用。Giles(2002)研究了劳动力非农化转移对其收入提高的作用，主张政府排除有关劳动力转移过程中的制度障碍。Gardner(2002)认为对劳动力市场的调节是提高农民收入的根本途径。Acemoglu 等(2002)主张在小城镇发展企业,这样农民就可以住在村庄,这种方式比让农民举家迁移到大城市需要的资本要少一些,间接提高其收入。Zahniser(2003)认为农村人口迁移是一种为未来获取资本的方式,主张将城乡劳动资本和社会资本进行整合,以便有效提高农民收入水平。Buchenau(2003)研究了农村金融服务创新如何适应农村特殊市场、满足农民收入增长需求。Rozelle(2003)则研究了农业人口迁移对农业产出和农民收入增长的影响,指出政府如果想减缓农民迁徙速度,就要开放农村金融市场,使农民可以在当地自主创业。Zhang 等(2004)发现政府增加非农就业机会能够促使农户劳动力向非农部门转移,从而让渡农地使用权,促进农业规模化生产和农民收入增长。Kseniya 和 Sergey(2004)的研究表明,劳动力的个人特征包括性别、年龄、民族、受教育程度、失业持续时间、先前的就业环境等,都对就业收入有不同程度的影响,政府应当在制度上保证其就业机会公平。Lucas(2004)认为农村劳动力转移到城市中,能够积累发展现代化所需的生产技能,有利于提高其收入报酬。Azam 和 Gubert(2004)则提出促进农业规模效益提升、提高农业技术效率是农民收入持续增长的关键。Kalir(2005)则认为工业经济的迅速增长所产生的巨大劳动力需求能够促使农村劳动力的转移就业和收入水平提高。Matul 和 Szubert(2005)研究了当城市金融机构进入农村新市场时,通过市场调查如何为新产品和新服务提供信息,进而确保产品和服务适应农业、农村生产需要,促进农业产出和农民收入增长。Quisumbing 和 McNiven(2007)、Brauw 和 Rozelle(2008)认为,研究农村劳动力转移对农户农业生产性收入的影响,必须对其务工决策的内生性进行识别;较富裕村庄的农户可能有更多的投资机会和融资渠道,其投资的预期回报也较高。Deininger 等(2008)的研究发现,农地流转导致了农业产出增加、提高了土地租赁者的福利,而且通过增加土地租出有利于促进农村劳动力的流动、实现农村劳动力的职业多样化选择。Richard(2010)的研究发现,外出务工农户的投资方向,决定了其就业行为是否对农业收入产生积极影响。Pu 和 Liu(2011)的研究发现农村劳动力转移就业政策对增加农民收入具有积极的效应。Jeanneney 和 Kpodar(2011)利用发展中国家 1966 年到 2000 年的数据研究发现,金融发展的同时也伴随着金融不稳定,这种不稳定是不利于穷人的,然而,为穷人发展金融的好处要明显大于其成本。Yang 和 Liu(2012)利用中国 2445 个村庄的调查数据进行实证分析,指出农业专业化水平的提高可以显著提升农村地区的收入。

3. 缩小收入差距、保障农民收入增长的体制机制及制度创新研究

Mincer(1958)采用一个简单的模型分析了人力资本投资对收入的行业内差距及行业间差距的影响。Becker 和 Chiswick(1966)发现美国各地区的教育不平等与收入不平等正相关,认为发展教育是缩小收入差距的重要渠道。Dixit(1970)在劳动边际生产率为正的条件下,从城乡就业的角度分析了二元经济结构对城乡收入差距的影响。Ghatak 和 Ingersent(1984)对发展中国家政府在乡村发展中的体制、政策和战略进行了研究,并论述了政府利用财政政策促进乡村发展、缩小城乡收入差距的机理。Harriss 和 Moore(1984)论述了城镇与农村经济发展之间的互动和协作对缩小城乡收入差距的作用。Tilak(1989)、Bourguignon 和 Morrisson(1990)通过跨国实证分析,得出教育对城乡收入分配差距具有缩减效应。Greenwood 和 Jovanovic(1990)发现金融发展和收入差距服从"库兹涅茨效应"的倒"U"形关系。Tsui(1991,1993)对 1952~1985 年中国国民收入和国民收入使用额的省际差异指标进行了估算,并利用县一级数据把地区差距分解为省内差异、省际差异、农村内部差异、城市内部差异和城乡差距,结果显示:城乡差距对地区间产值差异的影响十分显著,并发现在改革开放前尽管存在着强有力的财政转移机制,但地区间发展差距并未缩小,暗示了 1978 年改革开放前的财政政策在缩小城乡差距的无效性。Galor 和 Zeira(1993)、Banerjee 和 Newman(1993)的模型则表明,在金融市场不完善的条件下,金融发展和经济增长未必会使收入差距缩小,完善的金融市场才是金融发展和经济增长导致收入差距缩小的前提。Knight 和 Song(1993)认为城市倾向政策下必然加剧农村的贫困化现象。Alesina 和 Rodrik(1994)建立了一个资本税率由大多数人投票决定的财政政策模型,并实证出税率与收入差距之间的正相关关系。而 Perotti(1996)则得出了与之相反的实证结论。Fleisher 和 Chen(1997)将中国地区差距的原因归结为中央政府的地区倾斜政策或地理因素,认为中央政府对东部地区的优先投资是中西部地区落后于东部地区的根源。Tsui(1998)发现非农经济对农村收入差距的扩大有更重要的影响，地方税收和财政补贴反而对消除农民收入差距没有起到显著的作用。Fiaschi(1999)同样实证出劳动及资本税率与收入差距之间具有正向关系，但显著程度较低。Yang(1999)的研究认为在发展中国家的财政政策中有重城市、轻农村的现象，如歧视性的社会福利和保障体系等城市偏向型政策是加剧城乡收入差距的重要影响因素。

　　进入 21 世纪后，多视角城乡收入差距的研究逐渐成为热点。Winters 等(2001)认为随着非农业收入在总收入中份额的上升，其分布变得越来越均匀，对缩小农村居民收入不平等的贡献也越大。Epstein 和 Jezeph(2001)提出了把城镇中心和农村区域增长中心联系起来的城乡协调发展模式，以确保城乡居民收入综合平衡提高。Tacoli(2002)运用案例分析法，探讨了 1997～2001 年非洲马里、尼日利亚和坦桑尼亚的城乡经济关系，提出政府必须推进制度改革确保乡村居民收入稳定。Gregorio 和 Lee(2002)的实证研究表明，政府的公共教育支出对收入分配差距产生了影响。Aghion(2002)用创造性破坏思路来分析收入差距问题，认为组间差距可以归结为技能要求的技术进步，而将组内差异归结为技术扩散过程的非线性。Clark 等(2003)用全球数据对金融发展和收入差距关系进行了研究，得出了经济结构会影响金融发展对收入分配的作用，即如果金融发展能促使劳动力更容易地进入现代产业部门，那么随着现代产业部门比重的上升，收入差距会拉大，其结果是在现代产业部门比重高、金融发展程度高的经济中，收入差距比不具备"两高"的经济要大。Whalley 和 Zhang(2004)对中国的户籍制度与收入不平等进行了研究，结果表明，如果能够取消户籍制度，那么这种代表性的农村劳动力转移障碍将不复存在，中国社会的现存收入不平等就会消失。Rapanos(2005)运用拓展了的 Arris-Todaro 模型实证研究了二元经济条件下企业由城市部门向农村部门转移过程中的税收效应和收入增加效应。Fan 和 Zhang(2004)的研究表明在中国西部的农村教育投资和农业研究与开发投资对于西部地区农民收入增长、城乡经济整体发展均具有显著的影响。Knight 和 Li(2005)认为劳动力市场分割是中国城乡地区收入差距扩大的潜在根源。Woo(2005)建立了财政政策的动态模型，指出整个社会收入差距过大会导致财政收支的不稳定，对经济欠发达地区的影响更为明显；因此，有必要利用财政政策手段扶持低收入阶层。Kuijs(2006)认为生产率的差异可以很好地解释城乡收入差距。Lin(2007)利用中国台湾

1976~2003 年的数据，以教育的基尼系数对教育不平等程度进行了度量，发现教育不平等程度增加将会导致收入分配状况的恶化，一项技能偏好型技术变化会导致劳动力市场需求偏好从非技术劳动力转向技术劳动力，并导致收入不平等增加。Bergh 和 Fink（2009）则构建了一个数学模型来分析个人教育选择对劳动力市场工资的影响，发现精英教育在收入分布的顶部会增加收入的不平等，而在收入分布的底部则会降低收入的不平等。Tariq（2013）利用 50 个低收入发展中国家 1970~2008 年的面板数据验证了金融和经济发展对收入不平等的影响，结果表明金融发展能降低收入不平等，然而两者的关系是非单调的，金融发展与不平等之间遵循库兹涅茨倒"U"形假说的规律。

总之，国外关于农民收入和农业农村经济增长的这些极为丰富和深刻的理论与应用研究，为本书提供了理论借鉴和逻辑起点。尤其是发达国家在工业化进程中促进农村教育发展、农业技术进步、农村劳动力有序转移，进而确保农民收入增长与农业现代化同步推进的制度建设及政策实施给中国农民收入超常规增长战略设计提供了重要参考。此外，国外在促进农民收入持续增长、缩小城乡收入差距的财政支持、金融服务、公共投入、土地流转、就业引导、社会保障制度及与之相适应的工具创新方面的成功经验同样给我们有益的启示。它们较为成熟的实证研究方法和手段也同样值得学习。但是，中国具体国情及城乡经济和经营环境的特殊条件对其他国家的模式与经验借鉴构成了明显的约束。

1.2.2 国内研究现状及评述

农民收入增长因其对中国经济和社会发展的特别重要意义，使改革开放以来相关研究广泛而深刻，本书按照研究的具体内容和范围将其归纳为以下三个方面。

1. 农民收入增长的要素需求、行为选择及影响因素研究

一是关于人力资本投入与农民收入增长的研究。赵耀辉（1997）对四川省的研究表明，教育对农村劳动力外出就业作用不显著，但显著提高了其在本地非农产业就业的概率。赵延东和王奋宇（2002）研究发现，在 1996~2001 年内接受过农业技术培训的农户收入明显比未接受过培训的农户收入高。陈

玉宇和邢春冰(2004)利用 Probit 模型计算出受教育水平每增加一年,劳动者到工业部门工作的机会增加 1.5%~3.2%,其中在 1991 年、1993 年和 1997 年,增加一年的受教育水平,使一个人在工业部门工作的机会分别增加 2.2%、3.2%和 1.5%。魏众(2004)基于 1993 年的中国营养调查数据的研究结果表明,农民的健康状况主要通过影响其就业,进而影响到农民的家庭收入水平,反映了健康人力资本对农民就业和家庭收入增长的重要性。高梦滔和姚洋(2006)的研究表明,教育和在职培训体现出的人力资本是拉大农户收入差距的主要原因,人力资本的回报显著高于物质资本的回报。周定溶(2006)指出我国农民的科技、文化素质低,已经成为农村经济发展和农民增收的主要障碍。郭志仪和常晔(2007)认为农户教育投资对农民增收的正影响最大,并且能降低农户的迁移成本。朱长存和马敬芝(2009)提出要缩小城乡收入差距,必须采取措施减少农村劳动力转移过程中的人力资本外溢性。董志勇(2009)认为公共教育虽然短期内在一定参数水平下会导致收入差距发散的可能性,但是在长期内却能保证收入差距的收敛。孙敬水和张周静(2010)指出城乡收入差距与人力资本存量水平之间呈倒“U”形关系,与人力资本结构变量之间呈“U”形关系,人力资本影响城乡收入差距的收敛性;教育人力资本存量水平和教育人力资本结构都能加快经济增长对城乡收入差距的收敛速度。骆永民和樊丽明(2012)基于中国省级面板数据以农村人力资本为门限变量进行分析,结果表明:随着人力资本的上升,各种农村基础设施投资对农民纯收入的边际作用逐渐下降并呈现出收敛特征;相反,对农民工资性收入的边际作用却呈现出先上升后下降的倒“U”形特征并最终收敛。程名望等(2014a,2014b)的研究表明,健康与教育所体现的人力资本是影响农户收入水平的关键性因素,如果从收入增长和收入差距缩小的双重视角看,健康既促进了农户收入水平提升,同时又缩小了农户收入差距,也就是说健康人力资本能有效缩小农民组内收入差距;农民的基础教育和职业教育均促进了农户收入水平提升,但在缩小农户收入差距方面却并不显著。王小华(2015)的研究表明,乡村人力资本对农民增收效应存在明显的性别差异,其中男性人力资本对农民收入具有显著的正向推动作用,并且其系数仅略小于乡村人力资本系数;相反,女性人力资本却并没有成为推动农民收入增长的显著要素。

二是关于劳动力转移与农民收入增长的研究。张卫东(1994)认为,我国农民增加收入真正的困难在于过多的农民在配套要素不足的情况下耕种过少的土地，致使农业劳动力被大量闲置和浪费，人均产出处于很低水平。蔡昉（1996）认为具有较低务农收入的农民最有可能做出外出务工的决策，并从这一角度出发，认为相对收入差距是影响农民工流动决策的重要因素。赵树凯（1998）认为农村劳动力的外出流动使输出地的资源和要素配置更加合理，农村劳动力素质得以提高，收入效应和减贫效应明显。陈锡文（2001a）认为农村劳动力的转移是农民收入增长的重要途径，而我国农民增收所面临的最大困难，恰恰在于向第二、第三产业和城镇转移农业劳动力所面临的困难。蔡昉（2001）、林毅夫（2002a）认为农村劳动力的流动极大地促进了城乡经济社会的共同发展，并有助于农民收入的提高。吴敬琏（2002）认为农村人口和农村剩余劳动力过多，人均占有资源，尤其是土地资源的数量过少，因而土地报酬递减的趋势十分明显，并指出若生产率提高缓慢而成本却迅速增高的基本态势不改变，其他措施都很难收到提高农业生产效率和增加农民收入的显著成效。王桂新等（2005）、刘乃全（2005）都证实了农村劳动力转移对经济发展、收入增长的贡献。林毅夫和苏剑（2007）通过估计迁移者对收入差距的反应弹性，认为迁移的确是一种缩小差距的机制，但他们同时也观察到，由于户籍制度的存在和沿海地区过快的发展速度，目前的迁移规模仍然不足以缩小现存的收入差距。黄宗智和彭玉生（2007）认为持续上升的大规模非农就业、持续下降的人口自然增长率及持续转型的食品消费结构和农业结构，都将会导致长期以来农业从业人员的显著下降，结果将是农业劳动人员人均劳动生产率及收入的提高。尹继东和王秀芝（2008）用1978～2006年江西省的相关数据对农业劳动力转移与城乡差距的关系做了计量分析，结果表明：在1990～2006年，江西的农民工流动扩大了城乡收入差距。朱云章（2009）采用1983～2006年的时间序列数据，对城乡劳动力流动与收入差距的关系进行了Granger因果关系检验，结果表明城乡收入差距是劳动力流动的单向Granger原因，即前者促进了后者的增加，但反之不成立。陈星（2009）的实证表明，我国农村劳动力转移与农业劳动力剩余及农民收入的关系具有明显的阶段性特征；从改革开放到20世纪90年代初，农业劳动力的剩余在一定程度上促进了农民收入的增加；90年代初至今，由于制度创新带来的吸收效应释放殆尽，农业部门内部对农业剩余劳动力的吸收近于饱和，剩余劳动力的增加成为农民收入减少的原因之一。钟甫宁(2010)提出劳动力市场在调节城乡收入差距方面已经发挥了相当大的作用。钱文荣和郑黎义(2011)提出劳动力外出务工所带来的劳动力流失和汇款流入分别对农户的农业收入产生了消极和积极的影响;但是,流入汇款带来的积极作用不足以抵消劳动力流失带来的消极影响。蒲艳萍(2011)则指出农村劳动力的转移就业对增加农民收入,缓解农民家庭贫困,改善农民家庭福利状况及促进土地流转等方面具有积极效应。肖卫和肖琳子(2013)的研究表明,农业劳动力流向现代产业部门对农民家庭人均收入产生了显著的正向影响。

三是关于农业产业及基础建设和非农产业发展与农民收入增长的研究。林毅夫(2001)将制约农户收入增长的因素归结于农村基础设施的滞后。李大胜和李琴(2007)利用 1985~2003 年的数据实证分析和检验了农业技术应用对农户收入及其之间收入差距的影响机制,结果表明,农业技术应用从整体上增大了中国农村居民内部收入差距,但影响程度为先增大后缩小。姜长云(2007)认为非农产业作为农民增收主要来源的地位已经确立并不断巩固,对农民增收的贡献能力出现了明显的趋势性增强。李学术和向其凤(2010)基于西部 10 个省区市省际面板和微观调查数据的实证分析表明,农户创新行为及创新程度与其收入增长高度正相关。刘生龙和周绍杰(2011)用静态非平衡面板和动态非平衡面板模型,从微观层面验证了基础设施的可获得性(包括道路、通信和自来水基础设施)对中国农村居民收入增长的影响;静态模型结果表明相关变量均存在显著的正向影响,动态模型结果表明道路是显著正向影响。周波和于冷(2011)利用江西省 11 个村连续 5 年固定跟踪观察的面板数据构建固定效应模型,研究了农业技术应用对农户家庭收入的静态和动态影响效应及影响路径,结果表明:在控制了农户生产经营特征、社会经济和自然等方面因素后,农业技术应用对农户家庭总收入具有显著的正效应。骆永民和樊丽明(2012)的研究结论表明中国的相邻省区市第一产业占比对本地区农民的工资性收入具有负面影响,也就是说,如果某省区市的周围各省区市都属于农业大省(自治区、直辖市),那么该省(自治区、直辖市)农民的务工收入就难以提高。王小华等(2014a)基于中国 2010 年的县域数据,利用分位数回归方法研究了农民收入增长的影响因素,结果表明:农业产业比重的弹性系数在所考察的各个分位点处都显著为负,且随着条件分布由低端向高端变动,其弹性系数呈现"U"形曲线特征变化，这说明传统农业对农民收入增长的贡献越来越弱。

四是关于国家经济政策与农民收入增长的研究。林毅夫（1992，2004）对中国农业发展的制度、技术变迁与财政投入机制及政府财政支农的可行方式进行了研究，指出财政对农村基础设施建设的投资对拉动内需、促进农民收入增长具有重要作用。刘福毅和邹东海（2004）的研究表明，金融抑制所导致的资金外流是造成农村经济要素投入不足、农民收入水平无法快速增长的主要因素。温涛等（2005）的研究发现，中国金融发展、农村金融发展均对农民收入增长具有显著的负效应，提出实现农民收入增长必须推进金融政策调整、促进农村金融体制改革。官兵（2005）、许崇正和高希武（2005）、中国人民银行武汉分行课题组（2005）均认为现行中国农村金融发展模式和政策难以促进农民收入的增长。黄宗智和彭玉生（2007）指出由于小农经济比较脆弱，如果要承受市场经济的大起大落，必然离不开国家对农民的利益保护，以进一步发挥市场调节作用和促进市场相对公平；另外，中国的农民收入如果要摆脱长期落后城镇居民收入的局面，必须依赖国家的投资和扶持力度的加大。杨雯（2007）发现，农户人均储蓄存款与农民收入增长之间具有显著的相关性，促进储蓄的政策有利于实现增收目标。刘旦（2007）发现既有农村金融发展的效率对农民收入增长具有显著的负效应。方金兵等（2009）也从农村金融规模、结构和效率三个方面，检验了农村金融发展与农民收入增长之间的关系，结果表明：农村金融发展的规模和结构与农民收入正相关，农村金融发展效率与农民收入负相关。谭燕芝（2009）以农村金融相关率来衡量农村金融发展水平，实证结果表明：农民增收促进了农村金融发展，但农村金融发展却不利于农民增收。周一鹿等（2010）通过实证分析探求农村金融资源开发对农民收入的影响，研究结果表明，在短期内农村金融资源开发并没有促进农民收入的增长，在长期内对农民收入增长还有一定的抑制作用；指出现行农村金融资源开发模式与农村经济发展和农民收入增长的实际需求不协调。贾立和王红明（2010）则对我国西部地区农村金融发展政策对农民收入的影响进行了研究。余新平等（2010）实证分析了中国农村金融发展与农民收入增长之间的关系，结果表明：农村存款、农业保险赔付与农民收入增长呈正向关系，而农村贷款、农业保险收入与农民收入增长呈负向关系。张敬石和郭沛（2011）的研究则表明，农村金融规模发展对农村内部收入差距有加剧的作用，提升农村金融

效率则能缓解农村收入不平等程度。王小华(2013)指出增加农民收入和进一步
缩小城乡收入差距,应将更多的财政资源用于农业和农村发展,引导金融资源
流向"三农",并加快产业结构调整。张川川等(2014)对新型农村社会养老保
险政策的实施效果评估表明,"新农保"养老金收入显著提高了农村老年人的
收入水平(个人非劳动收入受到的影响更大),减少了贫困的发生,提高了其主
观福利。张宁和张兵(2015)的研究表明农村非正规金融通过为低收入农户提供
金融服务而对农户内部收入差距的扩大及贫困具有缓解作用,应该通过政策设
计规范其运行。

2. 农民收入增长趋势、现实障碍及收入差距扩张的研究

随着市场经济体制改革的推进,这一领域的研究逐步增多。陈吉元(1991)
较早地探讨了农户收入增长的体制性因素,认为影响农民收入增长最重要因
素就是城乡二元结构体制,与这一体制相关的还有城乡差别的户籍制度、土
地制度、财政与税收制度等。郭克莎(1994)则从城乡经济协调发展角度对城
乡居民收入增长问题进行了论述。唐平(1995)对我国农村居民收入水平的差
异进行了研究。万广华(1998)通过计算基尼系数对农村区域间的农民收入差
异进行因素分解,发现中国农村区域间农民收入差异具有上升趋势,而且这
个趋势与农村经济结构有关。李实和赵人伟(1999)从农副产品价格控制(同时
对城市居民实行粮食补贴政策)和税收政策的收入分配效应两个方面,论证了
城乡二元财政政策的执行扩大了城乡收入差距。蔡昉和杨涛(2000)认为,20
世纪 90 年代中期以来城乡收入差距的持续扩大,可能更多地来源于改革形成
的利益集团对政策和制度的影响,包括城市利益集团的压力及传统经济体制
遗留的制度障碍,由此导致政府形成了"城市化倾向"的政策集合。罗发友
和王建成(2001)通过计量分析得出了制度资源的拥有和就业结构的变动是困
扰农民收入增长的重要因素。张晓山和崔红志(2001)认为收入分配体制不合
理制约了农民收入增长,指出长期以来我国税收与国民收入再分配在城乡之
间存在悬殊的差距;改革开放前,为了完成重工业的跨越式发展从而实现工
业化,我国国民收入的分配格局主要是向重工业倾斜;改革开放后,为了使
城市尽早实现现代化,我国国民收入的分配格局主要是向城市倾斜;这是一
种扭曲的国民收入分配格局,是对农村、农业、农民的长期歧视与不公平。

李成贵(2001)认为农民收入增长缓慢是由农产品供求格局变化、乡镇企业经营困难、农民进城务工受阻等原因造成的。李建民(2002)、蔡昉(2003)认为户籍制度的存在,使农村劳动力向城镇转移更加困难,除了转移过程中所面临的繁杂的程序外,户籍制度的限制,也使农村劳动力很难进入城市中的正规部门,而只能在非正规部门就业,导致农民工在工资、福利、公共服务等方面不能与城市公民享受同等待遇。章奇等(2003)的研究发现,改革开放以来,特别是1989~1998年,不仅城乡金融发展不平衡拉大了城乡收入差距,而且金融机构在向农村和农业配置资金方面缺乏效率。林毅夫和刘培林(2003)运用比较优势理论对中国经济的区域差异、收入差异进行了解释。张杰(2003)对中国农村金融结构与农村经济结构进行了研究,认为中国不合理的农村金融制度安排导致了农民收入增长缺乏金融的有效支持。宋宏谋(2003)分析了农村金融资源流失对农民收入和城乡差距的潜在影响。盛洪(2003a)认为中国农民陷入整体性困境的原因在于缺少一个反映农民利益的、平衡的政治结构。

　　2004年促进农民增收的中央一号文件出台后,相关研究进一步深化。万广华(2004)定量分析了导致中国农村地区间收入不平等的根源,结果表明:政府在不发达地区致力于发展乡镇企业将降低区域间的不平等;由于对技术工人的需求正逐渐上升,家庭和个人对教育的投入也在上升,因此在导致区域间不平等的因素中,教育将会变得越来越重要。李浩然和楚永生(2004)分析了导致农民陷入整体性困境的制度性障碍。贺京同和张战平(2004)借助行为经济学模型分析,认为在我国目前的收入分配体系中,农民处在只能被动接受分配结果而不能参与分配决策的弱势地位,因而,改善农民在我国收入分配中的地位,让农民平等地参与决策是解决我国"三农"问题的根本出路。黄祖辉等(2005)基于村庄微观视角来分析农村居民收入差距,并将收入差距问题简化抽象为要素市场的分配问题。樊丽淑等(2005)认为在衡量地区农民收入差距适度性上,如果按照国际上通用的基尼系数方法计算,则当前我国地区间农民收入差距已超出合理范围,且日趋严重。洪兴建和李金昌(2007)对收入两极分化的测度方法进行了述评,并运用几个主要测度指数进行了实证分析,结果表明:中国城乡两极分化、城镇及农村内部的两极分化、沿海与内陆的两极分化及行业两极分化呈现上升趋势。王艳(2007)认为,近年来西部农村劳动力向东部发达地区大量转移，理论上可以增加当地农民收入、提高农民生活水平，并在某种程度上减少区域间收入差距，而实际上东、西部农民收入水平差距不但没有减少，反而拉大，其原因在于西部农村劳动力所具有的人力资本含量很低，他们在东部地区的劳动市场上主要以进入第二劳动力市场即非技能型劳动力市场为主，工资水平较之于第一劳动市场差距很大。姜长云（2008）认为在今后 5～10 年内，中国城乡收入差距很可能继续呈现不断扩大的态势。温智良（2009）认为工资性收入已成为农民增加收入的主要来源，但其呈现出结构性分化的特点，即农民外出打工收入减少而本地务工收入增加。李实和李婷（2010）利用中国的数据对经济增长与收入分配的关系进行了经验分析，结果没有对库茨涅兹的倒"U"形假说给予足够的支持。余新平等（2010）描述了我国农民收入增长趋势和收入差距的扩张趋势，指出改革开放以来农民人均纯收入增长成效非常显著，但与此同时，城乡居民收入差距呈现扩张趋势。周密和张广胜（2010）的研究则发现村级迁移率的提高反而会扩大农户间的收入差距。王建国等（2012）的研究发现，各地对农户成员外出从业收入的核算方式并不一致，这在一定程度上低估了农村居民收入水平，尤其是外出户居民人均收入水平；将农民收入的核算方式进行统一调整后，发现农民内部之间的收入差距略有上升。王小华（2013）指出，2004 年以来的财政支出和金融发展与城乡居民收入差距呈显著负相关关系，且财政支出对缩小城乡居民收入差距的作用更大、效果更为明显。王小华（2014）利用 2010 年西部地区的县域数据分析表明，县域金融发展水平的提高和城镇化进程的加快能显著降低收入差距，而财政支出的增加会扩大收入差距，但各因素的影响效果存在明显的分层差异。李颖晖（2015）的研究发现了教育程度对收入分配公平感的复杂影响路径，指出教育作为个人地位投资，激发相应的回报期待，随着基于教育投入的期待收入与实际收入差距的扩大，这种正向影响会降低，且教育程度越高，降低的幅度越大。

3. 促进农民增收和权益保护的体制机制及配套政策研究

一是基于农业、农村自身发展的相关研究。这些文献一方面提出应通过调整农业生产结构，改善和提高农产品质量和品质，进行农产品加工增值，变革农业生产组织形式，扩大生产经营规模，优化配置资源，以降低农业生产和市场交易成本，促进农民收入增加；另一方面提出要通过城镇化建设、大力发展农村非农产业、鼓励并引导农民到城市就业，拓宽农民就业渠道，增加农民收入。韩长赋(1999)指出由于技术相对落后，我国农业资源的利用率远远低于发达国家水平，特别是农民在用水、用肥、用电、用油、用地等方面，缺乏科学指导，浪费比较严重，在农民增收困难的情况下，降低农业生产成本、减少农民支出也是增加农民收入的一条重要途径。陈耀邦(2000)认为，农业结构调整是农民增收的根本出路，主张通过调整农业和农村经济结构实现内部增收。黄季焜和胡瑞法(2000)认为中国农业问题及农村问题的根本出路在于工业化，解决农民收入增长问题，必须跳出"农"字，主张用城乡统筹的眼光解决中国的农业、农村和农民问题，加快推进中国的城镇化，使更多的农业人口转移到城市中去从事非农产业，形成一个城乡统筹的格局。湖南经济信息中心课题组(2001)提出大力发展农产品加工业，让农民分享农产品加工、流通环节利润，是实现农民持续增收的有效途径。姜长云(2001)认为在市场经济条件下，要促进农民增收，必须发展市场农业，提高农业竞争力，增强农业效益；同时，他认为只有减少农民才能富裕农民，要减少农民，就要加快推进城镇化，促进农民变市民，为此要坚持城乡一体化的政策导向，加快建立城乡统一的劳动力市场，为农民进城提供方便条件。陈锡文(2001a)指出只有努力促使农村劳动力更充分就业，农民的收入才有可能保持正常的增长。吴敬琏(2002)认为，实现大量农村剩余劳动力向非农产业的转移，是解决"三农"问题，顺利实现工业化和城市化的中心环节；党和政府在作决策时，要把有利于农村剩余劳动力转移和增加就业作为最重要的指导方针，要大力发展中小企业，为实现农村剩余劳动力转移创造必要的条件。徐祥临(2002)认为农民增收的三条基本渠道(发展商品性农业、兴办乡镇企业、进城务工)中的供求关系都发生了不利于农民的变化，因此，必须开辟农民增收的第四条渠道，即政府应大规模向农村基础设施建设领域投资，增加农民收入进而提高农村的购买力，产生农民增收的乘数效应。林毅夫(2003)认为目前不应该对农业进行直接补贴，而应加大财政支农的力度，以加强农村基础设施投资为中心开展新农村建设运动，既可以启动农村广大的存量消费需求，又有利于缩小城乡差距，增加农民收入，实现农村现代化。王德文和蔡昉(2003)主张大力推进工业化和城市化，加快第二产业和第三产业发展，同时增加农业投资，改善农村信贷，按照比较优势原则来调整农业生产结构，为农民收入长期增长创造公平、有利的外部条件。许崇正(2003)从调整农业结构、拓展农民就业渠道、规范农村转移支付制度及对农户实行直接补贴等方面进行了农民增收对策研究。盛来运(2005)提出要大力发展乡镇企业和家庭经营等非农产业，扩大农村劳动力就地转移的规模，增加本地非农收入。魏杰和王韧(2007)认为农村居民收入问题的最终解决必须依托于内部和外部解决机制的协调。刘颖琦和郭名(2009)以内蒙古自治区的成功案例说明，贫困县的农民人均纯收入的增加必须要通过发展产业来实现，而且产业的发展要通过区域间和产业间的相互作用来实现。陈星(2009)认为，随着农业生产技术的进步、土地集中耕种、工业化和城市化步伐加快，农村剩余劳动力向非农产业转移对于农民增收显得重要而紧迫。

二是基于非农产业反哺、经济政策支持和农民权益保护视角的相关研究。这些研究认为必须从体制、制度和战略入手，深化财政金融、公共产品投入、医疗保险、户籍、社会保障等方面的制度改革，彻底改变重工轻农、重城轻乡的发展战略，推进城乡统筹发展，从根本上消除制约农民增收的体制和制度性因素。党国英(2002)认为要解决农民收入增长问题就必须保障农民的土地财产权、平等的公民身份权利、农民的经营自主权利及为发展经济而自主组织的权利、民主选举权利等。盛洪(2003a)主张建立一个反映农民利益的平衡的政治结构，让农民自己代表自己，避免出台损害农民利益的政策。迟福林(2003)呼吁给农民全面的国民待遇，包括按照城乡平等的原则改革农业税收制度、尽快统一城乡税制、全面取消城乡分割的户籍制度、给农民以平等的公民权；要真正使农民工享受同等的劳动权益和就业机会，给农民和国有土地拥有者及城市其他土地拥有者同等的土地权利,完善财政转移支付制度，使农村和城市居民同等享有义务教育的权利。宋洪远等(2003)将中国城乡居民收入差距扩大的原因归结为体制因素、政策因素和发展因素三方面，其中最重要的是体制因素和政策因素，提出增加农民收入特别要加快金融体制与政策的完善。陈锡文(2003)认为，建设现代农业、促进农村经济的发展及增加农民的收入，不可能封闭在农村的内部，要和城市相结合，包括加快推进中国的城镇化，使更多的农业人口转移到城市中去，从事非农产业，形成一个城乡统筹的格局。林毅夫(2003)认为中国"三农"问题最主要的就是农民的收入增长缓慢、收入水平远远低于城市居民，他主张启动农村市场，发展农村教育，转移农村人口，通过转移农村劳动力实现农民收入持续增长。王小鲁和樊纲(2004)同样认为，解决农民问题的根本出路是使多数农民不再是农民，依赖于土地的人少了，土地的使用和农业的经营才能更有效率，农业才能真正实现现代化，农产品的价格也才能根据市场供求关系发生应有的变动，留在农业中的劳动力才能从专业化、大规模的农业经营生产活动中获取更高的收入，农业和工业的人均收入的差距才会缩小，城乡收入的差距才会缩小。韩俊(2005)提出从体制和法律上建立保护农民土地权益的长效机制、调整国民收入分配格局，建立工业反哺农业的新机制、切实打破城乡隔阂，形成城市对农村发展的带动机制。柯炳生(2005)主张通过加快城市化进程、促进农村劳动力向外流动、提高农村人口的基础教育水平、改革农业税收政策和农业补贴政策、完善土地管理政策、完善市场与农民组织政策、改革农村金融政策、促进农业生产发展政策、建立农村社会保障政策来增加农民收入。宋元梁和肖卫东(2005)认为加速推进城镇化进程是中国持续增加农民收入的根本路径和重要途径，因此，要促进农民增收，应采取长期而非短期的城镇化支持政策。李娜(2006)提到要完善城乡统筹机制，必须加强农村技术、信息服务，大力发展农村教育、卫生、社会事业，降低农民生产生活成本，改善农业和农村经济发展环境。张继良等(2009)认为增加科教文卫支出在财政支出中的比例并修正包括教育等公共资源在城乡分布的不均衡，是缩小城乡收入差距的重要途径。唐礼智(2009)提出非正规金融在促进农民增收的效率上高于正规金融，建议放松对农村非正规金融的管制，明确非正规金融的法律地位，引导其规范化发展，建立正规金融和非正规金融之间的联结。

三是近年来基于新农村建设、政府角色定位视角的相关研究。王德祥和李建军(2009)的实证表明，新农村建设中的制度创新对农民收入增长的作用非常显著，县级财政自给率提高对农业和农村发展支出增加及对农民收入增长的作用显著；认为加快新农村建设的同时，在农村地区应建立以县级政府为主体的地方公共品和公共服务提供机制，通过加强县级地位、提高县级财政自给率来实现农民收入加速增长。国务院发展研究中心课题组和韩俊(2010)则提出，农民工市民化将促进居民消费和固定资产投资的增长，优化经济结构，促进人口转移，提高农村居民收入水平，因而有助于缩小居民收入差距。王震(2010)认为从改善农村居民收入分配状况的角度来看，新农村建设是值得肯定的，但是在新农村建设过程中，要注意地区之间在推进新农村建设过程中的差异，除了地方政府加大投入外，中央政府应该继续加强对中西部地区新农村建设的财政支持。蔡昉(2010)认为发展型地方政府有更大的激励改善农民增收的公共服务，但现行财税制度却会使它们陷入财政捉襟见肘的境地；因此，通过财税制度改革，提高地方政府财政比重，使其财权与事权更加对称，可以推进地方政府向公共服务提供者的角色回归。王春超(2011)认为农户收入持续增长的新路径可以从土地和劳动力资源配置的市场化参与程度上着手，通过采取相应的激励政策提高农户对土地资源和劳动力资源的利用程度和市场参与程度，来提高农民收入。林万龙和茹玉(2014)对农民直接补贴的投入规模、农民直接补贴政策对农民收入的影响进行了分析，结果表明中央财政对农民直接补贴的范围和投入力度日益增大，对农民增收起到了积极效果，并且在一定程度上缩小了城乡收入差距；由于农民直接补贴政策中支出挂钩型补贴所占比重较大，相对富裕的农户从这些政策中获益较多，而收入较低农户的获益能力受到限制；并且这类补贴的比重呈现逐年上升的趋势，这对于缩小农村内部农户间收入差距有着不利的影响。

总体而言，国内研究找准了方向和明确了目标，比较一致地认为增加人力资本积累、促进农业技术进步、推进农业规模化经营、加快剩余劳动力转移、调整国家经济发展战略、增强财政金融政策支持、深化经济体制改革以确保农民收入持续增长，对中国经济发展与社会和谐至关重要。然而国内相关研究要么从宏观层面研究农民收入增长的一般规律，要么则是基于新古典经济学的视角将农民收入看作"投入-产出"的"黑箱"，尽管根据农民收入增长现状或趋势分析提出了比较有意义的对策建议，但由于缺乏打破"黑箱"的应用模型分析，中国农民收入持续增长的长效机制尚未得到有效揭示，更无法明确现实状态下农民收入超常规增长的实现机理，也不能因时因地制宜地做出有效、可行的动态宏观调控选择。此外，对策研究中缺乏更详细的阶段性和区域性差异划分，我们应该认识到，体制改革、制度创新及机制的培育是一个复杂的过程，政策的研究应该具备更准确的目标性与阶段性，把握好时间异质性、个体异质性和空间异质性，近期政策研究应该特别强调可操作性和具体性。因此，本书将从中国经济社会发展的现实背景出发，用全新的视野、思路、理论、方法和技术手段，揭示和探寻农民收入超常规增长的要素条件与战略模式。

1.3　研究目标及内容

1.3.1　研究目标

本书的总目标是基于农民收入增长总量、速度与质量有效结合的视角，研究如何构建我国农民收入超常规增长的战略模式，确保其科学运行，旨在为进一步深化我国经济社会体制改革，加快转变经济发展方式，大力推进城乡经济社会一体化发展与和谐社会建设提供理论及实证支持。为实现这一总体目标，本书的研究必须实现以下具体目标：①设定农民收入超常规增长对资源要素配置要求的理论模型，并构建基于中国现实背景的理论分析框架与应用方法体系，探索实现农民收入超常规增长的要素组合与要素匹配；②建立基于微观个人能力、成本收益与福利改进的数学模型进行统计调查分析，并结合宏观经济政策的绩效评价，以明确制约中国农民收入增长稳定性、持续性的主要影响因素及制度障碍，从而为科学设计农民收入超常规增长战略提供理论与实证支持；③从应用数学模型角度构建中国农民收入超常规增长的利益相关主体行为模型进行研究，获取相关主体之间的相互关系识别，为各类主体行为规范提供全新的制度约束和管理激励；④设立农民收入超常规增长战略形成的基础性条件，确立其与国家整体发展战略的协同驱动框架，并立足于建设农民收入超常规增长的长效机制层面，为我国经济发展方式转变与和谐社会构建提供全新的战略思路和政策指导；⑤为建立基于数学推导的、科学严谨的、符合现代经济学和管理学研究规范的农民收入增长理论奠定基础。

1.3.2　研究内容

为了实现上述研究目标，全部研究内容由理论研究、实证研究和对策研究三大部分构成,包含 12 个具有内在逻辑联系的研究专题构成,并由此划分为 8 个子课题,其总体框架和基本内容具体构成如图 1.1 所示。

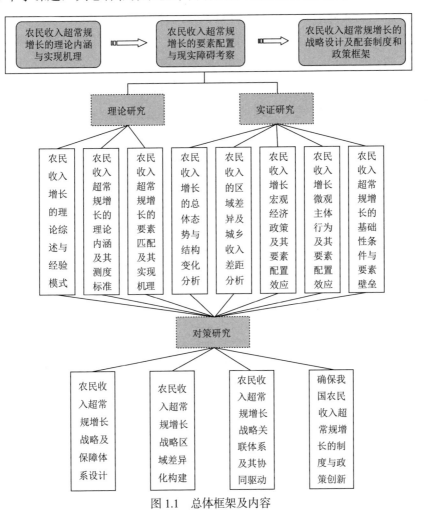

图 1.1　总体框架及内容

1. 理论研究"农民收入超常规增长的理论内涵与实现机理"

理论研究是整个课题研究的基础和出发点。本部分力求深入系统地把握农民收入增长,尤其是超常规增长的客观规律,并由此设定农民收入超常规增长的资源要素配置合理性测度模型,进而构建基于我国现实背景的农民收入超常规增长理论分析框架与应用方法体系，以利于从理论分析层面上为设计农民收入超常规增长战略提供客观依据。

整个理论研究部分构成子课题 1"农民收入超常规增长的理论内涵与实现机理研究"。该子课题涵盖本书的第 1～4 章，主要内容包括 3 个专题：①农民收入增长的理论综述与经验模式；②农民收入超常规增长的理论内涵及测度标准；③农民收入超常规增长的要素匹配及其实现机理。

2. 实证研究"农民收入超常规增长的要素配置与现实障碍考察"

实证研究是确保科学构建农民收入超常规增长战略的关键性环节。一方面，力求通过实地考察、统计调查与个案分析，明确制约我国农民收入增长速度及其稳定性、持续性的主要影响因素及相关政策的成效，从而为有效解决现实问题并科学设计农民收入超常规增长战略提供实证支持。另一方面，将致力于对我国农民收入增长，尤其是超常规增长的利益相关主体及其行为进行深入研究，力图通过各主体行为动机、行为特征、行为互动、行为冲突等方面的分析，探索其相互作用的微观基础，把握其相互关系的原理，并由此明确如何进行各主体的行为规范，从而有利于我国农民收入超常规增长战略的最终形成。此外，本部分还将实证我国农民收入超常规增长的生产要素需求和现实经济运行所能提供的要素供给能力，明确战略形成的基础性条件，并进一步从制度层面分析农民收入超常规增长面临的现实障碍，为后续政策研究奠定基础。

整个实证研究部分包括 4 个子课题，涵盖本书第 5～9 章。子课题 2 为"我国农民收入增长及城乡收入差距的变动趋势与区域差异"，主要内容包括 2 个专题：①农民收入增长的总体态势与结构变化分析；②农民收入的区域差异及城乡收入差距分析。子课题 3 为"我国农民收入增长宏观经济政策及其要素配置效应"，子课题 4 为"我国农民收入增长的微观主体行为及其要素配置效应"，子课题 5 为"我国农民收入超常规增长的基础性条件与要素壁垒"，均单独成为一个专题部分。

3. 对策研究"农民收入超常规增长的战略设计及配套制度和政策框架"

应用对策研究是本书研究的重点与归宿，体现出本书研究的主旨。首先，将立足于理论研究和实证研究的结论针对性地进行我国农民收入超常规增长战略及其保障体系设计；其次，将进一步根据我国各地区经济、社会发展差距较大的现实背景，重点探索我国农民收入超常规增长战略的区域差异化构建；再次，根据国家整体经济社会发展战略的实践要求，着力构建农民收入超常规增长战略的协同框架，以期为确保我国农民收入超常规增长战略的科学性提供有效战略指导；最后，将提出确保农民收入超常规增长的制度创新方向和框架，从农民收入"量"与"质"同步提升的双重层面、结合国内外成功经验与本国具体国情提出推进农民收入超常规增长战略实施及其长效机制确立的具体政策建议。

对策研究部分包括 3 个子课题，涵盖本书第 10～12 章。子课题 6 为"我国农民收入超常规增长战略及区域差异化构建"，主要内容包括 2 个专题：①农民收入超常规增长战略及保障体系设计；②农民收入超常规增长战略区域差异化构建。子课题 7 为"我国农民收入超常规增长战略关联体系及其协同驱动"，子课题 8 为"确保我国农民收入超常规增长的制度与政策创新"，也分别单独成为一个专题部分。

1.4 研究思路及方法

1.4.1 研究思路

本书遵循理论研究→实证研究→政策研究的逻辑思路，整个研究具体的技术路线如图 1.2 所示。研究首先将围绕当前农民收入增长严重滞后于国民经济整体发展的现实格局，广泛挖掘和科学吸收、利用已有理论资源，以适合于中国的研究结论为起点，在充分认识中国城乡经济、工农产业发展关系特殊性的基础上，将农民收入的超常规增长置于整个宏观经济背景之中，联系客观现实深入剖析基本概念；在充分认识农民收入超常规增长理论内涵的基础上，揭示其实现机理和内在要求，并由此构建本书的理论框架。在此基础上，本书将进一步运用统计调查、计量分析、博弈分析和制度分析等手段，深入探索农民收入超常规增长的要素配置及行为选择，充分揭示其面临的现实障碍及成因。最后，依据共同富裕的目标与国家整体经济社会发展战略要求，构建基于动态能力的我国农民收入超常规增长战略及其协同驱动框架，并针对性提出保障其有效实施的制度创新与政策建议。

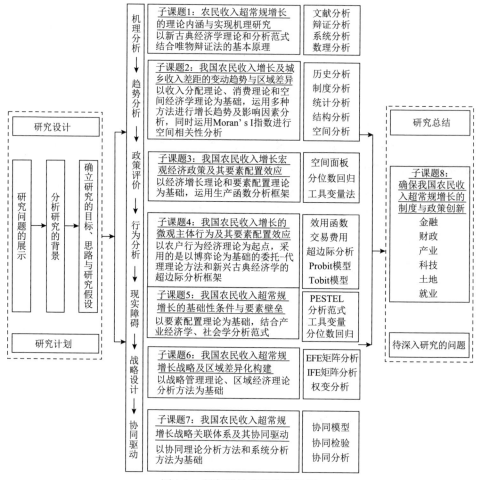

图 1.2　研究的技术路线设计图

1.4.2　研究方法

（1）在进行农民收入超常规增长的理论内涵与实现机理研究时，主要运用文献分析、辩证分析、系统分析和数理推演等方法。本部分将在理论回顾与文献分析的基础上，以新古典经济学的理论和分析范式为起点，遵循唯物辩证法的基本原理，从运动的、历史的、系统的和辩证的角度认识和把握其理论内涵。研究尤其重视对现代西方经济理论及其哲学思想的吸收，并依据"概念是反映客观现实本质属性的思维形式"这一哲学命题，以及"概念在其展开的过程中就表现为理论，对术语的不断加细的定义过程就是概念的展开过程"的思想，坚持通过充分地占有材料，分析其发展形势，探寻形式间的内在联系，发现研究对象的基本要素，再从基本要素之间的联系出发，渐次引入新要素，逐步贴近研究对象的具体形态，实现不断由感性到理性，最终充分揭示农民收入超常规增长的理论依据、测度标准、基本要素来源和新兴要素来源及要素之间的作用机理。

(2) 在进行农民收入增长及城乡收入差距的变动趋势与区域差异研究时，将以收入分配理论、消费理论和空间经济学理论为基础，综合运用多种分析方法。一是基于国家统计数据，利用历史分析、制度分析和统计分析方法对改革开放以来中国农民收入增长、城乡收入差距的总体状态进行阶段划分，力求找准各阶段农民收入增长差异和城乡收入差距变动的深层次原因。二是利用经济增长的结构分析法建立农民收入结构变动对农民收入增长贡献的分解模型，充分认识农民收入结构优化的重要性。三是为了分析不同收入组之间农民收入结构的"趋同"和"趋异"情况，利用统计数据对不同收入组农民收入结构的变动值进行测度，采用结构相似度的指标对不同收入组之间农民收入结构的相似度进行测度。四是基于区域统计数据，利用空间统计分析方法，揭示不同地区之间的农民收入、城乡收入差距的空间分布特征和时期差异。

(3) 在进行农民收入增长宏观经济政策及其要素配置效应研究时，将以经济增长理论和要素配置理论为基础，基于生产函数分析框架运用空间面板模型、分位数回归、工具变量等方法。本部分首先借鉴 Feder (1982)、Greenwood 和 Jovanvic (1990)、Rajan 和 Zingales (1998) 等的经验研究，在传统生产函数分析框架下，运用产出增长率模型、新古典 Ramsey-Cass-Koopmans 模型 (Ramsey，1928；Cass，1965；Koopmans，1965) 和经济效率模型对农民收入增长政策实施及要素配置进行数理推演，得到农民收入增长宏观经济政策实施及其要素配置的理论模型。其次，基于县域截面数据，运用分位数回归方法实证县域要素配置与农民收入增长的整体效应和区域差异，同时重点对贫困县、非贫困县进行区分，利用工具变量、分位数回归方法分析贫困县和非贫困县要素配置与农民收入增长的分类分层差异。最后，基于省域面板数据，根据省域农民收入的空间分布特征，运用空间滞后模型、空间误差模型、空间杜宾模型考察省域要素配置与农民收入增长的时空差异，重在测算财政金融支农政策引导的要素配置对农民收入增长的直接效应和空间外溢效应。

(4)在进行农民收入超常规增长战略关联体系及其协同驱动研究时，将以农户行为经济理论为起点，采用的是以博弈论为基础的委托-代理理论方法和新兴古典经济学的超边际分析框架。首先，将以农户经济行为理论为基础，从效用函数和交易费用理论入手，通过建立具有微观基础的、结构严谨、论证规范的模型，并在模型中引入了诸如不确定性、不对称信息和监督成本等与完全竞争相悖的因素，对农民收入增长利益相关主体的行为方式做出规范意义上的推理；研究的重点在于揭示农业经营主体、金融机构和政府三方的行为互动过程，并运用博弈论为基础的委托-代理理论方法探讨我国农民收入超常规增长的政府行为规范。其次，利用农村微观调查数据进行统计分析，充分展示农业经营主体的要素配置行为表现，并运用异方差 Probit 模型进行实证检验，揭示其行为特征和逻辑规律，厘清新型农业经营主体和传统农户生产在核心要素配置中的行为差异。最后，借助新兴古典经济学的超边际分析框架，重点以农民合作经济组织为代表构建理论模型，利用异方差 Probit 模型和 Tobit 模型模拟分析现代农业经济发展过程中农业生产经营主体的要素配置行为决策及其利益实现机制。

(5)在进行农民收入超常规增长的基础性条件与要素壁垒研究时，将以要素配置理论为基础，结合产业经济学、社会学分析范式，并采用多种统计预测和计量分析方法。一是从产业基础、经济结构、社会条件和农民自身条件等运用 PESTEL 分析范式多角度探索农民收入超常规增长的内在条件与外部环境约束。二是采用曲线趋势延伸、双指数平滑、Holt-Winters、ARIMA、灰色 GM(1，1)五种方法预测 2015～2049 年的农民收入数据，并利用组合预测方法分别根据前述各种方法的计算值获取农民收入增长的组合绝对值和增长率数据作为分析依据。三是运用结构向量自回归模型确定我国农民收入超常规增长的要素贡献率，然后根据农民收入超常规增长目标，进一步预测我国农民收入超常规增长的要素需求和要素供给，从而得到欲实现农民收入超常规增长目标的要素供需缺口。四是基于社会学分析方式，运用工具变量、分位数回归等方法重点探讨在农村经济体制和乡村治理机制的现实格局下农民收入超常规增长要素集聚与配置的主要障碍。

(6)在进行农民收入超常规增长战略及区域差异化构建研究时,将以战略管理理论、区域经济理论分析方法为基础进行充分论证。第一,在必要性和可行性分析基础上,明确我国农民收入超常规增长战略设计的目标与思路。第二,在目标和思路确定以后,再进一步研究设计我国农民收入超常规增长的战略体系,并运用 EFE 矩阵分析、IFE 矩阵分析、权变分析等思维进行相应的战略制定。第三,研究将从战略任务、战略领导、战略承诺、战略互补、战略替代、战略激励等方面探讨我国农民收入超常规增长的战略实施。第四,将基于现实条件运用战略思维,深入研究我国农民收入超常规增长的战略保障。第五,根据我国各地区的实际情况,运用区域发展战略研究方法探索我国农民收入超常规增长战略的区域差异化构建。

(7)在进行农民收入超常规增长战略关联体系及其协同驱动研究时,将以协同理论和方法为基础进行理论整合、模型构造与检验,并以此为基础构建一个基于农民收入超常规增长战略与国家整体发展模式协同的战略框架。协同理论(synergetic theory),亦称协同学或协和学,是联邦德国斯图加特大学教授、著名物理学家哈肯 1971 年创立的,是研究不同事物共同特征及其协同机理的新兴学科,是近十几年来获得发展并被广泛应用的综合性学科。它着重探讨各种系统从无序变为有序时的相似性。应用协同论方法,可以把已经取得的研究成果,类比拓宽于其他学科,为探索未知领域提供有效的手段,还可以用于找出影响系统变化的控制因素,进而发挥系统内子系统间的协同作用。本部分将在协同模型设计、协同检验、协同分析的基础上,提出我国农民收入超常规增长战略的协同驱动战略框架,为确保我国农民收入超常规增长战略的科学性提供有效战略指导。

(8)在进行确保我国农民收入超常规增长的制度与政策创新研究时,采用的是以制度经济学中制度创新理论为基础的制度主义演绎分析范式,并结合前述研究成果进行归纳的方法。本部分重点从金融制度与政策创新、财政制度与政策创新、产业管理制度与政策创新、科技制度与政策创新、土地制度与政策创新、就业创业制度与政策创新等方面探讨我国农民收入超常规增长战略的配套制度和政策组合。在进行总结时,本书还将探讨政府如何进一步深化改革,实现从直接介入经济活动到创造有利于竞争的宏观政策环境,以及承担更多的社会管理和基本公共服务供给职能的转变,从而使农民尽享改革创新红利,保持长期可持续的收入超常规增长。在通过研讨、交流获取信息反馈进一步修改、完善后,将形成最后的政策建议文本提交相关决策部门。

1.5　研究数据及资料

1.5.1　研究数据

本书的数据既有宏观层面国家法定或权威的数据资料,也有相关政府部门发布的微观调查数据和课题组自己组织的问卷调查数据,主要来源包括以下四个方面。

(1)统计年鉴:《中国统计年鉴》(1981~2014 年)、《中国金融年鉴》(1986~2013 年)、《中国人口和就业统计年鉴》(各年)、《中国财政年鉴》(历年)、《中国农村统计年鉴》(1985~2013 年)、《中国期货证券统计年鉴》(1997~2013 年)、《中国区域经济统计年鉴》(2000~2013 年)、《中国县(市)社会经济统计年鉴》(2001~2013 年)、《中国乡镇企业统计年鉴》(1978~2005 年)、《中国乡镇企业及农产品加工业年鉴》(2006~2012 年)、《农产品成本收益资料汇编》(1978~2013 年)、《农业统计年鉴》(1997~2013 年)、《全国农业统计提要》(2001~2013 年)、《新中国五十年统计资料汇编》、《新中国六十年统计资料汇编》、《中国住户调查年鉴》(2011~2012 年)、《中国农村贫困监测报告》、《中国农村住户调查年鉴》(2006~2010 年)、《2000~2009 全国农村固定观察点调查数据汇编》、《金砖国家联合统计手册》等,除此之外还包括各省区市历年统计年鉴。

(2)统计公报和统计报告:《国民经济和社会发展统计公报》、《区域金融运行报告》、《中国金融行业分析报告》、《中国银行业运行报告》、《中国银行业监督管理委员会年报》、《中国农村金融服务报告》、《金融机构贷款投向统计报告》、《世界银行报告》等。

(3)一些重要网站：中华人民共和国农业部网站、中华人民共和国国家统计局网站、中华人民共和国财政部网站、中国人民银行网站、中国证券监督管理委员会网站、中国保险监督管理委员会网站、中国银行业监督管理委员会网站及政府相关部门的公告数据，除此之外还包括各省区市统计信息网及统计局网站。

(4)研究中还使用了大量的实际调查数据：一是中国人民银行联合国家统计局在全国范围开展的针对农户借贷需求的专项调查问卷，调查问卷涉及内蒙古、吉林、江苏、福建、安徽、河南、湖南、四川、贵州、宁夏10个省区市，总共抽取263个县(市、区)、2004个村、20 040个农村住户，获取了20 040家农户的有效样本。二是本书作者组织的对农户、农村企业、农村金融机构和县乡干部的问卷调查，了解他们在农民生产经营活动中的感受和体验，为研究积累的原始数据。该项调查中，首先对问卷进行了初步测试，课题组成员于2014年1月在重庆市北碚区、四川省广安市、河南省许昌市、福建省漳州市等地与农户面对面进行了预调查。然后，为了降低地区差异对调查结果的影响、提高问卷的针对性和可信度及完整性，在预调查结束后，我们对调查问卷做了进一步修改和完善。最后，根据区域经济发展水平和农村经济特点，课题组于2014年2月初到3月末和7月初到8月末选取了三大经济地带的18个省区市68个县(市、区)的农户家庭，对2013年的家庭基本情况进行了正式调查，所有问卷均由调查者采用一问一答的方式完成。问卷调查采用分层随机抽样的方法，分层依据主要是按照国家统计局关于农户家庭人均纯收入对总体进行5分层的方式，然后确定在每个县(市、区)的每层中抽取10个农户家庭进行问卷访谈。每个县(市、区)固定发放50份问卷，共发放问卷3500份，最后共回收68个县(市、区)的问卷3318份，问卷回收率为94.8%，最终共收集有效问卷3167份。

1.5.2　研究资料

本书研究过程中检索、查阅和引用了大量文献资料，既有官方重要文件，也有本领域专家学者的经典论著，具体包括以下三个部分。

(1) 研究中必要的定性资料。主要是国家法律和政策公开的文件、权威性的报告(如各年中央一号文件、中国共产党第十八届中央委员会第三次全体会议报告)、公告、各级政府工作报告、各年中央经济工作会议文件、各年中央农村经济工作会议文件等。

(2) 各级政府部门和研究机构的专业研究报告。主要是中国人民银行、国家统计局、国务院发展研究中心、中国社会科学院及其相关研究机构历年发布的专业报告《金融发展报告》、《农村经济绿皮书》、《"三农"贷款与县域金融统计》等，农业部软科学委员会办公室组织编写的"农业软科学研究丛书"，以及鉴定合格的国家和省部级相关课题研究报告。

(3) 部分资料来自相关领域学者们的论著，同时加以引注。引用的主要专著均列于参考文献中。引用论文主要来自权威性学术期刊，如《中国社会科学》、《经济研究》、《管理世界》、《世界经济》、《数量经济技术经济研究》、《经济学季刊》、《管理科学学报》、《金融研究》、《中国软科学》、《中国农村经济》、《农业经济问题》、*The American Economic Review*、*The Journal of Finance*、*The Quarterly Journal of Economics*、*Developing Economies*、*Econometric Reviews*、*Econometrica*、*Econometric Theory*、*Journal of Economics & Management Strategy*、*Journal of Political Economy*、*American Journal of Agricultural Economics*、*Journal of Agricultural Economics* 等。

第 2 章

理论回顾与借鉴

本章旨在对已有相关理论成果进行梳理、综合、分析及归纳，进而为确定农民收入增长问题研究的逻辑起点和分析框架提供有效的理论借鉴。根据本书总体设计与理论假设的逻辑推演，后续研究展开将会涉及的理论源泉主要涵盖以下几个方面：一是农户经济行为理论，具体包括"道义小农"理论、"理性小农"理论、"综合主义小农"理论和"社会化小农"理论；二是经济增长理论，具体包括哈罗德-多马模型、索罗-斯旺模型、产品多样化模型和熊彼特模型；三是收入分配理论，具体包括古典收入分配理论、后凯恩斯收入分配理论、新古典收入分配理论和马克思收入分配理论；四是要素配置理论，具体包括古典经济学要素配置理论、新古典经济学要素配置理论和马克思的资本要素配置理论。本章将厘清上述理论与研究主题的关联关系，并由此形成后续研究的理论借鉴和理论支撑。

2.1 农户经济行为理论

中国农业、农村问题研究，无论视角如何切入，范式如何创新，总少不了对农户经济行为的探索和规律把握。作为农村经济整体框架下必不可少的微观因子，其本质上包含和诠释了农户的性质及其生产动机，理应成为探讨农民收入超常规增长问题的逻辑起点。目前，国外农户经济理论研究因其历史悠久形成了较为丰硕的成果，主要包括了基于"经济人"假设的"理性小农"和基于"生存逻辑"的"道义小农"理论。毋庸讳言，对国外理论的建设性梳理与理性反思是重要的。但与此同时，进一步结合中国城乡"二元结构"的特殊国情与"新常态"的发展阶段，总结与完善发端于本土的"综合主义小农""社会化小农"等理论素材同样兼具理论意义和现实意义。在论述农户经济行为的国外经典文献中，主要存在两种迥然不同的研究思路：其一是以舒尔茨(Schultz)、波普金(Popkin)及塔克斯(Soul Tax)为代表的"理性小农"；其二是以蔡亚诺夫(Chayanov)、波兰尼(Polanyi)及斯科特(Scott)为代表的"生存小农"。本部分首先将着墨于梳理这两种理论，然后从国内现实出发，阐述"综合主义小农"与"社会化小农"理论。

2.1.1　"道义小农"理论

"道义小农"理论认为，小农并非生活在资本主义市场经济中，其生产动机是为了家庭的生计，主要满足消费需求，而不是追求利润最大化。"道义小农"学派的代表人物包括蔡亚诺夫、波兰尼和斯科特(J. Scott)。蔡亚诺夫在20世纪20年代通过对俄国小农的研究，提出了"劳动-消费均衡"理论，建立了"社会农学"。同时，他批判了资本主义大农场，倡导家庭农场与农业纵向一体化[①]。此后波兰尼对"道义小农"理论的研究加入了社会学、人类学与哲学的思考，从一个崭新的角度传承与发扬了蔡氏理论。他在《巨变》中直截了当地抨击了资本主义经济学"经济人"假说和"完全竞争"假说，提出了用"实体经济学"取代资本主义的"形式经济学"。另外，斯科特则通过一系列令人信服的案例阐述了"道义小农"理论，他通过对缅甸南部和越南的考察，在《农民的道义经济学：东南亚的反抗与生存》中不厌其烦地论述"生存伦理"的道德含义，强调剥削与反抗不仅是一个关乎收入和卡路里的问题，

---

① 值得一提的是，倡导资本主义市场经济的亚当·斯密与倡导共产主义社会的马克思虽然思想观点上截然不同，但他们都认为小农经济终将被大农场所取代。马克思主义农业经济理论曾经指导了苏联及中国等社会主义国家对小农经济的改造。其后虽遭到批判，但如今农业部所倡导的规模化种植、产业化经营，又有望推动亚当·斯密和马克思的大农业思想在中国复兴。

更是农民关乎正义、权利、义务及互惠的问题。

蔡亚诺夫认为小农没有能力雇佣劳动,其生产中的成本难以度量,小农生产的产品主要用于消费,因此小农的行为选择并非基于成本与收益之间的权衡,而是取决于消费所得效用与劳动所付出的辛苦之间的均衡(Chayanov,1925)。波兰尼则认为小农经济的分析范式理应是"内生性"的,而非"先验式"。严密的数学推导与演绎逻辑是刻画资本主义市场经济的精致工具,资本主义经济学立足于价格信号为核心的市场,而"市场只有在市场社会里才能运行",如果把这种工具应用于尚无此类市场的经济中,无异于把"功利的理性主义"世界化、普遍化。而在资本主义市场出现之前,经济行为根植于特定的社会关系,而绝非根植于市场或是对于利益的追求,因此研究经济需要把"经济过程"当作社会的"制度过程"(Polanyi et al.,1957)。而斯科特认为小农行为动机是"风险规避"和"安全第一"的统一,强烈的生存取向驱使农民选择"避免灾难"而非追求利润最大化(Scott,1976)。他生动地写道:传统的小农就像一个长时间站在齐脖深水中的人,只要涌来一阵细浪,就会使人陷入灭顶之灾。

应该说,"道义小农"理论真正把小农的行为与西方工业化的一般进程区别开来了,同时具有相对独立的理论体系和较为完整的逻辑结构。在理论上能够分析某些长期处于落后状态的小农,如由"传统性""文化性"因素造成的小农贫困。"道义小农"理论没有停留在简单的经济学分析中,通过社会学、人类学思想丰富了对小农经济行为的研究,也为我们引入一个更加广阔的视角。

2.1.2 "理性小农"理论

"理性小农"理论认为:在一个完全竞争市场中,小农和任何资本主义企业家一样都是理性的"经济人",他们追求利润的最大化,并且极少出现低效率生产。"理性小农"学派的代表人物包括舒尔茨、波普金和塔克斯。舒尔茨通过对危地马拉帕那加撒尔和印度的塞纳普尔两地传统农业的调查,从文化形态、政治体制与制度结构三大方面分析了传统农业。波普金与塔克斯进一步发展了"理性小农"主义,他们直接对话"道义小农"理论,与同时期的斯科特形成立场鲜明的对立。

舒尔茨认为农民对利润的渴求相对于资本主义企业家来讲毫不逊色，改造传统农业的出路在于激励小农追求利润最大化而创新的行为(Schultz, 1964)[①]。他认为传统农业中生产要素配置效率低下的情况是罕见的，小农并非懒散、愚昧或不思进取。借助于投资机会和有效刺激，小农将会点石成金。农民已经最优化地配置了自身可支配技术状态下的生产可能性，对他们的生产要素作进一步的资源配置并非有效，因此改造传统农业亟待寻找廉价的现代农业生产要素以使农业成为经济增长的源泉。此后，波普金认为小农场完全可以和资本主义的公司画等号，小农在市场领域中的精于算计与理性的资本主义企业家并无差别(Popkin, 1979)。他把小农刻画为极端的"理性者"，提出了所谓的"政治经济"概念，反对"生存规则的道义含义"。塔克斯则认为无论小农有多么贫困落后，小农的经济行为都等同于资本家。他在《一个便士的资本主义》中这样描绘贫困的印第安人："这里算得上是一个小型的资本主义社会，这里没有机械设备、大型工厂，更没有企业的踪迹，每个小农为自己干活，并赚得利益，贸易、竞争、企业家及市场都存在于此。"

"理性小农"理论在微观层面上分析了小农的冲突合作与普遍利益的争夺，把小农与家庭农场等同于资本主体的企业家与企业，强调了小农的理性，这种理性根本上地保证了小农个人利益的最大化。"理性小农"理论提供了一个资本主义市场经济的分析范式，构建了一个精致的模型，成为小农经济行为理论的重要支柱。

2.1.3 "综合主义小农"理论

"综合主义小农"理论认为，小农既是一个利润追逐者，同时又是一个维持生计的生产者，更是受剥削的耕作者，三方面综合才能反映小农这个统一

---

① 此处我们有必要澄清一个事实，虽然学术界普遍认为舒尔茨是"道义小农"理论最具代表性的人物，但是他如此激进的措辞并非针对"道义小农"理论，他对话的理论是"二元经济理论"(Lewis, 1954)。该理论以刘易斯的《无限劳动供给下的经济发展》为起点，关注二元经济结构的动态优化及实现传统农业部门与现代工业部门的平稳过渡。

体。黄宗智 (1986) 通过对种植棉花小农的研究，在《华北的小农经济与社会变迁》中指出对于小农的理性与道义而言，"坚持某一方面的特征而排斥其他方面"的争论是毫无意义的。小农的行为不遵循固定模式，由具体生存境遇所决定。较为富裕的农场很大程度上受利益的诱导，较为贫穷的小农则着重考虑生存而不是利润最大化。而杜赞奇 (P. Duara) 在《文化、权力与国家 (1900—1924 年的华北农村)》中佐证了"综合主义小农"理论，他发现"道义"与"理性"都不完全符合华北小农的经济特征，因此需要一个更加综合化的视角。

"综合主义小农"理论认为小农具有三种不同的面貌。首先，小农是为了自家消费而生产，家庭生产取决于家庭的消费，一个典型的例子就是小农为了维持生计和生产的直接开销，会到集市上出售细粮买回粗粮。其次，小农也并非没有理性，小农会在满足税费、生产成本和自身消费之外出售剩余农产品。最后，小农是政权体系与阶级社会的成员，他们生产的产品用于满足非农部门的消费需求。比如，小农会用现金或粮食等实物来缴租使农产品进入市场。

黄宗智的"综合主义小农"理论对"理性小农"与"道义小农"从现实角度进行了批判与发展。一般而言，理论是对经验现象的抽象总结，而伴随着时间的推进，理论不再是一个简单的描述，需要以现状作为基本依据。黄宗智综合了西方的经典理论，同时立足于中国的实际情况进行了深化与阐发，形成了一个综合化的论点。

2.1.4　"社会化小农"理论

"社会化小农"理论认为，社会主义市场经济使小农融入到了一个高度开放的社会化体系之中，小农表现出了行为的外部性、个体的社会化、动机的多样性与综合收益的最大化。刘金海 (2007) 着重考虑了国家化与市场化对小农行为的影响，认为国家化实现了国家与农民的政治一体化，在一定程度上化解了国家与农民之间的纵向阻隔；市场化实现了小农由孤立的个人进入到社会网络之中，增加了农民的横向交流。韩轶春 (2007) 则考虑了信息与小农的社会化，并认为信息的社会化使小农能够走出封闭的村子，但信息的作用机理并不会进一步扩大小农的社会化。此后，邓大才（2013）以乡村治理与转型的视角研究了小农的社会化，构建了社会化小农的分析框架。

"社会化小农"理论认为，对于当代中国的小农而言，小农已经不再是社会经济中的"孤立人"，而是一个被人情关系、舆论道德包围的"社会人"。基于地缘、亲缘关系的基因亲和、情感贯通和内在认同就像血缘关系一样深深地烙印在小农的血脉里，其经济行为已经被视作个人道德品行、人格信息的重要组成部分，将直接影响外部对其个人的"社会评价"（陈雨露和马勇，2010）。"社会化小农"理论认为小农同时进入市场和社会，这不仅使村庄内部小农之间的关系发生改变，同时使小农与村外的交流变得更加频繁。在村庄内部主要依据习俗、伦理和传统进行治理，而社会化带来的货币因素挤压了小农的生存空间，小农会因为货币带来的压力追求货币利益最大化。传统乡土社会中小农几乎不与村外交流，而小农的社会化进程模糊与超越了村庄的边界，使小农的经济行为突破了圈层结构。

可以说，"社会化小农"理论是国外小农经济行为理论的"中国化"，是国内学者对现阶段中国小农行为规律的归纳与总结。始于20世纪中期的国家化消除了"传统的小农"，其后的社会主义市场化使小农进入市场之中。在中国经济"新常态"的发展阶段中，小农的经济行为无疑会产生新的特点，"社会化小农"理论为分析现阶段小农的行为和动机提供了一个可资借鉴的分析范式。

2.1.5　农户经济行为理论评述

国内外经典小农经济行为理论所提供的分析框架、研究范式具有宝贵的借鉴价值，对本书研究有重要的借鉴与启示。但是，任何经典理论都会有其理论边界和历史局限性，尤其是西方小农经济行为理论多源于资本主义国家的经验，因此需要去糟取精，不能简单套用。

1. 理论的边界和历史局限性

"理性小农"理论把小农等同于追求利润最大化的企业家，一旦有经济利润的刺激，小农就会改造传统农业。这种观点值得进一步思考，首先，中国有大量农民处于贫穷落后的状态，他们内在的"稳态"相对不容易变化。其中，舒尔茨假设市场是完全竞争的，这与中国尚未成熟的市场机制相去甚远，该理论对于政府行政干预、市场约束等因素的考虑也有所欠缺。其次，"理性小农"理论把家庭看作企业，这样的分析弱化了亲缘、地缘等社会关系，在一定程度上忽视了小农家庭内部的"利他主义"行为。而中国农村是一个典型的"熟人社会"或"关系型社会"，声誉、面子等农民十分在意的东西很难量化，甚至连父母对子女的无偿抚养等行为都难以做出合理的解释。最后，如果中国小农富于"理性"，那么小农这个精于算计的"商人"或"企业家"怎么会长期处于贫穷落后的状态，同时其也并非刻意去追求经济利润。因此，把小农是否具有所谓的"理性"当作评判小农经济行为的唯一标尺恐怕并不精确。

强调"生存逻辑"的"道义小农"理论通过纳入人类学、社会学、历史学的范畴，以一个历史传承的视角分析，对于中国小农长时期处于贫穷落后地位具有一定的解释能力。但一些现实问题同样值得思考。首先，由于定性研究者众，定量研究者寡，一些论述性、描述性文献缺乏管理学、经济学的规范性，因此对政策的建议就无法具体。其次，分析的时间窗口长短不一，个别逻辑连续性的解释还值得商榷。比如，我们很难想象这样一种场景：有一条脱贫致富的道路摆在小农面前，而小农却因为历史传承所形成的"面朝黄土背朝天"的习俗，或是心理因素、情感因素而将自己束缚在荒凉的土地上。如果真的发生了这样的情形，8 亿多中国农民将成为中国社会经济发展中的最大阻力(陈雨露和马勇，2010)。

2. 对主要争论的评价

"理性小农"理论与"道义小农"理论就小农经济行为的判断一直存在争议，其主要集中表现在两个方面：家庭经营单位和村庄性质的界定。首先，蔡亚诺夫和斯科特认为家庭农场与经营性农场存在很大的区别，农民家庭具有生存取向的特殊经济行为不同于资本主义企业，它既是一个生产单位，同时也是消费单位。这样的争论存在主体之间的差异，如果通过更加清晰的界定，把小农(peasant)与农业从业者(farmer)区分开来。小农以安全、稳定的行为满足家庭的最低消费需求，农业从业者是追求利润最大化的资本主义企业家。如此看来，两大理论实际上存在相互转换的可能，农民的经济行为不再是一个选择上的问题，而是一个差异性主体之间的行为逻辑。其次，"道义小农"理论认为乡村是具有高度集体认同感的内聚型共同体，更加强调人人都有生存的权利。这样的生存权利保障了每个小农的安全，在风险来临时，小农通过互惠与庇护保障自身的生存权利(郭于华，2002)。而"理性小农"理论认为村庄是一个松散的开放体，个人利益与集体利益存在冲突，是小农追求个人利益最大化的结果。现阶段小农的社会化淡化了乡村、村庄的概念，"货币伦理"挤压了小农在乡村内部的生存空间，同时乡村之间、乡村与城市之间的交流变得更加容易，也更加频繁。受信息、技术进步、资本下乡和支农惠农政策影响，在城镇化、劳动力转移的进程中，城乡居民的行为逻辑已经趋于一致，"理性"与"道义"似乎并不是那么对立的问题。

3. 理论的启示

"理性小农"理论或许过于乐观，而"道义小农"理论又有些悲观。通过对"斯科特-波普金争论"所秉持的观点进行总结，能为我们分析"三农"问题带来启示。小农经济理论中主要的争论在于农民是理性还是非理性的，而黄宗智认为无论理性和道义都只是小农的表象,而小农的本质介于两者之间，存在动态转换的可能。我们有理由认为无论小农是理性的还是道义的，都会追求家庭效用最大化和风险最小化，在这层面上小农都是理性的。林毅夫就认为一些小农被证实是不理性的行为，恰好证明了他们在面对外部限制下的理性行为(林毅夫，1988)。同时，把小农当作一个理性主体时，我们也要考虑一些文化社会的因素，如地方性知识、非正式制度和农民自身素质。从家庭联产承包责任制问世，到乡镇企业异军突起，再到大规模农村劳动力转移，以及新时期的城乡一体化，小农生存发展的经济社会环境发生了深刻变化。2004 年以来中央一号文件连续 13 年聚焦"三农"，其间废除了延续两千多年的农业税，"多予、少取、放活"的惠农政策使农民开始真正享受到了"国民待遇"。与此同时，小农的经济行为呈现出更加"社会化"的表现。"社会化小农"理论认为小农会因为货币压力而崇尚"货币伦理"，小农的生存空间与圈层结构发生了根本性变化。这无疑是市场化进程中相伴而生不可避免的现象，这要求我们更加重视市场、信息和资源禀赋等因素对小农经济行为的影响，只有这样我们才能准确与合理地解释小农经济行为，成为我们进一步研究的逻辑起点。

2.2　经济增长理论

古典主义经济学家，如 Adam Smith、Malthus、David Ricardo、Marx，以及近代的 Ramsey、Young、Schumpeter 和 Frank Knight 等，为现代经济增长理论提供了很多基本要素。按照年代的顺序，现代经济增长理论的起点是 Ramsey（1928）的经典文献，之后是哈罗德-多马模型（Harrod，1939；Domar，1946），接下来更重要的贡献来自索罗-斯旺模型（Solow，1956；Swan，1956），这些模型的开创性值得肯定，但均存在自身的缺陷[1]。自 20 世纪 80 年代中期以来，以 Romer（1986）、Lucas（1988）和 Rebelo（1991）的研究为开端，关于经济增长的研究由此又进入到了一个新的繁荣时期[2]。而真正将 R&D 理论和不完全竞争引入经济增长分析框架的尝试是始于 Romer（1987，1990），后来一大批学者对经济增长及经济发展中的要素配置研究也做出了突出贡献[3]。和 20 世纪 60 年代的增长理论相比，20 世纪 90 年代以后的增长理论最明显的特征在于后者更加关注理论的经验意义及数据之间的实际关系。由于本书侧重

---

[1]　所以，后来出现了一大批经济学家对其进行了完善，在 Arrow（1962）和 Sheshinski（1967）构建的模型中，思想是生产或投资的过程中不经意产生的副产品，这种机制被称作干中学（learning by doing）。在这一模型中，每个人的发现都会很快外溢到整个经济中，瞬间的知识扩散过程在理论上是可行的，因为知识是非竞争的。Romer（1986）后来也证明了在这种情况下，竞争性框架可以存在并将决定一个均衡的技术进步率，但由此产生的增长率普遍无法达到帕累托最优。因此，只有将新古典增长模型进行根本改变，将不完全竞争的分析整合到模型之中，才可以在此基础上建立一种分散决策的技术进步理论。上述缺陷直到 20 世纪 80 年代后期 Romer（1987，1990）的研究出现才得以改进。

[2]　新一轮研究的动机在于大家认识到弄清楚长期经济增长取决于什么至关重要，但是他们只是跨出了一步，为使研究不断深入，必须摆脱新古典增长模型的束缚。因为新古典主义增长模型中，长期人均经济增长率被外生的技术进步率所限定，而他们的研究均是建立在 Arrow（1962）、Uzawa（1965）、Sheshinski（1967）的成果之上，所以最终并没有真正引入技术进步理论。

[3]　Galor 和 Weil（1999，2000）、Aghion 和 Howitt（1992，1998a，1998b，2009）、Jones（1998，1999）、Sachs 和 Yang（2001）、Acemoglu（2003，2009）、Serrano 和 Cesaratto（2002）、Hansen 和 Prescott（2002）、Lagerlöf（2003）、Galor（2005）、Aghion 等（2001，2005）、Djankov 等（2007）、Crafts 和 Mills（2009）、Acemoglu 等（2002，2012）等。

于剖析增长中的要素集聚与要素配置，主要重点参考以下四个方面的经济增长模型。

2.2.1 哈罗德-多马模型

哈罗德-多马模型是 AK 模型的一种早期形式，这一模型假设总量生产函数具有固定的技术系数：

$$Y = F(K,L) = \min\{AK,BL\} \tag{2.1}$$

其中，A 和 B 表示固定的系数。在这种技术条件下，生产一单位产出需要 $1/A$ 单位的资本和 $1/B$ 单位的劳动，无论哪一种要素的数量低于这种最低要求，都不能够通过另一种要素的替代来加以补偿。

在这种固定系数的技术条件下，经济将产生过剩的资本或者过剩的劳动，这取决于由历史决定的资本供给是高于还是低于 (B/A) 与外生给定的劳动力供给的乘积。当 $AK<BL$ 时，这正是哈罗德和多马强调的情形，也即资本是一种限制因素，企业的生产函数为

$$Y = AK \tag{2.2}$$

而劳动的雇用数量 $(1/B)Y = (1/B)AK < L$。现在对于固定的储蓄率，我们知道资本存量的增长遵循与新古典模型一样的方程：

$$\dot{K}=sY-\delta K \tag{2.3}$$

由式 (2.2) 和式 (2.3) 可知：

$$\dot{K}=sAK-\delta K \tag{2.4}$$

从而得到资本的增长率：

$$g = \dot{K}/K = sA-\delta \tag{2.5}$$

因为产出是与资本严格成比例的，故 g 也是经济产出的增长率。由此可知产出的增长率是随着储蓄率 s 的增加而增加的。

哈罗德-多马模型强调了由储蓄而来的资本要素对于产出增长的至关重

要作用，这对于分析初始资本严重不足的发展中国家农业生产增长有很好的借鉴价值。但是，该模型并不能解释人均产出的持续增长情况，而同时人均产出的持续增长是自产业革命以来世界经济中已经发生的事实。

2.2.2　索罗-斯旺模型

索罗-斯旺模型强调了技术变革的重要性，认为经济增长不能仅仅依靠资本积累。考虑到某一个经济体，其中劳动力供给和技术知识的状态是给定的，并且都假定为随着时间不会改变。假设劳动中使用的是总资本存量 K，那么由 K 生产出来的最大产量为 Y，因此可以得到如下的生产函数：

$$Y = F(K) \tag{2.6}$$

假设所有的资本和劳动都被完全且有效地使用，从而 $F(K)$ 不仅是能够生产的，也是将要生产的数量。式 (2.6) 的一个关键性质是资本积累的报酬是递减的。如果持续给劳动者提供越来越多的相同资本品，却没有发明如何使用这些资本品的新方法，那么最终将会达到这一状态，也就是额外的资本品只会在反复无效使用中充当备用品，在这种情况下，资本的边际产品是可以忽略不计的。表述这一思想的正式方法是假定资本的边际产品关于资本存量是正的，但是严格递减的，也就是说对于所有的 K，有

$$F'(K) > 0, \quad F''(K) < 0 \tag{2.7}$$

同时假定生产函数满足稻田条件 (Inada，1964)：

$$\lim_{K \to \infty} F'(K) = 0 , \quad \lim_{K \to 0} F'(K) = \infty \tag{2.8}$$

假设没有技术进步，从而唯一能够推动经济增长的力量便是剩下的资本积累了，当且仅当资本存量能够增加的时候产出才能够增长。与式 (2.3) 一样，我们假定人们储蓄他们的总收入[①](Y) 的一个固定比例 s，并且由于折旧的原因，资本存量每年都要损耗掉一个固定的比例 δ。因为新资本的积累率等于

---

① 我们在此假定没有税收，从而国民收入和产出是相等的。

总的储蓄流^{①}sY，而旧资本的损耗率是δK，从而资本存量每单位时间的净增加率(也就是净投资)为

$$I = sY - \delta K \tag{2.9}$$

假定时间是连续的，因此，净投资就是K关于时间的导数，我们使用符号$\dot{K}$来表示。于是将式(2.6)代入式(2.9)中，我们得到：

$$\dot{K}=sF(K)-\delta K \tag{2.10}$$

式(2.10)是新古典增长理论的基本微分方程。这一方程表明任一时刻资本存量的增长率由那一时刻已经存在的资本数量决定。结合由历史决定的初始资本存量，式(2.10)就决定了资本未来的完整时间路径。若将资本的路径代入总量生产函数当中，则产出的时间路径也因此决定了。

图2.1描绘了式(2.10)的基本原理，折旧线表示折旧数量如何依赖于资本存量，此直线通过原点，斜率等于折旧率δ。储蓄曲线表明了总的新投资流如何依赖于资本存量，由于随着K的不断增加，边际产品是正且递减的，从而储蓄曲线的斜率是正且递减的。

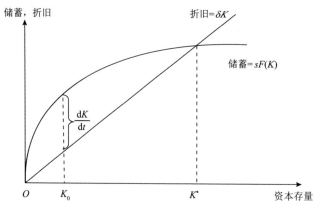

图2.1 新古典增长理论基本微分方程的图解

---

① 因为没有税收，没有政府的花费，也没有国际贸易，从而储蓄和投资是相等的。也就是说，储蓄和投资不过是花在投资品上，而没有花在消费品上的收入流的两种不同说法而已。

　　给定任意的资本存量，如图 2.2 中的 K_0，则资本存量的增加率就是储蓄曲线和折旧线之间的垂直距离。因此，只要储蓄曲线位于折旧线之上，则资本存量就会增加，如图 2.1 中的 $K = K_0$ 时就是如此。进一步分析表明，这种增加将单调持续下去，并在长期中收敛到两条线的焦点所示的资本存量 K^*，于是 K^* 就成为此经济唯一的稳定的稳态[①]。

　　上述动态分析的经济学逻辑是比较简单的，如果资本是稀缺的，那么它的生产性是非常高的，从而与资本存量相比，国民收入是较大的，这一事实使人们的储蓄要多于已有资本的损耗部分，从而资本存量 K 将会增加，国民收入 $F(K)$ 也随之增加。由于边际生产力是递减的，国民收入的增加就不可能和资本存量的增加拥有一样的速度，这就导致储蓄的增长赶不上资本折旧的速度，而相反折旧终将会赶上储蓄，此时资本存量将会停止增长，国民收入的增长也因此而结束。这一结论对于农业生产和分析农民收入增长问题同样适用。

　　依据上述结论不难看出，任何试图通过鼓励人们更多地储蓄来带动经济长期增长的举措都是于事无补的。虽然储蓄率 (s) 的增加可以短时间内提高资本积累率，使图 2.1 中的储蓄曲线上移，从而拉大储蓄曲线与折旧线之间的距离，但是我们可以看到这样的做法对于增长率并没有长期的影响，增长率注定会回落到零的水平。不过随着储蓄率 (s) 的增加，产出和资本的长期水平会有所上升，这是由 K 的暂时增长引起的，也就是说，决定 K^* 的新交点将会向右移动。

　　类似地，折旧率 (δ) 的上升也会使折旧线向上移动，使储蓄曲线和折旧线之间的距离为负，从而会暂时性地降低经济增长。但是这种增长的改变不可能一直持续下去，当 K 趋近于它的新低水平，增长率也就会降低至零。产出和资本的水平会由于折旧率 (δ) 的增加而永久性地低于原来的水平，也就是说，决定 K^* 的新交点将会向左移动。总之，如果没有技术进步，仅仅依靠资本积累带来的经济增长是非常有限的。

――――――――――

　　① 当然，从技术上讲，在 $K=0$ 处还存在另一个稳态，其中国民收入等于零，储蓄和折旧也都等于零。但是这一退化的稳态是不稳定的；只要初始的资本存量 K_0 是正的，则 K 就将趋向于正的稳态 K^*。

2.2.3　产品多样化模型

前面对 AK 模型给予了简单介绍，但关于长期增长和收敛问题，AK 模型并不能提供一个令人信服的答案，这就带动了第二阶段的内生增长理论发展。第二阶段的内生增长理论由基于创新(innovation-based)的增长模型组成，其本身又包含了两个平行发展的分支。第一分支是 Romer 的产品多样化模型，其中创新是通过增加新的产品种类来提高生产率的，不过新产品却不必意味着质量的改进。这一模型的基础是 Dixit 和 Stiglitz(1977)的生产函数，之后由 Romer(1990)做了进一步扩展，在 Romer 的产品多样化模型中，引起生产率增长的创新形式是不断制造出新的而不一定是改进了的产品种类。该模型来源于新国际贸易理论，重在强调技术的外溢效应，此处仅作一个简单介绍，其基本形式如下：

$$Y_t = \sum_0^{N_t} K_{it}^\alpha \mathrm{d}i \tag{2.11}$$

其中，N_t 表示中间产品的不同种类，而每一种中间产品的生产都需要投入 K_{it} 单位的资本。由对称性可知，总资本存量将在已经存在的这 N_t 种中间产品中平均地进行分配，因此，我们可以将上述生产函数重新表述为

$$Y_t = N_t^{1-\alpha} K_t^\alpha \tag{2.12}$$

按照这一生产函数，产品的种类数 N_t 就是经济中的总生产率参数，从而它的增长率也就是经济中人均产出的长期增长率。更多的产品种类将增加经济的生产可能性，因为这将允许某个给定的资本存量水平能够被用于更多的中间产品的生产，而每一种中间产品的生产都遵循着报酬递减的规律。因此，在这一模型中，产品种类的增加就维持了经济的增长，也就是说经济增长的源泉在于产品种类的增加。新增一种产品(或者说一种创新)是研究人员或企业家的研发投入结果，而研究人员或企业从事研发活动的激励则在于，一旦他们能够持续进行创新，那么他们将会获得永久性垄断租金。

但是，在这一模型中只存在一种创新，那就是产生同类的新产品。此外，该模型还预言，退出或者更替并不发挥重要的作用，因为更多的退出除了减

少产品的种类数 N_t (这一变量唯一地决定了总生产率) 从而起到降低经济总量外, 没有任何其他的意义。因此, 关于熊彼特的创造性破坏在这里将不会发挥任何作用, 而这一创新却是熊彼特模型中关于经济增长的驱动力。

在产品多样化模型中, 以开发新种类(投入)为特征的创新带动了经济增长。同样, 对于农业生产和农民收入持续增长也离不开科技创新的大力支持。2012 年中央一号文件指出: "实现农业持续稳定发展、长期确保农产品有效供给, 根本出路在科技。" 2015 年中央一号文件进一步强调: "发展现代农业, 需要强化农业科技创新驱动作用, 要健全农业科技创新激励机制, 加强对企业开展农业科技研发的引导扶持。" 由此可见, 实现农业快速发展和农民收入持续增长, 科技进步带来的创新驱动力尤为重要。

2.2.4　熊彼特模型

基于创新 (innovation-based) 的增长模型第二分支, 最初由 Aghion 和 Howitt(1992)发展而来[1], 随后在 Aghion 和 Howitt (1998a) 中进行了详细说明。这一模型来源于现代产业组织理论, 通常被称为熊彼特增长理论, 它的侧重点在质量改进型创新方面, 这一创新会让旧的产品过时, 因此与熊彼特所说的 "创造性破坏" 的力量密切相关[2]。熊彼特理论是基于产业水平上, 按照如下方程定义的生产函数:

$$Y_{it} = A_{it}^{1-\alpha} K_{it}^{\alpha}, \qquad 0 < \alpha < 1 \tag{2.13}$$

其中, A_{it} 表示产业 i 在第 t 时期利用最新的技术的相关生产率参数; K_{it} 表示产业 i 在第 t 时期使用的唯一中间产品数量, 每一单位的这种中间产品都 1:1 地由最终产品生产出来, 总产出就等于各部门产出 Y_{it} 之和。

每一个中间产品都是由最近的创新者进行排他性的(exclusively)生产和销售。在任一 i 部门当中, 一个创新者成功地改进了生产率参数 A_{it} 后, 都可以替换这一部门中的旧产品, 直到它本身被下一个创新者所替代。因此熊彼特分析框架的第一含义就是: 一个较快的增长通常就意味着有一个较高的企

---

[1] 将熊彼特方法引入内生增长理论的最早期尝试的是 Segerstrom 等(1990)。

[2] 我们在此对该理论仅作简单的介绍, 进一步阅读请参考 Aghion 和 Howitt(2009)。

业替代比例，因为创造性破坏这一过程导致了新的创新者的进入和旧的创新者的退出。

这一理论关注的是单个产业，并且在假设所有产业都是事前相同地给定了一种简单加总结构的基础上，明确地分析了产业竞争的微观机制。该理论框架下很容易证明根据如下的人均生产函数的 Cobb-Douglas 加总形式的总产出依赖于总资本存量 K_t：

$$Y_t = A_t^{1-\alpha} K_t^{\alpha} \tag{2.14}$$

式 (2.14) 中，劳动生产率参数 A_t 是经济部门特定参数 A_{it} 未进行加权的和。这跟新古典理论中的一样，经济的长期增长率由 A_t 的增长率给出，这一增长内生地依赖于该经济范围的创新情况。

创新主要由两个部分组成，一部分是潜在创新者的私人投入，另一部分则是过去的那些创新者已经完成了的创新存量，后者的投入由公共知识存量组成，这也正是当前创新者正乐于增加的。这一理论的优点在于，它灵活地模型化了过去创新方面的贡献，一方面可以包含以下情形，即创新的形式是直接越过创新之前的最佳技术水平值，达到创新部门 i 的一个新的技术参数值 A_{it}，而这一创新值是之前相对应的创新值的 γ 倍；另一方面还可以包含如下一种情形，即创新的形式是赶上了全球的技术前沿 $\overline{A}_t$ 水平，$\overline{A}_t$ 通常情况下表示所有国家中所有部门的创新者可以获得的全球技术知识存量。在第一种情形中，国家进行的是一种最为先进的 (leading-edge) 创新，这种创新是基于最为先进的产业技术上进行改进的；然而在第二种情形中，创新只是实现 (或者说是模仿) 已经在其他地方开发了的技术。

我们举例给予进一步说明，假设有这样一个国家，在其任一部门中，最先进的创新发生的频率是 μ_1，而实现 (或者说是模仿) 创新的频率为 μ_2。因此，我们可以很容易得到该国家总生产率参数 A_t：

$$A_{t+1} - A_t = \mu_1(\gamma - 1)A_t + \mu_2(\overline{A}_t - A_t) \tag{2.15}$$

根据式 (2.15)，我们可以进一步得到增长率

$$g_t = \frac{A_{t+1} - A_t}{A_t} = \mu_1(\gamma - 1) + \mu_2(\beta_t^{-1} - 1) \tag{2.16}$$

其中，β_t 表示"前沿距离"的逆向度量值，$\beta_t = A_t / \overline{A}_t$。

这种熊彼特的分析框架，非常适合于如下两种情况：一是用来分析某一个国家的经济增长现状，这一现状将会如何随着这个国家与技术前沿 β_t 之间的差距而变化，这个国家如何才能收敛于这一技术前沿；二是适合用来分析某一个国家趋近于技术前沿的过程中，应该积极采取什么样的政策，以及如何调整政策以保证这一收敛的趋势。

式(2.16)体现了格申克龙(Gerschenkron，1962)的"后发优势"(advantage of backwardness)思想，也就是在给定实施创新频率的条件下，某一落后于世界技术前沿(即 β_t 越小)越远的国家，其经济增长速度就会越快。与格申克龙的分析相同，如果这一国家落后于世界技术前沿面越远，这一国家实施创新所获得的质量改进就会越大。正如我们将要看到的，这正是前沿距离影响国家的增长所表现出的途径之一。另外，与式(2.16)相似，我们也可以轻易地体现格申克龙的"适宜的制度"(appropriate institutions)的思想[①]。

2.2.5 经济增长理论评述

以上经济增长理论为本书的农民收入超常规增长研究提供了很好的理论基础与理论借鉴，虽然 AK 模型为经济增长理论发展做出了开创性贡献，但是该模型认为知识的积累是资本积累的无意识的副产品，增长的关键在于节俭和资本积累而不是创造力和创新(Aghion and Howitt，2009)，导致 AK 模型因不能解释人均产出的长期增长率而饱受诟病。内生增长理论发展的第二阶段关于产品多样化模型和熊彼特增长模型，在技术进步内生化的同时涉及了人均产出的长期增长率。与 AK 模型相比，产品多样化模型及熊彼特模型的优点在于明确地分析了长期增长背后的创新过程，而与产品多样化模型相比，熊彼特模型强调了在技术前沿附近，劳动力市场和产品市场的流动性是推动经济增长的关键因素。

上述模型的作用机制均依赖于严格的假设，因而针对中国现实经济问题的研究，直接照搬国外经济理论，往往会面临直接的制度与环境约束。与此

---

① 关于"适宜的制度"的进一步阅读，请参考 Acemoglu 等 (2006)，由于该文有这一思想的正式表述，故在此不予累述。

同时，中国经济增长对世界经济的影响，呼唤着一种有解释力的理论的诞生。Song 等(2011)构造了一个新古典模型，在这个模型中添加了金融和对不同企业影响不同的不完整契约(合同)两个因素。该模型与最近中国的经济发展经验是相吻合的，尤其是尽管存在高度的资本集聚、不同企业之间巨大的生产效率差距、从低效率企业向高效率企业之间的再分配(Hsieh and Klenow，2009)和大量贸易顺差的情况下，却依然保持着非常高的投资回报率。之后，蔡昉(2013)从较宏大的经济史视野，把经济增长划分为马尔萨斯贫困陷阱(M类型增长)、刘易斯二元经济发展(L 类型增长)、刘易斯转折点(T 类型增长)和新古典增长(S 类型增长)等几种类型或阶段，同时把中国经济发展问题嵌入相应的增长类型和阶段，对每个阶段相关的重大中国命题，如"李约瑟之谜""刘易斯转折点""中等收入陷阱"等问题进行了实证分析，具有很好的说服力。

因此，研究中国农民收入超常规增长问题，必须以传统的经济增长理论为基础，将中国经济、社会现实国情融合进各经济增长理论模型进行分析。当然，即使是经典的 AK 模型同样能够对农民收入超常规增长及其要素配置的某一环节提供有益借鉴和合理诠释。

2.3　收入分配理论

收入分配是经济学的重要研究领域。许多经济学家均对收入和分配的关系进行了研究，也由此形成各具特色的收入分配理论，主要包括：古典收入分配理论、后凯恩斯收入分配理论、新古典收入分配理论、马克思收入分配理论。上述理论对于研究中国居民收入增长与收入差距，能够提供基础性的理论支撑。

2.3.1　古典收入分配理论

在西方经济学说发展过程中，古典经济学家对于收入分配理论进行了丰富的论述，他们的论述成为现代收入分配理论的基础。英国古典经济学家威廉·配第(William Petty)在其著作《赋税论》(1978 年)中，通过对地租的描述分析，提出了劳动价值论。他认为：农产品的生产费用主要是工资和种子，扣除掉生产过程中工资和种子的费用，总产品其余的剩余部分就是地租。实际上，地租是超出生产费用的余额，也就是全部的剩余价值。而工资则只是劳动产品的一部分，同时，工人的劳动剩余构成了社会收入。

英国经济学家斯密(1972)在《国富论》中，第一次系统阐述了劳动价值论，并且从劳动价值论出发，划分了资本主义阶级结构——以劳动换取工资的工人阶级、以出租土地而收取地租的地主阶级、以资本购买劳动力来获取利润的资本家阶级。在三大阶级划分的基础上，斯密给出了自己对于收入分配的理解：在组成土地和劳动中生产物的全部价格中，劳动的工资是工人阶级的主要收入，土地的地租是地主阶级的主要收入，资本的利润是资本家阶级的主要收入。同时，斯密认为，关于工资理论，一方面，在私有制产生后，工资只是劳动的部分价值，剩余价值被资本家与地主占有；另一方面，工资也是劳动者劳动的价格或价值，是商品价值的构成部分。关于利润理论，一方面，利润是劳动者生产价值的一部分；另一方面，利润是资本家正当的收入来源，也是商品价值的根本来源。关于地租理论，一方面，类似于利润理论，地租是劳动者生产价值的一部分；另一方面，地租是得到地主土地使用权给地主带来的补偿，也是商品价值的重要组成部分。

英国资产阶级古典政治经济学家李嘉图在沿袭斯密的劳动价值论观点的基础上，为其加入了新的内容。在他的著作《政治经济学及赋税原理》中谈道：劳动者在生产过程中创造了大量价值，这些价值构成了整个社会的所得。把生产物的价值从工资、利润、地租三个角度划分固然正确，但也无法否认决定商品价值的核心内容是在生产中劳动力的消耗量。在贯彻斯密理论的前提下，李嘉图建立了代表其核心思想的收入分配理论。他认为：工资、利润和地租是由市场自然分配的。对于工资理论，工资提升会导致人口增加，近而致使工资下降，因此劳动者只能得到满足其最低限度生活的基本工资。对于利润理论，利润增多会导致资本增多，近而导致利润减少，因此利润在中长期中将处于下降趋势。对于地租理论(实际上，李嘉图研究的地租仅限于资本主义社会的级差地租)，由于土地的有限性，地租将会一直保持上升趋势。

2.3.2　后凯恩斯收入分配理论

20 世纪五六十年代，后凯恩斯主义(又名新剑桥学派)在吸收了凯恩斯理论的同时，将经济增长与收入分配格局密切联系起来。学派中的代表人物尼古拉斯·卡尔多(Nicholas Kaldor)和琼·罗宾逊(Joan Robinson)提出了新的假设：社会上只有工人和资本家两个阶级，因此，社会收入就主要包括工资和利润两部分。在琼·罗宾逊的假设下，利润率水平又决定了利润和工资的各自比例，而投资水平、技术情况、经济增速等都将影响利润率水平。假设目前国家处于充分就业的情况下，当投资增加时，社会总需求也会增加，价格水平将会因此上升。一旦价格水平上涨，利润率就会上升，致使利润所占份额上升，同时实际工资减少，工资所占份额下降，那么社会分配越不平等，财富就会更多地由穷人向富人转移，物质资本积累就会持续增多，经济增长将会受到影响。新剑桥学派反对新古典综合派学说中的边际生产力分配理论，主张政府对收入分配领域进行一定的调节干预，如利用税收制度改进分配不均的状态。他们认为，把收入分配与经济增长联系在一起，建立一种分配关系，使长期就业均衡增长能顺利实现。为了更好地说明影响收入分配格局变动的因素，新剑桥学派通过建立反映收入分配和经济增长之间关系的模型，对其进行进一步的分析研究。这里以卡尔多模型为例进行简要说明。

在长期充分就业均衡中，投资 I 必然等于储蓄 S，即

$$\frac{I}{Y} = \frac{S}{Y} \tag{2.17}$$

卡尔多把国民收入 Y 分为工资 W 和利润 P，储蓄 S 分为工人储蓄 S_w 和资本家储蓄 S_C，s_w 和 s_c 分别代表工人储蓄倾向和资本家储蓄倾向。他假设工人和资本家储蓄倾向保持不变，得到的关系如下：

$$Y = W + P \tag{2.18}$$

$$S = S_W + S_C = s_w W + s_c P \tag{2.19}$$

把式 (2.18)、式 (2.19) 代入式 (2.17) 中，便有

$$\frac{I}{Y} = s_w \frac{W}{Y} + s_c \frac{P}{Y} = (s_c - s_w)\frac{P}{Y} + s_w \tag{2.20}$$

整理后得

$$\frac{P}{Y} = \frac{1}{s_c - s_w} \times \frac{I}{Y} - \frac{s_w}{s_c - s_w} \tag{2.21}$$

式 (2.21) 表明: 利润在国民收入中所占比重 P/Y 受投资率 I/Y、工人的储蓄倾向 s_w 和资本家的储蓄倾向 s_c 影响。

如果 $s_w = 0$,$s_c = 1$,则

$$\frac{P}{Y} = \frac{I}{Y} \tag{2.22}$$

如果 $s_w = 0$,$s_c < 1$,则

$$\frac{P}{Y} = \frac{I}{Y} \times \frac{1}{s_c} \tag{2.23}$$

由式 (2.22) 和式 (2.23) 可知, 利润在国民收入中所占的比重主要取决于投资率 (I/Y) 和资本家的消费倾向 ($1/s_c$); 投资率是决定经济增长与收入分配最重要的影响因素, 并且独立于工人的储蓄倾向之外; 如果投资是已知常量的话, 那么, 就有资本家的消费倾向越大, 资本家的利润在国民收入中所占份额就会越大。

2.3.3 新古典收入分配理论

新古典收入分配理论是在古典理论的基础上继承和发展出来的。以斯密和李嘉图为代表的古典收入分配理论通过后人的挖掘, 一方面形成了马克思的收入分配理论, 另一方面形成了新古典收入分配理论。其中, 最具代表性的分别是萨伊的生产效用论、克拉克的边际生产力分配论和马歇尔的均衡价值理论。

让·巴·萨伊 (Jean Baptiste Say) 认为, 商品的效用来源于生产的三要素, 即劳动、资本和地租。萨伊对收入的分配主要依据生产三要素论和价值论,

他认为在生产过程中，生产三要素互相协作，各自提供生产性服务，三者都生产了产品，创造了价值，所以生产三要素的所有者都应该取得其报酬。劳动的所有者赚取了工资，资本的所有者收获了利息，土地的所有者则取得了地租。工资、利息、地租就是劳动、资本、土地各自生产的价值，也是其所有者最基本的三种不同收入。在《政治经济学概论》中，萨伊提到，人的劳动、资本及土地或者说是自然力创造了产品，通过这些生产手段创造的产品构成了这些生产手段的所有者的收入。萨伊的生产效用论也可以看作"三位一体"理论。

约翰·贝茨·克拉克(John Bates Clark)提出了边际生产力分配论，要素的边际产量就是要素的边际生产力，要素所有者的收入应该与要素的边际生产力对应。克拉克在萨伊的生产三要素论、生产效用论基础上提出了边际生产力分配论，将要素分配理论重新发展和完善。该理论认为在自由竞争的假设基础上，三种生产要素在分配中的收入正好等于它们各自的边际生产力。另外，克拉克认为，使用资本所支付的代价和土地地租组成了利息。土地属于资本，地租属于利息是克拉克继承了19世纪中叶美国经济学家凯里所提出的观点。就其本质来说，克拉克的分配理论是一个力图论证资本和劳动一样可以创造价值，资本主义生产不存在剥削的理论。

新古典学派经济学的创始人阿尔弗雷德·马歇尔(Alfred Marshall)，在他的《经济学原理》(1890年)一书中阐明了供给与需求的二元论，产品在交换的过程中会有一个均衡价格，这个均衡价格是产品的供给价格和需求价格相同时得到的。马歇尔的均衡价值理论是从市场中的供求关系出发说明价值的，他认为：所谓的供给和需求不是单纯的卖者愿卖和买者愿买的商品的数量，供给(量)是在一定价格下生产者愿意并能够提供的商品数量，需求(量)则是在一定价格下消费者愿意并能够购买的商品的数量，简单来说就是把供给(量)和需求(量)看作是价格的函数。所以，他所理解的供求关系和收入分配是反映需求、供给及价格(价值)决定之间的相互作用关系。

2.3.4　马克思收入分配理论

马克思经济学的核心是剩余价值理论，主要包括剩余价值的生产、积累和分配。随着马克思经济学的发展，剩余价值理论已经成为马克思经济学的主要内容。虽然在马克思经济学中并没有具体形成收入分配理论这一独立的分支，然而，从他的剩余价值理论中，可以发现一个完整的收入分配理论架构。从三个关键词的互相比较中，我们可以解读马克思的收入分配理论，即"资本家 vs 工人""资本 vs 劳动""剩余价值 vs 工资"。在马克思的理论中，资本家的收入是在支付给工人其付出的劳动对应的工资之后，剩下的剩余价值。在剩余价值里，既包括了资本家的工资，还包括对资本家付出资本、建设工厂等的补偿。

整体来看，马克思经济学中同样形成了具有特色的收入分配理论，它主要从一般的意义上分析了生产与分配的关系，这是经济学一直在进行思考的基本问题。对资本主义制度下的收入分配的研究是马克思基于时代和环境所进行的现实分析，他解读了资本主义制度下的收入分配的对象、根据和影响因素，并且从微观领域、宏观领域、要素所有者之间、要素所有者整体几个角度，围绕分配的效率和公平等方面，进行了基于自己价值观念的分析。

事实上，马克思的收入分配理论与他的价值理论是密不可分的，可以说他同样继承了斯密和大卫·李嘉图等资本主义制度下的经济学家所承认的"人类财富源自劳动"的观点，马克思基于此提出了自己的劳动价值论。马克思经济学的基本要点在于：抽象劳动创造商品的价值和具体劳动行为创造使用价值。这一基本观点在后来被称为劳动二重性学说，是马克思经济学的重要枢纽，也是该学说与其他学说最明显的区别。这一观点同样为本书的收入问题研究提供了理论参考。

2.3.5 收入分配理论评述

通过以上对各个发展阶段收入分配理论的回顾，可以厘清其主要发展脉络。从古典收入分配理论、凯恩斯收入分配理论到新古典收入分配理论，再到马克思的收入分配理论，虽然各有自身明确的特点，但基本上都是吸收了斯密和李嘉图的一些观点而逐步演化而来的。因而，这些收入分配理论之间有着千丝万缕的联系。上述理论均表明，在经济发展过程中，居民收入增长问题本身就是收入分配理论的重要构成。而工业化进程中，当经济增长达到一定水准的情况下，农民收入增长问题实际上很重要的内容在于，如何保持较快的增长率进而缩小与城镇居民收入之间的差距，这也是实现财富合理分配的必然要求。

此外，在收入分配理论的探讨中，如果要考虑到制度因素，就不得不提到收入再分配的问题。因为在经济的长期增长过程中，即使存在小的分化，最终也会导致收入差距的扩大。过大的收入差距和绝对平均的收入对社会无疑都是有害的，因此为了达到真正意义上的相对公平，二次分配就显得尤为重要，二次分配又必然离不开政府的主导。19 世纪末，福利经济学代表人物英国经济学家约翰·阿特金森·霍布森（John Atkinson Hobson），提出经济学要以社会福利为研究中心，要保证"最大社会福利"，国家就必须干预经济生活。新福利经济学更是主张政府可以向获利者征收特定税以补偿受损者。中国作为全世界最大的发展中国家，二元经济结构也异常突出，最直观的表现就是城乡居民收入差距过大，而城乡居民收入差距过大的直接原因在于农民收入增长速度缓慢、波动频繁、结构不合理。要保证城乡居民收入差距缩小，必然需要保证农民收入持续、快速、稳定增长，其中收入分配的调节起着至关重要的作用。所以，后续研究中我们将以上述收入分配理论为基础，探索农民收入超常规增长的理论源泉。

2.4　要素配置理论

对于人类来说，资源要素是极为重要的，然而对人的无限需求来说，资源要素无疑是稀缺的，也是有限的。相对于城市和工业而言，资源要素对于农村经济和农业生产来说更为重要。正因为资源要素的稀缺性，节约资源才成为必要且必需的，才产生了如何有效配置和合理利用有限的资源要素这个科学问题。从古至今，衍生出的资源配置方式可以说是多种多样，如最初的"习惯"[①]，以及后来的排队和抓阄等方式。在经济学理论界，根据要素配

---

① 这里的"习惯"大概有两种意思：其一是社会风俗习惯；其二是消费者偏好。

置的主体不同，通常又将要素配置分为市场配置和政府配置这两种基础类型[①]。市场配置方式是古典经济学、新古典经济学及公共选择学派等所推崇的要素配置方式，其理论假设是理性经济人、X 理论等，强调的是效率优先原则。而政府配置则主要强调在经济的有效需求不足的条件下，政府对经济进行干预的合理性和必要性，并且在世界经济大萧条之后被越来越多的国家与政府所采用，使其成为各个国家加强宏观调控的有力理论依据。实现农民收入超常规增长，离不开资源要素的优化配置，必须充分借鉴已有相关要素配置理论，并根据本国国情合理吸收相应的理论主张。

2.4.1　西方主流经济学的要素配置理论

经济发展史表明，不同国家的经济增长同其要素的积累配置是密切相关的。亚当·斯密在《国富论》中重点阐述了物质资本积累和劳动分工是经济增长的源泉。大卫·李嘉图和斯密一样，认为物质资本积累是经济发展的不竭动力。以他们为核心形成的古典经济学派认为经济规律决定着价格和要素报酬，并且相信价格体系是最好的资源配置办法。其理论核心是经济增长产生于资本积累和劳动分工相互作用的思想，即资本积累进一步推动了生产专业化和劳动分工的发展，而劳动分工反过来通过提高总产出使社会可生产更多的资本积累，让资本流向最有效率的生产领域，就会形成这种发展的良性循环。因此，顺从市场对资源的配置，保持资本积累的良性循环，会更好地促进经济增长[②]。

在发展经济学中，资本形成(capital formation)是指一个经济落后的国家或地区如何筹集足够的、实现经济起飞和持续增长的初始资本。Rodan(1943)

---

① 市场配置，也就是以市场为基础的一种要素配置方式，旨在鼓励市场形成价格和进行自由交易，强调效率优先和优胜劣汰的竞争机制，这主要来源于亚当·斯密关于"看不见的手"(也称之为无形的手)的论述。政府配置，也就是政府利用自身绝对的权威发挥其宏观调控的作用对要素进行配置，所采取的手段往往是行政管制、许可证、配额发放、指标和投标等方式，这主要来自以凯恩斯为主的经济学家对"看得见的手"(也称之为有形的手)的论述。

② 但他们又看到劳动分工是受条件约束的，资本的积累会使现有的劳动分工以更大的规模出现，并表现出工资的随之上涨，而劳动分工的发展却不易实现，这将使资本积累受到劳动分工发展跟不上的影响。

的"大推进"(big push)理论，主张农业国家要实现工业化，就必须全面地、大规模地、同比率地在各个工业部门(尤其是基础设施建设方面)投入资金、促进资本形成。美国经济学家 Lewis(1954)也认为，农民需要的资本远超过他们能够进行的储蓄，信贷资金对于小农业和小工业的发展是必不可少的。Nelson(1956)综合研究了在人均收入和人口按不同速率增长的情况下人均资本的增长与形成问题，从而形成了"低水平均衡陷阱"理论，认为克服资本稀缺是农村经济发展的关键所在，只有进行大规模的资本投资，使投资和产出的增长超过人口增长，才能冲出"陷阱"，实现人均收入的大幅度提高和经济增长。Nurkse(1953)指出发展中国家的资本不足现象，无论从需求方面还是从供给方面看，都容易产生恶性循环，成为经济发展的障碍。他认为，恶性循环的成因在于发展中国家人均收入过低，人均收入过低的原因是资本稀缺，而资本稀缺的根源又在于人均收入过低，低收入使一国贫穷，低收入和贫穷无法创造经济发展所需要的储蓄，而没有储蓄就没有投资和资本形成，其结果又导致该国的低收入和持久贫穷。由此 Nurkse 得出一个著名的命题："一国穷是因为它穷"。因此，他认为要打破"贫困恶性循环"，必须大规模地增加资金供给，扩大投资，促进资本形成[1]。罗斯托(Rostow，1990)指出所有国家在发展过程中，其经济增长都必须经历以下五个阶段：传统社会阶段、为起飞创造条件阶段、起飞阶段、向成熟推进阶段、高额群众阶段。他在经济增长阶段论中也特别强调了资本积累对经济增长的贡献，他认为发展中国家都处于经济的起飞准备阶段，这一阶段应动员国内储蓄和努力争取外国储蓄，这样才能扩大投资，保证经济加速增长。

在新古典的分析范式中，资源要素有效配置是他们研究的核心问题。首先，新古典经济学家认为在所有的要素配置方式中，市场对要素进行配置是

---

[1] Nurkse 曾经给"资本形成"下过一个全面的定义。他说："'资本形成'的意义，是指社会不把它的全部现行生产活动，用之于满足当前消费的需要和愿望，而是以其一部分用之于生产资本品：工具和仪器、机器和交通设施、工厂和设备——各式各样可以用来大大增加生产效能的真实资本(real capital)。资本形成一词有时被用于包括物质资本(materal capital)，也包括人力资本(human capital)，即在技能、教育及健康等方面的投资——这是一种非常重要的投资形式。"他还指出"资本形成过程的实质，是将社会现有的部分资源抽调出来增加资本品存量，以便将来可消费产品的扩张成为可能"。

最为有效的，尤其是在完全竞争性的市场环境中，市场最能有效地引导社会资源要素进行有效配置。而要素也不仅仅限于对物质资本形成的关注，人力资本、技术、组织创新也逐步被引入了其分析框架中。对此，他们利用多种生产函数形式分析了市场有效配置上述要素的内在机理①。其次，资源要素的稀缺性是新古典经济学分析要素配置的基本前提。我们通常所说的资源稀缺性是指资源的相对稀缺，也就是资源的稀缺性与经济问题由于资源的稀缺性而伴随着存在，使人们必须考虑如何使用有限的相对稀缺的生产资源来满足无限多样化的需要(萨缪尔森和诺德豪斯，2008)。这就是所谓的"经济问题"与"经济难题"。经济社会中生产资源也可以被称为生产要素，主要包括资本(其价格为利息)、土地(其价格为地租)、劳动(其价格为工资)，经济社会中的资本、土地和劳动都是有限的，因此必须加以有效利用。这就要求社会经济活动必须在消耗最少量资源的同时取得最大的经济效果，也就是在成本最小化情况下达到收益的最大化，这也是实现资源要素合理配置的判断标准。最后，新古典经济的要素配置过程中，整个经济只是由消费者和生产者两部分组成的经济系统，在该经济系统中，所有的生产要素与产品都是通过市场交换来达到系统内物质流与信息流的循环，由此而实现稀缺资源要素在不同经济主体之间进行流通和优化配置。通过消费者和生产者的选择行为分析，根据消费者需求曲线和生产者的供给曲线变动得到资源要素最大化合理配置结果。在新古典经济学中的资源要素优化配置，主要是通过市场均衡来实现的，而市场均衡可以分为一般均衡和局部均衡两种形式，局部均衡是马歇尔发展而来，一般均衡分析方法由瓦尔拉斯发展而来，一般均衡在后来得到了大量经济学家的进一步改进，如帕累托、希克斯、萨缪尔森等。其中最让世人熟知的是帕累托最优，这些经济学家得出的普遍结论是任何竞

① 在早期著名的增长模型——哈罗德-多马经济增长模型中，$g=s/c$，也就是说资本积累率 s(或者说是资本的储蓄率)是决定经济增长率 g 的唯一因素(假设资本产出比 c 是稳定不变的)。而新古典经济增长理论的代表人物索洛和斯旺以著名的柯布-道格拉斯生产函数为基础，建立起了新古典经济增长模型，该模型表明经济增长是资本存量(K)、劳动投入(L)和技术水平(T)的函数，他们在强调技术水平对经济增长的贡献的同时，也强调资本积累对经济增长的重要作用。这一模型同样说明了这样一个问题：如果经济增长实现最优，那么技术水平和资本积累及劳动力投入都要达到最优，也就是实现多种要素的优化配置。

争均衡都可以实现帕累托最优状态，这一状态对社会来说就是实现了资源要素的优化配置。

2.4.2   马克思经济学的要素配置理论

马克思经济学中涉及和蕴含着大量资源要素配置问题，包括供求理论、竞争理论、价值和价格理论、社会劳动按比例分配规律理论、社会总需求和总供给平衡理论等(王云中，2004)。马克思经济学认为资本要素配置是一种不可分割的运动过程，这种运动是循环和永不停歇的，这种循环"不是当作孤立的行动，而是当作周期性的过程时，叫做资本的周转"(马克思，2004a)。言外之意就是说资本的生命在于运动，循环和周转是资本运动的直接表现形式，也是资本的存在方式。资本的本性就在于通过持续的运动而实现最大化的自行增值目标，只有不断地循环和周转的资本才能实现持续的盈利。马克思经济学指出，资本主义生产方式作为社会生产的一种特殊形式，不可能否定社会生产的一般要求和特征，资本的运动也不可能脱离资源配置的一般规律。这种双重强调为研究马克思经济学资源要素配置问题提供了合理的逻辑起点，即研究资本主义的资源要素配置过程首先应建立在生产一般的基础之上。

马克思的资本运动是资本价值按照一定的时空顺序，不断地变换自己的物质存在形式的过程。在这一过程中，资本价值总是首先从货币资本(G)出发，经过购买生产资料(Pm)和劳动力(A)，生产商品($\cdots$P$\cdots$)和售卖商品(W')阶段，最终带着一个增值额(ΔG)回到货币形态(G')上，并且周而复始地继续下去。据此，马克思进一步详细分析了实体经济部门中的资本循环过程。资本在单个经济部门生产经营过程中需要采取货币资本、生产资本和商品资本这三种不同的资本形式，三种不同资本会依次经历购买、生产和销售三个阶段，资本循环过程就是实现货币资本循环、生产资本循环和商品资本循环的有机统一。从单一的投入产出过程来看，货币资本循环最为典型，它经历了三个阶段：一是购买阶段，即 $G-W(A，Pm)$，企业将筹集的货币资金的一部分用于购买生产过程中需要的劳动力(A)和生产资料(Pm)，并使二者在性质上相适应、在数量上保持一定的比例；二是生产阶段，即劳动力(A)与生产资料(Pm)直接结合,在生产过程中通过消耗资本的物质要素,使其转化成一个具有更大价值的产品,即"孕育着剩余价值的商品"(马克思,2004a),公式为 $W(A,\ Pm)\cdots P\cdots W'$;三是销售阶段,其任务是将生产过程的产出物($W'$)转化成货币,完成 $W'-G'$ 的转化,从而实现预付资本的价值和剩余价值。

　　所以,马克思指出:"产业资本的一部分,确切地说,还有商品经营资本的一部分,不仅要作为一般货币资本,而且要作为正在执行这些技术职能的货币资本,不断处于货币形式。现在,部分资本从总资本中分离出来,并在这样一种货币资本的形式上独立起来,这种货币资本的资本主义职能,是专门替整个产业资本家和商业资本家阶段完成这些活动。""当它们独立起来,成为一种特殊资本的职能,而这种资本把它们并且只把它们当作自己特有的活动来完成的时候,就把这种资本转化为货币经营资本了。"(马克思,2004b)当大量货币经营资本被独立出来,并在市场机制引导下,专门服务于实体经济部门,就形成了货币资本、实物资本及社会必要劳动相结合的资源配置过程。上述过程直观地揭示出了资源要素配置尤其是资本循环的三个阶段和三种职能形式的作用:货币资本的作用在于购买生产过程中需要的资料和劳动力,为后面的剩余价值生产作准备;生产资本的职能则是生产剩余价值;商品资本的职能则是实现资本的价值和剩余价值。把这三个阶段结合起来就得到货币资本的一个总循环,其公式就可以直接表示为 $G-W(A,\ Pm)\cdots P\cdots W'-G'$。在这个总循环中,资本作为一种自行增值的价值,将会不断地运动着,它经过一系列互相联系、互为条件的转化,经过一系列阶段和一系列形态变化,实现了增值自己的使命,同时也推动了经济的增长(王定祥等,2009;尹敬东和周绍东,2015)。

2.4.3　要素配置理论评述

　　以上理论均强调了资源要素合理配置的关键作用,尤其是资本形成对经济发展的重要性,也不同程度地强调了劳动力、技术水平等要素对经济增长的重要性。新古典经济学所提出的基本竞争模型,即完全竞争市场可以有效配置稀缺资源的理论,它在论证推理上的精致严密,使之在理论上具有一定的科学价值与优越性(周小亮,2001)。因此,新古典经济学的完全竞争模型仍是现代经济学的核心,是经济学分析市场经济问题的基本出发点,无论是现代主流经济学还是非主流经济学,赞同者或是反对者,都不能忽视这一模型的存在与价值。但新古典的完全竞争模型也受到越来越多的经济学者所诟病。一是"经济人"的假设与现实不符,因为现实中的人不仅仅是为了追求自身利益,除此之外还会受到诸如情感和社会地位等方面的影响。二是最大化完全理性的行为假设也同样受到批评,许多研究已经通过心理学试验证明了人们的"非理性"才是普遍现象,也就是说人们因为环境的复杂性和信息的不对称,往往具有有限理性。三是完全竞争市场假设在现实经济中是难以存在的,不过相比较而言,完全竞争市场假设倒是比较适合分散的小规模农业生产①。而马克思的研究重点是在于解剖资本主义基本矛盾和资本主义运行过程,决定了其要素配置理论在分析方法上主要表现为唯物辩证法而不是基于市场主体行为的均衡分析,因而在具体的决策分析上存在不足(尹敬东和周绍东,2015)。但马克思经济学的要素配置对国民经济各部门和各个环节相互联系的重视,表明其理论是强调普遍联系的,能够为研究农民收入超常规增长的要素问题提供至关重要的理论思想和基石。具体而言,农业农村资本要更好地为农民收入超常规增长提供支持,一方面既要遵循资本运动的一般规律,另一方面又必须切合农村经济和农业生产的基本规律,实现加速资本的循环和周转过程,形成自身价值增值,才能从根本上提高农村资本的产出水平和可持续性,进而达到农民收入超常规增长的要素门槛。

经济发展的实践也证明,在经济极度落后的国家或地区,一般都会表现为科技不发达、人力资本匮乏和制度落后的制约,这时候资本形成对于推动经济增长起步的确非常重要。但是,长期内要实现经济的可持续增长,必须

---

① 在农业生产中农户的数量多,而且每个农户的生产规模一般都不大,同时,每个农户生产的农产品产量及其在整个农产品总产量中所占的比例都极小,因而,每个农户的生产和销售行为都无法影响农产品的市场价格,只能接受农产品的市场价格。如果有的农户要提高其农产品的出售价格,农产品的市场价格不会因此而提高,其最终结果只能是自己的产品卖不出去。如果农户要降低自己农产品的出售价格,农产品的市场价格也不会因此而下降,虽然该农户的农产品能以比市场价格更低的价格较快地销售出去,但是,不可避免地要遭受很大的经济损失。这样,农户降低其农产品价格的行为就显得毫无实际意义了。

充分重视科技要素、人力资本要素和其他关联要素的优化配置。因此，实现农民收入超常规增长，首先，短期内的重要任务是增加资金投入，促进农业农村资本的形成与不断积累；其次，必须做到充分利用这些有限的资金投入，提高资金的配置效率，引导其他要素进入农业农村市场，确保资本的产出最大化；再次，长期内要重点推进农业科技创新步伐，加大人力资本投入，提高各要素的配置效率；最后，要高度重视制度和创新要素的注入，促进各类要素的协调配合，形成支撑农民收入可持续增长的要素配置能力和合力。

第 3 章

农民收入增长的经验模式及国际比较

本章将以美国、法国、日本作为发达市场经济国家的代表，以韩国、印度和巴西作为新兴市场经济国家的代表，以孟加拉国、泰国和尼日利亚作为典型发展中国家的代表，以苏联、越南、朝鲜、匈牙利和南斯拉夫作为计划经济国家的代表，分别介绍这些国家促进农民收入增长的一些主要观点和政策主张，探索其机制与模式，并对其政策实践效果进行客观评价，总结出其中的成功经验和失败教训，旨在为实现中国农民收入持续、健康增长提供国际经验借鉴与启示。

3.1　发达市场经济国家的农民收入增长经验模式

根据经济学家对发达国家农业发展历史的研究发现，发达国家的农业现代化主要分为三种模式：北美模式、日本模式和西欧模式。其中，北美模式一般指自然资源条件较好，而劳动力资源相对短缺的国家，依靠发达的机械化，通过规模化生产来提高农作物的产量，进而提高农业劳动生产率的农业生产模式。日本模式与北美模式相反，由于人多地少，无法通过大规模的机械化生产来提高劳动生产率，因而通过科技进步、加强农业基础设施等途径，使用小型机械进行精耕细作，致力于提高土地生产率。而西欧模式则介于北美模式和日本模式之间，西欧国家劳动力既不像北美国家那样稀缺，土地也不像日本那样狭小，所以西欧模式在农业发展中，既注重机械化规模生产，也注重土地的精耕细作，是一种以提高土地生产率和劳动生产率为主的发展模式。资源禀赋不同的发达国家，所采取的是不同的农业发展模式，但其发展结果都直接体现在农民收入的快速增长上面，这一结果主要是得益于发达国家所制定的农业经济政策。因此，本章主要以美国、日本、法国三个国家为主，分别介绍其农民收入增长的实践经验。

3.1.1　美国的农民增收模式及实践选择

美国地广人稀，农业人口不足 2%，在 22.6 亿英亩(1 英亩=4046.86 平方米)的国土面积中，其中有多达 9.2 亿英亩耕地面积。美国农业部下属的经济研究局(Economic Research Service，ERS)统计数据显示，2013 年美国农业净收入为 1310 亿美元，与 2012 年的 1138 亿美元相比，提高了 15 个百分点。从 2002 年以来，美国农业净收入几乎一直呈现上升态势，这一成就主要得益于美国有效的农民收入增长模式和农业经济政策。

1. 土地政策

早在 1862 年，林肯就颁布了著名的《宅地法》，在法案中规定，移民只要缴纳 10 美元登记费，就可以占有不超过 160 英亩的土地，通过五年耕种后，所占土地就可以成为自己的财产。到 19 世纪末，由于该法案的实施，总共分配的土地达到 8000 万英亩。此外，1873 年的《育林法》规定，对愿意植树 40 英亩(1878 年改为 10 英亩)的耕种者，可另外赠予 160 英亩土地。1878 年颁布的《林木及石料法》规定，允许拓荒者以每英亩 2.5 美元的价格购买 160 英亩土地，到 1900 年，根据该法，大约转让了 360 万英亩的林地。通过以上法案，1860～1910 年，美国新增耕地面积为 5 亿英亩，农场数由 200 万个增加到 640 万个，农民人均年产值从 332 美元增长到 797 美元(表 3.1)。通过这些法案的实施，美国将大量的土地分发到农业生产者手中，为美国之后的家庭农场机械化规模经营奠定了基础。目前，美国家庭农场的土地规模基本处于一万英亩以上。

表 3.1　1860～1910 年美国农业统计

项目	1860 年	1870 年	1880 年	1890 年	1900 年	1910 年
农场数/百万个	2.0	2.7	4.0	4.6	5.7	6.4
耕地面积/百万英亩	407	408	536	623	839	879
从事农业劳动人数/百万人	6.2	6.9	8.6	10.0	10.7	11.3
农业总产值/10 亿美元	2.2	2.6	3.9	4.6	5.8	9.0
农业工人人均年产值/美元	332	362	439	456	526	797

资料来源：U.S. Department of commerce, Bureau of the Census. 1960. Historical Statistics of the United States: Colonial Times to 1957. Washington D C: Government Printing Office: 74, 278, 284

注：1910 年农业工人人均年产值数据为农业劳动力人均年产值

2. 农业保护政策

早在 20 世纪 30 年代，美国就通过《农业调整法》的颁布，建立起了世界上最早的农业保护体系，即健全的农业补贴体系。美国农业补贴体系的发展过程主要分为三个阶段。第一阶段：从 1933 到 1995 年，为价格补贴阶段。该阶段的主要特征是：以补贴的方式限制农作物播种面积、建立起政府农产品储备以调节市场供求、扩大本国农产品的出口贸易。第二阶段：从 1996 年到 2001 年，为收入补贴阶段。该阶段特征主要是：补贴与市场价格脱钩，直接对农民的收入进行补贴。第三阶段：2002 年以后，为收入价格补贴阶段。此阶段既保留了收入补贴，又保留了价格补贴。从 1933 到 2001 年，美国前两个阶段的农业补贴主要涵盖了农民收入、农业科技进步、稳定市场价格、农业基础设施建设和生态保护几个方面。到 2002 年以后，美国将农业补贴的重点放在了农业生产的直接补贴与保护。《2002 年农业保障和农村投资法》规定的农业补贴主要集中于商品补贴、资源保育补贴、农产品贸易补贴三个方面；《2003 年农业援助法案》指出由于气候灾害问题，主要向遭受气候灾害及其他紧急情况损失的农业生产者提供补贴，包括作物灾害计划、牲畜补偿计划和牲畜援助计划三种农业补贴政策；《2008 年食品、自然保护和能源法案》实施了"平均农作物利润选择"计划，形成了农作物价格保护机制，并对农业食品、能源项目及农业科研进行了投资与补贴；但在 2014 年 2 月通过的《2014 年农业法案》中取消了每年 50 亿美元的农业直接补贴，将补贴的重点转向了农作物保险补贴。目前，美国产业化农民收入的 1/3 源于农业补贴(高玉强和沈坤荣，2014)，而我国的农业补贴占农民纯收入不足 4%[①]。

3. 农业合作组织及政策

1922 年《帕尔·沃尔斯太德法》以法律的形式承认了农业生产者在自愿基础上为共同利益结成协会的权利，并为他们提供有限的反托拉斯豁免条款。1926 年《合作社销售法》则进一步为合作社提供了反托拉斯豁免条款，允许农业生产者和联邦农户合作社体系之间交换价格、市场信息，帮助农户通过集体改善收入。1937 年《农业营销协定法》为合作社建立自我销售秩序提供了法律保护。近年来，美国已建立 4.8 万个农业合作组织，形成全国性网络，成为推进农业现代化的中坚力量(叶前林和何伦志，2014)。在美国的农产品总量中，由合作社加工的占到了 80%的比重。在农业生产中所使用的化肥和农药也有 44%是来源于合作社，其年营业额达 1000 多亿美元，净利润达 20 多亿美元(邵喜武，2013)。合作社的运行是以董事会决策为主的民主化管理原则，经理主要负责日常事务管理，成员一人一票制。合作社主要功能在于：①实行产销方面的经济职能，为成员提供生产资料的供应、农业产品的加工与销售，以及农业生产技术的一体化服务；②确保成员在市场竞争中的经济权益；③为成员提供信贷服务等。

4. 农业科研体制与政策

美国是世界上农业生产技术水平和农业生产率最高的国家。从 20 世纪 60 年代以来，美国农业科研经费的投资基本占 GDP 的 2.6%以上，是世界上农业科研经费占比最高的国家。其农业科技体系主要由农业部科研部门、相关大学及私人科研企业三方面构成。1862 年，美国成立了农业部，其成立的主要目的之一在于帮助农民提高农业生产技术，传播农业生产的成功经验，鼓励引进国外优良品种等。根据 1862 年与 1890 年的两部《莫里尔法》，国会将联邦管辖土地赠予各州，令各州建立农学院，并向这些农学院提供正式资助。各州通过该项法令，成立了 69 所土地赠予学院。农业科研、教育、推广三者结合的体制集中体现在了赠地大学的日常运作中。1887 年《哈奇法案》

---

① 来源于 http://finance.sina.com.cn/nongye/nyhgjj/20120723/193112646219.shtml[2012-07-23]。

规定，建立一个全国性农业研究站系统，并对其进行资助。其后，各州都设立了农业实验站，以探求推广新品种与良种牧畜、控制病虫害等先进科学的耕作方法。联邦政府和各州政府的农业部门还通过发行农业报刊、无线电广播等形式，广泛普及农业科学技术知识，提高农民学习农业知识的兴趣。通过上述各种措施极大地提高了美国农业的劳动生产率，使美国农业产量在全世界农业产量中所占的比重越来越大，农产品大量输出国外。到 2013 年，美国农产品的出口总额达到了 1409 亿美元，提供了 100 万个就业岗位。

5. 金融服务政策

(1)农业信贷。在美国的农业信贷系统中，主要分为合作性金融和政策性金融。美国农业合作性金融以农户信贷系统为主，1985 年颁布的《农业信贷法》设立了农户信贷系统以适应农业资金需求的发展趋势，从而降低成本、提高竞争力。此后，农户信贷系统在保持合作性金融性质的前提下发生了结构性的变革。2009 年修订的《农业信贷法》为了解决农场主及相关部门之间的贷款纠纷，提供了专门的财政拨款。美国农业政策性金融以隶属于农业部的政府农业信贷系统为主，主要为政府实施农业补贴和农村公平发展政策提供金融支持，是农业合作性金融的重要补充，政府农业信贷系统主要包括以下三个方面：①商品信贷公司(Commodity Credit Corporation，CCC)于 1933 年设立，目的在于当出现农业危机时，实现对农产品的支持和保护。同时，还发放各类农业补贴和短期流动性贷款。②农民家计局(Farmer Home Administration，FmHA)成立于 1935 年，其成立之初主要是为了改进农业生产条件，改善农民资金需求。随着农业和农村经济的发展，其业务重点逐渐转向配合政府农业政策的实施、支持农业生产、促进农村开发。③农村电气化局成立于 1935 年，主要为农村基础设施建设提供资金支持，如电力、通信等，其业务以提供长期贷款为主，具有发展援助性质。

(2)农业保险。为了降低农业生产者的风险，美国政府于 1938 年颁布了第一部《联邦农作物保险法》，该法案的对象主要是主产区自愿投保的农户，而且只针对气候原因而导致的减产进行理赔。随后，1980 年的《联邦农作物保险法》和 1994 年的《联邦农作物保险改革法》扩大了保险的范围和种类，不再仅局限于主产区的主要作物。1996 年推行了农作物收入保险，在产量的基础上，进一步考虑价格因素对农民收入的影响。2000 年《联邦农作物保险改革法》再次修订，进一步扩大了牲畜和作物的保险范围及补贴程度。《2013年联邦农业改革和风险管理法案》和《2014 年农业法案》进一步支持农业生产风险防范，2014~2023 年美国农作物保险的财政预算达 898 亿美元。美国现行的农业保险主要有以下几种：①巨灾风险保险，属于强制保险险种，主要承担洪涝、旱灾等不可抗自然灾害造成的损失，担保的产量为平均产量的50%，且最高可按农作物市场预期价格的 60%进行赔偿。此外，联邦政府规定，若未投此保险，则无法享受农业信贷、生产调整计划、价格支持等。②额外风险保险，属于自愿保险险种，其保险产量可提高到平均产量的 65%~75%，可获得的最高赔偿额为农作物市场预期价格的 100%。③区域风险保险，该保险是以一个县的平均产量作为基准，保险量为全县预期产量的 65%~90%供投保农场自主选择，保险价值最高可达全县预期收益的 150%。④非保险救济项目，仅未被巨灾风险保险涵盖的十几种作物能够获得，当符合条件的生产者平均产量低于正常年份的 65%或单独损失超过平均产量 50%的，可获得按市场价格的 60%进行赔偿。

3.1.2　日本的农民增收模式及实践选择

日本的资源禀赋特征正好与美国相反，属于典型的人多地少型国家，人均耕地面积仅有 0.03 公顷，专业农户只占 16%，兼业农户占了 84%，因此农业以个体经济和农户小规模经营为主要特征。在这样的资源背景下，日本因地制宜，大力发展生物科学技术、小机械化耕作，大幅地提高了单产，使农民有效地实现了增收，为农业先天禀赋不足的类似国家树立了农业现代化的典型(邓汉慧，2007)。

1. 土地政策

日本的土地改革始于 1947 年，在美国占领的背景下，实施了农地改革。农地改革主要是针对出租一公顷以上的地主的出租土地进行强制性收购，并且以非常低廉的价格专卖给佃农。通过这次改革，实现了"耕者有其田"的目标，同时也为农户小规模家庭经营的生产模式建立了基础。其后，为了促进农业生产的规模化运营，日本分别于 1969 年颁布了《农业振兴地域整备法》、1980

年颁布了《农地利用增进法》、1995 年颁布了《经营基础强化法》,其核心目的主要是促进农地向有经营能力的农户手中转移,扩大农户的经营规模,以促进土地资源更有效地配置。但由于日本土地私有化导致土地流转困难,在《新农业基本法》中,规定有选择性地扶持农民政策,对具有潜力的专业农户及大户提供政策上的支持及补贴,以扩大其生产规模,优化生产结构。

2. 农业保护政策

第二次世界大战之后,日本对农业的保护政策主要手段是财政补贴。经济合作与发展组织(Organization for Economic Co-operation and Development,OECD)的调查数据显示,2012 年日本农业补贴占农民收入的比重达到 55.9%,这一比例是 OECD 成员平均水平的 3 倍。为了稳定农产品的价格、保证农民的收入,日本 1961 年颁布的《农业基本法》中实施了多种价格支持政策,如收入补偿制度(大米)、稳定价格制度(猪肉、牛肉等)、最低价格制度(马铃薯、甜菜等)、价格平准基金制度(蔬菜、水果、蛋类等)、差价补贴制度(牛奶、大豆等)。在加入世界贸易组织(World Trade Organization,WTO)之后,为了兑现"乌拉圭回合协议"的承诺,日本逐渐将"黄箱"补贴转为"绿箱"补贴。2000 年日本颁布了《对山区、半山区农户的直接支付》,通过直接补贴来消除山区与平原地区之间的生产成本差异,以提高落后地区农民的收入。同时,政府的农业补贴也涵盖了农田水利等基础设施的建设、现代机械化设备的购置等。此外,日本还通过高关税手段对农业经营进行保护[1]。

3. 农协组织及发展政策

日本自身先天资源禀赋不足,决定了其小规模家庭经营的农业发展模式,为了克服其不利影响,日本政府在 1947 年颁布了《农业协同组合法》,1956 年又颁布了《农业整建措施法》,加强对农协的法律保护。农协是具有日本特色的经济合作组织,它分为三个层次:在村一级建立基层农协,在县一级建立联合会,在中央建立全国联合会。从中央到地方,形成了一套完整的体系。在众多的小规模农户成员中,农协起到了产前、产中、产后三个阶段都能使小农户充分掌握市场信息,与市场接轨的作用。在产前,农协根据市场信息及每

---

① 乌拉圭回合谈判之后,日本农产品的平均税率仍为 64.9%,远高于世界其他国家。

个农户的情况，帮助其制订有效地生产和经营计划，如提供信贷服务、推广优良品种等；在产中，按生产规划，为农户提供农药、化肥等基本生产资料，并在整个过程中提供技术指导；在产后，接受农户的委托，对农产品进行加工或分级包装运往市场进行销售。通过农协的服务，使农户能够科学、合理地进行生产，有效地降低了农业生产的市场风险，提升了农户的收入。目前，日本有99%的农户都加入了农协，这一比例远超欧美其他农业发达国家的比例。

4. 农业科研体制与政策

在日本农民收入增长的过程中，农业科研、农业教育及农业技术的推广起到了重要的作用，日本在明治维新时期，就建立起了从中央到基层的国家农业科研体系，并将西方的先进技术与自身国情结合，发展新型农业技术。另外，建立了农业产品研发试验所和农业试验场，完善了农业技术的推广体系，农业技术研发与推广形成了一种"双轨"模式，中央将科研实验成果送到地区的农业试验场进行试验，若试验成功，再通过地区"农业技术联络会议"进行讨论，若提交得到认可，再到县农村试验场进行试验、讨论，从而形成了一套严密的农业技术推广体系。此外，在农业教育方面，农业水产省有直属的农业大学，各都道府县除综合性大学设有农学部以外，还设有两年制的农学院。在此基础上，还有大量的农业技术学院。日本农民的受教育程度较高，高中学历的占75%左右，大学学历的占6%左右。

5. 金融服务政策

(1)信贷服务。在日本的农业信贷服务体系中，以政策性金融为主。其政策性金融主要包括三个部分，即日本农林渔业金融公库、农协的政策性业务及农村金融支持工具。日本农林渔业金融公库(Agriculture Forestry and Fisheries Finance Corporation，AFFFC)于1953年由政府全额出资设立，主要向农林渔业生产者发放长期低息贷款，以促进农业的发展。在1990年以后，日本经济进入持续的调整期，农业基础减弱，此时 AFFFC 将贷款重点转移到提高农业人口收入、稳定农业经营、强化农业基础设施建设、扶持核心农户等方面。日本农协信贷体系分为三个层次：基层的信用合作组织、都道府县的信用联合会和中央的农林中央金库。资金主要来源于社员的存款；在资金运用方面，三级组织所服务的对象不同，基层农协的贷款对象主要是针对内部社员、信用联合会主要贷款给中等企业、农林中央金库主要贷款给全国性的大企业。1961 年《农业信用担保保险法》建立了农业信用担保保险制度，分为担保保险制度和信用保险制度两种形式。担保保险制度主要作用于当农业经营者有资金需求，向农协等信贷机构申请贷款时，通过为农户承诺担保的形式，帮助农户获得信贷资金；信用保险制度实际上是由国家、47 个基金协会和农林中央金库出资建立的农林渔业信用基金，包括农业信用担保和对基金协会贷款两个方面。

(2) 保险服务。日本于 1947 年实施了《农业灾害补偿法》，以法律的形式确定了农业保险的发展，此后进行了多次修改。2003 年的进一步修订主要是扩大农户对农作物保险承保方式的选择范围。日本的农业保险结构主要分为三个层次：在村一级设立农业共济组合，即农业保险合作社；在县一级设立农业共济组合联合会，即合作社联合会；在农林水产省的农业共济组合再设立再保险特别会计处。其运行机制为：基层的合作社与农户之间是互助关系，合作社与联合会是保险关系，联合会与特别会计处是再保险关系。通过这一保险制度能够有效地分散风险。对于关乎民生的重要农产品，实施的是强制性保险，此外还有灾害意外保险。其中保险额为"每千克的保险额"与"标准产量"的 70% 的乘积。"每千克的保险额"由农林水产省确定，"标准产量"由农业互助合作社根据实际情况来确定。农民缴纳的保费为正常年收入的10%，保费的 50%～80% 由政府对投保农户进行补贴。日本的保险体系对稳定农民收入起到了重要的作用。

3.1.3　法国的农民增收模式及实践选择

法国的资源禀赋介于美日之间，但法国却是西欧国家中农业最发达的国家，其耕地面积和农业产量都居欧洲首位，也是欧共体最大的农产品输出国。究其原因，主要是由于法国采取了加速土地集中政策，机械技术与生物技术并进，有效地提高了农业生产率，促进了农民收入的稳定。

1. 土地政策

为了转移富余的农村劳动力，法国政府于 1962 年颁布了《农业指导法补充法》，设立了"调整农业结构行动基金"，对自愿离开农业生产的农户予以补贴。此后，又设立了"非退休金的补助金"，为年龄在 55 岁以上的农民一次性发放"离农终身补贴"；同时，鼓励青年农民从事非农产业，政府给予奖励性的补助和赔偿。为了防止农场的规模变小，政府还规定农场的继承权只能给有继承权的一个子女或者农场主的配偶，其他继承人则从继承者那获得继承金。通过该政策，44 万名年老农户放弃了 950 万公顷土地，相当于农用地的 1/4；同时，法国农业人口也由 1946 年的 740 万人降低到 1976 年的 225 万人。为了使耕地能够整合出售，政府组建了"土地整治和农村安置公司"，该公司拥有土地优先购买权，通过购买大量分散的土地之后，对其进行土地合并、改良等措施，使之成为标准农地之后，再以较低的价格转卖给有经营能力的农场主。此外，法国政府还为符合条件的农户提供低息贷款，以便于其购买土地，建立起适度规模的农场。到了 20 世纪 70 年代，10 公顷以下的农场，由 50 年代的 127 万个减少到了 53 万个；50 公顷以上的农场，增加了 4 万多个。这有效地促进了农业土地的规模化经营。

2. 农业保护政策

一是农业生产补贴，包括农牧产品生产直接补贴和稳定农牧产品市场补贴。农牧产品生产直接补贴是对降低支持价格的补偿，属于对生产和贸易具有直接扭曲影响的政策。稳定农牧产品市场补贴则主要用来控制农牧产品供给水平的支出或补贴，如停产补贴、休耕补贴、出口补贴等。二是农村发展补贴，包括农村发展计划补贴、农业社会保障福利补贴、农村环境维护补贴、青年农民安家和农场现代化补贴、农产品标准培训补贴、自然条件恶劣地区补贴、农民转移土地经营权补贴。三是林业持续管理补贴。包括对林业生产行业的补贴和对林地整治与保护的补贴。财政部每年做出补贴预算，农业部负责具体补贴措施，而欧盟的农产品补贴由谷物办公厅发放。对补贴的发放对象、发放标准和各种换算系数、优惠条件和特殊情况的处理办法等进行了详细规定。其中，农产品生产直接补贴的计算基础是农民每年的种植面积和单位面积的补贴额。从 2014 年到 2020 年，法国将享有 637 亿欧元的农业补助，是欧盟共同农业政策的最大受益国。

3. 农业合作组织及政策

农业合作组织在法国十分普遍，可以分为农业互助组织、农业合作社和农业互助信贷组织。农业互助组织主要是为了抵御农业生产和生活中的风险而形成的组织。它可以分为农业互助保险和农业社会互助。农业互助保险所承担的是农业生产和经营过程中的各种风险；而农业社会互助是一种私立组织，主要负责农户的社会保障工作。农业合作社在法国普及率极高，几乎所有农民都是合作社的成员，根据其负责事务的不同，可以分为购销合作社和服务合作社。购销合作社主要负责成员所生产的农产品的储存、运输及销售，以及通过共同采购为成员提供生产资料等。在 1996 年，农业合作社收购的粮油类、猪肉、羊奶奶酪分别占其总产量的 75%、89%、61%，销售肥料占农户购买总额的 60%；服务合作社是向成员提供农业生产过程中的各种服务，如共同使用机械设备、提供专业技术支持、农业生产咨询等。此外，农业信贷合作组织主要为农户提供信贷服务，在法国，有 90% 以上的农业信贷都是由信贷合作组织提供的。

4. 农业科研体制与政策

在法国的农业科研体制与政策中，以农业教育的改革作为开端。20 世纪 60 年代初，法国政府颁布了《农业教育法》，确定了公私合办的教育体制，在促进私立农业教育的同时，政府努力发展直属农业部的公立农业教育，并创建了中等、高等农业院校。此外，政府还加强对农村青年的教育培训，并发放资格证书及文凭。在农业科研方面，政府每年提供大量的农业科研经费，成立了数量众多的农业科研机构，除了高等院校的研究机构之外，政府还建立了由农业部领导的国家农业研究院和国家机械化研究与实验中心等。在农业推广方面，政府建立了各种推广农业先进技术的机构，如全国农业发展协会等，政府还通过各种宣传媒体推广先进的农业技术和知识。目前，国家农业研究院拥有人员约 1 万人，每年的预算经费达 5 亿欧元。

5. 金融服务政策

(1)信贷服务。为促进农业和农村经济的发展，法国建立起以商业性金融为核心的农村投融资体制。其中，以农业信贷集团为主。该集团是以典型的"上官下民"复合型商业银行组成的，中央机构作为官方机构，而地方金库和地区金库是一种合作性质的金融机构，会员以从事农业活动的自然人和机构法人为主。它的运行机制是：由地方金库吸收存款，然后交付给地区金库使用，审核会员的贷款资格，并向地区金库提交审核后的贷款意见；地区金库利用全国农业信贷金库提供的资金和地方金库上交的存款向会员发放贷款，多余的款项上交全国农业信贷金库，由其统一调拨使用。通过从地方到国家的三层运作，地方金库更贴近农民的生产和生活，既维护了农户的经营自主权和积极性，又增强了基层组织的稳定性，保证灵活有效地开展业务；而全国农业信贷金库也能够积极配合政府农业政策的实施，促使各项措施能够顺利传达到个体农户。

(2) 保险服务。法国在18世纪40年代成立了第一家地区性互助保险公司，主要负责农作物的自然灾害保险。1986年，法国成立了农业互助保险集团公司，专门负责经营农业保险及其相关的业务。此后，国家成立了农业再保险公司，有效地分散了风险。为了提高农户投保的积极性，法国实施的是低费率、高补贴政策，保费由政府补贴50%～80%。此外，《农业保险法》中规定了关乎民生的农产品的保险为强制性保险。

3.1.4 发达市场经济国家农民增收实践经验及启示

综观发达国家的农民收入增长模式，虽然各国的自然资源禀赋并不相同，但其土地政策都起到了决定性的作用，并对农业进行高度的保护，辅之以健全的合作组织体系，重视农业科研体制的发展，通过合理的财政金融资源配置，为农户提供资金的来源，保障了农业生产的顺利进行，提高了农业生产率，进而有效促进农民的收入增长和稳定。

1. 土地政策是实现农民收入增长的基础

一个国家在制定土地政策时，要符合自身的资源禀赋。美国在其地广人稀的自然背景下，通过发放大量的土地，调动了农业生产者的积极性，使其拥有了大面积的土地，为农业规模化发展创造了客观条件，从而形成家庭农场的经营模式，使大规模机械化生产成为可能，有效地解决了地广人稀的矛盾，大幅地提高了农业生产率，实现了农民收入的快速增长。日本的农地改革是农村生产关系的一次重大革命，削弱了地主阶层，使佃农实现了"耕者有其田"，建立了以小规模家庭经营为主的土地制度，农民获得了土地的所有权，生产热情高涨，为农民的收入增长提供了要素基础。但是，由于日本农民眷恋土地的思想根深蒂固，政府推行的土地规模化发展效果不理想，兼业农户占了86%，无法有效地集中土地进行规模化生产。法国国土面积虽然不大，土地也很分散，但法国政府能够根据实际情况，调整土地政策，出台一系列集中土地、扩大经营规模的政策措施，转移农村富余劳动力，实现了农业土地规模化生产，有效提高了农业生产率，进而使农民的收入稳步提高。从中国当前的土地政策来看，主要是城市土地属于国有，而农村土地属农民集体所有。在这样的体制下，一方面，农民土地产权不明晰，无法完善土地承包经营权；另一方面，当发生征地时，由于所有制的差异，农民所得到的征地补贴往往偏低，使农民难以享受到土地的增值收益。目前，土地收益分配明显是向城市、向非农部门倾斜，这不利于提高农民的收入。此外，土地流转制度和市场尚未完善，严重制约了农民收入的快速增长。一方面，对于农业生产者来说，无法扩大土地经营规模，推进农业规模化、机械化生产，提高农业生产能力，进而促进农民增收；另一方面，对于进城务工的农民来说，其收入主要来源于工资性收入，所属的农村土地基本处于荒废状态，无法通过土地流转来增加财产性收入。

2. 农业保护是稳定农民收入水平的重要举措

美国、日本、法国通过大量的农业补贴，有效地保护了农业，实现了农民的增收，如日本对农产品的价格补贴占到了农民收入的55.9%。通过对农产品价格的补贴，既稳定了农民的收入，又降低了农业生产的市场风险，提高了农民生产的积极性。而对农户的农业投资进行补贴，能够有效地促进农业的现代化发展，推进机械化生产，改善农业生产条件，间接地促进了农民收入的增长。中国当前的农业补贴体系主要以价格支持为基础，直接补贴为主体。虽然从2003年到2013年，农民直接补贴占中央财政"三农"投入的比例由5.8%上升到了14.98%，但农业补贴占农民纯收入的比例却不足4%[①]，这一比例远远低于发达国家的水平，无法有效保障农民收入的稳定增长。与发达国家相比存在较大差距主要有两方面原因：一是从总量上来看，相比发达国家，我国的农业补贴支持水平仍然较低，尚未能像发达国家一样给予农业巨额补贴（程

---

① 来源于 http://finance.sina.com.cn/nongye/nyhgjj/20120723/193112646219.shtml[2012-07-23]。

国强和朱满德，2012）；二是从制度设计上来看，存在一定的不足，由于农民直接补贴政策中支出挂钩型补贴所占比重较大，相对富裕农户从政策中获益较多，而收入较低农户的获益能力受到限制（林万龙和茹玉，2014）。

3. 合作组织是保障农民收入增长的有效途径

农业合作组织在全球范围内快速发展，它们在提高农民组织程度、增加农民收入、保障农民权益方面起到了巨大作用。美国、日本、法国通过体制健全的农业合作组织，使农户与市场接轨，发达的农产品购销体系保证了农产品的合理生产及销售，使农户能够专心从事农业生产。此外，通过合作社的技术指导、生产方案制订，能够使农户进行科学生产，提高农产品质量，按市场的需求进行生产，提高农户生产效率，为保障农民收入增长提供了有效的途径。中国的农业合作组织[①]主要是以家庭联产承包责任制为基本指导原则，初步形成了产供销一体化的运行模式，在内部治理方面，基本采纳民主管理的方式。然而农业合作组织对农民增收所起到的作用，却远远不如发达国家，其中的差距主要体现在以下几方面：①合作组织运营规模普遍较小，截至 2013 年底，全国合作社达到 98 万家，入社农户 7400 万，占全国农户数 1/4 左右，这一比例远远低于发达国家。②缺乏民主管理，一方面，中国农业合作组织普遍存在少数农村精英控制现象，缺乏内部民主管理；另一方面，由于农民自身意识不足，对民主权利关心程度也不够强（常青和张建华，2011）。③产销一体化程度不足，农户的生产缺乏规范化的引导，在农产品销售环节，发达国家一般采取在不低于市场价格的条件下包销社员生产的农产品，而我国主要采取生产联结和销售联结[②]两种方式，不利于保障农民的稳定收入。

4. 农业科研发展是农民收入增长的必要条件

农业发达国家的一个共同点就是把农业科研作为重点发展对象。美国、日本、法国都建立起了农业教育、科研、推广三位一体的体系。通过农业教

---

① 2007 年 7 月 1 日颁布了《中华人民共和国农民专业合作社法》，中国农业合作社发展进入了规范化发展的阶段。

② 生产联结是指合作社规范社员的生产资料投入，并对农产品进行包销；销售联结是指合作社提供农产品的销售服务，社员可自行销售产品。

育，为农业产业积累了大量的人力资本，促进了农业科技的应用。国家财政对农业科研机构的大力支持，使其提供了大量的农业研究成果，如新型的机械设备、生物技术等；进而通过农业推广体系，将成果普及到农业生产区，改善农业生产技术，提高生产效率，从而促进农民的收入增长。中国当前农业科研体制主要是以政府提供资金，农业科研院所为研究主体的模式，企业并没有起到重要作用。过度依赖农业科研院所的科研体制严重制约了农业科技产出的贡献率，农业科技进步贡献率在中华人民共和国成立初期仅为20%，2014 年达到了 56%，农作物综合机械化水平超过 61%，品种对提高单产的贡献率达到43%。但与西方发达国家相比，中国农业科技进步贡献率仍然要低20 多个百分点(叶兴庆，2015)。与发达国家相比，中国农业科研体系投入不合理①：①农业科研经费投入不足，2013 年，农业产值占 GDP 的比重为 9.48%，而农业科研经费投入却只占全国研发机构总投入的 6.57%，农业科研投资强度与国际平均水平 1%相比仍有较大差距。②农业科研经费资金来源结构不合理，经费基本上都来源于政府，企业尚未在农业科研方面起到重要作用，2013 年农业科研资金的89.05%来源于政府，而企业仅占了 2.22%；③竞争性资金比例过大，不利于农业科研的长期战略性规划，从而降低了农业科研效率。此外，在农业科研推广方面，由于对农业科研项目评审的考核集中在了论文及科研项目数量上，农业科研与农业生产脱节，很难为农业生产所需的科学技术提供服务，科研成果转化率低。

5. 金融服务合理供给是实现农民收入增长的关键要素

发达国家农业信贷资金的供给，使农户能够进行农业生产的资本投入，逐步健全农业生产的基础设施，进而为农户的规模化生产提供了资金来源，最终为稳定农业经营、确保食品供给、提高农业综合产出率、提高农业人口收入奠定了坚实的基础。此外，健全的农业保险体系，低保费、高补贴的政策，提高了农户投保的积极性，从而降低农业生产的风险，也避免了由自然风险带来的大面积损失，保障了农民的利益。以美国为例，在 2012 年，美国遭遇了严重的旱灾，然而其农民的收入并没有下降，反而显著提高，这主要

---

① 数据来源于《中国科技统计年鉴》《全国农业科技统计资料》。

是得益于完善的农业保险体系(董婉璐等,2014)。当前,中国农村金融服务
体系形成了商业性金融、合作性金融和政策性金融"三位一体"的格局。作
为商业性金融,其经营的目标在于如何实现利润最大化,而中国农业发展水
平不高,且农业产业本身所具有的自然风险较大,使农村金融市场存在微利
性和高风险性的特征,进而导致商业性金融缩减农村地区的业务、网点及贷
款。从发达国家的实践经验来看,合作性金融是农民获取金融资源的重要渠
道。然而从中国农村信用合作社的发展实践来看,存在着"社会性"与"官
办性"双重特征,地方政府在追求地方利益及个人晋升的驱动下,产生了强
烈的金融干预欲望(何问陶和王松华,2009);从其自身内部来看,也存在着
治理结构、风险监控体系不完善。中国农业发展银行作为唯一的农村政策性
金融机构,对农民增收起到了很大的推动作用,但随着金融体制和粮棉流通
体制改革的不断深化,其业务范围不断收窄,支农作用也因此受到了明显制
约(温涛,2014a)。从中我们可以发现,与发达国家相比,中国农村金融存在
着明显的"非有效供给",无法为农民收入增长提供有效的金融资源。在农业
保险方面,主要是以《农业保险条例》规定农业保险合同,缺乏专门的立法
保障。此外,农业保险的保额较低,《中国农业保险市场需求调查报告》显示,
大多数农户认为农业保险赔付不足以弥补农业生产损失的 50%,这就增加了
农民从事农业生产所面临的不确定性,不利于农民增收。

3.2 新兴市场经济国家的农民收入增长经验模式

20 世纪 70 年代以来,新兴市场经济国家的农业异军突起,并逐渐开始
追赶发达国家农业。相比于发达国家,新兴市场经济国家的农业由于其特殊
的发展环境和发展历程,对于社会、经济环境类似的发展中国家有着更强的
借鉴意义。本节选取了韩国、印度和巴西三个新兴市场经济国家作为案例,
对其农业发展、农民增收政策进行了剖析,以期能够科学总结值得中国借鉴
的经验和规律。

3.2.1 韩国的农民增收模式及实践选择

20世纪70年代，韩国发起了"新村运动"，这次运动旨在消除韩国从20世纪60年代开始大力发展出口密集型的工业的同时没有实现农业的现代化，从而造成的农业停滞不前，城乡之间发展差距加大的问题。该项运动是以政府为主导的、自上而下的，通过对农村的物质建设和精神提升，成功缩小了城乡之间的差距，使农村居民融入到了现代社会之中。在韩国农民收入迅速增长的同时，也基本消除了城乡差距。

1. 大力改善农村基础设施

在"新村运动"期间，韩国政府对农村公路、小桥、河岸、农村住房条件、农村电气化，以及农村饮用水供给系统进行了大幅度的改善(表3.2)。在道路、桥梁和灌溉体系改善方面，1971～1978年，韩国内务部汇总了新村项目需要改善的村级道路总长度，计算出需要改善的进村道路和支路的总长度为43 631千米，每个村庄需要改善的道路平均长度为1322米；到1978年结束，预算中所有需要改善的道路全部得到改善(表3.3)。在住房改善方面，1971年韩国的250万农户约有80%都住在茅草屋里面，韩国政府为农民免费提供建造新房的部分水泥和钢筋，由农民自发建造，到1977年，全国所有的农民都住进了钢筋水泥建造的房屋。在农村电气化与饮用水系统改善方面，20世纪60年代末，韩国只有20%的农户安装了电灯，农民饮水也几乎都是井水，"新村运动"以来，韩国政府对农村进行了电气化与饮水系统的改善，到1978年，全国98%的农户都实现了电气化。同时，电气化的实施也为引水系统的改善创造了条件，到20世纪80年代，韩国的农村通过将山上的水引到村里的蓄水池后用水管接到每家每户或通过在水井中安装电泵的形式基本实现了自来水。在物流体系的建设发面，"新村运动"对农村基础设施改善基本完成之后，韩国政府又从2002年开始了对农业生产者和消费者的流通改革，通过财政预算拨款2300亿韩元，推进物流体系的建设，改善和提高农产品直销的持续性和灵活性；之后又投资2600亿韩元用于支持农产品直销超市的建设；除此之外，还加强了网上农产品的流通。

表 3.2 地方政府汇总的新村项目优先顺序

序号	项目	序号	项目
1	宽阔笔直的进村公路	9	河流堤岸的整修
2	修建跨河的小桥	10	田地支路的开辟
3	笔直的村内公路	11	农村电气化的加速
4	村庄排污系统的改善	12	安装村庄电话
5	瓦屋顶代替茅草屋顶	13	建造村庄浴室
6	修葺农家的旧围墙	14	建造儿童活动场所
7	改善传统的饮用水井	15	河边洗衣地方的改善
8	村庄会堂的建造	16	种植、种花等环境美化

资料来源：朴振焕(2005)

表 3.3 通过新村项目发展的村级道路总长度

农村道路的类型	1970 年的目标长度/千米	1971～1978 年改善的长度/千米	每村改善的道路/米
进村的道路和支路	49 167	43 631	1 322
村内道路	26 266	42 220	1 279
总计	75 433	85 851	2 601

资料来源：朴振焕(2005)

2. 农业收入增长专门项目与高产水稻品种推广

1968 年，韩国约在 90 个地区实施了"农业收入增长专门项目"，包括蚕桑生产区、蘑菇生产区、塑料大棚生产区、苹果生产区等专业化生产区。同时，在 1970～1978 年，韩国在全国推广高产水稻品种"统一号"，使水稻产量大增，农民收入相应大幅增加。1970～1977 年水稻单产和农业收入(全国平均)见表 3.4。"统一号"水稻的种植为农民收入的提高做出了巨大贡献。同时，随着韩国城市化进程的加快，城市对农副产品的消费需求大量增加，这也使参与农业收入增长专门项目的农民收入快速地增长。

表 3.4 1970～1977 年水稻单产和农业收入(全国平均)

年份	精米产量/(吨/公顷)	"统一号"水稻种植面积占全国水稻面积的比例/%	农业收入/美元
1970	3.30	—	824
1971	3.37	—	1025
1972	3.34	15.9	1075

续表

年份	精米产量/(吨/公顷)	"统一号"水稻种植面积占全国水稻面积的比例/%	农业收入/美元
1973	3.58	10.4	1209
1974	3.71	15.2	1393
1975	3.86	22.9	1804
1976	4.33	43.9	2389
1977	4.94	54.6	2961

资料来源：朴振焕(2005)

3. 农业机械化水平的提升

如表 3.5 所示，韩国从 20 世纪 60 年代初开始着手农业机械化建设，当时主要是普及；70 年代后期进入扩大普及阶段；80 年代以后，开始深入普及水稻栽插、收获机械；同时随着劳动力大量向城市转移，农村劳动力缺乏，农村的工资水平增长快于劳动生产率的增长，农业工资水平和农业劳动生产率之间的差距越来越大，这加快了节省劳动力的农业机械的引进。到 20 世纪 90 年代初，韩国的机械化程度已经相当普及。

表 3.5　1965～1992 年农场引进的农业机械数量(单位：千台)

年份	耕耘机	拖拉机	插秧机	打捆机	联合收割机
1965	1.1	0	0	0	0
1970	11.9	0	0	0	0
1975	85.7	0.6	0	0	0
1980	289.8	2.7	11.1	13.7	1.2
1985	589.0	12.4	42.1	25.5	11.7
1990	751.2	41.2	138.4	55.6	43.6
1992	768.3	64.2	185.2	63.1	61.2

资料来源：朴振焕(2005)

4. 财政与金融支持

韩国的"新村运动"是由韩国政府主导的，但是在"新村运动"中，韩国的财政投入却只是起到了引导作用，而不是主导作用，韩国的农协尤其是基层农协在这次运动中，对投资做出了巨大贡献。在 20 世纪 70 年代之前，韩国的农民由于贫困交加，缺少储蓄的习惯，但是 20 世纪 70 年代以来，随着农民的收入情况有所改善，越来越多的农民到农协的金融机构进行储蓄，妇女在储蓄中发挥了非常积极的作用，而良好的储蓄习惯为"新村运动"的投资打下了坚实的基础。根据我国有关考察团的调查，韩国政府提供的资金只占同期财政支出的 1%。在财政方面，韩国政府还对农民实施了价格保护措施，通过保证以较高的价格收购农产品的同时以较低的价格在市场中卖出，使农民的收入在无形中得到了增加。到 20 世纪 70 年代末，韩国农民与城市居民之间的收入差距已经非常小(表 3.6)。

表 3.6　韩国"新村运动"投资一览表

年份	总额/亿韩元	政府投资占比/%	村庄集资(包括贷款)占比/%	其他资金占比/%
1972	316	11.3	86.6	2.1
1973	961	17.8	80.0	2.2
1974	1328	23.1	74.4	2.5
1975	2959	42.1	57.3	0.6
1976	3227	27.3	70.5	2.2
1977	4665	29.6	69.7	0.7
1978	6342	20.3	76.9	0.1
1979	7582	56.1	43.3	0.6
1980	9368	—	—	—
1981	7029	59.2	40.2	0.6
1982	8666	48.3	34.4	17.3

资料来源：史美兰. 2006. 农业现代化：发展的国际比较. 北京：民族出版社：225

3.2.2　印度的农民增收模式及实践选择

虽然印度在 20 世纪 50 年代前后进行了土地革命，但是印度的单位面积粮食产量依然不够高，而随着印度人口的急剧增加，印度的粮食进口持续增加，在 1965～1966 年度，印度遭遇了严重的干旱，粮食产量从上一年的 8930 万吨骤减至 1700 万吨，面对严峻的现实，印度政府痛定思痛，在 1966 年起开始逐步在全国推行以技术变革来带动农业生产增长的战略(即绿色革命)。

1. 第一次绿色革命的农民增收模式与实践选择

一是大力改进农业生产力。1967～1968 年度，印度全国约 600 万公顷的土地上种植了从国外引进的高产水稻和小麦品种，由此拉开了绿色革命的序幕。印度政府在 1969 年在中央和地方相继成立了种子研究中心，专门收集、研究和培育高产品种。同年，印度政府成立了国家种子公司，负责发展大规模生产种子的机械化农场。1973 年以来，印度已建有 23 所农业大学，并把教学、科研和农业推广三种职能结合起来。另外，农业机械化是农业现代化不可或缺的一步，从绿色革命实施以来，印度农业在机械化方面进展很快(表 3.7)。

表 3.7　印度农村机械化情况表

年份	拖拉机/(台/10 万公顷)	水泵/(台/10 万公顷)	用电量/(度/公顷)
1961	20	131	5.5
1970	60	817	23
1980	270	2286	71

资料来源: 史美兰.2006. 农业现代化: 发展的国际比较. 北京: 民族出版社: 303

二是加大财政和金融支持。20 世纪 60 年代中期以来，印度政府采取多种措施增加农业贷款。1969 年，政府将 14 家主要的私人银行国有化，发展农村信贷机构。1969~1986 年，印度商业银行的农村分行从 5204 家增加到 33 090 家。同时，由于政府的干预，农业信贷迅速增加，各种信贷机构发放的农业贷款已从 1960 年的 21.4 亿卢比增至 1985 年的 688.6 亿卢比。

三是采取刺激和保护措施支持农业生产。为了提高农民的生产积极性，印度政府从 1964 年起实行农产品最低保证价格政策，并对农产品的收购价格做了较大幅度的提高。同时，政府还对农民提供低于市场价格的生产资料，包括电力、燃料、农机等。

2. 第二次绿色革命的农民增收模式与实践选择

第一次绿色革命几乎解决了印度的粮食问题，印度的粮食做到了自给自足，不再依赖粮食进口，但是 20 世纪 90 年代以后，印度的国家发展战略进一步向工业倾斜，再加上人口的高速增长，农业发展的停滞不前，粮食和农业问题再一次困扰着印度这个人口大国，印度从 2004 年开始了第二次绿色革命。主要措施如下。

一是大力推广农业现代化的生物技术和其他前沿技术，加强农业科学的研究与推广工作。科技仍然在第二次绿色革命中占据最重要的位置。2004 年以来，印度新政府加大了对农业科研系统的投入，对重点的农业研究院所和大学进行了集中的资金投入，对生物遗传工程、新品种的引进与改良等项目进行研发与应用推广。印度有着非常强的软件技术研发能力，计算机信息技术在印度农村中的应用也越来越广泛。同时，政府还专门设立了农业呼叫中心、广播和电视频道。通过一系列措施，印度政府建立起了一套新的农业研究、推广、应用和支持系统。

二是加强农村基础设施建设。除了加大科技在农业中的推广与投入，基础设施的建设也是印度政府高度重视并大力投入的一个领域。2004 年，印度政府拨款近 20 亿美元，对农村地区的道路、桥梁进行了修建和改善，拨款10 亿美元构架灌溉网。除此之外，印度还加强了农村电网、农村通信、农村计算机网络及物流体系的建设。在 2011～2015 年，印度政府在整个基础设施领域投入 10 000 亿～12 000 亿美元，占整个 GDP 的 8%～8.5%。

三是农业市场化和产业化。农业产业化和市场化是印度第二次绿色革命的方向。为此，印度政府采取了以下措施：除了加强现有的农资公司、农产品加工公司、进出口公司等国有公司的改制外，中央和邦政府将更多放权，鼓励公司参与农业，鼓励农民组建农工商企业集团，走产业化发展道路，进行深加工、精包装，在连接农民和消费者的食品链的每个环节上都创造效益和附加值。政府计划打破各邦之间的政策壁垒，加速农产品在全国的自由流动，建立全国统一的农产品市场，开拓非粮食类产品，如鲜花、水果、蔬菜、奶制品等的国际市场。鼓励国际资本、民间资本和非政府组织投资农业，特别是农业技术创新和农业产业化项目。

四是财政和金融支持。第二次绿色革命以来，印度的农业补贴总体规模继续加大。2011 年，印度对粮食和投入品的补贴占全年财政支出的 8.7%，占 GDP 的 2.3%。在补贴方式方面，印度政府仍然采取间接补贴的形式，以较高的价格收购农民的粮食，然后以较低的价格在市场上流通。除了财政补贴方面，印度政府在金融上也对农民提供了有力支持，印度政府改革农村信贷，对银行系统提供支持，使农作物贷款年利率降低到 4%。中央和邦政府还建立了农业风险基金，为灾区农民提供援助。同时，印度政府还鼓励社会资本、国际资本及非政府组织投资农业，以便为农业的发展获取全方位的金融支持。

五是人力资本的优化。印度现在人口超过 12 亿，众多的人口给印度带来了很大的压力，印度政府为了缓解这一压力，通过各种形式将计划生育政策宣传到社会的每一个角落，同时加强科学的人口控制，希望能够使印度的人口增长进入一个良性的阶段，将人口增长率降至 11% 与 12% 之间。在努力降低人口出生率的同时，印度政府还希望提高农业从业人员的素质，印度每年有超过 300 万大学生还有数量相当的中等职业教育毕业生从学校毕业，印度政府希望这些人中间的一部分能够成为印度农业发展的中坚力量，并对农业专业毕业的学生提供了经济援助，引导他们利用自己学到的知识为农民服务。

3.2.3   巴西的农民增收模式及实践选择

作为南美洲新兴经济体的代表，巴西凭借其近年来的迅猛发展势头，已经跻身"金砖五国"行列。在国民经济发展的同时，巴西农业的发展也非常迅速，已经成为咖啡、蔗糖、柑橘的全球第一大生产国，可可、大豆、牛肉的第二大生产国。在出口方面，蔗糖、牛肉、鸡肉、咖啡、大豆的出口位居世界前列。根据世界粮农组织（Food and Agriculture Organization，FAO）的统计，巴西已经成为全世界农业发展最快的国家，FAO 同时预计，到 2019 年，巴西的农业增长会超过 40%。在巴西农业迅猛发展的大背景下，巴西农民收入也不断提升。概括来看，巴西的农民增收政策主要包括以下几点。

1. 重视基础设施建设

农业基础设施薄弱一直以来都是制约巴西农业发展的一大瓶颈。交通和灌溉及储存能力方面的制约尤其严重。从 20 世纪 80 年代开始，巴西政府加大了对仓储、灌溉网络及交通运输等农业基础设施的建设投入。1985 年，巴西政府斥资 50 亿美元在农业生产相对落后的东北部地区实施了"东北部百万公顷灌溉计划"，同时优先发展农村交通，为农业生产的发展打下了坚实的设施基础。2007 年，巴西政府制订了旨在加速发展农村基础设施的加速农村发展计划（program for accerlate countryside，PAC）。该计划希望通过引进更多的私人和公共部门对农村基础设施建设进行投资，从而改善农村交通状况。同时，PAC 还准备投资 15 亿美元的公共投资来发展农村灌溉网络、供电及生物燃料的管道铺设等，从而推动农业的发展。

2. 农业生产的规模化、机械化及农业产业化发展

巴西耕地资源丰富，截至 2009 年，巴西的农作物面积为 6120 万公顷，同时，还有 80% 左右的耕地尚未开发，而巴西农村人口仅为 3000 万，可谓地广人稀。同时，巴西的土地制度为私有制，为土地的流通带来了便利，也促进了土地的规模化经营。巴西目前的土地大部分都由大农场主进行经营，规模效益明显。同时，巴西的农业机械化程度也非常高。大农场的耕地、施肥、收割、脱粒及加工、精选、烘干、储存等都实现了机械化。巴西的拖拉机拥有量在 1950 年仅为 8372 台，而到 2012 年，巴西的拖拉机拥有量已经达到 100.1 万台，每 100 个农业劳动力平均拥有的拖拉机台数远高于拉美地区和亚洲平均水平。目前巴西有 1/3 的耕地完全实现了机械化耕种。在机械化和规模化的基础上，巴西政府还积极引导农业向产业化方向发展。巴西农业的发展，也催生了农业生产、农产品加工和销售相关企业的诞生。巴西的农业产业化经营形式多种多样，主要分为以下三种：一是非农业从业者购置土地进行农产品的生产、加工和销售；二是大农场主创办农产品企业；三是政府与私人或者跨国公司联合，建立大型的农工贸一体联合企业。除此之外，巴西政府还鼓励促进农业产业化的经营组织。例如，大力推进了合作社和中介组织的发展。1988 年，巴西宪法明确了合作社的合法性，到 20 世纪 90 年代初，巴西有 4000 多个合作社，成员达 4000 多万人，目前已经有 5500 多个，涉及农牧业、劳动、卫生、消费服务、信贷、电力等 12 个领域。合作社在促进政府与农业经营者之间的交流和沟通方面起到了桥梁和纽带作用，为其农业的发展做出了巨大贡献。

3. 注重发展农业科技

科技是巴西农业迅速崛起的另一个重要因素。巴西政府于 1973 年成立了农业研究院，隶属于巴西联邦政府，负责农业发展计划的制订及最新农业技术成果的推广。此后，巴西农业研究院在全国建立了 50 多个分中心，并与各州的州立大学、农业技术推广站、试验站合作，形成了覆盖全国的农业科技推广、普及网络。40 多年来，农业研究院向全国推广了科技成果 1 万多项，包括农业生物技术、生物工程技术、转基因技术与有机农业技术等先进技术。在 20 世纪 80 年代，巴西还制订了国家生物技术计划，大力发展农业生物转基因技术,在 2000 年巴西的大豆、甘蔗等农作物转基因技术已经开始广泛应用。1996 年,巴西政府开始与世界主要国家建立联合农业科技实验室,并取得了一系列重要成果。2012 年巴西农业、畜牧业和食品供应部、科技创新部和教育部共同为有机和生态农业发展提供资金,计划建立 22 个农业科技发展示范项目和 90 个农业科技示范园。巴西政府不仅为农业科技的发展提供了政策和资金支持,还提供了法律保障。巴西立法规定,每年要将当年税收的17.5%用于农牧科技项目。迄今为止,巴西农业科研经费占农业 GDP 的比例始终在拉丁美洲排名第一。

4. 金融和财政支持

巴西对于农业的金融和财政支持在全球范围内都是非常罕见的。首先,在金融方面,巴西政府在 1965 年就成立了"全国农村信贷系统",旨在促进农产品出口,扩大外汇收入,促进农业现代化。在 20 世纪 80 年代以前,农业信贷资金的 85%来自巴西政府。其次,由于 20 世纪 80 年代后期,巴西政府爆发了债务危机,巴西的农业贷款结构也发生了很大变化,目前 90%的农业贷款来自商业银行,仅有 10%来自政府。巴西法律规定,商业银行的吸收存款的 25%到 35%必须用于农业贷款。除了信贷支持以外,巴西政府还为农民提供了保险支持。巴西的农业保险有两个体系:一是国家农业保险体系。农业生产者得到银行提供的农业信贷后,按贷款比例向中央银行交纳农业保险费,在农业遭受灾害后,中央银行将通过银行向投保者提供最多相当于贷款全额的赔偿金。二是保险公司提供的农业保险。在 2005 年到 2011 年间,全国累计提供的保险使用资金为 9.631 亿雷亚尔,覆盖 401 000 户农民和 560 公顷土地。

在财政补贴方面,巴西政府主要通过联邦政府收购计划、农产品销售补贴计划与期权合约补贴来对农民进行补贴。巴西联邦政府收购计划允许政府在市场价格低于最低价格之时收购农产品以保障农民收入。其农产品销售补贴计划则是由联邦政府为生产者和合作者提供最低保证价格,政府无需购买农产品,而是支付最低保证价格与市场价格之间的差额,该计划的目的是补充农业生产不足地区的农产品供应。巴西联邦政府实施的期权合约是首先确定一个期权价格,当到期实际市场价格低于期权价格时,由政府来补贴差额;而当实际市场价格高于期权价格时,则可以由农民自由出售。

5. 贸易国际化和自由化

贸易国际化和自由化是巴西农产品在世界农产品市场中占据重大份额的最主要原因。从 20 世纪 80 年代开始，巴西农业进入了稳定发展阶段，为促使农产品生产者以国际市场信号为导向，政府开始逐步削弱实施补贴计划、干预计划，并取消了高关税。根据 OECD 2005 年的统计，巴西政府补贴额仅占农场收入的 3%，而同期美国和欧盟则分别为 18% 和 34%。巴西通过贸易的国家化和自由化使巴西农业与世界农业在同一平台上竞争。通过参与国际贸易，巴西的农产品技术得以不断提升，再加之巴西在自然资源上得天独厚的优势，巴西的农产品迅速在国际市场上崭露头角。2012 年，巴西农产品出口额占到巴西总出口额的 41%。其中出口咖啡 132 万吨，占世界出口总量的 27%，蔗糖 1210 万吨，占世界出口总量的 25%，浓缩橙汁 170 万吨，占世界的 80%。目前，巴西的咖啡产量占到世界总产量的 33.3%，柑橘产量超过世界总产量的 50%，烟叶产量为世界的 25%，大豆为世界的 20%。根据美国农业部 (United States Department of Agriculture，USDA) 统计，巴西的农产品出口自 2000 年来每年都以 20% 的速度增长。2013 年，巴西的农产品出口总额达到 999.7 亿美元，而贸易顺差高达 829.1 亿美元，而巴西同期贸易顺差仅为 25.61 亿美元，农产品出口已经成为巴西赚取外汇的重要支柱。

3.2.4 新兴市场经济国家农民增收经验及启示

韩国、印度和巴西都通过针对自身农业发展所面临的问题，制定了一些行之有效的政策，从而促进了本国的农业发展，切实地提高了农民的收入。从发展阶段来看，我国目前处在快速城镇化的时期，农业也处于由传统的农业向现代农业转型的时期，在这一特殊时期"三农"问题凸显，上述三国在农业现代化进程中的成功和不足之处，也为我国的发展提供了有益参考。

1. 基础设施建设是根本

基础设施建设是实现农业现代化的最基本的条件。韩国、印度、巴西在农业发展的进程中，都投入了巨大的资金对农村的道路、电气化、灌溉系统、信息系统和农产品交易市场等基础设施进行了改善。当今世界，信息技术和物流网络对经济发展的促进作用越来越显著，这两者的建设不但可以使农民在掌握市场信息，做出合理的生产和交易选择方面获得很大的便利，也可以加速农业生产资料和产品的流通，加速农业的发展。

2. 科学技术是发展驱动力

三个国家都对农业科技的研发和推广方面非常重视。韩国不但注重对农业科研和推广的预算投入，还要求科研机构和大学，按照农民的需求和市场发展的趋势，对农业科技进行研发。到 20 世纪 90 年代末期，韩国已成为"亚洲最具技术经济实力的经济体之一"。根据规划，韩国力争在 2025 年成为亚太地区科学研究中心。印度政府也通过科研推广和利用自己的信息技术优势，建立起了一套研究、推广、应用和支持的系统。巴西不但国内加强对农业科研研发和推广的投入，更通过对国际市场开放，与全球农业发达的国家进行广泛的技术交流，进而使自己的农业发展跟上世界的脚步，与全世界互利共赢。

3. 财政和金融支持是催化剂

财政和金融在调节农民收入分配，为农民的发展筹集资金方面起着非常重要的作用，如果运用得当，二者能极大地提高农民的收入，起到催化剂的作用，但是如果运用得不好也会起到负作用。①财政方面。在乌拉圭回合之前，韩国政府为了保证农民的利益，通过价格补贴的形式对农民进行补贴。在乌拉圭回合之后，韩国更多地采用直接补贴的形式，提高了农民收入。印度除了制定最低价格制度，每年还斥巨资对化肥、种子等生产资料进行了补贴，印度的补贴政策对提高农民收入起到了很大的促进作用，但是这也导致了农民对财政补贴的过度依赖，进而产生了化肥、农药的过度使用使土壤、地下水遭受污染，土壤退化等一系列不良后果。而巴西为了鼓励国内农业与国际接轨，停止了对农民过多的补贴，也大幅降低了关税，这不但减轻了政府的财政压力，也促进了国内农业的迅猛发展，巴西也一举成为世界上重要的粮食出口国家。当然，巴西得天独厚的农业资源禀赋是其改革成功的关键。②金融方面。韩国的金融支持更加侧重于发挥政府的引导作用，通过政府投入部分资金，引导农民自身的积极性。统计数据显示，韩国在"新村运动"期间，政府的投资占所需投资总额长期低于 30%，仅占同期财政支出的 1%，更多的资金来源于村庄集资，韩国农协的储蓄机构起到了"资金蓄水池"和"输水管"的作用。印度和巴西政府都经历了由政府主导向市场主导转变的过程。从实际效果看来，市场主导不但可以减轻财政的压力，同时也可以提高资金的效率。政府引导、市场主导的模式对转型中的中国农村金融发展具有有益的借鉴价值。

4. 机械化、规模化是必经之路，市场化和产业化是发展方向

机械化、规模化经营是农业发展的一个必经过程，韩国、印度、巴西的农业在发展的进程中，都制定了专门的政策，机械化率和规模化水平也都出现了相应的增长。韩国已经基本实现小农场生产，巴西大部分已经实现大农场生产和机械化生产。市场化和产业化生产能够有效延长产业链及大幅度降低农业生产成本，使优势资源得到整合，极大地提升生产水平，是未来农业发展的方向。中国目前由于现有的土地制度不利于土地的机械化和规模化经营，必须对土地的流转模式和经营模式进行调整，培养新型农业经营主体，以适应现代农业发展的趋势。而在机械化和规模化的基础上，逐步推进市场化和产业化发展，可能是中国实现农业现代化的一个现实选择。

5. 人力资本决定发展高度

经济社会发展最核心的因素是人才，人才数量和质量决定了一个社会最终的发展高度，农业农村发展也不例外。韩国在"新村运动"中进行了专门的农村领导人培训项目，这个项目的实施为"新村运动"提供了大量的基层领导人才。同时，韩国还专门进行了女性农村领导人的培训，女性有良好的储蓄意识、沟通能力，这些男性相对来说不具有的特点使女性在"新村运动"中也贡献了巨大的力量。印度政府在人力资本培养方面的选择是通过鼓励受过中高等教育的学生去农村发展，为农村的发展做出贡献。

6. 贸易国际化和自由化是必须应对的大环境

在韩国、印度、巴西的农业发展历程中，都经历了与国外进行技术合作，然后与世界各国同台竞技。随着全球化的加速，贸易的国际化和自由化已经成为趋势。农业的生产方式和生产技术的交流也会随着全球化进一步加速，巴西农业在对外开放之前发展一直停滞不前，而在开放之后的 30 多年迅猛发展，一跃成为全世界重要的农产品出口国。这一点值得中国学习，中国应该逐步加快农业领域贸易自由化并广泛开展与世界各国的技术合作，通过与世界的交流及竞争，提升自身的农产品生产能力和竞争能力。

3.3 发展中国家的农民收入增长经验模式

3.3.1 孟加拉国农民增收政策实施情况

1. 孟加拉国格莱珉银行

孟加拉国的格莱珉银行(Grameen Bank)的建立对于发展中国家农村小型金融机构发展和金融扶贫机制与模式构建具有指导性意义。银行的创始人尤努斯教授于1976年在孟加拉国的农村开展了小额信贷服务实验项目,随着实验项目的不断发展成熟,1983年政府允许其注册成为独立的银行。格莱珉银行正式成立后,取得了令世界瞩目的成就,尤努斯也是凭借该项目获得了诺贝尔和平奖。截至2014年4月,该银行共有2567家分行,全部配备电子会计系统和管理信息系统;该行的服务覆盖81 390个村庄,143 163个中心和132.7万个小组;该行目前拥有862万成员,其中96.2%为妇女;累计发放了152亿美元贷款,贷款余额为11.26亿美元,贷款偿还率达97.28%;存款余额19.14亿美元,其中成员存款11.94亿美元,非成员存款7.2亿美元,存贷比(贷款余额与存款的比率)为58.8%。格莱珉银行成立之初的市场定位是帮助贫困人群,因此其贷款的主要客户是面向农村中的穷人,并且超过90%的客户为妇女。这是因为妇女相对于男性而言具有更高的责任感、谨慎意识与合作精神,发放给女性贷款则能提高收回贷款的稳妥性。同时,格莱珉银行采用了严谨的层级组织结构,拥有独特的组织管理特点,自身组织运行机构和借款人小组是格莱珉银行运行的基础。其基本构成机构为总行、分行、支行和营业所,各级机构拥有各自不同的分工和职责。总行的职能主要是统筹资金调配,部署下属部门的工作等;分行的职责主要为协调地区内的工作,督促下级机构积极开展各项信贷业务;支行为格莱珉银行的基层机构,每一个基层机构管理120个左右的乡村中心,乡村中心内部由6个借款人小组构成,小组成员间互相轮流担保借款,并承担连带责任,在赋予了每一位小组成员监督权利的同时也形成了很好的还款约束力。同时,要求借款人和银行各拿出少量资金，共同建立救济基金，用于紧急情况时帮助借款人，并为借款人办理医疗保险。格莱珉银行提供期限为一年的分期等额还款的小组贷款。贷款无需抵押和担保，提供给用于生产性经营活动的个人，创新性地提出了贷款分为 50 个周分期偿还，期间不得一次性偿还贷款，并按照规定的贷款利率收取利息。

2. 孟加拉国的微型金融机构

孟加拉国的金融环境特点较为突出，以小额信贷为主要产品的微型金融获得了蓬勃发展。孟加拉国微型金融组织是向低收入人群提供包括信贷、存款、保险等金融服务的金融组织，是一种民间自发的金融安排形式。其特点是贷款规模小、期限短，基本是流动资本借贷；采用循环贷款的方式激励借款人及时还款；制定还款时间表，定期还一部分欠款，保持对借款人的紧密追踪。同时，微型金融组织用小组成员间的相互约束和监督作为还款保证，不要求有抵押物。

3. 孟加拉国的扶贫信贷体系

为了促进农村发展、缓解贫困，孟加拉国构建了专业性机构、批发性机构和兼营性非政府组织在内的综合立体小额扶贫信贷体系。这一体系除了格莱珉银行外，还包括农村发展委员会(Bangladesh Rural Development Board，BRDB)、农业就业支持基金会(Palli Karma Schohayok Foundation，PKSF)、农村进步委员会(Bangladesh Rural Advancement Committee，BRAC)、社会进步协会(Association for Social Advancement，ASA)、普罗西卡(Pmskika)、孟加拉乡村托拉斯(Grameen Trust)等。BRDB 的主要功能是开展促进政府与国内外机构合作进行的各种项目，通过为合作社和农村民间小组网络提供金融和技术支持，推动扶贫和农村发展，其内容包括信贷、培训、计划生育、卫生、教育等。PKSF 建于 1990 年，主要任务是向符合条件的非政府、半政府和政府机构，自愿机构和团体，以及地方政府机构提供金融支持，帮助加强以上组织的构建，提高营运水平，实现帮助穷人就业、提高穷人生活水平等目标；同时也被称为"批发式小额信贷机构"。BRAC 建于 1972 年，其服务内容丰富，贷款业务遍布全国 64 个地区，扶贫项目主要集中于农村赤贫群体；总体来看，BRAC 为赤贫群体搭建了一座具有强烈针对性和系统性的反贫困

CFPR-TUP（challenging the frontiers of poverty reduction-targeting the ultra poor）项目阶梯，为处于不同贫困阶段的人群量身定制了适合的扶贫帮扶项目，同时还有一系列辅助的政策和措施来帮助项目对象达到预定脱贫目标[①]。ASA 自 1992 年开始从事小额信贷项目后，快速扩展，资产质量良好，特别是在帮助妇女自谋职业和增加贫困人群教育的机会方面起到了良好作用。Pmskika 建于 1976 年，其支持的项目有农村渔业、畜牧业、养蚕业、灌溉、卫生、营养、饮用压水井、生态农业、社会林业、建房等。Grameen Trust 的主要任务则是提供小额信贷业务培训和技术支持，包括员工培训、现场技术支援、软件服务及资金帮助等。

3.3.2 泰国农民增收政策实施情况

泰国是一个典型的发展中农业国，农业在国民经济和出口贸易中占有重要地位。泰国政府极其重视农业和农村的发展，并积极采取有效的措施巩固农业的基础地位，努力改善农村的基础设施，发展农村金融，增加农民的收入。

1. 泰国的农业合作社

泰国的农业合作社体系由三个垂直层级组成：地区内的初级合作社、省一级的合作社联盟、国家一级的合作社联合会。初级合作社是由个人会员组成的，同时也作为会员加入省一级的合作社联盟和国家一级的合作社联合会。5 个以上的同类型初级合作社就可以组建省一级的合作社联盟。作为国家一级合作社的是泰国农业合作社联盟（Agricultural Cooperatives Federation of Thailand，ACFT），所有的省级农业合作社联盟都是其会员，另外一些国家级的专业合作联盟也是其会员，如泰国甘蔗种植者合作社联盟、泰国生猪养殖者合作社联盟、泰国奶制品合作社联盟等。所有不同层级、不同类型的合作社都要加入泰国合作社联合会，该联合会是泰国合作社的最高组织，成立于 1968 年，它不参与商业活动，主要从事合作社的有关教育、培训和提升计划，每个会员每年要上交其纯利润的 5%作为会费。根据会员的需求，合

---

① 截至 2012 年，孟加拉国 7 万个乡村中，BRAC 已经覆盖了 69 000 个村庄，总的贷款额度达到 86 亿美元，平均每年发放 20 亿美元的贷款，借款人数到达 520 万人，其中妇女的比重占 99%，还款率非常高，达到 98%～99%。

作社的经营范围主要涉及借贷业务、存款业务、营销业务和采购业务。借贷业务就是向会员提供方便的借贷业务服务,包括稻谷种植、动物饲养、债务偿还、家庭消费等方面,其资金主要来源于自有资本、会员存款及向金融机构的借款。这些借贷业务可分为短、中、长期,时间从两个月到 5 年不等。在存款业务方面则指鼓励会员存款,会员存款可以用于放贷和投资,为合作社和会员创造利益。合作社会员可以向合作社开设存款账号、特别存款账号或固定存款账号。营销业务是指通过合作社的统一营销,提高会员产品的价格谈判能力,保证公平交易,最终提高会员的收益。采购业务指的是合作社统一、集中采购农业生产投入品,如肥料、种子、汽油等,再加上运输和合理损耗费用,出售给会员。合作社往往是大单采购,所以价格自然比市场价格优惠。自 20 世纪 20 年代农业合作化运动以来,泰国已拥有约 3800 个农业合作社。2014 年泰国农业合作社的总产值也实现了 2300 亿泰铢,并覆盖约 600 万名社员,有接近一半的泰国农民已经走上了农业合作化的发展道路。

2. 泰国的农业和农业合作社银行

泰国农村金融服务体系的主体机构是农业和农业合作社银行(Bank of Agriculture and Agricultural Cooperatives,BAAC)。20 世纪 60 年代,泰国的农业从单一种植向农业多种经营转变,为了满足对资金的迫切需求,根据 1960 年《农业和农业合作社银行条例》,基于原合作社银行建立了 BAAC,将政府资金和社会资金引入农业部门,体现出了政府对农户和农村经济的大力扶持和补贴。作为政府的主要金融机构,BAAC 由财政部直接管理,主要目的是逐步取代非正规金融渠道的信贷业务,向农民提供生产和投资等方面的贷款。1999 年,泰国国会修改了 BAAC 法,允许 BAAC 向从事非农经营活动的农民发放贷款,但对非农领域的贷款额度不得超过其贷款总额的 20%。这使 BAAC 的业务范围突破了仅限于农业经营活动的限制,奠定了 BAAC 成为全能型农业发展银行的基础[①]。2001 年,BAAC 的管理信息系统(MISSystem)建成,大大提升了银行的信息化水平。2003 年,BAAC 开始引入内部价格机制,强化日常运营中对盈利能力的要求。2009 年,核心银行系统(Core Banking

---

① 同年,BAAC 对自身的利率政策进行了改革,根据贷款的规模和借款人的信用记录来决定贷款利率。

System，CBS)开始建设，随着 CBS 的逐步完善，BAAC 面向农村客户提供多元化产品的能力进一步增强[1]。目前，该行总行设在曼谷，绝大部分股份(超过99%)由泰国财政部代表泰国政府持有。截至 2011 年 3 月，BAAC 的农村金融业务遍及泰国境内的全部 75 个府，拥有 1025 家分行和 968 个农村办事处，相关信贷农户为 625 万户。BAAC 的主要资金来源是存款、借款、政府资金、票据贴现和发行债券[2]。BAAC 的资金运用主要有直接和间接两种方式。其中，直接方式是指直接贷款给农户，分短期、中期和长期放款。短期放款期限一般在 1 年以内，主要满足农户对流动资金的需要，以适应农业生产季节性特点。中期放款期限为 1~3 年，主要用于购买农业机械等。长期放款期限可长达 10 年以上，主要采取分期付款的贷款方式，用于帮助农民购买或开发土地及农用固定资产等。间接方式是通过贷款给农业合作社和农协等组织，再由这些组织转贷给农民。间接贷款分为转贷给会员的基金放款(占很大比例)、购买农业生产资料和设备再转售给会员的贷款、购买和销售会员农产品的贷款及供合作社提高生产的贷款四种类型。除了资金融通外，BAAC 总行还对合作社运行提供咨询服务，并在政府"在缺乏金融机构的地区建立农业合作社"计划中扮演着重要角色(温涛等，2014)。

3. 泰国的农业和农村基础设施的建设

泰国政府对农业和农村的基础设施建设一直是比较重视的。其重点建设项目包括农村大中型水利工程、农村灌溉工程、农村乡村道路的建设、农村的交通运输、农村生产生活用电等。这些建设项目及措施使泰国农业基础有了长足的发展，同时随着农民生活水平的提高，政府又加大了对农村学校、文化福利等各方面的建设力度，不断改善农村公共卫生条件，进行污水处理等，有效改善了农业生产设施水平及农村的生活环境。

---

① 据不完全统计，截至 2010 年，BAAC 面向农村客户提供的金融业务已达 100 多种。

② 其中，存款由公众的储蓄存款、定期存款及商业银行存款构成，占银行资本与负债总额的一半以上，是该行最重要的资金来源；借款主要来自国内借款和世界银行、日本海外经济协力基金和美国国际开发署等国外的借款；政府资金主要是政府财政预算拨款和"农民援助基金"提供的无息贷款；票据贴现则是以特许贴现率向泰国银行进行票据贴现和再贴现所获得的资金。由于国内金融市场不发达，发行债券所占比例相对较少。

4. 泰国农业方面的职业技术教育

泰国全国人口普查结果显示,截至 2010 年底,泰国的劳动力人口为 3864 万,大约占全国总人口的 57%。其中,农业人口为 1455 万,大约占劳动人口的 38%。由此可见,泰国是一个典型的农业化国家,泰国政府意识到农村人口知识水平的高低既影响到农业生产,同时也影响整个国家经济的持续健康发展程度。因此,泰国政府非常重视农业技术教育,为农业发展储备后备力量,致力于不断提高农村和农业生产科技水平。此外,泰国政府分别依据本国各地的资源与条件,将农村职业教育与有关农业知识技能的短期培训拓展到农村地区,极大地促进了农村人力资本和经济发展水平的提升。

5. 泰国的农村医疗保险制度

泰国农村的医疗保险实行健康卡制度。对贫困农民,由政府出资发放免费健康卡,对一般农民,在农户自愿的基础上个人缴费 500 铢,政府补助 500 铢,由政府发放统一印制的健康卡,全家都可凭卡免费享受医疗保健服务,超过 5 人者需再购一卡,50 岁以上老人和 12 岁以下儿童享受免费医疗。为推动健康卡的发行,政府规定只有当全村 35%以上家庭参加时,政府才给予补贴。健康卡所筹资金由省管理委员会统筹,90%用于支付医疗保健费用,10%用于支付管理费用。健康卡可用于医疗、母婴保健和计划免疫。健康卡持有者持卡到健康中心或社区医疗就诊,当健康中心或社区医院认为需要转诊时,可转往省医院或地区医院,直至转往中央级医院就诊。健康卡持有者持卡到公立医院就诊,除了规定的自费项目以外,可就诊 8 次,每次有最高限额,由就诊单位向省管理委员会结算。如到私立医院就诊,门诊费用自理,住院费用在年限额内按月均 3000 铢补助。为了配合健康卡制度的实施,泰国政府承担了公共卫生服务建设的责任。泰国的乡村卫生服务由政府投资兴建机构,配备卫生人员和装备,提供大部分维持费用及必需的扩大规模的固定资产投入和开展预防工作的业务经费,其余部分由政府组织村民集资解决。在管理方面,泰国的乡村卫生服务由卫生中心管理,其基本职能是在政府领导下负责组织实施全乡的预防保健工作。乡村卫生中心主任是政府官员,代表政府负责全乡群众的健康工作。

6. 泰国的农产品收购保障价格机制

泰国政府为了维护农业经营者的基本利益,同时稳定国内农产品的市场价格,从 1979 年开始制定了农产品收购保障价格;其中,规定了稻谷和橡胶等多种产品的收购价格:稻谷收购保障价格每车(1.46 吨)为 2500 泰铢,橡胶每公斤(1 公斤=1 千克)为 13 泰铢。这种价格补贴政策后来又扩展到甘蔗、玉米、棉花、黄豆等农产品,为此泰国政府还专门成立了"农产品销售局"。泰国政府规定农产品收购保障价格在保证农民、农业经营者在收回种植成本之外还可以取得 20%的利润。泰国的政府拨巨款建立农产品储备体系以保证农民收入,稳定农产品价格。除此之外,泰国政府还和保险公司合作,对农村种植的农作物进行保险,受灾后便可以进行补偿,从而降低农民的生产风险。

3.3.3 尼日利亚农民增收政策实施情况

尼日利亚是非洲的一个典型农业国家,在 1960 年独立前曾经沦为英国的殖民地,因此其农村经济具有非洲和西方经济模式相融合的特点。

1. 尼日利亚的农村政策性金融

尼日利亚农村金融服务体系比较特殊,以农业银行和中央银行为主的政策性金融机构占据整个体系的支配地位。

(1)农业银行。尼日利亚农业银行建立于 1973 年,属于发展银行的一类,主要承担农村的金融业务,在全国的六个州都设有分行。尼日利亚农业银行属于联邦政府所有的有限公司,以提高农业生产效率和农产品销售与储藏水平,促进农业生产计划的实施为主要目标。农业银行提供的贷款主要分为两类:一个是直接贷款,是由银行直接贷款给农户,它规定为了防止用途的转移,这类贷款尽可能以实物的形式支付;另一个是转贷款,由银行贷给农村金融机构(包括州政府、州所有的团体、合作企业及合作银行),再由这些机构转贷给农民。

(2)中央银行。成立于 1958 年的尼日利亚中央银行,包括货币金融政策制定部、经营部、管理和人才开发部三个部门。经营部主营业务包括外汇业务和农业信贷。1977 年,经营部下设的农业信贷部拥有基金 10 亿奈拉(100尼日利亚奈拉约合 3.86 元人民币,按照 2014 年汇率计算),专门为联邦政府和银行确定的农业发展项目提供信贷，保证 75% 以上的资金通过其他银行渠道贷给农民和农业企业，利率也相当优惠。1978 年，当制造业、矿业、建筑业贷款利率为 8% 时，家庭个体农户和农业生产部门贷款利率为 6%，而农业发展重点项目利率只有 4%～6%。2007 年《尼日利亚中央银行法》修订后，中央银行下设 17 个部门，包括行长办公室、公司秘书部、战略和评价部、内审部、银行业务运营部、货币和分行运营部、财务部、外汇运营部、采购和支持服务部、人力资源部、信息技术部，银行业监管部、发展金融部、其他金融机构部、货币政策部、研究统计部、贸易汇率部，但其依托商业银行对农业的信贷投放明显下降[①]。据此，2009 年，尼日利亚中央银行在股市发行债券筹资 2000 亿奈拉，执行商业化农业信贷计划，由央行和农业与水资源部共同监管。尼日利亚银行面向农业部门的贷款头寸，由 2009 年平均 1.5% 提高到 2014 年的 4%，并通过联邦政府的增长支持计划，一改以往的做法，开始向农场主、种子公司及农业商业公司贷款。2013 年到 2015 年上半年的两年半的时间里，尼日利亚中央银行、银行委员会和农业部还共同发起“尼日利亚激励风险分担借贷”（Nigeria incentive risk sharing agricultural lending，NIRSAL）农业贷款计划[②]，共发放农业贷款 530 亿奈拉，为 224 个农业项目提供了贷款支持。对符合政府推行的可延长产业链、提高附加值领域的农产品项目，纳入到农产品利息返还补贴的农产品项目，NIRSAL 体系通过对银行提供信贷风险担保、对农户实施利息返还补贴计划鼓励各方参与，共同做好农业开发项目[③]。NIRSAL 办公室负责协调农企与银行间的合作，通过农业协会评估农业项目的可行性，确保银行贷款风险降到最低。

2. 尼日利亚的农业保险制度

尼日利亚虽然拥有得天独厚的自然条件，很少发生严重的自然灾害，但

---

① 2012 年，尼日利亚农业提供 60% 的就业机会，并贡献 43% 的 GDP，但商业银行的农业贷款仅占总体贷款额的 1.7%。

② NIRSAL 体系旨在推动国家粮食安全，减少进口外汇支出，以商业贷款模式加大农业贷款力度。

③ 农企最高可获得 5000 万奈拉贷款，大型农业联合机构、农业开发商可获得 5000 万奈拉以上贷款。目前获得 NIRSAL 支持较多的是家禽养殖加工类项目。

暴风雨、干旱、虫灾等意外灾害依然影响农业生产的顺利进行，农民需要一个有保障的灾害补偿途径。于是，尼日利亚联邦政府从 1993 年 6 月开始引入农业保险计划，推行农业保险计划的目标有四个：第一，促进农业生产，引导农民采用新的农业技术，同时引进更多的农业投资，增加农业产量；第二，在自然灾害引起损失的情况下，为农民提供财务支持；第三，增加农业信贷的流入；第四，在发生自然灾害时尽可能减少或取消政府提供的紧急援助。作为农村金融服务的组成部分，尼日利亚于 1993 年 6 月颁布了《尼日利亚农业保险公司法令》，建立了尼日利亚农业保险公司 (Nigeria Agriculture Insurance Company，NAIC)[①]。NAIC 是联邦政府全资拥有的保险公司，也是尼日利亚小额金融体系的组成部分。该公司的职能是：落实农业保险计划；发放保险费补贴；鼓励信贷机构发放农业信贷，保障信贷安全；尽可能减少或取消发生农业灾害后的政府巨灾援助；开展其他无保险费补贴的涉农保险业务；经保险监管机关同意，开展其他保险业务；经负责农业事务的部长同意，公司有权为实现立法目的而制定必要的条例和规则。NAIC 成立后对尼日利亚的农业发展和农民收入稳定提供了有力的支持。为了更好发挥 NAIC 的作用，2015 年尼日利亚政府进一步通过尼日利亚农业部向 NAIC 拨付 500 万美元，用于保险公司的改组与业务重构，以采取措施应对气候变化及自然灾害对农业的影响，并期望未来 3 年将有 1500 万农民及农业机构能被农产品及牲畜保险所覆盖。通过对 NAIC 进行全面改革，政府将重新定位公司业务，与全球再保险公司一起按国际标准为尼日利亚提供适合的农业保险产品，并确保公司运作的开放性和透明度。

3.3.4　发展中国家农民增收经验及启示

1. 必须高度重视农业农村发展的顶层设计

上述各国农业和农村发展的成功经验在于政府充分重视顶层设计，为农

---

① 公司股本为 900 万股，每股面值 1 奈拉。公司所有股份由政府从联邦政府合并收入基金中支付，归联邦政府所有。经国家部长会议批准，负责农业相关事务的部长可以增加公司股本。公司设董事会，其成员包括主席、常务董事、执行董事、中央银行行长或其代表、联邦农业部总监或其代表、代表财政部的保险监督官或其代表及 2 名农民代表。

业生产安全和农民收入增长提供了有效的制度和组织保障。一方面，各国政府重视农业农村发展的法律制度建设。例如，泰国和尼日利亚联邦政府为保障农业与农村经济发展，制定了相关法律和政策制度，通过立法，将国家对农业的支持保护政策、农村金融政策、农业保险制度、农村发展政策等上升为法律。另一方面，各国政府通过完善法律制度保障农业服务体系的建设。例如，孟加拉国政府注重相关制度建设，并以制度为规定明确政府在农业、农村金融体系中的职责；泰国的合作社运动被政府视为泰国经济和社会发展的重大举措，尤其在农业部门更是如此，因此，得到了各级政府在技术、经济等方面的大力支持；尼日利亚的农业服务体系结构合理、层次分明，尤其是农村金融服务体系以中央银行为核心，同时设有商业银行、社区银行、批发银行、保险公司等各类金融机构，为农户和农业组织提供了很好的信贷服务。

2. 必须选择适合本国国情的农村金融发展模式

上述各国的经验表明，选择适合发展中国家具体国情的农村金融模式，既能够实现农村金融自身可持续发展，又能充分发挥其服务农村经济的功能，实现二者良性互动循环。孟加拉国农村金融的主要形式为小额信贷，其在实践发展中积累了丰富的经验，形成了独具特色的农村金融体系，为其农民收入增长和贫困缓解提供了卓有成效的支持。主要有以下几个特点：一是农村金融发展的前提条件是满足农户的实际需求；二是格莱珉银行的贷款回收率高，贫困农户的信用并不一定差；三是农村金融遵循商业化运作和政府政策支持相结合的模式；四是在组织上以非政府组织为主体，但业务的开展以政府的支持为前提，与政府的关系十分密切。由于格莱珉银行等微型金融组织的灵活性很强、功能符合贫困农民的需求，它很快便取得了巨大的成就，90%以上的贷款户生活质量得到了明显改善。可以说，格莱珉银行及相关微型金融组织的创立和信贷工作的顺利开展为世界上许多发展中国家和落后国家开创了通过发放农村小额信贷实施扶贫工程的成功案例，是适应于农业生产分散、农民生活贫困和农村经济落后的实际情况而出现的农村金融服务创新模式。此外，孟加拉国形成了以农村发展委员会、农业就业支持基金会、农村进步委员会、社会进步协会、乡村托拉斯为一体的农村扶贫资金配置体系，为农村资金配置活动的顺利、高效开展增加了砝码，也为农业和农村经济的发展及农民生活的改善起到了积极的保障作用。同样，泰国和尼日利亚适合本国国情的农村合作性金融、农村政策性金融也分别为其农业发展和农民收入增长起到了很好的促进作用。

3. 必须高度重视农村贫困群体发展

孟加拉国格莱珉银行创立之初的根本目的是为广大的贫困农民，尤其是为贫困妇女提供信贷支持，满足其生产及生活的基本需求。格莱珉银行小额信贷崇尚的是一种"择贫而扶"的经营理念。这种以"择贫而扶"为特点的信贷服务将促使农村中的弱势群体更容易获得生产和生活所需的资金支持，从而逐渐改善其生活环境，缩小农村中的贫富差距，有利于农业生产和农村经济的均衡发展。而世界上许多国家，包括中国在内，农村服务体系运作都具有较为明显的"嫌贫爱富"和"择优而扶"的行为倾向。发展势头良好、资金实力较强的个人和企业获得资金支持、政策支持的可能性更大，往往获得的资金额度和优惠措施也更多，而较为贫困、自我发展能力较弱的个人和企业获得资金支持和政策扶持的可能性较小，获得的资金额度和扶持措施也更少。这显然不利于弱势群体的发展，农村发展的失衡问题势必会越来越严重。因此，上述发展中国家针对贫困人群采取的扶持措施对于解决我国经济落后的西部农村和贫困地区农民收入增长问题具有重要的借鉴价值。

4. 必须建立有效的财政监管体制

从发展中国家的实际情况来看，农业发展相对滞后，农民是弱势群体，落后的农村经济和不合理的农村产业结构决定了农民要完全依靠自身的力量来谋求长期发展是十分困难的，因而政府必须不断加大对农业和农村的投入，改善农村的基础设施条件，增加农业生产的科技含量，在不断增加农民收入的情况下，改善农民生活、发展农村经济。各国政府为了保护农业发展、扶持农民增收，采取了一系列的支农资金投放和扶持政策。但事实上，泰国、尼日利亚的农村地区广泛存在各级官员、地主、商人相互勾结，挪用政府农村发展资金的现象，导致农村中真正需要帮助的群体得不到帮助，政府的农业发展计划也无法实施。因此，促进发展中国家农业发展与农民增收还必须建立、健全财政资金配置的监管体制，强化监管措施，做到加大农村投入与加强投入监管并举，促使各种渠道的支农资金发挥最佳的产出效应。

3.4 计划经济国家农民收入增长经验模式及教训

3.4.1 计划经济国家农民收入问题的理论与实践探索

1. 苏联农民收入问题的理论与实践探索

苏联是世界上第一个社会主义国家，在经济发展过程中出现了不同领导人的不同指导思想和主张。列宁对农民问题的认识经历了一个发展的过程。他在马克思对农民问题的认识基础上，依据马克思提出的"农业劳动是其他一切劳动的基础和前提"，"为了农民利益可牺牲一些社会资金"，以及"调动农民生产积极性应注意农民利益"等一系列关于农业和农民的思想论断(中共中央编译局，1972)，继续贯彻联合农民的思想，坚持工农联盟。在多次试错后，列宁特别强调不能剥夺小农，要鼓励和保护农民的合法权益。其对用合作社制度来引导农民也有一定认识，设想通过商业化将农民联合起来使其走向社会主义。同时他也指出，合作化道路是渐进式的发展道路。在 1921 年对农民利益的索取导致农民和政府关系紧张，列宁及时指出要对农民"让步"，要"充分发挥农民积极性"(中共中央编译局，1959)。

列宁逝世后，斯大林主张实行工业化。他指出社会主义应是工业化社会主义，而不是落后的农业社会主义，"延缓速度就是落后"。由于当时苏联工业化需要资金，斯大林实施了棍棒指挥政策，引发了"斯大林现象"，通过强迫命令对农民实行高压政策。实施工业化战略以后，他于 1928 年提出了"非常措施"。这一措施提出的背景是当时苏联出现了粮食危机。程永奎(1988)指出当时的"非常措施"即要富农按照国家价格交出全部余粮，如果富农拒绝就要将他们判罪并没收余粮。当时有无数的征粮队遍布全国。在同年 7 月，斯大林又提出"贡税论"，即农民除了向国家缴纳一般的税，还要在购买工业品时因为价值高多交钱，出卖农产品时因其价值少而少得一些钱。这是类似超额税的"贡税"。除此之外，斯大林执政后实施农业全盘集体化①。值得注意的是，消灭富农是农业集体化的其中一个内容。谭继军(2004)指出当时富农是"集体农庄的死敌"因此被消灭，甚至在俄语中出现了一个专有名词——特殊移民，即指在 1930～1933 年被剥夺土地及财产而被迫迁徙的富农。而且苏联在政治上歧视、流放和打击富农，反革命的富农被处死，大富农和半地主被驱逐，其他富农到集体农庄劳动，在经济上剥夺、没收和充公他们的财产，1928 年 4 月起持续提高对富农的累积税率。

赫鲁晓夫执政后，发起了垦荒运动和种植玉米运动，这被认为是当时的一个应急措施。而且他决心对农业体制进行改革。首先，1955 年 3 月的改革决定农业生产计划由农庄决定；其次，取消了农产品义务交售制度，实行统一的农产品采购制度。戈尔巴乔夫上台后对农业状况非常不安，因此进行了一系列的改革。他继续强调推行集体承包制，但遇到了一系列的障碍。集体和成员报酬与最终成果并未很好地联系起来。而且农民作业队有大量劳动力在农业外经营以获得更高收入。可见农民从事农业的收入相较其他经营种类还是很低的。而且他主张核算农产品价格，使优质产品获得高价格。这使得农民生产的积极性提高了。但他坚持的统一管理更加集中，使农业改革滞后了。

2. 越南农民收入问题的理论与实践探索

越南是一个典型的农业国，曾是世界第二大稻米出口国，也曾经被称为世界的粮仓。但在南北统一后，越南照搬苏联模式，重视工业化而轻视农业，实施农业集体化导致其需要进口粮食来解决国民的吃饭问题。越南农业政策的第一大改革是政权建立后的土地改革政策，即 1953 年的《土地改革法》。将地主的土地和生产资料没收并直接分给农民。到 1957 年底，北方已基本完成了土地改革。土地改革中，绝大多数无地、少地的农民都分到了土地。梁志明(2003)的研究表明，自 1958 年后，越南就开始了农业合作化运动。到

---

① 斯大林指出需将农民个体所有制变成集体所有制，认为粮食危机不是因为牺牲了农民利益而是因为工业化速度太慢，因此要把"分散的小农户转变为大农庄"。苏联于 1927～1929 年提出全盘集体化运动，提出 68%～70%的农户、75%～80%的播种面积需加入集体农庄，到 1937 年这一农业集体化运动基本完成。

1960 年，合作社约有 4.14 万个，240 万户农民加入。其实质就是以合作社为生产单位进行集中性的农业生产。按照其集体化程度，分成劳动互助组、初级合作社和高级合作社。王士录(1995)的研究表明，到 1960 年底，绝大多数农户都加入了合作社，合作社总数大约为 4.14 万个，高级社有 4400 个。其公有化程度提高，各种生产资料全是公有，实行工分计算，按劳分配。20 世纪 80 年代以前，越南北方实行农业集体化制度，除允许农户保留 5% 的自留地外，其余土地全部实行集体生产。南方的土地私有制在 1975 年国家统一后开始改造，但并不彻底。1980 年，越南修改宪法，实行土地国有化，全面推行农业集体化，农民不能自主经营，缺乏生产积极性，导致粮食供给紧张，老百姓怨声载道。

1986 年越共六大决定实行全面革新，对农业、农村各项政策的革新力度逐渐加大(康帅，2009)。1987 年越南国会审议通过首部《土地法》，规定土地归全民所有，由国家统一管理，禁止各种形式的买卖，但允许转让土地使用权。1988 年 4 月，越共中央政治局颁布题为"更新农业管理"的 10 号决议，决定在全国推行家庭联产承包责任制，允许农民自主经营，土地的使用权限由原来的 2 年延长到 15 年。1993 年 6 月，越共七届五中全会提出要让农民拥有土地交换权、转让权、出租权、继承权、抵押权等"五权"。同年 7 月，越南国会颁布第二部《土地法》，从法律形式上确认了农民长期使用土地的权利和经济主体的地位[1]。到 20 世纪末，除为地方公共需求预留的土地外，越南农村土地的 94% 分配到了农户手中，90% 以上的农户拿到了土地使用权证。2006 年越共十大进一步提出要保障土地使用权顺利转化为商品，使土地真正成为发展资本，要求早日解决农户耕地小块分散的现状，鼓励耕地交换集中，用于出租或以土地入股。

总体而言，越南的农业、农村发展体制与政策的改革探索，取得了明显成效。一是新农村建设在全国范围普及，农村面貌焕然一新，农民生活改善[2]。

---

[1] 明确规定用于种植生长期短的农作物的农耕地、水产养殖地的使用期为 20 年，用于经营多年生作物的土地使用期为 50 年，农民依法使用土地，期满后可延续；土地使用权可继承，也可交换和用作抵押，在某些情况下还可出租和转让，出租和转让期最多为 3 年。

[2] 截至 2014 年底，越南有 1500 个乡镇和 9 个县达到新农村标准。

二是越南成为农产品出口大国[①]。三是农业与农村发展部新成立的渔政局发挥了作用。四是通过 24 项农业结构调整规划，进一步促进了农产品内销和出口。五是维持了 380 万公顷的水稻种植面积，并出台了鼓励水稻种植的政策以保障粮食安全。六是促进了高新技术成为其农业投资的新趋势。不少本土的高新农产品质量得到提高并扩大出口。七是通过了《防范自然灾害法》《动植物保护和检疫法》《兽医法》等多部法律。八是收取森林环境服务费，对保护和发展森林发挥了积极作用，既确保了财政收入稳定，也提高了农民的林业收入。

3. 朝鲜农民收入问题的理论与实践探索

朝鲜是一个农业国家，农业实质上是该国的经济基础。1945 年朝鲜光复后，就在农村进行了土地改革。1946 年的《二十条政纲》宣布所有土地归农民所有，明确指出要将全部没收土地无偿分给农民。1953 年后，金日成提出要推进农业合作化运动。1954 年，朝鲜开始群众性的农业合作化运动，并于 1958 年完成。而且朝鲜进行了合并乡一级农业合作社的运动，实现了政社合一，即行政单位和农业生产单位合二为一。1962 年，朝鲜又把农业合作社改为合作农场。在合作农场内，对作业班采取了作业班奖励制度，作业班对作业组采取了分组管理制度，这两种制度是朝鲜合作农场的重要管理特点。所谓作业班奖励制度，就是把完成计划的 90% 作为奖励起点，超额完成的实行奖励，未完成任务的作业班要扣除他们基本分配的 5%～15%。分组管理制度即作业班把具体生产任务分配到组，以组为单位生产，就是小组包工制。这种制度即按照国家计划把生产量的定额分给各组，把农民收入和小组集体生产成果直接挂钩，在运行的前期还是取得了一定成效。1964 年，朝鲜人口 1200万，产粮 500 万吨，在当时被国际舆论称为经济奇迹。20 世纪 70 年代中后期超过 700 万吨，80 年代中期一度高达 1000 万吨。到了 90 年代以后，由于国际形势的变化，朝鲜不仅整体经济发展受阻，农业发展也面临严重困境。在 1990～2000 年，朝鲜产粮一直在 300 万～400 万吨徘徊，粮食缺口较大。为了摆脱困境，近年来，朝鲜开始推行农村改革，重点在于国家提高生产材

---

① 2014 年，越南出口农产品 300 亿美元，其中，有 10 类农产品年均出口额超过 10 亿美元。

料投入、以市价收购部分收成、农民可以保留最少三成农作物，以刺激农民生产的积极性，这项政策被朝鲜民间称为"中国模式"或"越南模式"。

4. 东欧部分国家农民收入问题的理论与实践探索

匈牙利位于欧洲中部喀尔巴阡山盆地。受海洋性气候、大陆性气候和地中海亚热带气候影响较大，常年气候湿润，再加上多样的地形、肥沃的土质及良好的灌溉条件，为农业生产和人们生存提供了良好条件。1945 年 3 月匈牙利政府颁布了土地改革法，废除了大地主的土地私有制，将 35% 的农业用地进行了土地改革，有 40 多万个农场建立起来。土地以集体所有制为主。由于农民对土地的要求得到了很大满足，这一举措极大激发了农民的生产积极性。但之后其模仿苏联建立了生产合作社，完全照搬了苏联的农业集体化策略，用计划力量取代了市场经济。在原来的社会主义国家中，匈牙利的农业是其最为辉煌的成就之一，曾经赢得广泛的国际赞誉[①]。在匈牙利政治剧变发生后的最初几年里，农业曾发生深刻危机，农民收入大幅度下降，农业由盈余创汇部门迅速变为亏损部门。当时，匈牙利农业集约化水平较低，发展水平和管理水平离欧盟国家有较大的差距。匈牙利约有 1/3 的耕地施肥不足，农田除草和病虫害防治比较粗放，库房的消毒不严，出口种子因杂草含量太高引起退货；牲畜饲养条件比较简陋，其中 70% 的棚舍需要重建和更新设备。加入欧盟之后，匈牙利凭借自身农业生产的优势，根据欧盟农产品市场和本国农产品市场的需求，通过政府积极引导、扶持和管理，重视技术研究、技术培训与咨询服务，鼓励民间有机协会的发展等一系列措施，有机农业发展十分迅速，已成为该国自 1989 年政治剧变和经济转轨后农业发展的一大特色、农产品出口创汇的主要来源之一[②]。

---

① 匈牙利农业用地只有世界农业用地的 0.14%，但它生产出来的农产品却占世界农产品的 0.8%。匈牙利的人均粮食占有量可与澳大利亚和美国并驾齐驱，单位面积产值达到每公顷 610 美元；人均肉类产量可与丹麦和荷兰相媲美。匈牙利农业不仅能保证本国居民的粮食供应，还能将 1/4 的农产品和食品出口到国外。

② 到了 1994 年，匈牙利农业状况开始发生转折，农业生产比上一年增长 12%。目前，匈牙利生产的有机农产品涉及农产品的各个领域，主要有谷物、油料、蔬菜、水果、蜂产品、乳制品、畜产品等及加工的各类产品，其中 80% 的产品用于出口；有机农业生产成为匈牙利农业发展的一大特色，是农产品出口的重要来源；匈牙利也成为中东欧地区有机农产品生产和出口大国。

南斯拉夫是建立于南欧巴尔干半岛上的国家。在第二次世界大战以前，南斯拉夫是农业发展很落后的国家。战前的 1939 年，农业人口占全国人口的 75%以上，在国民收入中农业约占 60.9%，其农业劳动生产率几乎比所有欧洲国家都低。在第二次世界大战中又遭到法西斯国家的无情掠夺和战争的严重破坏。到 1944 年获得解放时，农业总产值比第二次世界大战前还低 20%。因此，南斯拉夫农业社会主义改造的初始条件极为严峻。1945 年 8 月，南斯拉夫的临时国民议会颁布了《土地改革和移民法》，没收了所有面积在 45 公顷以上的包括国家敌人和逃亡地主的土地，其中 51%分给农民，49%用于建设国有农场。这一举措得到了广大农民的拥护，使农民积极性得到很大提高。1946 年，其政府仿照苏联进行了农业集体化运动，提出要建设发展农民劳动合作社，以把分散的农民个体经济转变为集体经济，其中土地和其他生产资料都实行集体化。到 1952 年，农民劳动合作社数目达到了 7000 多个。农民劳动合作社数量的激增和管理不善，以及对农产品实行"义务征购制"，严重挫伤了农民的生产积极性，加上自然灾害的影响，导致了整个农业的大减产。据统计，第二次世界大战后到 1952 年的时期里，整个农业生产比战前的水平还低，1952 年农业总产值仅相当于 1939 年的 75%。1953 年，南斯拉夫颁布了《关于农民劳动合作社的财产关系和改组工作的决议》，决定对"农民劳动合作社"进行改组，决议规定，农民可以自由退出合作社，合作社可以自由解散，也可以转入国营农场和综合农业劳动者合作社。此后，南斯拉夫一直探索农业合作化的新途径，在实践和理论方面都做了许多有益的工作，并取得了不少的成绩，特别是在农民的合作和联合方面，走出了一条新路子，使 80%的个体农户参加了产前、产中和产后各种形式的联合与合作，对农业生产发展和农民收入增长起了积极的推动作用①。经过一系列政策调整，南斯拉夫生产的农产品自给有余，每年都有一定数量的农畜产品出口，1983 年出口谷物达 150 万吨，南斯拉夫成为农产品净出口国。

---

① 1953 年以后，南斯拉夫农业取得了举世公认的大发展，农业总产值年平均增长率为 2.9%，按人口平均的农产总值年平均增长率为 2%。其中，1957～1960 年，年平均增长率分别高达 10.8%和 9.8%。到 20 世纪 80 年代中期，其人均食品热量达到 3500 多卡路里，成为当时世界上人均食品热量最高的国家之一。

3.4.2　计划经济国家农民收入政策的逻辑规律与成效

1. 苏联农民收入政策的逻辑规律与成效

列宁在十月革命后艰难探索出一条新经济政策下的合作化道路，即发展商品经济为前提的农村社会主义道路。在 1918～1920 年，军事共产主义政策忽视了农民的利益进而引起了农民的反抗。列宁停止了这一政策，缓和了阶级矛盾。在"贡税论"被提出后，农民总收入的 60%～70%全部给了国家，农民生活贫困，生产积极性受到严重打击。斯大林时期的工业化政策是一个剥夺农民利益的过程，工业化所积累的资金和粮食是无偿从农民处拿走的，农民的利益受到了极大的损害，农业受到了严重打击。斯大林的全盘集体化政策强行剥夺了农民利益，强制改造农村，同样牺牲了农民利益。由于其高度的计划性指令，农庄的生产主动性被剥夺了。国家下达指令，农民没有自主的经营权。同时，农庄除了支付进行生产的开支以外，还要完成义务交售任务。这又极大地打击了农民的生产积极性，并且牺牲了农民的利益以此来支持工业化。这一政策导致了农民收入的严格限制，给农民造成了严重的创伤[①]。赫鲁晓夫时期的垦荒运动和玉米种植运动是失败的，因为其缺乏科学分析，并没有提高产量反而最终加重了农业和农民的负担。但其对农业体制的改革有一定的成效，使农庄的自主权扩大了，农民的生产积极性有所提高。值得注意的是，其政策有其不连贯性，1958 年后粮食未能丰收，仍然要求要强迫农民交售农产品，损害了农民利益，强制性降低了他们的收入。戈尔巴乔夫的政策有一定的效果。例如，他实施诸多改革农产品价格的举措，对农庄交售的谷物量，在完成国家任务后的部分，加价 100%；如没有完成任务但超过了苏联"十一五"平均数，可加价 50%；对超计划交售的以优惠价格供应紧俏物资；农畜产品超过"十一五"平均数，也可加价 50%。这些改革措施激发了农民的积极性，在一定程度上提高了农民的收入。但他仍然坚持

---

① 萨姆索诺夫(1977)的研究表明在 1929～1932 年，富农从 100 万减少到 6 万左右。姜长斌(2007)指出集体农庄运动时为了给苏联超高速工业化提供资本积累，牺牲了农民利益，这是对农民的"战争"，可见农民收入问题并不是当时政府所考虑的，这也导致了对农业生产能力的严重损害。

的是优先发展重工业的战略方针，未能有效提升农业可持续发展能力，粮食安全问题最终也未能得到有效解决。

2. 越南农民收入政策的逻辑规律与成效

在实行土地承包经营前，越南粮食产量低且每年缺粮。土地改革法的实施，即土地改革运动将封建地主的 100 万公顷土地分给了 200 万无地、少地的农民，这解放了农业的生产力，使农民成为主人。经过 3 年恢复期后，越南的农业生产力提高，人均稻谷从 211 公斤增加到 1957 年的 287 公斤，耕牛从 135 万头增加到 210 万头。但是，合作化运动后，由于合作社存在激励机制的问题，生产效率反而不断下降，人均稻米产量和稻米总产量都呈下降趋势。20 世纪 70 年代中期后，越南农村经济形势变得糟糕，农业生产每况愈下，1977 年粮食产量骤减，下降 5.2%，1978 年又减少 8%。每年缺粮 300 万～450 万吨，致使每人每月需定量获得粮食，且数量从抗美战争的 30 斤(1 斤=0.5 千克)，下降到 1976 年的 26 斤，再到 1977 年的 18 斤。这跟合作社搞"一刀切"是分不开的。首先，产权关系不明确使农民积极性降低。其次，群众吃大锅饭，责任不明确，使他们对生产根本不关心，没有积极性，反而是自留地上的产量要高很多。这说明农民精力都放在经营自留地上，对集体的土地，由于没有支配权，而漠不关心。此后，越南以制定《土地法》开始，进行了农业、农村经济领域的改革。但是，到 1993 年，越南农户年人均收入仍只有 72 万越南盾(1 万越南盾合人民币 2.99 元，2013 年)，贫困人口比重达 59.5%，农村贫困人口占 22%。面临这一困境，越南进一步加大了农业、农村发展体制的改革探索，特别注重运用法律手段对农民收入的保护，起到了显著效果。

3. 朝鲜农民收入政策的逻辑规律与成效

朝鲜的《二十条政纲》颁布后不久，土地改革便完成了，100 万亩(1 亩≈666.7 平方米)的土地无偿给了 72 万多户农民。这一举措得到了农民的拥护，农民生产的积极性都得到了提高。农业合作化运动是高度计划性的管理体制，国家计划一元化及计划内部的精细化是其明显特征。在该政策的初期起到了促进农业生产力的作用，但后期由于管理体制的弊端，农民问题激化。国家在高度统一的计划体系内决定农业生产，农业生产计划由中央主管部门制订，农民对生产没有自主权，就是完成上级的任务，影响了农民的积极性。再者，在分配方面，基层只有完成定额的前提下才有分配自主权，而且有严重的平均主义问题的存在，农民没有积极性，吃"大锅饭"的问题严重，农民收入不能和其付出成正比，劳动效率不高，宁愿花时间在自留地上也不愿意在农场劳动。这种农业管理体制的固有缺陷导致朝鲜在 1996 年开始实行了分组承包制度。

4. 东欧部分国家农民收入政策的逻辑规律与成效

匈牙利共产党三大以后，一方面，制定合作社的生产农产品的种类和数量，完全禁止任何形式的商业竞争；另一方面，利用"剪刀差"将农民收入大量转到工业部门，以牺牲农业支持工业发展。这一政策降低了农业生产积极性，农民收入也未得到提高，农民对这一政策的支持率明显降低。结果到 1956 年，50%的农民退社，合作社大面积解散及合作社的耕地面积已下降到 9%。南斯拉夫政府当时按照计划体制进行多种农产品的强制销售，忽视农业多种经营；而且，农民受到了不公平对待，生产积极性同样受到影响。这一情况到 1953 年因政府改组农民劳动合作社及承认 1946 年的政策过于激进而有所改善。特别是农民劳动合作社的改组，探索了农业合作化的新途径，在实践和理论方面都形成了许多有益经验，农业生产和农民收入水平都得到显著提高，在农民的合作和联合方面，走出了一条新路子。这也表明，农业合作化成功的关键还是在于根据实际情况合理设计相应的运行机制与模式。

3.4.3　计划经济国家农民收入问题探索的经验与教训

从以上社会主义国家计划经济时期的情况来看，这种传统的计划经济体制虽可在短时间内带来经济增长，但其造成的资源效率配置低，经济结构扭曲，以及劳动激励缺乏等缺陷不容忽视。工业化战略导向长期牺牲农民利益，导致农民生活水平低、工作积极性不高，农业经济发展水平自然会裹足不前。不同学者对计划经济体制的弊端进行了总结，大致可分为如下几个方面：一是中央计划部门的理性决策由于信息的不完全会与实际情况出现偏差，所以其设想的有计划按比例发展是不现实的(周冰，1996)；二是按劳分配在技术上难以实现导致其变成了固定工资制，因此影响劳动者的积极性，而计划体制中的行政监督制度这种传统的经济体制有可能在短时间内带来增长，但并不能解决长期低效率问题(毛寿龙，1995)；三是政府对资源的占有和配置一定会通过压低农产品和原材料价格，通过"剪刀差"使农业剩余转移到工业，压榨农业部门和农民，形成结构的扭曲(郭灿鹏，2001)。

计划经济国家农业政策的失误带来了惨痛教训。就拿计划经济国家中最具代表性的苏联来说：其一，没有把农业摆在应有的高度和位置上，这是苏联失败的主要原因之一。其二，未能切实保护好农民的利益。在其政权建立初期，一味强调义务劳动，对农民实行余粮收集，严重损害了农民的利益，引起了农民的不满，所以列宁在新经济政策时期强调要保护农民的利益。但是1927年后，斯大林的工业化和农业全盘集体化政策损害了农民的利益，农民购买工业品的价格提高了5.5倍，这种高征购、低价格导致农民收入降低。赫鲁晓夫之后的领导人虽然做了一些农业改革，但还是把国防放在首位，继续实行工农产品剪刀差政策，使农民生活水平下降。1980年国营农场工人月收入等于工业工人的80%，集体农庄人员这一比例为63%。其三，由于苏联农业实行按劳分配，"大锅饭"问题严重。当时农场职工固定工资比例高达75%，农庄庄员则为90%，因此激励作用不大。其四，过于集中的农业管理体制导致农民没有独立经济利益，影响了积极性。究其原因，其中之一就是"战时共产主义政策"因为公有产权过大而妨碍了个人生产积极性，当然也严重伤害了农民的利益；而且在这种制度下没有"民富"的制度支持(刘明国，2010)。苏联当时忽视民富，只强调重工业的发展，对农业及轻工业重视不足，造成民众利益被严重损害并最终导致其解体。

3.5　本章小结

纵观发达国家的农民收入增长模式与举措，虽然各国的自然资源禀赋并不相同，但其农民增收的政策主张有其相似性。第一，土地政策一直发挥着决定性的作用,发达国家普遍通过使农民享有土地来调动他们的生产积极性。除日本受资源限制外,美国和法国都享有高度的农业规模化。第二,三国都对农业进行高度的保护,通过对农产品价格和农业投资的补贴提高了农民的收入。第三,三国均有健全的合作组织体系,并通过合理的运行机制保障其功能有效发挥。第四,三国均高度重视农业科技发展及推广应用,并由此带动农业生产率提高,有效促进农民收入增长。第五,三国都强调财政金融政策对农业生产的大力支持,通过立法规范农业农村金融发展,合理配置金融资源,为农户生产提供资金来源,保障了农业生产顺利进行和农民收入水平稳定。

新兴市场经济国家从自身国情出发,制定适合本国发展实际的农村农业发展政策与制度,确保农民收入持续增长并取得了一定成效。第一,城镇化的发展对提高农民收入影响较大,韩国大量的农民转移到了城市从事第二、第三产业的工作,农民收入得到了提高,相比而言,印度、巴西在这方面明显不足。第二,三国都大力加强了对农村基础设施建设的投入,特别是信息化的建设,使农民生产生活的硬件条件得到了极大改善。而且大力推动农业机械化、规模化和产业化发展,更是在一定程度上提高了农业现代化水平和农民收入。第三,三国均致力于提升农业市场化的程度,建立、健全物流体系和农产品销售机制,以保护农民利益。第四,三国都加大了农业科技研发的投入力度和农民人力资本的积累,这两点都是农业发展和农民收入提高的重要因素。特别是韩国对女性农民人才的重视和培养是值得借鉴的。第五,三国虽然在财政金融支持方面稍有不同,但均适应本国国情且力度较大。在财政支持方面韩国采取直接补贴,印度是制定最低价格,巴西则通过贸易的方式进行积极的引导。金融支持方面,韩国、巴西注重政府引导,而印度偏重于政府主导。

从发展中国家农民收入增长的实践来看,可得出以下结论:第一,泰国和尼日利亚都注重通过立法将国家对农业的支持保护政策、农村金融政策、农村发展政策等上升为法律,通过制度规定对农业予以支持和保护,维护农民的利益。第二,三国政府都对农村金融组织的建设非常重视。比如,孟加拉国的格莱珉银行、泰国的农业与农业合作社银行、尼日利亚由中央银行和下级银行形成的金融系统,都对解决农民的资金需求,提高农民生活质量起到了重要作用。第三,农业保险部门的大力发展为解决农民信贷需求提供了保障,也对提高农民收入有所帮助。第四,发展中国家政府对农村基础设施的投入及对农产品收购价格给予的保护，也有效调动了农民生产积极性，并提高了他们的收入。

从计划经济体制下当时部分社会主义国家的农业政策实践来看，可得出以下结论：首先，受当时国际经济社会大环境的影响，这些国家主要的经济发展重心都在工业化上而忽视了农业的重要性，都实行的是以牺牲农业来支持工业的经济发展战略。因此，在其农业政策上就不可能以提高农民收入为重点，相反是剥夺农民的农产品增量并将这一部分成果输出支持城市和工业化发展，是以损害农民利益为前提的农业政策。其次，受苏联模式的影响，基本上当时所有的社会主义国家都实行了不同程度的农业集体化运动。然而，当时的农民合作社建立风潮所形成的不是面向市场、自主自愿的经济组织。虽然，其中的土地改革方面得到了农民的支持和拥护，但在生产过程中的高度计划性及按劳分配的制度性缺陷，导致了农民收入不可能得到提高，农民对分配多有怨言。最后，国家对农产品多实行统一收购以压低农产品价格，农民收入被压榨掉。特别是苏联斯大林执政时期的"非常措施"和"贡税论"的实行将农民利益完全抽走，这不仅是对农民利益的损害，更是对农民权利的剥夺，自然不会对农业生产和农民收入稳定带来积极作用。

综上所述，农业发展较好、农民收入水平较高的国家，均高度重视农业的基础性地位，通过立法在制度上对农业实行保护，利用土地政策调动农民生产积极性，加大对农业基础设施投入以夯实生产能力，并通过完善农业市场化和产业化体系、稳定农产品价格、建立和规范合作组织、重视农业科技研发及应用、强调财政金融协调配合等多种政策手段为农民生产发展提供全方位保障。

第 4 章

农民收入超常规增长的理论内涵
与要素配置机理

为了进一步明确本书的研究对象和范畴，本章首先将对农民收入超常规增长这一概念进行学理辨析；其次，将对农民收入超常规增长的内涵及外延进行充分界定，厘清农民收入超常规增长的理论标准和理论依据；再次，将运用 Snowdon 和 Vane(2005)关于经济增长固定模式、直接来源和基本来源的分析方法，进一步分析农民收入超常规增长的基本要素来源和新兴要素来源；最后，将对农民收入超常规增长的要素配置机理进行详细分析，重点在于通过理论推导揭示哪些核心要素对于实现农民收入超常规增长有着至关重要的作用。

4.1 农民收入超常规增长的概念辨析

关于本书的核心概念——农民收入超常规增长，字面上即可知其内容由四个关键词组合而成，一是农民，二是收入，三是增长，四是超常规。因此，要很好地解析农民收入超常规增长，有必要结合四个关键词对其概念展开分析。

4.1.1 农民收入增长

汉典①里面关于"农民"的解释是指长时期从事农业生产的人。语出《谷梁传·成公元年》:"古者有四民。有士民,有商民,有农民,有工民。"农民也是一个在学术上具有争议的问题,要弄清农民到底包括哪些人或哪一类人确实是一件很困难的事。本书所指的农民,从范围上看与农村居民这一概念基本是一致的。国家统计局农村社会经济调查总队《中国农村住户调查年鉴》结合中国的实际给出了相对明确的定义:"农民是指全年经常在家或在家居住六个月以上,而且经济生活和本户连成一体的人口。"相应地,本书对农民收入采用通用标准,即国家统计局提供的农民人均收入指标——农村居民人均纯收入,这是具有公开数据来源的农民人均收入指标。根据国家统计局的定义,农村居民人均纯收入指农村住户当年从各个来源得到的总收入相应地扣除所发生的费用后的收入总和;计算方法为:纯收入=总收入−家庭经营费用支出−税费支出−生产性固定资产折旧−调查补贴−赠送农村内部亲友支出;纯收入主要用于再生产投入和当年生活消费支出,也可用于储蓄和各种非义务性支出②。对于第三个关键词"增长",在经济领域就是指连续发生的经济事实的变动,其意义就是每一单位时间的增多或减少,能够被经济体系所吸收而不会受到干扰,可以采用绝对值或相对值衡量,本书更多地使用相对值,即增长的倍数或增长率。因此,农民收入增长也就是当年农民收入在上一期农民收入基础上增长的倍数或者增长率。

4.1.2 农民收入超常规增长

要解析农民收入超常规增长,其核心环节在于如何定义"超常规"这个关键词。将"超常规"一词细分,"超常规"字面意思即"超越了常规",或是"与常规不一样的"。要弄清楚什么是"超常规",首先要把"常规"搞清楚。查现代汉语词典,与研究主题相关的"常规"概念是:沿袭下来经常实行的规矩(中国社会科学院语言研究所词典编辑室,1998)。而查阅英汉、汉

---

① http://www.zdic.net。

② 国家统计局网站:http://www.stats.gov.cn/。

英词典，与研究主题相关的"常规"概念包括：第一，形容词 conventional，常规的，惯例的，约定的，习用的；routine，日常的，常规的，例行的。第二，名词 convention，公约，惯例，大会，常规，习俗，框框；routine，常规，例行，惯例，事务，常务。因此，无论在汉语还是英文中，"超常规"均可以解释为：突破通常的做法，打破常规。相应地，"超常规增长"也就是与通常增长不同的增长状态和模式，是对"常规增长"的突破。

其实，在 20 世纪 90 年代中期开始，林毅夫等学者就对"超常规增长"进行了分析，他们将自英国发轫并率先完成的国家工业化进程及扩展至欧洲大陆、美国、加拿大、澳大利亚和"亚洲四小龙"的经济增长模式，归类为本质相同的"常规"经济增长，而认为体制安排与经济运行大相迥异的中国改革开放以来的增长就是与上述主流模式不同的发展道路，那么，其增长也就是"超常规"的(林毅夫等，1994；钱颖一和许成钢，2003；林毅夫，2012；史正富，2013a)。这一超常规增长的具体表现可归结为两个方面：一是经济的高速增长。1978～2013 年中国平均 GDP、人均 GDP 增速分别高达 9.63%、8.57%，不仅远高于英美等发达国家工业化进程中的经济增速，而且比资本主义世界曾经的"超常规增长奇迹"(日本工业化阶段经济增长)高出至少 2 个百分点(史正富，2013a)。1992～2011 年，与同为"金砖四国"的印度、俄罗斯和巴西相比，中国的平均增速分别高出了 3.67 个、9.36 个和 7.32 个百分点(表 4.1)。由此可见，中国工业化阶段的增长率是显著高水平的。二是经济增长的稳定性。和传统发达国家相比，改革开放以来中国三十多年的经济增长，还伴随着更高的稳定程度。这一阶段，中国不但实现经济增长率超越常规，同时，整个经济的周期波动性也显著低于其他国家，尤其是在市场化改革深入的 90 年代以后更为突出(史正富，2013b)。即使受到 1997 年亚洲金融危机和 2008 年世界金融危机的外部冲击，中国经济也一直保持稳定增长态势，与世界其他国家相比可谓"经济这边独好"。1992 年至 2011 年间，中国 GDP 增长最快的 1992 年为 14.24%，最低的 1999 年也达到 7.63%，峰谷极差收窄为 6.61 个百分点，而同期日本、印度、俄罗斯、巴西和美国经济增长的极差分别为 9.97 个、5.91 个、24.53 个、8.00 个和 8.40 个百分点，虽然极差要略大于印度，但是印度经济增长的最大值和最小值均远远小于中国；从变异系数来看，1992 年后经济增长最稳定的国家无疑也是中国，其变异系数比印度的 0.30 要小，同时远远小于其他国家发达国家和新兴市场经济体。上述分析表明，超常规增长既表现在增长数量上，也表现在增长质量上。

表 4.1　1992～2011 年世界主要国家经济实际增长情况

指标	中国	俄罗斯	巴西	印度	美国	日本	德国	法国	英国	韩国	南非	土耳其
平均值/%	10.48	1.12	3.16	6.81	2.61	0.76	1.35	1.58	2.42	4.89	2.89	4.26
最大值/%	14.24	10.00	7.53	9.80	4.87	4.44	3.70	3.68	6.21	9.49	5.60	9.36
最小值/%	7.63	−14.53	−0.47	3.89	−3.53	−5.53	−5.13	−3.15	−4.37	−6.85	−2.14	−5.70
极差/%	6.61	24.53	8.00	5.91	8.40	9.97	8.83	6.83	10.58	16.34	7.74	15.06
标准差	2.10	7.54	2.31	2.04	1.93	2.08	2.00	1.54	2.25	3.65	2.07	5.06
变异系数	0.20	6.73	0.73	0.30	0.74	2.75	1.48	0.98	0.93	0.75	0.72	1.19

注：根据《国际统计年鉴》计算而得

　　至于农业和农村经济及农民收入的超常规增长研究，在 20 世纪 80 年代中期以后曾一度兴起。学术界与实务管理部门，均认为改革开放之初的家庭联产承包责任制为中国农业带来了举世瞩目的超常规增长(农牧渔业部经济政策研究中心经济增长问题课题组，1987)，因为这种变革极大地带动了农民生产积极性，促成了农村生产力的突发性释放，才有了 1984 年以前的农业生产和农民收入的超常规增长(许经勇，1994)。根据世界各国农业发展的长期经验来看，农业生产值如果能持续地以每年 3%的速度增长，这一速度就已经算得上十分了不起的成绩(方建中，1988)。然而，根据中国过去的实际情况来看，1978 年开始到 1984 年，其农业产值每年增长近 10%，农民人均纯收入每年增长更是高达 14%，这一成就不仅超出了中华人民共和国成立近 30 年来的常规状况，而且超出了第二次世界大战后任何一个大国的常规农业增长速度(杜润生，1987)。也就是在这一阶段，中国的初级农产品实现了大幅度增长，形成了改革开放初期农民收入和农村经济增长的第一个高潮(陈锡文，1987)。当时实行家庭联产承包责任制后，中国的粮食、棉花、油料等初级农产品的大幅度增产，有力地促进了农村经济超常规增长(陆学艺，1987；戴园晨，1993)。随后的 1984 年，中央发布了关于乡镇企业的四号文件，直接导致全国的乡镇企业也走上了繁荣和迅猛发展的道路(陆学艺，1993)。由此不难看出，这一时期的相关研究已经涉及了农民收入超常规增长的问题，而且提出农民收入增长状况是不仅限于观察农村商品经济发展程度的综合性指标，也是衡量国民收入分配状况、农民经济地位改善状况的综合性指标之一，并认为在结合国民经济全局分析农村经济形势时，对农民收入的增长指标应给予较高的权重(陈锡文，1987)。即便是如此，当时对农民收入超常规增长的诸多论述，主要还是基于农业和农村经济总体发展格局，尚未涉及国民经济的均衡增长、协调成长与可持续发展层面。在原有的收入增长格局中早就存在的区域间、城乡间不均衡、不协调的老问题仍然是制约农民平均收入更快增长的突出矛盾(陈锡文，1987)。这也说明，农民收入超常规增长还必须高度关注收入结构这一问题，而改革进一步深入和改革过程中所提出的变革社会经济利益结构的要求不可能一蹴而就，具有长期性和复杂性(王小华和温涛，2016)。

过去中国农业、农村和农民的经济资源和经济剩余，在不断地推动中国经济以独特的"中国模式"创造"中国奇迹"的同时，20世纪90年代，尤其是其后半期以来，农民收入增长和农村经济发展出现了与国民经济发展不相适应的景象。进入21世纪，在既定经济发展格局下，实现农民收入与城镇居民收入的均衡增长、缩小城乡经济差距，已经成为困扰国民经济发展的难点。相应地，农民收入超常规增长问题在近年来再次引起学术界与实务界的高度重视。比较有代表性的是张红宇(2013a)对这一问题的系列阐释，他从全面建成小康社会、扩大内需、跨越"中等收入陷阱"、实现城乡发展一体化等多视角分析了农民收入超常规增长的重要意义；张红宇指出应明确城乡居民收入差距缩小的目标，如到2015年使城乡居民收入之比缩减到2.5~3以内，到2020年缩减到2~2.5以内，并在将来一个不太长的时期内实现城乡居民收入无差别发展目标。其相关研究与20世纪80年代研究相比有了很大变化，已经比较系统地展现出新时期、新形势下中国农民收入超常规增长应该具备的全新内容，归纳如下：第一，要在国民经济稳步增长的同时，确保农民收入快速增长；第二，国民收入分配要向农民倾斜，实现农民收入增速持续超过经济增速和城镇居民收入增速；第三，农民收入增长要保持稳定状态，其核心在于能够缩小城乡收入差距，建成惠及广大农民的全面小康社会；第四，农民收入增长的这种状态还必须保持一段时间，确保其可持续性，有利于突破"中等收入陷阱"，进而能够有效促进消费增长与扩大内需战略顺利实现；

第五，要在一个不太长的时期实现城乡居民收入无差别发展目标，并最终实现农业现代化、城乡一体化和国民经济均衡发展。应该说，张红宇对中国农民收入超常规增长的内容进行了具有时代特征的重新诠释，既符合党的十八大精神，也是十八届三中全会以后进一步全面深化改革的必然要求。因此，本章将以其定义为基础，进行理论外延拓展，并进一步展开具体研究。

4.2　农民收入超常规增长的理论标度

4.2.1　农民收入超常规增长的理论标准

基于上述农民收入超常规增长的概念辨析，本章认为在当前中国经济社会发展现实格局下，农民收入超常规增长的核心内涵应当具备以下五个方面的维度：其一是数量维度。也就是说在数量上实现农民收入的显著性提高，即在国民经济平稳增长的同时，要实现农民收入非常态性数量的快速增长，增速明显超过工业化同期发达国家水平。其二是质量维度。质量上实现农民收入增长的超越性、稳定性和可持续性，即国民收入分配要向农民倾斜，必须在一段时间内保持农民收入增速持续、稳定地超过经济增速和城镇居民收入增速。其三是结构维度。结构上实现城乡居民收入和农民收入优化，即通过居民收入结构优化(也就是不同来源收入实现快速、协同增长)，一方面缩小城乡和地区之间的收入差距，另一方面致力于缓解农民收入内部不平等问题。其四是效益维度。反映农民收入超常规增长所带来的经济效应，即农民收入超常规增长能够有效促进消费增长与扩大内需战略顺利实现。其五是目标维度。农民收入超常规增长要有目标性，具备清晰、明确的目标定位，即近期要在一个不太长的时期实现城乡居民收入无差别发展目标，建成惠及广大农民的全面小康社会；中期要能够突破"中等收入陷阱"，转变经济发展方式；最终要实现可持续增长，为农业现代化、城乡一体化和国民经济均衡发展奠定基础。

4.2.2　农民收入超常规增长的计量依据

经济增长作为人类福利进步的一项基础，其重要性永远不会被高估，并且被大量的经验研究所证实（Dollar and Kraay，2002a，2002b）。不同国家之间，人均收入增长率即使存在微小的差别，但如果这一差别长期持续下去，也会导致不同国民之间的生活水平出现显著差异（Snowdon and Vane，2005）。中国城乡和地区居民收入差距在过去三十多年的不断扩大，就是一个典型案例。本部分将依据有关经济增长的经典论述"七十法则"（rule of seventy），探索农民收入超常规增长的理论依据。根据"七十法则"，如果任何变量以 g 的速度增长，那么这个变量值翻倍则需要大约 $70/g$ 年。这一关系可以用如下更为正式的方式给予表示（Jones，1998），如果 y_t 表示 t 年的人均收入水平，而 y_0 表示人均收入的某个初始值，就有

$$y_t = y_0 e^{gt} \tag{4.1}$$

式（4.1）表明，如果人均收入 y_0 以 g 的速率连续地以指数方式进行增长，它在第 t 年的数值将是 y_t，同样地，如果要使人均收入翻番（也就是 $y_t = 2y_0$）所需要的时间长度为 t^*，则有

$$2y_0 = y_0 e^{gt^*} \tag{4.2}$$

$$t^* = \frac{\log 2}{g} \tag{4.3}$$

$\log 2 \approx 0.7$，所以当增长率为1%时，

$$t^* \approx \frac{0.7}{0.01} = 70 \tag{4.4}$$

进一步地将这一关系一般化，如果任何一个国家或地区的人均收入增长率（g）等于 5%，那么该国或地区的生活水平翻番的时间将是 $70/g = 70/5 = 14$ 年；如果人均收入增长率（g）达到10%，那么该国或地区的生活水平翻番的时间将是 $70/g = 70/10 = 7$ 年。因此，这样的增长速度即便是很微小的差距，以复利方式积累一段时间之后，其结果也是十分惊人的，也就是说，两个国家或地区的人均收入增长率就算相差很小，但是长时期下去也将会导致很大

的收入差距。Romer(1996)曾将这一观点简洁地表示为"长期增长的福利大于短期波动的任何可能作用,而后者是宏观经济学传统上关注的东西",这一观点得到了曼昆(Mankiw, 1995)的支持,他指出长期增长与短期波动一样重要,也许长期增长更为重要,Barro 和 Sala-i-Martin(2003)也指出经济增长是宏观经济学真正重要的那部分。

接下来,我们分别用 A、B、C、D、E、F、G 来表示七个不同的国家,每个国家人均收入在基期都以 10 000 元作为起点,表 4.2 清楚地显示了不同国家保持不同速率持续增长后的绝对生活水平的复利效果。这些数据显示,在经历同样 70 年的时间,A~G 这七个国家在增长率(g)方面的差别是如何导致彼此之间相对生活水平产生巨大分化的。为了更直观地看出对比分析效果,我们将表 4.2 中体现的七个国家的假想数据重现于图 4.1,后者更为直观、清楚地凸显了在初始生活水平相等的情况下,就算保持一个很小的增长水平,后期分化的生活水平如何能够出现在一个相对较短的历史时期内。图 4.1 清楚地展示了长期稳定的增长是如何导致人均生活水平提高和不同国家因为增长率的不同而生活水准发生分化的最重要的单一机制。虽然这些国家居民收入水平的起始点均相同,但如果其增长水平不同,即使增长率差距保持在 1~2 个百分点,20~30 年后(约等于一代人的时间),各自的收入水平也会产生明显的差异。而 70 年以后(约两三代人的时间)的差异则会达到相当高的水平,如果增长率差异保持在 1 个百分点,人均收入水平差异将在 1.9~2.0 倍;如果增长率差异保持在 2 个百分点,人均收入水平差异将在 3.7~4.0 倍;如果增长率差异保持在 3 个百分点,人均收入水平差异将在 7.3~7.8 倍;如果增长率差异保持在 4 个百分点,人均收入水平差异将在 15 倍左右;如果增长率差异保持在 5 个百分点,人均收入水平差异将在 29 倍左右;如果增长率差异保持在 6 个百分点,人均收入水平差异将在 56 倍以上。

表 4.2　不同增长率的积累效果

年数/年	A/万元	B/万元	C/万元	D/万元	E/万元	F/万元	G/万元	收入比	
	$g=1\%$	$g=2\%$	$g=3\%$	$g=4\%$	$g=5\%$	$g=6\%$	$g=7\%$	B/A	G/A
0	1.000	1.000	1.000	1.000	1.000	1.000	1.000	1.000	1.000
5	1.051	1.104	1.159	1.217	1.276	1.338	1.403	1.050	1.335

续表

年数/年	A/万元	B/万元	C/万元	D/万元	E/万元	F/万元	G/万元	收入比	
	g = 1%	g = 2%	g = 3%	g = 4%	g = 5%	g = 6%	g = 7%	B/A	G/A
10	1.105	1.219	1.344	1.480	1.629	1.791	1.967	1.103	1.780
15	1.161	1.346	1.558	1.801	2.079	2.397	2.759	1.159	2.376
20	1.220	1.486	1.806	2.191	2.653	3.207	3.870	1.218	3.172
25	1.282	1.641	2.094	2.666	3.386	4.292	5.427	1.280	4.233
30	1.348	1.811	2.427	3.243	4.322	5.743	7.612	1.343	5.647
35	1.417	2.000	2.814	3.946	5.516	7.686	10.677	1.411	7.535
40	1.489	2.208	3.262	4.801	7.040	10.286	14.974	1.483	10.056
45	1.565	2.438	3.782	5.841	8.985	13.765	21.002	1.558	13.420
50	1.645	2.692	4.384	7.107	11.467	18.420	29.457	1.636	17.907
55	1.729	2.972	5.082	8.646	14.636	24.650	41.315	1.719	23.895
60	1.817	3.281	5.892	10.520	18.679	32.988	57.946	1.806	31.891
65	1.909	3.623	6.830	12.799	23.840	44.145	81.273	1.898	42.574
70	2.007	4.000	7.918	15.572	30.426	59.076	113.989	1.993	56.796

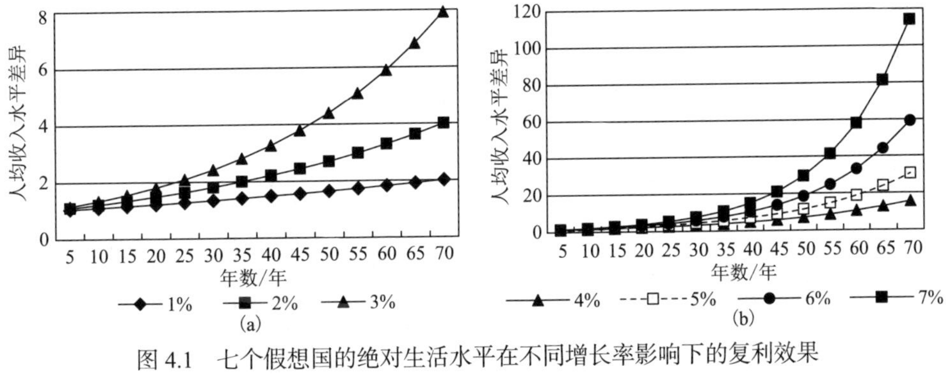

图 4.1　七个假想国的绝对生活水平在不同增长率影响下的复利效果

4.2.3　农民收入超常规增长的积累效果

由前文研究内容可知，要在 2020 年实现城乡居民人均收入倍增，那么 2011～2020 年的这 10 年时间内的居民人均收入平均增长率应达到 7.2%。同样根据上述原理，以 2010 年中国城乡居民收入为基础，对中国未来几十年时间内的城乡居民收入增长积累效果进行分析，结果如表 4.3 所示。如果保持中国城市与农村居民收入同步增长，其增长率无论是 6%、7%，还是 8%或 9%，城乡居民收入之比都将保持在 3.33 这一水平，城乡居民收入比将不可能得到有效缓解，而城乡居民收入的绝对差距无疑会加速扩大。2005 年国际劳工组织的数据显示，绝大多数国家的城乡居民收入比都小于 1.6，只有三个国家超过了 2，中国就名列其中。而美国、英国等西方发达国家的城乡收入比一般是在 1.5 左右。这也进一步说明了中国欲实现城乡居民收入差距缩小这一过程中确保农民收入增长的重要作用，也体现了农民收入增速超越城镇居民收入增速和农民收入实现超常规增长的重要性。所以，农民收入若不能实现超常规增长，那么要想实现"缩小城乡收入差距，推进城乡一体化发展"的目标是不现实的，也是不可能的。

表 4.3　农民收入超常规增长的积累效果(单位：万元)

年份	城市 $g=7\%$	农村 $g=7\%$	城市 $g=8\%$	农村 $g=8\%$	城市 $g=9\%$	农村 $g=9\%$	农村 $g=10\%$	农村 $g=11\%$
2010	2.00	0.60	2.00	0.60	2.00	0.60	0.60	0.60
2020	3.93	1.18	4.32	1.30	4.73	1.42	1.56	1.70
2030	7.74	2.32	9.32	2.80	11.21	3.36	4.04	4.84
2040	15.22	4.57	20.13	6.04	26.54	7.96	10.47	13.74
2050	29.95	8.98	43.45	13.03	62.82	18.85	27.16	39.00
2060	58.91	17.67	93.80	28.14	148.72	44.61	70.43	110.74
2070	115.89	34.77	202.51	60.75	352.06	105.62	182.69	314.43
2080	227.98	68.39	437.21	131.16	833.46	250.04	473.85	892.81
2090	448.47	134.54	943.91	283.17	1 973.10	591.93	1 229.04	2 535.07
2100	882.21	264.66	2 037.83	611.35	4 671.05	1 401.32	3 187.81	7 198.12
2110	1 735.43	520.63	4 399.52	1 319.86	11 058.08	3 317.42	8 268.37	20 438.51

接下来，我们将对中国农民收入实现超常规增长时的城乡居民收入比进行模拟，根据前述分析，要达到党的十八大提出的到 2020 年实现城乡居民人均收入比 2010 年翻一番的目标，城乡居民人均可支配(纯)收入的平均增长率应保持在 7%以上。但由于中国经济增长如今已告别两位数增长，进入了次

高增长的"新常态"阶段,这种从高速增长向中高速增长的转型,已被越来越多的学者所认可(黄群慧,2014)。并且 2001~2010 年中国 GDP 和人均 GDP 的平均实际增速分别高达 10.49% 和 9.86%,而 2011 年、2012 年和 2013 年中国 GDP 的实际增速分别为 9.30%、7.65%、7.67%,2014 年中国 GDP 前三个季度实际增速分别只有 7.4%、7.5%、7.3%[①]。再加上中国经济增长前沿课题组等(2013)预测未来 5 年中国经济增长速度为 6.4%~7.8%,国务院发展研究中心"中长期增长"课题组(刘世锦,2014)预测 2015 年中国经济增长速度为 7.3%,未来 10 年的平均增长速度为 6.5%。而本章的农民收入超常规增长,又要求农民收入增长率要高于城镇居民和经济增速。为此,根据中国现实情况,我们以 2010 年的城乡居民收入数值为基础,分别模拟分析了将来若干年内城乡居民收入增长率差距为 1 个百分点的四种情况(分别为城市 6%、农村 7%,城市 7%、农村 8%,城市 8%、农村 9%,城市 9%、农村 10%)、2 个百分点的四种情况(分别为城市 6%、农村 8%,城市 7%、农村 9%,城市 8%、农村 10%,城市 9%、农村 11%)和 3 个百分点的三种情况(分别为城市 6%、农村 9%,城市 7%、农村 10%,城市 8%、农村 11%)的城乡居民收入比变化情况。

表 4.4 中的结果显示:①城乡居民收入增长率差距为 1 个百分点的四种情况下,中国城乡居民收入比直到 2085 年才能够基本实现国际平均水平 1.6 左右,在 2090~2095 年才能够突破现在发达国家平均水平 1.5 左右,说明在城乡居民收入增长率差距为 1 个百分点的基础上,要实现"缩小城乡收入差距,推进城乡一体化发展"的目标还有很长一段路要走。②在城乡居民收入增长率差距为 2 个百分点的四种情况下,中国城乡居民收入比在 2045~2050 年就能够基本实现国际平均水平 1.6 左右,在 2055 年之前则能够完全突破现在发达国家平均水平 1.5 左右,2070~2075 年就能够实现城乡居民收入的基本均等状态。③在城乡居民收入增长率差距为 3 个百分点的三种情况下,中国城乡居民收入比在 2040 年就完全能够突破现在发达国家 1.5 左右的平均水平,2050~2055 年就能够实现城乡居民收入的基本均等状态。

---

① 2013 年及以前数据来源于中国统计年鉴数据计算而得。2014 年数据来源于国家统计局网站:http://www.stats.gov.cn/ tjsj/zxfb/ 201410/t20141022_627567.html。

表 4.4 中国农民收入超常规增长的未来城乡收入比模拟

年份	农村与城镇相差 1 个百分点				农村与城镇相差 2 个百分点				农村与城镇相差 3 个百分点		
	城市 g = 6% 农村 g = 7%	城市 g = 7% 农村 g = 8%	城市 g = 8% 农村 g = 9%	城市 g = 9% 农村 g = 10%	城市 g = 6% 农村 g = 8%	城市 g = 7% 农村 g = 9%	城市 g = 8% 农村 g = 10%	城市 g = 9% 农村 g = 11%	城市 g = 6% 农村 g = 9%	城市 g = 7% 农村 g = 10%	城市 g = 8% 农村 g = 11%
2010	3.228	3.228	3.228	3.228	3.228	3.228	3.228	3.228	3.228	3.228	3.228
2015	3.080	3.082	3.083	3.084	2.940	2.943	2.945	2.948	2.808	2.812	2.815
2020	2.939	2.942	2.944	2.947	2.678	2.683	2.687	2.692	2.442	2.448	2.455
2025	2.804	2.808	2.812	2.815	2.439	2.445	2.452	2.458	2.124	2.132	2.140
2030	2.676	2.680	2.685	2.689	2.221	2.229	2.237	2.244	1.847	1.857	1.866
2035	2.553	2.559	2.564	2.569	2.023	2.032	2.041	2.049	1.607	1.617	1.627
2040	2.436	2.442	2.449	2.455	1.843	1.852	1.862	1.871	1.398	1.408	1.419
2045	2.324	2.331	2.338	2.345	1.678	1.688	1.699	1.708	1.216	1.227	1.237
2050	2.218	2.225	2.233	2.240	1.529	1.539	1.550	1.560	1.057	1.068	1.079
2055	2.116	2.124	2.132	2.140	1.392	1.403	1.414	1.424	0.920	0.930	0.941
2060	2.019	2.028	2.036	2.045	1.268	1.279	1.290	1.301	0.800	0.810	0.820
2065	1.926	1.935	1.945	1.954	1.155	1.166	1.177	1.188	0.696	0.706	0.715
2070	1.838	1.848	1.857	1.866	1.052	1.063	1.074	1.084	0.605	0.614	0.624
2075	1.754	1.764	1.773	1.783	0.958	0.969	0.980	0.990	0.526	0.535	0.544
2080	1.673	1.683	1.694	1.704	0.872	0.883	0.894	0.904	0.458	0.466	0.474
2085	1.596	1.607	1.617	1.628	0.795	0.805	0.815	0.826	0.398	0.406	0.414
2090	1.523	1.534	1.544	1.555	0.724	0.734	0.744	0.754	0.346	0.353	0.361
2095	1.453	1.464	1.475	1.485	0.659	0.669	0.679	0.688	0.301	0.308	0.314
2100	1.387	1.398	1.408	1.419	0.600	0.610	0.619	0.629	0.262	0.268	0.274
2110	1.262	1.273	1.284	1.295	0.498	0.507	0.515	0.524	0.198	0.203	0.208

注:此表中 2010 年城乡居民收入比之所以是 3.228,是因为我们选取的城镇居民可支配收入为 19 109 元,农村居民人均纯收入为 5919.01 元

综上,不难看出,欲实现国家既定发展战略目标,从理论上要求农民收入必须实现超常规增长,而且这一超常规增长必须是在较高国民收入增长水平基础上实现对城镇居民收入增长的一定时期的超越,同时这种超越

应该在未来三十多年的时间内保持高于城镇居民收入增长率 2 个百分点左右的增长水平。

4.3　农民收入超常规增长的基本要素与新兴要素分析

4.3.1　农民收入超常规增长的基本要素来源分析

为了分析农民收入增长的传统宏观影响因素，在此我们借用 Snowdon 和 Vane（2005）的分析思路，首先有必要弄清楚关于经济增长固定模式、直接来源和基本来源。一个关于经济增长的理论显然需要与从历史经验中浮现出的增长固定模式相一致（Snowdon and Vane，2005）。Kaldor（1961）第一个提出了他所认为主要的经验观察现象，而任何增长理论都需要与这些观察现象保持一致。Kaldor 关于经济增长的六种固定模式或者说大致趋势如下（K1~K6），同列的还有保罗·罗默（Romer，1989）和琼斯（Jones，1998）指出的补充"模式"，分别是（R7~R11）和（J12~J14）。

K1：劳动人均产出连续增长，并且没有生产率增速下降的长期趋势。

K2：资本-劳动比率出现连续的增长。

K3：稳定的资本回报率。

K4：稳定的资本-产出比率。

K5：劳动和资本在 GDP 中的份额保持稳定。

K6：跨地区之间生产率增速存在明显的不同。

R7：在一个广泛的国家横截面内，平均增长率与人均收入水平无关。

R8：增长与国际贸易水平正相关。

R9：增长率与人口增长呈负相关。

R10：最终解释研究总是能发现一项"残差"，也就是投入要素积累本身不能解释增长。

R11：高收入国家对熟练和非熟练劳动力都具有吸引力。

J12：跨国之间的人均收入存在巨大差别。

　　J13：世界整体的增长率与个别国家的增长率随时间推移变化很大。

　　J14：任何国家在世界收入分配中的相对地位都是可以改变的。

　　当然，上述这些增长模式并不是完全独立的。正如 Romer（1989）所言，模式 K2 是模式 K1 和 K4 的结果，模式 K4 和模式 K5 隐含有 K3，除此之外，他还质疑 K5 的有效性。Jones 和 Romer（2010）在卡尔多事实（Kaldor facts）提出 50 年之后，增加了以下四个新的变量：观念、制度、人口和人力资本，他们指出国际化、城市化、人力资本和创新都会推动规模收益递增，并给出了存在赶超速度等适合国际新发展格局的六个"新卡尔多事实"。关于模式 J13，经济学家们直到 20 世纪末和 21 世纪初才试图提供一个全面的理论，得以解释增长率从马尔萨斯停滞到"现代经济增长"的演变过程（参考 Galor and Weil，1999，2000；Hansen and Prescott，2002；Lagerlöf，2003；Galor，2005；O'Rourke and Williamson，2005；Crafts and Mills，2009；Jones and Romer，2010）。

　　除此之外，在坦普尔（Temple，1999）关于增长经验的回顾中，他强调了这样一个经济增长事实，即 1960 年以来一个重要的历史教训：当一个国家成功地创造了"增长奇迹"之时，另一些国家却正在经历"增长灾难"[①]。当分析经济增长奇迹的经历时，经济学家需要利用这些时间经历去帮助评估那些或许能影响其他国家增长率的经济政策（Lucas，1993）。然而，如果没有很好的理论架构，要想帮助研究人员真正理解大量的经济数据则是一件很困难的事情。

　　在分析增长理论的发展时，区分增长的直接原因和基本原因就变得尤为重要。因为直接原因与投入要素（如资本和劳动）的积累有着密切的关系，还与能够影响这些要素生产率的变量（如规模经济和技术变化）有关。一些经济学家如 Denison（1967，1974，1985）、Jorgenson（1996，2001）和 Maddison（1972，1987，1991，1995）等已经做了大量的研究工作，他们对增长的各种来源进行了极为有用的分类。同时，新凯恩斯主义、新古典和内生增长理论则倾向于给这些直接原因（变量）建立模型。然而，一旦我们考虑了这些增长的直接决定因素的影响，我们就会面临一个更深刻的问题："为什么相比于其他国家而言，有些国家在积累人力和实物资本以及创造或接受新观念、新知识方面做

———————————
　　[①]　关于增长奇迹与增长灾难的进一步阅读请参考 Romer（2012）。

得要好得多？", 这就是我们需要调查的增长决定的基本因素(Rodrik, 2003)。

与增长的基本或者说是更深层次的来源有关的原因(变量)是那些对一国积累生产要素的能力及投资于知识生产的能力产生影响的变量(Snowdon and Vane, 2005)。例如, Temple(1999)考虑如下对于增长"更宽泛"的因素：人口增长、金融部门的影响力、一般宏观经济环境、贸易制度、政府规模、收入分配及政治和社会的环境。而 Gallup 等(1999)在 Temple(1999)考虑的上述因素上还增加了一个被忽略的影响因素——地理的影响。从探寻增长的直接原因到探寻基本原因, 还使一些研究者们的注意力从一个经济的制度框架转移到它的"社会能力"(Abramovitz, 1986)、社会基础建设(Hall and Jones, 1997, 1999)或从属变量(Baumol, 1994)方面来。而现今被广泛接受的观点就是, "好的"政府治理与制度和激励结构是成功增长和发展的重要前提(World Bank, 1997, 2002)。

Rostow(1990)在他对经济增长分析的史学回顾中提出了这样一个中心的命题："从 18 世纪到现在, 增长理论一直建立在这样或那样的某种形式的普遍等式或生产方程之上。"这可以用 Adelman(1958)提出的等式来进行表述：

$$Y_t = f(K_t, N_t, L_t, A_t, S_t) \tag{4.5}$$

其中, K_t, N_t, L_t 分别表示第 t 时期源自资本存量、自然资源(地理)和劳动力资源的服务; A_t 表示第 t 时期一个经济的运用知识存量; S_t 表示第 t 时期 Adelman 所谓的"社会文化环境"和 Abramovitz(1986)所称的"社会能力"。这些都是经济运行所不可或缺的。后来一些学者利用更加复杂的模型对人力资本和物质资本做出了区分。的确, 不少经济学家一致认为人力资本是经济增长的关键成分(Becker, 1962, 2009; Becker and Chiswick, 1966; Mincer, 1958, 1974, 1984; Lucas, 1988; Benhabib and Spiegel, 1994; Galor and Moav, 2006; Unger et al., 2011)。例如, Heckman (2002)认为中国低于平均水平的教育投资花费——与其在实物资本积累上的花费相比——这是政策的"一种严重扭曲", 将有可能延缓中国的进步, 言外之意也就说明了中国要想进一步加快经济的发展需要提高人力资本投资而不是强调实物资本的投资。Goldin(2001)同样也把美国在 20 世纪取得的成功大部分归功于人力资本的积累。Unger 等(2011)的研究结果显示，人力资本的积累对个人成功和经济增长都是最重要的，研究不仅需要克服人力资本的静态分析，而且应该进一步探讨学习和知识获取的过程及知识的专业转移。

根据 Rostow(1990)所言，"不论是休谟的经济随笔、亚当·斯密的《国富论》，还是最近的新古典增长模型，事实上在这期间的所有系统表述都包含了像基本等式这样的东西"。这个普遍的等式就包括了经济增长的直接原因和基本原因，并且 Abramovitz 曾经在 50 年以前就关注了这些重要影响因素(Nelson，1997)。显然，S_t 就包含了影响一个经济的增长潜力和表现的非经济变量及经济变量的作用，这些变量包括制度、激励、规则和规章。他们决定着创业才能的分配(Baumol，1996)。因此，近些年来经济学家对增长的"更深层次的"决定因素的研究已经导致了一些学者强调制度和激励结构(North，1990；Knack and Keefer，1995；Olson，2000；Rodrik et al.，2004；Tabellini，2010)、贸易和开放程度(Krueger，1997；Dollar and Kraay，2003)和相当受忽视的地理作用(Bloom et al.，1998)。值得一提的是，事实上早在两百多年前，亚当·斯密就已经强调了所有这三项"更深层次的"决定因素。

相应地，我们可以根据上述关于经济增长的固定模式和影响因素归纳出农民收入超常规增长的几种固定模式(M1～M7)和传统影响因素(F1～F5)。

M1：农民的人均产出连续增长，没有生产率增速下降的长期趋势。

M2：资本-劳动比率显示出连续的增长。

M3：资本回报率稳定。

M4：资本-产出比率稳定。

M5：劳动和资本在经济中的份额保持稳定。

M6：我们观察到跨地区之间(或农民之间)生产率增速的明显不同。

M7：增长率与人口增长负相关。

F1：高积累率的人力资本。

F2：高积累率的实物资本。

F3：持续的技术进步。

F4：充足的自然资源(土地等资源要素)。

F5：稳定的社会环境(制度质量的保障)。

这样，如果我们假设农村经济系统中只有农民，也就是劳动力 L_t 为农民数量，根据式(4.5)，可以得到农民的收入决定方程：

$$y_t = Y_t / L_t = f(K_t, N_t, L_t, A_t, S_t) / L_t \qquad (4.6)$$

其中，y_t 表示第 t 时期农民的收入。

经济学家的研究表明，一个成功的经济区域通常就是拥有人力和实物资本的高积累率及持续的技术进步的区域。但是这一结论紧接着就会引发出另一个关键的问题，那就是为什么一些国家(地区)成功地取得了这种成果而其他国家(或地区)却不能？这同样可以延伸下一个问题：为什么一些国家(或地区)的农民收入较高而另一些国家(或地区)的农民收入较低？为什么同一地区一些农民收入较高而另一些农民收入却相对较低？Olson(1996)曾经强调了这样一个事实，高增长率似乎总是只发生于部分贫穷国家或地区，而不是出现在所有的低收入国家或地区，后者是索罗新古典增长模型的转移动态机制的情形。既然资本(包括实物资本和人力资本)和技术可以跨越政治边境而发生转移，那么人均产出水平上的显著差别的持久性就意味着，经济中必然存在阻碍增长与发展的持久壁垒(Parente and Prescott，2000)。阻碍资本从富裕国家(或地区)自由流动的一个明显因素来自投资于有下列特征的国家(或地区)所涉及的更大风险，这些特征包括宏观经济不稳定、贸易壁垒、基础设施不健全、教育落后、族群分化、普遍腐败、政治不稳定、不利的地理环境及频繁的政策变动(Snowdon and Vane，2005)。也就是说，同样地，欲实现农民收入超常规增长，必先打破各种阻碍增长的持久性壁垒，让资本、技术和劳动力进行有效转移。为了弄清楚如何实现中国农民收入超常规增长而不至于陷入增长"灾难"(相对于城镇居民收入增长和宏观经济增长而言)，我们不能把视野局限于增长的直接原因上面，而是要深入探寻更为广阔的基本决定因素，这就意味着我们不能指望使用狭隘的经济学分析本身就能找到农民收入超常规增长的关键决定因素。

我们借鉴 Rodrik(2003)提供的一种有用框架来强调经济增长直接原因与基本来源之间的区别来分析农民收入增长基本要素来源。图 4.2 改编自 Rodrik(2003)，Rodrik 捕捉了决定任何经济的规模与增长的重要影响因素。在图 4.2 的上半部分，我们能够看到农民收入超常规增长的直接决定因素施加的影响，即要素禀赋和资源的生产率直接影响到了农民的收入，这些要素禀赋包括劳动力、实物资本和自然资源。从图 4.2 的下半部分，我们可以看出农民收入超常规增长的基本环境因素包括部分内生的经济一体化程度、社会制度(这里的社会制度主要包括一系列强农、惠农、支农等政策，如农村养老保险、医疗保险、户籍制度改革、农村转移支付、农民财产权利保障、农村科教投入)及外生的地理因素。这样我们进一步提供了一个除直接决定因素以外的关于农民收入超常规增长主要环境的三分法，也就是地理因素、经济一体化和社会制度。后续研究将既分析农民收入超常规增长的资本、劳动、技术和生产效率等直接决定因素，又将从地理环境、经济一体化程度和相关社会制度等层面探讨农民收入超常规增长的间接因素。

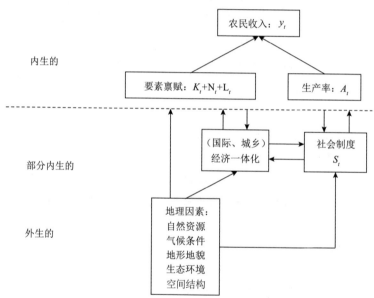

图 4.2　农民收入超常规增长的直接和基本来源

资料来源：Rodrik(2003)，经由课题组进行了改编

4.3.2　新时期农民收入超常规增长的新兴要素来源

中国经济增长如今已告别两位数增长，转而进入了次高增长的"新常态"阶段。与此同时，中国的农业也正在进入一个新的发展阶段，面临着新的发展形势(陈锡文，2015a)。在新时期这种新形势下，要实现城乡一体化发展战

略就必须保证农民收入超常规增长，这一过程仅仅搞清楚农民收入超常规增长的基本要素来源是远远不够的。农民收入要在较长一段时期内突破常规增长而实现超常规增长，必须走出传统增长的固定模式，充分发挥亿万农民的主体作用和首创精神，不断解放和发展农村社会生产力，激发农村发展活力，高效释放创新要素对农民增收的作用。因此，必须依靠改革创新驱动来加快现代农业建设，具体包括推动农业科技创新、走新型农业经营道路、盘活农村土地要素。

1. 创新要素之农业科技创新：为农业插上科技翅膀，加快推进农业现代化进程

由于中国农业资源要素禀赋条件不足且分布不均，显然，未来的农业发展已不能再走拼资源、拼消耗的老路子。资源环境约束下人口大国的农业发展转型，需要新的战略理念和战略举措(陈锡文，2015b)。按照舒尔茨的《改造传统农业》的相关理论，如果要确保传统农业成功向现代农业发生转变，其核心就是改变技术状况。因此，在农业现代化进程中，要转变农业发展方式必然离不开农业科技创新，农业科技创新和农业发展方式的转变是一个前后相继、相互关联、相互作用的有机整体(陈文胜，2015)。从中国的实际情况来看，农业科技创新与加快现代农业建设要求和农民需要仍然存在很大差距，同样与一些发达国家农业科技创新水平也存在着巨大差距，因此需要不断深化农业科技创新体制改革。回顾发达国家的农业现代化发展历程，农业科技每一次飞跃无疑都引起了农业发展方式转变，农业发展方式转变又反过来对农业科技创新提出了新需求和新标准，为农业进一步明确科技进步方向，而农业科技创新与农业发展方式转变推动的农业现代化最终充分保证了农民增收。

2. 创新要素之生产组织创新：培育新型农业经营主体

党的十八大报告特别强调了要构建集约化、专业化、组织化、社会化相结合的新型农业经营体系，新型农业(含林业、渔业，下同)经营主体[①]的培育

---

① 中国传统农业经营主体是在以家庭承包经营为基础、统分结合的双层经营体制基础上形成和发展起来的。而新型农业经营主体就是指在家庭承包经营制度下，经营规模大、集约化程度高、市场竞争力强的农业经营组织和有文化、懂技术、会经营的职业农民(张红宇，2012a)，主要包括专业大户、家庭农场、农民合作社和农业企业等类型。

至关重要。诸多实践也表明，各地区蓬勃发展的新型农业经营主体是当前农业先进生产力的代表，是推进农业转型升级和粮食增产、农业提效和农民增收的主要力量。孔祥智(2014)也进一步指出，新型农业经营主体对农业现代化的作用主要表现在以下三个方面：一是规模经营的生产过程中，新型农业经营主体必然会引进先进的科技要素发展生产，进而不断提高集约化水平，提高土地生产率、劳动生产率和资金使用效率；二是使过去"真危险"的农业正在变得有利可图，也正在吸引越来越多的具有多年工作经验的优秀农民工不断返乡自己进行创业，组建农民合作经济组织或者是家庭农场，直接延缓了农业的"老龄化"进程；三是开展农业生产的企业化运作，把利润作为组织追求的核心目标，能够进一步推进农业的市场化、机械化、品牌化、绿色化。因此，只要是以农民利益为基础的生产组织创新，培育以农民自愿为原则的新型农业经营主体，引导农民合理进行适度规模化经营，大力支持农民进行专业化生产，就能更好地推动农民收入快速增长。

3. 创新要素之制度创新：土地流转、土地确权与土地和金融的有效融合

十八届三中全会指出，确保农民增收，必须赋予农民更多的财产权利，而农民的财产权利主要是指依法维护农民的土地承包经营权、集体经济收益分配权和宅基地用益物权。根据《中华人民共和国物权法》规定，完整的财产所有权应该包括占有、使用、收益和处分权这四个方面。然而，根据中国目前的法律规定，农民只拥有承包地的占有权、使用权和收益权，而没有处分权；对宅基地只拥有占有权和使用权，没有处分权和收益权。这样一来，农民的承包地和宅基地都少了处分权，这是因为土地是集体的，农民个人不可以随便处置，如此，农民无法从承包地和宅基地获取经营性收入和财产性收入，这极大地减少了农民增收渠道，这也就直接导致了农村大量土地的落荒现象。因此，解决农村土地财产权，确保农民收入财产性收益，让农民拥有更多的财产性收入，必须确保农民的土地承包经营权可以直接进行抵押和担保，必须慎重、稳妥地推进农民的住房财产抵押、担保和转让试点，必须建立农村土地产权流转交易市场和城乡统一的建设用地市场。只有解决好农民土地财产权的这三个方面问题，才能够真正让农村静态的土地持续流动起来，使沉睡的土地资源"醒过来"，并活跃起来，为农业农村生产发展吸引金融资本要素的注入。这正是农村当前和今后的土地制度变革和创新的核心追求，努力拓展农村土地"流"与资源"活"的制度空间，是需要做出不懈努力的重要领域，更是保障农民收入实现超常规增长的关键因素。

4.4　农民收入超常规增长要素配置的内涵及模式

前文分析了农民收入超常规增长的基本要素来源，同时明确了新时期农民收入超常规增长的新兴要素来源。据此，本部分将进一步探讨农民收入超常规增长的要素集聚配置理论内涵，明确其要素配置的主要模式。

4.4.1　农民收入超常规增长要素配置的理论内涵

既然要实现农民收入超常规增长，那么生产要素就是收入增长研究中最重要的核心概念之一，而要素集聚本身就是内属于要素配置的一种方式(张幼文和梁军，2007)，如何进行要素配置则是实现农民收入超常规增长的重要保障。如何界定和认识其要素配置的内涵，将在很大程度上影响对农民收入超常规增长的理解和研究结论，进而影响关于农民收入超常规增长的战略和政策措施。

从本质上来看，农民收入超常规增长不仅需要技术、资本、劳动力、土地等传统要素，而且需要科技创新、生产组织创新和制度创新所培育出来的企业家经营管理才能、新型农业经营组织、创业就业机会等新兴要素。这些要素与农民收入超常规增长是一种典型的投入产出关系，如式(4.7)所示：

$$Y' = f(A, K, L, S, M, O, P) \tag{4.7}$$

其中，Y' 表示农民收入超常规增长；A 表示技术进步，既包括农业方面的技术，也包括农民非农就业的技术；K 表示资本或资金；L 表示农民劳动力；S 表示农村土地；M 表示企业家经营管理才能；O 表示农业经营组织；P 表示农民创业就业机会。这些要素部分或全部随机集聚在一起，会形成不同的生产要素组合状态，从而形成不同的产出能力和收入增长能力。

众所周知，无论是技术进步(A)、资金(K)、土地(S)、农民劳动力(L)等传统要素，还是企业家经营管理才能(M)、农业经营组织(O)、农民创业就业机会(P)等新兴要素，都是极为稀缺的。有些要素，如土地是非人为决定的，属于自然界原始供给，具有刚性、稀缺性；其他要素虽然与人的因素有关，但也仍然具有稀缺性特征。这不仅是因为，随着人口的增长和人们生活水平的提高，人们对农产品的需求会增长，从而带动对上述要素的生产性需求增加，而且随着工业化和城镇化进程加快推进，工业化与城镇化也会对上述要素产生巨大的生产性需求，形成与农业农村生产要素激烈争夺的矛盾。从客观现实来看，这种农业与非农业要素争夺的矛盾还在加剧，如中国过去农村的资金、土地、劳动力等要素大量非农化，导致农业农村上述要素的稀缺性日益凸显。

正是由于农民收入超常规增长的部分或全部要素的稀缺性还在不断加剧，才产生了农民收入超常规增长的要素配置问题。显而易见，要实现农民收入超常规增长，客观需要对上述要素按成本最小化、效益最大化的要求进行要素优化组合，在农业或非农业生产中获得更多产出和更高收入，这就是农民收入超常规增长要素集聚与配置的目的。简单地讲，农民收入超常规增长的要素集聚与配置就是上述涉农要素在不同时间、不同空间、不同用途、不同使用者之间进行集聚、分配与运用的行为选择。它通常同步地包含着要素配置的时间、空间、用途、数量、质量五个维度。也就是在何时、何地，对何使用者分配和使用多少数量与何种等级的要素。这五个维度缺一不可，共同描述了农民收入超常规增长要素的配置状态。而要素配置状态，是指一定时期特定条件下，上述涉农要素在不同时间、地点、用户的量的分布关系。其中，地点是要素空间配置的表现形式，由于各地农业资源禀赋不同，农民收入超常规增长的要素配置往往具有典型的空间异质性①(spatial

---

① 空间异质性是指生态学过程和格局在空间分布上的不均匀性及其复杂性。这一名词通常广泛应用在生态学领域，其含义和用法也并不是单一的，而是多种多样的。具体来讲，空间异质性一般可以理解为空间缀块性(patchness)和梯度(gradient)格局分布的总和。而缀块性则主要强调缀块的种类组成特征及其空间分布与配置的关系，从概念上来讲要比异质性更加具体。因此，空间格局的异质性和缀块性在概念上和实际应用中都是相互联系，但又略有区别的一组概念。它们最主要的共同点就在于彼此都强调非均质性及对尺度的依赖。

heterogeneity)特征。同时，由于在不同时期，科技水平和管理能力等要素先进性在不断提升，农民收入增长的上述要素组合和配置状态表现出时间上的异质性。即不同时间配置的要素组合所获取的收益是不相同的；数量的多寡和质量的等级高低，是农民收入超常规增长要素配置的最后表现形式。因而在农民收入超常规增长的要素配置状态中，时间、空间、用途(用户)、数量、质量都得到了同时体现，如图 4.3 所示。

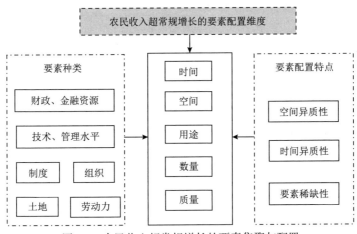

图 4.3　农民收入超常规增长的要素集聚与配置

　　另外，在农民收入常规增长下，客观存在一种上述要素的配置状态和多个要素组合关系。相比农民收入常规增长，农民收入超常规增长也存在着与之相对应的一种要素配置状态和多个要素组合关系。从农民收入常规增长到超常规增长，从要素的角度来看，就是将常规状态的要素配置状态进行调整组合，形成一种更加优化的配置状态和多个优化组合模式。而如何实现要素的优化配置，是最终实现农民收入超常规增长必须探索的核心问题。

4.4.2　农民收入超常规增长要素配置的主要模式

　　前文分析表明，决定农民收入增长的要素较多，要素之间不同的生产组合关系，形成不同的要素配置模式。从理论上讲，上述涉农要素的生产组合关系众多，因而，决定农民收入增长的要素配置模式也很多。但是，农民收入传统常规增长的要素组合模式比较单一，基本上是在农业范围内以农户为生产单位的要素配置模式。传统模式下，农业技术要素处于较低利用水平，农业生产规模化、集约化、组织化程度低，农民经营管理能力较低，农民精耕细作，其收入主要来自农业收入。农民收入除了受自然因素和管理因素决定的产出水平高低影响外，还要取决于农产品价格水平。农产品产量、价格政策和补贴制度成为影响制约着农民收入增长速度的关键变量。而相比农民收入传统常规增长，农民收入超常规增长就是要加快农民收入增长速度，这就需要通过改良或彻底改变既有传统家庭经营的要素配置方式，创造新的、能够有效提高农业生产效率的要素配置模式。从客观现实来看，中国农民收入超常规增长的要素配置新模式主要有以下几种形式：多样化特色效益农业发展的要素配置改良模式、农业现代化改造的要素优化配置模式、农民非农创业就业的要素优化配置模式。

1. 多样化特色效益农业发展的要素配置改良模式

中国农业基本经济制度是以家庭联产承包经营为基础、统分结合的双层经营体制，这也是我国农村改革取得的重大历史性成果，是中国特色社会主义制度的重要组成部分，必须毫不动摇长期坚持。这也决定了在经济相对落后、劳动力密集的部分农村地区，我们不可能立即推动土地规模化经营，转变为大农业、市场化导向的现代农业发展模式。因为这并不符合国情、不符合这些地区农业生产特点。这些地区，如西南的山地、丘陵和库区的农业农村，要根据自身的经济基础、资源禀赋、区域特色、比较优势，着力依托要素配置改良模式，推动多样化特色效益农业发展，实现农民收入超常规增长，进而为未来的农业现代化建设奠定基础。因此，在改良模式中，农业生产仍然是以家庭为单位的经营主体，重点根据地区特色和优势发展特种养殖业、新型经济农作物，主要通过采用适应山地、丘陵的小机械、先进农业技术、联合营销等方式发展联户经营，改造农业生产基础设施和水利条件，加强农业劳动力培训、提高劳动力素质，强化经营培训、提高农户家庭负责人的经营管理能力，逐步推进土地要素的集约化和金融资本要素的可获得性，优化农业生产经营的要素配置，最终实现农民收入超常规增长。

2. 农业现代化改造的要素优化配置模式

中国农民实现农业收入超常规增长，除了在原有的家庭经营基础上进行要素组合改良外,最根本的还是构建集约化、专业化、组织化、社会化相结合的新型农业经营体系,发展现代农业,通过引进先进技术、现代农业物资装备、新型职业农民和现代企业管理模式进行要素配置组合。这一模式以东北地区现代化大农业、东部发达地区资本密集型高效农业及沿海都市农业为主。在该模式中,农业生产经营由种养大户、家庭农场、农业专业合作社、农业产业化企业等新型农业经营主体组织,土地要素通过流转逐渐集中规模化、农业技术装备水平和农业资本有机构成得到大幅度提高,职业农民成为主要劳动力,采用先进的农业技术和市场化的生产经营管理手段进行管理,农业生产实现了组织化、专业化、规模化和集约化,农业经营者市场驾驭能力得到显著提高。上述各类要素的有效集聚与配置,也进一步带动了现代农业产业链、供应链和价值链的稳步提升,能极大调动农业经营主体积极性和解放发展其生产力,从而确保农民收入超常规增长目标的实现和城乡一体化发展。这也将是未来中国农业现代化发展的主流模式。

3. 农民非农创业就业的要素优化配置模式

当前,中国部分农村地区仍然存在剩余劳动力,要促进农民收入超常规增长,除了千方百计地通过农业要素重组和组织化改造升级等模式,挖掘农业收入增长潜力外,还需要鼓励农村剩余劳动力到城镇和农村地区第二、第三产业就业创业。一条路径是参与城镇化进程,在城镇工业和服务业中积极争取就业或创业,其生产函数为:$Q_c = P_c \times A \times f(K, L_r)$。其中,$Q_c$ 为城镇产出,P_c 为城镇创业就业机会,A 为技术进步,K 为资本,L_r 为农村剩余劳动力;通过该条路径的生产经营过程,农民可以获得来自城镇的工资性收入。政府要确保其享有同等的住房、养老、医疗、卫生等基本待遇,对其进行适应城镇就业创业劳动者要求的改造,帮助其实现市民化。另一条路径是鼓励农村剩余劳动力在农村地区从事第二、第三产业的创业。其生产函数为:$Q_r = P_r \times A \times f(K_r, L_r)$。其中,$Q_r$ 代表农村第一、第二、第三产业产出,P_r 为农村创业就业机会。通过在农村地区的就业创业,促进务农农民分工分业,大力推进农村工业化和生产性服务业发展,农民也可以获得来自农村地区的工资性收入,甚至包括农业里的工资性收入。这一路径中农民尚未向城镇转移,要高度重视农民的土地权益,可以通过入股、出租、转让等方式来实现农业土地要素的优化配置，以增加农民来自不动产的财产性收入；同时，要加强其技能培训和创新创业要素匹配，确保其收入稳定。总之，在农民非农创业就业的要素优化配置模式中，关键是要有良好的创业就业机会，创业就业机会是一种十分稀缺的资源要素，需要大力开发和培育，才能实现农业剩余劳动力要素优化配置和工资性收入超常规增长。

4.4.3 农民收入超常规增长要素配置的基本要求

无论选择何种要素集聚与配置模式，为了实现农民收入超常规增长所包含的主要内容，各种模式均需遵循市场对资源配置的基础地位。相应地，农民收入超常规增长要素集聚与配置也必须符合以下要求。

1. 农业经营收益最大化

农业经营收益大小主要取决于农业产出水平和农产品价格两个因素，它是这两个因素的乘积。农产品价格因素主要取决于市场供求关系和市场范围的大小，属于农产品流通领域，需要投入大量流通要素，可以通过先进的营销手段以寻找较好的交易价格。农业产出水平的高低则是由农业生产要素投入与管理等因素决定的，这些要素包括技术(含化肥、农药等)、资本(含农业设施和生产资料)、劳动力、土地、水资源、组织与经营管理等要素。

在农业生产过程中，要素之间不同的组合比例关系表现为不同的要素配置状态。这里假定技术进步中性，土地面积固定，以资本和劳动力为例，来说明要素配置组合比例与农业产出最大化的关系，如图 4.4 所示。假定在既定的技术水平下，固定面积土地的潜在最大生产能力主要由农业资本和农业劳动力的最优配置比例来决定。图中有两条等产量曲线 Q_1 和 Q_2，且 $Q_1 > Q_2$，在要素配置比例 A、B、C 三种状态中，只有 B 点的要素配置比例才是最优的，实现了农业产出水平最大化。A 点的要素配置比例尽管不同，但与 B 状态的要素配置成本相同，而农业产出只实现了 Q_2 的水平。而在 C 点的要素配置状态下，农业产出水平与 B 点要素配置状态的产出水平相同，但是面临着更高的要素配置成本。所以，综合比较来看，如果在 A、B、C 三种农业要素配置状态中做选择，就应当选择要素配置状态 B 为农业要素最优配置状态，可以实现既定要素配置状态下的农业产出最大化。如果价格保持不变，农业产出的最大化就可以确保农业收益最大化。

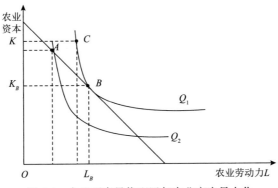

图 4.4　农业要素最优配置与农业产出最大化

　　世界各国的经验表明，现代化的农业肯定是市场导向的农业，其经营主体必须遵循市场主体的行为方式，必然以利润最大化为其生产经营目标。相应地，在我国构建现代化农业经营主体，必须改变过去粗放型生产经营方式及其要素配置状态，不断提高农业劳动生产率，确保实现农业生产经营收益最大化，进而决定了农民收入超常规增长的要素配置同样也必须遵循这一基本要求。

2. 农业要素组合成本最小化

　　在农民收入超常规增长中，来自农业中的农业净收入增长除了在价格既定下追求农业产出最大化外，还需要从成本控制的角度加以努力。只有将要素配置的成本降到最低，才能实现农业净收益的最大化。所以，农民收入超常规增长要素配置基本要求之二就应当是农业要素配置组合成本最小化。农业要素组合成本最小化主要取决于要素价格和技术进步两个因素。

　　这里首先讨论在农业要素价格既定的情况下，如何追求要素配置成本最小化目标。如图 4.5 所示，图中有两条等成本线 C_1 和 C_2，有一条等产量线 Q。现在在同一块土地上有三种农业资本与劳动力要素配置状态，分别是 A、B、C 三点，三种农业要素配置状态尽管获得了同样多的产量，但是要素配置的成本是不一样的。只有 B 点的要素配置成本是最低的，A 点和 C 点要素配置成本均高于 B 点，A 点的成本是 C_2，$C_2 > C_1$，显然，此时只有追求要素配置成本最小点 B 点，才能实现农民收入超常规增长。

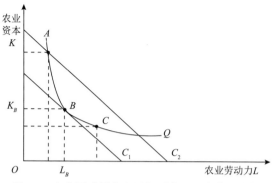

图 4.5　农业要素最优配置与要素配置成本最小化

其次,如果农业要素价格发生变化,农业要素最优组合比例也要发生变化,才能实现新的价格条件下的成本最小化。如图 4.6 所示,假定在期初价格下,农业资本和劳动力要素的最佳配置组合比例为 A 点的组合,即 $K_A:L_A$,现在由于农业资本要素价格上涨,为了实现同样多的农业产出水平下的农业要素成本最小化目标,就需要将农业要素配置比例调整至 B 点的组合,即 $K_B:L_B$。

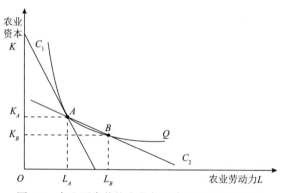

图 4.6　农业要素价格变化与要素配置成本最小化

最后,农业要素组合比例的成本最小化还可以通过技术要素来推进。如图 4.7 所示,在 T_1 时期,农业技术要素没有取得明显进步,实现农业产出水平 Q 的最优资本和劳动力要素组合比例点为 A 点,即 $K_A:L_A$。到了 T_2 时期,农业技术要素获得进步,并得到推广使用,使获得同样多的农业产出,需要的农业资本和劳动力要素大幅度减少,如图中农业要素最优配置比例转变为

B 点，要素配置比例即为 $K_B : L_B$。此时，要素配置的成本进一步得到降低。总之，现代农业生产经营主体以利润最大化为目标，必然要求做到成本最小化，也就是农民收入超常规增长必须有利于实现农业要素组合成本最小化这一基本要求。

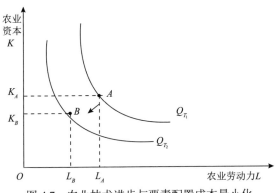

图 4.7　农业技术进步与要素配置成本最小化

3. 农民实现充分就业

要实现农民收入超常规增长，除了需要通过在农业领域实现要素优化配置，以挖掘农业收入增长潜力外，更需要优化配置农业剩余劳动力要素。随着我国农业现代化进程加快和农业劳动生产率的提高，农业剩余劳动力要素还会逐渐增加。加快转移农业剩余劳动力，留住优质农业劳动力，本身就是农业现代化发展的需要。而农业剩余劳动力要素的优化配置，主要依托两条路径。

一是让农业剩余劳动力在城乡第二、第三产业充分就业。就业是民生之本，只有高质量的充分就业，才能为农业剩余劳动力带来可持续的生计，才能促进农民工资性收入超常规增长。在我国过去的工业化和城镇化进程中，已吸纳了 2 亿多农民工就业，工业化和城镇化为我国农业剩余劳动力的优化配置提供了重要的途径，反过来，农民工也为我国工业化和城镇化做出了巨大贡献。但农民工就业不稳定，流动性巨大，工作、生活环境较差，工资水平较低，就业保障不足，就业质量不高。要促进农民工资性收入超常规增长，就需要在今后提升劳动力的人力资本积累，进一步挖掘城镇和工业化中的优质就业潜力，实现农业剩余劳动力要素的优化配置。

二是在现有城乡就业岗位不足的情况下，需要引导和动员有创业意识、市场观念和文化技术素质较高的农业剩余劳动力在城乡进行二次创业。通过农民返乡创业，不仅能解决其自身的就业问题，为社会创造新的物质财富，促进经济实质性增长，还能为其他农业剩余劳动力创造良好的就业机会，通过劳资关系促进工资性收入增长。在当前我国大兴"大众创业，万众创新"的国家战略背景下，采取切实措施，促进优质农业剩余劳动力就近创业，是发展农业、促进农村第二、第三产业快速发展，繁荣农村经济的关键环节。

相应地，在要素配置方面，既要加强政策引导支持农业剩余劳动力的城镇就业，更要充分保障创业农民，以及农村第二、第三产业就业农民的土地权益，确保其财产性收入和转移性收入。因此，促进农民充分创业就业，实现农民安居乐业，自然成为农民收入超常规增长要素配置的基本要求。

4.5　农民收入超常规增长的要素集聚与配置机理

在明确了农民收入超常规增长要素配置的理论内涵及具体模式以后，本节将构建一个统一框架致力于分析为实现农民收入超常规增长的要素间相互作用和配合机理。

4.5.1　模型的基本参数设定

为了方便起见，下面我们将统一用 $\dot{X}$ 表示 X 对时间 t 的导数，即

$$\dot{X} = \frac{\mathrm{d}X}{\mathrm{d}t}$$

我们假设总产出 Y 为规模报酬不变的形式，即为

$$Y = K^{\alpha} F^{\beta} T_0^{\gamma} \left(AH \right)^{1-\alpha-\beta-\gamma} \tag{4.8}$$

其中，K 表示实物资本；F 表示金融资本；T_0 表示耕地面积(满足社会基本

生活保障的最小面积）；A 表示技术水平；H 表示人力资本。并且常数 $\alpha, \beta, \gamma \geqslant 0$，以及 $1 - \alpha - \beta - \gamma > 0$。

人力资本 H 由劳动力 L 和教育水平 G 共同决定，即

$$H = L \cdot G \tag{4.9}$$

金融资本 F 的增加依赖于已有的实物资本存量 K 和土地开发量 T，这样我们有

$$\dot{F} = \begin{cases} U T^{\omega} K^{\theta}, & T \leqslant M \\ U_c K^{\theta}, & T > M \end{cases} \tag{4.10}$$

其中，常数 $U, U_c \geqslant 0$；M 表示可开发的最大土地总量，因此若用 Ω 代表土地总量，那么我们有 $T_0 + M = \Omega$。

显然，式 (4.9) 表示：若已开发的土地面积 T 小于可开发的最大土地总量 M，则金融资本 F 的增加会依赖于 T；但若 T 大于 M，则会破坏耕地面积，造成社会问题，因此此时的金融资本 F 的增加只依赖于实物资本存量 K。

此外，我们容易看到：ω 表示土地开发量 T 引致金融资本 F 增加的强度，θ 表示实物资本存量 K 引致金融资本 F 增加的强度。

接下来我们假定：社会的总储蓄 sY 中有 λ 份额用于物质资本积累，而有 $1 - \lambda$ 份额将用于提高教育水平 G。因此我们有

$$\dot{K} = s \lambda Y$$

$$\dot{G} = B s (1 - \lambda) Y \tag{4.11}$$

其中，$B \geqslant 0$ 为常数，且 $0 \leqslant \lambda \leqslant 1$。

最后，我们假设技术水平 A 的提高依赖于现有的教育水平 G，即

$$\dot{A} = V G^{\phi} \tag{4.12}$$

其中，$V \geqslant 0$ 为常数；ϕ 表示教育水平 G 引致技术水平 A 提高的强度。

这样，式 (4.8) ～式 (4.12) 就组成了我们的超常规内生增长模型。稍后我们将主要分析这个模型的平衡增长路径。

4.5.2　农民收入增长的生产要素增长率演化

为了求出平衡增长路径，我们首先用 g_X 表示 X 的增长率，可以得到

$$g_X = \frac{\dot{X}}{X}$$

将式(4.8)代入式(4.9)、式(4.10)、式(4.11)可得到 4 个关于增长率的方程：

$$\frac{\dot{g_K}}{g_K} = (\alpha - 1)g_K + \beta g_F + (1 - \alpha - \beta - \gamma)(g_A + g_L + g_G) \tag{4.13}$$

$$\frac{\dot{g_G}}{g_G} = \alpha g_K + \beta g_F + (1 - \alpha - \beta - \gamma)(g_A + g_L) - (\alpha + \beta + \gamma)g_G \tag{4.14}$$

$$\frac{\dot{g_F}}{g_F} = \omega g_T + \theta g_K - g_F \tag{4.15}$$

$$\frac{\dot{g_A}}{g_A} = \phi g_G - g_A \tag{4.16}$$

式(4.13)～式(4.16)刻画了生产要素 K、F、A、G、T、L 各自的增长率随时间演化的性质。这将是我们进行超常规经济增长分析的核心方程。

此外，由式(4.11)我们还容易得到社会总产出 Y 的增长率为

$$g_Y = \frac{\dot{g_K}}{g_K} + g_K \tag{4.17}$$

因此，社会人均产出 Y/L 的增长率为

$$g_{Y/L} = \frac{\dot{g_K}}{g_K} + g_K - g_L \tag{4.18}$$

有了以上的结果，现在我们可以分析模型中经济增长的各种性质。

4.5.3　农民收入的一个平衡增长路径

这一小节的主要目的是分析平衡增长路径上的经济发展规律。尽管非平衡增长可能导致更高的增长率，但是平衡增长却保证了社会的可持续发展，因此我们将更感兴趣于平衡增长路径的情形。

显然，如果存在平衡增长，那么各生产要素 K、F、A、G、T、L 的增长率及总产出 Y 的增长率均应为常数，因此我们有

$$\dot{g}_K = \dot{g}_F = \dot{g}_G = \dot{g}_A = 0 \tag{4.19}$$

将式(4.19)代入式(4.13)~式(4.16)容易得到

$$(\alpha - 1)g_K + \beta g_F + (1 - \alpha - \beta - \gamma)(g_A + g_L + g_G) = 0 \tag{4.20}$$

$$\alpha g_K + \beta g_F + (1 - \alpha - \beta - \gamma)(g_A + g_L) - (\alpha + \beta + \gamma)g_G = 0 \tag{4.21}$$

$$\omega g_T + \theta g_K - g_F = 0 \tag{4.22}$$

$$\phi g_G - g_A = 0 \tag{4.23}$$

联立式(4.20)~式(4.23)我们容易求出，平衡增长路径上物质资本 K 的增长率为

$$g_K = \frac{-(1-\alpha-\beta)g_L + (\gamma g_L - \beta \omega g_T)}{[\beta \theta + (1-\alpha-\beta)\phi - \beta] - \gamma - \gamma \phi} \tag{4.24}$$

因此，将式(4.24)代入式(4.17)就得到社会产出(收入)的增长率为

$$g_Y = \frac{-(1-\alpha-\beta)g_L + (\gamma g_L - \beta \omega g_T)}{[\beta \theta + (1-\alpha-\beta)\phi - \beta] - \gamma - \gamma \phi} \tag{4.25}$$

显然，正常社会的产出增长率 g_Y 不能为负，因此式(4.25)必定满足一定的约束条件。

由于 $1 - \alpha - \beta - \gamma > 0$，我们容易得到

$$-(1-\alpha-\beta)g_L+(\gamma g_L-\beta\omega g_T)<0 \tag{4.26}$$

因为 $g_Y>0$ ，由式 (4.26) 我们知道式 (4.25) 的分母必定小于 0，因此有

$$\beta\theta+(1-\alpha-\beta)\phi-\beta<0 \tag{4.27}$$

由式 (4.27) 得到第一个重要的约束条件：

$$\phi<\frac{\beta(1-\theta)}{(1-\alpha-\beta)} \tag{4.28}$$

稍后将看到式 (4.27) 或式 (4.28) 必须成立，否则将导致城市产出的增长率为负。这是正常社会所不允许的。

如果我们假设 $\phi>0$ ，那么由式 (4.28) 显然有另一个约束：

$$\theta<1 \tag{4.29}$$

4.5.4 农村与城镇居民收入增长率对比

我们知道，农村和城市的一个重要差别是农民拥有耕地而城镇居民没有。而通过式 (4.7) 和式 (4.9) 可以看到，只要令 $\gamma=\omega=0$ ，那么耕地的影响就可以被消除。这时候得到的式 (4.7)～式 (4.12) 就可以被看作是城市居民的收入增长模型。

因此假如我们令 g_Y^R 表示农村 (rural area) 收入增长率， g_Y^C 表示城市 (city) 收入增长率，那么我们就有

$$g_Y^R=g_Y=\frac{-(1-\alpha-\beta)g_L+(\gamma g_L-\beta\omega g_T)}{[\beta\theta+(1-\alpha-\beta)\phi-\beta]-\gamma-\gamma\phi} \tag{4.30}$$

$$g_Y^C=g_Y(\gamma=0;\omega=0)=\frac{-(1-\alpha-\beta)g_L}{\beta\theta+(1-\alpha-\beta)\phi-\beta} \tag{4.31}$$

这样我们很容易就可以看到，为了保证 $g_Y^C>0$ ，式 (4.27) 或式 (4.28) 必须成立。

利用式 (4.18) 及式 (4.30)、式 (4.31) 我们立即就可以得到农村人均收入增

长率 $g_{Y/L}^{R}$ 及城市人均收入增长率 $g_{Y/L}^{C}$ 分别为

$$g_{Y/L}^{R} = \frac{-(1-\alpha-\beta)g_{L} + (\gamma g_{L} - \beta \omega g_{T})}{[\beta \theta + (1-\alpha-\beta)\varphi - \beta] - \gamma - \gamma \phi} - g_{L} \qquad (4.32)$$

$$g_{Y/L}^{C} = \frac{-(1-\alpha-\beta)g_{L}}{\beta \theta + (1-\alpha-\beta)\phi - \beta} - g_{L} \qquad (4.33)$$

4.5.5　土地和金融要素结合与农民收入超常规增长

显然，在确保城镇居民收入稳步增长的前提下，为了缩小城乡收入差距，就必须使农村人均收入增长率 $g_{Y/L}^{R}$ 大于城市人均收入增长率 $g_{Y/L}^{C}$，即必须有

$$g_{Y/L}^{R} - g_{Y/L}^{C} > 0 \qquad (4.34)$$

下面我们考察如何可以使式(4.34)能够被满足，为此利用式(4.32)和式(4.33)可以求出：

$$g_{Y/L}^{R} - g_{Y/L}^{C} = \frac{-\gamma g_{L}(1-\alpha-\beta\theta) - \omega g_{T}\beta \cdot [\beta \theta + (1-\alpha-\beta)\phi - \beta]}{\{[\beta \theta + (1-\alpha-\beta)\phi - \beta] - \gamma - \gamma \phi\} \cdot [\beta \theta + (1-\alpha-\beta)\phi - \beta]} \qquad (4.35)$$

由于式(4.27)成立，式(4.35)等号右边的分母必大于 0，因此只需考察如何使下面的不等式成立：

$$-\gamma g_{L}(1-\alpha-\beta\theta) - \omega g_{T}\beta \cdot [\beta \theta + (1-\alpha-\beta)\phi - \beta] > 0 \qquad (4.36)$$

下面我们分两种情况来讨论式(4.36)是否成立。

1. 不考虑土地融资的情况

假设农民除了土地以外没有合适的抵押物以获取金融要素的注入，此时农民又不考虑通过土地获取金融要素，即农民不将土地转让给企业、政府部门或新型农业经营主体进行融资，那么此时式(4.36)中的参数 $\omega = 0$；如此一来，式(4.36)变成：

$$-\gamma g_{L}(1-\alpha-\beta\theta) > 0$$

或

$$1 < \alpha + \beta\theta \tag{4.37}$$

但由 $\theta < 1$ 和 $1 - \alpha - \beta - \gamma > 0$ 我们又有

$$1 > \alpha + \beta + \gamma > \alpha + \beta > \alpha + \beta\theta \tag{4.38}$$

毫无疑问，式(4.37)和式(4.38)是矛盾的。所以，假如农民不考虑土地融资，那么农村人均收入增长率 $g_{Y/L}^R$ 将永远小于城市人均收入增长率 $g_{Y/L}^C$。此时城乡收入差距只会越拉越大。

2. 考虑土地融资的情况

我们假设农民的土地可以进行流转并用于抵押物获取金融资本，那么，假设农民考虑土地融资，我们来看如何才能使式(4.36)成立。

事实上，假如式(4.36)成立，那么我们显然可以得到：

$$-\gamma g_L (1 - \alpha - \beta\theta) > \omega g_T \beta \cdot \left[\beta\theta + (1 - \alpha - \beta)\phi - \beta \right] \tag{4.39}$$

由于 $\beta\theta + (1 - \alpha - \beta)\phi - \beta < 0$ [见式(4.27)]，利用式(4.39)立即就可以得到：

$$g_T > \frac{1}{\omega} \cdot \frac{\gamma(\alpha + \beta\theta - 1)}{\beta \cdot \left[\beta\theta + (1 - \alpha - \beta)\varphi - \beta \right]} \cdot g_L \tag{4.40}$$

容易看出式(4.40)右边大于 0，因此式(4.40)是自洽的，这个不等式是本模型的一个核心结果。

式(4.40)暗示：为了保证农村人均收入增长率 $g_{Y/L}^R$ 大于城市人均收入增长率 $g_{Y/L}^C$，必须使农村土地开发的增长率 g_T 大于 $\dfrac{1}{\omega} \cdot \dfrac{\gamma(\alpha + \beta\theta - 1)}{\beta \cdot \left[\beta\theta + (1 - \alpha - \beta)\phi - \beta \right]} \cdot g_L$。

但是太大的 g_T 将导致土地过快地被开发掉，一旦开发的土地量超过 M，由式(4.10)立即得到 $\omega = 0$，从而使 $g_{Y/L}^R < g_{Y/L}^C$（参考不考虑土地融资部分的分析）。

为了避免出现 $g_{Y/L}^R < g_{Y/L}^C$，我们只能考虑让 g_T 足够的小，同时式(4.40)还必须被满足；显然这种情况只有在 ω 足够大时才有可能成立，即我们要使

如下条件满足：

$$\begin{cases} \omega \gg 1 \\ 0 < g_T \ll 1 \end{cases} \tag{4.41}$$

为了保证农村人均收入增长率 $g_{Y/L}^R$ 大于城市人均收入增长率 $g_{Y/L}^C$，从而可持续地缩小城乡人均收入差距，必须使式(4.41)得到保证。

式(4.41)暗示，我们必须尽可能地降低土地的开发速度 g_T，并同时加强每单位开发用地的融资力度 ω。为了实现这个条件，我们显然应该尽可能地优化用地，对每一单位开发用地，都必须穷尽办法以赢得尽可能多的金融资本投入。这似乎只有在农村建立了完善成熟的金融机构后才有可能，此时每一单位土地对应一种金融资本，在自由投资的渠道下，充分发挥金融资本的集聚功效。这可以被看作土地要素与金融资本要素的一体化。

4.5.6　农转非与农民收入超常规增长

现在我们简单分析一下农村人口转移向城市时，农村收入与城市收入之间的变化。

显然农村人口转向城市，这就意味着：农村人口的增长率 g_L^R 锐减，而城市的人口增长率 g_L^C 激增。按照数学表达，就是

$$g_L^R - g_L^C < 0 \tag{4.42}$$

我们现在来检查，在式(4.42)成立的情况之下，农村和城市收入的差距是否会减少。为此我们只需检查随后的不等式是否成立，即是否有

$$g_Y^R - g_Y^C = \frac{-(1-\alpha-\beta)g_L^R + \left(\gamma g_L^R - \beta\omega g_T\right)}{\left[\beta\theta + (1-\alpha-\beta)\phi - \beta\right] - \gamma - \gamma\phi} - \frac{-(1-\alpha-\beta)g_L^C}{\beta\theta + (1-\alpha-\beta)\phi - \beta} > 0 \tag{4.43}$$

可以检查，为了使式(3.43)成立，只有如下条件满足：

$$\omega g_T \gg 1 \tag{4.44}$$

式(4.44)暗示：在农村人口流向城市的过程中，实现城乡收入差距减小的方式是：加强每单位开发用地的融资力度 ω。

4.5.7　农民收入超常规增长的要素成分分析

为了方便起见，我们用 E_X 表示要素 X 对 Y 的产出弹性，即

$$E_X = \frac{\partial Y}{\partial X} \cdot \frac{X}{Y} \tag{4.45}$$

现在我们就式(4.7)对时间 t 进行求导得

$$\dot{Y} = \frac{\partial Y}{\partial K}\dot{K} + \frac{\partial Y}{\partial F}\dot{F} + \frac{\partial Y}{\partial A}\dot{A} + \frac{\partial Y}{\partial L}\dot{L} + \frac{\partial Y}{\partial G}\dot{G} \tag{4.46}$$

对式(4.46)两边同时除以 Y 得到：

$$g_Y = E_K g_K + E_F g_F + E_A g_A + E_L g_L + E_G g_G \tag{4.47}$$

利用式(4.7)和式(4.45)容易算出：

$$E_K = \alpha \tag{4.48}$$

$$E_F = \beta \tag{4.49}$$

$$E_A = E_L = E_G = 1 - \alpha - \beta - \gamma \tag{4.50}$$

由式(4.46)～式(4.50)不难看出式(4.47)和式(4.20)是彼此等价的。

最后由式(4.18)和式(4.47)可得人均产出增长率为(已假设在平衡增长路径上)：

$$g_{Y/L} = E_K g_K + E_F g_F + E_A g_A + (E_K - 1)g_L + E_G g_G \tag{4.51}$$

从式(4.51)我们看到人均产出增长率受各要素增长率变动的影响可以由各要素的产出弹性显示出来。毫无疑问，各要素产出弹性的变动应使 $\dfrac{\gamma(\alpha + \beta\theta - 1)}{\beta \cdot \left[\beta\theta + (1-\alpha-\beta)\phi - \beta\right]}$ 尽可能小，这样才能保证式(4.40)在 ω 和 g_T 不变的情况下更有可能成立。

这是一个极值约束的问题，即

$$\min_{\alpha,\beta,\gamma} \frac{\gamma(\alpha+\beta\theta-1)}{\beta\cdot\left[\beta\theta+(1-\alpha-\beta)\phi-\beta\right]} \tag{4.52}$$

约束条件为

$$\alpha,\beta,\gamma \geqslant 0$$

$$1-\alpha-\beta-\gamma > 0$$

$$\beta\theta+(1-\alpha-\beta)\phi-\beta < 0$$

我们可以用观察法来求出极值问题式(4.52)的解。

由于 $\dfrac{\gamma(\alpha+\beta\theta-1)}{\beta\cdot\left[\beta\theta+(1-\alpha-\beta)\phi-\beta\right]} \geqslant 0$，其最小值显然最小只能为 0。

由 于 $\beta\theta+(1-\alpha-\beta)\phi-\beta < 0$ ，以及 $\alpha,\beta,\gamma \geqslant 0$ ，为了保证 $\dfrac{\gamma(\alpha+\beta\theta-1)}{\beta\cdot\left[\beta\theta+(1-\alpha-\beta)\phi-\beta\right]} = 0$，只能有

$$\gamma(\alpha+\beta\theta-1) = 0 \tag{4.53}$$

由于 $(\alpha+\beta\theta-1)=0$ 将导致 $\beta\theta+(1-\alpha-\beta)\phi-\beta > 0$，我们只能有

$$\gamma = 0 \tag{4.54}$$

此外，为了保证 $\beta\theta+(1-\alpha-\beta)\phi-\beta < 0$ 和 $1-\alpha-\beta-\gamma > 0$，我们必须有

$$\begin{cases} \beta \to 1 \\ \alpha \to 0 \end{cases} \tag{4.55}$$

从式(4.54)和式(4.55)我们看到，在缩小城乡收入差距的作用上：

(1)金融资本将是非常重要和显著的，即 β 足够趋于 1。

(2)相比而言，实物资本则不显著，即 α 趋于 0。

(3)人力资本和技术创新对于农民收入自身可持续增长是重要的，但 β 足够趋于 1，意味着在既有经济体系下没有外力的引导，其对于缩小城乡收入差距的贡献较小。

(4)值得注意的是，耕地的影响将是完全不显著的，即 γ 等于 0。这意味着，国家可能只能通过补贴耕地来激发农民从事农业耕作的积极性。

4.6 本 章 小 结

本章通过对农民收入超常规增长的内涵及外延进行界定，厘清了农民收入超常规增长的理论标准和理论依据，并通过理论推导揭示出对于实现农民收入超常规增长有着至关重要作用的核心要素配置机理。具体结论如下。

(1)通过对农民收入超常规增长概念进行详细、准确辨析，指出新时期、新形势下中国农民收入超常规增长应该具备的全新内容：一是要在国民经济稳步增长的同时，确保农民收入快速增长；二是国民收入分配要向农民倾斜，实现农民收入增速持续超过经济增速和城镇居民收入增速；三是农民收入增长要保持稳定状态，其核心在于能够缩小城乡收入差距，建成惠及广大农民的全面小康社会；四是农民收入增长的这种状态还必须保持一段时间，确保其可持续性，有利于突破"中等收入陷阱"，进而能够有效促进消费增长与扩大内需战略顺利实现；五是要在一个不太长的时期实现城乡居民收入无差别发展目标，并最终实现农业现代化、城乡一体化和国民经济均衡发展。因此，在当前中国经济社会发展现实格局下，农民收入超常规增长的核心内涵就应当具备数量、质量、结构、效益和目标这五个方面的维度。

(2)对农民收入超常规增长的积累效果进行了模拟分析发现，欲实现国家既定的发展战略目标，从理论上要求农民收入必须实现超常规增长，而且这一超常规增长必须是在国民收入增长水平相对平稳的基础上实现对城镇居民收入增长的一段时间的超越，同时这种超越应该在未来三十多年的时间内保持高于城镇居民收入增长率 2 个百分点的增长水平。

(3)从本质上来看，在新时期内，农民收入要突破常规增长而实现超常规增长，不仅需要技术、资金(资本)、劳动力、土地等传统要素，而且需要企业家经营管理才能、新型农业经营组织、创业就业机会等新兴要素；从要素的角度来看，就是将常规状态的要素配置状态进行优化组合，形成一种更加优化的配置状态和多个优化组合模式；从客观现实来看，中国农民收入超常规增长的要素配置新模式主要有多样化特色效益农业发展的要素配置改良模式、农业现代化改造的要素优化配置模式、农民非农创业就业的要素优化配置模式。

(4)通过构建理论模型分析了农民收入超常规增长的要素集聚与配置作用机理，既阐明了人力资本和技术创新对于农民收入自身可持续增长的重要性，也充分论证了新型城镇化和农业现代化背景下土地要素与金融要素有机结合对实现农民收入超常规增长和进一步持续缩小城乡居民收入差距的关键性作用。因此，为了实现农民收入增速在未来三十多年持续以 2 个百分点的速度超越城镇居民收入增速，那么客观上就是要在推进农业现代化和推进新型城镇化的同时，不断加大"三农"的金融要素投入，充分保证农民的土地权益，让农民的土地成为有形资产，使农地与金融要素紧密结合，为农民增收发挥更大的能量。

第 5 章

我国农民收入增长的总体态势与结构变化分析

　　研究农民收入增长问题，首先必须充分把握其增长态势的历史与现实。本章将以中国 1952 年至今农民收入（农村居民人均纯收入）增长的总体演变历程为切入点，系统地分析其演进的时期规律和结构性特征，力求全面把握我国农民收入动态演化的过程，从而为解析其规律和特征的形成原因及影响提供科学、合理、客观的依据。本章具体研究内容如下：5.1 节将对中华人民共和国成立以来农民收入增长的总体变动趋势进行深入、全面的历史回顾，同时对农民收入增长态势变化的总体影响进行全面测度；5.2 节将针对我国农民收入结构变动趋势进行时期差异分析，同时测算出农民收入结构变动对农民收入增长的贡献；5.3 节将针对不同收入分组农民的收入增长趋势及结构变动进行分析；最后是本章小结。

5.1　我国农民收入增长的总体变动趋势及影响

　　1949 年至今，中国一方面经历了由计划经济体制向市场经济体制的逐步转变，另一方面已经完成了由低收入国家向中等收入国家的转变。与之相应的农民收入增长情况是怎么样的呢？是否与国民收入或者 GDP 保持着协调增长的步伐? 抑或是一直处于落后状态? 其变动到底产生了什么样的影响?
这些都是接下来通过统计分析予以解答的基本问题。

5.1.1　改革开放前我国农民收入增长的制度基础与演进历程

1. 中华人民共和国成立以后我国农民收入增长的初始条件分析

1949 年 10 月 1 日, 中华人民共和国宣告成立, 结束了一个多世纪以来
旧中国的半殖民地半封建社会, 中国由此进入了由新民主主义向社会主义过
渡的新的历史阶段。但是从某种程度上来说, 中华人民共和国成立之初仍属
于"旧社会", 因为中华人民共和国面临的并不是一幅繁荣昌盛的景象, 而是
多年战争之后留下的一个烂摊子, 千疮百孔, 百废待兴。

旧中国的工业和农业的生产力都极其低下, 从 1937 年到 1949 年, 经过
漫长的抗日战争和解放战争, 国民经济遭到了极大破坏。中华人民共和国成
立时, 工农业生产远没有达到战前水平。1949 年, 我国现代工业只占工农业
总产值的 17%, 其主要产品同历史最高年产量相比较, 煤炭产量减少了 48%,
铁减少了 86%, 钢减少了 83%, 棉纺织品减少了 25%以上。从农业方面来看,
抗日战争以前, 全国粮食的最高产量为 2800 亿斤, 而中华人民共和国成立之
初的 1949 年却大约只有 2240 亿斤, 即便是 1950 年距离战前最高水平也相差
甚远; 而棉花生产的情况更坏, 几乎只有战前的一半水平。当时的农村, 平
均每人每年的粮食收获约 400 斤, 但是需要向国家缴纳 80 斤公粮, 这个负担
无疑是相当重的。由于农业生产没有得到恢复, 以农产品为原料的轻工业生
产也因此陷入困境, 而且在国民党统治时期, 出现了历史罕见的恶性通货膨
胀, 市场陷入极度的混乱之中①。农业生产水平的低下、农民收入来源单一和
税收负担沉重, 直接后果就是农民收入极低、生活困难。

工农业生产水平低下, 商品流通不畅, 这就直接影响到了国家的财政收

---

① 1949 年, 华北地区遭遇春旱, 投机商人趁机抢购、套购粮食, 粮价急剧上升。而后波
及纱布等人民生活用品, 造成上海从 6 月到 7 月的一个月内, 米价竟然上涨 4 倍, 纱价上涨 1
倍。到 10 月间, 投机商人趁货币发行过多而币值大跌、市场物资供不应求, 南北串通一气集
中抢购粮食、棉纱、化工、五金等人民生活必需品。结果, 这些商品的价格每天以 20%~30%
的幅度上涨, 在全国范围内形成影响巨大的涨价风, 造成人民生活水平下降、人心不稳。

入。除此之外，中华人民共和国成立初期的水旱天灾遍及全国，各地有多达
1.2 亿亩耕地及 4000 万人受灾，对这些灾民，人民政府不能置之不顾，必须
采取紧急救济和生产自救等措施，但是在国家财政收入来源受阻的情况下，
这也进一步加重了政府的财政负担。当时农村负担占国家财政收入的 41.4%，
城市负担占 38.9%，而实际上许多税收，如盐税、货物税、屠宰税等，很大
一部分最终还是间接地转嫁到了农民身上，国家企业收入只占 17.1%，以上
三种税收政策收入不够国家的支出，还会有赤字，这时的政府就只能依靠发
公债。在编制 1950 年国家预算时，支出的 82%靠各种收入，7%靠公债，其
他靠发行货币。

**2. 中华人民共和国成立初期的农村经济制度变迁与农民收入增长
（1949～1957 年）**

中国农村经济发展是在旧中国严酷的历史背景和初始环境下开始的。因
此，中华人民共和国成立初期，农村经济制度安排的主要目的是促进农业生
产的复苏，为整个国民经济的恢复和重工业倾斜发展战略的实施开辟道路（熊
德平，2009）。该时期的农民收入由 60 元上升到了 73 元，平均增速为 5.11%，
回顾历史，我们可以将该阶段农民收入增长的主要路径与基本内容概括为以
下几点。

（1）改革土地制度，实行耕者有其田。借鉴老解放区的土地改革经验，中
央人民政府于 1950 年 6 月 30 日颁发了《中华人民共和国土地改革法》，有计
划、有步骤、有秩序地开展了土地改革工作，废除地主土地所有制，实行农
民土地所有制，解放农村生产力，发展农业生产，为中华人民共和国的工业
化开辟道路。到 1952 年底，全国范围内的土地改革基本完成，改变了土地占
有极不合理的状况，实现了耕者有其田，使劳动者与土地很好地结合起来，
大大解放了农业生产力。

（2）农村合作经济及其产权制度变迁。①以试办互助组为主的阶段。为克
服土地改革后，土地占有小规模化，不少农民缺乏生产资料等在分散经营中
遇到的困难，在革命老根据地互助合作经验的基础上，1951 年 12 月中共中
央下发《关于农业生产互助合作的决议（草案）》试行，1953 年 2 月 15 日公
布《关于农业生产互助合作的决议》，引导农民成立互助组走合作之路。互助

组不仅因调剂人力畜力余缺，保证及时耕种，解决了农户生产中的一些困难，而且由于建立在自愿结合的基础上，坚持了平等交换和互利原则，提高了劳动效率，增加了粮食等农产品的产量，受到农户欢迎。②互助组和初级社稳步发展阶段。1953 年 12 月，中共中央发布《关于发展农业生产合作社的决议》，农业的社会主义改造由此全面展开。到 20 世纪 50 年代中期以前，我国农村形成了农户个体经营、互助组、初级社、高级社、国营农场多种经济成分，多种经营形式，以及购销、资金等专业合作社共同发展的格局。③快速发展农业生产高级社阶段。自 1955 年夏季起，农村合作经济的初步成功孕育了合作化升级的冲动，农业合作化自此进入快速推进阶段，各地农村大力兴办高级社，并带有强烈的政治竞赛色彩。到 1956 年 12 月末，全国农村基本实现了高级形式的合作化。1957 年，高级社的发展进入扫尾阶段，少数没有实现高级合作化的地区继续发展高级社。高级社与初级社最根本的区别在于，高级社把社员私有的土地等主要生产资料转为合作社集体所有，建立了农村集体经济，自愿合作的"退出"机制消失。

(3) 农产品价格形成与购销制度变迁。1952 年前的农产品市场基本是自由市场，对农产品运销实行多渠道经营，农产品价格基本上随行就市。1953 年开始，重工业倾斜发展战略开始起步并快速推进，导致对农产品需求的快速增长。在特定的小农经济、传统农业及不发达的自由市场环境下，发生了农产品供给不足和市场混乱兼而有之的矛盾。在此种情况下，为适应中央集权的计划经济制度和国家重工业倾斜发展战略的需要，1953 年 10 月 16 日中共中央发出了《关于实行粮食的计划收购与计划供应的决议》，政务院根据共同纲领第 28 条"凡属有关国家经济命脉和足以操纵国计民生的事业，均应由国家统一经营"的规定，于 11 月 23 日正式颁布《关于实行粮食的计划收购和计划供应的命令》和《粮食市场管理暂行规定办法》。1953 年和 1954 年又分别对油料和棉花实行计划收购和计划供应(简称统购统销)，并自 1954 年起对生猪等其他农产品先后实行了有计划的统一收购即派购和计划供应制度。为配合农产品统、派购制度的建立，还加强了对农村市场的管理，在农村流通领域实行了高度集中的计划调节，真正意义上的自由市场基本上不复存在，计划经济的农产品价格和购销制度逐步建立，并由此形成农业为工业发展输送资源的渠道和机制。据测算，1950～1990 年，我国工农产品价格剪刀差为 10 039 亿元，农业税为 1359 亿元，如果除去国家的农业投资、支农资金和价格补贴等方式资金回流的 5497 亿元，这一时期的农业已向工业提供了 5451 亿元的资金积累（黄志钢和刘霞辉，2013）。

3. 人民公社制度的形成及调整与农民收入增长（1958～1977 年）

由于在中华人民共和国成立初期国民经济迅速恢复和第一个五年计划全面完成，决策层思想上的冒进主义和工业化冲动开始抬头，片面强调公有化程度对生产力发展的积极作用，急于追求"一大二公"的组织规模和所有制目标，原定 15 年实现的农业合作化，仅用 3 年时间就完成了，农民私有的土地及大型生产资料未经任何法律程序变成了集体所有，合作化成了集体化。1958 年 8 月，中央政治局扩大会议通过了《关于在农村建立人民公社问题的决议》，随后几个月内，全国农村普遍实现了人民公社化，直至改革开放前，基本的农村组织结构一直都是农村人民公社制。这一体制由四部分组成，即公社单位、生产大队、生产小队和农户。因此，政治的、行政管理的、社会的、经济的和军事职能都集中到了人民公社。国家通过公社制管理着全国农产品的生产和分配，同时也向生产队分派耕种指标，农产品仍然实行统购统销制度。

人民公社制度的建立彻底否定了农民家庭作为基本生产经营单位，摧毁了农业基础层次的社会经济细胞，剥夺了农民的一切自主权，导致以"一平二调"为主要内容的"共产风"严重泛滥，从根本上抑制了农民的生产积极性，农业生产受到极大的破坏，并在"三年困难时期"集中暴露出来（熊德平，2009）。1962 年，经过进一步的调查研究和试点，中共八届十中全会通过了《农村人民公社工作条例修正草案》，正式确立了"三级所有，队为基础"的体制，基本核算单位由生产大队下放至生产队。允许社员在工余时间经营少量的自留地（大约占集体耕种土地的 5%～7%）和小规模的家庭副业，有领导、有计划地恢复农村集市，活跃农村经济，这在一定程度上克服了极端平均主义。但是十年"文化大革命"又进一步对人民公社体制进行了固定化和规范化，继续坚持"一大二公"，长期关闭自由市场，人民公社在生产经营上强调"以粮为纲"，使本来单一经营的农业变得更加单一，农业生产结构极不合理，使农村经济的自然经济性质进一步被强化，农村经济再度陷入停滞不前的局面，全国上下有 1 亿多人没有解决温饱问题。由图 5.1 可以明显看出，该阶段农民收入从 77 元(1958 年)仅仅上升到了 117.1 元(1977 年)，平均增长率仅有 2.49%。

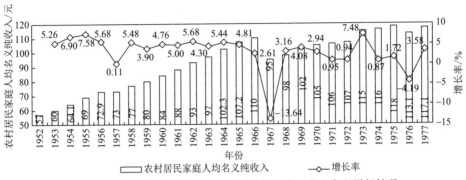

图 5.1　改革开放以前(1952～1977 年)我国农民收入名义增长情况

人民公社制的弊端是显而易见的，其重要缺陷在于：一是导致了生产者与生产资料相分离，农民家庭作为农业生产经营的最基本单元被彻底否定，所有的生产资料都归集体所用，使农民变成了挣工分的劳动者，根本无法激励出农民的生产主动性和积极性，最终反而导致了农业生产效率下降。二是农民作为生产者，其劳动成果与经济利益相分开，收入分配的平均化使农民收入的多少完全与农民付出的劳动量相脱钩，因此这种付出与收获的不对等直接导致了农民消极生产的现象。三是集体经营管理权和自主权脱节。人民公社、大队和生产队虽然在名义上有经营管理权，但是经营什么、怎样管理、如何进行收入分配、产品如何销售、产品销售多少、生产资料如何供应等，都要听从上级的指令性计划和统一安排。四是农民被完全限制在耕地上，以粮为纲、单一经营的政策把农民的生产和经营限制在有限的耕地上，农村经济的全面发展受到了严重限制，使劳动生产力和劳动所得都极其低下。五是城乡流动壁垒和城市偏向发展战略的实施，使农民只能一辈子住在农村务农，这一政策正是导致生产要素合理流动受阻和城乡发展差距严重扭曲的最主要因素。

4. 改革开放前我国农民收入增长的变动规律

改革开放前农民收入增长的演进历程如图 5.1 所示。1952～1977 年，农民收入的名义值在波动中不断上升，农民收入的增速在总体上保持着稳定状态，但是水平较低。具体来看，我国农民收入名义值变化情况表现出以下特点：首先，农民收入总量仅仅从 57 元增长到了 117.1 元，1964 年首次突破百元大关，达到 102.3 元，但之后的 13 年时间当中，这一数据几乎没有发生改变。26 年的时间仅仅扩大了 1.05 倍，平均名义增长率也只有 3.02%，增长速度最快的 1955 年也只有 7.58%，增长大幅度倒退的 1967 年竟然为–13.64%。其次，该时间段内农民收入增长率表现出明显的阶段性特征。具体表现是 1966 年前后，农民收入增长情况呈现出完全不一样的态势，其中 1952～1966 年农民收入增长速度明显快于 1967～1977 年。第一阶段农民收入增速相对较高且波动幅度较小，其平均增长率为 4.82%。第二阶段农民收入增速在各年中出现了剧烈的波动。整体来看，农民收入名义值并未发生较大变化，而该阶段的农民收入平均增长率只有 0.72%。其中，农民收入增幅最低达到了 –13.64%（1967 年），而增幅最大的也只有 7.48%（1973 年）。中华人民共和国成立以来到 20 世纪 70 年代末的这段时间，农民收入之所以停滞不前，主要是由于农村实行的是一种高度集权化的集体经营模式，计划思想严重束缚了民众行动和生产积极性，农民的营农思想自然无法得到良好贯彻，自由劳动权被严重限制，农产品处置权极度缺乏，加之城乡二元壁垒森严，使整个中国农村经济进入了一种崩溃的边缘（史清华，2009）。

5.1.2 改革开放后我国农民收入增长的总体状态与时期比较

事实上，我国农业经营方式的探索开始于 20 世纪 50 年代中期[1]，但真正意义上的农村经营制度变革则发生在 20 世纪 70 年代末[2]。1978 年的夏秋之交，安徽省委面对百年不遇的大旱灾，明智地做出了"借地种麦"的决定，

---

[1] 如 1956 年下半年，浙江温州地区实行包产到户的约有 1000 个农业社，17 万多农户占入社农户的 15%。1957 年广东佛山闹退社和包产到户，并波及广东、江苏、河南、山西等省区市，1957 年下半年被制止。

[2] 1977 年 11 月 15 日安徽省委在《关于当前农村经济政策几个问题的规定》中，允许生产队实行定任务、定质量、定工分到人的责任制，可以说是"文化大革命"后全国出现的第一份关于农业生产责任制的文件。

在这项政策的鼓励下，1978 年底，凤阳县小岗村的农民用 18 个手印的秘密协定方式宣告了"大包干"的开始。在 1978 年底，十一届三中全会通过了《中共中央关于加快农业发展若干问题的决定(草案)》[①]和《农村人民公社工作条例(试行草案)》这两个重要文件，就此拉开了中国伟大的农村改革序幕。随后，各种形式的生产责任制在全国范围内的农村迅速推开[②]。家庭联产承包责任制的实施，极大地调动了广大农民的生产积极性，到 1984 年，这一家庭联产承包为主的责任制，俨然已经成为我国农村普遍实行的一种最为基本的生产经营组织形式。到 1985 年初，政社分开和乡政权建立，由此宣告人民公社体制的正式终结。

　　改革开放三十多年以来，实行农村家庭联产承包经营，确立了我国农业基本经营制度，打破了此前人民公社时期的农民收入水平二十多年的长期徘徊和停滞状态，接着进入了三十多年的波动性快速增长时期。随着农业、农村经济的改革及不断向前发展，农民收入水平也因此得到了极大的提升。1978 年我国农民收入名义值只有 133.57 元，1994 年突破了千元大关，达到了 1220.98 元，2009 年便已突破 5000 元大关，达到了 5153.17 元，2013 年上升到 8896 元。36 年间的名义值增长了将近 67 倍，平均名义增长率为 13.02%(图 5.2)，剔除物价因素(采用 1978 年不变价表示)之后的平均实际增长率为 7.52%(图 5.3)。但是农民收入的增长并非直线上升，具体来看，不同经济发展时期也随之呈现出明显的阶段性特征。

---

　　① 1979 年 9 月 28 日十一届四中全会正式通过《中共中央关于加快农业发展若干问题的决定》。

　　② 1980 年 9 月，中共中央发出《进一步加强和完善农业生产责任制的几个问题》的通知，对群众的改革实践给予了充分的肯定和鼓励。1982 年，中共中央批转《全国农村工作会议纪要》，提出了健全与完善农业生产责任制的各类指导性意见和具体措施。1982 年 9 月，党的十二大对以包干到户为主要形式的农业生产责任制给予充分肯定。1983 年 1 月 2 日，中共中央印发《关于当前农村经济政策的若干问题》文件，进一步肯定了家庭联产承包责任制，提出这种分散经营和统一经营相结合的经营方式具有广泛的适用性，要求全面推行家庭联产承包责任制。随着包产到户的兴起和发展，人民公社体制已不适应农村经济改革的要求，1983 年 10 月 12 日，中共中央和国务院正式发布了《关于实行政社分开，建立乡政府的通知》。

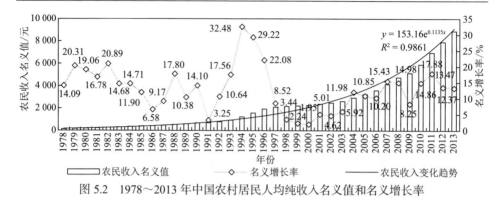

图 5.2 1978～2013 年中国农村居民人均纯收入名义值和名义增长率

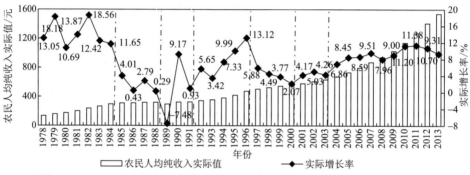

图 5.3 1978～2013 年中国农村居民纯收入实际值和实际增长率(1978 年价格)

实际值采用名义值剔除 1978 年为基期的农村居民消费价格指数

　　按照我国农民收入平均实际增长率的变化特点和原因,同时参考陈宗胜等(2008)、黄志钢和刘霞辉(2013)的做法,本章将 1978～2013 年这段时间内的我国农民收入增长大致划分为如下 7 个阶段(表 5.1),分别是农民收入超常规增长阶段(1978～1984 年)、增长缓慢阶段(1985～1988 年)、增长停滞阶段(1989～1991 年)、增长恢复阶段(1992～1996 年)、增长持续下降阶段(1997～2000 年)、增长恢复阶段(2001～2003 年)和增长"十连快"[①]阶段(2004～2013年)。但为了分析农民收入超常规增长的需要,我们同时又把 2004～2013 年

---

　　① 增长"十连快"的说法来自张红宇(2013b),他指出:近年来,我国农民收入持续快速增长,2012 年农民增收实现"九连快",特别是农民收入增速连续 3 年超过城镇居民,相对收入差距开始缩小。2013 年的农民收入仍大于城镇居民可支配收入,所以将该阶段称为"十连快"阶段。

这一阶段再次详细分成了 2004～2010 年和 2011～2013 年两个阶段。

表 5.1　改革开放以来农民收入增长特点及其阶段划分依据

年份	农民收入增长特点	农民收入平均增速/%		城镇居民收入平均增速/%		人均 GDP 实际平均增速/%	平均农村居民消费价格指数①
		名义值	实际值	名义值	实际值		
1978～1984	超常规增长阶段	17.22	14.06	11.40	8.52	7.25	102.77
1985～1988	增长缓慢阶段	11.36	1.88	16.09	3.79	9.62	109.34
1989～1991	增长停滞阶段	9.24	0.87	12.94	5.00	4.17	108.70
1992～1996	增长恢复阶段	22.39	7.90	23.50	7.30	11.18	113.44
1997～2000	增长持续下降阶段	4.04	4.06	6.74	6.24	7.32	99.98
2001～2003	增长恢复阶段	5.18	4.48	10.50	10.30	8.41	100.67
2004～2013	增长"十连快"阶段	13.10	9.29	12.29	9.09	9.64	103.48
2004～2010	高速增长阶段	12.36	8.80	12.35	9.42	10.48	103.39
2011～2013	超常规增长阶段	14.57	10.46	12.17	8.34	7.68	103.71

1. 超常规增长阶段（1978～1984 年）

该阶段作为我国市场化改革的初期，其农村经济体制改革的两项主要措施是建立并普遍实行农业家庭联产承包责任制和最终废除人民公社体制，同时伴随着农地制度和农产品流通体制的改革。统计资料显示，1978～1984 年粮食总产量平均增长率为 5.45%，远高于农业集体化时期（1953～1958 年）的 3.4%；1984 年粮食总产量 40 731 万吨，人均 390 公斤，一举解决了国家层面的温饱问题。这一时期当中，农民收入的名义值从 133.57 元（1978 年）增加到了 355.33 元（1984 年），平均名义增长率为 17.22%（详细变化参考图 5.2），扣除物价因素后（1978 年=100）的平均实际增长率也达到了 14.06%（如表 5.1 所示，详细变化参考图 5.3），这一速度要远远超过城镇居民可支配收入的平均实际增速。这一阶段是我国伟大的农村经济体制改革的初始阶段，其

---

① 农村居民消费价格指数采用的是上年=100 计算方式。

平均农村居民消费价格指数只有 102.77(图 5.4)，平均农产品收购价格指数为 107.1(图 5.5)，平均农业生产资料价格指数只有 102.4(图 5.6)，而粮食总产量的平均增长率为 5.54%(仅有 1980 年的粮食出现了负增长情况，参考图 5.7)。

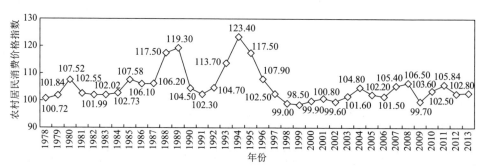

图 5.4　1978～2013 年中国农村居民消费价格指数(上年=100)

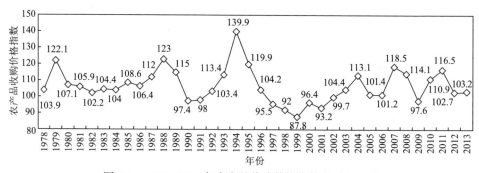

图 5.5　1978～2012 年农产品收购价格指数(上年=100)

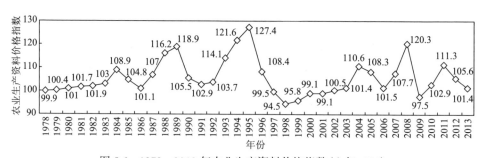

图 5.6　1978～2012 年农业生产资料价格指数(上年=100)

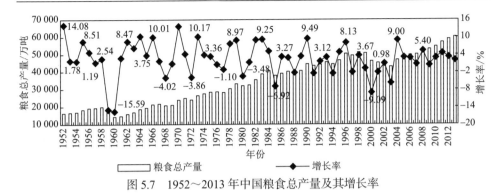

图 5.7　1952～2013 年中国粮食总产量及其增长率

　　该阶段的农民收入呈高速增长的态势主要源于以下四个方面的因素：一是在坚持土地等主要的生产要素归集体所有制的前提下，土地所有权与经营权相分离，即在全国范围内普遍推广家庭联产承包责任制。1978 年开始全面实施家庭联产承包责任制，农村生产力也因此得到了解放，农民因为得到了个人自由，从而提高了劳动生产率(Zhao，1999)，农产品供给充足，农村商品交换活跃[1]。二是党中央为了迅速推开农村改革，连续三年发出涉农的中央一号文件，包括 1982 年《全国农村工作会议纪要》、1983 年《当前农村经济政策的若干问题》和 1984 年《关于一九八四年农村工作的通知》[2]。尤其是1984 年的中央一号文件，其关于土地承包 15 年的政策就充分调动了农民对土地投入的积极性，不少地方的农户在家庭承包经营的基础上实现了土地的适度规模经营；出现了承包土地的转包或转让；因此，许多地方密切联系实际，积极探索出了农村土地承包经营中出现的各种人地矛盾的有效解决办法，较好地保持了稳定的土地承包经营关系。三是国家大幅度提高粮食收购价，并实行统购外超购加价和生产资料补贴的办法。该阶段国家对农产品收购价格进行了大幅度提升。其中，1979 年的农产品收购价格指数高达 122.1；这一阶段农产品收购价格指数的平均值为 107.10，而农业生产资料价格指数的

---

　　[1] Lin(1992)通过计量研究表明，在该时期内的农业总增长中，家庭联产承包责任制所做出的贡献为 46.89%，大大高于提高农产品收购价格、降低农用生产要素价格等其他因素所作的贡献。

　　[2] 除此之外，还包括 1985 年《关于进一步活跃农村经济的十项政策》、1986 年《关于一九八六年农村工作的部署》。

平均值为 102.40(表 5.2),农产品收购价格的上涨在很大程度上促进了农民收入的快速上涨[①]。四是党中央同时也认识到中国的农村不应当仅仅是简单地发展农业,同样也可以发展非农产业,走"农工商建运服"综合发展的道路(也就是早期的农村工业化)。国家从全局上对社队企业(1984 年的中央四号文件将社队企业正式改称为乡镇企业)的发展给予了高度的重视,在经营范围、经营方式、计划、供销、贷款、税收等方面制定了一系列的扶持政策。这导致了乡镇企业的兴起和多种农村经营的发展,到 1983 年乡镇企业的职工人数达到 3235 万人,总产值 1019 亿元,利税总额 177 亿元,分别比 1978 年增长14.4%、97.9%和 60.9%(陈宗胜等,2008);农民的非农收入也快速增加,农民从事工业、建筑、运输、商业、餐饮服务业等多种经营收入所占比重从 1978年的 7%提高到 1984 年的 18.2%,非农收入增长速度明显高于农业收入的增长速度。

表 5.2 改革开放以来农民收入增长各阶段相关指标情况

年份	农民收入增长阶段	财政支农增长率/%	农产品收购价格指数平均值	农业生产资料价格指数平均值	平均粮食增长率/%
1978~1984	超常规增长阶段	5.79	107.10	102.40	5.54
1985~1988	增长缓慢阶段	11.07	112.50	107.30	−0.73
1989~1991	增长停滞阶段	17.63	103.47	109.10	3.49
1992~1996	增长恢复阶段	15.20	116.16	115.00	3.06
1997~2000	增长持续下降阶段	16.88	92.93	97.20	−2.06
2001~2003	增长恢复阶段	12.60	99.10	100.30	−2.28
2004~2013	增长"十连快"阶段	23.25	107.92	106.71	3.43
2004~2010	高速增长阶段	25.95	108.11	107.00	3.50
2011~2013	超常规增长阶段	16.94	107.47	106.10	3.28

[①] 1979 年国家提高了 18 种农副产品的收购价格,平均提价幅度为 24.8%,其中粮食在统购价格提高 29%的同时,超购加价幅度从 30%扩大到 50%。1978~1984 年农产品提价增加的收入人均达 54.3 元,扣除同期价格上涨因素,净增 33.1 元,占收入增长幅度的 25%。

　　总体而言,实施家庭联产承包责任制的初步成效及农产品价格的大幅度提升是该时期内农民收入高速增长的两大主要因素。劳动与其报酬一旦密切结合,就立刻激发了农民的生产积极性,使粮食产量飞速上升(郑振源,2013)。

2. 增长缓慢阶段(1985~1988 年)

　　该阶段(农民收入名义值和实际值的详细变化情况,分别参见图 5.2 和图 5.3)的农民收入增幅在经历了 1978~1984 年的超常规增长之后,出现了连年大幅下降的局面,农民收入的名义值由 397.6 元增长到 544.94 元,名义收入平均增长率仍然较高,达到了 11.36%。原因之一是该阶段的农产品收购价格指数的平均值为 112.50(图 5.5),一定程度上保证了农民收入的增长。但是,这一阶段的农业生产资料价格指数的平均值也高达 107.30(图 5.6),再加上该时段的农村居民消费价格指数平均值高达 109.34(表 5.1),因此,扣除物价因素之后的农民收入平均实际增长率仅有 1.88%,比前一阶段低 12.18 个百分点。其中 1985 年的实际增速比 1984 年低了 7.64 个百分点,比前一阶段的平均实际增速低了 10.05 个百分点;而增速最低的 1988 年只有 0.29%,而该年度的农村居民消费价格指数高达 117.50。

　　这一阶段是我国农产品统购统销制度改革与农村产业结构快速变动的时期,由于第一阶段(1978~1984 年)农民收入出现超常规增长(平均名义增速为 17.22%,平均实际增速为 14.06%)和农产品收购价格指数(平均值为 107.10)在各年都处于一个高位状态,再加上农村居民消费价格指数(平均值为 102.77)和农业生产资料价格指数(平均值为 102.40)均处于一个较低且平稳的状态。相应地,这一阶段由于仓储和农产品的流通渠道没有准备好,农产品总量供大于求,国内农产品在 1985 年出现了结构性过剩,中华人民共和国成立以来第一次出现局部地区"卖难",这就是低水平的阶段性、局部性农产品过剩。对此,领导层顺理成章地产生了一些错觉,以为国内农产品生产已经过关,开始从抓农产品转为抓钱了,再加上农产品收购价格在前一阶段的持续高位运行,使粮油等大宗农产品的财政补贴成为财政迫不及待想要摆脱的第二大包袱(仅次于财政对国营工业企业的亏损补贴)。国家因为财政包袱过大和农产品生产过剩的错觉,于是转而采取抑制农产品生产的政策,中共中央、国务院于 1985 年 1 月出台《关于进一步活跃农村经济的十项政策》,

决定取消农产品统派统购制度。这也是真正意义上的中国第一次粮食流通体制改革，主要包括对粮油大宗农产品实施合同定购[①]与市场收购的双轨制，其他农产品则完全放开，实行市场调节，从而逐步建立起了政府调控下的农产品市场流通体制,这标志着已经实行了 31 年的农产品统购派购制度就此被打破。合同订购价直接使种粮农民的收入减少了，同时原有的生产资料补贴又被取消，导致农业生产成本上升。成本与收益一增一减，农民种粮的收益大大降低，农民参与农业生产的积极性受到严重挫伤，于是农民就缩减了种粮面积，减少了种粮耕地投入[②]。

　　中国第一次粮食流通体制改革因为对其他农产品实行了完全放开的政策，市场调节的政策取得了显著成效，如水果和水产品的生产保持了连续增长的趋势(其中，水果产量和水产品产量的平均增长率为 14.42%和 14.44%，如图 5.8 和图 5.9 所示)。但是，大宗农产品却并没有这样的局面，因为在对大宗农产品实行的双轨制改革中并没有触动销售体制,而只涉及了收购体制，这就直接导致了大宗农产品的购销价格和购销数量两个倒挂，使政府的财政补贴比 1984 年以前增长得更快了。与政府减轻财政负担的愿望相对应，再加上 1984 年以后的城市工业改革被激活，于是政府放松了对农业生产资料价格的控制，并逐步取消了对农用工业的补贴(黄志钢和刘霞辉，2013)，农业生产资料价格在短时间内就出现了大幅上涨的趋势(图 5.6)。其上涨率在 1988年高达 16.2%，由此造成了农业生产的比较利益急剧下降。在 1986～1988 年，农业生产与经营出现急剧萎缩，尤其是粮食生产不景气，粮食产量出现了徘徊波动的局面，其平均增速为–0.73%(图 5.7)，国家出现"收粮难"的现象，农民收入也因此受到了严重影响。

　　[①] 合同订购价是"倒三七"价(即三成按原来统购价，七成按原来超购价)，低于原来的统购价加超购价。

　　[②] 1985 年农作物总播种面积为 14 362.6 万公顷，比上年减少 59.5 万公顷；其中粮食总播种面积为 10 884.513 万公顷，比上年减少 403.88 万公顷;而粮食作物播种面积的比重由 1984年的 78.27%下降到了 1985 年的 75.78%。除此之外，1985 年的灌溉面积减少，化肥施用量、农机总动力增速减缓，导致粮食作物单产(按实际耕地面积计算)下降，从 1984 年的 177.1 公斤降为 1985 年的 170.9 公斤(郑振源，2013)。

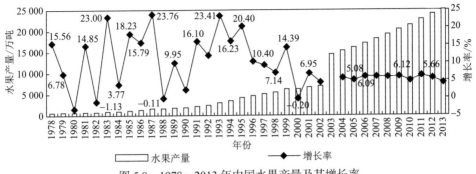

图 5.8　1978～2013 年中国水果产量及其增长率

本图的数据来源于《中国统计年鉴》(2014 年)和《新中国五十年统计资料汇编》,由于统计资料显示 2002 年和 2003 年的水果产量分别为 6951.98 万吨和 14 517.41 万吨,2003 年的增长率为 108.82%,故图中未标出 2003 年的环比增长率

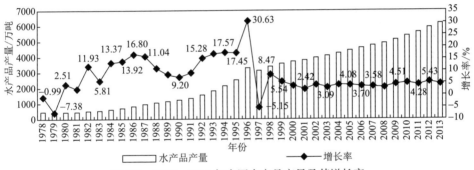

图 5.9　1978～2013 年中国水产品产量及其增长率

　　1985～1988 年,虽然农业生产面临着困境,但该时期乡镇企业却异军突起,突破了"三就地"和"两个轮子"①的限制后,1985 年乡镇企业的个数比 1984 年翻了一番,达到 1223 万家(郑振源,2013)。该阶段,乡镇企业的总收入由 1268 亿元提高到了 4232 亿元,总产值由 1709.89 亿元增长到了 6495.66 亿元,总产值占农村社会总产值的比重由 20% 猛增到了一半以上(陈宗胜等,2008)②。乡镇企业增加值由 772.39 亿元上升到了 1742.39 亿元,增

---

　　①　"三就地"指就地取材、就地加工、就地销售;"两个轮子"指社办和队办。
　　②　1986 年全国农村社会总产值为 7428 亿元,农业总产值为 3944 亿元,只占 53.1%,乡镇企业总产值为 3484 亿元,占 46.9%。在许多经济发达地区,乡镇企业已经成为主要的经济支柱,如江苏无锡县 1986 年的农村社会总产值为 57.7 亿元,其中乡镇企业产值占比 80.4%(陆学艺,1987)。

长率达到了平均30.05%的水平(图5.10),累计增长达到了125.58%,其中1987年乡镇企业增加值比上年增长了62.13%。由于乡镇企业的高速增长,有超过4340万的农民在乡镇企业从事全日制或非全日制工作(乡镇企业从业人数由1985年的5208万人上升到了1988年的9546万人),这在很大程度上抵消了农业生产不景气对农民收入增长的不利影响,农民人均非农收入从1985年的122.12元增长到了1988年的179.7元。因此,乡镇企业的高速发展不仅带动了农村经济结构的调整,还为农民增收突破农业的瓶颈提供了新的源泉,使农民收入来源向多元化发展。但事物均有其两面性,我们同时也应该看到,乡镇企业的迅猛发展同样也大量占用了耕地,其中1985年乡镇企业占用耕地面积高达139万亩(郑振源,2013),这在一定程度上直接导致了1985年的粮食减产。另外,我们不得不承认,自此以后,农村经济的客观内容已经发生了改变,应该区分农村经济形势和农业经济形势这两个不同概念,农村经济形势好不等同于农业形势好(陆学艺,1987),所以该阶段的全国大部分地区出现了农村经济形势良好而农业却面临徘徊不前,粮食生产出现紧张的局面。

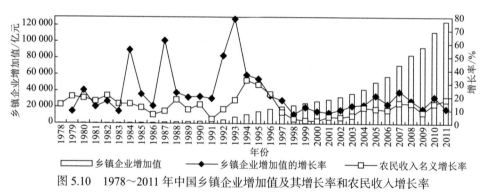

图5.10　1978～2011年中国乡镇企业增加值及其增长率和农民收入增长率

3. 增长停滞阶段(1989～1991年)

由于上一阶段经历了农民收入增速的快速下滑和自"大跃进"后的又一次粮食大减产,而这一次粮食大减产恰好是处于风调雨顺和改革开放后数年中(1982年至1986年)一直将农业问题作为中央一号文件的重要时期。这一问题催生了第一部《中华人民共和国土地管理法》和第一个土地管理机构——国家土地管理局的出现。这意味着决策层重启对中国土地问题的关注,而且把土地问题的焦点从只注意土地产权制度的改革转移到了土地管理制度(土地资源配置和利用的制度)的建设层面上。这无疑是中国土地事业的一次重大进步,但对这次粮食大减产的教训总结明显不足,其重点放在了保护耕地面积、严格控制建设用地上,而忽视了因农业生产政策不当,打击了农民种粮积极性,导致单产下降的因素,没有注意到为保证粮食安全而保护耕地必须将耕地数量和质量一起保,而且重点要放在保护和提高耕地质量上(郑振源,2013)。因此,农民收入增幅下降的问题没有得到解决,反而悲剧不断扩大,1989~1991 年这一阶段,农民收入仅仅增长了 107.09 元,农民收入实际值的增速出现了改革开放以来的首次停滞,三年的平均名义增长率为 9.24%,但是平均实际增长率则仅有 0.87%(表 5.1),其中农民收入实际值的增长率在 1989 年低至-7.48%,1991 年也只有 0.93%,城乡居民收入差距又恢复到了改革开放前的水平。此阶段的农民收入增长基本处于停滞不前的状态,归纳起来,其原因主要有以下几个方面。

一是虽然整个宏观经济政策紧缩,农业仍然得到了相当程度的加强,但是农产品供求之间的矛盾突出。1988~1989 年,全国经济增长过热,其中财政支农的增长率在 1989~1991 年分别高达 24.23%、15.76%和 12.91%;我国农业增长由原来的长期供给短缺开始向需求制约的局面进行转变,农产品供求之间因品种和品质的不对称而未能形成有效供给(宋莉莉,2011)。1990 年,粮食生产大丰收(图 5.7),粮食增产 9.49%。但是,粮棉等主要农产品的订购价格要低于市场价格,各地的粮棉收购问题就面临着"卖棉难"和"卖粮难",而"卖粮难"的问题再一次出现,迫使第二次粮食流通体制改革不得不启动[①]。

二是该时期农业生产资料价格大幅度上涨与农产品收购价格下跌并存。其中,1989 年、1990 年和 1991 年,农业生产资料价格在 1988 年上涨 16.2%的基础上分别比上年价格水平上涨 18.9%、5.5%和 2.9%(图 5.6);再加上居

---

① 针对这一问题,政府于 1988 年对大米实行专营,1990 年将合同订购改为国家订购,对棉花则由供销社统一经营。从 1988 年开始,许多粮食购销区开始实施以市场为取向的减购(减少合同订购数量)、压销(压缩平价粮销售数量)、提价(既提高合同订购价,又提高统销价)、放开(放开购销价格)的粮食购销体制改革,并取得成效(黄志钢和刘霞辉,2013)。

民消费价格也出现了大幅上涨,农村居民消费价格指数在 1988 年上涨 17.5%之后,1989 年、1990 年和 1991 年分别上涨了 19.3%、4.5%和 2.3%(图 5.4),而同期的农产品收购价格却出现反向下跌的情况,1990 年和 1991 年的农产品收购价格分别比上年降低 2.6%和 2%(图 5.5)。由于农业生产成本的急剧上升,同时又伴随着农产品收购价格的降低,这种工农产品价格"剪刀差"直接导致了农业生产的比较利益降低,致使农业生产的利润空间不断下降,严重挫伤了农民的农业生产积极性,从而在一定程度上导致了农民收入停滞不前的现象。

三是乡镇企业和其他非农产业受到国家宏观调控的不利影响,农民外出就业机会减少,非农收入下降。由于前一时期的乡镇企业迅猛发展,乡镇企业的进一步发展与城镇工业争原料、争能源、争产品的现象发生,而国家为了解决国民经济的结构性矛盾和社会供求总量的失衡问题,同时为了满足工业化导向的发展战略,1989 年 6 月,十三届四中全会强调"继续搞好治理整顿,更好地坚持改革开放,促进经济持续、稳定、协调地发展",详细提出了治理经济环境、整顿经济秩序的改革方针,着手调整经济发展的速度和规模问题。因此,在随后的两年时间内,全国各地出现了一股"压乡办企业,保全民企业"的潮流,乡镇企业的生存环境不断趋于恶化,发展势头受到了明显的抑制,大量企业普遍开工不足,亏损大幅上升[1]。除了乡镇企业增加值的增速放缓,经济效益也在不断下降,企业的个数和从业人数连续两年减少,大批的乡镇企业被迫关闭,近 300 万的乡镇企业职工又回到了农业生产的队伍。因此,这一阶段的农民人均非农收入在 1989 年和 1991 年均出现了负增长现象。虽然乡镇企业增加值的平均增速要远远低于前一时期(图 5.10),但是由于乡镇企业本身就是依靠市场经济发展起来的,突出特点就是对市场变化反应灵敏,短时间内便能够对产品和生产规模进行调整,因而对地方经济和社会发展的贡献度仍在不断加大[2]。

---

[1] 据沿海地区的一项调查,乡镇企业这一时期平均年开工率为 86.4%。

[2] 如 1991 年与 1990 年相比,乡镇企业向国家纳税的净增额已占到全国税收净增额的 45%。因此,这一时期乡镇企业的发展速度虽有所减缓,但总产值的年增长率还是达到了 14.36%与 21.3 %之间,保持了较高的增长速度。1991 年乡镇企业的总产值首次突破 1 万亿元。

以上情况表明，政府对国民经济实行的治理整顿虽然促使了主要农产品的产量有所增加（如表 5.2 所示，该阶段粮食产量平均增长率为 3.49%），但是农民收入却并没有得到相应的增长，这一可能原因是随着前阶段乡镇企业的高速增长，农民收入越来越依靠非农产业收入，农业增产与农民增收出现了一些不可调和的矛盾。

4. 增长恢复阶段（1992～1996 年）

1992 年春，邓小平南方谈话的发表和中共十四大的胜利召开，明确提出了建立社会主义市场经济体制的目标。因此，农业和农村经济制度在这一时期也沿着市场经济方向加速变迁，在稳定土地承包经营权的基础上，第一次提出了土地制度发展的基本架构（在土地承包延长 30 年的基础之上建立农地使用权的流转机制），确立了农村基本经营制度的法律地位，进一步完善了农地使用制度。1993 年 3 月 29 日，第八届全国人民代表大会第一次会议通过了《中华人民共和国宪法修正案》[①]，这一法案从根本上确立了农村家庭联产承包责任制的法律地位。以此为依据，沿海地区和中西部地区纷纷展开了适度规模经营及"四荒"（荒坡、荒滩、荒山、荒沟）的使用权拍卖。

该阶段作为建立市场经济体制的起步阶段，国民经济发展呈高速增长态势（表 5.2），其中人均 GDP 实际平均增长率高达 11.18%，与此同时，农民收入的增速也因此得到了有力回升，改变了第二阶段增长停滞的状态。具体表现如下：农民收入名义值由 783.90 元增加到 1926.07 元，短短五年的时间内农民收入扩大了 1.46 倍，其平均名义增长率高达 22.39%，不过在扣除物价因素后的实际增长率却仅有 7.90%。除 1993 年的实际增长率只有 3.42% 外，其他 3 年的实际增长率均超过了 5%，且 1996 年的实际增长率达到了 13.12%。如果仅从农民收入名义值来看，这一阶段无疑是中华人民共和国成立以来农民收入增长最快的时期（图 5.2），1994～1996 年这三年的平均名义增长率高达 27.93%；其中，1994 年农民收入名义增长率更是超过了 30%，达到 32.48%。这一可能解释是 1992 年后我国农村改革进入到了一个向社会主义市场经济体制全面转轨的时期，同时 1994 年国家对大部分农产品采取了大幅度提价政

---

① 宪法载明："农村中的家庭联产承包为主的责任制，是社会主义劳动群众集体所有制经济。"

策(如图 5.5 所示,1994 年农产品收购价格指数攀升到中华人民共和国成立以来的历史最大值 139.9),这在很大程度上直接促进了农民收入的快速增长。

另外,这个时期乡镇企业实施了以产业结构调整和产品结构调整为主的结构性调整,加上技术进步的不断加快,使乡镇企业又一次进入高速发展阶段。《中国乡镇企业 30 年》的统计资料显示,该时期乡镇企业从业人员从10 581 万人增加到 13 058 万人,增长 23.4%,利润总额从 1079 亿元增加到4356 亿元,增加了 3277 亿元(宋莉莉,2011)。由此可见,该时期乡镇企业的进一步发展对农民收入的增长发挥了举足轻重的作用。农民的非农收入从1992 年的人均272.91 元上升到了 1996 年的 714.25 元,扣除物价因素后,该阶段的非农收入增长率分别为 24.78%、1.11%、8.78%、17.52%和 20.74%。这一阶段的农民收入增长还表现出另一特征,那就是农民收入的实际增长率与名义增长率之间相差悬殊,其主要原因就在于该时期是中华人民共和国成立以来通货膨胀最严重的时期,其农村居民消费价格指数平均值达到了113.44,特别是 1994 年高达 123.40(图 5.4)。

农民收入在这一阶段出现回升的主要有以下几个方面的原因:一是农业丰收,粮食和其他主要农产品的产量得到提高且增幅较为稳定(图 5.7~图5.9),其中粮食、水果和水产品产量的平均增长率分别为 3.06%、16.52%和19.60%(其中,水产品产量在 1996 年增长了 30.63%),因此对农民收入增长的贡献较大。二是农产品价格大幅提高,国家在 1994 年和 1996 年两次提高农副产品的收购价格,提价幅度为 40%左右。其中,1994 年的农产品收购价格指数达到了历史最高峰的 139.9,而此时期的农产品提价对农民增收的贡献度达到了 28%。三是由于农民大量外出务工和农村的非农产业发展,农民收入中来自非农产业的比例不断扩大,有 35%的新增收入是来自农村非农产业发展和劳动力外出务工。

5. 增长持续下降阶段(1997~2000 年)

该阶段的农民收入名义值由 2090.13(1997 年)元增加到了 2253.42 元(2000 年),总量仅仅增加不到 200 元。农民收入的名义增长率从 8.52%下降到了只有 1.95%,平均名义增长率仅有 4.04%;扣除物价因素后,实际增长率从 5.88%下降至 2.07%,平均实际增长率为 4.06%。这一阶段农民收入的增幅连续下滑，但也是农民收入实际增长率略大于名义增长率的唯一时期，主要原因在于这一时期的农村居民消费价格几乎维持在一个不变的水平上，平均农村居民消费价格指数为99.98。

此阶段我国农村基本经营制度的法律地位正式确立。1997年，中共中央办公厅、国务院办公厅发出16号文件，再次就稳定土地承包关系、延长承包期30年明确了政策界限。在此基础上，农户之间承包土地的转包、转让，承包土地使用权入股、联营、租赁，以及"四荒"使用权的拍卖等土地流转机制已在一些地方逐步建立起来。1998年10月，中共中央十五届三中全会通过的《关于农业和农村工作若干重大问题的决定》，以及随后的《农村土地承包法》把以家庭承包经营为基础、统分结合的双层经营体制，确定为我国农业和农村跨世纪发展的重要方针之一，并再次明确指出，这是我国农村的一项基本经营制度，必须长期坚持，切实保障农户的土地承包权、生产自主权和经营收益权，使之成为独立的市场主体。1999年3月，第九届全国人民代表大会第二次会议通过的《中华人民共和国宪法修正案》载明："农村集体经济组织实行家庭承包经营为基础、统分结合的双层经营体制。"

此阶段农民收入增速持续下降主要受到以下三方面的因素影响：一是农业收入对农民收入增长的贡献减少。农产品供求形势发生了根本性转变，即出现了阶段性供过于求的态势，农产品增产但不增收的矛盾和减产又减收的问题并存。1998年的全国粮食总产量达到51 229.53万吨，为历史最高水平，大量农副产品又一次出现"卖难"现象，而粮食和其他主要农产品的价格大幅下降（1997～2000年的农产品收购价格指数在上年基础上分别下降了4.5%、8%、12.2%和3.6%，平均下降7.1%），与此同时，农业生产资料价格指数平均下降幅度只有2.8%，远远小于农产品收购价格指数的平均下降幅度，其直接后果就是农业增产而农民不增收，最终导致农民的农业生产积极性大幅降低。立竿见影的就是，1999年和2000年粮食的下降幅度分别为0.76%和9.09%，2000年的粮食总产量下滑到了46 217.52万吨（图5.7）。另外，有关统计资料显示，农民来自农业的人均纯收入在2000年比1997年减少了129.3元。二是乡镇企业的发展遭遇瓶颈。由于1997年东南亚金融危机的出现，国际市场的需求急剧下降，我国乡镇企业的出口因此受到了严重阻碍，使国内市场的竞争加剧。尤其是在进入买方市场以后，乡镇企业的发展速度明显放慢(图 5.10)，效益也出现了大幅滑坡，吸纳农村剩余劳动力的能力大大降低。其中，1977 年的乡镇企业从业人员比上年减少 458 万人，1988年又进一步减少了 522 万人，这一下降趋势从 1999 年开始才得到抑制，但是回升速度极其有限。三是在农业收入减少的条件下，非农收入成为农民增收的主要来源。受宏观经济的影响，经济增长放缓(如表 5.1 所示，该阶段人均实际 GDP 增长率较上一阶段下降了 3.9 个百分点)，农产品需求增长和价格提高都受到了抑制，加之农村劳动力转移和就业受阻，即便是农民的非农收入相对于农业收入来说有较快的增长，成为农民增收的主要来源渠道，但增速也明显有所回落。

6. 增长恢复阶段(2001～2003 年)

21 世纪以来，我国农业生产受到了极大考验，2001 年粮食产量继 2000年下降 9.09%的基础之上又下降了 2.06%，虽然 2002 年有微弱的回升趋势，而且 2003 年 10 月 14 日党的十六届三中全会通过的《中共中央关于完善社会主义市场经济体制若干问题的决定》指出，"依法保障农民对土地承包经营的各项权利"，但是，仍然未能挽回粮食产量的进一步下降，2003 年下滑到了历史新低的 43 069.53 万吨(图 5.7)，比上年减产 5.77%，低于 12 年前的粮食产量水平。该阶段农民收入名义值由 2366.4 元(2001 年)增加到 2622.24 元(2003 年)，平均名义增长率为 5.18%，扣除物价因素后平均实际增长率为 4.48%。2001 年的农民收入名义增长率为 5.01%，实际增长率为 4.17%，扭转了自 1997 年以来农民收入增幅连续 4 年下滑的局面，2002 年和 2003 年的实际增长率分别达到了 5.03%和 4.26%，农民收入也因此进入了增长的恢复时期。

该时期的农业生产虽受到严重考验，粮食产量一路下滑，但是农民收入的进一步下滑却得到抑制，其主要原因在于农业税费制度改革的不断完善。为了暂缓矛盾，探讨解决农村税费改革涉及的有关问题，2001 年 4 月 25 日，国务院办公厅印发了《关于 2001 年农村税费改革试点工作有关问题的通知》，决定暂缓扩大农村税费制度的改革试点，而且一些政策性文件上原来"加快推进"的提法也变成了"稳步实施"。在经过一年的反复权衡之后，2002 年 3

月 27 日，国务院办公厅又印发了《关于做好 2002 年扩大农村税费改革试点工作的通知》。文件将试点省区市分为两类：一类由中央财政向其分配专用于农村税费改革的转移支付资金，但是试点省(自治区、直辖市)是进行全省(自治区、直辖市)试点还是局部试点，由有关省(自治区、直辖市)人民政府慎重决定[①]；另一类是上海、浙江、广东等沿海经济发达省(直辖市)，如果该年进行全面改革试点的条件已经基本成熟，地方财政能够安排相应的财力支持改革，可以自费进行扩大改革试点。至此，农村税费改革工作在不断探索中逐步走向了全国。根据党的十六大及中央经济工作会议和中央农村工作会议精神，国务院于 2003 年 3 月 27 日发布了《关于全面推进农村税费改革试点工作的意见》，决定在 2002 年全国 20 个省(自治区、直辖市)农村税费改革试点的基础上，进一步总结经验、完善政策，全面推进农村税费改革试点工作，要求切实做到"三个确保"[②]。由此，农村税费改革工作自上而下，在全国全面推进。根据国务院的指示精神，同年 6 月，财政部、国家税务总局联合下发通知，要求实施农村税费改革试点的地区按照国务院统一部署，逐步取消农业特产税。这标志着在我国实行了二十多年的农业特产税将逐渐退出历史舞台。另外，为保证农村税费改革的顺利进行，各试点地区还实施了一系列的配套改革措施，主要是乡镇机构改革、教育管理体制改革、政府公共支出改革、税收征管方式改革等。

7. 增长"十连快"阶段(2004~2013 年)

针对 1997~2000 年来农民人均纯收入连续下降和 2001~2003 年的粮食逐年减产的情况，为更好地解决"三农"问题，补缺这一国民经济发展中的短板，2004~2013 年，中共中央连续发布了 10 个指导"三农"工作的中央一号文件。作为 21 世纪第一个一号文件，《中共中央国务院关于促进农民增加收入若干政策的意见》的开篇就指出："农民收入长期上不去，不仅影响农

---

① 河北、内蒙古、黑龙江、吉林、江西、山东、河南、湖北、湖南、重庆、四川、贵州、陕西、甘肃、青海、宁夏 16 个省(自治区、直辖市)。

② 确保改革后农民负担明显减轻、不反弹，确保乡镇机构和村级组织正常运转，确保农村义务教育经费正常需要，是农村税费改革成功的重要标志，也是顺利推进试点工作，巩固改革成果的必然要求。

民生活水平提高，而且影响粮食生产和农产品供给；不仅制约农村经济发展，而且制约整个国民经济增长；不仅关系农村社会进步，而且关系全面建设小康社会目标的实现；不仅是重大的经济问题，而且是重大的政治问题。全党必须从贯彻'三个代表'重要思想，实现好、维护好、发展好广大农民群众根本利益的高度，进一步增强做好农民增收工作的紧迫感和主动性。牢固树立科学发展观，按照统筹城乡经济社会发展的要求，坚持'多予、少取、放活'的方针，调整农业结构，扩大农民就业，加快科技进步，深化农村改革，增加农业投入，强化对农业支持保护，力争实现农民收入较快增长，尽快扭转城乡居民收入差距不断扩大的趋势。"除 2011 年以外[①]，9 个中央一号文件都对促进农民持续快速增收做出了具体安排(表 5.3)，逐步形成了系统的强农、惠农和富农政策框架，对中国"三农"事业的发展产生了深刻而长远的影响。该阶段农民收入增长再次进入了改革开放以来的又一快速通道，增长实现"十连快"(2004～2013 年)，农民收入名义值从 2936.4 元上升到了 8895.9 元，平均名义增长率高达 13.14%，剔除物价指数后的平均实际增长率为 9.30%，同时也正是我国粮食出现"十连增"的历史重要时期。

表 5.3　2004～2013 年中央一号文件中关于促进农民增收的政策梳理

年份	一号文件	文件内容
2004	中共中央国务院关于促进农民增加收入若干政策的意见	促进农民增收的总体思路：集中力量支持粮食主产区发展粮食产业，促进种粮农民增加收入；继续推进农业结构调整，挖掘农业内部增收潜力；发展农村第二、第三产业，拓宽农民增收渠道；改善农民进城就业环境，增加外出务工收入；加强农村基础设施建设，为农民增收创造条件；深化农村改革，为农民增收减负提供体制保障；加强党对促进农民增收工作的领导，确保各项增收政策落到实处
2005	关于进一步加强农村工作提高农业综合生产能力若干政策的意见	进一步扩大农业税免征范围，加大农业税减征力度；继续对种粮农民实行直接补贴；中央财政继续增加良种补贴和农机具购置补贴资金；继续对短缺的重点粮食品种在主产区实行最低收购价政策，逐步建立和完善稳定粮食市场价格、保护种粮农民利益的制度和机制

---

　①　2011 年中央一号文件为《中共中央国务院关于加快水利改革发展的决定》。主要是因为 2010 年前的几年时间内，我国频繁发生严重水旱灾害，造成重大生命财产损失，暴露出农田水利等基础设施十分薄弱。而兴水利、除水害，事关人类生存、经济发展、社会进步，历来是治国安邦的大事。促进经济长期平稳较快发展和社会和谐稳定，夺取全面建设小康社会新胜利，必须下决心加快水利发展，切实增强水利支撑保障能力，实现水资源可持续利用。

续表

年份	一号文件	文件内容
2006	中共中央国务院关于推进社会主义新农村建设的若干意见	继续实行"三减免、三补贴"和退耕还林补贴政策;粮食主产区要将种粮直接补贴的资金规模提高到粮食风险基金的 50%以上
2007	关于积极发展现代农业扎实推进社会主义新农村建设的若干意见	各地用于种粮农民直接补贴的资金要达到粮食风险基金的 50%以上,加大良种补贴范围和品种,扩大农机具购置补贴规模、机型和范围,加大农资综合补贴力度
2008	关于切实加强农业基础建设进一步促进农业发展农民增收的若干意见	坚持和完善农业补贴制度,继续加大对农民的直接补贴力度;将农机具购置补贴覆盖到所有农业县。形成农业增效、农民增收良性互动格局,通过结构优化增收,降低成本增收,非农就业增收,政策支持增收
2009	中共中央国务院关于促进农业稳定发展农民持续增收的若干意见	加大良种补贴力度,实现水稻、小麦、玉米、棉花全覆盖;将农机具购置补贴范围覆盖全国所有农牧业县(场);加大农资综合补贴力度,完善补贴动态调整机制
2010	中共中央国务院关于加大统筹城乡发展力度进一步夯实农业农村发展基础的若干意见	坚持粮直补,增加良种补贴,扩大马铃薯补贴范围,启动青稞良种补贴,实施花生良种补贴试点;增加农机具购置补贴,把牧业、林业和抗旱、节水机械设备纳入补贴范围;落实和完善农资综合补贴动态调整机制
2012	关于加快推进农业科技创新持续增强农产品供给保障能力的若干意见	提高种粮直补水平;落实农资综合补贴动态调整机制,适时增加补贴;加大良种补贴力度;扩大农机具购置补贴规模和范围,进一步完善补贴机制和管理办法
2013	中共中央国务院关于加快发展现代农业进一步增强农村发展活力的若干意见	落实种粮直补和良种补贴政策,扩大农机具购置补贴规模,完善农资综合补贴动态调整机制;新增补贴向主产区和优势产区集中,向专业大户、家庭农场、农民合作社等新型生产经营主体倾斜

8. 总结

综上所述,1978～2013 年,我国农民收入总体上呈上升趋势,但各年的增长速度悬殊,特别是 20 世纪 90 年代前后,其增长率的波动频率存在较大差异[①]。我国农民收入水平在整体上得到了提高,首要原因在于农业经营制度

---

① 其间,农民收入名义增长率最高的年份是 1994 年,达到了 32.48%,最低的年份是 2000年,仅有 1.95%;实际增长率最高的年份却是 1982 年,达到 18.56%(1982 年农民收入的名义增长率为 20.89%),最低的年份是 1989 年,为-7.48%。此外,从图 5.2 和表 5.1 还可以看出,1978～1984 年和 2004～2013 年是农民收入增长的两个"黄金时期",农民收入的平均实际增长率分别达到了 14.06%和 9.29%。

的变革，农村家庭承包经营制度在改革开放初期极大地调动了广大农民的生产积极性，提高了农业劳动效率。其次是 1992 年以来的社会主义市场经济体制改革，进一步推动农村劳动力大量流向城市，随着农村劳动力的不断转移，在农民的家庭经营农业收入增加的基础上，其非农收入也得到了快速增长，农民的增收途径逐渐扩大，外出务工收入也开始成为农民越来越重要的收入来源。再次是政府的农产品收购价格政策和收入分配政策，在不同时期对农民实现增收发挥了重要的保障作用；再加上长时期的农业补贴和 2001 年开始推行的农村税费改革并于 2006 年彻底取消农业税政策[①]，在减轻农民负担的同时，进一步调动了农民的生产积极性，巩固了农业基础地位，又进一步促进了农民收入增长。最后是乡镇企业的崛起与快速发展为解决农业剩余劳动力和进一步提高农民收入提供了一条出路。

改革开放以来的这段时间内，农民收入的增速大致经历了缓慢→停滞→回升→持续下降→恢复→高速增长的阶段，虽然与城镇居民人均可支配收入的平均增速相差甚微（只相差 0.09 个百分点），但与城镇居民可支配收入相比，农民收入起点过低、增长的稳定性低较差，直接导致了我国城乡居民收入差距大的现实问题无法有效缓解。其主要原因在于以下几个方面：一是农民增收的农业基础不稳固。农业仍然是大多数农民进行基本生产活动和获取收入的重要来源，但由于资源条件的约束和农民自身素质的影响，抗风险能力弱、盈利能力差的传统农业难以适应现代农业发展的要求。二是农民增加非农收入的途径不通畅。随着市场经济的发展，非农收入对农民增收的作用越来越突出，但是由于体制机制的原因和农民就业能力的局限，农村剩余劳动力转移和就业存在诸多困难及问题，严重地制约了农民非农收入的增长。三是农业生产资料价格的上涨削弱了农民收入实际上涨幅度。在农民收入快速增长的时期，往往伴随着农产品价格的上涨，但是农资价格和消费品价格也有较快的上涨，不同程度地抵销了农产品价格提高和政府强农、

---

① 第十届全国人大常委会第十九次会议高票通过决定，自 2006 年 1 月 1 日起废止《农业税条例》，标志着在我国延续了 2600 年的农业税从此退出历史舞台，是具有划时代意义的一件大事。农业税的取消，对于减轻农民负担，增加农民收入，调动农民生产积极性，巩固农业基础地位，促进城乡统筹发展具有重要意义。

惠农、支农政策对农民增收产生的作用。四是 20 世纪 80 年代中后期的城市导向发展战略实施直接导致了城乡收入差距的快速扩大。如城乡劳动力市场分割、歧视性的社会福利和保障体系等城市偏向型政策(Yang, 1999)，城乡分割的行政管理制度、城市偏向型的经济和社会政策(陆铭和陈钊，2004)，城市偏向的教育经费投入政策(陈斌开等，2010)，旨在鼓励资本密集型部门优先发展的政府战略，造成城市部门就业需求的相对下降，进而延缓城市化进程，农村居民不能有效地向城市转移，城乡收入差距扩大(陈斌开和林毅夫，2013)。

5.1.3　我国农民收入增长态势变化的总体影响测度

1. 引言

由 2008 年美国次贷危机引发的全球性金融危机至今尚未看到真正的尽头，表明这场危机并不是通常意义上的周期性经济衰退，而是预示着世界经济由此进入了深刻的结构调整阶段。尽管中国并不是这次危机的重灾区，但是中国的出口自20世纪90年代以来就已是其经济高速增长的一大重要支柱，出口占 GDP 的比重从 15.91%(1990 年)上升到了 35.71%(2006 年)，之后开始逐年下降，2013 年下降到了 24.11%。而金融危机的长期化及随之而来的全球经济"再平衡"，既意味着国际需求的相对缩小，更意味着中国的出口将受到买方和卖方经济体国际收支双向平衡的制约，过去中国经济所经历的那种过度依赖投资和出口的"粗放型"和"外向型"发展模式，如今在外需严重不足和持续下滑的情况下，再难以保障其经济的持续、高速、稳定增长，中国经济增长由此进入"新常态"。除此之外，中国经济增长在最近和将来的很长一段时间内还受到以下几个重要事件的影响。其一是人民币升值预期开始被打破。人民币汇率在过去的小幅升值吸引了大量外资逐年流入，同时为中国经济发展也做出了一定贡献。但是，当人民币贬值压力上升和外资撤退开始出现时，必然会在一定程度上造成我国的投资增速下滑和经济增长速度放缓。其二是地方融资平台的债务清理仍在进行中，各地在推进城镇化建设中筹集资金难度不断加大。虽然城镇化被大量学者视作当前扩大内需和促进产业升级的重要抓手(陈锡文，2010)，但这背后必然离不开大量资金的支撑，现实情况是地方政府债务规模逐年上升和债务风险持续加剧，因此，无论是十八届三中全会还是中央经济工作会议，国家都明确了防范地方政府债务风险的工作方针，从而直接加大了地方政府为城镇化建设筹措资金的难度。其三是整治腐败行为的客观影响。打击贪污腐败既是党和政府的一项重要工作，又是一项长期的、复杂的、艰巨的任务，更是一项民心工程，对腐败消费的遏制是其重要环节之一，但其短期后果之一就是 2013 年消费基数明显降低，而随着这一工作由高层向基层的持续深入，公务消费必定会进一步走低。从趋势上看，整治腐败行为或许有利于长期大众消费的逐步复苏，但无疑会在短时间内影响整体消费的扩张速度。

因此，转变经济发展方式、实现经济内生增长就成为当前中国经济进入"新常态"下最迫切需要解决的问题，扩大内需特别是提高居民的消费水平便成为近年来政府应对危机和稳定经济的重要战略举措。然而事实情况却是，作为拉动 GDP 的"三驾马车"之一的消费对中国经济增长的推动作用却持续疲软(表 5.4)，最终消费支出对 GDP 增长拉动百分点由"六五"时期的 8.18个百分点下降到了"十二五"期间(2011～2013 年)不足 5 个百分点的水平。而"雪上加霜"的是，消费又主要面临着整体消费率逐渐下滑、政府消费支出占比缓慢增加、居民消费支出占比逐年降低和城乡居民消费差距不断扩大的多重困境[①](图 5.11)，这其中农村居民消费能力不足和消费结构不合理所导致的农村消费困境成为关键制约因素。"十二五"作为我国实现全面建成小康社会的一个承前启后关键时期，保持居民消费扩张才是拉动内需和实现经济内生增长的必经之路，党的十八大报告也明确指出："要牢牢把握扩大内需这一战略基点，加快建立扩大消费需求长效机制，释放居民消费潜力，保持投资合理增长，扩大国内市场规模。"从我国实际情况来看，扩大内需的关键还是扩大农村居民消费需求，这其中必然离不开农民收入的持续、快速和稳定增长。

---

① 1978 年至 2013 年，整体消费率由 62.10%下降到了 2010 年的 48.19%(历史最低)，2011～2013 年有逐渐回升的趋势，2013 年回升到了 49.80%；最终消费中的政府消费占比由21.44%上升到了 27.37%，居民消费占比由 78.56%下降到了 72.63%。城乡居民消费差距的变化情况将在本小节第四部分详细论述。

表 5.4　三大需求对 GDP 增长的贡献率和拉动

时间段	最终消费支出		资本形成总额		货物和服务净出口		GDP 实际增速/%
	贡献率/%	拉动百分点	贡献率/%	拉动百分点	贡献率/%	拉动百分点	
1978	39.4	4.6	66.0	7.7	−5.4	−0.6	11.7
1980	71.8	5.6	26.5	2.1	1.8	0.1	7.8
1985	85.5	11.5	80.9	10.9	−66.4	−8.9	13.5
"六五"	77.4	8.18	36.26	4.7	−13.66	−2.1	10.78
1990	47.8	1.8	1.8	0.1	50.4	1.9	3.8
"七五"	46.46	3.76	20.86	2	32.68	2.16	7.92
1995	44.7	4.9	55	6	0.3	0	10.9
"八五"	54.4	6.7	47.2	5.96	−1.6	−0.38	12.28
2000	65.1	5.5	22.4	1.9	12.5	1	8.3
"九五"	58.8	5	25.08	2.18	16.12	1.44	8.62
2001	50.2	4.2	49.9	4.1	−0.1	0	8.3
2002	43.9	4	48.5	4.4	7.6	0.7	9.1
2003	35.9	3.6	63.3	6.3	0.8	0.1	10.0
2004	39.1	3.9	54	5.5	6.9	0.7	10.1
2005	39	4.4	38.8	4.4	22.2	2.5	11.3
"十五"	41.62	4.02	50.9	4.94	7.48	0.8	9.76
2006	40.3	5.1	43.6	5.5	16.1	2.1	11.2
2007	39.6	5.6	42.4	6	18	2.6	14.2
2008	44.2	4.2	47	4.5	8.8	0.9	9.6
2009	49.8	4.6	87.6	8.1	−37.4	−3.5	9.2
2010	43.1	4.5	52.9	5.5	4	0.4	10.4
"十一五"	43.4	4.8	54.7	5.92	1.9	0.5	11.22
2011	56.5	5.26	47.7	4.44	−4.2	−0.39	9.30
2012	55.0	4.24	47.1	3.63	−2.1	−0.06	7.65
2013	50.0	3.90	54.4	4.20	−4.4	−0.30	7.67
"十二五"	53.83	4.47	49.73	4.09	−3.57	−0.25	8.21

资料来源：《中国统计摘要 2013》，中华人民共和国国家统计局网站

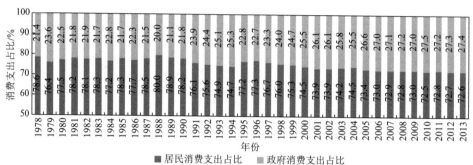

图 5.11 1978～2013 年我国居民和政府最终消费支出构成

从农村居民人均纯收入来看，其名义值由 1978 年的仅仅 133.57 元上升到了 2013 年的 8896 元，36 年的时间增长了将近 67 倍，平均名义增长率高达13.02%，以 1978 年不变价表示的平均实际增长率为 7.52%，并且在改革开放初期实现超常规增长（陈锡文，1987；许经勇，1994），之后又在 2004 年以来实现了增长"十一连快"[①]。从农民收入的各项构成来看，家庭经营性收入和工资性收入一直都是农民收入的最重要组成部分，而财产性收入和转移性收入仅占一小部分[②]。其中农民家庭经营性收入比重在逐年下降，且下降的幅度较大，从 1985 年的 74.45%下降到 2013 年的 42.64%，下降了 31.81 个百分点；工资性收入比重却在持续上升，同期由 16.27%上升到 45.25%，上升了近 29 个百分点；财产性收入和转移性收入的占比亦分别由 1.87%和 7.41%上升到了 3.29%和8.82%，两者的占比虽小，但也有上升趋势，分别上升了 1.42 个百分点和 1.41个百分点。

虽然改革开放以来，我国农村人口从 82.08%（1978 年）快速下降至了46.27%（2013 年），但目前农村人口总量仍高达 6.30 亿，而农村居民的消费总量却只有全国的 1/5。从城乡居民消费对比情况来看（图 5.12），城镇居民消费占比一直不断上升，而农村居民消费占比却从 62.1%（1978 年）大幅下降至 21.8%（2013 年），36 年的时间下降了 40.3 个百分点；就农村居民人均消费水平而言，21 世纪以来农村消费进一步出现萎缩现象，1978～2013 年农村

---

① 1978～1984 年和 2004～2013 年农民收入平均实际增速分别为 14.06%和 9.29%。

② 本部分数据未经特殊说明，均根据《新中国五十年统计资料汇编》及国家统计局网站的数据计算所得。

居民人均消费水平增长率为12.10%,而1997~2013年的平均增长率仅有9.50%(其中1997~2003年和2004~2013年的平均增长率分别为3.74%和13.51%)。由此看来,在当前乃至未来的很长一段时间内,要实现经济的内生增长,提升我国居民的消费空间、努力实现农村消费脱困是必要且紧迫的,这一过程中首先需要保障农民收入持续稳定增长和收入结构优化。因为无论是从人口规模,还是从收入和消费的增长潜力而言,中国农村消费市场都将成为未来撬动世界经济的杠杆,成为未来世界上最大的消费市场群体(朱信凯和骆晨,2011)。因此,为了充分揭示农民收入增长的重要性,有必要科学度量其增长变化所带来的实际效应。

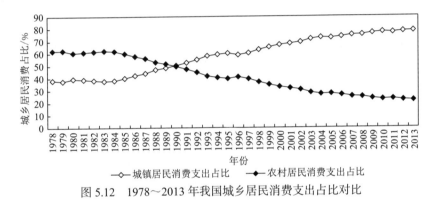

图5.12　1978~2013年我国城乡居民消费支出占比对比

2. 研究方法与模型设定

国内学者对居民消费的研究主要是从整体层面关于消费水平的分析,基本上都是自然地假定居民收入与消费之间必然存在线性相关关系(王宏伟,2000;马树才和刘兆博,2006;王健宇和徐会奇,2010;温涛和孟兆亮,2012;温涛等,2013a;王小华,2014)。而当前对居民消费结构演化、居民收入与消费之间、居民收入与消费结构之间、居民收入结构与消费之间的非线性分析及其相关问题的关注仍然不足,难以有效揭示收入对城乡居民消费行为、消费结构影响的差异和制约农村居民消费扩张的结构性因素。因此,有必要从非线性分析视角深入探索城乡居民收入对其消费的真实效应。

对于非线性回归模型,除了使用最大似然估计法(maximum likelihood estimate,MLE),还可以使用非线性最小二乘法(nonlinear least square,NLS)。

考虑以下线性回归模型：

$$y_i = g(x_i, \beta) + \varepsilon_i, \quad i = 1, 2, \cdots, n \tag{5.1}$$

其中，β 表示 K 维未知(真实)参数向量，而 $g(\cdot)$ 表示 β 的非线性函数，且无法通过变量转换变为 β 的线性函数。如果 $g(x_i, \beta) = x_i'\beta$，则回到古典线性回归模型。记 $\tilde{\beta}$ 为 β 的一个假想值(hypothetical value)，其对应的残差为 $e_i = y_i - g(x_i, \tilde{\beta})$。非线性最小二乘法通过选择 $\tilde{\beta}$ 的方式使残差平方和最小：

$$\min_{\tilde{\beta}} \text{SSR}(\tilde{\beta}) = \sum_{i=1}^{n} e_i^2 = \sum_{i=1}^{n} \left[y_i - g(x_i, \tilde{\beta}) \right]^2 \tag{5.2}$$

最小化的一阶条件为

$$\frac{\partial \text{SSR}(\tilde{\beta})}{\partial \tilde{\beta}} = -2\sum_{i=1}^{n} \left[y_i - g(x_i, \tilde{\beta}) \right] \frac{\partial g(x_i, \tilde{\beta})}{\partial \tilde{\beta}} = 0 \tag{5.3}$$

然后，我们可以进一步把式(5.3)进行简化，于是得到

$$\sum_{i=1}^{n} \left[y_i - g(x_i, \tilde{\beta}) \right] \frac{\partial g(x_i, \tilde{\beta})}{\partial \tilde{\beta}} = 0 \tag{5.4}$$

$$\sum_{i=1}^{n} e_i \frac{\partial g(x_i, \tilde{\beta})}{\partial \tilde{\beta}} = 0 \tag{5.5}$$

其中，残差向量 e 与 $\dfrac{\partial g(x_i, \tilde{\beta})}{\partial \tilde{\beta}}$ 正交，而不是与 x 正交[①]。式(5.5)是一个有 K 个方程和 K 个未知数的非线性方程组，满足这个非线性方程组的估计量被称为"非线性最小二乘估计量"，记为 $\tilde{\beta}_{\text{NLS}}$。这个非线性方程组通常没有解析解，必须使用数值迭代的方法进行求解。据此，我们可以设置如下的非线性居民消费函数：

$$C_t = \beta_1 + \beta_2 Y_t^{\beta_3} + \varepsilon_t \tag{5.6}$$

其中，C_t 表示居民第 t 年的消费水平；Y_t 表示居民第 t 年的收入水平。显然，

---

① 残差向量 e 与 x 正交表示线性回归的情形。

这一函数中包含了三个未知参数(β_1，β_2，β_3)，也就是 $K=3$。由于参数 β_1,β_2,β_3 均是未知的，所以式(5.6)是非线性回归。可以得知，如果式(5.6)中的 $\beta_3=1$，则式(5.6)为线性回归；如果 $\beta_3<1$，则式(5.6)为非线性回归，说明居民的边际消费倾向于随着收入的增加而递减；如果 $\beta_3>1$，则式(5.6)同样为非线性回归，表示居民的边际消费倾向于随着收入的增加而递增。

同样的道理，我们可以根据式(5.6)进一步设置如下的居民收入结构与消费之间的非线性函数及居民收入与消费结构之间的非线性函数：

$$C_t = \beta_1 + \beta_2 Y_{1t}^{\beta_3} + \beta_4 Y_{2t}^{\beta_5} + \beta_6 Y_{3t}^{\beta_7} + \beta_8 Y_{4t}^{\beta_9} + \varepsilon_t \qquad (5.7)$$

$$C_{it} = \beta_1 + \beta_2 Y_t^{\beta_3} + \varepsilon_t \qquad (5.8)$$

其中，C_t 表示居民第 t 年的消费水平；Y_{1t} 表示第 t 年的居民人均工资性收入；Y_{2t} 表示第 t 年的居民家庭人均经营性收入；Y_{3t} 表示第 t 年的农村居民人均财产性收入；Y_{4t} 表示第 t 年的农村居民人均转移性收入。式(5.8)中，$i=0,1,2,\cdots,8$，$C_{0t},C_{1t},\cdots,C_{8t}$ 分别表示第 t 年的居民总消费水平、食品、衣着、居住、交通和通信、家庭设备及服务、文教娱乐用品及服务、医疗保健、其他商品及服务消费水平。

3. 数据说明

由于我国的改革属于渐进式改革，经济体制处于一个不断变化的过程之中，居民的消费行为和消费动机也会随之改变，这些变化就导致了不同经济时期的数据在时序上具有一定的不可比性，这无疑会加大结论的误差。鉴于此，本节将分别采用我国"六五""七五""八五""九五""十五""十一五""十二五"时期的期中截面(31 个省区市，不包括港澳台)数据，依次选取 1982 年、1987 年、1992 年、1997 年、2002 年、2007 年及 2012 年的数据，利用非线性最小二乘法对农村和城镇居民总收入与总消费、总收入与消费结构、收入结构与总消费之间的关系进行跨时期的具体分析。为了全面对比分析农村和城镇居民消费演化规律，我们同时给出中华人民共和国成立以来(1952～2013 年)、计划经济时期(1952～1977 年)和市场经济时期(1978～2013 年)的非线性估计结果，旨在深入探索农村居民收入与其消费和消费结构在改革开放前后和"六五"时期至"十二五"时期的具体变化规律及产生这些变化的深层次原因，为后续研究提出优化我国农村居民收入结构的对策措施提供依据。实证分析数据来自中华人民共和国国家统计局网站，并且均以 1978 年城乡居民物价表示。

图 5.13 为我国 1997 年、2002 年、2007 年及 2012 年全国农村居民和城镇居民的消费构成。从中可以看出，农村居民和城镇居民消费的各构成部分均趋于上升状态。但是，整体来看，城镇居民各项消费支出的上升幅度和总量均要高于农村居民。其中，"九五"期间与"十五"期间的各项消费的变化都相对较小，而"十一五"期间和"十二五"期间的各项消费与前面两个阶段相比，都有较大幅度的上升。对于农村居民来说，上升较快的消费类别主要为食品、居住、交通和通信、家庭设备及服务、医疗保健，衣着、文教娱乐用品及服务和其他商品及服务消费支出均处于一个相对较慢的状态；对于城镇居民来说，上升较快的主要是食品、衣着、文教娱乐用品及服务、交通和通信消费支出，而居住、家庭设备及服务、医疗保健和其他商品及服务相对来说上升较慢。

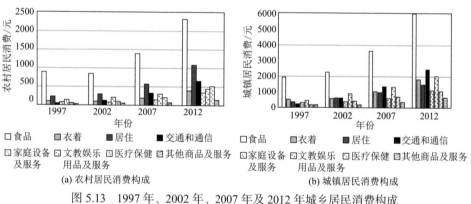

(a) 农村居民消费构成　　　　　　　　(b) 城镇居民消费构成

图 5.13　1997 年、2002 年、2007 年及 2012 年城乡居民消费构成

每部分的消费额为全国平均水平，其数据来源于《中国统计年鉴》

4. 实证结果与分析

1）农村居民及城镇居民总收入与其总消费的非线性分析的参数估计

根据式 (5.6) 设置的非线性居民消费函数，我们进一步分别对城镇居民和农村居民收入与消费之间做出参数估计。参数估计过程中，为了避免截面异方差问题，各模型均利用稳健标准差进行估计。从表 5.5 可知，关于农村居民总收入与其总消费的各非线性参数估计结果表明，除计划经济时期

的非线性参数 β_3 的 p 值为 0.106 之外，其他时期的非线性参数 β_3 的 p 值均
为 0.000，这说明我国计划经济时期的农民收入与消费之间并不遵循非线性
特征；而市场经济时期，针对农民的非线性消费函数的模型设定具有合理
性，对农村居民收入与消费之间的线性关系设定则过于简化了。事实上，
由于农村居民消费的各个模型的参数估计值 β_3 的系数均远远大于 1，并且
从"七五"时期至"十二五"时期表现出明显的先逐渐增大，后缓慢缩小
的趋势。这说明改革开放以来，我国农村居民的边际消费倾向并没有遵循
一般的线性消费函数的假设下"边际消费倾向随着收入的增加而递减"的
结论，反而是随着收入的增加而明显递增。导致这一现象的主要原因是改
革开放以来的农民收入起点低，并且农民收入增长不连续、不稳定，农民
收入增速在 1978～1984 年经历了超常规增长 (平均增速为 14.06%) 之后，紧
接着便在 1985～2003 年经历了长时期的剧烈波动 (平均增速仅有 4.17%，且
连续 12 年低于城镇居民收入实际增速，其中 1996 年为 13.12%，1989 年为
−7.48%)，之后才得到逐渐回升。

表 5.5　农村居民以及城镇居民总收入与其总消费的非线性参数估计结果

阶段划分	农村居民				城镇居民			
	β_1	β_2	β_3	$\overline{R}^2$	β_1	β_2	β_3	$\overline{R}^2$
"六五"时期 1982 年	51.1 (0.283)	0.113 (0.650)	1.301*** (0.000)	0.8505				
"七五"时期 1987 年	95.8* (0.058)	0.0522 (0.642)	1.404*** (0.000)	0.9414	255.1* (0.070)	0.009 (0.806)	1.614*** (0.007)	0.8531
"八五"时期 1992 年	139.4*** (0.000)	0.011 (0.480)	1.608*** (0.000)	0.9567	65.2 (0.584)	0.470 (0.453)	1.068*** (0.000)	0.9794
"九五"时期 1997 年	173.9*** (0.000)	0.008 (0.464)	1.624*** (0.000)	0.9431	−135.9 (0.666)	2.224 (0.605)	0.878*** (0.001)	0.9763
"十五"时期 2002 年	266.9*** (0.000)	0.000 (0.716)	2.218*** (0.000)	0.9363	373.8 (0.319)	0.058 (0.772)	0.905*** (0.003)	0.9555
"十一五"时期 2007 年	395.7*** (0.000)	0.001 (0.774)	2.005*** (0.000)	0.9183	461.7 (0.494)	0.101 (0.805)	0.914** (0.012)	0.9498
"十二五"时期 2012 年	483.2*** (0.002)	0.014 (0.658)	1.453*** (0.000)	0.9159	54.0 (0.970)	1.313 (0.806)	0.919** (0.037)	0.9189

阶段划分	农村居民				城镇居民			
	β_1	β_2	β_3	$\bar{R}^2$	β_1	β_2	β_3	$\bar{R}^2$
1952~2013年	60.5*** (0.000)	0.292* (0.077)	1.141*** (0.000)	0.9906	37.6* (0.050)	1.815*** (0.000)	0.882*** (0.000)	0.9965
计划经济 1952~1977年	51.6* (0.088)	0.009 (0.863)	1.885 (0.106)	0.8431	198.0*** (0.000)	0.001 (0.925)	4.784** (0.013)	0.6779
市场经济 1978~2013年	117.9*** (0.000)	0.077 (0.326)	1.309*** (0.000)	0.9874	130.6*** (0.000)	1.020*** (0.000)	0.947*** (0.000)	0.9968

*、**、***分别表示在10%、5%、1%的显著性水平下统计显著

针对城镇居民而言,各消费模型中β_3的p值均小于5%,但是β_3的系数在各时期表现出了明显的差异,其中"七五"时期、"八五"时期及计划经济时期的β_3的系数均大于1;相反,市场经济时期及"九五"时期至"十二五"时期的β_3的系数均小于1。这说明我国城镇居民的边际消费倾向在"九五"时期以后表现较为稳定,其边际消费倾向完全遵循了随着收入增加而递减的规律。究其原因,"八五"时期以前,作为传统计划经济向社会主义市场经济的过渡时期,城镇居民收入初始水平仍然相对较低,其各年增长速度同样表现出了极大的波动性;"八五"时期以后,作为社会主义市场经济形成与完善阶段,经济体制已基本完善并正常运行,城市经济和城镇居民收入得到平稳、快速增长。

对于上述现象,本节认为:一方面,改革开放以来,随着农村改革的成功和社会主义市场经济体制的逐步建立与市场化改革的不断深入,城镇和农村居民的收入都得到了不断提高(表5.6),导致城乡居民的消费行为发生了根本性变化,但是农村居民由于收入的局限,其消费升级(主要是指从基本生活需求型消费向发展与享受型消费过渡这一过程)要远远滞后于城镇居民。另一方面,改革开放以来的农村经济改革充满了不确定性,这种不确定性和不适应性的直接后果是城乡居民收入增长不平等和城乡居民收入差距持续扩大,最终也渗透到了农村居民的消费行为中。由表5.6可以明显看出,无论是计划经济时期,还是市场经济时期,抑或是各五年计划时期,城乡居民收入的实际增长情况都存在重大差别。就城乡居民实际收入的平均增长率而言,城镇居民收入实际增长率与农村居民之间的差别在计划经济时期较大,而市场经济时期却微乎其微(7.61%和7.52%,只相差0.09个百分点);"十二五"时

期的农民收入实际平均增速明显高于城镇居民，而"七五"时期、"八五"时期、"十五"时期和"十一五"时期的农民收入实际平均增速均远小于城镇居民，两者在"九五"时期的差别较小。但就城乡居民实际收入平均增速的稳定性而言，二者差别之大则一目了然。其中，城镇居民收入实际增长率的最大值、最小值、极差、标准差和变异系数都小于农村居民（表 5.7），这说明一边是城镇居民收入在增长与回落之间平稳过渡，另一边却是农村居民收入不断地经历着过山车式的潮起潮落。

表 5.6　中华人民共和国成立以来各阶段农民收入实际增速与城乡收入变化情况

时期	农村居民可支配收入实际增长率/%	城镇居民人均纯收入实际增长率/%	城乡居民收入比（名义收入比）	城乡居民收入比（实际收入比）
计划经济时期：1952~1977 年	2.17	4.13	2.309	2.309
市场经济时期：1978~2013 年	7.52	7.61	2.666	2.425
"六五"期间：1981~1985 年	12.10	4.72	1.948	1.945
"七五"期间：1986~1990 年	1.04	4.61	2.189	2.063
"八五"期间：1991~1995 年	5.46	7.83	2.672	2.382
"九五"期间：1996~2000 年	5.87	5.76	2.585	2.224
"十五"期间：2001~2005 年	5.75	9.64	3.135	2.714
"十一五"期间：2006~2010 年	9.25	9.73	3.297	2.941
"十二五"期间：2011~2013 年	10.46	8.34	3.086	2.785

注：城乡居民收入比为城镇居民名义人均可支配收入比农村居民人均名义纯收入；计划经济时期城镇居民可支配收入以职工工资总额除以城镇人口表示，下同；城乡居民收入实际增长情况均以 1978 年物价进行折算

表 5.7　1978~2013 年城乡居民实际收入增长比较

指标	城镇居民	农村居民
平均增长率/%	7.61	7.52
最大增长率/%	16.54	18.56
最小增长率/%	−2.32	−7.48
极差/%	18.86	26.04
标准差	4.11	5.23
变异系数	0.54	0.70

由此可见，城镇居民消费升级明显快于农村居民，其实这一事实是与城镇

居民的实际收入平均增长率较高和各年增长率波动较低密不可分的；而农村居民则刚好相反。因此，面临目前中国持续较高的城乡居民收入差距，以及农村社会保障制度不健全、基础设施严重落后、消费信贷市场不完善等诸多问题，农村居民比城镇居民普遍面临着更大、更多的不确定性，而对于更缺乏抵御风险能力的农民来说，必然会增强预防性储蓄动机，进而导致农村储蓄上升和消费低迷。基于这一现实条件，若要提高农村居民消费，首要任务就是大力增加农民收入，尤其要提高无社会保障人群及中低收入人群的可支配收入。

2) 农村居民收入结构与其总消费非线性分析的参数估计

前文深入揭示了城乡居民可支配(纯)收入与总消费之间的关系，但是居民收入来源是多样化的，不同来源的收入(其分类通常被称为收入结构)对其消费的影响可能存在很大的差异。为了进一步了解城乡居民收入结构与消费之间的关系，我们基于式(5.7)的模型设定，利用"九五"至"十二五"时期的省级截面数据分别对城镇居民和农村居民的收入结构与总消费水平进行非线性的参数估计，结果如表5.8所示。

表5.8　农村居民收入结构与消费的非线性回归结果

项目	"九五"：1997年		"十五"：2002年		"十一五"：2007年		"十二五"：2012年	
	农村	城镇	农村	城镇	农村	城镇	农村	城镇
工资性收入：β_3	1.394*** (0.000)	0.941* (0.076)	1.180*** (0.002)	0.931** (0.045)	1.154*** (0.000)	0.915** (0.013)	1.129*** (0.002)	0.970* (0.073)
家庭经营性收入：β_5	1.883* (0.091)	0.015*** (0.002)	1.854* (0.077)	0.018* (0.097)	1.835* (0.064)	0.054* (0.084)	1.823* (0.082)	0.022* (0.067)
财产性收入：β_7	0.008 (0.635)	1.286 (0.332)	1.212 (0.678)	1.016 (0.998)	1.138 (0.304)	1.231 (0.745)	1.440 (0.403)	2.707 (0.749)
转移性收入：β_9	0.819 (0.630)	0.026*** (0.008)	3.665 (0.296)	0.023*** (0.005)	7.197 (0.958)	0.021*** (0.000)	0.015 (0.110)	0.019*** (0.001)

注：式(5.7)中，由于我们重点在于比较各模型的非线性估计效果，故表中只列出了各项收入对应的β_3、β_5、β_7和β_9，省略了β_1、β_2、β_4、β_6、β_8的估计结果。由于国家统计局网站只公布了1993年以来各地区的农民收入结构数据，故本表没有"八五"时期(1992年)的估计结果

*、**、***分别表示在10%、5%、1%的显著性水平下统计显著

对农村居民而言，β_3和β_5的p值在各时期均显著，但是两者的显著性存在明显的差异，并且β_3的系数值明显小于β_5的系数值，但两者的系数都大于

1；β_7 和 β_9 的 p 值在各时期均不显著。这说明农民工资性收入和家庭经营性收入与消费之间存在明显的非线性关系，农民的边际消费倾向于随工资性收入和家庭经营性收入的递增而增加；相反，农民的财产性收入和转移性收入与消费之间的非线性关系不显著。对城镇居民而言，β_3、β_5 和 β_9 的 p 值在各时期均显著，但是三者的显著性存在明显的差异，并且 β_3 的系数值明显大于 β_5 和 β_9 的系数值，但三者的系数都小于 1，β_7 的 p 值在各时期均不显著。这说明城镇居民工资性收入、家庭经营性收入和转移性收入与消费之间存在明显的非线性关系，其边际消费倾向于随工资性收入、家庭经营性收入和转移性收入的增加而降低；相反，财产性收入与消费之间的非线性关系不显著。

　　针对上述结论，本节认为：农民工资性收入和家庭经营性收入作为两种最主要的收入来源，两者占农民人均纯收入的比重一直维持在87%以上，相应地，农民的工资性收入和家庭经营性收入自然对扩大农村消费有着举足轻重的作用。与此同时，农民的财产性收入和转移性收入之和占总收入的比重一直都处于一个相对偏低的状态，两者的上升幅度并不明显，直到2009年两者占总收入的比重才超过10%，其中最多的2013年也只有12.11%，再加上农民的转移性收入和财产性收入表现出暂时性、非传统性和不可持续性等特征，从而直接决定了两者对农民消费的拉动效应自然就十分有限。但是，我们应该看到，近十年来，随着"三农"问题不断得到重视，强农、惠农、富农的政策力度不断加大，农户土地流转经营权得到鼓励，农村土地制度和集体产权制度改革的不断深入，农业家庭经营模式的不断创新，不久的将来必然会使农民的转移性收入和财产性收入的潜在增长力度得到一定程度保障，两者在农民收入中的比重将会进一步提升，在推动农村居民消费增长过程中必将起到新的作用[①]。对城镇居民而言，其工资性收入和转移性收入一直都是作为两种最主要的收入来源，虽然工资性收入占比在不断下降，但是转移性收入占比基本上保持了稳定的上升趋势，两者占比一直维持在87%以上；除此之外，城镇居民的家庭经营

---

① 统计资料显示，2004年以来，农民的财产性收入和转移性收入的实际增长率正在成为农民增收的亮点，在农民收入增长"十连快"期间(2004～2013年)，农民的财产性收入和转移性收入的平均实际增速分别为12.39%和19.44%，分别超过农民人均纯收入实际平均增速3.09个百分点和10.14个百分点。

性收入和财产性收入占比都在不断上升，但前者的上升幅度远远大于后者[①]。

3）农村居民总收入与其消费结构非线性分析的参数估计

由于居民的消费包括食品、衣着、居住、家庭设备及服务、交通和通信、文教娱乐用品及服务、医疗保健，以及其他商品及服务八类，我们利用式(5.8)进一步将"八五"时期至"十二五"时期的城乡居民收入与各项消费之间分别进行非线性参数估计。由表 5.9 可知，对农村居民而言，除了"十一五"和"十二五"期间农民收入与其他商品及服务消费支出之间的参数估计不显著以外，其余时期的农民收入与各项消费之间的参数估计值均显著为正，并且其系数均大于 1（"八五"时期的收入与食品消费的估计结果除外）。这说明随着农民总收入的不断增长，其收入的边际消费倾向呈现出递增的现象。另外，我们将表5.9 的参数估计结果进行横向对比可以发现，"八五"至"十二五"期间，在农民的食品、衣着、居住、家庭设备及服务、文教娱乐用品及服务和医疗保健的消费支出模型中，β_3 的系数均显著为正且几乎都大于1，除此之外，其系数都呈现出先增大后降低的趋势；在交通和通信支出模型中，β_3 的系数同样均显著为正且大于1，但是其变化趋势是先增大后减小再增大的状况；在其他商品及服务的消费支出模型中，β_3 的系数表现出逐渐降低的趋势。纵向对比可以发现，农民的各项基本生活需求消费模型中，β_3 的系数基本都会明显大于各项非基本需求（发展与享受型）消费结构模型中 β_3 的系数，特别是居住消费模型中 β_3 的系数要比所有消费需求模型中 β_3 的系数都要大。这一结论很好地说明了当前农民收入对基本生活消费需求的拉动性更强，同时也间接反映出了农民生活改善的重心仍然为衣、食、住、行这些基本生活需求的领域。相比较而言，城镇居民的收入与各项消费在各时期的非线性参数估计并未表现出明显规律性；其中，仅有文教娱乐用品及服务和其他商品及服务模型中 β_3 的系数在"十五"时期至"十二五"时期均显著正且大于1，这一结论说明了城镇居民在文教娱乐用品及服务和其他商品及服务方面的边际消费倾向随收入的增加而递增。这一可能的解释是城镇居民

---

① 有趣的是，1997 年以来的城镇居民工资性收入和转移性收入之和占其可支配收入的份额均与农村居民工资性收入和家庭经营性收入两者之和占其纯收入的份额大致相等，差别最大的 1997 年和 2002 年差额分别只有–0.72 个百分点和 0.70 个百分点。

家庭教育重视度较高和城镇居民获得的教育资源更为丰富，相应文教娱乐用品及服务支出也随收入增加而快速增长。另外，城镇的消费市场更为广阔，消费产品更为多样，在其他商品及服务的消费支出也明显更多。

表 5.9　农村居民总收入与消费结构的非线性回归结果

项目		"八五" 1992 年 农村	"九五" 1997 年 农村	"十五" 2002 年 农村	"十五" 2002 年 城镇	"十一五" 2007 年 农村	"十一五" 2007 年 城镇	"十二五" 2012 年 农村	"十二五" 2012 年 城镇
居民的基本生活需求型消费	食品	0.996*** (0.001)	1.143*** (0.000)	1.738** (0.010)	0.262 (0.697)	1.488** (0.029)	1.186 (0.144)	1.202*** (0.005)	1.108 (0.208)
	衣着	1.630*** (0.003)	1.456*** (0.004)	1.667** (0.018)	0.037* (0.086)	2.174*** (0.001)	3.751 (0.213)	1.502** (0.047)	0.400 (0.891)
	居住	2.029*** (0.000)	2.591*** (0.000)	4.633*** (0.000)	2.113 (0.137)	2.783*** (0.001)	0.036*** (0.000)	1.896** (0.017)	0.035*** (0.000)
	交通和通信	1.060*** (0.006)	1.764*** (0.000)	1.580*** (0.001)	0.037*** (0.000)	1.455*** (0.000)	0.152 (0.838)	1.853*** (0.000)	1.198 (0.232)
居民的发展与享受型消费	家庭设备及服务	2.663*** (0.000)	2.212*** (0.000)	2.684*** (0.000)	1.114 (0.450)	2.651*** (0.001)	1.603 (0.166)	1.562*** (0.004)	0.985* (0.069)
	文教娱乐用品及服务	1.130** (0.010)	1.154*** (0.004)	2.157*** (0.000)	2.357** (0.045)	1.738*** (0.003)	1.499*** (0.001)	1.097** (0.045)	1.120* (0.089)
	医疗保健	1.162** (0.030)	1.526*** (0.002)	1.951*** (0.006)	4.439* (0.075)	2.723*** (0.000)	0.422 (0.867)	1.611** (0.030)	0.035** (0.048)
	其他商品及服务	3.678*** (0.002)	1.542*** (0.001)	1.332* (0.081)	2.015* (0.094)	1.256 (0.173)	3.995*** (0.000)	0.754 (0.158)	3.269*** (0.000)

注：表中为式(5.8)中参数 β_3 的估计结果

*、**、***分别表示在 10%、5%、1%的显著性水平下统计显著

综上，我们还可以发现，随着农民收入不断提高和消费提升，我国农民消费正处于一个明显的结构升级阶段。针对食品、交通和通信及医疗保健来看，这三个模型中，β_3 的系数在"八五"时期均分别小于"十二五"时期。一方面，改革开放以来，农民的食品消费发生了很大程度变化，主要体现在人均粮食(原粮)、蔬菜、消费量逐渐降低，以及人均食油、肉禽及制品、蛋及制品、奶及制品、水产品、酒精消费量逐渐升高；另一方面，农村道路建设的完善和汽车下乡在一定程度上有效地促进了农村消费的扩张。但是消费结构也存在诸多不合理之处，如居住和医疗保健消费支出模型中 β_3 的系数较

大，文教娱乐用品及服务消费支出模型中 β_3 的系数近年来有快速缩小的趋势。这主要原因在于：一方面，农村的基础设施仍然较为落后、社会保障缺失，而无社会保障的人群缺乏"安全感"，其预防性储蓄意愿高。因此，应尽快推广和完善社会保障制度，尤其是提高农村家庭社会保障覆盖率，消除农民进行消费的"后顾之忧"，实现全体居民"困有所救""病有所医""老有所养"（方匡南和章紫艺，2013），最终才能更好地保障农村居民消费的合理升级。另一方面，社会底层特别是农民及农民工家庭的子女，通过教育实现"从贫困走向富裕"的道路越来越受阻，人们向上流动的动力也越来越小，成本也越来越高，总体上看，渠道大有变窄的趋势[①]，其直接反映就是当前农村家庭孩子的高中及以上入学率偏低。我们的调查数据也表明，2013 年的外出务工家庭中 15～20 岁和 21～30 岁的外出务工人群占比分别为 12.32% 和 34.58%；而在这 15～20 岁的务工人群中，小学毕业人数占比 16.24%，中学毕业人数占比 68.41%，高中毕业人数占比 15.35%；在这 21～30 岁的务工人群中，小学毕业人数占比 23.20%，中学毕业人数占比 54.45%，高中毕业人数占比 20.23%，大学专科、本科及以上毕业人数占比 3.12%。

相比较而言，城镇居民收入与各项消费在各时期的非线性参数估计并未表现出明显的规律性，仅有文教娱乐用品及服务和其他商品及服务模型中的 β_3 的系数在"十五"时期至"十二五"时期均显著正且大于 1，这一结论说明了城镇居民在文教娱乐用品及服务和其他商品及服务方面的边际消费倾向随收入的增加而递增。这一现象可能的解释如下：居民的衣、食、住、行消费作为基本生活需求型消费，而城镇居民的收入水平总体已能满足其基本生活需求，相应城镇居民基本生活需求型消费的非线性均不显著或者明显不满足非线性标准；家庭设备及服务、文教娱乐用品及服务、医疗保健，以及其他商品及服务消费作为居民的发展与享受型消费，这几类消费是居民在满足基本生活需求型消费之后重点提升的对象，可以说城镇居民对此类消费具有

---

① 陈琳和袁志刚(2012)指出父代既可以通过投资于子代的人力资本，以提高子代获取收入的自身能力(授之以渔)，也可以通过权力寻租和积累财富，提升子代的社会资本和财富资本，以直接提高子代收入(授之以鱼)，结果证明了"授之以渔"不如"授之以鱼"这一现象的存在，将可能导致社会大众为提高子代福利而过度投资于社会资本和财富，并相对挤出对人力资本的投资。

明显的刚性需求；由于文化教育消费属于一种长期投资，城镇地区的教育资源和教育水平均要远远高于农村地区，城镇居民对文化教育的重视程度也要明显高于农村；另外，城镇地区的基础设施更为健全，消费市场更为广阔，消费产品更为多样,城镇居民对娱乐和其他商品及服务的消费支出相应更高。

4) 农村居民与城镇居民消费结构对比分析

由于我国特殊的城乡二元经济结构，城乡经济发展乃至城乡居民收入都存在较大的差异，这也就决定了农村居民与城镇居民之间的消费结构存在较大的差异。表 5.10 展示了我国"八五"时期以来部分年份的农村居民和城镇居民消费构成部分所占比重。从衣、食、住、行这四方面的基本生活需求型消费来看,我国农村居民的食品和居住消费所占比重明显高于城镇居民消费，而衣着、交通和通信的消费支出占比明显低于城镇居民。其中，对于食品消费来说，农村居民和城镇居民所占比重都处于一个稳定的下降趋势，但是到2012 年农村居民的食品消费所占比重仍然接近 40%；对于居住消费来说，农村居民消费所占比重明显高于城镇居民，且农村居民居住消费占比表现出明显的逐年上升趋势,而城镇居民居住消费占比在 21 世纪以来有逐年下降的趋势；对衣着消费而言，城镇和农村居民的该项消费占比都相对稳定，前者明显大于后者；对交通和通信消费而言，其占比在城乡居民之间均呈现出了快速上升的趋势。从发展与享受型消费来看，农村居民的这类消费所占比重要明显低于城镇居民，但是 2012 年的医疗保健消费除外。

表 5.10 我国农村居民与城镇居民消费构成比(单位：%)

分类		衣、食、住、行/基本生活需求型消费				发展与享受型消费			
		食品	衣着	居住	交通和通信	家庭设备及服务	文教娱乐用品及服务	医疗保健	其他商品及服务
农村居民	1990 年	58.81	7.77	17.35	1.44	5.29	5.37	3.25	0.74
	1993 年	58.05	7.18	13.88	2.26	5.81	7.59	3.53	1.70
	1997 年	55.05	6.76	14.42	3.33	5.28	9.16	3.86	2.12
	2002 年	46.25	5.72	16.37	7.01	4.38	11.46	5.66	3.15
	2007 年	43.08	6.00	17.80	10.19	4.62	9.48	6.52	2.30
	2012 年	39.33	6.71	18.39	11.05	5.78	7.54	8.70	2.50
		75.48				24.52			

分类		衣、食、住、行/基本生活需求型消费				发展与享受型消费			
		食品	衣着	居住	交通和通信	家庭设备及服务	文教娱乐用品及服务	医疗保健	其他商品及服务
城镇居民	1993 年	50.13	14.24	6.63	3.82	8.76	9.19	2.70	4.52
	1997 年	46.41	12.45	8.57	5.56	7.57	10.71	4.29	4.44
	2002 年	37.68	9.80	10.36	10.38	6.45	14.96	7.13	3.25
	2007 年	36.29	10.42	9.83	13.58	6.02	13.30	6.99	3.58
	2012 年	36.23	10.94	8.90	14.73	6.69	12.20	6.38	3.94
		70.79				29.21			

注：表中的结果是通过我国农村居民与城镇居民各类消费品占其合计总和的比例所得，其数据来源于中华人民共和国国家统计局网站，其中 1992 年及以前城镇居民各项消费支出的数据缺失

由此可以看出，虽然我国"三农"问题的严峻形势在近年来有了一定的好转，农村居民收入和消费水平均得到了一定程度的提升，但是农村居民的消费结构相比于城镇居民而言，存在明显的不合理之处。就具体的消费构成来说，农村居民的衣食住行等生活必需消费仍然占据着很大的比例（2012 年为 75.48%），而发展型和享受型的消费所占比例则相对较小（2012 年也只有 24.52%）；从食品和居住消费来看，这两项消费之和占据了农村居民总消费的"半壁江山"之多，仅仅从 2012 年来看，城镇居民的食品和居住之和占总消费的比例为 45.13%，而农村居民的这一比例则高达 57.72%；从医疗保健方面的消费看，这一消费占比在 2012 年明显高于城镇居民，并且 1991～2012 年的平均增速为 16.52%，比农民总消费的平均增速要高 5.13 个百分点，这说明当前农民普遍为医疗保健承受着较大的负担。就各项消费的增长率来看，1991～2012 年，无论是消费的平均增长率还是消费增长的稳定性，农民的家庭设备及服务、文教娱乐用品及服务，以及交通和通信的消费支出都要高于衣、食、住这三方面的消费支出。因此，当前要启动我国农村消费市场及扩大内需,应确保在有效缓解农村居民消费后顾之忧的基础上（从各方面保障农民收入持续、稳定增长），充分挖掘农村居民在家庭设备及服务、文教娱乐用品及服务，以及交通和通信等消费方面的潜力。

5) 城乡居民消费行为差异及农村居民消费结构升级缓慢的根源分析

综上所述，城乡居民消费行为和消费结构之间的巨大差距及农村居民消费结构升级缓慢的根源在于城乡经济差距，尤其是城乡收入的差距。要矫正城乡居民消费行为的这一差异、快速推进农村居民消费结构升级，必须集一切可能的能量，缩小城乡经济差距。归纳起来，直接或间接影响城乡经济差距的因素大致包括以下几个方面。

一是城乡居民收入总体差距。目前，反映城乡居民收入水平的最主要指标分别是城镇居民可支配收入和农村居民人均纯收入(以下简称农民收入)。2013 年城镇居民可支配收入为 26 955.10 元，农民收入为 8895.90 元，城乡居民收入差距的绝对值高达 18 059.20 元(这一绝对差距在 1978 年只有 209.8 元，1992 年为 1242.6 元，2008 年为 11 020.14 元)，城乡居民收入比为 3.03，虽然比 2009 年的 3.33 略小，但是仍然大大高于多数国家不到 1.5 的水平。从收入增长速度及增速的稳定性来看，1978 年至 2013 年，农民收入平均增速略小于城镇居民，但是农民收入各年增速的稳定性远小于城镇居民。总的来说，农民收入水平比城镇居民落后了几乎 10 年的时间，目前农民收入水平仅仅略高于 2003 年城镇居民的收入水平。导致我国城乡居民收入差距较大的原因很多，大量学者认为其根源在于：政府对农副产品价格控制、不合理的税费负担、城乡劳动力市场分割、歧视性的社会福利和保障体系等城市偏向型政策(Yang, 1999)；城乡分割的行政管理制度、城市偏向型的经济和社会政策(陆铭和陈钊，2004)；城市偏向的教育经费投入政策和鼓励资本密集型部门优先发展的政府战略(陈斌开等，2010；陈斌开和林毅夫，2013)；城乡经济的持续分割(欧阳志刚，2014)。但不可否认的是，农村的家庭联产承包责任制对农业生产的激励效应在农村经济改革后很快达到了极限，这种家庭经营方式的局限让农业和农村经济的发展遭遇"滑铁卢"。与此同时，国家对农产品收购价格的提升又严重受到局限，再加上现行的户籍管理制度进一步造成了城乡居民在社会地位、物质待遇上的巨大差别，严重阻碍了劳动力、资源等在城乡之间的自由流动。其结果是：一方面，农村因为资源的匮乏，其生产力的发展受到极大限制，造成农业边际生产率低下，进而减缓了农村居民收入的增长速度；另一方面，城镇经济在不断膨胀过程中，城镇居民收入加速增长，但同时也出现资源的大量浪费。

　　二是城乡居民社会福利差距。中国城乡居民除了在人均可支配(纯)收入上存在较大差距外，在能够享受的各种社会福利上也存在巨大差别。与农村居民相比，城镇居民大多可以享受种类繁多的社会福利，如住房补贴、物价补贴和各种社会保险(医疗保险、失业保险、最低收入保障)等，而绝大多数的农村居民均不能享受。由于城镇居民以社会福利方式获得的收入大多难以准确估计而且很多是隐性收入，在此，我们仅以城乡居民的转移性收入作比较。1985年，城乡居民转移性收入分别为114.10元和29.47元，城乡居民转移性收入差距绝对值为84.63元，两者之比为3.87，这一比值在之后的20年中则"一路高歌猛进"，在2003年达到了史无前例的21.81，之后逐渐下降到2013年的8.94。城乡居民转移性收入差距为何如此巨大，其根本动因在于长期以来城乡经济发展的"二元结构"及随之而来的国家养老保障的"二元结构"。城乡分割的收入再分配制度导致城乡转移性收入分配差距过大，即城镇居民能享受到的政府绝大部分转移性支付，大部分通过养老保险金发放等实现转移支付；而广大农村居民则基本上只能享受到政府的极小部分转移性支付，如社会救济福利费、救灾支出及微薄的农保金等。2013年，城镇居民转移性收入总量为51 285.80亿元，占全部转移性收入的91.23%，而农村居民的转移性收入总量却只有4933.11亿元，仅占全部转移性收入的8.77%；城镇居民人均转移性收入为7014.74元，占其总收入的23.73%，占其可支配收入的26.02%，农村居民人均转移性收入只有783.52元，仅占其人均纯收入的8.81%，以致当年仅仅由于转移性收入差距因素，城乡居民收入差距扩大了6226元，占该年度城乡居民收入绝对差距的34.48%。这样一来，我国的转移性收入不但没能使城乡居民收入差距过大的问题得到有效缓解，相反，却明显地助推了城乡居民收入差距的进一步扩大。因此，从长远来看，要缩小城乡居民收入差距必须努力缩小城乡居民转移性收入差距，制定农村老龄人口与城镇老龄人口同等的财政收入转移机制，调整和优化农村养老基金统筹机制，制定城镇居民、农村居民享受养老金收入的基本人均标准，应当有计划、有步骤缩小城乡居民人均养老金收入差距。

　　三是城乡居民工资性收入差距。2013年，城乡居民工资性收入分别为18 929.80元和4025.40元，绝对差距为高达14 904.40，比1985年扩大了26.80倍；对城乡居民收入差距的贡献度为72.17%，比1985年下降了86.13

个百分点①。就城乡居民工资性收入比来看，1985 年为 9.60，1993 年上升到了历史最大值的 11.21，之后在小幅波动过程中不断下降，2013 年已经下降到了 4.70。造成城乡居民工资性收入差距巨大而又连续大幅度缩小的根本动因在于长期以来国家产业发展布局的二元结构和城乡分割的劳动力市场逐渐打破。在城市"发展极"的强大带动作用下，户籍制度的逐渐放开，使农村居民快速向城镇转移，城镇居民增长过快，导致城镇居民平均工资的提速低于农村居民。统计资料显示，农村就业人口 2013 年末比 1997②年减少了 10 302 万人，降幅 21.01%；与此同时，城镇就业人口则连年增长，2013 年末比 1997 年增加了 17 459 万人，增幅达 84.01%；2006 年至 2013 年，农村就业人口加速向城镇进行转移，八年累计减少了 7521 万人，减幅达 16.26%，而城镇就业人口则累计增加了 9851 万人，增幅为 34.70%。因此，尽管工业化和城镇化的快速推进为城镇地区增加值带来了快速的增长，但这一增速也明显受到城镇就业人口大幅上升和农村就业人口大幅下降的双重因素制约。此外，还应该看到，当前的城乡居民工资性收入比仍然较大，一方面，由于政府对城镇产业的发展具有明显的政策性偏向(如国家财政、金融、外贸等)，那些主导产业和有创新能力的行业集中于大城市，以较快的速度优先得到发展，形成一种资本与技术高度集中、具有规模经济效益、自身增长迅速并能对中小城市产生强大辐射作用的"发展极"，随后中小城市才能在大城市"发展极"的强大辐射作用下得以快速发展(朱子云，2014)。另一方面，由于农村经济和农业生产主要是以农、林、牧、副、渔业为主体，虽然农村工业(主要是乡镇企业)在改革开放以来的这段时间也得到了较快发展，但是由于农村与农业的生产规模小、劳动力素质相对较低、技术落后等，其生产流通的增加值要远远低于城镇，这样使农村本来有限的金融资源、人力资本等要素因为比较优势的驱动，反而源源不断地流向城镇而为城镇建设"锦上添花"，进而影响了急需"雪中送炭"的农村

---

① 我们对城乡居民收入差距(非城乡居民收入比)的来源分解结果表明，1985～2013 年的城乡居民工资性收入差距对城乡居民收入差距的贡献额度位于 72.17% 至 158.30% 之间，而家庭经营性收入差距对城乡居民收入差距的贡献额度位于 -81.34% 至 -4.82% 之间。

② 之所以这里选择 1997 年作为对比，因为 1997 年是乡村就业人员人数的最大值。

和农业经济发展。

　　四是城乡居民家庭财产差距。对城乡居民的财产状况目前尚无准确的统计，但是从城乡居民年末储蓄存款余额来看，城乡之间的相差悬殊。《中国金融年鉴2013》数据显示，1978年城乡居民人均储蓄分别只有90.10元和7.10元，二者之比虽然高达12.69，但其绝对差距只有83.00元；2012年城乡居民人均储蓄分别增长到了48 041.14元和8507.11元，二者之比下降为5.65，绝对差距扩大到了39 534.03元。虽然改革开放三十多年以来的城乡居民人均储蓄水平均有"大量"的增幅（城镇居民和农村居民的人均储蓄水平分别扩大了533.20倍和1198.18倍），城乡居民人均储蓄之比也有所降低，但是两者的绝对差距仍然非常惊人。如果我们按照国家统计局网站公布的数据，2012年城镇和农村居民家庭平均每户家庭人口为2.9人和3.9人，该年度城镇住户的存款余额高达139 319.31元，而农村住户的存款余额却只有33 177.73元；可以直观地看出，农村住户的存款余额还不足城镇住户存款余额的零头。另外，我们同样可以从城乡居民财产性收入差距大致看出城乡居民的财产差别，1985年以来，城乡居民财产性收入比的波动幅度并不大，由1985年的0.50逐渐上升到1997年的5.27，之后逐渐降低并保持平稳，其中2013年城镇居民人均财产性收入为809.9元，同期农村居民的人均财产性收入为293元，二者之比为2.76。虽然城乡居民财产性收入比明显小于城乡居民转移性收入比和工资性收入比，但财产性收入比同样不可忽视，因为一旦考虑了城镇居民的隐性财产收入，这一差距必将更大。

　　五是城乡居民生活水平差距。城乡之间巨大的收入差距最终必然反映到居民的生活水平上。国家统计局资料显示，1981年我国农村居民家庭人均现金消费支出水平为108.90元，2013年上升到了6112.90元，相对于1981年扩大了55.13倍，平均增速为13.69%。而1981年我国城镇居民家庭人均现金消费支出水平为456.80元，到2013年为18 022.60元，相对于1981年扩大了38.45倍，平均增速为12.38%。从中可以看出，从1981年到2013年，我国农村居民和城镇居民的人均消费均呈现出了较大的上升趋势，虽然该时间段内的农村居民人均现金消费的平均增速稍稍优于城镇居民，但是农民消费的起点低，1981年时的消费水平不足城镇居民的1/4，这说明改革开放初期的城乡居民消费差距悬殊。由城乡居民现金消费支出比来看，1981年的城乡居民现金消费水平之比为 4.20，在经历农村经济改革巨大成功阶段，城乡消费比一度下降到了 1989 年的 3.20，随着中国经济改革重心的转移，城乡消费比又不断扩大，1994 年扩大到了 4.40；在市场经济改革逐渐深入阶段，城乡消费比在不断波动过程中略有下降，但是很快又在 2003 年回升到了 4.13，虽然近十年来均保持着持续、稳定的下降趋势，但是当前这一差距之大仍然触目惊心，与城乡居民收入比大致相当。总体来说，与城镇居民相比，农村居民的人均消费水平与收入水平同样要落后十年以上，如果要考虑到城乡基础设施和消费品供给之间的差异，城乡消费差距将会更大。

正是由于城乡之间存在上述巨大差距，现今的居民收入分配格局又明显朝着不利于农民的方向不断发展，使农村居民的消费水平远远低于城镇居民，城镇居民的消费结构也明显优于前者，这就直接导致了中国居民消费水平一直"提"而不升。这就意味着，欲转变中国经济发展方式、实现经济内生增长，必须有效提高农村居民的消费水平和促进其消费结构升级，这既需要加快发展农村经济、扩大农村消费市场，又需要逐步消除城乡差距，更需要优化农民收入结构。

5.2　我国农民收入结构变动趋势及其收入增长效应

从 20 世纪 90 年代后期以来，随着国民经济的快速发展、农产品市场的变化及农民工在城乡之间、不同地区间大量流动，农民收入来源结构摆脱了原来的单一形式，出现了多元化构成格局。农民收入的来源划分为：农民家庭经营收入（第一产业包括农业、牧业、林业、渔业，农村第二产业、第三产业和其他）、工资性收入、转移性收入（政策性补贴、亲友馈赠等）、财产性收入（房屋出租收入、土地流转收入、利息收入、分红），不同的来源也可被称为农民收入结构组成。那么农民收入结构的变动趋势是怎样的？各项收入对农民收入增长的贡献又是什么样的？这些问题将在接下来这一节予以重点分析。

5.2.1 农民收入结构变动的时期差异

改革开放以来，随着农村改革的巨大成功和国家工业化、城镇化进程的全面推进，农民收入保持较快增长的同时，农民收入的来源渐趋多元，除家庭经营性(不少农户以农业为主)收入外，工资性收入也逐渐成为农民收入中最为主要的来源，同时，财产性收入和转移性收入也渐渐成为其收入增长的突破点。如果我们仅仅从1985～2013年农民的工资性收入、家庭经营性收入、财产性收入和转移性收入占总收入的比重来看，如图5.14所示。农民家庭经营性纯收入是其收入的主要来源，从1985年至2012年一直占据着最为主要的地位；而工资性收入是农民收入的第二大主要来源，在2012年以前工资性收入占比一直低于家庭经营性收入占比，这一现象直到2013年发生改变。农民工资性收入和家庭经营性收入的变化出现此消彼长的特征，主要是因为20世纪80年代中期开始，农村的非农产业得到快速发展，这其中乡镇企业的崛起和发展最具代表性，致使农村劳动力大量流向非农产业，相应农民人均纯收入中的工资性收入所占比重不断上升。而与此同时，农村经营体制的变革对农民收入增长的影响却在逐渐减弱，家庭经营性收入在农民人均纯收入中的比重表现出不断下降的趋势。而农民的财产性收入和转移性收入所占比重一直处于一个很低的水平，基本上只能算作是农民收入的补充性来源。从这四项收入的详细变动趋势来看，农民家庭经营性收入比重在逐年下降，且下降的幅度较大，从1985年的74.4%下降到2013年的42.67%，下降了近32个百分点；工资性收入比重却在持续上升，同期由16.3%上升到45.24%，上升了近29个百分点；财产性收入和转移性收入的占比亦分别由1.9%和7.4%上升到了3.3%和8.81%，两者的占比虽小，但也有上升趋势。另外，为了更清楚地分析各年中农民收入结构的详细变化，以及农民收入增长的特点，我们进一步将农民家庭经营纯收入进行了详细分类(包括第一产业收入、第二产业收入和第三产业收入)，具体来看，农民收入增长主要表现为以下四个特点[①]。

---

① 本部分的数据主要来源于国家统计局网站，缺失数据根据陈宗胜等(2008)进行补充，最后由作者计算而得。

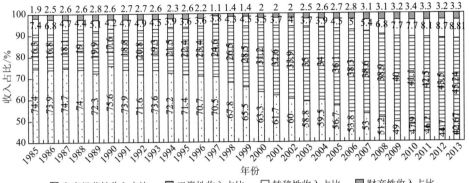

图 5.14　1985～2013 年我国农村居民收入结构变化趋势

1. 农业收入对于农民增收仍具有举足轻重的作用，但其贡献力度逐渐弱化

1985 年以来，农民的农业收入(也就是农民家庭经营纯收入中的第一产业收入，下同)作为农民人均纯收入中不可或缺的一大组成部分，其持续增长是保障农民收入增长与稳定的根源(表 5.11)。但是从 1990 年开始，农民的农业收入占农民人均纯收入的比重持续走低(表 5.12)，由最初的 50.83%下降到了 2012 年的 26.61%，其绝对值的增长速度也大大慢于农民人均非农收入的增长速度(表 5.13)。期间农民人均纯收入的增长速度在 1997～2000 年遭遇了连续 4 年下滑的困难局面(图 5.3)，农民来自农业的纯收入也因此在 1998～2000 年遭遇了连续 3 年的绝对减少。以最近的 2012 年为例，全国农民人均纯收入为 7916.5 元(表 5.11)，其中来自第一产业的纯收入仅占 34.39%，相较于 1985 年和 1990 年,其占比分别下降了 31.96 个百分点和 32.05 个百分点。第一产业收入中，农业收入、林业收入、牧业收入和渔业收入占农民纯收入的比重分别为 26.61%、1.31%、5.57%和 0.89%(表 5.12)。同年，农民收入较上年增加了 939.29 元，其中来自第一产业的纯收入增加了 202.30 元，仅占农民人均纯收入总增量的 21.54%；第一产业纯收入增量中农业纯收入增加了210.30 元，林业纯收入增加了 4.20 元，牧业纯收入下降了 21.50 元，渔业纯收入增加了 9.5 元。整体来看，20 世纪 80 年代以来，在农村产业结构变革的过程中，农业生产结构也随之发生了很大的变化，以种植业为主的农业生产结构开始向农、林、牧、渔业并举的方向发生转变。具体体现于农民农业家庭经营收入的构成上，一方面种植业收入的比重逐年下降，另一方面来源于

林、牧、渔业的收入比重基本保持稳定，农民家庭经营性收入构成在农业收入内部体现了多元化的格局(陈宗胜等，2008)。综上，不难看出，1985 年以来，农民收入中来自农业纯收入的稳定增长对于实现农民增收，仍然具有不可或缺的基础性作用，但是农业收入对于农民增收的贡献力度已经出现了明显的趋势性减弱[①]。

表 5.11 1985 年来部分年份农民收入及其结构的绝对值变化情况(单位：元)

农村居民家庭人均纯收入来源	1985 年	1990 年	1995 年	2000 年	2003 年	2004 年	2005 年	2010 年	2012 年
农村居民家庭人均纯收入	397.6	686.3	1577.7	2253.4	2622.2	2936.4	3254.9	5919.0	7916.5
（一）工资性收入	72.2	138.8	353.6	702.2	918.3	998.4	1174.5	2431.1	3447.5
（二）家庭经营纯收入	296.0	518.6	1125.8	1427.3	1541.3	1745.8	1844.5	2832.8	3533.4
1. 第一产业收入	263.8	456.0	956.4	1090.7	1195.6	1398.0	1469.6	2231.0	2722.2
农业收入	202.1	344.6	799.4	833.9	885.7	1056.5	1097.7	1723.5	2106.8
林业收入	6.1	7.5	13.5	22.4	29.3	34.1	45.8	87.6	103.7
牧业收入	52.0	96.8	127.8	207.4	245.7	271.1	283.6	355.6	441.0
渔业收入	3.6	7.1	15.7	27.0	34.9	36.3	42.5	64.3	70.7
2. 第二产业收入	9.6	21.4	48.1	99.4	108.5	108.2	108.3	182.1	213.8
3. 第三产业收入	22.6	41.2	121.3	237.2	237.2	239.6	266.6	419.7	597.4
（三）财产性和转移性收入	29.4	28.9	98.3	123.9	162.6	192.2	235.9	655.1	935.6
1. 财产性收入	—	—	41.0	45.0	65.8	76.6	88.5	202.2	249.3
2. 转移性收入	—	—	57.3	78.8	96.8	115.5	147.4	452.9	686.3

表 5.12 1985 年来部分年份农民收入及其结构的占比变化情况(单位：%)

项目	1985 年	1990 年	1995 年	2000 年	2003 年	2004 年	2005 年	2010 年	2012 年
农村居民家庭人均纯收入	100	100	100	100	100	100	100	100	100
（一）工资性收入	18.16	20.22	22.41	31.16	35.02	34.00	36.08	41.07	43.55
（二）家庭经营纯收入	74.45	75.56	71.36	63.34	58.78	59.45	56.67	47.86	44.63

---

① 这里所涉及的趋势性减弱，指的是就 1985 年以来，第一产业对农民增收的贡献能力在逐步减弱的这一长期趋势，并不排除个别年份由于农产品价格大幅度上涨等原因，第一产业收入出现较快增长和占比有所提高的情景。

续表

项目	1985 年	1990 年	1995 年	2000 年	2003 年	2004 年	2005 年	2010 年	2012 年
1. 第一产业收入	66.35	66.44	60.62	48.40	45.60	47.61	45.15	37.69	34.39
农业收入	50.83	50.21	50.67	37.01	33.78	35.98	33.72	29.12	26.61
林业收入	1.53	1.09	0.86	0.99	1.12	1.16	1.41	1.48	1.31
牧业收入	13.08	14.10	8.10	9.20	9.37	9.23	8.71	6.01	5.57
渔业收入	0.91	1.03	1.00	1.20	1.33	1.24	1.31	1.09	0.89
2. 第二产业收入	2.41	3.12	3.05	4.41	4.81	3.68	3.33	3.08	2.70
3. 第三产业收入	5.68	6.00	7.69	10.53	10.53	8.16	8.19	7.09	7.55
（三）财产性和转移性收入	7.39	4.21	6.23	5.50	6.20	6.55	7.25	11.07	11.82
1. 财产性收入	—	—	2.60	2.00	2.51	2.61	2.72	3.42	3.15
2. 转移性收入	—	—	3.63	3.50	3.69	3.93	4.53	7.65	8.67

表 5.13　1985 年来部分年份农民收入及其结构的增长率变化情况（单位：%）

项目	1985 年	1990 年	1995 年	2000 年	2003 年	2004 年	2005 年	2010 年	2012 年
农村居民家庭人均纯收入	11.90	14.10	29.22	1.95	5.92	11.98	10.85	14.86	13.46
（一）工资性收入	22.10	1.68	34.50	11.43	9.30	8.72	17.63	17.94	16.34
（二）家庭经营纯收入	11.91	19.33	27.66	-1.46	3.68	13.27	5.66	12.11	9.66
1. 第一产业收入	9.09	22.71	28.08	-4.24	5.34	16.93	5.12	12.21	8.03
农业收入	1.86	35.72	30.94	-9.19	2.19	19.28	3.90	15.06	11.08
林业收入	34.78	-7.41	4.65	3.70	14.90	16.38	34.10	26.01	4.22
牧业收入	39.04	-5.28	13.80	18.99	16.67	10.34	4.62	-1.33	-4.65
渔业收入	140.00	-4.05	42.73	8.87	8.39	4.01	17.01	6.63	126.60
2. 第二产业收入	100.00	-3.60	33.61	8.99	0.00	-0.28	0.05	10.70	10.96
3. 第三产业收入	50.67	1.47	22.28	8.71	-2.43	1.01	11.33	12.19	17.28
（三）财产性和转移性收入	8.43	-5.02	29.02	-5.97	9.21	18.19	22.75	15.93	18.17
1. 财产性收入	—	—	43.49	42.76	29.74	16.52	15.45	20.96	9.00
2. 转移性收入	—	—	20.34	-21.32	-1.39	19.32	27.59	13.81	21.90

注：由于空间限制，此表只给出了 1985～2012 年部分年份的农民收入及其结构变化情况，备索

2. 非农产业成为农民增收的主要来源，其增收的贡献力度日趋增强[①]

在农民人均纯收入增速连续 4 年下滑阶段，与上年相比，1998 年、1999 年和 2000 年的农民人均纯收入分别增加了 71.85 元、48.36 元和 43.08 元，其中人均非农产业的纯收入（也就是除第一产业以外的纯收入加总，下同）分别增加了 99.55 元、101.76 元和 91.38 元，各年的非农产业纯收入增量占农民人均纯收入增量分别为 138.55%、210.42% 和 212.12%。这就是说，在农民纯收入增收极其困难的这几年，来自非农产业的纯收入增长速度远远超过了农民人均纯收入总量的增幅。由表 5.12 可以看出，1990 年以来，农民的人均纯收入中，来自非农产业的纯收入所占比重在总体上呈现出逐渐提高的趋势，来自非农产业的纯收入增长同样也明显快于农民人均纯收入的增长速度（但 2004 年除外）。另外，统计资料数据显示，2004 年农民来自农业的纯收入占农民人均纯收入比重为 35.98%，比上年增长了 2.2 个百分点，同时比上年增长了 19.28%，同比多增 17.09 个百分点，这也正是 1990 年以来（不包括 1990 年）农民来自农业的纯收入增长率高于农民人均纯收入增长率的唯一一年（表 5.13）。

以 2012 年为例，尽管 2008 年始于美国而后席卷全球的金融危机和近年来人民币的不断波动等因素影响着我国企业的发展环境，但是在农民的人均纯收入中，农民的工资性纯收入仍高达 3445.5 元，占 43.55%（表 5.12）；来自非农产业的纯收入，包括工资性收入，家庭经营第二、第三产业纯收入，财产性收入，以及转移性收入，合计为 5194.38 元，所占比重为 65.61%。同年，在农民的人均纯收入增量中，工资性纯收入比上年增长了 482.97 元，占农民人均纯收入总增量的 51.42%；非农产业的纯收入比上年增长了 736.99 元，占农民人均纯收入总增量的 78.46%，与此同时，来自农业的纯收入增量占比只有 21.54%。如果从更长时期的数据来看，1985～2013 年，农民工资性收入平均增速为 9.73%，明显大于农民人均纯收入平均增速的 5.94%；这一时间段内，农民工资性收入增速的变异系数也要明显小于农民人均纯收入、家庭经营性收入、财产性收入和转移性收入，这说明农民工资性收入的增长

---

① 农民的非农产业收入主要包括工资性收入、财产性收入、转移性收入及家庭经营纯收入中的第二产业和第三产业收入，也就是第一产业纯收入以外的所有收入。

最为稳定。综上，我们可以很明确地看出，农民来自非农产业的纯收入已经成为农民人均纯收入的最主要来源，其增长力度及对农民人均纯收入的增收贡献将会进一步加大。

3. 城镇化吸引农村劳动力转移就业，有效带动了农民务工收入增长

国家统计局公布的《2013 年全国农民工监测调查报告》数据显示，2013 年全国外出农民工的就业地点，在地级以上大中城市(包括副省级)务工的占 63.9%，比 2006 年降低了 0.8%。其中在直辖市和省会城市务工人数分别占 8.5%和 22%，分别比 2006 年降低了 0.9%和升高了 3.4%。在外出农民工中，7739 万人跨省流动，8871 万人省内流动，分别占外出农民工的 46.6%和 53.4%(表 5.14)。跨省流动农民工主要流入大中城市，省内流动农民工主要流入小城镇。另外，分地区来看，2013 年东部地区跨省流出农民工 882 万人，但是 72.6%仍在东部地区省际流动；中部地区跨省流出农民工 4017 万人，其中有 89.9%流向了东部地区；西部地区跨省流出农民工 2840 万人，其中 82.7%流向东部地区。在跨省流动农民工中，流向东部地区 6602 万人，占 85.3%；流向中西部地区 1068 万人，占 13.8%[①]。

表 5.14　2013 年按城市类型分的外出农民工人数及构成

指标	合计	直辖市	省会城市	地级市 (包括副省级)	小城镇	其他
外出农民工人数/万人	16 610	1 410	3 657	5 553	5 921	69
其中：跨省流动	7 739	1 115	1 749	3 064	1 742	69
省内流动	8 871	295	1 908	2 489	4 179	0
外出农民工构成/%	100.0	8.5	22.0	33.4	35.7	0.4
其中：跨省流动	100.0	14.4	22.6	39.6	22.5	0.9
省内流动	100.0	3.3	21.5	28.1	47.1	0

资料来源：《2013 年全国农民工监测调查报告》

各年的全国农民工监测调查报告的数据显示，从外出农民工的从业地点看，2012 年在直辖市务工的农民工人均月收入水平 2561 元，比上年增加 259

---

① 本部分数据均来自国家统计局网站公布的各年《全国农民工监测调查报告》。

元，比2009年增加992元，其环比增速（上年为基期，下同）和同比增速（2009年为基期，下同）分别为11.25%和63.22%；在省会城市务工的农民工月收入水平2277元，比上年增加236元，比2009年增加852元，其环比增速和同比增速分别为11.56%和59.79%；在地级市务工的农民工月收入水平为2240元，比上年增加229元，比2009年增加了838元，其环比增速和同比增速分别为11.39%和59.77%；县级市务工的农民工月收入水平为2204元，比上年增加222元，比2009年增加了845元，其环比增速和同比增速分别为11.20%和62.18%；在建制镇的农民工月收入水平为2200元，比上年增加了239元，比2009年增加了852元，其环比增速和同比增速分别为12.19%和63.20%（图5.15）。不难看出，大城市的务工收入水平和增加额都要明显高于中小城市的水平。这说明，近年来城镇化和城市群大量吸收农村劳动力，对农民增收的带动作用显著。但是从长远来看，随着新型城镇化的重视度提高及农民工本地就业的偏好增强，中小城镇的发展将会给农民增收带来更大的潜力和更多的机会。

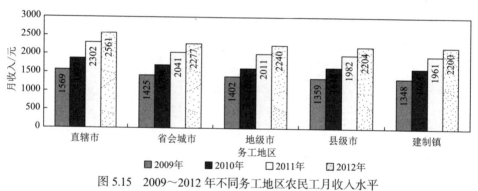

图5.15　2009～2012年不同务工地区农民工月收入水平

4. 财产性收入增长略快于纯收入增长，转移性收入正成为农民增收的亮点

由表5.15可以明显看出：一方面，1985年以来，农民的财产性收入和转移性收入的平均增速分别比农民人均纯收入的平均增长率高4.97个和1.40个百分点，并且财产性收入的平均增速还大于工资性收入平均增速1.16个百分点。另一方面，农民人均纯收入各年增速的极差和变异系数都要明显小于财产性收入和转移性收入，这说明1985年以来农民财产性和转移性收入增速

的稳健性还不高。2004~2013 年，农民财产性收入和转移性收入均实现平稳、快速增长，两者的平均增速分别超过了农民人均纯收入的 3.11 个百分点和 10.13 个百分点，也大于工资性收入和家庭经营性收入的平均增速。尤其是 2004 年以来中央一号文件连续 13 年涉及"三农"问题，各级地方政府财政收入的增长和政府不断加大强农、惠农、支农政策力度，转移收入日益成为农民增收的新亮点，2004 年以来农民转移性收入的平均增速要远远大于其他收入的增速，其中该段时间内农民转移性收入的平均增速是家庭经营性收入的 2.32 倍。以 2012 年为例，农民的财产性收入和转移性收入分别为 249.61 元和 686.30 元，分别占农民人均纯收入的 3.15%和 8.67%(表 5.12)。与 2011 年相比，财产性和转移性收入的增量分别占农民人均纯收入总增量的 2.19% 和 13.13%。据此，我们可以发现 2004 年来，农民财产性收入和转移性收入的平均增速远远大于农民人均纯收入的平均增速，并且一直都是农民人均纯收入各组成部分中增长最快的，转移性收入俨然已成为当前农民增收最为突出的亮点和将来农民持续增收的一大保障。

表 5.15　农民收入结构的实际增长情况比较

项目	人均纯收入	工资性收入	家庭经营性收入	财产性收入	转移性收入
1985~2013 年					
平均增长率/%	5.94	9.75	3.94	10.91	7.34
最大增长率/%	13.12	20.05	14.18	53.00	36.56
最小增长率/%	−7.48	−4.15	−9.66	−45.91	−29.69
极差	20.60	24.19	23.83	98.91	66.26
标准差	4.34	7.26	4.30	18.68	14.51
变异系数	0.73	0.73	1.07	1.68	1.94
2004~2013 年					
平均增长率/%	9.30	12.17	5.86	12.41	19.43
变异系数	0.16	0.30	0.36	0.37	0.40

5.2.2　农民收入结构的变动值测度

为了从总体上分析农民收入结构的变动，本小节以农民工资性收入、家

庭经营性收入、财产性收入和转移性收入比重的变动差额绝对值之和来测度农民收入结构变动值，其计算公式为

$$\Delta I_t = \sum_{i=1}^{4} \left| I_i^t - I_i^{t-1} \right| \tag{5.9}$$

其中，ΔI_t 表示第 t 年农民收入结构的变动值；I_i^t 和 I_i^{t-1} 分别表示第 t 年和 $t-1$ 年农民的第 i 项收入占农民人均纯收入的比重；I_1^t，I_2^t，I_3^t，I_4^t 分别表示第 t 年农民工资性收入、家庭经营性收入、财产性收入和转移性收入占该年农民人均纯收入的比重。

根据式(5.9)，分别对我国 1985 年以来农民收入结构的变动值进行了测度，然后根据各项收入的变动值计算出农民收入结构的总变动值，结果如表 5.16 所示。从农民收入结构的变动值来看，各项收入比重变化有着明显的差异性：农民收入结构变动值的平均值由小到大顺序依次为财产性收入(0.231%)、转移性收入(0.502%)、工资性收入(1.344%)和家庭经营性收入(1.561%)；农民收入结构变动值的极差由小到大顺序依次为财产性收入(1.068%)、转移性收入(2.140%)、工资性收入(2.426%)和家庭经营性收入(3.303%)；农民收入结构变动值的变异系数由小到大顺序依次为工资性收入(0.470)、家庭经营性收入(0.529)、转移性收入(0.890)和财产性收入(1.032)。农民收入结构总变动值的平均值、极差和变异系数分别为 3.637%、5.408% 和 0.388。

表 5.16　1985～2013 年农民收入结构的变动值

年份	工资性收入 $\left\| I_1^t - I_1^{t-1} \right\|$	家庭经营性收入 $\left\| I_2^t - I_2^{t-1} \right\|$	财产性收入 $\left\| I_3^t - I_3^{t-1} \right\|$	转移性收入 $\left\| I_4^t - I_4^{t-1} \right\|$	总变动值 ΔI_t	农民收入实际增速
1985	0.371%	0.009%	0.599%	0.237%	1.216%	4.01%
1986	0.502%	0.520%	0.611%	0.593%	2.226%	0.43%
1987	1.321%	0.760%	0.073%	2.154%	4.309%	2.79%
1988	0.899%	0.691%	0.053%	0.260%	1.904%	0.29%
1989	0.904%	1.743%	0.174%	0.665%	3.485%	−7.48%
1990	2.278%	3.312%	0.185%	0.849%	6.624%	9.17%
1991	1.157%	1.672%	0.072%	0.443%	3.345%	0.93%
1992	2.001%	2.260%	0.069%	0.189%	4.519%	5.65%

续表

年份	工资性收入 $\left\|I_1^t - I_1^{t-1}\right\|$	家庭经营性收入 $\left\|I_2^t - I_2^{t-1}\right\|$	财产性收入 $\left\|I_3^t - I_3^{t-1}\right\|$	转移性收入 $\left\|I_4^t - I_4^{t-1}\right\|$	总变动值 ΔI_t	农民收入实际增速
1993	1.520%	1.986%	0.132%	0.334%	3.971%	3.42%
1994	2.281%	1.393%	0.267%	0.620%	4.562%	7.33%
1995	0.880%	0.870%	0.258%	0.268%	2.276%	9.99%
1996	0.989%	0.617%	0.386%	0.014%	2.007%	13.12%
1997	1.211%	0.277%	1.082%	0.147%	2.717%	5.88%
1998	1.912%	2.652%	0.275%	0.465%	5.305%	4.49%
1999	1.984%	2.282%	0.023%	0.275%	4.563%	3.77%
2000	2.652%	2.189%	0.571%	1.035%	6.446%	2.07%
2001	1.453%	1.656%	0.014%	0.217%	3.341%	4.17%
2002	1.320%	1.635%	0.062%	0.252%	3.269%	5.03%
2003	1.083%	1.270%	0.460%	0.274%	3.087%	4.26%
2004	1.020%	0.676%	0.102%	0.242%	2.040%	6.86%
2005	2.082%	2.785%	0.108%	0.594%	5.569%	8.45%
2006	2.242%	2.837%	0.084%	0.511%	5.674%	8.59%
2007	0.226%	0.849%	0.295%	0.328%	1.698%	9.51%
2008	0.386%	1.822%	0.014%	1.422%	3.644%	7.96%
2009	1.060%	2.127%	0.134%	0.933%	4.254%	9.00%
2010	1.072%	1.174%	0.172%	0.070%	2.489%	11.20%
2011	1.400%	1.681%	0.141%	0.421%	3.643%	11.38%
2012	1.057%	1.530%	0.123%	0.596%	3.307%	10.70%
2013	1.703%	1.987%	0.148%	0.138%	3.976%	9.31%
最大值	2.652%	3.312%	1.082%	2.154%	6.624%	13.12%
最小值	0.226%	0.009%	0.014%	0.014%	1.216%	−7.48%
极差	2.426%	3.303%	1.068%	2.140%	5.408%	20.60%
标准差	0.632	0.825	0.238	0.446	1.409	1.45
平均值	1.344%	1.561%	0.231%	0.502%	3.637%	5.94%
变异系数	0.470	0.529	1.032	0.890	0.388	0.24

为了更直观地对比农民收入结构总变动值的波动情况与农民收入实际增

速之间的关系,我们在同一图中给出了 1985～2013 年我国农民收入实际增长率和农民收入结构总变动值(图 5.16)。由图 5.16 可知,1985～2013 年,农民收入结构总变动值和农民收入实际增速的波动性都较为明显,但农民收入结构总变动值的波动幅度明显要小于农民收入实际增长率,而且两者之间的变化趋势有着较为明显的负相关关系;也就是说,农民收入结构总变动值较小的年份,其实际收入水平的涨幅反而较高,这一特征在 20 世纪 90 年代之后表现得更明显。

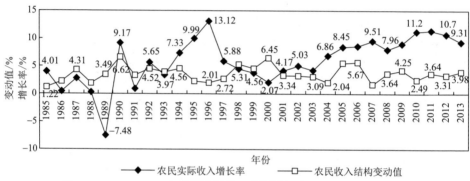

图 5.16　1985～2013 年我国农民收入实际增长率和收入结构总变动值

这一结论很好地说明了,要确保农民实际收入快速稳定增长,必须要做到降低或者稳定农民收入结构的总变动值,也就是减小农民工资性收入、家庭经营性收入、财产性收入和转移性收入在各年中占农民人均纯收入比重的波动幅度。如 1995 年、1996 年、2010 年,农民人均纯收入实际增长率分别达到了 9.99%、13.12%和 11.20%;与此同时,农民收入结构总变动值却分别低至了 2.28%、2.01%和 2.49%。但是,1990 年例外,该年度的农民人均纯收入的实际增速和收入结构总变动值分别高达 9.17%和 6.62%,主要是因为 1989 年的农民实际收入在 1988 年增长降低到 0.29%之后又进一步下降了 7.48%,而 1990 年农民正好经历了工资性收入、财产性收入和转移性收入增速的大幅下滑和家庭经营性收入增速的大幅提升。

综上可知,我国农民收入实际值保持高速增长与农民收入结构变动值较低是分不开的,因为长时期内农民实际收入平均增长率的高低并不取决于某几个年份或者某项收入的绝对高度,而是取决于达到高增长率及低增长率年份的多少和农民收入结构总变动值的大小。尤其是 2004 年以后,即使农民收入实际增速虽并未达到像 1996 年那样 13.12%的高度，但这一阶段农民收入实际增长率实现了"十连快"。因此，中国实现农民收入超常规增长必须做到，突破与化解常规增长模式下经济的周期波动，保证农民收入稳定增长与结构优化的协同。

5.2.3　农民收入结构变动的收入增长效应

农民收入的结构变动使各项收入的增长效应发生相应变化。在此，利用经济增长结构分析法，建立农民收入结构变动对农民收入增长贡献的分解模型。若以 GR_t 来表示 t 年农民实际收入（1985 年可比价计算）的累计增长率，GR_{it} 为第 i 项实际收入在第 t 年累计增长率，q_{it} 为第 i 项实际收入份额在相应年份的加权均值，则 GR_{it} 可表示为

$$\mathrm{GR}_t = \sum_{i=1}^{4} \overline{q_{it}} \mathrm{GR}_{it} \tag{5.10}$$

其中，$\overline{q_{it}}\mathrm{GR}_{it}$ 为第 i 项实际收入对收入增长的绝对贡献，若以 Q_{it} 表示第 i 项收入对收入增长的相对贡献，则 Q_{it} 可用式(5.11)来表示：

$$Q_{it} = \frac{\overline{q_{it}}\mathrm{GR}_{it}}{\mathrm{GR}_t} \times 100\% \tag{5.11}$$

根据式(5.10)和式(5.11)我们可以分别测算出农民收入结构变动对其收入增长的绝对贡献和相对贡献。

1. 农民收入结构变动对其收入增长的绝对贡献

农民工资性收入、家庭经营性收入、财产性收入和转移性收入的非均衡性增长使各项收入对人均纯收入增长贡献呈现出明显的差异性。从图 5.17 可以看出，1985～2013 年，农民家庭经营性收入的累计绝对贡献变化趋势与农民实际收入累计增长率的变化趋势在 1997 年以前基本一致；1997 年之后农民工资性收入的累计绝对贡献率出现快速增长的趋势，但是直到 2010 年，农民工资性收入的累计绝对贡献才超出家庭经营性收入。农民工资性收入和家庭经营性收入对农民收入增长的绝对贡献的这一变化趋势，进一步说明了农

民工资性收入将逐渐成为农民收入的最主要来源。另外，我们同时列出单个年度中农民各项收入对收入增长的绝对贡献变化情况，如图 5.18 所示。由图 5.18 可以看出，1998 年以来(除 2004 年和 2007 年以外)，单年度内农民工资性收入拉动农民收入增长的力度均大于农民家庭经营性收入的拉动作用，该时间段内农民工资性收入拉动农民人均纯收入增长的平均值为 4.08%，而农民人均纯收入的平均增长率为 7.30%，即农民工资性收入的变化情况在很大程度上决定了农民人均纯收入的变化趋势。

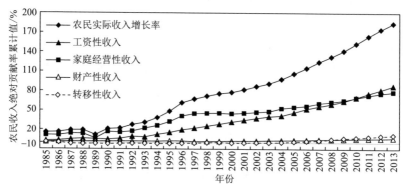

图 5.17　1985～2013 年我国农民各项收入来源对其实际收入增长的绝对贡献(累计值)

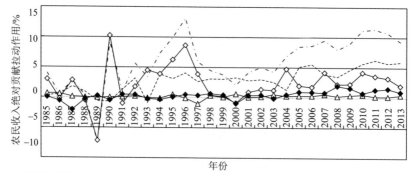

图 5.18　1985～2013 年我国农民各项收入来源对其实际收入增长的绝对贡献(拉动作用)

　　相对而言，1985 年以来，农民转移性收入和财产性收入对农民收入增长的绝对贡献值要远远小于农民工资性收入和家庭经营性收入的贡献，两者对农民人均纯收入增长拉动作用之和仅仅在 2008 年和 2009 年分别达到了 2.22%和 2.05%，其余年份的拉动作用均小于 2%。转移性收入对农民人均纯收入的绝对贡献值有缓慢增加的趋势，但是也存在较大的波动幅度，其中贡献力度最大的是 2008 年，对农民人均纯收入拉动作用为 1.96%；贡献力度最小的是 1987 年，对农民人均纯收入拉动作用低至–2.03%。财产性收入的绝对贡献却处于不断波动的过程中，对农民人均纯收入增长的拉动作用一直小于 1%，贡献力度最大的是 2000 年，对农民人均纯收入拉动作用也仅有 0.61%；贡献力度最小的是 1997 年，对农民人均纯收入拉动作用为–1.02%。这一现象更加明确地反映出了当前形势下确定农民的"三权"[①]是必要且紧迫的，没有财产权的保证，农民的财产性收入就如无根之木。在保证农民财产权的同时，更应该加大对农民的转移支付力度。

2. 农民收入结构变动对其收入增长的相对贡献

与农民各项收入增长对人均纯收入增长的绝对贡献相比，各项收入的相对贡献更能够直观地反映出各自对农民收入增长的重要程度及其变化趋势。从图 5.19 来看，各项收入对其收入增长的相对贡献存在极大差异。总体来看，存在几个特征并发生了如下几个显著的变化：农民家庭经营性收入和工资性收入一直都是农民收入的最重要来源，两者占据着绝对的主导地位，相反，财产性收入和转移性收入对农民收入增长的影响微乎其微。20 世纪 80 年代中期以来，农民家庭经营性收入对农民收入增长的相对贡献最大，而后依次是工资性收入、财产性收入和转移性收入（表 5.17）；但经过波动变化，一方面农民家庭经营性收入的相对贡献逐渐下降，另一方面工资性收入的相对贡献却在不断上升，经过几十年漫长的追赶，直到 2010 年，工资性收入对农民人均纯收入增长的相对贡献值才超过家庭经营性收入，进而成为拉动农民经济收入增长的最为重要的收入来源；而农民转移性收入和财产性收入的相对贡献存在明显的波动，基本上呈现出明显的此消彼长关系，其中在 1985 年至 1998 年间形成了一个明显的盒子状。

---

① 农民的财产权包括土地的经营承包权、宅基地的使用权、集体经济的收益权，即农民的"三权"。人大常委会副委员长周铁农认为，农民"三权"资产化，是解决农民创业、解决农民资金缺乏，进而解决家庭经营收入增收的一个重要手段。允许农民把"三权"作为一种资产进行抵押贷款，这样农民在外地打工需要买房定居时，可以使用这笔贷款，解决面临的问题。

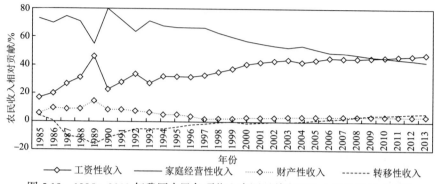

图 5.19　1985～2013 年我国农民各项收入来源对其实际收入增长的相对贡献

表 5.17　1985～2013 年我国农民不同类收入对农民收入增长的相对贡献情况比较

指标	工资性收入	家庭经营性收入	财产性收入	转移性收入
1985～2013 年				
平均贡献值/%	37.11	59.07	5.17	−1.35
最大贡献值/%	47.58	79.99	14.64	6.18
最小贡献值/%	16.88	42.51	2.01	−16.07
1985～2013 年				
极差/%	30.71	37.48	12.63	22.25
标准差	8.93	10.90	2.90	5.76
变异系数	0.24	0.18	0.56	−4.27
2004～2013 年				
平均贡献值/%	45.24	47.30	3.72	3.75
标准差	1.53	3.57	0.12	2.04
变异系数	0.03	0.08	0.03	0.54

　　综上所述，1985 年至 2013 年期间，农民家庭经营性收入虽在农民人均纯收入中的比重比其他三项都要高(2010～2013 年除外)，一直都是农民人均纯收入的最主要来源，但对农民人均纯收入增长的贡献率却在不断减小(个别年份除外)。与此相反的是，农民的工资性收入在农民人均纯收入中的比重却表现出不断上升的趋势，对农民人均纯收入增长的贡献于 2010 年超过了农民

家庭经营性收入，对农民人均纯收入增长在最近几年起到了主要的作用，是农民人均纯收入的主要增长点。财产性收入和转移性收入在农民人均纯收入中所占的比重较小，与家庭经营性收入和工资性收入相比，对农民收入的贡献率较低，且波动频繁、幅度较大，其中 2013 年的财产性收入和转移性收入对农民人均纯收入的贡献率分别只有 3.73% 和 6.18%。虽然今后随着农民财产的不断增多和国家财政对农民补贴力度的不断加大，财产性收入和转移性收入在农民人均纯收入中的比重会不断上升，但我们应该看到，财产性收入和转移性收入并不是农民纯收入的主要来源，也不可能成为农民人均纯收入的主要来源，而只会是两种重要补充，而且这种状况在今后相当长的时期内并不会改变。

由此可见，目前农民工资性收入已连同家庭经营性收入一并成为农民收入增长的两大重要源泉，一改几十年来农民家庭经营性收入"一支独大"的局面。虽然工资性收入有进一步上升的趋势，而家庭经营性收入也有可能会进一步波动，但可以预见的是，随着农村剩余劳动力的逐步转移，与此同时农业经营方式和农村经济环境的不断改善，将来抑或是在很长一段时间以内，农民的工资性收入和家庭经营性收入仍将作为两大主要来源而"并驾齐驱"地决定农民收入的增长态势。

5.3　不同分组农民收入的增长趋势及结构变动分析

截止到目前，本章都只是针对农民收入的整体状况进行了分析，而并未揭示出农民收入的内部差异。事实上，农民收入内部不平等同样存在，并且不同收入组农民的收入增长现状及增长潜力也会存在较大差异。基于此，本节将根据国家统计年鉴 2001 年以来公布的关于农民收入分组数据，按照收入五等水平分组对各组农民收入及其增长情况进行统计分析，主要包括：不同收入组农民收入增长趋势的时期分析、不同收入组农民收入结构变动的时期分析、不同收入组农民收入结构变动值测度和农民收入结构相似度比较。为了直观地判断各收入分组农民收入变化情况，本节将只对名义收入及其增长率进行分析。

5.3.1   不同收入组的农民收入增长趋势时期分析

从表5.18来看,不同收入组农民的名义收入都呈现出了明显的上升趋势,但是低收入组农户的人均纯收入增长要明显慢于高收入组的增长,且差距在不断地扩大。2000年,低收入户的人均纯收入为802元,而高收入户的人均纯收入高达5190元,高收入户的人均纯收入是低收入户的6.47倍;到2013年,低收入户的人均纯收入为2583元,而高收入户的人均纯收入高达21 273元,高收入户的人均纯收入是低收入户的8.24倍,这一差距明显在进一步扩大,且高收入户的人均纯收入增加值是低收入户的8.49倍。此外,中等偏下户农民的人均纯收入由2000年的1440元上升到了2013年的5516元,在同一时期,其人均纯收入分别是低收入户的 1.80 倍(2000 年)和 2.14 倍(2013年);中等收入户农民的人均纯收入由2000年的2004元上升到了2013年的7942元,其人均纯收入分别是低收入户的 2.50 倍(2000 年)和 3.07 倍(2013年);中等偏上户农民的人均纯收入由2000年的2767元上升到了2013年的11 373元,其人均纯收入分别是低收入户的 3.45 倍(2000 年)和 4.40 倍(2013年)。不难看出,低收入户农民的人均纯收入与其他任何收入组农户的人均纯收入之间的差距都有不断拉大的趋势,并且收入越高的农民与收入最低的农民之间的差距越大。

表 5.18   按收入五等分农村居民人均纯收入名义值变化情况

年份	低收入户(Ⅰ)		中等偏下户(Ⅱ)		中等收入户(Ⅲ)		中等偏上户(Ⅳ)		高收入户(Ⅴ)	
	纯收入/元	增长率/%	纯收入/元	增长率/%	纯收入/元	增长率/%	纯收入/元	增长率/%	纯收入/元	增长率/%
2000	802.00		1440.00		2004.00		2767.00		5190.00	
2001	818.00	2.00	1491.00	3.54	2081.00	3.84	2891.00	4.48	5534.00	6.63
2002	857.13	4.78	1 547.53	3.79	2 164.11	3.99	3 030.45	4.82	5 895.63	6.53
2003	865.90	1.02	1 606.53	3.81	2 273.13	5.04	3 206.79	5.82	6 346.86	7.65
2004	1 006.87	16.28	1 841.99	14.66	2 578.49	13.43	3 607.67	12.50	6 930.65	9.20
2005	1 067.22	5.99	2 018.31	9.57	2 850.95	10.57	4 003.33	10.97	7 747.35	11.78
2006	1 182.46	10.80	2 222.03	10.09	3 148.50	10.44	4 446.59	11.07	8 474.79	9.39
2007	1 346.89	13.91	2 581.75	16.19	3 658.83	16.21	5 129.78	15.36	9 790.68	15.53
2008	1 499.81	11.35	2 934.99	13.68	4 203.12	14.88	5 928.60	15.57	11 290.20	15.32
2009	1 549.30	3.30	3 110.10	5.97	4 502.08	7.11	6 467.56	9.09	12 319.05	9.11

续表

年份	低收入户（Ⅰ）		中等偏下户（Ⅱ）		中等收入户（Ⅲ）		中等偏上户（Ⅳ）		高收入户（Ⅴ）	
	纯收入/元	增长率/%	纯收入/元	增长率/%	纯收入/元	增长率/%	纯收入/元	增长率/%	纯收入/元	增长率/%
2010	1 869.80	20.69	3 621.23	16.43	5 221.66	15.98	7 440.56	15.04	14 049.69	14.05
2011	2 000.51	6.99	4 255.75	17.52	6 207.68	18.88	8 893.59	19.53	16 783.07	19.46
2012	2 316.21	15.78	4 807.47	12.96	7 041.03	13.42	10 142.10	14.04	19 008.89	13.26
2013	2 583.00	11.52	5 516.00	14.74	7 942.00	12.80	11 373.00	12.14	21 273.00	11.91
增长率平均值		9.57		11.00		11.28		11.57		11.52
变异系数		0.61		0.45		0.42		0.38		0.33

从各收入组农民人均纯收入在 2001～2013 年的平均增长率来看，其从大到小的顺序依次为中等偏上户（11.57%）＞ 高收入户（11.52%）＞ 中等收入户（11.28%）＞ 中等偏下户（11.00%）＞ 低收入户（9.57%），这说明 21 世纪以来，我国收入越低的农户越容易陷入"贫困的恶性循环"，而收入越高的农户，其收入增长更容易。而全国农村居民人均纯收入在这期间的平均增长率为 11.30%，可以看出，中等及以下收入组农户收入的平均增长率要低于全国的平均水平，同时中等偏上及高收入组农户收入的平均增长率要明显高于全国的平均水平。低收入户农民人均纯收入的平均增长率比全国平均水平低 1.37 个百分点，中低收入户农民人均纯收入的平均增长率比全国平均水平低 0.3 个百分点，中等收入户农民人均纯收入的平均增长率比全国平均水平低 0.02 个百分点，中高收入户农民人均纯收入的平均增长率比全国平均水平高 0.27 个百分点，高收入户农民人均纯收入的平均增长率比全国平均水平高 0.22 个百分点。

从各收入组农民人均纯收入增长的最小值和最大值来看，高收入户、中等偏上户、中等收入户、中等偏下户和低收入户的人均收入增长率的最小值分别为 6.53%（2002 年）、4.48%（2001 年）、3.84%（2001 年）、3.54%（2001 年）和 2.00%（2001 年）；高收入户、中等偏上户、中等收入户、中等偏下户和低收入户的人均收入增长率的最大值分别为 19.46%（2011 年）、19.53%（2011 年）、18.88%（2011 年）、17.52%（2011 年）和 20.69 %（2010 年），从人均收入增长率的极差来看，收入越高的农户的人均纯收入增长率的稳定性也越高。我们根据各收入组农户的收入在各年中的增长率计算出各收入组农户收入增长的变异系数，用以衡量各收入组农民收入增长的稳定性，其变异系数从小到大的顺序依次为高收入户(0.33)< 中等偏上户(0.38)< 中等收入户(0.42)< 中等偏下户(0.45)< 低收入户(0.61)，高收入户的人均收入增长率的变异系数几乎只有低收入户的一半，这一结论进一步说明了收入越高的农户，其收入增长也越稳定。

5.3.2 不同收入组的农民收入结构变动时期分析

上一节我们详细分析了不同收入组农户的人均纯收入变化情况，可以明确地知道不同收入组农户的人均纯收入之间同样存在较大差距，其差距还有进一步扩大的趋势，特别是低收入与高收入农户之间的差距更甚。但同一收入组农户的收入结构变化情况是怎样的？不同收入组农户的收入结构之间有什么相似与相异之处呢？接下来我们将主要对 2002～2012 年不同收入组农民的收入结构变化进行详细分解。

1. 低收入户农民收入结构的时期差异分析

对低收入组农户而言，无论是各项收入的占比还是增长率，在 2002～2012 年都表现出明显的差异，如表 5.19 所示。首先，从各项收入的份额来看，工资性收入和家庭经营性收入是其最主要的两种收入来源。其中，工资性收入占人均纯收入比重由 2002 年的 26.41%上升到了 2012 年的 42.89%，十年的时间上升了将近 16.5 个百分点，并于 2011 年超过了家庭经营性收入；农民家庭经营性收入占比由 2002 年的 69.98%下降到了 2012 年的 40.49%，下降幅度高达 29.49 个百分点；财产性收入占比基本上都在 2%左右波动(除2002 年以外)，从这一角度来看，财产性收入似乎是低收入户农民可以直接忽略不计的一项收入；转移性收入占比在此期间的上升幅度超过了 11 个百分点。其次，从收入增长率及其增长的稳定性来看，低收入农户的人均工资性收入和转移性收入的增长率最为稳定，且转移性收入在该时间内的平均增长率要远远大于工资性收入；相反，低收入农户人均家庭经营性收入和财产性收入各年增速的波动性较大。

表 5.19　农村居民低收入户（Ⅰ）的收入结构变化情况

年份	工资性收入			家庭经营性收入			财产性收入			转移性收入		
	总额/元	占比/%	增速/%	总额/元	占比/%	增速/%	总额/元	占比/%	增速/%	总额/元	占比/%	增速/%
2002	226.38	26.41		599.81	69.98		7.23	0.84		23.72	2.77	
2003	233.15	26.93	2.99	590.52	68.20	−1.55	14.66	1.69	102.77	27.57	3.18	16.23
2004	264.64	26.28	13.51	684.26	67.96	15.87	16.20	1.61	10.50	41.77	4.15	51.51
2005	321.72	30.15	21.57	662.60	62.09	−3.16	21.93	2.05	35.35	60.97	5.71	45.96
2006	386.03	32.65	19.99	698.85	59.10	5.47	19.90	1.68	−9.23	77.67	6.57	27.40
2007	447.26	33.21	15.86	768.43	57.05	9.96	29.89	2.22	50.19	101.31	7.52	30.43
2008	528.66	35.25	18.20	781.15	52.08	1.66	30.75	2.05	2.87	159.25	10.62	57.19
2009	561.83	36.26	6.27	767.34	49.53	−1.77	25.81	1.67	−16.07	194.33	12.54	22.03
2010	675.39	36.12	20.21	939.36	50.24	22.42	44.11	2.36	70.91	210.94	11.28	8.55
2011	861.02	43.04	27.48	824.87	41.23	−12.19	49.58	2.48	12.40	265.04	13.25	25.64
2012	993.42	42.89	15.38	937.74	40.49	13.68	52.66	2.27	6.21	332.39	14.35	25.41
增速平均值			16.15			5.04			26.59			31.04

综上可知，2003 年以来，低收入农户的人均转移性收入增长成为收入增长的最大亮点，平均增长率达到了 31.04%，与工资性收入一并成为农民收入持续增长的最主要保障；虽然财产性收入的平均增长率同样较高，但是财产性收入占比较低且极不稳定，因此难以有效推动农民收入的持续、稳定和快速增长；家庭经营性收入虽然增幅不稳定，但仍然是低收入农户收入来源的第二大保障，并且在短时间内不会发生改变。

2. 中等偏下收入户农民收入结构的时期差异分析

对中等偏下收入组农户而言，无论是各项收入的占比还是增长率，在 2002～2012 年都表现出明显的差异，如表 5.20 所示。首先，从各项收入的份额来看，工资性收入和家庭经营性收入是其最主要的两种收入来源。其中，工资性收入占人均纯收入比重由 2002 年的 29.35%上升到了 2012 年的 42.72%，十年的时间上升了 13.37 个百分点；家庭经营性收入占比由 2002 年的 66.79%下降到了 2012 年的 46.10%，下降幅度高达 20.69 个百分点，但是家庭经营性收入一直都是该收入组农民的最主要收入来源；财产性收入占比基本上都在 2%以下波动(除 2002 年较低以外)，转移性收入占比在此期间虽有逐渐上升的趋势，但也一直低于 10%。这说明，对中等偏下收入组农户而言，其收入主要依靠工资和家庭经营收入，而财产性收入和转移性收入只是一种微弱的补充。其次，从收入增长率及其增长的稳定性来看，中等偏下收入农户的人均工资性收入和转移性收入的增长率最为稳定，且转移性收入在该时间段内的平均增长率要远远大于工资性收入；相反，中等偏下收入农户人均家庭经营性收入和财产性收入各年增速的波动性较大，极差分别达到了11.95%和55.5%。

表 5.20　农村居民中等偏下户(Ⅱ)的收入结构变化情况

年份	工资性收入			家庭经营性收入			财产性收入			转移性收入		
	总额/元	占比/%	增速/%	总额/元	占比/%	增速/%	总额/元	占比/%	增速/%	总额/元	占比/%	增速/%
2002	454.17	29.35		1033.53	66.79		14.80	0.96		45.04	2.91	
2003	483.24	30.08	6.40	1057.51	65.83	2.32	22.48	1.40	51.89	43.30	2.70	−3.86
2004	542.54	29.45	12.27	1208.15	65.59	14.24	26.67	1.45	18.64	64.63	3.51	49.26
2005	672.22	33.31	23.90	1230.66	60.97	1.86	32.35	1.60	21.28	83.09	4.12	28.56
2006	814.13	36.64	21.11	1265.72	56.96	2.85	32.64	1.47	0.92	109.52	4.93	31.82
2007	969.75	37.56	19.11	1428.45	55.33	12.86	47.67	1.85	46.04	135.88	5.26	24.06
2008	1095.21	37.32	12.94	1580.11	53.84	10.62	45.95	1.57	−3.61	213.72	7.28	57.29
2009	1201.07	38.62	9.67	1607.96	51.70	1.76	49.57	1.59	7.88	251.69	8.09	17.67
2010	1431.58	39.53	19.19	1828.35	50.49	13.71	73.26	2.02	47.78	288.04	7.95	14.54
2011	1792.19	42.11	25.19	2018.59	47.43	10.41	84.25	1.98	15.01	360.71	8.48	25.23
2012	2053.75	42.72	14.59	2216.22	46.10	9.79	84.76	1.76	0.60	452.74	9.42	25.51
增速平均值			16.44			8.04			20.64			27.01

综上可知，2003 年以来，中等偏下收入农户的人均转移性收入增长同样是其收入增长的最大亮点，平均增长率达到了 27.01%(略小于低收入组的31.04%，但是 2004 年后的平均增速高达 30.44%)，与工资性收入一并成为农民收入持续增长的最主要保障；虽然财产性收入的平均增长率同样也达到了20.64%，但是财产性收入占比较低且极不稳定，因此难以有效推动农民收入的持续、稳定和快速增长；家庭经营性收入虽然增幅不稳定，但一直都是该收入组农户收入来源的最大保障。

3. 中等收入户农民收入结构的时期差异分析

对中等收入组农户而言，各项收入的占比及结构如表 5.21 所示。首先，从各项收入的份额来看，工资性收入和家庭经营性收入是其最主要的两种收入来源，两者几乎每年都占据了人均纯收入的 90% 以上的份额。其中，工资性收入占人均纯收入比重由 2002 年的 33.09% 上升到了 2012 年的 45.40%，十年的时间上升了 12.31 个百分点；家庭经营性收入占比由 2002 年的 62.81% 下降到了 2012 年的 44.38%，下降幅度高达 18.43 个百分点，家庭经营性收入是该收入组农民的最主要收入来源，直到 2012 年才"退出第一"而让位于工资性收入；财产性收入占比基本上都在 2% 左右波动，转移性收入占比在此期间虽有逐渐上升的趋势，但也一直低于 9%。这说明，对中等收入组农户而言，其收入主要依靠工资和家庭经营收入，而财产性收入和转移性收入也仅仅只是一种微弱的补充。其次，从各项收入的增长率及其增长的稳定性来看，中等收入农户的人均转移性收入的平均增速最大，但是其波动性也最大，增速的极差为 62.20%；波动性次之的分别是财产性收入和家庭经营性收入；工资性收入的增长率最为稳定，其各年增速均维持在 7%～23%，特别是 2005 年以来的各年增速均大于 10%。

表 5.21　农村居民中等收入户（Ⅲ）的收入结构变化情况

年份	工资性收入			家庭经营性收入			财产性收入			转移性收入		
	总额/元	占比/%	增速/%	总额/元	占比/%	增速/%	总额/元	占比/%	增速/%	总额/元	占比/%	增速/%
2002	716.18	33.09		1359.36	62.81		24.72	1.14		63.85	2.95	
2003	795.44	34.99	11.07	1380.06	60.71	1.52	34.52	1.52	39.64	63.11	2.78	-1.16
2004	854.11	33.12	7.38	1601.88	62.12	16.07	38.25	1.48	10.81	84.25	3.27	33.50
2005	1043.14	36.59	22.13	1651.88	57.94	3.12	46.41	1.63	21.33	109.52	3.84	30.00
2006	1230.54	39.08	17.97	1731.32	54.99	4.81	51.81	1.65	11.63	134.84	4.28	23.12
2007	1450.08	39.63	17.84	1977.97	54.06	14.25	65.88	1.80	27.16	164.91	4.51	22.30
2008	1686.69	40.13	16.32	2169.31	51.61	9.67	81.53	1.94	23.76	265.58	6.32	61.04
2009	1865.55	41.44	10.60	2238.29	49.72	3.18	86.25	1.92	5.79	311.98	6.93	17.47
2010	2239.47	42.89	20.04	2496.56	47.81	11.54	120.82	2.31	40.08	364.82	6.99	16.94
2011	2739.84	44.14	22.34	2856.74	46.02	14.43	142.42	2.29	17.88	468.69	7.55	28.47
2012	3196.41	45.40	16.66	3124.74	44.38	9.38	143.18	2.03	0.54	576.70	8.19	23.05
增速平均值			16.24			8.80			19.86			25.47

综上可知，中等收入农户的人均转移性收入增长同样是其收入增长的最大亮点，其中2004年后的平均增速为28.43%，与工资性收入一并成为农民收入持续增长的最主要保障；虽然财产性收入在2003年后的平均增长率同样也达到了19.86%，但是财产性收入占比较低且极不稳定，因此难以有效推动农民收入的持续、稳定和快速增长；家庭经营性收入虽然增幅不稳定，但一直都是该收入组农户收入来源的最大保障。

4. 中等偏上户农民收入结构的时期差异分析

对中等偏上收入组农户而言，无论是各项收入的占比还是增长率，在2002～2012年都表现出了一定的差异，但是这一差异要明显小于其他三组农户，如表5.22所示。首先，从各项收入的份额来看，工资性收入和家庭经营性收入是其最主要的两种收入来源，两者几乎每年都占据了人均纯收入的90%以上的份额。其中，工资性收入占人均纯收入比重由2002年的36.24%上升到了2012年的47.22%，十年的时间上升了10.98个百分点；家庭经营性收入占比由2002年的59.09%下降到了2012年的42.70%，下降幅度高达16.39个百分点，家庭经营性收入一直都是该收入组农民的最主要收入来源，直到2011年才"退出第一"而让位于工资性收入；财产性收入占比基本上都在2%左右波动，最高也只有2.50%，转移性收入占比在此期间虽有逐渐上升的趋势，但也一直低于8%。这说明，对中等偏上收入组农户而言，其收入主要依靠工资和家庭经营收入，而财产性收入和转移性收入也仅仅只是一种微弱的补充。其次，从各项收入的增长率及其增长的稳定性来看，中等偏上收入组农户的人均转移性收入的平均增速最大，但是其波动性也最大，增速的极差高达51.27%，波动性次之的分别是财产性收入和家庭经营性收入；工资性收入的增长率最为稳定，其各年增速均维持在7%～25%，特别是2005年以来的各年增速均大于12%。

表 5.22　农村居民中等偏上户(Ⅳ)的收入结构变化情况

年份	工资性收入			家庭经营性收入			财产性收入			转移性收入		
	总额/元	占比/%	增速/%	总额/元	占比/%	增速/%	总额/元	占比/%	增速/%	总额/元	占比/%	增速/%
2002	1098.31	36.24		1790.70	59.09		40.06	1.32		101.38	3.35	
2003	1218.07	37.98	10.90	1833.93	57.19	2.41	54.28	1.69	35.50	100.52	3.13	−0.85

年份	工资性收入			家庭经营性收入			财产性收入			转移性收入		
	总额/元	占比/%	增速/%	总额/元	占比/%	增速/%	总额/元	占比/%	增速/%	总额/元	占比/%	增速/%
2004	1307.85	36.25	7.37	2116.93	58.68	15.43	62.97	1.75	16.01	119.92	3.32	19.30
2005	1538.84	38.44	17.66	2230.97	55.73	5.39	80.90	2.02	28.47	152.63	3.81	27.27
2006	1806.96	40.64	17.42	2356.46	52.99	5.63	91.07	2.05	12.57	192.10	4.32	25.86
2007	2141.96	41.76	16.47	2635.68	51.38	11.75	115.86	2.26	14.74	236.28	4.61	50.42
2008	2494.84	42.08	18.54	2945.41	49.68	11.85	132.93	2.24	27.22	355.42	6.00	23.00
2009	2805.42	43.38	12.45	3081.12	47.64	4.61	144.10	2.23	8.40	436.91	6.76	22.93
2010	3289.80	44.21	17.27	3462.20	46.53	12.37	185.80	2.50	28.94	502.76	6.76	15.07
2011	4083.70	45.92	24.13	3947.58	44.39	14.02	212.07	2.38	14.14	650.24	7.31	29.33
2012	4789.21	47.22	17.28	4330.36	42.70	9.70	236.67	2.33	11.60	785.83	7.75	20.85
增速平均值		15.95			9.31			19.76			23.32	

综上可知，中等偏上收入组农户的人均转移性收入和财产性收入的增长在近几年成为其收入增长的最大亮点，其中转移性收入在 2004 年后的平均增速达到了 26.00%；虽然家庭经营性收入的增速比其他三项收入的稳定性略低，但此类收入一直都是该收入组农户收入来源的最大保障。所以该收入组农民的工资性收入和家庭经营性收入将会一直都是农民收入持续、稳定和快速增长的最主要保障，而财产性收入和转移性收入则是其强力的补充。

5. 高收入户农民收入结构的时期差异分析

对高收入组农户而言，无论是各项收入的占比还是增长率，在 2002～2012 年也表现出了一定的差异，但是这一差异要明显小于其他任何收入组农户，如表 5.23 所示。首先，从各项收入的份额来看，工资性收入和家庭经营性收入是其最主要的两种收入来源，两者在近十年的波动幅度相对较小。其中，工资性收入占比上升了不到 2 个百分点，而家庭经营性收入占比下降也不到 6.5 个百分点；财产性收入占比在 3%～5%波动，且明显大于其他收入组的财产性收入，同样转移性收入占比也在 4%～8%波动。这说明高收入组农户的人均财产性收入和转移性收入的占比虽然不高，但是两者的占比极其稳定，并且两者之间的差距也是最小的，表明高收入组农民的财产性收入和转移性收入的可获得性明显高于其他收入组。其次，从各项收入的增长率及其增长的稳定性来看，高收入农户的人均转移性收入的平均增速最大,平均增速依降序排列分别是财产性收入、工资性收入和家庭经营性收入,但各项收入的增速之间的差距是各收入组中最小的,也就是说各项收入的增速基本上保持稳定。

表5.23 农村居民高收入户(V)的收入结构变化情况

年份	工资性收入			家庭经营性收入			财产性收入			转移性收入		
	总额/元	占比/%	增速/%	总额/元	占比/%	增速/%	总额/元	占比/%	增速/%	总额/元	占比/%	增速/%
2002	2392.27	40.58		3013.07	51.11		193.27	3.28		297.02	5.04	
2003	2574.73	40.57	7.63	3238.28	51.02	7.47	245.94	3.87	27.25	287.90	4.54	−3.07
2004	2802.18	40.43	8.83	3548.93	51.21	9.59	272.34	3.93	10.73	307.20	4.43	6.70
2005	3096.99	39.97	10.52	3965.85	51.19	11.75	304.03	3.92	11.64	380.48	4.91	23.85
2006	3495.24	41.24	12.86	4172.00	49.23	5.20	359.36	4.24	18.20	448.20	5.29	17.80
2007	3930.43	40.14	12.45	4857.06	49.61	16.42	451.50	4.61	25.64	551.69	5.63	23.09
2008	4525.14	40.08	15.13	5512.62	48.83	13.50	534.28	4.73	18.34	718.16	6.36	30.17
2009	4993.68	40.54	10.35	5778.58	46.91	4.82	629.72	5.11	17.86	917.07	7.44	27.70
2010	5880.83	41.86	17.77	6419.40	45.69	11.09	702.09	5.00	11.49	1047.37	7.45	14.21
2011	6943.62	41.37	18.07	7784.39	46.38	21.26	791.71	4.72	12.76	1263.35	7.53	20.62
2012	8109.60	42.66	16.79	8500.09	44.72	9.19	885.33	4.66	11.83	1513.87	7.96	19.83
增速平均值			13.04			11.03			16.57			18.09

综上可知,高收入农户的转移性收入增速虽是各项收入中最高的,但是与其他收入增速的差距并不大,而且各项收入在人均纯收入中的比重几乎不存在显著的变化,这也充分说明了对高收入组农户而言,其各项收入的可获得性都比较平等。这一主要原因可能是高收入组农户自身的资本积累本来较为充足,同时也具有较强的外源融资能力,使资本的运用能力较强,因此其各项收入增长逐步走向快速、稳定、持续的良性轨道。

6. 不同收入组农民收入结构的对比

我们对不同收入组农民收入结构的平均增速和各项收入增速的变异系数同时进行横向和纵向对比,结果如表5.24所示。对2004~2012年的数据进行对比,可以直观地发现:低收入组农户的家庭经营性收入的平均增速在各收入组中处于最低水平,而工资性收入、财产性收入和转移性收入的平均增速在各收入组中却处于最高水平，但是从各项收入增速的变异系数来看，低收入组农户的各项收入的稳定性又是最低的。高收入组农户的家庭经营性收入的平均增速在各收入组中处于最高水平，而工资性收入、财产性收入和转移性收入的平均增速在各收入组中却处于最低水平；虽然如此，从各项收入增速的变异系数来看，高收入组农户的各项收入的稳定性又是最高的。对工资性收入而言，从低收入户→中等偏下收入户→中等收入户→中等偏上收入户→高收入户，其平均增速不断降低，而增长率的稳定性不断增加，但是平均增速和增长率的稳定性之间的差距都较小；对家庭经营性收入而言，从低收入户→中等偏下收入户→中等收入户→中等偏上收入户→高收入户，其平均增速和增长率的稳定性都是不断增加，但是平均增速和增长率的稳定性之间的差距都较大；对转移性收入而言，低收入户、中等偏下收入户和中等收入户的平均增速和增长率的稳定性之间的差距都较小，从中等收入户→中等偏上收入户→高收入户，其平均增速虽然呈不断降低的趋势，但是其增长率的稳定性在不断增加；对财产性收入而言，从低收入户→中等偏下收入户→中等收入户→中等偏上收入户→高收入户，各收入组之间的平均增速并不存在较大差距，但是其增速的稳定性在不断增强。

表 5.24　按收入五等分农民收入结构增长率及其变异系数比较

各分组类型农户的增速及变异系数		工资性收入		家庭经营性收入		财产性收入		转移性收入	
		2003～2012 年	2004～2012 年	2003～2012 年	2004～2012 年	2003～2012 年	2004～2012 年	2003～2012 年	2004～2012 年
低收入户（Ⅰ）	平均增速/%	16.15	17.61	5.04	5.77	26.59	18.13	31.04	32.68
	变异系数	0.45	0.34	2.07	1.87	1.43	1.57	0.50	0.48
中等偏下户（Ⅱ）	平均增速/%	16.44	17.55	8.04	8.68	20.64	17.17	27.01	30.44
	变异系数	0.38	0.31	0.65	0.59	1.01	1.10	0.63	0.46
中等收入户（Ⅲ）	平均增速/%	16.24	16.81	8.80	9.61	19.86	17.66	25.47	28.43
	变异系数	0.31	0.30	0.61	0.52	0.67	0.68	0.62	0.47
中等偏上户（Ⅳ）	平均增速/%	15.95	16.51	9.31	10.08	19.76	18.01	23.32	26.00
	变异系数	0.29	0.28	0.48	0.40	0.47	0.44	0.55	0.39
高收入户（Ⅴ）	平均增速/%	13.04	13.64	11.03	11.42	16.57	15.39	18.09	20.44
	变异系数	0.29	0.25	0.46	0.46	0.36	0.32	0.55	0.35

综上可知,从不同收入组农民的收入结构看,各收入组农民收入增长均是主要依靠工资性收入和家庭经营性收入,而财产性收入和转移性收入仅仅只是一种补充。因此,要保障广大农民实现收入的持续、稳定、快速增长,必须重点保障其工资性收入和家庭经营性收入实现持续、稳定、快速增长;然后是尽量保证农民的财产性收入和增加转移性收入。从各收入组的各项收入稳定性来看,随着收入水平的提升(低收入户→中等偏下收入户→中等收入户→中等偏上收入户→高收入户),各项收入增速的变异系数在不断降低,也就是说其收入的稳定性在不断上升,而这一现象在 2004 年后(也就是农民收入增长实现"十连快"阶段)表现得更为显著。这进一步说明了要提升农民整体的人均纯收入持续、稳定、快速增长,保证中等收入户、中等偏下收入户和低收入户农民的各项收入持续、稳定、快速增长是必要且紧迫的,特别应注重外部的引导和资金的支持;低收入农民因为自身的资本积累不足而容易陷入贫困的恶性循环,而外部的适时、合理、有力的引导与政策扶持能让部分低收入农民脱离困境而增强自身的造血能力。

5.3.3 不同收入组的农民收入结构变动值测度

根据前述式(5.9),分别对我国 2003 年以来不同收入组农民收入结构的变动值进行测度,然后根据各项收入的变动值计算出各收入组农民收入结构的总变动值,其结果如表 5.25 和图 5.20 所示。不同收入水平组农民的收入结构呈现出明显不同的波动变化趋势。其中,低收入组、中等收入组和高收入组农民收入结构变动值的变化处于不断波动的状态,而中等偏下收入组和中等偏上收入组农民收入结构的变动值表现出明显的"协同"变化趋势;五个收入组的农民收入结构变动值分别于 2011 年、2005 年、2005 年、2005 年和 2006 年达到极大值,各为 18.0104%、9.2293%、8.3667%、5.9016% 和 3.9228%。高收入组农民收入结构的变动值在各年中都要远远小于其他任何组,其变动值及波动区间也是最小的;而低收入组农民收入结构变动值及波动的幅度都要明显大于其他收入组。这说明,高收入组农民收入结构一直保持相对稳定的状态,也是我国农民收入结构最为稳定的一组;相反,低收入组农民收入结构的变动具有不可预测性和突变性,也是我国农民收入结构最不稳定的一组。

表5.25　不同收入组人均农民收入结构的变动值

年份	低收入户	中等偏下户	中等收入户	中等偏上户	高收入户
2003	3.5616%	2.3496%	4.5520%	4.2245%	1.1936%
2004	1.9291%	1.7241%	3.8078%	3.4641%	0.4779%
2005	11.7439%	9.2293%	8.3667%	5.9016%	0.9573%
2006	6.7144%	8.2912%	5.9056%	5.4659%	3.9228%
2007	4.0987%	3.2680%	1.8571%	3.2297%	2.1962%
2008	10.2755%	4.0377%	4.8960%	3.4299%	1.6936%
2009	5.8795%	4.2712%	3.8382%	4.1117%	3.8378%
2010	2.8073%	2.6872%	3.8107%	2.2165%	2.6631%
2011	18.0104%	6.2016%	3.6233%	4.5145%	1.5290%
2012	2.2041%	3.0986%	3.8023%	3.4816%	3.4518%
平均值	6.7225%	4.5159%	4.4460%	4.0040%	2.1923%
标准差	5.1808	2.5603	1.7221	1.0928	1.2320
变异系数	0.7707	0.5670	0.3873	0.2729	0.5620

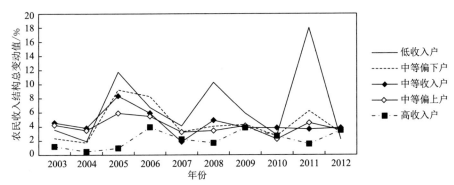

图5.20　2003～2012年我国不同收入组农民收入结构总变动值变化情况

从不同收入组农民收入结构变动值的平均值和标准差的计算结果来看
(表5.25)，低收入户的农民收入结构变动程度最大，波动幅度也最高，因此
其收入结构的稳定性最差。随着收入层次的不断提升，其结构变动程度和波
动幅度都在不断降低，但是中等偏上户农民收入结构变动值的标准差要明显
小于高收入户，也就是说中等偏上户农民收入结构变动值的稳定性是所有收
入组中最为稳定的。从不同收入户农民收入结构变动值的变异系数看，其大

小依次为低收入户、中等偏下户、高收入户、中等收入户和中等偏上户，这说明近年来我国农民收入结构变动最为稳定是中等偏上户，极不稳定的是低收入户（突出表现为 2011 年）。但是，我们排除 2011 年低收入农民收入结构的变动值这一极端情况，就可以明显看出，2003 年以来，各收入组农民的收入结构总变动值之间的差距在逐渐减小（图 5.20），也就是说，不同收入组农民收入结构变动的"趋同"程度在不断加强，呈现出收入结构的"协同"变化趋势。

5.3.4 不同收入组的农民收入结构相似度比较

为了更进一步地分析不同收入组农户之间农民收入结构的相似性程度及其变化情况，本小节拟采用结构相似度的指标进行测度。不同收入组之间农民收入的结构相似度可用式 (5.12) 来表示：

$$\text{Structure}_{ij} = \frac{\sum_{k=1}^{4} x_{ik} x_{jk}}{\sqrt{\sum_{k=1}^{4} x_{ik}^2 \sum_{k=1}^{4} x_{jk}^2}} \tag{5.12}$$

其中，Structure_{ij} 表示第 i 收入组和第 j 收入组之间的农民收入结构相似度；x_{ik} 和 x_{jk} 分别表示第 i 收入组和第 j 收入组的第 k 项收入在农民收入中所占的比重；$i, j = 1,2,3,4,5$ 分别表示低收入组、中等偏下收入组、中等收入组、中等偏上收入组和高收入组；$k = 1,2,3,4$ 分别表示工资性收入、家庭经营性收入、财产性收入和转移性收入；$\text{Structure}_{ij} \in [0,1]$，系数越大说明两个不同收入组农民之间的收入结构越相似，如果接近两个临界值则分别表示两个收入组农民的收入结构完全不相似和结构完全一致。根据不同收入组农民收入结构计算出不同收入组之间农民收入结构的相似度，可以很直观地判定农民不同收入组之间收入结构的"趋同"或"趋异"的特征。

从表 5.26 和图 5.21 可知，各年中的不同收入组农民收入结构之间表现出一定的相似性，但是不同收入组农民收入结构的差异性同样存在，也就是说不同收入组农民收入结构存在相似是相对的，而差异的存在是绝对的。2002

年各收入组农民收入结构的相似度较低,相似度最低的两组分别是低-高收入
组和中等偏下-高收入组,收入结构的相似度分别为 0.950 97 和 0.965 95;相
似度最高的三组分别为低-中等偏下收入组、中等-中等偏下收入组、中等-
中等偏上收入组,收入结构的相似度分别为 0.998 58、0.997 49 和 0.997 85;
相似度最低的两组与相似度最高的两组之间相差 0.047 61。由此可见,2002
年低-高收入组、低-中等偏上收入组、中等偏下-高收入组、中等-高收入组
农民之间的收入结构差异性已十分明显。到 2012 年,各收入组之间收入结构
相似度均大于 0.99,其中相似度最低的两组分别是低-高收入组和低-中等偏
上收入组,收入结构的相似度分别为 0.991 91 和 0.992 88;相似度最高的三
组分别为中等偏下-高收入组、中等-中等偏下收入组、中等-中等偏上收入组,
收入结构的相似度分别为 0.998 59、0.998 59 和 0.999 22;相似度最低的两组
与相似度最高的两组之间相差 0.007 31。

表 5.26　不同收入组农民收入结构相似度比较

年份	农民收入组	Ⅰ(低)	Ⅱ(中下)	Ⅲ(中)	Ⅳ(中上)	Ⅴ(高)
2002	Ⅰ(低)	1	0.998 58	0.992 31	0.982 08	0.950 97
	Ⅱ(中下)	0.998 58	1	0.997 49	0.990 72	0.965 95
	Ⅲ(中)	0.992 31	0.997 49	1	0.997 85	0.981 61
	Ⅳ(中上)	0.982 08	0.990 72	0.997 85	1	0.991 85
	Ⅴ(高)	0.950 97	0.965 95	0.981 61	0.991 85	1
2007	Ⅰ(低)	1	0.997 00	0.993 40	0.987 12	0.987 38
	Ⅱ(中下)	0.997 00	1	0.999 28	0.996 27	0.995 49
	Ⅲ(中)	0.993 40	0.999 28	1	0.998 74	0.997 64
	Ⅳ(中上)	0.987 12	0.996 27	0.998 74	1	0.999 11
	Ⅴ(高)	0.987 38	0.995 49	0.997 64	0.999 11	1
2012	Ⅰ(低)	1	0.993 77	0.993 76	0.992 88	0.991 91
	Ⅱ(中下)	0.993 77	1	0.998 59	0.995 76	0.998 59
	Ⅲ(中)	0.993 76	0.998 59	1	0.999 22	0.998 49
	Ⅳ(中上)	0.992 88	0.995 76	0.999 22	1	0.996 58
	Ⅴ(高)	0.991 91	0.998 59	0.998 49	0.996 58	1

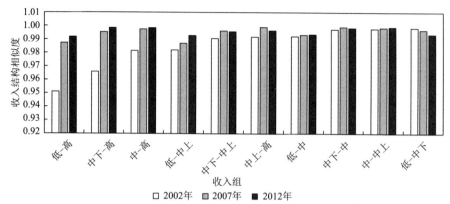

图 5.21   2002 年、2007 年和 2012 年不同收入组农民收入结构的相似度比较

最后，参考图 5.21，我们将 2002 年、2007 年和 2012 年不同收入组农民收入结构的相似度进行纵向比较不难发现，各收入组农户收入结构的相似度都有所上升(低-中等偏下收入组除外，其收入结构的相似度有所下降)，具体表现为：低-高收入组、中等偏下-高收入组、中等-高收入组之间的收入结构相似度在不断上升，增幅也最大，这说明这几组农民收入结构的"趋同"特征在不断增强；农民收入结构相似度上升幅度次之的分别是低-中等偏上收入组、中等偏下-中等偏上收入组、中等偏上-高收入组；低-中等收入组、中等-中等偏下收入组、中等-中等偏上收入组之间的收入结构相似度一直处于相对较高的水平和稳定的状态，其上升的幅度最小；低-中等偏下收入组农民收入结构相似度是唯一呈逐年下降趋势的收入组。上述结论充分证实了，随着不同收入组农民收入的平衡增长及收入水平的渐次提高，不同收入组农民收入结构的相似度呈一定的上升趋势，尤其是低收入与高收入组农民和中等偏下收入组与高收入组农民的收入结构相似度呈现出明显的上升趋势。

5.4   本 章 小 结

为了系统地分析我国农民收入增长总体态势和结构性特征，力求更全面地把握我国农民收入在各时期演化的规律，从而为分析产生这种时期差异的原因提供科学、合理、客观的依据。本章具体刻画了中华人民共和国成立以来农民收入增长的总体变动趋势,同时对农民收入增长态势变化的总体影响进行了全面测度;针对我国农民收入结构变动趋势进行了时期差异分析,同时测算出了农民收入结构变动对农民收入增长的贡献力度及作用;最后针对不同收入分组农民的收入增长趋势及结构变动展开了深入分析。分析结果表明以下几点。

(1)中华人民共和国成立以来到20世纪70年代末的这段时间,农民收入基本上处于一个停滞不前的状态,之所以如此,主要是由于农村实行的是一种高度集权化的集体经营模式,计划经济思想对民众行动的束缚较为严重,农民的营农思想无法得到良好贯彻,自由劳动权被严重限制,农产品处置权极度缺乏,加之城乡二元壁垒森严,使整个中国农村经济陷入困境。改革开放之后的三十多年间,农民收入得到了空前增长,其增速大致经历了缓慢→停滞→回升→持续下降→恢复→高速增长的阶段,剔除物价因素之后的平均增速达到了7.52%(仅比城镇居民可支配收入的平均增速小0.09个百分点);但与城镇居民可支配收入相比,农民收入一直维持在一个相对较低的水平上,而且农民收入起点低、增长的稳定性差(波动幅度大)、质量不高,直接导致了我国城乡居民收入差距仍然较大。

(2)采用非线性最小二乘法分别以我国1952~2013年、计划经济时期、市场经济时期的时序数据和“六五”时期至“十二五”时期的截面数据对农民收入增长的实际效应进行了跨时期分析,结果发现:既有农民收入格局下,我国农村居民的边际消费并没有遵循“边际消费随着收入的增加而递减”的结论,而是处于非线性消费函数下“边际消费倾向随收入的增加而递增”;虽然我国农村居民的整体消费水平处于一个不断提升的状态,消费结构也发生了一定程度的变化,但由于我国农村居民收入增长相对缓慢和结构不合理,消费结构的升级相对迟缓、消费结构仍然不合理。相对于城镇居民收入和消费而言,农村居民的收入结构和消费结构均有待于进一步优化。

(3)随着农村改革的巨大成功和国家工业化、城镇化进程的全面推进,农民收入保持较快增长的同时,农民收入的来源渐趋多元,除家庭经营性收入外,工资性收入也逐渐成为农民收入中最为主要的来源,同时财产性收入和转移性收入也渐渐成为其收入增长的突破点。对农民收入结构变动值的测度结果表明，我国农民收入实际值保持高速增长与农民收入结构变动值较低是分不开的，长时期内农民实际收入平均增长率的高低并不取决于某几个年份或者某项收入的绝对高度，而是取决于达到高增长率及低增长率的年份多少和农民收入结构总变动值的大小。农民收入结构变动对其收入增长的绝对贡献和相对贡献测算结果表明，目前农民工资性收入已连同家庭经营性收入一并成为农民收入增长的两大重要源泉，一改几十年来农民家庭经营性收入"一支独大"的局面，将来抑或是在很长一段时间以内，农民的工资性收入和家庭经营性收入必将作为农民收入的两大主要来源而决定其增长态势。

(4)按照收入五等分组对不同收入水平的农民收入增长趋势、农民收入结构变动的时期分析、农民收入结构变动值测度和农民收入结构相似度比较发现：一方面，低收入户农民的人均纯收入与其他任何收入组农户的人均纯收入之间的差距都有不断拉大的趋势，并且收入越高的农民与最低收入农户之间的差距越大。要保障最为广大的农民实现收入的持续、稳定、快速增长，必须重点保障农民的工资性收入和家庭经营性收入实现持续、稳定、快速增长，同时尽量确保农民的财产性收入和增加其转移性收入。另一方面，各收入组农民的收入结构总变动值之间的差距在逐渐减小，不同收入组农民收入结构变动的"趋同"程度在不断加强，呈现出收入结构的"协同"变化趋势；随着不同收入组农民收入的平衡增长及收入水平的渐次提高，不同收入组农民收入结构的相似度呈一定的上升趋势。要实现农民整体收入持续、稳定、快速增长，保证中等收入户、中等偏下收入户和低收入户农民的各项收入持续、稳定、快速增长是必要且紧迫的。

第 6 章

我国农民收入的区域差异及城乡收入差距分析

第 5 章以我国 1952 年至今农民收入增长的总体演变历程为切入点,系统地分析了农民收入增长及其结构演化的时期规律和结构性特征。但是,我国幅员辽阔、各地区经济社会发展差异较大,仅仅进行全国总体性分析是远远不够的,还需要更全面地把握我国农民收入增长、结构演化的区域差异及城乡居民收入差距的现状与规律,从而为针对性地制定地区政策提供科学、合理、客观、有力的依据。基于此,本章的具体研究内容如下:6.1 节是各地区农民收入增长的时期差异及其集聚特征分析;6.2 节是各地区农民收入结构变动差异及其集聚特征分析;6.3 节是我国城乡收入差距的演化历程及结构特征;6.4 节是各地区城乡居民收入差距的演化及结构分化;6.5 节是各地区城乡居民收入差距的结构性差异及影响;最后是本章小结。

6.1 各地区农民收入增长的时期差异及其集聚

特征分析

《论语·季氏第十六篇》有云:"不患寡而患不均,不患贫而患不安。"改革开放前,由于计划经济体制下"人人平等"的影响,虽然农业生产明显受到资源禀赋的影响，但是各地区农民收入之间的差距并不大。随着农村经济改革和市场经济改革的不断深入，各地区农村发展差距不断得到激化，农民收入地区之间的差距也不断扩大。由国家统计局数据计算的结果可知，农民收入最高的上海市和收入最低的甘肃省的农民收入绝对差距由 1978 年的 191.6 元增加到 2012 年的 13 297.02 元，相对差距（采用上海市农民收入比甘肃省农民收入）由 1978 年的 2.95 倍上升到 2012 年的 3.95 倍（这一比例曾在 1993 年达到了 4.95 倍）；东部沿海地区和西北地区的农民收入绝对差距由 1978 年的 65.34 元增加到 2012 年的 7853.47 元，相对差距由 1.19 倍（1978 年）上升到了 1996 年的历史最高 2.76 倍，之后呈缓慢的下降趋势，降低到 2.44 倍（2012 年）。接下来将重点分析改革开放以来各地区农民收入增长的时期差异和集聚特征。

6.1.1 各地区农民收入增长的时期差异分析

首先，全国 31 个省区市（不包括港澳台，下同）农民收入跨入 1000 元这一门槛的时间与收入水平，按照不同的梯度可分为以下九类，如表 6.1 所示。其中，上海市的农民收入于 1987 年最先跨入 1000 元的行列（达到了 1059.2 元）；第二是北京市，农民收入于 1988 年达到了 1062.6 元；第三是天津市和浙江省，其农民收入于 1989 年分别达到了 1020.3 元和 1010.7 元；第四是广东省，其农民收入于 1990 年达到了 1043 元；第五是江苏省，其农民收入于 1992 年达到了 1060.71 元；第六是黑龙江省、辽宁省和福建省，其农民收入于 1993 年分别达到了 1028.36 元、1160.98 元和 1210.51 元；第七是河北省、吉林省、江西省、山东省、湖北省、湖南省、广西壮族自治区和海南省，其农民收入于 1994 年分别达到了 1000 元，该年全国农民收入平均水平也同时跨入了 1000 元的门槛而达到了 1220.98 元；第八是山西省、内蒙古自治区、安徽省、河南省、重庆市、四川省、贵州省、云南省、西藏自治区、青海省和新疆维吾尔自治区，其农民收入于 1995 年分别达到了 1208.3 元、1208.38 元、1302.82 元、1231.97 元、1158.29 元、1158.29 元、1086.62 元、1010.97 元、1200.31 元、1029.77 元和 1136.45 元；最后是陕西省、甘肃省和宁夏回族自治区，其农民收入于 1996 年达到了 1165.1 元、1100.59 元和 1397.8 元，而该年度农民收入最高的上海市是最低的甘肃省的 4.4 倍（该年上海地区的农民收入为 4846.13 元），1978 年该比值为 3.17（收入最高的地区为上海市，最低的地区是河北省，分别为 290 元和 91.5 元，该年的西藏和海南数据欠缺）。

表 6.1　31 个地区农民收入跨入 1000 元这一门槛的时间

顺序	1	2	3	4	5	6	7	8	9
年度	1987	1988	1989	1990	1992	1993	1994	1995	1996
地区	上海	北京	天津、浙江	广东	江苏	黑龙江、辽宁、福建	河北、吉林、江西、山东、湖北、湖南、广西、海南	山西、内蒙古、安徽、河南、重庆、四川、贵州、云南、西藏、青海、新疆	陕西、甘肃、宁夏

其次，全国 31 个地区农民收入跨入 5000 元这一门槛的时间与收入水平，按照不同的梯度可分为以下几类，如表 6.2 所示。其中，上海市的农民收入于 1997 年最先跨入 5000 元的行列（达到了 5277.02 元），根据前面的分析比较可以看出上海市的农民人均年纯收入从 1000 元跨入 5000 元仅仅用了 10 年时间，也就是在前一年，全国还有三个地区（陕西、甘肃和宁夏）的农民收入才刚跨入 1000 元的队伍之中；第二是北京市，农民收入于 2001 年达到了 5025.5 元，整整比第一的上海晚了 4 年时间；第三是浙江省，其农民收入于 2003 年达到了 5389 元；第四是天津市，其农民收入于 2004 年达到了 5019.5 元；第五是江苏省，其农民收入于 2005 年达到了 5276.3 元；第六是广东省，其农民收入于 2006 年达到了 5079.8 元；第七是福建省，其农民收入于 2007 年达到了 5467.1 元；第八是辽宁省和山东省，其农民收入于 2008 年分别达到了 5576.5 元和 5641.4 元；第九是河北省、吉林省、黑龙江省、江西省和湖北省，其农民收入于 2009 年分别达到了 5149.7 元、5265.9 元、5206.8 元、5075 元和 5035.3 元；第十是内蒙古自治区、安徽省、河南省、湖南省、海南省、重庆市和四川省，其农民收入于 2010 年分别达到了 5529.6 元、5285.2 元、5523.7 元、5622 元、5275.4 元、5276.7 元和 5086.9 元；第十一是山西省、陕西省、广西壮族自治区、宁夏回族自治区和新疆维吾尔自治区，其农民收入于 2011 年分别达到了 5601.4 元、5027.9 元、5231.3 元、5410 元和 5442.2

元；第十二是云南省、西藏自治区和青海省，其农民收入于 2012 年分别达到了 5416.5 元、5719.4 元和 5364.4 元；第十三是贵州省和甘肃省，其农民收入于 2013 年分别达到了 5434 元和 5107.8 元。另外，全国农民纯收入已在 2009 年跨入 5000 元的门槛，农民收入晚于全国平均水平冲破 5000 元大关的地区全部是中西部地区的省区市（海南省除外）；而同时，截至 2013 年末，全国已有 9 个地区的农民收入超过了 10 000 元大关，农民收入最高的上海已高达 19 595 元，同年收入最低的甘肃却只有 5107.8 元，两地区农民收入差距绝对值为 14 487.2 元，收入比为 3.84（1997 年全国农民收入最高的上海地区与最低的甘肃省的收入比为 4.45）。

表 6.2　31 个地区农民收入跨入 5000 元这一门槛的时间

顺序	1	2	3	4	5	6	7	8	9	10	11	12	13
年度	1997	2001	2003	2004	2005	2006	2007	2008	2009	2010	2011	2012	2013
地区	上海	北京	浙江	天津	江苏	广东	福建	辽宁、山东	河北、吉林、黑龙江、江西、湖北	内蒙古、安徽、河南、湖南、海南、重庆、四川	山西、广西、陕西、宁夏、新疆	云南、西藏、青海	贵州、甘肃

6.1.2　农民收入的区域差异：变异系数分析

我们根据全国 31 个省区市 1978～2013 年的农民收入，计算出了各年农民收入的变异系数值。该年度农民收入的变异系数越大，则说明各地区之间的农民收入越分散，也就是说不同地区之间的农民收入差距越大；相反，变异系数越小，则说明各地区之间的农民收入越集中，各地区之间的农民收入差距越小。1978～2013 年农村居民人均纯收入变异系数值的变化如图 6.1 所示。总体来看，改革开放以来的三十几年当中，各地区之间的农民收入水平存在较大差异，其中变异系数最大和最小的分别是 1993 年和 1981 年，而这两年正好是改革开放全面深入推进时期和农村家庭联产承包责任制推动农村经济增长的黄金时期，这说明在改革进程中，我国农村经济的发展和农民收入增长在很大程度上依赖于地区经济发展水平、资源禀赋和政策制度的激励。

另外，我们对变异系数变化情况进行了拟合回归，最终，五次线性回归的拟合优度是最高的，达到了 0.9608。从拟合回归可以进一步发现，近年来各地区农民收入之间的差距正在逐渐缩小，但是与历史最低水平的时期仍存在一定的差距（1981 年我国农民收入的变异系数仅有 0.254）。这期间各地区的农民收入差距发生了很大变化，虽其间多次波动起伏，但仍表现出一定的变动规律，显现出鲜明的变动特征。

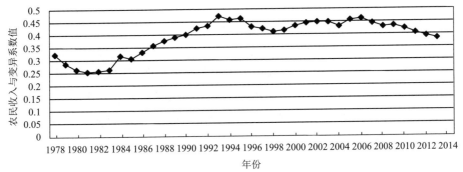

图 6.1   1978～2013 年农村居民人均纯收入变异系数值

第一，各地区之间农民收入差距的变动起点低、涨落互见且变动比较缓慢。改革开放之前的农民主要靠参加集体生产劳动获得收入，在这种集体所有制下所得不多，因而区域差距相对也很小，1978 年农民收入的变异系数只有 0.322，在其后的市场经济改革与深化的三十余年间，其升降在观测期内交替出现，但是个别年际也有逆向变动。总变动趋势表现为在短暂的快速降低之后又快速地上升，1994 年之后又在微小震荡中小幅下降。这表明各地区农民收入的差距虽有一定扩大的趋势，但在变动过程中有升有降，并没有出现持续扩大的趋势。在这三十多年中，变异系数由 0.322 上升到 0.393，总体上升幅度并不大。同时，变异系数在 1994 年以后的年际变动也很小，其上升和下降的幅度都微小，这说明各地区农民收入的差距变动较为平缓，没有出现大起大落。

第二，各地区农民收入差距变动呈现明显的阶段性特征。变异系数的变动趋势可分为 1978～1993 年和 1994～2013 两个大阶段，以及 1978～1983年、1984～1993 年、1994～2006 年和 2007～2013 年四个小阶段。1978～1993

年的变异系数由 0.322 上升到 0.472，上升了 46.56%，其间的 1978～1983 年下降了 18.59%，1984～1993 年上升了 49.33%。1994～2012 年的变异系数由 0.458 下降到 0.393，下降了 14.20%，其间的 1994～2006 年上升了 0.79%，2007～2012 年又下降了 11.42%。35 年间各地区农民收入之间的差距经历了 6 年缓慢缩小、10 年快速扩大、13 年波动徘徊和近 6 年又缓慢缩小的变动过程。改革开放至今，历经"五五"到"十二五"规划阶段，"五五"期间的 1978～1980 年的变异系数总体下降，由 0.322 下降到 0.263；"六五"期间呈逐渐上升的趋势，由 0.254 上升到 0.305；"七五"期间保持着继续上升的态势，由 0.331 上升到 0.400；"八五"期间快速上升之后逐渐下降，由 0.425 上升到 0.472 之后下降到了 0.463；"九五"期间缓慢下降后又有所上升，由 0.430 下降到 0.416 后上升到了 0.434；"十五"期间整体上变化不大，但是其间经历了上升、下降、上升的波动过程；"十一五"期间有快速下降的趋势，由 0.462 下降到 0.422；"十二五"期间的 2011～2012 年略有下降，由 0.406 下降到 0.393。

由此可知，农民收入的变异系数表现出一定的规律性，特别是两次明显的持续下降阶段（1978～1983 年和 2007～2012 年）和一次明显的持续、快速上升阶段（1984～1993 年）。这一规律明显与各年宏观经济政策有着紧密的联系。变异系数的第一次快速下降主要归功于 1978 年农村经济的全面改革，极大地激发了农民的生产积极性。而之后又快速上升则主要在于改革初期的农村经济取得了巨大成效后，沿海地区率先对外开放，获得了更多的要素配置和政策扶持，与中西部经济差距包括收入差距不断拉大。变异系数的第二次持续下降阶段，也就是农民收入增长实现"十一连快"和粮食产量出现"十一连增"阶段，该阶段主要是由于党中央国务院对农村经济给予了极高的重视，始终把解决好"三农"问题作为全部工作的重中之重，连续 10 年发布指导"三农"工作的中央一号文件，初步形成了系统的强农、惠农、富农政策框架，对中国"三农"事业的发展产生了长远而深刻的影响，而中西部广大农村地区也相应获得了更多的政策扶持。这既顺应了中国的农业农村发展阶段性变化新趋势，又有利于促进生产关系更加适应农村生产力发展的新要求（回良玉，2013）。

6.1.3　各地区农民收入集聚特征的测算方法

在区域问题分析中，尤其是遇到空间数据问题时，独立观测值在现实生活中并不是普遍存在的（Getis，1999）。对于具有地理空间属性的数据，一般认为离得近的变量之间比在空间上离得远的变量之间具有更加密切的关系（Anselin and Getis，1992）。正如著名的 Tobler 地理学第一定律指出的那样：任何事物之间均存在相关关系，而离得较近事物总比离得较远的事物相关性要高（Tobler，1979）。地区之间的经济地理行为在通常情况下被称为空间依赖性和空间自相关（spatial dependence and spatial autocorrelation）。我们在分析一个国家或地区的经济状况时，通常会涉及全域空间相关性问题。因此，本部分将采用这类分析常用的 Moran's I 指数开展进一步研究。

Moran's I 的定义如下：

$$\text{Moran's} \quad \text{I} = \frac{\sum_{i=1}^{n}\sum_{j=1}^{n}W_{ij}(Y_i - \overline{Y})(Y_j - \overline{Y})}{S^2\sum_{i=1}^{n}\sum_{j=1}^{n}W_{ij}} \tag{6.1}$$

其中，$S^2 = \frac{1}{n}\sum_{i=1}^{n}(Y_i - \overline{Y})$；$\overline{Y} = \frac{1}{n}\sum_{i=1}^{n}Y_i$；$Y_i$ 表示第 i 个地区的观测值（此处为农民收入）；n 表示地区的总数（如中国 31 个省区市）；W_{ij} 表示二进制的邻近空间权值矩阵中的任一元素，采用邻近标准或距离标准，其目的是定义空间对象的相互邻近关系。

如果 Moran's I 的正态统计量的 Z 值均大于正态分布函数在 0.05（0.01）水平下的临界值 1.65（1.96），表明农民收入在空间分布上具有明显的相关关系。Moran's I 的取值为[-1，1]，取值为-1 表示完全负相关，取值为 1 表明完全正相关，而取值为 0 表示不相关；正的空间相关则代表相邻地区的类似特征值出现集群（clustering）趋势，相反，负的空间相关则代表相邻地区的非类似特征值出现集群趋势。下面我们以农民收入水平简单说明一下 Moran's I 指数散点图的含义，如图 6.2 所示。

空间权值矩阵 W 的构建过程中重点选用一阶邻接（contiguity）标准来构建

空间权值矩阵 W，对 W 中每一元素 w_{ij} 按如下原则构建，并对 W 进行标准化。

$$w_{ij} = \begin{cases} 1, \text{省域}i\text{与省域}j\text{相邻} \\ 0, \text{省域}i\text{与省域}j\text{不相邻} \end{cases} \quad (6.2)$$

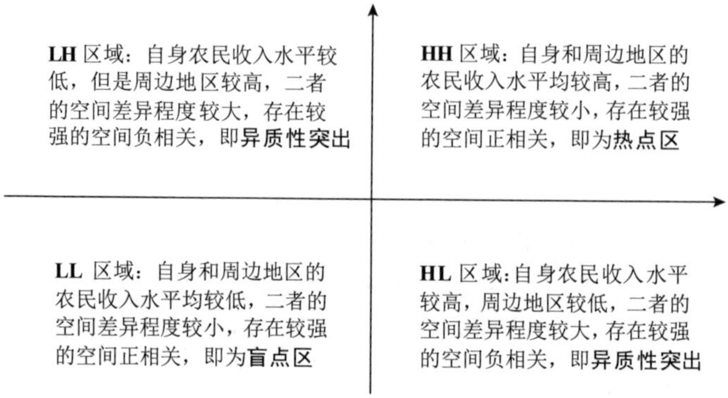

LH 区域：自身农民收入水平较低，但是周边地区较高，二者的空间差异程度较大，存在较强的空间负相关，即**异质性突出**

HH 区域：自身和周边地区的农民收入水平均较高，二者的空间差异程度较小，存在较强的空间正相关，即为**热点区**

LL 区域：自身和周边地区的农民收入水平均较低，二者的空间差异程度较小，存在较强的空间正相关，即为**盲点区**

HL 区域：自身农民收入水平较高，周边地区较低，二者的空间差异程度较大，存在较强的空间负相关，即**异质性突出**

图 6.2　Moran's I 指数散点图空间含义解释（以农民收入为例）

6.1.4　各地区农民收入集聚特征的演化分析

基于 1978～2012 年中国 31 个省区市部分年份的农村居民人均纯收入指标，利用 Stata 13.0 软件计算各年农民收入的 Moran's I 指数，空间权重矩阵选用"地理"空间权重矩阵（ W ），结果见表 6.3。由表 6.3 可知，各年中农民收入的 Moran's I 指数均为正值，且在整体上呈现出逐渐增大的趋势，同时在统计上均十分显著，这说明改革开放以来，我国 31 个省域的农民收入集聚现象在空间上具有明显的正自相关关系（即空间依赖性）。也就是说，我国省域农民收入的情况在空间分布上并非表现出完全随机的状态，而是表现出某些省域的相似值之间在空间上趋于集聚，这说明我国省域农民收入存在着空间上明显的集聚现象，即农民收入较高和较低的省域分块集聚。

表 6.3　改革开放以来中国 31 个省区市部分年份的农民收入集聚 Moran's I 指数

年份	Moran's I	$E(I)$	Sd	Z	P 值	年份	Moran's I	$E(I)$	Sd	Z	P 值
1978	0.213	−0.033	0.107	2.297	0.022	1980	0.233	−0.033	0.107	2.492	0.013
1979	0.221	−0.033	0.107	2.354	0.018	1981	0.294	−0.033	0.110	2.965	0.003

年份	Moran's I	E(I)	Sd	Z	P 值	年份	Moran's I	E(I)	Sd	Z	P 值
1982	0.262	−0.033	0.108	2.733	0.006	2002	0.557	−0.033	0.112	5.253	0.000
1983	0.375	−0.033	0.114	3.595	0.000	2003	0.558	−0.033	0.112	5.269	0.000
1984	0.355	−0.033	0.108	3.608	0.000	2004	0.574	−0.033	0.113	5.375	0.000
1985	0.404	−0.033	0.108	4.058	0.000	2005	0.550	−0.033	0.112	5.219	0.000
1986	0.411	−0.033	0.109	4.092	0.000	2006	0.550	−0.033	0.112	5.222	0.000
1987	0.449	−0.033	0.110	4.391	0.000	2007	0.548	−0.033	0.112	5.202	0.000
1988	0.475	−0.033	0.110	4.617	0.000	2008	0.541	−0.033	0.112	5.145	0.000
1989	0.487	−0.033	0.112	4.655	0.000	2009	0.537	−0.033	0.111	5.112	0.000
1990	0.376	−0.033	0.102	4.030	0.000	2010	0.537	−0.033	0.112	5.107	0.000
2000	0.556	−0.033	0.113	5.259	0.000	2011	0.557	−0.033	0.113	5.239	0.000
2001	0.561	−0.033	0.112	5.290	0.000	2012	0.560	−0.033	0.113	5.251	0.000

注：本表数据由 Stata13.0 计算而得。$E(I)$ 表示 Moran's I 期望值，Sd 表示标准差，Z 表示正态统计量

为进一步分析我国省域农民收入的空间集聚特征，本部分给出了 2012 年的全域 Moran's I 指数散点图（图 6.3）。由散点图可见，2012 年各个省域的农民收入的集聚可分为四种空间相关模式（表 6.4）：第 1 象限（图 6.3 右上方）表示农民高收入集聚地区被其他农民高收入集聚地区所包围（HH 模式），代表正的空间自相关关系的集群（即空间依赖性）；第 2 象限（图 6.3 左上方）表示农民低收入集聚地区被高收入集聚的其他地区所包围（LH 模式），代表负的空间自相关关系的集群（即空间异质性）；第 3 象限（图 6.3 左下方）表示农民低收入集聚地区被低收入集聚的其他地区所包围（LL 模式），代表正的空间自相关关系的集群（即空间依赖性）；第 4 象限（图 6.3 右下方）表示农民高收入集聚地区被低收入集聚的其他地区所包围（HL 模式），代表负的空间自相关关系的集群（即空间异质性）。

从 2012 年 31 个省域的农民收入空间相关模式来看，位于第 2、4 象限的省域很少（仅有 5 个），第 1、3 象限的省域农民收入集聚出现 HH 和 LL 两种模式的分化，因此可以进一步认为，我国省域农民收入集聚存在着明显的地理空间分布上的依赖性，也就是说往往存在农民收入低的地区与其他农民收入低的地区发生集聚和农民收入高的地区与其他农民收入高的地区分别

发生集聚。另外，我们容易看出，东部地区的省域全部位于第1象限（广东省除外），而西部地区的省域全部位于第3象限，也就是说对各省区市的农民收入而言，高收入往往在东部地区集聚，而低收入只会在西部地区发生集聚。

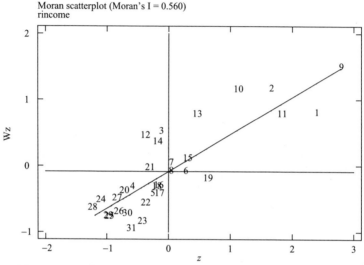

图6.3　2012年中国31个省域农民收入集聚Moran's I指数散点图

图由Stata13.0绘制而成，图中数字会有重叠，图6.5、图6.7、图6.9、图6.11和图6.21与此相同。其中各省区市排序按国务院规定的顺序排列，由于数据的可获得性，均只采用31个地区的数据进行分析。其中1~5分别表示北京、天津、河北、山西、内蒙古；6~10分别表示辽宁、吉林、黑龙江、上海、江苏；11~15分别表示浙江、安徽、福建、江西、山东；16~20分别表示河南、湖北、湖南、广东、广西；21~25分别表示海南、重庆、四川、贵州、云南；26~31分别表示西藏、陕西、甘肃、青海、宁夏、新疆。下同

表6.4　2012年各省域农民收入集聚度的空间相关模式

象限	空间相关模式	地区
第1象限	HH	北京、天津、辽宁、吉林、黑龙江、上海、江苏、浙江、福建、山东
第2象限	LH	河北、安徽、江西、海南
第3象限	LL	山西、内蒙古、河南、湖北、湖南、广西、重庆、四川、贵州、云南、西藏、陕西、甘肃、青海、宁夏、新疆
第4象限	HL	广东

6.2 各地区农民收入结构变动差异及其集聚特征分析

为详细地刻画出各地区农民收入结构的变动及其集聚特征，在此，我们根据全国 31 个省区市 1993～2012 年的农民收入结构，首先分别计算出各年农民收入结构的变异系数值，以便于考察农民各项收入在各地区之间差距的时期变化情况，然后利用 Moran's I 指数对农民收入的全域空间相关性进行检验，以考察各地区农民各项收入之间的集聚状况。

6.2.1 各地区农民工资性收入差异及其集聚特征

1. 各地区农民工资性收入差异分析

前文的分析表明，改革开放以来我国农民的工资性收入占比不断上升，并于 2013 年一举超越农民家庭经营性收入占比而一跃成为农民的最重要收入来源。但是，各地区农民的工资性收入变化情况又是怎样的呢？首先，我们看看 1993～2012 年农民工资性收入及其变异系数变化情况，由图 6.4 可知，1993 年工资性收入的变异系数为 1.35，属于强变异，说明这一时期内各地区农民的工资性收入差距较为悬殊。统计资料显示，1993 年农民工资性收入最高的上海地区为 1661.8 元，而工资性收入最低的西藏地区只有 36.9 元，上海地区的农民工资性收入是西藏地区的 45.04 倍。同时，该年度工资性收入超过 700 元的仅有上海和北京（北京为 1005.2 元），低于 100 元的多达 12 个地区（分别是内蒙古、吉林、黑龙江、安徽、广西、海南、贵州、云南、西藏、甘肃、青海、新疆）。由 2012 年的数据可知，该年农民工资性收入的变异系数已降低至 0.69，工资性收入最高的上海地区为 11 477.71 元，工资性收入最低的新疆地区只有 1008.02 元，上海地区的农民工资性收入是新疆地区的 11.39 倍，很明显这一指标与 1993 年相比出现了明显的下降。同时，该年度工资性收入超过 8000 元的仅有上海和北京（北京为 10 843.48 元），低于 2000 元的也只有 9 个地区（分别是内蒙古、吉林、黑龙江、贵州、云南、西藏、甘肃、青海、新疆）。综上，虽然在很长一段时间以内，我国农民工资性收入的变异系数都大于 1（直到 2002 年才低于 1），且明显高于其他收入结构的变异系数。但是，我们对农民工资性收入的变异系数进行前推趋势预测（图 6.4）结果显示，我国将来各地区之间农民人均工资性收入的差距将会出现持续缩小的局面。

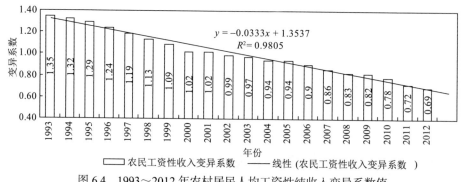

图 6.4 1993～2012 年农村居民人均工资性纯收入变异系数值

变异系数大于 1 属于强变异，介于 0.1 和 1 之间的属于中等变异，小于 0.1 的属于弱变异

针对上述现象，可能的解释是：第一，传统的劳动力无限供给格局在中国正在面临挑战。尽管中国农业部门还滞留着大量的剩余劳动力，但决定劳动供给的不仅是要素禀赋，还有劳动力的供给意愿。劳动供给意愿下降可能源于多种原因，其中一个典型的事实是，在中国当前特殊的城乡二元制度体系下，随着劳动力转移的持续推进，留守劳动力数量不断减少，家庭分工对劳动供给的制约会不断凸显。据报道，目前至少有 4700 万妇女无奈地蛰伏于农村，5800 万留守儿童是她们最大的牵挂。如果这种情况延续下去，低技能劳动力的相对富余程度会下降，相对工资水平就会因此提高（丁守海，2011）。第二，中国作为一个大国经济体，有条件在国内推行"雁阵式"产业发展模式。从现实情况来看，产业结构转移也确实在如火如荼地继续进行。产业转移拉长了工业部门的技术链条，它在提升东部地区产业技术水平的同时，也适当保留了传统制造技术，并将其转向中西部地区，而不是直接淘汰，这在相当程度上维系了工业部门对低技能劳动力的就业容量。所以，中国对两类劳动力的相对需求关系不太可能在短期内发生根本性逆转，相应随着农村劳动力的自由流动，各地区之间的农民工资性收入差距将会进一步缩小。

2. 各地区农民工资性收入集聚特征分析

前文分析了 1993 年和 2012 年各地区农民工资性收入的差异，但是各地区农民工资性收入的集聚状况是什么样的？是存在明显的空间依赖性还是空间异质性？这需要进一步加以检验。这里以 2012 年为例，作出农民工资性收入的全域 Moran's I 指数散点图（图 6.5）。由散点图可见，2012 年各个省域的农民工资性收入的集聚可分为三种空间相关模式（表 6.5）：第 1 象限（图 6.5 右上方）表示农民高工资性收入集聚地区被其他农民高工资性收入集聚的地区所包围（HH 模式），代表正的空间自相关关系的集群（即空间依赖性）；第 2 象限（图 6.5 左上方）表示农民低工资性收入集聚地区被高工资性收入集聚的其他地区所包围（LH 模式），代表负的空间自相关关系的集群（空间异质性）；第 3 象限（图 6.5 左下方）表示农民低工资性收入集聚地区被低工资性收入集聚的其他地区所包围（LL 模式），代表正的空间自相关关系的集群。没有地区位于第 4 象限。

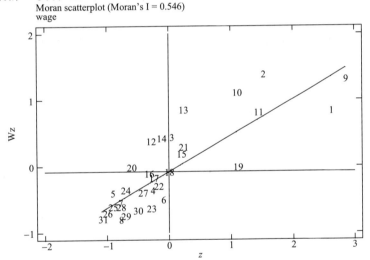

图 6.5　2012 年中国 31 个省域农民工资性收入集聚 Moran's I 指数散点图

Moran's I=0.546，Moran's I 期望值 $E(I)$ =−0.033，标准差 Sd =0.112，正态统计量 Z=5.168

从 2012 年 31 个省域的农民工资性收入空间相关模式（表 6.5）来看，位于第 2 象限的省域很少（仅有 3 个），没有位于第 4 象限的省域，第 1、3 象限的省域农民工资性收入集聚出现 HH 和 LL 两种模式的分化，因此可以进一步认为，我国省域农民工资性收入集聚存在着明显的地理空间分布上的依赖性，也就是说往往存在着农民工资性收入低的地区与其他农民工资性收入低的地区和农民工资性收入高的地区与其他农民工资性收入高的地区分别发生集聚。另外，我们容易看出，东部地区的省域全部位于第 1 象限（辽宁省除外），而西部地区的省域除了广西以外都位于第 3 象限，也就是说对各省区市的农民工资性收入而言，高收入往往在东部地区集聚，而低收入只会在西部地区发生集聚。

表 6.5　2012 年各省域农民工资性收入集聚度的空间相关模式

象限	空间相关模式	地区
第 1 象限	HH	北京、天津、河北、上海、江苏、浙江、福建、山东、广东、海南
第 2 象限	LH	安徽、江西、广西
第 3 象限	LL	辽宁、吉林、黑龙江、山西、内蒙古、河南、湖北、湖南、重庆、四川、贵州、云南、西藏、陕西、甘肃、青海、宁夏、新疆
第 4 象限	HL	—

6.2.2　各地区农民家庭经营性收入差异及其集聚特征

1. 各地区农民家庭经营纯收入差异分析

前文的分析表明，改革开放以来我国农民的家庭经营性收入占比不断下降，但是各地区农民的家庭经营性收入变化情况又是怎样的呢？首先我们看看 1993～2012 年农民的家庭经营性收入及其变异系数变化情况，由图 6.6 可知，1993 年家庭经营性收入的变异系数为 0.25（远远小于同期工资性收入的变异系数），这说明这一时期内各地区农民的家庭经营性收入差距较小。统计资料显示，1993 年农民家庭经营性收入最高的广东地区为 1145.8 元，而家庭经营性收入最低的甘肃地区为 452.2 元，广东地区的农民家庭经营性收入是甘肃地区的 2.53 倍（而同期工资性收入的这一差距为 45.04）。

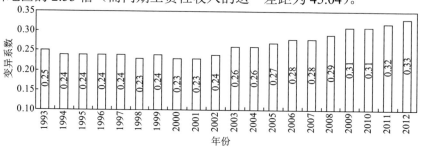

图 6.6　1993～2012 年农村居民人均家庭经营纯收入变异系数值

1993~2002 年，农民家庭经营性收入的变异系数基本上维持不变，直到 2003 年开始才有微弱的上升趋势，也就是说近年来各地区农民家庭经营性收入的差距有不断扩大的趋势。由 2012 年的数据可知，该年农民家庭经营性收入最高的吉林地区为 5617.6 元，而家庭经营性收入最低的上海地区只有 902.6 元，吉林地区的农民家庭经营性收入是上海地区的 6.22 倍，这一指标与 1993 年相比出现了明显的上升。虽然，农民家庭经营性收入的变异系数在一段时间以内都相对较小（一直低于 0.25），且明显低于其他收入结构的变异系数。但是，根据图 6.6，我们可以直观地看出，农民家庭经营性收入的变异系数在将来会出现持续扩大的局面，只是增速相对较低。

2. 各地区农民家庭经营性收入集聚特征分析

前文详细分析了 1993 年和 2012 年各地区农民家庭经营性收入的差异，但是各地区农民家庭经营性收入是集聚形势还是离散分布的？这同样需要进一步加以检验。这里以 2012 年为例，作出农民家庭经营性收入的全域 Moran's I 指数散点图（图 6.7），2012 年农民家庭经营性收入的 Moran's I 指数为 0.118，但是在统计上并不显著（$Z=1.300$），这说明该年度我国 31 个省域的农民家庭经营性收入集聚现象在空间上不具有明显的正自相关关系（即空间依赖性）。也就是说，我国各省域农民家庭经营性收入的情况在空间分布上并没有出现分块集聚的现象，而是处于离散分布的状态（图 6.7），也就是说我国各省域农民家庭经营性收入并不存在明显的地理空间分布上的依赖性和异质性。另外，我们从 31 个省域的农民家庭经营性收入空间相关模式来看，位于第 1、2、3、4 象限的省域分别为 8 个、6 个、10 个和 7 个，每个象限的省域差别并不是很大，进一步证明了省域农民家庭经营性收入并不存在明显的地理空间分布上的依赖性和异质性。因此，我们这里省略对应的空间集聚模式分析。

6.2.3 各地区农民财产性收入差异及其集聚特征

1. 各地区农民财产性收入差异分析

前文的分析表明，改革开放以来我国农民的财产性收入占比变化不大，但是各地区农民的财产性收入变化情况又是怎样的呢？首先，我们看 1993~

2012 年农民的财产性收入及其变异系数变化情况。由图 6.8 可知，1993 年财产性收入的变异系数为 1.1（略小于同期工资性收入的变异系数，远远大于同期家庭经营性收入和转移性收入的变异系数），这说明这一时期内各地区农民的财产性收入差距较大。统计资料显示，1993 年农民财产性收入最高的上海地区为 50.7 元，而财产性收入最低的广西地区仅为 1.6 元，上海地区的农民财产性收入是广西地区的 31.69 倍。

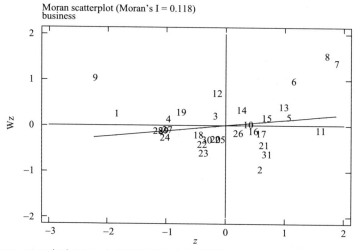

图 6.7　2012 年中国 31 个省域农民家庭经营性收入集聚 Moran's I 指数散点图

Moran's I=0.118，Moran's I 期望值 $E(I)$ =−0.033，标准差 Sd =0.116，正态统计量 Z=1.300

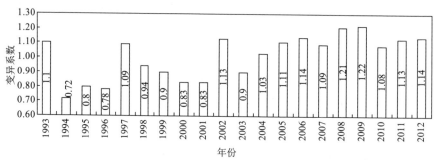

图 6.8　1993～2012 年农村居民人均财产性纯收入变异系数

　　1993～2002 年，农民财产性收入的变异系数波动十分频繁，没有十分明显的规律可追寻，但是整体上有逐渐扩大的趋势，2012 年的变异系数为 1.14。由 2012 年的统计数据可知，该年农民财产性收入最高的北京地区为 1716.36

元，其中高于 1000 元的只有北京和上海两个地区，而财产性收入最低的广西地区只有 53.87 元，低于 100 元的地区有 4 个（分别为湖北、广西、贵州和青海），最高的北京地区的财产性收入是广西地区的 31.86 倍，这一指标与 1993 年相比不但没有出现下降，反而略有回升。综上，虽然农民财产性收入的变异系数在部分时间段都低于 1，但是从长远的形势来看，农民财产性收入的变异系数在将来可能会出现持续扩大的局面，只是增速相对较低。

2. 各地区农民财产性收入集聚特征分析

前文分析了 1993 年和 2012 年各地区农民财产性收入的差异，但是各地区农民财产性收入是否发生了集聚效应？如果是，其集聚状况是什么样的？是存在明显的空间依赖性还是空间异质性？这需要进一步加以检验。因此，以 2012 年为例，作出农民财产性收入的全域 Moran's I 指数散点图，由图 6.9 可知，2012 年农民财产性收入的 Moran's I 指数为 0.319，同时在统计上十分显著，表明该年度我国 31 个省域的农民财产性收入集聚现象在空间上具有明显的正自相关关系（即空间依赖性）。也就是说，我国省域农民财产性收入在空间分布上并非表现出完全随机的状态，而是表现出某些省域的相似值之间在空间上趋于集聚，这种集聚表现为农民财产性收入较高和较低的省域分块集聚。

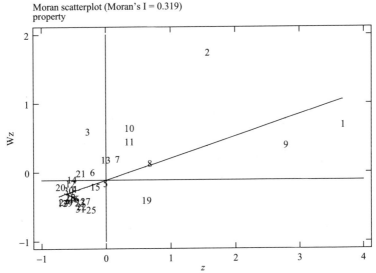

图 6.9　2012 年中国 31 个省域农民财产性收入集聚 Moran's I 指数散点图
Moran's I=0.319，Moran's I 期望值 $E(I)$ =−0.033，标准差 Sd =0.103，正态统计量 Z=3.431

另外，结合表 6.6 可以看出，2012 年各个省域的农民财产性收入的集聚可分为四种空间相关模式：位于第 2、4 象限的省域很少（仅有 5 个），其中位于第 4 象限的只有广东省；位于第 1、3 象限的省域农民财产性收入集聚出现 HH 和 LL 两种模式的分化，其中 HH 模式的第 1 象限有 7 个地区，均为东部地带和中部地带的省区市；而西部地区的省市无疑全部位于第 3 象限。因此，可以进一步认为，我国省域农民财产性收入集聚存在着明显的地理空间分布上的依赖性，也就是说往往存在农民财产性收入低的地区与其他农民财产性收入低的地区发生集聚和农民财产性收入高的地区与其他农民财产性收入高的地区发生集聚。另外，我们容易看出，位于第 3 象限（也就是 LL 模式）的地区高达 19 个，只有山东省是位于东部地区的省份，而其余的省区市均位于中西部地区，这也说明了当前我国各地区的财产性收入均处于一个较低的水平，特别是中西部地区的省区市。

表 6.6   2012 年各省域农民财产性收入集聚度的空间相关模式

象限	空间相关模式	地区
第 1 象限	HH	北京、天津、吉林、黑龙江、上海、江苏、浙江
第 2 象限	LH	河北、辽宁、福建、海南
第 3 象限	LL	山西、内蒙古、安徽、江西、河南、山东、湖北、湖南、广西、重庆、四川、贵州、云南、西藏、陕西、甘肃、青海、宁夏、新疆
第 4 象限	HL	广东

6.2.4   各地区农民转移性收入差异及其集聚特征

1. 各地区农民转移性收入差异分析

前文的分析表明，改革开放以来我国农民的转移性收入占比变化不大，但是各地区农民的转移性收入变化情况又是怎样的呢？首先，我们看 1993～2012 年农民的转移性收入及其变异系数变化情况，由图 6.10 可知，1993 年转移性收入的变异系数为 0.67（高于同期农民家庭经营性收入的变异系数，远远低于同期工资性收入和财产性收入的变异系数），这说明这一时期内各地区农民的转移性收入差距相对较大。统计资料显示，1993 年农民转移性收入最高的广东地区为 152.5 元，而转移性收入最低的吉林地区仅有 13.1 元，广东地区的农民转移性收入是吉林地区的 11.64 倍。1993～2012 年，农民转移性收入的变异系数波动十分频繁，没有十分明显的规律可循，但波动区间较小且整体上有逐渐扩大的趋势，2012 年的变异系数为 0.84。由 2012 年的统计数据可知，该年农民转移性收入最高的上海地区为 4041.53 元，高于 1000 元的有 6 个地区（分别是上海、北京、内蒙古、江苏、青海、天津），而转移性收入最低的云南地区只有 418.38 元，上海地区的财产性收入是云南地区的 9.66 倍，这一指标与 1993 年相比略有下降。综上，虽然农民转移性收入的变异系数均低于 0.9，但从长远的形势来看，农民转移性收入的变异系数在将来可能也会出现持续扩大的局面，只是增速相对较低。

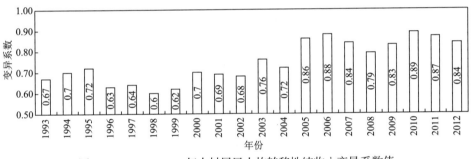

图 6.10　1993～2012 年农村居民人均转移性纯收入变异系数值

2. 各地区农民转移性收入集聚特征分析

前文分析了 1993 年和 2012 年各地区农民转移性收入的差异，但是各地区农民转移性收入是否发生了集聚效应？如果是，其集聚状况是什么样的？是存在明显的空间依赖性还是空间异质性？这需要进一步加以检验。因此，以 2012 年为例，作出农民转移性收入的全域 Moran's I 指数散点图，由图 6.11 可知，2012 年农民财产性收入的 Moran's I 指数为 0.148，同时在统计上十分显著，表明该年度我国 31 个省域的农民转移性收入集聚现象在空间上具有明显的正自相关关系（即空间依赖性）。也就是说，我国省域农民转移性收入的情况在空间分布上并非表现出完全随机的状态，而是表现出某些省域的相似值之间在空间上趋于集聚，这种集聚表现为农民转移性收入较高和较低的省域分块集聚。

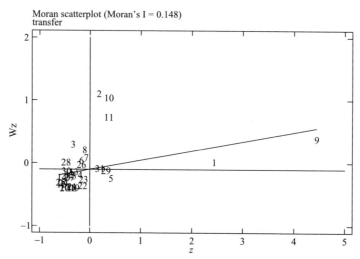

图 6.11 2012 年中国 31 个省域农民转移性收入集聚 Moran's I 指数散点图

Moran's I=0.148，Moran's I 期望值 $E(I)$ =-0.033，标准差 Sd =0.087，正态统计量 Z=2.096

另外，结合表 6.7 可以看出，2012 年各个省域农民转移性收入的集聚可分为四种空间相关模式：位于第 2、4 象限的省域很少（仅有 9 个），位于第 1、3 象限的省域农民转移性收入集聚出现 HH 和 LL 两种模式的分化；其中，HH 模式的第 1 象限有 7 个地区，均为东部地区的省区市。因此，可以进一步认为,我国省域农民转移性收入集聚存在明显的地理空间分布上的依赖性，也就是说往往存在农民转移性收入低的地区与其他农民转移性收入低的地区发生集聚和农民转移性收入高的地区与其他农民转移性收入高的地区发生集聚。另外，我们容易看出，位于第 3 象限的有高达 15 个地区，这也说明了当前我国各地区的转移性收入处于一个较低的水平且分布不均。

表 6.7 2012 年各省域农民转移性收入集聚度的空间相关模式

象限	空间相关模式	地区
第 1 象限	HH	北京、天津、上海、江苏、浙江、福建、山东
第 2 象限	LH	河北、辽宁、吉林、黑龙江、西藏、甘肃
第 3 象限	LL	山西、河南、湖北、湖南、安徽、江西、海南、广西、重庆、四川、贵州、云南、陕西、宁夏、广东
第 4 象限	HL	内蒙古、青海、新疆

6.3 我国城乡收入差距的演化历程及结构特征

为了更好地对农民收入增长进行定性和定量的判断，需要一个合适的参考系。在分析了农民收入的区域差异后，我们进一步引入城镇居民可支配收入，比较城乡居民收入变化情况及其差距的演化规律，并从结构视角出发考察二者结构之间的差异及影响。

6.3.1 我国城乡居民收入差距的演进及时期规律

1. 改革开放前城乡居民收入差距的变化情况

城乡居民收入差距并不是现阶段特有的问题，而是 1949 年中华人民共和国成立以来就已经存在的现象。中华人民共和国成立之后直到 1978 年的这段社会主义计划经济时期，在"人人平等"的口号下，城市职工的工资由国家统一规定并长期保持稳定，而农村人民公社制度下的分配制度是无论劳动生产率高低，大家都能分到大致平等的收入。在这样的体制下，城乡居民收入虽然都不算很高，但收入差距却很小，如图 6.12 所示。1952 年至 1977 年的城乡居民名义收入比的平均值为 2.31，而城乡居民收入差距最大的 1960 年为 2.7，这就是所谓"平均主义的社会主义"，这短时期内虽然也存在一定程度的不平等，但并没有成为深刻的社会与政治问题。但是，形式上的平均主义致使劳动者的生产积极性退化，劳动生产率普遍低下，造成了长期的贫困状态。因此，1978 年前的中国被称为"平均主义的贫困社会主义国家"（薛进军，2013）。改革开放以前，导致城乡居民收入差距的原因是多方面的。主要原因之一是偏向发展战略的实施（林毅夫等，1994；林毅夫和刘培林，2003；陈斌开和林毅夫，2013）。从 1950 年开始，中国就实施了模仿苏联的重工业优先发展战略，在这种急速的工业化、城镇化发展中，为了确保工业生产的资金和原材料的充足供应，满足城镇居民的生活需求，政府实施了提高工业品价格、降低农产品价格的差别定价政策，从而产生了农产品与工业产品价格的"剪刀差"问题。主要原因之二是城乡分割的户籍制度（蔡昉，2003；陆铭和陈钊，2004）。"大跃进"时期，为了防止农村向城市的过度移民及确保城市居民的食品供应，政府从 1958 年实施了城乡分开管理的户籍制度（没有城市户籍的农民不能享受城市的生活、就业、教育、福利等制度），事实上形成了"重城市、轻农村"的发展格局。这两个主要原因和其他多种因素的交织导致当时的中国进一步固化了"二元经济与社会结构"，城乡居民收入差距也相应扩大。

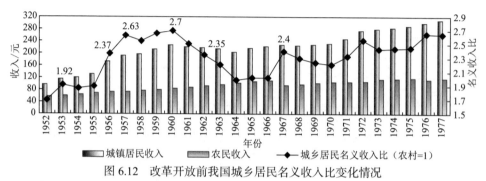

图 6.12　改革开放前我国城乡居民名义收入比变化情况

由于改革开放前部分年度的城镇居民可支配收入数据缺失，本部分采用城镇单位从业人员的平均工资予以代替，据此我们算出了城乡居民收入差距（城乡居民收入的名义收入比）

2. 改革开放后城乡居民收入差距的变化情况

　　总体上来说，收入差距不断扩张是改革以来的基本特征，收入差距的急速扩张使我国在短时间内由一个平均主义盛行的国家转变为收入差距较高的国家（宋晓梧，2013）。从名义收入总量来看，如表 6.8 所示，城乡居民收入的绝对差距大致分五步走的形势：1978 年农村居民人均纯收入和城镇居民人均可支配收入分别为 133.57 元和 343.40 元，两者相差仅仅 209.83 元，城乡居民的名义收入比为 2.571。但是，城乡居民收入绝对差距这一数值在 1987 年就突破了 500 元，达到了 539.60 元，而此时的城乡居民名义收入比却下降到了 2.166。紧接着，1992 年便已突破了千元大关，达到 1242.61 元，而此时的城乡居民名义收入比又回到了改革开放初期的水平。10 年后在 2002 年又迅速突破了 5000 元的关口，达到了 5227.17 元，城乡居民名义收入比上升到了 3.111。在 6 年后的 2008 年则突破万元大关，达到了 11 020.14 元，城乡居民名义收入比进一步扩大到了 3.315。2013 年这一差距进一步上涨到了 18 059.00 元，城乡居民名义收入比在经历了历史高峰之后，缓慢下降到了 3.030。

表 6.8 改革开放后我国部分年度城乡居民名义收入变化情况

年份	城镇居民人均可支配收入/元	农村居民人均纯收入/元	城乡居民收入绝对差距/元	城乡居民收入比（城镇/农村）
1977	309.00	117.30	191.70	2.634
1978	343.40	133.57	209.83	2.571
1986	899.60	423.76	475.84	2.123
1987	1 002.20	462.60	539.60	2.166
1991	1 700.60	708.60	992.00	2.400
1992	2 026.60	783.99	1 242.61	2.585
2001	6 859.60	2 366.40	4 493.20	2.899
2002	7 702.80	2 475.63	5 227.17	3.111
2007	13 785.80	4 140.36	9 645.44	3.330
2008	15 780.76	4 760.62	11 020.14	3.315
2012	24 564.70	7 916.60	16 648.00	3.103
2013	26 955.00	8 896.00	18 059.00	3.030

从城乡居民名义收入比来看，中国的城乡居民收入差距在改革开放前是相对稳定的，而改革开放之后首先表现为快速缩小的趋势，于 1983 年达到历史的最低水平 1.82，1984 年后的城乡居民收入差距在不断波动中继续扩大，其各年间的具体变化如图 6.13 所示。我们不难看出，1978 年到 1980 年，城乡居民收入差距在 2.5～2.6。20 世纪 80 年代，城乡的收入差距几乎都低于 20 世纪 70 年代末，在 1.8～2.3 徘徊。但是 20 世纪 90 年代以后，城乡居民的收入差距几乎都超过 20 世纪 70 年代末的水平，尤其是 2000 年以后，这一比值不断扩大，在 2009 年达到历史最大值 3.33，然后呈微弱下降的趋势，2013 年下降到了 3.03。尽管如此，这一差距仍然被认为是严重低估了，主要在于城镇居民拥有更好的医疗保险、住宅补贴、财政补助、最低工资保障、教育投资及福利和社会保障等优越条件。因此，如果综合考虑上述福利因素和城镇居民的隐性收入，中国的城乡收入差距将会达到 6 以上，远远高出了大多

数发达国家不到 1.5 的水平（王小华，2012），从而成为世界上最不平等的社会（李实和岳希明，2004）。为了详细分析改革开放以来城乡居民收入差距的变化情况，本部分将 1978～2013 年的城乡居民收入差距的变动大致分为以下五个阶段。

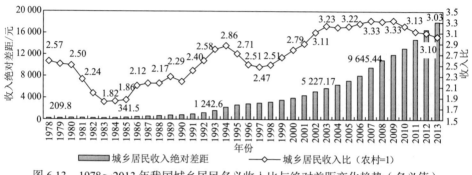

图 6.13　1978～2013 年我国城乡居民名义收入比与绝对差距变化趋势（名义值）

第一阶段（1978～1983 年）：改革初始阶段，经济体制改革以农村为重心，城乡收入差距迅速缩小。如图 6.13 所示，该阶段的城乡居民收入差距由 2.57 快速减少到了 1.82。1978 年，以有计划的商品经济为特征的经济体制改革率先在农村拉开帷幕，在此期间，国家的经济体制和经济政策都发生了重大变化，特别是一系列以农村为重心的改革措施逐步全面铺开。家庭联产承包责任制产生并最终取代了集体生产队制度；政府开始对价格进行改革，农产品市场逐渐放开，双轨制替代了原来的单一计划价格制度；生产要素市场，劳动力和资本开始在农村内部和城乡之间流动（孙久文，2010）。这一系列的市场化改革极大地刺激了农民的生产积极性，导致农业生产在短时间内得到高速发展和农民收入迅速增长，城乡居民收入差距逐渐缩小。

第二阶段（1984～1994 年）：经济体制改革重心转向城市阶段，城乡居民收入差距逐步扩大。该阶段城乡居民收入差距由 1984 年的 1.84 增加到了 1994 年的 2.86。第一阶段的农村经济改革在短时间内取得了惊人的成功之后，城市改革的步伐便由此开始了，该阶段城市改革的主要特点包括：国企改革继续以放权让利为中心，简政放权，改革税制和实行厂长负责制；信贷体制改革伴随着收入再分配；地区发展政策明显向沿海发达地区倾斜。所有这些改革都偏向于提高城镇居民收入，然而对农村地区而言，家庭联产承包责任制对农业生产的激励效应很快达到了极限，农业和农村经济的发展遭遇"滑铁卢"，而同期国家对农产品收购价格的提升受到严重局限，农民收入增长的幅度受到极大限制。再加上1984年10月党的十二届三中全会召开，发布了《关于经济体制改革的决定》，中国经济体制改革重心从农村向城市转移。因此，这一阶段的城乡居民收入差距进一步扩大，并于1993年超越了改革开放之初的水平。

第三阶段（1995～1997年）：改革攻坚阶段，城乡居民收入差距再次降低。20世纪90年代中期以来，社会主义市场经济体制基本确立，我国改革由此进入攻坚阶段。如1994年的分税制改革，最终确立了"块状"结构的财政分权体制，从而充分调动了地方政府的积极性。政府为了加强农业的基础地位，相继出台了一系列扶持农业生产和农村经济发展的政策措施，县及县以下的乡镇企业和国有企业普遍民营化，私营中小企业蓬勃发展[①]。另外，除了资金和土地两大要素市场外，政府对农村劳动力流动政策逐渐放宽，农村劳动力等其他要素市场已基本实现自由化，农民外出打工的收入开始在这一时期成为农民增收的另一重要来源渠道。除此之外，这一时期城乡居民收入差距缩小的最主要原因在于政府提高了农产品的收购价格水平。其中，1995年的农产品平均价格在1994年提高了40%的基础之上又进一步提高了20%，粮食平均价格也在1994年上涨47%的基础之上进一步提高了29%。1995年城乡居民收入差距为2.71，1997年降低到2.47，城乡居民收入差距基本上恢复到了80年代初期的水平。

第四阶段（1998～2003年）：经济体制改革继续深化阶段，城乡居民收入差距迅速扩大。1998年以来，随着农产品收购价格的持续走低，各地相应调低了粮食收购价格和保护价，而乡镇企业在吸纳农村剩余劳动力方面的贡献水平也趋于下降，加之受1997年东南亚金融危机的冲击，我国内外需严重不足，农民收入增长因此受到了极大的抑制。此外，我国现行的户籍管理制度造成了城乡居民在社会地位、物质待遇上的巨大差别，严重阻碍了劳动力、

---

① 到2000年，国有企业的产出占比已降至30%以下（由统计年鉴计算得出）。

资源等在城乡之间的自由流动，导致城市资源的大量闲置和浪费，而农村却因资源的极度欠缺而限制了其生产力的发展，造成农业边际生产率的低下，进而减缓了农村居民收入的增长速度。城乡居民收入差距由 1998 年的 2.51 快速上升到了 2003 年的 3.23。

第五阶段（2004～2013 年）：改革进入全面攻坚阶段，城乡居民收入差距保持稳定后缓慢下滑。2004 年以来，社会主义市场经济体制进一步完善，中国经济已处于城市化和"工业反哺农业、城市带动农村"发展的新阶段，建设社会主义新农村成为基层政府的重要任务，公共财政扩大了在农村的覆盖面，这为促进农村居民收入增长创造了良好的政策条件。而且，国家进一步加大了对"三农"的投入力度，逐步取消农业税，并增加对粮食直补、良种补贴、农机补贴等，农民收入有了较大幅度的提高。但是，高速发展的中国经济（快速的工业化和城镇化）带动了城市居民收入的更快增长。而相比于城市经济，现阶段我国农业经济仍然发展滞后，具有利润率低、经营风险大、生产周期长等弱质性，无论支农政策运行得多么完善，农村居民收入增幅在短时间内仍难以与城镇居民相抗衡。因此，城乡居民收入差距扩大的趋势在保持稳定之后，短时间内只会逐渐缓解而非快速缩小。城乡居民收入差距由 2004 年的 3.20 上升到了历史之最的 3.33（2009 年），之后便以缓慢的趋势一路下滑至 3.03（2013 年）。

3. 改革开放后城乡居民实际收入差距变化情况

考虑到价格因素之后[①]，我们测算出的城乡居民实际收入比的变化趋势同名义收入比大致相同，详细变化趋势如图 6.14 所示。不难看出，1978～1984 年，城乡居民收入比的名义值与实际值之间并不存在明显的差距，这说明该时间段农民收入保持快速增长的同时，城乡居民消费价格指数也相对稳定；1985 年之后，城乡居民名义收入比与实际收入比之

---

① 本部分中所使用的数据，如未经特殊说明，均来自《新中国五十年统计资料汇编》《中国统计年鉴》（2003～2013 年），2013 年数据来自中华人民共和国国家统计局，最后由作者整理而得；本部分所使用的城乡居民人均收入名义值直接来源于统计年鉴，实际值均是采用城镇居民可支配收入剔除以 1978 年为基期的城镇居民消费价格指数，农村居民人均纯收入剔除 1978 年为基期的农村居民消费价格指数。

间开始出现明显的分化，两者之间的差距不断增大，在 2002 年达到差距最大值（为 0.45），之后有微弱的下降趋势。我们单纯地从城乡居民实际收入比来看，改革开放以来的这段时间表现出下降→增加→下降→增加→下降的基本态势，同样也是在 2009 年达到最大值（为 2.99），在 2013 年城乡居民实际收入比仍然高达 2.74，而国际上最高在 2 左右（王小华，2012，2013）。

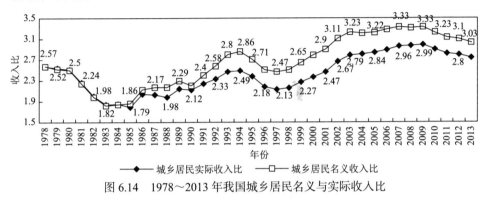

图 6.14　1978～2013 年我国城乡居民名义与实际收入比

6.3.2　我国城乡居民收入差距的结构分析

1. 城乡居民收入结构差异分析

从总体来看，我国城镇居民和农村居民的收入结构表现出明显的差异（图 6.15）。农村居民家庭经营性收入和工资性收入比重的变化较明显，主要表现为家庭经营性收入比重不断下降和工资性收入比重不断上升的形势，工资性收入的比重于 2013 年超过了家庭经营性收入。但是，财产性收入和转移性收入一直以来都不是农民收入的主要来源，更像是两种辅助性收入，其比重变化也不明显，基本上都呈现出先缓慢减小后逐渐增大的趋势，只是在 2004 年以后的财产性收入增长幅度明显要小于转移性收入（农村居民收入结构的详细分析参见第 5 章）。城镇居民的工资性收入和转移性收入既是其最主要的两项收入来源，也是最为稳定的收入来源。一方面，工资性收入占比不断下降，从 1985 年的 82.90%下降到了 2013 年的 64.06%，下降了将近 19 个百分点；另一方面，转移性收入的占比却在不断上升，由 15.23%（1985 年）上升到了 26.02%（2013 年），上升幅度接近 11 个百分点。城镇居民的家庭经营性收入和财产性收入都表现出不断上升的态势，占总收入的比重分别从 1985 年的 1.37% 和 0.50% 上升到了 2013 年的 9.47% 和 2.74%，家庭经营性收入占比的上升幅度更大。

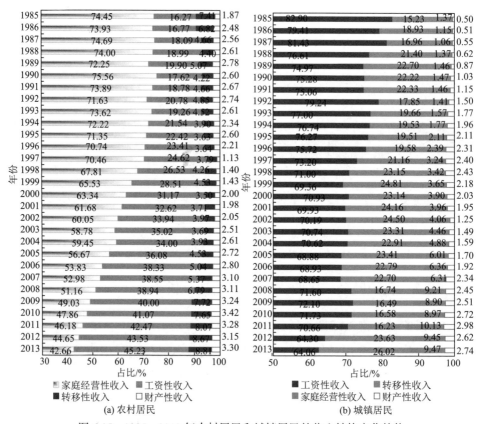

图 6.15　1985～2013 年农村居民和城镇居民的收入结构变化趋势

　　据此，我们不难看出，城乡居民收入结构表现出一定的相似特征，但也存在明显的差异。1985 年以来，农村居民的工资性收入逐渐替代家庭经营性收入而一跃成为其最主要的收入来源，未来一段时间也会保持进一步上升的趋势，但上升幅度会有所降低；而城镇居民的工资性收入一直都是其最主要的收入来源，但整体上表现出波动中不断降低的趋势。财产性收入在城乡居民收入中的比重都不高，均不超过 4%，并且其波动幅度均很小。城乡居民收入结构的最大差异在于转移性收入和家庭经营性收入方面。1985 年，城镇和农村居民的家庭经营性收入占其收入的比重分别为 1.37% 和 74.45%，而与此同时，转移性收入占其收入的比重分别为 15.23% 和 7.41%。1985 年以后，城镇居民家庭经营性收入占比逐渐上升，农村居民家庭经营性收入占比逐渐下降，2013 年，城镇和农村居民的家庭经营性收入占其收入的比重分别为 9.47% 和 42.66%，前者上升了 8.1 个百分点，后者却下降了将近 32 个百分点。与此同时，城镇居民的转移性收入占比不断上升，农村居民转移性收入占比在不断降低之后才略有上升，2013 年城镇和农村居民的转移性收入占其收入的比重分别为 26.02% 和 8.81%。

2. 城乡居民收入结构比值变化差异分析

为了更进一步对比城乡居民收入结构之间的差距，我们接下来分别给出 1985 年以来的城乡居民工资性收入差距、家庭经营性收入差距、转移性收入差距和财产性收入差距的详细变化情况。由图 6.16 可以看出，1985 年以来，我国城乡居民结构性收入差距由大到小依次是转移性收入差距、工资性收入差距、财产性收入差距和家庭经营性收入差距。其中，城乡居民家庭经营性收入差距处于不断上升的状态，并且在 21 世纪以来的上升幅度有进一步扩大的趋势，特别是 21 世纪以来的上升态势逐渐加快，并趋近于 1，这直接说明了在现在和将来的很长一段时间内，农村居民的家庭经营性收入对总收入的贡献作用正在且仍将会逐渐缩小。转移性收入差距和工资性收入差距在近年来有逐渐缩小的趋势。但是，直到 2013 年，城乡居民转移性收入之比仍然高达 8.94。虽然，近十年来的城乡居民转移性收入差距表现为快速缩减的趋势（由 2003 年的 21.81 降低到了 2013 年的 8.94），但这一差距对城乡居民收入差距的贡献是最大的，有研究表明城乡居民转移性收入差距是导致城乡居民差距扩大的最主要因素（温涛等，2012）。财产性收入差距表现出先缓慢增大，于 1997 年达到了 5.27 这一历史最大值，之后逐渐降低，并于 2002 年以后基本上保持在一个相对稳定的状态。另外，从城乡居民家庭经营收入差距和工资性收入差距之间的变化情况不难看出，20 世纪 90 年代以来，伴随着城镇化的加速和农村剩余劳动力的大量外出务工，农民的总收入更多地依赖于工资性收入而非家庭经营性收入。

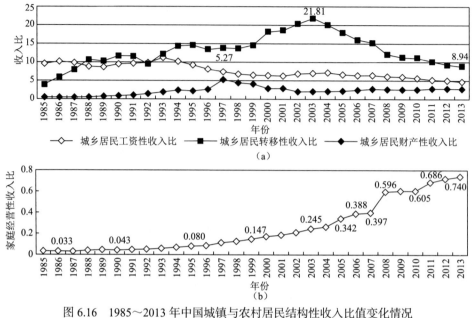

图 6.16 1985～2013 年中国城镇与农村居民结构性收入比值变化情况

6.3.3 我国城乡居民收入差距的总体影响分析

1. 问题提出与研究假设

中国三十多年的市场化改革使人们收入水平得到了显著提高，但与此同时，中国的收入不平等程度也在增加，居民的相对收入呈现两极分化（Gao and Smyth，2010）。Benjamin 等（2005）指出中国居民收入的基尼系数很可能已经超过了 0.5，与南美国家处于同一水平。Liu 和 Zou（2011）从城乡劳动力技能差异、人口规模的改变和消费价格指数等方面来考察经济转型框架内的收入差距演变，发现城镇部门快速的技术进步和经济增长使城乡收入差距的鸿沟不断扩宽。事实上，随着我国改革开放的不断深入，特别是 20 世纪 90 年代以来，持续拉大的城乡收入差距已严重影响到了我国经济的健康、持续发展和社会的和谐稳定，这种城乡之间的不协调，不仅使农村和农业发展遇到了前所未有的困难和矛盾，造成经济效率损失，而且使"三农"问题成为影响全体社会成员利益，制约国民经济发展全局的关键问题，更可能成为社会和政治不稳定的潜在因素。本小节主要从城乡居民收入结构的不平等考察城乡居民整体收入差距,这样既可以清楚城乡居民收入差距扩大的原因,还可以判断什么来源的收入能真正起到增加农民收入进而有效缩小城乡居民收入差距的作用,更能根据收入结构不平等问题来优化农民收入结构。2004年起,中央一号文件连续13年锁定"三农",加大对"三农"的投入力度是众所周知的,如逐步降低农业税,实施工业反哺农业、城市支持农村和"多予、少取、放活"等方针政策。因此,本部分为了深入探寻农民收入结构变化及城乡居民收入结构差距对城乡居民收入差距的影响,主要以中央一号文件锁定"三农"为分界点进行分析,以考察城乡居民收入结构变化对城乡居民收入差距影响的时空差异,然后针对不同地区进行对比分析。据此,本部分提出如下研究假说。

假说1:整体上看,不同性质的收入差距对城乡居民收入差距的影响程度显著不同。

假说2:2004年前后,同性质的收入差距对城乡居民收入差距影响各异。

2. 变量的选取与实证模型设定

(1)被解释变量:城乡居民收入差距(GAP),本部分采用国内学者(陆铭和陈钊,2004;姚耀军,2005;温涛等,2014)常用的城乡居民收入比来反映城乡收入差距这一指标予以衡量,也就是城镇居民人均可支配收入与农村居民人均纯收入之比。

(2)解释变量:①城乡居民工资性收入差距(GAP_1),也即是城镇居民人均工资性收入与农村居民人均工资性收入之比;②城乡居民家庭经营性收入差距(GAP_2),也即是城镇居民人均家庭经营性收入与农村居民人均家庭经营性收入之比;③城乡居民财产性收入差距(GAP_3),也即是城镇居民人均财产性收入与农村居民人均财产性收入之比;④城乡居民转移性收入差距(GAP_4),也即是城镇居民人均转移性收入与农村居民人均转移性收入之比。

本部分研究设定如下面板数据模型予以实证:

$$GAP_{it} = \beta_0 + \beta_1 GAP_{1it} + \beta_2 GAP_{2it} + \beta_3 GAP_{3it} + \beta_4 GAP_{4it} + \mu_{it} \quad (6.3)$$

其中,GAP_{it}表示第i地区第t年城乡居民整体收入差距;GAP_{1it}表示第i地区第t年城乡居民工资性收入差距;GAP_{2it}表示第i地区第t年城乡居民家庭经营性收入差距；GAP_{3it} 表示第 i 地区第 t 年城乡居民财产性收入差距；GAP_{4it} 表示第 i 地区第 t 年城乡居民转移性收入差距.样本所选取的时间段为1997~2012 年的全国 31 个省区市（港澳台地区由于数据很难获取，故不在实证研究范围之内），实证分析的描述性统计如表 6.9 所示，原始数据来源于中华人民共和国国家统计局网站及历年《中国统计年鉴》。

表 6.9　各变量的描述性统计

分类	时期	样本数	平均值	标准差	偏度	峰度	最小值	最大值
城乡居民收入差距	1997~2012	496	2.9580	0.6906	0.9456	4.0015	1.60	5.61
	1997~2003	217	2.8197	0.7712	1.3361	4.9954	1.60	5.61
	2004~2012	279	3.0655	0.6005	0.7178	2.8448	2.06	4.89
城乡居民工资性收入差距	1997~2012	496	8.8650	8.8698	3.7772	20.1318	1.34	67.71
	1997~2003	217	10.7641	11.8539	2.9225	11.7974	1.34	67.71
	2004~2012	279	7.3880	5.0895	3.0823	18.3840	2.32	46.26
城乡居民家庭经营性收入差距	1997~2012	496	0.4291	0.3050	3.3980	21.1728	0.01	2.76
	1997~2003	217	0.3260	0.1876	2.4789	14.3352	0.01	1.44
	2004~2012	279	0.5094	0.3514	3.1812	17.5068	0.04	2.76
城乡居民财产性收入差距	1997~2012	496	3.7573	4.8231	4.4418	30.7129	0.01	46.96
	1997~2003	217	4.8102	6.4311	3.6250	19.3010	0.04	46.96
	2004~2012	279	2.9383	2.7832	2.6101	13.1749	0.01	20.50
城乡居民转移性收入差距	1997~2012	496	15.8143	9.4572	1.7750	8.7003	1.31	75.76
	1997~2003	217	19.0091	10.9036	1.4646	7.1885	1.82	75.76
	2004~2012	279	13.3294	7.2605	1.8229	9.2001	1.31	57.42

注：本表所有数据均来自 Stata13.0

3. 实证结果分析

在做面板数据分析时首先应选择合适的模型，为此进行面板模型的 F 检验，如果 F 值大于临界值则摒弃混合模型；然后，在此基础上进行 Hausman 随机效应检验，如果 H 值大于临界值即应选择个体固定效应模型，否则建立个体随机效应模型。本部分使用 Stata13.0 软件对 1997~2012 年城乡居民工资性收入差距、家庭经营性收入差距、财产性收入差距及转移性收入差距与城乡居民收入差距之间的关系进行了估计，模型估计结果如表 6.10 所示。同时,为探讨各项收入差距对城乡居民收入差距产生的影响是否在 2004 年前后发生结构性变化,下面分别就全样本时期(1997~2012 年)、第一个时期(1997~2003 年)与第二个时期(2004~2012 年)分别进行探讨。从面板模型的拟合优度看,各时间段均大于 0.20,满足面板数据的估计精度要求;从 F 检验和随机效应检验结果可知,2004~2012 年的样本应建立个体随机效应模型(Hausman 检验无法拒绝原假设),1997~2003 年和 1997~2012 年均运用个体固定效应模型进行估计是较为合适的。

表 6.10 城乡居民收入结构差距与城乡居民收入差距的时空差异分析

解释变量	被解释变量:城乡居民收入差距		
	1997~2012 年	1997~2003 年	2004~2012 年
城乡居民工资性收入差距	0.0120*** (0.000)	−0.0028 (0.336)	0.0349*** (0.000)
城乡居民家庭经营性收入差距	0.3274*** (0.000)	0.0649 (0.573)	−0.0623 (0.237)
城乡居民财产性收入差距	−0.0282*** (0.000)	−0.0238*** (0.000)	−0.0003 (0.973)
城乡居民转移性收入差距	0.0045*** (0.006)	0.0159*** (0.000)	0.0012 (0.568)
常数项	2.7464*** (0.000)	2.6404*** (0.000)	2.8240*** (0.000)
样本数量	496	217	279
R^2	0.2874	0.4209	0.2259
Wald 值	—	—	77.76*** (0.000)
F 值	63.90*** (0.0000)	64.24*** (0.0000)	—
Hausman 检验	20.51*** (0.0010)	37.67*** (0.0000)	5.84 (0.3218)
模型的影响形式	固定效应	固定效应	随机效应

注:括号里面为 P 值
***表示在 1%的显著性水平下统计显著

从整体上看,1997~2012 年,我国城乡居民的家庭经营性收入差距、工资性收入差距和转移性收入差距的扩大都显著拉大了城乡居民收入差距;而城乡居民的财产性收入差距对城乡居民收入差距有显著的负向作用。以上结论充分印证了前文的假说 1。2004 年起,中共中央一号文件连续 13 年锁定“三农”,加大对“三农”的投入力度是众所周知的,如逐步降低并与 2006 年底彻底取消农业税,实施工业反哺农业、城市支持农村和“多予、少取、放活”

等方针政策①。为了深入探寻农民收入结构变化及城乡居民收入结构差距的变迁对城乡居民收入差距的影响,本部分以 2004 年为断点,进行了分阶段回归。下面主要就第一时期(1997~2003 年)与第二时期(2004~2012 年)各解释变量对城乡居民收入差距影响的变化进行对比分析,结果如下:第一时期各变量对城乡居民收入差距的影响效应与第二时期的结果几乎完全相反(表现在显著性或者正负效应方面),由此我们可以断定,由于中国发展阶段的差异性,分析城乡居民收入差距的变化不能采取"一刀切"模式,特别应做到"因时而异"。具体来看,城乡居民工资性收入差距的系数在第一时期内为负但不显著,但在第二时期则表现为显著地拉大了城乡居民收入差距;城乡居民家庭经营性收入差距的系数在第一时期内为正但不显著,第二时期的影响系数则为负,不显著;城乡居民财产性收入差距在第一时期与城乡居民收入差距呈显著负相关关系,在第二时期的系数为负但不显著;而城乡居民转移性收入差距只是在第一时期显著拉大了城乡居民收入差距,但是在第二时期的影响不显著。

上述实证结果表明,城乡居民工资性收入差距对城乡居民收入差距的形成和扩大影响最大,缩小城乡居民工资性收入差距整体上最有利于缩小城乡居民收入差距。此外,按照《中国统计年鉴》的定义,"转移性收入是指城乡居民无需付出任何对应物而获得的货物、服务、资金或资产所有权等,不包括无偿提供的用于固定资本形成的资金。一般情况下,转移性收入是居民在二次分配中的所得收入"。但是,实证结果充分证实了转移性收入不仅没有成为缩小城乡居民收入差距的主要因素,反而成为扩大城乡居民收入差距的变量。这就是说,城乡居民转移性收入并非像理论所界定的是平衡城乡居民之间收入水平的

---

① 政府用于农业、农村的支出不断加大,并积极推进农村改革与发展,中国农村统计年鉴数据显示,2009 年中央财政用于农业的支出达到 7253.1 亿元,同比增长 21.8%;支援农村生产支出和各项农业事业费为 2679.2 亿元;粮食、农资、良种、农机具四项补贴为 1274.5 亿元;农村社会事业发展支出为 2723.2 亿元。2010 年中央财政用于农业的支出达到 8579.7 亿元,同比增长 18.29%;支援农村生产支出和各项农业事业费为 3427.3 亿元;粮食、农资、良种、农机具四项补贴为 1225.9 亿元;农村社会事业发展支出为 3350.3 亿元。2012 年中央财政用于农业的支出达到 8579.7 亿元,同比增长 18.00%;支援农村生产支出和各项农业事业费为 4785.1 亿元;粮食、农资、良种、农机具四项补贴为 1643 亿元;农村社会事业发展支出为 5339.1 亿元。2004 年以来,财政支农的平均增速达到了 24.67%。

一种有力工具，反而是收入越高的城镇居民获得的转移性收入越多，而收入水平更低的农村居民获得转移性收入反而越少。究其原因，主要是由于长期以来国家的"二元社会保障结构"，这种城乡分割的收入再分配制度导致城乡转移性收入分配差距过大，即城镇居民能享受到政府绝大部分转移性支付，大部分通过养老保险金发放等实现转移性支付，而广大的农村居民则基本上享受不到，仅仅是通过社会救济福利费、救灾支出及微薄的农保金等转移支付。近几年来，随着对"三农"问题的重视，中央政府非常重视和大力推进农村社会保险这一项关乎广大农村居民长期利好的阳光事业，外加上各种强农、支农、惠农政策的逐渐推出与实施，使广大农民得到了真正的实惠，因而第二时期内的转移性收入差距的系数虽然为正，但是并没有像第一时期一样成为城乡居民收入差距扩大的显著因素，这也直接肯定了这些强农、支农、惠农政策的有效性。

所以，现阶段缩小城乡居民收入差距最有效的方式应该着重从缩小城乡居民工资性收入差距和转移性收入差距这两个方面入手，同时也要确保农民家庭经营性收入的稳定性和全力保障农民的财产权。提高农村居民工资性收入的根本出路是促进农村剩余劳动力向非农产业有序转移，并加大农村教育、农民工技能培训等方面的投入，稳步提高工资性收入在农村居民总收入中的比重。缩小城乡居民转移性收入差距，应做到大幅度提升农村老龄人口的养老保障水平，有计划、有步骤缩小城乡居民人均养老金收入差距。

6.4　各地区城乡居民收入差距的演进及结构分化

6.3 节关于我国城乡居民收入差距的分析都是基于全国层面进行的，事实情况却是，我国各地区的经济发展程度存在着很大差异，这种城乡之间与区域之间的发展不均衡，直接导致了城乡居民收入差距也在不同地区之间表现出显著的差异，而各地区之间的经济发展水平不同和城乡一体化进程的差异又进一步强化了这种地区之间的差异。所以，弄清楚城乡居民收入差距在时间和空间上的差异有助于政府在制定相关经济政策时做到因时、因地制宜。因此，本部分将重点探寻各地区城乡居民收入差距的演化情况及其结构分化。

6.4.1 各地区城乡居民收入差距的演进特征

1. 城乡居民收入差距的区域比较

首先，我们看看 1978 年和 2012 年中国各地区的城乡居民名义收入之比的地区分布，如表 6.11 所示。其中，1978 年各地区城乡居民收入比分布表现为明显的南北差异，而 2012 年却表现出明显的东、中、西差异。由于 1978 年作为改革开放之初，其数据的可比性较差，这里我们再进一步分析 2012 年城乡居民收入比的变化情况。不难看出，城乡居民收入差距最小的三个地区分别是黑龙江、天津和北京（分别只有 2.064、2.112 和 2.213），而最大的三个地区分别是甘肃、云南和贵州（分别为 3.807、3.891 和 3.934）；除山西和安徽以外，所有的东部地区和中部地区的城乡居民收入差距都小于全国平均水平，而西部地区除新疆以外，其余省区市的城乡居民收入差距都要明显高于全国的均值水平，也高于东部、中部地区。这说明改革开放至今，城乡居民收入差距在区域之间发生了明显的分化，而且整体上均有上升的趋势。

表 6.11 1978 年和 2012 年中国各省区市的城乡居民收入比（农村=1）

地区	城乡居民收入比				地区	城乡居民收入比			
	1978 年	排名	2012 年	排名		1978 年	排名	2012 年	排名
北京	1.625	2	2.213	3	湖北	3.061	27	2.654	11
天津	2.175	7	2.112	2	湖南	2.410	11	2.865	17
河北	3.019	26	2.542	10	广东	2.261	9	2.867	18
山西	2.962	23	3.211	25	广西	2.420	13	3.536	27
内蒙古	3.001	25	3.042	21	海南	2.509	16	2.824	16
辽宁	2.199	8	2.475	8	重庆	2.896	21	3.111	22
吉林	1.702	3	2.350	5	四川	2.896	22	2.900	19
黑龙江	2.712	19	2.064	1	贵州	2.419	12	3.934	31
上海	1.400	1	2.257	4	云南	2.645	18	3.891	30
江苏	1.893	4	2.432	7	西藏	3.897	30	3.152	23
浙江	2.012	5	2.374	6	陕西	2.331	10	3.598	28
安徽	2.606	17	2.936	20	甘肃	4.142	31	3.807	29
福建	2.750	20	2.815	15	青海	2.504	15	3.275	26

续表

地区	城乡居民收入比				地区	城乡居民收入比			
	1978 年	排名	2012 年	排名		1978 年	排名	2012 年	排名
江西	2.170	6	2.537	9	宁夏	2.986	24	3.209	24
山东	3.868	29	2.726	13	新疆	2.470	14	2.803	14
河南	3.107	28	2.717	12	全国	2.571	—	2.8775	—

注：2012 年的全国城乡居民收入比为 2.8775，这一数值明显小于国家统计局网站公布的全国平均值 3.103，是因为表中的平均值是 31 个省区市的均值，而非国家统计局网站直接公布的全国城乡居民收入比

　　中国的区域经济发展不平衡事实上与区域的客观基础条件和相关政策实施密切相关。改革开放以后，各地区经济发展的动力主要来自两个方面：一是中央政府下放了各地区的经济管理权限，使各级地方政府成为市场经济中的"计划经济管理主体"；二是国家的沿海开发战略，如 1979 年中央确定在广东、福建实行"特殊政策，灵活措施"，1980 年 8 月的五届人大常委会十五次会议又批准了"广东省经济特区条例"，随即深圳、珠海、厦门、汕头 4 个经济特区的建设全面展开，由此也确立了中国区域经济发展进一步走向不平衡的路径选择。此后，在积极利用沿海地区现有基础，带动内地经济发展的思想指导下，国家采取了一系列向沿海地区倾斜的经济发展政策。1984 年初，中央决定进一步开放沿海 14 个港口城市；20 世纪 80 年代中期在区域发展梯度推移的战略思想推动下，1985 年初至 1987 年底，国务院又进一步决定把珠三角、长三角、闽南漳—泉—厦三角地区及山东半岛、辽东半岛开辟为沿海经济区；1988 年又进一步实施了"两头在外，大进大出"的沿海地区经济发展战略，大力发展出口加工型经济，进而又设立海南省和海南经济特区，做出了开发上海浦东的决定，致使全国生产力布局全线东移。而与此同时，最为广大的内陆地区，特别是中西部地区，则无奈地处于一个依赖自身原有基础、自力更生、惯性发展的局面。

　　此外，进入 20 世纪 90 年代，市场机制开始发挥作用，"马太效应"进一步显现，为了推动区域经济协调发展，国家开始推动 7 个跨省区市的经济区域，如长三角及沿江地区、环渤海湾地区、东南沿海地区、西南和华南部分省区市、东北地区、中部五省地区和西北地区。国务院在资源开发与基础设施投入、矿区资源勘探、财政转移支付、引导外资投向等方面开始优先倾斜

中西部（黄志刚和刘霞辉，2013）。但是，我国区域的划分范围并无定数，在制订"七五"计划时，全国被划分为东、中、西三大经济带，中部地带包括9个省区市；在2000实施西部大开发时，内蒙古又被划入了西部地带；而到2003年推出振兴东北老工业基地战略时，又将黑龙江、吉林、辽宁单独归为东北地区；于是，就形成了当前的东、中、西、东北四大经济版块，也就是形成了东部10个省区市、中部6个省区市、西部12个省区市和东北3个省区市的区域格局。2005年的"十一五"规划除继续指出要推进西部大开发、振兴东北地区老工业基地以外，还强调了中部地区的崛起，而此中部地区则仅包括湖北、湖南、河南、安徽、江西与山西6个省区市而非原来"七五"计划中的9个省区市。至此，中国区域划分格局实际上也由原来的三大经济地带转而形成了新的东、中、西和东北四大经济地带。

为了进一步考证各地区的城乡居民收入差距在时间序列上的差异，同时验证21世纪以来的几项重大经济发展战略成效，我们共收集了1978~2012年全国31个省区市的城镇居民可支配收入和农村居民人均纯收入的数据，从最近这种新的区域划分方式计算四大地带的平均城乡居民收入差距。图6.17清楚地展示了东、中、西、东北四大地带和全国的城乡居民收入差距变化情况。在1978~2012年，城乡居民收入差距一直稳定地表现为东北→东→中→西梯度扩大的格局。整体上看，我国区域城乡居民收入差距的变化趋势发生了一些明显的变化，西部地区的城乡居民收入差距一直都是"一支独秀、独领风骚"，特别是在20世纪90年代与其他地区之间的差距进一步拉大，不过至2003年后逐渐开始下降，其下降趋势从2009年开始明显大于全国平均水平和东中部地区，并且这一下降趋势与东北地区大致相当。分区域来看，东北地区的城乡居民收入差距是所有区域当中最小的，仅有少数年份超过了东部地区，其最大值和最小值分别为2.6327（2003年）和1.1748（1983年）；东部地区的城乡居民收入差距略大于东北地区，其最大值和最小值分别为2.6814（2009年）和1.5186（1984年）；西部地区却一直处于最高位的运行状态，也是唯一大于全国平均水平的地区，其最大值和最小值分别为3.8259（2003年）和2.0807（1983年）；中部地区位于东、西部地区之间，其最大值和最小值分别为3.0357（2007年）和1.6009（1984年）。

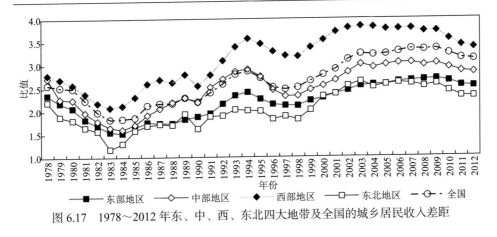

图 6.17 1978~2012 年东、中、西、东北四大地带及全国的城乡居民收入差距

2. 城乡居民收入差距的变异系数变化情况

为了反映出改革开放以来我国城乡居民收入差距的区域差异的连续变化情况，我们利用变异系数进行考察。该年度城乡居民收入差距的变异系数越大，则说明各地区之间的城乡居民收入差距越分散，也就是说不同地区之间的城乡居民收入差距相差越大；相反，变异系数越小，则说明各地区之间的城乡居民收入差距越集中，即各地区之间的城乡居民收入差距相差越小。从各地区城乡居民收入差距的变异系数来看（表 6.12），其大小依次为东北地区、西部地区、中部地区和东部地区，这说明东部地区的城乡居民收入差距的变化最为稳定，其可能原因是改革开放以来的各项经济政策都明显偏向东部沿海地区，再加上东部沿海地区自身发展具有其他地区所不具备的先天性地理优势。

表 6.12 四大地带和全国的城乡居民收入差距变化情况（农村=1）

年份	东部地区	中部地区	西部地区	东北地区	全国
1978	2.3513	2.7193	2.7851	2.2043	2.5709
1979	2.1815	2.2665	2.6913	1.8835	2.5202
1980	2.0682	2.2476	2.5707	1.8043	2.4962
1984	1.5186	1.6009	2.1165	1.2988	1.8352
1985	1.6420	1.7039	2.3057	1.5768	1.8589
1990	1.8796	2.1893	2.5490	1.6172	2.2004

续表

年份	东部地区	中部地区	西部地区	东北地区	全国
1994	2.4072	2.9026	3.5710	2.0097	2.8634
1995	2.2591	2.7478	3.4582	1.9978	2.7146
1996	2.1421	2.4575	3.2936	1.8248	2.5123
1997	2.1169	2.3186	3.1988	1.8840	2.4689
1998	2.1116	2.3265	3.1841	1.8164	2.5093
1999	2.2208	2.4571	3.3789	2.0206	2.6485
2000	2.2813	2.5452	3.5367	2.3132	2.7869
2001	2.3675	2.6632	3.7107	2.3644	2.8987
2002	2.4376	2.8323	3.7948	2.5428	3.1115
2003	2.5341	3.0035	3.8259	2.6327	3.2309
2004	2.5630	2.9334	3.8095	2.5070	3.2086
2005	2.5681	2.9925	3.7618	2.5662	3.2237
2006	2.6267	3.0297	3.7679	2.6015	3.2783
2007	2.6445	3.0357	3.7782	2.5829	3.3296
2008	2.6647	2.9817	3.7159	2.5223	3.3149
2009	2.6814	3.0173	3.7194	2.5729	3.3328
2010	2.6316	2.9249	3.5466	2.4220	3.2285
2011	2.5340	2.8413	3.4072	2.3015	3.1258
2012	2.5163	2.8200	3.3548	2.2964	3.1028
最大值	2.6814	3.0357	3.8259	2.6327	3.3328
最小值	1.5186	1.6009	2.0807	1.1748	1.8226
平均值	2.1859	2.4993	3.1267	2.0406	2.6555
标准差	0.3577	0.4423	0.5635	0.3977	0.4767
变异系数	0.1636	0.1770	0.1802	0.1949	0.1795

我们进一步以全国 31 个省区市（1997 年之前为 30 个省区市，下同）为样本单元，选取 1978～2012 年各省区市城乡居民收入差距的数据，计算出 31 个省区市各年度城乡居民收入差距的变异系数。1978～2012 年 31 省区市各年度城乡居民收入差距的变异系数变动如图 6.18 所示。可以明显看出，在 1978～2012 年，城乡居民收入差距的省际差距发生了很大变化，虽其间多次

波动起伏，但仍表现出一定的变动规律，显现出鲜明的变动特征：①各地区之间农民收入差距的变动起点较高、涨落互见且变动比较缓慢，21 世纪以来呈现出明显下降的趋势。1978 年城乡居民收入差距的变异系数为 0.25，在其后市场经济改革与深化的二十余年间，其升降在观测期内交替出现，但是个别年际也有逆向变动，直到进入 21 世纪以来，各地区之间的城乡居民收入差距才形成逐渐缩小的趋势。上述现象表明，各地区城乡居民收入的差距虽在一段时间内有一定扩大，但在变动过程中并没有出现持续、大幅扩大的趋势。在这三十多年中，变异系数由 0.25 下降到了 0.17，总体下降幅度较明显。②各地区农民收入差距变动呈现明显的阶段性特征。变异系数的变动趋势可分为1978~1998 年和 1999~2012 年两个大阶段，1978~1998 年的变异系数由期初的 0.25 不断波动后上升到了 0.29，上升了 16%，其间的 1978~1980 年下降了 16%，1981~1983 年上升了 9.09%，然后在 1987 年又回到了改革开放之初的水平，在保持了七八年的稳定水平后在 1998 年上升到了历史最大值。1999~2012 年的变异系数由 0.28 快速下降到了 0.17，下降了近 40%；从这一结果来看，始于 2000 年的西部大开发战略，2002 年十六大提出的"支持东北地区老工业基地加快调整和改造"，2005 年的"十一五"规划继续推进西部大开发、振兴东北地区老工业基地以外，还强调了中部地区的崛起，这些战略措施确实为区域平衡发展带来了立竿见影的成效。

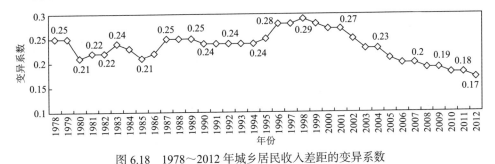

图 6.18　1978~2012 年城乡居民收入差距的变异系数

6.4.2　各地区城乡居民收入差距的集聚特征

为了充分反映各地区城乡居民收入差距的集聚特征，我们利用 1978~2012 年中国 31 个省区市部分年份的城乡居民收入差距指标计算 Moran's I 指数。其中，空间权重矩阵选用"地理"空间权重矩阵（W），也就是最简单的二进制 0-1 空间权重矩阵，如果两个地区相邻，则对应的权重取值为 1；如果两个地区不相邻，则对应的权重取值为 0。地区城乡居民收入差距集聚特征情况如表 6.13 所示，可知各年中城乡居民收入差距的 Moran's I 指数均为正值，且呈现出先快速增大后缓慢降低的趋势，同时在统计上均十分显著，这说明我国 31 个省域的城乡居民收入差距集聚现象在空间上具有明显的正自相关关系（即空间依赖性）。也就是说，我国省域城乡居民收入差距在空间分布上并非表现出完全随机的状态，而是表现出某些省域的相似值之间在空间上趋于集聚，这说明我国省域城乡居民收入差距存在着空间上明显的集聚现象，城乡居民收入差距较大和较小的省域分块集聚，而且这种集聚现象表现得越来越突出。

表 6.13　改革开放以来中国 31 个省域部分年份的城乡居民收入差距集聚 Moran's I 指数

年份	Moran's I 指数	Moran's I 期望值 $E(I)$	标准差 Sd	正态性统计量 Z	P 值
1978	0.158	−0.033	0.115	1.689	0.091
1979	0.174	−0.033	0.108	1.910	0.056
1980	0.198	−0.033	0.107	2.159	0.031
1981	0.321	−0.033	0.107	3.310	0.001
1982	0.320	−0.033	0.113	3.125	0.002
1983	0.501	−0.033	0.133	4.723	0.000
1984	0.563	−0.033	0.116	5.126	0.000
1985	0.568	−0.033	0.116	5.185	0.000
1986	0.527	−0.033	0.117	4.782	0.000
1992	0.517	−0.033	0.117	4.702	0.000
1993	0.576	−0.033	0.115	5.285	0.000
2004	0.553	−0.033	0.111	5.275	0.000
2012	0.513	−0.033	0.115	4.709	0.000

注：本表数据由 Stata13.0 计算而得

为进一步分析我国省域城乡居民收入差距的空间集聚特征，本部分分别给出了 1978 年和 2012 年的局域 Moran's I 指数散点图，由图 6.19 可见，1978

年和 2012 年各个省域的城乡居民收入差距的集聚均可分为四种空间相关模
式：第 1 象限表示城乡居民收入差距高的地区被其他城乡居民收入差距高地
区所包围（HH），代表正的空间自相关关系的集群，落在这一象限的地区在
1978 年和 2012 年分别为 11 个和 12 个。第 2 象限表示城乡居民收入差距低
地区被其他城乡居民收入差距高的地区所包围（LH），代表负的空间自相关
关系的集群，落在这一象限的地区在 1978 年和 2012 年分别为 6 个和 5 个。
第 3 象限表示城乡居民收入差距低的地区被其他城乡居民收入差距低的地区
所包围（LL），代表正的空间自相关关系的集群，落在这一象限的地区在 1978
年和 2012 年分别为 11 个和 13 个。第 4 象限表示城乡居民收入差距高的地区
被其他城乡居民收入差距低的地区所包围（HL），代表负的空间自相关关系
的集群，落在这一象限的地区在 1978 年和 2012 年分别为 3 个和 1 个。可以
看出 1978 年和 2012 年的城乡居民收入差距均出现了明显的 HH 和 LL 这两
种集聚模式。

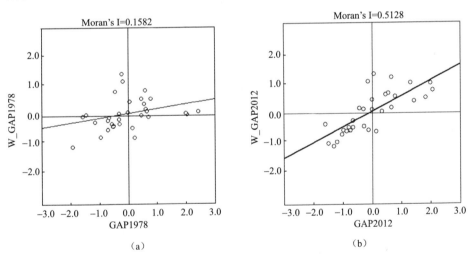

图 6.19　1978 年和 2012 年中国 31 个省域城乡居民收入差距集聚 Moran's I 指数散点图
GAP 表示城乡居民收入差距，GAP1978 就是 1978 年的城乡居民收入差距，GAP2012 就是 2012 年的城乡居民收入差距

接下来，我们重点看看 2012 年城乡居民收入差距的空间相关模式（表
6.14），位于第 2、4 象限的省域不多（只有 6 个）；其中，位于第四象限的只
有安徽省，也就是说 2012 年安徽省作为唯一一个城乡居民收入差距较高的地

区被其他较低的地区所包围。第1、3象限的省域城乡居民收入差距集聚出现 HH 和 LL 两种模式的分化，位于第一象限的 12 个地区除了山西省处于中部地区外，其余 11 个地区全部属于西部地区的省区市，而西部 12 个省区市只有新疆位于第 2 象限。因此，可以认为，我国省域城乡居民收入差距集聚存在明显的地理空间分布上的依赖性，高城乡居民收入差距集聚的地区完全位于西部，而低城乡居民收入差距集聚的地区均位于东中部地区。

表 6.14　2012 年各省域城乡居民收入差距集聚度的空间相关模式

象限	空间相关模式	地区
第 1 象限	HH	四川、内蒙古、宁夏、山西、重庆、西藏、青海、广西、陕西、贵州、甘肃、云南
第 2 象限	LH	海南、湖南、河南、湖北、新疆
第 3 象限	LL	福建、山东、江西、河北、江苏、浙江、上海、北京、天津、辽宁、吉林、黑龙江、广东
第 4 象限	HL	安徽

6.4.3　各地区城乡居民收入差距的结构分化

为了较好地衡量各地区城乡居民收入差距的结构分化，我们根据全国 31 个省区市 1997～2012 年的城乡居民工资性收入、家庭经营性收入、财产性收入和转移性收入，计算出了各年城乡居民各项收入比的变异系数值。由图 6.20 可知，从纵向上看，1997 年城乡居民各项收入比的变异系数由大到小依次为财产性收入比、工资性收入比、转移性收入比和家庭经营性收入比，分别为 1.216、1.013、0.542 和 0.460；其中，极差为 0.756。这说明，1997 年各地区之间的工资性收入比、家庭经营性收入比、财产性收入比和转移性收入比存在明显的差异，财产性收入比和工资性收入比相差较大，而且属于强变异，转移性收入比和家庭经营性收入比相对较小。2012 年城乡居民各项收入比的变异系数由大到小依次为财产性收入比、家庭经营性收入比、工资性收入比和转移性收入比，分别为 0.980、0.597、0.548 和 0.340，其中极差为 0.640，这一极差值要略小于 1997 年。从横向上看，各项收入比中只有城乡居民家庭经营性收入比的变异系数略有上升，由 0.460（1997 年）上升到了 0.597（2012

年），上升了 29.78%；而城乡居民工资性收入比、财产性收入比和转移性收
入比的变异系数均有所下降，分别从 1997 年的 1.013、1.216 和 0.542 下降到
了 2012 年的 0.548、0.980 和 0.340，下降幅度最大的是城乡居民工资性收入
比的变异系数，下降了 45.90 个百分点，转移性收入比和财产性收入比的变
异系数分别下降了 37.27 个百分点和 19.41 个百分点。

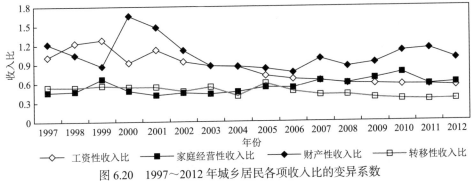

图 6.20　1997～2012 年城乡居民各项收入比的变异系数

由于 1993 年起，国家统计局网站只公布了全国 31 个省区市农村居民各项收入的数据，但是直到 1997 年之后才
公布城镇居民的各项收入，此处只能利用全国 31 个省区市 1997～2012 年的城乡居民的各项收入计算城乡居民各
项收入比的变异系数

　　另外，我们看到城乡居民工资性收入比的变异系数虽然总体上有大幅下
降的趋势，但是在 2006 年前后表现出两种截然不同的变化趋势。发生此种巨
大变化，可归因于以下几个原因：一是产业布局的制度安排差异。1985 年，
中国经济改革的重心转移到了城市，政府对城镇产业的发展也因此具有明显
的政策性偏向，那些主导产业和有创新能力的行业集中于大城市，以较快的
速度优先得到发展，以形成一种资本与技术高度集中、具有规模经济效益、
自身增长迅速并能对中小城市产生强大辐射作用的"发展极"，随后中小城市
才能在大城市"发展极"的强大辐射作用下得以快速发展。而农村经济主要
是以农林牧副渔为主体，虽然农村工业（主要是乡镇企业）在改革开放后的
这段时间也得到了较快发展，但其发展速度要远远低于城镇重点企业。二是
由于城市"发展极"的强大辐射作用，农村居民快速向城镇转移，城镇劳动
力增长过快，导致城镇居民平均工资的提速低于农村居民。农村就业人口
2012 年末比 1997 年减少了 9437 万人，降幅 19.24%；与此同时，城镇就业
人口则连年增长，2012 年末比 1997 年增加了 16 321 万人，增幅达 78.54%；

"十一五"期间，农村就业人口加速向城镇进行转移，累计减少 4840 万人，减幅达 10.46%，而城镇就业人口则累计增加了 6298 万人，增幅为 22.18%。三是城镇公共管理和服务人群快速膨胀，"十一五"期间，这类就业人数累计增加了 463 万人，增幅为 13%，由此稀释了城镇大量的工资收入。四是尽管工业化和城镇化推进为城镇 GDP 带来了快速的增长，但是这一速率明显比不上城镇就业人口大幅上升和农村就业人口大幅下降的双重因素影响。五是从 2004 年开始全面扩大社会养老保险，大量退休人员 2003 年前从所在单位领取退休金反映为劳动性收入，此后转向社会养老保障机构领取退休金反映为转移性收入，同时养老金标准大幅度提高，从较大程度上抑制了城镇人均劳动性收入增长（朱子云，2014）。

6.4.4　各地区城乡居民收入差距结构分化的集聚特征

利用 1997～2012 年中国 31 个省区市部分年份的城乡居民工资性收入、家庭经营性收入、财产性收入和转移性收入分别计算出各项收入比，然后依据各地区的各项收入比指标计算出对应的 Moran's I 指数；其中，空间权重矩阵选用"地理"空间权重矩阵（W），结果如表 6.15 所示。

表 6.15　中国 31 个省域的城乡居民收入结构差距集聚 Moran's I 指数

年份	分类	Moran's I 指数	Moran's I 期望值 $E(I)$	标准差 Sd	正态性统计量 Z	P 值
1997	工资性收入比	0.283	−0.033	0.106	2.988	0.003
	家庭经营性收入比	0.061	−0.033	0.114	0.824	0.410
	财产性收入比	−0.079	−0.033	0.101	−0.453	0.651
	转移性收入比	0.459	−0.033	0.116	4.226	0.000
2004	工资性收入比	0.285	−0.033	0.085	3.740	0.000
	家庭经营性收入比	0.247	−0.033	0.115	2.435	0.015
	财产性收入比	0.216	−0.033	0.111	2.239	0.025
	转移性收入比	−0.011	−0.033	0.114	0.200	0.842
2012	工资性收入比	0.449	−0.033	0.111	4.362	0.000
	家庭经营性收入比	0.144	−0.033	0.093	1.907	0.057
	财产性收入比	0.333	−0.033	0.095	3.849	0.000
	转移性收入比	0.230	−0.033	0.116	2.264	0.024

注：本表数据由 Stata13.0 计算而得

　　分年度来看，1997 年城乡居民工资性收入比、家庭经营性收入比和转移性收入比的 Moran's I 指数均为正值，财产性收入比的 Moran's I 指数为负。其中，只有工资性收入比和转移性收入比的 Moran's I 指数在统计上显著，而城乡居民家庭经营性收入比和财产性收入比的 Moran's I 指数在统计上不显著，这说明该年度 31 个省区市的城乡居民工资性收入比和转移性收入比的集聚现象在空间上具有明显的正自相关关系（即空间依赖性）。也就是说，1997 年我国省域城乡居民工资性收入比和转移性收入比的情况在空间分布上并非表现出完全随机的状态，而是表现出某些省域的相似值之间在空间上趋于集聚，这说明我国省域城乡居民工资性收入比和转移性收入比存在着空间上明显的集聚现象，即城乡居民工资性收入比和转移性收入比较高和较低的省域分块集聚。2004 年，城乡居民工资性收入比、家庭经营性收入比、财产性收入比的 Moran's I 指数均为正值且在 5% 的水平上通过显著性检验，而转移性收入比的 Moran's I 指数为负且未通过显著性检验，这说明 2004 年城乡居民工资性收入比、家庭经营性收入比和财产性收入比存在着明显的空间集聚现象，各项收入比较高和较低的省域分块集聚。2012 年的检验结果表明，城乡居民工资性收入比、家庭经营性收入比、财产性收入比和转移性收入比的 Moran's I 指数均为正值且在统计上显著，Moran's I 指数由大到小依次为工资性收入比、财产性收入比、转移性收入比和家庭经营性收入比。

　　以 2012 年的城乡居民工资性收入比为例，作出农民转移性收入的全域 Moran's I 指数散点图（图 6.21）。由图 6.21 可知，2012 年各省域区市的城乡居民工资性收入比的集聚可分为四种空间相关模式：位于第 2（LH 模式）、第 4 象限（HL 模式）的省域很少，仅有 6 个；其中，内蒙古和海南地区位于第 4 象限，也就是说内蒙古和海南地区的城乡居民工资性收入比较高且被其他工资性收入比较低的地区所包围。山西、辽宁、四川和宁夏位于第 2 象限，说明这四个地区的工资性收入比较低且被其他工资性收入比较高的地区所包围。位于第 1、第 3 象限的省域城乡居民工资性收入比集聚出现 HH 和 LL 两种模式的分化；其中，HH 模式的第 1 象限有 10 个地区，包括吉林、黑龙江、广西、贵州、云南、西藏、陕西、甘肃、青海、新疆，只有吉林和黑龙江是位于中部地区，而其他均位于西部地区。LL 模式的第 3 象限有 15 个地区，除重庆市以外均为东中部地区的省区市。因此，可以进一步认为，我国省域城乡居民工资性收入比的集聚存在着明显的地理空间分布上的依赖性，也就是说往往存在工资性收入比低的地区与其他工资性收入比低的地区发生集聚（主要位于东部、中部地区）和工资性收入比高的地区与其他工资性收入比高的地区发生集聚（主要位于西部地区）。另外，位于第 2 和第 3 象限的分别有 4 个和 15 个地区，这也说明了当前我国有将近 1/3 地区的城乡居民工资性收入比较低。

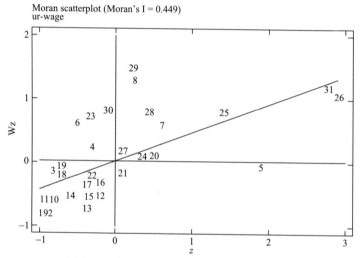

图 6.21　2012 年中国 31 个省域城乡居民工资性收入比集聚 Moran's I 指数散点图

上述结果充分说明，城乡居民的各项收入比均表现出某些省区市的相似值之间在空间上趋于集聚，而工资性收入比和财产性收入比的集聚效应有逐渐增强的趋势，转移性收入比的集聚效应有逐渐减弱的趋势。这一现象的主要原因仍然是长期以来国家产业发展布局的二元结构。一方面，国家的财政、金融、外贸等部门优先支持城镇经济发展，特别是东部沿海地区，而西部地区和广大农村地区的有限金融资源则因为逐利效应而源源不断地流向东部沿海地区和城镇。另一方面，城镇工业生产的规模大、技术先进，农村工业生产规模小、技术落后，城镇的劳动力文化水平、技能、经营管理水平、社会资源和信息的获取能力都要远远高于农村。此外，城镇居民收入水平本身较高，其资金运用能力和积累速度也明显高于农村居民，而农村居民因为自身资本的积累不足而难以跨越投资门槛。

6.5 各地区城乡居民收入差距的结构性差异及影响

中国地域广阔，统计资料显示，在 960 万平方千米的国土面积中，山地、高原、盆地和丘陵的占比将近 90%，而平原面积占比还不足 10%，况且平原多位于中部、东部地区，不同地区无论是在自然地理条件或者是社会经济基础方面均具有显著的差异，为探寻城乡居民各项收入差距对城乡居民收入差距的影响是否存在区域性差异，我们分别对东、中、西部地区的城乡居民结构性收入差距与城乡居民收入之间的差距进行计量分析。这里的城乡居民收入差距同样以城乡居民收入比这一指标予以衡量，也就是城镇居民人均可支配收入与农村居民人均纯收入之比。

6.5.1 东部地区城乡居民收入差距的结构性差异及影响

东部地区各变量的描述性统计结果如表 6.16 所示。由平均值来看，城乡居民家庭经营性收入差距在各阶段都小于 1，其他收入差距均大于 2，另外，除了城乡居民家庭经营性收入差距和城乡居民收入差距在第二阶段要明显大于第一阶段外，城乡居民工资性收入差距、财产性收入差距和转移性收入差距在第二阶段均要明显小于第一阶段。

表 6.16 东部地区各变量的描述性统计

项目	时期	样本数	平均值	标准差	偏度	峰度	最小值	最大值
城乡居民收入差距	1997~2012	176	2.4596	0.3136	0.0259	2.8242	1.599	3.153
	1997~2003	77	2.2830	0.2817	0.0634	3.1962	1.599	3.053
	2004~2012	99	2.5969	0.2657	0.2974	2.0742	2.112	3.153
城乡居民工资性收入差距	1997~2012	176	5.5381	8.1925	6.2151	44.0455	1.344	67.711
	1997~2003	77	6.9177	12.0111	4.2013	20.0799	1.344	67.711
	2004~2012	99	4.4650	2.3050	2.4094	9.0744	2.318	14.093

续表

项目	时期	样本数	平均值	标准差	偏度	峰度	最小值	最大值
城乡居民家庭经营性收入差距	1997~2012	176	0.5346	0.4355	2.5738	11.4114	0.070	2.761
	1997~2003	77	0.3949	0.2567	2.0461	8.7902	0.070	1.435
	2004~2012	99	0.6433	0.5103	2.1893	8.4072	0.111	2.761
城乡居民财产性收入差距	1997~2012	176	2.2658	1.8010	1.3854	4.3645	0.242	8.341
	1997~2003	77	2.3900	1.8560	1.2963	3.9675	0.242	8.082
	2004~2012	99	2.1692	1.7605	1.4604	4.7292	0.324	8.341
城乡居民转移性收入差距	1997~2012	176	13.5243	7.7050	1.9513	9.2191	2.673	57.419
	1997~2003	77	15.1603	8.1511	0.9458	3.3458	5.080	37.879
	2004~2012	99	12.2518	7.1238	3.1530	18.9254	2.673	57.419

从标准差计算结果看，东部地区城乡居民收入差距和城乡居民家庭经营性收入差距均小于 1，说明这两项收入差距在各地区之间分布较集中，也就是收入差距在地区与地区之间相差较小；城乡居民工资性收入差距在第一阶段要远远大于第二阶段，这说明近年来各地区之间的城乡居民工资性收入差距出现了大幅度降低，但这一标准差仅低于同一时期的城乡居民转移性收入差距；城乡居民财产性收入差距和转移性收入差距的标准差在各时期基本上没有太大变化，与第一时期相比，第二时期都只有小幅的降低，但城乡居民转移性收入差距的标准差要远远大于财产性收入差距，这说明长期以来，我国城乡居民财产性收入差距和转移性收入差距在东部地区都处于一个较为稳定的水平，而且转移性收入差距一直居高不下。

实证分析结果如表 6.17 所示，从面板数据模型的拟合优度看，各时间段均大于 0.42，满足面板数据的估计精度要求，F 检验和随机效应检验结果可知，除 2004~2012 年的样本应建立个体随机效应模型外（Hausman 检验无法拒绝原假设），1997~2003 年和 1997~2012 年样本均运用个体固定效应模型进行估计是较为合适的。从整体上看，1997~2012 年，我国东部地区城乡居民的家庭经营性收入差距和转移性收入差距与城乡居民收入差距之间均呈显著的正向关系，这直接说明了东部地区的城乡居民收入差距的扩大主要是由城乡居民家庭经营性收入差距和转移性收入差距的扩大而引起的；反之，要缩小东部地区城乡居民收入差距的有效方式则是降低城乡居民家庭经营性和转移性收入差距。城乡居民工资性收入差距和财产性收入差距对城乡居民收入差距的影响显著为负。

表 6.17　东部地区城乡居民收入差距演进及结构差异

解释变量	城乡居民收入差距（1997~2012 年）		
	1997~2012 年	1997~2003 年	2004~2012 年
城乡居民工资性收入差距	-0.0079^{***}（0.003）	-0.0019（0.480）	0.0083（0.358）
城乡居民家庭经营性收入差距	0.2078^{***}（0.000）	-0.0446（0.666）	-0.0571（0.102）
城乡居民财产性收入差距	-0.0463^{***}（0.001）	-0.0319^{**}（0.025）	0.0288^{*}（0.051）
城乡居民转移性收入差距	0.0013^{***}（0.006）	0.0226^{***}（0.000）	-0.0010（0.610）
常数项	2.4792^{***}（0.000）	2.0475^{***}（0.000）	2.5463^{***}（0.000）
样本数量	176	77	99
R^2	0.5131	0.4310	0.4265
Wald 值	—	—	16.79^{**}（0.047）
F 值	20.16^{***}（0.0000）	18.30^{***}（0.0000）	—
Hausman 检验	28.49^{***}（0.0010）	36.29^{***}（0.0000）	2.47（0.7805）
模型的影响形式	固定效应	固定效应	随机效应

注：括号里面为 P 值

*、**、***分别表示在 10%、5%和 1%的显著性水平下统计显著

为了深入探寻农民收入结构变化及城乡居民收入结构差距的变迁在不同时期对城乡居民收入差距的影响，此处我们遵照第 5 章的做法，同样以 2004 年为断点，进行分阶段回归。下面主要就第一时期（1997~2003 年）与第二时期（2004~2012 年）各解释变量对东部地区城乡居民收入差距影响的变化进行对比分析，结果如下：第一时期内除了家庭经营性收入差距外，其余各变量对城乡居民收入差距的影响效应与第二时期的结果完全相反（表现在正负效应方面）。具体来看，城乡居民工资性收入差距的系数在第一时期内为负但不显著，在第二时期同样不显著，但表现为正向的影响；城乡居民家庭经营性收入差距的系数在两个时期的影响均为负、不显著，这与全样本的结果相差较大；城乡居民财产性收入差距在第一时期与城乡居民收入差距呈显著

负相关关系，在第二时期的系数则显著为正；而城乡居民转移性收入差距扩大只是在第一时期显著拉大了城乡居民收入总体差距，但是在第二时期的影响则不显著，这一变化可能原因是第二时期中的城乡居民转移性收入差距与第一时期相比有一定的下降。

6.5.2 中部地区城乡居民收入差距的结构性差异及影响

中部地区各变量的描述性统计结果如表 6.18 所示，由平均值来看，城乡居民家庭经营性收入差距在各阶段都小于 0.5，其他收入差距均大于 2.5；另外，除了城乡居民家庭经营性收入差距和城乡居民收入差距在第二阶段要明显大于第一阶段外，城乡居民工资性收入差距、财产性收入差距和转移性收入差距在第二阶段均要明显小于第一阶段。中部地区的城镇居民家庭经营性收入不足农村居民家庭经营性收入的一半，但是城乡居民家庭经营性收入差距有微弱的上升趋势。

表 6.18　中部地区各变量的描述性统计

项目	时期	样本数	平均值	标准差	偏度	峰度	最小值	最大值
城乡居民收入差距	1997~2012	128	2.6897	0.3499	−0.4668	2.7320	1.765	3.304
	1997~2003	56	2.5077	0.3398	−0.2564	2.5129	1.765	3.186
	2004~2012	72	2.8312	0.2883	−0.5246	2.8769	2.064	3.304
城乡居民工资性收入差距	1997~2012	128	6.9322	2.2645	0.7567	2.4929	3.440	12.180
	1997~2003	56	7.5764	2.2141	0.3586	1.9797	4.150	11.963
	2004~2012	72	6.4311	2.1892	1.1948	3.5545	3.440	12.180
城乡居民家庭经营性收入差距	1997~2012	128	0.3469	0.1616	1.4342	6.3336	0.099	1.036
	1997~2003	56	0.2529	0.0978	0.9062	3.9425	0.099	0.562
	2004~2012	72	0.4200	0.1641	1.4985	6.1089	0.142	1.036
城乡居民财产性收入差距	1997~2012	128	4.0277	3.2486	1.1379	4.0637	0.245	14.591
	1997~2003	56	5.2941	3.8992	0.6841	2.6192	0.245	14.591
	2004~2012	72	3.0427	2.2023	0.6905	2.9807	0.259	9.727
城乡居民转移性收入差距	1997~2012	128	18.1667	9.2194	2.1991	13.4658	6.183	75.764
	1997~2003	56	21.8089	10.6381	2.3302	12.9294	7.197	75.764
	2004~2012	72	15.3339	6.7652	1.0820	4.6842	6.183	40.496

从标准差计算结果看，中部地区城乡居民收入差距和城乡居民家庭经营性收入差距均小于 1，这说明这两项收入差距在各地区之间分布较集中，也就是收入差距在地区与地区之间相差较小；城乡居民工资性收入差距在第一阶段要略大于第二阶段，这说明近年来中部地区各省区市之间的城乡居民工资性收入差距有所降低；城乡居民财产性收入差距和转移性收入差距的标准差在第二时期都要明显小于第一时期，但城乡居民转移性收入差距的标准差要远远大于财产性收入差距，这说明长期以来，我国城乡居民财产性收入差距和转移性收入差距在中部地区与东部地区一样都处于一个较为稳定的水平，而且转移性收入差距一直居高不下。

实证分析结果如表 6.19 所示，从面板数据模型的拟合优度看，各时间段均大于 0.43，满足面板数据的估计精度要求，从 F 检验和 Hausman 检验结果可知，1997～2012 年、1997～2003 年和 2004～2012 年样本区间均运用个体固定效应模型进行估计是较为合适的。从整体上看，1997～2012 年，中部地区城乡居民的工资性收入差距、家庭经营性收入差距和转移性收入差距与城乡居民收入总体差距之间均呈显著的正向关系，这直接说明了中部地区的城乡居民收入差距的扩大主要是由城乡居民工资性收入差距、家庭经营性收入差距和转移性收入差距的扩大而引起的；反之，缩小中部地区城乡居民收入差距的有效方式则是降低城乡居民工资性、家庭经营性和转移性收入差距。城乡居民财产性收入差距对城乡居民收入差距的影响显著为负。

表 6.19　中部地区城乡居民收入差距演进及结构差异

解释变量	城乡居民收入差距（1997～2012 年）		
	1997～2012 年	1997～2003 年	2004～2012 年
城乡居民工资性收入差距	0.0348* (0.076)	−0.0049 (0.888)	0.0842*** (0.000)
城乡居民家庭经营性收入差距	0.4506*** (0.009)	0.4423 (0.319)	0.0691 (0.601)
城乡居民财产性收入差距	−0.0672*** (0.000)	−0.0336*** (0.005)	−0.0138 (0.210)
城乡居民转移性收入差距	0.0041* (0.063)	0.0175*** (0.000)	−0.0018 (0.607)
常数项	2.4889*** (0.000)	2.2297*** (0.000)	2.3306*** (0.000)
样本数量	128	56	72
R^2	0.4358	0.5874	0.5056

续表

解释变量	城乡居民收入差距（1997～2012 年）		
	1997～2012 年	1997～2003 年	2004～2012 年
F 值	18.64*** （0.0000）	10.34*** （0.0000）	55.97*** （0.0000）
Hausman 检验	19.02*** （0.0019）	18.18*** （0.0027）	13.40** （0.0199）
模型的影响形式	固定效应	固定效应	固定效应

注：括号里面为 P 值

*、**、***分别表示在 10%、5%和 1%的显著性水平下统计显著

同样以 2004 年为断点，进行了分阶段回归结果发现：城乡居民工资性收入差距的系数与东部地区一样在第一时期内为负但不显著，在第二时期却显著为正，这说明近年来中部地区的城乡居民工资性收入差距显著拉大了城乡居民收入差距；居民家庭经营性收入差距的系数在两个时期的影响均为正但不显著，这与全样本的结果相差较大；居民财产性收入差距在第一时期与城乡居民收入差距之间呈显著负相关关系，在第二时期的系数为负但不显著；而城乡居民转移性收入差距扩大只是在第一时期显著拉大了城乡居民收入差距，在第二时期的影响为负但不显著，这一变化可能原因是中部地区在第二时期中的城乡居民转移性收入差距与第一时期相比有一定的降低。

6.5.3 西部地区城乡居民收入差距的结构性差异及影响

西部地区各变量的描述性统计结果如表 6.20 所示，从平均值的结果来看，除了城乡居民家庭经营性收入差距和城乡居民收入总体差距在第二阶段要略微大于第一阶段外，城乡居民工资性收入差距、财产性收入差距和转移性收入差距在第二阶段均要明显小于第一阶段。

表 6.20　西部地区各变量的描述性统计

项目	时期	样本数	平均值	标准差	偏度	峰度	最小值	最大值
城乡居民收入差距	1997～2012	192	3.5937	0.6174	0.6859	3.8891	2.197	5.605
	1997～2003	84	3.5196	0.7548	0.9478	3.8195	2.197	5.605
	2004～2012	108	3.6513	0.4804	0.2853	2.2673	2.803	4.892

续表

项目	时期	样本数	平均值	标准差	偏度	峰度	最小值	最大值
城乡居民工资性收入差距	1997~2012	192	13.2033	10.3618	2.6035	10.1314	4.533	63.998
	1997~2003	84	16.4152	13.3202	1.8956	5.7769	5.763	63.998
	2004~2012	108	10.7052	6.2949	2.6704	12.9350	4.533	46.26
城乡居民家庭经营性收入差距	1997~2012	192	0.3873	0.1825	0.6687	3.5582	0.010	0.964
	1997~2003	84	0.3115	0.1290	0.0001	2.5326	0.010	0.576
	2004~2012	108	0.4462	0.1963	0.4636	2.9654	0.036	0.964
城乡居民财产性收入差距	1997~2012	192	4.9441	6.8398	3.4447	16.9924	0.010	46.955
	1997~2003	84	6.7061	9.2290	2.5586	9.4779	0.044	46.955
	2004~2012	108	3.5737	3.6203	2.4252	9.6727	0.01	20.498
城乡居民转移性收入差距	1997~2012	192	16.3452	10.5858	1.4612	6.0406	1.311	59.87
	1997~2003	84	20.6706	12.3184	1.0606	4.5635	1.817	59.87
	2004~2012	108	12.9810	7.4974	1.3641	5.7410	1.311	44.649

从标准差计算结果看，西部地区城乡居民收入差距和城乡居民家庭经营性收入差距均小于 1，城乡居民家庭经营性收入差距的标准差甚至小于 0.2，这说明这两项收入差距在各地区之间分布较集中，也就是收入差距在地区与地区之间相差较小；城乡居民工资性收入差距在第一时期要远远大于第二时期，这说明近年来西部地区各省区市之间的城乡居民工资性收入差距出现了大幅度降低，但这一标准差仅低于同一时期的城乡居民转移性收入差距；城乡居民财产性收入差距和转移性收入差距的标准差在第二时期都要明显小于第一时期。从各变量在不同时期的峰度来看，城乡居民财产性收入差距的峰度最大，其次是城乡居民工资性收入差距、转移性收入差距、家庭经营性收入差距和城乡居民收入总体差距。综上，西部地区城乡居民收入总体差距最大的来源是工资性收入差距和转移性收入差距，而财产性收入差距则极差相对较大。

同样地,我们以 2004 年为断点,对西部地区进行了分阶段回归(表 6.21)。下面主要就第一时期(1997~2003 年)与第二时期(2004~2012 年)各解释变量对城乡居民收入总体差距影响的变化进行对比分析,结果发现:城乡居民工资性收入差距的系数与东部和中部地区一样,在第一时期内为负但不显著,但在第二时期却显著为正,这说明近年来西部地区的城乡居民工资性收入差距显著拉大了城乡居民收入差距;城乡居民家庭经营性收入差距的系数在第一时期为正但不显著,第二时期为负但不显著,这与全样本的结果相差较大;城乡居民财产性收入差距在第一时期与城乡居民收入差距之间呈显著负相关关系,在第二时期的系数为负但不显著,这说明城乡居民财产性收入差距不是导致城乡居民收入差距扩大的因素;而城乡居民转移性收入差距扩大只是在第一时期显著拉大了城乡居民收入差距,在第二时期的影响为正但不显著,这一变化可能原因是西部地区在第二时期中的城乡居民转移性收入差距与第一时期相比有一定的降低。

表 6.21　西部地区城乡居民收入差距演进及结构差异

解释变量	城乡居民收入差距(1997~2012 年)		
	1997~2012 年	1997~2003 年	2004~2012 年
城乡居民工资性收入差距	0.0311^{***}(0.000)	−0.0049(0.447)	0.026^{***}(0.000)
城乡居民家庭经营性收入差距	0.6142^{***}(0.001)	0.1560(0.576)	−0.3452(0.122)
城乡居民财产性收入差距	-0.0286^{***}(0.000)	-0.0247^{***}(0.000)	−0.0015(0.909)
城乡居民转移性收入差距	0.0014(0.613)	0.01050^{**}(0.014)	0.0021(0.695)
常数项	3.0640^{***}(0.000)	3.4857^{***}(0.000)	3.4962^{***}(0.000)
样本数量	192	84	108
R^2	0.3283	0.3692	0.3748
Wald 值	85.21^{***}(0.000)	—	32.39^{***}(0.000)
F 值	—	31.79^{***}(0.0000)	—
Hausman 检验	3.72(0.5903)	32.92^{***}(0.0000)	4.97(0.4195)
模型的影响形式	随机效应	固定效应	随机效应

注:括号里面为 P 值

和*分别表示在 5%和 1%的显著性水平下统计显著

6.5.4　城乡居民收入差距的结构性差异及影响：区域对比

根据上述结果进行对比可知：1997～2012 年，东部地区的城乡居民工资性收入差距与城乡居民收入总体差距之间呈显著为负的关系，但是中部和西部地区却刚好相反；城乡居民家庭经营性收入差距与城乡居民收入总体差距之间均表现为显著的正向影响关系；城乡居民财产性收入差距与城乡居民收入总体差距之间均呈显著的负向影响关系，其系数的绝对值由大到小依次为中 → 东 → 西，系数分别为 –0.0672、–0.0463 和 –0.0286；城乡居民转移性收入差距与城乡居民收入总体差距之间的关系在东部地区和中部地区都显著为正，西部地区虽为正但不显著。

以上结论的隐含意义在于：越发达的地区，缩小居民工资性收入差距越不利于城乡居民收入差距的缩小，也就是说发达地区可以存在一定的城乡居民工资性收入差距，而不发达地区则需要降低城乡居民工资性收入差距才利于城乡居民收入差距的缩小，而这一结论在第二时期（2004～2012 年）内体现得更为突出。这或许是我国各区域城乡居民收入差距状态各异的缘故，样本区间内东部地区的城乡居民收入差距比较合理，中西部地区的城乡居民收入差距则过大，而西部地区更甚。需要进一步指出的是，近年来我国居民的平均工资虽然保持了一个较快的增长速度，但工资水平的地区差距、行业差距、岗位差距仍然存在，且有的表现越发突出。具体到个人，对工资增长的感受也不完全相同。因此，深化收入分配制度改革，努力扭转收入差距扩大的趋势，任重而道远。保障和改善民生、促进社会公平正义、加快构建社会主义和谐社会，需要我们清楚地认识到这一过程的复杂性、艰巨性和长期性，迎难而上，开拓创新，积极调整收入分配关系，进一步完善工资制度，建立工资正常增长机制，着力提高中、低收入者的工资性收入，特别应该注重西部地区居民工资水平提高（温涛等，2012）。

另外，分阶段结果表明，各个地区城乡居民转移性收入差距是导致城乡居民收入差距扩大的另一重要因素，城乡居民转移性收入差距巨大的根本动因在于长期以来城乡经济发展的二元结构及随之而来的国家养老保障的二元结构。城乡分割的收入再分配制度导致城乡转移性收入分配差距过大，即城镇居民能享受到的政府绝大部分转移性支付，大部分通过养老保险金发放等实现转移支付;而广大农村居民能够享受到的政府转移性支付部分相对过少,基本通过社会救济福利费、救灾支出及微薄的农保金等转移支付。这样一来,我国的转移性收入不但没能使城乡居民收入差距过大的问题得到有效缓解,相反的是,明显地助推了城乡居民收入差距的进一步扩大。因此,从长远来看,要缩小城乡居民收入差距,必须努力缩小城乡居民转移性收入差距,建立农村老龄人口收入稳定增长的财政收入转移机制,调整和优化城乡养老基金统筹机制,制定城乡居民享受养老金收入的合理标准,有计划、有步骤缩小城乡居民人均养老金收入差距。

6.6　本章小结

为了更全面地把握我国农民收入增长的区域差异及城乡居民收入差距的现实格局,揭示出各地区农民收入增长、农民收入结构演化和城乡居民收入差距的现状与规律,从而为分析产生这种区域差异、城乡差距的原因提供科学、合理、客观、有力的依据,本章重点对各地区农民收入增长差异及其集聚特征、我国各地区的农民收入结构变动差异及其集聚特征、我国城乡居民收入差距的形成、演化和结构性差异及其影响进行了深入的分析。主要研究结论如下。

(1)改革开放以来,我国各地区之间的农民收入水平存在较大差异。近年来各地区农民收入之间的差距正在逐渐缩小,但与历史最低差异水平时期仍存在一定的差距。而且我国31个省域的农民收入集聚表现出明显的空间依赖性,农民收入较高和较低的省域形成分块集聚现象。我国农民工资性收入的变异系数明显高于其他收入,但随着城镇化的快速推进和农村劳动力的有序转移,将来各地区之间农民人均工资性收入的差距将会出现持续缩小的局面。相反,农民家庭经营性收入的变异系数在一段时间以内都相对较小,且明显低于其他收入结构的变异系数,但从长远的形势来看,农民家庭经营性收入、财产性收入和转移性收入的变异系数在将来都会出现持续扩大的局面,只是增速相对较低。除了农民家庭经营性收入外,我国省域农民工资性收入、财产性收入和转移性收入的集聚均存在明显的地理空间分布依赖性，往往收入低的地区与其他收入低的地区和收入高的地区与其他收入高的地区分别发生集聚。

（2）城乡居民收入差距的演化历程与结构特征分析表明，城乡居民收入差距不断扩张是改革以来的基本特征。1997~2012 年，我国城乡居民的家庭经营性收入差距、工资性收入差距和转移性收入差距的扩大都显著拉大了城乡居民收入差距，其正向影响系数从大到小依次为经营性收入差距、工资性收入差距和转移性收入差距；而城乡居民的财产性收入差距与城乡居民收入差距有显著的负向推动作用。城乡居民工资性收入差距的系数在 1997~2003 年内为负但不显著，在 2004~2012 年则表现为显著地拉大了城乡居民收入差距；城乡居民家庭经营性收入差距的系数在 1997~2003 年为正但不显著，2004~2012 年的影响系数则为负但不显著；城乡居民财产性收入差距在 1997~2003 年与城乡居民收入差距呈显著负相关关系，在 2004~2012 年的系数为负但不显著；而城乡居民转移性收入差距扩大只是在 1997~2003 年显著拉大了城乡居民收入差距，在 2004~2012 年的影响则不显著。

（3）城乡居民收入差距的区域和省际差距发生了很大变化，各地区之间农民收入差距的变动起点较高、涨落互见且变动比较缓慢，21 世纪以来呈现出快速下降的趋势。我国省域城乡居民收入差距集聚存在明显的地理空间分布上的依赖性，高城乡居民收入差距集聚的地区完全位于西部，而低城乡居民收入差距集聚的地区均位于东部和中部地区。城乡居民的各项收入比均表现出某些省区市的相似值之间在空间上趋于集聚，而工资性收入比和财产性收入比的这种集聚效应有逐渐增强的趋势，转移性收入比的这种集聚效应有逐渐减弱的趋势。1997~2012 年，东部地区的城乡居民工资性收入差距与城乡居民收入差距之间呈显著为负的关系，但中部和西部地区却刚好相反；城乡居民家庭经营性收入差距与城乡居民收入差距之间均表现为显著的正向影响关系；城乡居民财产性收入差距与城乡居民收入差距之间均呈显著的负向影响关系；城乡居民转移性收入差距与城乡居民收入差距之间的关系在东部地区和中部地区都显著为正，西部地区为正但不显著。分阶段结果表明，各地区内城乡居民转移性收入差距是导致城乡居民收入差距扩大的另一重要因素。

第　7　章

我国农民收入增长的宏观经济政策及其要素配置效应

根据前述各章的相关研究内容可知，在改革开放之后的三十多年，我国农民收入虽然显著增长，但是在不同时期、不同地区之间表现出了较为明显的差异。一方面，全国农民收入增长最快的 1982 年，农民收入增速高达18.56%，而增长最慢的 1989 年居然低至–7.48%；另一方面，2013 年末全国已有 9 个地区的农民收入超过了 10 000 元，农民收入最高的上海是同年收入最低的甘肃的 3.84 倍，两地区农民收入差距绝对值达到 14 487.20 元。因此，为了实现农民收入快速、持续、稳定增长且不断缩小区域之间的农民收入差距，促进全面建成小康社会，有必要弄清楚政府在不同时期、不同地区之间农民增收政策的实施情况，科学评价相关经济政策及其相应要素动员、配置的实际成效，从而为后续农民收入超常规增长的要素配置及其整体调控战略措施设计提供充分的实证依据。

7.1　我国农民收入增长宏观政策要素配置的理论模型

通常情况下，财富和收入分布的均等化不利于经济的快速增长，反而会损伤企业家加大投资及进行创新的积极性。但是，如果经济运行中存在明显的信用约束，这时候降低财富的不平等，实际上有利于实现资源要素配置的优化,从而刺激经济增长(Banerjee and Newman,1993;Galor and Zeira,1993)。因此,改变不平等与增长之间的相互关系,正是显示各类生产要素对于增长过程具有影响的重要途径之一(Aghion and Howitt,2009)。本节将据此对农民收入增长政策的集聚和配置要素过程进行数理分析。

7.1.1　农民收入增长宏观要素配置的理论模型推导

为了导出宏观经济政策实施及其要素配置对农民收入的影响模型,本节参照 Greenwood 和 Jovanvic(1990)、Odedokun(1992)的做法,在传统生产函数分析框架下,运用产出增长率模型、新古典 Ramsey-Cass-Koopmans模型(Ramsey,1928;Cass,1965;Koopmans,1965)[①]和经济效率模型展开研究。

首先,我们给出农村总生产函数:

$$Y_R = f(K_R, L_R) \tag{7.1}$$

其中,Y_R 表示农村总产出;K_R 和 L_R 分别表示农村资本投入和农村劳动力投入。

根据 Ramsey-Cass-Koopmans 模型,农村生产中单位劳动力产出增长率满足:

$$g_{y_R} = \frac{1}{T_1 - T_2} \log\left(\frac{y_{RT_2}}{y_{RT_1}}\right) = \alpha \log\left(\frac{y_R^*}{y_{RT_1}}\right) = \alpha \log y_R^* - \alpha \log y_{RT_1} \tag{7.2}$$

其中,g_{y_R} 表示农村单位劳动力产出增长率;T_1、T_2 表示任意两个时期;y_R^* 表示稳态时农村劳动力平均收入;y_{RT_1} 表示 T_1 时期农村劳动力平均收入。

又由于稳态总产出是稳定状态下影响因素的函数,即

———————————

① Ramsey 模型(Ramsey,1928)产生的时间比 IS-LM 模型更早,但只讨论了个人储蓄率的决定,没有讨论个人行为对经济增长的影响。直到 20 世纪 60 年代中期,Cass(1965)和 Koopmans(1965)才把这一模型用来讨论经济增长问题。从此以后,这一模型就成为宏观经济学中最常用的两个模型之一。Ramsey-Cass-Koopmans 模型后来的发展包括 Blanchard(1985)的永葆青春模型及众多内生经济增长模型(Romer,1986,1990;Lucas,1988;Barro,1990;Rebelo,1991)。

$$y_R^* = \underline{X_R \beta} \tag{7.3}$$

其中，$\underline{X_R}$ 包括农村初始禀赋、教育卫生、地方政府管理等；β 表示影响系数。

而根据定义，农村人均产出可表示为

$$y_R^0 = \frac{Y_R}{P_R} = \frac{Y_R}{L_R} \times \frac{L_R}{P_R} = y_R \times \frac{L_R}{P_R} \tag{7.4}$$

其中，y_R^0 表示农村人均产出；P_R 表示农村总人口。L_R / P_R 即为农村就业率。

对式（7.4）取自然对数后再对时间求导，可得

$$g_{y_R^0} = g_{y_R} + g_{L_R} - g_{P_R} \tag{7.5}$$

将式（7.2）、式（7.3）和式（7.4）带入式（7.5），可得到农村人均产出增长率计量模型：

$$g_{y_R^0} = X\beta - \alpha \log(y_{RT_1}^0) + \alpha \log(L_R / P_R) + \varphi_1 g_L + \varphi_2 g_P + \varepsilon_1 \tag{7.6}$$

Bloom 和 Williamson（1998）指出，理论上式（7.6）中的 $\varphi_1 = -\varphi_2 = 1$，因此有

$$g_{y_R^0} = X\beta - \alpha \log(y_{RT_1}^0) + \alpha \log(L_R / P_R) + \varepsilon \tag{7.7}$$

其次，我们根据 Odedokun（1992）关于"经济增长取决于资本的增加和效率的提高"的观点，进一步引出经济的效率模型，可表示为

$$\Delta Y / Y = E(\Delta K / Y) \tag{7.8}$$

其中，ΔY 表示经济的产出水平增量；Y 表示经济的总产出；ΔK 表示资本要素投入的增量；E 则被定义为经济的效率，也即资源要素的利用效率，我们用增加的产出——资本比率（$\Delta Y / \Delta K$）来表示效率。所以，由式（7.8）可知，资源要素利用效率（E）的变化可引致经济增长，可投资资源（$\Delta K / Y$）的变化也可以引致经济增长，资源利用要素效率和可投资资源二者共同变化也可以引致经济增长。

对于式（7.1），我们借鉴 Parente 和 Prescott （1991，1994）的做法，在存在剩余劳动力的条件下对农村劳动力要素的投入量施加一个容量限制 $\overline{L_R}$，于是就会得到：

$$Y_R = K_R \min(L_R, \overline{L_R})^{\theta}, \quad \theta > 0 \tag{7.9}$$

其中，θ 表示农村劳动力要素投入在每单位资本条件下的产出弹性。

由于当期资本要素的形成取决于前一期资本的存量和本期投入资金的转化量，同时考虑到中国农村资金的正规来源主要包括财政政策和金融政策引导的资金流入（温涛和王煜宇，2005；温涛和董文杰，2011；高远东等，2013），农村资本可变为

$$K_{Rt} = (1-\delta)K_{R(t-1)}E(\text{DK}_t, \text{CZ}_t) \tag{7.10}$$

其中，δ 表示资本的折旧率；K_{Rt} 和 $K_{R(t-1)}$ 分别表示农村的当期和前一期的资本；DK_t 表示金融政策引导投入的农业信贷资金量；CZ_t 表示财政政策引导投入的支农资金与补贴资金；E 仍然表示资金要素的利用效率。

考虑到农村人口及劳动力转移的实际格局，令 $P_R = \min(L_R, \overline{L_R})^{\theta}$，表示农村的最大生产能力，则 $Y_R = P_R K_R$。此时，农村经济一旦达到最大劳动力容量，农村就一定存在剩余劳动力尚未发生转移，农村就因此面临着恒定的规模收益，其产出增长率将等于农村资本要素存量增长率。进一步结合式（7.10）可得

$$Y_{R(t+1)} = P_R(1-\delta)K_{Rt} + P_R \times E(\text{DK}_t, \text{CZ}_t) \tag{7.11}$$

E 的一阶 Taylor 展开式为

$$E(\text{DK}_t, \text{CZ}_t) \approx E(0,0,0) + E'_{\text{DK}_t}(0,0,0)\text{DK}_t + E'_{\text{CZ}_t}(0,0,0)\text{CZ}_t \tag{7.12}$$

将式（7.12）代入式（7.11），进一步得出农村人均产出增长为

$$\frac{\Delta Y_{R(t+1)}}{P_R} = -\delta K_{Rt} + [E(0,0,0) + E'_{\text{DK}_t}(0,0,0)\text{DK}_t + E'_{\text{CZ}_t}(0,0,0)\text{CZ}_t] \tag{7.13}$$

从上述理论分析来看，如果说一国的宏观经济政策所引导的财政、金融要素配置是有效率的，那么信贷、财政变量的系数将显著为正。式（7.13）能够反映宏观经济政策（如财政政策、金融政策、投资政策等）配置要素与农民收入增长的理论关系。

7.1.2 农民收入增长宏观要素配置的计量模型选择

考虑到农民收入增长过程中所涉及的资源要素较多，有必要对式（7.13）进一步引入相应的控制变量，控制财政、金融等经济政策变量以外的非核心变量的影响，由此，我们建立如下计量实证分析模型：

$$\text{FINC}_{it} = \beta_0 + \beta_1 \text{DK}_{it} + \beta_2 \text{CZ}_{it} + \beta_3 \text{TZ}_{it} + \Theta \text{CON}_{it} + \mu_{it} \qquad (7.14)$$

其中，FINC_{it} 表示第 i 省区市第 t 年的农村居民人均纯收入；CZ_{it} 表示第 i 省区市第 t 年的财政支农支出；DK_{it} 表示第 i 省区市第 t 年的金融支农投放；TZ_{it} 表示第 i 省区市第 t 年的农户自有资本投资，这三个变量与资本要素密切相关；向量 CON_{it} 表示相应的控制变量（主要包括人力资本、技术进步、产业结构等其他基本要素和基础条件）；μ_{it} 表示随机干扰项。式（7.14）即是本书实证分析将采用的基础模型。在本章中，将重点研究我国农民收入增长经济政策实施及其要素配置的宏观效应，而这一宏观效应又主要分成两个部分：来自县域截面数据的经验验证和来自省级面板数据的经验验证。由于县域数据和省级数据来源和指标不一致，且样本量存在较大差异，变量的选取因为数据的可获得性有一定差异，在对研究变量的选取与说明时也分为两个部分进行分别阐述。

7.2 我国农民收入增长的要素配置效应：基于县域数据

"郡县治，天下安"，县域既是"城乡接合部"，同时也是统筹城乡经济社会发展的最佳结合点。县域经济是以县级行政区划为地理空间，以县级政权为调控主体，以市场为导向，优化配置资源，具有地域特色和功能完备的区域经济。县域经济作为一种行政区划型的以县城为中心、乡镇为纽带、农村为腹地的区域经济，是宏观与微观、工业与农业、城市与农村的交汇点，是统筹城乡经济社会发展战略的切入点和基本操作平台，也是城乡统筹制度创新的重要载体。党的十六大以来，相关文献对县域经济的表述不断深化，不断凸显了县域经济发展的重要性和地位日益强化。十六大报告首次提出了"发展农产品加工业，壮大县域经济"，十七大报告又进一步指出："以促进农民增收为核心，发展乡镇企业，壮大县域经济，多渠道转移农民就业。"2008年的政府工作报告再次提出要增强县域经济实力。可见，发展好县域经济，带动农民增收，缩小县域之间及城乡之间的差距，是解决"三农"问题的根本载体和建设社会主义新农村的根基，更是实现城乡协调发展、社会安定、政权稳定的应有之意。

7.2.1　引言

与国家发展需要和宏观政策形成强烈反差的是：中国当前的县域经济发展虽然有了一定的基础，但是县域经济发展在总体上仍相对落后，而且县域之间的发展极不平衡，尤其是县域农民的生活水平还处于一个较低的状态，这些问题在国家级贫困县表现得更为突出。从贫困人口规模变化情况看（表7.1），全国农村和扶贫重点县的贫困人口分别从 2002 年的 8645 万人和 4828万人减少到了 2010 年的 2688 万人和 1693 万人，贫困发生率也分别从 9.2%和 24.3%下降到了 2.8%和 8.3%（2010 年扶贫重点县的贫困发生率是全国平均水平的 3 倍），平均贫困发生率分别降低 0.8 个百分点和 2 个百分点。初步看来，无论是全国农村还是扶贫重点县的贫困都已得到有效缓解。随着《中国农村扶贫规划纲要（2011—2020）》的颁布实施，中国扶贫开发已从"解决温饱"转入"巩固温饱成果、加快脱贫致富、改善生态环境、提高发展能力、缩小发展差距"的新阶段。

表 7.1 全国农村贫困人口和扶贫重点县贫困规模及比重

年份	贫困标准/元	全国农村				扶贫重点县				扶贫重点县贫困人口占全国之比/%
		农民收入/元	贫困人口/万人	贫困发生率/%	农民收入增长率/%	农民收入/元	贫困人口/万人	贫困发生率/%	农民收入增长率/%	
2000	865	2253	9422	10.2	1.95	—				
2001	872	2366	9029	9.8	5.01					
2002	869	2476	8645	9.2	4.62	1305	4828	24.3		55.85
2003	882	2622	8517	9.1	5.90	1406	4709	23.7	7.74	55.29
2004	924	2936	7587	8.2	11.98	1585	4193	21.0	12.73	55.27
2005	944	3255	6432	6.8	10.87	1726	3611	18.0	8.90	56.14
2006	958	3587	5698	6.0	10.20	1928	3110	15.4	11.70	54.58
2007	1067	4140	4320	4.6	15.42	2278	2620	13.0	18.15	60.65
2008	1196	4761	4007	4.2	15.00	2611	2421	11.9	14.62	60.42
2009	1196	5153	3597	3.8	8.23	2842	2175	10.7	8.85	60.47
2010	1274	5919	2688	2.8	14.87	3273	1693	8.3	15.17	62.98

资料来源:《中国农村贫困检测报告 2011》

然而,诸多事实表明,目前中国贫困县还深陷"收入贫困陷阱"之中,扶贫任务依然繁重:一是扶贫重点县的减贫速度要远慢于全国平均水平,并且其贫困人口占全国农村贫困人口的比重从 2002 年的 55.85%反而提高到了 2010 年的 62.98%;二是 2010 年中国仍有 1340 个县(市)的农民人均纯收入在 6000 元以下(其中有 228 个县(市)低于 3000 元),也就是说,还有 61.55%的县域农民收入低于全国平均水平;三是扶贫县的农民收入与全国农民收入水平仍存在相当大的差距,全国农民收入与扶贫县农民收入之比仅仅从 2002 年的 1.90 下降到了 2010 年的 1.81[①]。

那么,当前县域农户信贷和财政支出是否成为农民收入增长的关键因素?如果不是,怎样健全强农惠农的财政金融支持体系,推动信贷资源和财政资金合理向农村配置,改变长期以来城乡财政金融资源扭曲配置的格局?与非贫困县相比,究竟是哪些因素导致了贫困县长期深陷"收入贫困陷阱"

---

① 资料来源:《中国县(市)社会经济统计年鉴 2011》和《中国农村贫困检测报告 2011》,最后由作者整理计算而得。

之中？如何让贫困县脱离"收入贫困陷阱"，实现与非贫困县协调发展？这些都将是当前中国县域经济发展中所面临的一些亟待解决的问题。经济学常识告诉我们，收入取决于价格和产出水平。物以稀为贵，要维持高价格，需发展特优产品。而在价格既定的水平下，收入则取决于产出。产出水平的增长，则取决于资本形成水平和人力资本存量（Solow，1956）。因此，加快贫困县资源要素投入、促进资本形成，提高人力资本积累水平，是促进贫困县农民收入增长的关键。但是，贫困县自我资本积累能力严重不足，对财政、信贷和固定资产投资具有强烈的刚性依赖。加之反贫困具有巨大的社会效应，因而促进贫困县的发展自然成为政府的责任，贫困县的资源配置自然由政府占据主导地位。然而，中国多年来对贫困县的财政、信贷和固定资产投入对贫困人口摆脱"收入贫困陷阱"是否奏效？仍有待于实证检验。基于此，本部分将运用分位数回归方法，就农户信贷、财政投入、固定资产投资与农民收入增长的关系，在贫困县与非贫困县之间、三大地带的县域之间进行比较研究，以检验外部资本形成因素是否显著促进了贫困县的农民收入增长，旨在揭示当前中国县域农民自身资本积累和外源融资能力对农民由"生存小农"向"理性小农"[①]转化的可能性，并探究为实现这一目标，金融应当怎样同财政协同配合，以共同促进农民收入增长，并随之提出贫困县财政、信贷及投资政策的改进建议。

7.2.2　县域截面数据的变量选取与说明

1. 县域数据的变量选取

①农民收入（FINC）：本节选取农村居民人均纯收入的对数值作为被解释变量。②农户信贷（DK）：该指标使用县域农户贷款余额与乡村总人口比

---

① 在对农民生产和投资行为的经典文献进行梳理的过程当中，我们很容易发现存在两条截然不同的思路：以舒尔茨（Schultz，1964）和波普金（Popkin，1979）为代表的"理性小农"理论立足于传统的经济学分析方法，认为农民遵循收益最大化的"理性投资者原则"，并促使其合理分配拥有的各种资源（包括信贷资源）；相反，以蔡亚洛夫（Chayanov，1925）和波兰尼（Polanyi et al.，1957）等为代表的"生存小农"理论则试图将社会历史文化因素纳入对小农经济行为的分析，并认为小农的行为有明显的偏离经济理性的倾向，持类似观点的还包括斯科特（Scott，1976）的"道义经济"命题。

值的对数值衡量。③财政预算支出（CZ）：使用县域地方财政一般预算支出与县域总人口比值的对数值表示，由于县域财政支农数据缺失，故只能采用财政支出数据间接考察县域财政对农民收入的增收效应。④农村固定资产投资（TZ）：使用县域全社会固定资产投资总额减去城镇固定资产投资之差除以县域乡村总人口，最后对结果进行对数化处理予以量化。由于各县初始固定资产投资难以找到数据，本节仅用增量资本形成予以替代。⑤乡村就业率（REMP）：该指标由乡村就业人数占乡村劳动力比重的对数值表示，由于无法获取县域乡村劳动力人口数据，本节在此使用乡村就业人数占乡村劳动力比重的对数值这一替代变量表示。⑥产业结构（STR）：使用第一产业生产总值占 GDP 比重的对数值表示。⑦人均农业机械总动力（POWER）：主要用以反映农业生产的机械化程度和技术水平，本节把人均农业机械总动力纳入模型中，即用各县域每年的机械总动力除以乡村总人口的对数值表示。

理论上，这些因素均与农民收入存在一定的相关关系，但是在中国实践中究竟存在什么样的真实关系则需要进行检验。对这些变量我们均以人均数而非总水平值表示，一方面是为了更好地排除人口总量及其结构的影响；另一方面又可以做到消除模型可能存在的异方差、多重共线性等问题，最后对各变量数据均作对数处理。

考虑到影响县域农民收入的因素很多，对式（7.14）引入上述相应的控制变量，控制非核心变量的影响，由此建立如下县域计量模型：

$$\text{FINC} = \beta_0 + \beta_1\text{DK} + \beta_2\text{CZ} + \beta_3\text{TZ} + \beta_4\text{REMP} + \beta_5\text{STR} + \beta_6\text{POWER} + \mu \quad (7.15)$$

式（7.15）也就是本节实证分析县域经济政策动员的要素配置与农民收入增长实际效应将采用的基础模型。

2. 县域数据来源说明

本节数据中的县域农户贷款余额来源于中国银行业监督管理委员会网站的农村金融服务栏目，该图集全面反映了银行业在各个城市所在城区和县（市）的营业网点及存贷款的覆盖和分布情况。其他变量的数据均来自《中国区域经济统计年鉴 2011》《中国县（市）社会经济统计年鉴 2011》的县级单位主要统计指标。为保证实证分析所使用原始数据的完备性和可比性，本节对所有样本数据进行了清理，对奇异数据进行了剔除，对缺失数据进行相应的删减或者插补（主要是运用各省区市 2011 年统计年鉴的数据进行插补），最终共收集了 2010 年中国 30 个省区市（上海除外）2037 个县（市）的基本经济金融数据；其中，贫困县（市）626 个，非贫困县（市）1411 个[①]。

3. 县域数据描述性统计分析

实证分析中各变量的描述性统计结果如表 7.2 所示，从中我们可以清楚地看到以下几点。

表 7.2　县域实证分析中主要变量的描述性统计

变量名称	变量符号	样本区域	平均值	标准差	方差	偏度	峰度	最小值	最大值
农民收入	FINC	贫困县（市）	8.1170	0.2982	0.0889	−0.6809	6.3151	6.5367	9.3927
		非贫困县（市）	8.7408	0.3432	0.1181	−0.2513	4.0550	6.9994	9.9081
		全部县（市）	8.5500	0.4379	0.1918	−0.2500	3.2298	6.5367	9.9081
		东部	8.8736	0.3573	0.1277	−0.2486	3.6087	7.5999	9.9081
		中部	8.5218	0.4085	0.1669	−0.7734	3.5337	6.9994	9.3882
		西部	8.3703	0.3887	0.1511	−0.0941	3.6739	6.5367	9.5468
农户信贷	DK	贫困县（市）	7.8284	1.6745	2.8040	−3.5989	17.1514	0	10.7117
		非贫困县（市）	7.9175	2.1562	4.6494	−2.9016	11.1708	−0.7441	13.1177
		全部县（市）	7.8880	2.0179	4.0718	−3.0772	12.4983	−0.7441	11.8215
		东部	8.3029	1.2681	1.6081	−4.3669	29.0849	−0.7441	10.6300
		中部	7.6946	2.3066	5.3204	−2.6924	9.3816	0	10.8519
		西部	7.7642	2.1449	4.6005	−2.7997	10.6491	0	11.8215
财政预算支出	CZ	贫困县（市）	8.1551	0.4941	0.2441	0.5983	3.5988	6.9909	9.8936
		非贫困县（市）	8.0976	0.5987	0.3584	0.9690	4.3430	6.5975	10.5793
		全部县（市）	8.1108	0.5698	0.3246	0.8967	4.2721	6.5975	10.5793
		东部	7.9632	0.5042	0.2543	0.6832	3.7902	6.7539	9.8786
		中部	7.9165	0.4471	0.1999	0.6898	4.3665	6.5980	10.0077
		西部	8.3336	0.6037	0.3645	0.8442	3.7664	6.5975	10.5793

[①] 《中国农村贫困检测报告 2011》数据显示，国家扶贫开发工作重点县（市）为 592 个。本节实证分析的贫困县（市）626 个，要明显高于国家级贫困县（市）592 个，是因为国家级贫困县（市）虽然包括西藏全境，但是其数量并未考虑进去。

续表

变量名称	变量符号	样本区域	平均值	标准差	方差	偏度	峰度	最小值	最大值
农村固定资产投资	TZ	贫困县（市）	7.5243	2.2798	5.1974	-2.0989	7.6246	-0.3449	13.2032
		非贫困县（市）	8.1528	2.3963	5.7422	-2.2086	8.2671	0	14.7073
		全部县（市）	7.9574	2.3726	5.6294	-2.1432	7.8914	-0.3449	12.8668
		东部	8.7422	1.9403	3.7647	-2.9487	13.7123	0	12.1712
		中部	7.6150	1.9649	3.8607	-2.3101	9.5945	0	11.5118
		西部	7.7075	2.7326	7.4670	-1.8631	5.9517	-0.3449	12.8668
乡村就业率	REMP	贫困县（市）	3.9523	0.2289	0.0524	-5.1248	48.6763	1.5336	4.2776
		非贫困县（市）	3.9931	0.1939	0.0376	-9.7900	217.9220	-0.5501	4.6137
		全部县（市）	3.9900	0.1839	0.0338	-3.6724	42.2472	1.5336	4.6137
		东部	3.9931	0.1236	0.0153	-0.4253	4.1427	3.4582	4.4429
		中部	3.9621	0.2215	0.0490	-5.6734	57.6674	1.5336	4.5199
		西部	4.0069	0.1846	0.0341	-1.4511	10.2743	2.4744	4.6137
人均农业机械总动力	POWER	贫困县（市）	7.1008	1.2206	1.4899	-3.2690	20.9918	0	10.9322
		非贫困县（市）	7.4863	0.8474	0.7181	-1.3247	15.9218	0	11.7683
		全部县（市）	7.3661	0.9929	0.9858	-2.6296	22.4503	0	11.7683
		东部	7.4229	0.7875	0.6202	-0.2748	2.8468	4.7774	9.5036
		中部	7.6010	0.5813	0.3380	0.1651	3.5295	5.9366	10.0901
		西部	7.1717	1.2551	1.5751	-2.6095	18.0201	0	11.7683
产业结构	STR	贫困县（市）	3.2139	0.4883	0.2384	-1.0632	4.6802	1.1960	4.3787
		非贫困县（市）	2.8080	0.7285	0.5308	-1.3685	7.0782	-2.8917	4.3143
		全部县（市）	2.9321	0.6901	0.4762	-1.4459	7.3887	-2.8917	4.3787
		东部	2.6946	0.7232	0.5231	-1.4222	9.4663	-2.8917	4.2964
		中部	2.9309	0.6805	0.4630	-1.4619	6.1057	-0.5801	4.0570
		西部	3.0790	0.6333	0.4010	-1.5330	6.9619	-0.2785	4.3787

（1）对县域农民收入水平的平均值来说，贫困县（市）农民收入要远远低于非贫困县（市），中部地区县域农民收入略小于全国县域农民收入的平均水平，东部地区和西部地区县域农民收入分别远远高于和低于全国县域农民收入的平均水平。从农民收入的标准差和方差来看，非贫困县（市）的离散程度要远远大于贫困县（市），也就是说非贫困县（市）之间的发展差距比贫

困县（市）之间更大，同样也说明贫困县（市）农民收入普遍处于较低水平；东部地区农民收入之间的差距相对较小，西部地区次之，中部地区县域农民收入之间的离散程度较大。

（2）从农户贷款的平均值来看，贫困县（市）农户贷款数量略小于非贫困县（市），但是两者之间的差距较小；从县域农户信贷的标准差和方差来看，贫困县（市）明显小于非贫困县（市），这说明非贫困县（市）内部农户信贷之间的差距更为明显；东部地区农户贷款的方差远远小于中部地区和西部地区，这说明东部地区农民获得的贷款较为均衡，反而是中部和西部地区农民获得的贷款存在较大差距。

（3）从财政预算支出的平均值来看，贫困县（市）与非贫困县（市）的财政预算支出水平并不存在较大差距，反而是贫困县（市）财政预算支出略大于非贫困县（市），东部地区和中部地区县域财政支出水平也不存在较大差距，相反西部地区财政预算支出却明显大于东、中部地区；从财政预算支出的标准差和方差来看，贫困县（市）之间的差距明显小于非贫困县（市）之间的差距，中部地区县域之间的差距明显小于东部地区和西部地区，其中西部地区县域之间的财政预算支出差距最大。

7.2.3　基于县域截面数据的计量方法选择

一般来说，在常规的线性回归模型中，着重考察的只是解释变量 x 对被解释变量 y 的条件期望 $E(y|x)$ 的边际影响，其分解得出的结果就只能描述一个"平均"的概念，实际上这种传统回归就只能被称为均值回归。事实上，在多数时候，我们真正所关心的是解释变量 x 对整个条件分布 $y|x$ 的影响，而条件期望 $E(y|x)$ 却只是刻画条件分布 $y|x$ 集中趋势的一个指标而已。如果条件分布 $y|x$ 不是对称分布（symmetric distribution）的话，则条件期望 $E(y|x)$ 将会很难反映整个条件分布的全貌。如果能够估计出条件分布 $y|x$ 的若干个重要的条件分位数（conditional quantiles）；比如，四分之一分位数（lower quantile）、中位数（median）、四分之三分位数（upper quantile）等，这样就能对条件分布 $y|x$ 有更全面深刻的认识。

另外，古典的"均值回归"，由于最小化的目标函数为残差平方和

（$\sum_{i=1}^{n} e_i^2$），容易受到极端值（outliers）的影响。为此，Koenker 和 Bassett（1978）提出分位数回归（quantile regression， QR）的方法，使用残差绝对值的加权平均（如 $\sum_{i=1}^{n} |e_i|$）作为最小化的目标函数，这一方法基于被解释变量 y 的条件分布来拟合自变量 x 的线性函数的回归方法，是在均值回归上的拓展。在不同的分位数水平，可以得到不同的分位数函数。随着分位数取值由 0 到 1，可得所有 y 在 x 上的条件分布轨迹，即一簇曲线，而不像 OLS 方法只得到一条曲线。当希望对一个数据集合中分布在不同位置的数据点进行研究时，采用分位数回归是一种良好的选择。因此，本部分将运用分位数回归实证分析县域要素配置对农民收入增长的整体效应和区域效应，并进一步应用 Chernozhukov 和 Hansen（2005）提出的工具变量分位数回归方法（instrumental variable quantile regression， IVQR）[1]比较分析贫困县（市）和非贫困县（市）相关要素对于不同农民收入群体的增收效应。

7.2.4 县域要素配置与农民收入增长：整体效应

1. 计量分析

各分位数能全面刻画收入分布状况，而且以收入分布的分位数为被解释变量的回归能直观地看出各要素在不同收入水平的边际报酬率。同时，使用 Efron（1979）提出的自助法[2]（bootstrap）重复抽样技术，只依赖于给定的观测信息，而不需要其他假设和增加新的观测的统计推断方法。我们在每个分位点处进行回归时均做 600 次重复抽样，以增强估计、推断的效能。为较全面地给出农民收入决定方程的分位数回归结果，本节主要选择 5 个具有代表性的分位数，分别是 QR_10、QR_25、QR_50、QR_75 和 QR_90，分别对应

---

① Chernozhukov 和 Hansen（2005）详细讨论了 IVQR 的估计方法、识别条件及其统计推断，在变量内生的条件下实现估计结果的一致性。

② 自助法在计量经济学中的用途主要有两个方面：首先，对于某些统计量（如样本中位数），用常规的方法很难得到标准差的估计量，此时就可以使用自助法计算每个自助样本的样本中位数，从而得到样本中位数的分布，并计算其标准差；其次，对研究者而言，还可以使用自助法得到更加渐进有效的估计量（asymptotic refinement），也就是在大样本情况下，估计量能够以更快的速度收敛到真实值。

最低收入组、中低收入组、中等收入组、中高收入组和最高收入组，同时为了与分位数回归结果进行合理对比，我们也列出了最小二乘法得出的各变量系数结果（下同），旨在揭示当前中国县域不同收入层次农民获得的要素配置对其收入的影响效应。具体实证结果见表 7.3 和图 7.1，从中可以发现以下几点。

表 7.3　全体样本内农民收入影响因素的分位数回归结果

变量	OLS	QR_10	QR_25	QR_50	QR_75	QR_90
DK 农户信贷	0.0085* （0.054）	−0.0083** （0.029）	0.0018 （0.646）	0.0169*** （0.000）	0.0088 （0.159）	0.0154** （0.013）
CZ 财政预算支出	−0.0924*** （0.000）	−0.2293*** （0.000）	−0.2211*** （0.000）	−0.1627*** （0.000）	−0.0046 （0.849）	0.0899*** （0.000）
TZ 农村固定资产投资	0.0136*** （0.000）	0.0440*** （0.000）	0.0331*** （0.000）	0.0195*** （0.001）	0.0057 （0.279）	−0.0015 （0.809）
REMP 乡村就业率	0.2106*** （0.000）	0.5159*** （0.000）	0.1934*** （0.005）	0.1157 （0.202）	0.0647 （0.446）	0.0378 （0.696）
POWER 人均农业机械总动力	0.0974*** （0.000）	0.1816*** （0.000）	0.1569*** （0.000）	0.0900*** （0.000）	0.0764*** （0.000）	0.0749*** （0.000）
STR 产业结构	−0.2610*** （0.000）	−0.2506*** （0.000）	−0.2705*** （0.000）	−0.2798*** （0.000）	−0.2647*** （0.000）	−0.2421*** （0.000）
Pseudo R^2	—	0.1427	0.1696	0.1535	0.1354	0.1805
F 值	109.96***					
Adj-R^2	0.2431					

注：小括号里面的值代表 P 值
*、**、***分别表示在 10%、5% 和 1% 的显著性水平下统计显著

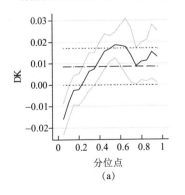

（a）

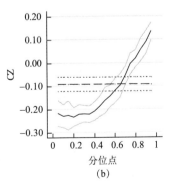

（b）

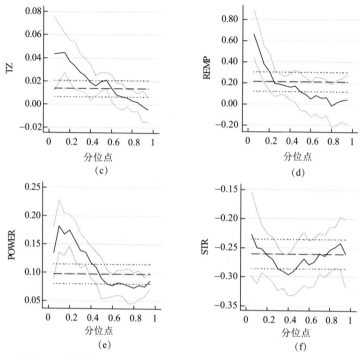

图 7.1　分位数回归中各解释变量系数的变化情况（整体效应）

（1）农户信贷的弹性系数在 QR_10 分位点处显著为负、QR_25 和 QR_75 处为正但均不显著、QR_50 和 QR_90 处均显著为正，且随着条件分布由低端向高端变动，其弹性系数呈先快速增大后逐步减小的趋势（图 7.1）。这一结果说明农村金融抑制的不断放松，对处于不同收入阶段的农民的收入的促进作用明显不同。这是因为，不同收入层次的农民可能面临着不同性质的资本约束，导致他们受到农村金融抑制的影响明显不同，也就是说样本区间的低收入农民受到了明显的金融抑制。这一结论与王定祥等（2011a）的研究十分吻合。实证结果可进一步发现，处于收入不同阶段的农民，可能面临着不同性质和不同层次的金融抑制：处于最低收入阶段的农民，其自有资本无法满足基本的生产和生活消费需求，同时其外部资本的获取能力极差，故农户信贷水平在 QR_10 处的弹性系数显著为负，说明最低收入组农户所受到的金融抑制程度最高；处于中低收入水平的农民，在外部商业性正规金融资源依然很难获得的情况下，资本的自生能力和获取能力虽仍然不足以满足生产和生活的实际需要，但明显好于最低收入阶段的农民，所以农户信贷在 QR_25 处的弹性系数为正但不显著；处于中等收入阶段的农民，通过自身的资本积累能明显增强资本的获取能力，其外源融资能力也随之明显增强，同时，此处农民的资金需求主要是生产性需求，因而农户信贷在 QR_50 处的弹性系数显著为正；处于中高收入阶段的农民，通过自身资本积累能增强外部融资能力，故可以很好地满足其生产和生活需求，而农户信贷在 QR_75 处的弹性系数为正且小于 QR_50 和 QR_90，其可能原因是此处农民与其他分位点处的农民而言，其外部信贷资源的需求明显较小；处于最高收入阶段的农民，基本上能够实现商业性正规金融机构的融资，其资本的可获得性和使用资本投入生产的效益必然会大大增加，因此农户信贷在 QR_90 处的弹性系数显著为正且较大。

（2）除了 QR_90 分位点处的农民收入与县域财政预算支出呈显著的正相关关系和在 QR_75 分位点处的县域财政预算支出系数为负不显著之外，县域政府财政预算支出对处于其他分位数水平的农民收入反而起到了显著的抑制作用，且随着条件分布由低端向高端变动，其弹性系数呈"J"形曲线变动（图 7.1）。这一结果说明，在县域农村地区收入越低的农民越难以通过政府的财政支出实现其收入增长的目标，也就是说"民生财政"对于当前县域地区来说更像是一个简单的口号，其财政支出很难惠及最为广大的农村地区，更难作用于农民收入的提高。究其原因：一方面，中国西部县域财政预算支出很好地"模仿"了中国经济的二元特性，在目前县域经济实力自身相对薄弱的情况下，许多县（市）都明确提出要建"现代城市""豪华城市""靓丽城市"的口号，地方政府这种过分追求经济增长目标而忽视民生的财政支出倾向，使相对有限的县域财政预算支出往往自然地偏向于"锦上添花"的城市建设，而忽视了急需"雪中送炭"的乡村基础设施建设和贫困地区农民基本生产生活的资本需求。另一方面，部分财政支出属于转移支付，低收入农民将获得的这部分转移支付直接用于自身的消费性支出，因而很难直接作用于其收入的增加；再加上财政支出属于一种外生机制，长期来说对于促进经济发展的作用极为有限，对于县域经济而言，长期、重复的财政支出容易使各方形成补贴依赖，反而不利于县域经济发展及农民、农业的自身发展（王小华，2014）。

（3）农村固定资产投资的弹性系数仅在 QR_90 分位点处为负，其余各个分位点处都为正值，但农村固定资产投资的弹性系数只是在前三个分位点处表现为显著，且随着条件分布由低端向高端变动，其弹性系数呈逐级快速递减的趋势。这一结论充分表明了，加大农村基础设施投资，对最低收入农民、中低收入农民和中等收入农民具有显著的增收效果。

（4）乡村就业率的弹性系数在所考察的各个分位点处均为正，但是只有在最低收入组和中低收入组处表现为显著，并且随着条件分布由低端向高端变动，其弹性系数表现出明显的先快速降低后缓慢下降的趋势。这说明，确保实现农民本地就业，是快速增加低收入组特别是最低收入组农民收入的最有效办法。

（5）人均农业机械总动力的弹性系数在所考察的各个分位点处均显著为正，并且随着条件分布由低端向高端变动，其弹性系数呈先快速增大后逐渐降低的趋势。这表明，促进农业机械化有助于提升各层次农民收入，特别是有利于中低收入组农民实现增收。

（6）产业结构（第一产业比重）的弹性系数在所考察的各个分位点处都显著为负，且随着条件分布由低端向高端变动，其弹性系数呈现"U"形曲线特征变化。这一结果进一步说明了，农业增收对农民收入增长的贡献越来越弱，相反农民收入增长越来越依靠第二、第三产业发展。

2. 结果分析

上述结果充分证实，中国县域农村地区存在明显的金融抑制现象，收入越低的农民因为自身资本积累天然不足，所受到的金融抑制程度越大，越难以摆脱收入增长困境。而加大农户信贷资金投入（降低金融抑制程度）得到的经济效率（即县域农民收入水平提高）未必就是完全低下的，特别是对中等收入组以上的农民而言。加快发展县域经济，提升县域农民收入水平，金融机构不仅有所作为，而且是大有作为。当前或者未来相当长的一段时间内，中国农村金融服务会不可避免地面临着政策、商业、合作性金融"三位一体"分工供给的局面。针对不同收入层次的农民，为了实现区别对待及贯彻普惠性金融理念，其金融供给也应该有不同的供给主体和性质：对最低收入阶段和中低收入阶段的农民，国家主导的政策性信贷将对其具备积极的作用；对中等和中高收入阶段的农民，合理的民间借贷、政策性及某些商业性信贷可以对其共同发挥作用；而对那些处于最高收入阶段的农民，其资金供给将主要由正规性商业金融机构来实现。据此，我们认为，对于县域农民而言，"生存小农"和"理性小农"似乎都不太符合当前的现状①。当然本节绝不是为了否定学者关于"生存小农"和"理性小农"这两种研究思路的价值，恰恰是为了说明处于低收入水平的农民之所以长期处于"生存小农"的状态，其主要原因正是在于资本要素初始水平的不足和外部融资能力低下及金融机构"嫌贫爱富"本性的"多重制约"。所以，我们认为一旦农民具备了一定的资本要素水平，就会逐渐获得并提高其外源融资的能力，只要农民在自身资本形成和利用外源融资之间形成了良性循环，这必然会推动"生存小农"向"理性小农"进行转换。

另外，从乡村就业率与农民收入的实证关系来看，逐步推进中国结构转换型的城市化②无疑能实现农民收入更好更快地增长。从发展趋势看，中国的县域城镇化必然会向城市化跨越，新型城市化在县域的空间实现应该是新型城镇化，而县域新型城镇化具有人口转移和结构转型的"二元"特征，但关键是结构转型。因为结构转换型城市化表明乡村人口不一定向城市大量集中，同样也可以获取现代生活方式。这种提升小城镇的"城市性"为目标导向的城市化，也就是说乡村人口不一定向大中城市转移，如果能确保乡村人口实现本地就业，小城镇就可以在"乡村型"向"城市型"转型发展中形成新市镇③，小城镇居民的生产和生活方式也会达到城市化或准城市化的水准。

7.2.5　县域要素配置与农民收入增长：区域差异

在进行了县域经济政策要素配置与农民收入增长的整体效应分析后，本

---

① 前者势必会得出金融支持农民收入增长"过于悲观"的结论，后者必然会得出金融支农"过于乐观"的结论。

② 考察世界城市化发展史发现，城市化可以分为两种类型：一是人口转移型的城市化，基本特征是乡村人口向城市大规模转移，到城市获取现代生活方式，这种城市化的基本标志是人口城市化率的提高；二是结构转换型的城市化，基本特征是区域经济社会结构的城市化转型，包括区域产业结构、就业结构、布局结构、文化结构等的城市化转型。

③ 新市镇是县域城镇化向城市化实现跨越的一种空间载体，新市镇也因此成为县域新型城镇化的空间形态。一是新市镇不仅体现在概念上的新颖，更是具有丰富内涵的空间实体。二是新市镇是小城镇在由"乡村型"向"城市型"提升转型过程中形成的、逐渐具有鲜明"城市性"的新型小城镇。三是新市镇本身具有"城市性"，同时又能提升县域的"城市性"，人的"城市性"逐步提升，是新市镇最重要而又最具有深远意义的新特征。

部分进一步估计二者在中国东、中、西部三大区域的实际情况，以明确在经济发展水平和条件各异的地区是否存在明显差异。

1. 县域要素集聚与农民收入增长：东部地区样本

（1）农户信贷（DK）在各分位点的弹性系数均为正，但只在中低收入组处表现为显著，且随着条件分布由收入低端向高端变动，农户信贷弹性系数表现出先快速降低后呈微弱增大的趋势（表 7.4 和图 7.2）。这一结果表明，东部地区农户信贷对各收入层次的农民增收均有一定的促进作用，但对低收入农民的增收作用更为明显。这一结果与中国东部地区的事实基本相符。东部地区是全国第二、第三产业最发达的区域，农业占比最低，农民的非农就业机会较多。而东部收入越低的农户，来自农业的收入占比越大，农业信贷需求也高，农户信贷对收入促进系数也就越明显；而收入越高的农户，来自非农业收入的占比就越高，从事农业的投资意愿和信贷需求减少，农户信贷对其收入促进的系数自然也会降低。可见，在东部地区，将农业信贷资金适当地往中低收入农户再配置，有助于促进农户整体增收。

表 7.4　东部地区样本内农民收入影响因素的分位数回归结果

变量	OLS	QR_10	QR_25	QR_50	QR_75	QR_90
DK 农户信贷	0.0094 （0.343）	0.0739 （0.123）	0.0573* （0.095）	0.0029 （0.885）	0.0017 （0.883）	0.0128 （0.245）
CZ 财政预算支出	0.1840*** （0.000）	−0.0222 （0.770）	0.0378 （0.364）	0.1956*** （0.000）	0.2779*** （0.000）	0.3356*** （0.000）
TZ 农村固定资产投资	0.0038 （0.564）	0.0798* （0.061）	0.0098 （0.501）	0.0042 （0.560）	0.0022 （0.766）	0.0001 （0.991）
REMP 乡村就业率	0.3639*** （0.000）	0.9082*** （0.000）	0.3272*** （0.002）	0.2280** （0.014）	0.3590*** （0.008）	0.2052* （0.046）
POWER 人均农业机械总动力	−0.0125 （0.422）	−0.0100 （0.817）	−0.0091 （0.573）	−0.0023 （0.858）	−0.0038 （0.834）	−0.0383* （0.054）
STR 产业结构	−0.2065*** （0.000）	−0.2576*** （0.000）	−0.2376*** （0.000）	−0.2082*** （0.000）	−0.1598*** （0.000）	−0.1214*** （0.001）
Pseudo R^2	—	0.2013	0.1942	0.2612	0.3511	0.4147
F 值	63.79***					
Adj-R^2	0.4087					

注：小括号里面的值代表 P 值

*、**和***分别表示在10%、5%和1%的显著性水平下统计显著

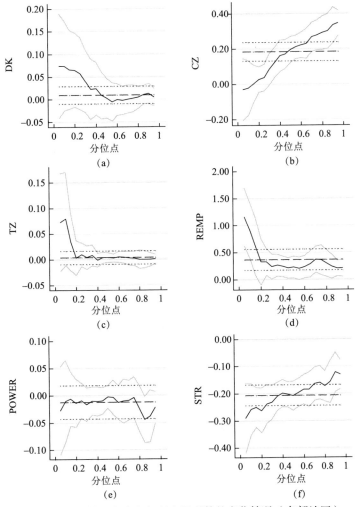

图 7.2　分位数回归中各解释变量系数的变化情况（东部地区）

（2）财政预算支出（CZ）的弹性系数在 QR_10 分位点处为负但不显著，在 QR_25 分位点处为正但不显著，在其余三个分位点的弹性系数均显著为正；并且，随着条件分布由收入低端向高端变动，其弹性系数呈快速增大的变动趋势（图 7.2）。这表明，在东部地区，县域财政支出整体上是农民增收的积极因素，但也表现出收入越低的农民，财政支出促进农民增收的门槛效应越高；反之越低。这一结论与理论预期相符，即便是同样的财政补贴，对不同收入层次农户的增收影响也是不相同的，高收入农户可以跨越规模投资门槛，更容易得到财政的青睐，因而增收明显。

（3）从其他变量来看：农村固定资产投资（TZ）在 QR_10 分位点处显著为正，在其余四个分位点处均为正且不显著，随着条件分布由收入低端向高端变动，其系数呈快速下降后逐渐趋于平缓的趋势。这一结果表明，东部地区县域农村资本投入对农民增收的拉动作用主要体现在中低收入农户阶层。高收入农户可能主要在城市务工，而没有长期享有农村资本投入带来的益处。乡村就业率（REMP）在各分位点的弹性系数均显著为正，随着条件分布由收入低端向高端变动，其系数呈快速下降后又逐渐趋于平缓的趋势，表明提高东部地区县域农村就业率有助于拉动各层次农民的收入增长。人均农业机械总动力的弹性系数在所考察的各个分位点处均为负，但只有在最高收入组表现为显著，并且随着条件分布由低端向高端变动，其弹性系数表现为小幅波动的趋势。这表明对于东部地区县域农民而言，促进农业机械化并不能有效提升各层次农民收入，特别是对最高收入组农民实现增收反而还具有一定的抑制作用。产业结构（STR）在各分位点的弹性系数均显著为负，但是其系数的绝对值随着条件分布由收入低端向高端变动且呈逐渐增大的趋势。这就是说，第一产业产值占比越小，越有利于各层次农民收入增长，表明东部地区县域各层次农民的收入增长已主要依赖于第二、第三产业的发展，并且收入越低的农民欲实现增收，其对第二、第三产业的依赖程度越高。

2. 县域要素集聚与农民收入增长：中部地区样本

（1）农户信贷（DK）的弹性系数除了在 QR_90 分位点处表现为正但不显著以外，在其余各分位点处均表现为负但不显著，随着条件分布由收入低端向高端变动，系数在整体上表现出先快速增长后缓慢上升再急速增大的趋势（表 7.5 和图 7.3）。这说明中部地区农户信贷对各层次的农民实现增收不但没有促进作用，反而还起到了一定的抑制作用。这一结果不仅符合理论预期，即收入越低的农户面临的信用约束越重，越难以达到投资和收入增长的门槛效应；而且符合中国中部地区的实际，中部地区是中国的粮食主产区，农业规模化经营比较普遍，规模经营又主要分布在高收入农户家庭，相比小规模经营的"生存型"农户（低收入农户），他们得到国家支农政策的力度更大，面临的信用激励更高，因而能通过规模化投资，提高农业生产率，促进收入增长。而其他收入组农户，由于面临较高的信用约束，现有的信贷无法达到投资的规模经济点，而导致农户信贷的收入增长效应不明显。

表 7.5　中部样本内农民收入影响因素的分位数回归结果

变量	OLS	QR_10	QR_25	QR_50	QR_75	QR_90
DK 农户信贷	−0.0141** （0.040）	−0.0097 （0.237）	−0.0024 （0.752）	−0.0038 （0.602）	−0.0007 （0.939）	0.0001 （0.993）
CZ 财政预算支出	−0.1051*** （0.008）	−0.2451*** （0.000）	−0.2525*** （0.000）	−0.0330 （0.649）	−0.0066 （0.860）	0.0279 （0.506）
TZ 农村固定资产投资	0.0139* （0.078）	0.0628*** （0.003）	0.0536*** （0.001）	0.0290 （0.119）	−0.0080 （0.455）	−0.0175*** （0.007）
REMP 乡村就业率	0.4234*** （0.000）	0.9722*** （0.000）	0.6816*** （0.000）	0.4981** （0.011）	0.3370*** （0.004）	0.3356** （0.033）
POWER 人均农业机械总动力	0.2442*** （0.000）	0.2661*** （0.000）	0.2390*** （0.000）	0.2709*** （0.000）	0.1680*** （0.000）	0.1593*** （0.000）
STR 产业结构	−0.1468*** （0.000）	−0.2344*** （0.000）	−0.2468*** （0.000）	−0.1391*** （0.000）	−0.1042*** （0.000）	−0.0959*** （0.002）
Pseudo R^2	—	0.1652	0.1869	0.1263	0.0826	0.0885
F 值	22.77***					
Adj-R^2	0.1783					

注：小括号里面的值代表 P 值

*、**、***分别表示在 10%、5%和 1%的显著性水平下统计显著

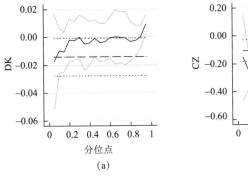

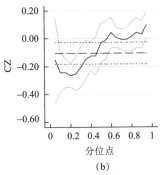

(a)　　　　　　　　　　　　　　(b)

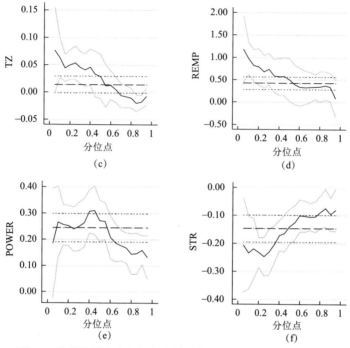

图 7.3　分位数回归中各解释变量系数的变化情况（中部地区）

（2）财政预算支出（CZ）的弹性系数在 QR_10 分位点和 QR_25 分位点处显著为负，在 QR_50 和 QR_75 分位点处均为负但不显著，QR_90 分位点处为正但不显著，并且随着条件分布由收入低端向高端变动，其弹性系数呈先快速减小后逐渐增大的趋势（表 7.5 和图 7.3）。这表明，财政预算支出在中部地区仅对最高收入组农民的增收有一定的促进作用，这可能与各收入等级的农户得到的财政预算支农资金不同有关，最高收入组农民的农业经营规模大，可能得到的财政补贴也相应更多，而财政对中低收入组农民的支持明显不足，因而未能有效促进其收入增长。

（3）从其他变量来看：农村固定资产投资（TZ）的弹性系数在 QR_10 和 QR_25 分位点处显著为正，QR_50 分位点为正但不显著，QR_75 分位点为负但不显著，在 QR_90 分位点处显著为负，且随着条件分布由收入低端向高端变动，其系数呈逐渐降低的趋势。这表明，农村资本投入对中部地区中低收入农户的收入增长有显著的拉动效应，也证明了中部地区中低收入农户对农业基础设施投资的依赖性较大，相反，高收入农户反而因为农业基础条件的改善增加了竞争对象，而降低了自身的市场竞争力，从而影响其收入增长。乡村就业率（REMP）在各分位点处的弹性系数均显著为正，且随着条件分布由收入低端向高端变动，弹性系数表现出逐渐降低的趋势。这表明，提高乡村就业率始终是中部地区农民收入增长的源泉，特别是提高中低收入组农民的就业率。人均农业机械总动力（POWER）的弹性系数在所考察的各个分位点处均显著为正，并且随着条件分布由低端向高端变动，其弹性系数表现为先增大后快速降低的趋势。这表明，对于中部地区县域农民而言，促进农业机械化能有效提升各层次农民收入水平，特别是对中等收入组农民实现增收具有很强的推动作用。产业结构（STR）在各分位点的弹性系数均显著为负，但是其系数的绝对值随着条件分布由收入低端向高端变动呈逐渐减小的趋势。这就是说，第一产业产值占比越小，越有利于各层次农民收入增长，表明中部地区与东部地区一样，县域各层次农民的收入增长已主要依赖于第二、第三产业的发展，并且收入越低的农民欲实现增收，其对第二、第三产业的依赖程度越高。

3. 县域要素集聚与农民收入增长：西部地区样本

（1）农户信贷（DK）在各分位点处的弹性系数均为正，且仅在 QR_25 处表现为显著（表 7.6 和图 7.4）。除此之外，从图 7.4 不难看出，随着农民收入层次的提高，农户贷款的促进作用表现出较为明显的倒"U"形关系。这表明，信贷支农政策对西部地区中低收入农民的增收效应十分显著。这与西部地区的实际情况高度吻合，因为西部地区地形以丘陵和高山地区为主，平原地区较少，绝大多数耕地不适宜机械化耕作，农业的农户小规模经营方式仍占主体地位。在国家惠农政策支持下，中低收入农户融资的竞争环境相对宽松，面临的信用约束也相比中东部地区农户少（因为中东部地区有大量规模经营的高收入农户参与融资竞争），因而西部地区的中低收入农户信贷的收入促进效应比较显著。西部地区高收入农户尽管有较少的信用约束，但其实际信贷的增收效应不明显，这可能与高收入农民家庭的收入来源与结构有关，他们绝大多数的收入来自非农业收入，因为这些家庭的劳务输出十分普遍。由于其收入主要来自非农产业，对农业投资缺乏积极性，对农业信贷需求也不足，高收入农户信贷的增收作用不明显，甚至为负。可见，适当促进农户信贷从高收入农民向低收入农民转移配置，有助于促进西部地区农民的整体增收。

表7.6　西部样本内农民收入影响因素的分位数回归结果

变量	OLS	QR_10	QR_25	QR_50	QR_75	QR_90
DK 农户信贷	0.0146** （0.011）	0.0034 （0.593）	0.0198*** （0.000）	0.0160 （0.136）	0.0077 （0.587）	0.0030 （0.796）
CZ 财政预算支出	−0.0570*** （0.006）	−0.1188*** （0.008）	−0.0829** （0.012）	−0.1219*** （0.001）	−0.0567* （0.057）	0.0561** （0.036）
TZ 农村固定资产投资	0.0003 （0.938）	0.0082 （0.418）	0.0054 （0.396）	0.0052 （0.388）	0.0038 （0.725）	−0.0137* （0.055）
REMP 乡村就业率	−0.0296 （0.646）	0.1871 （0.124）	−0.0193 （0.745）	−0.1330 （0.131）	−0.1103 （0.432）	−0.1470 （0.270）
POWER 人均农业机械总动力	0.0943*** （0.000）	0.1420*** （0.000）	0.1202*** （0.000）	0.0972*** （0.001）	0.0884*** （0.000）	0.0933*** （0.000）
STR 产业结构	−0.1864*** （0.000）	−0.2270*** （0.000）	−0.1872*** （0.000）	−0.2410*** （0.000）	−0.1722*** （0.000）	−0.1303*** （0.000）
Pseudo R^2	—	0.1404	0.1518	0.1441	0.1158	0.1671
F 值	42.38***					
Adj-R^2	0.2187					

注：小括号里面的值代表 P 值

*、**、***分别表示在 10%、5%和 1%的显著性水平下统计显著

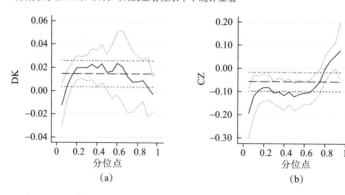

（a）　　　　　　　　　　　　（b）

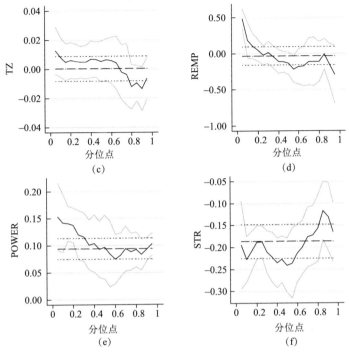

图 7.4　分位数回归中各解释变量系数的变化情况（中部地区）

（2）财政预算支出（CZ）的弹性系数在 QR_90 分位点处显著为正，在其他分位点处均表现为负且显著，且随着条件分布由收入低端向高端变动，其弹性系数表现出先增大、后平稳变化、再快速增大的特征（表 7.6 和图 7.4）。这表明，财政预算支出在西部地区只对高收入农民有显著的增收效应，对其他收入组农民的增收作用反而具有明显的抑制作用。这一方面可能是由于中低收入农户得到的财政支农资金相对于经营规模大、生产率高的高收入农户要少，少量财政资金的投入使中低收入农户投资仍低于最低农业投资门槛要求，导致收入增长不明显，甚至无法抵御农业风险损失而转为负向效应。再加上中国贫困地区大都分布在西部地区，尤其是西部的县域地区，所以面对庞大数额的贫农和低收入农民，财政资金明显不足和相关政策不够完善，最终导致极其有限的财政资金配置达不到投资的门槛效应，部分真正急需生产和生活资金的穷人可能处于财政政策的"锚定"之外，财政政策作为一种外生力量对贫困地区的脱贫重任显然表现得"力不从心"

（王小华，2014）。

（3）从其他变量来看：农村固定资产投资（TZ）的弹性系数在前四个分位点处为正但不显著，在 QR_90 分位点处显著为负，随着条件分布由收入低端向高端变动，其弹性系数表现出逐渐减小的特征。这一结论充分表明了西部地区农村资本投入只对中高收入组以下农民的收入增长有微弱的正向效应，对最高收入组农民的增收反而不利。其可能原因是西部地区农村地区发展相对于中部和东部地区而言明显滞后，其基础设施投入自然也就较低，农民增收对基础设施的依赖自然也相对较低。乡村就业率（REMP）的弹性系数在 QR_10 分位点处为正但不显著，在其他各分位点处均为负且不显著，随着条件分布由收入低端向高端变动，其弹性系数表现出快速递减之后逐渐趋于平缓，最后又快速下降。这说明扩大西部地区的乡村就业率反而不利于农民收入增长，其结果明显与东、中部地区不同，这可能是由于中国西部地区劳动力大量外流至东、中部地区，西部地区农业劳动力在本地乡村就业较低，因而虽有增收作用但不明显。人均农业机械总动力（POWER）的弹性系数与中部地区相同，在所考察的各个分位点处均显著为正，并且随着条件分布由低端向高端变动，其弹性系数表现为先快速降低后又缓慢增加的趋势。这表明对于西部地区县域农民而言，促进农业机械化能有效提升各层次农民收入水平，特别是对中低收入组农民实现增收具有很强的推动作用。产业结构（STR）在各分位点的弹性系数均显著为负，但是其系数的绝对值随着条件分布由收入低端向高端变动呈先增大后快速降低的趋势。这就是说，第一产业产值占比越小，越有利于各层次农民收入增长，表明西部地区县域各层次农民的收入增长同样已主要依赖于第二、第三产业的发展，特别是中等收入组的农民欲实现增收，其对第二、第三产业的依赖程度越高。

7.2.6 县域要素配置与农民收入增长：贫困县（市）与非贫困县（市）的差异

对于本节的研究，虽然采用传统的分位数回归方法可以很好地考察资本、劳动力、技术等核心要素对各阶段农民收入水平的影响差异，能使最终估计结果相较于古典的"均值回归"更加稳健、可靠。但是，农户信贷在贫困地区可能存在内生性，使这种方法不再适用对于贫困地区不同农民收入群体的分析。鉴于此，本节应用 Chernozhukov 和 Hansen（2005）提出的 IVQR 研究农户信贷等因素对于不同农民收入群体的增收效应。因为，Chernozhukov 和 Hansen（2005）详细讨论了 IVQR 的估计方法、识别条件及其统计推断，在变量内生的条件下实现估计结果的一致性，故本部分不再赘述。贫困县（市）和非贫困县（市）的 OLS、QR 和 IVQR 回归结果如表 7.7 所示。由表 7.7 中 QR 模型和 IVQR 模型的估计结果可以看出，无论是贫困县（市）还是非贫困县（市），两模型的估计结果差别都不是很大，说明农户贷款对农民收入的影响并不存在很大程度上的内生性问题。但是，农户贷款的减贫增收效应在贫困县（市）与非贫困县（市）之间及不同收入水平的农民之间呈现出很大的差异。因此，我们主要给出 IVQR 模型的估计结果进行详细分析。

表 7.7　OLS、QR 和 IVQR 回归结果

QR 回归结果							
		OLS	QR_10	QR_25	QR_50	QR_75	QR_90
DK 农户信贷	非贫困县（市）		0.0186** (0.016)	0.0268*** (0.004)	0.0236*** (0.000)	0.0145*** (0.001)	0.0170*** (0.001)
	贫困县（市）		−0.0100 (0.255)	0.0065 (0.472)	0.0079 (0.940)	0.0041 (0.666)	−0.0191 (0.298)

OLS 及 IVQR 回归结果对比							
		OLS	QR_10	QR_25	QR_50	QR_75	QR_90
DK 农户信贷	非贫困县（市）	0.0211*** (0.000)	0.0182** (0.014)	0.0272*** (0.000)	0.0255*** (0.000)	0.0163*** (0.000)	0.0154** (0.010)
	贫困县（市）	−0.0046 (0.554)	−0.0112 (0.151)	0.0055 (0.354)	0.0083 (0.842)	0.0052 (0.542)	−0.0184 (0.186)
CZ 财政预算支出	非贫困县（市）	−0.0442*** (0.003)	−0.2194*** (0.000)	−0.1565*** (0.000)	−0.0528** (0.018)	0.0683** (0.015)	0.1520*** (0.000)
	贫困县（市）	−0.0669*** (0.005)	−0.0920* (0.083)	−0.0897*** (0.001)	−0.0628** (0.044)	−0.0845*** (0.004)	−0.0375* (0.090)
TZ 农村固定资产投资	非贫困县（市）	0.0070* (0.056)	0.0258** (0.027)	0.0145* (0.051)	0.0037 (0.593)	0.0029 (0.483)	0.0002 (0.964)
	贫困县（市）	0.0124** (0.021)	0.0318** (0.025)	0.0216*** (0.005)	0.0174* (0.045)	0.0141* (0.063)	0.0021 (0.711)

续表

OLS 及 IVQR 回归结果对比						
		OLS	QR_10	QR_25	QR_50	QR_75	QR_90
REMP 乡村就业率	非贫困县（市）	0.1258*** （0.004）	0.1588 （0.115）	0.0634 （0.516）	0.0435 （0.115）	0.0917* （0.064）	0.1146* （0.084）
	贫困县（市）	0.0529 （0.313）	0.3662* （0.090）	0.2456 （0.114）	0.0216 （0.733）	−0.0312 （0.766）	−0.1445 （0.332）
POWER 人均农业机 械总动力	非贫困县（市）	0.0681*** （0.000）	0.1266*** （0.000）	0.0715*** （0.000）	0.0540*** （0.000）	0.0593** （0.000）	0.0270 （0.177）
	贫困县（市）	0.0443*** （0.000）	0.0740*** （0.003）	0.0773*** （0.000）	0.0542*** （0.001）	0.0422*** （0.002）	0.0455*** （0.000）
STR 产业结构	非贫困县（市）	−0.1833*** （0.000）	−0.1867*** （0.000）	−0.1722*** （0.000）	−0.1797*** （0.000）	−0.1857*** （0.000）	−0.1744*** （0.000）
	贫困县（市）	−0.0636** （0.010）	−0.0713 （0.116）	−0.0513 （0.105）	−0.0344 （0.121）	−0.1213*** （0.000）	−0.0721** （0.033）

注：被解释变量为县域农民人均收入对数值（FINC）（其中非贫困县（市）1411 个，贫困县（市）626 个），小括号里面的值代表 P 值。便于对比，表中只列出农户信贷的普通分位数估计结果，其他变量的估计结果均为工具变量分位数估计值

*、**、***分别表示在 10%、5%和 1%的显著性水平下统计显著

1. 核心变量估计结果分析

对非贫困县（市）而言，QR 回归结果中的农户信贷的弹性系数与 IVQR 的结果有微弱的变化，具体表现为，农户信贷对最高收入组农民增收效应的显著性和系数都有所降低，对其他收入组农民增收效应的系数有所增加。另外，农户信贷的弹性系数在各分位点处均显著为正，并且随着分位数条件分布由低端向高端变动，其弹性系数呈现出先快速增加后逐渐降低的趋势，这证明了农户信贷对非贫困县（市）农民收入增长起到了显著的推动作用。针对不同收入组农民，农户信贷的增收效应之所以表现为最高收入组明显小于其他收入组，究其原因，对于非贫困县（市）那些长期处于相对低收入状态、资本积累严重不足的农民而言，有效的信贷刺激（特别是增加农户贷款）在短期内能使其更好、更快地摆脱外源融资困境，进而为农民提供必要的生产、生活所需资金，最终起到促进农村经济发展和农民收入增长的作用。对于最高收入水平的农民来说，其家庭资金的流动性约束较小，这部分农民完全可以通过自有资金的积累解决生产经营中暂时的流动性不足，在这种情况下，他们所发生的借贷很有

可能被用于非生产性项目,所以借贷对这部分农民的增收效应明显小于其他收入组。因此,对非贫困县(市)而言,加快发展县域经济,有效提升县域农民收入水平,金融机构的支农作用既是有效的,对农民而言更是极其宝贵的,并会产生明显的增收效果,以此撬动更为广阔的农村经济。

对国家级贫困县(市)而言,QR 回归结果中的农户信贷的弹性系数与 IVQR 结果也只有微弱的变化,农户信贷的弹性系数在各分位点处均不显著且小于 0.01(远远小于非贫困县(市)农户信贷的弹性系数)。此外,农户信贷的弹性系数在 QR_10 和 QR_90 分位点处均为负,其他三个分位点处为正,随着分位数的条件分布不断提高,其影响系数服从较明显的倒"U"形分布。以上结论充分说明了,国家级贫困县(市)的农户信贷并未能成为农民收入增长的显著资源要素,反而对最低收入组和最高收入组的农民增收起到了一定的抑制作用。究其原因,虽然贫困县(市)农户贷款总规模和户均贷款量都在不断上升,但是向金融机构获得贷款的农户(包括个体工商户、种养业大户和贫困户)数量却在不断减小(表 7.8),即使一些贫困农户获得了贷款,也难以达到投资门槛所需最低资金规模,说明中国贫困地区的农户(特别是贫困型农户)面临着严重的正规金融约束。事实上,这与中国的实际情况是高度一致的。2010 年从银行或信用社得到贷款的农户占全部农户的 3%,比上年下降了 0.9 个百分点,户均贷款金额 12 633.4 元,比上年增加了 2058 元,增长 19.5%。另外,2010 年扶贫重点县(市)只有 20.6%的扶贫贷款发放给上年人均纯收入低于 2000 元的农户,有 38.2%的扶贫贷款贷给了上年人均纯收入在 2000~3000 元的农户,有 19.8%的扶贫贷款贷给了上年人均纯收入在 3000~4000 元的农户,有 21.4%的贷款贷给了上年人均纯收入高于 4000 元的农户。与上年相比,贷款给上年人均纯收入低于 3000 元的农户比例下降,高于 3000 元的农户比例上升。

表 7.8 扶贫重点县不同类型农户得到贷款的比例和户均金额

年份	获得贷款户比重/%				户均贷款金额/元			
	全部农户	个体工商户	种养业大户	贫困户	全部农户	个体工商户	种养业大户	贫困户
2007	4.2	3.4	8.0	3.3	5 614.4	8 100.0	5 888.8	5 114.0
2008	3.3	4.1	7.6	2.2	8 322.3	24 531.4	8 094.3	5 421.3
2009	3.9	4.8	9.4	2.7	10 575.4	22 226.6	13 942.6	7 382.6
2010	3.0	4.2	6.8	2.0	12 633.4	23 306.8	15 845.9	7 985.3

资料来源:《中国农村贫困检测报告 2011》

　　另外，课题组[①]在 2011 年 1～6 月定点选取了全国 1156 户来自 15 个省区市的暂时性贫困型农户，对贫困型农户 2010 年的信贷需求和信贷行为进行了调查分析（表 7.9），其中有借贷需求的农户共 866 户，比例为 74.91%；在有借贷需求的农户中，实际发生借贷行为的农户却只有 389 户，比例为 44.92%；在 389 户有借贷行为的贫困型农户中，通过民间借贷的农户为 267 户，比例为 68.64%，通过向正规金融机构贷款的农户有 122 户，比例为 31.36%，占所有被调查农户的比例为 10.55%（王定祥等，2011a）。而《中国农村贫困检测报告 2011》同样显示：从农户贷款来源看，来自金融机构的贷款比例与来自个人的借款比例平分秋色， 2010 年，扶贫重点县（市）农户的当年贷款中，有高达 50.1% 的比例来自亲戚朋友，47.4% 来自国有金融机构。

表 7.9　贫困型农户的信贷需求状况、借贷行为和融资渠道

贫困型农户的信贷需求状况			866 户有资金需求的贫困型农户的借贷行为		
选项	户数/户	所占比例/%	选项	户数/户	所占比例/%
有资金需求	866	74.91	有借贷行为	389	44.92
			无借贷行为	477	55.08
无资金需求	290	25.09	—		

389 户有借贷行为的贫困型农户的融资渠道			
	选项	户数/户	所占比率/%
融资渠道	民间或非正规借贷	267	68.64
	向正规金融机构借款	122	31.36

资料来源：王定祥，田庆刚，李伶俐，等.2011. 贫困型农户信贷需求与信贷行为实证研究. 金融研究，（5）：124-138

2. 其他解释变量估计结果分析

　　（1）财政预算支出仅仅对非贫困县（市）的中高收入组和最高收入组农民增收具有显著的正向影响，并且最高收入组的弹性系数要远远大于中高收入组（0.1520>0.0683），对其他收入组农民及贫困县（市）所有收入层次的

　　① 课题组系国家社会科学基金项目"农村扶贫金融制度构建与创新研究"（12CJY062）和教育部人文社会科学基金项目"贫困型农户融资困境与扶贫信贷创新研究"（09YJC790223）的研究团队。

农民增收都具有显著的负向影响（表 7.7）；并且随着条件分布由低端向高端变动，非贫困县（市）财政支出的弹性系数呈现出快速上升的趋势，对贫困县（市）而言，其系数虽然存在波动的情况，但是波动幅度较小（-0.1～0）。这一结果说明，只有非贫困县（市）最高收入组和中高收入组农民可以从政府财政预算支出中获得明显的增收效应，即便是贫困县（市）的平均财政预算支出水平略高于非贫困县（市）（表 7.7）。当前中国的县域（无论是贫困县（市）还是非贫困县（市））农村地区而言，收入越低的农民越难以通过政府的财政预算支出实现其收入增长目的。可能的原因是，县级政府（特别是贫困县（市））片面地为了追求经济增长效应，其财政预算支出并没有真正转向民生工程。数据显示，2010 年国家扶贫重点县（市）的财政支出 6937 亿元，比上年增长了 27.7%，与 2000 年相比，财政支出平均递增 26.1%。但从农户的收入来看，2010 年扶贫重点县农村居民人均纯收入 3273 元，比上年增长了 15.2%，其中人均得到的各项政策性补贴为 174 元，比上年仅增加 14 元，增长仅有 8.8%，财政转移性支付对贫困农户难以起到显著的增收作用。

（2）就农村固定资产投资而言，总体上看，贫困县（市）和非贫困县（市）的资本形成与农民收入之间存在显著的正向相关关系。分位数回归结果表明，非贫困县（市）资本形成的弹性系数仅仅在前两个分位点处显著为正，贫困县（市）资本形成的弹性系数仅仅在前四个分位点处均显著为正（表 7.7），随着条件分布由低端向高端变动，农村固定资产投资的弹性系数在贫困县（市）和非贫困县（市）均表现出逐级递减的趋势。这一结果说明，加大农村固定资产投资，促进资本形成，能有效地推动农民增收。

（3）乡村就业率的弹性系数在非贫困县（市）显著为正，而贫困县（市）为正但不显著。分位数回归结果显示，乡村就业率仅在非贫困县（市）的中高收入组和最高收入组及贫困县（市）的最低收入组处显著为正，在贫困县（市）的最高收入组和中高收入组处为负但不显著。随着条件分布由低端向高端变动，乡村就业率的弹性系数在非贫困县（市）表现出较为明显的"U"形特征，在贫困县（市）呈逐渐降低的趋势。这可能是贫困县（市）农民的劳动技能明显比非贫困县（市）差，即使有就业机会，也难以获得较高的收入。实际上，调查发现，贫困农户家庭的劳动力外出打工能够带动家庭致富的比例仅有 40% 左右（王定祥等，2011a）。可见，提高劳动者技能，对贫困县（市）农民通过非农就业促进增收，具有重要的现实意义。

（4）人均农业机械总动力的弹性系数在贫困县（市）和非贫困县（市）（最高收入组农民除外）的各分位点处均显著为正。随着条件分布由低端向高端变动，该系数在非贫困县（市）表现出逐渐下降的趋势，其下降速率逐渐降低，该系数在贫困县（市）表现出先快速增加之后渐渐趋于平稳的状态。这说明推动农业机械化，有助于增加贫困县（市）的农民收入，降低或消除贫困。

（5）产业结构（第一产业比重）的弹性系数在所考察的各个分位点处均为负，并且在非贫困县（市）的各分位点和贫困县（市）中高收入组及最高收入组均显著，随着条件分布由低端向高端变动，贫困县（市）产业结构的弹性系数的绝对值要远远小于非贫困县（市）。这一结果说明，中国非贫困县（市）的农民收入主要依赖于第二、第三产业的发展。对贫困县（市）而言，收入越低的农民，农民收入越难以依赖第二、第三产业的发展。这说明，当前扶贫重点县（市）的经济发展水平仍然很低且产业结构不合理，与全国县（市）经济发展的平均水平相比还存在很大差距。统计资料显示，2010年贫困县（市）人均GDP为11 170元，仅为全国县（市）平均水平（22 467元/人）的49.7%。从表7.10可以明显看出，2010年，国家扶贫重点县（市）的第一产业比重为22.4%，比全国县（市）的平均水平15.2%高出7.2个百分点，其产业结构相当于全国县（市）2003年的水平；第二产业占比为46%，比全国县（市）的平均水平低了6.6个百分点；第三产业占比为31.6%，比全国县（市）的平均水平低0.6个百分点。

表7.10 全国县（市）和扶贫重点县（市）地区产总值构成（单位：%）

年份	全国县（市）			扶贫重点县（市）		
	第一产业增加值	第二产业增加值	第三产业增加值	第一产业增加值	第二产业增加值	第三产业增加值
2000	26.6	41.8	31.6	37.7	31.9	30.4
2003	22.0	45.5	32.5	32.5	35.9	31.5
2004	21.7	46.9	31.4	32.5	37.4	30.1
2008	16.6	52.0	31.4	24.7	44.5	30.7
2009	15.9	51.4	32.7	23.4	44.0	32.6
2010	15.2	52.6	32.2	22.4	46.0	31.6

资料来源：《中国农村贫困检测报告2011》

7.3 我国农民收入增长的要素配置效应：基于省级数据

7.3.1 省级面板数据的研究变量选取与说明

基于式（7.14），下面分别就省级面板数据的各变量进行详细说明：①因变量。FINC：农民收入——农村居民人均纯收入，从农村居民人均纯收入来源构成现状可以看出，家庭经营性收入和转移性收入直接体现财政金融支农政策的要素配置效应，而支农政策对农村居民人均工资性收入和财产性收入的作用则较为间接，且作用较小。②核心解释变量。CZ：财政支农，本节采用人均财政支农支出作为衡量财政支农政策配置要素能力指标，具体为财政支农支出与农村从业人员之比。DK：金融支农，金融支农政策可通过信贷达到对"三农"经济的直接"输血"，解决农村经济发展中资金供求的矛盾，支持现代农业的发展，提升农村居民人均收入水平。本节将采用人均农业信贷量来衡量金融支农政策配置要素能力指标，即用农业信贷总额除以农村从业人员。TZ：农户自有资金投入。农户资金投入可以在一定程度上有效解决农村经济发展和农民生产经营中的资金不足问题，可以起到加速资金积累的作用，对农民增收具有强有力的作用。本节采用扣除住宅投资后的农户固定资产投资代替，予以反映农民自身集聚配置要素的能力。③控制变量。向量 CON 表示其他控制变量，为能更准确反映影响农民收入的主要因素，并考虑到数据的可获得性，本节确定如下四个控制变量：① EDU （农村居民人力资本），本节选取农村居民平均受教育年限来度量农村居民人力资本要素水平[1]。② STR （产业结构），伴随着产业结构合理化、高级化程度不断提高，地区经济往往获得显著增长，地区经济的发展必须要有与之匹配的产业结构，产业结构不合理、高级化程度低必然会制约经济发展。本节以第一产业总产值在 GDP 中的比重度量产业结构优化，该指标数值越大，表明产业结构优化程度越低，对农村居民纯收入的影响为负。但是，第一产业总产

---

① 平均受教育年限=文盲比例×1+小学比例×6+初中比例×9+高中比例×12+中专比例×12+大专及其以上比例×15.5。

值所占比重越大，反映了和农民收入密切相关的第一产业产值增大，农村居民收入应该增加，即对农村居民收入作用为正，这两个作用共同决定产业结构指标估计值的方向和大小。③POWER（农业机械总动力），本节以人均农业机械总动力表示，即用各省区市每年的农业机械总动力除以农村从业人员总数，反映农业生产技术要素水平，预期估计值为正。④FEI（农用化肥施用量），主要反映对农业生产性投入，本节用农用化肥使用总量除以农作物播种面积来表示，预期估计值为正。

最终，根据选定的控制变量，式（7.14）具体表述为

$$\text{FINC}_{it} = \alpha_0 + \alpha_1 \text{CZ}_{it} + \alpha_2 \text{DK}_{it} + \alpha_3 \text{TZ}_{it} + \alpha_4 \text{EDU}_{it} + \alpha_5 \text{STR}_{it} \\ + \alpha_6 \text{POWER}_{it} + \alpha_7 \text{FEI}_{it} + \mu_{it} \qquad (7.16)$$

式（7.16）即为相关经济政策集聚配置生产要素对农民收入产生作用的省域计量模型。

7.3.2　基于省级面板数据的研究方法选择

根据前述第 6 章已知，和县域不同，中国的省域地理覆盖广阔，省域农民收入集聚存在着明显的地理空间分布上的依赖性，考察省域经济政策的集聚配置要素效果，不能忽视其政策实施的空间效应。如果忽视了空间依赖性，导致其统计与计量分析的结果值得进一步深入探究（Anselin，1988a）。对于这种地理与经济现象中常常表现出的空间效应（特征）问题的识别估计，空间计量经济学提供了一系列有效的理论和实证分析方法。空间计量经济学（spatial econometrics）由美国著名经济学家 Paelinck 等（1979）首次提出，后经由 Bartels 和 Ketellapper（1979）、Paelinck 等（1979）、Ripley（1981）、Diggle（1983）、Upton 和 Fingleton（1985）、Griffith（1988，1990）、Cressie（1991）、Anselin（1980，1986，1988a，1988b，1988c，2003，2007，2010）、Anselin 和 Arribas-Bel（2011，2013）、Haining（1990，2014）、LeSage（1997，1999，2011，2013）、LeSage 和 Pan（1995）、LeSage 和 Pace（2007，2008，2009，2014）、Lee（2002，2003，2004，2007a，2007b）、Kapoor 等（2007）、Burridge 和 Fingleton（2010）、Seya 等（2013）、

Elhorst （2014a， 2014b， 2014c）等众多学者的努力得到发展，并逐步形成了一个完整的空间计量经济学框架体系。

一般来说，空间数据基本都会同时存在空间依赖性[①]和空间异质性[②]，而空间统计与空间计量经济方法为空间依赖性和空间异质性的分析提供了合适的分析工具。在经济管理研究中，许多问题都需要运用空间统计与空间计量经济方法，一方面，空间统计可以帮助我们辨识和分析具体经济问题的空间分布特征；另一方面，空间计量经济考虑到了变量的空间效应，保证了模型设定正确性和估计结果有效性，同时，空间计量方法的使用不仅能够揭示具体经济问题的空间异质性，而且能够探测这类问题的空间依赖性。资金的逐利性也就决定了资金的跨地区流动，因此研究农民收入增长的要素配置同样需要考虑要素的空间效应。

空间数据分为空间截面数据与空间面板数据，由于加入了时间要素，在数据量上空间面板数据远远大于空间截面数据。空间截面数据仅体现出了数据的空间特点，但是由于缺乏时间维的考虑，其无法体现出数据的时间特征，因此无法利用其进行时间变化导致的经济变量时序分析。而空间面板数据将空间和时间二维数据综合，在此数据基础上，可以进行完整的时间和空间二维分析。空间数据分析主要是在所收集基础数据的基础上，利用 Matlab 空间计量经济学工具进行。分析的初衷是要判断所收集的数据是否存在空间的关联性、关联性的程度及关联性的种类。究其原因，从空间计量经济学自身来看，其的确为一种先进的分析方法，但并不是所有的经济现象都适合运用其进行经济分析。空间计量经济学针对不同的经济关联模式也有不同的估计策

---

① 空间依赖性也叫空间自相关性，是指不同位置的观测值在空间上不是独立存在的，而呈现出某种非随机的空间模式，即 $y_i = f(y_j)$，$i = 1,2,\cdots,n$，$i \neq j$，是空间效应识别的第一个来源，它产生于空间组织观测单元之间缺乏依赖性的考察。如果相邻区域的观测值分布具有相似性则说明观测值存在正的空间自相关，如果不具有相似性则说明观测值之间存在负的空间自相关，还有一种可能就是不存在空间相关性。Anselin 和 Rey（1991）区别了真实（substantial）空间依赖性和干扰（nuisance）空间依赖性的不同。

② 空间异质性，也可以称之为空间差异性，指地理空间上的区域缺乏均质性，是经济行为和经济关系在空间上不稳定，从而导致经济社会发展和创新行为存在较大的空间上的差异性，在模型中表现为变量和模型参数会随着区位变化而变化，是空间计量经济学模型识别的第二个来源。

略与方法。因此，利用相关判断变量对各经济体间的经济关联性程度和方式进行判断，从而决定是否采用空间计量经济学方法进行分析及采用哪种合适的空间计量经济学方法进行分析是必须进行的。

7.3.3 省域要素配置与农民收入增长的整体效应

1. 整体效应的空间模型构建与估计方法选择

本节基于中国省域面板数据的研究，每个省域即为一个空间单元，各指标在空间单元间是否存在空间依赖性？通过空间聚类分析，可划分农民收入的空间聚集情况，农村居民收入较高地区往往形成聚集，而农村居民收入较低地区也往往形成聚集。相邻省域由于文化、经济、地理结构等相似性，农村居民收入表现出相互依赖、相互影响，长期则形成空间聚集形态。同样，财政支农中农业技术推广、良种推广示范、植被保护、土地治理等对农村经济发展具有较强的示范效应，也将在省域间产生长期的正向空间外溢效应。可见，本节所涉及的诸多变量在省域间往往具有空间依赖性。

对于式（7.16），本节将考虑变量可能存在的空间效应，模型进行空间计量改造，构建整体时期与分时期的财政金融支农空间计量模型，空间权值矩阵 W 的构建方法参考第 6 章。LeSage 和 Cashell （2015）指出，一般的空间面板计量模型可以直接使用空间杜宾模型进行估计，然后通过 Hausman 检验空间杜宾模型使用固定效应还是随机效应，如果是使用固定效应，只需要进一步使用 Likelihood ratio （LR）检验确定空间杜宾模型的空间和时期固定效应的显著性，最后确定计量模型。

根据表 7.11 的检验结果判断，式（7.16）应使用空间-时期固定效应杜宾模型，

$$
\begin{aligned}
\mathrm{FINC}_{it} = & \alpha_0 + \alpha_1 \mathrm{CZ}_{it} + \alpha_2 \mathrm{DK}_{it} + \alpha_3 \mathrm{TZ}_{it} + \alpha_4 \mathrm{EDU}_{it} + \alpha_5 \mathrm{STR}_{it} + \alpha_6 \mathrm{POWER}_{it} \\
& + \alpha_7 \mathrm{FEI}_{it} + \alpha_8 W \times \mathrm{CZ}_{it} + \alpha_9 W \times \mathrm{DK}_{it} + \alpha_{10} W \times \mathrm{TZ}_{it} \\
& + \alpha_{11} W \times \mathrm{EDU}_{it} + \alpha_{12} W \times \mathrm{STR}_{it} + \alpha_{13} W \times \mathrm{POWER}_{it} \\
& + \alpha_{14} W \times \mathrm{FEI}_{it} + \rho W \times \mathrm{FINC}_{it} + s_i + v_t + \mu_{it}
\end{aligned} \tag{7.17}
$$

其中，s_i 表示空间固定效应；v_t 表示时期固定效应；μ_{it} 表示随机误差项；W

表示空间权值矩阵。式（7.17）即为 1997～2010 年要素配置与农民收入增长的空间计量模型。本节采纳 Lee 和 Yu（2010）、Elhorst（2012）的建议，采用偏差修正的极大似然（maximum likelihood，ML）方法对式（7.17）进行估计。同时，为了分析非空间计量模型系数估计值存在的偏差，采用同样数据对式（7.16）进行了普通面板的估计，其详细估计结果如表 7.12 所示。

表 7.11　LR 检验与 Hausman 检验

Hausman 检验	结果	P 值
原始假设：模型应采用随机效应估计。备择假设：模型应采用固定效应估计	170.5421	0.0000
LR 检验		
原始假设（H$_0$）：空间固定效应不显著。备择假设（H$_1$）：空间固定效应显著	322.9053	0.0000
原始假设（H$_0$）：时期固定效应不显著。备择假设（H$_1$）：时期固定效应显著	240.5523	0.0000

表 7.12　要素配置与农民收入增长的总体效应空间计量估计结果

	普通面板固定效应模型	空间–时期固定效应杜宾模型
CZ：财政支农	0.092 2[***]（0.000 0）	0.100 0[***]（0.000 0）
DK：金融支农	0.144 0[***]（0.000 0）	0.103 1[***]（0.000 0）
TZ：农户自有资金投入	0.084 5[***]（0.000 0）	0.107 8[***]（0.000 0）
EDU：农村居民人力资本	0.114 0[***]（0.000 0）	0.068 2[***]（0.003 7）
STR：产业结构	−0.002 6（0.878 0）	−0.010 5（0.602 1）
POWER：农业机械总动力	−0.030 0（0.145 0）	0.049 6[**]（0.045 5）
FEI：农用化肥施用量	0.105 9[***]（0.000 0）	0.075 7[***]（0.000 0）
$W \times$ CZ		0.081 2[**]（0.018 1）
$W \times$ DK		0.050 3（0.198 5）
$W \times$ TZ		0.033 8（0.131 1）
$W \times$ EDU		−0.008 0（0.831 7）
$W \times$ STR		−0.122 8[***]（0.000 2）

续表

	普通面板固定效应模型	空间-时期固定效应杜宾模型
$W \times$ POWER		$-0.204\,9^{***}$（$0.000\,0$）
$W \times$ FEI		$0.026\,8$（$0.127\,0$）
$W \times$ FINC		$0.234\,0$（$0.000\,0$）
$\overline{R^2}$	$0.473\,7$	$0.608\,9$
Log-likelihood		$214.437\,41$
F 值	51.31（$0.000\,0$）	
Hausman 检验	35.21（$0.000\,0$）	

空间-时期固定效应杜宾模型效应分解

	直接效应系数	t 统计量	间接效应系数	t 统计量
CZ	$0.107\,1$	$5.409\,6$	$0.130\,3$	$3.023\,5$
DK	$0.108\,1$	$6.007\,9$	$0.093\,9$	$2.012\,4$
TZ	$0.111\,8$	$10.104\,4$	$0.073\,6$	$2.623\,6$
EDU	$0.068\,4$	$2.930\,8$	$0.011\,3$	$0.237\,7$
STR	$-0.017\,9$	$-0.917\,9$	$-0.157\,2$	$-3.761\,8$
POWER	$0.036\,9$	$1.569\,1$	$-0.241\,8$	$-4.970\,7$
FEI	$0.078\,4$	$9.219\,1$	$0.055\,9$	$2.614\,7$

注：FINC 为因变量。括号内为 Z（或 P）值，表示对应统计量的概率

和*分别表示在 5% 和 1% 的显著性水平下统计显著

2. 非空间计量模型估计偏差分析

如表 7.12 第二列所示，未考虑空间效应的面板计量估计结果显示：1997～2010 年，中国财政支农、金融支农、农户自有资金投入、农村居民人力资本及农用化肥施用量对农村居民纯收入的增加有显著的促进作用。财政支农、金融支农、农户自有资金投入、农村居民人力资本及农用化肥施用量的参数估计值分别为 0.0922、0.1440、0.0845、0.1140、0.1059，符号与预期一致。农业机械总动力与产业结构的作用在统计上不显著，且农业机械总动力的估计符号为负，与理论预期相反。而且，模型的拟合优度也较低（$\overline{R^2}$=0.4737）。相对于非空间模型，空间-时期固定效应杜宾模型估计结果则显示，农业机械总动力对农村居民纯收入具有显著的促进作用，其直接效应估计值为 0.0496，

与理论预期一致。同时，模型的拟合优度也得到较好提高（$\overline{R^2}$=0.6089）。此外，财政支农、产业结构、农业机械总动力及农村收入有显著的空间依赖性，可见考虑变量空间效应的必要性。整体而言，空间-时期固定效应杜宾模型的估计结果更合适，未考虑空间效应的模型估计结果是有偏的。

为了量化非空间模型[式（7.16）]系数估计值存在的偏差，并不能简单地和相应的空间模型估计结果作比较，两模型系数估计值的意义完全不同。在空间模型估计结果中，自变量系数估计值除了包含自变量对因变量的直接效应外，还包含有"反馈效应"（feedback effects）的作用。其中，"反馈效应"指的是，某地区自变量的外溢作用对邻接地区产生影响，邻接地区通过因变量的外溢效应又将这种作用反馈回该地区。因此，"反馈效应"的大小受到两个因素的影响：一是因变量空间滞后项的系数估计值；二是该自变量本身空间滞后项的系数估计值。在该空间-时期固定效应杜宾模型估计结果中，空间滞后因变量 $W \times FINC$ 估计值在 1%显著性水平下显著为正。财政支农空间滞后项 $W \times CZ$ 为正值，统计上显著；金融支农空间滞后项 $W \times DK$、农户自有资金投入空间滞后项 $W \times TZ$ 与农用化肥施用量空间滞后项 $W \times FEI$ 估计值为正，但统计上不显著；农村居民人力资本空间滞后项 $W \times EDU$、产业结构空间滞后项 $W \times STR$ 与农业机械总动力空间滞后项 $W \times POWER$ 系数估计值为负，除 $W \times EDU$ 外，统计上均高度显著。因此，只有在空间模型自变量的系数估计值中剔除掉"反馈效应"所得自变量直接效应估计值，才具有与非空间模型系数估计值比较的价值。

由表 7.12 空间-时期固定效应杜宾模型效应分解结果所示，自变量财政支农、金融支农、农户自有资金投入、农村居民人力资本、农业机械总动力与农用化肥施用量的直接效应分别为 0.1071、0.1081、0.1118、0.0684、0.0369、0.0784，产业结构的直接效应不显著不予考虑。这意味着非空间模型估计结果中，财政支农 0.0922 的系数估计值被低估了 13.9%，金融支农 0.1440 的系数估计值被高估了 33.2%，农户自有资金投入 0.0845 的系数估计值被低估了 24.4%，农村居民人力资本 0.1140 的系数估计值被高估了 66.7%，农业机械总动力−0.0300 的系数估计值得出错误的符号，农用化肥施用量 0.1059 的系数估计值被高估了 35.1%。显而易见，非空间模型由于忽略了变量客观存在的空间效应，其估计结果是有较大偏差的。

3. 要素影响农民收入的直接效应分析

整体而言，财政支农、金融支农、农户自有资金投入三个核心变量在 1%水平上均显著。财政支农、金融支农、农户自有资金投入对农民收入的弹性系数分别为 0.1071、0.1081、0.1118。其中，农户自有资金投入对农民收入产生的直接效应相对最强，显著性程度也最高。控制变量中除产业结构的直接效应不显著外，农村居民人力资本、农业机械总动力与农用化肥施用量对农民收入产生的直接效应均显著，其弹性系数分别为 0.0684、0.0369、0.0784。与核心变量的直接效应相比，控制变量的直接效应整体偏低；其中，农业机械总动力的直接效应最低。此外，产业结构变量对农民收入的作用在统计上并不显著。

4. 要素影响农民收入的空间外溢效应分析

变量的空间外溢效应，即变量的间接效应。在非空间模型中，自变量的空间外溢效应被假设为零，这和自变量客观存在的空间外溢效应性是不符的。由表 7.12 空间-时期固定效应杜宾模型效应分解结果所示，核心变量的空间外溢性在统计上均显著；除农村居民人力资本外，其他控制变量的空间外溢效应在统计上显著。其中，财政支农的空间外溢效应 0.1303，占其直接效应的 121.7%；金融支农的空间外溢效应 0.0939，占其直接效应的 86.9%；农户自有资金投入的空间外溢效应 0.0736，是其直接效应的 65.8%；农用化肥施用量的空间外溢效应 0.0559，是其直接效应的 71.3%；反映出变量较强的空间外溢性[1]。因此，一个省域的财政支农、金融支农、农户自有资金投入及农用化肥施用量的增加，不仅会显著促进本省域农民收入的增加，对邻接地区农民收入的增加也有推动作用。此外，如模型估计结果显示，因变量农民收入有显著的正向空间依赖性（$W \times \mathrm{FINC} = 0.2340$），即一个省域农民收入的提高对邻接省域农民收入的增加有显著促进作用。同时，一个省域农民收入显著受到邻接省域农民收入提高的正向影响。

综合变量空间外溢作用可知，在样本期间内，财政支农、金融支农及农

---

[1] 产业结构与农业机械总动力的直接效应不显著，其空间外溢效应与直接效应比值不具有意义，未作统计。

户自有资金投入不仅会对本省域农民增收有显著的促进作用，同时由于财政支农中农业技术推广、良种推广示范、土地治理等对邻接省域产生的良好示范效应，农村劳动力的流动及农户跨省域贷款等原因产生空间外溢作用，将显著促进邻接省域农民增收。其中，财政支农产生的空间外溢作用最大，农户自有资金投入产生的空间外溢作用相对最小。因此，在农民收入空间依赖程度较大的多省域聚集区域内，可加大对农村财政支持、金融支持的力度与结构优化，拓宽农村融资渠道，引导农户增加自由资金投入，充分利用财政支农、金融支农及农户自有资金投入产生的正向空间外溢性，促进区域内多个省域农民收入的共同增长。

7.3.4　省域要素配置与农民收入增长的时空差异

由于 2004 年之后国家和地方对"三农"的投入不断加大，2004 年有可能成为中国财政金融政策效应变化的一个拐点。为探讨中国财政金融支农政策的实际效应是否在 2004 年前后发生结构性变化，下面分别就第一个时期（1997～2003 年）与第二个时期（2004 年以后）财政金融支农政策的要素配置效应进行计量分析。

1. 第一时期（1997～2003 年）财政金融支农政策效应分析

基于 1997～2003 年中国 30 个省域面板数据，我们同样使用 7.3.3 小节的检验步骤和检验方法，结果如表 7.13 所示，可以确定 1997～2003 年的要素配置与农民收入模型应该使用空间-时期固定效应的杜宾模型进行估计，即

$$
\begin{aligned}
\text{FINC}_{it} = {} & \alpha_0 + \alpha_1 \text{CZ}_{it} + \alpha_2 \text{DK}_{it} + \alpha_3 \text{TZ}_{it} + \alpha_4 \text{EDU}_{it} + \alpha_5 \text{STR}_{it} + \alpha_6 \text{POWER}_{it} \\
& + \alpha_7 \text{FEI}_{it} + \alpha_8 W \times \text{CZ}_{it} + \alpha_9 W \times \text{DK}_{it} + \alpha_{10} W \times \text{TZ}_{it} \\
& + \alpha_{11} W \times \text{EDU}_{it} + \alpha_{12} W \times \text{STR}_{it} + \alpha_{13} W \times \text{POWER}_{it} \\
& + \alpha_{14} W \times \text{FEI}_{it} + \rho W \times \text{FINC}_{it} + s_i + v_t + \mu_{it}
\end{aligned} \tag{7.18}
$$

其中，s_i 表示空间固定效应；v_t 表示时期固定效应；μ_{it} 表示随机误差项。同样应用偏差修正的 ML 方法估计，结果如表 7.14 第二列所示。

表 7.13　第一时期（1997~2003 年）模型的 LR 检验与 Hausman 检验

LR 检验	结果	P 值
原始假设：空间固定效应不显著。备择假设：空间固定效应显著	286.6562	0.0000
原始假设：时期固定效应不显著。备择假设：时期固定效应显著	30.3054	0.0001
Hausman 检验		
原始假设：模型应该采用随机效应估计。备择假设：模型应该采用固定效应估计	367.4366	0.0000

表 7.14　中国全域内要素配置与农民收入增长分时期效应空间计量估计结果

样本时期	第一时期(1997~2003 年)	第二时期(2004 年以后)	整体时期
模型类型	空间–时期固定效应杜宾模型	空间固定效应杜宾模型	空间–时期固定效应杜宾模型
CZ：财政支农	0.060 3** (0.013 8)	0.102 6*** (0.000 4)	0.100 0*** (0.000 0)
DK：金融支农	0.108 8*** (0.000 0)	0.131 3*** (0.000 0)	0.103 1*** (0.000 0)
TZ：农户自有资金投入	0.117 9*** (0.000 0)	0.049 1*** (0.000 2)	0.107 8*** (0.000 0)
EDU：农村居民人力资本	0.048 2** (0.026 2)	1.019 7*** (0.000 0)	0.068 2*** (0.003 7)
STR：产业结构	−0.030 6 (0.267 6)	0.055 2** (0.028 1)	−0.010 5 (0.602 1)
POWER：农业机械总动力	0.116 0*** (0.000 6)	0.067 3** (0.049 9)	0.049 6** (0.045 5)
FEI：农用化肥施用量	0.064 8*** (0.000 0)	0.082 6*** (0.000 0)	0.075 7*** (0.000 0)
$W \times CZ$	0.104 4** (0.010 2)	0.073 4* (0.061 2)	0.081 2** (0.018 1)
$W \times DK$	0.140 1*** (0.002 5)	−0.115 2*** (0.000 6)	0.050 3 (0.198 5)
$W \times TZ$	−0.024 6 (0.379 2)	−0.015 3 (0.565 8)	0.033 8 (0.131 1)
$W \times EDU$	0.017 3 (0.620 9)	0.606 0*** (0.008 3)	−0.008 0 (0.831 7)
$W \times STR$	−0.021 2 (0.664 8)	0.011 7 (0.743 7)	−0.122 8*** (0.000 2)
$W \times POWER$	−0.344 6*** (0.000 0)	−0.125 9*** (0.007 9)	−0.204 9*** (0.000 0)
$W \times FEI$	0.006 3 (0.785 2)	0.015 5 (0.567 0)	0.026 8 (0.127 0)
$W \times FINC$	0.319 0*** (0.000 0)	0.342 0*** (0.000 0)	0.234 0*** (0.000 0)
$\overline{R^2}$	0.654 6	0.778 5	0.608 9
Log–likelihood	128.445 05	108.245 21	214.437 41

注：FINC 为因变量。括号内为 Z 值，表示对应统计量的概率

*、**、***分别表示在 10%、5%和 1%的显著性水平下统计显著

由表 7.15 第一时期变量效应分解结果所示，1997～2003 年，财政支农、金融支农、农户自有资金投入三个核心变量的直接效应分别为 0.0720、0.1246、0.1195，在 1%水平上均显著，符号与预期一致，即财政支农、金融支农、农户自有资金投入每增加一个百分点，农村居民纯收入相应的分别增加 0.072%、0.1246%和 0.1195%个单位。其中，金融支农对农民收入产生的直接效应相对最强，财政支农的作用相对最小。控制变量中除产业结构的直接效应不显著外，农村居民人力资本、农业机械总动力与农用化肥施用量对农民收入产生的直接效应均显著，其弹性系数分别为 0.0507、0.0882、0.0670。整体而言，第一时期内，中国财政支农、金融支农直接效应的估计结果，与1997～2010 年财政支农、金融支农产生的直接效应相似，估计值的符号一致，只是数值上有一定差异。

表 7.15　要素配置与农民收入增长的分时期变量效应分解结果

项目	第一时期效应(1997～2003 年)		第二时期效应(2004～2010 年)		总体效应（1997～2010 年）	
	直接效应	间接效应	直接效应	间接效应	直接效应	间接效应
CZ	0.0720 （2.9424）	0.1725 （2.9554）	0.1136 （4.1189）	0.1528 （3.7665）	0.1071 （5.4096）	0.1303 （3.0235）
DK	0.1246 （5.3561）	0.2454 （3.6459）	0.1253 （5.5001）	−0.1004 （−2.5332）	0.1081 （6.0079）	0.0939 （2.0124）
TZ	0.1195 （7.2990）	0.0178 （0.4502）	0.0497 （3.5352）	0.0011 （0.0295）	0.1118 （10.1044）	0.0736 （2.6236）
EDU	0.0507 （2.2952）	0.0467 （0.9249）	1.1049 （7.4381）	1.3712 （6.3338）	0.0684 （2.9308）	0.0113 （0.2377）
STR	−0.0332 （−1.2289）	−0.0450 （−0.6785）	0.0581 （2.4269）	0.0421 （0.9961）	−0.0179 （−0.9179）	−0.1572 （−3.7618）
POWER	0.0882 （2.8032）	−0.4293 （−5.7316）	0.0562 （1.7554）	−0.1467 （−2.5969）	0.0369 （1.5691）	−0.2418 （−4.9707）
FEI	0.0670 （5.7698）	0.0376 （1.1606）	0.0867 （6.7306）	0.0637 （1.7040）	0.0784 （8.2191）	0.0559 （2.6147）

注：括号内为 t 值

此外，财政支农、金融支农、农业机械总动力的空间外溢效应在统计上显著，其中农业机械总动力空间外溢效应为负；其他变量的空间外溢效应则不显著。财政支农的空间外溢效应为 0.1725，占其直接效应的 239.6%；金融支农的空间外溢效应为 0.2454，占其直接效应的 197.0%，与整个时期（1997～2010 年）财政支农与金融支农总体空间外溢性相比，变量的空间外溢性显著增大。研究表明：第一时期内，一个省域的财政支农、金融支农投入的增加，不仅会显著促进本省域农民收入的增加，对邻接地区农民收入的增加也有推动作用。此外，如模型估计结果显示，第一个时期省域间农民收入已表现出显著的正向空间依赖性（$W \times \text{FINC} = 0.3190$）。

2. 第二时期（2004 年以后）财政金融支农政策效应分析

基于 2004～2010 年中国 30 个省域面板数据，我们同样使用 7.3.3 小节的检验步骤和检验方法，结果如表 7.16 所示，可以确定 2004 年以后的要素配置与农民收入模型应该使用空间固定效应的杜宾模型进行估计，即

$$
\begin{aligned}
\text{FINC}_{it} = {} & \alpha_0 + \alpha_1 \text{CZ}_{it} + \alpha_2 \text{DK}_{it} + \alpha_3 \text{TZ}_{it} + \alpha_4 \text{EDU}_{it} + \alpha_5 \text{STR}_{it} \\
& + \alpha_6 \text{POWER}_{it} + \alpha_7 \text{FEI}_{it} + \alpha_8 W \times \text{CZ}_{it} + \alpha_9 W \times \text{DK}_{it} \\
& + \alpha_{10} W \times \text{TZ}_{it} + \alpha_{11} W \times \text{EDU}_{it} + \alpha_{12} W \times \text{STR}_{it} + \alpha_{13} W \\
& \times \text{POWER}_{it} + \alpha_{14} W \times \text{FEI}_{it} + \rho W \times \text{FINC}_{it} + s_i + \mu_{it}
\end{aligned}
\tag{7.19}
$$

其中，s_i 表示空间固定效应；μ_{it} 表示随机误差项。采用 2004 年以后可获取的中国省域面板数据估计，结果如表 7.14 第三列。

表 7.16　第二时期（2004 年以后）模型的 LR 检验与 Hausman 检验

LR 检验	结果	P 值
原假设（H_0）：空间固定效应不显著。备择假设（H_1）：空间固定效应显著	406.7577	0.0000
原假设（H_0）：时期固定效应不显著。备择假设（H_1）：时期固定效应显著	4.4500	0.5100
Hausman 检验		
原假设：模型应该采用随机效应估计。备择假设：模型应该采用固定效应估计	1971.4464	0.0000

由表 7.15 第二时期变量效应分解可知，第二个时期内，所有变量的直接效应均显著，且估计值均为正。财政支农、金融支农、农户自有资金投入的直接效应估计值分别为 0.1136、0.1253、0.0497，仍然是金融支农对农村居民

收入的弹性系数最大，这与 2004 年前第一个时期估计结果一致，但是农户自有资金投入产生的作用变小。控制变量农村居民人力资本、产业结构、农业机械总动力及农用化肥施用量对农民收入的直接效应分别为 1.1049、0.0581、0.0562、0.0867，农村居民人力资本的作用最大，这在一定程度上反映出农村居民人力资本的显著提升及近年来农村居民人力资本的产出效应对农民收入增长的影响越发重要。

观察变量空间外溢效应估计结果可知，财政支农、金融支农、农村居民人力资本、农业机械总动力的空间外溢性在统计上显著，其中农业机械总动力空间外溢效应为负；其他变量的空间外溢效应在统计上均不显著。财政支农、金融支农、农村居民人力资本及农业机械总动力的空间外溢效应估计值分别为 0.1528、-0.1004、1.3712、-0.1467。与第一个时期（1997～2003 年）变量空间外溢性相比，有两个显著变化：一是金融支农空间外溢性为负，即一个省域金融支农力度的加大对邻接省域农民增收有抑制作用，在一定程度反映出农村经济发展过程中资金的稀缺性，以及相邻地区经济水平的差异也可能导致金融支农的影响是负面的（Rioja and Valev，2004）；二是农村居民人力资本空间外溢性由不显著变为显著，反映了农村居民人力资本水平整体的提高及人力资本结构的优化，农村居民人力资本可有效促进农村经济发展与农民收入水平的提高，并对邻接省域农村经济发展表现出显著的正向促进作用。相对于第一时期，第二时期省域间农民收入正向空间依赖性稍有提高（$W \times \text{FINC} = 0.3420$），反映了省域间农村经济发展关联性的进一步加强。

3. 中国财政金融支农政策效应动态变化分析

通过对第一个时期与第二个时期各变量直接效应与空间外溢效应对比，反映出中国财政金融支农效应在不同时期的动态变化情况，结果如下。

（1）从第一个时期到第二时期，财政支农对农民收入的直接效应逐渐增强，并具有显著的正向空间外溢效应。财政支农对农民收入的直接效应，由第一时期的 0.0720 变化为第二时期的 0.1136，增加了 57.8%，1997～2010 年整个时期的直接效应为 0.1071，对农民收入增加有显著促进作用。相对于第一个时期，财政支农空间外溢效应在第二个时期稍有下降，整体表现出显著的正向空间外溢性，即一个省域财政支农投入的加大对邻接省域农民收入提高也具有显著促进作用。

（2）金融支农对农民收入的直接效应稳定，但其空间外溢性在两个时期作用截然相反。在前后两个时期，金融支农对农民收入的直接效应分别为0.1246 与 0.1253，对农民收入的增加具有稳定的促进作用。但是，金融支农的空间外溢作用由第一时期 0.2454 变为第二时期–0.1004，即一个省域金融支农投入增加对邻接省域农民收入的作用由促进变为抑制。考虑到本部分选取农村人均信贷量衡量金融支农政策，这在一定程度上说明随着时期的变化农村经济发展对资金需求量的增大，省域间农村经济发展对资金的获取存在一定程度竞争，导致了金融支农空间外溢性作用方向的逆转。同时，相邻地区经济发展水平差异较大，也可能导致金融支农的负向空间外溢性。

（3）第二个时期开始，农户自有资金投入的直接效应大幅度下降，其空间外溢效应逐步显著。2004 年前后两个时期，农户自有资金投入的直接效应由 0.1195 变化为 0.0497，下降了 58.4%。究其原因，可以从农户自有资金投入数量和资金效率两个方面来说明，综合统计数据来看，第二时期农户自有资金投入数量为第一时期 2 倍，显然，农户自有资金投入的直接效应的下降主要是由资金效率下降所致。与之相反，第一时期农户自有资金投入的空间外溢效应不显著，第二时期其空间外溢效应显著，然而其数值仍偏小（0.0011）。

（4）相对于第一个时期，农村居民人力资本促进农村居民增收的直接效应显著提高，其空间外溢效应显著。农村居民人力资本的直接效应由第一时期的 0.0507 增加到第二时期的 1.1049，获得显著提高。同时，在第二时期，农村居民人力资本空间外溢作用由第一时期的不显著变为显著，空间外溢作用逐步显现。随着农村居民人力资本的不断提高及结构的优化，农村居民人力资本的直接效应与空间外溢效应逐步显现，对农村经济发展的促进作用不断增强。

（5）第二个时期，产业结构对农民收入的直接效应显著为正，两个时期内产业结构的空间外溢效应均不显著。该产业结构指标的增大，一方面，反映了产业结构优化程度的降低，对农民收入有负向影响；另一方面，反映了第一产业获得相对迅猛发展，对农民收入有正向影响。在第一时期，产业结构的直接效应为负（−0.0332），统计上不显著。第二时期，产业结构直接效应显著为正（0.0581），表明第二时期第一产业高速发展对农民收入的促进作用占主导地位。

（6）2004 年后，农业机械总动力的直接效应稍有下降，并有显著的负向空间外溢效应。两时期，农业机械总动力的直接效应分别为 0.0882、0.0562，降低了 36.3%。考虑到中国农业发展现状，在初期，农业机械化程度不高，农业机械大量推广使用，使其对生产具有较高促进作用。随着农业机械在全国大部分地区的广泛使用，由于土地细碎化的存在，大型农机难以使用，农业机械化程度难以继续提高，农业机械的直接效应稍有递减，本部分的估计结果和该实际情况是吻合的。此外，农业机械总动力具有显著的负向空间外溢性。

（7）2004 年开始，农用化肥施用量的直接效应稳步提高，空间外溢效应不显著。两时期，农用化肥施用量的直接效应分别为 0.0670、0.0867，增加了 29.4%，其空间外溢效应在两时期均不显著。

7.3.5 省域要素配置与农民收入增长的区域差异

1. 各地区财政金融支农政策要素配置的空间计量模型

1）东部地区财政金融支农政策要素配置的空间计量模型

基于上述样本周期内中国东部地区 11 个省（直辖市）面板数据，我们同样使用 7.3.3 小节的检验步骤和检验方法，结果如表 7.17 所示，可以确定东部地区的要素配置与农民收入模型应该使用空间随机效应杜宾模型，即

$$
\begin{aligned}
\text{FINC}_{it} = {} & \alpha_0 + \alpha_1 \text{CZ}_{it} + \alpha_2 \text{DK}_{it} + \alpha_3 \text{TZ}_{it} + \alpha_4 \text{EDU}_{it} + \alpha_5 \text{STR}_{it} + \alpha_6 \text{POWER}_{it} \\
& + \alpha_7 \text{FEI}_{it} + \alpha_8 W \times \text{CZ}_{it} + \alpha_9 W \times \text{DK}_{it} + \alpha_{10} W \times \text{TZ}_{it} \\
& + \alpha_{11} W \times \text{EDU}_{it} + \alpha_{12} W \times \text{STR}_{it} + \alpha_{13} W \times \text{POWER}_{it} \\
& + \alpha_{14} W \times \text{FEI}_{it} + \rho W \times \text{FINC}_{it} + s_i + \mu_{it}
\end{aligned}
\tag{7.20}
$$

其中，s_i 表示空间随机效应；μ_{it} 表示随机误差项。

表 7.17　LR 检验和 Hausman 检验

检验方法	东部		中部		西部	
	结果	P 值	结果	P 值	结果	P 值
LR 检验						
原始假设：空间固定效应不显著 备择假设：空间固定效应显著	58.959	0.000	180.695	0.000	146.448	0.000
原始假设：时期固定效应不显著 备择假设：时期固定效应显著	5.430	0.550	4.470	0.640	4.400	0.690
Hausman 检验						
原始假设：模型应该使用随机效应估计 备择假设：模型应该使用固定效应估计	22.034	0.107	1.319	0.999	106.930	0.000

2）中部地区财政金融支农政策要素配置的空间计量模型

基于上述样本周期内中国中部地区 8 个省区市的面板数据，我们同样使用 7.3.3 小节的检验步骤和检验方法，结果如表 7.17 所示，可以确定中部地区的要素配置与农民收入模型应该使用空间随机效应杜宾模型，即

$$
\begin{aligned}
\mathrm{FINC}_{it} ={}& \alpha_0 + \alpha_1 \mathrm{CZ}_{it} + \alpha_2 \mathrm{DK}_{it} + \alpha_3 \mathrm{TZ}_{it} + \alpha_4 \mathrm{EDU}_{it} + \alpha_5 \mathrm{STR}_{it} + \alpha_6 \mathrm{POWER}_{it} \\
& + \alpha_7 \mathrm{FEI}_{it} + \alpha_8 W \times \mathrm{CZ}_{it} + \alpha_9 W \times \mathrm{DK}_{it} + \alpha_{10} W \times \mathrm{TZ}_{it} \\
& + \alpha_{11} W \times \mathrm{EDU}_{it} + \alpha_{12} W \times \mathrm{STR}_{it} + \alpha_{13} W \times \mathrm{POWER}_{it} \\
& + \alpha_{14} W \times \mathrm{FEI}_{it} + \rho W \times \mathrm{FINC}_{it} + s_i + \mu_{it}
\end{aligned}
\tag{7.21}
$$

其中，s_i 表示空间随机效应。

3）西部地区财政金融支农政策要素配置的空间计量模型

基于上述样本周期内中国西部 11 个省（自治区、直辖市）面板数据，我们同样使用 7.3.3 小节的检验步骤和检验方法，结果如表 7.17 所示，可以确定西部地区的要素配置与农民收入模型应该使用空间固定效应杜宾模型，即

$$
\begin{aligned}
\mathrm{FINC}_{it} ={}& \alpha_0 + \alpha_1 \mathrm{CZ}_{it} + \alpha_2 \mathrm{DK}_{it} + \alpha_3 \mathrm{TZ}_{it} + \alpha_4 \mathrm{EDU}_{it} + \alpha_5 \mathrm{STR}_{it} + \alpha_6 \mathrm{POWER}_{it} \\
& + \alpha_7 \mathrm{FEI}_{it} + \alpha_8 W \times \mathrm{CZ}_{it} + \alpha_9 W \times \mathrm{DK}_{it} + \alpha_{10} W \times \mathrm{TZ}_{it} \\
& + \alpha_{11} W \times \mathrm{EDU}_{it} + \alpha_{12} W \times \mathrm{STR}_{it} + \alpha_{13} W \times \mathrm{POWER}_{it} \\
& + \alpha_{14} W \times \mathrm{FEI}_{it} + \rho W \times \mathrm{FINC}_{it} + s_i + \mu_{it}
\end{aligned}
\tag{7.22}
$$

其中，s_i 表示空间固定效应。

2. 各地区财政金融支农政策要素配置的实际效应分析

（1）运用东部地区的空间计量模型式（7.20）估计，结果见表 7.18 第二列。进一步将变量效应分解，结果如表 7.19 所示：东部地区财政支农、金融支农、农户自有资金投入三个核心变量的直接效应分别为 0.3170、0.0784、0.0683，在 1%水平上均显著，符号与预期一致，即财政支农、金融支农、农户自有资金投入每增加一个百分点，农民收入相应分别增加 0.317%、0.0784%和 0.0683%个单位。其中，财政支农对农民收入产生的效应相对最强，其直接效应近 1/3，而农户自有资金投入的作用最小，核心变量整体对农民收入的直接效应累计达 0.4637。控制变量中只有农业机械总动力的直接效应通过显著性检验，直接效应估计值为–0.2352，符号与预期相反。进一步观测变量空间外溢效应估计结果可知，除农业机械总动力与农用化肥施用量的空间外溢效应统计上显著外，其余均不显著，其估计值分别为 0.5397、0.2558。这也反映出东部地区农村在机械化、化肥使用等科技投入方面具有良好的示范效应，在相邻省域间产生了较大的空间外溢效应，即一个省域的农业机械等科技投入的增加，不仅会显著促进本省域农民收入的增加，对邻接省域农民收入的增加也有推动作用。此外，如模型估计结果显示，东部省域间农民收入表现出显著的空间依赖性（$W \times FINC = -0.2361$），一个省域农民收入的提高会抑制邻接省域农民收入的增长。东部地区土地面积占全国总面积的13.9%，然而却拥有全国 41.2%的人口总量，土地资源的相对稀缺，以及东部地区农村产业发展的趋同化，决定了省域间农村经济发展存在负向作用，即一个省（自治区、直辖市）农民收入的提高对邻接省区市的农民收入提升会有明显的抑制作用。

表 7.18　中国各地区要素配置与农民收入增长的空间计量估计结果

区域	东部	中部	西部
模型类型	空间随机效应杜宾模型	空间随机效应杜宾模型	空间固定效应杜宾模型
CZ：财政支农	0.314 3*** （0.000 0）	0.092 2*** （0.000 3）	0.043 7（0.399 6）
DK：金融支农	0.080 7*** （0.006 9）	0.103 4（0.125 1）	0.031 2（0.131 0）

续表

区域	东部	中部	西部
模型类型	空间随机效应 杜宾模型	空间随机效应 杜宾模型	空间固定效应 杜宾模型
TZ：农户自有资金投入	0.060 7** （0.017 2）	0.104 4*** （0.000 1）	0.046 8** （0.033 5）
EDU：农村居民人力资本	0.015 6 （0.493 7）	0.124 7 （0.254 9）	1.259 1*** （0.000 0）
STR：产业结构	0.097 6 （0.266 1）	0.285 3*** （0.000 1）	0.014 6 （0.844 7）
POWER：农业机械总动力	−0.167 9* （0.060 4）	−0.007 8 （0.917 1）	0.314 1*** （0.000 0）
FEI：农用化肥施用量	0.127 5** （0.038 0）	0.239 5*** （0.000 3）	0.109 7*** （0.000 0）
$W \times CZ$	0.047 5 （0.450 6）	0.155 5*** （0.000 0）	0.065 1 （0.318 0）
$W \times DK$	0.053 8 （0.211 0）	0.071 4 （0.291 0）	0.021 0 （0.503 6）
$W \times TZ$	−0.056 6 （0.179 2）	0.083 3** （0.021 0）	−0.253 8*** （0.000 0）
$W \times EDU$	0.008 3 （0.777 7）	0.332 3 （0.240 8）	1.612 2*** （0.000 0）
$W \times STR$	0.263 2** （0.014 5）	0.691 0*** （0.000 0）	−0.127 5 （0.205 2）
$W \times POWER$	0.544 5*** （0.000 0）	0.050 0 （0.624 7）	−0.623 8*** （0.000 0）
$W \times FEI$	0.305 5*** （0.000 1）	0.103 1 （0.192 5）	0.014 3 （0.561 5）
$W \times FINC$	−0.236 1*** （0.001 6）	−0.236 1*** （0.004 6）	0.432 0*** （0.000 0）
$\overline{R^2}$	0.822 3	0.872 2	0.843 3
Log–likelihood			107.660 55

注：因变量：FINC 。括号内为 Z 值，表示对应统计量的概率

*、**、***分别表示在 10%、5% 和 1% 的显著性水平下统计显著

表 7.19　中国各地区变量效应分解结果

地区	效应	CZ	DK	TZ	EDU	STR	POWER	FEI
东部	直接效应	0.3170 （5.5416）	0.0784 （2.3680）	0.0683 （2.3979）	0.0163 （0.6951）	0.0763 （0.8328）	−0.2352 （−2.3775）	0.0962 （1.4347）
东部	间接效应	−0.0257 （−0.3923）	0.0311 （0.7249）	−0.0655 （−1.5500）	0.0044 （0.1587）	0.2137 （1.9524）	0.5397 （4.4786）	0.2558 （3.2427）
中部	直接效应	0.0756 （2.5343）	0.1050 （1.3571）	0.0981 （3.4070）	0.0793 （0.6617）	0.2087 （2.6976）	−0.0139 （−0.1616）	0.2308 （3.4143）
中部	间接效应	0.1257 （3.7593）	0.0362 （0.4704）	0.0541 （1.5259）	0.3054 （1.1584）	0.5824 （5.8884）	0.0437 （0.4043）	0.0445 （0.6299）
西部	直接效应	0.0569 （1.1561）	0.0374 （1.7724）	0.0104 （0.4005）	1.5979 （8.4417）	−0.0042 （−0.0546）	0.2376 （4.7173）	0.1196 （7.5291）
西部	间接效应	0.133 （1.6566）	0.0595 （1.2161）	−0.3816 （−3.8679）	3.4896 （5.4929）	−0.1959 （−1.2163）	−0.7928 （−5.4348）	0.0995 （2.4146）

注：括号内为 t 值

（2）基于式（7.21），运用中部 8 个省区市数据估计结果如表 7.18 第三列所示。进一步对变量效应进行分解可得，中部地区财政支农、农户自有资金投入、产业结构、农用化肥施用量的直接效应分别为 0.0756、0.0981、0.2087、0.2308，在 1% 水平上显著，即财政支农、农户自有资金投入、产业结构、农用化肥施用量每增加 1 个百分点，农民纯入相应增加 0.0756%、0.0981%、0.2087%、0.2308% 个单位。金融支农对农民收入的直接效应为 0.1050，但统计上不显著。核心变量对农民收入显著的直接效应累计只有 0.1737，由此可以看出，财政金融在中部地区对农民收入增长所产生的直接效应很低。相应地，变量的空间外溢效应中，只有财政支农与产业结构的空间外溢效应通过显著性检验，即对邻接省域的农民收入有显著的空间外溢作用，模型估计值分别为 0.1257、0.5824，即一个省域的财政支农的增加和产业结构的变化，不仅会显著影响本省域农民收入的增加，对邻接地区农民收入的增加也有显著作用。此外，中部地区省域间农民收入同样表现出显著的空间依赖性（$W \times \text{FINC} = -0.2361$），这一结果与东部省域的表现相同。

（3）基于西部地区的式（7.22）进行估计，结果表明核心变量直接效应在统计上均不显著。控制变量中，农村居民人力资本、农业机械总动力与农用化肥施用量的直接效应显著，估计值分别为 1.5979、0.2376、0.1196，其中人力资本的作用最强，显著性程度最高。同时，农村居民人力资本、农业机械总动力与农用化肥施用量同样表现出显著的空间外溢性，其中，农村居民人力资本的空间外溢效应仍最高（3.4896）。相比于东、中部地区，西部地区也是农村居民人力资本直接效应和空间外溢效应唯一发挥显著作用的地区。此外，核心变量中只有农户自有资金投入取得显著的空间外溢效应 −0.3816，即一个省域农户自有资金投入增加会对邻接省域农民收入增加有抑制作用。综合而言，西部地区一个省域的农村居民人力资本、农业机械总动力、农用化肥施用量的变化，既会对本省域也会对邻接省域的农民收入产生影响。与东、中部地区估计结果不同，西部地区农民收入表现出显著的正向空间依赖性（$W \times \text{FINC} = 0.4320$），一个省域农民收入的提高会推动邻接省域农民收入的显著增长。

3. 各地区财政金融支农政策要素配置效应的差异对比

（1）东、中、西部地区财政支农的直接效应分别为0.317、0.0756、0.0569，表现为东部→中部→西部依次递减的趋势。其中，东部与中部地区直接效应显著，而西部地区直接效应的显著性未通过检验。这一可能解释是中国东、中、西部地区的经济基础和经济发展水平存在较大的差距，从而导致了国家财政支农政策在不同地区发挥的作用也因此各异；同时，相对于中、西部地区，东部地区富庶，地方财政支农相对较高[①]，也导致了东部地区财政支农较高的直接效应。而且，各地区经济、社会及自然环境存在差异，进一步导致东、中部地区财政支农空间外溢效应的显著，而西部地区财政支农的空间外溢效应未能显著发挥。

（2）金融支农的直接效应仅在东部地区具有显著作用，中部与西部地区则不显著，而其空间外溢效应在各地区均不显著。2011年中国区域金融运行报告数据显示，截至2011年末，仅从业银行业金融机构来看，全国银行业金融机构个数的40%以上、银行业从业人员的50%和银行业资产总额的60%以上均分布在东部地区；从金融机构本外币存贷款余额分布情况看，全国有超过60%的存款和贷款都分布在了东部，而西部地区的存贷余额分别仅占全国比例的18.3%和18.8%；全国农村商业银行、农村合作银行和农村信用社年末资产总额达到12.8万亿元，其中，有超过50%的资产集中在东部。东部地区相对发达的金融产业为东部农村经济发展提供了良好的金融环境基础，中、西部地区金融产业发展滞后、人均信贷量偏低、农村金融体系不完善，则限制了金融支农政策效应的有效发挥。

（3）农户自有资金投入的直接效应在东、中部地区显著为正，在西部地区作用不明显。与之相反，农户自有资金投入的空间外溢效应在东、中部地区不显著，在西部地区显著为负。就农户自有资金投入来讲，全国大多数贫困地区都分布在西部，农户自有资金少，可以投入到农业生产中的更是微乎其微。因此，西部地区农户自有资金投入数量的不足，也就表现

---

① 仅从东部和西部地区相比较而言，2004~2010年，两地区仅仅在2004年的财政支农总量处于相同水平（占全国财政支农的比重分别为35.62%和35.81%），但是这一比重在2005~2010年，东部地区平均每年高于西部地区5.5个百分点。

为平均水平上农户自有投资直接效应不显著。同时，正是由于农户自有投资的不足，省域间农户自有投资表现出竞争性和排他性，形成了负向的空间外溢效应。

（4）农村居民人力资本的直接效应与空间外溢效应在西部地区显著为正，在东部与中部地区均不显著。相对于东、中部地区，尽管西部地区农村人力资本水平低下，缺乏有效的人才流动机制，但是，西部农村地区对人力资本的迫切需求，为人力资本作用的发挥提供相对较高的平台，使农村经济发展中人力资本的直接效应和空间外溢效应得以显著发挥。

（5）产业结构对农民收入的直接效应和空间外溢效应在中部地区显著存在，分别为 0.2087、0.5824，在东、西部地区则均不显著。考虑到产业结构以第一产业产值比重作为指标，即在中部地区第一产业产值比重提高，农民收入相应提高，并有显著空间外溢性。中部地区作为中国传统的农业区，甚至于部分经济强省就是农业强省，农民收入对农业发展的依赖性较高。但同时也反映出中部地区产业结构需进一步优化，提高产业结构高级化程度。

（6）农业机械总动力在东部与西部地区的直接效应与空间外溢效应显著，中部地区则不显著。农用化肥施用量对农民收入的直接效应在中部地区最大，西部地区次之，东部地区则不显著。同时，农用化肥施用量的空间外溢效应在东部与西部地区显著为正，且东部地区最大。

7.4　本 章 小 结

本部分基于 Odedokun（1992）的经济效率模型与 Greenwood 和 Jovanvic（1990）提出的产出增长率模型，构建了我国财政金融政策要素配置对农民收入影响的理论模型。运用该模型，一方面，我们基于全国县域数据，利用 QR 方法和 IVQR 方法对农民收入增长的要素配置的宏观效应进行了东、中、西部三大地带县域之间的对比分析和贫困县（市）与非贫困县（市）之间的对比分析；另一方面，我们考虑了变量可能存在的空间效应，并基于中国 30 个省域面板数据估计，测度了中国财政金融支农政策实施的要素配置对农民收入增长的直接效应和空间外溢效应，并进一步检验了不同时期政策效应的动态变化。主要结论如下。

（1）从全国整体县域来看，县域农户信贷、财政预算支出和农村固定资产投资等要素对农民收入的影响存在明显的分层差异，收入越高的农民越容易受到信贷资金和财政资金的青睐；收入越低的农民因为受到财政、信贷政策"忽视"和自身资本积累不足，越容易陷入"贫困恶性循环"当中，而加大农村固定资产投资无疑对中低收入水平的农民是有益的。分地区来看，农户信贷对农民的增收效应不仅存在明显的内部差异，而且存在显著的地区差异，东部地区和西部地区一样，农户信贷对中低收入农民增收效果显著为正，对其他收入组农民增收效果不明显；而在中部地区，农户信贷对各收入层次的农民增收作用不但不显著，反而起到了一定的抑制作用。县域财政预算支出仅对东部地区的中等收入组以上农民和西部地区最高收入组农民收入具有显著的正向推动作用，对中部地区中低收入组和最低收入组及西部地区中高收入组以下农民增收具有明显的抑制作用。农户信贷对非贫困县（市）农民收入增长起到了显著的推动作用，但是在不同分位数水平下，其影响大小存在一定差异；然而对国家级贫困县（市）而言，农户信贷却并没能成为推动农民收入增长的显著资源要素，且随着条件分布的不断提高，其影响系数服从明显的倒"U"形分布。除此之外，财政支出仅仅对非贫困县（市）的中高收入组和最高收入组的农民增收有积极影响，但是对其他收入层次及贫困县（市）的农民增收效应均显著为负；加大农村固定资产投资，促进资本形成，对非贫困县（市）最低收入组和中低收入组及贫困县（市）（最高收入组除外）农民增收有显著的推动作用。

（2）从全国整体省域来看，财政支农、金融支农、农户自有资金投入三个影响农民收入的主要因素均对农民增收均有显著的正向促进作用，农村居民人力资本、农业机械总动力与农用化肥施用量对农村收入有显著的直接效应。此外，除农村居民人力资本外，所有变量的空间外溢效应均显著。可见，在整个样本研究期间，一个省域财政金融支农政策的实施，不仅对本省域，对邻接其他省域农民增收也会产生促进作用。平均水平而言，中国财政金融支农政策直接效应与空间外溢效应作用均得以显著发挥。2004年中国加大财政金融支持力度以来，财政金融支农政策的直接效应获得了显著提高，尤其是财政支农对农民增收的直接效应增加最大，财政金融支农的空间外溢效应变化显著，农村居民人力资本对农民增收的促进作用从直接效应与空间效应两个方面均显著发挥；金融支农空间外溢效应由正变负，即一个省域金融支农力度的加大对邻接省域农民增收有抑制作用，反映出农村经济发展中存在的较大的资金缺口，省域间农业、农村发展中对资金获取存在恶性竞争；农户自有资金投入的直接效应大幅度下降，其空间外溢效应逐步显著，农村居民人力资本、产业结构及农用化肥施用量的直接效应在 2004 年以后均得到一定程度增长，农村居民人力资本也同时表现出了显著的正向空间外溢效应。区域对比而言，财政支农对农民收入的直接效应在空间上表现为从东部、中部到西部逐级递减的格局。其中，中部与西部地区直接效应均低于全国平均水平，西部地区直接效应还不显著。金融支农的直接效应在东部地区具有显著作用，空间外溢效应在各地区均不显著。整体而言，财政金融在东部地区对农民增收发挥了较强作用，其政策实施更为有效；中部地区则是财政政策效果更好，金融政策的作用尚未有效发挥；而西部地区无论是财政政策，抑或是金融政策，其作用均非常有限。

第 8 章

我国农民收入增长的微观主体行为及其要素配置效应

第 7 章主要基于宏观层面对我国农民增收的经济政策效应进行了解析，本章将切换视角进一步探索微观主体行为及其要素集聚配置对农民收入增长的作用机制和实际效果。目前，中国经济告别了两位数的增长态势，进入了次高速增长的"新常态"阶段，这种从高速增长向中高速增长的转型，已被越来越多的学者所认可（刘伟和苏剑，2014；黄群慧，2014；刘世锦，2014）。[①]随着中国经济进入新常态、改革进入深水区、经济社会发展进入新阶段，农业发展的内外部环境正在发生深刻变化，加快建设现代农业只有主动适应"新常态"，做好规划引导和服务农民，充分发挥其首创精神，使其成为转变农业发展方式、建设农业现代化的主体，农业、农村经济才能实现持续健康发展，最终才能切实保障农民收入平稳、快速增长（韩长赋，2015）。基于此，本章首先将对农民收入增长利益相关主体的行为进行界定，明确其现实约束下的行为规律；其次，利用来自"新常态"时期全国 18 个省区市

---

① 2001~2010 年中国 GDP 平均实际增速高达 10.49%，而 2011 年、2012 年和 2013 年中国 GDP 的实际增速分别下降至了 9.30%、7.65%、7.67%(同期农民收入实际增速分别为 11.20%、11.38%和 9.31%)，2014 年中国 GDP 各季度实际增速分别只有 7.4%、7.5%、7.3%。中国经济增长前沿课题组等（2013）预测未来 5 年中国经济增长为 6.4%~7.8%，国务院发展研究中心"中长期增长"课题组（刘世锦，2014）预测 2015 年中国经济增长为 7.3%，未来 10 年的平均增长速度为 6.5%。2015 年 3 月李克强总理作政府工作报告指出中国 2015 年 GDP 预期目标为增长 7%左右。

68 个县（市、区）的农村微观调查数据进行描述性统计分析，充分展示以农户为代表的农业经营主体的基本特征及其要素配置行为的具体表现；再次，运用该抽样调查数据对农业经营主体的要素配置行为抉择进行实证检验，揭示其行为特征和逻辑规律，厘清新型农业经营主体和传统农户生产在核心要素配置中的行为差异；最后，重点以农民合作经济组织为代表构建理论模型，模拟分析现代农业经济发展过程中农业生产经营主体的要素配置行为决策及其利益实现机制。

8.1　农民收入增长的利益相关主体行为界定

一般来说，农民收入增长目标关系到四个层面主要相关主体的利益：一是农户自身层面，涵盖各类型农户。二是企业层面，既包括农业生产经营企业，也包括吸纳农民工就业的其他企业。这里我们重点讨论的是从事农业生产经营的农村企业。三是金融机构层面，包括为农民收入增长提供金融服务的各类金融机构。四是政府层面，农民收入增长目标实现关系到各级政府及相关政府部门的政绩；同时，目前各级政府又往往是农民收入增长核心要素（金融资本）的强烈需求者，在一定程度上与农民、农村企业等形成了竞争关系（温涛等，2014）。对于前两者，我们把他们均归类到农业经营主体。其中，专业大户、家庭农场、农民合作社、农业产业化龙头企业属于新型农业经营主体，而普通家庭经营农户属于传统农业经营主体，接下来我们将重点界定他们的生产经营行为及其与其他两类利益相关主体的行为互动。

8.1.1　农业经营主体的生产行为

对于农户而言，涉及生产经营主要有以下三个方面：一是农户自己的传统家庭经营生产；二是成长为新型农业经营主体的规模化生产经营；三是参与新型农业经营主体（抑或是农村企业）生产。前两者的收入通常被称为家庭经营性收入（务农收入），后者能获得工资性收入（务工收入）。当农村剩余劳动力无法在农村实现充分就业（包括农民家庭自我就业和农村企业就业），并且农民长时期处于低收入状态时，由于比较利益的驱动，农村的劳动力就会自然向城市部门进行转移，于是就形成了大量农民工进城现象。接下来我们将主要借鉴刘维奇和韩媛媛（2013）的研究思路，对农业生产经营主体的生产经营及要素配置行为进行界定。

1. 新型农业经营主体的生产行为

十八大以来，新型农业经营主体快速成长，在传递市场信息、普及生产技术、提供社会服务、组织引导农民按照市场需求进行生产和销售等方面发挥了重要作用，逐步成为实现"小农户"与"大市场"对接的桥梁和纽带。新型农业经营主体，无论是专业大户、家庭农场、农民合作社，还是农业产业化龙头企业，本身大都具备企业性质或在很大程度上具有相似性，其生产经营以营利为主，为了实现利润最大化目标，往往需要使用资本和雇用劳动力进行生产①。而雇用劳动力需要对其支付工资，使用资本不但要支付利息，同时资本也存在折旧；但是，资本收益率或者利息率是外生的，我们通常可以看成是固定不变的。此外，新型农业经营主体一定程度上都具有土地规模效应。而实地调查中发现，其土地经营规模取决于财政金融资源的获取，往往需要利用获取的资本流转土地扩大生产。因此，可以把土地要素融入资本要素之中进一步展开分析。相应地，新型农业经营主体的生产函数就可以表示为

$$Y_e = F(K_e, L_e) \tag{8.1}$$

其中，Y_e 表示新型农业经营主体的产出；K_e 则表示新型农业经营主体进行生产的资本投入量；L_e 表示新型农业经营主体进行生产的劳动力投入量；$F(\bullet)$ 表示生产函数，假设其规模报酬不变，边际生产力递减，每种生产要素都是必不可少的、在开区间 $(0, +\infty)$ 上二阶连续可微的严格凹函数，且满足稻田条件（Inada，1964）的新古典生产函数，即满足

$$F(\lambda K, \lambda L) = \lambda F(K, L)，\quad \forall \lambda > 0 \tag{8.2}$$

---

① 后面的调研数据显示，事实上新型农业经营主体也确实大都雇用了劳动力从事生产经营活动。

$$F_1 > 0，\ F_{11} < 0，\ F_2 > 0，\ F_{22} < 0 \qquad (8.3)$$

$$F(0,L) = F(K,0) = 0，\ \lim_{x_i \to 0} F_i(x_1,x_2) = +\infty，\quad \lim_{x_i \to +\infty} F_i(x_1,x_2) = 0，\ i = 1,2 \quad (8.4)$$

人均生产函数就可以表示为

$$y_e = f(k_e) \qquad (8.5)$$

其中，y_e 表示人均产出；$k_e = K_e / L_e$ 表示人均资本。于是新型农业经营主体的利润函数就可以表示为

$$\Pi_e = F(K_e, L_e) - \delta K_e - r K_e - w L_e \qquad (8.6)$$

其中，δ 表示资本的折旧率；w 表示雇佣劳动的工资率；r 表示资本的利息率或者资本的收益率。我们可以得到人均利润函数：

$$\pi_e = f(k_e) - (r + \delta)k_e - w \qquad (8.7)$$

由于人均利润（π_e）是人均产出（$f(k_e)$）与资本折旧和利息（$(r+\delta)k_e$）及劳动力工资的差值，由新型农业经营主体利润最大化条件可以得到：

$$f'(k_e^*) = r + \delta \qquad (8.8)$$

其中，k_e^* 表示新型农业经营主体实现利润最大化时的人均资本，由于资本的折旧率和资本的利息率都是不变的，当新型农业经营主体的人均生产函数不发生变化的时候，如果要实现利润最大化，则必须在由式（8.8）的条件所决定的 $k_e = k_e^*$ 的情况下进行生产。

如果新型农业经营主体处在一个完全的竞争市场环境当中，那么利润终将会等于 0，为了使利润等于 0，劳动力的工资必然会等于劳动的边际产品：

$$f(k_e^*) - k_e^* f'(k_e^*) = f(k_e^*) - (r + \delta)k_e^* - w \qquad (8.9)$$

在这种情况下，新型农业经营主体的劳动工资率也是不变的。所以此时的新型农业经营主体要实现利润最大化，其唯一的选择就是要随着资本要素总量的变化做出雇佣劳动的合适选择，以使人均资本稳定在一定水平上。这样一来，剩下的农村劳动力就只能去从事家庭经营或者选择转移至城镇就业。

因此，资本是对新型农业经营主体生产经营发展极为关键的核心要素。然而，由于目前城乡二元结构依然存在，"三农"发展的金融抑制格局尚未有效破解，新型农业经营主体的生产经营发展仍然面临资本要素的约束。

2. 普通农户传统家庭生产行为分析

传统家庭生产经营主要是以小规模的种养植业经营为主，假设这种经营方式不存在雇佣劳动，而是以自我雇佣的方式进行生产，在这种情况下，农户就不需要为自己支付工资。因此，这种家庭生产的目标并不一定与农村企业追求利润最大化相同，因为农户家庭的传统经营不仅承担着要赚取家庭收入，还有一些其他功能①。所以，农户的传统生产经营不再是以考虑生产要素成本下的利润最大化为目标，因为它不同于一般的企业生产行为，其人均产出虽然可能会明显低于企业，但是它同样是一种理性且具有效率的生产经营方式。如果这种家庭传统经营生产的产出低到了一定程度，那么农村劳动力在此时就可能会被迫进入城镇选择就业，当然这种转移也是有成本的。

由于农户传统生产经营是以土地作为主要资本的一种简单经营方式，这一资本在短期内具有相对固定的特性。也就是说，农户传统生产经营在没有金融资本介入的情况下土地规模既定，因而要在资本相对固定的情况下吸收农村企业以外的劳动力进行生产，于是，我们可以得到农户传统生产经营生产函数：

$$Y_h = G(\bar{K}_h, L_h) \tag{8.10}$$

其中，Y_h 表示农户传统生产经营的总产出；$\bar{K}_h$ 表示农户固定不变用于传统生产经营的资本；L_h 表示农户进行传统生产经营的劳动力投入量；$G(\cdot)$ 表示

① 一是这种传统的家庭经营首先要满足农户的自我就业。在农村土地相对固定的情况下，农村企业不能吸收的部分农村劳动力则只能选择从事传统的家庭生产经营，此时的农户要实现自我就业，就必须调整其家庭的经营方式。二是农户传统生产经营具有一定的稳定性。特别是家庭从事的农业经营，农村企业员工如果在外遇到风险或者不确定性，员工可以自由地选择继续从事传统生产经营。三是农户传统的家庭经营为农户承担了一定的社会保障功能。因为当前的农村社会保障体系还极不健全的情况下，农业劳动人员根本享受不到完善的社会保障，这种情况下，只要农民拥有土地或者从事传统生产经营，这样就能得到一定程度的保障。

与 $F(\cdot)$ 一样的生产函数，同样满足新古典特性。农户传统生产经营通常都不需要再雇用额外的劳动力，因此也就不需要额外地向劳动力支付工资，所以，农户传统生产经营取得的纯收入 Π_h 就可以表示为

$$\Pi_h = G(\bar{K}_h, L_h) - \delta \bar{K}_h - r\bar{K}_h \tag{8.11}$$

而农户家庭人均纯收入就可以表示为

$$\pi_h = \frac{\Pi_h}{L_h} = \frac{G(\bar{K}_h, L_h)}{L_h} - \frac{\delta \bar{K}_h + r\bar{K}_h}{L_h} = g(\bar{k}_h) - (\delta + r)\bar{k}_h \tag{8.12}$$

假如城乡劳动人口不发生转移，如果各类新型农业经营主体资本总量不变，此时其所能吸收的就业量也不变。那么，剩余的农村劳动力就只能进行传统的家庭生产经营，这样的结果就是传统的家庭生产经营的收入要明显低于其务工的人均工资水平。而且，这一情况可以长时期保持：

$$\pi_h = g(\bar{k}_h) - (\delta + r)\bar{k}_h < f(k_e^*) - (r + \delta)k_e^* = w \tag{8.13}$$

农户家庭的传统生产经营收入之所以会长期低于新型农业经营主体雇佣劳动的人均工资，其另一个原因就是农户传统生产经营承担了其他功能，但农户由于生存的原因又决定了农户不能接受一个过低的收入水平。所以，一旦农户家庭的传统生产经营收入低到某一程度，农民就会自发地选择离开农村去寻求其他的就业机会。如果离开农村就业所获得的预期收入要高于传统家庭生产经营收入和劳动力转移的人均成本之和，农村劳动力流入城市就成为可能。我们假设农民进入城市就业的转移成本为 t[①]，如果转移人口所带走的人均资本（也就是转移成本）小于农户传统家庭生产经营的人均资本，也就是 $t < \bar{k}_h$，那么人口转移对于提高农户的传统家庭生产经营收入就是有利的；相反，如果 $t > \bar{k}_h$，则会进一步降低农户的家庭传统生产经营收入，就会导致农村的资本不断向城市流动，也就是说因为劳动力转移成本的存在，人口转移对于提高农户传统家庭生产经营收入的效果得以削弱，城镇化对于增

---

① 相反农民进入农村企业就业是没有成本的，所以进入城市在一定程度上是一种被迫转移，这种被迫转移是基于农村企业吸收劳动力的有限性和农户传统生产经营的低收益。

加农民收入和缩小城乡居民收入差距的效应也被削弱。这一结论还说明要增加农民收入和缩小城乡居民收入差距,应该引导农村剩余劳动力向城镇转移,与此同时应该降低劳动力转移成本。

8.1.2 农业经营主体与金融机构的双方行为互动

在引入本部分的分析模型之前,首先需要做基本的研究假定:目前中国农村金融市场中的农业经营主体与金融机构均是理性决策主体。首先,就农户而言,学界对其行为理论的讨论主要围绕"生存小农"(Chayanov,1925;Scott,1976)与"理性小农"(Schultz,1964;Popkin,1979)展开,然而两大学说都是在一定的经济环境下才成立的。"生存小农"适用于经济发展较为落后、要素流动迟缓的经济环境;"理性小农"则适用于经济较为发达、要素流动迅捷的经济环境。"新常态"下,中国已经正式进入中等收入水平国家行列,农民生活水平也已经实现了从贫困到基本小康的跨越,诸多变化之下,无论是普通农户抑或是新型农业经营主体的义利观已然由"生存理性"转向"经济理性"。其次,就金融机构而言,随着中国的经济体制从计划经济转轨为社会主义市场经济,尤其自 20 世纪 90 年代的金融机构的市场化改革以来,金融机构的运营已经逐步摆脱行政命令的干扰,逐步成为理性决策主体。

1. 农业经营主体的金融要素需求行为

在上述两个假定的基础之上,我们借鉴张杰(2004)的研究结论,对农村金融市场的供求双方行为进行数理推导。农业经营主体与金融机构均为理性决策主体,以效用最大化作为决策准则。农业经营主体作为农村金融市场的借款人,金融机构作为农村金融市场中的放款人。我们假设农业经营主体自身的初始资金存量为 W_e,农业经营主体作为一个经济单元,主要从事生产和生活两类活动,其生产性资金需求为 K_p,生活性资金需求为 K_l,所需要的资金总量为 $W_t = W(K_p, K_l)$,农业经营主体的融资类型取决于其资金需求总量与初始资金存量之间的缺口。

若 $W_e \geqslant W_t$,即农业经营主体的初始资金存量大于等于其资金需求量,则农业经营主体可以通过自我融资完成两类活动。

若 $W_e < W_t$,即农业经营主体的初始资金存量小于其资金需求量,则农业

经营主体除了自我融资之外,还需要外源性融资,即产生了信贷需求。其需求量为

$$L = W_e - W_t \tag{8.14}$$

2. 农业经营主体与金融机构双方行为达成的局部均衡条件

对于产生借贷需求的农业经营主体,我们假定他们将借贷资金用于投资项目(包括生产性和生活性)的利润率 R 处于一种随机状态,项目成功的概率为 $r(r, \theta)$。其中, r 为借款利率, θ 为项目风险。当项目成功时,农业经营主体获得收益率 $R = \bar{R}$, $\bar{R} \in [1+r, \varpi)$,农业经营主体的利润则为 $\bar{R} \cdot L - L \cdot (1+r)$,金融机构获得 $r \cdot L$ 的利润;项目失败概率为 $1 - \rho(r, \theta)$,当项目失败时,农业经营主体收益率为 $R = \underline{R}$, $\underline{R} \in [0, 1+r]$,金融机构获得项目剩余资产 $\underline{R} \cdot L$,金融机构的利润为 $(\underline{R} - 1) \cdot L$。综上,在不考虑贷款的管理成本与相关经营成本的情况下,金融机构的预期收益函数为

$$\pi = r \cdot L \cdot \rho(r, \theta) + (\underline{R} - 1) \cdot L(1 - \rho(r, \theta)) \tag{8.15}$$

农业经营主体的预期收益函数为

$$Y = \rho(r, \theta) \cdot [\bar{R} \cdot L - (1+r) \cdot L] \tag{8.16}$$

在此基础上,我们将农业经营主体和金融机构的机会成本考虑进借款协议之中,我们假定金融机构同时存在其他的投资机会,并可以确定地获得 λ 的无风险收益率,即贷款资金的机会成本为 λ。农业经营主体在不借款的情况下存在着获得稳定收益 W 的机会。因此,借款行为达成还受到以下条件约束:

$$\pi = r \cdot L \cdot \rho(r, \theta) + (\underline{R} - 1) \cdot L(1 - \rho(r, \theta)) \geqslant \lambda \cdot L \tag{8.17}$$

$$Y = \rho(r, \theta) \cdot [\bar{R} \cdot L - (1+r) \cdot L] \geqslant W \tag{8.18}$$

即农业经营主体和金融机构的期望收益应大于二者所需付出的机会成本,若以上条件其中之一或均不能满足,那么借款协议则无法达成。如果双方要对借款达成一个关于 L 和 r 的局部借贷均衡合约,则需要满足以下三个条件:

$$\max \pi(r,L) = r \cdot L \cdot \rho(r,\theta) + (\underline{R}-1) \cdot L(1-\rho(r,\theta)) \qquad (8.19)$$

$$r \cdot L \cdot \rho(r,\theta) + (\underline{R}-1) \cdot L \cdot (1-\rho(r,\theta)) \geqslant \lambda \cdot L \qquad (8.20)$$

$$\rho(r,\theta) \cdot [\bar{R} \cdot L - (1+r) \cdot L] \geqslant W \qquad (8.21)$$

由式（8.19）～式（8.21）可知，借款行为达成的约束条件为，在金融机构利润最大化[①]的同时，农业经营主体和金融机构的预期收益大于其机会成本。我们假设最优规划式（8.19）～式（8.21）有解，其形式为 (r^*, L^*)，那么 (r^*, L^*) 则必须满足式（8.20）和式（8.21）的两个约束条件，则将 (r^*, L^*) 代入式（8.20），可得

$$\rho(r^*,\theta) \cdot r^* \leqslant \rho(r^*,\theta) \cdot (\bar{R}-1) - \frac{W}{L^*} \qquad (8.22)$$

我们将式（8.22）变形，可得

$$r^* \leqslant (\bar{R}-1) - \frac{W}{L^* \cdot \rho(r^*,\theta)} \qquad (8.23)$$

这也是农业经营主体能够承受利率的上限。

同理，将 (r^*, L^*) 代入式（8.21），可得

$$\rho(r^*,\theta) \cdot r^* \geqslant \lambda - (\underline{R}-1)(1-\rho(r^*,\theta)) \qquad (8.24)$$

将式（8.24）变形，可得

$$r^* \geqslant \frac{\lambda - (\underline{R}-1)(1-\rho(r^*,\theta))}{\rho(r^*,\theta)} \qquad (8.25)$$

这也是金融机构所能接受的利率下限。

由式（8.23）和式（8.25）可知，若要满足解 (r^*, L^*) 存在，那么 r^* 存在的区间应为

---

① 鉴于农贷市场的供给先行特征，信贷机构在借款协议中往往处于强势地位，所以在这里我们只需要考虑金融机构的利润最大化。

$$(\overline{R}-1)-\frac{W}{L^{*}\cdot\rho(r^{*},\theta)}\geqslant r^{*}\geqslant\frac{\lambda-(\underline{R}-1)(1-\rho(r^{*},\theta))}{\rho(r^{*},\theta)} \qquad (8.26)$$

进一步化简式（8.26），则有

$$\rho(r^{*},\theta)\cdot(\overline{R}-1)\cdot L^{*}+(1-\rho(r^{*},\theta))\cdot(\underline{R}-1).L^{*}\geqslant\lambda\cdot L^{*}+W \qquad (8.27)$$

显然，式（8.27）中 $\rho(r^{*},\theta)\cdot(\overline{R}-1)\cdot L^{*}+(1-\rho(r^{*},\theta))\cdot(\underline{R}-1)\cdot L^{*}$ 是 $(R-1)$ 在既定利率 r 条件下的数学期望：

$$\begin{aligned}E(R-1)&=E((R-1)\,|\,r^{*},\theta)\\&=\rho(r^{*},\theta)\cdot(\overline{R}-1)+(1-\rho(r^{*},\theta))\cdot(\underline{R}-1)\end{aligned} \qquad (8.28)$$

则式（8.27）可以进一步表示为

$$L^{*}\cdot E(R-1)\geqslant\lambda\cdot L^{*}+W \qquad (8.29)$$

由上述推导可知，农业经营主体与金融机构借贷双方行为达成局部均衡解存在的一个必要条件应当是：贷款所投入的实际经营活动的平均收益应不小于金融机构的资金机会成本与借款人的机会收益之和。如果金融机构农业信贷资金投放不足，根据资金的边际收益递减规律，则 λ 较高，而传统农户家庭经营特征的低效性和弱质性及消费以食物为主则会导致 R 较低，进而使约束条件式（8.29）难以实现，农户和金融机构的借贷行为也因此难以实现。相应地，如果金融机构加大农业信贷的供给，λ 理应会出现一定程度的下降，而培育新型农业经营主体则能够逐步摆脱传统家庭经营低效性和弱质性的桎梏，促进土地与金融的有效结合及非食物消费发展与消费升级，进而有可能提升 R，最终使约束条件式（8.29）成立，农业经营主体和金融机构的借贷行为也因此更易达成。

8.1.3　农业经营主体、金融机构与地方政府的三方行为互动

同样，作为模型的分析起点，我们首先需要做出一些基本的假定：①在接下来的模型中，同样假设政府也是理性而自利的，就是说在有限的资源条件下实现其利润最大化（也可以说是效用最大化）。由于政绩至上的缘故，地

方政府可能更加偏向于能直接拉动地区 GDP 上升的诸多大型项目。②为了便于后面的分析，本部分将区分两种不同性质的金融需求项目：地方政府主导的项目和农业经营主体的项目，前者更多地体现地方政府的利益（拉动地区经济增长），而后者主要是国家基于宏观层面的政策支持。③虽然农业经营主体与地方政府可能在土地要素配置上也存在一定的竞争关系，但这种竞争一方面受到国家政策法规的限制，另一方面取决于双方各自获取金融资本的动员能力，双方行为决策的重点还是围绕金融要素展开。④为了考察金融需求项目本身的不确定性和地方政府保护主义政策对金融资源配置的影响，我们遵循陈雨露和马勇（2010）、温涛（2014a）的做法，在后面的模型中同样纳入随机收益项和破产清算的概率因子。在农村金融要素配置决策过程中，金融机构的目标是实现自身最大化效用，而其效用函数除了提供金融资源的收益外，还包括自身的固定成本和风险成本。

　　为了简化分析，我们将农村金融要素总量标准化为 $1^{①}$，其中分配给农业经营主体的金融要素总量为 F_A，分配给地方政府的农村金融要素总量为 F_G，因此便得到：

$$F_A + F_G = 1 \tag{8.30}$$

　　如果用 $\pi(F_A, F_G)$ 表示金融机构供给金融要素所取得的收益，用 $C(F_A, F_G)$ 表示供给相应的金融要素所支出的相关成本，那么提供农村金融要素的目的在于其目标效用函数 $U(F_A, F_G)$ 达到最大，即满足

$$U(F_A, F_G) = \pi(F_A, F_G) - C(F_A, F_G) \tag{8.31}$$

　　接下来我们将进一步确定 $\pi(F_A, F_G)$ 和 $C(F_A, F_G)$ 的结构。

　　为了集中考虑农村金融要素配置的影响，此处不考虑劳动力等其他因素，那么农业经营主体的项目和地方政府主导项目的生产函数就可以分别表示为

$$Y_A = (A + \varepsilon)K_A, \quad Y_G = (G + \varepsilon)K_G \tag{8.32}$$

其中，Y 表示对应的总产出；K 表示对应的资本存量；A 和 G 分别表示农业

---

① 本部分主要遵循陈雨露和马勇（2010：185-188）的思路。

经营主体和地方政府的生产率参数；ε 表示随机变量，也就是生产技术中所面临的不确定性（如气候、市场状况等因素）。为了不失一般性，假设 $E(\varepsilon)=0$，并且 ε 服从 $[-h,h]$ 上的均匀分布 $(0<A,G<h)$，其密度函数为

$$f(\varepsilon)=\begin{cases} \dfrac{1}{2h}, & \varepsilon\in[-h,h] \\ 0, & \varepsilon\notin[-h,h] \end{cases} \tag{8.33}$$

根据上述假定，可以得知农业经营主体项目和地方政府主导项目的资本回报率分别为

$$R_A=A+\varepsilon,\ \ R_G=G+\varepsilon \tag{8.34}$$

假定农村金融资金供给的利率为 r，且 $r>0$，根据一般债务合约的性质，当项目的资本回报率 $R\geqslant 1+r$ 时，金融机构将获得债务合约的全额约定支付 $1+r$；当项目的资本回报率 $R\leqslant 0$ 时，项目倒闭，金融机构获得的支付为 0；当项目的回报率 $R\in(0,1+r)$ 时，金融机构获得的支付为 R。根据上述假定，金融机构收益的期望值可以表示为两种性质项目的期望收益之和：

$$E\pi=E\pi_A(F_A)+E\pi_G(F_G) \tag{8.35}$$

其中，

$$\begin{aligned} E\pi_G(F_G)&=\int_{1+r-G}^{h}F_G(1+r)f(\varepsilon)\mathrm{d}\varepsilon+\int_{-G}^{1+r-G}F_G(1+r)f(\varepsilon)\mathrm{d}\varepsilon \\ &=\frac{h+G-1-r}{2h}F_G(1+r)+\frac{(1+r)^2}{4h}F_G \end{aligned} \tag{8.36}$$

$$\begin{aligned} E\pi_A(F_A)&=\int_{1+r-A}^{h}F_A(1+r)f(\varepsilon)\mathrm{d}\varepsilon+\int_{-A}^{1+r-A}F_A(1+r)f(\varepsilon)\mathrm{d}\varepsilon \\ &=\frac{h+A-1-r}{2h}F_A(1+r)+\frac{(1+r)^2}{4h}F_A \end{aligned} \tag{8.37}$$

就金融机构提供信贷服务的成本而言，首先面临着固定成本支出：

$$C_1=C_1(F_A)+C_1(F_G),\ \ C_1(F_A)=c_A F_A,\ \ C_1(F_G)=c_G F_G \tag{8.38}$$

其中，c 表示提供农村金融服务相关的成本系数，由于金融机构面临的固定成本支出主要是贷款审查、办理和贷后管理等相关费用，这些成本主要与提供农村金融服务的人（单位）次有关。在总量一定的情况下，人（单位）次越多，金融机构面临的固定成本越大，反之则反。由于农业经营主体的金融需求往往具有"量少、批次多"的特点（尤其是对普通农户而言），这样很难形成规模效应，可以认为金融机构为政府提供金融服务和为农业经营主体提供金融服务所具备的相关成本系数满足 $c_G < c_A$。

金融机构在提供金融服务这一过程中除了固定成本以外，还面临风险成本。我们在此假定，当为农业经营主体提供金融服务的收益率 $R_A \leqslant 0$ 时，实际清算的概率为 $\gamma_A (0 \leqslant \gamma_A \leqslant 1)$；当为地方政府提供金融服务的资本收益率 $R_A \leqslant 0$ 时，实际清算的概率为 $\gamma_G (0 \leqslant \gamma_G \leqslant 1)$。如果金融机构提供的农村金融服务不能形成预期收益或者完全损失，那么金融机构就会面临越来越大的成本压力和生存压力，可以认为金融机构提供服务遭受损失的成本随着坏账数量的增加而增加。进一步地，我们根据一般成本函数类型可以简单地认为金融机构的成本函数符合二次函数特征，也就是说：

$$C_2 = C_2(F_A) + C_2(F_G), \quad C_2(F_A) = \gamma_A \frac{1}{2} F_A^2, \quad C_2(F_G) = \gamma_G \frac{1}{2} F_G^2 \quad (8.39)$$

于是我们可以得到金融机构提供农村金融服务的总成本：

$$C = C_1 + C_2 = C_1(F_A) + C_1(F_G) + C_2(F_A) + C_2(F_G) \quad (8.40)$$

通过扩展式（8.40）可以得到：

$$EC = EC_1 + EC_2 = c_G F_G + c_A F_A + \gamma_A \frac{1}{2} F_A^2 \int_{-h}^{-A} f(\varepsilon) \mathrm{d}\varepsilon + \gamma_G \frac{1}{2} F_G^2 \int_{-h}^{-G} f(\varepsilon) \mathrm{d}\varepsilon$$

$$= c_G F_G + c_A (1 - F_A) + \frac{\gamma_G (h - G) F_G^2}{4h} + \frac{\gamma_A (h - A)(1 - F_G)^2}{4h} \quad (8.41)$$

基于上述设定，金融机构为了实现自身利益的最大化，需要对 F_A 和 F_G 进行配置，即

$$\max EU(F_A, F_G)$$
$$\text{s.t. } F_A + F_G = 1 \tag{8.42}$$

由前述推导结合式（8.40）可以得到：

$$EU(F_A, F_G) = E\pi - EC \tag{8.43}$$

同时把式（8.35）和式（8.41）带入式（8.43），可以得到：

$$EU(F_A, F_G) = \frac{(1+r)^2}{4} + \frac{(1+r)(G-A)}{2h}F_G + \frac{(1+r)(h+A-1-r)}{2h} - c_G F_G$$
$$- c_A(1-F_G) - \frac{\gamma_G(h-G)}{4h}F_G^2 - \frac{\gamma_A(h-A)}{4h}(1-F_G)^2 \tag{8.44}$$

对式（8.44）分别求 F_G 的一阶和二阶导数可以得到：

$$\frac{\partial(EU)}{\partial F_G} = \frac{(1+r)(G-A)}{2h} - c_G + c_A - \frac{\gamma_G(h-G)}{2h}F_G + \frac{\gamma_A(h-A)}{2h}(1-F_G) \tag{8.45}$$

$$\frac{\partial^2(EU)}{\partial F_G^2} = \frac{\gamma_G(h-G)}{2h} - \frac{\gamma_A(h-A)}{2h} \tag{8.46}$$

根据前文的参数设定，可以进一步推出：

$$\frac{\partial^2(EU)}{\partial F_G^2} = \frac{\gamma_G(h-G)}{2h} - \frac{\gamma_A(h-A)}{2h} < 0 \tag{8.47}$$

通过一阶条件，我们可以得到使 EU（F_A, F_G）最大化时的 F_A 和 F_G：

$$F_A = \frac{(1+r)(A-G) + 2h(c_G - c_A) + \gamma_G(h-G)}{\gamma_G(h-G) + \gamma_A(h-A)} \tag{8.48}$$

$$F_G = 1 - F_A = \frac{(1+r)(G-A) + 2h(c_A - c_G) + \gamma_A(h-A)}{\gamma_G(h-G) + \gamma_A(h-A)} \tag{8.49}$$

接下来我们将引入地方政府的保护主义，进一步分析地方政府的农村金融需求行为特征。通常情况下，地方政府会通过各种救助行为尽量避免其主导项目的失败（也就是项目清算），而对一般的农业经营主体项目则不采取相应的救助策略。一方面，这就决定了地方政府对农村金融的需求将会远远大于农业经营主体项目的金融需求，从另一方面来说，农业经营主体项目的清算概率会远大于地方政府主导的项目清算概率，即 $\gamma_A > \gamma_G$。

为了考察地方政府的保护主义行为对农村金融要素配置的影响，可以比较农村金融资源分配给农业经营主体和地方政府总量的大小。根据式（8.48）和式（8.49），我们可以得到：

$$F_G - F_A = \frac{2G(1+r) + 4h(c_A - c_G) + \gamma_A(h-A) - \gamma_G(h-G)}{\gamma_G(h-G) + \gamma_A(h-A)} \quad (8.50)$$

1. 推论一

当 $A = G$ 时，有

$$Z = F_G - F_A = \frac{2G(1+r) + 4h(c_A - c_G) + (\gamma_A - \gamma_G)(h-A)}{\gamma_G(h-G) + \gamma_A(h-A)} \quad (8.51)$$

根据前文中各参数的设定，很容易得到

$$Z = F_G - F_A > 0$$

2. 推论二

当 $A < G$ 时，我们可以进一步设 $G = a + \Delta$，$\Delta > 0$，同理可得

$$\begin{aligned} F_G' - F_A' &= \frac{2G(1+r) + 4h(c_A - c_G) + (\gamma_A - \gamma_G)(h-G) + \gamma_G\Delta}{\gamma_G(h-G) + \gamma_A(h-A)} \\ &= Z + \frac{\gamma_G\Delta}{\gamma_G(h-G) + \gamma_A(h-A)} \end{aligned} \quad (8.52)$$

根据参数设定，可以得到 $\dfrac{\gamma_G\Delta}{\gamma_G(h-G) + \gamma_A(h-A)} > 0$，$Z > 0$，因此可以得到

$$F_G' - F_A' > Z = F_G - F_A > 0 \quad (8.53)$$

由推论一和推论二,我们可以很容易得到以下研究结论:①由于传统农业经营主体自身的天然弱势原因,即便是其和地方政府在农村金融资源配置中取得的收益是相等的(即 $A=G$),但在地方政府保护主义的干预下,金融机构分配给传统农业经营主体的金融资源也将明显小于分配给地方政府的金融资源;②如果提供给农业经营主体的金融资源所取得的收益率小于地方政府项目在运用农村金融资源中取得的收益率(即 $A<G$),金融机构的资源配置明显就会进一步向地方政府倾斜;③对于当前的中国地方政府而言,实现本地经济快速增长与维护本地社会稳定,满足本级政府支出和官员在职消费的需要,实现个人职位迁升是"经济"的。因此,地方政府"自利"要求驱动下,总是希望能以各种方式掌握尽可能多的金融资源,为其进行投资扩张、推动经济增长、保持社会稳定、实现政绩和控制权收益最大化积聚财力,甚至不惜通过举债或者隐性干预金融以达到目的。政府集金融服务需求者、供给者和管理者于一身,通过"命令—服从"的行政手段和层层委托-代理关系实施具体行为时,容易出现目标和任务非一致,致使政府对农村金融供求关系的调整屡屡失败。所以,理顺农村金融供需主体的行为,重点在于一方面加快培育新型农业经营主体,提升其生产经营效率;另一方面,依托市场进行制度的有效设计与完善,规范政府行为。唯其如此,才能真正突破"三农"发展的金融抑制。

8.2　农业经营主体及其要素配置行为的统计调查

本章的调查数据均来源于第 1 章中介绍的问卷调查。课题组选取了东、中、西部三大经济地带的 18 个省份(东部包括吉林、辽宁、山东、浙江、江苏、福建 6 个省份,中部包括山西、安徽、河南、湖北、江西、湖南 6 个省份,西部包括陕西、甘肃、四川、重庆、广西、贵州 6 个省区市)68 个县(市、区)的农户家庭,对 2013 年的农户基本情况进行了正式调查。调查样本中回收问卷包括的县(市、区)具体分布如表 8.1 所示。

表 8.1 样本县（市、区）分布

地区	省区市	样本县（市、区）分布
东部地区6个省区市	江苏、福建	（苏州市）昆山市，（盐城市）大丰市；（漳州市）华安县和平和县
	浙江	（金华市）浦江县，（杭州市）萧山区，（温州市）平阳县，（舟山市）定海区
	吉林、辽宁	（白山市）抚松县；（盘锦市）盘山县
	山东	（菏泽市）曹县，（临沂市）莒南县，（青岛市）城阳区，（潍坊市）昌乐县、寿光市、潍城县、临朐县、坊子区、昌邑市，（烟台市）芝罘区，（枣庄市）滕州市
中部地区5个省区市	江西、安徽	（新余市）分宜县和高新区；（芜湖市）南陵县
	河南	（安阳市）安阳县，郑州市（登封市），（开封市）开封县，（南阳市）社旗县，（许昌市）禹州市，（周口市）郸城县，（驻马店市）汝南县
	湖北、湖南	（黄冈市）罗田县，（永州市）江永县，（邵阳市）邵阳县
	山西	（晋中市）平遥县，（晋城市）阳城县，临汾市）大宁县
西部地区6个省区市	重庆	丰都县、涪陵区、彭水苗族土家族自治县、黔江区、石柱土家族自治县、铜梁县、长寿区
	四川	（成都市）双流县，（广安市）武胜县和岳池县，（泸州市）合江县和叙永县，（内江市）资中县，（南充市）南部县，（眉山市）仁寿县，（凉山彝族自治州）宁南县，（绵阳市）三台县，（宜宾市）珙县，（资阳市）安岳县
	贵州、广西	（黔南布依族苗族自治州）都匀市、瓮安县和荔波县，（安顺市）平坝县，（遵义市）桐梓县；（桂林市）兴安县和临桂区，（来宾市）武宣县和象州县
	甘肃、陕西	（陇南市）西和县，（天水市）武山县；（西安市）蓝田县

注：括号内为样本县（市、区）所在的地级市

8.2.1 抽样农户的统计特征

1. 抽样农户家庭及生产发展环境的特征分析

被调查的 3167 户样本农户中，其农户家庭及生产所在地基本特征见表 8.2。

表 8.2 抽样农户家庭及其所在地基本特征

调查项目	选项	户数/户	所占比例/%	累计比例/%
地区地势情况	平原	1019	32.18	32.18
	丘陵	997	31.48	63.66
	山地	1151	36.34	100

续表

调查项目	选项	户数/户	所占比例/%	累计比例/%
该村主干道属于下列哪种道路	泥土	526	16.62	16.62
	石子	392	12.38	29.00
	水泥	1714	54.11	83.11
	柏油	535	16.89	100
您家庭的水资源获取渠道	自家水井	1506	47.57	47.57
	公用水井	423	13.35	60.92
	自来水	1193	37.67	98.59
	水库供给	76	2.39	100.98
您家庭能使用的水资源数量	丰足	1565	49.43	49.43
	一般	1484	46.86	96.29
	稀缺	118	3.71	100
您家庭能使用的水资源质量	很好	1014	32.01	32.01
	一般	1963	61.98	93.99
	较差	190	6.01	100
您家庭居住地阳光照射情况	丰足	1795	56.68	56.68
	一般	1308	41.29	97.97
	稀缺	64	2.03	100
村里生态环境质量	很好	949	29.97	29.97
	一般	1781	56.23	86.21
	较差	437	13.79	100

（1）来自不同地势条件的样本数量分布较为均衡。平原、山地和丘陵地区的样本户均不低于 30%。其中，来自平原地区的样本农户占比为 32.18%，来自丘陵地区的样本农户占比为 31.48%，来自山地的样本农户占比为 36.34%。

（2）农村的基础设施不健全。仅仅从农户所在村的主干道类型就可以明显看出，虽然有 54.11% 的村已经是水泥路，但是有 29% 的村仍然是石子路和泥土路，只有 16.89% 的村拥有了柏油路。从农户的水资源获取渠道来看，只有 37.67% 的农户能通过自来水的方式获取水资源，而仍然有高达 60.92% 的农户仍然是利用水井获取水资源，其中 47.57% 的农户依靠自家水井提供水资源。

（3）农村自然资源充足，但生态环境质量评价普遍不高。从农户家庭能够使用水资源的数量来看，仅有 3.71% 的农户出现水资源稀缺的情况，有将近 50% 的农户拥有足够的水源，说明农民的水资源供给较为充足；从农户家庭使用的水资源质量来看，只有 6.01% 的农户认为自己使用水资源的质量较差。56.68% 的农户居住地的阳光丰足，只有 2.03% 的农户所在地的阳光较为稀缺。农村的生态环境质量一般，只有不到 30% 的农户觉得村里的生态环境质量很好，超过半数的农户觉得村里生态环境质量一般。

2. 抽样农户家庭自身统计特征分析

被调查的 3167 户样本农户中，其农户家庭状况基本表现出如下特征。

（1）农户家庭主要责任人（户主）的文化水平整体比较低且年龄偏大。如图 8.1 所示，在所有样本农户中，文化水平为初中和小学的农户数分别为 1129 户和 1266 户，占比分别为 35.65% 和 39.97%，两者占到样本总数的 75.62%。其中，户主文化水平达到高中和大专及以上的比例仅有 19.96%，而户主文化水平达到大专及以上的仅有 148 人，占比为 4.67%。这说明当前农民的受教育水平普遍较低。户主年龄分布基本服从正态分布特征，随着年龄段由低到高增长，户主受教育程度也呈现出由高到低的下降趋势。如图 8.2 所示，户主年龄结构整体偏大，主要集中在 41~50 岁，30 岁及以下的户主占比只有 7.6%，而 41~50 岁的户主占比高达 41.02%。由图 8.3 纵向对比来看，30 岁以下户主的文盲率为 0，61 岁及以上的户主文盲率却高达 17.02%，31~40 岁、41~50 岁和 51~60 岁户主的文盲率分别为 1.25%、2.59% 和 4.29%；30 岁及以下户主接受教育程度为小学水平的占比为 10.47%，61 岁及以上的户主接受教育程度为小学水平的占比却高达 64.54%，31~40 岁、41~50 岁和 51~60 岁户主接受教育程度为小学水平的占比分别为 28.13%、37.72% 和 47.14%，这一结论说明 51 岁及以上年龄的户主的受教育程度普遍处于小学水平；30 岁及以下户主接受教育程度为初中水平的占比为 32.56%，61 岁及以上的户主接受教育程度为初中水平的占比却只有 12.77%;31～40 岁、41～50 岁和 51～60 岁户主接受教育程度为初中水平的占比分别为 46.88%、41.81%和 31.43%,这说明 31～50 岁的户主受教育程度主要集中在初中水平；30 岁及以下户主接受教育程度为高中水平的占比为 31.4%, 61 岁及以上的户主接受教育程度为高中水平的占比却低至 5.67%,而 31～40 岁、41～50 岁和 51～60 岁户主受教育程度为高中水平的占比分别为 18.75%、13.79%和 15.71%; 30 岁及以下户主接受大专及以上水平教育的占比高达 25.58%, 61 岁及以上的户主接受大专及以上水平教育的占比为 0,31～40 岁、41～50 岁和 51～60 岁户主接受大专及以上水平教育的占比分别为 5%、4.09%和 1.43%。

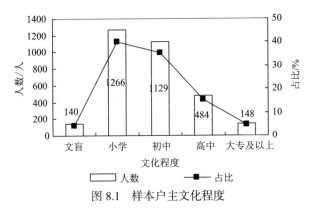

图 8.1　样本户主文化程度

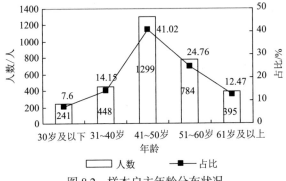

图 8.2　样本户主年龄分布状况

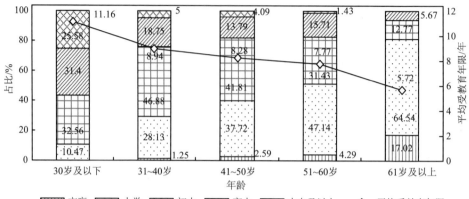

图 8.3　不同年龄阶段的户主受教育程度及其分布图

如果按照文盲受教育年限为 0 年、小学受教育年限为 6 年、初中受教育年限为 9 年、高中受教育年限为 12 年和大专及以上受教育年限为 15 年计算各阶段户主平均受教育年限，那么全样本户主的平均受教育年限是 8.15 年。其中，户主年龄在 30 岁及以下的平均受教育年限是 11.16 年，31～40 岁户主的人均受教育年限为 8.94 年，41～50 岁、51～60 岁和 61 岁及以上户主的人均受教育年限分别为 8.28 年、7.77 年和 5.72 年（图 8.3）。也就是说，样本农户户主的受教育程度尚未达到初中水平。其中，30 岁及以下农户的平均受教育程度大致为高中水平，而 31～40 岁户主的受教育程度大致为初中水平，而 41～60 岁户主的受教育程度未达到初中水平，61 岁及以上年龄的户主受教育程度的平均水平尚未到小学水平。

（2）农户家庭人口规模较大，农户间的收入差距较大（表 8.3）。家庭人口规模在 3 人及以下的占比为 25.89%，可以直观地看出当前农户家庭仍然以两孩为主。农户家庭年人均收入的均值为 18 096.1 元，变异系数为 1.51，属于强变异，这说明虽然抽样农户年人均收入均值相对较高（高于 2013 年全国平均水平），但是农户与农户之间的收入差距却相对较大。另外，从农户家庭年人均收入的分布状况来看，年人均收入在 1000 元及以下和 50 001 元及以上的农户都极少，其占比分别为 1.07% 和 3.35%；年人均收入在 1001～5000 元、10 001～20 000 元和 20 001～50 000 元的农户家庭占比分别为 26.71%、33.56% 和 20.08%。

表 8.3　抽样农户家庭基本特征统计分析

调查项目	选项	户数/户	所占比例/%	累计比例/%
家庭人口规模	1 人或 2 人	221	6.98	6.98
	3 人	599	18.91	25.89
	4 人	1115	35.21	61.10
	5 人	700	22.10	83.20
	6 人及以上	532	16.80	100
农户家庭人均收入	1000 元及以下	34	1.07	1.07
	1001～5000 元	482	15.22	16.29
	5001～10 000 元	846	26.71	43.01
	10 001～20 000 元	1 063	33.56	76.57
	20 001～50 000 元	636	20.08	96.65
	50 001 元及以上	106	3.35	100
是否有亲友居住在县城或城市	是	2 083	65.78	65.78
	否	1 084	34.22	100
居住县城或城市的亲友是否当官	是	375	18.01	18.01
	否	1 708	81.99	100
您家是否有中共党员	是	773	24.40	24.40
	否	2 394	75.60	100
农户家庭年度礼金支出	1 000 元及以下	1 014	32.01	32.01
	1 001～3 000 元	1 011	31.92	63.93
	3 001～6 000 元	596	18.83	82.76
	6 001～10 000 元	375	11.85	94.61
	10 001 元及以上	171	5.39	100

（3）农户的社会资本整体较弱且分布不均。由表 8.3 可知，调查样本中有 2083 个农户家庭有亲戚居住在县城或城市，占比 65.78%，居住在县城或

城市的亲友中有 18.01%在当官[①]。所以，从这方面来看，农户的社会资本明显不均衡；样本中有党员的家庭占比也只有 24.40%，同样体现出了大多数农户家庭的社会资本薄弱这一现象。从农户家庭年度礼金支出水平来看，样本平均值为 3985.51 元，所有样本的农户家庭年度礼金支出占该年度家庭总收入比重的平均值为 9.08%。

（4）农户家庭收入结构极不合理。整体上表现为：过度依赖家庭成员的外出务工收入，相反农户的财产性收入和转移性收入占比极低（图 8.4）。统计数据显示，被调查样本农户家庭总收入的平均值为 74 281.26 元，按照农户家庭收入不同来源进行更详细的六类处理，不难发现：农户家庭总收入主要来源于家庭成员外出务工收入、农业经营收入和做生意收入这三大类；有 73.65%的农户家庭当年有农业经营收入，有 65.87%的家庭当年有外出务工收入，有 24.05%的家庭当年有做生意收入。其中，农户家庭成员的外出务工收入、农业经营收入和做生意收入平均分别为 30 158.41 元、16 436.06元和 16 857.06 元；占总收入的比重分别为 40.6%、22.13%和 22.69%。另外，农户的财产性收入和转移性收入平均值分别只有 857.66 元和 947.66 元，占总收入的比重分别仅有 1.15%和 1.28%，样本农户中当年拥有财产性收入和拥有转移性收入的农户占比分别仅有 9.28%和 28.29%。根据各收入变量两两相关关系的分析显示：农户家庭的农业经营收入与农户的总收入、外出务工收入、做生意收入和财产性收入均呈显著的负相关关系，农业经营收入与转移性收入呈显著的正相关关系；转移性收入与总收入和工资性收入呈显著的负相关关系；财产性收入与农业经营收入和外出务工收入呈显著的负相关关系，财产性收入与总收入、工资性收入、做生意收入和转移性收入呈显著的正向相关关系。

---

① 不少研究将"您的家属或与您关系比较好的亲戚朋友中，是否在县城居住以及是否在县城当官，家庭年送礼支出数量"作为农民社会资本的衡量标准（陈雨露和马勇，2010；周晔馨，2012），也有研究将"农户家里是否有党员"作为农户的社会资本（陈雨露和马勇，2010）。因为，在农村一般只有那些综合条件占优且意识较强和关系网较好的农民才会成为党员，而对于依然处于相对落后的农村中等收入农户而言，如果其亲戚有人居住在城市（城市居民往往具有更高的收入水平、更多的社会资源和更丰富的信息），这不仅可能成为农户潜在的资金渠道，还可能是其信息、技术乃至重大发展机会的来源（陈雨露和马勇，2010）。

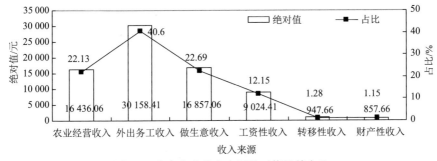

图 8.4　农户家庭收入来源绝对值及其占比

（5）现阶段农户增收仍然依靠外出务工收入和农业经营收入，而未来几年当中，农民增收对农业经营收入的依赖程度将下降，对外出务工收入、工资性收入、财产性收入和做生意收入的依赖有所上升。由图 8.5 可知，现阶段农户家庭最容易获取的收入渠道由高到低依次是外出务工收入、农业经营收入、做生意收入、工资性收入、转移性收入和财产性收入。其中，有 47.30% 的农户认为现阶段最容易获取的收入渠道是外出务工收入，28.82% 的农户认为最容易获取的收入是农业经营收入，只有 0.88% 和 5.57% 的农户认为最容易获取的收入是财产性收入和转移性收入。从农户对自己家庭未来几年收入增长潜力（可能性）最大的渠道预测来看，只有 19.10% 的农户认为农业经营收入是其未来收入增长潜力最大的渠道，明显低于现阶段农户对农业经营收入的依赖程度；49.60% 的农户认为外出务工收入是其未来收入增长潜力最大的渠道，略高于现阶段农户对务工收入的依赖程度；只有 1.77% 和 4.24% 的农户认为未来收入增长潜力最大的渠道是财产性收入和转移性收入。

8.2.2　抽样农户的行为表现

（1）加入农民合作经济组织的农户相对较少，大部分农民不知道加入农民合作经济组织能否帮助其实现收入增长的目标。农民合作经济组织能实现单个农户所无法实现的集体功能（如提高农户在市场中的谈判力量、降低市场风险和生产成本等），因此得到了广泛关注（Warman and Kennedy，1998；黄祖辉等，2011）。但是，我们的调查发现，虽然 80% 以上的农户所在地有农民合作经济组织，但是只有 423 个农户家庭加入了农民合作经济组织，仅占调查农户数量的13.36%。导致大部分农户对农民合作经济组织的认识不足和可以加入但没能加入组织的主要原因在于：一是农村劳动力不足，当前有65.87%的家庭均有外出务工的劳动力，而且相当多数家庭的农村剩余劳动力均是老人和儿童，因此直接降低了农户参与农民合作经济组织的能力；二是当前农民合作经济组织发展的规范化程度较低、规模较小，带动农户的能力不够强，合作的领域十分狭窄，对农村经济有限的资源要素优化配置作用不够充分；三是不少地区农民合作经济组织指导服务工作不够到位，空心化程度较严重，部分农民合作经济组织成立的目的只是套用财政资金，而不是真正想要为农民谋福利。

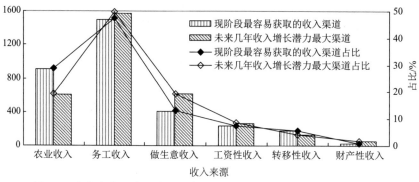

图 8.5　农户家庭现阶段收入最容易获取渠道与未来收入潜力最大渠道

（2）当前的农业经营方式仍相对落后，农户仍然是以传统农业经营为主，以承包经营权入股发展农业产业化经营的农户极少，但新型农业经营主体培育明显都得到了一定程度的进展（表8.4）。在我们调查的样本中，其农业经营收入主要来源于传统农业的家庭有2122家，占比为81.51%，这表明当前农户的农业生产仍然是以传统农业生产为主。其中，96.21%的农户家庭没有参与以承包经营权入股发展农业产业化经营。此外，农业收入主要来源于种植大户和养殖大户的家庭分别有154家和148家，其占比分别为5.91%和5.70%；农业收入主要来源于入股分红和组织分配的家庭分别有45家和11家，占比分别为1.72%和0.43%。

表 8.4　抽样农户行为的抉择表现

调查项目	选项	户数/户	所占比例/%	累计比例/%
是否加入农民合作经济组织	是	423	13.35	13.35
	否	2744	86.65	100
如果您家庭收入中有农业收入: 主要来源	传统农业	2122	81.51	81.51
	种植大户	154	5.91	87.42
	养殖大户	148	5.70	93.12
	入股分红	45	1.72	94.84
	组织分配	11	0.43	95.27
	其他	123	4.73	100
是否参与以承包经营权入股发展农业产业化经营	是	120	3.79	3.79
	否	3047	96.21	100
是否流转过土地	是	778	24.58	24.58
	否	2389	75.42	100
您家庭是否有额外劳动力需求	是	423	13.35	13.35
	否	2744	86.65	100
是否需要专业技术服务	是	711	22.46	22.46
	否	2456	77.54	100

（3）发生土地流转（转入和转出）的农户较少，且大部分农户只是在亲友间进行无偿的土地流转，因此农户家庭对额外的劳动力需求和专业技术服务的需求相对较小。所调查的农户样本中，发生过土地流转的家庭有 778 户，占全样本的比例为 24.58%，在这些有过土地流转的家庭中，接近 90% 的家庭的土地都是流向亲戚朋友或者由亲戚朋友家流转而来，并且其流转成本极低（部分农户的流转成本就是年末为亲戚朋友提供一些农产品或者食品）。有转入土地的农户家庭中，68.93% 的农户是种植粮食作物和经济作物。从农户对专业技术服务的需求来看，也只有 22.46% 的农户有相应的专业技术服务需要。

（4）由于农户家庭经营方式的局限性，农户家庭对额外劳动力和专业技术服务的需求明显不足，进一步导致了农村土地、劳动力和技术服务的供给受到限制。从农村土地流转（承包）的容易程度来看，只有 4.77% 的农户觉得当前的土地流转（承包）很容易，有 21.13% 的农户认为当前的土地流转（承包）较容易，另外有 24.76%的农户认为当前的土地流转（承包）不容易（图 8.6）。从农村地区雇用劳动力的容易程度来看，有 12.19%的农户觉得雇用劳动力很方便，有 33.54%的农户认为雇用劳动力较为方便，另外有 16.46%和 5.49%的农户认为当前要在农村地区雇用劳动力不方便和很难（图 8.7）。在 423 户需要额外劳动力的家庭中，90%以上的农户能够及时雇用到自己需要的劳动力，其来源主要是本村和邻村及本乡的劳动力，其中本村的劳动力占比为 49.46%（图 8.8）。在 711 户需要专业技术服务的家庭中，其专业技术服务的满足程度只有 83.21%。由图 8.9 可以看出，为农户提供专业技术服务的主要还是乡镇农技站、其他农户和村里的技术人员，县（市、区）农技部门、高校/科研院所及相关合作经济组织的作用仍有待于进一步发挥。

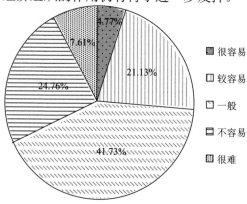

图 8.6 土地流转（承包）容易程度

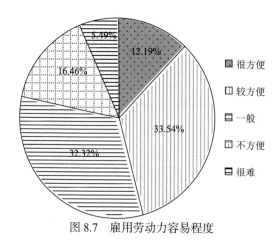

图 8.7 雇用劳动力容易程度

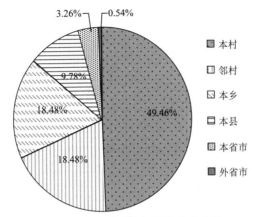

图 8.8　农户需要的额外劳动力来源

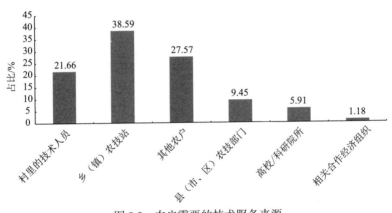

图 8.9　农户需要的技术服务来源

8.2.3　抽样农户的行为特征

（1）农户加入农民合作经济组织的意愿较强，但是农户对农民合作经济组织的认识不足，较高的加入组织意愿并不能为农户带来显著的增收效应。由表 8.5 可知，虽然有 43.41% 的农户愿意加入农民合作经济组织，但是仅有 29.97% 的农户坚信参加农民合作经济组织能显著提高家庭收入。通过调查人员对农户针对农民合作经济组织给予的进一步解释之后，仍然有 15.03% 的农户认为参加农民合作经济组织不能显著提高家庭收入，有 55% 的农户不知道加入农民合作经济组织是否能增加其家庭收入（表 8.5）。此外，农户加入农民合作经济组织与农户总收入的相关系数显著为负，与农业经营收入之间呈显著的正向相关关系（表8.6）。这主要是因为当前农户家庭的收入增长最主要的来源并非农业收入而是务工收入，所以导致农户参与农民合作经济组织的积极性不强；同样也说明了农业收入占比较多的农户家庭因为农业生产的需要，因而具有较强的意愿加入农民合作经济组织。

表 8.5　抽样农户的行为特征

调查项目	选项	户数/户	所占比例/%	累计比例/%
是否愿意加入农民合作经济组织	是	1375	43.41	43.41
	否	1792	56.59	100
参加农民合作经济组织是否能显著提高家庭收入	是	949	29.97	29.97
	否	476	15.03	45.00
	不知道	1742	55.00	100
您的承包经营权流转倾向是什么	专业大户	31	25.58	25.58
	家庭农场	31	25.58	51.16
	农民合作社	59	48.84	100
	农业企业	20	16.28	116.28
您家对土地流转的意愿	希望转入土地	344	10.88	10.88
	希望转出土地	759	23.96	34.84
	保持不变	1280	40.41	75.24
	没想过流转土地	784	24.76	100
需要什么样的劳动力	体力工	358	84.77	84.77
	技术工	95	22.52	107.29
您家庭最需要什么样的技术服务	先进种植技术	459	64.57	64.57
	先进养殖技术	162	22.83	87.40
	经营决策技术	81	11.42	98.82
	专门劳务技术	50	7.09	105.91
	其他	11	1.57	107.48
您家是否需要其他农村金融服务	是	2548	80.46	80.46
	否	619	19.54	100

注：此处的其他农村金融服务指的是除了信贷以外的金融服务

表 8.6　农户加入农民合作经济组织意愿与农户收入结构的相关系数

行为意愿	总收入	农业经营收入	工资性收入	外出务工收入	做生意收入	转移性收入	财产性收入
农户是否愿意加入 农民合作组织	−0.0518* 0.0815	0.2081*** 0.0000	−0.0200 0.5019	−0.0058 0.8446	0.0382 0.1992	0.1036*** 0.0005	0.0197 0.5077

*、***分别表示在 10%、1%的显著性水平下统计显著

（2）农业经营方式出现多元发展趋势，农户承包经营权的流转行为倾向呈现多元化。在所有 120 户参与以承包经营权入股发展农业产业化经营农户中，其承包经营权的流转倾向呈现多元化。其中，承包经营权的流转倾向为专业大户和家庭农场的占比均为 25.58%，另外有将近一半农户的承包经营权的流转倾向为农民合作社。

（3）农村土地市场交易行为不顺畅，农户一方面对土地具有一种强烈的依赖情节，另一方面土地却难以成为农民的权益保障。根据表 8.5 的数据可知，23.96%的农户希望转出自家土地，而希望转出土地的家庭却又有 76.38%的农户没有转出土地。其中，希望转出土地而没有能转出土地的原因如下（图 8.10）：31.89%的农户认为自家土地转出的价格太低，与其低价转出还不如让土地闲置；22.71%的农户不知道有谁愿意转入土地；9.66%的农户担心转出土地以后难以收回，农户对土地还是存在一种依赖情节；14.01%的农户担心转出土地以后的收益得不到保障；11.59%的农户认为没有人愿意转入土地，因此自己将无法转出土地。此外，还有 10.88%的农户希望转入土地，40.41%的农户希望保持土地不变，24.76%的农户没想过流转土地。农户希望转入土地却没有转入土地的原因如下（图 8.11）：34.34%的农户因为不知道谁愿意转出土地而不能满足自己转入土地的愿望，24.69%的农户因为没有好的生产项目而未实现自己想转入土地的愿望。

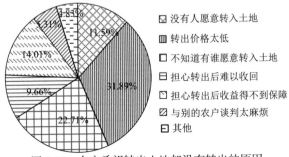

图 8.10　农户希望转出土地却没有转出的原因

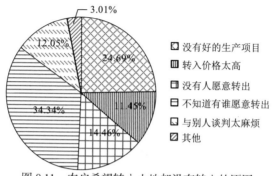

图 8.11　农户希望转入土地却没有转入的原因

（4）农户传统农业生产对技术工的需求相对较低，对先进的种植技术和养殖技术偏好性特别强。由表 8.5 可知：对于需要劳动力的家庭，仅有 22.52%的家庭需要技术工，而高达 84.77%的家庭需要体力工，同时需要技术工和体力工的家庭占比只有 7.29%。对于 711 户需要专业技术服务的农户家庭中，64.57%的农户需要先进的种植技术，22.83%的农户需要先进的养殖技术，而只有 11.42%的农户需要经营决策技术咨询。这又进一步说明了中国的农业生产仍然属于传统农业生产，要实现农业现代化、达到农业生产规模化、培育新型农业经营主体还有很长一段路要走。

（5）除了信贷需求以外，农户广泛产生了对其他农村金融服务的需求，如财产保险、农业保险和购房信贷，但其获得农村金融服务的满足度极低。由图 8.12 可知，全样本中 32.63%的农户具有借贷需求；但是只有不到 40%的农户能成功进行借贷，其借贷方式以亲友借贷为主，这与王定祥等（2011a）的研究结论大致相同。此外，80.46%的农户还有其他农村金融服务需求，主要表现为对农业保险、财产保险和购房信贷的需求。

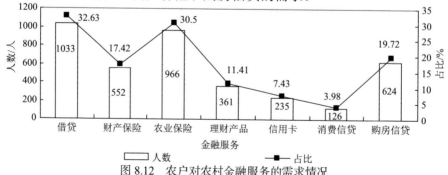

图 8.12　农户对农村金融服务的需求情况

8.3 农业经营主体要素配置行为抉择的经验证据

根据第 4 章可知，土地和金融要素及二者的融合在农民收入超常规增长中至关重要。因此，本节将就农业生产经营主体对上述两要素的配置行为进行经验验证，解构其要素配置行为抉择机制。

8.3.1 异质性农户的土地要素配置行为抉择

1. 理论模型与研究假说

为方便分析，我们首先做出如下假设：第一，本节的研究单元为农户，在农村从事农业经营的农户分为普通农户和新型农业经营主体两类，在城市从事非农经营的农户分为务工农户和创业农户两类；第二，农户为理性经济主体，其决策准则是家庭效用最大化；第三，农户可在城市和农村之间自由流动和择业。

1）农业经营净效用与农户分工演进

农户是否从事农业经营，首先取决于其对农户的效用与机会成本。农业经营效用主要包括经济效用和非经济效用两个方面。我们用 u_e 表示经济效用，主要由农业收益 i 和财政补贴 s 组成，农业收益主要由农户的生产能力与农产品价格决定，财政补贴由农业补贴政策决定，u_f 表示农业经营的非经济效用，如照顾小孩、赡养老人等。综上，农户的农业经营效用函数为

$$u_a = u_e(i) + sq + u_f \tag{8.54}$$

其中，i 表示农业收益，假定农户的农业生产满足古典生产函数，且技术条件在短期内不变，则 $i = pAf(k,l,q) + sq$，p 表示产出的价格，A 表示技术水平，k 表示资本，l 表示劳动力，s 表示单位面积的农业补贴，q 表示农户经营的土地面积。

除了获得农业经营效用外，农户也面临着机会成本。同样地，我们从经济和非经济两个角度去考察农户的机会成本。经济方面的机会成本主要由外出务工收入和地租构成；非经济方面的机会成本主要是城市中有更好的生存

环境，如交通、医疗条件等；此外，在现行制度下，即使农户不从事农业经营，凭借其土地承包权，仍然可以获得财政补贴。其机会成本函数可表示为

$$u_u = u_e(w) + sq + u_n \qquad (8.55)$$

其中，w 表示外出务工收入；u_n 表示非农经营的非经济效用。作为理性经济主体，农户以追求自身效用最大化为目标，对农业经营的决策行为取决于其效用与机会成本之间的差值（本节定义为农业经营净效用，用 Δu_a 表示），则有

$$\Delta u_a = u_l - u_c = u_e(i) - u_e(w) + u_f - u_n \qquad (8.56)$$

此外，我们用 L 表示农村往城市转移的劳动力存量，$L_{\max}$ 表示城市劳动力市场能够容纳非农劳动力就业的最大值，则农户是否从事农业经营在理论上会出现以下几种情形。

（1）$\Delta u_a > 0$，农业经营效用高于机会成本，农户会选择从事农业经营。

（2）$\Delta u_a < 0$，若 $0 < L \leqslant L_{\max}$，即农业经营效用低于机会成本，且城市劳动力市场能够提供足够的非农就业机会，此时，农户会选择进城从事非农经营；若 $L > L_{\max}$，此时，虽然农业经营效用低于机会成本，但城市劳动力市场并不能提供足够的非农就业机会，农户仍然被刚性地束缚在土地上从事农业经营。

（3）$\Delta u_a = 0$，$0 < L \leqslant L_{\max}$，此时，农业经营效用等于机会成本，城市劳动力市场能够提供足够的非农就业机会，农户会在从事农业经营和非农经营之间做任意选择。若 $L > L_{\max}$，此时虽然农业经营效用等于机会成本，但城市劳动力市场并不能提供足够的非农就业机会，农户仍然被刚性地束缚在土地上，从事农业经营。

以上三种情形描述了农户在城市劳动力市场容量约束下，针对不同的农业经营净效用 Δu_a 所做出的不同选择。以前单一的从事农业经营的同质性"小农"，在农业经营净效用的作用下演进为从事农业经营的普通农户和新型农业经营主体，以及从事非农经营的务工农户和创业农户。下面我们将分别对从事农业经营与非农经营的农户的土地流转意愿和行为进行分析。

2）农户农业经营与土地流转

农户在确定农业经营或非农经营的选择之后，在同类行业经营的农户内

部,其非经济效用大致相同,因而可省略非经济效用部分,直接讨论经济效用。在理性农户假设下,追求利润最大化是农户农业经营的最终目标。因而引入利润最大化函数,对选择从事农业经营的农户所经营的土地规模与利润之间的关系进行分析。

A. 利润最大化与最佳经营规模

假定技术不变,资本、劳动力与土地按照一个固定的比例投入,产出是单一的产品,那么普通农户生产的利润最大化函数则为

$$\pi_o = \max[p_{m_o} A_o f(k_o, l_o, q_o) + s_o q_o - (p_{k_o} + p_{z_o}) q_o] \quad (8.57)$$

其中, p_{m_o} 表示农产品的价格; $A_o f(k_o, l_o, q_o)$ 表示农业生产函数; s_o 表示单位面积的农业补贴; q_o 表示土地经营面积; p_{k_o}、p_{z_o} 表示单位面积的农业资本、生产资料的价格,则普通农户利润最大化对土地经营面积的一阶条件是

$$p_{m_o} A_o \frac{\partial f(k_o, l_o, q_o)}{\partial q_o} = p_{k_o} + p_{z_o} - s_o \quad (8.58)$$

我们将一阶条件用图 8.13 展示出来,以便直观地观测普通农户的生产可能性集。追求利润最大化的农户要想在生产可能集中找到代表最大利润水平的那一点(该点满足相连的等利润线的总截距最大),可以根据相切条件求出

$$\frac{\partial f(k_o, l_o, q_o)}{\partial q_o} = \frac{p_{k_o} + p_{z_j} - s_o}{p_{m_o} A_o} \quad (8.59)$$

即图中的 B_o 点就是根据式(8.59)求解出的土地最优经营规模点。当 $q = B_o$ 时,农业经营的边际收益等于边际成本;当 $q \in [0, B_o)$ 时,农业经营的边际收益大于边际成本;当 $q \in (B_o, \infty)$ 时,农业经营的边际成本大于边际收益。

而新型农业经营主体的农业生产,还需要雇用劳动力和流转土地,所以在其利润最大化函数中,生产函数形式没有发生变化,但成本函数还需要考虑劳动力价格和地租,其利润最大化函数为

$$\pi_n = \max[\, p_{m_n} A_n f(k_n, l_n, q_n) + s_n q_n - (p_{k_n} + p_{l_n} + p_{z_n} + p_{r_n}) q_n \,] \quad (8.60)$$

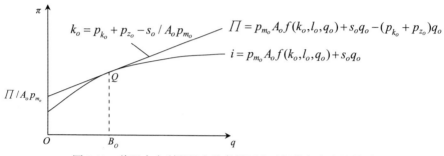

图 8.13 普通农户利润最大化条件下土地规模与产出的关系

其中，p_{m_n} 表示农产品的价格；$A_n f(k_n, l_n, q_n)$ 表示农业生产函数；s_n 表示单位面积的农业补贴；q_n 表示土地经营面积；p_{k_n}、p_{l_n}、p_{z_n}、p_{r_n} 表示单位面积农业资本、劳动力、生产资料和地租的价格。那么，新型农业经营主体利润最大化对土地经营面积的一阶条件是

$$p_{m_n} A_n \frac{\partial f(k_n, l_n, q_n)}{\partial q_n} = p_{k_n} + p_{l_n} + p_{z_n} + p_{r_n} - s_n \quad (8.61)$$

同理，我们可以求出新型农业经营主体的最佳土地经营规模点 B_n，并据此画出新型农业经营主体的生产可能性集的图像（图 8.14）。

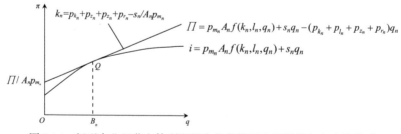

图 8.14 新型农业经营主体利润最大化条件下土地规模与产出的关系

B. 基于最佳经营规模的土地流转

下面根据农户实际经营面积与最佳经营规模点的关系，对两类农户的土地流转意愿和行为边界进行探讨，如图 8.15 所示。

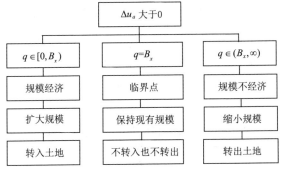

图 8.15 从事农业经营的农户土地流转意愿

假设农户在现有生产要素中，经营管理能力是既定的，农业资本和劳动力可以通过市场机制有效解决，而土地是唯一的制度约束要素，农户在现有的经营管理能力下要追求最优农业经营规模，首先需要转入土地，再追加与之相匹配的资本和劳动力投入。如果土地经营规模超过其现有的经营管理能力，就会选择转出土地。设在现有经营土地面积上的最大农业产量为 y_r，而由其经营管理能力所决定的最优土地经营规模的农业产量[①]为 y_s，则有以下结果。

（1）当 $q \in [0, B_x)$ 时，$x = o, n$，此时两类农户处于边际收益大于边际成本的区间，在此情况下有 $0 < y_r < y_s$，两类农户会增加土地规模，选择转入土地；当然，普通农户和新型农业经营主体的生产经营能力是不相同的，通常地，普通农户的生产经营管理能力小于新型农业经营主体，因而其土地适度经营规模明显小于后者。

（2）当 $q = B_x$ 时，农户的现实土地经营规模处于利润最大化的临界点，边际收益等于边际成本。此时有 $y_r = y_s$，农户现实土地经营规模与其生产能力所决定的适度经营规模相等，他既不会选择转出土地，也不会选择转入土地。

（3）当 $q \in (B_x, \infty)$ 时，农户的现实土地经营规模处于边际成本大于边际

① 农民的经营管理能力是指组织调配农业要素资源进行生产和驾驭市场的综合能力，与土地适度经营规模正相关，经营能力越强，适度经营规模越大，经营能力越小，适度经营规模越小。

收益区间，此时有 $y_r > y_s$，即现实农业经营规模超过其经营能力所决定的最佳土地经营规模。两类农户均会转出土地，对普通农户而言，转出土地既可以获得国家粮食补贴，也可以获得土地租金收入；而对于新型农业经营主体而言，由于其超规模经营土地需要付出高额租金，当他的经营能力不足以经营管理现有土地规模时，就会选择转出土地。

以上分析讨论了从事农业经营农户的土地流转意愿。然而土地流转意愿在交易费用、信息不对称等因素的影响下，农户会进一步衡量土地流转行为的边际成本与流转之后的边际收益，进而决定是否进行土地流转。若以 $\mathrm{MR}(I)$ 表示转入土地后的农业边际收益，$\mathrm{MC}(C)$ 表示转入土地时的边际成本，则有：当 $\mathrm{MR}(I) \geqslant \mathrm{MC}(C)$ 时，农户会选择转入土地；当 $\mathrm{MR}(I) < \mathrm{MC}(C)$ 时，农户会选择不转入土地。

3）农户非农经营与土地流转

对于务工农户与创业农户而言，他们选择在城市就业之后，虽然可以获得较高的非农收入，但也面临着城乡二元结构在他们转为市民时所造成的制度壁垒成本，以及生活费用上升与农业经营收益损失等非制度壁垒成本，而能否承担以上两类成本，将直接影响他们的土地流转决策。非农经营农户的经济效用主要有非农收入及财政补贴，其效用函数形式为

$$u_{u_j} = u(w_j) + s_j q_j \qquad (8.62)$$

其中，w 表示非农收入；s 表示单位面积的财政补贴；q 表示土地经营面积；$j = 1, 2$，当 $j = 1$ 时，表示务工农户，当 $j = 2$ 时，表示创业农户。从事非农经营的农户面临的机会成本主要为上述两类成本，其效用函数为

$$u_{d_j} = u(b_j) + u(e_j, i_j) \qquad (8.63)$$

其中，b 表示制度壁垒；e 表示生活费用上升；i 表示农业经营收益。他们能否成功地转化为城市居民，则取决于其效用函数与成本函数的差值（本节定义为非农经营净效用，用 Δu_{u_j} 表示）：

$$\Delta u_{u_j} = u_{u_j} - u_{d_j} = u(w_j) - u(b_j) - u(e_j, i_j) + s_j q_j \qquad (8.64)$$

式（8.64）在理论上会出现以下两种情形。

（1）$\Delta u_{u_j} > 0$。此时，农户能够承担两类成本，顺利地由农村居民转换为城市居民，他们的经营活动已经与土地无关。此时，他们在有一定地租的情况下有着较强的土地转出意愿。

（2）$\Delta u_{u_j} < 0$。此时，农户不能承担两类成本之和。对于这一类农户，我们将继续讨论他能够承担非制度壁垒成本，以确定他们的土地流转意愿。

若 $\Delta u_{u_j} < 0$，$\Delta u_{u_n} = u(w_j) - u(e_j, i_j) + s_j q_j > 0$，此时，无法承担制度壁垒成本，但农户可以承担非制度壁垒成本。这类农户会选择在年轻力壮时在城市生活和务工，年老时由于无法获得稳定收入也没有社会保障，选择回农村生活，他们的流转意愿为暂时转出或者不转出。

若 $\Delta u_{u_j} < 0$，$\Delta u_{u_n} = u(w_j) - u(e_j, i_j) + s_j q_j < 0$，此时，农户既无法承担制度壁垒的成本，也无法承担非制度壁垒成本。这类农户会选择农闲时在城市务工，农忙时在农村务农，他们的土地转出意愿为不流转。

综上，从事非农经营的农户土地流转意愿和流转决策过程如图8.16所示。

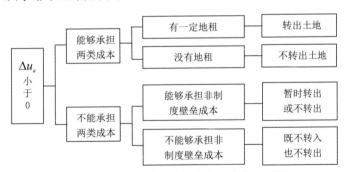

图 8.16　从事非农经营的农户土地流转意愿

由以上分析得知，务工农户与创业农户对于土地流转的意愿主要取决于能否承担两类成本、地租与能否承担非制度壁垒成本。一般而言，创业农户的非农经营收入 w 一般要高于务工农户，所以土地对其重要程度较务工农户更低，如果流转租金合适，他们的土地流转意愿要强于务工农户。同理，两类农户的土地流转意愿若要转化为土地流转行为，与前两类所受到的约束一样，只有当转出土地后的边际收益（MR(R)）大于或等于转出土地时的边际成本（MC(C)）时，他们才会选择转出土地；而当转出土地后的边际收益（MR(R)）小于转出土地时的边际成本（MC(C)）时，他们不会选择转出土地。

4）待检研究假说

以上理论分析以工业化、城镇化进程背景下农户对于农业经营净效用的价值判断作为逻辑起点，推演了异质性农户分工演进下的土地流转意愿和行为。对于农业经营净效用为正的普通农户和新型农业经营主体而言，土地是重要的生产要素，他们的流转意愿和行为以转入为主，实现农业经营利润最大化是其进行流转决策的基础。对于农业经营净效用为负的务工农户和创业农户而言，其经营大都已脱离土地，他们的土地流转意愿和行为以转出为主，而能否承担制度壁垒成本与非制度壁垒成本以及是否能获得合理的转出租金是影响其流转意愿和行为的关键。基于此，我们提出如下待检研究假说。

假说1：对于从事农业经营的普通农户和新型农业经营主体而言，土地是其重要的生产要素，在现行土地制度下，他们的土地经营规模小于最佳经营规模，拥有较强的转入意愿。

假说2：对于从事非农经营的务工农户和创业农户而言，他们的经营活动与土地联系不大，拥有较强的转出意愿。

假说3：土地流转市场的缺乏会导致土地流转信息不对称、交易费用高，致使土地转入的边际成本大于其边际收益，进而制约从事农业经营的农户转入土地。

假说4：在土地流转市场尚未建立的情况下，土地经营权价值无法被有效地发现，信息不对称和地租较低，会阻碍从事非农经营的农户转出土地。

2. 实证设计

1）实证模型与方法

实证中的因变量为不同类型农户的土地流转意愿和行为选择，均属于二元选择变量，因此适宜选取 Probit 模型进行实证检验。根据理论研究假说，我们分别对四类农户的土地流转意愿和行为进行验证，模型设定形式如下：

$$y_{ji} = c_{ji} + \beta_{ji} x_{ji} + \text{con}_{ji} + \mu_{ji} \qquad (8.65)$$

其中，$j=1,2,3,4$ 分别表示普通农户、新型农业经营主体、务工农户与创业农户；$i=1,2$ 分别表示土地流转意愿和流转行为两种情形；y 表示被解释变量，意为农户土地流转意愿或行为；x 表示对应的解释变量；c 表示截距项；β 表示系数；con 表示控制变量；μ 表示随机误差项。为了保证实证结果的平稳性，我们对部分数值较大的解释变量进行对数处理。

2）变量选择与定义

（1）因变量。根据研究目的，我们需要对不同农户的土地流转意愿和行为进行分析，所以因变量选取了土地流转意愿和土地流转行为两类，土地流转意愿分为转入意愿和转出意愿，土地流转行为分为转入土地和转出土地，并通过直接意愿调查方法获得。

（2）自变量。基于前文理论分析，本节主要解释变量为农户的职业特征。同时，为了保持实证结果的稳健性，选取了六类控制变量对解释变量进行控制：一是为了考察家庭特征对土地流转意愿和行为的影响，选择了户主年龄、户主性别、户主受教育程度和常年在家人数变量；二是为了考察农户收入、财产特征对土地流转意愿和行为的影响，选择了农业收入、非农业收入和固定资产三个变量；三是为了考察农业资源禀赋对土地流转意愿和行为的影响，引入了水资源、地貌特征和土地面积三个变量；四是引入党员、干部两个变量，以考察政治资本对土地流转意愿和行为的影响；五是引入礼金支出变量，以考察人际资本对农户土地流转意愿和行为的影响；六是引入地区经济发展水平、交通便捷度两个变量，以考察区域经济发展水平对农户土地流转意愿和行为的影响。具体各变量定义如表 8.7 所示。

表 8.7　主要变量定义

变量类别	变量名称	缩写	描述
土地流转意愿	转入意愿	INW	你家是否有土地转入意愿，是=1，否=0
	转出意愿	OUW	你家是否有土地转出意愿，是=1，否=0
土地流转行为	转入土地	INF	你家是否转入土地，是=1，否=0
	转出土地	OUT	你家是否转出土地，是=1，否=0

续表

变量类别	变量名称	缩写	描述
职业特征	普通农户	ORI	是否以务农为生，且不为专业种植、养殖大户或者经营家庭农场，是=1，否=0
	新型农业经营主体	NEW	是否为专业种植、养殖大户或者经营家庭农场，是=1，否=0
	务工农户	WOR	以务工为生，且没有以在城市经营工商业为主业，是=1，否=0
	创业农户	BUS	以在城市经营工商业为主业，是=1，否=0
家庭特征	户主性别	GEN	户主性别，男=1，女=0
	户主年龄	AGE	户主年龄（岁）
	户主受教育程度	EDU	户主受教育程度：不识字=1，小学=2，初中=3，高中=4，大专及以上=5
	常年在家人数	NUM	2013 年常年在家人数
农户收入、财产特征	农业收入	INC	2013 年农户农业收入
	非农业收入	NAI	2013 年农户非农业收入
	固定资产	FIX	2013 年房屋价值
农业资源禀赋	水资源	WAT	所在村庄水资源丰富程度，稀缺=1，一般=2，丰足=3
	地貌特征	GEO	所在村庄地理特征，山地=1，丘陵=2，平原=3
	土地面积	LAN	2013 年家庭经营土地面积（亩）
政治资本	党员	PAR	家中是否有人为党员，是=1，否=0
	干部	GOV	家中是否有人为干部，是=1，否=0
人际资本	礼金支出	MON	2013 年家庭礼金支出（元）
区域经济发展水平	地区经济发展水平	PRO	2013 年所在地区人均 GDP（元）
	交通便捷度	TRA	所在村庄主干道类型，泥土路=1，石子路=2，水泥路=3，柏油路=4

3. 结果与分析

1）农业经营型农户土地转入的意愿和行为分析

从表 8.8 显示的实证结果来看，普通农户与新型农业经营主体对土地转入具有正效应，且均显著，这说明假说 1 成立，即两类农户现有经营规模处在其最佳经营规模点的左侧，有较强的土地转入意愿。从转入行为来看，普通农户对土地转入产生了显著的负向效应；新型农业经营主体对土地转入产生了显著的正向效应。

表 8.8　普通农户与新型农业经营主体土地转入意愿与行为计量结果

变量属性	变量	ORI 普通农户		NEW 新型农业经营主体	
		INW 转入意愿	INF 转入行为	INW 转入意愿	INF 转入行为
职业特征	JOB 职业	0.4676** (1.99)	−0.5835* (−1.85)	1.4828*** (4.87)	1.9653*** (6.63)
家庭特征	GEN 户主性别	0.5971 (1.14)	0.1710 (0.31)	0.7344 (1.31)	0.2994 (0.53)
	AGE 户主年龄	−0.0328*** (−3.15)	0.0271** (2.53)	−0.0318 (−3.01)	0.0215* (1.94)
	EDU 户主受教育程度	−0.1989 (−1.50)	−0.1759 (−1.24)	−0.2620* (−1.91)	−0.2259 (−1.58)
	NUM 常年在家人数	−0.0927 (−1.23)	0.1418* (1.69)	−0.1236 (−1.57)	0.0462 (0.51)
农户收入、财产特征	INC 农业收入	0.0140 (0.50)	0.0141 (0.47)	0.0102 (0.37)	0.0037 (0.12)
	NAI 非农业收入	−0.0028 (−0.08)	0.0550 (1.08)	0.0111 (0.28)	0.0813 (1.44)
	FIX 固定资产	−0.0249 (−0.37)	0.1551* (1.80)	−0.0647 (−1.03)	0.0907 (1.16)
农业资源禀赋	WAT 水资源	0.0257 (1.11)	0.2497 (0.88)	0.1405 (0.60)	0.1459 (0.52)
	GEO 地貌特征	0.9743*** (6.18)	0.3699** (2.45)	1.0146*** (6.23)	0.4526*** (2.74)
	LAN 土地面积	0.1521*** (5.10)	0.0856*** (2.74)	0.1624*** (5.76)	0.0840*** (3.11)
政治资本	PAR 党员	0.5558*** (2.12)	−0.3378 (−0.99)	0.6015** (2.27)	−0.2362 (−0.70)
	GOV 干部	−0.4634 (−1.21)	−0.0951 (−0.22)	−0.7177* (−1.90)	−0.4021 (−0.94)
人际资本	MON 礼金支出	−0.0398 (−0.38)	−0.4598*** (−4.15)	−0.0282 (−0.25)	−0.3661*** (−3.47)
区域经济发展水平	PRO 地区经济发展水平	−0.8386** (−2.19)	−0.0652 (−0.15)	−0.9529** (−2.41)	−0.6139 (−1.37)
	TRA 交通便捷度	−0.2800** (−2.15)	−0.0953 (−0.68)	−0.2870** (−2.30)	−0.1203 (−0.82)
CON 常数项		6.3268 (1.69)	−3.3262 (−0.78)	8.2650** (2.12)	2.6512 (0.61)
LOG 极大似然值		−320.5913	−269.5287	−310.9891	−251.0156
Pseudo R^2		0.1519	0.1896	0.1773	0.1521

*、**、***分别表示在 10%、5%和 1%的显著性水平下统计显著

对于普通农户而言，土地是重要的生产要素，加之人均耕地面积较小，处在最佳规模点的左侧，土地转入意愿较强，但是由于现实制度环境约束，

他们没有发生明显的土地转入行为。我们进一步对拥有流转意愿但未能发生转入行为的普通农户进行访谈发现，选择"不知道谁愿意转出土地""谈判太麻烦"原因选项的农户分别为 51 户和 56 户，占比分别为 46.36%和 50.91%，这也验证了假说 3，即信息不对称、交易费用高导致土地转入行为的边际成本高于其边际收益，进而阻碍了土地流转行为的发生。另外，农业经营比较收益较低也是制约土地转入的重要原因，有 37 户农户因为"缺乏好的生产项目"而没有转入土地，占比为 33.63%。还有一部分农户因为"转入价格较高"和"其他原因"而没有转入土地，占到样本总数的 19.09%。

新型农业经营主体方兴未艾，其土地经营面积大都处于最佳经营规模点的左侧，土地转入意愿较强。同时，新型农业经营主体受到国家政策的大力支持，其土地流转的交易成本有所降低，能够较容易地转入土地。我们进一步对新型农业经营主体转入土地的用途进行了调查。结果显示，其经营意愿呈现出随生产周期变长而递减的特征。经营最多的是周期最短的粮食和经济作物，其次是周期较长的畜牧和水产养殖，再次是周期最长的果树种植。52.38%的新型农业经营主体选择了将转入土地用于粮食作物种植，26.19%将转入土地用于经济作物种植，用于畜牧水产养殖占比 17.85%，用于果树种植占比 15.47%。目前，我国土地管理制度和土地经营权流转制度尚存在较大不确定性，地权缺乏稳定性直接制约着农户的长期投资，种植粮食和经济作物的投资回收期都较短，而畜牧、水产和果树的投资回收期较长，在缺乏稳定的地权保障情况下，新型农业经营主体不敢过于冒险，都倾向于选择回收期较短的经营方式。

对从事农业经营的农户土地流转意愿和行为影响显著的控制变量中，家庭特征中的户主年龄对土地转入行为产生了正向影响，户主年龄越大，其从事农业经营的时间越长，鉴于其初始规模往往在最佳规模点的左侧，所以会转入土地来增加规模；农业资源禀赋中，土地面积和地貌特征对转入意愿和行为均产生了显著影响，土地面积越大、地貌特征越好，其效用越高，农户转入土地的意愿和行为就越强烈；政治资本中，党员农户拥有土地转入意愿，党员农户作为农村中的带头人，在农业经营中往往具有引导作用，故有较强的土地转入意愿；礼金支出对土地转入行为有负向影响，人际资本越高的农户，自身经济实力往往较强，从事农业经营的热情往往不高；区域经济发展水平特征中，地区经济发展水平和交通便捷度产生了负向影响。区域经济发展水平越高，农户的非农就业机会越多，从事农业经营的机会成本越高，故不倾向于转入土地。

2）农业经营型农户土地转出的意愿及行为分析

作为对照，我们对从事农业经营的两类农户的土地转出意愿和行为进行了检验，以保证估计结果的稳健性。由表 8.9 可知，普通农户对土地转出意愿和行为具有显著的负向效应，土地对于普通农户而言，不仅是重要的生产要素，也具有准社会保障功能，他们对土地的态度相当谨慎，不会轻易放弃土地。新型农业经营主体对土地转出意愿产生了显著的负向效应，对土地转出行为也产生了负向效应，但不显著。土地规模与新型农业经营主体的收入有极强的相关性，新型农业经营主体方兴未艾，经营规模尚处于规模经济的区间，因而不会选择转出土地。

表 8.9　普通农户与新型农业经营主体土地转出意愿与行为计量结果

变量性质	变量	ORI 普通农户		NEW 新型农业经营主体	
		OUW 转出意愿	OUT 转出行为	OUW 转出意愿	OUT 转出行为
职业特征	JOB 职业	-0.8582*** (-4.19)	-0.6058** (-2.35)	-0.6078** (-2.25)	-0.0665 (-0.24)
家庭特征	GEN 农户性别	-0.4140 (-1.55)	-0.1681 (-0.47)	-0.3714 (-1.39)	-0.1210 (-0.33)
	AGE 户主年龄	-0.0097 (-1.28)	0.0104 (1.15)	-0.0148** (-2.00)	0.0071 (0.80)
	EDU 户主受教育程度	0.0042 (0.05)	-0.0530 (-0.49)	0.0200 (0.25)	-0.0492 (-0.46)
	NUM 常年在家人数	0.0112 (0.21)	-0.0605 (-0.94)	0.0055 (0.10)	-0.0653 (-1.01)
农户收入、财产特征	INC 农业收入	0.0022 (0.12)	-0.0013 (-0.06)	0.0020 (0.11)	-0.0046 (-0.20)
	NAI 非农业收入	-0.0066 (-0.26)	-0.0044 (-0.14)	-0.0118 (-0.47)	-0.0086 (-0.28)
	FIX 固定资产	0.0628 (1.51)	0.1750** (2.31)	0.0901** (1.99)	0.1970** (2.51)
农业资源禀赋	WAT 水资源	-0.1529 (-1.09)	-0.2922 (-1.70)	-0.1292 (-0.93)	-0.2780 (-1.64)
	GEO 地貌特征	0.1615 (1.49)	0.8778*** (6.56)	0.2205** (2.09)	0.9055*** (7.00)
	LAN 土地面积	-0.0319 (-1.02)	-0.1437*** (-3.67)	-0.0512 (-1.54)	-0.1623*** (-4.11)

续表

变量性质	变量	ORI 普通农户		NEW 新型农业经营主体	
		OUW 转出意愿	OUT 转出行为	OUW 转出意愿	OUT 转出行为
政治资本	PAR 党员	0.1607（0.90）	0.0180（0.08）	0.1724（0.96）	0.0227（0.11）
	GOV 干部	−0.1576（−0.70）	0.2146（0.83）	−0.0909（−0.40）	0.2190（0.84）
人际资本	MON 礼金支出	0.1297**（2.17）	−0.0313（−0.54）	0.1362**（2.30）	−0.0171（−0.29）
区域经济发展水平	PRO 地区经济发展水平	−0.3343（−1.20）	0.0480（0.15）	−0.3143（−1.11）	0.0318（0.10）
	TRA 交通便捷度	0.2042***（2.63）	0.1158（1.09）	0.1928**（2.49）	0.1097（1.04）
CON 常数项		1.2578（0.44）	−4.9313（−1.41）	0.6883（0.24）	−5.0771（−1.44）
LOG 极大似然值		−590.8797	−419.6152	−598.0725	−423.0722
Pseudo R^2		0.1512	0.1003	0.1396	0.1929

*、**、***分别表示在10%、5%和1%的显著性水平下统计显著

3）非农经营型农户土地转出意愿及行为分析

表 8.10 显示，从转出意愿来看，务工农户对土地转出具有显著的正效应，创业农户对土地转出具有正效应，但不显著。这也验证了假说 2，即对于从事非农经营的务工农户或创业农户而言，他们的经营活动与土地联系不大，有较强的土地转出意愿。从转出行为来看，务工农户和创业农户对土地转出行为均产生了不显著的正向效应。

表 8.10　务工农户与创业农户土地转出意愿与行为计量结果

变量性质	变量	WOR 务工农户		BUS 创业农户	
		OUW 转出意愿	OUT 转出行为	OUW 转出意愿	OUT 转出行为
职业特征	JOB 职业	0.6244***（3.88）	0.5162（0.81）	0.2276（1.04）	0.2529（1.01）
家庭特征	GEN 户主性别	−0.3680（−1.34）	−0.2191（−0.60）	−0.2821（−1.03）	−0.1997（−0.54）
	AGE 户主年龄	−0.0126*（−1.67）	0.0054（0.58）	−0.0169**（−2.26）	0.0049（0.54）
	EDU 户主受教育程度	0.0193（0.23）	−0.0712（−0.64）	0.0046（0.06）	−0.0724（−0.65）
	NUM 常年在家人数	0.0667（1.16）	−0.0468（−0.70）	−0.0042（−0.08）	−0.0741（−1.10）
农户收入、财产特征	INC 农业收入	0.0011（0.06）	−0.0069（−0.29）	−0.0033（−0.17）	−0.0082（−0.35）
	NAI 非农业收入	−0.0146（−0.57）	−0.0011（−0.04）	−0.0121（−0.48）	−0.0006（−0.02）
	FIX 固定资产	0.0679（1.57）	0.1598（2.20）	0.0587（1.41）	0.1509（2.09）

续表

变量性质	变量	WOR 务工农户		BUS 创业农户	
		OUW 转出意愿	OUT 转出行为	OUW 转出意愿	OUT 转出行为
农业资源禀赋	WAT 水资源	−0.1499（−1.06）	−0.3139*（−1.85）	−0.1688（−1.22）	−0.3171（−1.86）
	GEO 地貌特征	0.1858*（1.67）	0.8733***（6.60）	0.2176**（1.96）	0.8673***（6.65）
	LAN 土地面积	−0.0534（−1.55）	−0.1608***	−0.0490（−1.43）	−0.1509***（−3.74）
政治资本	PAR 党员	0.0945（0.52）	0.0027（0.01）	0.1112（0.61）	−0.0014（−0.01）
	GOVL 干部	−0.1361（−0.59）	0.1589（0.60）	−0.1748（−0.76）	0.1453（0.55）
人际资本	MON 礼金支出	0.2470***（3.21）	0.1122（1.18）	0.2404***（3.22）	0.0988（1.04）
区域经济发展水平	PRO 地区经济发展水平	−0.2121（−0.74）	0.1929（0.58）	−0.4100（−1.46）	0.1097（0.34）
	TRA 交通便捷度	0.2116***（2.62）	0.1219（1.12）	0.2018**（2.55）	0.1280（1.18）
CON 常数项		−1.6078（−0.52）	−7.1935*（−1.87）	1.3851（0.47）	−5.9746（−1.60）
LOG 极大似然值		−573.6547	−407.4531	−580.9380	−407.3113
Pseudo R^2		0.1516	0.1899	0.2395	0.3902

*、**、***分别表示在 10%、5% 和 1% 的显著性水平下统计显著

对于务工农户有意愿但未能转出土地的原因，我们进行了进一步调查，结果显示：选择"不知道谁愿意转入土地""谈判太麻烦""转出价格太低"选项作为未能转出土地的原因的农户各有 143 户、218 户和 212 户，占比分别为 28.42%、43.33% 和 42.14%。可见，信息不对称、交易成本高、转出价格低严重制约着土地的转出行为，这也验证了假说 4 的正确性，即租金过低会抑制土地的转出行为。同时，对于有准社保功能的土地，务工农户在做出流转决策时十分谨慎，分别有 126 户和 84 户农户选择了"担心转出后收益难以保障"和"转出后难以收回"作为不转出的原因，占比分别为 25.04% 和 16.69%。有 70 户农户选择了"其他原因"，占比 13.91%。

同样地，我们对创业农户有意愿但未能转出土地的原因进行了进一步调查。选择"转出价格太低""谈判太麻烦"作为未能转出土地的原因的农户各有 100 户和 78 户，占比分别为 74.62% 和 58.20%，租金过低、交易费用高是创业农户土地转出的主要障碍，再一次验证了假说 4 的合理性。此外，对流转收入预期不确定、信息不对称也对土地转出形成一定制约，分别有 45 户和 32 户农户选择了"担心转出后收益难以保障"及"不知道有谁愿意转入土地"

作为土地未转出的原因，占到样本总数的 33.58% 和 23.88%。有 21 户农户选择了"其他原因"不转出土地，占比 15.67%。

对从事非农经营的农户土地流转意愿和行为影响显著的控制变量中，家庭特征中的户主年龄对土地转出意愿产生了负向影响，随着年龄上升，土地的社会保障价值开始凸显，他们转出土地的意愿逐渐减弱；地貌特征对土地转出意愿和行为均有正向影响，地貌特征越好，农业经营效用越高，其租金收入也越高，农户转出意愿强；此外，地貌特征好的地区土地流转活跃，信息不对称程度低，也促进了转出行为的发生；土地面积对转出行为产生了负向影响，土地面积越大，其流转灵活性越差，进而阻碍了土地的转出；人际资本而言，礼金支出越大，其转出意愿越强，人际资本越高的农户，跨过制度壁垒进入城市生存的可能性越大，故转出意愿越强；区域经济发展水平中，交通便捷度对土地转出意愿产生了正向影响，交通条件越好，农户从事非农经营的收益就越高，其土地转出意愿越强。

4）非农经营型农户土地转入的意愿及行为分析

作为对照，我们对从事非农经营的两类农户的土地转入意愿和行为进行了检验（表 8.11），以保证估计结果的稳健性。对于两类农户，无论是土地转入意愿还是转入行为都具有负向效应。根据前文理论分析，土地对于从事非农产业的两类农户而言，已经不再是重要的生产要素，且常年在外务工的农户的土地经营能力较弱，故没有转入土地的意愿和行为。

表 8.11　务工农户与创业农户土地转入意愿与行为计量结果

变量性质	变量	WOR 务工农户		BUS 创业农户	
		INW 转入意愿	INF 转入行为	INW 转入意愿	INF 转入行为
职业特征	JOB 职业	−0.8893*** (−3.96)	−0.2339 (−1.01)	−0.4761 (−1.32)	−1.9905*** (−2.71)
家庭特征	GEN 户主性别	0.8567 (1.61)	0.3593 (0.67)	0.7513 (1.40)	0.3450 (0.63)
	AGE 户主年龄	−0.0378*** (−3.68)	0.0248** (2.33)	−0.0327***	0.0236** (2.34)
	EDU 户主受教育程度	−0.2086 (−1.64)	−0.1958 (−1.43)	−0.2048 (−1.58)	−0.1775 (−1.28)
	NUM 常年在家人数	−0.1363* (−1.80)	0.1094 (1.28)	−0.0417 (−0.57)	0.1791** (2.02)

续表

变量性质	变量	WOR 务工农户		BUS 创业农户	
		INW 转入意愿	INF 转入行为	INW 转入意愿	INF 转入行为
农户收入、财产特征	INC 农业收入	0.0175（0.62）	0.0115（0.37）	0.0246（0.89）	0.0124（0.40）
	NAI 非农业收入	0.0044（0.12）	0.0554（1.12）	0.0054（0.14）	0.0559（1.10）
	FIX 固定资产	−0.0423（−0.72）	0.1401*（1.82）	−0.0227（−0.35）	0.1652*（1.92）
农业资源禀赋	WAT 水资源	0.2707（1.15）	0.2308（0.86）	0.2877（1.25）	0.2349（0.89）
	GEO 地貌特征	0.9364***（5.69）	0.3616***（2.68）	0.9064***（5.56）	0.3874***（2.88）
	LAN 土地面积	0.1590***（5.17）	0.0669**（2.14）	0.1515***（5.12）	0.0530（1.58）
政治资本	PAR 党员	0.5220**（2.00）	−0.4308（−1.23）	0.4932*（1.91）	−0.3808（−1.10）
	GOV 干部	−0.5324（−1.44）	−0.1108（−0.26）	−0.4895（−1.29）	−0.1094（−0.25）
人际资本	MON 礼金支出	0.0042（0.07）	−0.0788*（−1.81）	−0.0251（−0.40）	−0.0725*（−1.64）
区域经济发展水平	PRO 地区经济发展水平	−0.8284**（−2.17）	−0.1039（−0.25）	−0.5974（−1.58）	−0.0159（−0.04）
	TRA 交通便捷度	−0.2664**（−2.11）	−0.1211（−0.91）	−0.2547**（−1.99）	−0.1338（−1.00）
CON 常数项		6.9010*（1.83）	−5.3414（−1.28）	3.5833（0.97）	−6.8167（−1.55）
LOG 极大似然值		−327.4664	−279.4154	−333.5795	−274.0860
Pseudo R^2		0.1626	0.2739	0.1470	0.2916

*、**、***分别表示在 10%、5%和 1%的显著性水平下统计显著

8.3.2　异质性农户的金融要素配置行为抉择

1. 理论模型与研究假说

在前文的分析基础上，我们借鉴张杰（2004）与陈雨露和马勇（2010）的分析框架，以信贷资源配置为例，构建一个普通农户与新型农业经营主体金融合约达成的局部均衡模型，对二者金融要素配置条件及约束进行理论推导。

1）经营特征不同条件下的资本收益及风险

在讨论两类农户信贷获取条件及约束之前，我们首先基于经营特征差异的实际，对两类农户的资本边际收益与风险进行分析。为了分析简便，我们对两类农户的经营特征进行如下定义：①普通农户为简单重复生产或扩大规模的再生产 M_1，经营规模 S_1 小，科技含量 T_1 低，生产性投资 P_1 较低。②新型农业经营主体为规模化或者专业化的生产 M_2，经营规模 S_2 大，科技含量 T_2

高，生产性投资 P_2 较高。

如图 8.17 所示，M_1 是农户演进历程中第一阶段的生产模式。当农户的资本拥有量[①]在 OA 范围内时，他只能进行简单重复生产，资本的边际报酬必然递减；随着普通农户的资本拥有量大于 OA（但小于 OB），他将有能力进行规模扩张的再生产，资本的边际报酬将出现递增。鉴于经营特征陷于简单重复的桎梏，M_1 的预期收益率较低，且风险较高，风险曲线 θ_1 在一个较高的水平上缓慢递减。M_2 是农户演进历程中第二阶段的生产模式。此时，农户的资本拥有量进一步增加并超过 OB，他将根据资本边际收益规律安排生产经营，并能够为降低经营风险进行投资。由于 M_2 代表完全不同于 M_1 的高级生产方式，MR_2 拥有远高于 MR_1 的平均收益水平，并在更高的平均和边际收益水平上呈现出递减特征。同时，由于进行了降低经营风险的投资，θ_2 的平均风险水平远低于 θ_1，并在一个更低的风险水平上呈现出递减的特征。由此观之，随着农户资本拥有量不断增加，经营特征逐渐演变，其资本边际收益曲线呈现出在 M_1 模式下"先递减、后递增"，并在 B 点突变后"在一个较高水平下递减"的基本特征；风险曲线则呈现先缓慢下降，并在 B 点突变后呈现"在一个较低水平下递减"的基本特征。在厘清农户家庭经营特征改变背景下两类农户的资本边际收益及风险的变化特征后，我们进一步对他们的信贷获取条件及约束进行分析。

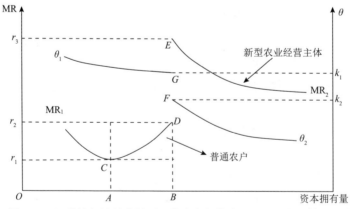

图 8.17　经营特征差异背景下两类农户的资本边际收益与风险曲线

---

① 此处的资本拥有量是指包括实物资本、人力资本和社会资本等资本的综合资本拥有量。

2）信贷合约达成的局部均衡条件

我们假设两类农户为农贷市场上的两个借款人，非正规金融机构和正规金融机构为农贷市场上的两个放款人。根据前面部分的分析，普通农户生产性投资 P_1 较小，进而生产性信贷需求 K_{p1} 较少；其信贷需求主要为平滑消费等生活性需求 K_{l1}，需求量小，且期限短。新型农业经营主体收入、资本水平高于普通农户，自身资金通常能够满足其日常生活需求，生活性信贷需求 K_{l2} 较少，但新型农业经营主体尚处于 M_2 模式生产初期，涉及大量生产性投资 P_2 较大，存在旺盛的生产性信贷需求 K_{p2}，需求量大、期限长。

假定两类农户将信贷资金 L_i 用于投资项目（包括生产性和生活性），$i=1,2$，1 表示普通农户，2 表示新型农业经营主体。项目利润率 R_i 处于一种随机状态，项目成功的概率为 $\rho_i(r_j,\theta_i)$，其中，r_j 为借款利率，θ_i 为项目风险，$j=1,2$，1 表示正规信贷机构，2 表示非正规信贷机构。当项目成功时，农户收益率为 $R_i=\bar{R}_i$，$\bar{R}_i\in[1+r_j,\varpi)$，利润为 $\bar{R}_i\cdot L_i - L_i\cdot(1+r_j)$，信贷机构获得 $r_j\cdot L_i$ 的利润；项目失败概率为 $1-\rho_i(r_j,\theta_i)$，当项目失败时，农户收益率为 $R_i=\underline{R}_i$，$\underline{R}_i\in[0,1+r_j)$，信贷机构获得项目剩余资产 $\underline{R}_i\cdot L_i$，信贷机构的利润为 $(\underline{R}_i-1)\cdot L_i$。鉴于生活性项目一般不产生收益，加之普通农户生产性项目的边际收益小于新型农业经营主体，我们有 $\bar{R}_1<\bar{R}_2$。综上，在不考虑贷款的机会成本和交易成本时，信贷机构的预期收益函数为

$$\pi_j = r_j\cdot L_i\cdot\rho_i(r_j,\theta_i)+(\underline{R}_i-1)\cdot L_i\cdot(1-\rho_i(r_j,\theta_i)) \tag{8.66}$$

农户的预期收益函数为

$$Y_i = \rho_i(r_j,\theta_i)\cdot[\bar{R}_i\cdot L_i-(1+r_j)\cdot L_i] \tag{8.67}$$

在此基础上，我们将农户和金融机构的机会成本与交易成本考虑进信贷合约之中，假定金融机构同时存在其他投资机会（如投资非农产业），并可以确定地获得 λ_j 的无风险收益率，即信贷资金的机会成本为 $\lambda_j\cdot L_i$。农户在不借款的情况下存在着获得稳定收益 W_i 的机会。此外，鉴于中国农贷市场的实际情况，我们还需要考虑借贷双方为了完成信贷合约的交易成本 C_{lj} 与 C_{ij}，C_{lj} 为金融机构的交易成本，C_{ij} 为农户的交易成本。就实际情况而

言，非正规信贷由于在社会网络、信息甄别、监督管理及合约执行上的比较优势，其交易成本低于正规信贷，即 $C_{l2} < C_{l1}$。综上，信贷合约达成则需要满足以下条件：

$$\pi_j = r_j \cdot L_i \cdot \rho_i(r_j, \theta_i) + (\underline{R}_i - 1) \cdot L_i(1 - \rho_i(r_j, \theta_i)) \geq \lambda_j \cdot L_i + C_{lj} \quad (8.68)$$

$$Y_i = \rho_i(r_j, \theta_i) \cdot [\overline{R}_i \cdot L_i - (1 + r_j) \cdot L_i] \geq W_i + C_{ij} \quad (8.69)$$

即农户和金融机构的期望收益应大于二者所需付出的机会成本与交易成本，综上，如果双方要达成一个关于 L_i 和 r_j 的信贷合约，则需要满足以下三个条件：

$$\max \pi_j(r_j, L_i) = r_j \cdot L_i \cdot \rho_i(r_j, \theta_i) + (\underline{R}_i - 1) \cdot L_i \cdot (1 - \rho_i(r_j, \theta_i)) \quad (8.70)$$

$$r_j \cdot L_i \cdot \rho_i(r_j, \theta_i) + (\underline{R}_i - 1) \cdot L_i \cdot (1 - \rho_i(r_j, \theta_i)) \geq \lambda_j \cdot L_i + C_{lj} \quad (8.71)$$

$$Y_i = \rho_i(r_j, \theta_i) \cdot [\overline{R}_i \cdot L_i - (1 + r_j) \cdot L_i] \geq W_i + C_{ij} \quad (8.72)$$

由式（8.70）～式（8.72）可知，信贷合约达成的约束条件为，在金融机构利润最大化[①]的同时，农户和金融机构的预期收益需大于其机会成本与交易成本之和。假设以上最优规划有解，其形式为 (r_j^*, L_i^*)，那么 (r_j^*, L_i^*) 则必须满足式（8.71）和式（8.72）的两个约束条件，则将 (r_j^*, L_i^*) 代入式（8.71），可得

$$\rho_i(r_j^*, \theta_i) \cdot r_j^* \leq \rho_i(r_j^*, \theta_i) \cdot (\overline{R}_i - 1) - \frac{W_i + C_{ij}}{L_i^*} \quad (8.73)$$

我们将式（8.73）变形，可得

$$r_j^* \leq (\overline{R}_i - 1) - \frac{W_i + C_{ij}}{L_i^* \cdot \rho_i(r_j^*, \theta)} \quad (8.74)$$

---

① 鉴于农贷市场的供给先行特征，金融机构在信贷合约中往往处于强势地位，所以在这里我们只需要考虑金融机构的利润最大化。

这也是农户能够承受利率的上限。

同理，将 (r_j^*, L_i^*) 代入式（8.72），可得

$$\rho_i(r_j^*, \theta_i) \cdot r_j^* \geqslant \lambda_j - (\underline{R}_i - 1) \cdot (1 - \rho_i(r_j, \theta_i)) + \frac{C_{lj}}{L_i^*} \quad (8.75)$$

将式（8.73）变形，可得

$$r_j^* \geqslant \frac{\lambda_j - (\underline{R}_i - 1) \cdot (1 - \rho_i(r_j, \theta_i))}{\rho_i(r_j^*, \theta_i)} + \frac{C_{lj}}{\rho_i(r_j^*, \theta_i) \cdot L_i^*} \quad (8.76)$$

这也是金融机构所能接受的利率下限。

由式（8.74）和式（8.76）可知，若要满足解 (r_j^*, L_i^*) 存在，那么 r_j^* 的存在区间应为

$$(\overline{R}_i - 1) - \frac{W_i + C_{ij}}{L_i^* \cdot \rho_i(r_j^*, \theta_i)} \geqslant r_j^* \geqslant \frac{\lambda - (\underline{R}_i - 1) \cdot (1 - \rho_i(r_j^*, \theta_i))}{\rho_i(r_j^*, \theta_i)} + \frac{C_{lj}}{\rho_i(r_j^*, \theta_i) \cdot L_i^*} \quad (8.77)$$

进一步化简式（8.77），则有

$$\rho_i(r_j^*, \theta_i) \cdot (\overline{R}_i - 1) \cdot L_i^* + (1 - \rho_i(r_j^*, \theta_i)) \cdot (\underline{R}_i - 1) \cdot L_i^* \geqslant \lambda_j \cdot L_i^* + W_i + C_{ij} + C_{lj} \quad (8.78)$$

显然，式（8.78）中 $\rho_i(r_j^*, \theta_i) \cdot (\overline{R}_i - 1) \cdot L_i^* + (1 - \rho_i(r_j, \theta_i)) \cdot (\underline{R}_i - 1) \cdot L_i^*$ 是 $(R_i - 1)$ 在既定利率 r_j 条件下的数学期望。

$$\begin{aligned} E(R_i - 1) &= E((R_i - 1) \mid r_j^*, \theta_i) \\ &= \rho_i(r_j^*, \theta_i) \cdot (\overline{R}_i - 1) + (1 - \rho_i(r_j, \theta_i)) \cdot (\underline{R}_i - 1) \end{aligned} \quad (8.79)$$

则式（8.78）可以进一步表示为

$$L_i^* \cdot E(R_i - 1) \geqslant \lambda_j \cdot L_i^* + W_i + C_{ij} + C_{lj} \quad (8.80)$$

由条件式（8.80）可知，在无需抵押物的情况下，信贷合约局部均衡

解存在的一个必要条件应当是，贷款所投入的实际经营活动的平均收益应不小于信贷双方的机会成本与交易成本之和。而在实际的信贷合约中，金融机构尤其是正规金融机构为避免逆向选择和道德风险，通常会要求农户提供抵押物，以保证农户在无法足额偿还贷款本息时，用抵押物偿清债务。下面我们进一步对引入抵押物后的信贷合约局部均衡条件进行理论推导。

3）引入抵押物后信贷合约达成的局部均衡条件

在上述推导的基础之上，我们假定抵押物实体价值为 M_i，那么对金融机构而言，在农户投资项目成功的情况下，收回足额的本息 $L_i \cdot (1+r_j)$，而在农户投资项目失败无法偿还贷款本息时，金融机构可获得抵押资产 M_i。如此一来，金融机构则可以锁定其在任何情况下的收益。考虑到中国农村资产普遍存在产权不明晰，极大地降低了资产的抵押价值，所以在进行理论推导时，我们决定在抵押物实体价值 M_i 前添加一个系数 β_j，$\beta \in (0,1)$，以期更为准确地衡量其实际抵押能力。鉴于非正规信贷抵押要求比正规信贷更低，我们有 $\beta_1 \leqslant \beta_2$。综上，金融机构与农户的收益期望函数表达式分别变为

$$\pi_j = r_j \cdot L_i \cdot \rho_i(r_j, \theta_i) + (\beta_j M_i - L_i) \cdot (1 - \rho_i(r_j, \theta_i)) \tag{8.81}$$

$$Y_i = \rho_i(r_j, \theta_i) \cdot [\overline{R}_i \cdot L_i - (1+r_j) \cdot L_i] + (1 - \rho_i(r_j, \theta_i))(\underline{R}_i \cdot L_i - \beta_j M_i) \tag{8.82}$$

此时，若要交易达成，不仅需要金融机构实现利润最大化与二者的预期收益大于二者的机会成本与交易成本之和，还需要满足抵押物价值大于金融机构在既定利率 r_j 下的本息之和，即

$$\max \pi_j = r_j \cdot L_i \cdot \rho_i(r_j, \theta_i) + (\beta_j F_i - L_i) \cdot (1 - \rho_i(r_j, \theta_i)) \tag{8.83}$$

$$\rho_i(r_j, \theta_i) \cdot [\overline{R}_i \cdot L_i - (1+r_j) \cdot L_i] + (1 - \rho_i(r_j, \theta_i))(\underline{R}_i \cdot L_i - \beta_j M_i) \geqslant W_i + C_{ij} \tag{8.84}$$

$$r_j \cdot L_i \cdot \rho_i(r_j, \theta_i) + (\beta_j M_i - L_i) \cdot (1 - \rho_i(r_j, \theta_i)) \geqslant \lambda \cdot L_i + C_{lj} \tag{8.85}$$

$$\beta_j M_i \geqslant L_i \cdot (1+r_j) \tag{8.86}$$

综上，我们基于经营特征差异的现实背景，推导了两类农户与金融机构在加入抵押物前后的信贷合约达成的局部均衡条件。加入抵押物之前，信贷合约达成需满足局部均衡条件式（8.80）；加入抵押物之后，除了满足条件式（8.80），还需保证抵押物金融价值大于信贷资金的本息之和，即条件式（8.86）。根据以上推导，我们得出以下推论。

推论 1：普通农户主要从事 M_1 类型生产，经营规模 S_1 小，科技含量 T_1 低，因而生产性投资 P_1 较低，生产性信贷需求 K_{p1} 较小；但其自有资产 W_1 较少，通常需要生活性信贷 K_{l1} 来平滑消费。信贷需求量小，周期短。普通农户项目成功率 $\rho_1(r_j, \theta_1)$ 与对应收益率 $\overline{R}_1$ 较低，而正规金融机构投资非农产业资本回报率较之农业更高，加之办理程序复杂，其机会成本 $\lambda_1 L_1$ 与交易成本 C_{l1} 较高，且普通农户自有资产 W_1 少，农村资产产权不明晰，抵押能力 $\beta_j M_1$ 小，导致正规信贷合约的均衡条件难以达成，迫使其在需求上对正规信贷形成了"自我配给"。而非正规信贷缺乏投资非农产业的机会，且拥有社会网络、信息甄别、监督管理、合约执行等比较优势，机会成本 $\lambda_2 L_1$ 与交易成本 C_{l2} 较低，且担保要求较低，信贷合约均衡条件更易达成，进而能够更好地契合普通农户的信贷需求。

推论 2：新型农业经营主体自有资产 W_2 较多，通常能够满足日常生活需求；但 M_2 类型生产经营规模 S_2 大，科技含量 T_2 高，因而生产性投资 P_2 较高，生产性信贷需求 K_{p2} 旺盛，信贷需求量大，且周期长。较之普通农户，新型农业经营主体收益更高而风险更低，即 $\overline{R}_2 > \overline{R}_1$，$\theta_2 < \theta_1$，加之自有资产 W_2 较多，赋予了其更强的抵押能力，即 $\beta_j M_2 > \beta_j M_1$，进而更容易获得非正规信贷的青睐。然而，由于尚未完全摆脱生产低效性和弱质性及农村资产产权不明晰的影响，新型农业经营主体虽然在抵押环节有所改善，但与其金融需求相比，其所能提供符合正规金融机构要求的抵押物还是明显不足，即 $\overline{R}_2$ 与 $\rho_2(r_j, \theta_2)$ 及 $\beta_j M_2$ 绝对值仍然较小，难以满足正规信贷局部均衡条件，仍然受到较强的正规金融约束。

2. 实证设计

1）变量选择与定义

（1）因变量。就经济理论而言，信贷可得性是需求与供给共同作用下的均衡结果,仅对需求或供给单方面的考察无法有效分离需求因素和供给因素,难以可靠地估计出信贷可获得性。为此,我们在分析信贷可获得性时除了将信贷获得作为因变量,还加入了信贷需求变量作为因变量。具体为:第一,农户的信贷获得。我们将农户信贷获得分为正规信贷获得和非正规获得两类。在具体的问卷统计中,我们把从商业银行、农村信用社、村镇银行、农村资金互助社或小额贷款公司的获得贷款定义为正规信贷获得;把从亲友、民间金融获得贷款的农户定义为非正规信贷获得。第二,农户的信贷需求。为与信贷获得匹配,本章将农户信贷需求分为正规信贷需求和非正规需求两类。在实际的调查中,我们借鉴 Mushinski(1999)的研究,对农户的需求进行了有效识别。

(2)自变量。由于本小节研究对象为不同农户类型之间的金融要素配置行为差异,所以最主要的自变量为农户类型变量与家庭经营特征变量。农户类型变量分别为普通农户、新型农业经营主体;家庭经营特征变量为家庭人数、土地经营面积、生产性投资与固定资产。为了考察农户户主、人力资本等特征对两类农户信贷获得的影响,我们还加入了以下几类控制变量:一是为考察户主特征有关的变量对信贷获得的影响,选取了性别、年龄、年龄平方三个变量;二是为考察农户人力资本对信贷获得的影响,选取了受教育程度变量;三是为考察农户实物资本对信贷获得的影响,选取了总收入、农业收入和经营收入三个变量;四是为考察农户社会资本对信贷获得的影响,选取了礼金支出和干部两个变量;五是为考察区域发展水平对信贷获得的影响,选取了交通条件变量。

(3)识别变量。在进行信贷可获得性分析时,还需要选择恰当的识别变量来保证联立方程可识别。我们对四个方程分别加入一些识别其他方程的排除变量。对于正规信贷需求方程,我们选取城市亲戚变量;对于正规信贷获得方程,我们选取了合作经济组织变量。对于非正规信贷需求方程,我们选取了重大事件变量;对于非正规信贷获得方程,我们选择党员变量。

表 8.12 列出了按照自变量和识别变量类别分类的各变量及定义。

表 8.12　主要变量定义

变量类别		变量名称	缩写	定义
农户类型		普通用户	ORD	是否以务农为生，且不为专业种植、养殖大户或者经营家庭农场，是=1，否=0
		新型农业经营主体	NEW	是否为专业种植、养殖大户或者经营家庭农场，是=1，否=0
家庭经营特征		家庭人数	NUM	家庭总人数（人）
		土地经营面积	LAN	家庭经营土地经营面积（亩）
		生产性投资	PRO	农户用于购买农药、化肥、农机具等生产资料的消费（取对数）
		固定资产	FIX	房屋价值（取对数）
其他资源禀赋特征	户主特征	性别	GEN	户主性别，男=1，女=0
		年龄	AGE	户主年龄（岁）
		年龄平方	AGS	户主年龄平方（岁）
	人力资本	受教育程度	EDU	户主受教育程度，不识字=1，小学=2，初中=3，高中=4，大专及以上=5
	实物资本	总收入	INC	家庭人均总收入（取对数）
		农业收入	NAI	家庭农业收入（取对数）
		经营性收入	OPI	家庭提供劳务或者转让资产使用权的收入（取对数）
	社会资本	干部	GOV	家中是否有人为干部，是=1，否=0
		礼金支出	EXP	家庭的亲朋礼金（取对数）
	区域发展水平	交通条件	TRA	所在村庄主干道类型，泥土路=1，石子路=2，水泥路=3，柏油路=4
识别变量		党员	PAR	家中是否有人为党员，是=1，否=0
		城市亲戚	REL	是否有亲戚居住在城市
		合作经济组织	ORG	是否加入合作经济组织，是=1，否=0
		重大事件	IMP	是否发生小孩上学、重大疾病、购房等大笔消费支出，是=1，否=0

2）描述性统计

（1）普通农户和新型农业经营主体经营特征。根据表 8.12 对普通农户和新型农业经营主体的定义，我们的样本中共有普通农户 799 户，新型农业经营主体 338 户。在此基础上，我们对两类农户的经营特征与信贷获得状况进行描述性统计（具体表现情况如表 8.13 所示）。

表 8.13 普通农户和新型农业经营主体经营特征对比

经营特征	普通农户	新型农业经营主体
人均耕地面积/亩	1.78	51.61
生产工具与技术	传统工具和技术为主	现代工具和技术
生产性投资/元	11 333.03	21 229.87
人均固定资产/元	67 514.21	124 284.14

（2）普通农户和新型农业经营主体信贷供求状况。由表 8.14 显示的统计结果来看，拥有正规信贷需求的普通农户为 191 户，占比 23.90%；拥有正规信贷需求的新型农业经营主体为 130 户，占比 38.46%。获得正规信贷的普通农户为 78 户，信贷满足率为 40.84%；获得正规信贷的新型农业经营主体为 68 户，信贷满足率为 52.31%。拥有非正规信贷需求的普通农户为 255 户，占比 31.91%，拥有非正规信贷的新型农业经营主体为 43 户，占比 12.72%。获得非正规信贷的普通农户有 142 户，信贷满足率为 55.69%。获得非正规信贷的新型农业经营主体有 32 户，信贷获得率为 74.42%。整体而言，普通农户的信贷需求与获得呈现出"双重不足"的特征；新型农业经营主体信贷需求旺盛，但正规信贷获得率较低，受正规信贷制约较为严重。以上数据也验证了理论模型中推论 1 和推论 2 关于两类农户信贷需求特点的假设，即普通农户的信贷需求主要为非正规信贷需求，新型农业经营主体的信贷需求主要为正规信贷需求。

表 8.14 普通农户和新型农业经营主体信贷供求状况（单位：户）

项目	普通农户		新型农业经营主体	
	信贷需求农户数	获得信贷农户数	信贷需求农户数	获得信贷农户数
正规信贷	191	78	130	68
非正规信贷	255	142	43	32

（3）生产经营特征改变与信贷获得的关系。前面两部分分别对两类农户的生产经营特征与信贷供求的概况进行了描述，那么生产经营特征的改变是否与信贷获得存在着统计意义上的联系呢？我们利用非参数估计对各项经营特征与信贷获得之间的联系进行了分析，结果如图 8.18 和图 8.19 所

示，各项经营特征无论与两类信贷的可获得性还是实际获得数量都存在着正相关关系，伴随各项投入的增加，农户的信贷可获得性与实际获得数量都呈现出上升趋势。

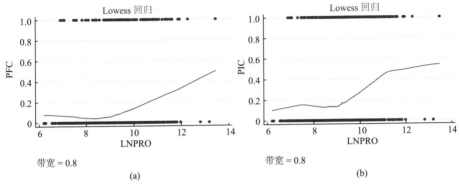

图 8.18　生产性投资与两类信贷的可获得性的非参数估计图

PFC 表示正规信贷可获得性，PIC 表示非正规信贷可获得性，LNPRO 表示生产性投资取对数

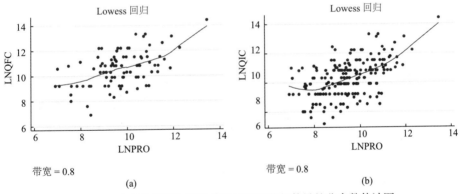

图 8.19　生产性投资与两类信贷的实际获得数量的非参数估计图

LNQFC 表示正规信贷数量取对数，LNQIC 表示非正规信贷数量取对数，LNPRO 表示生产性投资取对数

3）实证模型及估计方法

A. 实证模型

本章的实证分析包含两类农户的信贷可获得性与信贷获得数量两个层面，根据研究需要，设定了两个基本计量模型对信贷可获得性与信贷获得数量进行实证分析，在研究两类农户的信贷可获得性时，基本计量模型设定如下：

$$\text{loan}_{js} = \gamma_{is} + \sum_{i=1}^{2} \gamma_i \beta_i + \text{cons}_{is} + \text{id}_{is} + \varepsilon_{is} \qquad (8.87)$$

其中，loan_{js} 表示两类信贷获得；β_i 表示农户类型变量；cons_{is} 表示控制变量；id_{is} 表示获得方程的识别变量；γ_{is} 表示方程的常数项；ε_{is} 表示方程的随机扰动项；i、j 与理论模型中含义相同。

在研究两类农户的信贷获得数量时，我们设定基本的计量模型如下：

$$\log(\text{amount}+1)_{ja} = \varphi_{ia} + \sum_{i=1}^{2} \varphi_i \beta_i + \text{cons}_{ia} + \varepsilon_{ia} \qquad (8.88)$$

其中，$\log(\text{amount}+1)_{ja}$ 表示信贷数量加上 1 取对数；β_i 表示农户类型变量；cons_{ia} 表示控制变量；φ_{ia} 表示方程的常数项；ε_{ia} 表示方程的随机扰动项。

B. 估计方法

在对普通农户和新型农业经营主体的信贷获得数量进行对比研究时，我们采用 OLS 方法，由于 OLS 方法的应用已经非常普遍，不再做专门介绍。这里重点阐述信贷可获得性估计方法。我们在变量选取的时候提到，信贷可获得性是需求与供给共同作用下的均衡结果，仅对需求或供给单方面的考察无法有效分离需求因素和供给因素，难以可靠地估计出信贷可获得性。然而传统的 Probit 模型往往是针对方程只有一个因变量的情况，如果单独对需求方程和供给方程建模，则存在效率损失。因此，本章采用双变量 Probit 模型对农户信贷的供求关系进行研究，以避免估计过程中的效率损失。具体考察以下联立方程模型：

$$\begin{cases} y_{Di}^* = x_{Di}' \beta_{Di} + \varepsilon_{Di} \\ y_{Sj}^* = x_{Sj}' \beta_{Sj} + \varepsilon_{Sj} \end{cases} \qquad (8.89)$$

其中，y_{Di}^* 与 y_{Sj}^* 表示不可观测的潜变量，分别代表着信贷需求和信贷获得；x_{Di}' 与 x_{Sj}' 分别表示影响农户信贷需求和获得的各类影响因素；扰动项 $(\varepsilon_{Di}, \varepsilon_{Sj})$ 服从二维联合正态分布，期望为 0，方差为 1，而相关系数为 ρ_{ij}，即

$$\begin{pmatrix} \varepsilon_{Di} \\ \varepsilon_{Sj} \end{pmatrix} \sim N \left\{ \begin{pmatrix} 0 \\ 0 \end{pmatrix}, \begin{bmatrix} 1 & \rho_{ij} \\ \rho_{ij} & 1 \end{bmatrix} \right\} \qquad (8.90)$$

农户的信贷需求 y_{Di} 和供给 y_{Si} 由以下方程决定：

$$y_{Di} = \begin{cases} 1, & y_{Di}^* > 0 \\ 0, & y_{Di}^* \leqslant 0 \end{cases} \tag{8.91}$$

$$y_{Sj} = \begin{cases} 1, & y_{Sj}^* > 0 \\ 0, & y_{Sj}^* \leqslant 0 \end{cases} \tag{8.92}$$

因为本小节研究的 y_{Di}^* 与 y_{Sj}^* 分别表示"是否有信贷需求"与"是否获得信贷"，两者之间是相关的，故 $\rho_{ij} \neq 0$。当 $\rho_{ij} \neq 0$ 时，可利用 (y_{Di}, y_{Sj}) 的取值概率，然后进行最大似然估计。因此，我们首先对 ρ_{ij} 进行计算：

$$
\begin{aligned}
\rho_{ij} &\equiv P(y_{Di}=1, y_{Sj}=1) = P(y_{Di}^*>0, y_{Sj}^*>0) \\
&= P(\varepsilon_{Di}>-x_{Di}{}'\beta_{Di}, \varepsilon_{Sj}>-x_{Sj}{}'\beta_{Sj}) \\
&= P(\varepsilon_{Di}<x_{Di}{}'\beta_{Di}, \varepsilon_{Sj}<x_{Sj}{}'\beta_{Sj}) \\
&= \int_{-\infty}^{x_{Di}{}'\beta_{i1}} \int_{-\infty}^{x_{Sj}{}'\beta_{j2}} \varphi(z_{i1}, z_{j2}, \rho_{ij}) \mathrm{d}z_{i1}\mathrm{d}z_{j2} \\
&= \varPhi(x_{Di}{}'\beta_{i1}, x_{Sj}{}'\beta_{j2}, \rho_{ij})
\end{aligned}
\tag{8.93}
$$

其中，$\varphi(z_{i1}, z_{j2}, \rho_{ij})$ 与 $\varPhi(x_{Di}{}'\beta_{i1}, x_{Sj}{}'\beta_{j2}, \rho_{ij})$ 分别表示标准化的二维正态分布的概率密度函数与累积分布函数，期望为 0，方差为 1，而相关系数为 ρ_{ij}，然后将这些概率进行加总，即得到对数似然函数：

$$
\begin{aligned}
\ln L(\beta_{Di}, \beta_{Sj}; \rho_{ij}) = \sum_{i=1}^{2} & P\ln F(X_{Di}\beta_{Di}, X_{Sj}\beta_{Sj}; \rho_{ij}) \\
& + (1-P)\ln(1 - F(X_{Di}\beta_{Di}, X_{Sj}\beta_{Sj}; \rho_{ij}))
\end{aligned}
\tag{8.94}
$$

最后，我们需要对原假设" $\mathrm{H}_0: \rho_{ij}=0$ "进行检验，可判断有无必要使用双变量 Probit 模型。如果检验结果拒绝原假设，则必要。

3. 信贷可获得性估计结果及分析

表 8.15 显示了普通农户和新型农业经营主体的正规信贷方程供求关系的计量结果。从两个模型的极大似然值来看，模型是稳定的。同时两者的 chi2（1）值均强烈地拒绝了" $\mathrm{H}_0: \rho_{ij}=0$ "的原假设，因此意愿方程和行为方程之间存在相关性，有必要使用双变量 Probit 模型。

表 8.15　两类农户信贷可获得性实证结果

变量特征	变量名称	NEW 新型农业经营主体 RDC 正规信贷需求	NEW 新型农业经营主体 RSC 正规信贷可获得性	ORD 普通农户 RDC 正规信贷需求	ORD 普通农户 RSC 正规信贷可获得性	NEW 新型农业经营主体 IDC 非正规信贷需求	NEW 新型农业经营主体 ISC 非正规信贷可获得性	ORD 普通农户 RDC 非正规信贷需求	ORD 普通农户 RSC 非正规信贷可获得性
农户类型	JOB 类型	0.1883*	0.0266	-0.2002**	0.1962	0.0133	0.2042*	-0.1032	0.2267
家庭经营特征	NUM 家庭人数	-0.0477	-0.1397*	0.0338	0.0543	0.0300	-0.0978	-0.0545	0.0245
	LAN 土地经营面积	0.0201***	-0.0006	-0.0065	0.0337	-0.0065	0.0056	0.0193***	0.0502
	PRO 生产性投资	0.2419***	0.2684	0.1175**	0.1211	0.2505***	0.3108**	0.1484*	0.2838*
	FIX 固定资产	0.1032	0.2045***	0.0888	0.1581***	0.0748	0.1130***	0.1536	0.2713***
其他资源禀赋特征 户主特征	GEN 性别	-0.2278	-0.3850	0.0988	-0.3832*	0.0962	-0.3535	-0.2518	-0.3289
	AGE 年龄	0.0116	0.0138	0.0498*	0.0716*	0.0486*	0.0643	0.0123	0.0062
	AGS 年龄平方	-0.0002	-0.0003	-0.0005**	-0.0007*	-0.0005*	-0.0006	0.0002	-0.0001
人力资本	EDU 受教育程度	0.1358**	0.1021	0.0387	0.1853***	0.0536	-0.1043	0.1517***	0.2136*
实物资本	INC 总收入	-0.0809	0.2558*	-0.2986***	-0.4423***	-0.2802***	0.0522***	-0.0836	-0.2764***
	NAI 农业收入	-0.3836**	0.0212	-0.1047	-0.0134	-0.0934	0.0083	-0.3706***	0.0006
	OPI 经营性收入	-0.4364*	0.0351*	0.2419***	-0.0051	0.2505***	0.0231	-0.083*	0.0373
社会资本	EXP 礼金支出	-0.0897	-0.1437	-0.1415	0.0518	-0.1430	-0.0808	-0.0808	0.0931
	GOV 干部	0.2040	0.3059**	0.0647	0.0136	0.0825	0.2860**	0.1983	0.0832
区域发展水平	TRA 交通条件	-0.0794*	0.1014	-0.0754	-0.1603	-0.0755	-0.01175	-0.0730	-0.0623

续表

变量特征	变量名称	NEW 新型农业经营主体		ORD 普通农户		NEW 新型农业经营主体		ORD 普通农户	
		RDC 正规信贷需求	RSC 正规信贷可获得性	RDC 正规信贷需求	RSC 正规信贷可得性	IDC 非正规信贷需求	ISC 非正规信贷可获得性	RDC 非正规信贷需求	RSC 非正规信贷可获得性
识别变量	REL 城市亲戚	0.1313							0.3134
	ORG 合作经济组织		-0.7447		0.44722		0.1070	0.1251	
	IMP 重大事件					-0.0436			
	PAR 党员						-0.0426		0.1206**
统计特征	CON 常数项	-2.5721	-3.8282*	0.4647	-2.4455	-0.2254	-3.3954*	-2.7670	-4.2013*
	chi2(1)	chi2(1)=111.138 Prob>chi2=0.0000		chi2(1)=117.795 Prob>chi2=0.0000		chi2(1)=181.787 Prob>chi2=0.0000		chi2(1)=183.669 Prob>chi2=0.0000	
	LOG 极大似然值	-833.3684		-916.1615		-702.1618		-632.2725	

注：各变量所对应的数值为变量系数

*、**、***分别表示在 10%、5%、1%的显著性水平下统计显著

（1）从农户类型特征来看，估计结果表明：①普通农户对正规信贷需求产生了显著的负效应，对正规信贷可获得性效应为正，但不显著。对非正规信贷需求的效应为负，对非正规信贷可获得性的效应为正，但都不显著。这说明普通农户的信贷需求主要为非正规信贷需求，但受到了一定的非正规信贷约束。主要原因为普通农户主要从事简单重复生产，信贷需求主要为生活性的，资金需求量小，且期限短，另外，普通农户生产效率、收入、资产水平较低，对交易费用敏感度高。而正规信贷办理程序繁杂、交易费用高，严重抑制了其信贷需求，进而在需求端形成了对正规信贷的"自我配给"，非正规信贷办理便捷，交易费用较低，更好地契合了普通农户的需求特点。这也与高帆（2002）、Swain（2002）、Klychova 等（2014）的研究结论一致。②新型农业经营主体对正规信贷需求产生了显著的正效应，对非正规信贷需求效应为正，但不显著；只对非正规信贷可获得性产生了显著的正效应，对正规信贷可获得性效应为正，但不显著。这说明新型农业经营主体对两类信贷均拥有旺盛的需求，但受到了一定程度的正规信贷约束，更多通过非正规信贷来满足其信贷需求。对此，我们根据已有研究并结合实际的调研情况，给出以下解释：新型农业经营主体虽然生产效率、收入、资本水平远高于普通农户，但自身仍处于成长初期，涉及大量生产性投资，对两类信贷需求旺盛。而新型农业经营主体经营效率相对较高且属于农村"精英阶层"，无论人力、实物、社会资本均较高，容易获得非正规信贷支持。但从内部环境来看，自身财务信息不规范、缺乏有效担保，新型农业经营主体申请条件难以符合正规信贷的要求；就外部环境而言，农业保险缺乏、农地经营权抵押办理程序繁复，也在一定程度上制约了其获取正规信贷。

（2）从家庭经营特征来看，①土地经营面积对两类农户的信贷可获得性作用均不显著，这说明土地对两类农户的信贷获得并没有促进作用。为此，我们结合过往研究与实际调研结果，做出如下解释：普通农户的风险厌恶程度较高，即便土地可以作为抵押物，他们也会因为担心无法还款而失去土地而拒绝使用土地进行抵押融资（Binswanger and Sillers，1983）。此外，即使普通农户愿意将土地经营权进行抵押贷款，但受制于经营规模太小，其抵押价值十分有限，难以有效地满足其资金需求（赵振宇，2014）。新型农业经营主体虽然具有强烈的土地抵押意愿，但是农地经营权抵押尚处于推行初期，权证缺乏、办理程序繁复（黄惠春，2014），加之缺乏权威资产评估机构，严重地制约了新型农业经营主体通过农地经营权抵押获得信贷，这也与Khantachavana 等（2012）的研究结论一致。②生产性投资对两类农户的正规信贷可获得性效应为正，但均不显著；对两类农户的非正规信贷可获得性产生了显著的正效应。这说明生产性投资对于两类农户的非正规信贷获得有明显的改善作用，但对他们正规信贷获得的作用不明显。这是因为生产性投资越高的农户未来收益能力通常越高，容易获得非正规信贷支持，但生产性投资品如农机具等通常不能作为有效担保物，正规信贷不愿意提供贷款（张龙耀和江春，2011）。③固定资产对新型农业经营主体的两类信贷可获得性均产生了显著的正效应；对普通农户的两类信贷也产生了显著的正效应。这说明固定资产对于两类农户的两类信贷获得作用明显。固定资产多是"家境殷实"的象征，因而能够明显获得非正规信贷（刘西川等，2014）。但根据我们的实际调查情况，两类农户中，新型农业经营主体的房屋价值往往地理位置更好，靠近城镇，或者在城市中拥有商品房，故抵押价值更高，更容易获得正规信贷支持。

（3）其他资源禀赋特征方面。①从户主特征来看，性别对两类农户的信贷可获得性都产生了负向影响。由于妇女还款意愿及还款率普遍高于男性（Badiru，2010），正规信贷机构更倾向于借款给妇女（Turvey and Kong，2010）。户主年龄对两类农户信贷可获得性产生了正效应，年龄平方对两类农户信贷可获得性产生了负向影响，这说明年龄与信贷获得存在倒"U"形关系。户主年轻时，经营能力随年龄增长而提升，获得信贷的能力也随之增强；然而随着年龄的进一步增大，跨过倒"U"形顶点，其经营能力开始下降，信贷获得能力亦逐渐退化。②从人力资本特征来看，受教育程度对普通农户两类信贷可获得性均产生了显著的正效应，而对新型农业经营主体两类信贷可获得性影响均不显著。这说明受教育程度对普通农户信贷可获得性的促进作用大于新型农业经营主体。可能的原因是新型农业经营主体在实物资本、社会资本上均较高，相比之下，人力资本对其获取正规信贷的边际效用相对较小，而普通农户实物资本、社会资本均较低，人力资本对于普通农户而言边际作用则较大，对获取信贷的作用更为突出。③就实物资本而言，总收入对普通农户的两类信贷可获得性均产生了显著的负效应，而对新型农业经营主体的两类信贷可获得性均产生了显著的正效应。经营性收入对普通农户两类信贷可获得性产生的促进作用较小，且不显著；但对新型农业经营主体的两类信贷可获得性促进作用较大，且对正规信贷显著。这说明正规信贷供给的收入导向依旧明显。其原因在于农贷机构与以新型农业经营主体为主的少部分生产规模大，具有稳定收入和身份特征的农户建立起的重复放贷机制没有发生较大的改变，农贷市场的"精英俘获"特征依旧十分明显(朱喜和李子奈，2006)。④社会资本特征中，干部户对普通农户两类信贷可获得性效应为正，但不显著；对新型农业经营主体产生了显著的正效应。这是因为在农贷资金进入乡村需要寻求内部化节约交易成本的主体与其对接，而这一角色通常由以村干部为首的乡村精英担任，对信贷资金尤其是正规信贷资金有着"近水楼台先得月"的优势。因此，新型农业经营主体中的干部户无疑是"双管齐下"，集多项优势于一身，信贷获得优势尤其突出。⑤最后，就区域经济特征而言，交通条件对新型农业经营主体与普通农户的正规信贷可获得性分别产生了正效应与负效应，但均不显著；交通条件对两类农户的非正规信贷均产生了负效应，且均不显著，这说明交通条件对两类农户获得信贷影响有限。可能的原因是宏观经济发展程度对微观主体的影响程度十分有限。

4. 信贷获得数量估计结果及分析

在对普通农户和新型农业经营主体的信贷可获得性进行分析之后，我们进一步对二者的信贷获得数量进行了分析，以期更为全面地透视两类农户的信贷获取现状。表 8.16 向我们展示了两类农户获得正规信贷与非正规信贷数量的情况。

表 8.16　两类农户信贷获得数量

变量特征	变量名称	ORD 普通农户		NEW 新型农业经营主体	
		正规信贷数量	非正规信贷数量	正规信贷数量	非正规信贷数量
农户类型	JOB 类型	−0.1599**	0.3163	0.0316	0.1947
家庭经营特征	NUM 家庭人数	−0.0080	−0.0303	−0.1218**	−0.1261
	LAN 土地经营面积	0.0553	0.0457	−0.0014	0.0079
	PRO 生产性投资	0.1682	0.5387***	0.3689***	0.4349
	FIX 固定资产	0.4238	0.5468***	0.2113***	0.4367***

续表

变量特征		变量名称	ORD 普通农户		NEW 新型农业经营主体	
			正规信贷数量	非正规信贷数量	正规信贷数量	非正规信贷数量
其他资源禀赋特征	户主特征	GEN 性别	−0.2750	−0.4303	−0.2750	−0.4428
		AGE 年龄	−0.0126	0.0366	−0.0171	0.0785
		AGS 年龄平方	0.0001	−0.0003	0.0001	−0.007
	人力资本	EDU 受教育程度	0.1082**	0.1695**	0.0867	0.1043
	实物资本	INC 总收入	−0.1169*	−0.4675***	0.2068	0.0091
		NAI 农业收入	−0.0158	−0.0189	0.0088	0.0014
		OPI 经营性收入	0.0312	−0.0024	0.0258	0.0288
	社会资本	EXP 礼金支出	0.0536	0.0368	−0.1252	−0.0933
		GOV 干部	0.0005	0.0430	0.2839	0.3505
	区域发展水平	TRA 交通条件	−0.0461	−0.1568**	0.0824	−0.0328
统计特征		CON 常数项	−1.5683	−4.0913	−1.7470	2.4447
		调整 R^2	0.43	0.72	0.61	0.54

*、**、***分别表示在 10%、5%、1%的显著性水平下统计显著

（1）从农户类型特征来看，普通农户对正规信贷数量产生了显著的负效应；对非正规信贷数量效应为正，但不显著。这说明普通农户在信贷数量上同样受到了两类信贷的约束，且正规信贷的约束作用强于非正规信贷。新型农业经营主体对正规信贷数量产生了正效应，但不显著；对非正规信贷数量产生了正效应，但不显著。这说明正规信贷在信贷数量上也对新型农业经营主体造成了一定程度的约束，而非正规信贷则对新型农业经营主体的信贷约束起到了良好的缓解作用。

（2）从家庭经营特征来看，其对两类农户信贷获得数量的影响与对可获得性的影响大致相同。土地经营面积对两类农户信贷获得数量均无明显提升作用；生产性投资对于两类农户的正规信贷获得数量无明显提升作用，但对他们的非正规信贷获得数量提升明显；而固定资产对新型农业经营主体两类信贷获得数量改善明显，对普通农户的非正规信贷获得数量提升明显，但对普通农户的正规信贷获得数量提升不明显。

（3）就其他资源禀赋特征来看，人力资本对两类农户信贷获得数量均有

促进作用，且对普通农户的边际效用大于新型农业经营主体。实物资本会抑制普通农户的信贷获得数量，但会促进新型农业经营主体的信贷获得数量。社会资本中，礼金支出对于普通农户信贷获得数量的作用强于新型农业经营主体；而干部户对提升新型农业经营主体的信贷获得数量的作用强于普通农户。

8.4 现代农业生产组织中农户决策行为及要素配置效应

本节将以农民合作经济组织作为新型农业生产经营主体的代表，通过一个新兴古典经济学模型及其推导的命题，对现代农业生产组织中农户决策及相应要素配置行为予以分析，并利用前述全国 18 个省区市 68 个县（市、区）的农户调查数据进行检验，以充分揭示其要素配置的实际效应和利益实现机制。

8.4.1 现代农业生产组织中农户决策的行为逻辑及利益机制

1. 模型基本假定与说明

首先，假设一个连续统一的农村经济体中，农户作为其主要参与者，既是商品的生产者又是消费者，有相同的生产函数和时间约束。在其有限的时间里所能生产的东西只受他们掌握的经验性知识限制，而经验性知识由分工水平决定。假定在这个经济体中有两类用于最终消费的农产品被生产和消费，一类是粮食产品（x），另一类是非粮食产品（y），所有的农户对这两类农产品都存在消费偏好。农户为了满足家庭对粮食产品（x）和非粮食产品（y）的消费，一是可以选择自己进行生产，二是选择从市场上进行购买，三是选择通过农民合作经济组织进行协调交换。

我们直接用 x 和 y（$x,y \geqslant 0$）分别表示农户作为生产者对两类农产品的自给量，分别用 x^s 和 y^s（$x^s,y^s \geqslant 0$）表示农户作为生产者对这两类农产品的售卖量（或供给量），分别用 x^d 和 y^d（$x^d,y^d \geqslant 0$）表示农户作为消费者对这两类农产品的购买量（或需求量），则这两类农产品的生产函数可以表示为

$$x^p \equiv x + x^s = (l_x - c_x)^{e_x} \qquad (8.95)$$

$$y^p \equiv y + y^s = (l_y - c_y)^{e_y} \qquad (8.96)$$

其中，x^p 和 y^p 分别表示粮食产品（x）和非粮食产品（y）的产出量；参数 c_x 和 c_y（$c_x, c_y > 0$）分别表示生产粮食产品（x）和非粮食产品（y）的固定学习成本，反映农户各自的禀赋；e_x 和 e_y（$e_x, e_y > 0$）分别表示粮食产品（x）和非粮食产品（y）的专业化经济程度；决策变量 l_x 和 l_y（$l_x, l_y \geqslant 0$）分别表示农户生产粮食产品（x）和非粮食产品（y）的劳动份额，即专业化水平。

假定单个农户的劳动力总量为 1，因而农户个人的劳动力禀赋约束就可以表示为

$$l_x + l_y = 1 , \quad l_x, l_y \in [0,1] \qquad (8.97)$$

农户个人的预算约束为

$$p_x x^s + p_y y^s = p_x x^d + p_y y^d \qquad (8.98)$$

第一种情况：如果农户生产的农产品在市场上进行交易，我们可以用柯布-道格拉斯效用函数来刻画个人的效用，

$$U = (x + kx^d)^{\alpha}(y + ky^d)^{\beta} \qquad (8.99)$$

其中，参数 k（$k \in [0,1]$）表示农产品市场的交易效率，故 $1-k$（$1-k \in [0,1]$）表示农产品市场的交易成本（如运输成本、市场交易的手续费、市场价格和交易对手等信息搜集费用、讨价还价费用等）。

第二种情况：如果农户生产的农产品通过农民合作经济组织进行协调，我们同样也可以使用柯布-道格拉斯型效用函数得到个人的效用方程，

$$U = (x + tx^d)^{\alpha}(y + ty^d)^{\beta} \qquad (8.100)$$

其中，参数 t（$t \in [0,1]$）表示农民合作经济组织的协调效率，$1-t$（$1-t \in [0,1]$）则表示协调成本，本节将这一协调成本定义为保证契约履行的成本。农民合

作经济组织是由组织内部成员之间的一系列契约形成的（杨丹，2011），只有保证这些契约能够有效得到履行，才会有农民合作经济组织的继续存在，因此本节定义的协调成本为保证这些契约的履行所需要支付的成本。

柯布-道格拉斯效用函数确保了个人的多样化消费偏好，α 和 β 分别表示农户对粮食产品（x）和非粮食产品（y）的偏好程度，本节令 $\alpha = \beta = 1$，即农户对粮食产品（x）和非粮食产品（y）具有相同程度的偏好，这样，式（8.99）和式（8.100）就可以进一步化简为

$$U = (x + kx^d)(y + ky^d) \tag{8.101}$$

$$U = (x + tx^d)(y + ty^d) \tag{8.102}$$

2. 现代农业生产组织中农户行为选择的均衡解

由农户个体最优决策的库恩-塔克条件可知，一个农户至多卖一种产品，且绝不购入和自给或出售同一种产品。根据以上假设和说明，我们可以分析以下三种结构模式，并求出角点解（三种模式的结构参见图 8.20）。

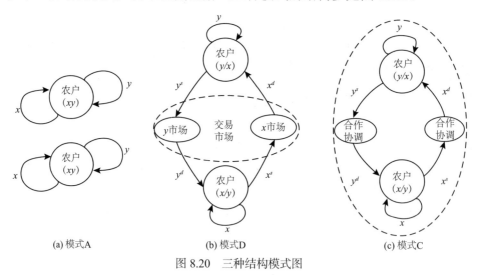

图 8.20　三种结构模式图

1）农户自给自足的模式（模式 A）

在这一模式中，农户各自生产粮食产品（x）和非粮食产品（y）两种

农产品仅供自己进行消费，而不进行任何交换。由此可知，$x^s = x^d = y^s = y^d = 0$。因此，单个农户的最优化决策问题可以表示为

$$
\begin{cases}
\max\ U_A = xy \\
\text{s.t.}\ \ x = (l_x - c_x)^{e_x} \\
\qquad y = (l_y - c_y)^{e_y} \\
\qquad l_x + l_y = 1
\end{cases}
\tag{8.103}
$$

其中，U_A 表示模式 A 的农户效用。进一步求式（8.103）的最优解，即令 $\dfrac{\partial U_A}{\partial l_x} = 0$，$\dfrac{\partial U_A}{\partial l_y} = 0$，可得

$$
l_x^* = \frac{e_x - e_x c_y + e_y c_x}{e_x + e_y}，\quad l_y^* = \frac{e_y - e_y c_x + e_x c_y}{e_x + e_y}
\tag{8.104}
$$

$$
x^* = \left(\frac{e_x - e_x c_y - e_y c_x}{e_x + e_y} \right)^{e_x}，\quad y^* = \left(\frac{e_y - e_y c_x - e_x c_y}{e_x + e_y} \right)^{e_y}
\tag{8.105}
$$

因此，自给自足生产粮食产品（x）和非粮食产品（y）的单个农户最大效用值为

$$
U_A^* = e_x^{e_x} e_y^{e_y} \left(\frac{1 - c_x - c_y}{e_x + e_y} \right)^{e_x + e_y}
\tag{8.106}
$$

2）农户进行专业化生产并通过市场进行交易的模式（模式 D）

这一模式由两种个人的最优化决策问题构成，具体如下。

一是农户专业生产粮食产品（x），但是需要通过市场卖出粮食产品（x）并买进非粮食产品（y），即（x/y）的决策。在此决策中，$y = x^d = y^s = 0$，农户的最优化决策问题为

$$\begin{cases} \max\ U_{Dx} = xky^d \\ \text{s.t.}\ \ x + x^s = (l_x - c_x)^{e_x} \\ \qquad l_x = 1 \\ \qquad p_x x^s = p_y y^d \end{cases} \qquad (8.107)$$

求这个最优化决策问题的最优解，即令 $\dfrac{\partial U_{Dx}}{\partial x^s} = 0$，得

$$x^{s*} = x^* = \frac{(1-c_x)^{e_x}}{2}, \quad y^{d*} = \frac{(1-c_x)^{e_x}}{2} \times \frac{p_x}{p_y} \qquad (8.108)$$

令 $p = p_y / p_x$，即用粮食产品（x）表示的非粮食产品（y）的价格，则专业生产粮食产品（x）的农户最大效用值为

$$U_{Dx}^* = \frac{k}{4p}(1-c_x)^{2e_x} \qquad (8.109)$$

二是农户专业生产非粮食产品（y），并通过市场交易卖出非粮食产品（y），然后购买粮食产品（x），即（y/x）的决策。在此决策中，$x = x^s = y^d = 0$，农户的最优化决策问题为

$$\begin{cases} \max\ U_{Dy} = ykx^d \\ \text{s.t.}\ \ y + y^s = (l_y - c_y)^{e_y} \\ \qquad l_y = 1 \\ \qquad p_x x^d = p_y y^s \end{cases} \qquad (8.110)$$

求这个最优化决策问题的最优解，即令 $\dfrac{\partial U_{Dy}}{\partial y^s} = 0$，得

$$y^{s*} = y^* = \frac{(1-c_y)^{e_y}}{2}, \quad x^{d*} = \frac{(1-c_y)^{e_y}}{2} \times \frac{p_y}{p_x} \qquad (8.111)$$

则专业生产非粮食产品（y）的农户最大效用值为

$$U_{Dy}^* = \frac{kp}{4}(1-c_y)^{2e_y} \qquad (8.112)$$

由均衡条件 $U_{\mathrm{D}x}^{*} = U_{\mathrm{D}y}^{*}$ 得

$$p^{*} = \frac{p_y}{p_x} = \frac{(1-c_x)^{e_x}}{(1-c_y)^{e_y}} \tag{8.113}$$

在此均衡条件下，相对价格 p^{*} 揭示了瓦尔拉斯均衡机制下农户之间的相互影响过程，相对价格是在完全竞争和自由选择中外生形成的，此时，个别农户只是该相对市场价格的接受者，并在此相对价格水平下与其他农户发生联系。从而个别农户提高劳动生产率或降低学习成本并不会导致整个市场的相对价格发生变化，但是，某一农户要是能提高其劳动生产率或者降低学习成本，该农户就能提升其市场竞争力，并能够获得更高的效用水平。因此，农户进行专业化生产并通过市场进行交易的模式 D 中，单个农户的最大效用值为

$$U_{\mathrm{D}}^{*} = \frac{k(1-c_x)^{e_x}(1-c_y)^{e_y}}{4} \tag{8.114}$$

3）农户进行专业化生产并通过农民合作经济组织进行协调模式（模式 C）

由于这一模式是通过农民合作经济组织进行协调，其实质就是作为农民合作经济组织成员的农户之间的一种策略性决策行为，其决策及其交互影响和交易价格由一个纳什议价机制来决定，因而我们就需要用纳什议价模型来求角点解。假定纳什议价博弈在专业化生产粮食产品（x）的农户甲和专业化生产非粮食产品（y）的农户乙之间进行。农户甲因为专业化生产粮食产品（x），于是就会通过农民合作经济组织协调供给粮食产品（x）而需求非粮食产品（y），可知 $y_1 = y_1^s = x_1^d = 0$；相反，农户乙因为专业化生产非粮食产品（y），需要通过农民合作经济组织协调其供给非粮食产品（y）并需求粮食产品（x），可知 $x_2 = x_2^s = y_2^d = 0$。从而得到农户甲和农户乙能够获得的分工净收益分别为

$$V_{1x} = U_{\mathrm{C}1x} - U_A = (x_1 t y_1^d) - U_A, \quad V_{2y} = U_{\mathrm{C}2y} - U_A = (y_2 t x_2^d) - U_A \tag{8.115}$$

因此，农户甲和农户乙所形成的农民合作经济组织的最优化决策问题，实质上就等同于求一个使纳什积最大化的规划问题：

$$\begin{cases} \max V_C = V_{1x}V_{2y} = [(x_1 t y_1^d) - U_A][(y_2 t x_2^d) - U_A] \\ \text{s.t. } x_1 + x_1^s = (l_{1x} - c_x)^{e_x} \\ \qquad y_2 + y_2^s = (l_{2y} - c_y)^{e_y} \\ \qquad l_{2y} = 1, \ l_{1x} = 1 \\ \qquad x_1^s = x_2^d, \ x_1^s = x_2^d \\ \qquad p_x{'} x_1^s = p_y{'} y_1^d \\ \qquad p_x{'} x_2^d = p_y{'} y_2^s \end{cases} \qquad (8.116)$$

我们令相对价格

$$p^{t*} = p_y{'} \Big/ p_x{'}$$

此相对价格 p^{t*} 揭示了纳什议价机制下农户之间的相互影响过程。由于纳什议价是在农民合作经济组织内部的农户之间进行的,相对价格 p^{t*} 是内生决定的。农民合作经济组织的协调效率 t [是由于保证契约履行需要支付一定的成本 $(1-t)$,是作为农民合作经济组织成员的农户的共同预期,也是作为一系列契约联结的农民合作经济组织存在的保证]只要大于市场交易效率(k),农民合作经济组织就能替代市场交易保证分工的演进和农户效用水平的提高。但是必须注意的是,农民合作经济组织纳什议价机制下的供求平衡关系只在组织成员之间形成,是由事前契约规定的,参与纳什议价的双方中若有一方供求量发生变化或者退出,会使纳什议价机制遭到破坏。

通过求这个最优化决策问题的最优解,我们可以得到农户进行专业化生产并通过农民合作经济组织进行协调的模式 C 中农民合作经济组织的最大效用值

$$U_{C1x}^* = U_{C2y}^* = \frac{t(1-c_x)^{e_x}(1-c_y)^{e_y}}{4} \qquad (8.117)$$

3. 现代农业组织与农户的行为特征及其增收效应

若要满足 $U_D^* > U_A^*$,则需要满足:

$$\frac{k(1-c_x)^{e_x}(1-c_y)^{e_y}}{4} > e_x^{e_x} e_y^{e_y} \left(\frac{1-c_x-c_y}{e_x+e_y}\right)^{(e_x+e_y)} \quad (8.118)$$

也就是

$$k > \left(\frac{e_x}{1-c_x}\right)^{e_x} \left(\frac{e_y}{1-c_y}\right)^{e_y} \left(\frac{1-c_x-c_y}{e_x+e_y}\right)^{(e_x+e_y)}$$

若要满足，则需要满足

$$\frac{t(1-c_x)^{e_x}(1-c_y)^{e_y}}{4} > \frac{k(1-c_x)^{e_x}(1-c_y)^{e_y}}{4} \quad (8.119)$$

也就是 $k < t$。

因此可以得到农民合作经济组织产生的条件为

$$t > k > \left(\frac{e_x}{1-c_x}\right)^{e_x} \left(\frac{e_y}{1-c_y}\right)^{e_y} \left(\frac{1-c_x-c_y}{e_x+e_y}\right)^{(e_x+e_y)} \quad (8.120)$$

从而，我们可以得到如下命题。

命题 1：当农村商品市场逐渐扩大，市场交易效率足够大时，农村经济结构会从自给自足的自然经济状态逐步走向分工结构演进；而农民合作经济组织的形成是因为农户之间以互惠互利的合作为原则，并通过一系列契约联结为前提的，其特点主要在于其交易的协调效率（t）要明显高于市场的交易效率（k），也就是 $t > k$。所以农民合作经济组织能够促使农村经济结构进一步从市场组织的分工形式向合作组织协调的分工形式演进，并使参与分工的农户获得更高的效用水平。因此，只要满足 $t > k$，也就是说只要组织的协调效率大于市场的交易效率，农民合作经济组织就会逐渐形成并不断发展壮大；在农户层面则表现为农户参与农民合作经济组织的意愿更强烈、参与农民合作经济组织的行为更积极。

进一步分析分工演进和农民经济组织产生的临界值，令

$$k_0 > \left(\frac{e_x}{1-c_x}\right)^{e_x} \left(\frac{e_y}{1-c_y}\right)^{e_y} \left(\frac{1-c_x-c_y}{e_x+e_y}\right)^{(e_x+e_y)} \qquad (8.121)$$

设 $e = e_x = e_y$，可以得出

$$\partial k_0 / \partial e < 0$$

说明 e 越大，k_0 越小，即满足 $k_0 < k < t$ 条件的通过农民合作经济组织协调交易的分工演进的临界条件越低，这意味着农民合作经济组织越容易产生。因此可以得出以下命题。

命题 2：农户专业生产某种农产品所获得的专业化经济程度越高，农民合作经济组织越容易产生。因而通过农民合作经济组织协调分工能够使参与分工的农户获得更多专业化经济的好处，形成农户与农民合作经济组织的利益驱动机制，并由此在促进农业专业化发展的同时又能确保农民收入增长，最终实现农民合作经济组织发展和农民增收的良性循环。在农户层面则表现为，加入农民合作经济组织的农户进行农业专业化生产的意愿更强烈、进行农业专业化生产的行为更积极。

当满足 $k_0 < k < t$ 后，根据前述推导可知，单个农户的最大效用值为由式（8.114）决定。这意味着，k 确定的情况下，在 e_x 和 e_y 越大、c_x 和 c_y 越小时，单个农户能够获取更大的利益。由于参数 c_x 和 c_y 反映农户各自的资源禀赋，资源禀赋越好的农户其生产固定学习成本越低，即 c_x 和 c_y 越小。而 e_x 和 e_y 代表生产的专业化经济程度，专业化程度越高，则 e_x 和 e_y 越大。因此可以得出以下命题。

命题 3：不同农户家庭自身资源禀赋不同，也可能导致不同农户参与农民合作经济组织的决策效果各异。两种极端的情况可能是：拥有更多资源禀赋的农户在农民合作经济组织中有更大的发言权，而且能够使自己的物质资本、社会资本和人力资本都得到充分发挥，故该农户参与农民合作经济组织的决策效果更明显，所获取的经济效益更大。相反，资源禀赋较差的农户因为自身人力资本、社会资本和物质资本等资源要素严重积累不足，在农民合作经济组织中的地位远远低于资源禀赋好的成员，其参与农民合作经济组织的决策收益明显低于资源禀赋好的成员。

8.4.2 现代农业生产组织中农户要素配置决策行为的特征检验

1. 变量选择及实证模型设定

本小节主要目的在于检验农户参与农民合作经济组织(包括专业合作社、股份合作社和专业协会）及其相应要素配置的行为特征。参与农民合作经济组织的行为特征主要通过农户是否加入农民合作经济组织和是否愿意加入农民合作经济组织这两方面来进行检验，此外为了更全面检验农户参与农民合作经济组织要素配置决策的行为特征，我们还考虑了其他相应变量。

本部分涉及的所有变量包括：农户加入农民合作经济组织（organization：变量取值为 1 表示农户加入了农民合作经济组织，变量取值为 0 表示农户未加入农民合作经济组织），农户加入农民合作经济组织意愿（org_wish：变量取值为 1 表示农户愿意加入农民合作经济组织，变量取值为 0 表示农户不愿意加入农民合作经济组织），协调效率（coo_eff：变量取值为 1，表示组织协调效率高于市场交易效率，能够显著提高家庭收入；变量取值为 0，表示组织协调效率低于市场交易效率，不能够显著提高家庭收入），农户专业化意愿（spec_wish：变量取值为 1 表示农户愿意参与专业化生产，变量取值为 0 表示农户不愿意参与专业化生产）[①]，生产环节专业化（specialization：分化程度为 0～10 的连续数值，取值越大表示专业化程度越高）。农户收入（FI）、区域经济环境（EE）、物质资本（PC）、人力资本（HC）、社会资本（SC）、家庭特征（FC）作为主要的要素配置变量。除了关于农户参与农民合作经济组织的行为特征和反映农民合作经济组织协调效率变量以外，我们对每一组变量类别都设置了一系列的具体变量和替代变量，具体各变量的设置、符号、命名、定义、赋值情况及其描述性统计如表 8.17 所示。另外需要指出的是，实证过程中，我们将数量级较大的变量均进行了对数处理，其中包括各项收入变量、省（自治区、直辖市）经济发展水平、住房总价值、金融负债和礼金支出。

---

① 农户生产专业化是指农户围绕某种农产品的生产培育，将种、养、加过程和产、供、销环节联为一体的专业生产经营系列，做到每个环节的专业化与一体化协同相结合，使每一种农产品都将原料、初级产品、中间产品制作成最终产品进入市场，从而有利于提高产业链的整体效率和经济效益。

表 8.17 实证分析中各变量数据的编制说明及变量的描述性统计

名称	符号	定义	赋值情况及其含义	均值	标准差	变异系数
		变量设置、命名及其度量方法介绍		变量的描述性统计		
加入组织情况	organization	农户加入农民合作经济组织	农户是否参与农民合作经济组织（是=1，否=0）	0.133 5	0.340 3	2.55
加入组织意愿	org_wish	农户加入农民合作经济组织意愿	农户是否愿意参与农民合作经济组织（是=1，否=0）	0.434 1	0.475 5	1.09
农户专业化	spec_wish	农户专业化意愿	农户是否愿意参与专业化生产（是=1，否=0）	0.133 5	0.340 3	2.55
	specialization	生产环节专业化	分化程度为 0~10 的数值	2.748 9	2.680 4	0.975 1
农户收入（FI）	allincome	农户家庭总收入	农户家庭年末总收入（元）	74 281.25	110 469.36	1.49
	agriculture	农业收入	农户家庭年末农业收入（元）	16 436.06	67 355.75	4.10
	wage	职工工资收入	家庭国家职工工资收入（元）	30 158.41	43 907.93	1.46
	worker	外出务工收入	农户家庭年末外出务工收入（元）	16 857.06	76 821.39	4.56
	business	做生意收入	农户家庭年末经营收入（元）	9 024.41	28 547.71	3.16
	transfer	转移性收入	农户家庭年末转移性收入（元）	947.66	3 731.99	3.94
	property	财产性收入	农户家庭年末财产性收入（元）	857.66	5 513.36	6.43
区域经济环境（EE）	geograph	地理环境	平原=3，丘陵=1，山区=0	1.29	1.26	0.98
	villageroad	村主干道类型	泥土=0，石子=1，水泥=2，柏油=4	1.88	1.20	0.64
	environment	村生态环境	很好=3，一般=1，较差=0	1.43	1.06	0.74
	rgdp	省（自治区、直辖市）经济发展水平	2013 年省（自治区、直辖市）人均 GDP（元）	40 666.87	13 043.24	0.32

续表

变量设置、命名及其度量方法介绍

名称	符号	定义	赋值情况及其含义	均值	标准差	变异系数
物质资本（PC）	housevalue	住房总价值	家庭住房总价值（元）	1 172.18	1 627.42	1.39
	food_land	粮食种植面积	粮食作物种植土地面积（亩）	3.00	3.37	1.12
	other_land	非粮食经营面积	非粮食作物经营土地面积（亩）	2.03	5.65	2.78
	loan	金融负债	年末累计借贷金额（元）	12 221.87	69 124.73	5.66
人力资本（HC）	education	户主文化程度	户主接受教育程度（年）	8.15	3.12	0.38
	high_edu	高中及以上学历人数	户主外高中及以上学历人数（人）	1.04	0.96	0.92
社会资本（SC）	party	共产党员户	家里是否有党员（是=1，否=0）	0.215 2	0.41	1.91
	cadre	亲友官员户	亲友是否当官（是=1，否=0）	0.118 5	0.32	2.73
	gifts_exp	礼金支出	年度礼金支出金额（元）	3 985.51	4 991.42	1.25
家庭特征（FC）	head_gender	户主性别	男=1，女=0	0.93	0.26	0.28
	head_age	户主年龄	户主年龄（岁）	48.16	11.10	0.23
	home_size	人口规模	家庭户籍人口总数（人）	4.28	1.31	0.31
	home_worker	外出务工家庭	家庭是否有外出务工（是=1，否=0）	0.66	0.47	0.71
协调效率	coo_eff	农民合作经济组织的协调效率	参加农民合作经济组织能显著提高家庭收入（是=1，表示协调效率高；否=0，表示协调效率低）	0.30	0.46	1.53

注：①变异系数=（标准差/平均值）×100%。变异系数和极差、标准差和方差一样，都可反映数据离散程度的绝对值；②本部分所指的转移性收入主要包括政府补贴收入和亲朋友转移收入（主要是礼金收入）；③本部分中其他土地主要包括经济作物种植地、畜牧养殖地、水产养殖地、果园地和其他土地。

对于命题 1 和命题 2 的实证检验，由于因变量分别为农户加入农民合作经济组织、农户加入农民合作经济组织意愿和农户专业化意愿，都是取值为 0 和 1 的两分类因变量，本节建立 Probit 回归模型来进行检验，模型形式如下：

$$y_1^* = \beta'x + \varepsilon$$

其中，

$$Y_1 = 0, \quad y_1^* \leqslant 0$$

$$Y_1 = 1, \quad y_1^* > 0 \tag{8.122}$$

$$y_2^* = \beta'x + \varepsilon$$

其中，

$$Y_2 = 0, \quad y_2^* \leqslant 0$$

$$Y_2 = 1, \quad y_2^* > 0 \tag{8.123}$$

$$y_3^* = \beta'x + \varepsilon$$

其中，

$$Y_3 = 0, \quad y_3^* \leqslant 0 ; \quad Y_3 = 1, \quad y_3^* > 0 \tag{8.124}$$

式（8.122）中的 Y_1 即为农户加入农民合作经济组织变量，式（8.123）中的 Y_2 即为农户加入农民合作经济组织意愿变量，式（8.124）中的 Y_3 即为农户专业化意愿变量。x 包括了农户收入（FI）、区域经济环境（EE）、物质资本（PC）、人力资本（HC）、社会资本（SC）、家庭特征（FC）一系列变量（表 8.17）。此外，式（8.122）和式（8.123）中，x 还包括了协调效率。

对于命题 2 的另一实证检验，由于农户的农业生产环节专业化是取值为 0 到 10 的限制因变量，本节建立 Tobit 回归模型来进行检验，模型形式如下：

$$y_4^* = \beta' x + \varepsilon$$

其中，

$$Y_4 = 0, \ y_4^* \leqslant 0 ; \ Y_4 = y_4^*, \ y_4^* > 0 \qquad (8.125)$$

式（8.125）中的 Y_4 即为生产环节专业化变量。x 包括了农业收入（agriculture）、区域经济环境（EE）、物质资本（PC）、人力资本（HC）、社会资本（SC）、家庭特征（FC）一系列变量（表8.17）。

2. 要素配置决策与农民自身行为意愿验证

对于命题2中的式（8.123）的实证检验结果如表8.18所示，似然比检验的 p 值为0.0000，这说明式（8.123）拒绝"同方差"的原假设，农户加入农民合作经济组织意愿的影响因素方程存在明显的异方差，因此使用异方差的 Probit 模型进行检验是必要且准确的。从异方差的 Probit 模型回归结果可以看出：农户家庭中有人外出务工能够显著促进农户加入农民合作经济组织的意愿，但是农户家庭的外出务工收入却显著抑制了农户加入农民合作经济组织的意愿。这同样说明了一方面农户家庭内部的农业和非农产业分工能够促使留在农村专业从事农业生产的农民产生合作的强烈愿望，从而有利于促进农民合作经济组织的逐渐推广和进一步发展；另一方面，家庭外出务工收入越多，农户选择加入农民合作经济组织的意愿越低。

表 8.18　农户加入农民合作经济组织意愿的行为特征分析

变量	系数	变量	系数	变量	系数
agriculture 农业收入	0.0734** （2.35）	wage 职工工资收入	−0.4433 （−1.55）	worker 外出务工收入	−0.8696*** （−3.66）
business 做生意收入	−0.1037*** （−2.87）	transfer 转移性收入	0.1334*** （3.34）	property 财产性收入	−0.4067*** （−3.00）
geograph 地理环境	0.2643* （1.76）	villageroad 村主干道类型	−0.1224 （0.65）	environment 村生态环境	0.0332 （0.20）
rgdp 省（自治区、直辖市）经济发展水平	0.0334 （0.06）	housevalue 住房总价值	0.4711*** （3.37）	food_land 粮食种植面积	0.3433* （1.98）

续表

变量	系数	变量	系数	变量	系数
other_land 非粮食经营面积	0.2043* （1.88）	loan 金融负债	−1.5660*** （−3.54）	education 户主文化程度	−0.1054 （−0.28）
high_edu 高中及以上学历人数	0.0912 （0.54）	party 共产党员户	2.4896** （2.06）	cadre 亲友官员户	−0.1921 （−0.53）
gifts_exp 礼金支出	−0.1153 （−1.66）	head_gender 户主性别	0.8465 （1.25）	head_age 户主年龄	−0.0166 （−1.04）
home_size 人口规模	−0.3881*** （−4.22）	home_worker 外出务工家庭	7.6026*** （3.54）	coo_eff 协调效率	4.2142*** （6.76）
Likelihood-ratio	97.75***				

注：因变量为农户加入农民合作经济组织意愿（1=愿意加入，0=不愿意加入），小括号内为 t 值

*、**、***分别表示在 10%、5%、1%的显著性水平下统计显著

　　农户家庭的农业收入、转移性收入、地理环境、住房总价值、粮食种植面积、非粮食经营面积和共产党员户与农户参与农民合作经济组织意愿呈显著正向相关关系；而外出务工收入、做生意收入、财产性收入、金融负债和人口规模与农户参与农民合作经济组织意愿呈显著负向相关关系；其他变量对农户参与农民合作经济组织意愿没有显著的影响。这说明农户是否愿意加入农民合作经济组织主要取决于家庭劳动力分工情况、家庭收入来源、家庭土地经营情况、地理环境好坏和家里是否有党员。农户家庭内部从事农业和非农产业的劳动力分工能够促使留在农村专业从事农业生产的农民产生合作的意愿，这主要是由于外出务工从事非农生产的主要是青壮年劳动力，而留守农村从事农业生产的基本上都是老人和小孩儿；农户家庭农业收入、转移性收入和所拥有的土地资源禀赋越多，越需要进行农业专业化生产，从而产生更强烈的合作意愿；农户所处的地理环境越好（主要指平原地区），农户参与合作的意愿越强烈，主要是因为相对于山区和丘陵地带而言，平原地区的农业生产经营更容易实现规模化和机械化；作为拥有党员的农户家庭，通常情况下均为那些综合条件占优的农户家庭，这些家庭不但拥有广泛的人际关系，其交际和沟通范围与其能力也明显大于一般农户，因此从这一层面讲，要进一步发展农民合作经济组织，完全可以依靠"羊群效应"

特征，让部分党员家庭"身先士卒"，靠他们的示范效应推广农民合作经济组织。组织协调效率对农户加入农民合作经济组织行为意愿的影响显著为正，于是命题 1 得证。

3. 要素配置决策与农民自身行为抉择验证

由于农户加入农民合作经济组织的行为特征方程可能存在异方差，如果继续使用一般 Probit 模型进行检验，所得出的结果将不再可靠。于是本节对命题 1 使用异方差的 Probit 模型进行检验，结果如表 8.19 所示，似然比检验的 p 值为 0.0000，这说明式（8.122）拒绝"同方差"的原假设，农户加入农民合作经济组织的行为特征方程存在明显的异方差，这说明使用异方差的 Probit 模型进行检验是合适的。

表 8.19　农户加入农民合作经济组织的行为特征分析

变量	系数	变量	系数	变量	系数
agriculture 农业收入	0.0258** （1.94）	wage 职工工资收入	−0.1177 （−0.76）	worker 外出务工收入	−0.2122* （−1.79）
business 做生意收入	−0.0698*** （−2.99）	transfer 转移性收入	0.0588*** （2.59）	property 财产性收入	−0.0172 （−0.66）
geograph 地理环境	0.1879** （2.36）	villageroad 村主干道类型	0.1366* （1.79）	environment 村生态环境	0.1022 （1.33）
rgdp 省（自治区、直辖市）经济发展水平	−0.2488 （−0.90）	housevalue 住房总价值	−0.0977 （−1.22）	food_land 粮食种植面积	0.3184* （1.76）
other_land 非粮食经营面积	0.4227** （2.30）	loan 金融负债	0.0121 （0.55）	education 户主文化程度	0.0588** （1.98）
high_edu 高中及以上学历人数	0.1156 （1.36）	party 共产党员户	0.3878** （1.97）	cadre 亲友官员户	−0.4874** （−1.95）
gifts_exp 礼金支出	0.0338 （0.76）	head_gender 户主性别	0.7468** （2.22）	head_age 户主年龄	0.0003 （0.06）
home_size 人口规模	−0.2922*** （−4.82）	home_worker 外出务工家庭	1.5534* （1.88）	coo_eff 协调效率	2.5326*** （4.56）
Likelihood-ratio	67.79***				

注：因变量为农户加入农民合作经济组织（1=加入，0=未加入）。小括号内为 t 值

*、**、***分别表示在 10%、5%、1%的显著性水平下统计显著

从异方差 Probit 模型的回归结果可以看出:农户家庭中有人外出务工能够显著促进农户加入农民合作经济组织,但是农户家庭的外出务工收入显著抑制农户加入农民合作经济组织,这说明一方面农户家庭内部从事农业和非农产业的劳动力分工能够有效促使留在农村专业从事农业生产的农民产生合作的需求,从而促进了农民合作经济组织的形成和发展;另一方面,家庭外出务工收入越多,表明农民从事非农产业比从事农业更具比较优势,因而将不会选择加入农民合作经济组织。而粮食种植面积和非粮食经营面积与农户加入农民合作经济组织呈显著的正向相关关系,并且前者的系数明显小于后者,这说明农户所拥有的土地资源禀赋越多,越需要进行农业专业化生产,从而产生更强烈的合作需求,因此能够促进农民合作经济组织的形成和发展;由于粮食种植面积的系数明显小于非粮食经营面积的系数,我们可以得到另一个可能的结论,农民合作经济组织从事的农业生产更偏向于非粮食生产。农业收入、转移性收入、地理环境、村主干道类型、户主文化程度、共产党员户和户主性别与农户加入农民合作经济组织之间呈显著的正向相关关系;而做生意收入、亲友官员户和人口规模与农户加入农民合作经济组织之间呈显著的负向相关关系;除此之外,职工工资收入、财产性收入、村生态环境、省(自治区、直辖市)经济发展水平、住房总价值、金融负债、高中及以上学历人数、礼金支出和户主年龄对农户加入农民合作经济组织的影响不显著。此外,农民合作经济组织的协调效率对农户加入农民合作经济组织行为决策的影响显著为正,于是命题 1 得证。

4. 要素配置决策与农户专业化生产行为抉择验证

由于农户参与专业化生产意愿方程可能存在异方差,如果继续使用一般 Probit 模型进行检验,所得出的结果将不再可靠。于是本节对命题 2 使用异方差的 Probit 模型进行检验,结果如表 8.20 所示,似然比检验的 p 值为 0.0000,这说明式(8.123)拒绝"同方差"的原假设,农户专业化意愿方程存在明显的异方差,这说明使用异方差的 Probit 模型进行检验是合适的。从农户的生产环节专业化方程式(8.125)检验结果来看,Pseudo R^2 为 0.8310,说明模型设置合理。

表 8.20　农民合作经济组织影响农户专业化的实证结果

变量		模型一：农户专业化意愿	模型二：生产环节专业化
加入组织情况	农户加入农民合作经济组织：organization	0.0131*** (2.86)	0.1287* (1.69)
农户收入	农业收入：agriculture	0.0090** (2.19)	2.1856*** (123.30)
区域经济环境（EE）	geograph：地理环境	0.0013 (1.38)	0.0083 (0.02)
	villageroad：村主干道类型	−0.0031 (−0.42)	0.0232* (1.69)
	environment：村生态环境	0.0004 (0.42)	0.0064 (0.41)
	rgdp：省（自治区、直辖市）经济发展水平	−0.0044 (−1.47)	0.1577*** (2.75)
物质资本（PC）	housevalue：住房总价值	−0.0144 (−1.41)	0.0329** (2.44)
	food_land：粮食种植面积	−0.0048 (−0.40)	−0.0037 (−0.81)
	other_land：非粮食经营面积	0.0012** (1.92)	0.0022* (1.72)
	loan：金融负债	0.0013* (1.74)	0.0038* (1.88)
人力资本（HC）	education：户主文化程度	0.0012** (1.84)	0.0028 (0.47)
	high_edu：高中及以上学历人数	0.0005 (0.29)	0.0079 (0.45)
社会资本（SC）	party：共产党员户	0.0133 (1.36)	0.0937** (2.45)
	cadre：亲友官员户	0.0041 (1.41)	0.0177 (0.36)
	gifts_exp：礼金支出	0.0016 (0.41)	0.0081 (0.92)
家庭特征（FC）	head_gender：户主性别	0.0218 (1.38)	0.0127 (0.21)
	head_age：户主年龄	0.0005 (0.42)	0.0000 (0.01)
	home_size：人口规模	0.0082 (0.82)	0.0078 (0.64)
	home_worker：外出务工家庭	0.0296*** (2.88)	0.0284* (1.85)
Likelihood-ratio		56.81 (0.0000)	
Pseudo R^2			0.8310

注：生产环节专业化最低设置为 0，最高设置为 10

*、**、***分别表示在 10%、5%、1%的显著性水平下统计显著

农民合作经济组织影响农户专业化（农户专业化意愿和生产环节专业化）的实证结果如表 8.20 所示，根据两个模型的回归结果可知，农户加入农民合作经济组织能够显著促进农户专业化意愿，从而促进农业生产环节的专业化发展。此外，第一个模型中农业收入、非粮食经营面积、金融负债、户主文

化程度与农户专业化意愿均呈显著的正向相关关系,外出务工家庭与农户专业化意愿呈显著的负向相关关系,这说明农户家庭的农业收入上升、非粮食经营面积扩大、金融负债量增加和户主的文化程度提高,均能够显著增加农户的专业化生产意愿。第二个模型中农业收入、非粮食经营面积、村主干道类型、省(自治区、直辖市)经济发展水平、住房总价值、金融负债和共产党员户均有利于农户的农业生产环节专业化;外出务工家庭不利于农户的农业生产环节专业化。两个模型中农业收入、非粮食经营面积、金融负债和外出务工家庭对农户专业化发展的影响一致,这充分说明了加大农户的信贷支持和提升农户家庭的农业总收入均能够显著提升农业专业化发展,但是这一结果势必会进一步加剧农村地区的土地经营非粮化趋势。因此,这两个模型从不同的侧面验证了农民合作经济组织能够有效促进农业专业化发展的命题,但同时应重视对农地经营非粮化现象的控制。

8.4.3 现代农业生产组织中农户要素配置决策行为的微观效应

1. 变量选择及实证模型设定

本小节主要目的在于检验农户参与农民合作经济组织(包括专业合作社、股份合作社和专业协会)的决策效果,农户参与农民合作经济组织的决策效果主要是通过农户是否加入农民合作经济组织对其家庭人均收入的影响效果进行检验,此外为了更全面检验农民收入的影响因素,除了农户是否参与农民合作经济组织这一变量外,我们还考虑了其他相应变量。

对于命题 3 的实证检验,本节主要是为了检验农户参与农民合作经济组织的决策效果及农民收入的其他影响因素,由于采用农户收入及收入结构这一数值型因变量,本节首先通过建立 OLS 回归模型来进行检验,模型形式如下:

$$Y = \beta'X + \varepsilon \qquad (8.126)$$

该模型中 Y 即为农户收入及其收入结构变量,X 包括农户加入农民合作经济组织自变量和区域经济环境(EE)、物质资本(PC)、人力资本(HC)、社会资本(SC)、家庭特征(FC)一系列变量(表 8.17)。同时为了更清楚地反映不同收入层次的农户参与农民合作经济组织的决策效果及其他影响因素的差异，我们在对式（8.126）采用 OLS 回归的基础之上，同时也利用了分位数回归的方法继续进行了检验。分位数回归方法最早是由 Koenker 和 Bassett（1978）提出来的，之后得到广泛应用。因为相比于 OLS 回归，分位数回归可以选取任一分位数进行参数估计，并且估计量不容易受到样本量中奇异值的影响，从而其最终估计结果就更加稳健、可靠（王小华等，2014b）。

2. 农民自身行为抉择及要素配置的收入增长效应

为了更详细地考察农户加入农民合作经济组织的决策效果，我们将农户收入作为因变量，农户加入农民合作经济组织作为解释变量，同时也考虑了其他变量的影响，在运用分位数回归估计时，给出了 QR_10、QR_30、QR_50、QR_70、QR_90 这五个具有代表性的分位点，并将这个五个代表性分位点的农户分别称为最低收入组农户、中低收入组农户、中等收入组农户、中高收入组农户和最高收入组农户。同时也给出了 OLS 估计结果以作参考，在进行 OLS 回归时，为了避免存在异方差导致的回归结果偏误，我们使用稳健标准误，因为在大样本情况下，若使用稳健标准误，则所有参数估计、假设检验均可照常进行。对命题 3 的式（8.126）的检验结果如表 8.21 所示，由于分位数回归结果更具可靠性，我们将重点围绕分位数结果进行展开，其中分位数回归的系数详细变化如图 8.21 所示。

表 8.21　农户收入影响因.素的实证结果

变量		OLS	QR_10	QR_30	QR_50	QR_70	QR_90
加入组织情况	农户加入农民合作经济组织 organization	0.0323 （0.26）	−0.0277 （−0.12）	0.0927 （0.56）	0.1163 （0.98）	0.1165 （1.21）	0.2401[*] （1.75）
区域经济环境 （EE）	geograph 地理环境	0.0379[*] （1.66）	−0.0283 （−0.56）	−0.0005 （−0.02）	0.0215 （0.71）	0.0946[***] （3.73）	0.1155[***] （3.24）
	villageroad 村主干道类型	0.0523[***] （2.68）	0.0867[**] （2.08）	0.1124[***] （3.19）	0.0783[***] （2.93）	0.0392 （1.50）	−0.0174 （−0.59）
	environment 村生态环境	0.0371 （1.60）	0.0623 （1.29）	0.0246 （0.86）	0.0092 （0.68）	0.0112 （0.48）	0.0190 （0.52）
	rgdp 省（自治区、直辖市）经济发展水平	0.7025[***] （6.02）	1.1050[***] （4.98）	0.7858[***] （5.11）	0.6181[***] （5.48）	0.4627[***] （5.06）	0.4987[***] （4.14）

续表

变量		OLS	QR_10	QR_30	QR_50	QR_70	QR_90
物质资本（PC）	housevalue 住房总价值	0.1768*** （6.72）	0.2032*** （3.79）	0.1605*** （3.98）	0.1609*** （5.75）	0.1521*** （5.40）	0.1789*** （4.93）
	food_land 粮食种植面积	−0.0359*** （−4.52）	0.0043 （0.20）	−0.0307* （−1.76）	−0.0248** （−2.08）	−0.0373*** （−3.89）	−0.0332*** （−3.86）
	other_land 非粮食经营面积	0.0246*** （6.42）	0.0383*** （6.40）	0.0261*** （6.14）	0.0260*** （5.53）	0.0203*** （3.98）	0.0132* （1.85）
	loan 金融负债	0.0044 （0.64）	0.0037 （0.32）	−0.0070 （−0.33）	0.0029 （0.43）	0.0120* （1.67）	0.0225** （2.01）
人力资本（HC）	education 户主文化程度	−0.0138 （−1.46）	−0.0194 （−1.09）	−0.0002 （−0.20）	−0.0142 （−1.43）	−0.0181* （−1.89）	−0.0192 （−1.20）
	high_edu 高中及以上学历人数	0.0302 （1.19）	−0.1043* （−1.83）	−0.0017 （−0.18）	0.0121 （0.36）	0.0522* （1.86）	0.0508* （1.94）
社会资本（SC）	party 共产党员户	0.1111* （1.86）	0.1575 （1.46）	0.1223 （1.50）	0.1054 （1.58）	0.1084* （1.85）	0.1645 （1.46）
	cadre 亲友官员户	0.0513 （0.65）	−0.1190 （−0.60）	0.0282 （0.62）	0.1433* （1.73）	0.1083 （1.42）	−0.0174 （−0.16）
	gifts_exp 礼金支出	0.1422*** （6.93）	0.2171*** （4.57）	0.1500*** （6.48）	0.1387*** （6.89）	0.1094*** （5.27）	0.0972*** （4.47）
家庭特征（FC）	head_gender 户主性别	0.2045** （2.15）	0.1349 （0.76）	0.2501* （1.91）	0.2131 （1.63）	0.1128 （0.72）	0.1478 （1.10）
	head_age 户主年龄	−0.0070*** （−2.89）	−0.0029 （−0.93）	−0.0080** （−2.45）	−0.0078*** （−3.23）	−0.0072*** （−2.65）	−0.0036 （−0.77）
	home_size 人口规模	0.1050*** （5.68）	0.1204*** （3.24）	0.1202** （4.80）	0.1132*** （6.02）	0.1048*** （4.68）	0.0780** （2.32）
	home_worker 外出务工家庭	0.2161*** （3.88）	0.4507*** （3.20）	0.3263*** （4.09）	0.2300*** （3.04）	0.0769 （1.09）	−0.0628 （−0.84）
$\overline{R^2}$ 或 Pseudo R^2		0.3478	0.2363	0.1962	0.1860	0.1945	0.2323

注：因变量为农户收入

*、**、***分别表示在 10%、5%、1%的显著性水平下统计显著

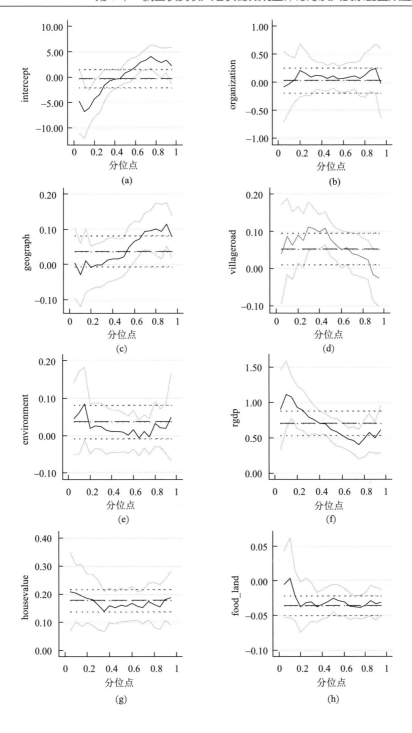

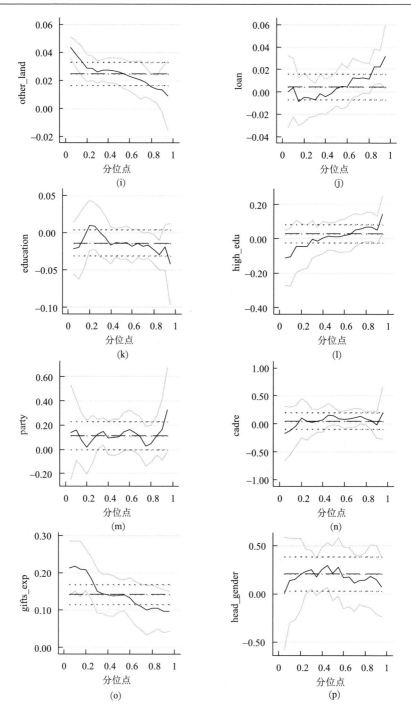

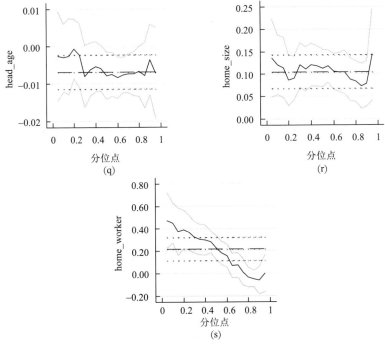

图 8.21　农民收入影响因素的分位数回归系数变化图

（1）OLS 回归结果显示农户加入农民合作经济组织对农户收入的影响为正但不显著，分位数回归结果显示，对不同收入层次的农户而言，农户加入农民合作经济组织与其收入之间的关系存在明显的差异，其中农户加入农民合作经济组织仅对最高收入组（QR_90）农户收入具有显著的促进作用，对最低收入组农户收入的影响为负但不显著，对其他收入组农户收入具有正向影响但均不显著，并且随着条件分布的不断增加，其弹性系数先快速增大，到 0.80 分位点后略有下降的趋势（图 8.21），但总体而言，随着农户收入水平的不断提高，农户加入农民合作经济组织的增收效应逐渐增强，直接体现为富人参加农民合作经济组织对收入的正向作用比穷人更大。这一结论与周晔馨（2012）的研究基本类似，他指出可能是因为富人参加经济组织，在组织中可能有更大的发言权，而且能够使自己的物质资本和人力资本充分发挥作用。

（2）区域经济环境方面。地理环境仅对中高收入组和最高收入组农户收

450 农民收入超常规增长的要素配置与战略协同研究

入具有显著的正向促进作用，并且随着条件分布由低端向高端变动，其弹性系数呈逐渐增加的趋势。村主干道类型对最低收入组、中低收入组和中等收入组农户收入均具有显著的正向影响，并且随着条件分布由低端向高端变动，其弹性系数先逐渐增大，到 0.4 分位点之后又急剧下降。村生态环境与各收入层次农户收入之间均呈正向相关关系，但其影响均不显著，其系数表现为明显的两端高、中间低的形态；省（自治区、直辖市）经济发展水平对各收入层次农户收入的影响系数均显著为正，并且随着条件分布由低端向高端变动，其弹性系数先快速上升，到 0.1 分位点之后又不断下降，然后到 0.75 分位点之后又有所上升。

（3）物质资本方面。住房总价值对农户收入的影响系数在不同农户收入层次间均显著为正，并且其系数大小仅存在微弱的差异，系数的波动幅度最小。农户家庭经营土地面积与其收入的影响主要取决于土地经营的用途，其中，粮食种植面积仅对最低收入组农户收入具有正向影响作用，但效果不显著，对其他收入组农户收入的影响均显著为负；而非粮食经营面积对所有收入组农户收入的影响均显著为正，但是其系数随着条件分布的增加呈逐渐下降的趋势。这说明收入越低的农户，对土地的依赖性越高，但是依赖程度明显偏向于非粮食经营土地。金融负债仅对中高收入组和最高收入组农户收入具有正向显著作用，对最低收入组和中等收入组农户收入的影响为正但不显著，对中低收入组农户收入的影响为负不显著，并且随着条件分布的不断增加，其弹性系数先急速降低，在 0.15 分位点处之后表现为不断波动上升的形态。这说明中国最广大的农户增收可能面临着自身资本积累不足和外援融资能力不足的双重约束，其结果将会是收入越低的农民因为自身资本积累的天然不足和外源资本获取能力较差，其所受到的金融抑制程度越大而越难以摆脱其收入增长困境；而收入越高的农民因为自身资本积累的优势和较高的外源融资能力，其收入增长不断走向良性轨道。

（4）人力资本方面。户主文化程度对不同收入层次的农户收入均存在负向影响作用，并且对中高收入组农户收入具有显著的负向影响。农户家庭中高中及以上学历人数对不同收入组农户收入的影响存在极大的差异，其系数在最低收入组显著为负，在中低收入组表现为负但不显著，相反在中高收入组和最高收入组均显著为正，并且随着条件分布由低端向高端变动，其弹性系数呈逐渐扩大的趋势。因此可以直观地认为，在农村地区，教育的边际贡献对高收入组更为有利，人力资本确实是拉开农户收入差距的原因（高梦滔和姚洋，2006）。一方面可能是因为当前农村家庭对教育的重视度明显不够且正在逐渐降低，另一方面可能是因为社会底层人们通过教育实现"从贫困走向富裕"的道路越来越受阻，直接导致农村家庭孩子的高中及以上入学率极低。我们的调查数据也表明，2013 年的外出务工家庭中 15～20 岁和 21～30 岁的外出务工人群占比分别为 12.32% 和 34.58%；而在这 15～20 岁的务工人群中，小学毕业人数占比 16.24%，中学毕业人数占比 68.41%，高中毕业人数占比 15.35%；在这 21～30 岁的务工人群中，小学毕业人数占比 23.20%，中学毕业人数占比 54.45%，高中毕业人数占比 20.23%，大学专科、本科及以上毕业人数占比 2.12%。

（5）社会资本方面。共产党员户对各收入组农户收入均有正向的影响作用，但是仅对中高收入组农户收入的影响显著；而亲友官员户仅对中等收入组农户收入具有显著的正向影响作用；礼金支出对各收入层次的农户收入均有着显著的正向促进作用，但是其弹性系数随着条件分布不断上升表现出不断降低形态。这说明社会网络型社会资本（共产党员户和亲友官员户）并没有成为农户的资本，主要是因为农户普遍拥有的社会资本较低，从表 8.17 可以看出，分别仅有 21.52% 和 11.85% 的家庭属于共产党员户和亲友是政府官员。

（6）家庭特征方面。户主性别对农户收入具有正向的影响作用，但仅对中低收入组农户收入具有显著的促进作用，对其他收入组的影响均不显著。户主年龄与农户收入均存在负相关关系，其中对中低收入组、中等收入组和中高收入组农户收入的影响显著。人口规模对农户收入具有显著的正向影响，但是收入越低和收入越高的农户实现增收对人口规模的依赖程度要明显高于其他收入农户（图 8.21）。外出务工家庭的系数在 0.1、0.3 和 0.5 分位点处均显著为正，在 0.7 和 0.9 分位点处分别为正和负，但都不显著，这说明收入越低的农户家庭，其收入对外出务工的依赖性越强，相反，收入越高的农户对外出务工的依赖性越弱，最高收入组农户完全不依赖外出务工收入。

3. 农民自身行为抉择及要素配置的收入结构变动效应

同样的道理，我们使用农户收入结构作为被解释变量对农户加入农民合作经济组织的决策效果进行进一步考察，也使用稳健标准误，结果如表 8.22 所示。

表 8.22 农户收入结构影响因素整体效应结果

变量		农业收入：种养殖业	职工工资收入	外出务工收入	做生意收入	转移性收入	财产性收入
加入组织情况	农户加入农民合作经济组织 organization	0.1434** （1.94）	0.2828 （1.39）	−0.4089* （−1.97）	−0.4992* （−1.89）	0.2043 （0.63）	−0.2782 （−0.72）
区域经济环境（EE）	geograph 地理环境	−0.1009*** （−2.94）	0.0490 （0.66）	0.0862*** （2.82）	0.2372*** （3.42）	−0.2945*** （−4.57）	−0.0780 （−0.68）
	villageroad 村主干道类型	0.1083*** （3.27）	0.0026 （0.02）	0.0298 （1.20）	−0.362 （−0.62）	0.1528** （2.23）	0.0834 （0.45）
	environment 村生态环境	−0.0258 （−0.71）	−0.0530 （−0.72）	0.0196 （0.53）	−0.0792 （−1.26）	−0.0366 （−0.40）	0.3450** （2.20）
	rgdp 省（自治区、直辖市）经济发展水平	1.2157*** （8.31）	0.3548 （1.57）	0.3954*** （3.20）	0.6817*** （3.25）	1.2521*** （4.09）	1.4954*** （3.83）
物质资本（PC）	housevalue 住房总价值	0.0741** （2.22）	0.1452** （2.22）	0.0970*** （3.22）	0.2695*** （3.41）	−0.0453 （−0.70）	0.1375 （0.94）
	food_land 粮食种植面积	0.0531*** （5.21）	−0.0261 （−1.58）	−0.0764*** （−6.24）	−0.0865*** （−3.21）	−0.0110 （−0.42）	0.0257 （0.47）
	other_land 非粮食经营面积	0.0824*** （8.07）	−0.0589 （−1.82）	0.0061 （0.97）	−0.0344*** （−2.68）	0.0597*** （6.72）	0.1073** （2.49）
	loan 金融负债	−0.0020 （−0.19）	−0.0137 （−0.73）	−0.0162** （−2.01）	0.0356** （2.18）	0.501*** （2.83）	0.0093 （0.31）
人力资本（HC）	education 户主文化程度	0.0155 （0.89）	0.0413* （1.68）	−0.0263** （−2.03）	0.0246 （0.69）	0.0117 （0.87）	0.0051 （0.21）
	high_edu 高中及以上学历人数	−0.0270 （−0.65）	0.1477** （2.04）	−0.0590 （−1.47）	−0.2090** （−2.46）	−0.0813 （−0.92）	−0.2133 （−1.19）
社会资本（SC）	party 共产党员户	−0.1040 （−1.13）	0.1775 （1.08）	0.0947 （1.09）	0.0519 （0.29）	0.0511 （0.33）	0.5026 （1.50）
	cadre 亲友官员户	0.1636 （1.33）	−0.0468 （−0.53）	0.1008 （0.95）	0.4491** （2.16）	−0.0563 （−0.31）	−0.6111* （−1.67）
	gifts_exp 礼金支出	0.0484** （2.08）	0.0399 （1.07）	0.1301*** （5.90）	0.1422*** （3.01）	0.0103 （0.35）	−0.0800 （−1.33）

续表

变量		农业收入：种养殖业	职工工资收入	外出务工收入	做生意收入	转移性收入	财产性收入
家庭特征（FC）	head_gender 户主性别	0.2626* （1.93）	0.1006 （0.30）	0.3038* （1.94）	−0.0520 （−0.28）	0.2063 （0.88）	0.1053 （0.25）
	head_age 户主年龄	0.0054 （1.52）	0.0151** （2.39）	−0.0023 （−0.65）	0.0099 （1.05）	0.0014 （0.23）	−0.0042 （−0.58）
	home_size 人口规模	0.0810*** （2.83）	−0.0193 （−0.32）	0.0509* （1.88）	0.1302** （2.46）	0.0040 （0.08）	0.4138*** （4.14）
	home_worker 外出务工家庭	−0.3969*** （−4.81）	−0.5726*** （−4.10）	—	−0.8141** （−4.86）	−0.3041* （−1.82）	−0.5360* （−1.74）
样本容量		2511	786	2250	808	963	312
F 值		19.93***	6.85***	9.57***	13.33***	8.58***	6.07***
$\overline{R^2}$		0.3571	0.3003	0.1775	0.4709	0.2740	0.5203

注：因变量为农户收入

*、**、***分别表示在 10%、5%、1% 的显著性水平下统计显著

（1）农户加入农民合作经济组织仅仅对农户家庭的农业收入具有显著正向影响，对外出务工收入和做生意收入的影响均显著为负，对职工工资收入和转移性收入的影响为正但不显著，对财产性收入的影响为负但不显著。

（2）区域经济环境方面。地理环境对外出务工收入和做生意收入的影响均显著为正，对农业收入和转移性收入的影响显著为负；村主干道类型对农业收入和转移性收入的影响显著为正，对其他类型的收入影响不显著；村生态环境仅对财产性收入的影响显著为正；省（自治区、直辖市）经济发展水平对除了职工工资收入以外的所有类型的收入都具有正向的显著影响。

（3）物质资本方面。住房总价值对农业收入、职工工资收入、外出务工收入和做生意收入的影响均显著为正，对财产性收入的影响为正但不显著；粮食种植面积对农业收入的影响显著为正，对外出务工收入和做生意收入的影响显著为负，对财产性收入的影响为正但不显著；非粮食经营面积对做生意收入影响显著为负，对农业收入、转移性收入和财产性收入的影响均显著为正；金融负债对外出务工收入的影响显著为负，对做生意收入和转移性收入的影响显著为正。

（4）人力资本方面。户主文化程度和高中及以上学历人数都仅对职工工

资收入的影响显著为正，户主文化程度和高中及以上学历人数分别对外出务工收入和做生意收入的影响显著为负，这一结论间接反映出了农村地区拿国家工资的人员均属于高学历拥有者，相反学历越高的人越不会外出务工和从事商业经营活动。

（5）社会资本方面。共产党员户对农业收入的影响为负但不显著，对其他收入的影响均不显著；亲友官员户对做生意收入的影响显著为正，对财产性收入的影响显著为负；礼金支出对农业收入、外出务工收入和做生意收入的影响均显著为正。

（6）家庭特征方面。户主性别对农业收入和外出务工收入的影响均显著为正；户主年龄仅对职工工资收入的影响显著为正；人口规模对职工工资收入和转移性收入的影响不显著，对其他收入的影响均显著为正；外出务工家庭对非外出务工收入的影响均显著为负。

4. 农民自身行为抉择及要素配置收入效应的区域差异

由于不同地区之间的经济发展和组织化程度都存在差异，表 8.23 清楚地展示了农户加入农民合作经济组织这一决策效果的区域差异，我们可以得到如下研究结论。

表 8.23 农户收入影响因素的区域差异

变量		东部地区	中部地区	西部地区
加入组织情况	organization：农户加入农民合作经济组织	−0.0242（−0.51）	0.0116（0.38）	0.0336（0.19）
区域经济环境（EE）	geograph：地理环境	−0.2677**（−4.18）	−0.0030（−0.05）	0.0232（0.40）
	villageroad：村主干道类型	−0.0461（−0.75）	0.1258**（2.34）	−0.0241（−0.87）
	environment：村生态环境	0.0349（0.56）	0.0114（0.19）	0.0674**（2.47）
	rgdp：省（自治区、直辖市）经济发展水平	2.0809***（3.91）	1.2252***（3.70）	0.4073***（2.95）
物质资本（PC）	housevalue：住房总价值	0.4018***（6.64）	0.0033（0.06）	0.1130***（5.08）
	food_land：粮食种植面积	−0.0299**（−2.16）	−0.0128（−1.00）	−0.0535**（−3.22）
	other_land：非粮食经营面积	0.0248***（3.59）	0.0483***（3.07）	0.0147***（3.52）
	loan：金融负债	0.0257**（2.24）	−0.0204**（−2.33）	0.0027（0.43）

续表

变量		东部地区	中部地区	西部地区
人力资本（HC）	education：户主文化程度	0.0107（0.51）	−0.0257（−1.64）	−0.0126（−1.01）
	high_edu：高中及以上学历人数	−0.0560（−1.07）	0.1356**（2.47）	0.0569（1.53）
社会资本（SC）	party：共产党员户	−0.0565（−0.58）	−0.1205（−0.84）	0.2321**（3.00）
	cadre：亲友官员户	−0.0931（−0.65）	−0.1342（−0.73）	0.0901（0.88）
	gifts_exp：礼金支出	0.1231***（3.70）	0.2616***（6.48）	0.1497**（6.89）
家庭特征（FC）	head_gender：户主性别	0.0531（0.38）	0.0106（0.07）	0.3219**（2.56）
	head_age：户主年龄	−0.0089*（−1.80）	−0.0073（−1.28）	−0.0062*（−2.08）
	home_size：人口规模	0.1353***（3.27）	0.0885**（2.35）	0.0672**（2.71）
	home_worker：外出务工家庭	0.0323（0.33）	0.1677（1.42）	0.2800**（3.45）
F 值		31.69***	12.00***	16.94***
$\overline{R}^2$		0.5941	0.4946	0.3056

*、**、***分别表示在 10%、5%、1%的显著性水平下统计显著

（1）农户加入农民合作经济组织对东部地区农户收入的影响为负但不显著，对中部地区和西部地区农户收入的影响均为正但都不显著。

（2）区域经济环境方面。地理环境对东部地区农户收入的影响显著为负，对中部地区农户收入的影响为负但不显著，对西部地区农户收入的影响为正但不显著；省（自治区、直辖市）经济发展水平对各地区农户收入的影响均显著为正，但是其系数表现为明显的自东向西剧烈递减的趋势，其中东、中、西部地区的系数分别为 2.0809、1.2252 和 0.4073。这些结论充分说明了东部地区农户收入并不依赖地理环境、村生态环境等自然条件和基础设施，相反西部地区对这些因素的依赖较强，但是省（自治区、直辖市）经济发展水平对本地区农户收入的影响作用在东部地区表现尤为突出，也显示了省（自治区、直辖市）经济发展水平与农户收入这种"水涨船高"的特征。

（3）物质资本方面。住房总价值对东部地区和西部地区农户收入的影响显著为正，东部地区的系数远远大于西部地区，对中部地区农户收入的影响为正但不显著。粮食种植面积对各地区农户收入的影响均为负，东部地区和西部地区显著，而中部地区不显著；非粮食经营面积对各地区农户收入的影

响均显著为正，并且其系数由大到小依次为中部地区（0.0483）、东部地区（0.0248）和西部地区（0.0147）。金融负债对东部地区农户收入的影响显著为正，对中部地区农户收入的影响显著为负，对西部地区农户收入的影响为正但不显著。这些结论充分说明了经济越发达地区，金融发展程度越高，农户自身的物质资本积累越多且具有越强的外援融资能力，因此对收入的正向影响越明显；农户家庭经营土地类别对其收入的影响说明了农户欲实现收入增长，必须降低现有种植粮食的土地面积而进一步增加其他用途的土地面积，并且西部地区粮食种植面积对农户收入的负向影响要远远大于东部和中部地区。

（4）人力资本方面。户主文化程度对东部地区农户收入的影响为正但不显著，对中部和西部地区农户收入的影响均为负但不显著。高中以上学历人数对东部地区农户收入的影响为负但不显著，对中部地区农户收入的影响显著为正，对西部地区农户收入的影响为正但不显著。这些结论进一步说明了人力资本尚未成为当前农户家庭增收的显著资本，一方面可能因为当前农村地区家庭户主的人力资本积累本身程度相对偏低；另一方面可能是因为本调查数据是截面数据，显示的高中以上学历人数可能大部分是在校学生，所以高学历并不能带来高收入。

（5）社会资本方面。共产党员户对东部和中部地区农户收入的影响为负但均不显著，对西部地区户收入的影响显著为正。亲友官员户对东部和中部地区农户收入的影响为负但均不显著，对西部地区农户收入的影响为正但不显著。礼金支出对各地区农户收入的影响均显著为正，并且中部地区的系数要明显大于东部和西部地区。仅从社会网络（本部分中包括共产党员户和亲友官员户）考察社会资本与农户收入之间的关系，我们可以发现西部地区农户比其他地区更依赖于社会关系，特别是家里有党员成为农户增收的一项重要指标。

（6）家庭特征方面。户主性别对各地区农户收入的影响均为正，但是只有西部地区表现为显著；户主年龄对各地区农户收入的影响均为负且系数均较小，但只有中部地区表现为不显著；人口规模对各地区农户收入的影响均显著为正，其系数表现为自东向西递减的趋势；外出务工家庭对各地区农户收入影响均为正，但是只有西部地区表现为显著，这说明西部地区农户收入更依赖于外出务工收入，我们的调查数据显示东、中、西部各地区外出务工家庭的外出务工收入占家庭总收入的比重平均值分别为 58.73%、65.07% 和 75.76%。

8.5　本 章 小 结

本章从微观视角通过对农民收入增长利益相关主体的行为界定，明确了各主体在现实约束下的行为逻辑，并利用全国 18 个省区市 68 个县（市、区）的微观调查数据对各类农业生产经营主体的要素配置决策及行为特征进行了解析，在此基础上重点揭示了现代农业经济发展过程中农业生产经营主体的要素配置行为规律及收入增长效应。主要结论如下。

（1）实现农民收入增长目标，不仅取决于农户自身行为抉择，而且关系到企业、金融机构和政府等层面的核心利益相关主体行为激励与约束。通过对各主体行为动机、行为特征、行为互动、行为冲突等方面的分析和经验验证，可知：一方面，培育新型农业经营主体则能够逐步摆脱传统家庭经营低效性和弱质性的桎梏，促进土地与金融的有效结合，进而有可能提升其金融要素配置能力；另一方面，各级政府往往是农民收入增长核心要素（金融资本）的强烈需求者，政府集金融服务需求者、供给者和管理者于一身，通过"命令—服从"的行政手段和层层委托-代理关系实施具体行为时，容易出现目标和任务非一致，致使其对金融要素供求关系的调整屡屡失败；因此，依托市场进行制度的有效设计与完善，从而规范政府行为，才能真正突破"三农"发展的金融抑制。

（2）异质性农户在核心要素配置中的行为抉择呈现明显差异。在土地要素配置方面，普通农户拥有较强的土地转入意愿，但难以转入土地；新型农业经营主体具有强烈的土地转入意愿，转入土地也较容易；务工农户具有较强的土地转出意愿，但其土地转出行为不明显；创业农户对土地既无强烈的转出意愿，也无明显的转出行为。国家应针对不同农户土地流转意愿和行为特点，因势利导地推动土地流转，健全土地流转市场，促进城乡社会保障制度一体化，降低和消除农地的准社保功能，从而促进新型农业经营主体健康发育，推进农业现代化进程。在金融要素配置方面，普通农户受两类信贷约束严重；新型农业经营主体容易获得非正规信贷，却难以获得正规信贷。土地经营面积对两类农户的信贷获得作用甚微；生产性投资可以显著改善两类农户的非正规信贷获得；固定资产对新型农业经营主体的信贷获得提升明显。人力资本、实物资本可以缓解两类农户的信贷约束；社会资本中，新型农业经营主体中的干部户容易获取信贷。据此，国家应优化信贷供给结构，同时围绕简化交易程序与建立价格评估机构完善"两权"抵押贷款制度，加快新型职业农民培养，推进普惠信贷体系建设，并加强农贷市场监管，通过内在制度设计和配套措施完善来缓解不同农业经营主体的"贷款难"问题，助推新型农业体系的构建。

（3）新常态反映在"三农"领域，归根结底要求农业经营体系创新，以引导农户逐步走向现代农业发展轨道，实现农业增产、农民增收的目标。本章构建了一个新兴古典经济学模型，对农民合作经济组织通过降低交易成本促进农业分工、专业化发展，进而提升农户效用水平的过程予以理论证明，揭示了农民合作经济组织成员要素配置决策的利益实现机制，并利用全国18个省区市68个县（市、区）的农户调查数据进行检验，结果表明：农户加入农民合作经济组织的意愿和行为主要受到家庭劳动力分工、收入结构分布、土地经营情况、地理环境等因素的影响；而农民合作经济组织、扩大土地经营规模和金融负债均能够有效促进农业专业化发展；农户加入农民合作经济组织对不同收入层次的农户收入和不同来源收入及不同地区农户收入的影响均表现出明显的差异。体现互惠合作原则的农民合作经济组织是当前农村家庭承包经营制度下的一种规模经营的组织形式，其要素配置能够促进农村劳动分工和农业专业化发展并进一步使农户获得更高的收入。因此，应该加大政策支持力度并积极引导农民合作经济组织良性发展，但与此同时需要高度重视土地流转的"非粮化"和内部成员收入差距扩大趋势。

第　9　章

我国农民收入超常规增长的基础性条件与要素壁垒

第7章和第8章分别运用宏观统计数据和微观调查数据，通过实证分析我国农民收入增长的要素集聚与配置效应，明确了我国既有宏观经济政策和微观主体行为作用下农民收入增长过程中各要素的实际贡献。本章将在我国农民收入超常规增长的要素集聚和基础性条件分析基础上，通过预测手段明确实现超常规增长目标的要素需求和现实经济运行所能提供的要素供给能力，进而揭示要素供需缺口和主要障碍，为后续政策研究奠定基础。

9.1　我国农民收入超常规增长的要素集聚与基础性条件

农民生产、就业和创收的行为受其增收动机影响，不同的行为选择产生不同的实践效果，而实践效果又将受制于农民收入增长的内在条件与外部环境约束。依此逻辑，构建我国农民收入超常规增长战略，必须首先明确这一战略形成的基础性条件，确保农民收入超常规增长的内在条件塑造与外部环境支持。

9.1.1 农业生产要素集聚与农业基础条件

1. 农民收入超常规增长的农业生产要素

根据前述实证分析，本节将农业生产要素主要分为土地、劳动力、资本和技术四大类。首先，从土地要素来看，如图 9.1 所示，我国目前的耕地面积大约为 18.24 亿亩（约 121.6 百万公顷）。土地是不可再生资源，且是有限的，无法再增加。同时，根据 FAO 的预测，我国的耕地面积由于城镇化和污染以每年 600 万亩的速度在减少，这是非常惊人的（OECD-FAO，2013）。为此，我国应该大力整治土地污染和严格监控城镇化对农业用地的非法侵占，严守 18 亿亩耕地红线（穆怀中和张文晓，2014）。同时通过规模化、专业化的生产来使土地资源得到有效集聚和优化配置。

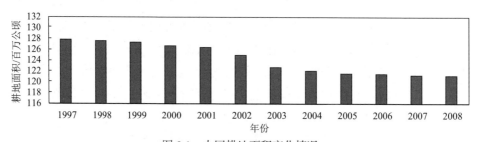

图 9.1　中国耕地面积变化情况

资料来源：《经合组织-粮农组织 2013~2022 年农业展望》

其次，从我国的劳动力资源来看，我国是一个传统的农业大国，虽然城镇化的进程不断加快，农村人口在逐渐下降，但截至 2014 年底，我国农村人口数仍然还有 61 866 万人，占总人口比例仍高达 45.23%（图 9.2）。劳动力作为经济增长的重要要素，对农业的发展至关重要，但是劳动力的素质比起数量而言更加重要（游和远和吴次芳，2010）。以美国为例，美国的农民不足 300 万，少于总人口的 1%，但其粮食产量却稳居世界第二，是世界上最大的粮食出口国。针对目前我国农村劳动力转移的现实情况，国家应该在着力提高农村劳动力受教育程度的同时，加强对新一代高素质职业农民的培养和新型农业经营主体的培育，通过高素质劳动力的集聚和优化配置来抵消农业人口转移带来的影响。

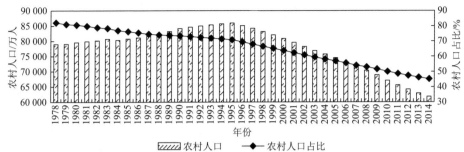

图 9.2　改革开放以来中国农村人口数和农村人口比例

资本是农业生产的另一核心要素，但是相对发达国家而言，我国对农业生产的资本投入长期较少。进入 21 世纪以来，为了解决"三农"问题，缩小城乡收入差距，打破城乡二元结构，我国从 2003 年开始免除了农业税，并且开始对农业进行大幅度的补贴，中央财政用于"三农"的支出从 1978 年的 150.66 亿元增长至 2012 年的 12 387.60 亿元，总量扩大了 81.22 倍，平均增速为 15.46%。其中，2004～2012 年的平均增速为 24.67%（表 9.1 和图 9.3）。从财政支出结构上看，1978～2012 年，财政支农支出水平占国家财政总支出的比重均值为 9.21%。其中，最高的 1979 年为 13.60%，最低的 2003 年仅有 7.12%，就是在"三农"问题得到广泛关注的 2004 年之后，平均财政支农的占比也仅有 8.88%，甚至小于改革开放以来的平均值。这一结果表明，虽然财政支农总量上仍然保持增长，但其增速有下滑趋势。

表 9.1　1978～2014 年中国农村与农户的存贷情况

年份	农业贷款余额/亿元	农村贷款余额/亿元	金融机构贷款余额/亿元	财政支农支出/亿元	财政总支出/亿元	农业贷款增速/%	农村贷款比总贷款/%	财政支农比财政总支出/%
1978	115.60	138.90	1 890.42	150.66	1 122.09	17.60	7.35	13.43
1980	175.90	223.00	2 478.08	149.95	1 228.83	28.68	9.00	12.20
1985	416.60	775.20	6 198.38	153.62	2 004.25	13.18	12.51	7.66
1990	2 412.80	2 931.00	17 511.02	307.84	3 083.59	23.40	16.74	9.98
1995	1 544.80	6 089.60	50 544.09	574.90	6 823.72	35.05	12.05	8.43
2000	4 889.00	12 011.90	99 371.07	1 231.50	15 886.50	2.02	12.09	7.75

续表

年份	农业贷款余额/亿元	农村贷款余额/亿元	金融机构贷款余额/亿元	财政支农支出/亿元	财政总支出/亿元	农业贷款增速/%	农村贷款比总贷款/%	财政支农比财政总支出/%
2001	5 711.48	13 374.60	112 314.70	1 456.70	18 902.58	16.82	11.91	7.71
2002	6 884.58	16 934.57	131 293.93	1 580.80	22 053.15	20.54	12.90	7.17
2003	8 411.35	25 094.52	158 996.23	1 754.50	24 649.95	22.18	15.78	7.12
2004	9 843.11	32 643.51	177 363.49	2 337.60	28 486.89	17.02	18.40	8.21
2005	11 529.90	40 021.39	194 690.39	2 450.30	33 930.28	17.14	20.56	7.22
2006	13 208.20	46 097.10	225 285.28	3 173.00	40 422.73	14.56	20.46	7.85
2007	15 428.20	61 210.22	261 690.88	4 318.30	49 781.35	16.81	23.39	8.67
2008	17 629.00	69 123.15	303 394.64	5 955.50	62 592.66	14.26	22.78	9.51
2009	21 623.00	91 453.20	399 684.82	7 253.10	76 299.93	22.66	22.88	9.51
2010	23 043.70	98 040.00	479 195.55	8 579.70	89 874.16	6.57	20.46	9.55
2011	24 436.00	121 469.00	547 946.69	10 497.70	109 247.79	6.04	22.17	9.61
2012	27 261.00	145 467.00	629 909.64	12 387.60	125 952.97	11.56	23.09	9.84
2013	30 423.28	172 960.26	718 961.00		139 744.26	11.60	24.06	
2014	33 488.28	194 407.34	816 739.70			10.07	23.80	

资料来源:《中国农村统计年鉴》(历年)和中国人民银行公布的2009～2014年金融机构贷款投向统计报告,最后由作者计算而得

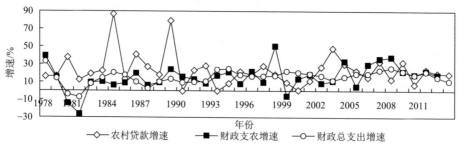

图 9.3　1978～2013 年财政支农、财政总支出和农村贷款增速

此外,农业农村获得的信贷资源呈现出了大幅度的增长,对农业发展和农村经济增长起到了一定的助推作用(图 9.3 和表 9.1)。农业贷款由 1978 年的 115.60 亿元上升到了 2014 年的 33 488.28 亿元,总量扩大了 288.69 倍;农

村贷款由 1978 年的 138.90 亿元上升到 2014 年的 194 407.34 亿元,总量上扩大了 1398.62 倍。从农村贷款占金融机构总贷款的比重来看,表现为先逐年上升后逐年下降再重新上升的趋势,由 1978 年历史最低的 7.35%上升到 1989 年的 20.65%,再下降到 1996 年的 11.77%,保持了几年的相对稳定之后又上升到 2013 年的历史最高 24.06%。近年来,国家还鼓励社会资本进入农业领域。2014 年 11 月 26 日公布的《国务院关于创新重点领域投融资机制鼓励社会投资的指导意见》中将农业领域列为鼓励投资的九大领域之一。我国对农业加大投入的时间还不长,所以对农业领域的资本投入还需要确保持续性,并通过建立健全完善的财政支农和金融支农体系,加快农业生产的资本要素集聚与优化配置。

科学技术是第一生产力,科技对农业生产发展一直发挥着至关重要的作用。十一届三中全会召开以后,农业科研机构和科技工作得到恢复。1985 年,中共中央颁布《关于科学技术体制改革的决定》,扩大了科研机构的自主权,中国的农业科技成果开始向市场转化。2006 年,国务院在《国家中长期科学和技术发展规划纲要》中指出:农业科技发展的目标是农业科技整体实力进入世界前列。这些年,我国政府一直致力于发展现代农业,提高科技对农业的贡献率。为此,2011 年中央财政安排 10 亿元资金用来建设基层农技推广体系,对 8243 个乡镇农技推广机构的设施条件进行了改善。2012 年,中央加大了对农业科技人才的培育,继续开展农民技能和创业培训,提高农民科技素质。与此同时,国家组织开展的测土配方施肥技术已在全国范围内 10 000 个村得到推进,目标是将测土配方施肥技术推广到全国 13 亿亩耕地,直接为 1.8 亿农民提供免费技术服务。此外,节水灌溉、病虫害专业化防治和玉米地膜覆盖等新技术也得到了推广。

虽然国家的政策对农业科技历来重视,但是在农业科技的投入上,用于农业领域研发的资金一直较少,农业研发经费内部支出一直只占研发经费支出的 7%左右,农业的科技经费投入还存在基础研究、应用研究和试验发展研究结构不合理及私人投资严重不足等问题。为此,国家需要加大对农业科技的投资、优化资金配置结构,还需要鼓励社会资本向农业科技领域投资,以加快科技创新要素向农业的集聚与优化配置。

总之,上述四种要素均对我国农业生产发挥着极其重要的作用,未来不仅需要加速它们向农业生产集聚，还应该通过合理的调控机制，让四种要素协同配合作用于农业生产经营，加速推进我国农业现代化发展，从而形成有利于农民收入超常规增长的农业基础条件。

2. 农民收入超常规增长的粮食安全条件

"民以食为天，食以粮为先"，粮食作为维持人类生存的最基本、最重要的必需品，一直以来都具有十分重要的社会、经济和政治意义。而确保国家粮食安全是保持国民经济平稳较快增长和社会和谐稳定的重要基础（孔祥智等，2013）。1974 年，FAO 对粮食安全做出了定义：保证任何人在任何时候都能得到为了生存与健康所需要的足够食品。1996 年，FAO 重申了粮食安全的定义："所有的人，在任何时间，都能够买得到和买得起足够、安全和营养的食物，以满足活跃、健康的生活所需的饮食需求和消费偏好。"根据其定义来看，粮食安全大致有以下几点要求：首先是国家应该有足够的粮食生产能力；其次是国家能够确保充足的粮食进行流通，以满足所有人的需要；最后是人人都对所需的粮食有足够的支付能力。

拥有 13 亿多人口的中国不仅是一个粮食生产大国，同时更是一个粮食消费大国。粮食始终是经济发展、社会稳定和国家自立的基础，保障国家粮食安全是治国安邦的头等大事，也是改善民生、构建和谐社会的现实要求（温涛和王小华，2012）。从 21 世纪以来的第一个中央一号文件开始，到 2015 年之间，除了 2011 年之外①，均直接提出了关于粮食安全生产的相关建议和明确的要求（表 9.2）。由此，自 2004 年以来，我国的粮食产量也成功实现了十一连增，平均增速达到了 3.2%，其中 2014 年的粮食总产量达到了创纪录的 60 709.9 万吨。

表 9.2　中央一号文件中关于保障国家粮食安全的政策梳理

年份	文件主题	文件详细内容
2004	支持粮食主产区发展粮食产业	加强主产区粮食生产能力建设。实施优质粮食产业工程，选择一部分有基础、有潜力的粮食大县和国有农场，集中力量建设一批国家优质专用粮食基地。继续增加农业综合开发资金，新增部分主要用于主产区。开辟新的资金来源渠道，增加对粮食主产区的投入

① 事实上，2011 年的中央一号文件《中共中央国务院关于加快水利改革发展的决定》虽然并未直接阐述如何保障粮食生产安全，但是加快水利改革无疑也是关于间接保障粮食生产安全的相关政策措施。

续表

年份	文件主题	文件详细内容
2005	提高农业综合生产能力	继续对种粮农民实行直接补贴。对短缺的重点粮食品种在主产区实行最低收购价政策，逐步建立和完善稳定粮食市场价格、保护种粮农民利益的制度和机制。建立粮食主产区与主销区之间的利益协调机制，调整中央财政对粮食风险基金的补助比例
2006	稳定发展粮食生产	坚持和完善重点粮食品种最低收购价政策，保持合理的粮食水平，加强农业生产资料价格调控，保护种粮农民利益。继续执行对粮食主产县的奖励政策，增加中央财政对粮食主产县的奖励资金
2007	促进粮食稳定发展	继续坚持立足国内保障粮食基本自给的方针，逐步构建供给稳定、调控有力、运转高效的粮食安全保障体系。努力稳定粮食播种面积，提高单产、优化品种、改善品质。继续实施优质粮食产业、种子、植保和粮食丰产科技等工程
2008	高度重视发展粮食生产	继续实施粮食生产各项工程。根据粮食产销格局的变化，进一步完善粮食风险基金政策，加大对粮食主产区的扶持力度，完善产粮大县奖励政策。扩大西部退耕地区基本口粮田建设。支持发展主要粮食作物的政策性保险
2009	加大力度扶持粮食生产	稳定粮食播种面积，优化品种结构，提高单产水平。建立健全粮食主产区利益补偿制度。推进全国新增千亿斤粮食生产能力建设，以主产区重点县（场）为单位，集中投入、整体开发。发挥国有农场在建设现代农业、保障国家粮食安全等方面的积极作用
2010	稳定发展粮食等大宗农产品生产	在稳定粮食播种面积基础上，大力优化品种结构，着力提高粮食单产和品质。全面实施全国新增千亿斤粮食生产能力规划，尽快形成生产能力。加快建立健全粮食主产区利益补偿制度，增加产粮大县奖励补助资金，提高产粮大县人均财力水平
2012	毫不放松抓好粮食生产	要切实落实"米袋子"省长负责制，继续开展粮食稳定增产行动，千方百计稳定粮食播种面积，扩大紧缺品种生产，着力提高单产、品质。继续实施全国新增千亿斤粮食生产能力规划，加快提升 800 个产粮大县（市、区、场）生产能力
2013	稳定发展农业生产，确保国家粮食安全	粮食生产要坚持稳定面积、优化结构、主攻单产的总要求，确保丰产丰收。着力加强 800 个产粮大县基础设施建设，推进东北四省份节水增粮行动、粮食丰产科技工程。支持优势产区棉花、油料、糖料生产基地建设。扩大粮棉油糖高产创建规模，在重点产区实行整建制推进，集成推广区域性、标准化高产高效模式
2014	抓紧构建国家粮食安全战略	不能放松国内粮食生产，严守耕地保护红线，划定永久基本农田，不断提升农业综合生产能力，确保谷物基本自给、口粮绝对安全。更加积极地利用国际农产品市场和农业资源，有效调剂和补充国内粮食供给
2015	不断增强粮食生产能力	进一步完善和落实粮食省长负责制。探索建立粮食生产功能区，将口粮生产能力落实到田块地头、保障措施落实到具体项目。实施粮食丰产科技工程和盐碱地改造科技示范。深入推进粮食高产创建和绿色增产模式攻关

资料来源：2004～2010 年、2012～2015 年中央一号文件

　　但是，由于我国的粮食消费量巨大，2013 年我国的粮食消费近 5 亿吨，按照粮食生产总量与居民口粮和饲料消费量保障系数 1.2 的要求，我国的粮

食安全水平只能勉强处于及格水平。除此之外，我国的粮食进口量也呈逐年攀升的趋势（表 9.3）。其中，谷物的进口量从 2003 年 208 万吨上升到 2013 年的 1458 万吨，大豆的进口量从 2003 年的 2074 万吨上升到 2013 年的 6338 万吨。2004 年，我国进入粮食净进口国行列。2012 年我国的粮食自给率为 97.7%，仅高于 95% 的安全水平两个百分点[①]。实现我国粮食安全目标还有待于进一步推进现代农业发展。

表 9.3 1995～2013 年我国主要粮食作物进口情况（单位：万吨）

年份	谷物	食用油	蔗糖	大豆	年份	谷物	食用油	蔗糖	大豆
1995	1159	213	295	29.39	2005	627	621	139	2659
1996	1083	264	125	111.4	2006	358	669	135	2824
1997	417	275	78	280.1	2007	155	838	119	3082
1998	388	206	48	319.7	2008	154	816	78	3744
1999	339	208	42	431.7	2009	315	816	106	4255
2000	315	179	64	1041.6	2010	571	687	177	5480
2001	344	165	120	1394	2011	545	657	292	5246
2002	285	319	118	1131	2012	1398	845	375	5838
2003	208	541	78	2074	2013	1458	810	455	6338
2004	974	676	121	2023					

资料来源：《中国统计年鉴》（历年）

3. 农民收入超常规增长的农业生产能力条件

农业综合生产能力是农业生产诸要素综合作用而形成的、相对稳定的农业产出能力，代表一个地区一定历史时期农业发展水平的综合指标。努力提高农业综合生产能力，是实现农业发展任务，保障农民收入超常规增长，满足社会对农产品不断增长需求的根本途径。影响农业综合生产能力的关键因素主要有：自然资源的丰富程度、农业物质技术装备程度和投入水平、农业劳动力素质和农业科学技术水平、农业生产抵御自然灾害的能力、土地生产率、农业劳动生产率、政策调控能力等。改革开放以来我国的农业生产能力取得了长足的进步，由于自然资源是难以改变的，本节主要从自然资源以外

① 资料来源：http://news.xinhuanet.com/fortune/2013-02/01/c_114588581.htm。

的其他因素来衡量农业生产能力。

首先，从农业科技水平和物质装备程度来看，我国农业机械总动力从
1978 年的 11 749.9 万千瓦增加到 2013 年的 103 906.75 千瓦。有效灌溉面
积从 1978 年的 4496.5 万公顷增加到 2013 年 6335 万公顷。化肥施用折纯
量从 884 万吨增长到 5911.86 万吨。其次，从农业生产抵御自然灾害的能
力来看，我国的总体受灾和成灾面积也从 5080.7 万公顷和 2445.7 万公顷
下降到了 3135 万公顷和 1430.3 万公顷，从受灾类型来看，旱灾和冻灾的
受灾及成灾面积下降显著。最后，从土地的生产率和生产能力来看，我国
粮食单位面积产量从 1978 年的 2527.3 公斤每公顷增加到 2013 年的 5894
公斤每公顷。农林牧渔生产总值从 1978 年的 1397 亿元增长到 2013 年的
96 995.27 亿元。

虽然我国的农业生产能力进步巨大，但是我国的农业生产也存在很多需
要改进的地方。从现实国情来看，我国人均自然资源在世界上处在较为落后
的水平，尤其是耕地资源、水资源。为此，我国农业需要走资源节约型、环
境友好型、绿色循环型的可持续发展道路，这样的发展模式既可以有效地利
用资源，又能够切实地提高土地生产效率和劳动生产率。此外，我国农业的
物质装备程度、劳动力素质及农业科技水平都与发达国家差距明显。由于国
家发展战略的原因，我国对农业的投入一直较少，国家对农、林、牧、渔业
的固定投资占全社会固定投资的比例一直维持在 3%左右，造成了农业的物
质装备程度和科技水平与发达国家相比仍然处于较低的水平。

因此，我国需要加大对农业的投入，来提升农业的物质装备程度和科技
水平。自然灾害对我国农业生产带来的影响也是十分巨大的。虽然我国的农
业防灾能力有了很大的提高，但是我国对于水灾和冰雹灾害的防治仍然缺乏
有效的措施，尤其是水灾。从 1978 年到 2013 年，我国水灾受灾和成灾面积
分别从 310.9 万公顷和 210.2 万公顷增加到 876 万公顷与 486 万公顷。为了减
少自然灾害造成的损失，我国应该建立完善的自然灾害防护机制和自然灾害
保险机制，切实保障农民的利益，提高农民的生产积极性，为提升我国的农
业综合生产能力夯实基础。

4. 农民收入超常规增长的农业经营制度条件

在中华人民共和国成立之前，我国实行土地私有制，土地的分配处于不均衡的状态，占总人口不到10%的地主和富农拥有超过全国60%的土地。中华人民共和国成立以后，立即在全国范围内开展了土地改革。1950年，中央人民政府委员会第八次会议通过了《中华人民共和国土地改革法》，让广大农民获得了土地，实行了广大农民"耕者有其田"的理想。但是，土地私有化不久之后，农村的贫富差距又迅速扩大。针对这种新情况，中共中央决定在全国开展和推广互助组和初级农业合作社。1951年12月15日，《中共中央关于农业生产互助合作的决议（草案）》正式下发，农村互助合作运动开始加快。1953年国家进一步提出发展农业生产合作社。1953年12月16日，中共中央通过了《关于发展农业生产合作社的决议》，提出在1954年秋收以前，全国农业生产合作社应该发展到35 800个以上。1955年夏季之后，全国又掀起了建立高级社为目标的"农村社会主义高潮"运动，仅仅在1955年夏到1956年底的一年半时间，全国基本实现了取消土地私有制的高级农业生产合作社。1958年8月29日，中共中央印发《关于在农村建立人民公社问题的决议》，在全国推行人民公社体制，而到1958年9月底，全国已基本实现了人民公社化。

互助组这一组织形式只是从生产环节上互助，并没有打破土地私有制，这一组织形式对于一些缺乏生产工具的农民来说，具有一定的帮助。但是，从初级社和高级社开始，所有农民的收益必须根据整个合作社的收益情况而定，土地私有制已经名存实亡。而从1958年农业合作化运动基本结束后，逐步实行了合作社的经营制度，这种以合作社为经济核算单位（1962年改为生产队）的经营制度，试图通过扩大经营规模从而达到规模经济的方式来提高农业的生产力，但这种经营制度具有强烈的平均主义倾向，而且当时尚不具备发展的经济基础，结果极大地挫伤了农民的积极性。再加上在此期间，农业领域的科学技术并没有取得明显进步，所以这一制度并没有为农村生产力的发展起到促进作用，反而让农民付出了较高的代价。自1957年实行高级社到1978年改革开放的21年间，我国人均占有粮食从306千克增加到318.7千克，平均每年仅增加606克。农民人均收入平均每年增加仅为1.59元（陈锡文和赵阳，2009）。

1978 年以后，我国实行了家庭联产承包责任制。这一制度通过"包产到户"的形式，实现了家庭经营，它提高了农民的生产积极性。农民的收入和生活水平都得到了极大提高。然而，随着市场经济和生产力的发展，这一制度也暴露出了不利于形成规模经济，不利于集约化、专业化生产等问题。针对这些弊端，国家近年来大力倡导培育新型农业经营主体。党的十八大报告明确提出，要坚持和完善农村基本经营制度，依法维护农民土地承包经营权、宅基地使用权、集体收益分配权，壮大集体经济实力，发展农民专业合作和股份合作，培育新型经营主体，发展多种形式规模经营，构建集约化、专业化、组织化、社会化相结合的新型农业经营体系。新型农业经营体系是对农村基本经营制度的丰富发展。以家庭承包经营为基础、统分结合的双层经营体制，是我国农村改革取得的重大历史性成果，是广大农民在党的领导下的伟大创造，适合国情，适应社会主义市场经济体制，符合农业生产特点，能极大调动农民积极性和解放发展农村生产力，为改革开放以来我国农业农村历史性变化提供了坚实制度基础，是中国特色社会主义制度的重要组成部分，必须毫不动摇长期坚持。这种基本经营制度，是在农村改革的伟大实践中形成的，并在农村改革的深化中不断丰富、完善、发展。构建集约化、专业化、组织化、社会化相结合的新型农业经营体系，就是适应发展现代农业需要，着力在"统"和"分"两个层次推进农业经营体制机制创新，加快农业经营方式实现"两个转变"。2013 年、2014年和2015年的中央一号文件都将构建新型农业经营体系作为农业工作的重点。由此可见，农业的规模化、专业化、市场化、组织化发展将成为未来农村经营制度调整与完善的趋势。

5. 农民收入超常规增长的农业现代化条件

农业现代化是指从传统农业到现代农业转变的过程，即使用手工工具的传统农业生产向用现代科学技术、现代生产手段与装备和规模经营的现代农业生产的转变过程，是从具有典型自然经济特点的农业向运用现代组织形式、管理方法的市场农业转变的过程。根据农业现代化的定义，我们将其分为两个方面：一是生产力层面的现代化；二是组织、管理层面的现代化。发展现代农业,不仅是为了保障农产品的有效供给,更重要的是能够确保农业工作者的收入得到增加和粮食安全得到有效保障。2013 年,十八届三中全会通过《中共中央关于全面深化改革若干重大问题的决定》,指出鼓励农业的现代化经营,这里的现代化包含了经营方式和生产方式的现代化。

农业机械化水平一定程度上代表了生产方式的现代化。现阶段我国农民的生产方式正从人畜力转向农机畜力,农民物质资本存量的增长主要来自农业机械的增加,在宏观层面上机械化可为农业现代化提供强劲动力。从图 9.4可知,我国农业机械化取得了长足的进步。一方面,农业机械化改变了农民的生产、生活方式,增加了农业生产效率,并使农业规模化种植、产业化经营成为可能;另一方面,农业机械化大量解放了生产力,为劳动力转移提供了现实保障。

图 9.4　1978～2013 年我国农业机械总动力增长情况

从表 9.4 可以看出我国改革开放以来主要农业机械拥有情况变化,总体上看,我国农用大中型拖拉机、小型拖拉机和联合收割机等主要农机具都呈现出快速增长的趋势。其中,小型拖拉机的增速尤为明显,1978 年,小型拖拉机才 100 万台左右,到 2012 年末,小型拖拉机达 17 972 300 台。另外,到2012 年,我国农业机械总动力达 102 559 千瓦,农用大中型拖拉机达 4 852 400台,联合收割机达 1 278 821 台,耕种收综合机械化水平在 57%左右,较 2011年提高 2 个百分点。这表明我国农业机械化水平从改革开放至今都在不断提高。机械化水平的提高为提高我国农业的现代化水平、提高农业生产效益打下了坚实的基础。

表 9.4 1978～2013 年我国主要农业机械年末拥有量变化趋势

年份	农用大中型拖拉机/台	小型拖拉机/台	农用排灌电动机/台	农用排灌柴油机/台	联合收割机/台	机动脱粒机/台	大中型拖拉机配套农具/部	小型拖拉机配套农具/部
1978	557 358	1 373 000	2 256 000	2 657 000	18 987	2 106 000	1 192 000	1 454 000
1980	744 865	1 874 000	2 583 000	2 899 000	27 045	2 498 000	1 369 000	2 191 000
1985	852 357	3 824 000	3 216 000	2 865 000	34 573	3 441 000	1 128 000	3 202 000
1990	813 521	6 981 000	4 308 000	4 111 000	38 719	4 933 000	974 000	6 488 000
1995	671 846	8 646 356	5 352 244	4 912 068	75 351	6 058 837	991 220	9 579 774
2000	974 547	12 643 696	7 413 111	6 881 174	262 578	8 761 800	1 399 886	17 887 868
2001	829 900	13 050 840	7 756 695	7 285 693	282 871	9 034 737	1 469 355	18 821 829
2002	911 670	13 393 884	8 109 120	7 506 066	310 147	8 982 654	1 578 861	20 033 634
2003	980 560	13 777 056	8 370 559	7 495 652	365 041	8 836 967	1 698 436	21 171 505
2004	1 118 636	14 549 279	8 835 399	7 775 427	410 520	9 147 243	1 887 110	23 096 911
2005	1 395 981	15 268 916	9 214 863	8 099 100	480 378	9 262 031	2 262 004	24 649 726
2006	1 718 247	15 678 995	10 060 505	8 363 525	565 578	9 656 410	2 615 014	26 265 699
2007	2 062 731	16 191 147	10 364 935	8 614 952	633 784	9 872 961	3 082 785	27 329 552
2008	2 995 214	17 224 101	10 863 833	8 983 851	743 474	9 631 477	4 353 649	27 945 401
2009	3 515 757	17 509 031	11 347 984	9 249 167	858 372	9 879 424	5 420 586	28 805 621
2010	3 921 723	17 857 921	11 761 542	9 462 526	992 062	10 167 963	6 128 598	29 925 485
2011	4 406 471	18 112 663	12 130 377	9 683 914	1 113 708	10 018 720	6 989 501	30 620 134
2012	4 852 400	17 972 300	12 488 100	9 823 100	1 278 821	10 423 200	7 635 200	30 806 220
2013	5 270 200	17 522 800		12 594 000			8 266 200	30 492 100

资料来源:《中国统计年鉴》(历年)

从生产力角度来说,截至 2014 年,我国的农作物耕种收综合机械化率超过 61%,根据农业部的预测,这一比率在 2020 年将会超过 70%[①]。与此同时,我国的农业科技水平也取得了长足的进步,种子、化肥、农药等农业生产资料质量不断提高。从组织、管理层面来说,国家近年来开始鼓励构建新型农业经营体系,鼓励农业走集约化、专业化、市场化的发展道路。但是,中国农业的现代化水平与发达国家还有较大的差距,仅从农作物耕种收综合机械化率这一指标来说,发达国家一般为 95% 以上(张忠根和田万获,2002)。

[①] http://news.xinhuanet.com/fortune/2014-11/03/c_1113097444.htm。

通过农业现代化发展推动我国农民收入超常规增长,需要注意以下几点:一是加强农业基础设施建设。基础设施的建设可以改善农民的生产、生活条件,提高现代农业的物质装备水平。具体实施中,不仅要提升实体基础设施,而且要着眼于信息时代和大数据时代背景下农村物流体系和农村信息网络的建设。二是加快农业科技体系建设。科技对农业现代化发展至关重要,推进农业科技的研发、推广及应用体系的建设,可以提升我国农业的科技含量和自主创新能力,切实提高农业现代化水平。三是建立健全农村市场体系。农业要实现现代化,农业的市场化是必不可少的一个环节。通过建立健全农村市场体系,可以改善我国农产品的流通效率和提升农业的市场化程度。四是加强对农业从事人员生产技术、经营管理知识的培训。组织形式、管理方法的现代化是农业现代化对农业从事人员的要求。通过加强对农民生产技术及经营管理知识的培训,可以提升农业从业人员的劳动素质,也有利于实现农业现代化中务农人员的现代化。

9.1.2　非农产业要素整合与产业基础条件

党的十八大指出"解决好农业农村农民问题是全党工作重中之重",而解决好"三农"问题的核心是农民,农民的关键则是保障其收入持续、快速、稳定增长。随着新型工业化和城镇化进程的快速推进,非农收入(此处的非农产业收入是指除了第一产业收入以外农村居民家庭人均纯收入的剩余部分)占农民收入的比重越来越高,非农收入从 1983 年的仅仅 97.07 元上升到 2012 年的 5194.38 元,占农民纯收入的比重从 31.34%快速上升到 65.61%。农民收入中的非农产业收入占比逐年增大,直接说明了非农产业要素投入与产业基础条件决定了农民非农收入的增长情况。因此,为了确保农民非农收入的快速增长,有必要明确非农产业的要素整合情况和产业基础条件。

1. 农民收入超常规增长的非农产业就业岗位提供

非农产业的迅速发展不仅改变了就业结构,而且对增加农民收入和提高就业率、稳定社会发展等多方面发挥了重要作用。由于第二产业和第三产业中农民的就业人口无法估算，这里仅讨论乡村就业人口中非农就业^①情况。非农产业的蓬勃发展使从事非农产业的农民人数逐年增加，为农民提供了很多岗位。从图 9.5 可以看出，不仅从事非农产业的农民人数不断增加，比率也增加迅速。从 1978 年到 2012 年从事非农产业的农民人数从 2182.2 万人增加到 26 825.6 万人，数量上扩大了十多倍，而乡村从业人员中非农从业比率也从 7.12%增加到 49.81%，几乎与从事农业产业人数不相上下。从乡村非农就业人口的发展趋势来看，2013 年已超过农业就业人员的数量。

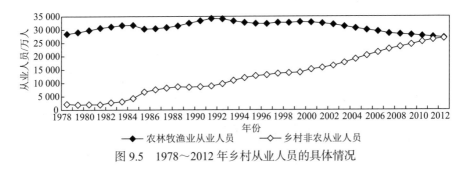

图 9.5　1978～2012 年乡村从业人员的具体情况

　　从不同行业对农村劳动力的吸收情况看，农村劳动力在非农产业就业主要是第二产业中的工业、建筑业，以及第三产业中的交通运输业、批发零售业、住宿餐饮业等，不同的行业对农村劳动力的影响不同。从表 9.5 可以看出制造业、建筑业和服务业比重较大，制造业的比重最大，但从近几年的数据可以看出制造业比重逐渐下降，由 2008 年的 37.2%下降到 2013 年的 31.4%。随着改革开放以来我国向市场经济体制的转型和大量利用外资，制造业成为我国国民经济的支柱产业，吸收了大量的农民工劳动力。从 2008 年到 2013 年，建筑业的比例从 13.8%增加到 22.2%，其他行业的变化不明显。由于建筑业和制造业都是以劳动密集型生产为主，需要大量体力劳动且技术要求不高，而农民工文化程度和技术水平普遍较低，他们更容易在这些领域找到工作，成为建筑业和制造业的主力军。可见，非农产业对农村劳动力转移影响较强的行业，主要还是一些文化水平偏低、知识

---

　　① 乡村从业人员分为农林牧渔业从业人员（简称农业从业人员）和乡村非农从业人员，这里讨论的非农就业人员数量也即是乡村从业人员数量与农林牧渔业从业人员数量之差。

技能要求不高的劳动密集型产业。

表 9.5　2008～2013 年农民从事的主要行业分布（单位：%）

年份	制造业	建筑业	交通运输、仓储和邮政业	批发零售业	住宿餐饮业	服务和其他服务业	其他行业
2008	37.2	13.8	6.4	9	5.5	12.2	15.9
2009	36.1	15.2	6.8	10	6	12.7	13.2
2010	36.7	16.1	6.9	10	6	12.7	11.6
2011	36	17.7	6.6	10.1	5.3	12.2	12.1
2012	35.7	18.4	6.6	9.8	5.2	12.2	12.1
2013	31.4	22.2	6.3	11.3	5.9	10.6	12.3

资料来源：2008～2013 年农民工监测调查报告

从不同地区非农产业对农村劳动力的吸收情况看，随着我国产业结构升级、劳动密集型产业从东部不断向西部转移，农民在东部、西部、中部就业结构不完全相同，同时在不断发生变化。从中国统计年鉴"我国农民工监测调查报告"的数据可知，东部地区农民工主要从事制造业，从 2010 的 46.2%下降到 2013 年的 43.1%，比重逐渐下降。由于我国东部的经济发展较快，中小型企业、民营企业成长态势良好，这些企业以劳动密集型、低附加值的加工贸易为主，并在东部吸收了大量的劳动力就业。另外，生产成本上升及资源缺乏等使低附加值的劳动密集型产业在东部的发展空间越来越小，东部地区的产业不断由劳动密集型向资金密集型和技术密集型的产业优化，使东部制造业吸收劳动力逐渐下降。中部地区建筑业和制造业并重，而且建筑业比重有增加的趋势。西部地区建筑业由 2010 年的 26.1%增加到 2013 年的 30%，比重略有上升。与东部相比，西部地区土地资源、人力资源比较丰富，但是企业数量和规模都赶不上东部，因此农民工就业承受更大压力。另外，与其他行业相比，除交通运输、仓储和邮政业（人均月收入 3133 元）高于建筑业外，建筑业（人均月收入 2965 元）的工资略高，建筑业不需要经营成本、操作简单，因此更多的农民工选择从事建筑业。

2. 农民收入超常规增长的非农产业工资福利水平

从农民工工资水平来看，总量上仍然远远低于城镇职工工资水平，虽然近几年的增长率较高，但是稳定性较低，农民工工资增长的波动幅度较大。从表 9.6 可以看出，近年来的农民工工资总量在不断增加，由 2008 年的 1340元增加到 2013 年的 2609 元，总量扩大了将近 1 倍，而平均增长率也达到了14.38%。其中，2011 年增长率最大为 21.2%。虽然如此，农民工工资仍然明显低于城镇职工工资。最低的 2009 年农民工工资仅有城市职工工资的52.74%，最高的 2013 年也只有 60.82%。

表 9.6　2008～2013 年农民工与城市职工月平均工资水平具体情况

年份	农民工		城市职工		农民工工资比城市职工工资/%
	平均月工资/元	增长率/%	平均月工资/元	增长率/%	
2008	1340		2408	16.9	55.65
2009	1417	5.7	2687	11.6	52.74
2010	1690	19.3	3045	13.3	55.50
2011	2049	21.2	3483	14.4	58.83
2012	2290	11.8	3897	11.9	58.76
2013	2609	13.9	4290	10.1	60.82

资料来源：2008～2013 年中国统计年鉴，2013 年农民工监测调查报告

　　从农民工福利水平来看，农民工参加社会保障的比例极低。从表 9.7 可以看出，虽然近几年来农民工参加各项社会保障比例有所增加，但整体比例仍然较低。其中，仅有工伤保险的参与率超过了 20%，且由 2008 年的 24.1%上升到 2013 年的 28.5%，但上升幅度仍较低；另外，农民工的失业保险和生育保险参与度极低，均不足 10%。其中，2013 年的失业保险参与度为 9.1%，生育保险的参与度为 6.6%；2013 年，农民工的医疗保险参与度为 17.6%。最常见的情况是，不少单位虽然替农民工缴纳了医疗保险，但最后还是将成本转嫁到农民工个体，直接的做法就是降低农民工工资水平，这样一来，农民工在劳动力市场中存在"工资-福利折中"效应（秦立建和苏春江，2014）。从农民工的住房条件看，虽然当前农民工的住房主要由雇主提供，但人均面积达不到城镇平均标准，而且农民工住房的配套设施严重不健全，"家居化"缺失的现象严重。

表 9.7 农民工参加社会保障的比例（单位：%）

类别	2008 年	2009 年	2010 年	2011 年	2012 年	2013 年
养老保险	9.8	7.6	9.5	13.9	14.3	15.7
工伤保险	24.1	21.8	24.1	23.6	24.0	28.5
医疗保险	13.1	12.2	14.3	16.7	16.9	17.6
失业保险	3.7	3.9	4.9	8.0	8.4	9.1
生育保险	2.0	2.4	2.9	5.6	6.1	6.6

资料来源：2008～2013 年农民工监测调查报告

农民务工出现低工资及低福利的原因主要在于以下几个方面：①制度方面。我国福利制度不完善，仍存在着二元结构，城市居民的社会福利更加全面，而农村的福利制度则不完善，农民的福利收入很少。城镇居民的社会福利水平明显高于农村居民。2007 年，城镇居民的家庭人均福利收入占家庭人均总收入的 20%，而农村居民的福利收入仅占总收入的 2%（杨穗等，2013）。另外，制度不完善使农民在就业过程中受到单位的歧视，也是造成农民工资低、少福利的主要原因之一。农民工和城市工人的平均工资收入存在较大差异，其中 44.8%是由个人特征引起的，而 55.2%的因素归结于对农民工的直接歧视和对城市工制度性保护的间接歧视（谢嗣胜和姚先国，2006），这说明歧视是造成农民工和城市工不同收入的主要因素。②供给方面。随着工业化、城镇化进程的推进，剩余劳动力不断从农业转移到非农产业中，这种转移主要体现在数量和质量两个方面。在数量方面，人数逐年增加，从 1985 年到 2012 年从事非农产业的农民人数从 6713.8 万增加到 26 825 万，比例也从 18.1%增加到 49.8%。在质量方面，农民工人力资本表现为文化程度低、缺乏技能。由 2013 年农民工监测调查报告可知，在农民工中，初中以下文化水平占 15.4%，初中文化程度的占 60.9%，高中文化水平的占 16.4%，大专及以上文化程度仅占 7.3%。另外，2012 年、2013 年农民工接受技能培训的比例分别只有 30.8%、32.7%，大量的农民工没有接受技能培训，缺乏基本职业技能。由于文化技能低，农民寻找岗位的途径也受到很大限制，目前农民主要是靠老乡、亲戚、熟人来获得岗位的信息，这种途径也存在很多弊端，如信息的时滞性和失真性。③需求方面。从劳动力市场方面分析，我国企业吸收农民工的需求增长缓慢，吸纳劳动力的能力在不断下降。随着产业结构演变，出现一些产业升级致使劳动力需求减少、城市就业压力加大的现象，使农民的非农产业就业空间进一步被压缩。另外，随着经济发展和技术进步，很多企业都需要有"一技之长"或者较高文化水平的劳动资源，而农民工大多教育文化水平不高或者没有接受技能培训，无法满足企业的需求，在就业方面受到很大限制。

3. 农民收入超常规增长的非农产业反哺协作条件

党的十六届四中全会就明确提出："在工业化初始阶段，农业支持工业、为工业提供积累是带有普遍性的趋向，而当工业化达到相当程度以后，工业反哺农业、城市支持农村，实现工业与农业、城市与农村协调发展，也是带有普遍性的趋势。"工业反哺农业是指在工业发展到一定阶段后，国家为了调整工农关系和城乡关系而实行的经济发展政策。广义的工业反哺农业是指非农产业和城市对农业和农村的反哺，实现农业生产的规模化和现代化。我国人均 GDP 在 2003 年就已经超过 1000 美元，而按照人民币年平均汇率 6.25 元/美元计算，2014 年我国人均 GDP 已经接近 7500 美元，按照国际工业化程度标准来看，我国已达到了工业化后期阶段，且 2014 年城镇化水平达到54.77%。可见，我国工业化进程正在不断地向工业化后阶段迈进，城镇化水平正在走向更高阶段。工业反哺农业始于工业化中期，并向工业化后期延续（马晓河等，2005），我国现在处于工业化中后期阶段，已经进入刘易斯"转折点"。进入"转折点"后，进一步推进工业化和城市化就必须在农业和农村得到根本性改造的基础上进行，其对农业和农村的反哺已不限于在"转折点"之前的"滴答"，而是全面的反哺（洪银兴，2007）。因此，未来促进农民收入超常规增长，有待于加强非农产业的反哺力度。

9.1.3　农民收入超常规增长的社会条件

1. 农民收入超常规增长的基础设施条件

基础设施可分为经济基础设施和社会基础设施，关于经济基础设施的定义，我们可参考世界银行 1994 年的《世界发展报告》："经济基础设施即永久性的成套的工程构筑、设备、设施和它们所提供的为所有企业生产和居民生活共同需要的服务。它们都不同程度地存在规模经济，存在着使用者与非使用者之间的利益溢出性。"具体来看包括公共设施（电力、电信、自来水、管道燃气和卫生设施等）、公共工程（道路、灌溉设施和水利工程等）和交通网络（铁路、公路、港口和机场等）。除开上面提到的经济基础设施外的基础设施可定义为"社会基础设施"，其涵盖了科研、教育、文化和医疗保健等设施。本书是研究我国农民收入超常规增长这一主题，那么所涉及的基础设施条件就是指我国农业农村的基础设施条件，主要包括以下两类：一是农民生活基础设施，主要为农村交通、通信、饮水能源等设施。二是农业生产基础设施，包括农田水利设施、生产工具和农业技术服务设施。农业生产基础设施和农民生活基础设施一起构成农村经济基础设施，与农民收入增长息息相关。

首先，分析农业生产水利设施情况。从表 9.8 中可得知，从 1990 年来我国农业有效灌溉面积不断增加，从 1990 年的 47 403.1 千公顷发展到 2013 年的 63 473.3 千公顷；水库数量和水库库容量也不断增加，到 2013 年，我国已有水库 97 721 座，总库容量达 8298 亿立方米，堤防长度从 1990 年的 22.0 万千米增加到 2012 年的 30.6 万千米。这表明，我国农业水利设施建设取得了很大进步，农业防灾设施持续得到完善。

表 9.8　1978～2013 年我国农业水利设施情况表

年份	有效灌溉面积/千公顷	农用化肥施用折纯量/万吨	水库数量/座	水库容量/亿立方米	堤防长度/万千米	水土流失治理面积/千公顷	除涝面积/千公顷	堤防保护面积/千公顷
1978	44 965.0	44 965.00						
1980	44 888.1	44 888.07						
1985	44 035.9	44 035.90	83 219	4 301	180	46 400	18 584	31 060
1990	47 403.1	47 403.10	83 387	4 660	22.0	53 000	19 337	32 000
1995	49 281.6	49 281.20	84 775	4 797	24.7	66 900	20 065	30 609
2000	53 820.3	53 820.33	85 120	5 183	27.0	80 960	20 989	39 600
2006	55 750.5	55 750.50	85 849	5 841	28.1	97 491	21 376	45 486
2007	56 518.3	56 518.34	85 412	6 345	28.4	99 871	21 419	45 518
2008	58 471.7	58 471.68	86 353	6 924	28.7	101 587	21 425	45 712
2009	59 261.4	59 261.40	87 151	7 064	29.1	104 540	21 584	46 547

续表

年份	有效灌溉面积/千公顷	农用化肥施用折纯量/万吨	水库数量/座	水库容量/亿立方米	堤防长度/万千米	水土流失治理面积/千公顷	除涝面积/千公顷	堤防保护面积/千公顷
2010	60 347.7	60 347.70	87 873	7 162	29.4	106 800	21 692	46 831
2011	61 681.6	61 681.56	88 605	7 201	30.0	109 664	21 722	45 956
2012	63 036.4	62 490.52	97 543	7 211	30.6	102 953	21 857	42 597
2013	63 473.3	63 473.30	97 721	8 298	27.5	106 892	21 943	40 317

资料来源:《中国农村统计年鉴 2013》《中国统计年鉴 2014》

其次，分析农民生活基础设施条件。相关数据显示，2000 年我国农村改水累计受益人口为 88 112 万人，卫生厕所普及率为 44.8%；到 2012 年，我国农村累计改水受益人口达 91 208.4 万人，卫生厕所使用户数达 18 627.5 万户，卫生厕所普及率达 71.7%。农村能源建设方面，2000 年我国农村沼气池产气量仅为 25.9 亿立方米；截至 2012 年，我国农村沼气工程已有 198 359.8 万个，沼气池产气总量为 157.6 亿立方米。从表 9.9 可以知道，1978 年到 2012 年，我国乡村办水电站的个数虽然在减少，其可能原因是小电站被合并，但是装机容量和农村用电量都在不断增加，装机容量从 1978 年的 228.4 万千瓦发展到 2012 年的 6568.6 万千瓦，农村用电量更是从 253.1 亿千瓦时猛增到 7508.5 亿千瓦时。这些数据都说明了，近年来我国农村的生活基础设施建设取得了很大成绩，改善了农民的生活条件，为农民收入的可持续增长奠定了基础。

表 9.9　1978～2013 年我国农村水电建设及投资情况

年份	乡村办水电站/个	乡村办水电站装机容量/万千瓦	农村用电量/亿千瓦时	农村水电建设本年完成投资额/万元	农村发电设备容量/千瓦	农村新增发电设备容量/千瓦	农村发电量/亿千瓦时
1978	82 387	228.4	253.1				
1980	80 319	304.1	320.8				
1985	55 754	380.2	508.9				
1990	52 387	428.8	844.5	348 848	13 978 100	791 000	418.11
1995	40 699	519.5	1 655.7	1 321 689	18 721 073	1 207 854	631.62
2000	29 962	698.5	2 421.3	2 220 993	27 487 791	2 060 127	875.50

续表

年份	乡村办水电站/个	乡村办水电站装机容量/万千瓦	农村用电量/亿千瓦时	农村水电建设本年完成投资额/万元	农村发电设备容量/千瓦	农村新增发电设备容量/千瓦	农村发电量/亿千瓦时
2005	26 726	1 099.2	4 375.7	4 343 826	43 090 145	4 964 672	1 357.17
2006	27 493	1 243.0	4 895.8	4 604 296	47 196 651	6 403 520	1 483.59
2007	27 664	1 366.6	5 509.9	5 117 926	53 855 597	6 578 193	1 634.60
2008	44 433	5 127.4	5 713.2	4 568 884	51 274 371	4 194 106	1 627.59
2009	44 804	5 512.1	6 104.4	4 563 240	55 121 211	3 807 072	1 567.25
2010	45 815	5 924.0	6 632.3	4 398 453	59 240 191	3 793 551	2 044.43
2011	45 151	6 212.3	7 139.6	4 243 988	62 123 430	3 277 465	1 756.69
2012	45 799	6 568.6	7 508.5	3 671 548	65 686 071	3 399 616	2 172.92
2013	46 849	7 119.0	8 549.5	3 457 047	71 186 268	2 460 601	2 232.77

资料来源:《中国农村统计年鉴 2013》

2. 农民收入超常规增长的公共服务条件

所谓农村公共服务,是指由政府及其他机构举办的,为农业经济生产、农村社会发展和农民日常生活提供的各种服务的统称。在这里,除了上文已涉及的一些农民生活基础设施和农业生产基础设施外,如电力、交通、水利等,本节所说的农村公共服务主要包括农村文化教育、卫生医疗、社会保障、农村生态环境和生活条件等内容。

第一,农村地区的文化教育事业发展情况。从表 9.10 可知,1995 年的农村普通高中有 3112 所,普通初中有 45 626 所,普通小学有 55.9 万所,农民高等学校有 4 所,农民技术培训学校有 38.5 万所,农民中学有 3821 所,农民小学有 16.7 万所。截至 2012 年,我国农村普通高中学校有 718 所,普通初中有 19 400 所,普通小学有 15.5 万所,农民高等学校有 1 所,农民技术培训学校有 10.9 万所,农民中学有 1316 所,农民小学有 2.6 万所。由此可以看出,1995 年以来,我国农村地区的各类学校数量都出现了大幅度降低趋势,这直接加大了城乡教育不公平程度。

表 9.10　1995～2012 年我国农村地区各类学校数量

年份	普通高中/所	普通初中/所	普通小学/万所	农民技术培训学校/万所	农民高等学校/所	农民中学/所	农民小学/万所
1995	3 112	45 626	55.9	38.5	4	3 821	16.7
2000	2 629	39 313	44.0	48.6	3	2 622	16.0
2009	1 618	30 178	23.4	12.9	2	1 997	4.1
2010	1 428	28 670	21.1	10.7	2	1 985	3.2
2011	848	20 997	16.9	10.3	1	2 266	3.0
2012	718	19 400	15.5	10.9	1	1 316	2.6

资料来源:《中国农村统计年鉴 2013》

　　究其原因, 一是城镇化的结果。因为城镇化的快速推进使农村人口大幅度减少,"农村空心化"现象直接导致农村地区受教育人群迁往城镇,从而使农村教育机构不得不精简。二是农村教育资源的整合与乡镇村的合并。因为农村教育资源的整合会使教育机构数量大幅度减少,特别是行政村和乡镇的合并也在一定程度上对农村学校进行了重组,进而导致农村学校数量的下降。三是社会教育公平与农村居民对教育重视程度的双重降低。近年来, 社会底层特别是农民及农民工家庭的子女,通过教育实现向上流动的动力越来越小,成本越来越高,渠道大有变窄的趋势。当家庭背景成为就业过程中一道不断升高的"隐形门槛",普通人家的子弟,进入名校困难,难以被纳入社会上升通道;而有着强大社会资源的富有家庭的孩子,则可以轻松进入好学校,甚至海外名校,毕业后更容易获得体面的工作、较高的收入及更广阔的发展空间。这种状况不仅影响全社会的教育公平,在当今就业形势严峻的情况下,更加剧了由社会底层向中间阶层及更高阶层流动的难度。据此形成恶性循环的是,农民家庭对子女的教育重视程度也会不断降低,迫使进一步缩减农村地区的教育机构和教育工作者数量。

　　第二,农村地区的医疗卫生服务方面情况。由表 9.11 可知,1995 年我国的农村乡镇卫生院有 51 797 个,乡村医生和卫生人员 133.10 万人,床位 73.31 万张;2000 年乡镇卫生院减少到 49 229 个,乡村医生和卫生人员为 131.94 万人,床位 73.48 万张;到 2012 年,我国农村乡镇卫生院 37 097 个,乡村医生和卫生人员为 109.44 万人,床位有 109.93 万张。可以看出,乡镇卫生院在这十几年的时间里是呈减少的趋势，而床位都呈逐步增长的趋势。这表明，我国农村乡镇卫生机构不断规模化、正规化，卫生人员和床位的增加更是说明乡镇卫生机构的医疗能力得到了加强。

表 9.11　1980~2013 年我国农村地区医疗卫生情况

年份	乡镇卫生院/个	乡镇卫生院床位数/万张	乡村医生和卫生员数/万人	每万人拥有农村卫生技术人员数/人	每万人拥有农村执业/助理医师数/人	每万人拥有农村注册护士数/人	每万农业人口乡镇卫生院床位数/张
1980	55 413	77.54	382.08	18	8	2	9.50
1985	47 387	72.06	129.31	21	9	3	8.60
1990	47 749	72.29	123.15	22	10	4	8.10
1995	51 797	73.31	133.10	23	11	5	8.10
2000	49 229	73.48	131.94	24	12	5	8.00
2004	41 626	66.89	88.31	22	10	5	7.61
2005	40 907	67.82	91.65	27	13	7	7.80
2006	39 975	69.62	95.75	27	13	7	7.98
2007	39 876	74.72	93.18	27	12	7	8.51
2008	39 080	84.69	93.83	28	13	8	9.60
2009	38 475	93.34	105.10	29	13	8	10.50
2010	37 836	99.43	109.19	30	13	9	11.20
2011	37 295	102.63	112.64	27	11	8	11.60
2012	37 097	109.93	109.44	34	14	11	12.42
2013	37 015	113.65	108.11	36	15	12	12.97

资料来源：《中国农村统计年鉴》

为了进一步了解我国农村地区的医疗卫生条件，还需详细了解我国农村地区村卫生室发展情况。由表 9.12 和图 9.6 可知 1985 年至 2013 年我国农村卫生室数量的变化趋势。总体来看，1985 年至 2013 年，我国农村村卫生室的数量呈现不断减少的趋势，从 1985 年的 777 674 个减少到 2013 年的 648 619 个，然而设置卫生室的行政村占比却从 87.4%增加到 93%，这可能主要是因为 1985 年以来行政村不断合并。从这些数据的变化中可以看出随着城镇化进程的推进，虽然农村人口的减少使农村医疗卫生机构和医护人员不断减少，然而卫生室的普及率和每村平均拥有的医护人员数是在不断提高的，说明我国农村地区的医疗卫生事业建设取得了一定进步。

表9.12　1985～2013年我国农村地区卫生室情况

年份	村卫生室数量/个	村办的村卫生室数量/个	乡卫生院设点的村卫生室数量/个	联合办的村卫生室数量/个	私人办的村卫生室数量/个	其他办的村卫生室数量/个	设卫生室的行政村占比/%
1985	777 674	305 537	29 769	88 803	323 904	29 661	87.40
1990	803 956	266 137	29 963	87 149	381 844	38 863	86.20
1995	804 352	297 462	36 388	90 681	354 981		88.90
2000	709 458	300 864	47 101	89 828	255 179	16 486	89.80
2005	583 209	313 633	32 396	38 561	180 403	18 216	85.80
2006	609 128	333 790	34 803	36 805	186 524	17 206	88.10
2007	613 855	340 082	33 633	33 649	186 841	19 650	88.70
2008	613 143	342 692	40 248	31 698	180 157	18 348	89.40
2009	632 770	350 515	45 434	31 035	183 699	22 087	90.40
2010	648 424	365 153	49 678	32 650	177 080	23 863	92.30
2011	662 894	372 661	56 128	33 639	175 747	24 719	93.40
2012	653 419	370 099	58 317	32 278	167 025	25 700	93.30
2013	648 619	371 579	59 896	32 690	158 811	25 643	93.00

资料来源：《中国农村统计年鉴》

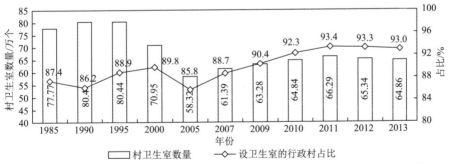

图9.6　1985～2013年我国农村卫生室数量及设置卫生室的行政村占比变化趋势

第三，医疗保险方面的情况。医疗保险是弱势群体获得医疗服务的重要途径，新农合在增加农村医疗服务的可及性、缓解农民"因病致贫、因病返贫"方面发挥了作用（Wagstaff et al., 2009）。为了缓解农民"看病难、看病贵"的问题，我国政府自 2003 年开始在全国范围试点并推广新农合制度，以减轻农民就医支出负担，提高其健康水平。新农合由此得到了中央和地方财政的大力支持，保费补助逐年提高，参保人数迅速增加，现今已覆盖了全部农村居民（彭晓博和秦雪征，2014）。如表 9.13 所示，2004 年开展新型农村合作医疗县（市、区）个数只占全部县的 11.64%，这一数据在 2013 年快速上升到 87.24%；新型农村合作医疗参合率也由 2004 年的 75.20%上升到 2013 年的 98.70%；补偿受益人次由 2004 年的 0.76 亿人次上升到 2013 年的 19.42 亿人次。这直接说明了，新型农村合作医疗在缓解农民"看病难、看病贵"的问题中起到了至关重要的作用。

表 9.13　2004～2013 年我国新型农村合作医疗情况

指标	2004 年	2006 年	2008 年	2010 年	2011 年	2012 年	2013 年
县级区划数/个	2862	2860	2859	2856	2853	2852	2853
开展新型农村合作医疗县（市、区）数/个	333	1451	2729	2678	2637	2566	2489
参加新型农村合作医疗人数/亿人	0.80	4.10	8.15	8.36	8.32	8.05	8.02
新型农村合作医疗参合率/%	75.20	80.70	91.50	96.00	97.50	98.3	98.70
新型农村合作医疗人均筹资/元	50.36	52.10	96.30	156.60	246.21	308.5	370.6
新型农村合作医疗当年基金支出/亿元	26.37	155.80	662.30	1187.80	1710.19	2408.0	2909.2
新型农村合作医疗本年度筹资总额/亿元			784.58	1308.33	2047.56	2484.7	2972.5
新型农村合作医疗补偿受益人次/亿人次	0.76	2.72	5.85	10.87	13.15	17.45	19.42

资料来源：《中国农村统计年鉴》

此外，新农合的减贫效果明显，不仅能在农户层面上显著降低贫困发生概率，而且能在省区层面上显著降低贫困率（白重恩等，2012）；新农合能显著促进低收入和中等收入农民增收，但需要有利的外部经济环境作为支持条件（王红漫等，2006；于长永，2012）；新农合能显著降低村庄内部的收入分配不均等程度（齐良书，2011）。杨文等（2012）的研究也表明，增加农村家庭收入是降低其脆弱性最有效的手段，新型农村合作医疗和社会保险能有效降低农村家庭脆弱性。但是，也有研究指出，医疗保险未必能从根本上改善弱势群体的福利状况（如健康水平），因为医疗保险在增加医疗服务资源的可及性和平等性的同时，也带来了一系列负面效应，其中一个重要的问题就是医疗保险所引发的道德风险（彭晓博和秦雪征，2014）。

　　第四，社会保障服务方面情况。自 20 世纪 80 年代中期开始，我国的社会保障制度进入了全面改革的时期。从 1994 年的医疗保险改革试点，1995年的基本养老保险试点，到 1999 年的城镇居民最低保障制度，再到 2003 年开始建立新型农村合作医疗制度和 2007 年的农村最低生活保障制度，我国社会保障制度的改革逐步走上了政府主导、责任分担、多层次发展的道路，不断推进覆盖城乡居民的社保体系建设。表 9.14 反映的是 1995 年到 2013 年我国农村养老福利机构和农村救济费的大体情况。从表中可知，我国农村老年养老服务机构收养人数、农村社会救济费用和自然灾害救济费用总体上都呈增长的趋势。截至 2012 年，我国农村老年养老服务机构个数为 32 787 个，年末收养人数将近 200 万人；农村社会救济费用达 995.83 亿元。其中，农村最低生活保障支出为 717.96 亿元，全国农村居民最低生活保障人数达到5344.5 万人，自然灾害救济费用达 163.38 亿元。这些数据表明，我国在社会保障事业方面取得了很大进步，现阶段我国已有失业保险、基本医疗保险、工伤保险、生育保险等多个社会保险种类，覆盖面不断扩大，保障人数持续增加，覆盖城乡的社会保障体系基本建立。值得注意的是，虽然"社会养老"对传统"家庭养老"呈现一定程度的替代，但当前效果仍有限，完善中国农村的"社会养老"模式有待于进一步提高保障水平（张川川和陈斌开，2014）。

表 9.14　1995～2013 年我国农村养老福利机构和救济费用情况

指标	1995 年	2000 年	2009 年	2010 年	2011 年	2012 年	2013 年
农村养老服务机构/个	40 387	25 576	31 286	31 427	32 140	32 787	30 274
农村养老服务机构职工/万人			13.6	14.2	15.2	15.9	16.4
农村养老服务机构年末收养人数/万人	60.3	42.8	173.0	182.5	192.5	200.0	
农村社会救济费用/亿元	3.04	8.73	552.52	663.13	958.92	995.83	
自然灾害救济费用/亿元	23.48	35.19	199.19	237.18	128.70	163.38	

资料来源：《中国农村统计年鉴 2013》，国家统计局网站

　　从以上几个方面情况来看，我国现阶段农村公共服务方面的建设已经取得了瞩目的成就，教育、医疗卫生、社会保障等方面的建设都有很大进步，为我国农村经济的发展及农民收入的超常规增长创造了良好条件。但是，当前我国农村发展还面临许多亟待解决的问题，如农民普遍知识水平低，农村地区教育资源分配不公；农村地区医疗卫生设施差，农民"看病难、看病贵"的困境没有根除；农村低收入人群多，社会保障制度仍然不健全；农村地区生态破坏严重，农业生产更加容易受资源环境的约束。这些现实问题都在无形中制约着我国农村经济发展和农民收入增长。因此，要实现农民收入的超常规增长，这些问题必须有效解决，农村地区的公共服务条件有待于进一步夯实。

3. 农民收入超常规增长的劳动力市场条件

　　当前，我国农业农村生产的劳动力要素出现了这样一个矛盾状况：一方面，我国农村劳动力总量过剩，农村剩余劳动力的转移就业问题依然存在；另一方面，当前我国农村缺乏有知识、有技能的青壮年农业劳动力这一问题已日益突显。可以说，我国现阶段农村劳动力呈现出总量过剩和结构性短缺共存的局面。

　　目前，在我国从事农业工作的人口和农村劳动力数量庞大，在我国总人口和劳动力人口中仍然占有很大比重。截至 2013 年末，我国的乡村就业人员和第一产业就业人员仍然分别高达 38 737 万人和 24 171 万人。其中，乡村就业人口占总就业人口的比重为 50.32%（1952 年为 88.01%），第一产业就业人口占总就业人口的比重为 31.40%（1952 年为 83.54%）。可以看出，我国农村就业人口虽然在逐年减少，但数量依然庞大，且大部分就业于第一产业。表 9.15 反映的是不同学者对我国近 20 年农村剩余劳动力的估算。虽然不同学者得出的估算值有一定的偏差，但从总体上来看，我国农村剩余劳动力数量仍然是一个很庞大的数据。尤其是随着农业现代化和新型城镇化的推进，农村劳动力需求将步入持续下降阶段。所以，加快农村剩余劳动力的转移势在必行，不仅关系到农民就业和农民收入问题，更是关系到我国经济社会稳定。

表 9.15　1994～2015 年我国农村剩余劳动力数量估算

估算者	年份	农村劳动力/万人	农村剩余劳动力/万人	农村剩余劳动力占农村劳动力的比例/%
王诚	1994	44 516	13 800	31
王红玲	1994	44 943	11 730	26.1
刘伟	1997	49 097	13 600	27.7
袁志刚	1997	45 833	11 000	24
冯兰瑞	2000	54 800	13 700	25
李辉华	2000	56 796	15 335	27
蔡昉	2009	50 117	10 000	20
本课题组	2015	52 956	2 341	4.4

资料来源:《中国三农问题报告》(2011 年);2015 年数据为本课题组的预测值

　　劳动力的知识文化水平也是考查劳动力质量的一个重要指标。图 9.7 反映的是我国 1990～2012 年农村劳动力各文化程度占比的变化趋势。从图中可以得知:从 1990 年至 2012 年,我国农村文盲程度和小学程度的劳动力占比不断下降,2012 年占比分别为 5.3% 和 26.07%,相比 1990 年的占比有很大幅度的降低。同时,初中、高中、中专和大专及其以上文化程度的农村劳动力占比不断升高,特别是初中程度的劳动力占比上升幅度大,到 2012 年,这一占比高达 53.03%。这表明文盲和小学程度的劳动力减少,初中及以上文化程度的劳动力占比增加,使我国农村劳动力总体文化程度有了提高。

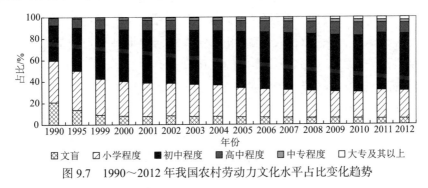

图 9.7　1990～2012 年我国农村劳动力文化水平占比变化趋势

　　由于我国农村人口基数大,目前农村劳动力总量依然过剩,农村劳动力转移就业依旧困难。这类剩余劳动力人群数量庞大、文化水平偏低、适应能力弱，就业竞争力不强，这个庞大的群体不仅超过了农业生产的需求，也日渐超出农村耕地的承载能力，严重影响了我国农民增收的步伐。在当前背景下，为促进我国农民增收，实现农民收入的超常规增长，就必须要解决好我国农村劳动力过剩和结构性短缺的问题。一方面要提升农业劳动力素质和技能，满足现阶段农业生产对青壮年劳动力的需求，以此提高农业生产率，增加农民的农业经营收入；另一方面是要在此基础上，提高农村剩余劳动力的知识水平和专业技能，满足城镇化对城市劳动力的新要求，转移农村剩余劳动力，创造就业机会，增加农民的非农收入。

4. 农民收入超常规增长的就业公平条件

随着我国工业化和城镇化的推进，大量农村剩余劳动力的转移问题也逐步凸显，在农村剩余劳动力向城市转移的过程中，农民工就业问题严峻，很大程度上是由于农民工在城市非农岗位就业中受到了就业歧视，也就是未能享受到公平就业的条件。一般来说，就业公平条件可以分为制度性条件和非制度性条件。制度性条件包括相关法律、户籍制度、教育制度、社会保障制度等；非制度性条件包括政府职能、劳动力市场供需状况、个人偏见等。

在我国现行的法律中，《中华人民共和国劳动法》（以下简称《劳动法》）应该是保护劳动者权益的最主要的一部法律，其第十二条对民族、种族、性别和宗教这四种就业歧视做了禁止性规定。但是，《劳动法》没有对年龄歧视、身高歧视、学历歧视和户籍歧视等列进去，这就使广大转移到城市的农民在城市就业中受到的歧视没有法律的支撑，直接导致了就业不公平。再者，我国现行的法律已有保障妇女、儿童和残疾人等弱势群体权益的规定，却没有出台专门保护农民工这类弱势群体的法律规范。

公安部统计数据显示，2010 年至 2012 年，我国农业人口落户城镇的有2505 万人，平均每年有 835 万农业人口落户城镇，从农业人口变为非农业人口，实现了职业上的转变。这表明，近年来随着我国的户籍制度改革，农村户口转为城镇户口的门槛明显降低，有利于加快农村剩余劳动力的转移，也为农民在城市的公平就业奠定了制度基础。但是，我国当前农转城的人口在城市仍然无法享有和城市居民一样的待遇，直接影响了农村转移劳动力的稳定就业。

在知识经济时代，农民在非农岗位的就业很大程度上受知识水平的限制和影响，农民在城市的就业不公平现象在一定程度上是由于它们受到了教育水平歧视。显然，这种歧视是受我国当前的教育制度影响。虽然，我国在农民教育这块取得了不小成绩，但教育不公平问题依然存在，主要表现在以下两个方面：一是教育经费预算的差别，城镇教育的经费远远高于农村教育经费；二是教育资源的差距大，城镇地区无论是在学校数量方面还是师资力量方面都优于农村地区。用数据来看这种教育不公平带来的后果（图9.7），2012年我国农村平均每百个劳动力中，不识字或识字很少的人数为5.3人，小学程度的为26.1人，初中程度的为53人，高中程度的为10人，中专程度的为2.7人，大专及大专以上的为2.9人。这类人群在城镇非农岗位就业根本不可能得到公平就业待遇，这也严重制约其非农就业收入的增长。

近年来，我国坚持贯彻"广覆盖、保基本、多层次、可持续"的社会保障制度方针，基本形成了覆盖城乡居民的社会保障体系，农民从社会保障制度中得到了实实在在的好处。截至2012年，我国农村老年养老服务机构个数为32 787个，年末收养人数将近200万人；农村社会救济费用达995.83亿元，其中农村最低生活保障支出为717.96亿元，全国农村居民最低生活保障人数达到5344.5万人，自然灾害救济费用达163.38亿元。但是，我国的社会保障体系仍然存在覆盖率低、保障水平低、城乡不衔接、养老保险不便携带、医疗保险费用过高、工伤保险和生育保险覆盖率低，这些社会保障制度存在的缺陷加大了农民的负担，对其公平就业产生了制约。

政府职能的完善与否也是农民转移就业的关键一环。在一定程度上，农民就业条件不完善是因为政府职能的缺位或履行不到位。在宏观调控方面，各地政府往往为了增加GDP和当地就业率来提高绩效，限制排斥外来农民工在城市就业。例如，制定一些外来农民工就业的条件，规定就业的行业及要求农民工提供相关的证件。从这个角度看，政府不但没有起到促进就业公平的作用，反而加剧了就业不公平。在市场监管方面，当前我国各级政府对农民工权益保护的监管力度不够，农民工的就业权益受到侵害时往往找不到政府部门维权。在农民城镇就业培训方面，虽然2012年我国已有10.9万所农民技术培训学校，但是真正完全针对农民培训的机构甚少，农民从这些培训学校里得到的有用技能、信息及实惠着实有限。

城市用人单位和雇主对进城非农岗位就业农民工的看法也密切关系到农民的就业公平。这些单位和雇主雇用农民工的主要原因就是农民工劳动力的廉价性。但是，这些单位和雇主大多数都歧视农民工的身份和学历，在相同条件下，他们更乐于选择城市居民，而排斥农民工。不单是雇主，大部分城市居民也会歧视农民工，在就业方面对农民工进行排挤。农民工便很难在城市享有公平的就业环境，就业难、工资低、工作条件艰苦等问题得不到有效解决。

5. 农民收入超常规增长的社会管理条件

从宏观层面来看，我国农民收入的增长离不开整个社会的运行管理机制。社会管理这一概念的内容十分丰富，根据对管理主体强调重点的不同可将其分为政府社会管理和社会自治管理，前者是政府在社会管理中起主导作用，后者很大程度上是不带政治性质的自上而下的社会自助管理。随着这些年体制改革的推进，现在我国已经形成了政府主导的社会管理与社会自主管理相结合的格局。

具体来看，我国的社会管理体制改革取得了以下成就：一是形成了"党委领导、政府负责、社会协调、公众参与"的社会管理总体格局。这一格局改变了以政府为主导的传统的社会管理体制，国家主导、社会协同和公众参与的新的社会管理模式为多主体协商合作和共同治理指明了方向，符合我国当前的国情。二是对社会管理体系的内容进行了明确。党的十七大报告中提出社会管理体系包括：公共服务体系、社会组织建设和管理、社会保障体系、基层社会管理体制、群众权益维护机制、和谐劳动关系、流动人口服务和管理、安全生产管理和监督、突发事件应急管理机制和社会治安防控体系。三是现代社会管理体制基本框架形成，体制改革成果初步显现。无论是城乡基层社会管理建设中的村民自治制度，还是覆盖城乡的社会保障体系，以及新的收入分配制度等，我国农民都可以从中得到实实在在的好处，这些制度的改革和确立为我国农民收入的增长奠定了制度基础。

然而，我国现阶段的社会管理体制还存在着不少的问题。可以列举几个与农民有较高关系的，影响农民切身利益的社会管理体制问题：在社会政策体系建设上，存在公民参与社会立法和政策决策的力度不够、社会立法滞后等问题。社会保障体系方面，农民工这类城市非户籍常住人口不能进入城市社保体系、农村居民和失地农民缺乏基本的社会保险、城乡社保水平差别大等问题都还很严峻。利益协调体系建设方面，存在着像农民这样的底层社会群体的利益表达渠道不畅通、相关利益调节机构自身问题突出等方面的缺陷。权益保护体系建设方面，弱势群体的利益补偿、就业、政治参与、享受公共服务和社会保障等没有得到有效保护，这类人群以农民工和失地农民为代表。社会服务体系方面，城乡的基本公共服务差别过大，农村的基本生活服务设施和生产服务设施落后且覆盖面积小。社会应急体系建设方面，目前还存在信息公开度、准确度不够，反应滞后，协调难度大和社会参与度低等问题。在面对地震、泥石流、暴雨等自然灾害时，这些问题就会被放大，给应急指挥救援等工作带来很大的困难，给人民的生命财产安全构成了很大的威胁。

　　综上所述，我国的社会管理体制经过改革取得了不错的成就，但与此同时，现阶段社会管理体制中存在的一系列问题也不容忽视，我们必须科学制定相应的对策，切实完善我国的社会管理体系，为促进我国农民收入超常规增长提供制度保障。

9.1.4　农民收入超常规增长的农民自身条件

1. 农民收入超常规增长的农民家庭经济基础

　　农民的物质资本存量包括农民的房屋、建筑物、机械、运输工具和耕地。物质资本是农民所拥有的长期稳定的资本，其生产属性是农民收入可持续增长最基本的自身条件保证。同时物质资本还兼具了资产属性，是农民能否获得农贷等金融要素的决定性因素，进而会影响农民收入的可持续增长。由表9.16 可知，农民的物质资本（家庭拥有的生产性固定资产原值）由 1985 年792.53 元/户提高到了 2012 年 16 974.09 元/户，27 年的时间扩大了 20.42 倍。其中，2000～2012 年的平均增速为 12.19%。同时我们注意到，进入 21 世纪以来，虽然农民家庭的资产结构中仍以农业生产性固定资产为重，但是整体结构变得更加多元。2000 年至 2012 年，农民家庭农业生产性固定资产原值占家庭总固定资产原值的比重由 71.02%下降到 67.20%；家庭拥有的文教卫生业固定资产由 0.27%上升到 0.71%；建筑业生产性固定资产原值上升幅度最大，由 0.62%上升到了 2.13%。在过去的十余年间，农民物质资本存量大幅增加，同时物质资本结构也逐渐趋于平衡，这直接为农民收入的持续增长提供了稳定的物质基础。

表 9.16　1985～2012 年农村居民家庭拥有的生产性固定资产原值

年份	总量/（元/户）	农业生产性/（元/户）	工业固定资产/（元/户）	建筑业生产性/（元/户）	交通运输及邮电业/（元/户）	批发零售贸易及餐饮业/（元/户）	社会服务业/（元/户）	文教卫生业/（元/户）	其他/（元/户）
1985	792.53	603.34	42.28		112.84				34.07
1990	1 258.06	898.93	82.56		215.82				60.45
1995	2 774.27	2 088.23	182.73		444.73				58.57
1999	4 045.48	2 915.49	274.45		638.02				217.53
2000	4 676.98	3 321.66	334.79	29.02	621.04	149.24	60.16	12.86	148.22
2001	4 883.80	3 544.09	349.89	27.78	630.31	134.85	49.67	16.41	130.81
2002	5 221.33	3 741.01	418.2	34.38	662.36	153.65	56.83	19.96	134.93
2003	5 586.34	4 152.75	345.61	41.13	640.47	201.85	58.85	23.55	122.12
2004	5 956.18	4 457.13	386.33	52.5	684.43	194.5	60.42	21.54	99.32
2005	7 155.55	5 179.46	537.48	62.03	863.38	310.71	107.41	43	52.07
2006	7 647.09	5 452.21	578.23	71.92	928.65	378.24	138.37	41.27	58.2
2007	8 389.84	6 006.22	612.96	96.67	1032.68	367.86	155.46	46.65	71.34
2008	9 054.92	6 537.78	634.55	92.52	1091.9	398.2	179.13	50.97	69.87
2009	9 970.57	6 991.86	698.3	155.54	1 214.21	490.63	287.71	55.48	76.85
2010	10 706.38	7 444.3	796.92	187	1402.2	543.07	197.56	58.37	76.97
2011	16 087.52	10 770.47	1 011.99	317.73	2 294.55	1 191.01	225.99	131.53	144.25
2012	16 974.09	11 406.2	1 109.48	361.18	2 283.42	1 279.8	261.14	121.18	151.69
2000 年、2006 年和 2012 年村居民家庭拥有的各项生产性固定资产原值占比（单位：%）									
2000		71.02	7.16	0.62	13.28	3.19	1.29	0.27	3.17
2006		71.30	7.56	0.94	12.14	4.95	1.81	0.54	0.76
2012		67.20	6.54	2.13	13.45	7.54	1.54	0.71	0.89

资料来源：《中国农村统计年鉴》

同时，"货币伦理"、资金借贷影响着农民的生活、生产方式。农贷等金融资本支持在农民收入可持续增长中会继续扮演重要角色。但是，目前普通农民不仅面临物质资本的缺失，而且难以提供金融机构需要的抵押品，进而导致其缺少农贷等金融服务支持。究其原因，金融资本"嫌贫爱富""保本逐利"的特点会使金融机构排斥对小城镇、农村及偏僻地区的服务（Leyshon and Thrift，1993；王定祥等，2011a）。而农民没有"三权三证"，其动产受限于地域，不动产受限于季节。农民资产估值难度大，抵押担保难度大，在正规金融体系中难以获得金融服务。并且农民"道德化"的社会资本匮乏，在"熟人社会"的非正规金融体系中，农民自身的风险规避意识只能依靠"示范效应"化解，无利于农民资金的融通。另外，诸如"菜单成本"等现象会降低农贷可及性，同样增加农民获得金融支持的难度。

此外，农民面临市场与政府政策的双重约束。在市场利率管制与工业化偏向政策的双重作用下，我国农村金融抑制程度较高，农村信贷市场效率低下。资本的逐利性使农村资金外流。比如，邮政储蓄银行不仅极少对农民贷款，而且一年流出农村的资金超过3000亿元。金融支持不力使农民收入增长缺乏持续动力，温涛和王煜宇（2005）就指出中国金融发展对农民收入增长具有显著的负效应。事实上，农民的生产性与生活型融资需求都随着经济增长而不断增大，农村资金的供给同样与农民收入不可分割。如表9.17所示，农户存款由1978年的55.7亿元上升到2011年的70 672.9亿元，但是2012年又急速下降到54 615.6亿元，1978～2011年农户存款的平均增速为24.47%。1978～2014年，农户贷款由11.2亿元扩大到53 581.6亿元，其平均增速高达29.48%，且明显高于农户存款的平均增速。由此可见，农户对信贷资金的需求很旺盛。但是与此同时，农村的大量资金仍然在不断流向城市。根据农户贷款与农户存款的比例来看，1978～2012年，贷存比最高的2012年为66.27%，最低的1999年仅有8.58%，其平均值为24.78%，2004～2012年的平均值也只有35.95%。为此国内外学者开展了积极地探索，普遍认为真正适合我国农村，能够缓解农民融资难题的方法需要依赖农民自身合作、互助形成的"横向金融"。但农民长期分散化、孤立性的生产经营方式形成了固有思维，导致农民合作意愿不强，很难内生性地衍生出合作组织。目前，政策环境相对宽松，中央"多予、少取、放活"的惠农政策，使农民享受到"国民待遇"，因此缓解农民融资难题可以由外至内地展开，并以此促进农民物质资本存量的增长。

表 9.17 1978～2014 中国农村与农户的存贷情况

年份	农户贷款余额/亿元	农户存款余额/亿元	城乡居民储蓄存款余额/亿元	农户贷款比农户存款/%	农户存款比城乡居民存款/%	农户贷款余额增速/%	农户存款余额增速/%
1978	11.2	55.7	210.60	20.11	26.45	−1.75	19.78
1980	16.0	117.0	395.80	13.68	29.56	46.79	49.23
1985	194.2	564.8	1 622.60	34.38	34.81	7.23	28.92
1990	518.2	1 841.6	7 119.60	28.14	25.87	24.66	30.42
1995	806.8	6 195.6	29 662.30	13.02	20.89	1.93	28.65
2000	1 062.1	12 355.3	64 332.40	8.60	19.21	10.33	10.15
2001	1 250.1	13 821.4	73 762.40	9.04	18.74	17.70	11.87
2002	3 237.7	15 405.8	86 910.65	21.02	17.73	158.99	11.46
2003	4 021.5	18 177.7	103 617.31	22.12	17.54	24.21	17.99
2004	4 731.2	20 766.2	119 555.39	22.78	17.37	17.65	14.24
2005	4 989.7	24 606.4	141 050.99	20.28	17.45	5.46	18.49
2006	5 666.9	28 805.1	161 587.30	19.67	17.83	13.57	17.06
2007	10 677.4	33 050.3	172 534.19	32.31	19.16	88.42	14.74
2008	15 171.7	41 878.7	217 885.35	36.23	19.22	42.09	26.71
2009	18 747.1	49 277.6	260 771.66	38.04	18.90	23.57	17.67
2010	26 043.2	59 080.4	303 302.49	44.08	19.48	38.92	19.89
2011	31 023.0	70 672.9	343 635.90	43.90	20.57	19.12	19.62
2012	36 195.0	54 615.6	399 551.04	66.27	13.67	16.67	−22.72
2013	45 026.6		447 601.60			24.40	
2014	53 581.6					19.00	

注：农户存款数据来源于《中国金融年鉴 2013》，其余资料来源于《中国农村统计年鉴》（历年）和中国人民银行公布的 2009～2014 年金融机构贷款投向统计报告，最后由作者计算而得

2. 农民收入超常规增长的农民自身素质条件

农民的自身素质包括农民的劳动能力、技术水平、职业技能、知识文化水平等。它是农民非农就业的必要条件，同时也是农业收入的基础条件。在

劳动力转移及城镇化进程中，农民自身素质将对农民收入可持续增长产生更为重要的影响。

从农村居民家庭劳动力受教育程度来看，如表 9.18 所示，我国农民的自身素质在不断提高。受"两减一免"等政策的扶持，不识字或识字很少的农民由 2002 年的 7.59% 下降到 2012 年的 5.30%，大专及大专以上的由 2002 年的 0.56% 上升到 2012 年的 2.93%。虽然，农民受教育年限提高了，但是教育质量还有待进一步讨论，我国农民在受教育的年限与质量上依旧与发达国家有较大的差距。正是由于农民自身素质条件的问题，农民在外出务工中就业选择层面狭窄、就业职位水平低、所从事的工作可替代性强、失业风险高，在外出务工的农民中，甚至约有一半的农民没有稳定的工作[①]。这也造成外出务工农民一有"风吹草动"，就重新返回农村，不仅增加了农业的负担，而且极不利于城镇化进程的推进。

表 9.18　2002～2012 农村居民家庭劳动力文化状况统计

年份	不识字或识字很少/%	小学程度/%	初中程度/%	高中程度/%	中专程度/%	大专及大专以上/%	人均受教育年限/年
2002	7.59	30.63	49.33	9.81	2.09	0.56	7.729
2003	7.39	29.94	50.24	9.68	2.11	0.64	7.784
2004	7.46	29.20	50.38	10.05	2.13	0.77	7.833
2005	6.87	27.23	52.22	10.25	2.37	1.06	7.951
2006	6.65	26.37	52.81	10.52	2.40	1.25	8.086
2007	6.34	25.76	52.91	11.01	2.54	1.45	8.166
2008	6.15	25.30	52.81	11.40	2.66	1.68	8.234
2009	5.73	24.44	52.44	12.05	2.93	2.41	8.313
2010	5.47	26.51	52.97	9.86	2.54	2.65	8.364
2011	5.47	26.51	52.97	9.86	2.54	2.65	8.280
2012	5.30	26.07	53.03	10.01	2.66	2.93	8.324

资料来源：《中国农村统计年鉴》

在技术培训方面，农业部公布的数据显示，1 年内接受过 1 次科技培训

---

① 2012 年，我国农民工人数达到 2.6 亿，大部分人只有初中学历，这一比例达 58.9%。

的大约 33%，1 年之内接受过 3 次以上培训的不足 3%；在种养能力上，30%
的农民了解两种化肥农药的技术，11.7%的农民不知道养殖方法捷径；外出
务工的农民经过职业技能培训的仅为 9.2%。在农村劳动力转移与城镇化进程
中，职业教育与培训对农民收入可持续增长有着深远的影响。国外的发展历
程为我们提供了丰富的借鉴依据。1961 年至 1970 年，日本池田内阁颁布的
《国民收入倍增计划》，这与我国十八大提出 2020 年实现人均收入翻一番有相
似之处，同时日本 1947 年农村劳动力占 53.4%，与我国农村劳动力数量庞大
也有相似之处。日本等发达国家在农村劳动力转移过程中的教育与培训对我
国有借鉴意义。在劳动力受教育方面，正是由于日本政府重视对农民的教育，
日本才能够完成富余劳动力的转移与城镇化。《基本教育法和学校教育法》《偏
远地区教育振兴法》《孤岛振兴法》等一系列由日本政府主导的教育政策使农
村劳动力素质提高，促使农民增收、农业增产。就职业培训而言，法国有超
过 800 个技术培训机构，它们举办的技术培训次数达 6000 多次。在 1960 年
通过的《农业教育指导法案》，以法律形式规定 18 岁以上的农民必须参加 1
年期的农业知识培训。对 18 岁以下必须培训 3 个月外加农场实习 3 年。正是
由于有这样成功的培训体系，法国农业人口仅占总人口的 1%，却成为世界
第二大农产品出口国。而巴西的城市化及劳动力转移由于农村劳动力素质不
高，在农民大量转移到城市之后，失业、贫富差距、治安恶化、环境污染等
一系列社会问题相伴而生。国外的经验告诉我们，市场并不会催生农民对培
训与教育的热情，农民素质的提高需要制度介入，"九年义务教育""两减一
免"等相关政策正在发挥积极的作用。政策制定不仅要考虑教育的制度成本
与农民个人收益、社会收益之间的权衡，更应把教育当作维护国家安全、乡
土社会稳定的重要基石。

因此，我们认为，职业教育与就业培训能够改善农民的就业情况，能为
农民收入可持续增长提供长期动力。首先，以农民自身条件的角度看，人力
资本投入能够增强农民的理解能力、认知能力，使农民能够适应包括了新的
机器设备、新的养殖技术与种植技术的高效率现代农业生产。同时，人力资
本投入能够促进农民调整产业结构，顺应流通环节，适应市场需求。由于历
史原因，农民的知识水平、意识形态、价值理念、文化思想及思考方式都是
制约农业经济现代化发展的因素。通过教育人力资本投入，农民能够响应市

场变化，高效率地配置土地、资金等生产要素，取得更高的收益。同时，能够在一定程度上破除农民重生产轻流通的思想，通过在流通领域确定适当的供求关系，签订契约，转嫁生产风险，能够有效改善农民所处的弱势地位。

3. 农民收入超常规增长的农民社会适应能力

农民从传统的农业耕种转变为到城市中从事第二、第三产业的工作，对于工作的转变需要具备足够的社会适应能力，即社会资本。Granovetter（1994）提出的弱关系假说表明，使用人际关系渠道可以找到更合适、收入更丰厚的工作。社会资本能给农民提供大量低成本的信息，有效规避市场失灵，冲破制度壁垒，使农民高效率地找到自己适合的工作。比如，在农村耕种的农民，如果有亲戚或者朋友在城市里工作，那么他就有可能通过亲戚朋友的引荐到城市工作，获得较高务工收入的机会。在我国农村，从农民非农就业的代际流动看，父母对子女就业产生较为重要的影响。邢春冰（2006）指出虽然 20 世纪 90 年代农村非农就业代际流动减弱，但消除人力资本等效应之后，代际流动依然很高。父母的社会资本对子女的就业机会与工资收入水平可产生直接影响。对贫困家庭所做的测算指出，低保家庭青年与正常家庭青年工资的差异为每小时 58%（高梦滔和姚洋，2006）。父母社会资本对子女的就业与收入还可产生间接影响，父母失业会使子女上大学就业概率减少 30%，社会资本会影响人力资本形成，间接降低了农民收入增长（都阳和 Giles，2006）。市场往往存在制度障碍或市场失灵，而拥有较高社会资本的农民则可以通过社会资本打破劳动力市场障碍。比如，一个在农村耕种多年的农民可能永远不会一个人去一个陌生的城市务工，而如果在一个城市里有亲戚或者朋友，那么情况则大相径庭。此外，社会资本对于农民创业起着重要作用，如果创业当作农民的"自雇"，只有拥有足够社会资本的农民才能够顺利取得经营权或是执照。家庭是提供农民社会资本最主要的场所，考虑到农民代际相关性，社会资本与人力资本都深刻地影响着农民收入可持续增长。从农民自身的角度看，单纯提高单个农户的社会资本并不现实。或许需要根据乡村自治重构文化的"圈层结构"，使农民能够内在地联合起来，才能有效增加其社会资本存量。

4. 农民收入超常规增长的农民职业健康条件

农民职业健康条件指农民从事的职业蕴含的潜在危险性对农民健康的危

害，以及政府或社会对这种危害的补偿。健康经济学与健康服务研究明确表示收入对于健康有决定性的作用。同样，健康对于农民收入增长也有决定性作用。大病会在随后的 12 年里对农民收入产生影响，亚健康对农民收入的影响持续时间超过 15 年（高梦滔和姚洋，2006）。健康人力资本的投入可有效预防农民患病。在健康人力资本的微观部分，Thomas 和 Strauss（1997）认为体重、身高、蛋白质摄入量和人均卡路里都影响劳动者的收入，疾病和贫穷对农民收入增长有极为消极的影响。影响农民健康的自身条件主要是疾病及环境问题。在环境方面，我国由于保增长目标而一度轻视对环境的保护。而近年来，民生工程渐行渐近，如十八大提到的人与自然永续发展。国土资源建设及环境友好型发展不仅是农民生活与生产所迫切需要的，同时还通过对农民健康的帮助使农民收入在长期持续增长。农民通常简单把健康定义为没有疾病，而忽视了预防疾病与病发后的处理。每个人都通过父母获得一笔初始的健康人力资本存量，这种存量随着时间折旧，也随着健康人力资本投入而增加。农民在健康人力资本投入方式上形式多样，其花费的成本微乎其微。比如，购买农业消毒设备，对居住处进行适当绿化，甚至农民适当阅读健康杂志，观看养生节目等都能够减少农民患病的可能，并减少患病后所产生的负面影响。最终，会通过农民健康意识提高，帮助其规避短期高收益的危险工作、延长其工作年限而持续地提高农民收入水平。

5. 农民收入超常规增长的农民维权意识条件

农民维权意识是农民在权益受到损害时维护自己利益主张的反应能力。农民理应获得足够的权利保障，获得平等发展的权利。农民的平等发展权并不是外界赋予的，而是农民自身所应该拥有的。我国农民平等发展权的实现，不仅需要制度重构、利益优化配置、立法救济，更需要农民提高对自身权利与平等的意识，以自由、公平的理念来创造农民自身发展的新秩序。在现实中，农民权利常受到侵犯。比如，农民在签订劳动合同时，用人单位利用农民文化水平不高与求职心切的心理，在劳动合同上做手脚，或者用人单位延长农民的工作时间，变相地压低农民收入，甚至伪造劳动合同、拖欠工资等。农民工中大部分人文化水平低，他们意识不到自己的合法权益被侵犯或者是找不到合法手段去维护自己的权益。加上在整体劳动力市场上是供大于求的局面，找到一份工作对农民来说已经是一个不错的结果，根本不会去考虑自己的合法权益。这些不公平的就业条件增加了农民就业的难度，降低农民工的工资，损害了农民工的权益。农民作为一个弱势群体，只能采取拖延、沉默或是忍气吞声，这样的维权意识常常使农民自身的权利难以实现，利益受到损害。农民权利是农民利益受损时的主张，农民平等是农民被区别对待时的要求。由于我国现阶段法律制度还不健全，城乡二元结构等社会背景，农民在获取权利与平等时需要充分发挥自身作用。获得权利与平等是农民发展的行动逻辑，解决权利受损与不平等待遇需要充分挖掘农民内生的动力、意识。农民的意识内生地决定着农民的权利与平等，是保证农民收入可持续增长的必要条件。构建完整的法律体系保障农民权利是必不可少的，有利于保障农民收入可持续增长的基本权利。

9.2　我国农民收入超常规增长的经济结构优化条件

前述实证研究部分已经表明，推动农民收入超常规增长还必须依赖于合理的经济结构。本节将从三次产业、产业内部、内需与外需、投资与消费结构四个维度，探讨农民收入超常规增长的经济结构基础条件。

9.2.1　农民收入超常规增长的三次产业结构优化

一国经济持续较快的发展会引起产业结构的不断演进与持续升级。同时，产业结构的优化升级又可以推动经济的快速发展。1978～2014 年，我国 GDP 从 3645.2 亿元上升为 636 563 亿元，平均实际增速高达 9.57%。伴随着经济的高速增长，我国三次产业增加值也持续上升。我国三次产业增加值在不断上升的同时，产业结构也不断升级。三次产业增加值占 GDP 的比例从 1978 年的 28.19∶47.88∶29.94 调整为 2014 年的 9.17∶42.64∶48.19。与 1978 年相比，2014 年第一产业比重下降 19.02 个百分点，第二产业比重下降 5.24 个百分点，第三产业比重却大幅上升了 18.25 个百分点（图 9.8）。2013 年，第三产业占 GDP 的比重首次超过第二产业占 GDP 的比重，而 2014 年第三产业占 GDP 的比重进一步得到了扩大,说明我国产业结构进一步优化。这标志着,我国经济发展步入了以工业主导向服务业和工业共同主导的新阶段。

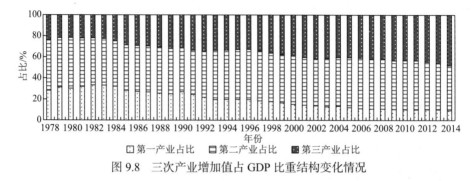

图 9.8　三次产业增加值占 GDP 比重结构变化情况

随着三次产业结构的升级,就业结构也在不断优化,三次产业就业比重分别从 1978 年的 70.5%、17.3%和 12.2%演变为 2013 年的 31.4%、30.1%和 38.5%。与 1978 年相比,2013 年第一产业就业比重下降 39.1 个百分点,第二产业就业比重上升 12.8 个百分点,第三产业就业比重迅速上升 26.3 个百分点(图 9.9)。就业结构呈现出以第一产业为主向第二和第三产业为主的转变,就业结构正在向与产业结构相协调的发展方向迈进。

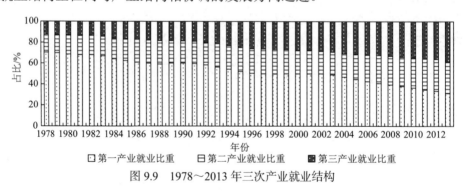

图 9.9　1978～2013 年三次产业就业结构

本部分使用的产业结构高级化指标(TS)和产业结构合理化指标(TL)衡量我国产业结构的优化升级,进一步对我国产业结构优化进行量化评价(具体计算结果参见图 9.10)。这里 TS 表示第三产业增加值与第二产业增加值的比值,TL 的计算公式如下:

$$TL = \sum_{i=1}^{n} \left(\frac{Y_i}{Y} \right) \cdot \ln\left(\frac{Y_i}{L_i} \Big/ \frac{Y}{L} \right) \qquad (9.1)$$

其中，Y 表示产值；L 表示就业；i 表示产业；n 表示产业部门数。

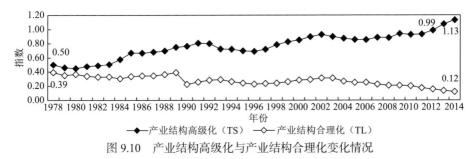

图 9.10　产业结构高级化与产业结构合理化变化情况

由图 9.10 可知，1978～2014 年，虽然产业结构高级化和产业结构合理化变化均呈现出波动性，但整体上产业结构高级化呈现出上升趋势，从 0.50 上升为 1.13，说明我国产业结构正在向更高层次方向迈进，产业结构在不断升级。产业结构合理化则整体上呈现出下降趋势，从 0.39 下降到 0.12，说明我国产业结构偏离均衡性，产业结构仍不合理。然而，产业结构合理化指数从 2004 年之后，呈现出不断下降的趋势，并且不断向 0 靠近，这表明我国的产业结构正逐渐向合理化方向推进。从总体上看，1978 年到 2014 年，我国第二、第三产业发展迅速，产业结构实现以工农业为主向第一、第二、第三产业协调发展转变，三次产业在不断的调整中得到长足发展，农业基础地位得到巩固，工业实现持续快速发展，服务业则迅速发展壮大，就业结构也在逐渐向第二、第三产业为主转变，产业结构实现了进一步优化升级。

9.2.2　农民收入超常规增长的产业内部结构优化

三次产业结构的优化升级与产业内部结构优化相辅相成，产业内部结构的优化促进产业结构的优化升级，同时产业结构的优化升级要求产业内部结构做出调整以适应其发展。

第一是农业产业内部结构优化（图 9.11）。农业是国民经济的基础，改革开放以来，我国的农业有了较大发展。2013年我国农林牧渔业总产值达到96 995.27亿元，按不变价格计算，比1978年1397亿元增长了约68.4倍。在农林牧渔业总产值增加的同时，其各自所占比重也在不断发生变化。1978年，我国农林牧渔业总产值中，农业、林业、牧业和渔业的比重依次为80.0%、3.4%、15.0%和1.6%，到2013年这一比重调整为55.1%、4.2%、30.4%和10.3%。其中，农业大幅下降24.9个百分点，牧业迅速上升15.4个百分点，农业部门结构已经实现从"农业一支独秀"向农业和林牧渔业各占半壁江山的转变。农作物种植面积中粮食作物与经济作物的比例从1978年的80.3∶19.7调整为2013年的68.0∶32.0，表明我国传统农业结构特征正在逐渐得到转变，经济作物比重的上升对农民增收具有很大贡献，我国的农业结构正在逐步得到优化。与发达国家畜牧业产值占到农业总产值的60%～70%相比，我国的农业产业结构调整还有很大空间，这将成为农民增收又一个增长点。

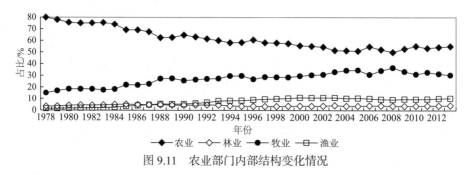

图9.11　农业部门内部结构变化情况

　　第二是第二产业内部的结构优化（图9.12）。改革开放以来，我国的工业化进程明显加快，现已由一个落后的农业国成长为基础雄厚的工业大国。2013年，我国工业增加值达到210 689.42亿元，占GDP的比重为37.0%，与1978年相比，下降了7个百分点，尽管工业增加值占GDP的比重有所下降，但中国工业整体实力和国际竞争力进一步增强，"中国制造"享誉全球。根据世界银行发布的数据，当前中国制造业增加值占世界制造业增加值的比重已超过1/5。同时，工业结构也由门类单一到齐全、由低端制造逐渐向中高端制造迈进。1978～2012年，我国重工业占工业总产值的比重一直领先于轻工业。21世纪以来，重工业发展速度明显加快，2000～2012年，中国重工业增速始终高于轻工业，工业重化现象显现。2000 年后，由于重工业快速发展，重工业占工业总产值的比重从 1999 年的 53.8%猛增至 2012 年的 71.8%，轻工业的比重下降至不足 30%。再从利润贡献的角度来看，2012 年重工业利润占全部工业利润的 72%以上，这一时期工业增长贡献的 2/3 以上都来自重工业，重工业的快速发展为我国经济的发展奠定了坚实的基础。当前我国已进入重工业化发展阶段，而且重工业化进程还将进一步持续，但重工业比重提升的速度会有所下降。随着我国战略新兴产业，包括新一代信息技术产业、高端装备制造产业、节能环保产业、生物产业、新能源产业、新材料产业和新能源汽车产业的进一步发展，新兴产业将成为引领中国经济发展的重要力量，我国的工业内部结构将进一步得到优化，经济发展的质量和效益也将进一步提高。

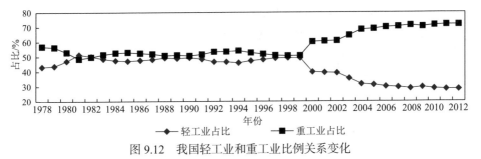

图 9.12　我国轻工业和重工业比例关系变化

　　第三是第三产业内部的结构优化（图 9.13）。2013 年，我国第三产业增加值在改革开放以来首次超过第二产业增加值，这在三次产业结构优化升级的发展过程中具有里程碑式意义。然而，要实现第三产业科学发展，仅仅是第三产业占国民经济的比重上升是不够的，还必须充分把握第三产业内部结构的演变趋势，真正实现第三产业结构优化升级。2004～2012 年，我国第三产业中三个层次[①]总量都呈现出逐渐上升的趋势；其中，第一层次占第三产业

---

① 国家统计局 1985 年把我国第三产业分为四个层次。第一层次是流通部门：交通运输业、邮电通信业、商业饮食业、物资供销和仓储业。第二层次是为生产和生活服务的部门：金融业、保险业、地质普查业、房地产管理业、公用事业、居民服务业、旅游业、信息咨询服务业和各类技术服务业。第三层次是为提高科学文化水平和居民素质服务的部门：教育、文化、广播、电视、科学研究、卫生、体育和社会福利事业。第四层次是为社会公共需要服务的部门：国家机关、政党机关、社会团体、警察、军队。由于 2004 年后统计口径发生改变，故这里仅用前三个层次。

增加值的比重由 39.4% 下降到 36.4%，第二层次比重则由 34.0% 上升到 39.1%，第三层次比重由 26.6% 略微下降为 24.5%，其中第二层次比重上升 5.1 个百分点，第一层次比重和第三层次比重分别下降 3 个百分点和 2.1 个百分点。分析表明，流通部门在第三产业中所占比重降低，且增长速度最慢，生活服务和生产服务部门所占比重迅速提升，且增长速度最快，即金融业、保险业、旅游业、信息咨询服务业和各类技术服务业等现代服务业在第三产业中的比重上升，交通运输业、邮电通信业和商业饮食业等传统服务业在第三产业中的比重下降。从具体服务业来看，2013 年交通运输、仓储和邮政业，批发和零售业，金融业，房地产业所占第三产业比重均已超过 10%，且这四个产业总产值占第三产业比重已超过 57%，成为第三产业的支柱。随着科学技术，尤其是以信息技术为主的高新技术成为服务业发展的主要支撑，一方面，使传统服务业插上"现代化翅膀"；另一方面，电子商务、现代物流、科技金融和科技服务业等现代化服务业正在逐渐形成，传统服务业和现代服务业成为推动服务业发展的"双发动机"，我国的服务业正在向现代化国家服务业发展的方向迈进，第三产业内部结构逐步优化升级。

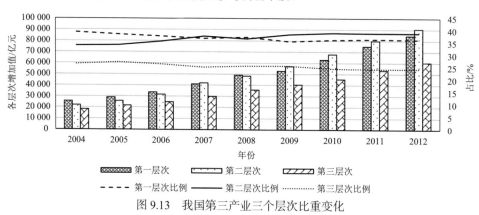

图 9.13　我国第三产业三个层次比重变化

总之，随着我国全面深化改革的持续推进，改革的红利将进一步得到释放，这将有力地促进工业化、信息化、城镇化、农业现代化四化同步发展，进一步加快产业结构优化升级，同时各产业内部结构不断优化，让"结构红利"源源不断地释放，为农民增收创造良好的条件。

9.2.3　农民收入超常规增长的内需与外需结构优化

一国经济的总需求包括内需与外需，出口属于外需，内需又分为投资需求和消费需求。对于我国农业发展而言，优化内需与外需结构对于农民收入增长将起到至关重要的作用（何树平，2010）。我国农业的内需，不仅是指满足普通民众消费需求的初级农产品，还包括作为农民投资需求的农用生产资料及用具。因此，我们将农业内需品主要分为两大类：一是农工具，包括农用生产资料（如种子、肥料）和农业生产工具（如收割机、插秧机）；二是农产品，包括粮油类、肉禽蛋类、水产品类、蔬菜类、干鲜果品类、棉麻土畜烟草类等。通过对两者市场成交额的考察分析，将对我国目前农业内需结构现状有更准确了解。

从亿元以上商品交易市场的农产品综合市场数量、摊位数、营业面积和成交额来看（表 9.19），2008～2013 年，市场数量、摊位数、营业面积和成交额均出现了明显的增长态势。其中，农产品综合市场数量由 630 个扩大到 689 个；成交额也由 3910.42 亿元扩大到 8077.13 亿元，平均增速为 15.65%。从亿元以上商品交易市场的农业生产用具市场数量、摊位数、营业面积和成交额来看，市场数量有所降低，从 2008 年的 22 个下降到 2013 年的 20 个；摊位数也存在明显的波动情况，最低的 2009 年只有 4562 个，最高的 2013 年为 6173 个；营业面积在波动中不断降低，从 178.17 万平方米降低到只有 138.99 万平方米；成交额保持小幅的上升趋势，平均增速只有 4.64%。这一结论说明，近年来虽然农产品综合市场的发展速度较快，但是农业发展中对农业生产用具和农用生产资料的需求增长较慢且波动较大。一方面，由于社会对农产品的需求具有相对刚性，农产品市场成交额逐年上升；另一方面，农业生产用具和部分农用生产资料具有重复使用性，因此短时间内，两者的市场成交额存在明显的波动。

表 9.19　2008～2013 年亿元以上商品（农产品、农业生产用具）市场交易变化情况

指标	2008 年	2009 年	2010 年	2011 年	2012 年	2013 年
农产品综合市场数量/个	630	657	691	702	715	689
农产品综合市场摊位数/个	372 615	396 452	427 746	429 245	423 936	422 586

续表

指标	2008 年	2009 年	2010 年	2011 年	2012 年	2013 年
农产品综合市场营业面积/万平方米	1 416.77	1 493.56	1 711.12	1 779.52	2 055.59	2 140.87
农产品综合市场成交额/亿元	3 910.42	4582.41	5 477.77	6 325.11	7 012.87	8 077.13
农业生产用具市场数量/个	22	16	17	19	21	20
农业生产用具市场摊位数/个	5 906	4 562	4 855	5 216	6 162	6 173
农业生产用具市场营业面积/万平方米	178.17	139.00	146.02	147.65	141.20	138.99
农业生产用具市场成交额/亿元	157.43	123.02	148.04	166.41	197.57	184.86
农用生产资料市场数量/个	30	33	32	35	33	33
农用生产资料市场摊位数/个	5537	5973	6188	6353	5657	6554
农用生产资料市场营业面积/万平方米	79.69	80.36	93.68	111.81	106.62	110.64
农用生产资料市场成交额/亿元	159.34	155.03	153.41	176.52	165.77	178.27

资料来源：国家统计局亿元以上商品交易市场情况

随着我国经济水平及购买力的提升，各类农产品的交易也越来越活跃，主要表现为农产品市场数量、摊位数、营业面积和成交额均表现为明显的上涨趋势（表 9.20）。从农产品市场成交额来看，2008～2013 年，由 7939.16 亿元上升到 14 584.08 亿元，平均增速为 13.03%；粮油市场成交额由 849.04 亿元上升到 1565.11 亿元，平均增速为 14.64%；肉禽蛋市场成交额从 621.27 亿元增至 1224.21 亿元，平均增速为 14.56%；水产品市场成交额从 1716.96 亿元增至 2808.81 亿元，平均增速为 10.94%，明显小于农产品市场成交额的平均增速；蔬菜市场成交额从 1989.81 亿元增至 3838.25 亿元，平均增速为 14.33%；干鲜果品类市场成交额从 1159.45 亿元增至 2337.88 亿元，平均增速为 15.19%；棉麻土畜、烟叶市场成交额从 537.46 亿元增至 707.51 亿元，平均增速为 13.57%；其他农产品市场成交额从 1065.17 亿元增至 2102.31 亿元，平均增速为 16.27%。由此可见，2008 年以来，除了水产品类成交额的平均增长率明显小于农产品市场成交额增速外，其余细分农产品的市场成交额的平均增长率均高于农产品市场成交额的平均增速。这说明，我国市场对于各类农产品的需求在不断增长,但农产品需求结构并没有发生太大的变化。

表 9.20　各类农产品市场数量、摊位、营业面积和成交额变化情况

指标	2008 年	2009 年	2010 年	2011 年	2012 年	2013 年
农产品市场数量/个	921	946	981	1020	1044	1019
粮油市场数量/个	99	102	109	111	111	103
肉禽蛋市场数量/个	111	116	124	114	121	134
水产品市场数量/个	132	142	150	157	160	150
蔬菜市场数量/个	280	289	295	313	312	312
干鲜果品市场数量/个	128	136	147	147	147	137
棉麻土畜、烟叶市场数量/个	25	23	23	34	24	22
其他农产品市场数量/个	146	138	133	144	169	161
农产品市场摊位数/个	485 533	520 888	536 794	563 645	596 542	576 657
粮油市场摊位数/个	29 052	25452	31 978	41 288	45 036	33 762
肉禽蛋市场摊位数/个	31 063	34507	38 070	30 009	38 238	44 177
水产品市场摊位数/个	68 440	84564	88 346	99 622	105 609	100 190
蔬菜市场摊位数/个	195 753	223 538	220 055	228 107	234 367	223 435
干鲜果品市场摊位数/个	59 948	62 622	76 665	65 041	65 915	69 192
棉麻土畜、烟叶市场摊位数/个	11 489	18 742	11 672	21 297	14 281	14 505
其他农产品市场摊位数/个	89 788	71 463	70 008	78 281	93 096	91 396
农产品市场营业面积/万平方米	3 369.22	3711.47	4 063.68	4 158.67	4 271.69	4 316.32
粮油市场营业面积/万平方米	312.06	378.15	455.09	425.77	394.99	361.65
肉禽蛋市场营业面积/万平方米	307.52	255.19	311.28	242.73	277.58	303.14
水产品市场营业面积/万平方米	275.68	340.62	378.23	478.03	489.03	469.69
蔬菜市场营业面积/万平方米	1 303.53	1 479.77	1 586.85	1 536.87	1 558.95	1 596.24
干鲜果品市场营业面积/万平方米	437.56	524.38	579.18	587.90	582.39	581.87
棉麻土畜、烟叶市场营业面积/万平方米	222.82	329.03	335.77	458.25	402.47	396.92
其他农产品市场营业面积/万平方米	510.05	404.33	417.27	429.12	566.28	606.80
农产品市场成交额/亿元	7 939.16	9 108.59	10 593.23	12 595.26	13 713.64	14 584.08
粮油市场成交额/亿元	849.04	1 290.71	1 467.73	1 437.00	1 641.26	1 565.11
肉禽蛋市场成交额/亿元	621.27	707.12	813.55	895.22	1 029.07	1 224.21
水产品市场成交额/亿元	1716.96	1864.14	2096.63	2739.01	2974.12	2808.81
蔬菜市场成交额/亿元	1989.81	2509.22	3062.70	3264.52	3601.07	3838.25
干鲜果品市场成交额/亿元	1159.45	1404.65	1682.19	1888.80	2004.46	2337.88
棉麻土畜、烟叶市场成交额/亿元	537.46	436.82	450.25	908.45	628.88	707.51
其他农产品市场成交额/亿元	1065.17	895.94	1020.18	1462.28	1834.78	2102.31

资料来源：国家统计局农产品交易市场情况

关于我国农业的外需，早在十七大胡锦涛同志就指出，内需与外需应相辅相成、相互促进，使两者进行有效的互补。它们之间的这种关系，决定了调整优化需求结构必须是坚持扩大外需和稳定内需协调发展。我国农业的外需品主要分为：活动物类、植物类、食品、糖、烟草、酒醋类、毛皮类、木制秸秆类、纺织原料类。通过对其出口额情况的考察分析，将对我国目前农业外需结构的现状有基本了解。随着我国出口贸易发展，可以看到农产品的出口额整体是大幅上升的（表 9.21）。2004～2013 年，活动物类出口额从6302.38 百万美元增至 16 841.3 百万美元，增幅为 167.2%；植物类出口额从6605.27 百万美元增至 19 853.5 百万美元，增幅为 200.6%；食品、糖、烟草、酒醋类出口额从 9411.72 百万美元增至 28 065.0 百万美元，增幅为 198.2%；毛皮类出口额从 13 667.33 百万美元增至 34 796.1 百万美元，增幅为 154.6%；木制秸秆类出口额从 6063.83 百万美元增至 19 794.1 百万美元，增幅为226.4%；纺织原料类出口额从 9364.92 百万美元增至 21 796.4 百万美元，增幅为 132.7%。从占各类农产品出口总额比例来看，2004～2013 年，活动物类出口额占比在 12%上下波动；植物类出口额占比从 12.85%增至 14.07%；食品、糖、烟草、酒醋类出口额占比从 18.31%增至 19.88%；毛皮类出口额占比在一定反弹后从 26.58%降至 24.65%；木制秸秆类出口额占比从 11.79%降至 2012 年 11.25%后，在 2013 年反弹至 14.02%；纺织原料类出口额占比从 18.21%降至 15.44%。整体上来看，伴随着农产品出口额的不断上升，各类产品的占比却出现了不同程度的波动；其中，活动物类，植物类，食品、糖、烟草、酒醋类农产品出口额占比稳中有升，而毛皮类、木制秸秆类及纺织原料类农产品的出口额整体上却呈下降趋势。

表 9.21   各类农产品出口额变化情况（单位：百万美元）

年份	农产品出口总额	活动物类出口额	植物类出口额	食品、糖、烟草、酒醋类出口额	毛皮类出口额	木制秸秆类出口额	纺织原料类出口额
2004	51 415.45	6 302.38	6 605.27	9 411.72	13 667.33	6 063.83	9 364.92
2005	59 968	6 700	8 282	11 196	15 601	7 570	10 619
2006	67 410.57	7 122.06	8 897.15	13 802.11	15 381.44	9 910.18	12 297.63
2007	75 770.7	7 397.22	11 265.11	16 474.12	16 363.6	11 390.31	12 880.34
2008	82 184.78	8 472.85	11 554.21	18 207.9	18 272.55	11 465.27	14 212

续表

指标	农产品出口总额	活动物类出口额	植物类出口额	食品、糖、烟草、酒醋类出口额	毛皮类出口额	木制秸秆类出口额	纺织原料类出口额
2009	76 348	9 576	12 319	16 012	16 665	9 253	12 523
2010	98 760.38	12 017.3	15 868.95	19 370.6	23 245.61	11 187.64	17 070.28
2011	121 377.49	14 965.68	18 768.85	24 338.38	29 945.05	13 157.46	20 202.07
2012	125 512.63	15 477.26	17 629.48	27 417.06	31 738.55	14 121.46	19 128.82
2013	141 146.4	16 841.3	19 853.5	28 065.0	34 796.1	19 794.1	21 796.4

资料来源：国家统计局农产品出口情况

　　总体来看，我国农业的内需与外需量正逐年上升。内需结构方面，随着经济水平和科技水平的提升，农工具和农产品的成交额明显提升，而代表基础需求的粮油类成交额增长率在逐步降低，代表中高消费水平的水产品类成交额增长率在逐步增高，证明内需结构有所优化，但各类农产品占总体的比例并没有太多改变。外需结构方面，整体农产品出口额同样有很大的提高，毛皮类、木制秸秆类及纺织原料类等非加工型、低利润产品所占比例降低，正是外需结构优化的体现，对农民增收将是非常有利的外部条件。

9.2.4　农民收入超常规增长的投资与消费结构优化

　　调整需求结构不仅是要处理好内需与外需的关系，更要关注投资与消费结构。消费需求是国民的最终需求，也是拉动投资、拉动经济增长的根本动力。投资率与消费率是相辅相成的，合理的投资与消费结构是农民收入增长的关键条件。目前，我国存在投资率过高的问题，这是处于经济成长时期必然会出现的现象。但是，单方面控制投资额甚至是抑制投资并不能从根本上解决问题，我们需要从投资和消费结构双重层面入手，对其进行优化，促进经济结构合理有效的调整。

　　我国农业固定资产投资主要包括：农业固定资产投资、林业固定资产投资、畜牧业固定资产投资、渔业固定资产投资，以及农、林、牧、渔服务业固定资产投资。整体上看，按资金来源分，我国农、林、牧、渔业固定资产投资（不含农户）有了显著增长，从 2004 年的 644.42 亿元增至 2013 年的 11 586.73亿元，总量扩大了 16.98 倍，平均增速高达 38.88%（表 9.22）。其中，农业固定投资从 170.46 亿元增至 4134.32 亿元，总量扩大了 23.25 倍，平均增速高达 46.28%；林业固定资产投资从 135.98 亿元增至 1314.09 亿元，总量扩大了 8.66 倍，平均增速为 29.16%；畜牧业固定资产投资从 139.24 亿元增至 3145.73 亿元，总量扩大了 21.59 倍，平均增速高达 43.83%；渔业固定资产投资从 39.95 亿元增至 657.18 亿元，总量扩大了 15.45 倍，平均增速高达 38.92%；农、林、牧、渔服务业固定资产投资从 158.79 亿元增至 2335.41 亿元，总量扩大了 13.71 倍，平均增速高达 35.34%。不难看出，农业固定资产投资平均增速最大，林业固定资产投资平均增速最小。

表 9.22　农林牧渔业固定资产投资（不含农户）本年资金来源

年份	总量投资/亿元	农业投资/亿元	林业投资/亿元	畜牧业投资/亿元	渔业投资/亿元	农、林、牧、渔服务业/亿元	总量投资增速/%	农业投资增速/%	服务业增速/%
2004	644.42	170.46	135.98	139.24	39.95	158.79			
2005	840.66	217.64	177.72	170.59	50.40	224.31	30.45	27.68	41.26
2006	1 117.75	273.08	240.55	227.42	46.78	329.92	32.96	25.47	47.08
2007	1 461.27	324.96	292.03	320.17	69.45	454.66	30.73	19.00	37.81
2008	2 228.88	452.53	377.80	663.27	102.00	633.28	52.53	39.26	39.29
2009	3 414.85	763.04	571.85	997.94	133.61	948.41	53.21	68.62	49.76
2010	4 014.80	990.10	654.90	1 097.10	203.50	1 069.20	17.57	29.76	12.74
2011	7 116.22	2 437.18	881.26	1 881.60	397.89	1 518.29	77.25	146.15	42.00
2012	8 971.40	3 275.70	985.88	2 339.22	524.47	1 846.13	26.07	34.41	21.59
2013	11 586.73	4 134.32	1 314.09	3 145.73	657.18	2 335.41	29.15	26.21	26.50

资料来源：《中国农村统计年鉴》

根据 2004 年和 2013 年农、林、牧、渔业及其服务业固定资产投资占比情况（图 9.14）来看，农、林、牧、渔业及其服务业固定资产投资的投资结构出现了较大程度的变化。其中，农业固定投资占比从 26.45% 上升至 35.68%，上升了 9.23 个百分点；林业固定资产投资占比从 21.10% 下降到 11.34%，下降将近 10 个百分点；畜牧业固定资产投资占比从 21.61% 上升到 27.15%，上升了 5.54 个百分点；渔业固定资产投资占比从 6.20% 下降到 5.67%，变化不大；农、林、牧、渔服务业固定资产投资占比从 24.64% 下降到 20.16%，下降了 4.48 个百分点。由此可见，在农业整体投资规模上升的情况下，具体各项投资的规模也随之逐步扩大，而受到农业经济发展方向影响，林业、渔业和农、林、牧、渔服务业投资占比有一定的缩减。

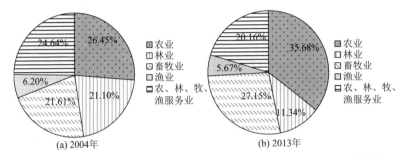

图 9.14　2004 年和 2013 年农、林、牧、渔业及其服务业固定资产投资结构占比

中国农村居民消费支出主要包括：食品、衣着、居住、家庭设备及服务、交通和通信、文教娱乐用品及服务、医疗保健、其他商品及服务。通过对农村居民家庭平均每人消费支出情况的考察分析，将对我国农村居民消费结构有进一步的了解。随着社会经济整体发展，农村居民生活水平提高，其消费有了明显提升。由表 9.23 可知，1980 年至 2013 年，农村居民家庭平均每人消费支出从 162.2 元增至 6625.5 元，平均增速为 12.12%。从农民消费的内部结构来看，1980 年至 2013 年，上升幅度最大的是交通和通信消费支出，由 0.6 元上升到了 796 元，扩大了 1325.7 倍；上升幅度最小的是衣着消费支出，由 20 元上升到了 438.3 元，只扩大了 20.9 倍；另外，文教娱乐用品及服务消费支出从 8.3 元上升到了 485.9 元，只扩大了 57.5 倍。从农民的各项消费占比来看，1980 年到 2013 年，食品消费支出占比从 61.78%下降到 37.67%，衣着消费支出占比从 12.33%下降到 6.62%，居住消费支出占比从 13.83%增加到 18.62%，家庭设备及服务消费支出占比从 2.53%增长到 5.84%，交通和通信消费支出占比从 0.37%上升到 12.01%，文教娱乐用品及服务消费支出占比从 5.12%上升到 7.33%，医疗保健消费支出占比从 2.07%上升到 9.27%，其他商品及服务消费支出占比稳定在 2%左右。

表 9.23　1980～2013 年农村居民家庭平均每人消费支出结构情况

年份	消费总支出/元	消费总支出增速/%	农民消费结构构成情况/%							
			食品	衣着	居住	家庭设备及服务	交通和通信	文教娱乐用品及服务	医疗保健	其他商品及服务
1980	162.2		61.78	12.33	13.83	2.53	0.37	5.12	2.07	1.97
1985	317.4	15.92	57.78	9.70	18.24	5.10	1.76	3.91	2.43	1.08
1990	584.6	9.19	58.81	7.77	17.35	5.29	1.44	5.37	3.25	0.74
1995	1310.4	28.87	58.62	6.85	13.90	5.23	2.58	7.81	3.24	1.76
2000	1670.1	5.88	49.13	5.75	15.47	4.51	5.57	11.18	5.25	3.14
2004	2184.7	12.42	47.23	5.50	14.84	4.08	8.82	11.33	5.98	2.21
2005	2555.4	16.97	45.48	5.82	14.49	4.36	9.59	11.56	6.58	2.13
2006	2829.0	10.71	43.02	5.94	16.58	4.48	10.21	10.78	6.77	2.23
2007	3223.9	13.96	43.08	6.00	17.80	4.62	10.19	9.48	6.52	2.30
2008	3660.7	13.55	43.67	5.79	18.54	4.75	9.84	8.59	6.72	2.10
2009	3993.5	9.09	40.97	5.82	20.16	5.13	10.09	8.53	7.20	2.11
2010	4381.8	9.72	41.09	6.02	19.06	5.34	10.52	8.37	7.44	2.15
2011	5221.1	19.15	40.36	6.54	18.42	5.92	10.48	7.59	8.37	2.34
2012	5908.0	13.16	39.33	6.71	18.39	5.78	11.05	7.54	8.70	2.50
2013	6625.5	12.14	37.67	6.62	18.62	5.84	12.01	7.33	9.27	2.64
1980～2013 年均值		12.12	51.38	7.41	16.83	5.08	5.12	7.68	4.67	1.83

资料来源:《中国农村统计年鉴》

　　由此可见,在农村居民的消费结构中,食品消费占比尽管出现了大幅度的降低,下降了 24.11 个百分点,但所占比重依然最大;衣着消费支出占比的下降趋势次之,下降了 5.71 个百分点,而居住、家庭设备及服务、交通和通信、文教娱乐用品及服务、医疗保健和其他商品及服务的消费支出占比都有明显提升。其中,交通和通信消费支出占比上升幅度最大,上升了 11.64 个百分点,医疗保健上升了 7.2 个百分点。这说明,我国农村居民的消费结构正从满足基本温饱向追求生活品质方面演变,也就是说农民消费结构正在逐渐向更高层次、更合理方向调整。此外,我们很容易发现,农民的文教娱乐用品及服务消费支出占比明显表现出先扩大后逐渐降低的趋势,表明近年来农民对教育的重视程度和教育的支出占比均有所降低,这并不是一个很好的现象。

总之，从农业投资与农民消费这一"投资—消费"结构关系来看，农民的消费增速要远远低于农业投资的增速。因此，从某种程度上来说，当前的农村经济增长仍然是投资拉动为主。从农业整体投资结构来看，随着种植业、养殖业利润的丰富，其所占的投资份额正逐步扩大，而林业的开采在可持续化发展和环境保护等大趋势的影响下，投资占比有所降低。随着市场饱和，农、林、牧、渔服务业投资占比也有小幅降低。从农村居民消费结构变化来看，虽然食品消费占比依然最大，但处于逐步降低的局面。农民消费更多的是向产业链更复杂、利润更丰厚、更易促进消费的衣着、居住、交通等方面倾斜。但文教娱乐消费支出占比依然偏低，值得我们进一步关注。综上所述，我国农业投资与农民消费的内部结构正逐步得到调整优化，农业供给侧改革与需求层面调整均有很大空间，这对农民收入超常规增长将是非常有利的条件。

9.3　我国农民收入超常规增长的要素供需分析

本节首先选择合理的预测方法结合前述理论标准确定农民收入超常规增长的预测目标，然后进行相应的要素需求预测分析，并根据我国现实情况明确相应的要素供给能力分析，最终据此揭示要素供需面临的主要问题。

9.3.1　预测方法选择

本部分的预测主要是趋势预测，由于不同方法存在较大偏差，我们实际选择了多种方法进行组合预测，具体方法组合如下。

1. 曲线趋势延伸法

曲线趋势延伸法以二次曲线为例进行说明。二次曲线的数学模型为

$$y_t = a + bt + ct^2 \tag{9.2}$$

其中，t 表示时间序列中的时期数，是自变量；y_t 表示时期 t 的预测值；a,b,c 表示待定参数。从二次曲线模型可以看出，该曲线具有纵坐标的二级增长量为常数的特性。这种曲线多用于那种已表现出发展趋势，且其历史资料的二级增长量大体相等的企业产品销售状况的预测。确定模型中的常数 a,b,c 时，一般多采用最小二乘法。利用最小二乘法来确定 a,b,c 的值，目标是使 $Q = \sum(y-y_t)^2 = \sum(y-a-bt-bt^2)^2$ 最小，因此，对 a,b,c 分别求偏导数，并令其等于 0。整理后，可联立方程组

$$\begin{cases} \sum y = na + b\sum t + c\sum t^2 \\ \sum ty = a\sum t + b\sum t^2 + c\sum t^3 \\ \sum t^2 y = a\sum t^2 + b\sum t^3 + c\sum t^4 \end{cases} \quad (9.3)$$

通过解这个方程组，可求出 a,b,c 的值，即可得到

$$\hat{y}_t = a + bt + ct^2 \quad (9.4)$$

带入 t 值，计算出各期的预测值。

2. 双指数平滑模型

单指数平滑公式不适合于对具有趋势的时间序列进行拟合和预测。双指数平滑对此引入了新的参数，适合于对具有趋势的时间序列进行拟合和预测。双指数平滑的方法介绍如下。

1）平滑公式

用 y_i 表示实际点的数据值，S_i 表示平滑点的数据值，对于序列中任一时刻点 t，平滑值 S_i 的平滑计算公式如下：

$$S_t = \alpha y_t + (1-\alpha)(S_{t-1} + b_{t-1}), \quad 0 < \alpha \leqslant 1 \quad (9.5)$$

$$b_t = \gamma(S_t - S_{t-1}) + (1-\gamma)b_{t-1}, \quad 0 < \gamma \leqslant 1 \quad (9.6)$$

式（9.6）中 b_t 表示趋势因子 b_{t-1}，该公式是关于最新的两个相邻平滑值差的表达式，是一个表示趋势的更新公式。在平滑数据中加入趋势，可以对具有趋势的时间序列数据进行平滑。式（9.5）中平滑值 S_t，将前一个时刻的

趋势因子 b_{t-1} 加上最近的平滑值，这样就消除了滞后，将 S_t 调整到一个合理的值。

2）初始化

双指数平滑的起始平滑点是 S_1，S_1 的值取与实际点的第一个值相等，即 $S_1 = y_1$。b_1 的初始化有三种方法，其初始化公式如下：

$$b_1 = y_2 - y_1 \tag{9.7}$$

$$b_1 = [(y_2 - y_1) + (y_3 - y_2) + (y_4 - y_3)] / 3 \tag{9.8}$$

$$b_1 = (y_n - y_1) / (n-1) \tag{9.9}$$

3）预测公式

$t+1$ 序列时刻时，双指数平滑的预测公式如下：

$$F_{t+1} = S_t + b_t \tag{9.10}$$

$t+m$ 序列时刻时，双指数平滑的预测公式如下：

$$F_{t+m} = S_t + mb_t \tag{9.11}$$

其中，m 表示经过的时刻点，也表示预测的超前时刻。

3. Holt-Winters 模型

这里选用基于加法模型的 Holt-Winters 方法。基于加法模型的 Holt-Winters 方法是对分解后的趋势因素、季节因素进行估计，在估计的基础上对原序列进行预测。它在两参数指数平滑的基础上，引入第三个参数处理数据季节性，也称为三阶指数平滑。

在 n 时刻对 X_t 在 $n+h$ 时刻的预测：

$$\hat{X}_{n+h} = \hat{a}_n + \hat{b}_n h + \hat{c}_{n+h}, \quad h = 1, 2, \cdots, n \tag{9.12}$$

其中，$\hat{a}_n, \hat{b}_n, \hat{c}_n$ 可以分别被认为是趋势水平 a_n、趋势斜率 b_n、季节成分的 c_n 的估计。设 k 为使 $n+h-kd \leqslant n$ 成立的最小整数，令

$$\hat{c}_{n+h} = \hat{c}_{n+h-kd}, \quad h = 1, 2, \cdots, n \tag{9.13}$$

水平（level）：

$$\hat{a}_{n+1} = \alpha(X_{n+1} - \hat{c}_{n+1-d}) + (1-\alpha)(\hat{a}_n + \hat{b}_n), \quad 0 < \alpha < 1 \tag{9.14}$$

趋势（trend）：

$$\hat{b}_{n+1} = \beta(\hat{a}_{n+1} - \hat{a}_n) + (1-\beta)\hat{b}_n, \quad 0 < \beta < 1 \tag{9.15}$$

季节性（season）：

$$\hat{c}_{n+1} = \gamma(X_{n+1} - \hat{a}) + (1-\gamma)\hat{c}_{n+1-d}, \quad 0 \leqslant \gamma \leqslant 1 \tag{9.16}$$

根据题目中给定的初始条件，可解得 $\hat{a}_i, \hat{b}_i, \hat{c}_i$，$i=1,2,\cdots,d+1$ 迭代可得 n 时刻 h 步预测：

$$\hat{X}_{n+h} = \hat{a}_n - \hat{b}_n h + \hat{c}_{n+h-d} \tag{9.17}$$

在平均绝对百分比误差（mean absolute percentage error，MAPE）最小的条件下选择平滑参数 α, β, γ。

4. ARIMA 模型

单整自回归移动平均模型（auto regressive integrated moving average model，ARIMA 模型）实质上是自回归移动平均模型（auto regressive and moving average model，ARMA 模型）的扩展，是由 Box 和 Jenkins（1970）提出的一种时间序列建模方法。由于 ARMA 模型构建要求时间序列满足平稳性，但在实际中，时间序列多具有某种趋势或循环特征，并不满足平稳性要求，不能直接使用 ARMA 模型，但如果非平稳序 y_t 经过 d 阶逐期差分后平稳（即 d 阶单整），则可利用 ARMA(p，q)模型对该平稳序列建模，然后再经逆变换得到原序列，上述过程就是 ARIMA 的建模方法。理论上，ARIMA 模型的数学描述为

$$\Delta^d y_t = \theta_0 + \sum_{i=1}^{p}\phi_i\Delta^d y_{t-1} + \varepsilon_t + \sum_{j=1}^{q}\theta_j\varepsilon_{t-j} \tag{9.18}$$

其中，$\Delta^d y_t$ 表示 y_t 经 d 次差分转换之后的序列；ε_t 表示 t 时刻的随机误差，是相互独立的白噪声序列，且服从均值为 0，方差为常量 σ^2 的正态分布；ϕ_i（$i=1,2,\cdots,p$）和 θ_j（$j=1,2,\cdots,q$）表示模型的待估计参数；p 和 q 表示模型的阶。上述模型记为 ARIMA(p,d,q)。从式（9.18）可知，如果 $\Delta^d y_t$ 是一个

ARMA(p , q)过程，那么 y_t 是一个 ARIMA (p,d,q) 过程；从式（9.18）还可看出 ARIMA 模型本质上属于线性模型，这使它在刻画时间序列非线性特征的能力受到极大限制。

ARIMA 建模与预测包含四个步骤：①序列平稳化处理。如果序列是非平稳的，可以通过差分变化使其满足平稳性条件。②模型识别。主要通过自相关系数和偏自相关系数来确定模型的阶数 p 和 q。③参数估计和模型诊断。估计模型的参数，并检验（包括参数的显著性检验和残差的随机性检验），然后判断所建模型是否可取。④利用所选取合适参数的模型进行预测。

5. 灰色 GM（1，1）

设时间序列 $X^{(0)} = \left\{ X^{(0)}(1), X^{(0)}(2), \cdots, X^{(0)}(n) \right\}$，有 n 个观察值，通过累加生成新序列 $X^{(1)} = \left\{ X^{(1)}(1), X^{(1)}(2), \cdots, X^{(1)}(n) \right\}$，则 GM(1，1)模型相应的微分方程为

$$\frac{\mathrm{d}X^{(1)}}{\mathrm{d}t} + aX^{(1)} = \mu \tag{9.19}$$

其中，α 表示发展灰数；μ 表示内生控制灰数。设 $\hat{\alpha}$ 为待估参数向量，则

$$\hat{\alpha} = \begin{pmatrix} a \\ \mu \end{pmatrix} \tag{9.20}$$

可利用最小二乘法求解，解得

$$\hat{\alpha} = (B^{\mathrm{T}}B)^{-1}B^{\mathrm{T}}Y_n \tag{9.21}$$

求解微分方程，即可得预测模型：

$$\hat{\alpha}^{(1)}(k+1) = \left[X^{(0)}(1) - \frac{\mu}{a} \right] \mathrm{e}^{-ak} + \frac{\mu}{a}, \quad k = 0,1,2,\cdots,n \tag{9.22}$$

6. 组合预测

通过观察用各种方法得到的预测结果，发现预测结果比较分散，故本部分中进一步选用拟合优度方法对用不同方法得到的预测值进行了组合预测。该模型能予以预测标准误差最小的模型以最大的权重，使预测结果保证拟合优度。权重确定方法为

$$W_i = \frac{\sum\limits_{i=1}^{n} \mathrm{Se}_i - \mathrm{Se}_i}{\sum\limits_{i=1}^{n} \mathrm{Se}_i} \frac{1}{n-1} \qquad (9.23)$$

其中，Se_i 表示第 i 个预测模型标准误差；n 表示对 n 种不同的预测方法进行组合预测。

9.3.2 我国农民收入超常规增长的目标确定

1978～2013 年，我国农民收入增长呈现出不规则的循环增长，现阶段我国农民收入增长又进入新一轮高速增长期，特别是 2010 年以来，农民收入实际增速连续四年超过城镇居民收入和 GDP 的实际增速，这为 2020 年农民收入比 2010 年翻番目标奠定了良好的基础。本部分首先基于 1978～2013 年农民实际收入（实际收入以 1978 年物价表示，下同）数据，选用前述曲线趋势延伸、双指数平滑、Holt-Winters、ARIMA、灰色 GM(1，1)五种方法预测 2014～2049 年的农民收入数据，并利用这一数据计算各种方法下农民收入增长率的预测值。其次，将运用组合预测方法再分别根据前述各种方法的计算值获取农民收入增长的组合绝对值和增长率数据作为分析依据。再次，将运用同样思路预测城镇居民收入增长的绝对值和增长率数据。最后，进行城乡居民收入增长率的比较，并根据前述理论标准确定我国农民收入超常规增长率的目标值，为农民收入超常规增长要素供需预测奠定基础。

表 9.24 是 2015～2049 年农民收入绝对值及增长率预测结果。由表中的数据可知，不论用何种方法预测，农民收入都呈现出逐年上升的趋势。但是，前五种不同方法对 2015～2049 年（一共 35 年）农民收入及其增长率进行预测，不同方法预测的结果存在较大差异。由表 9.24 可知，2015～2049 年，采用曲线趋势延伸法预测的农民收入平均增速为 5.80%左右，双指数平滑法预测的农民收入平均增速为 3.87%左右，Holt-Winters 模型预测的农民收入平均增速为 3.88%左右，ARIMA 方法预测的农民收入平均增速为 6.54%，灰色 GM(1，1)预测的农民收入平均增速为 6.75%左右。基于此，我们利用组合预测方法来平滑各种方法导致的差异。最后，通过组合预测的农民收入平均增速为 5.25%左右。

表 9.24　2015～2049 年农民收入绝对值及增长率预测结果（以 1978 年物价表示）

年份	曲线趋势延伸法 绝对值/元	增长率/%	双指数平滑 绝对值/元	增长率/%	Holt-Winters 模型 绝对值/元	增长率/%	ARIMA 绝对值/元	增长率/%	灰色 GM(1, 1) 绝对值/元	增长率/%	组合预测 绝对值/元	增长率/%
2015	1 363.36	5.798 4	1 804.76	7.887 9	1 806.63	7.920 4	1 717.24	6.537 8	1 441.34	6.744 6	1 634.97	5.757 8
2016	1 442.42	5.798 9	1 936.72	7.311 8	1 939.23	7.339 6	1 829.51	6.537 8	1 538.56	6.745 1	1 746.67	5.685 6
2017	1 526.06	5.798 6	2 068.68	6.813 6	2 071.82	6.837 2	1 949.13	6.538 4	1 642.34	6.745 3	1 861.75	5.623 0
2018	1 614.55	5.798 6	2 200.63	6.378 5	2 204.41	6.399 7	2 076.56	6.537 8	1 753.11	6.744 6	1 980.43	5.568 2
2019	1 708.17	5.798 5	2 332.59	5.996 5	2 337.00	6.014 8	2 212.32	6.537 7	1 871.36	6.745 2	2 102.93	5.520 3
2020	1 807.23	5.799 2	2 464.54	5.656 8	2 469.59	5.673 5	2 356.97	6.538 4	1 997.58	6.744 8	2 229.51	5.478 0
2021	1 912.02	5.798 4	2 596.50	5.354 3	2 602.19	5.369 3	2 511.06	6.537 6	2 132.32	6.745 2	2 360.42	5.439 7
2022	2 022.89	5.798 6	2 728.46	5.082 2	2 734.78	5.095 3	2 675.24	6.538 3	2 276.14	6.744 8	2 495.94	5.405 6
2023	2 140.19	5.798 6	2 860.41	4.836 1	2 867.37	4.848 3	2 850.14	6.537 7	2 429.67	6.745 2	2 636.37	5.374 8
2024	2 264.29	5.798 6	2 992.37	4.613 3	2 999.96	4.624 1	3 036.48	6.537 9	2 593.55	6.744 9	2 782.02	5.346 8
2025	2 395.59	5.798 7	3 124.33	4.409 9	3 132.56	4.420 1	3 235.01	6.538 2	2 768.48	6.744 8	2 933.23	5.321 4
2026	2 534.51	5.799 0	3 256.28	4.223 3	3 265.15	4.232 6	3 446.51	6.537 8	2 955.22	6.745 2	3 090.36	5.298 2
2027	2 681.47	5.798 4	3 388.24	4.052 5	3 397.74	4.060 8	3 671.85	6.538 2	3 154.54	6.744 7	3 253.77	5.276 5
2028	2 836.96	5.798 7	3 520.19	3.894 4	3 530.33	3.902 3	3 911.91	6.538 0	3 367.32	6.745 2	3 423.88	5.256 9
2029	3 001.47	5.798 8	3 652.15	3.748 7	3 662.92	3.755 7	4 167.67	6.538 0	3 594.44	6.744 8	3 601.13	5.238 6
2030	3 175.51	5.798 5	3 784.11	3.613 2	3 795.52	3.620 1	4 440.15	6.537 9	3 836.89	6.745 1	3 785.96	5.221 6
2031	3 359.65	5.798 8	3 916.06	3.486 9	3 928.11	3.493 3	4 730.45	6.538 1	4 095.69	6.745 0	3 978.86	5.205 9
2032	3 554.47	5.798 8	4 048.02	3.369 7	4 060.70	3.375 4	5 039.73	6.538 1	4 371.94	6.744 9	4 180.35	5.191 2
2033	3 760.58	5.798 6	4 179.98	3.259 9	4 193.29	3.265 2	5 369.22	6.537 9	4 666.83	6.745 1	4 390.99	5.177 4
2034	3 978.64	5.798 6	4 311.93	3.156 7	4 325.88	3.162 0	5 720.26	6.538 0	4 981.60	6.744 8	4 611.35	5.164 5

续表

年份	曲线趋势延伸法		双指数平滑		Holt-Winters 模型		ARIMA		灰色 GM(1, 1)		组合预测	
	绝对值/元	增长率/%	绝对值/元	增长率/%	绝对值/元	增长率/%	绝对值/元	增长率/%	绝对值/元	增长率/%	绝对值/元	增长率/%
2035	4 209.35	5.798 7	4 443.89	3.060 3	4 458.48	3.065 3	6 094.25	6.538 0	5 317.61	6.745 0	4 842.08	5.152 5
2036	4 453.43	5.798 5	4 575.85	2.969 5	4 591.07	2.973 9	6 492.69	6.538 0	5 676.28	6.744 9	5 083.83	5.141 0
2037	4 711.67	5.798 7	4 707.80	2.883 6	4 723.66	2.888 0	6 917.18	6.538 0	6 059.15	6.745 1	5 337.31	5.130 4
2038	4 984.89	5.798 8	4 839.76	2.803 0	4 856.25	2.806 9	7 369.43	6.538 1	6 467.84	6.745 0	5 603.28	5.120 3
2039	5 273.94	5.798 5	4 971.71	2.726 4	4 988.84	2.730 3	7 851.24	6.538 0	6 904.09	6.744 9	5 882.54	5.110 6
2040	5 579.76	5.798 7	5 103.67	2.654 2	5 121.44	2.657 9	8 364.55	6.537 9	7 369.77	6.745 0	6 175.95	5.101 7
2041	5 903.31	5.798 6	5 235.63	2.585 6	5 254.03	2.588 9	8 911.43	6.538 1	7 866.86	6.745 0	6 484.41	5.093 1
2042	6 245.63	5.798 8	5 367.58	2.520 2	5 386.62	2.523 6	9 494.05	6.537 9	8 397.48	6.745 0	6 808.90	5.084 9
2043	6 607.79	5.798 6	5 499.54	2.458 5	5 519.21	2.461 5	10 114.77	6.538 0	8 963.89	6.745 0	7 150.46	5.077 1
2044	6 990.95	5.798 6	5 631.50	2.399 5	5 651.80	2.402 3	10 776.08	6.538 1	9 568.50	6.745 0	7 510.17	5.069 8
2045	7 396.33	5.798 6	5 763.45	2.343 1	5 784.40	2.346 2	11 480.61	6.537 9	10 213.90	6.745 0	7 889.20	5.062 8
2046	7 825.22	5.798 7	5 895.41	2.289 6	5 916.99	2.292 2	12 231.22	6.538 1	10 902.82	6.744 9	8 288.82	5.056 1
2047	8 278.98	5.798 7	6 027.36	2.238 2	6 049.58	2.240 8	13 030.89	6.537 9	11 638.22	6.745 0	8 710.33	5.049 6
2048	8 759.05	5.798 7	6 159.32	2.189 3	6 182.17	2.191 7	13 882.85	6.538 0	12 423.21	6.744 9	9 155.15	5.043 5
2049	9 266.96	5.798 7	6 291.28	2.142 4	6 314.76	2.144 7	14 790.51	6.538 0	13 261.16	6.745 0	9 624.79	5.037 7
2015～2049 年平均增速/%	5.798 7		3.868 8		3.877 8		6.538 0		6.745 0		5.253 8	

注：表中的数据是以 1978 年为基期计算的，其中 1978 年农民收入为 133.57 元。

表 9.25 是 2015～2049 年城镇居民收入绝对值及增长率预测结果。由表中的数据可知，不论用何种方法预测，城镇居民收入都呈现出逐年上升的趋势。但是，前五种不同方法对 2015～2049 年（一共 35 年）城镇居民收入及其增长率进行预测，不同方法预测的结果存在较大差异。由表 9.24 可知，2015～2049 年，采用曲线趋势延伸法预测的城镇居民收入平均增速为 4.32%左右，双指数平滑法预测的城镇居民收入平均增速为 3.46%左右，Holt-Winters 模型预测的城镇居民收入平均增速为 3.37%左右，ARIMA 方法预测的城镇居民收入平均增速为 3.10%，灰色 GM(1，1)预测的城镇居民收入平均增速为 8.24%左右。基于此，我们利用组合预测方法来平滑各种方法导致的差异。最后，通过组合预测的城镇居民收入平均增速为 4.75%左右。

按前述理论分析结果，对比农民收入与城镇居民收入增长的预测值可知，未来 35 年如果按照农民收入平均增长 5.25%，城镇居民收入平均增长 4.75%，则农民收入超常规增长的理论目标在 2050 年城乡收入比达到国际平均水平 1.6 左右是无法实现的。为了实现这一理论目标，未来农民收入增长必须超过城镇居民收入平均增长率 2 个百分点。因此，农民收入超常规增长目标理应确定为比城镇居民收入平均增长预测值 4.75%高出 2 个百分点，至少为 6.75%，为了简化计算，我们后续分析取整数值为 7%。

9.3.3 我国农民收入超常规增长的要素贡献分析

这里首先运用结构向量自回归模型（structural vector autoregression model，SVAR 模型）确定我国农民收入超常规增长的要素贡献率，再据此进行相应的预测分析。结构向量自回归模型是揭示经济波动中供需力量对比的一种实证分析工具，该模型可以捕捉到模型系统内各个变量之间的即时结构性关系。从理论上分析，农民收入超常规增长同样受到生产要素需求增长的影响，从而可建立 SVAR 模型如下：

$$B_0 y_t = \Gamma_1 y_{t-1} + \Gamma_2 y_{t-2} + \mu_t, \quad t = 1, 2, \cdots, T \tag{9.24}$$

表 9.25　2015～2049 年城镇居民收入绝对值及增长率预测结果（以 1978 年物价表示）

年份	曲线趋势延伸法		双指数平滑		Holt-Winters模型		ARIMA		灰色 GM(1, 1)		组合预测	
	绝对值/元	增长率/%	绝对值/元	增长率/%	绝对值/元	增长率/%	绝对值/元	增长率/%	绝对值/元	增长率/%	绝对值/元	增长率/%
2015	4 483.88	6.177 9	4 805.36	6.514 0	4 762.13	6.225 0	4 793.42	6.339 4	4 126.90	8.241 2	4 649.68	6.792 9
2016	4 753.47	6.012 4	5 099.24	6.115 7	5 041.21	5.860 4	5 077.16	5.919 4	4 467.01	8.241 3	4 937.83	6.543 5
2017	5 031.77	5.854 7	5 393.12	5.763 2	5 320.29	5.536 0	5 358.13	5.534 0	4 835.15	8.241 3	5 230.29	6.317 6
2018	5 318.77	5.703 8	5 687.00	5.449 2	5 599.36	5.245 4	5 636.49	5.195 1	5 233.63	8.241 3	5 527.35	6.114 9
2019	5 614.47	5.559 6	5 980.88	5.167 6	5 878.44	4.984 1	5 912.25	4.892 4	5 664.94	8.241 1	5 829.28	5.931 3
2020	5 918.87	5.421 7	6 274.76	4.913 7	6 157.52	4.747 5	6 185.43	4.620 6	6 131.81	8.241 4	6 136.40	5.764 3
2021	6 231.98	5.290 0	6 568.64	4.683 5	6 436.59	4.532 2	6 456.05	4.375 1	6 637.15	8.241 3	6 449.02	5.611 5
2022	6 553.79	5.163 0	6 862.52	4.474 0	6 715.67	4.335 8	6 724.14	4.152 5	7 184.13	8.241 2	6 767.51	5.471 2
2023	6 884.30	5.043 0	7 156.40	4.282 4	6 994.75	4.155 7	6 989.72	3.949 7	7 776.20	8.241 4	7 092.24	5.341 9
2024	7 223.51	4.927 3	7 450.28	4.106 5	7 273.82	3.989 7	7 252.82	3.764 1	8 417.06	8.241 3	7 423.63	5.222 2
2025	7 571.43	4.816 5	7 744.16	3.944 5	7 552.90	3.836 8	7 513.46	3.593 6	9 110.73	8.241 2	7 762.13	5.111 2
2026	7 928.05	4.710 1	8 038.04	3.794 9	7 831.98	3.695 0	7 771.66	3.436 5	9 861.57	8.241 3	8 108.23	5.007 8
2027	8 293.37	4.607 9	8 331.92	3.656 1	8 111.05	3.563 2	8 027.45	3.291 3	10 674.29	8.241 3	8 462.44	4.911 2
2028	8 667.40	4.510 0	8 625.80	3.527 2	8 390.13	3.440 7	8 280.84	3.156 5	11 553.99	8.241 5	8 825.34	4.820 9
2029	9 050.13	4.415 7	8 919.68	3.407 0	8 669.21	3.326 3	8 531.86	3.031 3	12 506.18	8.241 2	9 197.53	4.736 2
2030	9 441.56	4.325 1	9 213.56	3.294 7	8 948.28	3.219 1	8 780.54	2.914 7	13 536.85	8.241 3	9 579.68	4.656 5
2031	9 841.69	4.238 0	9 507.44	3.189 6	9 227.36	3.118 8	9 026.89	2.805 6	14 652.46	8.241 3	9 972.50	4.581 5
2032	10 250.53	4.154 2	9 801.32	3.091 1	9 506.44	3.024 5	9 270.93	2.703 5	15 860.01	8.241 3	10 376.78	4.510 7
2033	10 668.07	4.073 4	10 095.20	2.998 4	9 785.51	2.935 6	9 512.69	2.607 7	17 167.08	8.241 3	10 793.35	4.443 7

续表

年份	曲线趋势延伸法		双指数平滑		Holt-Winters模型		ARIMA		灰色 GM(1, 1)		组合预测	
	绝对值/元	增长率/%	绝对值/元	增长率/%	绝对值/元	增长率/%	绝对值/元	增长率/%	绝对值/元	增长率/%	绝对值/元	增长率/%
2034	11 094.31	3.995 5	10 389.08	2.911 1	10 064.59	2.852 0	9 752.20	2.517 8	18 581.87	8.241 3	11 223.11	4.380 3
2035	11 529.25	3.920 4	10 682.96	2.828 7	10 343.67	2.772 9	9 989.46	2.432 9	20 113.25	8.241 3	11 667.06	4.320 2
2036	11 972.90	3.848 0	10 976.84	2.750 9	10 622.74	2.698 0	10 224.50	2.352 9	21 770.84	8.241 3	12 126.25	4.263 1
2037	12 425.25	3.778 1	11 270.72	2.677 3	10 901.82	2.627 2	10 457.34	2.277 3	23 565.04	8.241 3	12 601.83	4.208 8
2038	12 886.31	3.710 7	11 564.60	2.607 5	11 180.90	2.559 9	10 688.01	2.205 8	25 507.10	8.241 3	13 095.05	4.157 1
2039	13 356.07	3.645 4	11 858.48	2.541 2	11 459.97	2.496 0	10 916.51	2.137 9	27 609.21	8.241 3	13 607.25	4.107 7
2040	13 834.53	3.582 3	12 152.36	2.478 2	11 739.05	2.435 3	11 142.88	2.073 6	29 884.57	8.241 3	14 139.90	4.060 7
2041	14 321.69	3.521 3	12 446.24	2.418 3	12 018.13	2.377 4	11 367.14	2.012 6	32 347.44	8.241 3	14 694.56	4.015 7
2042	14 817.55	3.462 3	12 740.12	2.361 2	12 297.20	2.322 1	11 589.29	1.954 3	35 013.28	8.241 3	15 272.94	3.972 6
2043	15 322.12	3.405 7	13 034.00	2.306 7	12 576.28	2.269 5	11 809.37	1.899 0	37 898.82	8.241 3	15 876.89	3.931 4
2044	15 835.39	3.349 9	13 327.88	2.254 7	12 855.36	2.219 1	12 027.39	1.846 2	41 022.17	8.241 3	16 508.40	3.891 9
2045	16 357.37	3.296 3	13 621.76	2.205 0	13 134.43	2.170 8	12 243.37	1.795 7	44 402.92	8.241 3	17 169.64	3.854 0
2046	16 888.04	3.244 2	13 915.65	2.157 5	13 413.51	2.124 8	12 457.33	1.747 6	48 062.29	8.241 3	17 862.95	3.817 6
2047	17 427.42	3.193 9	14 209.53	2.111 9	13 692.59	2.080 6	12 669.29	1.701 5	52 023.24	8.241 3	18 590.86	3.782 6
2048	17 975.50	3.144 9	14 503.41	2.068 9	13 971.66	2.038 1	12 879.26	1.657 3	56 310.62	8.241 3	19 356.11	3.748 9
2049	18 532.29	3.097 5	14 797.29	2.026 3	14 250.74	1.997 5	13 087.28	1.615 2	60 951.34	8.241 3	20 161.67	3.716 5
2015~2049年平均增速/%	4.320 0		3.459 4		3.366 1		3.100 3		8.241 3		4.746 3	

注：表中的数据是以 1978 年为基期计算的

其中，y_t 表示农民收入增长率（income）、资本要素增长率（capital）［由农民人均资本存量增长率代表（王定祥等，2011）］、劳动要素增长率（labor）［由乡村从业人员增长率代表］、土地要素增长率（land）［由农村居民家庭经营耕地面积增长率代表］、技术要素增长率（tech）［用农业机械总动力增长率代表］在第 t 期构成的向量，y_{t-1} 和 y_{t-2} 为其滞后值；Γ_i（$i=1,2$）表示自回归系数矩阵；μ_t 表示白噪声向量。在这个框架下，进行农民收入增长率的自回归分析和基于自回归模型的方差分解分析。

　　首先对模型中所有变量进行单位根检验，检验结果表明 capital，labor，tech 和 land 均服从 I（1），而 income 为平稳序列。由 LR 检验结果确定模型滞后阶数为 2，同时经单位圆检验，滞后 2 阶 SVAR（2）模型特征多项式所有根的模的倒数位于单位圆内，即都小于 1，满足稳定性条件。协整检验表明了 income 分别与 capital，labor，tech，land 这四个变量的差分在 5% 的显著性水平下存在一阶协整关系。在上述检验的基础上，表 9.26 给出对农民收入增长率的二阶自回归结果。

表 9.26   农民收入增长率的二阶自回归结果

变量	capital-1	labor-1	land-1	tech-1	capital-2	labor-2	land-2	tech-2
income	−0.6554	0.2537	0.1980	−0.1334	1.1726	0.7935	−0.0050	−0.2781

注：估计结果未全部列出

　　依据上述结果，农民收入增长率的方差可以分解成多种不相关因素的影响。按照方差分解的思想，表 9.27 给出了各类要素对农民收入增长率的相对方差贡献率，即观测某个要素变量对因变量农民收入增长率的影响。从表中可以看到，农民收入增长率各期相对方差贡献率中资本的贡献率最大，技术的贡献率最小，这也同样说明了资本积累大小在很大程度上影响了农民收入，而技术目前对农民收入的影响相对较小。

表 9.27   要素对农民收入增长率的相对方差贡献率

期数	资本	劳动	技术	土地	期数	资本	劳动	技术	土地
1	0.000	0.000	0.000	0.000	3	17.503	2.934	1.860	5.035
2	19.938	0.073	0.064	5.687	4	15.015	6.328	1.853	12.214

续表

期数	资本	劳动	技术	土地	期数	资本	劳动	技术	土地
5	17.299	7.415	1.895	12.468	21	72.246	2.390	0.619	3.153
6	23.758	8.171	1.689	12.174	22	72.657	2.439	0.605	3.152
7	36.255	7.202	1.415	10.287	23	73.476	2.440	0.588	3.092
8	48.481	5.936	1.156	8.297	24	74.563	2.393	0.569	2.980
9	59.167	4.721	0.910	6.522	25	75.732	2.310	0.552	2.835
10	66.517	3.824	0.757	5.241	26	76.812	2.204	0.537	2.677
11	71.232	3.187	0.698	4.340	27	77.682	2.090	0.525	2.525
12	73.930	2.746	0.689	3.719	28	78.282	1.983	0.516	2.393
13	75.285	2.436	0.692	3.294	29	78.598	1.892	0.510	2.290
14	75.723	2.220	0.687	3.015	30	78.655	1.824	0.505	2.220
15	75.570	2.084	0.674	2.855	31	78.496	1.782	0.502	2.185
16	75.031	2.023	0.659	2.797	32	78.183	1.768	0.500	2.181
17	74.274	2.032	0.646	2.822	33	77.785	1.779	0.499	2.202
18	73.456	2.097	0.638	2.902	34	77.381	1.810	0.499	2.239
19	72.741	2.196	0.633	3.006	35	77.047	1.854	0.497	2.284
20	72.293	2.302	0.627	3.099					

注：根据前述建立的 SVAR 模型进行方差分解获得。其中，劳动、技术和土地数据来源于《中国统计年鉴》，资本要素数据来源于王定祥等（2011b）的研究

基于 SVAR 模型分别给变量 capital，labor，tech 和 land 施加一个正标准差信息的冲击，可得 income 的脉冲响应路径，如图 9.15 所示。其中，图 9.15（a）显示当期资本要素受外部条件冲击后，收入增长率在第 1 期没有反应，在第 2 期明显下降，到第 3 期则升高，但在短暂的波动影响之后，从第 4 期开始呈现较大速率的正向影响。图 9.15（b）、（c）、（d）显示出劳动、技术和土地要素受外部条件冲击后，农民收入增长率的反应主要集中在前几期，随着时期的推动，这种反应逐渐趋于稳定。从脉冲响应路径进行比较，可以发现：资本、劳动和技术要素都会将其自身受到的冲击传递至农民收入增长率，并主要产生正向促进作用。其中，对资本要素的冲击响应更为敏感，是影响农民收入增长的最为关键的要素。

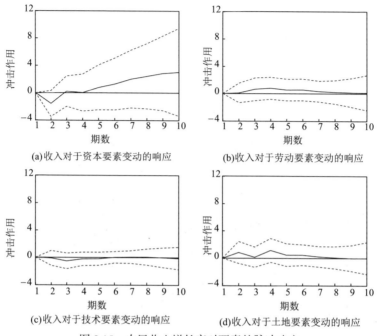

(a)收入对于资本要素变动的响应　　(b)收入对于劳动要素变动的响应

(c)收入对于技术要素变动的响应　　(d)收入对于土地要素变动的响应

图 9.15　农民收入增长率对要素的脉冲响应

9.3.4　我国农民收入超常规增长的要素需求预测

　　根据前述确定的农民收入超常规增长率在 2015～2049 年平均必须达 7%
左右的目标值，并结合前面的各类要素贡献分析，本小节进一步进行我国农
民收入超常规增长的要素需求预测。从表 9.28 可知，在 2015～2049 年，我
国农民收入超常规增长的要素需求存在波动变化，具体情况如下。

表 9.28　要素需求增长率预测值（按照农民收入增长率平均为 7%计算）（单位：%）

年份	资本	劳动	土地	技术	年份	资本	劳动	土地	技术
2014	11.66	0.64	5.77	5.29	2021	4.81	1.44	7.68	5.40
2015	10.92	0.76	7.45	5.26	2022	3.89	1.50	6.86	5.35
2016	9.97	0.95	7.83	5.26	2023	3.07	1.54	5.92	5.25
2017	8.96	1.06	8.66	5.24	2024	2.38	1.57	4.87	5.11
2018	7.89	1.18	8.79	5.29	2025	1.86	1.58	3.73	4.95
2019	6.84	1.28	8.70	5.35	2026	1.53	1.56	2.54	4.78
2020	5.80	1.36	8.29	5.40	2027	1.41	1.52	1.34	4.62

续表

年份	资本	劳动	土地	技术	年份	资本	劳动	土地	技术
2028	1.50	1.46	0.17	2028	2039	9.87	0.51	−1.15	4.16
2029	1.80	1.38	−0.92	2029	2040	10.44	0.50	−0.17	4.28
2030	2.28	1.28	−1.87	2030	2041	10.86	0.50	0.89	4.40
2031	2.92	1.18	−2.66	2031	2042	11.09	0.52	1.98	4.53
2032	3.70	1.07	−3.23	4.04	2043	11.15	0.57	3.07	4.67
2033	4.57	0.96	−3.59	3.98	2044	11.03	0.63	4.10	4.80
2034	5.50	0.86	−3.71	3.94	2045	10.73	0.70	5.03	4.92
2035	6.46	0.76	−3.60	3.93	2046	10.28	0.79	5.84	5.03
2036	7.42	0.68	−3.27	3.95	2047	9.68	0.88	6.50	5.12
2037	8.32	0.61	−2.73	3.99	2048	8.97	0.97	6.97	5.19
2038	9.15	0.55	−2.01	4.07	2049	8.18	1.07	7.24	5.24

注：表中的数据由课题组根据所陈述的方法计算所得

（1）为了达到农民收入平均接近 7%的增长率，资本要素需求在 2015～2018 年要求较高，其增长率最低都必须达到 7.89%的水平；在经历 2019～2027 年一段需求增长下降后，2028 年后资本要素需求增长率又将开始上升，到 2036 年后资本要素需求将进入新的高峰，其需求增长率将全部在 8%以上。

（2）对劳动投入要素的需求增长较为平稳，2015～2049 年，按 2013 年生产率水平的劳动投入要素需要保持在 0.5%～1.58%；其需求将经历先升后降，再回升的历程，但总体振幅在 1 个百分点左右。

（3）对土地要素的需求波动较大，2015～2021 年，人均土地要素需求量要保持在 7 个百分点的增长，但此后一路下降并从 2029 年开始进入负增长，进入 2041 年后将开始重新增长，2045 年后人均土地要素需求量增长将保持在 5 个百分点左右。

（4）对技术要素的需求同样比较平稳，2015～2049 年保持在 3.93%～5.40%，总体振幅在 1.5 个百分点左右。总之，按既定目标实现农民收入超常规增长对各类生产要素的需求较高，必须进行科学规划、优化配置。

9.3.5　我国农民收入超常规增长的要素供给能力预测

在获得了农民收入超常规增长的要素需求预测值后，本小节进一步进行我国农民收入超常规增长的要素供给能力预测，具体思路如下：本小节首先仍然沿用前述王定祥等（2011b）计算的农民人均资本存量数据来估计农民收入超常规增长的人均资本要素供给能力。其次，运用乡村从业人员的历史数据来估计劳动要素供给能力、农村居民家庭经营耕地面积来估计人均土地要素供给能力，实际分析中考虑了每年的劳动力转移问题，主要依据陈锡文（2011a）提出的"十二五"期间每年城镇化率能够提高 0.8 个百分点这一标准来进行数据处理①，并假设 2016～2049 年城镇化率同样能够每年提高 0.8 个百分点，到 2050 年我国城镇化率达到 80%，接近中等发达国家和地区 85% 的水平，据此测算每年农村劳动力转移数量，以修正乡村从业人员和农民人均土地要素估计数据（陈锡文，2011）。最后，技术要素供给能力预测仍然使用农业机械总动力数据来分析。

表 9.29 是对农民收入超常规增长要素供给能力增长率的预测。从表 9.29 可知，在 2015～2049 年，资本要素供给能力增长保持在较高水平，除 2015 年的 8.413% 外，基本在 6.45%～7.40%，振动幅度在 1 个百分点内；受益于城镇化率的提高，劳动要素供给能力呈现负增长，而土地要素的人均供给则逐步提高；技术要素供给能力同样保持平稳增长态势，2015～2021 年保持在 4.25%～5.09%，总体振幅也在 1 个百分点之内。

表 9.29　要素供给能力增长率预测值（按照 1978～2013 年实际情况预测）（单位：%）

年份	资本	劳动	土地	技术	年份	资本	劳动	土地	技术
2014	7.277	−0.347	2.298	5.213	2028	6.453	−0.261	1.612	2028
2015	8.413	−0.322	1.948	5.094	2029	6.460	−0.253	1.586	2029
2016	7.301	−0.325	1.525	4.987	2030	6.473	−0.245	1.560	2030
2017	7.150	−0.316	1.896	4.890	2031	6.492	−0.236	1.535	2031
2018	7.001	−0.316	1.873	4.803	2032	6.517	−0.228	1.509	4.258
2019	6.876	−0.310	1.842	4.725	2033	6.547	−0.218	1.483	4.253
2020	6.771	−0.308	1.440	4.655	2034	6.582	−0.209	1.458	4.250
2021	6.684	−0.302	1.795	4.592	2035	6.621	−0.199	1.432	4.250
2022	6.614	−0.298	1.769	4.536	2036	6.663	−0.188	1.711	4.253
2023	6.559	−0.293	1.742	4.486	2037	6.708	−0.177	1.377	4.259
2024	6.516	−0.287	1.716	4.442	2038	6.756	−0.166	1.352	4.267
2025	6.486	−0.281	1.689	4.403	2039	6.806	−0.154	1.326	4.277
2026	6.466	−0.275	1.663	4.370	2040	6.858	−0.142	1.300	4.290
2027	6.455	−0.268	1.637	4.341	2041	6.911	−0.130	1.560	4.304

---

① 陈锡文认为，在"十二五"期末城镇化率达到 51.5%，城镇化率每年提高 0.8 个百分点的任务不难实现。因为在过去的十年中，我国的城镇化率平均每年提高 1.13 个百分点，2000 年城镇化率是 36.2%，2010 年城镇化率达到 47.5%。

续表

年份	资本	劳动	土地	技术	年份	资本	劳动	土地	技术
2042	6.965	−0.117	1.245	4.321	2046	7.189	−0.062	1.407	4.404
2043	7.021	−0.104	1.219	4.339	2047	7.245	−0.047	1.109	4.429
2044	7.076	−0.090	1.469	4.359	2048	7.301	−0.032	1.345	4.455
2045	7.133	−0.076	1.164	4.381	2049	7.356	−0.016	1.053	4.482

注：表中的数据由课题组根据所陈述的方法计算所得

9.3.6 我国农民收入超常规增长的要素壁垒分析

根据表 9.28 和表 9.29 的数据，我们可以计算出农民收入超常规增长的要素供需缺口，以此反映农民收入超常规增长面临的要素壁垒（具体计算结果参见表 9.30）。从表 9.30 可知，要实现农民收入超常规增长目标，各要素供需缺口情况如下。

（1）资本要素在未来 10 年存在明显缺口，面临较大的压力。资本要素供需差距变动情况参见图 9.16。如何通过合理的调控措施突破这一要素瓶颈对于目标的实现至关重要，而一旦度过这 10 年的难关，未来经济发展带来的资本要素供给将能够有效满足农民收入超常规增长的需求。

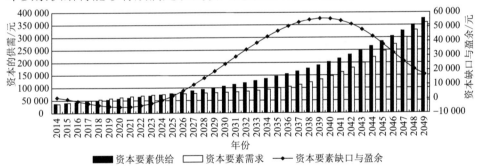

图 9.16 2014～2049 年农民收入超常规增长的资本要素供需缺口分析（供给−需求）

（2）劳动要素供给呈现三个阶段变动趋势。劳动要素供需差距变动情况参见图 9.17。劳动要素供给在 2015～2028 年仍然面临明显过剩，科学合理转移农村劳动力，对于这期间保持农民收入超常规增长很有必要，而 2029～2035 年劳动要素会出现一定短缺，但此后又会进入新一轮的劳动力转移周期。

（3）为了获得规模效益，实现农民收入超常规增长，土地要素是必须关注的重点环节（图 9.18）。2015～2049 年其一直面临缺口，尤其是进入 2020 年农民收入较 2010 年翻番以后，严重的缺口问题将延续到 2030 年后才能有所缓解。

表 9.30　农民收入超常规增长的要素供需缺口情况

年份	资本要素供需/万元			劳动要素供需/万人			土地要素供需/(亩/人)			技术要素供需/万千瓦		
	供给	需求	缺口	供给	需求	缺口	供给	需求	缺口	供给	需求	缺口
2014	37 128.41	36 393.74	734.67	53 126.64	51 002.57	1 953.03	2.50	2.60	-0.10	114 699.77	109 403.42	5 296.35
2015	40 252.17	40 637.25	-385.08	52 955.60	50 614.51	2 341.09	2.54	2.79	-0.25	120 542.88	115 158.04	5 384.84
2016	43 191.00	45 074.84	-1 883.84	52 783.33	50 333.35	2 449.98	2.58	3.01	-0.43	126 554.48	121 215.35	5 339.13
2017	46 279.09	49 568.80	-3 289.71	52 616.76	50 117.76	2 499.00	2.63	3.27	-0.64	132 743.60	127 567.03	5 176.57
2018	49 519.19	54 010.16	-4 490.97	52 450.24	49 975.23	2 475.01	2.68	3.56	-0.88	139 119.88	134 315.33	4 804.55
2019	52 924.02	58 271.57	-5 347.55	52 287.63	49 896.83	2 390.80	2.73	3.87	-1.14	145 693.53	141 501.20	4 192.33
2020	56 507.45	62 257.34	-5 749.89	52 126.55	49 873.35	2 253.20	2.77	4.19	-1.42	152 475.39	149 142.26	3 333.13
2021	60 284.62	65 868.27	-5 583.65	51 968.96	49 906.73	2 062.23	2.82	4.51	-1.69	159 476.99	157 195.95	2 281.04
2022	64 271.95	69 036.53	-4 764.58	51 813.86	49 987.33	1 826.53	2.87	4.82	-1.95	166 710.56	165 605.93	1 104.63
2023	68 487.31	71 722.05	-3 234.74	51 662.27	50 104.97	1 557.30	2.92	5.11	-2.19	174 189.13	174 300.24	-111.11
2024	72 950.08	73 923.92	-973.84	51 513.80	50 254.90	1 258.90	2.97	5.35	-2.38	181 926.48	183 206.98	-1 280.50
2025	77 681.31	75 683.31	1 998.00	51 369.04	50 425.89	943.15	3.02	5.55	-2.53	189 937.29	192 275.73	-2 338.44
2026	82 703.85	77 091.02	5 612.83	51 227.89	50 599.73	628.16	3.07	5.70	-2.62	198 237.15	201 466.51	-3 229.36
2027	88 042.54	78 270.51	9 772.03	51 090.70	50 763.41	327.29	3.12	5.77	-2.65	206 842.59	210 774.26	-3 931.67
2028	93 724.31	79 374.13	14 350.18	50 957.54	50 903.11	54.43	3.17	5.78	-2.61	215 771.21	220 195.87	-4 424.66
2029	99 778.44	80 564.74	19 213.70	50 828.66	51 004.30	-175.64	3.22	5.73	-2.51	225 041.67	229 752.37	-4 710.70
2030	106 236.71	82 014.90	24 221.81	50 704.17	51 051.71	-347.54	3.27	5.62	-2.35	234 673.81	239 470.90	-4 797.09
2031	113 133.64	83 884.84	29 248.80	50 584.30	51 042.92	-458.62	3.32	5.47	-2.15	244 688.68	249 361.05	-4 672.37
2032	120 506.71	86 334.28	34 172.43	50 469.18	50 968.84	-499.66	3.37	5.29	-1.92	255 108.68	259 435.23	-4 326.55

续表

年份	资本要素供需/元			劳动要素供需/万人			土地要素供需/(亩/人)			技术要素供需/万千瓦		
	供给	需求	缺口	供给	需求	缺口	供给	需求	缺口	供给	需求	缺口
2033	128 396.65	89 528.65	38 868.00	50 359.00	50 827.10	−468.10	3.42	5.10	−1.68	265 957.56	269 760.75	−3 803.19
2034	136 847.70	93 620.11	43 227.59	50 253.92	50 622.46	−368.54	3.47	4.92	−1.44	277 260.57	280 389.33	−3 128.76
2035	145 907.85	98 769.21	47 138.64	50 154.14	50 353.11	−198.97	3.52	4.74	−1.22	289 044.53	291 408.63	−2 364.10
2036	155 629.37	105 149.70	50 479.67	50 059.79	50 031.51	28.28	3.58	4.58	−1.00	301 337.91	302 919.27	−1 581.36
2037	166 068.91	112 951.81	53 117.10	49 971.06	49 663.58	307.48	3.63	4.46	−0.83	314 170.98	315 005.75	−834.77
2038	177 288.04	122 349.40	54 938.64	49 888.11	49 255.53	632.58	3.68	4.37	−0.69	327 575.87	327 826.48	−250.61
2039	189 353.73	133 544.37	55 809.36	49 811.12	48 820.97	990.15	3.73	4.32	−0.59	341 586.70	341 464.06	122.64
2040	202 338.71	146 725.20	55 613.51	49 740.26	48 381.08	1 359.18	3.78	4.31	−0.53	356 239.75	356 078.73	161.02
2041	216 321.92	162 043.31	54 278.61	49 675.69	47 942.98	1 732.71	3.84	4.35	−0.51	371 573.51	371 746.19	−172.68
2042	231 389.23	179 641.22	51 748.01	49 617.58	47 521.25	2 096.33	3.88	4.44	−0.55	387 628.89	388 586.29	−957.40
2043	247 633.92	199 563.43	48 070.49	49 566.10	47 138.04	2 428.06	3.93	4.57	−0.64	404 449.35	406 733.27	−2 283.92
2044	265 157.42	221 814.75	43 342.67	49 521.42	46 801.33	2 720.09	3.99	4.76	−0.77	422 081.03	426 256.47	−4 175.44
2045	284 069.88	246 280.92	37 788.96	49 483.71	46 519.34	2 964.37	4.04	5.00	−0.96	440 572.95	447 228.29	−6 655.34
2046	304 491.00	272 706.86	31 784.14	49 453.15	46 308.04	3 145.11	4.09	5.29	−1.20	459 977.19	469 723.87	−9 746.68
2047	326 550.98	300 741.13	25 809.85	49 429.89	46 168.99	3 260.90	4.14	5.63	−1.50	480 349.05	493 773.73	−13 424.68
2048	350 391.28	329 852.87	20 538.41	49 414.11	46 103.95	3 310.16	4.19	6.03	−1.83	501 747.27	519 400.59	−17 653.32
2049	376 165.66	359 440.67	16 724.99	49 405.97	46 122.54	3 283.43	4.24	6.46	−2.23	524 234.27	546 617.18	−22 382.91

注：表中的数据由课题组根据表 9.28 和表 9.29 计算所得

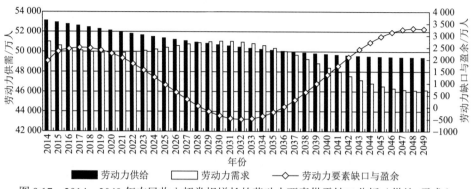

图 9.17　2014～2049 年农民收入超常规增长的劳动力要素供需缺口分析（供给-需求）

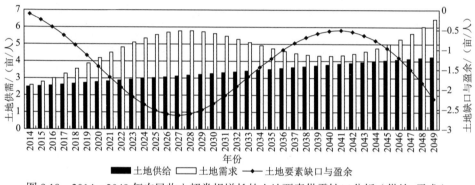

图 9.18　2014～2049 年农民收入超常规增长的土地要素供需缺口分析（供给-需求）

（4）技术要素不仅关系到农民收入超常规增长，而且对于农业现代化发展极为重要。技术要素将经历先盈余后短缺的状态，其供需差距变动情况见图 9.19。开始阶段，技术要素能够充分满足农民收入超常规增长的需要。但是，随着经济发展和农业现代化建设历程的推进，技术要素需求快速扩张，将在 2023 年开始进入缺口时期。

总之，未来我国农民收入增长在各时期均会面临不同要素供需之间的矛盾，并由此形成要素壁垒的制约，要实现超常规增长目标急需科学的战略规划、政策调控与制度保障，以确保各类要素的优化配置和协同作用。

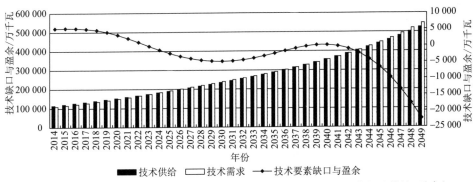

图 9.19　2014～2049 年农民收入超常规增长的技术要素供需缺口分析（供给-需求）

9.4　我国农民收入超常规增长要素集聚与配置的制度障碍

前述理论与实证均验证了金融资本要素不仅自身对农民收入超常规增长起着关键性作用，而且在很大程度上决定了其他要素的集聚与配置。然而，既有农村金融制度的缺陷和乡村治理机制的现实格局，事实上导致了资本要素的集聚与配置形成了"精英俘获"机制[①]，进而对农民收入超常规增长目标的整体实现产生了结构性抑制，并成为当前必须突破的巨大障碍。本节将以农贷资金为例，展开农民收入超常规增长要素集聚与配置的制度障碍分析，为后续制度调整提供借鉴。

9.4.1　乡村治理机制演变对我国农贷制度产生的冲击

通过将中国农贷市场中农户的主体决策、行为选择及其产生效应的过程置于社会、市场和国家的结构性框架中来审视其渊源、发展和演变，不难发现：一方面，内生于深刻而复杂的政治、经济和文化中的农户弱势心理在"农户直接面对国家"的社会结构中，异化为对国家的强依赖，形成寻求国家援助的惯性（陈雨露，2010）。而一系列带有政府"善意"和"善举"的农贷援助倾向均无法解决分散农户交易费用过高的问题，分散兼业的农户难以真正

---

① 不仅是信贷资金，财政支农资金配置同样存在这一问题。

成为农贷市场的主体。另一方面，税费时代"去组织化"①的制度安排及因宏观经济波动引发农村经济关系紧张而演变出"劣绅驱逐良绅"②后（董筱丹和温铁军，2008），乡村的良性治理生态受到破坏，精英的行为选择越来越偏离社区整体利益，遂使乡村内部普遍呈现大部分农贷资金均被精英把控进而造成"精英俘获"（仝志辉和温铁军，2009），农贷市场中多数农户被"客体化"和"边缘化"，农贷市场分化加剧。

农贷市场"精英俘获"机制的内涵是精英农户利用自身优势追逐利益进而占有更多资源的过程和事实，这里的精英主要指村庄中有一定实力和关系而形成的较为富裕的农户。"精英俘获"是治理状况劣化的乡村在对接农贷资金时普遍发生的现象，它不仅是农贷资金在乡村内部难以公平传递的一个最重要原因，而且是致使农贷政策目标偏离、过程扭曲和实施错位的关键影响因素。随着大量的农贷资源开始反哺农村，精英率先求偿、优先受益的利益要求大量侵蚀公共利益空间（温铁军和杨帅，2012），进而导致农贷资源"内卷化"③的发生。事实上，统计数据已部分揭示出农贷市场存在的"精英俘获"现象。扶贫重点县中贫困户从金融机构得到贷款户比重（不包括扶贫贷款）在逐年减少，2010 年从银行或信用社得到贷款的贫困户占全部农户的 2.0%，比 2007 年下降了 1.3 个百分点。以扶贫贷款为例，当年扶贫贷款发放对象一般是参考上年人均收入水平，主要发放给中低收入人口。但 2010 年扶贫重点县只有 20.6%的扶贫贷款发放给上年人均纯收入低于 2000 元的农户，有 38.2%发放给了人均收入在 2000~3000 元的农户，有 19.8%发放给了上年人均纯收入在 3000~4000 元的农户，有 21.4%发放给了上年人均纯收入高于 4000 元的农户。与上年相比，贷款给上年人均纯收入低于 3000 元的农户比例下降，高于 3000 元的农户比例上升。

现有的关于"精英俘获"机制的分析和研究在一定程度上揭示了乡土社会中正在发生的趋势性变化，同时也涉及了乡村治理和运行中的理论和实践

---

① 表示中国部分农村地区日益原子化的趋势性变化，许多村庄共同体已经解体；村庄的公共空间被肆意切割，农民很难组织有益的生产生活，人际关系不断疏远。

② 良绅退位，劣绅上台。

③ 农贷市场在某一阶段达到一种确定的形式后，其促进农业、农村发展及农民增收的效应逐渐减弱，即农贷的边际效益递减，称之为"内卷化"。

问题，对相应的制度安排提供了宝贵的思想材料。不过，这些讨论没有对精英俘获信贷资金的问题给予专门的关注，因此农贷市场的"精英俘获"机制并未得到充分揭示。实际上，无论是讨论扶贫项目、基础设施建设、公共管理、村委选举还是农户信贷中的"精英俘获"机制，无外乎是精英农户追求自身利益最大化的结果性表现，甚至可称之为经济学研究中的人类追逐财富的欲望所产生的后果。在这一层面上来讲，本节在这种特定经济假设的影响下形成的分析，反映了中国农村地区的"精英"及上层建筑的真实状态，并且对于理论之于现实所展开的政策讨论，或许能让人们产生更深刻的认识。

9.4.2　我国农贷"精英俘获"机制的形成及演进逻辑

本节借鉴 Platteau 和 Somville（2009）的分析框架[①]，考虑精英农户和一般农户的主体决策、行为逻辑及其产生效应的过程，从理论上探讨农贷市场的"精英俘获"机制。首先，本节做如下假设。

假设 1：精英主要指"经济精英"，亦即农村中家庭总收入较高的群体[②]。

假设 2：精英并不是一个严格范畴，何种收入水平定义为精英，视各县、乡、村具体情况而定。

假设 3：农户信贷作为具有优惠性质的反哺资源，是"僧多粥少"的，不考虑需求不足的情况。原因在于农贷一般带有政府的"善意"和"善举"，有的甚至是"赦债"。

本节把农贷市场的主体简单地划分为两类，一类是资金需求者，由维持和扩大生产的一般农户（peasant group，简记 P）和有一定实力和关系而形成的较为富裕的精英农户（elite group，简记 L）两部分组成；另一类是资金供给者（supplier，简记 S），他将提供农贷资金（fund，简记 F）。那么，农贷资金将如何在一般农户和精英农户之间分配呢？本节用 θ 表示精英农户获得的

---

① Platteau 和 Somville（2009）研究了扶贫项目中囿于信息扭曲而形成的"精英俘获"机制，他们在模型推导上的贡献对本文的研究是具有启发性质的。

② 取消"村提留"和"义务工"之后，村委会逐渐失去了资源提取的制度保障，其组织农民的能力大为弱化。在这种局面下，乡镇只能选择有经济实力的人来任村干部（周建明和束方圆，2014）。同时，拥有较高社会资本（尤其是政治资本）的农户，其收入水平较高（周晔馨，2012；程名望等，2014a；温涛等，2015）。

农贷资金占整个农贷资金的比例，其中 $\theta \in [0,1]$。θ^l 表示精英农户期望的 θ，θ^p 表示一般农户期望的 θ。此时可以写出一般农户和精英农户的效用函数。

精英农户的效用函数为

$$U^l(\theta) = L - \lambda \left| \theta - \theta^l \right| \qquad (9.25)$$

一般农户的效用函数为

$$U^p(\theta) = P - \pi \left| \theta - \theta^p \right| \qquad (9.26)$$

P, π, L, λ 为固定值，$P, \pi, L, \lambda \in \mathbb{R}_0^+$；$P > \pi$，$L > \lambda$；$U^p(\theta) > 0$，$U^l(\theta) > 0$，$\forall \theta$，$\theta^l, \theta^p$。当然，倘若无法得到信贷资金，他们的效用都为 0。

由于一个隐含的条件是农贷资金是"僧多粥少"的，当然供给者希望发生借贷之后的效用高于不发生借贷的效用，那么不发生借贷的效用是供给者的次优效用，用 $\bar{U}$ 表示。此时有

$$E\left[P - \pi \left| \theta - \theta^p \right| \right] \geqslant \bar{U} \qquad (9.27)$$

$$E\left[\left| \theta - \theta^p \right| \right] \leqslant \frac{P - \bar{U}}{\pi} \qquad (9.28)$$

其中，$\dfrac{P - \bar{U}}{\pi}$ 表示资金供给者对"精英俘获"的忍受程度，本节把 $\dfrac{P - \bar{U}}{\pi}$ 记为 k。显然其忍受程度是有限的，同时为了表达密度函数的方便，本节定义 $k \leqslant \dfrac{1}{2\varphi}$。为了揭示精英农户和一般农户行为和偏好的差异，本节假定 $\left| \theta^l - \theta^p \right| > \dfrac{1}{2\varphi} + k$。毋庸讳言，借贷在 $E\left[P - \pi \left| \theta - \theta^p \right| \right] \geqslant \bar{U}$ 时必然会发生，而当 $\bar{U} > P$ 时，借贷必然不会发生，因此本节着重讨论 $P \geqslant \bar{U}$ 时的情况。

精英农户最大化的效用函数如下：

$$\max_{\{\theta\}} E\left[L - \lambda \left| \theta - \theta^l \right| \right] \qquad (9.29)$$

$$E\left[L-\lambda\left|\theta-\theta^{l}\right|\right]=\Pr(\theta)\times\left(L-\lambda\left|\theta-\theta^{l}\right|\right)+\Pr(\theta')\times 0 \qquad (9.30)$$

其中，θ 和 θ' 分别表示发生借贷和未发生借贷的情况。供给者希望提供资金给正确的目标群体，则有 $\theta^{s}=\theta^{p}+\varepsilon$，其中 $E(\varepsilon)=0$，$\theta^{s}\sim U\left[\theta^{p}-\dfrac{1}{2\varphi},\theta^{p}+\dfrac{1}{2\varphi}\right]$。

当 $\left|\theta-\theta^{s}\right|\leqslant k$ 时借贷会发生，于是有

$$P(\theta)=\Pr\left(\left|\theta-\theta^{s}\right|\leqslant k\right)$$

$$=\begin{cases} 2k\varphi, & \theta\in\left[\theta^{p}-\dfrac{1}{2\varphi}+k,\theta^{p}+\dfrac{1}{2\varphi}-k\right] \\[2mm] \varphi\left(\dfrac{1}{2\varphi}+k+\theta^{p}-\theta\right), & \theta\in\left[\theta^{p}+\dfrac{1}{2\varphi}-k,\theta^{p}+\dfrac{1}{2\varphi}+k\right] \\[2mm] \varphi\left(\dfrac{1}{2\varphi}+k-\theta^{p}+\theta\right), & \theta\in\left[\theta^{p}-\dfrac{1}{2\varphi}-k,\theta^{p}-\dfrac{1}{2\varphi}+k\right] \\[2mm] 0, & \text{其他} \end{cases} \qquad (9.31)$$

式（9.31）中四种情况可由图 9.20 较为直观地表示出。

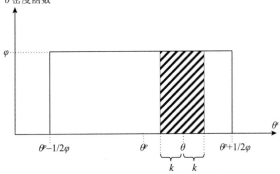

图 9.20　农贷市场供给者提供信贷资金的概率分布图

为了求解精英农户的效用最大化问题，需要分以下四种情况对 θ 进行分类讨论。

（1）当 $\theta^{p}-1/2\varphi+k\leqslant\theta\leqslant\theta^{p}+1/2\varphi-k$ 时，借贷发生的概率为常数，恒等

于 $2k\varphi$。此时精英农户追求效用最大化的行为是选择最大化的 θ，即闭区间的最大值 $\theta = \theta^p + 1/2\varphi - k$。

（2）当 $\theta^p + 1/2\varphi - k \leqslant \theta \leqslant \theta^p + 1/2\varphi + k$ 时，由精英农户效用最大化的一阶条件可得 $\theta = 1/2\left(\theta^l + \theta^p + 1/2\varphi + k - L/\lambda\right)$。此时需要讨论 θ 是否在区间内部，即 $1/2\left(\theta^l + \theta^p + 1/2\varphi + k - L/\lambda\right) \in \left[\theta^p + 1/2\varphi - k \leqslant \theta \leqslant \theta^p + 1/2\varphi + k\right]$。显然，$\theta$ 不会超过闭区间的最大值；简单的代数计算可知，当 $k > 1/3\left[1/2\varphi - \left(\theta^l - \theta^p\right) + L/\lambda\right]$ 时 θ 不超过闭区间的最小值。另外，当精英农户和一般农户期望获得农贷比重非常接近时，即 $\theta^l - \theta^p < 1/2\varphi + k - L/\lambda$ 时，上文中计算得到的 θ 高于精英期望的 θ^l，即 $1/2\left(\theta^l + \theta^p + 1/2\varphi + k - L/\lambda\right) > \theta$，此时最大化条件变为 $\theta = \theta^l$。

（3）当 $\theta^p - 1/2\varphi - k \leqslant \theta \leqslant \theta^p - 1/2\varphi + k$ 时，借贷发生的概率为 0。

（4）在其他情况中，当 $\theta \leqslant \theta^p - 1/2\varphi + k$，借贷发生的概率随 θ 的增大而增大，同时精英的效用也随着 θ 的增大而增大，因此会选择尽可能大的 θ 值。

由以上四种情况的讨论可知，实际上存在的效用最大化 θ 值只有 2 个，而分界点在 $k \leqslant \dfrac{1}{3}\left[\dfrac{1}{2\varphi} - \left(\theta^l - \theta^p\right) + \dfrac{L}{\lambda}\right]$，上述讨论可以由式（9.32）、式（9.33）表示出，θ^* 是最优解。

$$
\theta^* = \begin{cases}
\theta^p + \dfrac{1}{2\varphi} - k\,, & k \leqslant \dfrac{1}{3}\left[\dfrac{1}{2\varphi} - \left(\theta^l - \theta^p\right) + \dfrac{L}{\lambda}\right] \\[4mm]
\dfrac{1}{2}\left(\theta^l + \theta^p + \dfrac{1}{2\varphi} + k - \dfrac{L}{\lambda}\right), & k > \dfrac{1}{3}\left[\dfrac{1}{2\varphi} - \left(\theta^l - \theta^p\right) + \dfrac{L}{\lambda}\right]
\end{cases} \tag{9.32}
$$

$$
\theta^* - \theta^p = \begin{cases}
\dfrac{1}{2\varphi} - k\,, & k \leqslant \dfrac{1}{3}\left[\dfrac{1}{2\varphi} - \left(\theta^l - \theta^p\right) + \dfrac{L}{\lambda}\right] \\[4mm]
\dfrac{1}{2}\left(\theta^l - \theta^p + \dfrac{1}{2\varphi} + k - \dfrac{L}{\lambda}\right), & k > \dfrac{1}{3}\left[\dfrac{1}{2\varphi} - \left(\theta^l - \theta^p\right) + \dfrac{L}{\lambda}\right]
\end{cases} \tag{9.33}
$$

至此，本节以效用函数为逻辑起点搭建了一个揭示农贷市场"精英俘获"机制的理论框架，对精英农户和一般农户的主体决策、行为逻辑及实现过程予以了理论解析。以上分析表明农贷市场存在"精英俘获"，但并非必然现象，是一定条件约束下精英农户追逐利益、占有更多资源及供给方节约交易成本、规避风险的结果。那么，中国农贷市场在何种程度、何种范围内存在怎样的"精英俘获"机制呢？在下文中，本节将利用全国 10 个省区 20 040 户农户的调查数据进行实证研究。

9.4.3　样本选择、变量设定与描述性统计

1. 样本选择

样本数据源于中国人民银行联合国家统计局在全国范围开展的针对农户借贷需求的专项调查问卷，调查问卷涉及吉林、福建、安徽、内蒙古、贵州、江苏、河南、四川、湖南、宁夏 10 个省区，共抽取 263 个县（市、区）、2004 个村、20 040 户，共获取 20 040 家农户的有效样本。调查按"每省区 200 村，每村 10 户"进行抽样，总调查 2004 个村（其中河南样本村 204 个），样本村是由国家统计局按对称等距方法抽出，样本数据由中国人民银行于 2009 年公布，是截面数据。为进一步提高数据的准确性与科学性，本节在调查数据基础上进行了样本清洁处理[①]。

2. 变量设定

由于本节实证分析选取了较多变量，为了避免存在多重共线性或相关性影响系数的显著性，本节在变量的选择上遵循选取具有代表性的一个变量或不相关的两个变量原则。实际上，本节在模型设定前已经做了解释变量间的相关性和共线性检验，所有解释变量之间均不存在高度的共线性和相关性。同时考虑到调查问卷收集数据的宝贵性，本节没有轻易放弃任何一个变量，当然也就不存在丢掉一些变量后剩下变量系数可能存在的严重估计偏误。本节的被解释变量是借贷资金（LNLO），其反映了农户家庭一年内获得的借贷资金总额，主要指农户获得的利率（即贷款价格）具有一定优惠性质的贷款，而正是由于这种优惠性质的存在，才会产生"精英俘获"机制。

本节把解释变量划分为农户特征变量、农户经济能力变量和农户金融条

---

① 主要是通过数据逻辑对调查结果的奇异值和缺失值进行处理。

件变量。在农户特征变量中，本节考虑了家庭常住人口（NUMB）、劳动力占比（LABA）、劳动力平均年龄（AAOL）、最高受教育程度（EDUC）和土地耕种面积（ARAL）。本节把是否外出务工（MIGR）用作工具变量，由于本节考虑了农户家庭总收入的内生性，在下文"工具变量的选取"中，本节将着墨描述该变量。本节在考虑了家庭总收入（LNIN）、出售农产品现金占比（AGRI）和储蓄存款（SAVE）之后，还特意把农户的金融条件作为考察的因素，认为离最近金融网点距离（DIST）、金融信息①（KNOW）将影响农户的"信贷可及性"。此外，本节所使用的变量数据主要来自直接调查取得的样本数据和根据调查数据计算得来的间接数据。其中，直接调查数据主要包括家庭常住人口、劳动力平均年龄、最高受教育程度、家庭总收入、储蓄存款等，间接计算数据主要包括出售农产品现金占比、劳动力占比等。详细的变量描述与定义参见表9.31。

表9.31　中国农户借贷资金相关变量定义

变量类别		变量名称	缩写	描述
被解释变量	农户借贷	借贷资金/元	LNLO	农户获得借贷资金的对数值
内生解释变量	经济能力	家庭总收入/元	LNIN	家庭总收入的对数值
外生解释变量	经济能力	储蓄存款/元	SAVE	根据农户是否有储蓄存款，0=否，1=是
		出售农产品现金占比/%	AGRI	农户出售农产品的现金收入比家庭总收入
	农户特征	家庭常住人口/人	NUMB	农户家庭人口总数
		劳动力平均年龄/岁	AAOL	16岁以上劳动力年龄平均值
		最高受教育程度	EDUC	农户家庭劳动力中受教育程度最高者，0=未上学，1=小学，2=初中，3=高中或中专，4=大专及以上
		劳动力占比/%	LABA	16岁以上劳动力人数比家庭人口总数
		土地耕种面积/亩	ARAL	农户家庭耕种土地的面积

---

　①　具体来讲，金融机构贷款甄别机制的不健全可能会向借款人传递有偏差的市场信号，可能使农户成为"无信心借款人"，导致借贷者误认为自己不能获得贷款而放弃申贷的努力。本节使用农户是否知道农信社的小额贷款来衡量。

续表

变量类别		变量名称	缩写	描述
外生解释变量	金融条件	离最近金融网点距离/千米	DIST	农户离最近金融机构的距离
		金融信息	KNOW	农户是否知道农信社的小额贷款，0=否，1=是
工具变量	农户特征	是否外出务工	MIGR	农户家庭是否有人外出务工，0=无，1=有

3. 描述性统计

本节根据问卷调查点将样本数据划分为贫困县和非贫困县，各变量的均值、标准差、最大值、最小值和观测数参见表 9.32。代表农户家庭特征的大多变量并无明显差异，但贫困县农户的平均实际耕种面积达到 19.587 亩，而非贫困县仅为 12.049 亩，这种差异在一定程度上是囿于不同地区农户的农业生产经营方式不同。同时，贫困县农户实际耕种面积标准差高达 27.988，而非贫困县该值为 17.509，这或多或少揭示了贫困县农户资源禀赋差距或资源分配不均程度明显高于非贫困县。

表 9.32　变量的描述性统计分析

变量	非贫困县					国家级贫困县				
	均值	标准差	最大值	最小值	观测数	均值	标准差	最大值	最小值	观测数
LNLO	8.121	1.309	12.9	0.69	4293	7.656	1.285	12.4	1.53	1964
NUMB	3.987	1.219	11.0	1.00	4293	4.370	1.371	10.0	1.00	1964
AAOL	39.276	7.586	71.5	22.00	4293	38.919	7.695	70.0	19.00	1964
EDUC	2.328	0.742	4.0	0.00	4293	2.198	0.799	4.0	0.00	1964
LABA	0.715	0.208	1.3	0.00	4293	0.691	0.220	1.0	0.17	1964
ARAL	12.049	17.509	260	0.00	4293	19.587	27.988	415	0.00	1964
LNIN	9.873	0.588	12.7	6.87	4293	9.485	0.570	12.0	4.03	1964
SAVE	0.405	0.491	1.0	0.00	4293	0.278	0.448	1.0	0.00	1964
AGRI	0.426	0.301	1.0	0.00	4293	0.377	0.262	1.0	0.00	1964

续表

变量	非贫困县					国家级贫困县				
	均值	标准差	最大值	最小值	观测数	均值	标准差	最大值	最小值	观测数
DIST	5.276	7.544	100	0.10	4293	6.916	7.771	50.0	0.10	1964
KNOW	0.731	0.444	1.0	0.00	4293	0.716	0.451	1.0	0.00	1964

9.4.4　模型估计方法、实证设计与检验

1. 估计方法

传统的工具变量法一般通过两阶段最小二乘法（2 stage least squares，2SLS）[①]来实现。所谓的两阶段实际上是两个回归，第一阶段分离出内生解释变量的外生部分：

$$X = Z\left[(Z^{\mathrm{T}} Z)^{-1} Z^{\mathrm{T}} X \right] \qquad (9.34)$$

第二阶段用此外生部分进行回归，即使用 X 为工具变量对 $y = X\beta + \varepsilon$ 进行估计：

$$\beta = \left(X^{\mathrm{T}} X \right)^{-1} X^{\mathrm{T}} y \qquad (9.35)$$

$$X = (\mathrm{NUMB}, \mathrm{AAOL}, \mathrm{EDUC}, \mathrm{LABA}, \mathrm{ARAL}, \mathrm{LNIN},$$
$$\mathrm{SAVE}, \mathrm{AGRI}, \mathrm{DIST}, \mathrm{KNOW})$$

$$Z = \mathrm{MIGR}, \quad y = \mathrm{LNLO}$$

线性回归模型是一种简单的均值回归，不过其无法揭示解释变量 x 对整个条件分布 $y|x$ 的影响。为了能够提供条件分布 $y|x$ 的全部信息，本节通过估计条件分布 $y|x$ 的若干个重要的条件分位数[②]，得到不同的分位数函数。进一步，本节选用包含工具变量的分位数回归模型，形式如下：

---

① 由于两阶段最小二乘回归和工具变量分位数回归的方法已经比较成熟，本节只简要介绍其思路。

② 通常使用四分之一分位数、中位数、四分之三分位数。

$$Y_D = q(D, x, U_D) \tag{9.36}$$

Y_D 由式（9.36）给出，是对应与不同政策变量 D 的潜在产出，$q(\cdot)$ 表示潜在产出 Y_D 的 τ 分位数，x 向量包含所有外生变量。其他不可观测变量通过 U_D 来影响 Y_D，服从 $(0,1)$ 上的均匀分布，即

$$U\big|_{x,z} \sim \text{Uniform}(0,1)，z\ \text{表示工具变量} \tag{9.37}$$

$$D = \delta(X, Z, V)$$

其中，$\delta(\cdot)$ 表示一个未知形式的函数；X 表示模型中所有变量组成的矩阵；Z 表示工具变量矩阵；V 向量由一系列不可观察变量构成。本节假设工具变量分位数回归服从如下线性模型：

$$q(d, x, \tau) = d^{\mathrm{T}}\alpha(\tau) + x^{\mathrm{T}}\beta(\tau) \tag{9.38}$$

其中，$q(\cdot)$ 表示 τ 的增函数，同时记 $\theta(\tau) = \left\{\alpha(\tau)^{\mathrm{T}}, \beta(\tau)^{\mathrm{T}}\right\}^{\mathrm{T}}$。处理效应通过 $q(d, x, \tau) - q(d^0, x, \tau)$ 来表示，并控制不可观测变量 $U_D = \tau$。模型的内生性很大程度上源于 D 与 U_D 的相关性，进一步导致了 $\theta(\tau)$ 的估计值出现偏差。解决内生性问题的有效方式是使用工具变量法，本节通过式（9.39）来估计 $\theta(\tau)$：

$$P\left[Y \leqslant q\left(d, x, \tau\right)\big|z, x\right] = \tau \tag{9.39}$$

其中，$X = x$，$D = d$，并且 $\{Y \leqslant q(d, x, \tau)\}$ 等同于 $\{U \leqslant \tau\}$，此时有

$$\underset{\theta(\tau)}{\arg\min}\, E\left(\rho_\tau\left[y - d^{\mathrm{T}}\alpha(\tau) - x^{\mathrm{T}}\beta(\tau) - f(z, x)\right]\right) \tag{9.40}$$

其中，$\rho_\tau(u) = u\left[\tau - 1(u < 0)\right]$，$f(\cdot)$ 由方程 $F(z, x)$ 给出。

2. 模型内生性的讨论

农户获得借贷资金的数量与农户收入可能互为因果,这在一定程度上会导致上述模型设定存在内生性问题。具体来讲,收入较高的农户可能得到更高的农贷资金,这是本节关心的因果关系。然而,农户的收入也可能受到获得的农贷资金的影响。譬如,获得农贷资金保证了农户维持与扩大生产,进而提高农户收入。

总之,无论是上述哪种情况,都在一定程度上导致本节无法准确判断农户收入对农户借贷资金的影响。当然,就其余导致内生性的因素而言,由于影响被解释变量的因素往往很多,囿于所获得数据的局限性,在任何实证研究中几乎总是存在遗漏变量。影响农户获得农贷资金的主、客观因素较多,本节尽量把更多因素纳入考虑范围之内。并且,农户获得农贷资金中存在的测量误差不可避免,但本节使用的样本数据源于中国人民银行联合国家统计局在全国范围开展的针对农户借贷需求的专项调查问卷,具备了较高的准确性与科学性,测量误差相对较小。

3. 工具变量的选取

为了解决模型内生性问题,本节拟在回归模型中引入工具变量。采用是否外出务工(MIGR)作为工具变量,本节较好地解决了模型的内生性问题。工具变量需要满足相关性和外生性条件。具体来讲,农户家庭是否有人外出务工会对农户的工资性收入产生显著影响,不难推断外出务工与收入正相关。

此外,本节认为农户家庭是否有人外出务工并不会直接影响农户获得农贷资金。但出于对社会科学研究的严谨性,本节还是考虑了是否外出务工(MIGR)通过家庭总收入(LNIN)之外的途径影响被解释变量——借贷资金(LNLO),致使其并非完全外生,例如,农户的务工性收入对农贷资金有一定的替代作用。为此,本节在计量模型中引入出售农产品现金占比(AGRI)、劳动力占比(LABA)和储蓄存款(SAVE)等一系列控制变量。

4. 分层比较的设计

中国农村问题之复杂,乡土社会区域差别之大,对本节选择一个"价值中立"的分析窗口提出了较高的要求。在这种要求下,借鉴了"自然实验"中"对照组"的思想,本节提出了使用贫困县和非贫困县分层比较的研究方法①。进一步讲，县域包含广大农村地区，是统筹城乡经济社会发展的结合点，但县域之间的发展极不平衡，不同经济发展水平县域的农户存在明显差异，有必要加以区别进行讨论。因此基于不同县域农贷市场划分总体样本，不仅能从回归结果中获取更多信息，也更符合现实。

5. 统计检验

1）解释变量的内生性检验

（1）对于贫困县而言：Hausman 检验的 $\chi^2(1)$ 统计量为 23.95，其 p 值为 0.0000，可以在 1%的显著性水平上拒绝"所有解释变量均为外生"的原假设，初步认为家庭总收入（LNIN）为内生解释变量。进一步，本节进行异方差稳健的（Durbin-Wu-Hausman，DWH）检验。Wu-Hausman F 检验的统计量 $F(1, 1952)$ 值为 23.795 33，其 p 值为 0.0000；DWH 统计量为 23.653 27，其 p 值为 0.0000。另外，内生性检验的 $\chi^2(1)$ 统计量为 22.124，其 p 值为 0.0000，接近于 Wu-Hausman F 检验结果。因此本节认为贫困县农户家庭总收入（LNIN）为内生解释变量。

（2）对于非贫困县而言：Hausman 检验的 $\chi^2(1)$ 统计量为 59.45，其 p 值为 0.0000，可以在 1%的显著性水平上拒绝"所有解释变量均为外生"的原假设，初步认为家庭总收入（LNIN）为内生解释变量。进一步，本节进行异方差稳健的 DWH 检验。Wu-Hausman F 检验的统计量 $F(1, 4281)$ 值为 60.274 02，其 p 值为 0.0000；Durbin-Wu-Hausman 统计量为 59.603 79，其 p 值为 0.0000。另外，内生性检验的 $\chi^2(1)$ 统计量为 55.403，其 p 值为 0.0000，接近于 Wu-Hausman F 检验结果。因此本节认为非贫困县农户家庭总收入（LNIN）为内生解释变量。

2）工具变量的外生性检验和相关性检验

（1）对于贫困县而言：不可识别检验显示，Kleibergen-Paap rk LM 统计量为 14.577，其 p 值为 0.0001；Anderson LM 统计量为 15.781，其 p 值为 0.0001。故强烈拒绝不可识别的原假设。弱工具变量检验显示，Cragg-Donald Wald F 统计量为 15.820，Kleibergen-Paap rk Wald F 统计量为 16.429。两个统

---

① 国家级贫困县，又称国家扶贫工作重点县，目前共有 592 个，其资格经国务院扶贫开发领导小组认定。

计量均接近 10%显著性水平下的临界值（10% maximal IV size：16.38，15% maximal IV size：8.96），因此本节的工具变量在 15%显著性水平下不是弱工具变量。

（2）对于非贫困县而言：不可识别检验显示，Kleibergen-Paap rk LM 统计量为 6.728，其 p 值为 0.0095；Anderson LM 统计量为 6.994，其 p 值为 0.0082。故强烈拒绝不可识别的原假设。弱工具变量检验显示，Cragg-Donald Wald F 统计量为 6.987，Kleibergen-Paap rk Wald F 统计量为 6.723。两个统计量均远大于 20%显著性水平下的临界值（20% maximal IV size：6.66）。

6. 稳健性检验

本节除了考虑到农户家庭特征、经济能力和金融条件之外，实际上默认了农户接受、处理和理解金融信息的能力是一致的。当然，农户受教育程度的差异将直接导致农户金融知识水平的不同，获得金融知识及处理信息的能力也不同。因此，本节以农户家庭成员是否接受过九年义务教育作为划分依据，将不同县域的农户样本数据进一步划分为"受教育程度较低"和"受教育程度较高"两个子样本。表 9.33 给出了贫困县和非贫困县中受教育程度较低和受教育程度较高农户的工具变量分位数回归结果。

（1）对非贫困县而言，随着分位数的增加，受教育程度较低子样本中家庭总收入（LNIN）在各分位点的系数分别为–5.559、9.596、12.374、35.194、16.952，受教育程度较高子样本中农户家庭总收入（LNIN）在各分位点的系数分别为 2.094、3.296、8.799、16.040、3.612。

（2）对贫困县而言，随着分位数的增加，受教育程度较低子样本中农户家庭总收入（LNIN）在各分位点的系数分别为–1.876、–1.564、–2.055、–1.469、–3.354，受教育程度较高子样本中农户家庭总收入（LNIN）在各分位点的系数分别为–2.665、–2.091、–2.621、–1.503、0.457。

总体而言，从表 9.33 所示的结果来看，主要解释变量的估计结果、显著性水平及相关统计检验结果与基准回归结果（表 9.34）相比并未发生较大变化，说明本部分的基本估计结果是稳健的。

表 9.33　稳健性检验：贫困县和非贫困县中受教育程度较低和受教育程度较高农户的工具变量分位数回归结果

被解释变量为农户户借贷资金的对数值（LNLO）

家庭特征			受教育程度较低农户					受教育程度较高农户				
			10%分位点	25%分位点	50%分位点	75%分位点	90%分位点	10%分位点	25%分位点	50%分位点	75%分位点	90%分位点
	NUMB 家庭常住人口	非贫困县	0.439*** (0.000)	-0.789*** (0.000)	-0.997*** (0.000)	-2.883*** (0.000)	-0.843*** (0.002)	-0.221*** (0.000)	-0.261*** (0.000)	-0.605*** (0.000)	-0.810** (0.004)	-1.897** (0.028)
		贫困县	0.028 (0.695)	0.064 (0.229)	0.089* (0.098)	0.149*** (0.005)	0.244*** (0.000)	0.054 (0.650)	0.034 (0.684)	0.082 (0.343)	0.127* (0.087)	0.043 (0.573)
	AAOL 劳动力平均年龄	非贫困县	-0.083*** (0.000)	0.027 (0.119)	0.070*** (0.001)	0.291*** (0.000)	0.217*** (0.000)	0.013 (0.257)	0.021* (0.056)	0.057** (0.020)	0.122** (0.012)	0.011 (0.460)
		贫困县	-0.019* (0.096)	-0.024*** (0.004)	-0.026*** (0.002)	-0.025*** (0.002)	-0.036** (0.018)	-0.040* (0.075)	-0.123 (0.431)	-0.037** (0.020)	-0.001 (0.965)	-0.000 (0.997)
	EDUC 最高受教育程度	非贫困县	0.712** (0.020)	-1.529*** (0.000)	-1.768*** (0.000)	-3.883*** (0.002)	-1.779** (0.020)	-0.058 (0.751)	-0.340* (0.068)	-0.875** (0.032)	-3.130*** (0.000)	-0.298 (0.234)
		贫困县	0.441** (0.011)	0.042 (0.749)	0.181 (0.170)	0.031 (0.811)	0.330 (0.157)	0.733* (0.050)	0.621** (0.017)	0.480* (0.074)	0.326 (0.158)	-0.186 (0.438)
	LABA 劳动力占比	非贫困县	1.776*** (0.004)	-1.134* (0.099)	-2.244*** (0.006)	-6.985*** (0.007)	-2.074 (0.182)	-0.106 (0.766)	-0.653* (0.070)	-1.100 (0.163)	-1.323 (0.399)	0.115 (0.813)
		贫困县	0.374 (0.373)	0.669** (0.032)	0.844*** (0.008)	1.078*** (0.000)	2.062*** (0.000)	-0.270 (0.699)	-0.055 (0.910)	0.525 (0.295)	0.566 (0.190)	-0.571 (0.201)

续表

被解释变量为农户借贷资金的对数值（LNLO）

			受教育程度较低农户					受教育程度较高农户				
			10%分位点	25%分位点	50%分位点	75%分位点	90%分位点	10%分位点	25%分位点	50%分位点	75%分位点	90%分位点
家庭特征	ARAL 土地耕种面积	非贫困县	0.053*** (0.000)	-0.058*** (0.000)	-0.089*** (0.000)	-0.278*** (0.000)	-0.139*** (0.000)	-0.013*** (0.004)	-0.011** (0.015)	-0.037*** (0.000)	-0.080*** (0.000)	-0.027*** (0.000)
		贫困县	0.020*** (0.000)	0.019*** (0.000)	0.023*** (0.000)	0.014*** (0.000)	0.029*** (0.000)	0.022*** (0.000)	0.015*** (0.000)	0.017*** (0.000)	0.007** (0.014)	-0.001 (0.694)
	LNIN 家庭总收入	非贫困县	-5.559*** (0.000)	9.596*** (0.000)	12.374*** (0.000)	35.194*** (0.000)	16.952*** (0.000)	2.094*** (0.000)	3.296*** (0.000)	8.799*** (0.000)	16.040*** (0.000)	3.612*** (0.000)
		贫困县	-1.876*** (0.000)	-1.564*** (0.000)	-2.055*** (0.000)	-1.469*** (0.000)	-3.354*** (0.000)	-2.665*** (0.000)	-2.091*** (0.000)	-2.621*** (0.000)	-1.503*** (0.000)	0.457** (0.016)
经济能力	SAVE 储蓄存款	非贫困县	0.912*** (0.000)	-1.720*** (0.000)	-1.922*** (0.000)	-6.070*** (0.000)	-3.129*** (0.000)	-0.416*** (0.001)	-0.416*** (0.001)	-1.268*** (0.000)	-1.789*** (0.002)	-0.512*** (0.003)
		贫困县	0.350* (0.058)	0.056 (0.682)	0.166 (0.234)	0.119 (0.379)	0.699*** (0.005)	0.024 (0.937)	0.113 (0.585)	-0.139 (0.516)	0.155 (0.397)	-0.050 (0.794)
	AGRI 出售农产品现金占比	非贫困县	2.575*** (0.000)	-3.171*** (0.000)	-4.130*** (0.000)	-12.368*** (0.000)	-6.411*** (0.000)	-0.104 (0.654)	-0.927*** (0.000)	-3.674*** (0.000)	-5.484*** (0.000)	-1.340*** (0.000)
		贫困县	1.846*** (0.000)	1.290*** (0.000)	1.269*** (0.000)	0.849*** (0.001)	1.778*** (0.000)	1.710*** (0.001)	0.600* (0.090)	1.315*** (0.000)	0.585* (0.063)	-0.756** (0.020)

续表

被解释变量为农户借贷资金的对数值（LNLO）

		受教育程度较低农户					受教育程度较高农户				
		10% 分位点	25% 分位点	50% 分位点	75% 分位点	90% 分位点	10% 分位点	25% 分位点	50% 分位点	75% 分位点	90% 分位点
DIST 离最近金融网 点距离	非贫困县	0.008 (0.613)	-0.080*** (0.000)	-0.097*** (0.000)	-0.019 (0.764)	0.026 (0.502)	0.005 (0.621)	-0.015 (0.108)	-0.043** (0.034)	-0.040 (0.321)	-0.001 (0.938)
	贫困县	-0.021** (0.049)	-0.024*** (0.003)	-0.031*** (0.000)	-0.013 (0.101)	-0.028* (0.055)	-0.017 (0.350)	0.010 (0.407)	0.004 (0.744)	0.007 (0.521)	0.005 (0.651)
KNOW 金融 信息	非贫困县	0.163 (0.541)	-0.197 (0.504)	-0.524 (0.134)	-0.918 (0.406)	-0.960 (0.149)	-0.005 (0.973)	0.017 (0.908)	-0.048 (0.879)	-0.789 (0.213)	-0.001 (0.996)
	贫困县	0.584*** (0.002)	0.759*** (0.000)	0.400*** (0.004)	0.665*** (0.000)	0.312 (0.208)	0.545* (0.070)	0.288*** (0.000)	0.355 (0.102)	0.477** (0.011)	0.253 (0.191)

注：小括号里面的值代表 P 值

*、**、***分别表示 10%、5%和 1%的显著性水平下统计显著

表 9.34 影响贫困县和非贫困县农户借资资金的工具变量分位数回归结果

被解释变量为农户借贷资金的对数值（LNLO）

| | | OLS | 两阶段最小二乘回归 | | | | | 工具变量分位数回归 | | | | |
		全部农户	收入前10%农户	收入前15%农户	收入前25%农户	收入前50%农户	全部农户	10%分位点	25%分位点	50%分位点	75%分位点	90%分位点
家庭特征	NUMB 家庭常住人口 非贫困县	-0.066*** (0.000)	0.128 (0.370)	0.081 (0.687)	-0.174** (0.046)	-0.358** (0.013)	-0.554*** (0.007)	-0.237*** (0.000)	-0.320*** (0.000)	-0.715*** (0.000)	-1.839*** (0.000)	-0.585*** (0.001)
	NUMB 家庭常住人口 贫困县	-0.051** (0.033)	-0.110 (0.593)	-0.070 (0.896)	-0.009 (0.953)	-0.191** (0.044)	0.150** (0.048)	0.061 (0.309)	0.068 (0.139)	0.100** (0.026)	0.209*** (0.000)	0.149*** (0.002)
	AAOL 劳动力平均年龄 非贫困县	0.001 (0.971)	-0.027 (0.291)	0.007 (0.791)	0.003 (0.834)	0.001 (0.958)	0.053** (0.024)	0.018*** (0.007)	0.019*** (0.002)	0.052*** (0.000)	0.204*** (0.000)	0.152*** (0.000)
	AAOL 劳动力平均年龄 贫困县	-0.009** (0.031)	-0.010 (0.809)	-0.082 (0.755)	-0.035 (0.122)	-0.020* (0.066)	-0.027*** (0.005)	-0.015 (0.128)	-0.020*** (0.007)	-0.026*** (0.000)	-0.012 (0.120)	-0.012 (0.122)
	EDUC 最高受教育程度 非贫困县	0.087*** (0.001)	-0.001 (0.998)	-0.132 (0.597)	-0.236 (0.138)	-0.392* (0.052)	-0.981** (0.027)	-0.273*** (0.000)	-0.419*** (0.000)	-1.215*** (0.000)	-3.283*** (0.000)	-2.161*** (0.000)
	EDUC 最高受教育程度 贫困县	0.089** (0.013)	-0.342 (0.287)	-0.339 (0.755)	-0.230 (0.302)	-0.291 (0.192)	0.427*** (0.001)	0.437*** (0.000)	0.296*** (0.000)	0.348*** (0.000)	0.315*** (0.000)	0.109 (0.116)
	LABA 劳动力占比 非贫困县	0.067*** (0.000)	0.143 (0.860)	0.093 (0.914)	0.374 (0.444)	-0.760 (0.187)	-0.733* (0.096)	0.058 (0.817)	-0.434* (0.054)	-1.615*** (0.001)	-4.262*** (0.004)	-0.727 (0.474)
	LABA 劳动力占比 贫困县	-0.045 (0.742)	-2.130 (0.105)	-1.700 (0.689)	-0.786 (0.296)	-0.622 (0.310)	0.827** (0.020)	0.284 (0.405)	0.358 (0.174)	0.706*** (0.006)	1.089*** (0.000)	0.357 (0.199)

续表

被解释变量为农户借贷资金的对数值（LNLO）

		OLS	两阶段最小二乘回归					工具变量分位数回归				
		全部农户	收入前10%农户	收入前15%农户	收入前25%农户	收入前50%农户	全部农户	10%分位点	25%分位点	50%分位点	75%分位点	90%分位点
家庭特征	ARAL 土地耕种面积 非贫困县	0.001 (0.422)	0.001 (0.813)	-0.003 (0.657)	-0.003 (0.522)	-0.021* (0.060)	-0.045** (0.020)	-0.009*** (0.002)	-0.013*** (0.000)	-0.054*** (0.000)	-0.187*** (0.000)	-0.112*** (0.000)
	贫困县	0.005*** (0.000)	0.006 (0.410)	-0.145 (0.791)	-0.014 (0.283)	-0.006 (0.458)	0.020*** (0.000)	0.020*** (0.000)	0.019*** (0.000)	0.019*** (0.000)	0.016*** (0.000)	0.008*** (0.000)
	LNIN 家庭总收入 非贫困县	0.627*** (0.000)	27.081* (0.079)	28.413 (0.159)	14.197* (0.088)	14.170** (0.032)	7.548*** (0.008)	3.089*** (0.000)	3.651*** (0.000)	9.405*** (0.000)	26.103*** (0.000)	14.172*** (0.000)
	贫困县	0.370*** (0.000)	-25.659 (0.385)	63.535 (0.806)	15.371 (0.288)	6.551 (0.176)	-2.635** (0.010)	-1.999*** (0.000)	-1.868*** (0.000)	-2.145*** (0.000)	-2.229*** (0.000)	-0.910*** (0.000)
经济能力	SAVE 储蓄存款 非贫困县	-0.133*** (0.001)	-0.478 (0.334)	-0.723 (0.269)	-0.530 (0.129)	-0.771** (0.024)	-1.295*** (0.008)	-0.572*** (0.000)	-0.757*** (0.000)	-1.425*** (0.000)	-3.881*** (0.000)	-2.324*** (0.000)
	贫困县	0.156** (0.012)	-0.668 (0.401)	-1.127 (0.790)	-0.133 (0.672)	-0.034 (0.821)	0.169 (0.168)	0.126 (0.403)	0.175 (0.132)	0.216* (0.056)	0.299** (0.018)	0.181 (0.142)
	AGRI 出售农产品现金占比 非贫困县	-0.100 (0.149)	0.136 (0.791)	-0.304 (0.591)	-0.266 (0.407)	-1.163* (0.032)	-2.487** (0.015)	-0.718*** (0.000)	-1.149*** (0.000)	-3.238*** (0.000)	-8.895*** (0.000)	-4.644*** (0.000)
	贫困县	0.170 (0.131)	1.377 (0.333)	0.204 (0.913)	-0.105 (0.836)	-0.520 (0.380)	1.482*** (0.002)	1.710*** (0.000)	1.289*** (0.000)	1.236*** (0.000)	0.870*** (0.000)	0.146 (0.650)

续表

被解释变量为农户借贷资金的对数值（LNLO）

		OLS	两阶段最小二乘回归					工具变量分位数回归				
		全部农户	收入前10%农户	收入前15%农户	收入前25%农户	收入前50%农户	全部农户	10%分位点	25%分位点	50%分位点	75%分位点	90%分位点
金融条件	DIST 离最近金融网点距离 非贫困县	0.008*** (0.004)	-0.018 (0.327)	-0.028 (0.377)	-0.021 (0.302)	-0.045 (0.111)	-0.033* (0.079)	-0.019*** (0.003)	-0.019*** (0.001)	-0.054*** (0.000)	-0.035 (0.367)	-0.003 (0.907)
	DIST 离最近金融网点距离 贫困县	0.000 (0.996)	0.021 (0.625)	0.030 (0.684)	0.027 (0.147)	0.014 (0.166)	-0.019** (0.024)	-0.015* (0.093)	-0.022** (0.002)	-0.018*** (0.008)	-0.008 (0.266)	-0.009 (0.240)
	KNOW 金融信息 非贫困县	0.098** (0.024)	0.002 (0.994)	0.059 (0.889)	-0.010 (0.965)	-0.042 (0.837)	-0.181 (0.320)	-0.038 (0.721)	-0.124 (0.199)	-0.285 (0.174)	-0.918 (0.153)	-0.640 (0.142)
	KNOW 金融信息 贫困县	0.364*** (0.000)	-0.031 (0.956)	0.295 (0.804)	0.263 (0.403)	0.194 (0.179)	0.495*** (0.000)	0.582*** (0.000)	0.619*** (0.000)	0.369*** (0.001)	0.530*** (0.000)	0.313** (0.012)

注：小括号里面的值代表 P 值

*、**、***分别表示在10%、5%和1%的显著性水平下统计显著

9.4.5　计量结果及贫困县和非贫困县的分层比较分析

1. 非贫困县回归结果分析

基于贫困县和非贫困县分层比较的回归结果（OLS、两阶段最小二乘回归、工具变量分位数回归）如表 9.33 所示。首先，本节把最富裕的那部分精英农户分离出来，基于两阶段最小二乘回归揭示农贷市场的"精英俘获"机制；然后进一步使用工具变量分位数回归更深入了解"精英俘获"机制的内涵。在回归模型中，家庭总收入（LNIN）为本节最为关心的变量（parameter of interest），同时本节也对最高受教育程度（EDUC）、家庭常住人口（NUMB）和土地耕种面积（ARAL）等控制变量予以了讨论。

对非贫困县而言，本节分离出家庭总收入前 10%农户子样本、前 15%农户子样本、前 25%农户子样本和前 50%农户子样本，对其分别做了两阶段最小二乘回归，发现其家庭总收入（LNIN）对获得信贷资金的影响系数分别为 27.081、28.413、14.197、14.170；全样本系数为 7.548。在工具变量分位数回归中，本节选取了 10%分位点、25%分位点、50%分位点、75%分位点和 90%分位点，家庭总收入（LNIN）对获得信贷资金不同分位数的影响系数分别为 3.089、3.651、9.405、26.103 和 14.172。由两阶段最小二乘回归结果看，收入前 10%农户子样本的系数 27.081 高于前 25%农户子样本的 14.197 与前 50%子样本的 14.170，远远高于全样本的 7.548。由工具变量分位数回归结果看，农户家庭总收入对农户借贷资金的条件分布的高端之影响远大于对其中间部分和低端的影响。这些实证结果均表明"精英俘获"机制正泛滥于非贫困县农贷市场中。

实际上，家庭总收入较高的农户作为村庄中代表乡绅和宗法家族势力的经济精英，在农贷资金进入乡村节约交易成本的客观要求下成为制度与市场的双重依托。在制度层面，与农贷相关的地方政府配套制度、压力型体制下农村金融机构的绩效考核制度、地方政府部门对农户的帮扶制度、项目工程建设招标和议标等制度都存在不切实际或不合理之处，精英通常能够利用这些制度漏洞获得额外的利益。在市场层面，资本"爱富嫌贫"的本质要求农贷资金由精英来承接，这种要求自觉或不自觉地鼓吹精英成为市场中权力的中介，为精英农户瓜分农贷市场利益提供了可能，并且逐渐演变为事实。同时，农贷资金供给者持续经营的原则需要农户提供足额的抵押品，实则已经为农贷设立了"门槛"，在此过程中或多或少地排斥作为"低端客户"的农户，遂使农贷市场多数农户被"客体化"和"边缘化"，农贷市场分化加剧。

从其他方面来看，解释变量最高受教育年限（EDUC）、劳动力占比（LABA）、金融信息（KNOW）、出售农产品现金占比（AGRI）、家庭常住人口（NUMB）、土地耕种面积（ARAL）、储蓄存款（SAVE）的分位数回归图形均呈现出逐步下降的趋势（图 9.21 和图 9.22）。可见，随着农户人力资本的形成，不仅没有促成农户获得更多的农贷资源，反而越发起到抑制作用。而耕种面积较大的佃农也并非能够获得更多的农贷资金，实际上，农户耕种面积越大越难获得农贷资金，其维持与扩大再生产的农耕行为能否得到必要的资金保障，还难以确定。当然，这不仅囿于农贷资源被乡村精英所俘获，更是当代发生且泛滥于农贷市场的"劣绅驱逐良绅"的必然后果。其结果致使了农贷市场形成"劣化规律"，农贷资源最终只服务于村庄中少数人的私人利益，这进一步侵蚀了农民享受带有政府"善意"和"善举"的农贷援助的权利，制约了全面小康建设，也是国家治理体系现代化进程中的"绊脚石"。从绵延数千年的农贷制度变迁来看，以"圈层结构"波浪向外的农贷碍难内在打破这种由资源禀赋差距引致并代际传递的利益与阶级的固化，其对国家出台相关政策以合理优化配置农贷资源提出了现实要求。

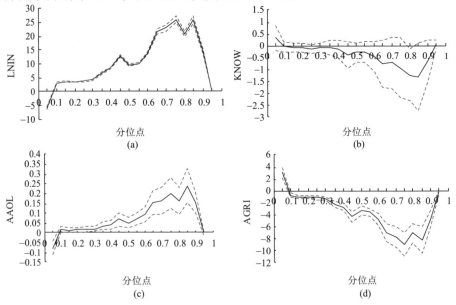

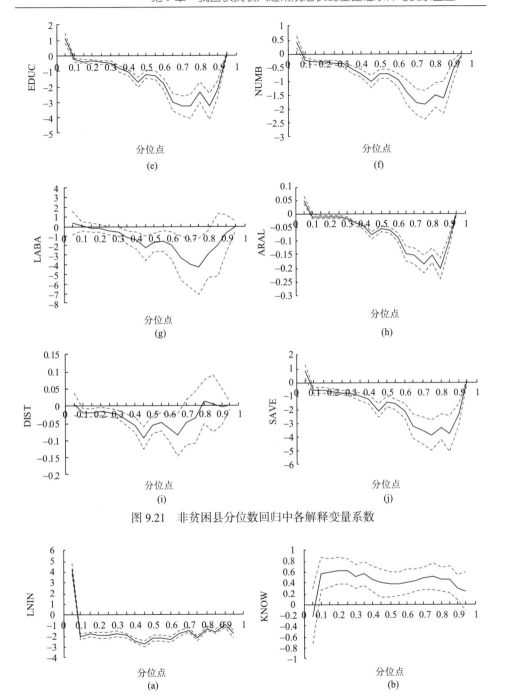

图 9.21　非贫困县分位数回归中各解释变量系数

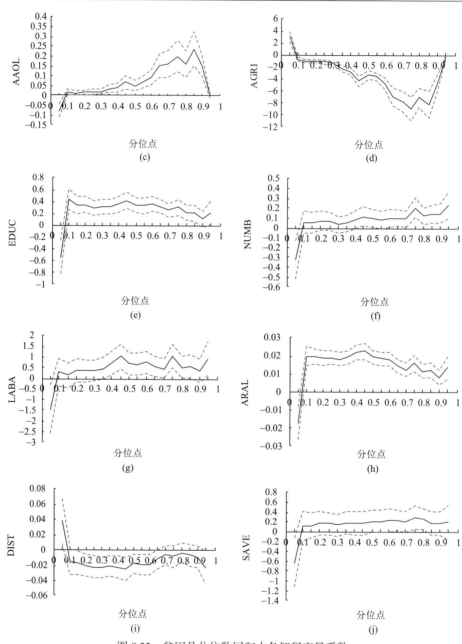

图 9.22 贫困县分位数回归中各解释变量系数

2. 贫困县回归结果分析

对贫困县而言,本节同样分离出家庭总收入前 10%农户子样本、前 15%
农户子样本、前 25%农户子样本和前 50%农户子样本,对其分别做了两阶段
最小二乘回归,发现其家庭总收入(LNIN)对获得信贷资金的影响系数分别
为-25.659、63.535、15.371、6.551,但均不显著;全样本系数为-2.635。在
分位数回归中,本节选取了 10%分位点、25%分位点、50%分位点、75%分
位点和 90%分位点,家庭总收入(LNIN)对获得信贷资金的影响系数分别为
-1.999、-1.868、-2.145、-2.229 和-0.910。这表明,贫困县农贷市场并不存
在明显的"精英俘获"机制。

同时,解释变量最高受教育年限(EDUC)、劳动力占比(LABA)、金融
信息(KNOW)、出售农产品现金占比(AGRI)、家庭常住人口(NUMB)、
土地耕种面积(ARAL)、储蓄存款(SAVE)的分位数回归图形近乎一致,
均呈现出先增加,然后趋于稳定。这在一定程度上表明,贫困县农贷资金并
未被精英群体大量获得,贫困县农贷市场在某种意义上兼具了一定的正义性
与公平性。诚然,农贷资金是打破贫困恶性循环的关键,但当贫困县中贫困
人口绝对数量和相对数量下降时,亦即贫困县脱贫之时,本书担忧是否会出
现类似非贫困县农贷市场的"精英俘获"机制?若否,恐怕也需要农贷市场
监管机制、分配机制等机制设计进行良性引导,更需要依托以市场为导向的
普惠金融体系建立。

3. 结论与启示

本节以搭建一个揭示农贷市场"精英俘获"机制的基本框架作为理论分
析的主线,采用两阶段最小二乘回归和工具变量分位数回归方法,利用全国
10 个省区的调查问卷数据,分层比较了贫困县和非贫困县农贷市场的"精英
俘获"机制,结果发现:贫困县和非贫困县农贷市场"精英俘获"机制差异
明显。贫困县农贷市场尚不存在明显的"精英俘获"机制。贫困县收入较高
的精英农户并不能获得较多的农贷资金,出售农产品收入占比较高、家庭劳
动者人数较多、耕种面积较大的一般农户能够获得较多的农贷资金。但"精
英俘获"机制泛滥于非贫困县农贷市场,遂使农贷市场结构扭曲、功能错位、
目标偏离。非贫困县收入较高的精英农户获得大量农贷资金,而受教育程度

较高、出售农产品收入占比较高、家庭劳动者人数较多、耕种面积较大的一般农户反而难以获得农贷资金，非贫困县农贷市场的公平性与正义性正遭受考验与挑战。

实现农民收入超常规增长需要以农贷资金为主的金融要素的高效动员与优化配置，但既有农村金融改革缺乏科学的顶层设计，未能精准把握中国乡土社会在经济、政治和文化等诸多方面的新变化，成为诱发道德风险与制度寻租的主因。与农贷相关的地方政府配套制度、压力型体制下农村金融机构的绩效考核制度、地方政府部门对农户的帮扶制度、项目工程建设招标和议标等制度都存在不切实际或不合理之处，精英通常能够利用这些制度漏洞获得额外的利益。因此，中国农贷市场的制度、结构和功能的完善不仅取决于从国家到农户自上而下的决策、行为及其产生效应的过程，也取决于乡土社会中"精英俘获"的现实。若舍此，奢谈中国农村金融市场的变革、调整和资源的优化配置，不过是一场徒劳。

9.5 本 章 小 结

20 世纪 80 年代初期，农民收入增长速度曾连续多年高于城市居民收入增长速度，很大程度是源于农业发展基本要素，如土地、劳动力、资金大都留在农村，并在较大程度和较大范围内转化成为农村工业化的要素投入。然而，90 年代乡镇企业的异军突起和劳动力的大范围转移，国家发展战略与重心的调整，致使农业要素大量流出农村，导致整个 90 年代农民收入增长持续走低。林毅夫（2012）曾经把"三农"问题归结为农民收入增长较慢的问题。诚然，21 世纪以来伴随着一系列支农惠农强农政策的出台和实施，农民收入实现了超常规增长，但是，如何保障农业发展基本要素和基础性条件的结构、规模和功能匹配，是一个需要探讨的现实问题。本章的内容，正是对这一问题的回应。主要结论如下。

（1）农民收入超常规增长在客观上对农业生产要素集聚、非农要素整合提出了更高要求，同时也依赖于社会条件和农民自身条件的进一步改善。

一方面，虽然农业生产要素、粮食安全、农业生产能力、农业经营制度、农业现代化等方面存在一定不足，但通过合理的政策引导与制度创新均能有效化解，推进农民收入超常规增长的农业基础性条件已经具备；另一方面，非农产业就业岗位提供、非农产业工资福利水平、非农产业反哺协作，以及农村基础设施、公共服务、劳动力市场、就业公平、社会管理和农民自身素质条件等有待于进一步夯实，才能协同配合形成激励农民收入超常规增长的合力。

（2）三次产业结构、产业内部结构、内外需结构和投资消费结构等一系列经济结构优化在很大程度上避免了粗放式增长的误区，并为农民收入超常规增长提供了持久的动力。第一，随着我国全面深化改革的持续推进，改革的红利将进一步得到释放，这将有力地促进工业化、信息化、城镇化、农业现代化的四化同步发展，进一步加快产业结构优化升级，同时各产业内部结构不断优化，让"结构红利"源源不断地释放，为农民增收创造良好的条件。第二，我国农业的内需与外需结构不断优化；内需结构方面，农业生产用具和农产品的成交额明显提升，代表中高消费水平的农产品成交额增长率在逐步增高；外需结构方面，整体农产品出口额同样有很大的提高，非加工型、低利润产品所占比例降低，对农民增收将是非常有利的外部条件。第三，我国农业投资与农民消费的内部结构正逐步得到调整优化，农业供给侧改革与需求层面调整均有很大空间，这对农民收入超常规增长将是非常有利的条件。

（3）2015～2049 年，我国农民收入增长在各时期均面临要素壁垒的制约，要实现平均 7%的超常规增长率目标值，急需科学的战略规划、政策调控与制度保障。要实现农民收入超常规增长目标，资本要素在未来 10 年存在明显缺口，面临较大的压力，如何通过合理的调控措施突破这一要素瓶颈，对于目标的实现至关重要。而一旦度过这 10 年的难关，未来资本要素的供给将能够有效满足需求。劳动要素供给在 2015～2028 年仍然面临明显过剩。因此，科学合理转移农村剩余劳动力，对于这期间保持农民收入超常规增长很有必要。而 2029～2035 年，劳动要素会出现一定短缺，但此后又会进入新一轮的劳动力转移周期。为了获得规模效益，实现农民收入超常规增长，土地要素是必须关注的重点环节，未来 2015～2049 年其一直面临缺口，尤其是进入 2020 年农民收入较 2010 年翻番以后，严重的缺口问题将延续到 2030 年后才能有所缓解。技术要素随着发展历程推进也将在 2023 年开始进入缺口时期。

（4）既有农村金融制度的缺陷和乡村治理机制的现实格局，事实上导致了资本要素的集聚与配置形成了"精英俘获"机制，进而对农民收入超常规增长目标的整体实现产生了结构性抑制。农贷资金进入乡村需要寻求内部化节约交易成本的主体与其对接，这一角色通常由乡村精英担任。而在长期"去组织化"的制度安排中，精英行为越发偏离整体利益，农贷资金呈现出被精英占有的"精英俘获"机制。本部分采用两阶段最小二乘回归和工具变量分位数回归方法，利用全国 10 个省区的调查问卷数据，分层比较了贫困县和非贫困县农贷市场的"精英俘获"机制。结果发现：贫困县和非贫困县农贷市场的"精英俘获"机制差异明显。贫困县农贷市场尚不存在明显的"精英俘获"机制；但"精英俘获"机制泛滥于非贫困县农贷市场，遂使农贷市场结构扭曲、功能错位、目标偏离。亟待建立普惠金融体系，旨在破解现有农贷资金配置固化之格局，保障农贷资金公平传递惠及农户，助力农贷市场精英与普通农户协同发展机制的建立。唯其如此，才能真正突破既有要素配置的制度障碍，实现由局部"精英农民"收入快速增长向整体农民收入超常规增长的均衡发展格局转变。

第 10 章
我国农民收入超常规增长战略
及区域差异化构建

本章是全书应用对策研究部分的核心,将立足于理论研究和实证研究的结论,针对性地进行我国农民收入超常规增长的战略设计,并进一步根据我国各地区经济、社会发展差距较大的现实背景,重点探索我国农民收入超常规增长战略的区域差异化构建,以为整个政策研究奠定基调。

10.1　农民收入超常规增长战略设计的必要性与可行性

从前文的理论与实证分析可知,我国对“三农”的要素投入力度不断加大,为了促进农民收入可持续增长,政府运用支农惠农政策引导要素集聚和优化配置取得了一定成效。但是,各类要素集聚配置效应存在明显区别,主要体现在时期差异和区域差异及个体异质性这三个方面。在我国宏观经济从原有的高速增长进入中高速增长的“新常态”时期,为了确保农民收入超常规增长,尽可能缩小城乡居民收入差距和农民内部收入差距,实现城乡一体化和共同富裕的发展目标,就客观需要从顶层科学设计相应的国家战略,并通过战略的有效实施确保各种要素在不同的生产组合中进行优化配置。

10.1.1　我国农民收入超常规增长战略设计的必要性

第一,国家整体战略的推进,需要科学设计农民收入超常规增长战略,确保粮食安全。党的十八大提出了"收入倍增计划",即"2020 年实现 GDP 和城乡居民人均收入比 2010 年翻一番"。在当前我国的低收入群体中,农民仍占大多数,其收入倍增计划可能需要翻两番甚至翻四番等,才有望与城乡中高收入群体逐渐缩小收入差距。没有农民的增收,全体人民"收入倍增计划"的目标就难以实现,这会拖累基尼系数,也容易造成社会的不和谐、不稳定(张红宇,2015)。如果说高收入群体已经具备了继续保持收入快速提升的基础与动力,那么打破低收入群体收入缓慢提高的"惯性"则更多地需要政府的扶持(魏晓卓等,2015),从国家层面优化资源配置、加快农业发展方式转变、提高农业生产效率(姜长云,2015a),并建立和完善 WTO 鼓励的、与"增收"相关的、以"绿箱"为主体的补贴体系,进而与其他的与增收有关的政策措施一道将"农民收入超常规增长"上升为国家战略。此外,把"农民收入超常规增长"上升为国家战略,也是确保粮食安全战略的重大举措(魏晓卓等,2015)。农民种粮收入越高,种粮积极性就越高,就会扩大粮食生产规模,增加生产投入,在一定程度上国家粮食就越安全;反之,农民种粮收入低,会挫伤种粮积极性,就会缩小粮食生产规模,减少生产投入,在一定程度上就会导致国家粮食不安全。

第二,城乡居民收入差距居高不下,需要科学设计农民收入超常规增长战略,缓解这一困境。从国家统计局公布的基尼系数来看,1978 年中国的基尼系数为 0.317,自 2000 年开始越过 0.4 的警戒线,并逐年上升,扩大到了2008 年的历史最大值 0.491,之后呈微弱的下降趋势,下降到了 2014 年的0.469,仍然远远超过了 0.4 的警戒线(表 10.1)。由此可以看出,即便是在这2003~2014 年"城乡经济高度融合、城乡协调发展加速"的 12 年间,基尼系数也仅仅下降了 0.01。有学者认为中国居民收入的基尼系数很可能已经超过了 0.5,与南美国家的情况处于同一水平(Benjamin et al.,2005)[①]。西南财经大学中国家庭金融调查在京发布的数据显示,2010 年中国家庭的基尼系数

① 中国的收入差距,与世界类似发展水平国家相比,究竟处于什么水平?国家统计局给出了几国数据。2009 年阿根廷基尼系数为 0.46,巴西为 0.55,俄罗斯为 0.40,2008 年墨西哥基尼系数是 0.48,2005 年印度基尼系数是 0.33。总的来看,中国的基尼系数明显高于印度、俄罗斯,与阿根廷、墨西哥大致相当,明显低于巴西。

更是高达 0.61。接近 0.5 的基尼系数可以说是一个比较高的水平，世界上超过 0.5 的国家只有 10% 左右；主要发达国家的基尼系数一般都在 0.24 到 0.36 之间(李实，2015)。不少学者(Eastwood and Liption，2004；Maddison，2007)强调了我国城乡居民之间的收入差距比其他发展中国家要大得多，如 Maddison(2007)就认为中国的城乡收入差距要比亚洲其他所有国家都大。从图 10.1 的城乡居民基尼系数来看，1978 年为 0.333，之后持续上升，2011 年已达到 0.466，上升幅度高达 40%，不难判断，如果缺乏合理的调控措施，中国城乡居民基尼系数可能会存在进一步缓慢上升的趋势。因此，要实现城乡一体化，缩小城乡居民收入差距、降低城乡居民基尼系数，大幅提高农民收入增幅就变得必要且紧迫，而农民收入超常规增长真正的难点在于缩小城乡居民收入差距。近年来，城乡居民收入绝对差距一直在不断扩大，相对差距虽然从 2009 年以后有所下降，但也不是没有转降为升的可能。总体上看，城乡居民收入差距缩小的趋势仍然很不稳固。所以，当前和今后一段时期，必须下大决心、花大力气，在收入倍增过程中实现农民收入超常规增长，巩固和强化城乡居民收入差距缩小趋势(张红宇，2013a)。

表 10.1　2003～2014 年中国基尼系数变化情况

年份	2003	2004	2005	2006	2007	2008	2009	2010	2011	2012	2013	2014
基尼系数	0.479	0.473	0.485	0.487	0.484	0.491	0.490	0.481	0.477	0.474	0.473	0.469

资料来源：国家统计局网站

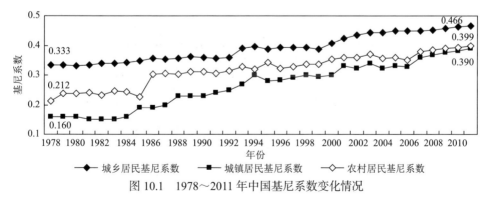

图 10.1　1978～2011 年中国基尼系数变化情况

资料来源：黄志钢和刘霞辉(2013)

　　第三，农村内部居民收入差距持续扩大，需要科学设计农民收入超常规增长战略，防止新的不平等问题扩大化。万广华(1998)通过计算基尼系数对农村区域间的农民收入差异进行因素分解，发现中国农村区域间农民收入差异具有上升趋势，而且这个趋势与农村经济结构有关。王小华等(2014b)的研究表明：中国县域农村地区内部同样存在明显的金融抑制现象，收入越低的农民因为自身资本积累的天然不足和外源资本获取能力较差，使其所受到的金融抑制程度越大，而越难以摆脱其收入增长困境；而收入越高的农民因为自身资本积累的优势和较高的外源融资能力，其收入增长不断走向良性轨道。因此，加快经济发展方式转变，政府必须高度重视金融抑制导致的农村内部收入不平等加剧现象。图 10.1 的数据显示，农村居民基尼系数由 1978 年的0.16 上升到了 2011 年的 0.39，扩大了 1.44 倍。农村居民基尼系数的变化情况同样说明农村居民内部的收入差距正在不断扩大且呈加速态势，很可能在近年来已经超越了 0.4 的警戒线。西南财经大学中国家庭金融调查发布的数据显示，2010 年中国农村家庭内部的基尼系数为 0.60。也许，如岳希明和李实(2013)所说，依据中国家庭金融调查计算的农村居民家庭内部基尼系数过高是由于统计样本过小、住户收入所需信息上存在问题、样本结构不平衡等[①]。但我们可以肯定的是，当前农村居民内部的收入差距确实在进一步扩大(温涛等，2015)，这对实现全面小康建设、缩小城乡居民收入差距目标形成了一定阻碍。所以，促进全体农民均衡发展、缩小其内部收入差距，实现农民收入超常规增长显然是必要的，更是紧迫的，政府必须高度重视并从宏观战略层面科学调控。

10.1.2　我国农民收入超常规增长战略设计的可行性

　　第一，从中央到地方各级政府均高度重视"三农"发展，农民收入超常规增长具备极佳的政策机遇(张红宇，2015)。十八大报告和一系列中央文件指明，全面建成小康社会，基础在农业，难点在农村，关键在农民；解决好农业、农村、农民问题是全党工作重中之重，城乡发展一体化是解决"三农"问题的根本途径；要加大统筹城乡发展力度，增强农村发展活力，逐步缩小

---

　　① http://www.ciidbnu.org/news/201301/20130123092800706.html。

城乡差距，促进城乡共同繁荣；在迈向现代化的进程中，农村不能掉队；在同心共筑中国梦的进程中，不能没有 7 亿农民的梦想构筑。习近平在 2013 年中央农村工作会议上提出，"中国要强，农业必须强；中国要美，农村必须美；中国要富，农民必须富"；2014 年在福建考察时强调，全面建成小康社会，不能丢了农村这一头，并就如何抓好"农村这一头"提出了"五新"要求：要努力在提高粮食生产能力上挖掘新潜力，在优化农业结构上开辟新途径，在转变农业发展方式上寻求新突破，在促进农民增收上获得新成效，在建设新农村上迈出新步伐。这些要求与党的十八大和十八届三中、四中全会精神一脉相承，丰富了党的"三农"理论思想库，为做好"三农"工作提供了强大保障(张红宇，2015)。各地政府也把强农、惠农、富农作为自觉行动，为重农、抓粮、促增收营造了更加良好的外部环境。党的十八大以后多个省区市出台了农民增收的具体目标，把促进农民增收作为对政府的硬性要求，为农民收入增长提供了制度保障。

第二，我国的工业化和新型城镇化取得长足进步，为反哺农民收入超常规增长奠定了良好的经济基础。不少研究认为中国已经在 21 世纪初进入工业化中后期(马晓河等，2005；安同良等，2007；洪银兴，2007)，应当采取工业反哺农业的相应措施，以实现工业与农业、城市与农村的协调发展(安同良等，2007)。由中国社会科学院工业经济研究所课题组及社会科学文献出版社共同主编的《工业化蓝皮书："一带一路"沿线国家工业化进程报告》指出，2014 年中国的工业化综合指数为 83.69，位于工业化后期的中段，"十二五"时期中国的工业化平均增长速度为 4.4%，工业化水平有了实质性的提高，从工业化中期步入了工业化后期，这在中国的工业化进程中具有标志性意义；预计到 2020 年中国的工业化水平综合指数也将达到 100，从而达到基本实现工业化的目标。尽管，目前中国的工业化进程呈现区域发展不平衡的特征，但两百多种工业品产量居世界首位，装备水平处于全球产业链中端(李克强，2015)；我国也适时推出了《中国制造 2025》，这不仅对推进我国从工业大国向工业强国转变、走新型工业化道路、深化我国工业化进程具有重要意义，而且为"工业反哺农业"奠定了坚实基础。另外，如果遵循东亚农业保护形成的轨迹，中国从 20 世纪 90 年代末就具备了进行农业保护的条件，城乡居民收入比扩大到 2003 年的 3.23 时，"工业反哺农业、城市支持农村"的政策要求就变得十分强烈了。近年来，我国城镇化水平以每年一个多百分点的速度在提高，2014 年城镇化水平达到 54.77%；其中，农民工外出数量增加 501万，总量达到 2.74 亿人，月工资收入同比增长 9.8%，成为拉动农民收入增长的主要来源(张红宇，2015)。伴随着以人为核心的新型城镇化战略进一步实施，能够有效带动农民工资性收入超常规增长。

第三，农民收入结构明显优化，已经形成了多元驱动其超常规增长的动力源泉。前文研究表明，中国要想实现农民收入超常规增长，必须突破和化解常规增长模式下经济的周期波动，通过要素优化配置保证农民不同来源收入的协同、稳定增长。农民不同来源的收入结构能够从不同角度揭示农民收入增长的内在根源。目前，农民收入的增长来源出现多元化。农民工资性收入已连同家庭经营性收入一并成为农民收入增长的两大重要源泉，一改几十年来农民家庭经营性收入"一支独大"的局面。在"新常态"背景下，产业升级带来的新业态、新工种兴起，将会增加新的就业机会，现代服务业也会随之向农业进一步扩容，这必然会为农民工工资增长带来机遇。可以预见，将来抑或是在很长一段时间以内，农民的工资性收入和农业经营性收入必将作为两大主要来源而"并驾齐驱"地带动其总体收入水平持续、快速、稳定增长。另外，财产性收入和转移性收入正成为农民增收的突出亮点。2004～2013 年，农民的财产性收入和转移性收入平均实际增速分别高达 12.39%和 19.44%。虽然，此二者并非农民收入的主要来源，也很难成为普通农民增收的主渠道，但它们的快速增长能够为实现超常规增长提供有益补充。

总之，如今农民收入问题的性质已经发生了根本性转变，不再是一个单纯的农业问题，也绝非"三农"问题所能涵盖，而是一个越来越多、越来越紧密地与非农产业发展、城市发展和国家整体战略相关联的重大问题。农民增收问题实质上演变成如何提高农业经营效率、解决剩余劳动力非农就业、还权赋能和合理确定转移支付等一系列问题。在全面深化改革时期，上述问题恰恰是中央高度重视、致力于推进改革的关键环节，而当前中国的经济基础、发展环境和制度条件也已基本具备。伴随着改革红利的进一步释放，努力在经济发展"新常态"下保持农民收入快速提高、城乡居民收入差距持续缩小的势头，进而实现农民收入超常规增长完全是可能做到的。

10.2　农民收入超常规增长战略设计的目标与思路

战略设计首先必须确定战略目标，科学合理的目标定位是确保战略成功的关键环节。本节将重点探讨我国农民收入超常规增长战略的目标定位、指导原则、基本思路和任务陈述。

10.2.1　我国农民收入超常规增长战略的目标定位

1. 总体目标

农民收入超常规增长战略不再是那种可以给经济当事人带来即时有形收益的短期性政策激励，而应当着眼于"三农"可持续发展和长治久安的顶层设计与整体规划。其总体战略目标相应地也必须从仅仅关注部分群体收入绝对增长转向国家的长治久安，既要通过转变农业发展方式实现农业现代化和确保粮食安全，更要彻底打破城乡利益格局，保证社会公正性不断提高，增强社会凝聚力，真正步入城乡一体化经济社会发展的建设轨道，让广大农民共享改革发展成果。

2. 近期目标

近期全国各地区要根据自身实际情况，通过集聚创新资源和优化要素配置，科学推进农业供给侧结构性改革与发展方式转变，稳步提升农业劳动生产效率；通过政策扶持和制度配套，合理转移农业剩余劳动力，并在国民经济稳步增长的同时，确保农民各项收入快速增长；通过宏观调控，形成国民收入分配向农民倾斜，实现农民收入增速持续超过经济增速和城镇居民收入增速的稳定状态，从而缩小城乡收入差距，建成惠及广大农民的全面小康社会。

3. 中期目标

中期要立足中国特色的农业现代化、新型工业化、新型城镇化和信息化建设，逐步实现城乡基本公共服务均等化，彻底结束城乡分割体制；通过创造人力资本均衡积累与效率配置的制度环境，继续保证农民收入增长的超越性、稳定性和可持续性，不断缩小城乡和地区之间的收入差距，有效缓解农民收入内部不平等问题；力争 21 世纪中叶城乡居民收入比达到发达国家平均水平，全国整体进入城乡居民收入无差别发展时期，并由此突破"中等收入陷阱"，有效促进消费增长与扩大内需战略顺利实现,科学转变经济发展方式。

4. 最终目标

最终要立足全面深化改革，从体制机制上保证社会公正性不断提高，进而增强社会凝聚力，通过创新驱动实现可持续增长、确保粮食安全，为农业现代化、城乡一体化和国民经济均衡发展奠定基础。

10.2.2　我国农民收入超常规增长战略的指导原则

切实保障农民能够公平地分享中国经济发展伟大成就，强调"以人为本"才是经济增长和转变经济发展方式的真实诉求，"促民生、惠民生"就是稳增长，保增长。简单来讲，民生问题其实就是收入问题，就是居民收入持续、快速、稳定、协同增长的问题。居民收入协同增长首先要缩小城乡居民收入差距，就是要优先保障农民收入实现超常规增长；农民收入超常规增长问题也就是农民收入增长相对于城镇居民收入和宏观经济实现更快速、更稳定、更高效率和更高效益增长的问题。因此，一切问题的起点和终点都将归结到"人"，而农民收入超常规增长战略设计的原则必然也要坚持以人为本的公平性原则、全面性原则、协同性原则和可持续性原则。

1. 公平性原则

公平性原则就是遵循以人为本的思想，保证社会公正性。我国农民收入超常规增长战略必须做到"心为民动，心行合一"，能够让政策真正惠及广大农民。事实上，早在千百年前，中华文明就有了民本思想。中国古代思想家提出："民惟邦本，本固邦宁"，"天地之间，莫贵于人"，其寓意在于强调要利民、裕民、养民和惠民。如今所强调的以人为本，一方面继承了中国古代的民本思想，但另一方面又与古代的民本思想有着本质区别。因为中国古代的民本思想，体现了朴素的重民价值取向，在一定程度上起到了缓和阶级矛盾、减轻人民负担的作用。古代的民本思想中的"民"是相对于"君"和相对于统治者而言的，其本质是"君"为了维护自己的统治地位。孟子也曾说过："民为贵，社稷次之，君为轻。"孔子的民本思想主要表现为以民为重的

"仁"学,他主张"泛爱众而亲仁"(《论语·学而》)。此外,孔子还主张惠民畏民、为政以德,他认为只有对下层人民"临之以庄",才能获得人民的"敬"(《论语·为政》),"要因民之所利而利之"(《论语·尧曰》),要"修己以安百姓"(《论语·宪问》)。古代的民本思想始终不能完全逃脱阶级思想的桎梏,它的"民"只是与统治阶级相对立的群体。而如今要坚持的以人为本,就是要把人民的利益放在首位,这一方面体现了人民当家做主的历史地位,另一方面也体现了中国共产党立党为公、执政为民的执政理念。因此,此处民本思想的"民"就上升为"人",也就是"以人为本",包含全体公民。

就当前中国的现实情况而言,以人为本就是让中国改革开放所取得的丰硕成果惠及中国的每一个公民。推动信息化和工业化之间深度融合、工业化和城镇化之间良性互动、新型城镇化和农业现代化之间相互协调,促进工业化、信息化、城镇化、农业现代化协同发展,让每一个中国公民都能公平地分享到中国特色新"四化"的成果。在过去改革开放及社会主义市场经济体制探索过程中,我国政府依靠"工业化、城镇化""外向型经济"优先发展战略促进经济增长,必然需要形成一种扭曲生产要素价格的宏观政策环境,希望让一部分人和一部分地区先富起来以"先富带动后富",但是这种发展战略由于"马太效应"的存在,其直接后果是加剧了社会的贫富分化,直观表现就是我国的城乡居民收入差距在相当长一段时间内不断扩大,地区之间的发展差距、行业之间的收入差距、城镇居民内部收入差距和农村居民内部收入差距均呈现进一步扩大趋势。显然,能否有效解决区域之间、城乡之间、行业之间和城乡内部的收入差距扩大,从体制机制上保证社会公正性不断提高,促进全体人民共同发展,最终实现城乡一体化和共同富裕,是有效检验政府能否落实以人为本这一科学发展观的核心内容,也必然成为我国农民收入超常规增长战略设计的核心指导原则。

2. 全面性原则

全面性原则也就是要立足于全面建成小康社会、共享发展成果。我国农民收入超常规增长战略既要通过"上下联动,多措并举"服务于全面小康建设任务,更要以此为契机增强社会凝聚力,让广大群众共享改革发展成果。2014 年 12 月,习近平在江苏调研时指出要"协调推进全面建成小康社会、全面深化改革、全面推进依法治国、全面从严治党，推动改革开放和社会主义现代化建设迈上新台阶"。全面小康，既要实现小康，更要做到全面。确保农民收入超常规增长，绝对不仅仅局限于单纯提高农民收入，更重要的是要着眼于包括促进农民充分就业、鼓励农民自主创业、丰富乡村文化生活、改善农村教育环境、加大农村教育支持力度、提升农民对教育的重视程度、改善乡村生态环境、促进社会公平等全方位的目标。也就是说，实现农民收入超常规增长，必须确保农民富裕、农业强大和农村美如画，这样才能留得住民心，让愿意留在农村的农民"留得下、住得稳、住得好"，为农业现代化发展保留高素质的人力资本。为了实现上述目标，中央决策层、地方政府部门及社会各界需要统一认识、协调配合，高度重视"三农"的基础地位与关键作用，始终把农业农村发展、农民收入增长作为全部工作的重中之重。

如今，我国已初步形成了全面、系统的强农、惠农、富农政策框架，对中国"三农"事业蓬勃发展产生了长远而深刻的影响，最直观的体现就是2004年以来连续13年的中央一号文件都对"三农"问题给予了高度重视。但是，全社会必须清醒地认识到，当中国经济不断实现跨越式发展（或者说超常规增长）的同时，如今，农村居民内部收入差距仍然有不断扩大的趋势，特别是在最为广大的农村地区，还存在着"真贫"和"极贫"的"深水区""无氧区"，在偏僻的边远山区还存在着"赤贫"的"硬骨头"，在很多的革命老区还存在着"返贫"的"慢性病"。要实现本书中农民收入超常规增长目标，必须从根本上解决这些贫困，这离不开通过国家政策扶植、财政信贷资金投入所进行的必要性"输血"供给，也更需要面向全社会创造弘扬公平正义、鼓励改革创新和引导农民自身发展的持续"造血"功能。打破地区之间的"隔离带"，推倒人际的"透明墙"，这既需要公平正义的社会环境，更需要全面深化改革、勇于创新的气魄①。只有推行全面的改革创新，优化要素配置，才能打破阶层固化的藩篱，才能筑就代际流动的通道，才能打通弱势群体的上行通道，才能真正实现广大群众共享发展成果。

---

① http://www.qstheory.cn/wp/2015-03/09/c_1114577961.htm。

3. 协同性原则

协同性原则是指统筹安排、协同发展。农民收入超常规增长战略设计涉及方方面面，作为一项系统工程，关系到国民经济发展全局。农民收入超常规增长既涉及农业生产要素的科学配置和农业现代化发展，也涉及新型城镇化、非农产业的要素反哺与非农产业的结构优化，更关系到国民经济的均衡增长与社会和谐稳定，必须立足于国家整体经济社会发展战略的实践要求，进行科学规划、精心布局、统筹安排、协同推进。例如，农民收入超常规增长与新型城镇化肯定是密切联系、相互配合的。农民收入超常规增长需要培养新型职业农民，发展现代农业不能只是靠现有的留在农村的以老人和妇女为主体的农民，而要靠通过人力资本投资培养的新型职业农民。其前提又是农村的新型城镇化和农民的市民化，从而实现人的现代化。由农民到市民，不只是生活方式问题，更重要的是接受现代科技文化的教育，接受现代市场经济的熏陶(洪银兴，2015)。通过新型城镇化引导农民市民化，既是克服城乡差距的重要举措，也是实现农民收入超常规增长的保障。同样，农民收入超常规增长还应当与全面深化改革、创新驱动发展等一系列国家顶层战略保持统一和协调。

此外，具体到实施也需要保证各方协同。地方政府需要确保良好的执行力，及时响应中央政府战略部署，并科学制定配套政策制度，切实落实中央指令，确保中央和地方政策(称之为"纵向"政策)和具体政策("横向"政策)之间能够相互促进，形成合力。一是协同"纵向"和"横向"政策目标。中央层面的财政政策、金融政策、产业政策等，与地方财政政策、金融政策、产业政策等共同构成农民收入增长宏观调控政策体系的重要组成部分，共同着眼于引导结构调整和要素优化配置，但其具体侧重点和功能存在一定差异，必须确保二者目标的协同一致。二是要形成"纵向"和"横向"的"政策合力"。单一的调控政策对资源的优化配置能力极为有限，常常会"独木难支"，因此可以使"纵向"和"横向"的财政、金融、税收、产业支持政策与法律保障相配合、形成合力，共同服务农业农村现代化建设和农民收入超常规增长。

4. 可持续性原则

可持续性原则主要源自可持续发展理论[①]，强调增长的可持续性。可持续发展就是指经济、社会、资源和环境保护的协调发展，既要达到经济发展的目的以满足人们的需求，又要保护好人类赖以生存的自然资源和环境，使子孙后代能够永续发展和安居乐业。目前，可持续发展已经成为全球长期发展的指导方针，它由三大支柱组成，旨在以平衡的方式实现经济发展、社会发展和环境保护。农民收入超常规增长战略设计同样需要依赖可持续思想，主要体现在农业发展方式转变和农民收入增长的可持续性。就是说，无论是农业现代化，抑或是农民收入超常规增长，都不能以牺牲生态环境为代价，只有实现可持续发展才能真正确保收入增长的可持续性。

我国既有农业粗放型生产经营方式给生态环境带来了巨大压力。为了增加耕地面积，无休止地砍树焚草，围湖填河，破坏生态系统，导致生物品种减少，生态环境脆弱不堪；为了提高产量，无节制地施用化肥、农药，大规模使用农膜，造成土壤板结、地力下降，还造成严重的农业面源污染；有些地区地下水开采过度，形成地下水漏斗区、水资源污染也触目惊心，这些被污染的水源不仅对饮用人的健康造成直接影响，还通过农作物和畜禽产品对人的健康造成间接损害(岳振飞和孔祥智，2015)。未来农民收入超常规增长战略设计和实施，再不能走只看经济效益，不看生态环境效益的老路，必须是一条可持续的农民增收之路，它倡导绿色有机，涵养生态，保护环境，强调资源的循环利用，农业的永续发展。

10.2.3　我国农民收入超常规增长战略的基本思路

1. 既有利于保障宏观经济的平稳运行，又能够实现农民收入快速增长

改革开放以来，中国经济在整体上都保持着较高的增长率，并且相对稳定。以 GDP 增长率为例，如图 10.2 所示，仅有四个年份(1981 年、1986

[①] "可持续发展"(sustainable development)是 20 世纪 80 年代提出的一个新概念，是人类对发展认识深化的重要标志。1987 年，世界环境与发展委员会在《我们共同的未来》报告中，首次阐述了"可持续发展"的概念。报告指出，所谓"可持续发展"，就是要在"不损害未来一代需求的前提下，满足当前一代人的需求"。

年、1989 年和 1990 年)经济增速放慢(1978 年为改革开放第一年，增长率
为 3.81%；1981 年为经济调整之年，增长率为 5.26%；1989 年和 1990 年增
长率分别只有 4.07% 和 3.83%)，其他年份的经济增长率都大于 7.5%。但是，
观察经济发展的整个过程，不仅要看 GDP 增速和人均 GDP 增速，更要关
注经济增长的稳定性，也就是经济的周期性波动情况。因为决定长期经济
增长速度的并不是个别年份的增速，而是绝大多数年份的增长状况，即经
济增长的稳定性[①]。

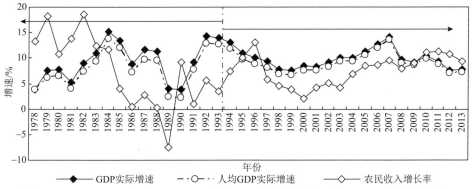

图 10.2　1978～2013 年我国 GDP 和人均 GDP 实际增速(实际值以 1978 年物价表示)

　　由于中国的经济改革具有明显的阶段性，为了更清楚地分析各阶段中国
经济运行状态，有必要找到明确的分界点。根据史正富(2013a)的研究，1994
年至 21 世纪初是中国特色社会主义市场经济体制的基本形成时期，极大地改
变了 1978 年以后的经济增长形态。最重要的改变就在于后期的经济增长波动
幅度大大降低了；由此，以 1994 年社会主义市场经济体制各项配套改革方案
全面展开作为标志性年份，1993 年及以前表示从传统计划经济向社会主义
市场经济的过渡时期，1994 年及以后为社会主义市场经济形成与完善阶段。
表10.2 充分展示了这两大阶段经济增长形态的重大差别。就平均增长率来看，

---

　　①为了衡量宏观经济增长的稳定性，我们将主要采用以下几个常见的指标来给予详细分
析：极差，表示不同年度之间经济增长率的最大变动范围；标准差，用以反映某一时段内总
的经济波动程度，标准差越大表示该时间段内经济的波动程度越大；变异系数，也就是标准
差除以平均值，变异系数越大，表明该段时间内经济增长率的波动幅度越大。

1994 年及以后与 1993 年及以前这两个阶段的 GDP 平均增速差别很小（9.84%
与 9.38%），人均 GDP 的平均增速也相差 1 个百分点左右，但两阶段的经济
增长稳定性却存在很大差别。1978~1993 年的改革过渡期，整个经济并没
有遭受重大外部冲击，但这期间却出现了 1981 年、1986 年、1990 年三次
经济的探底（图 10.2），这三年的经济增速分别只有 5.26%、8.86% 和 3.83%，
而事实上这期间的 GDP 平均增速却高达 9.38%（表 10.2）。相比之下 1994~
2013 年，即便是同时受到了 1997 年的东南亚金融危机和 2008 年始于美国而
后蔓延至全球的金融危机这两次重大的外部冲击，但是由于社会主义市场经
济体制已基本完善并正常运行，比较有效地避免了国民经济的巨幅波动。该
阶段内经济增长最快的 2007 年高达 14.17%，最慢的 1999 年也达到了 7.63%，
极差只有 6.53%。如果以衡量两个阶段 GDP 增长波动幅度的统计量标准差和
变异系数来看，则 1978~1993 年分别为 3.82 和 0.41，分别比 1994~2013 年
的 1.86 和 0.19 均高出 2 倍多。前述分析表明，宏观经济的平稳运行，对于实
现农民收入超常规增长至关重要。相应地，农民收入超常规增长战略设计首
先必须考虑维护我国经济的平稳增长态势，在宏观经济实现增长的同时确保
其自身的超越性。

表 10.2　1978~2013 年居民收入与 GDP 增长特征

变量	年度区间	GDP 实际增速	人均 GDP 实际增速	城镇居民可支配收入实际增速	农村居民人均纯收入实际增速
平均值/%	1978~2013	9.63	8.57	7.61	7.52
	1978~1993	9.38	7.95	6.86	7.35
	1994~2013	9.84	9.06	8.20	7.65
最小值/%	1978~2013	3.81	2.33	−2.32	−7.48
	1978~1993	3.81	2.33	−2.32	−7.48
	1994~2013	7.63	6.68	3.43	2.07
最大值/%	1978~2013	15.18	13.71	16.54	18.56
	1978~1993	15.18	13.71	16.54	18.56
	1994~2013	14.17	13.56	13.43	13.12

续表

变量	年度区间	GDP 实际增速	人均 GDP 实际增速	城镇居民可支配收入实际增速	农村居民人均纯收入实际增速
极差/%	1978～2013	11.37	11.38	18.86	26.05
	1978～1993	11.37	11.38	18.86	26.05
	1994～2013	6.53	6.88	9.99	11.04
标准差	1978～2013	2.86	2.83	4.11	5.23
	1978～1993	3.82	3.69	5.51	7.24
	1994～2013	1.86	1.85	2.52	3.00
变异系数	1978～2013	0.30	0.33	0.54	0.70
	1978～1993	0.41	0.46	0.80	0.98
	1994～2013	0.19	0.20	0.31	0.39

2. 实现农民收入增长与经济增长同步，且质量提高、稳定性增强

根据表 10.2 可以直观地看出，1978～1993 年，农民收入实际增速的极差为 26.05%，而 GDP 和城镇居民收入的实际增速的极差分别只有 11.37% 和 18.86%，都要明显小于农民收入实际增速的极差；农民收入实际增速的变异系数为 0.98，GDP 和城镇居民收入增速的变异系数分别为 0.41 和 0.80，也都要明显小于农民收入增速的变异系数。这说明 1978～1993 年的农民收入实际增速的波动幅度和波动频率都要明显高于 GDP 实际增速和城镇居民收入的实际增速，而该阶段农民收入的平均增速为 7.35%。对于 1994～2013 年这一阶段来说，农民收入平均增速比第一阶段增加了 0.2 个百分点，同时该阶段农民收入增速的极差只有 11.04%，农民收入增速的变异系数为 0.39；无论是农民收入增速的极差还是变异系数，或者是标准差，第二阶段（1994～2013年）都不足第一阶段（1978～1993 年）的一半，而 GDP 增速也表现出了同样的特征。这说明 1994～2013 年的农民收入增速的波动幅度和波动频率都有了明显的下降，且与 GDP 增速的波动协调性有了明显的增强。由此可知，要保证农民收入超常规增长，有必要保证农民收入增速与经济增长同步，并提高

增长质量和平稳性，这样正是在"做大蛋糕"后"分好蛋糕"的重要体现。

3. 确保农民收入实际增速大于城镇居民收入增速，逐步形成城乡居民收入均衡增长格局

1978 年至 2013 年这 36 年间，城镇居民家庭人均可支配收入名义值从 343.4 元增长到了 26 955 元，名义收入总量扩大了 77.5 倍，完全实现了年均收入翻番这一宏伟目标；而农村居民家庭人均纯收入名义值从 133.6 元增长到 8896 元，名义收入总量扩大了 65.6 倍，远远小于城镇居民的这一数据。以 1978 年指数为基期分别扣除城乡居民消费价格因素，城镇居民人均实际可支配收入和农村居民人均实际纯收入的平均增长率分别为 7.60% 和 7.52%。

由表 10.3 和图 10.3 可以看出，1978～2013 年，城乡居民收入的实际增速在不断波动过程中出现交替的状态，但是城镇居民收入实际增速大于农民收入实际增速的年份稍多一些。城镇居民可支配收入实际增长率高于农村居民人均纯收入实际增长率的有 19 个年份(包括 1998～2009 年连续 12 年的时间段)，也就是说城乡居民实际收入增长率之差大于 0 的有 19 个年份。其中，有四年(从小到大依次是 2008 年、2004 年、2009 年和 1984 年)的城乡居民实际收入增长率之差位于 0～1%；有四年(从小到大依次是 1994 年、2005 年、1998 年和 2006 年)的城乡居民实际收入增长率之差位于 1%～2%；有五年(从小到大依次为 2007 年、1992 年、2001 年、2000 年和 2003 年)的城乡居民实际收入增长率之差位于 2%～5%；1986 年的城乡居民实际收入增速差距最大，高达 14.11%。另外，城镇居民收入实际增长率均低于农民收入实际增长率的年份有 17 个。其中，包括 1978～1983 年连续 6 年和 2010～2013 年连续 4 年。

表 10.3　1978～2013 年中国城乡居民实际人均收入增长率之差的正负变化情况(单位：%)

项目	1978～1983 年	1984 年	1985 年	1986 年	1987～1988 年	1989 年	1990 年	1991～1994 年	1995～1997 年	1998～2009 年	2010～2013 年
表现	负	正	负	正	负	正	负	正	负	正	负
城镇	7.98	12.35	0.59	14.55	0.02	0.09	8.38	8.57	4.05	9.21	8.20

续表

项目	1978～1983 年	1984 年	1985 年	1986 年	1987～1988 年	1989 年	1990 年	1991～1994 年	1995～1997 年	1998～2009 年	2010～2013 年
农村	14.46	11.65	4.02	0.44	1.53	−7.48	9.17	4.33	9.66	6.18	10.65

注："正"表示该区间各年的城镇居民可支配收入实际增长率均大于农村居民人均纯收入实际增长率，"负"表示相反的结果

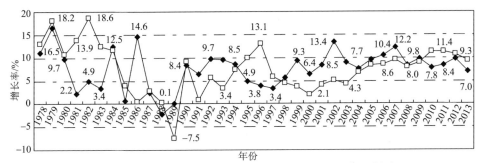

图 10.3　1978～2013 年我国城乡居民收入增长率变化趋势(实际值)

由前面的论述可知，农民收入的增长并非直线上升，不同经济发展时期也随之呈现出明显的阶段性特征。1978 年到 1984 年，农村居民的年人均实际纯收入增长速度达到了 14.06%，这一速度差不多达到了城镇的两倍（表 10.4），因此可以说这一阶段是改革开放以来农民收入增长的"黄金时期"。从 1985 年开始后的很长一段时间内(1989 年除外，为负增长)，农民实际收入虽然还保持着一定的增长率，但是与城镇居民实际收入比起来就显得较慢。由于从 1985 年开始改革的重点由农村转移到城市，城市收入的增长速度反过来超过了农村，城乡收入差距逐渐拉大(林毅夫，2012)。农民收入增速剧烈波动与持续低下的局面直到 2004 年以后才逐渐改变，主要原因在于 2004 年以来，中共中央连续发布了 13 个指导"三农"工作的中央一号文件，对"三农"事业的发展产生了深刻而长远的影响，农民收入增速也因此逐年提高。其中，2004～2013 年农民收入实现了"十连增"，平均实际增速为 9.30%；2010～2013 年平均增速更是高达 10.65%，高于同期城镇居民 2.35 个百分点(表 10.4)。

表 10.4　1978～2013 年中国城乡居民收入和 GDP 实际值增长情况比较(单位：%)

指标	1978～1984年	1985～1991年	1992～1996年	1997～2000年	2001～2009年	2010～2013年
GDP	8.51	8.90	12.44	8.29	10.50	8.77
			9.63			
人均GDP	7.25	7.28	11.18	7.32	9.85	8.24
			8.57			
城镇居民人均可支配收入	8.63	4.31	7.30	6.24	9.89	8.20
		6.47		6.83		9.37
				8.33		
			7.61			
农村居民人均纯收入	超常规增长	增长停滞	增长恢复	增长下降	增长恢复	超常规增长
	14.06	1.45	7.90	4.06	7.09	10.65
		7.75		6.19		8.18
				7.37		
			7.52			

注：实际值均以 1978 年物价进行折算，数据来源于中华人民共和国国家统计局网站和《新中国五十年统计资料汇编》，最后由作者整理并计算而得

综上可知，改革开放至今，农民收入各年增长率的波动情况在市场经济体制的基本形成时期和市场经济体制完善时期表现出了完全不一样的特征，如果说第一阶段中出现的农民收入超常规增长可以归结为农村家庭联产承包责任制带动的农民增收，那么第二阶段出现的农民收入超常规增长应该在一定程度上可以归结为整个经济的平稳发展和各种强农、惠农、支农政策的支持。因此，在新时期、新阶段若要实现城乡一体化的国家宏观发展战略，就需要充分保证农民收入实现超常规增长，而这一目标的实现必然要求宏观经济的平稳运行，农民收入对宏观经济和城镇居民收入增长的超越，并保障其收入增长质量提高、稳定性增强，最终形成城乡居民收入均衡增长态势。

10.2.4　我国农民收入超常规增长战略的任务陈述

第 4 章的研究结论表明，在城乡居民收入增长率差距为 2 个百分点的四

种情况下[①]，我国城乡居民收入比在 2045～2050 年就能够基本实现国际平均水平 1.6 左右，在 2055 年则能够完全突破现在发达国家平均水平 1.5 左右。由于当前中国经济已经进入到以中高速、优结构、新动力为主要特征的新常态(沈坤荣，2015)，这种新常态也就是从高速发展到中高速的增长速度转换期、结构调整阵痛期、前期刺激政策消化期"三期叠加"的重要经济发展阶段(袁长军，2014)。经济发展过程中的明显减速和换挡并非只有中国存在，国际上高速增长经济体在进入中高收入阶段后，都经历过经济明显减速和换挡的过程。如日本经济在 1969 年之前 10 年的平均增速为 10.4%，之后 10 年的平均增速只有 6.3%，下降了 4.1 个百分点；同样，韩国 1988 年经济增速出现拐点，平均增速从拐点前 10 年的 10%放缓至后 10 年的 7.6%，下降了 2.4 个百分点(王一鸣，2014)。因此有学者认为中国当前及今后一个时期仍然具有中高速增长潜力的观点，并认为这个中高速潜力大体在 6%至 8%之间(张军扩，2015)，林毅夫(2015)给出了一个更精确的预测值，他指出，虽然中国过去一年的经济增长不如外界预期，但未来 15～20 年仍有可能维持每年 7%至 8%的增长，实际经济增长率应可达 7%到 7.5%[②]。再加上 2015 年 3 月的政府工作报告已将 2015 年的 GDP 增速调整至 7.1%。综合各种观点及相应报告的结论，本研究认为，在未来较长一段时期内中国经济基本上可以保持 5%～7%的增速。

延续前述的观点，欲实现国家既定发展战略目标，从理论上要求农民收入必须实现超常规增长，而且这一超常规增长必须是在较高国民收入增长水平基础上实现对城镇居民收入增长的长期超越，同时这种长期超越应该在未来三十多年的时间内保持高于城镇居民收入增长率两个百分点的增长水平。再加上在中国经济"做大蛋糕"时对"分好蛋糕"高度重视的今天，如果综合学者们的预测和相关报告公布的数据，中国经济在接下来的 30～40 年能继续保持 5%～7%的增速，同时又要优先保证居民收入增速不低于经济增速。所以，接下来 30～40 年内城镇居民可支配收入的平均增速同样应为 5%～7%，这期间实现农民收入超常规增长的最佳目标就是农民收入平均增速为 7%～9%。

因此，农民收入超常规增长战略的核心任务应当明确为：未来三十多年

---

① 分别为城市 6%、农村 8%，城市 7%、农村 9%，城市 8%、农村 10%，城市 9%、农村 11%。

② 资料来源：http://finance.ifeng.com/a/20150108/13415013_0.shtml。

的时间保持农民收入平均实际增速不低于 7%这一基点，同时确保其高于同期国民经济整体增速，并超越同期城镇居民收入增速 2 个百分点及以上，进而在 21 世纪中叶达到发达国家城乡收入比的平均水平，最终实现城乡居民收入均衡增长和城乡一体化发展。

10.3 农民收入超常规增长的战略框架与战略实施

行文至此，制定农民收入超常规增长战略的实际依据和理论依据、目标定位、指导原则、基本思路和核心任务等均已逐步厘清。接下来的重点内容在于提出实现战略目标的途径和手段，包括总体框架、战略重点、实施步骤、保障体系、重大政策措施等。本节将重点构建我国农民收入超常规增长的战略框架，明确其战略重点，并具体分析战略实施步骤。

10.3.1 我国农民收入超常规增长：一个包容性战略框架

经济发展战略有不同层次和不同范围，一个国家、一个部门、一个地区、一个企业，都可有自己的经济发展战略。下一层次或较小范围的经济发展战略(具体实施战略)，是上一层次或较大范围的经济发展战略(总体战略框架)的组成部分。其中，总体战略框架具有统率作用，对具体实施战略形成引导和制约作用；总体战略框架与具体实施战略之间，以及各具体实施战略之间必须形成激励相容，即它们必须具备相互之间的包容关系。基于此，本部分首先尝试提出一个包容性的战略框架。

1. 战略思想

农民收入超常规增长战略框架形成的必要前提，是准确把握中国农业农村发展阶段特征及其面临的挑战。总体而言，既有国家发展战略形成的城乡利益格局和政府目标函数，并不利于农民收入超常规增长。在城乡收入差距仍然存在并且处在较高水平的同时，城乡居民享受着反差巨大的基本公共服务，表现在基础教育的质量、公共安全保障水平、各项社会保险和社会保护项目的覆盖率和保障水平等方面；此外，城乡社区之间在交通、通信和因特网服务等基础设施上的差距格外大(蔡昉，2012)。在这些方面存在的城乡差别，不仅导致当下生活质量的差距，而且因其使农村人力资本的积累落后于城市, 对拉动经济增长的贡献滞后, 导致政府关注和支持的忽视, 进而成为农民收入增长困难、农村贫困代际传递的基因。因此, 针对农民收入超常规增长的战略框架设计与实施, 要求改变政府对经济增长目标的单极追逐, 纠偏既有战略错位和政策不公, 真正转变自身职能, 成为联结相关利益主体、增强社会凝聚力的润滑剂, 创造农民增收的包容性发展环境。

2. 战略体系

在这个包容性战略框架中, 依靠市场(商品市场和金融、土地、劳动力等要素市场)将政府、金融机构、企业、新型农业经营主体及普通农户等核心利益相关主体联结为有机整体, 形成了围绕各类增收来源的四大路径和七条具体渠道的农民收入超常规增长体系, 如图 10.4 所示①。

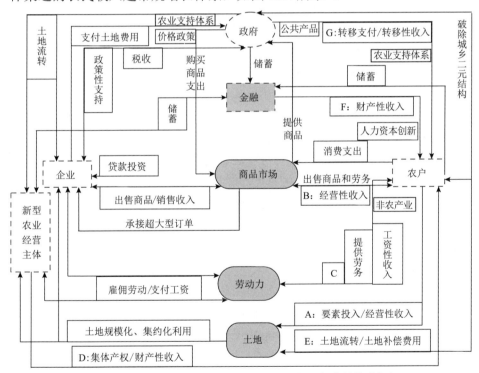

图 10.4　新常态下我国农民收入超常规增长的包容性战略框架

　① 资料来源: 周阳敏, 轩会永. 基于包容性的农民收入增长路径研究. 四川理工学院学报(社会科学版), 2013, (1): 12-19. 此图根据原文的图做了调整和修改。

1) 农民家庭经营性收入超常规增长路径

(1) 来自农业部分的家庭经营性收入超常规增长。这部分收入以图 10.4 中的渠道 A 所示，在农业生产经营过程中，农民收入主要来源于依靠土地等自然资源而得到的家庭经营收入。要增加农民此类收入，主要依靠提升农业劳动生产率和合理的农业支持体系培育农业自身的核心竞争力，其重点在于：一是政府通过加强农村基础设施投资建设以改造传统农业。这里的基础设施建设既包括农田水利基础建设，也包括水电气环保基础设施、交通信息类基础设施、科教服务类基础设施和福利保障类基础设施(骆永民和樊丽明，2012)。二是稳步推进规模化经营。为了提高有限土地的利用效率和产出水平，需要把原来分散的土地集约化使用，并有序转移农村剩余劳动力，使农业劳动生产率和农民收入大幅度提高。三是促进适宜的技术创新。既要发展适合大规模农业的技术创新，也要高度重视特殊地区特色效益农业发展的机械、品种和生物技术创新，以创新驱动农业劳动生产率提高。四是科学构建政府的农业支持体系。只有真正构建起政府支持性的政策体系，做到为农业生产者提供必要的激励、经济机会、获得所需贷款和投资品的机会，才能有效促进农业生产者扩大产出和提供劳动生产率。五是合理的价格政策。包括政府在投入和产出两个方面的价格政策，前者如消除要素价格的扭曲，后者如向农民支付合理价格确保收入水平。

(2) 来自第二、第三产业部分的家庭经营性收入超常规增长。这部分收入以图 10.4 中的渠道 B 所示，包括农民在农村或邻近乡镇搭建房屋等工业、建筑业所得收入和从事批发零售贸、餐、文教卫生等服务业所得经营性收入(周阳敏和轩会永，2013)。随着产业结构的调整及农民收入结构来源的多元化，产业结构优化与农民家庭经营性收入的关系越来越密切。经济发展和产业融合的不断加快及二元经济结构的逐渐破除，农民家庭经营收入中来自第二、第三产业的收入比重将逐步提高。而当经济发展到较为发达的水平时，工业部门的比重会逐步下降，服务业则逐步成为经济的主体部门。这种结构变迁的经验事实被称为"后工业化事实"。从我国实际情况看，第一、第二、第三产业产值比重分别从 1952 年的 50.9%、20.9% 和 28.2% 演化到 1978 年的 28.2%、47.9% 和 23.9%，再到 2014 年的 9.17%、42.64% 和 48.19%；其中，第三产业占比已于 2013 年超越了第二产业占比。这表明，当前我国产业结构正由"库兹涅茨事实"阶段转变成为"后工业化事实"阶段。由于结构优化可释放巨大的增长潜力，经济增长质量也得到不断提高(Lin and Monga, 2010)，进一步可为农民实现快速增收提供强有力支撑。所以，实现产业结构优化(农业现代化、培育战略性新兴产业、加快淘汰落后产业)，推动产业结构顺利进入"后工业化事实"的更高层次，既是我国转变经济发展方式、实现经济持续健康发展的必然选择，也是解决我国经济结构性矛盾的关键举措，更是实现农民收入超常规增长的必要保障。

2)农民工资性收入超常规增长路径

这部分收入以图 10.4 中的渠道 C 所示，企业在劳动力市场雇用劳动力，农民则为企业提供劳务，企业为农民支付工资；新型农业经营主体同样雇用农民，农民可以通过发展生产性服务业、从事农产品加工得到兼业务工收入。在给定农业从业收入和非农就业工资的前提下，城市的就业创造上升、就业开放程度增加和人力资本改造创新，有助于提高非农就业比例，从而增加农户的非农业收入。一方面，政府要努力破除城乡二元结构，特别是消除城乡劳动力市场差异，创造就业机会，提供更多的教育、卫生健康、住房及其他相关社会福利服务，来保障农民非农就业工资性收入超常规增长。另一方面，政府要创造良好的制度和环境，加大对涉农企业和新型农业经营主体的支持，引导金融创新服务农业产业发展和农村工业化，促进农民分工分业，以此保障农村剩余劳动力实现充分就业，进一步提高农民在农村的务工工资性收入。

3)农民财产性收入超常规增长路径

(1)来自农村集体产权的农民财产性收入部分。这部分收入以图 10.4 中的渠道 D 所示，得益于农村产权制度改革，通过盘活农村各类集体资产，赋予了农民更多的财产权益。这里，发展壮大集体经济成为农民财产性收入超常规增长的重要渠道(张红宇，2015)：一是通过股份合作、农民经营权入股发展壮大集体经济。探索集体经济组织以集体拥有的林场、土地、水塘等资源性资产，与闲置房屋、设备等经营性资产作为出资，引导和吸引农民投入土地经营权，社区外经济主体投入资金、技术等多种资源，共同发展农村混合所有制经济，在盘活集体资源资产的过程中促进农民增收。二是通过国家对集体的投入发展壮大集体经济。国家支持农村集体经济组织投资形成的生产性设施和公益性设施属于集体资产的范畴，重点是探索集体统一运营管理的有效机制，更好地为集体经济组织成员及社区居民提供服务。三是通过重构集体经济积累新机制发展壮大集体经济。探索拓宽集体积累的新途径，合理确定资产经营管理模式，充分运用现代经营管理方式，规范集体"三资"管理，使集体经济组织成员获得更加充分的财产性收入。

(2) 来自土地流转的农民财产性收入部分。这部分收入以图 10.4 中的渠道 E 所示，农村土地流转主要包括土地承包经营权及集体建设用地和宅基地的流转两个方面。图 10.4 中基于土地流转增加财产性收入的路径为：农户→土地流转→企业或者新型农业经营主体→土地规模化、集约化利用→土地产出增加→农民财产性收入增加。在此过程中，政府在界定和保护产权的同时逐渐从直接参与土地交易中抽身并完成向"公共产品和公共服务提供者"角色的转变至关重要。

(3) 来自金融市场的农民财产性收入部分。此部分收入以图 10.4 中的渠道 F 所示，由于当前中国农村金融市场仍然十分落后，农民来自金融市场的财产性收入渠道极其单一，基本上只能通过向农村金融机构存款而获得相应的利息性收入。相反，城镇地区却拥有较为发达的金融市场，城镇居民可以选择的金融服务更加多样。因此，此渠道增收尚有很大潜力可挖，应进一步发展农村金融市场，构建普惠性金融体系，针对性设计金融服务与产品，创造有利条件使农户得到与城镇居民相对平等的金融资源。

4) 农民转移性收入超常规增长路径

此部分收入以图 10.4 中的渠道 G 所示，增收路径为市场主体发展获利→税收→政府→转移支付和社会保障→农户。当前，政府对农户的转移支付主要包括国家的农业支持保护补贴、养老金、社会福利救济等。但是，与城镇相比，农村居民得到的转移支付总量极低且分布不均。2013 年，城镇居民转移性收入总量占全部转移性收入的 91.23%，而农村居民的转移性收入总量却仅占全部转移性收入的 8.77%；城镇居民人均转移性收入为 7014.74 元，占其总收入的 23.73%，占其可支配收入的 26.02%，农村居民人均转移性收入只有 783.52 元，仅占其人均纯收入的 8.81%。这主要是由于城乡二元结构的存在，使农村在养老、医疗及低保等方面的制度保障还非常脆弱。因此，要实现农民的转移性收入超常规增长，急需加快城乡一体化进程，一方面尽快解决历史欠账，另一方面加快城乡基本公共服务均等化。

总之，上述战略框架表明，农民收入超常规增长，既要重点培育农业核心竞争力、努力创造农业和非农产业就业创业机会，也要通过政府加强国民收入分配的合理调节、做好农民财产权利保护工作，最终才能形成合力助推战略目标的实现。

10.3.2　实施农业核心竞争力培育战略

农业核心竞争力培育是农民收入超常规增长战略的两大战略重点之一，主要针对以农业为主要经营对象的生产经营主体，力图通过调整农业结构，发展以优质、高效为代表的特色效益农业和专业化、规模化、集约化、信息化为代表的现代农业生产，优化配置农业生产要素，挖掘农业收入增长潜力，最终实现农户农业收入超常规增长。具体结构参见图 10.5，主要内容包括以下几方面(韩长赋，2013)。

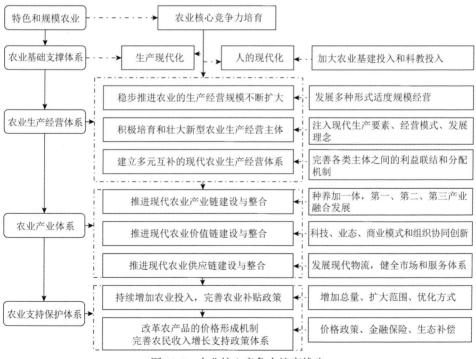

图 10.5　农业核心竞争力培育战略

　　第一，强化农业基础建设投入，形成现代农业发展的基础支撑体系。各级政府要不断夯实基础设施、物质装备、科技创新、人力资本等现代农业发展的基础支撑。一是要重点加强农业基础设施建设，改善农业生产条件，大规模开展高标准农田建设和中低产田改造，推进种养业生产设施建设和更新改造，优化农机装备结构，加强农业信息化建设，推进农业生产现代化。二是要根据各地区经济基础和发展环境的特殊性，强化特色效益农业发展的特殊设施、适宜装备、种养技术的有效供给。三是深化农业科技体制改革，加大农业科技投入，加强农技推广机构队伍和基础条件建设，推进现代种养业实现重大突破。四是加快农村教育发展，大力实施人才强农战略，加快培养新型职业农民，实现农业生产者的现代化。

　　第二，创新农业经营方式，构建现代农业生产经营体系。要创新农业经营方式，这是农业现代化的客观需要。《中共中央关于制定国民经济和社会发展第十三个五年规划的建议》强调，"加快转变农业发展方式，发展多种形式适度规模经营，发挥其在现代农业建设中的引领作用"。规模过小是我国农业核心竞争力和农业现代化的最大制约。扩大农业生产经营规模，可以将更多现代生产要素、经营模式、发展理念引入农业，推进农业机械和科技成果应用，开拓农产品市场，提高农业组织化、产业化、市场化水平（汪洋，2015）。要积极利用专业合作、股份合作、土地流转、土地入股、土地托管等多种形式，发展农业适度规模经营；着力培育新型生产经营主体，引导和支持种养大户、家庭农场、农民合作社、农业企业等发展壮大；切实创新农业生产经营体系和体制，稳步提高农民组织化程度，促进多元主体共同发展、互补配合，提升农业规模效益，完善各类主体之间的利益联结和分配机制。从我国国情看，家庭经营在相当长的时期都将占据基础性地位，要按照依法、自愿、有偿原则，引导农村土地经营权有序流转，发展多种形式的适度规模经营。需要注意的是，土地规模经营发展速度要与当地第二、第三产业发展水平，农村劳动力转移程度相适应；发展规模经营要以农民为主体，同时鼓励工商企业投资农业，为农户提供产前、产中、产后服务，防止土地"非粮化"和"非农化"。

　　第三，促进农业产业链、价值链、供应链整合，构建现代农业产业体系。一是要推动种养加工一体，农村第一、第二、第三产业融合发展，促进农产品精深加工和农村服务业发展，推进现代农业产业链建设和整合，开发农业多种功能，提高农业综合效益。这既是农业现代化的新内涵，也是提高农业综合效益、促进农民增收的关键。要促进农业产业链整合，提升合作社在产业链中的地位，通过合作社对农户的联合，提升农户在产业链中的地位，保护农户的利益，为合作社促进农户增收提供产业保障。二是要通过促进农业科技、业态、商业模式和组织制度协同创新，积极推动农产品加工增值，加快发展订单直销、连锁配送、电子商务等现代流通方式，千方百计提高农业附加值，挖掘农业的生态价值、休闲价值、文化价值，进行现代农业价值链建设和整合，发展乡村旅游等现代特色产业，不断拓展农业现代化新领域。三是要发展现代农业物流，健全农产品市场体系和新型农业社会化服务体系，高效推进现代农业供应链建设和整合。加快发展现代农产品供应物流、生产物流和销售物流；科学布局农产品产地市场体系，支持建设一批国家级产地市场、区域性产地市场和农村"田头市场"，加强国际国内农产品市场信息收集、分析、预测与发布，完善市场调控机制，防止价格大起大落；加强服务创新，把加快构建新型农业社会化服务体系放到更加重要位置，从市场准入、税费减免、资金支持、人才引进等方面加大扶持力度，鼓励支持各类服务组织参与良种示范、农机作业、抗旱排涝、沼气维护、统防统治、产品营销、农资配送、信息提供等农业生产性服务。

第四，不断优化政策措施，完善国家农业支持保护体系。积极推动国家财政支出、固定资产投资、信贷资金结构调整，按照"总量持续增加、比例稳步提高"的目标持续增加农业投入。完善农业补贴政策，增加补贴总量，扩大补贴范围，优化补贴方式，重点向种粮大户等新型经营主体倾斜，将部分属于"黄箱政策"的农业补贴转变为"按历史面积补贴"的"绿箱"补贴。改革农产品价格形成机制，制定科学合理的价格政策、完善农产品最低收购价、临时收储政策和进出口调控机制，健全鲜活农产品市场调控机制和办法。积极推动农村金融机构创新、产品创新、服务创新，完善农业保险保费补贴政策，提高农业保险的补贴力度，增加农业保险覆盖的品种范围，逐步探索建立巨灾风险保障机制。建立农业生态环境补偿制度，加快形成有利于保护耕地、水域、草原等资源的激励机制。要完善农民收入增长支持政策体系，坚持工业反哺农业、城市支持农村，健全城乡发展一体化体制机制，不断完善农业支持保护政策，保障农民利益。

10.3.3　实施农民就业创业扶持战略

农民就业创业扶持是农民收入超常规增长战略的另一个战略重点，其实质就是科学设计政策引导和激励农业剩余劳动力到城镇非农产业或农村第二、第三产业就业创业，一方面通过人力资本改造让农民成为产业工人或职业农业工人，成为劳资关系中的重要角色，通过工资形式获取收入超常规增长；另一方面通过针对性的创业培训促进农民在城乡非农产业创业发展，获得创业收入超常规增长。具体结构参见图 10.6，主要内容包括以下几方面。

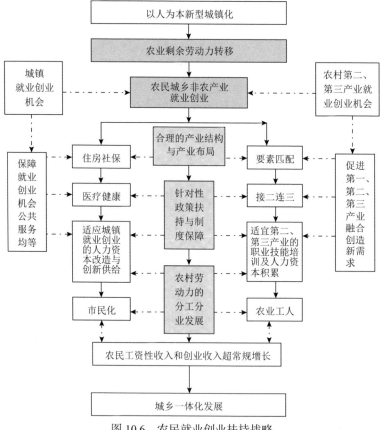

图 10.6　农民就业创业扶持战略

第一,推进新型城镇化,促进农业剩余劳动力非农产业就业创业。新型城镇化就是推进以人为本的城镇化,要求人力资本与城镇产业发展相适宜。一是要根据各地区实际情况,科学调整产业结构和合理规划产业布局,针对性创造就业创业机会和就业岗位;公平地为进城农民工提供更加体面的就业机会,改善剩余劳动力进城务工的基本生活条件。二是要积极引导、有序推进农民市民化进程。减少农业剩余劳动力要素,实现农业土地与农业劳动力要素整体匹配,需要引导部分农民从农村地区、农业产业转出,进入城镇非农产业就业;这不仅要实现部分农民户口的城镇化,也要实现产业、居住、生活、收入来源、医疗健康和社会保障的城镇化;大力发展有产业集聚的中小型城镇,注重县城、乡镇的产业布局,使农民市民化后能安居乐业,有稳定的工作。

第二,改造人力资本,形成农民工工资有效增长的机制。一是要继续推进农业剩余劳动力的务工培训和引导工作,加大对农业剩余劳动力的再就业技能培训和教育投入,提高农业剩余劳动力素质。一方面,根据城市就业岗位需求,采取针对性的就业培训指导,保障农民工就业创业机会、基本公共服务均等,推进适应城镇就业创业的人力资本改造与创新供给;另一方面,根据农村第一、第二、第三产业融合创造的市场新需求,通过要素匹配和接二连三的产业链整合,推动适宜高附加值第二、第三产业的职业技能培训及人力资本积累;此外,要建设好全国联网的农民工用工市场,用人单位招工信息通过全国联网发布,解决农业剩余劳动力寻找工作机会的时间成本,降低劳动力市场的摩擦成本。二是要健全农民工工资有效增长的体制机制。应进一步完善农民工最低工资制度和工资稳定增长制度,解决好农民工的住房社保、医疗健康等问题;建立健全农民工进城务工的法律维权制度和社会保障制度,规范用工单位的招工和薪酬体系,通过农民工协会、工会、法律机构等为农民工提供拖欠薪酬追讨机制,切实保护其城镇就业的各种权益,确保工资性收入超常规增长。

第三,积极引导部分剩余农业劳动力就近就业。农业要现代化,优质劳动力是关键要素。现在在我国农村,由于大量青壮年农民工都到城镇务工,成为城市的产业工人。而在农村常年从事农业的劳动力基本只是老人和妇女,农业劳动力素质大幅度下降,应威胁到农业产业的安全。如何留住部分青壮年农业劳动力,使他们能安心扎根农村就业,成为新型职业农民,是需要解决的紧迫性课题。这一方面需要壮大新型农业经营主体的实力，提高其用工的工资支付能力；另一方面需要将部分生产力向农业农村布局，发展加工业、生产性服务业，创造一些新的就业机会，使部分新生代农民分工分业，在农村第二、第三产业就业。

第四，加强农业剩余劳动力的创新创业意识培育，积极创造创业商机。农业剩余劳动力要创业，一是要有创业的市场经济意识，有创业的基本理念和技能。这就需要政府建立农业剩余劳动力创业培训体系，通过大专、职中、农民工学校等各种途径，增加农业剩余劳动力创业培训投入，安排较多的技能实习岗位，以技术为根本提高农业剩余劳动力的创业能力。二是要在农村和城镇积极培育农业剩余劳动力创业商机。通过推进新型城镇化、新型工业化，推进城乡经济一体化等措施，将部分产业项目安排在农村地区，大力发展城镇产业集群，加快人口分层集聚，形成大中小并存的梯度城镇化，培育各种市场需求，创造各种创业商机，鼓励农业剩余劳动力到城市服务业创业，在农村第二、第三产业中创新创业发展。三是为农业剩余劳动力创业提供良好的要素条件。除了要降低市场准入服务门槛外，更重要的是要帮助创业者提供资金、技术和信息等创业要素服务。政府应该积极推进农村科技创业进程，积极引导金融机构、财政资金和农业科技为农业剩余劳动力创业提供支持，以满足农业剩余劳动力的创业要素需求。同时，为农业剩余劳动力创业提供有针对性的技术辅导，增强创业者要素优化配置能力，提高创业效益，实现创业收入超常规增长。

10.3.4　实施农民财产权利保护战略

农民增收事关农民权利问题，尤其是其财产权利。农民财产权利保护不是整个战略框架体系的重点，但对整体战略目标而言，却能够形成极为重要的支撑。1978 年以来，"整个农村的改革和发展都是围绕着农民权利的变化展开"，"农村的一切改革归根结底，就是为了广大农民合法权利的确立和保障"[①]。农民权利的实现不仅是中国社会转型的历史归宿，也是中国农村改

---

① 《以确立农村平等权利为核心改造中国农村社会——访中国社科院研究员党国英》，《中国经济时报》（2002 年 11 月 8 日），人民网全文转载。

革的逻辑归宿。然而，作为中国社会转型中数量最为庞大的社会群体，"农民"一直难以平等享有法律规定的各类公民权利。"权利"贫困不仅是中国农民其他各种贫困的根本原因，也是其他各种贫困的综合反映。这不仅制约着农业现代化、城乡一体化、全面建成小康社会等阶段性战略目标的推进，也从根本上影响着社会主义法治国家的建成和百年转型"中国梦"的实现。在党的十八大报告要求"加大强农惠农富农政策力度，让广大农民平等参与现代化进程、共同分享现代化成果"。基于此，农民财产权利保护战略是实现农民财产性收入超常规增长的基础，其核心在于推进农村土地要素与金融要素的有机融合，实现其资本化、财产化和交易市场化①，深化农村集体产权制度改革。具体内容包括以下几方面。

　　第一，改革农村土地征用制度，推进农村建设用地市场化配置。应加快推进土地征用制度改革，完善农民土地的征占补偿机制，让农民切实从土地的征用中分享到来自工业化和城镇化所带来的土地增值好处，真正保障农民的土地权益。在农用地转为建设用地的增量环节，经营性土地应由交易双方谈判商定，公益性用地由农民与政府直接进行谈判；对公益性用地进行"同地同价"改革试点，即同样位置的土地，无论征做公益用途还是商业性用途，补偿价格应等同视之。保障农民在土地征用过程中的知情权和话语权，切实保障农民的土地权益；建立全国统一的失地农民保障机制，将农转非土地增值收益的一定比例纳入社会保障基金，用于失地农民的社会保障，适当扩大政府征地所得对农村和农民的补偿。稳步推进农村土地制度改革试点，守住土地公有制性质不改变、耕地红线不突破、农民利益不受损这"三条底线"，参考商业用地价格，适度提高征地补偿标准，积极推进集体经营性建设用地和宅基地市场化，

---

　　① 不可否认的是，近年来我国城市土地已经被完全激活，并完全财产化。但农村土地却一直处于一个相对沉寂的状态。一方面，对于宅基地使用权的严格规定，限制了农民只能通过房屋出租获得租金，而通过房屋所有权的流转和宅基地使用权的出让获得更多的财产性收入却还不能够实现。另一方面，集体土地产权不明晰也造成了农民的土地收益有限，因为制度性原因，目前农民的土地承包经营权还很难充分流转起来，从而造成土地的利用效率和运行效率都不高，甚至在很多地方出现了抛荒和闲置的问题，极大地降低了土地要素的产出；部分地方的农村土地即便进行了流动，也因为相关的法律制度不健全、不配套和不协调，产生了许多征地矛盾和问题。

以激活农村建设用地价值,实现农民财产性收入超常规增长。

第二,积极推进农业土地要素资本化、金融化、市场化。农业土地要素只能在农业范围内调整、变化、使用,这虽是国家底线。但是,在农业现代化进程中,农业土地要素需要重组、需要适度集中规模化经营,这就需要农业土地在普通农民和新型农业生产经营主体之间发生流转。如何在土地流转过程中保障承包农户的土地收益权益,实现农民财产性收入超常规增长,就成为农业土地要素配置中的重要问题。一是要做好确权、颁证工作,为农民的土地要素赋权。确权登记颁证是解决农村土地承包现实问题、发展适度规模经营的迫切需要,是一项历史性、基础性的工作,事关亿万农民切身利益,事关巩固农村基本经营制度,事关农村改革发展稳定全局。各地要积极稳妥地开展工作,坚持党在农村的基本政策,坚持从当地的实际情况出发,不求一定"齐步走",不搞"一刀切";应稳定现有土地承包关系,按照法律规定稳步有序操作,经集体经济组织成员民主协商,在现有法律法规和政策框架内妥善解决;从严掌控确权、确股、不确地,确保进度服从质量,把每个阶段、每个节点的工作做细、做实,给农民"确实权、颁铁证"[1];按照中央要求,强化属地管理责任,实行地方分级负责;要抓紧、抓实、抓细,稳妥审慎推进,绝对不能为赶进度而放松质量要求。二是要建立高效的农村土地流转市场,有规范的交易制度和第三方监管公证机制,确保农民有较强的价格谈判能力。三是要鼓励农业用地通过入股、联营、转让、出租等多种方式实现农民对土地承包权的财产权益。四是要大力推广农村三权抵押贷款制度,促进农民土地承包权-经营权资本化、金融化,盘活农村沉睡资产,通过土地要素带动资金要素,实现土地与金融的结合,解决农村资金要素短缺问题,促进农村土地、资本和劳动力要素之间的优化配置,以实现农民收入超常规增长。

第三,深化农村集体产权制度改革,扩大农民财产性收入增长渠道(张红宇,2015)。农村集体产权制度改革对实现农民的财产性收入超常规增长具有重要现实意义。改革的目标是边界清晰、权责明确、保护严格、运转流畅,改革的范围是资产、资源、资金,包括经营性资产、公益性资产和资源性资产。总的来看,有四个方面的途径可循:一是通过土地入股、农户入社组建

---

[1] http://www.qstheory.cn/economy/2015-02/12/c_1114347438.htm[2015-02-12]。

股份合作社的形式,解决土地细碎化和产出能力低下等问题,发展规模经营。这对于提高劳动生产率、土地产出率具有重要作用,也有利于增加农民的家庭经营收入。二是探索集体经济组织以集体拥有的林场、土地、水塘等资源性资产,与闲置房屋、设备等经营性资产作为出资,引导和吸引农民投入土地经营权,社区外经济主体投入资金、技术等多种资源,共同发展农村混合所有制经济,在盘活集体资源资产的过程中促进农民增收。三是国家支持农村集体经济组织投资形成的生产性设施和公益性设施属于集体资产的范畴,重点是探索集体统一运营管理的有效机制,更好地为集体经济组织成员及社区居民提供服务。四是通过重构集体经济积累新机制,探索拓宽集体积累的新途径,合理确定资产经营管理模式,充分运用现代经营管理方式,规范集体"三资"管理,使集体经济组织成员获得更加充分的财产性收入。

10.3.5 实施国民收入分配倾斜战略

国民收入分配的倾斜主要针对国民经济二次分配中的转移性收入调节,同样不是整个战略框架体系的重点,但其能为实现农民收入超常规增长提供有益帮助和补充。农民转移性收入也就是指农村住户和住户成员无须付出任何对应物而获得的货物、服务、资金或资产所有权等,不包括无偿提供的用于固定资本形成的资金①,也就是农村住户在二次分配中的所有收入,主要包括:财政的农业支持保护补贴、养老金、社会福利救济等。实现农民转移性收入超常规增长,必须要完善财政的再分配手段和机制。发达国家收入相对均等化的结果主要归功于再分配手段和机制发挥作用。反观发展中国家,由于普遍缺乏调节收入差距的再分配机制,初次分配后的收入差距和再分配后的收入差距基本上没有什么改变。而我国目前收入差距的不断拉大,其主要原因就在于再分配手段缺乏调节收入分配的功能,我国直接用于向中低收入群体的民生财政支出占 GDP 比重不足 1%,而一般发达国家的这一比例普遍在 10%以上,OECD 国家平均为 15%(张车伟等,2012)。为保障农民财产性收入持续增长,保护农民从事农业生产积极性,具体要做到以下几点。

第一,要通过推进农业补贴政策改革,提高财政补贴力度和效率。改革

---

① 国家统计局网站:http://www.stats.gov.cn/tjsj/zbjs/201310/t20131029_449516.html[2013-10-29]。

方向是调整和聚焦补贴目标，立足产业发展，创新补贴运作方式，提高补贴的精准性、指向性，强化补贴绩效考评。在政策创新上，将补贴目标由"增收入"向"保供给""增收入""可持续"并重调整，新增补贴向粮食主产区、重要农产品和新型经营主体倾斜，结合发展农业社会化服务，完善农业生产环节补贴，探索加大农业生态涵养功能补贴，建立农业补贴政策的经济、社会、生态效益评估机制，提高补贴效能。

第二，要建立健全农业投入机制，逐步加大对农业的支持保护力度。应继续坚持对农业的支持保护政策，进一步完善支农体系，扩大政策的覆盖面，加大财政对农村基础设施建设、农村重大改革、农业可持续发展、农民增收、农业结构调整的支持力度。要完善粮食主产区、耕地保护、生态保护利益补偿保障机制。特别是在目前国家生态环境形势较为严峻的形势下，充分考虑农业对生态环境保护的贡献，加大对农业生产活动的补偿，力争实现《农业法》所规定的财政对农业总投入的增长幅度高于国家财政经常性收入增长幅度的要求，促进农业发展，实现农民增收。

第三，要改革农业支持形式，减少支农资金的"跑、冒、滴、漏"，让利益真正落到农民手中。要整合财政支农支出，发挥财政支出的杠杆作用和引导作用，加大对财政支农资金使用的监督监管，增强资金使用透明度。同时，进一步增强农业支持政策的针对性和有效性，扩大"绿箱"政策的实施规模，缩小"黄箱"政策实施范围，充分利用 WTO 国际贸易规则，降低国外农产品对国内农业生产的冲击。要完善农产品价格支持体系，通过建立价格调节基金和农产品的储备制度等手段维持农产品价格，扭转现代经济发展中农业部门贸易条件恶化的趋势，以形成良好的农业贸易条件。

第四，要高度关注收入分配不公问题，根据"提低、扩中、调高"的原则调整国民收入分配格局。对于低收入者，既要努力提高他们在初次分配环节的收入，更要注重再次分配对他们的作用。再次分配要向农民倾斜、向主产区倾斜、向贫困地区倾斜，不仅是为了直接增加他们的收入，更重要的是，通过改善农业农村基础设施和公共服务，让农民能够获得平等的发展机会，避免贫穷、落后、贫穷的恶性循环(张红宇，2013a)。另外，着眼于实现农民财产性收入超常规增长和缩小城乡居民财产性收入差距，我国公共财政支出需要不断加大对"三农"的投入力度，增强财政转移支付的再分配效应，让财政的转移支出在调整收入分配中起到"填谷"的作用。

10.4　农民收入超常规增长战略的保障体系

农民收入超常规增长战略的实施及各阶段目标的落实，有赖于科学设计其保障体系，确保要素动员、力量部署、制度配套和政策调控的有效支持。本节接下来将重点围绕法律保障、资金保障、组织保障、社会保障、科教保障五个方面具体展开，整个战略保障体系如图 10.7 所示。

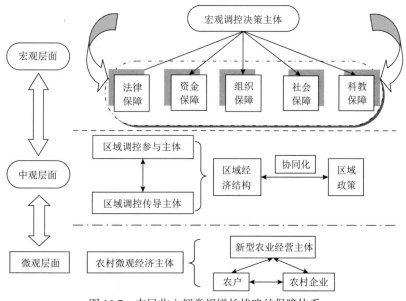

图 10.7　农民收入超常规增长战略的保障体系

从宏观层面来看，决策主体(中央政府)应以战略目标为导向，科学构建战略保障体系，既要便于为地方政府提供风向标，使其能尽快推出符合自身现实情况的配套措施，还要切合阶段性目标落实好战略调控；从中观层面来看，地方政府应根据自身财力、经济发展水平和区域经济结构特征，因时因地制宜地制定更加详细和适宜的区域保障政策体系，形成区域战略实施保障和合理调控；从微观层面来看，各利益相关主体在市场基础性作用、政府有效引导配合下，依托战略实施共同发展，并进而推动农民收入超常规增长。

10.4.1　农民收入超常规增长战略的法律保障

顶层战略设计和实施，要求建立在法治的基础上。通过三十多年的改革开放和民主法制建设，以宪法相关法、民法商法等多个法律部门的法律为主干，由法律、行政法规、地方性法规等多个层次的法律规范构成的中国特色社会主义法律体系已经形成，能够为农民收入超常规增长提供法治"土壤"。

1. 依法保障农村改革发展与农民增收

农村改革发展战略建立在法治基础上，立法和执法的紧密结合，将保证其方向的正确性、推进的持续性和不可逆转性。特别是，当改革越来越涉及既得利益集团，甚至政府本身也将是改革的对象时，要突破任何个人和组织对改革的阻挠，必须以法律为至高无上的依据，才能保证其合法性和权威性；以法治统领经济体制改革，不仅为改革提供更高的合法性，还可以从更本质的层面找到阻碍制度变迁的上位体制障碍，从而抓住推进改革的嚆矢（蔡昉，2012）。农村重大改革与农民增收重大战略规划都要做到有法可依和于法有据，立法要主动适应农村改革和发展的需要。如果实践证明是行之有效、立法条件成熟的政策，要及时上升为法律。对一些新时期、新阶段不适应农村改革要求的法律法规，要及时修正和彻底废止。需要明确法律规定具体含义和适用法律依据的，要及时做出明确的法律解释。实践条件还不成熟、需要先行先试的，要按照法定程序进行授权。要深化改革行政执法体制，合理配置各地区的执法力量，加强农村基层执法队伍的执法体系和执法水平的建设，健全涉农行政执法财政经费的保障机制，探索创新"三农"领域的执法建设。要统筹城乡法律服务资源的分布，建立健全覆盖城乡的公共法律服务体系，重点加强对农民的法律、司法援助，为农民收入超常规增长提供充分的法律保障。

2. 完善"三农"支持保护的法律法规

一要逐步建立健全覆盖农村各类农业生产经营主体的法律法规，依法保障各类主体的生产经营收益。特别是要修改完善农民专业合作社法，依法促进其规范运行。二要建立健全农产品流通市场相关法律制度。规范农产品市场秩序，保障农产品市场交易的公平性，营造法治化农产品流通环境；适时适地启动农产品相关立法工作,完善农产品市场调控体制机制和农产品质量安全法律法规,加强农产品产地的环境保护,规范管理农业生产投入环节和生产经营环节。三要通过法律法规明确规定中央及各地方政府促进"三农"发展的支出责任和支持功能。要完善农业资源和农业环境保护的相关法律法规,依法推进农业耕地、农村水资源、森林和湿地等自然资源的开发保护;制定完善土壤、水源、大气等污染的预防治理机制和生态补偿机制;推进专项扶贫开发方面的相关立法。四要加快农村金融立法,推动农村金融与经济协调发展。

3. 健全农村产权保护法律制度

一是对于农民的资源性资产,如土地,要将承包经营权确权登记颁证工作作为重点。总体上要确保土地到户,从严掌握确权确股不确地的范围。二是对于农民的非经营性资产,要着重探索创新提高公共服务能力的集体统一管理运营长效机制。既要依法维护农民的宅基地使用权、房屋财产权、土地承包经营权等合法的财产权益,也要发展健全农村土地流转市场、改革优化征地补偿制度,为农村转移人口市民化创造体制机制条件。三是对于农民的经营性资产,明确产权的归属是最重要的工作,应将资产折股量化到所在集体所有经济组织成员,发展多种不同形式的农村股份合作。应按中央部署的战略实施计划,建立赋予农民集体资产股份权能的改革试点,并根据不同权能进行分类分步实施。农民对集体资产股份的占有权和收益权不能只存在于形式上,而是要落实到位,让农民获得实在的好处,要在有条件的地方开展农民集体资产股份的有偿退出和继承机制的试点,对于农民集体资产股份的抵押、担保,则要在制定相应办法的基础上慎重开展试点。另外,各项改革试点工作应严格限制在集体经济组织内部,预防集体资产的流失和农民利益被侵蚀。为引导农村产权流转交易市场的可持续健康发展,应健全农村集体"三资"的监督管理机制和收益分配制度。总之,要使土地要素能够与金融要素有机融合,达到资本化水平,让农民从土地中获得更多更实际的财产性收益,那么"做实"农村集体产权的主体是必然选择。

4. 全面提高农村基层法治水平

农村是我国法治建设的薄弱地区,全面推进依法治国,必须在农村法治建设上狠下功夫,提高基层法治水平,切实保障农民生存发展权益。一要深入开展农村法治宣传教育，着实增强各级领导、涉农部门和农村基层干部的法治观念，引导农民增强学法、尊法、守法和用法的意识。二要健全农村依法维权和化解纠纷机制，积极引导和鼎力支持农民群众通过合法途径展开维权，理性合法地表达其意见诉求。三要快速推进农村法治建设，善于运用法治思维和法治方式推进"三农"工作的展开。四要从各地区的农村实际情况出发，善于发挥乡规民俗的积极约束作用，把农村法治建设和道德建设紧密结合起来，形成有利于农民收入超常规增长的法治环境与乡村治理体系。总之，法律的基本特征就是权威性、稳定性、可靠性，能够将主观意志的影响降到最低限度，能够为农民的基本权益提供长期和稳定的制度保证。

10.4.2　农民收入超常规增长战略的资金保障

实现农民收入超常规增长，离不开资金要素有效供给与合理配置，但资金的逐利和"嫌贫爱富"本性，使尚处于比较利益弱势地位的"三农"，在发展资金供给上处于困境，需要政府、金融机构、企业、农户多方共同努力，创造有利条件，确保战略实施的资金保障。

1. 深化农村金融改革、创新农村金融服务

1) 尽快完善农村金融体制改革的顶层设计

由于缺乏对农村金融战略目标的清晰定位，农村金融制度供给一直陷入"双重抑制"的境地。一方面，缺乏对农村金融市场基础条件、宏观环境和运行监管的有效供给；另一方面，现存制度集中于对农村金融机构的调整，体现出"唯机构"的"单一性"特征，仓促易变、自相矛盾、急功近利、积重难返(王煜宇，2012)。发达国家农业发展能够得到金融的强力支持，在于其农村金融立法的科学保障。例如，美国、加拿大的《农业信贷法》，法国的《土地银行法》，日本的《农林牧渔金库法》，以及它们的农业保险法等。进一步深化中国农村金融改革与创新应当遵循"需求分析—目标定位—顶层设计—立法规范"的思路，向法制化建设层面推进，为农民收入超常规增长的资金需求提供金融制度保障。

2) 培育农村金融服务的市场竞争机制

长期看，增加竞争有利于整个金融行业健康发展。因此，应在加强监管和有效防范风险的前提下，稳步放开农村地区金融机构的市场准入，吸引民间资本进入，培育适度竞争的农村金融市场，通过构建多层次、广覆盖的多元化金融机构体系，在促进农村金融市场规范化竞争的同时，提供多样化的金融服务，满足农村经济主体多样化的金融服务需求，保障农民收入超常规增长目标的实现。一是鼓励现有的地方性商业银行为农村地区提供服务，特别是鼓励农信社引进高质量的民间资本；二是放宽村镇银行的设立条件和入股比例，加快发展小额信贷组织、村镇银行、贷款子公司、农村资金互助社等新型农村金融机构和以服务农村地区为主的社区性中小银行；三是允许有条件的农民专业合作社开展信用合作，发展服务于小微企业和当地居民的社区型金融机构，鼓励设立新型基层金融组织；四是加快制定"放贷人条例"，明确非吸收存款类放贷人主体的法律地位，引导民间金融成为农村金融市场的重要竞争主体。同时应培育良好金融生态环境和政策环境，引导商业银行在有条件的县域设立分支机构，提高县域金融竞争程度，理顺金融资源分配机制、改善分配效率。

3）充分发挥金融服务功能，引导农业现代化发展

各级政府要思考如何调动各类金融机构服务农业规模化、集约化、信息化和现代化的积极性与责任心，而且这种调动还必须是可持续的，是讲效率的。需要通过完善资金自主定价权、信贷补贴、税收优惠、定向费用补贴、增量奖励及健全有问题农村金融机构的退出机制等宏观制度建设，为金融服务于农业现代化提供连续的正向激励。要积极引导涉农金融机构践行社会责任，通过金融机构微观企业责任制度建设，统一员工思想，有效结合地方经济特色，科学运用激励机制，全力推动"三农"业务开展，增强金融服务的针对性和有效性。还应当通过培训、宣传、咨询等方式强化农民的金融意识，培养农民独立的金融人格，积极引导农民参与金融市场，发展现代农业。

4）大力建设农村普惠金融体系

国家层面可依托中国农业发展银行开展农村普惠金融业务，各省区市可依托政府控制的金融机构和金融平台逐步构建具有本地特色的普惠金融服务体系，在县乡要充分引导新型农村金融机构、信用合作组织提供农村普惠金融产品和金融服务创新。尤其要在贫困县建立普惠金融组织体系和政府主导的扶贫信贷机构，建立扶贫贷款风险补偿基金，提高扶贫贷款风险损失准备金计提标准，鼓励金融机构加强扶贫信贷产品与服务创新，为中低收入农户

定制合适的信贷产品，扩大信贷对贫困农户支持的覆盖面，提高贫困农户金融需求满足率，充分发挥金融在精准扶贫中的重要功能。长期来看，为缩小城乡居民收入和农民收入内部不平等，应当促进农村金融展开良性竞争，协调商业性金融、政策性金融和普惠性金融，加大支农覆盖面，引导全体农民走上良性的发展轨道。

2. 同步提升财政对"三农"的支持力度和支持效率

(1)逐步完善具有调节收入分配作用的再分配制度。发达经济体一般一成左右的 GDP 直接用于中低收入阶层，而中国不足 1%。发达国家经验表明，建立具有调整收入分配作用的再分配制度是缩小收入差距的关键[①]。从中国政府当前实施再分配的财力来看，2013 年中国公共财政总收入 139 744.26 亿元，如果能将新增的财政收入用于转移支付，则每年大约可增加 1.5 万多亿元（2007～2013 年的平均增长数量）的资金用于收入再分配。另外，根据财政部发布的《2013 年 1—12 月全国国有及国有控股企业经济运行情况》数据显示，2013 年国有企业累计实现利润总额 24 050.5 亿元，同比增长 5.9%，国企上缴利润仅占总比重的 5.36%。若能将政府每年新增财政收入与国企留存利润的一部分（如 30%）用于再分配，在不增加税收、不减少其他财政支出规模情形下，将每年新增上万亿元左右的资金用于收入调节，通过合理的转移支付政策"用之于民"，尤其是低收入的农民群体，则在未来的一段时间内大大降低中国城乡居民收入差距并有效拉动内需。

(2)不断优化财政支出结构。一方面，从中央到地方应根据实际情况，加快转变政府职能，降低经济建设支出比重，提高公共支出（包括"三农"、卫生医疗、社会保障和养老、教育、环境保护等）的比重。特别是教育投入的增加可以通过提高整个国家人力资本水平的方式缓解收入分配不公，而增加农村医疗与社会保障将在减少公众保障性储蓄时显著提升消费能力。另一方面，要按照《农业法》的要求，确保国家财政每年对农业总投入的增长幅度高于

---

① 2000 年之后，经过再分配调整，美国基尼系数从 0.46 下降到 0.38，日本则从 0.44 下降到 0.32，德国从 0.51 下降到 0.3，法国从 0.48 下降到 0.28，英国从 0.46 下降到 0.34，OECD 国家平均从 0.45 下降到 0.31，下降了 14 个基尼百分点。如果我国能够建立起像 OECD 国家那样的再分配调整机制，基尼系数就会降低到 0.33 左右的水平。

国家财政经常性收入的增长幅度，建立稳步增加的财政支农资金投入机制，并充分发挥财政引导作用吸引社会资金，加大对农业的投入。此外，要针对不同地区采取差异化的财政支持策略，尤其针对粮食主产区、偏远山区、革命老区和西部贫困地区，不断加大财政补贴力度，通过财政投资培育经济效益显著的产业，带动贫困户就地就业，转变整村财政扶贫模式，通过片区产业培育、就业引导、最低生活保障、养老、医疗保险等，直接让贫困户享受财政扶贫资源，实现精准扶贫。

(3)提升财政资金使用绩效。财政"用钱必问效，无效必问责"。管好国家的"钱袋子"，关键要完善财政预算制度，全面推进财政资金使用的绩效评价。宏观层面，要时刻审视钱有没有"好钢用在刀刃上"，财政资金首先要保证民生事业的发展需要，用于提高全社会的基本公共服务水平，改善公用基础设施等；其次是要发挥"四两拨千斤"的引导作用，配合好各地区产业结构调整战略，如鼓励扶持环保产业、新能源、"三农"的发展和地区特色产业。微观层面，要完善财政预算流程，坚决抵制财政投入项目"贵而不惠"的财政资金"微观浪费"，切实保障财政项目投入效率。

(4)优化财政支农支出资金结构。国家发改委宏观经济研究院的一项调查研究结果表明，财政支援农村生产支出、各项农业事业费、农业基本建设支出每增加 1%，农民人均纯收入的增加幅度都会超过 1%。所以，要在保持农村社会事业发展支出稳定增长的基础上，着力加大两项补贴(包括农业支持保护补贴和农机具补贴)支援农村生产支出和各项农业事业费所占比例。其中，两项补贴要逐步增加品种、提高标准、扩大范围，增加农村的公共服务，增加农民的转移性收入。支援农村生产支出和各项农业事业费，重点要放在加强农业基础设施建设上，要通过不断夯实农业发展基础，持续改善农业生产环境，重点保护水利和有限的耕地资源，提高农业综合生产能力，增强农业抵御自然灾害的能力，提高农业生产经营活动的效率和效益，促进农民收入的持续增加。

3. 促进各类资金供给主体的合理分工与协同运作

(1)加强金融与财政服务"三农"的协调配合。对从事农户和农村小企业贷款的金融机构，国家应及时给予更多的政策优惠与政策保护，确保该类型金融机构在对农村进行"输血"的同时也能够得到合理的"供氧"。经济学理论告诉我们，市场这只有形的手并不是万能的，而农户和农村小企业贷款与贫困地区的金融发展，往往就是市场机制严重失灵的领域，需要政府这一双有形的手进行必要的干预，最终形成"1+1>2"的政策合力。一是要通过税收优惠、财政补贴解决好金融机构在扩大农业贷款、农户贷款时会增加的机会成本、风险成本。二是为鼓励金融机构扩大农业贷款，还应该加快建立农业贷款的风险补偿基金、制定好风险补偿发放的规则，并加入一些激励机制、补贴机制和引导机制，刺激金融机构有更强的内在动力来扩大农业农村信贷投放。比如，实施政府增信工程，财政出资设立"助农贷"等风险保障基金，银行按照一定比例予以放贷。三是要充分发挥财政金融的协同效应，助推贫困群体，拓展增收渠道。财政重点投资于贫困县的公共基础设施和社会保障，金融重点支持扶贫产业培育。同时，财政需要增加对扶贫金融服务的风险与成本补贴，并出资建立扶贫性担保和保险机构，为贫困农户提供担保支持和生产保险，降低扶贫贷款的风险，从而建立"财政、信贷、担保、保险"共担风险的机制。

(2) 引导和鼓励社会资本投向农村建设与农村扶贫。通过制度政策，科学设计，调动和引导社会资本投向农村建设。对于政府主导、财政支持的那些农村公益性工程和项目，政府一方面可以采取购买服务，另一方面可以与社会资本进行合作，引导企业和社会组织参与建设、管理、维护和运营。对于能够商业化运营的农村公共服务和设施，应向社会资本全面开放，制定鼓励社会资本参与农村建设的目录，并出台财税、金融等支持政策。要吸引工商资本支持建设多种农村养老服务和文化体育产业及相关基础设施，广泛吸引社会资本参与水利工程建设和运营。要积极动员社会力量，汇集扶贫攻坚强大合力，健全社会扶贫组织动员机制，搭建社会参与扶贫开发平台；改进和完善东部地区对西部地区的扶贫协作和定点扶贫工作，加大先富群体帮扶后富力度；拓展社会扶贫的新思路，引导激励社会各界踊跃投身扶贫事业，倡导民营企业、社会组织和公民个人积极参与；建设社会扶贫信息服务平台，实现帮扶需求与供给的有效对接。

(3) 改善金融生态，充分发挥资金供给主体之间的互补性和积极性。农户资金需求的满足对于其实现收入超常规增长至关重要。有研究表明，农户所处的区域经济金融环境的好坏，不仅会影响农户的资金需求，而且影响金融机构对农户的实际信贷供给水平，直接决定了农民增收情况的好坏(陈雨露和马勇，2010)。所以，应该因地制宜推进农村金融生态环境的完善。一个良好的区域金融生态环境，可以显著降低农户与金融机构之间的信息不对称，减少市场主体之间的交易成本。但完善农村金融生态环境这一过程，必然离不开农户、政府、金融机构等几大主体之间的互补性和积极性。因此，需要加快建立农户、政府、金融机构等主体之间"和谐、互补、共生"的关系(图10.8)，充分发挥几大主体之间的互补性和积极性，才能促进利益导向一致的激励结构，促进农户信用和农贷市场的自然延伸及扩张，最终确保农村信贷资源、财政支农资金和农户闲散资金的协调和配置始终在一种有序的状态下运行，为农民收入超常规增长提供必要的资金保障。

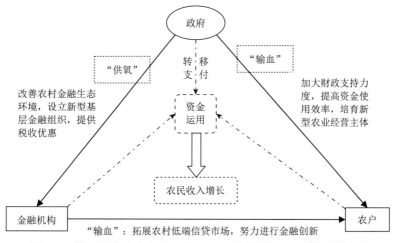

图 10.8　资金保障中的农户、政府、金融机构等几大主体之间协同

10.4.3　农民收入超常规增长战略的组织保障

从计划经济体制向市场经济体制转型过程中，农业生产普遍面临着如下问题：一是市场体系发育不完善，农民组织化程度低，市场表现出非均衡性特征，市场竞争因此缺乏制衡，农民在市场交易中处于被动状态，成为缺少谈判地位的弱势群体；二是在市场经济条件下，农户开展农业经营所花费的市场营销成本具有固定成本的性质，以农村土地细碎化、经营规模超小化为特征的传统经营方式不仅增加了农户的交易成本，而且使单个农户难以承担农业生产所面临的自然风险及巨大的市场风险，从而极大地限制了农民收入

增长和农业专业化、集约式发展；三是农产品在经济生活中具有绝对的重要作用，这往往使农民成为物价稳定、社会稳定等政策的成本承担者，农产品的自然特性和市场特性使单个农民在市场交易中处于不利地位。因此，有必要大力建设适应现代农业发展的组织体系，保障农民收入超常规增长。

1. 因地制宜发展农民合作经济组织

发达国家农民收入水平很高，其农民的组织化程度同样很高，所以西方发达国家农业人口所占的比例尽管很低，但他们在国家政治生活中，尤其是在有关涉农政策的制定过程中却起到了举足轻重的作用。美国、日本、法国通过体制健全的农业合作组织，使农户与市场接轨，而发达的农产品购销组织体系保证了农产品的合理生产及销售，使农户能够专心从事农业生产。此外，发达国家通过合作社的技术指导、生产方案制订，能够使农户进行科学生产，提高农产品质量，按市场的需求进行生产，降低了市场经营成本，提高了农户的生产效率和市场谈判能力，为农民收入增长提供了有效的保障。

从 1980 年中国出现第一个农村专业技术协会开始，新的农业经营组织形式在中国开始兴起，并以各种不同的形式蓬勃发展起来。而 2007 年 7 月 1 日，《中华人民共和国农民专业合作社法》（以下简称《农民专业合作社法》）的正式实施更是成为农民专业合作社①发展的重要契机，2009 年农业部将合作社列入农业部农民专业合作组织示范单位。十八届三中全会明确提出"推进家庭经营、集体经营、合作经营、企业经营等共同发展的农业经营方式创新，鼓励农村发展合作经济，扶持发展规模化、专业化、现代化经营"，而且允许财政项目资金直接投向符合条件的合作社，进一步通过财政扶持与补贴手段创新形成促进农民专业合作社发展的激励机制。此后，国家和地方政府又制定并实施了一系列配套政策和法规，随着政策和法律环境的明显改善，经过几年努力，合作社初步形成了集约化、规模化、标准化、专业化、生态化生产的现代养殖产业模式。相应地，2014 年 2 月末，农民

---

① 农民专业合作社在生产方面以"六统一分"为运行机制，即统一调种、统一孵化、统一饲料、统一防疫、统一运输、统一销售、分ароれ饲养。把闲散的农村生产力统筹到一起，这有助于发挥规模经济效应，增强市场竞争力。

专业合作社总数已高达 103.88 万户①，比 2010 年扩大了将近 3 倍②。再加上《农民专业合作社法》对合作社的标准采取了较为宽松的尺度，相应各种农村新型专业合作经济组织③应运而生，并逐渐成为现阶段适合农村经济社会发展的新型农村生产经营组织，有效带动了农民收入快速增长。

因此，政府应该加大政策力度，积极发展农民合作经济组织，通过把分散的小农户有效地组织起来，节约交易费用，规避自然风险和市场风险，以获得农业专业化和规模化生产效益，实现小农户和大市场的有效衔接；通过农民专业合作组织提供的各种中介服务，实现让分散的农户经营与广阔的市场有效对接，并降低农民在农业生产经营中的成本；充分发挥这些农民专业合作组织的协调和制衡作用，增强农户的市场谈判能力。总之，根据各地经济社会发展实际情况，建立健全农民合作经济组织，能够有效改善农民在市场体系中的地位，增强农民维权能力、保障农民收益。

2. 加快培育新型农业经营主体、构建新型农业经营体系

要创新土地流转和规模经营方式，培育一大批种养大户、家庭农场、农民专业合作社、产业化龙头企业等新型农业经营主体，积极发展多种形式的适度规模经营。引导土地经营权有序流转，既要从当地农业劳动力转移的实际情况出发，更要尊重农民流转土地的意愿，切勿搞"大跃进"，更不能搞强迫命令，还要避免行政瞎指挥。必须切实保护农户承包土地的合法权利，土地的经营权是否进行流转、流转的价格如何确定、流转的形式如何选择，都应该由承包农户自主决定，流转收益应尽数归承包农户所有，要让农民成为土地适度规模经营的积极参与者和真正受益者。鼓励工商企业发展适合企业化经营的现代种养业、农产品加工流通和农业社会化服务，但是对工商资本

---

① 数据来源于中国农民专业合作社网的合作社要闻栏目 http://www.cfc.agri.gov.cn/cfc/html/column_77.html。

② 到 2010 年底，全国依法在工商部门登记的农民专业合作社已达 37.9 万家。

③ 农民专业合作经济组织的组织形式和活动方式多种多样，按照农民合作的紧密程度，归纳为以下三种主要类型：专业合作社、股份合作社和专业协会。专业合作组织作为农民专业合作经济组织典型形式，可以认为是农民联合自助组织的目标模式；股份合作社是在合作制基础上实行股份制的一种新型合作经济组织；专业协会是一种较为松散的合作形式，包括农业服务协会和专业协会等。

下乡租赁农户承包地，一定要有严格的准入门槛和监管办法，严禁资本下乡，擅自改变土地的农业用途，搞"非农化、非粮化"。

培育新型农业经营主体、构建新型农业经营体系、推进农业现代化是一项长期任务、系统工程，也是一项政策性很强的工作，一定要注意把握节奏和掌握方法，坚持正确的指导思想和原则。首先，要坚持农民的家庭经营主体地位，尊重农民意愿。农民是农业"转方式、调结构"的主体，他们的意愿和经营自主权必须得到尊重，而政府部门要做的重点是规划引导和服务、试点总结并推广先进经验、创造良好的市场环境，切勿以行政命令越俎代庖。其次，要坚持以市场为导向，尊重经济客观规律。深入研究需求特征、市场走势，善于通过市场流通链条带动农业生产，善于运用市场的办法指导和组织农业生产，防止因盲目跟风、搞"一窝蜂"，遭到市场惩罚、农民埋怨。最后，要综合考虑各地区的资源要素禀赋、产业基础、产业特色、区位优势和市场条件，加强分类研究，科学制订规划，因时因地制宜，因势利导，提高工作的科学性和政策的针对性、实效性。

3. 发展农民资金互助组织、创新资金融通渠道

新型农业经营主体的健康成长离不开农村金融的大力支持，农村金融发展推动农村经济增长，必须要盘活农村内部资金，发挥合作机制的比较优势，将农村的闲散资金和农民自己的钱留下来、用起来。长期以来，农村资金的运行主要包括两个渠道：一是农民与银行；二是农民与民间借贷。在农民与银行这一渠道，农民往往是"存款容易，借款极难"，银行则是"多存少贷"甚至"只存不贷"；在民间借贷这一渠道，主要体现为借贷关系不规范、信息不对称及"借款贵"的问题。培育发展农民合作社、资金互助组织来建立基于合作关系的创新资金融通渠道，不仅仅是行业需求，更是国家规范农村金融运行的需要。因此，建立起一种有效的政府引导、新型农业经营主体支持和农户协作的多方联动资金互助组织，充分发挥各方相对优势，能够实现多方共赢。

以"互联网+"模式发展农村金融，创新农村金融服务，为推动农业发展方式转变、实现农民收入超常规增长提供创新激励。通过发展农村资金互助来建立良性的农村资金供应链，再与移动互联网进行叠加覆盖实现颠覆性的农村金融服务变革，可能是斩断传统农村金融业务抵押物缺乏、额度小、

交易频次高、季节性强、地区分散等造成高交易成本死结的光明之剑。要通过积极引导和扶持把"互联网+新型农业经营主体+资金互助"打造成农民收入超常规增长的核心金三角，把"互联网+新型农业经营主体+企业+金融机构+政府"打造成农业现代化的组织框架。如果做到"工具"的高效率+农业生产的高效率+"钱"的高效率+管理的高效率，就能真正高效推动农业发展方式转变和农业现代化发展。

4. 强化农业社会化服务组织体系建设，实现农民生产经营成本有效控制

增加农民收入，还必须不断完善农业服务组织体系，帮助农民降低生产成本、控制经营风险。要抓好农业生产全程社会化服务组织体系和体制机制创新试点，重点支持为农户提供代耕代收、统防统治、烘干储藏等服务；稳定和加强基层农技推广等公益性服务机构建设，健全农技推广的经费保障和激励机制，改善基层农技推广人员的工作环境和生活条件；充分发挥农村专业技术协会在农技推广中"接地气"的作用；采取购买服务、税收优惠等方式，鼓励和引导社会力量参与农业和农村的公益性服务；支持邮政系统更好地为"三农"提供服务，拓宽农产品销售渠道；创新气象为农服务机制，让农民看懂天气，适时耕耘和收割，全面推动其融入农业社会化服务组织体系。

10.4.4　农民收入超常规增长战略的社会保障

社会保障主要是指国家通过积极动员社会各方面的资源，保证无收入、低收入及遭受各种意外灾害的公民能够维持基本的生存，保障社会劳动者在年老、失业、患病、工伤、生育时的基本生活不受影响，同时根据经济和社会发展状况，逐步增进公共福利水平，提高国民生活质量。现代国家良好的社会保障制度[①]以社会安全网络的形式出现，除了维护社会稳定、保障民生、安定社会生活，还扮演着经济发展助推器、经济运行稳定器的重要角色(郑功成，2015)。建立健全与经济发展水平相适应的社会保障体系[②]，是经济社会

---

① 在谈到中国经济持续高速增长的奥秘时，人们往往更多关注经济政策及投资、消费、外贸三驾马车的作用，而忽略社会保障的作用，有人甚至把社会保障当成经济发展的包袱。这种认识上的偏差，源于对社会保障发展历程及其不可替代的独特功能缺乏足够了解。

② 社会保障制度体系起源于 19 世纪末的欧洲工业社会，1601 年英国女王颁行了世界上第一部《济贫法》，这是现代社会保障制度的萌芽。现代社会保障制度的核心部分是为劳动者提供社会保险，第一个建立社会保险制度的是后起的资本主义国家——德国。1935 年美国国会通过了综合性的《社会保障法》，"社会保障"一词由此产生，它标志着现代社会保障制度的形成。

协调发展的必然要求，是维持社会稳定和实现国家长治久安的重要保证，是广大人民的真实诉求。因此，实现农民收入超常规增长，必然离不开健全的综合社会保障体系支撑，这一体系既包含传统的社保、医保等核心内容，也包括社会文明、社会管理等相关内容。

1. 加快完善社会保障体系

我国根据发达国家及国际劳工组织关于社会保障体系框架的设计，结合我国实施社会保障的实践，逐步建立起了具有中国特色的社会保障体系。但由于经济发展等诸多因素制约，我国的社会保障体系构建过程中尚存在覆盖面小、实施范围窄、统筹层次低的问题，需要不断加快完善进程。《中共中央关于构建社会主义和谐社会若干重大问题的决定》中提出：到2020年"覆盖城乡居民的社会保障体系基本建立"，这是构建社会主义和谐社会的目标和主要任务之一。十八大报告明确提出："把进城落户农民完全纳入城镇住房和社会保障体系，在农村参加的养老保险和医疗保险规范接入城镇社保体系；整合城乡居民基本养老保险制度、基本医疗保险制度，推进城乡最低生活保障制度统筹发展。"实现农民收入超常规增长，有赖于健全农村社会保障体系，并逐步实现城乡社会保障一体化。

(1)同步推进农村社会保障体系各部分的建立健全。我国农村社会保障主要包括农村社会保险、农村社会救助、农村社会福利和农村社会优抚这四个分工明确的构成部分。农村社会保险是农村社会保障的核心，是较高层次的社会保障，具体包括养老、医疗、失业、工伤和计划生育等方面的保障。我国现阶段的农民，最迫切需要的社会保险主要是养老保险和医疗保险[①]。农村社会救助制度包括农村社会互助和农村社会救济两个方面。农村社会救助制度是指国家及各种社会群体运用掌握的资金、实物、服务等手段，通过一定机构和专业人员，向农村中无生活来源、丧失劳动能力者，向生活在"贫困线"或最低生

---

① 所以，通常意义的农村社保，也就是农村社会保险，包括农村养老保险与农村医疗保险，是由政府组织引导，采取社会统筹和个人账户相结合的制度模式，采取个人缴费、集体补助、政府补贴相结合的筹资方式，以保障农民年老后基本生活的一种养老保险政策。

活标准以下的个人和家庭，向农村中一时遭受严重自然灾害和不幸事故的遇难者，实施的一种社会保障制度，以使受救助者能继续生存下去；农村社会救济的对象主要是五保户、贫困户、残疾人及其他困难群众。农村社会福利是指为农村特殊对象和社区居民提供除社会救济和社会保险外的保障措施与公益性事业，其主要任务是保障孤、寡、老、弱、病、残者的基本生活，同时对这些特困群体提供生活方面的上门服务，并开展娱乐、康复等活动，逐步提高其生活水平。农村社会优抚是指优待、抚恤和安置农村退伍军人，以及对农村从军家属给予物质和精神方面的补助。农村社会优抚是一项特殊的保障，已列入国家整个社会保障体系之中。上述四个部分的建立健全及功能有效发挥，能够保障农村各类群体的生活稳定和解决其生产发展的后顾之忧。

(2) 重点加强"新农保"制度建设。国务院于 2009 年 9 月决定在全国开展新型农村社会养老保险(简称"新农保"试点)。根据国务院发布的《关于开展新型农村社会养老保险试点的指导意见》(简称《指导意见》)，"新农保"制度建设的政策目标包括"应对国际金融危机、扩大国内消费需求"，"逐步缩小城乡差距、改变城乡二元结构、推进基本公共服务均等化"和"实现广大农村居民老有所养、促进家户和谐、增加农民收入"。有研究表明，新农保已经取得了初步成效，对提高农民收入、促进农村家户和谐和实现农民老有所养发挥了积极作用。然而，新农保政策对农村家庭消费和农村老年人劳动供给所产生的影响在规模上十分有限，就切实促进农民消费和最终实现农民老有所养而言，新农保制度建设仍然任重道远(张川川等，2014)。尽管由于中央政府准确引导、各级政府的积极推动和各方面的大力支持，新农保制度建设在短期内已取得了巨大成就。但不可否认的是，当前的养老金支付水平仍然很低，政策覆盖仍然很浅，能够发挥的作用也很有限。我国目前新农保基础养老金支付仅相当于人均家户纯收入样本均值和样本中位数的大约5.4%和9.5%(张川川等，2014)。而与我国当前的情形形成鲜明对比的是，同样是金砖国家的南非，却早在 20 世纪 80 年代末就完成了社会养老保险改革，其养老金支付标准是同期南非黑人人均收入中位数的两倍。因此，未来我国新农保的制度建设重点应逐步合理提高养老金待遇，首先，需要落实《指导意见》相关规定，根据经济发展和物价变动等情况，适时调整基础养老金支付标准，进一步提高实际报销范围和报销水平；其次，需要动员各村先进个人鼓励农民早日参保、多缴费，从而最大可能地提高农民个人账户养老金支付水平；最后，需要改变新农保基金管理和运营模式，在确保基金绝对安全的前提下积极探索并开展商业化运营。

(3) 稳步推进城乡社会保障一体化。加快完善社会保障体系，提高社会保障覆盖率，重点要增强普惠性，实现社会保障制度对收入分配的正向调节作用。首先，需要不断加大财政社会化保障和就业支出力度。我国当前的财政社会保障和就业支出比重较低，2013 年为 14 417.23 亿元，仅占国家财政总支出的 10.3%，2011 年的美国则已高达 36.6%。其次，我国社会保障制度不健全，社会保障体系需要进一步完善。由于过去的社会保障制度设计忽视收入分配功能，没有很好地起到缩小居民收入差距的作用，特别是低收入群体（尤其是农村地区的低收入群体）受到的保护程度极低；如果将人均日消费在 1.25 美元以下的家庭定义为贫困，中国家庭金融调查的数据显示，2010 年我国约有 70.8%的贫困家庭没有获得任何的政府补贴。再次，中国现行的社会保障覆盖面虽然在持续扩大，但是其保障程度存在很大的差别，这一差别尤其体现在城乡居民之间和高低收入居民之间。因为当前的情况是，农村居民或者低收入家庭的收入较低，所以社会保障的支付能力低，缴费意愿也很低，导致其能够享受到的社会保障很少。因此，完善社会保障应特别做到重点关注农村居民、外来务工人员、城镇未就业居民、城乡贫困人口等弱势边缘群体的保障问题，加快实现社会保障的城乡一体化和全国一体化，使全国人民能够真正享受到社会保障带来的好处。

2. 稳步促进城乡医疗服务均等化

实现城乡医疗服务均等化，必须加快推进新型农村合作医疗和城镇居民基本医疗保险"并轨"进程。国家统计局公布的 2014 年统计公报数据显示，2014 年启动实施新型农村合作医疗和城镇居民基本医疗保险"并轨"，提高企业退休人员基本养老金水平，全年资助 4118.9 万农村困难群众参加新型农村合作医疗[1]。但是要想完成双轨运行的新农合和城镇居民医疗保险制度完美

---

① 数据来源于国家统计局网站：http://www.stats.gov.cn/tjsj/sjjd/201502/t20150226_685767.html。

"并轨"，现存在以下几个明显问题：一是由于两种制度设计的差异，"并轨"过程难免会产生一些不协调，造成部分居民无所适从；二是由于过去人为地将居民简单地分为城镇居民和农村居民，规定不同居民参加不同的社会医疗保险，并且这两个制度之间还有一定的限制，有失公平，也缺少可靠的法律依据；三是两个经办机构双轨运行，导致重复投资，直接造成了人力、物力和财力的浪费；四是两个相互独立的保障体系和信息化系统的各自运行，致使居民重复参保现象严重，并且省内异地报销信息交流不畅通。据此，必须尽快建立全国统一的城乡居民基本医疗保险制度、建立统一的城乡居民基本医疗保险经办队伍、建立统一的信息化管理系统、建立健全病种付费机制；不断增加病种付费范围，尽快理顺、协调管理机构及体制，加强医疗卫生、劳动保障、财政等相关部门之间的协调配合工作；务必确保新农合基金安全运行，不断加大财政补贴力度，继续提高补偿标准，扩大补偿范围，全面开展大病保险，有效落实责任制，让居民享受到更多的实惠。最后，促进城乡医疗服务均等化，还需要进一步加强农村基层基本医疗、公共卫生能力和乡村医生队伍建设，真正做到城乡医疗资源的均衡配置。

3. 大力重整乡村文明建设

2015 年中央一号文件第一次提出把传承乡村文明作为新农村建设的主要内容，明确了在新农村建设中要"创新乡贤文化，弘扬善行义举，以乡情乡愁为纽带吸引和凝聚各方人士支持家乡建设，传承乡村文明"。在这短短几句话中，浓缩着中央首次从文化与文明传承的高度，对中国乡村文明价值的肯定。在中国古代文明与文化传承中，乡村乡贤发挥了重要作用。目前中央提出新乡贤在乡村文明传承中的作用，是非常契合当代中国农村发展的新趋势。中国改革开放三十多年的过程中，是中国乡村能人、精英通过高考、经商、打工创业不断从乡村向城市流动的过程。但是最近几年，从乡村向城市人才单向流动的格局正在打破，开始出现了新告老还乡、新知识青年、文化人回流乡村的迹象。而且随着时间的推移，将会有越来越多人进入回乡的行列中来。在这样一种背景下，回乡的新乡贤将成为中国新农村建设，传承乡村文化重要的人才。总之，促进农村发展、农民增收，一定要加大乡村教育、农村思想道德建设、农村文化服务等涉及乡村精神层面的建设，不能只关注物质不关注精神、只重视经济不重视文化(张孝德，2015)。

4. 积极探索农村社会管理创新

首先，要坚持以机制创新推动农村社会管理创新，不断提升农村社会管理水平，维护社会和谐稳定。树立系统治理、依法治理、综合治理、源头治理理念，重视化解农村社会矛盾，确保农村社会稳定有序，及时反映和协调农民各方面利益诉求，处理好政府和群众利益关系，从源头上预防减少社会矛盾。确保广大农民安居乐业、农村社会安定有序。其次，按照中央文件精神创新和完善乡村治理。具体包括：一是针对食洋不化、无法落地的乡村民主治理制度进行改进完善，使其更适合乡村熟人社会特性；二是通过村民小组为基本单元的村民自治试点，让农村在自我改革和探索中，形成符合各地实际的村民自治有效实现形式；三是充分激发农村社会组织活力；四是通过加强农村思想道德建设，突出来自乡村传统伦理、乡规民约和乡贤文化在乡村治理中的作用。要通过构建以集乡村传统伦理、"两委"民主决策管理、村民小组自治、社会组织参与的、多元协商共治的乡村治理新模式，彻底解决农村治理状况不佳的现实问题。

10.4.5　农民收入超常规增长战略的科教保障

Schultz(1964)分析了传统农业的三个基本特征：一是技术状况长时期保持不变，也就是说传统农业中的农民所使用的生产要素和技术条件不发生变化；二是农民获得收入和持有收入的来源和动机在长期内不发生变化，也就是说传统农业中的农民没有增加生产要素的动力；三是传统生产要素的供求由于储蓄为零而达到均衡。因此，从这些特征来看，传统农业由于对生产要素的供给和需求不发生变化，并且处于一种特殊类型的经济均衡状态中，其本质上是生产方式长期没有发生变动或者是基本维持简单再生产的一种长期处于停滞状态的小农经济。如果要使传统农业向现代农业进行转变，必然使农业的增长方式发生根本性变化，科学技术和劳动力素质发挥的作用至关重要。在农业发展的新阶段，中国农业和农村经济增长方式也在进行着由传统农业向现代农业的转变，科技进步与人力资本积累的提高及两者的有机结合才能创造更多的财富，才能持久推动农民收入超常规增长。

1. 为现代农业发展和农民增收提供科技支撑

促进农业发展和农民增收，必须为农业插上科技的翅膀，走中国特色新型农业现代化道路，加快构建"顶天、立地"的农业科技创新与推广格局。农业科技创新是农业发展方式转变的前奏和先导，农业科技是确保国家粮食安全的基础支撑，是突破农业资源环境约束的必然选择，是推进农业现代化的决定力量，是实现农民收入超常规增长的重要保障。把农业科技创新作为最根本的驱动力，是实现农业现代化发展和农民持续增收的时代特征。中华人民共和国成立以来，我国农业科技事业实现了跨越式发展，农业科技进步对农业发展的支撑作用不断增强，农业科技进步贡献率在中华人民共和国成立初期仅为 20%，2014 年已经超过了 56%。但与西方发达国家相比，我国农业科技进步贡献率仍然要低二十多个百分点（叶兴庆，2015），这一方面说明我国目前的农业科技进步支撑现代农业发展力度还不够，另一方面同样说明了我国将来依靠科技进步提高农业全要素生产率还有很大潜力。据 FAO 2012 年统计数据，我国水稻、玉米和大豆的平均单产分别仅为美国的 80.8%、76.9% 和 71.2%（李家洋，2015）。在农业国际化竞争的大背景下，只有加快推进农业科技进步，才能为农村繁荣、农业增产、农民增收注入强劲动力。我国的农业现代化之路有其特殊性，必须量好农业的"体"，才能裁好农业科技的"衣"，必须立足于我国基本国情，不搞"大跃进"，顺应世界农业成功转型的发展规律和趋势，坚持走具有中国特色的新型农业现代化之路，加快农业科技创新步伐。

（1）充分利用农业科技资源，促进科技投入结构优化。要适当增加农业技术创新投入，特别是对于经济实力相对较弱的农村地区，增加财政科技投入，提高技术创新水平，进而推动农业发展方式的转变。构筑科技创新创业投资风险的多元化分担机制。通过健全科技创新创业信贷担保体系，扩大现有政策性担保机构的职能，引导其开展政策性科技创新、创业担保业务，探索建立政策性、商业性、互助性、合作性等共存的龙头企业科技创新、个体科技创业担保体系。建立科技创新、创业保险和再保险体系，加强科技保险产品及衍生品开发，完善科技运用的风险补偿机制。

（2）健全人才培养管理机制，强大创新型农业科技人才队伍。首先，创新技术创新的奖励机制，增设更多的知识、技术创新奖项，建设奖励业务平台，优化奖项评审流程，倡导尊重知识、崇尚创新的良好创新氛围，加强对重大创新成果、典型创新人才及成功创新企业的宣传。其次，要推进人才培养机制建设，创新人才评价制度，发展建立人才分类评价标准和管理体制，结合创新人才的特点、岗位特点和企业特点，建立人才评价的核心指标，扩充具有创新能力和国际视野的人才队伍。最后，要积极鼓励科技人员创新创业，支持创新人才向农业龙头企业集聚、向产业流动，推进各类科技人才结构合理分布。

(3) 完善知识创新与技术创新衔接机制，促进二者有机结合。一方面，政府要加强政策引导，推进以相关大学和农业科研院所为主体的知识创新转型，要求大学、农业科研院所将研究从知识创新阶段推进到新技术的孵化阶段，在知识创新后要进一步参与新技术的孵化，将科研成果推向应用领域。另一方面，政府要通过财政"四两拨千斤"的杠杆效应推进以农业龙头企业、农业生产性服务企业为主体的技术创新转型，把技术创新环节拓展到大学和农业科研院所提供的新技术孵化阶段，加强与大学和科研院所的技术孵化合作。使知识创新的成果向技术创新转化，让技术创新有知识创新的支撑，使二者在创新环节中紧密结合。

(4) 深化科技体制改革，提升科技服务经济发展能力。从科技体制改革和经济社会领域改革两个方面同步发力，完善政绩考核体系和激励政策，强化政产学研合作，打通科技和经济社会发展之间的通道，让科技创新的经济社会价值充分发挥。要不断推进体制机制建设，健全完善科技管理信息公开制度、科技决策咨询制度和科技创新利益补偿机制等科技创新基础性制度，建立农业科技政策评审专家委员会和科技决策咨询智库，不断提高科技资源开放共享水平和科技决策管理水平。着力以农业科技创新为核心，全方位推进农业生产品种创新、品牌创新、产业组织创新、商业模式创新，把创新驱动发展落实到农业现代化建设的整个进程和各个方面。

2. 为现代农业发展和农民增收提供人力资本创新

按照舒尔茨"改造传统农业"理论，传统农业向现代农业转变的过程中，人力资本改造至关重要。在改革开放三十多年间，逐步拆除阻碍人口迁移和劳动力流动的制度藩篱，打通普通劳动力资源配置与机关事业单位人事安置之间的分割，使人口红利得以充分利用，人力资本充分涌流的巨大推动力推动了经济增长的奇迹。然而，经济进入"新常态"以后，这种人口红利消失殆尽，新型城镇化和农业现代化由此受制。因此，"新常态"时期，唯一可持续的发展源泉——人力资本，需要教育改革和更好的制度环境得以释放和涌流(蔡昉，2012)。

(1) 全方位推动城乡义务教育均衡发展，促进城乡人力资本均衡积累。义务教育是人力资本积累的首要环节。应全面改善农村义务教育薄弱学校的基本办学条件，实现城乡义务教育的均衡、优质、高效；各级教育行政管理部门应坚持依法行政、依法治教，加快完善政策制度，为城乡义务教育均衡发展提供保障；探索建立保障义务教育均衡发展的经费投入长效机制，全面落实义务教育筹资政策，鼓励地方政府加大对义务教育均衡发展的资金投入，加强对义务教育经费的预算管理和监督。推动更多的教育资源(包括优质物质资源、优质教师资源和生源)向农村地区的义务教育倾斜，建立健全城乡义务教育教师队伍有效补充和合理的流动机制，特别是建立健全城镇教师到农村学校支教制度、农村教师到城镇培训制度、义务教育学校教师定期轮岗交流制度等；在进行农村义务教育的资源均衡配置时，除了重视师资的增量，还应做好城乡教育资源存量的激活工作，建立起激活存量义务教育资源的有效机制，实现教师、办学条件和组织资源在教育活动中的有机结合，实现已有教育资源配置效益最大化目标。

(2) 建立健全统筹城乡教育发展模式，推进统筹城乡教育投融资体制改革与创新，科学设计人力资本改造的经费保障与监控机制。教育投融资体制作为教育经费来源，分配、使用和管理的规则体系和运行方式，对于统筹城乡教育发展模式的最终确立具有决定性作用。坚持以科学发展观为指导，以政府为主导，市场有效配合，通过优惠政策引导，加快建立分工合理、功能完善、竞争适度、相互合作、服务高效、可持续发展的多层次城乡教育投融资体系，通过城乡教育投融资体制的良性运行，有效满足城乡经济社会一体化发展的教育经费需求，提高教育资源的使用效率，为城乡人力资本改造发展营造良好的投融资环境，加快形成教育服务经济社会与发展自身相互促进的良性循环机制。统筹城乡教育发展的投融资体制改革与创新，必须有效满足城乡经济社会一体化发展的教育经费需求，提高教育资源的使用效率，这就需要进一步科学设计相应的经费保障与监控机制。适当的经费保障与监控机制选择可以针对各地的具体情况制定教育资源配置规划，缩小城镇地区和农村地区的教育差距。不同地区城乡教育统筹发展的经费保障与监控机制应建立在对该地区基本情况的了解之上，具体问题具体分析，从而达到事半功倍的效果(温涛，2014b)。

(3)用制度保障城乡教育资源优化配置，形成有利于人力资本公平发展的土壤。从根本上说，实现城乡教育均衡发展，必须不断深化制度改革和机制创新，建立和完善教育均衡保障体系，用制度保障教育资源优化配置，推动农村教育向高质量和高水平方向发展，促进农村人力资本创新。在具体操作中，一方面，可以考虑适当提高重点高校在农村地区的招生比例，满足农村地区学生的求知梦；另一方面，可以对那些未能继续升学的初中、高中毕业生提供中高等教育，推进中等职业教育和职业技能培训全覆盖，逐步实现免费中等职业教育，针对性进行人力资本创新改造。全面推进基础教育数字教育资源开发与应用，扩大农村地区优质教育资源覆盖；加强乡村教师队伍建设，逐步加大且重点落实好集中连片特困地区乡村教师生活补助政策。各级政府和教育部门要树立创新意识，通过大胆创新深化教育改革，推进城乡教育均衡发展，形成有利于人力资本公平发展的土壤。

(4)高度重视农业职业教育，用深化改革的办法办好农业职业教育，大力培养新型职业农民，为发展现代农业提供强有力的人力资本支持。新型职业农民[①]的典型特征是高素质，不仅需要知识技能，更需要宽广的视野、综合的管理能力、优良的职业道德和诚信的经营理念(朱启臻，2014)。仅仅有良好的制度环境也是不够的，如此，新型职业农民不会自动形成；同样，仅有对农民的教育过程也是不够的，如果农民不能够获得从事农业生产的多种资源，同样也不能成为职业农民。所以，新型职业农民的培育过程，是通过政府的支持把对农民的教育与农民家庭经营、农业生产有效结合起来，缺少任何一个方面，都难以培育出社会需要的新型职业农民。新型职业农民与其他受教育群体(如高等教育、进修等)存在显著区别，因为新型职业农民并不是靠"文凭"作为进入社会的敲门砖，而是要通过学习获得实实在在的农业生产技术和经营能力。首先，要成功培育新型职业农民，教育机构不仅应具有理论教

---

① 2014年4月，教育部和农业部共同印发了《中等职业学校新型职业农民培养方案试行》(简称《培养方案》)的通知，这不仅是确保国家粮食安全的战略举措，也是农民教育的一件大事，对中国的农民教育和现代农业发展具有重要意义。

学水平和条件，还要具备解决农民生产和农业经营实践中具体问题的能力，具备能够进村、入社、到场，把教学班办到乡村、农业企业、农民合作社、农村社区和家庭农场的能力。新型职业农民教育既要强调系统正规，更要强调灵活和实用；既要方便农民学习，也要方便农民之间进行交流(朱启臻，2014)。其次，要始终把提高农民的综合能力作为教育和考核的主要指标，把实现农业结构转型和农业现代化的人力资本要求作为不断奋斗的目标。依托《中等职业学校新型职业农民培养方案试行》(简称《培养方案》)形成协调一致的新型职业农民教育体系，衡量和评估教育质量[①]。最后，新型职业农民培育是教育部门当前乃至以后长期的重要责任，也是农业部门的重要基础。但是，面临庞大的农业就业团体和转变农业发展方式、实现农业现代化的艰巨重任，仅仅依靠教育部门和农业部门的力量还远远不够，需要各级政府部门展开通力协作，需要社会力量的鼎力支持，同时也需要教育机构进行大胆创新，更需要农民充分认识到进一步接受教育的重要性及主动接受教育的积极性。只有动员全社会的力量关心农民、关注农业，形成支持农业和尊重农民的社会氛围与合力，才能创造出培育新型职业农民不断成长的环境。

10.5　农民收入超常规增长战略的区域差异化构建

前述实证部分结果表明，由于资源禀赋、经济运行效率及制度基础不同，再加上地区之间经济发展的差异和农民个体的异质性等原因，导致农民收入增长情况及农民收入绝对值存在明显的空间和时间异质性。而且，不同地区农业、农村和农民所处发展阶段的时期差异，同样要求农民收入超常规增长战略设计不能采取"一刀切"的模式，必须因地制宜、因情而变。

---

① 在《培养方案》的指导下，应在不同地区积极创新各具特色的课程体系，特别要鼓励开发出能够满足各地区新型职业农民需求的综合性课程。如农业概论、家庭农场管理、农业投资、农业风险规避、农业政策与涉农法规等，都是农民需要的有待开发的综合性课程。综合性课程不是多个专业课程的简单相加与合并，而是要建立自身的概念体系、逻辑体系和独立的思维视角。

10.5.1 农民收入超常规增长战略区域差异化构建的现实依据

1. 空间异质性

空间异质性(spatial heterogeneity)是指生态学过程和格局在空间分布上的不均匀性及其复杂性。这一名词通常广泛应用于生态学领域,其含义和用法也不是单一的,而是多种多样的。具体来讲,空间异质性一般可以理解为空间缀块性(patchness)和梯度(gradient)格局分布的总和。而缀块性主要强调缀块的种类组成特征及其空间分布与配置的关系,从概念上来讲要比异质性更加具体。因此,空间格局的异质性和缀块性在概念上和实际应用中都是相互联系,但又略有区别的一组概念。他们最主要的共同点就在于彼此都强调非均质性及对尺度的依赖。

2013 年各地区农民收入表现出明显的区域异质性。从农民收入的区域分布来看,如果把全国农民收入水平进行五个梯度划分,那么上海、北京、浙江、天津、江苏、广东和福建的农民收入属于第一梯度,均大于或等于 11184.2 元,不难发现这 7 个地区全部位于我国东部地带,并且除广东以外的其他地区均位于集聚 Moran's I 指数的第一象限(图 10.9),明显体现出了高-高集聚现象;相反,位于第五梯度的地区也有 7 个,分别是甘肃、贵州、云南、青海、陕西、西藏和广西,其农民收入均小于或等于 6790.9 元,无独有偶的是,这七个地区全部来自我国的西部地带,体现出了明显的低-低集聚现象。这说明我国各地区农民收入集聚存在着明显的地理空间分布上的依赖性,也就是说往往存在农民收入低的地区与其他农民收入低的地区和农民收入高的地区与其他农民收入高的地区分别发生集聚,存在明显缀块性,形成板块效应。

此外,农民收入实际增速最高的 3 个地区分别为贵州、青海和西藏,三个地区均属于西部地带;最低的 5 个地区分别为上海、北京、广东、宁夏和浙江,除宁夏外其余地区均位于东部地带;西部除宁夏和陕西外,其余地区的农民收入实际增速均高于全国的平均值,而全国只有 13 个地区的农民收入实际增速低于全国平均水平。由此可知,农民收入实际增速也体现出了明显的低-低集聚和高-高集聚现象,但是集聚的区域刚好与农民收入集聚现象相反,出现这一现象的长期结果将是我国地区之间的农民收入比会呈现出逐渐缩小的趋势(这一结论在前面已得到证实)。为了进一步快速缩小地区之间的农民收入差距, 农民收入超常规增长战略就有必要根据农民收入的空间异质性进行差别化调整。

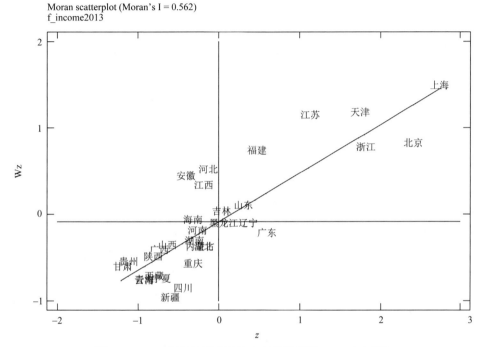

图 10.9　2013 年各地区农民收入名义值集聚 Moran's I 指数

2. 时间异质性

从整体上来看, 根据表 10.5 展示的农民实际收入增长特征可知, 虽然 1978 年至 2013 年的农民收入实际平均增速为 7.52%(与同期城镇居民可支配收入平均增速相差很小), 但是这一阶段内农民收入实际增速的极差高达 26.05%, 变异系数也达到 0.70。这说明, 改革开放以来, 我国农民收入增长波动性较大, 存在极为明显的时间异质性。农民收入增长特征在 1978~1993 年(传统计划经济向社会主义市场经济的过渡时期)和 1994~2013 年(社会主义市场经济形成与发展阶段)这两个时期也表现出明显的差异, 前一阶段农民收入增长的稳定性远远小于第二阶段。

表 10.5 1978~2013 年农民实际收入增长特征

平均增长率/%	最大增长率/%	最大增长率/%	极差/%	标准差	变异系数
7.52	18.56	−7.48	26.05	5.23	0.70

从区域层面来看，我国各地区农民收入增长也存在明显的时间异质性。西藏、新疆、青海、吉林、黑龙江、北京和贵州的农民收入实际增速的时间异质性最明显。其中，西藏、北京和贵州在 1997 年的农民收入甚至出现了负增长的情况；山西、河北、湖北、重庆、湖南这五个地方的农民收入增速在各年基本保持一致，并未出现明显的波动情况；其他地方的农民收入在所列举的三年中均存在一定程度的时间异质性。

除此之外，农村改革也具有明显的时间异质性，这在很大程度上直接导致了各时期的农民收入增速出现剧烈波动。由于中国改革率先由农村发起，这种农村家庭联产承包经营，确立了我国农业基本经营制度，打破了此前人民公社时期的农村居民人均纯收入水平在二十多年的长期徘徊和停滞状态。随着农业、农村经济改革不断向前发展，农民收入水平也因此得到了极大的提升。在经历农村经济改革的快速成功之后，1984 年 10 月党的十二届三中全会召开，发布了《关于经济体制改革的决定》，经济体制改革自此由农村全面转向城市，很快就让农业和农村经济的发展遭遇了"滑铁卢"，而"立竿见影"的结果便是 1985~2003 年的农民收入增长出现剧烈波动，平均实际增长率降低至 4.17%，这一平均增速不足超常规增长阶段的30%，也要比城镇低 2.28 个百分点。直到 2004 年之后，由于这之后中央一号文件连续关注"三农"问题，也使农民收入增长实现"十连快"。这说明，我国农民收入增长呈现出明显的时间异质性与农村经济改革和强农、支农、富农政策的不稳定性存在很大的关联，一旦各种政策出现"变化无常"，就会直接导致农民利益的侵蚀，因而农民很难实现收入的平稳快速增长。而东部沿海地区优先发展战略的实施，又进一步造成改革政策异质性在地区间的反应，各地区农村改革与发展明显处于不同的时期阶段。

所以，为了保证各地区农民收入增长趋于平稳，减小农民收入增长的时间异质性，促进农民收入快速增长的战略调控有必要注重全国和各地区农民收入增长的时间异质性，其强农、惠农和富农政策也必须保证持续性和稳定性，这是本节关于农民收入超常规增长战略区域差异化构建的依据之二。

3. 个体异质性

个体异质性也就是个体差异。近代对个体差异的重视和研究主要还是源于生理学家和心理学家对个体差异的实验室认定。1879 年，随着心理学家冯特建立了第一个实验室，心理学家们在研究人类行为的共同特点时，发现每个人对于同一刺激的反应常常是不同的。开始时人们以为这是由实验本身的误差造成的，但经过长时期的实验后，终于发现这种个体的差异与误差无关，而是由被试验对象个体之间的差异所造成的。随着这一发现，个体差异便引起了研究者们的广泛重视。随后，高尔顿、卡特尔、桑代克、比奈、斯腾等对个体差异均进行了大量的研究。20 世纪 50 年代以来，个体异质性的研究逐渐被性向(aptitude)研究所代替[1]。到了 60 年代，有关动机的研究也日益丰富和深入，动机的研究进一步揭示出人类行为多样化的根源[2]。但关于个体异质性(或者差异性)的深入研究还是起源于 20 世纪 70 年代初，由于元认知研究的兴起，成功把个体差异研究推上了一个新台阶[3]。元认知以认知过程与结果为对象，是调节认知过程的认知活动，所以是对认知的认知。元认知在个体研究的发展中具有重要意义，因此它对于更好地解释个体差异的形成与发展、学习的差异性等都有着重要的价值，从而极大地深化和完善了个体差异的研究。

---

① 性向作为某种特定情形下行为的预先倾向性或适合性，既包括能力，也涉及个性，既包括意动，也涉及情感，还暗含着个人与环境相互作用的特征。因此，在教育、教学及社会决策与规划的许多领域中均具有重要意义，受到了人们的普遍重视。特别是克龙巴赫和斯诺的开创性研究，使之与教学紧密联系了起来，直到现在仍然是个体差异研究乃至教学论研究中的重要领域之一。

② 动机理论表明，由于人的需要不同，就产生了不同的动机，从而导致了不同的行为，而不同的行为反过来又强化了不同的动机。如此循环往复，进一步巩固和扩大了个体之间的差异。动机研究的重要意义在于，它将人的个体差异研究从单纯的心理差异引向了社会性差异，由微观的个体差异引向了宏观的个体差异。

③ 1976 年，约翰·弗拉维尔(John Hurley Flavell)在《认知发展》一书中对元认知(metacognition，或称后设认知)进行了明确的界定和系统的论述，他指出："元认知是认知主体对自身心理状态、能力、任务目标、认知策略等方面的认知，它是以认知过程和认知结果为对象，以对认知活动的调节和监控为外在表现的认知"，其实元认知也就是"人的自我意识、自我控制和自我调节"。

从元认知角度看我国农民，其个体异质性(差异性)主要是指农民的能力发展差异性。东部地区由于经济发展条件更好，农民既在农业生产中获得更多的现代要素注入，也获得更多的外出务工机会，这也导致了其农民发展能力和发展水平更高。一方面，东部地区农民务农收入明显高于中西部(参见第6章)。另一方面，由于基础条件的优越性，东部地区农民也获得了更好的务工机会，其他地区农民也更青睐流动到东部地区获得发展机会的提升。从《2015年农民工监测调查报告》可知，从输出地看，中部地区农民工9609万人，比上年增加163万人，增长1.7%，占农民工总量的34.6%；东部地区农民工10 760万人，比上年增加96万人，增长0.9%，占农民工总量的38.8%；西部地区农民工7378万人，比上年增加93万人，增长1.3%，占农民工总量的26.6%。中部地区农民工增长速度分别比东部、西部地区高0.8个和0.4个百分点。从收入水平看，在东部地区务工的农民工月均收入3213元，比上年增加247元，增长8.3%；在中部地区务工的农民工月均收入2918元，比上年增加157元，增长5.7%；在西部地区务工的农民工月均收入2964元，比上年增加167元，增长6%。在东部地区务工的农民工月均收入增速分别比在中、西部地区务工的农民工高2.6个和2.4个百分点。东部地区外出农民工17.3%跨省流动，中部地区外出农民工61.1%跨省流动，西部地区外出农民工53.5%跨省流动；东部地区外出农民工占比远远低于中西部。如果考虑外出务工的成本问题，东部地区农民工由于属于就近就业，其发展优势将更为明显。此外，由于受到更多的现代市场经济理念熏陶，东部地区农民在生产经营管理能力和务工就业创业素质上也明显具有优势，这也决定了他们在个体发展能力上的优越性。

因此，为了保证各地区农民收入增长趋于平稳，不断缩小地区间农民收入水平的差异，还必须充分考虑全国及不同地区农民的个体差异性，这也是本节关于农民收入超常规增长战略区域差异化构建的依据之三。

10.5.2　农民收入超常规增长战略区域差异化构建的具体规划

1. 农业发达地区的战略规划

在农业发展基础较好的粮食主产区、现代化大农业和都市农业发展地区，应当基于不断推进农业现代化为核心构建农民收入超常规增长战略，其战略规划参见图 10.10。具体思路如下。

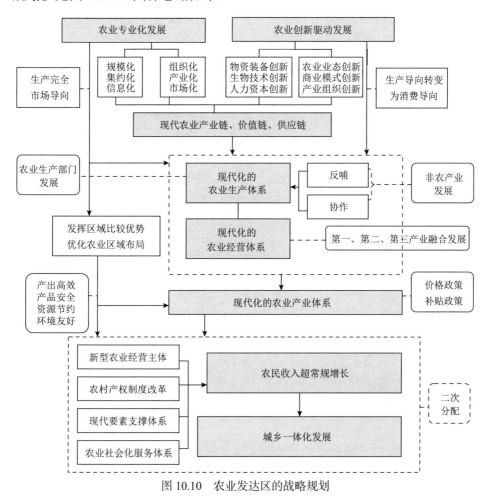

图 10.10　农业发达区的战略规划

(1) 以农业专业化发展和创新驱动发展为双核，引领农业现代化建设。一方面，加快转变农业发展方式，必须通过规模化、集约化、信息化促进农业专业化发展，发挥其在现代农业建设中的引领作用。规模过小是我国农业现代化的最大制约。扩大农业经营规模，可以将更多现代生产要素、经营模式、发展理念引入农业，推进农业机械和科技成果应用，开拓农产品市场，进一步提高农业组织化、产业化、市场化水平(汪洋, 2015)。另一方面, 推动农业走创新驱动的发展道路, 是当前经济下行压力加大背景下稳增长的现实途径, 有利于培育新的经济增长点; 更是提高农业质量效益和竞争力、打造发展新引擎的战略举措, 有利于将农业发展更好地导入产出高效、产品安全、资源节约、环境友好的现代农业发展轨道(姜长云, 2015b)。通过物资装备创新、生物技术创新、人力资本创新, 着力突破一批共性关键技术, 加快解决主要农作物生产全程机械化、现代种养业提升、农业信息化等突出问题, 促进农业农村业态、商业模式、产业组织创新, 为农业发展注入新动力、塑造农业竞争新优势。

(2)努力打造现代农业产业链、价值链、供应链, 提升农业比较利益。现代产业竞争从表面上看是产品之间的竞争, 实质是产业链或供应链之间的竞争。推进农业产业链、价值链转型升级, 打造农产品供应链, 是加快转变农业发展方式的战略工程(姜长云, 2015b)。首先是打造现代农业全产业链, 即从种到收、从田间到餐桌, 全程"接二连三", 延长产业链条; 其次是打造现代农业全价值链, 即以市场为导向做到人无我有、人有我多、人多我优, 提升价值链, 增加附加收入; 最后是打造现代农业供应链条, 即根据消费者需求从农业的季节性生产向产后的储藏、加工、营销延伸, 缩短供给链条, 从而使农民和消费者受益(张红宇, 2015)。今后, 现代农业的发展将吸引越来越多的工商资本等新型主体投入农业, 这既是产业链整合创新、实现产业发展的过程, 也通过产业链条的延伸为农民增收开拓了新的空间(张红宇, 2015)。

(3)着力构建现代农业生产体系、经营体系、产业体系, 提高农业质量效益和竞争力。一是依托非农产业反哺、协作, 促进农机装备产业发展壮大, 提高农业机械化水平, 推进农业标准化和信息化, 不断推动农业生产部门现代化。二是引入新技术、新业态和新模式, 发挥区域比较优势、优化农业区域布局, 积极推动农产品加工增值, 加快发展订单直销、连锁配送、电子商务等现代流通方式, 千方百计提高农业附加值, 稳步推进农业经营体系现代化。三是促进农村第一、第二、第三产业协调发展, 形成产出高效、产品安全、资源节约、环境友好的现代化农业产业体系。通过推动种养加一体, 第一、第二、第三产业融合发展, 促进农产品精深加工和农村服务业发展, 开发农业多种功能，既是农业现代化的新内涵，也是提高农业综合效益、促进农民增收的关键(汪洋，2015)。

(4)构建现代农业支持体系，努力形成适应现代农业发展、契合市场经济要求的体制机制。一是要着力培育新型经营主体，引导和支持种养大户、家庭农场、农民合作社、农业企业等发展壮大，并真正成为市场经济主体。二是要创新农村产权制度，依法推进土地经营权有序流转，完善农村集体产权权能，激活农村土地等要素、保障农民集体经济组织成员权利，激发农村发展活力。三是要构建现代农业的要素支撑体系，把农业发展转到主要依靠科技进步和劳动者素质提高的轨道上来，并通过金融创新提高信贷、保险等为农服务的能力。此外，要不断完善农业支持保护政策，保障农民利益，充分发挥价格政策和补贴政策的作用，维护农业生产安全和农民收入稳定增长。

(5)坚持工业反哺农业、城市支持农村，确保农民收入超常规增长，最终实现城乡发展一体化。一是健全龙头企业与农民利益连接机制，探索农民通过土地入股等形式参与规模化、产业化经营，分享产业链条上的增值收益；二是建立兼顾国家、集体、个人的土地增值收益分配机制，逐步形成城乡统一的建设用地市场，让农民公平分享土地等资源资产增值收益；三是完善城乡劳动者平等就业制度，做好收入分配的二次调节，促进有能力在城镇稳定就业和生活的农业转移人口举家进城落户，并与城镇居民享有同等权利和义务；四是促进城乡公共资源均衡配置，健全农村基础设施投入长效机制，把社会事业发展重点放在农村和接纳农业转移人口较多的城镇，推动城镇公共服务向农村延伸，提高社会主义新农村建设水平，开展农村人居环境整治行动(汪洋，2015)。总之，要通过专业化和创新驱动农业现代化与农民收入超常规增长同步，让农民与城镇居民一道，在共建共享发展中有更多获得感，朝着共同富裕的方向不断迈进。

2. 农业基础薄弱地区的战略规划

在农业资源禀赋较弱、发展基础较差和小规模经营普遍的农业农村经济相对落后地区，如西部山地、丘陵及连片特困地区等，应当基于特色效益农业发展与新型城镇化双轮驱动为核心构建农民收入超常规增长战略，其战略规划参见图 10.11。具体思路如下。

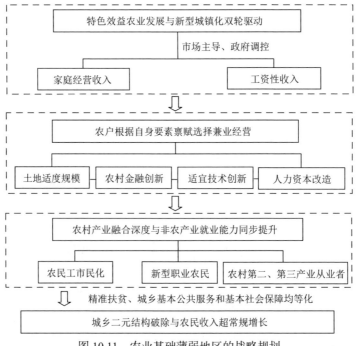

图 10.11　农业基础薄弱地区的战略规划

(1)充分发挥特色效益农业发展与新型城镇化对农民增收的双轮驱动作用。一方面,在加强粮食等大宗农产品主产区建设,探索建立粮食生产功能区和重要农产品生产保护区,确保谷物基本自给、口粮绝对安全的基础上,要鼓励农业基础薄弱地区农民立足资源禀赋、面向市场需求,调整农作物种植结构、畜牧水产养殖结构,发展多样化的生产,努力满足社会对农产品多方面的需求,不断提高农民家庭经营收入。要在市场主导、政府积极调控作用下,充分发挥区域比较优势,加快打造具有区域特色的农牧业主导、支柱产业,优化这些地区的农业区域布局。另一方面,农业基础薄弱地区,无论是西南山地、丘陵,还是集中连片特困地区,本身往往不适宜大规模农业生产,即使种养经济价值较好的特种经济动植物,也无法确保其收入超常规增长,需要依托新型城镇化,加快减少这些地区农业人口的总规模,创造非农产业就业,带动其工资性收入持续增长。

(2)积极引导农户根据自身要素禀赋,选择特色效益农业发展的品种、方式及外出务工的地区和行业。一方面,政府要做好就业信息收集、整理和发布，提供真正有效的职业技能培训，对人力资本进行改造，促进部分剩余劳动力到适宜的地区和行业就业。另一方面，根据务农人口规模缩减进度，实时推进土地适度规模经营，促进针对性的农业技术创新和金融服务创新，为特色农业生产、特种动植物种养殖提供有力支持。特别要注重适应特色效益农业的生物技术创新和适宜山地、丘陵等特殊地区的小机械发展。

(3) 大力促进农村产业融合深度与非农产业就业能力同步提升。农业基础薄弱地区，农业生产经营附加值极低，更应当着眼于充分发挥农业农村的多种功能，推动农村第一、第二、第三产业的融合发展，以农业、农村产业链的延伸和价值链的提升为农村劳动力提供更多就业机会和收入来源。当前，即使是西部欠发达农村地区的交通、通信、互联网等基础设施也有了长足进步，为这些地区农村发展新产业、新业态提供了重要机遇。这些地区农业生产的特殊性加上其仍保留的特有人文历史和自然景观，为实现农业与旅游、休闲、体验、养生、养老等产业的融合，提供了得天独厚的条件；电商、网购等新业态在农村的兴起，为众多产在深山无人识的名特优农产品开拓了广阔的市场。随着这些地区农业生态与文化价值、休闲与旅游价值的开发，不仅能够有效提升农业综合效益，而且能够创造更多的农村第二、第三产业就业机会。

(4) 以培养职业农民和农民工市民化为突破口，破解城乡二元结构、实现农民收入超常规增长。随着以农业为核心的农村产业深度融合，农民将分工分业发展，传统意义上的农民将需要重新定义，农村劳动力中的相当部分将不再直接从事传统的种养业，成为非农产业从业者，而土地经营也将向新型职业农民集中，农业生产的规模和效率将由此得到显著提升。这些相对落后地区，要深入实施精准扶贫、精准脱贫，因人因地施策，提高扶贫实效，坚决打赢脱贫攻坚战，进一步加快在破解城乡二元结构、推进城乡要素平等交换和公共资源均衡配置上取得重大突破；要把工业和农业、城市和乡村作为一个整体统筹谋划，促进城乡在规划布局、要素配置、产业发展、公共服务、生态保护等方面相互融合和共同发展；引导城市资金、技术、信息、人才、管理等现代要素向农业农村流动，促进农民工市民化、培养职业农民和农村第二、第三产业从业者，形成以工促农、以城带乡、工农互惠、城乡一体的新型工农城乡关系，从根本上增强农业农村发展能力，以适应农民收入超常规增长的新要求。

总之，中国农业农村情况千差万别，推进农民收入超常规增长要因地制宜、从实际出发，大胆探索、积极实践，形成全国多样化、多路径、多形式、多层次发展的新格局，不断缩小城乡居民收入差距，实现城乡一体化发展。

10.6 本章小结

促进全体农民均衡发展、缩小其内部收入差距，实现农民收入超常规增长显然是必要的、更是紧迫的，政府必须高度重视并从宏观战略层面科学调控。但是，当前农民收入问题的性质已经发生了根本性转变，不再是过去那种单纯的农业问题，也绝非"三农"问题所能涵盖，而实质上演变成如何提高农业经营效率、解决剩余劳动力非农就业、还权赋能和合理确定转移支付等一系列问题。在全面深化改革时期，上述问题恰恰是中央高度重视、致力于推进改革的关键环节。伴随着改革红利的进一步释放和科学的战略规划，努力在经济发展"新常态"下保持农民收入快速提高、城乡居民收入差距持续缩小的势头，进而实现农民收入超常规增长完全是可能做到的。本章进行的战略设计，正是对这一主题的具体部署和实施保障。主要结论如下。

(1)农民收入超常规增长战略不再是那种可以给经济当事人带来即时有形收益的短期性政策激励，而应当着眼于"三农"可持续发展和长治久安的顶层设计与整体规划。其总体战略目标相应也必须从仅仅关注部分群体收入绝对增长转向国家的长治久安，既要通过转变农业发展方式实现农业现代化和确保粮食安全，更要彻底打破城乡利益格局，保证社会公正性不断提高，增强社会凝聚力，真正步入城乡一体化经济社会发展的建设轨道，让广大农民共享改革发展成果。近期全国各地区要根据自身实际情况，通过集聚创新资源和优化要素配置，科学推进农业供给侧结构性改革与发展方式转变，稳步提升农业劳动生产效率；通过政策扶持和制度配套，合理转移农业剩余劳动力，并在国民经济稳步增长同时，确保农民各项收入快速增长；通过宏观调控，形成国民收入分配向农民倾斜，实现农民收入增速持续超过经济增速和城镇居民收入增速的稳定状态,缩小城乡收入差距,建成惠及广大农民的全面小康社会。中期要立足中国特色的农业现代化、新型工业化、新型城镇化和信息化建设,逐步实现城乡基本公共服务均等化,彻底结束城乡分割体制;通过创造人力资本均衡积累与效率配置的制度环境,继续保证农民收入增长的超越性、稳定性和可持续性,不断缩小城乡和地区之间的收入差距,有效缓解农民收入内部不平等问题;力争 21 世纪中叶城乡居民收入比达到发达国家平均水平,全国整体进入城乡居民收入无差别发展时期,并由此突破"中等收入陷阱",有效促进消费增长与扩大内需战略顺利实现,科学转变经济发展方式。最终要立足全面深化改革,从体制机制上保证社会公正性不断提高,进而增强社会凝聚力,通过创新驱动实现可持续增长、确保粮食安全,为农业现代化、城乡一体化和国民经济均衡发展奠定基础。

(2) 农民收入超常规增长战略的核心任务应当明确为:未来三十多年的时间保持农民收入平均实际增速不低于7%这一基点,同时确保其高于同期国民经济整体增速,并超越同期城镇居民收入增速两个百分点及以上,进而在21世纪中叶达到发达国家城乡收入比的平均水平,最终实现城乡居民收入均衡增长和城乡一体化发展。为此,农民收入超常规增长战略设计必须坚持以人为本的公平性原则、全面性原则、协同性原则和可持续性原则,既有利于保障宏观经济的平稳运行,又能够实现农民收入快速增长;既实现农民收入增长与经济增长同步,又促进其增长质量提高、稳定性增强;既确保农民收入实际增速大于城镇居民收入增速,又要逐步形成城乡居民收入均衡增长格局。

(3) 针对农民收入超常规增长的战略框架设计与实施,要求改变政府对经济增长目标的单极追逐,纠偏既有战略错位和政策不公,真正转变自身职能,成为联结相关利益主体、增强社会凝聚力的润滑剂,创造农民增收的包容性发展环境。总体而言,既有国家发展战略形成的城乡利益格局和政府目标函数,并不利于农民收入超常规增长。在城乡收入差距仍然存在并且处在较高水平的同时,城乡居民享受着反差巨大的基本公共服务,表现在基础教育质量、公共安全保障水平、各项社会保险和社会保护项目的覆盖率和保障水平等方面;此外,城乡社区之间在交通、通信和因特网服务等基础设施上的差距格外大(蔡昉,2012)。在这些方面存在的城乡差别,不仅导致当下生活质量的差距，而且因其使农村人力资本的积累落后于城市，对拉动经济增长的贡献滞后，导致政府关注和支持的忽视，进而成为农民收入增长困难、农村贫困代际传递的基因。因此，农民收入超常规增长，既要根据战略重点大力培育农业核心竞争力、努力创造农业和非农产业就业创业机会，也要通过政府加强国民收入分配的合理调节、做好农民财产权利保护工作提供有益补充，最终才能形成合力，助推战略目标的实现。

(4) 农民收入超常规增长战略的实施及各阶段目标的落实，有赖于科学设计其保障体系，确保要素动员、力量部署、制度配套和政策调控的有效支持。作为国家顶层战略设计和实施，要求建立在法治的基础上，并确保资金、组织、社会、科教等方面形成整个战略的保障与支撑。从宏观层面来看，决策主体(中央政府)应以战略目标为导向，科学构建战略保障体系，既要便于为地方政府提供风向标，使其能尽快推出符合自身现实情况的配套措施，还要切合阶段性目标落实好战略调控；从中观层面来看，地方政府应根据自身财力、经济发展水平和区域经济结构特征，因时因地制宜地制定更加详细和最适宜的区域保障政策体系，形成区域战略实施保障和合理调控；从微观层面来看，各利益相关主体在市场基础性作用、政府有效引导配合下，依托战略实施共同发展，并进而推动农民收入超常规增长。

(5) 由于资源禀赋、经济运行效率及制度基础不同，再加上不同地区农业、农村和农民所处发展阶段的时期差异，要求农民收入超常规增长战略设计不能采取"一刀切"的模式，必须因地制宜、因情而变。在农业发展基础较好的粮食主产区、现代化大农业和都市农业发展地区，应当基于不断推进农业现代化为核心构建农民收入超常规增长战略，具体内容包括：以农业专业化发展和创新驱动发展为双核，引领农业现代化建设；努力打造现代农业产业链、价值链、供应链，提升农业比较利益；着力构建现代农业生产体系、经营体系、产业体系，提高农业质量效益和竞争力；构建现代农业支持体系，努力形成适应现代农业发展、契合市场经济要求的体制机制；坚持工业反哺农业、城市支持农村，确保农民收入超常规增长，最终实现城乡发展一体化。在农业资源禀赋较弱、发展基础较差和小规模经营普遍的农业农村经济相对落后地区，如西部山地、丘陵及连片特困地区等，应当基于特色效益农业发展与新型城镇化双轮驱动为核心构建农民收入超常规增长战略，具体内容包括：充分发挥特色效益农业发展与新型城镇化对农民增收的双轮驱动作用；
积极引导农户根据自身要素禀赋选择特色效益农业发展的品种、方式及外出
务工的地区和行业；大力促进农村产业融合深度与非农产业就业能力同步提
升；以培养职业农民和农民工市民化为突破口，破解城乡二元结构、实现农
民收入超常规增长。

第 11 章

我国农民收入超常规增长战略的协同驱动

第 10 章对农民收入超常规增长战略进行了具体构思,明确了这一战略关系到国民经济发展全局,必须符合国家整体经济社会发展的实践要求,立足于国家整体发展战略的高度科学规划、精心布局、协同推进。战略的协同驱动是指不同层次的战略行动为遂行共同的总体战略目标任务,按照统一的计划或意图协调一致的行动。国家发展战略协同是国家整体经济社会发展规划设计和行动实施协同的最高层次,一般由中央层面组织实施。战略协同的目的是在统一的战略意图下,充分调动、周密组织和有效地协调各种力量,使之在各层面、各区域的行动密切配合,形成整体力量,协调一致地完成总体战略目标。我国经济社会发展的现实状况表明,农民收入超常规增长战略至少与当前政府着力推进的农业现代化、新型城镇化、转变经济发展方式、民生导向经济社会发展战略密切关联,五个战略的协调推进,才能最终确保全面建设小康、城乡一体化发展目标的实现。基于此,本章将分析农民收入超常规增长战略与农业现代化、新型城镇化、转变经济发展方式、民生导向社会发展战略的协同性,并由此探索其协同驱动框架,以期为确保我国农民收入超常规增长的科学性提供有效的战略指导。

11.1 农民收入超常规增长战略与农业现代化的协同驱动

农业现代化是指从传统农业向现代农业转化的过程和手段。在这个过程中，农业日益用现代工业、现代科学技术和现代经济管理方法武装起来，使农业生产力由落后的传统农业日益转化为当代世界先进水平的农业。实现了这个转化过程的农业就称为现代化的农业。2015 年中央一号文件《关于加大改革创新力度加快农业现代化建设的若干意见》指明"当前，我国经济发展进入新常态，正从高速增长转向中高速增长，如何在经济增速放缓背景下继续强化农业基础地位、促进农民持续增收，是必须破解的一个重大课题。而做强农业，必须尽快从追求产量和依赖资源消耗的粗放经营转到数量质量效益并重、注重提高竞争力、注重农业科技创新、注重可持续的集约发展上来，走产出高效、产品安全、资源节约、环境友好的现代农业发展道路"。农民收入超常规增长战略不可能脱离国家农业现代化发展战略，二者相互依存、紧密关联。

11.1.1 协同性的检验

世界各国的经验表明，要想实现农业现代化，规模化经营是必经之路。《中共中央关于全面深化改革若干重大问题的决定》也明确指出，"鼓励承包经营权在公开市场上向专业大户、家庭农场、农民合作社、农业企业流转，发展多种形式规模经营。鼓励农村发展合作经济，扶持发展规模化、专业化、现代化经营。鼓励和引导工商资本到农村发展适合企业化经营的现代种养业，向农业输入现代生产要素和经营模式"。由于前述第 7 章我国农民收入增长政策实施及其要素配置的宏观效应中，已基于县域和省域两个层面揭示了农业机械总动力对农民收入增长的正向促进效应，本小节将以农业规模化经营作为农业现代化的主要代表维度，进行我国农民收入超常规增长战略与农业现代化发展战略的协同性检验。

1. 理论模型构建

本部分以涵盖务农和务工的农民收益最大化为目标，构建一个有微观基础的完全竞争模型，分析农户微观决策行为，推导农业与非农就业劳动力均衡的比例，并由此考察我国农民收入增长与农业现代化的协同性，最后运用门槛面板数据对二者协同性进行实证检验。为了简化分析，这里以土地经营规模作为衡量农业现代化的代表维度。假设农村由近似同质的 n 个家庭组成，

每个家庭 i 有 l_i 单位的劳动力，k_i 单位的土地，生产函数为科布-道格拉斯型，家庭的年务农增加值为 y_i，假设家庭生产满足 Solow 模型的基本条件，技术水平 A_i 保持不变，生产函数规模报酬不变，则有

$$y_i = f(k_i, l_i) = A_i k_i^\alpha l_i^{1-\alpha} \tag{11.1}$$

由规模报酬不变性易得对所有 $c \geq 0$：

$$f(ck_i, cl_i) = cf(k_i, l_i) \tag{11.2}$$

假设每个农民家庭除了务农，还可以到城市打工，假设农民在城市打工的年工资收入为 w，则农民面临的选择可表示为在打工和务农之间进行选择：

$$\max_{\varphi \in [0,1]} \text{in}_i = \{w(1-\varphi)l_i + f(k_i, \varphi l_i)\} \tag{11.3}$$

即农民家庭可以把 l_i 单位劳动力的 φ 比例(对个体农户指务农劳动时间比例，对整体经济也代表务农劳动力在总劳动力中的比重)用于务农，$1-\varphi$ 比例用于进入城镇打工，获取收入 in_i。由生产函数规模报酬不变性质可知耕地和劳动是可分的，即把 $i=1,2,\cdots,n$ 个家庭合并成一个家庭，生产要素按同比例增加，则

$$\sum_i f(k_i, l_i) = f(\sum_i k_i, \sum_i l_i) \tag{11.4}$$

因此，对全社会的农民家庭收入进行加总，则有

$$\sum_i \text{in}_i = \{\sum_i w(1-\varphi)l_i + \sum_i f(k_i, \varphi l_i)\} = \{w(1-\varphi)\sum_i l_i + f(\sum_i k_i, \varphi \sum_i l_i)\} \tag{11.5}$$

令全社会的总收入为 $\text{IN} = \sum_i \text{in}_i$ 总耕地数量为 $K = \sum_i k_i$，总劳动力为 $L = \sum_i l_i$，则社会收入最大化模型为

$$\max_{\varphi \in [0,1]} \text{IN} = \{w(1-\varphi)L + f(K, \varphi L)\} \tag{11.6}$$

根据式 (11.6) 求最优的 φ，一阶条件为 $\partial \text{IN} / \partial \varphi = 0$：$-wL + AK^\alpha(1-\alpha)\varphi^{-\alpha}L^{1-\alpha} = 0$，即 $wL = AK^\alpha(1-\alpha)\varphi^{-\alpha}L^{1-\alpha}$，等式的含义为农

户在城镇部门务工的边际收入等于其在农村部门务农的边际收入，整理可得

$$\varphi = \left[\frac{A(1-\alpha)}{w} \right]^{\frac{1}{\alpha}} \frac{K}{L} \tag{11.7}$$

即务农的时间比例 φ 与务工工资 (w) 的 α 次方根成反比，与土地经营规模 (K/L) 成正比：$\varphi \propto 1/\sqrt[\alpha]{w}$，$\varphi \propto K/L$。

式 (11.7) 的推导条件过于苛刻，假设所有农户为一致的家庭，拥有相同的要素及要素比例。如果放宽这一假设，但仍保留技术不变及生产规模报酬不变。根据舒尔茨 (1987) 的理论，与常识的直觉相反，传统农业国家的农民实质上已经非常充分地利用了已有的知识、经验及生产要素，在传统农业的技术水平上生产是十分有效率的，因此规模报酬不变的假设是相对合理的。由规模报酬不变性仍可得生产函数的可加性，但不必假设每个农户为同质。本节假设农户拥有的耕地面积 (k_i) 及劳动力数量 (l_i) 服从正态分布：$k_i \sim N(\bar{k}, \sigma_k)$，$l_i \sim N(\bar{l}, \sigma_l)$，$\bar{k}$，$\bar{l}$ 为土地经营规模和劳动力数量，σ_k，σ_l 分别为相应的标准差。由 $K = n\bar{k}$，$L = n\bar{l}$，则生产函数的可加性及正态分布的可加性，可解得 φ 服从正态分布，其期望值为

$$E(\varphi) = \left[\frac{A(1-\alpha)}{w} \right]^{\frac{1}{\alpha}} \frac{\bar{k}}{\bar{l}} \tag{11.8}$$

式 (11.7) 和式 (11.8) 分别在确定和随机条件下得到的收入最大化时，社会劳动力在农村就业务农的比例为 φ，在城镇就业务工的比例为 $1-\varphi$，即城镇化率为 $1-\varphi$。

2. 角点均衡与门槛效应

前文分析假设均衡点发生在生产函数的光滑内点，但农业生产具有特殊性：生产分为农忙与农闲时期，在农忙时期农业生产的边际报酬是较高的，但到了农闲时期生产的边际报酬迅速下降，近似于零。对某个农户 i，其最优化决策可用图 11.1 来表示。

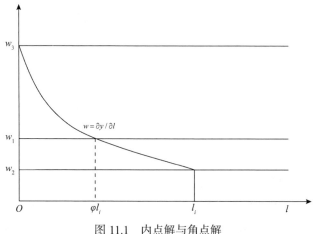

图 11.1　内点解与角点解

　　根据图 11.1，对农户 i 在其耕地面积确定的条件下，在农忙时，农业生产随着劳动投入的增加，务农收入服从边际报酬递减规律，但在农闲时，务农的边际收入迅速降为 0。当工资为 w_1 时，最优的务农比例如前所述为 φ；当工资下降至 w_2 的临界值时，农户将所有的劳动投入到农业生产中；当工资上升至 w_3 的临界值时，农户将所有的劳动投入到城镇务工，不再务农。可见，只有当工资水平在区间$[w_2, w_3]$时，最优的务农比例才随着工资的变化而变化，超出这一区间，较高或较低的工资，务农或务工的劳动比例为 0 或 1，不再随工资变化而变化。

　　由于角点解的存在，不同的农户拥有的耕地、劳动力的数量不同，不同地区的城镇工资水平也有所差异，这些因素共同作用都会影响均衡点的位置。对所有农户进行加总时，式(11.7)或式(11.8)不一定是光滑的函数，而是随着务农边际报酬曲线的不同，是分段光滑的。即随着土地经营规模、劳动力数量、工资水平等因素的变化，这些因素对最优务农比例 φ 的影响也随之发生变化：可以设想根据图 11.1 对农户 i 水平加总得到总期望边际报酬曲线，角点解的存在使加总曲线为分段光滑的，甚至存在跳跃间断点的可能。这种要素自身数量的变化导致其影响的结构性变化，称为内生的"体制转换"(regime switches)，也即门槛效应，当要素数量跨过一些"门槛值"后，其影响会产生跳跃式的非线性效果。

3. 计量模型设定

由于理论模型的微观基础是农户的最优决策，而本节要考察的主要目标是以农民收益最大化为目标前提下，土地经营规模、工资水平及劳动力供给等因素对农业生产经营与劳动力转移非农就业等宏观现象的影响。因此，可利用微观加总法得到的宏观变量之间变系，推导出相关的计量模型进行实证研究。

结合式(11.7)和式(11.8)取对数变换，可得

$$E(\ln \varphi) = \frac{1}{\alpha} \ln(1-\alpha) + \frac{1}{\alpha} \ln A + \ln K - \frac{1}{\alpha} \ln w - \ln L \tag{11.9}$$

由图 11.1 可知，φ 的比例由水平的工资线和向下倾斜的农业边际报酬曲线相交决定。不同家庭面对的是同样的城镇工资水平，当家庭土地经营规模不同时，劳动投入的边际报酬下降的速度将不同，因此本节将重点关注农户家庭土地经营规模对劳动力比例 φ 的影响。

将式(11.9)由总体期望模型转化为样本模型，由于农户家庭土地经营规模的变化将影响务农的边际报酬，将 K 还原为 $n\bar{k}$，为考察社会劳动力供给对劳动力转移的影响，L 不作还原，采用中国省际面板数据，可得实证模型为

$$\ln \varphi_{it} = C + a_i + \theta \ln \bar{k}_{it} - \beta_1 \ln w_{it} - \beta_2 \ln L_{it} + \varepsilon_{it} \tag{11.10}$$

其中，i 表示省级行政单位；t 表示年份；φ_{it} 表示第一产业劳动力占三次产业劳动力总数的比重；w_{it} 表示城镇工资水平；$\bar{k}_{it}$ 表示土地经营规模；L_{it} 表示三次产业劳动力总数；C 表示公共常数项；a_i 表示固定效应；θ 表示重点关注的系数，即土地经营规模对劳动力比例 φ 的弹性。根据前文门槛效应的分析，假设其大小随农户土地经营规模(k)、城镇工资水平(w)和劳动总供给(L)的变化而可能存在体制转换效应。由式(11.9)可知：

$$C = \frac{1}{\alpha}[\ln(1-\alpha) + \ln n], \quad a_i = \frac{1}{\alpha} \ln A_i, \quad \beta_1 = \frac{1}{\alpha}, \quad \beta_2 \approx 1 \tag{11.11}$$

Hansen(2000)的门槛回归模型的基本思想是以某个变量 q 为分组变量

(即门槛变量)，如果对分组变量的某临界值 γ 可以使分组子样本的残差平方和之和达到最小值，则该临界值称为门槛值。门槛值可能不止一个，在找到第 1 个门槛值后，可以在此基础上继续寻找第 2 个门槛值，直到检验不显著或样本数不允许为止。对式 (11.10) 含有 1 个和 2 个门槛值的门槛面板模型为

$$\ln \varphi_{it} = C + a_i + \theta_1 \ln \overline{k}_{it} \cdot \mathbf{1}(q \leqslant \gamma_1) + \theta_2 \ln \overline{k}_{it} \cdot \mathbf{1}(q > \gamma_1) + \beta X + \varepsilon_{it} \qquad (11.12)$$

$$\ln \varphi_{it} = C + a_i + \theta_1 \ln \overline{k}_{it} \cdot \mathbf{1}(q \leqslant \gamma_1) + \theta_2 \ln \overline{k}_{it} \cdot \mathbf{1}(\gamma_1 < q \leqslant \gamma_2) + \theta_3 \ln \overline{k}_{it} \cdot \mathbf{1}(q > \gamma_2)$$

$$+ \beta X + \varepsilon_{it} \qquad (11.13)$$

其中，q 表示门槛变量；γ_1 和 γ_2 表示第 1 个和第 2 个门槛值；$\mathbf{1}(\cdot)$ 表示示性函数，括号内条件满足取值 1，否则取 0。对式 (11.12)，Gregorya 和 Hanse (1996) 提出门槛检验方法为：在无门槛效应假设 $\theta_1 = \theta_2$ 下，可构造 LM 统计量检验残差平方和与有门槛条件下的差异是否显著，进而决定是否拒绝原假设，由于 F 统计量并非标准分布，可采用自助法进行检验。对于门槛值的具体确定及其置信区间，Hansen (1999) 提出 LR 检验法，可根据 LR 趋势图来划分门槛区间。在找到第 1 个门槛的基础上，可增加门槛个数，继续检验式 (11.13)。理论上只要检验的统计量显著，就可以继续增加门槛个数。但随着门槛数的增加，总样本被不断划分成更小的区间，剩余区间的样本数会不断减少，使统计检验的功效 (power) 下降。因此，本节根据门槛临界值的统计检验显著性，同时结合门槛区间的样本数，以及不同门槛个数下解释变量估计系数大小及其显著性的变化，来确定最优的门槛个数，并对门槛估计结果进行比较和解释。

4. 数据与实证结果

由于 2007 年、2011～2013 年的《中国统计年鉴》均无全国各省区市按三次产业划分的劳动力数据，根据数据的可得性，采用 1997～2010 年全国 31 个省区市 (不包括港澳台，下同) 的面板数据为分析区间，其中 2006 年各省区市的分产业劳动力数据为按线性插值法获得的估计值。原始数据及对数变换数据的描述性统计见表 11.1。

表 11.1　变量的描述性统计

变量	单位	均值	中位数	标准差	最小值	最大值	样本数
φ	%	45.9	48.6	15.5	3.93	76.3	434
$\bar{k}$	亩/人	2.27	1.49	2.13	0.27	11.73	434
w	元/年	17 792.08	14 434.4	11 341.62	4 742.95	71 873.92	434
L	万人	2 173.54	1 883.8	1 506.39	118.4	6 041.56	434
$\ln \varphi$	—	3.726 8	3.883 6	0.531 9	1.3686	4.334 7	434
$\ln \bar{k}$	—	0.533 5	0.398 8	0.705 4	−1.309 3	2.462 2	434
$\ln w$	—	9.600 4	9.577 4	0.612	8.464 4	11.182 7	434
$\ln L$	—	7.349 4	7.541 0	0.937 7	4.774 1	8.706 4	434

表 11.1 中 φ 为 1997~2010 年各省区市第一产业劳动力数量占三次产业劳动力总数的比重, $\bar{k}$ 为农户平均土地经营规模, w 为按可比价指数进行平减后城镇单位在岗职工年平均工资, L 为第一、第二和第三产业劳动力人数总和。由表中数据可知, 1997~2010 年第一产业劳动力占总劳动力比重平均为 45.9%, 最小值为 3.93%, 最大值达 76.3%, 可见在实证时间区间内, 不同省区市务农劳动力比重差异较大。各省区市农户土地经营规模平均只有 2.27 亩, 中位数为 1.49 亩, 最小值平均只有 0.27 亩, 最大值平均为 11.73 亩, 省际农业生产要素差异较大, 有利于门槛效应的估计。利用 Hansen (2000) 的固定效应门槛面板数据模型, 一方面以固定效应控制各省区市固有差异的影响, 另一方面对估计系数的检验采用异方差稳健统计量作为检验标准, 以消除异方差的影响。

首先, 对无门槛面板数据模型进行固定效应与随机效应估计, Hausman 检验统计量为 274.12, 在 1%显著水平上拒绝了随机效应模型, 表明固定效应模型适用。其次, 对门槛面板模型进行 LM 检验和 LR 检验, 结果见表 11.2 和图 11.2~图 11.4。由表 11.2 可知, 以 $\bar{k}$ 和 w 为门槛变量时, LM 检验均拒绝了无门槛模型及单门槛模型, 但超过第 2 个门槛的样本数分别只有 18 个和 23 个, 第三个结构区间内样本数较少。LR 统计量的临界值为 7.3523, 图 11.2

和图 11.3 虚线为临界值线，LR 趋势图越过临界值击破零点只有一次，故认为以 $\bar{k}$ 和 w 为门槛变量时只取单门槛估计结果较可靠。以 L 为门槛变量有 3 个门槛值显著，图 11.4 也印证了区间划分的合理，但 3 门槛与 2 门槛估计系数变化不大，故本节只给出无门槛、单门槛及双门槛的估计结果，见表 11.3 和表 11.4。当以 $\bar{k}$ 和 w 为门槛变量时，主要以单门槛结果为准，而以 L 为门槛变量时，主要以双门槛结果为准，最终以无门槛、单门槛及双门槛的结果比较进行稳健性检验。

表 11.2　门槛个数

门槛变量	门槛数	门槛值	LM 检验	自举法 p 值	$q \leqslant \gamma_1$	$\gamma_1 < q \leqslant \gamma_2$	$\gamma_2 < q \leqslant \gamma_3$	$q > \gamma_3$	样本合计
$\bar{k}$	1	1.57	47.64	0.000	244	190			434
	2	8.23	14.91	0.000	244	172	18		434
w	1	8 825.49	48.30	0.000	104	330			434
	2	36 393.41	15.20	0.000	104	307	23		434
L	1	379.07	26.95	0.000	51	383			434
	2	952.80	27.77	0.000	51	56	327		434
	3	4 012.90	22.155	0.000	51	56	272	55	434

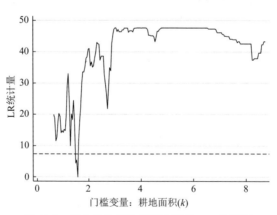

图 11.2　以土地规模为门槛变量的 LR 趋势图

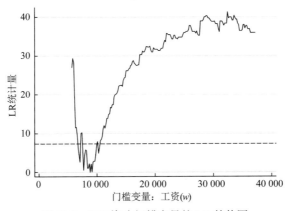

图 11.3　以工资为门槛变量的 LR 趋势图

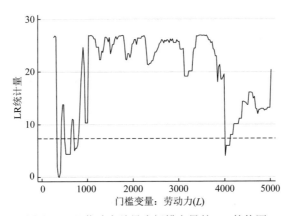

图 11.4　以劳动力总量为门槛变量的 LR 趋势图

表 11.3　单门槛模型与无门槛模型的比较

模型 变量	无门槛模型 固定效应	门槛变量		
		$\bar{k}$	w	L
门槛值(γ_1)	—	1.57	8825.49	379.07
$\ln \bar{k}$	0.2451*** (0.0279)			
$\ln \bar{k}$ $(q < \gamma_1)$		0.3430*** (0.0481)	0.1575*** (0.0458)	−0.2641*** (0.0793)

续表

模型 变量	无门槛模型 固定效应	门槛变量		
		$\bar{k}$	w	L
$\ln \bar{k}\ (q>\gamma_1)$		0.1124*** (0.0342)	0.2327*** (0.0451)	0.2752*** (0.0459)
$\ln w$	−0.0954*** (0.0096)	−0.0852*** (0.0100)	−0.1391*** (0.0120)	−0.0980*** (0.0111)
$\ln L$	−0.9828*** (0.0606)	−0.9512*** (0.0693)	−0.8524*** (0.0705)	−0.9855** (0.0721)
残差平方和	2.0604	1.8406	1.8379	1.9300
样本数	434	434	434	434

注：括号内为稳健标准差

、*分别表示在 5%和 1%的显著性水平下统计显著

表 11.4 双门槛模型与无门槛模型的比较

模型 变量	无门槛模型 固定效应	门槛变量		
		$\bar{k}$	w	L
门槛值 (γ_1, γ_2)	—	$\gamma_1=1.57$ $\gamma_2=8.23$	$\gamma_1=8\,825.49$ $\gamma_2=36\,391.41$	$\gamma_1=379.07$ $\gamma_2=952.80$
$\ln \bar{k}$	0.245 1*** (0.027 9)			
$\ln \bar{k}\ (q<\gamma_1)$		0.331 1*** (0.049 0)	0.097 8** (0.043 0)	−0.270 1*** (0.080 5)
$\ln \bar{k}\ (\gamma_1<q<\gamma_2)$		0.089 7*** (0.034 4)	0.174 8*** (0.042 0)	0.366 8*** (0.051 2)
$\ln \bar{k}\ (q>\gamma_2)$		0.143 6*** (0.035 1)	0.266 7*** (0.048 7)	0.110 1** (0.048 2)
$\ln w$	−0.095 4*** (0.009 6)	−0.093*** (0.010 0)	−0.140 6*** (0.011 7)	−0.079 2*** (0.011 1)
$\ln L$	−0.982 8*** (0.060 6)	−0.925 5*** (0.067 3)	−0.844 2*** (0.070 7)	−1.108 4*** (0.067 7)
残差平方和	2.060 4	1.774 1	1.770 2	1.804 1
样本数	434	434	434	434

注：括号内为稳健标准差

、*分别表示在 5%和 1%的显著性水平上统计显著

对模型各种估计结果进行比较可知，系数估计的符号方向与大小基本与理论相符，不同估计方法得出的系数估计也具有稳定性，估计结果可信。综合分析各种结果，可得出以下结论。

(1) 以农户土地经营规模为门槛变量，无门槛时土地经营规模对农业劳动力比重的弹性为 0.2451，在门槛值（人均耕地 1.57 亩）以下，土地经营规模对农业劳动力的弹性为 0.3430，在门槛值以上，则弹性下降为 0.1124，门槛值以下弹性是门槛值以上弹性的 3 倍多。由表 11.1 可知各省区市的劳均耕地面积为 2.27 亩，但中位数只有 1.49 亩，门槛值比中位数大，没跨过门槛的样本数为 244 个，占总样本数的 56.22%。土地经营规模越小，其对务农人口比重的弹性则越大，要解放农业劳动力，需要增加农地要素集聚水平，增加人均土地经营规模。

(2) 以工资为门槛变量，当工资水平未跨过 8825.49 元的门槛值时（占总样本数的 23.96%），土地经营规模对农业劳动力的弹性为 0.1575，而当工资跨过门槛值后，弹性上升至 0.2327。在当今中国，工资高的地区经济较为发达，农业生产力也较高，同时政府对农业的财政支持及工业对农业的反哺能力也较强，反而是工资较低的落后地区，土地对农村劳动力吸收能力较强。

(3) 以劳动力总供给量为门槛变量，当劳动力数量低于第 1 个门槛值（379.07 万人）处于第 1 区间（占总样本数的 11.75%）时，土地吸纳农村劳动力的弹性为 −0.2701；当劳动力数量跨过第 1 个门槛，并小于第 2 个门槛（952.80 万人）处于第 2 区间（占总样本数的 12.90%）时，土地吸纳劳动力的弹性上升为 0.3668；当劳动力数量再跨越第 2 门槛处于第 3 区间（占总样本数 62.67）后，弹性下降为 0.1101，跨过第 3 个门槛（4012.90 万人）进入第 4 区间（占样本数 12.67%）后，土地吸纳农业劳动力弹性将继续下降（为节省篇幅，三门槛模型从略）。劳动力总供给的变化对土地吸纳农业劳动力有明显的非线性特征：当总劳动力供给较少时，土地对农村劳动力吸纳的弹性为负，随着劳动力供给增加，跨过门槛值后弹性变大，然后逐渐减小。

(4) 工资水平对农村劳动力转移的弹性在各种估计结果中变化不大，约为 −0.1，该弹性衡量了城镇工资水平上升对劳动力转移的拉力，即城镇工资上升 1%，非农就业比重将上升 0.1%；劳动力总供给水平对农业就业比重的弹性约为−1.0 的单位弹性，劳动人口增长 1%，城镇化率也上升 1%。劳动力供给的增长有利于城镇化率的提高。

上述结论表明：以土地规模经营为代表的农业现代化不仅关系到农民务农的选择及收益，而且与农民务工选择及收益密切关联，农业现代化发展与农民整体收入提高两者具有联动性。加快促进农村土地适度规模经营，提高农业生产要素的集聚水平，既是实现农民收入超常规增长的现实要求，更是农业现代化发展的首要环节。因此，农民收入超常规增长战略与农业现代化战略必须协同驱动。

11.1.2　战略协同的能力基础

农业现代化发展关系到农民的农业生产经营收入。随着农业发展水平的提高和农业现代化进程的推进，农民的生产经营收入趋向多元化。根据国家统计局网站相关定义，农民家庭经营收入是指农村住户以家庭为生产经营单位进行生产筹划和管理而获得的收入。农村住户家庭经营活动按行业划分为农业，林业，牧业，渔业，工业，建筑业，交通运输、邮电业，批发、零售及餐饮业，社会服务业，文教卫生业和其他收入[①]。因此，农民家庭经营性收入就可以分为农业收入或者是第一产业收入(来自农业、林业、牧业、渔业的收入)和非农收入或者第二产业和第三产业的收入(来自工业，建筑业，交通运输、邮电业，批发、零售及餐饮业，社会服务业，文教卫生业和其他收入)两部分。

由表 11.5 可知，1985 年以来，农民的家庭经营性收入及第一产业收入、第二产业收入和第三产业收入都有大幅度的增长趋势，其中家庭经营性收入、第一产业收入、第二产业和第三产业收入分别扩大了 11.94 倍、10.32 倍、22.26 倍和 26.43 倍，而农民纯收入增幅为 19.91 倍，不难看出农民家庭经营收入来源于第二产业和第三产业收入的增幅均大于农民纯收入的增幅。另外，农民家庭经营性收入占其纯收入的比重由 1985 年的 74.45%下降到 2012 年的 44.65%，可以直观地看出，农民家庭经营性收入从农民收入的最主要来源变

---

① 国家统计局网站：http://www.stats.gov.cn/tjsj/zbjs/201310/t20131029_449516.html[2013-10-29].

成第二大来源。从农民家庭经营收入的结构来看，虽然第一产业占比有所下降，从 1985 年的 89.16%下降到 2012 年的 77.02%，下降幅度为 15.76%，但是第一产业一直都是作为农民家庭经营收入的最主要来源。由此可见，农民的家庭经营性收入的提升仍然在相当的程度上依靠第一产业，这也客观地说明了农业现代化对农民家庭经营性收入乃至农民纯收入增长的重要性。

表 11.5　1985 年来部分年份的农民家庭经营性收入变化情况

项目	1985 年	1990 年	1995 年	2000 年	2003 年	2004 年	2005 年	2010 年	2012 年
农村居民家庭人均纯收入来源(单位: 元)									
农村居民家庭人均纯收入	397.6	686.3	1577.7	2253.4	2622.2	2936.4	3254.9	5919.0	7916.5
家庭经营纯收入	296.0	518.6	1125.8	1427.3	1541.3	1745.8	1844.5	2832.8	3533.4
1. 第一产业收入	263.9	456.0	956.4	1090.7	1195.6	1398.0	1469.6	2231.0	2722.2
农业收入	202.1	344.6	799.4	833.9	885.7	1056.5	1097.7	1723.5	2106.8
林业收入	6.2	7.5	13.5	22.4	29.3	34.1	45.8	87.7	103.7
牧业收入	52.0	96.8	127.8	207.4	245.7	271.1	283.6	355.6	441.0
渔业收入	3.6	7.1	15.7	27.0	34.9	36.3	42.5	64.3	70.7
2. 第二产业收入	9.6	21.4	48.1	99.4	108.6	108.3	108.3	182.1	213.7
工业收入	2.2	9.2	13.6	52.7	60.5	58.7	61.1	93.3	118.2
建筑业收入	7.4	12.2	34.5	46.7	48.1	49.6	47.1	88.7	95.5
3. 第三产业收入	22.6	41.3	121.3	237.2	237.2	239.6	266.7	419.7	597.4
交通运输、邮电业	8.5	13.5	27.8	63.6	68.9	72.9	84.2	125.4	180.1
批发、零售及餐饮业	6.1	12.7	34.3	78.5	89.1	94.1	108.6	186.4	290.7
社会服务业	3.3	6.6	17.2	28.1	31.0	31.3	32.6	50.9	67.4
文教卫生业	0	0	0	6.9	8.8	8.4	10.1	21.6	26.5
其他收入	4.7	8.5	42.0	60.1	39.4	32.9	31.2	35.4	32.7

续表

项目	1985 年	1990 年	1995 年	2000 年	2003 年	2004 年	2005 年	2010 年	2012 年
农民各项家庭经营性纯收入占纯收入比重(单位：%)									
家庭经营纯收入/纯收入	74.45	75.56	71.35	63.34	58.78	59.45	56.67	47.86	44.65
第一产业/家庭经营纯收入	89.16	87.93	84.95	76.42	77.57	80.08	79.67	78.76	77.02
农业/第一产业	76.58	75.57	83.58	76.46	74.08	75.57	74.69	77.25	77.39
林业/第一产业	2.35	1.64	1.41	2.05	2.45	2.44	3.12	3.93	3.81
牧业/第一产业	19.70	21.23	13.36	19.02	20.55	19.39	19.30	15.94	16.20
渔业/第一产业	1.36	1.56	1.64	2.48	2.92	2.60	2.89	2.88	2.60
第二产业/家庭经营纯收入	3.24	4.13	4.27	6.96	7.05	6.20	5.87	6.42	6.05
第三产业/家庭经营纯收入	7.64	7.96	10.77	16.62	15.39	13.72	14.46	14.82	16.90
农民各项家庭经营性纯收入环比增长率(单位：%)									
家庭经营纯收入	11.91	19.33	27.66	−1.46	3.68	13.27	5.66	12.11	9.70
第一产业收入	9.09	22.71	28.08	−4.24	5.34	16.93	5.12	12.22	8.03
第二产业收入	100.00	−3.60	33.61	8.99	0.00	−0.28	−0.09	10.64	10.96
第三产业收入	50.67	1.47	22.28	8.71	−2.43	1.01	11.31	12.13	17.25

资料来源：国家统计局网站

相反，第二产业和第三产业收入占比却相对较低。其中，第二产业收入和第三产业收入占比在 1985～2012 年的平均值分别为 5.43%和 12.54%，第二产业占比还表现出先缓慢增加后呈现出较为平稳的趋势(2002 年达到最大的 7.31%)，而第三产业占比在整体上基本保持一个较为平稳的上升趋势(2012 年达到最大值 16.90%)。从农民家庭经营收入结构的增长率来看，不管是第一产业、第二产业还是第三产业，其增长率在 1985 年至 2012 年均表现出极不稳定的现象。其中，农民家庭经营性收入增长率的最大值和最小值分别为−1.46%和 29.97%，极差为 31.43%。第一产业收入增长率的最大值和最小值分别为−4.48%和 31.69%，极差为 36.17%；第二产业收入增长率的最大值和最小值分别为−4.21%和 100.00%，极差为 104.21%；第三产业收入增长率的最大值和最小值分别为-2.43%和68.38%，极差为70.81%。但是，2009年以来，第三产业收入的增长率变得相对稳定了，并且其增长率几乎在各年均明显高于农民家庭经营性收入、第一产业收入和第二产业收入的增长率。

　　农业是唯一提供人类生存所需食品的生产部门，其发展对保证粮食安全、维护社会稳定具有重要意义。此外，农业还具有涵养水源、净化空气等多种外部收益，但较大的自然风险和市场风险也制约着农业发展和农民收入稳定增长。根据表11.5的数据显示，虽然我国当前的农民家庭经营收入中来源于第二、第三产业的收入占比正在不断上升，但是第一产业收入占比仍然高达70%以上，并且第一产业收入占农民人均纯收入比重仍超过了30%。所以农民收入增长仍然离不开农业经营收入的增长，农业仍然是农民收入的主要来源。而实践证明，农业专业化、规模化经营的收益水平完全能够达到外出务工收入水平(张红宇，2013c)。韩长赋(2014)指出，土地经营规模的务农收入相当于当地第二、第三产业务工收入的，土地经营规模相当于当地户均承包土地面积10～15倍的，应当给予重点扶持；这主要考虑到我国农户平均承包土地面积不足8亩，10～15倍在100亩左右，按农户家庭2个劳动力种粮计算，现阶段劳均收入可相当于出外打工；实际是种半年地等于打一年工。吉林省的调查显示，规模在30～70亩的玉米种植大户，净收益可超过2万元，同外出务工收入基本相当，这部分人会安心以农业为主业；农业部的调查表明，从我国资源禀赋和当前工农就业收益看，一年两熟地区户均耕种50～60亩、一年一熟地区户均耕种100～120亩，有规模效益，农业就具有吸引力；FAO的研究显示，种植经济作物的规模不低于170亩，种植粮食作物的规模不低于300亩，这样的农业规模才具有国际竞争力。而截至2013年底，全国承包耕地流转面积3.4亿亩，流转比例达到26%，经营面积在50亩以上的专业大户超过287万户，家庭农场超过87万个(韩长赋，2014)。很明显，规模经营是提高农业盈利能力和竞争力的重要条件和途径。承包经营权向专业大户、家庭农场、农民合作社、农业企业流转，通过实现规模经营增加农民收入，这是提高农业盈利能力和市场竞争力的根本举措。总体上讲，我国已经具备农业现代化发展战略与农民收入超常规增长战略协同驱动的能力基础。

11.1.3　战略协同驱动的路径

我国目前农业发展水平还比较落后，无论是从农产品数量角度，还是质量角度来看，我国农业与发达国家相比还有不小差距。随着城乡居民生活水平进一步提高，特别是随着工业化、城市化的发展，我国农产品需求水平会进一步提升，需求结构会进一步优化，农业发展的市场空间还会进一步拓宽。为保护农业生产者的利益，稳定农业生产，发达国家对农业生产或明或暗地给予扶持，形成了从价格支持、贸易保护、财政金融投入支持等多样化的、完备的农业保护与农民收入支持体系，促进了农业发展和农民收入增长，而我国长期实行挤压农业政策，造成农业落后、农民贫穷。着眼于未来，构造现代化农业的生产方式基础，已经越来越具有紧迫性，而这个符合经济发展规律的过程，需以农业人口转移的彻底性为前提条件[①]。而中国目前的发展阶段，仍然需要实行城市支持乡村、工业反哺农业的政策，应加快现代农业发展，以市场为导向，因地制宜，调整农业结构，发挥比较优势，发展市场需求量大的特色农产品生产，促进农民增收。继工业化的辉煌之后，中国农业现代化(规模化、机械化、高端种植化、农业信息化)[②]的时代真正到来，实现农业现代化的条件已经成熟。一是农业劳动力向非农产业转移有出路；二是市场对有机、绿色食品的需求旺盛；三是农业机械、设备供给能力充足；四是财政、金融支持农业的能力强大。我们应紧紧抓住机遇，加快落实党的十八届三中全会《中共中央关于全面深化改革若干重大问题的决定》有关农村改革的各项部署，释放农村劳动力、土地和消费的巨大潜力，改变农业现代化滞后于工业化、城镇化的局面，保障农民家庭经营收入超常规增长。而协同推进农业现代化和农民收入超常规增长战略，实现转变农业发展方式、调

---

① http://www.ntv.cn/a/20131107/9908.shtml。

② 我国实现现代化的过程，就是农村人口不断减少、农业劳动生产率不断提高的过程，是农业由一个弱质产业向具有国际竞争力的现代产业前进的过程。机械化、信息化是农业发展方式转变的技术保障。规模种植、机械化操作是提升农业生产效率的重要途径。农业现代化必须用信息技术来装备农业，用信息资源来支持和服务农业，建立农业物联网，监测农业生产前、中、后三个环节，提升农业运行效率，推动发展方式转变。机械化和信息化，将是实现农业发展方式转变的技术保障。

整农业结构①，需要把握好以下几个方面。

（1）农民收入超常规增长与国家粮食安全的协同驱动。要更加注重提高粮食产能，挖掘粮食生产新潜力。无论怎样转、怎样调，都绝不能把粮食产能调低了、耕地调少了，这是必须坚守的底线。稳定粮食产量是前提，提升粮食产能是根本。

（2）农民收入超常规增长与农业规模化经营的协同驱动。伴随我国工业化、信息化、城镇化和农业现代化进程，农村劳动力大量转移，农业物质技术装备水平不断提高，农户承包土地的经营权流转明显加快，发展适度规模经营已成为必然趋势。实践证明，土地流转和适度规模经营是发展现代农业的必由之路，有利于优化土地资源配置和提高劳动生产率，有利于保障粮食安全和主要农产品供给，有利于促进农业技术推广应用和农业增效、农民增收；同时，还应从我国人多地少、农村情况千差万别的实际出发，积极稳妥地推进，通过构建新型农业经营体系，发展适度规模经营。

（3）农民收入超常规增长与农业技术创新的协同驱动。要坚持科教兴农战略，把农业科技摆上更加突出的位置。我国已到了必须更加依靠科技进步促进现代农业发展的历史新阶段。在资源环境约束不断加剧的情况下，通过科技进步实现农业发展方式转变，把农业发展建立在创新驱动的基础上，是现代农业发展和农民收入超常规增长最重大、最关键、最根本的出路和措施。要更加注重技术创新和经营方式创新，促进农业增效和农民增收。现代农业应该是高效农业，要通过多种途径提高农业效益，增加农民收入。要推进农业科技创新，提高农产品加工流通效率。

（4）农民收入超常规增长与农业区域专业化的协同驱动。要更加注重适应市场需求和资源条件，优化调整产业结构。现代农业必须是适应市场变化、满足市场需求的产业，必须是立足资源禀赋、充分发挥比较优势的产业。要进一步优化农业区域布局，进一步优化种养业结构，进一步开发农业多种功

---

① 转方式的重点是推动农业发展由数量增长为主真正转到数量、质量、效益并重上来，由依靠资源和物质投入真正转到依靠科技进步和提高劳动者素质上来。调结构，重点是根据市场需求变化和资源禀赋特点，科学确定主要农产品自给水平、生产优先序和区域布局，在确保"谷物基本自给、口粮绝对安全"的前提下，不断优化种养结构、产品结构、区域结构。

能，进一步发展农业社会化服务体系，加快农业专业化发展。

(5)农民收入超常规增长与农产品质量安全的协同驱动。要更加注重农产品质量安全，确保"舌尖上的安全"。现代农业首先是质量安全的农业。要让消费者不仅吃饱吃好，还吃得安全放心，农业部门要有这个担当。要坚持"产出来"与"管出来"两手抓、两手硬。一方面，大力推进标准化生产；另一方面，不断强化监管。

(6)农民收入超常规增长与农业生态环境保护的协同驱动。要更加注重农业资源环境保护，实现农业可持续发展。现代农业必须是资源节约、环境友好的农业。要坚持"保护"与"治理"并重，下决心走可持续发展道路。既做到不欠新账，又逐步使透支的农业资源、环境得到休养生息。

11.2　农民收入超常规增长战略与新型城镇化的协同驱动

城镇化是由农业为主的传统乡村社会向以工业和服务业为主的现代城市社会逐渐转变的历史过程，具体包括人口职业的转变、产业结构的转变、土地及地域空间的变化和再生产。不同的学科从不同的角度对之有不同的解释，就目前来说，国内外学者对城镇化的概念分别从人口学、地理学、社会学、经济学等角度予以阐述。如果说全球化是一种世界发展的趋势，那么城镇化就是各国发展经济与社会的重要途径(江登英和陈思，2008)。城镇化发展也关系到农民的务工收入。根据国家统计局网站的定义，农民工资性收入是指农村住户成员受雇于单位或个人，靠出卖劳动而获得的收入[①]。因此，农民的工资性收入主要来源于三个方面：一是农村居民在非企业组织中劳动得到的收入，农村非企业组织通常指农村集体经济组织；二是农村居民在本地企业劳动得到的收入，即农村居民"离土不离乡"出卖劳动力获得的工资报酬，本地企业主要指以乡镇企业为主的农村工业及服务业；三是农村居民外出从业得到的收入，即农村居民"离土又离乡"出卖劳动力获得的工资报酬，人

---

① 国家统计局网站：http://www.stats.gov.cn/tjsj/zbjs/201310/t20131029_449516.html。

们通常称之为农民工工资(周阳敏和轩会永,2013)。第三种工资性收入又可以称之为农村剩余劳动力向城镇转移就业而获得的工资性收入。同样,农民收入超常规增长战略不可能脱离目前国家大力推进的新型城镇化发展战略,二者的协调配合对于国家整体经济结构的优化至关重要。

11.2.1 协同性的检验

"新型城镇化"的由来已有十余年,不同学者对新型城镇化的理解各有不同,但新型城镇化"以人为本"这一核心内容是基本一致的(黄志钢和刘霞辉,2013;贾康,2014;任远,2014;李强,2015)。黄志钢和刘霞辉(2013)指出人口城市化的核心是依托城市逐步建立以人为本的社保体系,而不是画地为牢的社会保障。贾康(2014)指出中国现在需要推进的新型城镇化,是"以人为核心"、特别是以"市民化"为核心的城镇化,并明确地配之以"城乡一体化"和"望得见山、看得见水、记得住乡愁"等生态、人文质量要求。在我国以城镇化作为经济社会成长的引擎和动力源的大背景下,我们迫切需要提高城镇化的质量,使城镇化过程更好地与以人为本的科学发展、可持续发展融为一体。任远(2014)指出新型城镇化要求实现人的城镇化:一是城镇化要重视迁移流动人口的市民化和社会融合,避免城镇化过程中移民群体难以融入城市带来的人的排斥和隔离;二是人的城镇化的根本目的是人民的福利和幸福,城镇化不是为了片面追求 GDP 的提高,而应该将社会群体需求的满足、人民福利的提升作为城镇化的目标,当然更加要保证城镇化不能带来对部分群体利益的损害;三是人的发展和参与才能构成城镇化的真正动力,城镇化不应看作是地产扩张和楼宇建设所驱动的经济过程,城镇化更应重视提升人的发展能力,重视更为平等和积极的经济参与和社会投入,从而创造出生机勃勃的城市发展图景。所以,在当前推进新型城镇化进程中急需更新发展理念,理清发展思路,深入推进"人的城市化",新型城镇化重点在"化"不在"率",关键在"化"人而不是"化"地,功能定位和规划是"牛鼻子",必须有文化传承和特有风格,目的是让村民同享市民的公共服务。为此,本部分检验我国农民收入增长与新型城镇化的协同性,将充分考虑"人的城镇化"因素。

1. 理论模型构建

城镇化的程度是衡量一个国家和地区经济、社会、文化、科技水平的重要标志，也是衡量国家和地区社会组织程度和管理水平的重要标志(芒福德，2005)。由于既有研究已经从多角度论证了城镇化对农民收入增长和城乡收入差距的影响(温涛等，2014)，本节进行协同性检验的重点在于农民收入增长及其结构变化是否对城镇化产生显著的影响。本部分假设城镇是一个资本密集型且具有集聚效应的非农生产部门，则其生产函数为

$$X_j = A \cdot N_u^\delta \cdot h_u^\theta \tag{11.14}$$

其中，X_j 表示城镇中的第 j 个城镇的非农产品(即工业品或服务品)；N_u 表示城镇的人口规模；h_u 表示厂商在生产过程中所投入的资本品；A 表示综合技术水平；δ 表示城镇人口集聚规模效应的产出弹性系数；θ 表示资本产出的弹性系数。

但在城镇规模的扩大过程中，往往会导致土地租金水平、交通道路的拥堵、环境受到污染等"拥挤成本"的上升；Duranton 和 Puga(2004)指出城镇化在带来集聚效应的同时，也将带来交通拥挤、环境污染等不良影响。因此，城镇的"拥挤成本"受城镇规模大小影响，从而假设"拥挤成本"的函数为

$$C_u = B \cdot N_u^\varphi , \quad \phi > \delta \tag{11.15}$$

其中，C_u 表示城镇总的"拥挤成本"；B 表示单位人口的城镇运行管理成本；φ 表示城镇人口集聚规模拥挤成本的弹性系数。当城镇化率处于 30%～70%，即城镇化的快速发展阶段有 $\phi > \delta$。

在城镇人口能够自由迁移且不存在迁移成本，以及具有足够的城镇数量的 Tiebout 条件下，人们追求自身效用最大化的行为会使人口均匀地分布在每个城镇里：

$$\max I_u = P_u \cdot X_j - C_u \tag{11.16}$$

假设工业品或服务品的价格 $P_u = 1$，对式(11.16)求偏导，同时令偏导为

0，于是得到：

$$\frac{\partial I_u}{\partial N_u} = A \cdot \delta \cdot N_u^{\delta-1} \cdot h_u^{\theta} - B \cdot \varphi \cdot N_u^{\varphi-1} = 0 \qquad (11.17)$$

因此，每个城镇的最优规模为

$$N_u = D \cdot h_u^{b}$$

其中，

$$D = \left(\frac{A \cdot \delta}{B \cdot \varphi}\right)^{\frac{1}{\varphi-\delta}}, \quad b = \frac{\theta}{\varphi-\delta} \qquad (11.18)$$

进而令经济总量 Y 为农业生产部门产出 Y_1 和非农生产部门产出 Y_2 的总和，产业结构 S 为非农生产部门的产出占经济总量的比重，N_r 为农村人口规模，P_r 为农业产出品价格，X_r 为农业部门人均产出的农产品。因此可得

$$Y = Y_1 + Y_2 \qquad (11.19)$$

其中，$Y_1 = N_r \cdot P_r \cdot X_r$，$Y_2 = N_u \cdot X_j$，可得

$$S = \frac{N_u \cdot X_j}{N_r \cdot P_r \cdot X_r + N_u \cdot X_j} \qquad (11.20)$$

由式 (11.19) 和式 (11.20) 可得

$$N_u \cdot X_j = S \cdot Y \qquad (11.21)$$

将式 (11.14) 和式 (11.18) 代入式 (11.21) 可得

$$N_u^{\alpha} = \beta \cdot S \cdot (Y_1 + Y_2)$$

其中,

$$\alpha = 1 + \delta + \frac{1}{b}, \quad \beta = \frac{D^{\frac{1}{b}}}{A} \tag{11.22}$$

由式(11.22)可知,城乡收入分配、产业结构均是影响城镇化发展的主要因素。根据以上论述,从产业结构的角度来看,产业结构与城镇化之间存在着显著的正相关,产业结构的发展引起就业结构的变动,促使生产要素由第一产业流向第二、第三产业。从收入分配的角度来看,通过 Lewis 和 Todaro 的研究可以发现城乡之间的收入差距是农村劳动力向城市转移的主要因素;另外,Petty 也从收益的角度指出城市中工业制造的收入比农业收入高,是农村劳动力流动的原因。

由于农民收入超常规增长必须保持在一定增长水平下,实现城乡收入差距的缩小,这里我们引入城乡人均收入之比 K 作为衡量城乡收入差距的标准,由式(11.19)可得

$$K = \frac{Y_2 \cdot P_r \cdot X_r}{Y_1 \cdot X_j} \tag{11.23}$$

代入式(11.22)可得

$$K = \frac{1}{X_j}\left(\frac{N_\mu^\alpha}{\beta \cdot S \cdot N_r} - P_r \cdot X_r \right) \tag{11.24}$$

由式(11.24)可知,城乡居民收入差距与城镇化、农村人口规模均存在关联关系。基于上述分析,本部分认为农民收入超常规增长与新型城镇化发展之间存在协同关系,表现为:①收入分配与城镇化发展之间存在协同关系,而这种关系反映在城乡收入差距和农民收入结构中;②产业结构变化与城镇化发展之间存在协同关系,产业结构的变化会影响收入分配,进一步影响城镇化的发展。

2. 计量模型选择

本部分的目的是检验农民收入增长与城镇化发展之间的协同性,考虑到实际影响因素很多,在这里,我们借鉴式(11.22)的基本模型,同时引入相关的控制变量。由于时间序列样本较少,不足以满足大样本的需求。因此,本

部分采用了 2001～2012 年中国 31 个省区市的面板数据进行分析, 并建立如下计量模型:

$$\text{URB}_{it} = \beta_0 + \beta_1 \text{CY}_{it} + \beta_2 \text{GAP}_{it} + \beta_3 \text{NCSR}_{it} + \Theta \text{CON} + \beta_4 \mu_{it} \qquad (11.25)$$

(1)被解释变量: 城镇化率(URB)的衡量主要有两种方式, 以城镇户籍人口占总人口的比例或者城镇常住人口占总人口的比例来衡量。本节采用国内学者使用较为广泛的城镇常住人口占总人口的比例来衡量。

(2)核心解释变量: 收入变量主要包含城乡收入差距与农民收入结构。城乡收入差距(GAP), 以 2000 年为基期的各省区市消费价格指数剔除物价影响之后的城乡收入之比表示, 即城镇居民人均可支配收入与农村居民人均纯收入之比; 农民收入结构(NCSR)以农村居民家庭人均工资性纯收入与农村居民家庭人均经营纯收入之比表示。产业结构(CY), 以第二、第三产业增加值占 GDP 的比重来衡量产业结构的调整对城镇化进程的影响。

(3)控制变量: 经济增长(GDP), 选取各省区市的 GDP 来衡量经济增长; Lampard(1955)通过研究美国城镇化发展的一百多年历史, 发现城镇化与经济增长之间存在着显著的正相关关系。社会固定资产投资(TZ), 以人均全社会固定资产投资额表示; Davis 和 Henderson(2003)指出政府实施的一些经济政策, 如基础设施投资政策等会对城市化进程产生影响。受教育水平(EDU), 用全国就业人员的受教育程度来衡量, 并以平均受教育年限[①]表示; Lucas(1988)最早强调了人力资本在一个国家经济发展中的重要作用, 由于人力资本的发展, 信息和知识外溢, 推动了集聚在城市的经济活动。

本部分实证分析采用的数据是 2001～2012 年中国 31 个省区市的面板数据。数据主要来源于《中国统计年鉴》(2002～2013 年); 其中全国就业人员的受教育程度来源于《中国劳动统计年鉴》(2002 年)和《中国人口和就业统计年鉴》(2003～2013 年); 农村居民消费价格指数来源于《中国农村统计年鉴》(2002～2013 年)。其中, 经济增长(GDP)、社会固定资产投资(TZ)数据以西藏定基处理。

---

① 平均受教育年限 = 文盲比例×1 + 小学比例×6 + 初中比例×9 + 高中比例×12 + 中专比例×12 + 大专及其以上比例×15.5。

3. 实证结果分析

1) 整体效应分析

表 11.6 显示了我国 31 个省区市 2001～2012 年的整体回归结果，从模型选择的检验结果可以看出，冗余固定效应检验 F 统计量在 1%的显著性水平下拒绝原假设，即拒绝混合模型，选择固定效应模型；而个体随机效应的 Hausman 检验值，在 1%的显著性水平下拒绝随机效应模型，即采用个体固定效应模型进行估计更为合适。同时，为了消除截面异方差的影响，本部分采用了广义最小二乘法(generalized least squares method, GLS)进行估计。

表 11.6 总体回归结果

解释变量	城镇化率 2001～2012 年		
估计模型	OLS	FE	RE
产业结构	0.353*** (4.182)	0.568*** (9.635)	0.353*** (4.179)
城乡收入差距	−0.015** (−2.175)	0.066*** (12.294)	−0.015** (−2.173)
农民收入结构	0.019*** (8.453)	0.026*** (12.454)	0.019*** (8.446)
经济增长	4.82×10^{-5} (0.251)	0.001** (2.080)	4.82×10^{-5} (0.250)
社会固定资产投资	0.070*** (8.286)	0.029*** (6.714)	0.070*** (8.279)
受教育水平	0.045*** (11.453)	0.025*** (6.714)	0.045*** (11.443)
常数项	−0.294*** (−4.159)	−0.491*** (−11.538)	−0.294*** (−4.156)
样本数量	372	372	372
Adj-R^2	0.815	0.977	0.815
冗余固定 F 值	—	97.116***	—
Hausman 检验	—	—	18.933***

注: 此表由 EViews 6.0 软件计算得出。其中 OLS 表示混合模型估计，FE 表示个体固定效应模型估计，RE 表示个体随机效应模型估计。括号内为 t 统计量

、*分别表示在 5%和 1%的显著性水平下统计显著

　　由回归结果可以发现,从 2001～2012 年整体上看,产业结构与收入分配对城镇化都具有显著的推动作用。其中,产业结构的系数显著为正,产业结构的提升是城镇化发展的主要动力,产业结构的变动引起就业结构的变动,随着产业结构的不断发展,非农产业的比重上升,为转移出来的农业劳动力提供非农产业的就业机会,由于非农产业一般集中在城镇,劳动力和资本等要素不断地由农村向城市流动,从而成为城镇化发展的有效拉力。城乡收入差距的系数显著为正,城镇的发展主要是源于人们对利益的追求,城乡之间存在着较大的收入差距,成为吸引农村人口向城镇流动的"利益驱动",现有农业劳动者与非农产业劳动者之间的收入差别是把农业劳动力拉向现代产业部门的主要力量(姚先国和许庆明,1996)。农民收入结构的系数显著为正,表明农民工资性收入与家庭经营性收入的比值上升,能够有效地推动城镇化的发展,主要原因是农民通过在城镇中务工能够获取更多的收入,从而为子女的教育和家庭的生活提供更多的物质支持,相比从事传统小规模农业生产,务工有着更大的吸引力,从而推动农村人口向城镇流动。

　　在控制变量中,经济增长的系数显著为正,说明经济增长能够有效地推动城镇化的发展,主要是由于经济增长提高了劳动者的收入,居民的消费需求与消费结构也会随之上升和调整,从而减少初级农产品的需求,增加对加工农产品、工业品和服务的需求,进而使生产要素由第一产业流向第二、第三产业,从而加快城镇化进程;此外,经济增长也能够为城镇化提供物质基础。社会固定资产投资的系数显著为正,通过社会固定资产投资,城镇道路交通、公共服务设施、医疗教育等方面条件不断完善,这是城镇建设的基本条件,能够为不断增长的城镇人口提供良好的生活环境,同时也能够带动许多行业的发展,为农村剩余劳动力提供更多的就业机会。受教育水平的系数显著为正,这是由于随着劳动者自身受教育程度的不断上升,能够在非农产业从事工作的可能性也就越大。美国经济学家米凯·吉瑟的研究表明:在乡村地区,教育水平提高 10%,将诱导 6%～7%的农民迁出农业,因此人力资本的培育能够有效地促进从事农业生产的劳动力向非农产业转移,进而加快城镇化的发展。

2) 城镇化影响因素的区域差异分析

由于我国幅员辽阔，在不同的地区之间，无论是自然气候条件还是社会经济基础都存在着一定程度上的差异，为了研究产业结构、收入分配对城镇化的影响是否存在区域性的差异，本部分将进一步将整体样本划分为东部、中部、西部地区进行实证分析。表 11.7 显示出我国三大区域的回归结果，根据冗余固定效应检验的 F 统计量及个体随机效应检验的 Hausman 检验值可以看出，除了中部地区建立个体固定效应模型以外（Hausman 检验拒绝原假设），东部及西部地区建立个体随机效应模型更为合理。

表 11.7 分区域回归结果

解释变量	城镇化率		
地区	东部地区	中部地区	西部地区
产业结构	1.039*** (4.235)	0.508*** (6.492)	−0.036 (−0.148)
城乡收入差距	0.070*** (3.069)	0.019*** (2.706)	−0.017 (−1.114)
农民收入结构	0.014*** (4.048)	0.074*** (5.232)	0.088** (2.195)
经济增长	−0.001 (−0.866)	0.002** (2.172)	0.001 (0.428)
社会固定资产投资	0.048*** (4.544)	0.067*** (7.472)	0.072*** (3.002)
受教育水平	0.041*** (5.625)	0.016*** (4.076)	0.017** (2.091)
常数项	−1.026*** (−5.998)	−0.354*** (−6.011)	0.216 (1.042)
样本数量	132	96	144
Adj-R^2	0.741	0.981	0.324
冗余固定 F 值	27.277***	105.620***	6.786***
Hausman 检验	2.041	15.851**	11.912*
模型的影响形式	随机效应	固定效应	随机效应

*、**、***分别表示在 10%、5%、1%的显著性水平下统计显著

从回归的结果可以看出，产业结构、收入分配对城镇化的影响具有明显的区域性差异。产业结构对城镇化的影响，除了西部地区不显著之外，东部和中部地区产业结构的发展均能够有效促进城镇化，西部地区长期以来以传统农业发展为主，直到 2000 年国家才提出了"西部大开发"战略，产业结构得到了一定的优化，但是与东部地区相比，产业结构仍然较为落后，因而无法有效地吸收农村剩余劳动力，导致外出务工劳动力跨区域流动常年在 50% 以上，难以推动城镇化；此外，从回归结果可以发现，东部地区产业结构的系数明显大于中部地区，主要得益于东部地区较为成熟的产业结构，非农产业比重较大。城乡收入差距除了在西部地区不显著之外，在中部和东部地区具有显著的正向影响，表明相对中东部地区，西部地区的劳动力通过输出到东部地区获得更高收入，其城镇经济的吸引力明显不足；中东部地区的城镇居民有着更高的收入，城乡经济差距更具有有效的"利益驱动"，导致农村人口向城镇流动。此外，中东部地区之间相比，东部地区的城镇经济更为发达，因此相比而言，东部地区的城乡收入差距比中部地区更能推动城镇化的发展。当城乡存在着期望的收入差距时，劳动力就会流动（Todaro，1969）。农民收入结构在三大地区都具有显著的正向效应，但相比而言，中西部地区农民收入结构的系数明显大于东部地区，究其原因，作者认为主要是中西部地区由于自然环境等原因，农民家庭经营性收入水平较低，相比东部地区而言，中西部地区的农民进城务工的工资性收入具有更大的效用，因此更能吸引农村劳动力。

就控制变量而言，经济增长对城镇化的影响在不同地区之间具有差异，除中部地区经济增长能够显著推进城镇化发展以外，东部地区和西部地区的经济增长变量均不显著，这是因为东部地区发展较早，经济较为发达，城镇化发展相比中西部地区更加成熟，经济增长所带来的规模效应已经形成；而西部地区则相反，从整体上看，西部地区由于自然条件及地形等原因，很多地区尚未开发，发展缓慢，经济较为落后，从而无法形成规模效应，拉动城镇化的发展。社会固定资产投资在三大区域中都能够有效地推进城镇化的发展，但相比中西部地区而言，东部地区的系数较小，主要是由于东部地区在长期的经济发展过程中，由政府、外资、民间投资形成了大量的社会固定资产，基础设施相对齐全，因而对城镇化的促进作用相比中西部地区要小。受教育水平在三大区域中都能够有效地推进城镇化的发展,从回归结果可以看出,在东部地区的促进作用最大,在中西部地区的促进作用相当,主要是由于东部地区发达的经济能够吸引更多的教育资源,三大区域中,东部地区的第三产业比重最大,而人力资本的积累不仅能够为第三产业提供大量有效劳动力,而且能为农业劳动者适应非农产业劳动提供可能性,从而促进产业结构的升级,推动城镇化。

上述结论表明:收入分配、农民收入增长及其结构变化不仅关系到农民自身经济利益,而且推动了中国城镇化的发展。从收入分配内部来看,城乡经济差距、农民收入结构的显著正向作用均说明了城镇经济发展、农民务工与务农的收入差距,都成为农村剩余劳动力向城镇流动的有效拉力。在劳动力流动的同时,一方面,增加了城镇的劳动供给,提高了劳动力市场的竞争,进而降低城镇劳动力市场的工资水平;另一方面,农村剩余劳动力减少了,能够提高农业劳动的生产率。产业结构的不断升级则为农业剩余劳动力的转移提供了大量的就业机会,为劳动力、资本等要素从农村流到城镇提供了可能性。"人的城镇化"则体现在农村有效地积累了人力资本,为农村剩余劳动力向非农产业转移创造了基本条件,进而为第三产业的发展提供了优质劳动力。因此,农民收入超常规增长战略与新型城镇化发展战略必须协同驱动。

11.2.2 战略协同的能力基础

城镇化的过程实际上就是农业转型的过程,亦是实现城乡一体化发展的过程。但如果农业转型的协调性较差,就会出现所谓的"半城镇化",即一方面大量的进城务工人员虽然已长期在城镇工作生活,但却只是统计意义上的城镇人口,并不能平等享受城镇居民所享有的住房、教育、医疗和社保等公共服务,而且其工资待遇一般都比较低下;另一方面由于无法享受到均等的公共服务,这些进城务工人员不得不将其在农村拥有的土地、房屋当作基本的社会保障,这样留在农村从事农业生产的农民所占有的资源数量就不能有效增加,无法形成规模化生产,即便部分农户可以通过土地流转实现一定的规模化生产,但总体上所占比例仍然很低,而且这种流转的稳定性也难以得到有效的保障(于铁等,2014)。结果就形成了"双低"现象——进城务工人员的低工资和农民的低收入，从而造成不断拉大的城乡收入差距[①]。与此同时，土地的城镇化水平明显超过了人口的城镇化水平，目前我国土地城镇化率已达到人口城镇化率的 1.85 倍，远远超过了公认的 1.12 倍的"安全线"。

党的十八大报告在提出"国民收入倍增计划"的同时，明确提出以新型城镇化建设为核心的"四化"同步发展战略。其中，新型城镇化是以"以人为本、城乡一体、产城互动、集约高效、生态宜居、和谐发展"为基本特征的城镇化，是大中小城市、小城镇、新型农村社区协调发展、互促共进的城镇化。新型城镇化建设的核心是人的城镇化，即要从根本上解决农村人口的"转得出"和"留得下"问题。一方面，目前 2.3 亿左右"被城镇化"和未来较长时期内持续大量进城的农村人口能真正转化为城镇居民，在城镇安家立业，享受均等的公共服务；另一方面，农村基础设施建设不断加强，农业现代化水平不断提高，农村居民生产生活条件不断提升，农民收入达到甚至高于社会平均水平（于铁等，2014）。因此，新型城镇化要成为实现农民收入超常规增长的新动力源，必须要实现城乡一体化发展。

我国长期以来形成的城乡二元结构，导致城乡居民收入差距居高不下及城乡居民权利不均等，城乡公共服务不均衡，已经成为制约城乡发展一体化的主要障碍。新型城镇化的关键就是要缓解或扭转城乡二元结构失衡的状况，实现城乡共同发展。张红宇（2013d）明确指出，农业收入超常规增长的前提是推进城镇化，通过城镇化减少农业内部劳动力，发展规模经营，才能显著提高农业劳动生产率，使其不低于第二、第三产业的水平。面对经济发展"新常态"，新型城镇化就是要坚持以"人的城镇化"为核心，做好"化"字文章。坚持以人为本是推进城乡发展一体化的基本原则，做好"化"字文章的首要任务就是促进有能力在城镇稳定就业和生活的常住人口有序实现市民化。打破户籍制度藩篱，让进城农民享受与城市居民相同的公共服务，成为真正意

---

① 以 2012 年为例，虽然我国城镇化率已达 52.6%，超过了世界平均水平，但如果将 2.3 亿左右"被城镇化"的农民工扣除，按照户籍人口计算，我国城镇化率仅为 35.3%，远低于世界平均水平；农民收入为 7917 元，城镇居民收入为 24 565 元，二者之比为 1∶3.1，是世界平均水平的 2 倍左右。

义上的市民；加强市民培训教育，着力提高城镇人口素质，以适应城市现代
化对市民综合素质的要求；大力推进新农村建设，把农村建设成为美丽乡村，
为留在农村的农民创造更好的生产生活条件；加快农村产权制度改革，为愿
意进城的农民和愿意留在农村的农民创造平等的体制条件(李强，2015)。如
此，才能坚定农民从农村向城镇转移的信心，即使是在城市中暂时难以获得
工作机会，他们至少也能得到基本的生存保障，让他们在城镇住得放心。总
体而言，国家已经形成了对新型城镇化的正确认识和科学规划，正按照既定
目标积极稳妥推进。

　　那么相应决策部署和政策实施情况的评价到底是什么样的呢？2014 年
12 月，为了解党中央国务院经济社会发展领域重大决策部署贯彻落实情况，
国家统计局社情民意调查中心在天津、福建、河南、甘肃等四省市进行了民
意调查。由图 11.5 和图 11.6 所示，从居民对有序推进农业转移人口市民化政
策的评价来看，有 43.40%表示满意，38.35%表示基本满意，只有 4.25%的居
民表示不满意。从不同居民对有序推进农业转移人口市民化政策的评价来看，
城镇居民对有序推进农业转移人口市民化政策的满意度(满意+基本满意，下
同)最高，而农村居民最低；其中，城镇居民对有序推进农业转移人口市民化
政策的满意度为 84.1%，农村居民对有序推进农业转移人口市民化政策的满意
度也达到 78.1%，城乡接合部居民对有序推进农业转移人口市民化政策的满意
度为 81.6%，农民工对有序推进农业转移人口市民化政策的满意度为 83.0%。

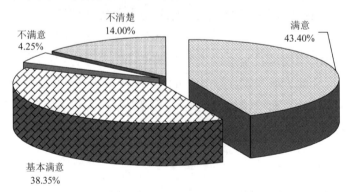

图 11.5　居民对有序推进农业转移人口市民化政策的评价

资料来源：国家统计局社情民意调查中心《党中央国务院经济社会发展领域重大决策部署贯彻落实情况民意
调查报告》

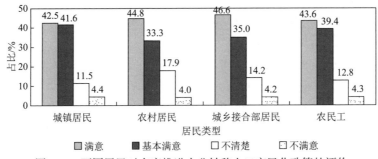

图 11.6　不同居民对有序推进农业转移人口市民化政策的评价

资料来源：国家统计局社情民意调查中心《党中央国务院经济社会发展领域重大决策部署贯彻落实情况民意调查报告》

　　总体上看，我国经济社会发展的现实格局、决策层发展理念的转变、各级政府的高度重视和科学规划及广大老百姓对相关决策部署和政策实施的基本认可，已经表明国家层面协同驱动新型城镇化与农民收入超常规增长战略具备的良好时机和环境。

11.2.3　战略协同驱动的路径

　　城镇化是人类进步必然要经历的过程，是人类社会结构变革中的一个重要线索，经过了城镇化，标志着现代化目标的实现。然而，仅仅看到城镇化所带来的丰硕成果而赞叹不已、振臂高呼是远远不够的，城镇化过程并不一定是一曲美妙的乐章，像很多进步一样，城镇化过程中也夹杂着许多不和谐之音。正确认识城镇化所带来的影响，并采取必要的正确措施予以解决，对中国城乡经济协调发展有着重要的意义。目前，新型城镇化是我国调整经济结构、转变经济增长方式和扩大内需的最大潜力所在，也必然是今后较长时期内带动农民收入增长的新动力源，两大战略必须协同推进，具体实施路径如下。

1. 依托新型城镇化协同推进农民农业经营收入超常规增长

　　新型城镇化的稳步推进，可以使劳动力在城镇就业或者创业的收入明显高于传统小规模农业生产经营的平均收入。如此一来，部分农业就业人员就更愿意转移至城镇就业或者创业。加快新型城镇化的推进，无疑会吸引更多的农村劳动力实现转移就业，并充分保证在城镇就业的农民工落户城镇，最终将大量减少农村人口和农业剩余劳动力数量。

如果中国能够继续保持目前的城镇化率提高速率，也就是每年将有 1000 多万人口转移到城市，那么到 2050 年，我国城镇化率就会达到 80%左右，农业从业人口的数量将会大量降低，这为实现农业的适度规模化、集约化生产和推动农业生产结构的转型提供了一定条件，从而能更好地提高农业经济效益和农民经营性收入(图 11.7)。

图 11.7　新型城镇化协同推进农民农业经营收入超常规增长路径

新型城镇化的推进会使大规模的农村人口实现真正的非农就业，成为城镇居民。这样一方面会提高农村务农人员拥有的资源规模，种养大户、家庭农场、合作社和农业产业化龙头企业将会成为未来农业生产的经营主体，并易于形成联合，增强抵御市场风险能力，同时还有利于提高创新要素的集聚；另一方面，广大农民转变身份成为城镇居民后，其食物的消费结构也会发生很大变化，对肉、鱼、菜、果、蛋、奶等"副食"的需求将明显上升(表 11.8)，因此农业的生产结构就要发生相应的转型，工厂化农业、绿色农业、休闲农业、特色农业、观光农业、立体农业和订单农业等现代农业业态会加快发展。在这些因素的综合作用下，农业的经济效益会显著提高，农民从事农业生产的经营性收入自然也会大幅提升。

表 11.8　城镇居民人均购买主要食品消费数量(单位：千克)

年份	粮食	鲜菜	食用植物油	猪肉	牛羊肉	禽类	鲜蛋	水产品	鲜奶	鲜瓜果
1985	131.2	147.7	6.4	17.2	3.0	3.8	8.8	7.8	6.4	36.5
1990	130.7	138.7	6.4	18.5	3.3	3.4	7.3	7.7	4.6	41.1
1995	97.0	116.5	7.1	17.2	2.4	4.0	9.7	9.2	4.6	45.0
2000	82.3	114.7	8.2	16.7	3.3	5.4	11.2	11.7	9.9	57.5
2004	78.2	122.3	9.3	19.2	3.7	6.4	10.4	12.5	18.8	56.5

续表

年份	粮食	鲜菜	食用植物油	猪肉	牛羊肉	禽类	鲜蛋	水产品	鲜奶	鲜瓜果
2005	77.0	118.6	9.3	20.2	3.7	9.0	10.4	12.6	17.9	56.7
2006	75.9	117.6	9.4	20.0	3.8	8.3	10.4	13.0	18.3	60.2
2007	78.7	117.8	9.6	18.2	3.9	9.7	10.3	14.2	17.8	59.5
2008	63.6	123.2	10.3	19.3	3.4	8.5	10.7	11.9	15.2	54.5
2009	81.3	120.5	9.7	20.5	3.7	10.5	10.6	12.2	14.9	56.6
2010	81.5	116.1	8.8	20.7	3.8	10.2	10.0	15.2	14.0	54.2
2011	80.7	114.6	9.3	20.6	4.0	10.6	10.1	14.6	13.7	52.0
2012	78.8	112.3	9.1	21.2	3.7	10.8	10.5	15.2	14.0	56.1

资料来源：国家统计局网站

2. 依托新型城镇化协同推进农民工资性收入超常规增长

新型城镇化的推进将会产生大量的就业机会,同时农业生产结构的转型、农村产业融合也会吸纳更多的农村人口就业,这样农村剩余劳动力的数量就会大幅减少,再配合政府对适应市场需求的农村人力资本改造,农村劳动力价格自然会上涨。因此,无论是在本地务工还是外出务工,就业机会增加会使农民的平均工资性收入得到明显提高。

统计资料显示,农村就业人口 2013 年末比 1997[①]年减少了 10 302 万人,降幅 21.01%;与此同时,城镇就业人口则连年增长,2013 年末比 1997 年增加了 17 459 万人,增幅达 84.01%;2006 年至 2013 年,农村就业人口加速向城镇进行转移,8 年累计减少了 7521 万人,减幅达 16.26%,而城镇就业人口则累计增加了 9851 万人,增幅为 34.70%(朱子云,2014)。1997 年至 2013 年,农民的工资性收入从 514.55 元上涨到 4025.40 元,总量扩大了 6.82 倍;农民工资收入占人均纯收入比重在这一阶段由 24.62%扩大到 45.25%;剔除物价因素后的工资性收入平均增长率为 11.45%,远远高于同

---

① 之所以这里选择 1997 年作为对比,因为 1997 年是乡村就业人员人数的最大值。

期人均纯收入增速的 7.21%，其中 2005～2013 年的工资性收入实际平均增速高达 13.11%。上述结果充分说明了，随着城镇化的加速推进和农村剩余劳动力的大量转移，农村劳动力在充分就业过程中，农民的工资性收入得到了快速增长。

因此，政府应依托新型城镇化，汇聚创新要素驱动农业与非农产业协调发展，不断优化产业结构，使传统产业结构向现代化高科技产业转换；在发展非农产业的同时，加快农业的现代化发展，有效释放农村剩余劳动力，反过来又为新型城镇化提供人力支持；在工资和就业政策方面，应重视农民的非农就业机会，加强对农村转移劳动力的职业培训及就业保障，使农村劳动力有序地向城镇转移，避免农村剩余劳动力供给错位，导致更多的人失业；应坚持经济增长与城镇化发展相协调，逐步健全城镇的基础设施和完善基本公共服务，为农业人口的转移提供基本保障。

3. 借力新型城镇化协同推进农民转移性收入超常规增长

随着国家整体经济实力在新型城镇化建设中得到不断提升，一方面，国家将会有更多的财力用于补贴农业生产；另一方面，农村人口也会不断降低，人均补贴力度相应会加大。而补贴性收入自然会成为农民非常重要的收入来源，这也是世界发达国家的普遍做法。例如，欧盟和美国的农民收入中的 40% 来自政府补贴；韩国、冰岛、日本、挪威、瑞士等国的补贴更高，农民收入中则有 60% 是来自政府补贴。此外，城乡收入差距的扩大虽然在一定程度上能够拉动城镇化发展，但忽略了收入的均等化也是非明智的选择；从短期来看，城镇倾向的经济政策能够推动城镇化，但从长期来看，城乡收入差距的进一步扩大，会使社会总体付出昂贵的代价。因此，政府应借力新型城镇化发展的成果，采取相应措施抵消城乡收入差距的负面影响，调整财政支出方向，加大财政支农力度，并提升财政金融体系对农业生产的扶持。具体来看，随着新型城镇化的稳步推进，促进农民转移性收入超常规增长的路径主要有以下几条(图 11.8)。

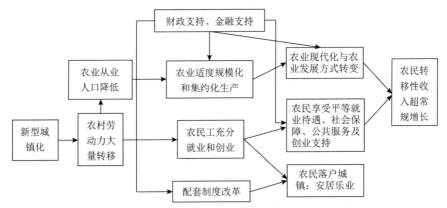

图 11.8　新型城镇化协同推进农民转移性收入超常规增长路径

4. 借力新型城镇化协同推进农民财产性收入超常规增长

新型城镇化会更加注重对农民土地、宅基地等财产权益的保护，农民将分享到更大比例的由城镇化所带动的土地增值效益，其财产性收入也将显著增加。据悉，到 2013 年底，全国已有 5 万个村民小组完成了资产量化的改革，改革涉及总资产达 4300 多亿元，农民的累计股金分红已超过 1500 亿元；其中，仅 2013 年分红的额度就接近 300 亿元。2014 年 9 月 29 日下午，中央全面深化改革领导小组第五次会议审议了《积极发展农民股份合作赋予集体资产股份权能改革试点方案》《关于引导农村土地承包经营权有序流转发展农业适度规模经营的意见》，从中央层面提出将开展股份权能改革试点尚属首次[1]。同年 12 月 2 日，中央全面深化改革领导小组第七次会议审议通过《关于农村土地征收、集体经营性建设用地入市、宅基地制度改革试点工作的意见》。从此次改革的内容来看，包括土地征收、集体经营性建设用地入市、宅基地制度改革三个方面，核心要点则是放活农村土地经营权，也就是在土地的所有权不变、承包权不改情况下，通过土地流转，让经营权"活"起来，激活农村广阔的土地，提升土地的利用效率和利用水平。2014 年，我国土地承包经营权的确权登记颁证试点工作稳步推进，在四川、山东、安徽三省和其他省区市的 27 个县进行了整体试点，不少地方还结合实际扩大了试点范围，涉及 1.3 万个乡镇、19.5 万个

---

[1] http://finance.laoqianzhuang.com/guoneicaijing/20141226/676444-3.shtml。

村，目前试点覆盖面积已达 3.3 亿亩[①]。此后，农业部又印发了《关于扎实做好 2015 年农业农村经济工作的意见》，对于扩大土地承包经营权确权登记颁证试点工作，明确提出要巩固已有试点成果，而且全国将再选择 9 个省区市开展整省区市的试点，其他省区市则每个市(地、州)选择 1 个县(市、区)开展整县推进试点，争取试点覆盖面积达到 5 亿亩左右(林远，2015)，这就意味着全国在 2015年有 1/4 的农地承包经营权有望获得确权颁证，如此一来，未来的农村土地流转将会更加顺畅、更有保障，农民通过土地流转也将会获得更多财产性收入。

因此，新型城镇化建设中，政府要加快推进农村土地承包制度和宅基地使用制度改革，建立健全适应城乡一体发展要求的宅基地有偿使用制度；加快建设县、乡两级联通一体的农村产权流转交易服务中心，在流转交易内容设置上，将依法可交易的农村土地承包经营权、集体建设用地使用权、农村宅基地使用权及其住房财产权、集体经济股权和其他依法可交易的农村产权等纳入统一流转交易平台；在流转交易制度建设上，按流转交易品种制定流转交易管理办法、操作流程规则及相应服务指南，加快培育发展农村资产评估中介服务组织，同步跟进流转交易纠纷调解仲裁体系建设。相应地，在股权流转上，对城市化和公司化治理水平较高的股份经济合作社，允许各类股权在社内外流转，在同等条件下优先流转给社内股东；对完全农村地区的股份经济合作社，人口股流转一般以社内为主，审慎向社外流转；在股权抵押融资上，主要是那些拥有可观、稳定、可持续分红的股份经济合作社，可用股份分红作为偿还贷款的保证。总之，通过新型城镇化，一定要有效促进土地与金融要素的有机融合，带动农民财产性收入超常规增长。

5. 借力新型城镇化协同推进城乡一体化发展

新型城镇化稳步推进，既要让农民工市民化、公平享受市民待遇，也要带动农村现代化，最终实现城乡一体化发展，这也将为农民收入超常规增长提供持久动力源泉。具体内容包括：一是以规划为引领，优化区域、城乡空间布局与功能定位。根据资源环境承载能力进行城镇体系的宏观布局，形成地区之间、城乡之间的合理分工、功能互补、协同发展；区域内实施主体功

[①] http://finance.eastday.com/c9/2014/1224/3464343008.html。

能区规划，按照优化开发、重点开发、限制开发和禁止开发区域要求，合理设置生态屏障和产业发展带，构建科学的生产空间、生活空间和生态空间。二是统筹城乡公共服务。建立健全城乡一体化的基本公共服务供给制度，完善城乡公共服务标准和质量差距逐步缩小机制，稳步推进城镇基本公共服务常住人口全覆盖；建立健全优质教育、医疗资源城乡共享机制，开展农村教师、医生进修培训，推广城乡学校共同体、县乡村卫生一体化综合管理；探索建立城乡社会保障等制度的衔接并轨机制，鼓励社会资本进入公共服务领域，大力发展民办教育、医疗等社会事业，让城乡居民平等享受基本公共服务。三是统筹城乡生态建设。加强城乡环境管理联防联控，深入开展城乡环境综合整治，大力推进治污水、防洪水、排涝水、保供水、抓节水，通过治水大幅度改善城乡环境，倒逼转型升级；建设美丽乡村，凸显好山好水好空气好风光的生态优势；注重城乡发展过程中自然景观的留存，让城乡发展融入大自然，让居民望得见青山、看得见绿水、记得住乡愁。注重打造城市文化符号，全面改善城乡人居环境。四是以治理能力为突破，缓解"城市病"。优化城市功能布局，加强交通精细化管理，减少交通拥堵；切实加大各地区雾霾治理力度，建立完善区域共治机制，促进空气质量好转；加强城乡接合部的社会治安综合治理，完善立体化社会治安防控体系。五是以产城融合为动力，推进城乡一体化发展。依托城镇体系，大力提升产业集聚区、经济开发区和工业园区等平台功能，推进城乡一体化发展和产城融合；大力发展以服务业为主的城市经济，加快发展低碳休闲的现代旅游业，积极发展绿色高效的现代农业，增强城市经济对农村经济的带动力。总之，要通过新型城镇化和农民收入超常规增长战略协同驱动，最终促进城乡一体化发展。

11.3　农民收入超常规增长战略与经济发展方式转变的协同驱动

改革开放三十多年来，我国经济持续快速发展，GDP 总量已于 2010 年成功超越日本一举成为世界第二大经济体，同时也是全球具有重要影响的最大新兴经济体和世界工业与制造业大国。但是，我国经济总量的增长也付出了很大代价，经济结构不合理的矛盾长期积累，发展不平衡、不协调、不可持续的问题日益显现，突出表现在需求结构失衡、供给结构不协调、城乡区域经济差距拉大、要素利用效率低下、环境破坏严重、空间布局不够合理等方面。增强我国经济发展后劲和国际竞争力，推动经济社会又好又快发展，加快推进经济发展方式转变，已经成为当前我国经济发展面临的最严峻的挑战和最紧迫的任务。而转变经济发展方式，迫切需要加快推进经济结构调整，把调整经济结构作为转变经济发展方式的战略重点，按照优化需求结构、供给结构、要素投入结构的方向和基本要求，加快调整国民收入分配结构，加快调整城乡结构，加快推进传统产业技术改造，加快发展战略性新兴产业，更加注重自主创新，谋求经济长远发展主动权、形成长期竞争优势，为加快经济发展方式转变提供强有力的科技支撑。相应地，在农业、农村领域，则必须加快推进农业发展方式转变，加快构建现代农业产业体系，加快推进农业科技创新，加快推进农业经营体制机制创新，全面提高农业现代化水平，扎实推进社会主义新农村建设。因此，农民收入超常规增长战略必须与国家转变经济发展方式的大方向和大战略保持一致性、协同性。

11.3.1 协同性的检验

科技是推动经济发展方式转变的动力源泉，我国经济可持续发展的根本出路在于依靠科技进步和创新驱动。党的十七大强调，实现未来经济发展目标，关键要在加快转变经济发展方式、完善社会主义市场经济体制方面取得重大进展。然而，任何社会经济活动都有其最基本的经济驱动力，它决定和制约人们经济活动的内容和方向，一个国家或地区的经济发展方式转变也不例外。在加快转变经济发展方式的进程中，我国科技界肩负着重大使命。当今时代，科技与人们的生产生活越来越紧密地融合在一起，不仅成为推动人们生产生活方式变化的核心要素，而且成为解决人类面临的能源资源、生态环境、自然灾害、人口健康等全球性问题的重要途径，更是经济社会发展的主要驱动力。中华民族要屹立于世界民族之林，必须有强大的科技，有创新型的人才，这是发展的力量所在、后劲所在。中华人民共和国成立六十多年来特别是改革开放以来，政府始终把科技摆在重要战略地位，独立自主地建立起现代科学技术体系，走出了一条中国特色自主创新道路，成为促进经济发展的重要驱动力。目前，西方各国在应对国际金融危机冲击的同时，都在对本国科技和产业发展进行新的部署，开始了新一轮抢占科技和产业发展制高点的竞争。世界范围内生产力、生产方式、生活方式、经济社会发展格局正在发生深刻变革。对我国来说，挑战前所未有，机遇也前所未有。我们必须紧紧把握世界科技革命和产业革命的大趋势，依托科技上的重大突破和创新，推动经济结构重大调整，提供新的增长引擎，切实加快经济发展方式转变。因此，本小节将以物质资本投入作为传统生产要素的代表，科技研发投入作为创新要素的核心，检验我国农民收入超常规增长战略与转变经济发展方式战略的协同性。

1. 理论模型构建

本节采用总生产函数的分析框架，利用 Abramovitz(1956)、Solow(1957)提出的增长因素分析法与 Aghion 和 Howitt(2009)提出的生产函数模型探索传统要素和新兴要素对中国经济发展方式及收入分配的影响，首先考虑如下模型：

$$Y = F(K, AL) \tag{11.26}$$

其中，Y 表示总产出；K 表示物质资本总量；A 表示技术；L 表示劳动力。在这个分析范式中，索洛将经济的增长主要归结为物质资本、技术和劳动力三大因素。在实际情形中，经济的增长因素多种多样，为了探究各种因素对经济增长的意义，Abramovitz(1956)、Solow(1957)开创了增长因素分析法。通过对式(11.25)进行全微分，就得到式(11.27)：

$$dY = \frac{\partial Y}{\partial K}dK + \frac{\partial Y}{\partial L}dL + \frac{\partial Y}{\partial A}dA \tag{11.27}$$

其中，$\frac{\partial Y}{\partial L}$ 与 $\frac{\partial Y}{\partial A}$ 分别表示 $A[\partial Y / \partial(AL)]$ 与 $L[\partial Y / \partial(AL)]$。在式(11.27)的基

础上，两边分别除以 Y，并对式(11.27)右边进行整理就得到：

$$\frac{\mathrm{d}Y}{Y} = \frac{K}{Y}\frac{\partial Y}{\partial K}\frac{\mathrm{d}K}{K} + \frac{L}{Y}\frac{\partial Y}{\partial L}\frac{\mathrm{d}L}{L} + \frac{A}{Y}\frac{\partial Y}{\partial A}\frac{\mathrm{d}A}{A} \tag{11.28}$$

即

$$\frac{\mathrm{d}Y}{Y} = \alpha_k \frac{\mathrm{d}K}{K} + \alpha_L \frac{\mathrm{d}L}{L} + R \tag{11.29}$$

其中，α_k 表示产出关于资本的弹性；α_L 表示产出关于劳动的弹性；而 $R = (A/Y)(\partial Y/\partial A)(\mathrm{d}A/A)$ 被称为索洛残值，它被解释成技术进步的贡献，反映了除资本积累通过其私人报酬所做出的贡献之外的增长的所有来源。有了式(11.29)作为基本框架，我们就考虑做许多方式的扩展，最普遍的扩展就是考虑各类不同的资本与劳动对经济增长的影响。由于本节的研究不涉及劳动力因素，所以本节借鉴了 Aghion 和 Howitt(2009)提出的生产函数模型，考虑到某一经济体，其劳动力供给是给定的，并且都假定为不会随着时间改变的。技术创新由研发投入的产出转化率决定 $T=AN$。其中 N 为转化系数，A 为研发投入。假设劳动中使用的是总物质资本存量 K，那么由 K 和技术创新生产出来的最大产量为 Y，因此可以得到如下的生产函数：

$$Y = F(K, AN) \tag{11.30}$$

以式(11.30)作为本节的生产函数模型，再利用增长因素分析法，首先对式(11.30)进行全微分，就得到：

$$\mathrm{d}Y = \frac{\partial F}{\partial K}\mathrm{d}K + N\frac{\partial F}{\partial A}\mathrm{d}A \tag{11.31}$$

再将式(11.31)两边分别除以 Y，再对两边进行整理，可以得到：

$$\frac{\mathrm{d}Y}{Y} = \frac{K}{Y}\frac{\partial F}{\partial K}\frac{\mathrm{d}K}{K} + N\frac{A}{Y}\frac{\partial F}{\partial A}\frac{\mathrm{d}A}{A} \tag{11.32}$$

令 $\beta_1 = \dfrac{K}{Y}\dfrac{\partial F}{\partial K}$，$\beta_2 = N\dfrac{A}{Y}\dfrac{\partial F}{\partial A}$，分别表示产出对传统要素物质资本和新兴要素研发投入的弹性，则式(11.32)变为

$$\frac{\mathrm{d}Y}{Y} = \beta_1\frac{\mathrm{d}K}{K} + \beta_2\frac{\mathrm{d}A}{A} \tag{11.33}$$

由于增长因素模型可以进行各类资本和劳动之间的替换，故本节进一步将总物质资本替换为信贷资本，用 XD 表示，同时为了表述方便，用 YF 来替代 A 表示研发投入。即式(11.33)进一步转化为

$$\frac{\mathrm{d}Y}{Y} = \beta_1\frac{\mathrm{d}XD}{XD} + \beta_2\frac{\mathrm{d}YF}{YF} \tag{11.34}$$

式(11.34)作为基本研究模型，本节再从数量、质量两个维度来衡量经济发展。所以本文用人均水平下的 GDP 和居民收入对产出进行了替代，对以下两个方程进行回归。

$$\mathrm{dGDP} = \beta_0 + \beta_1\mathrm{dYF} + \beta_2\mathrm{dXD} + u \tag{11.35}$$

$$\mathrm{dSR} = \beta_0 + \beta_1\mathrm{dYF} + \beta_2\mathrm{dXD} + u \tag{11.36}$$

其中，式(11.35)的 YF 表示新兴要素研发投入，XD 表示传统要素物质资本的代表信贷资金。式(11.35)研究的是研发投入与信贷扩张对 GDP 的影响，是从数量的维度来衡量研发投入与信贷扩张对经济增长的贡献。式(11.36)的 SR 表示的是居民收入，研究的是研发投入与信贷扩张对居民收入的影响，是从质量的维度来衡量研发投入与信贷扩张对经济发展质量的贡献，所有的变量均为人均水平下的值。根据王定祥等(2009)的研究，差分量是水平量前后期的差值,差分量存在稳定的函数关系表明原水平量也存在稳定的函数关系。因此,式(11.35)和式(11.36)中各变量当期水平值也存在与差分量相同的线性关系。因此，本节将研究的基本模型设定为

$$\mathrm{GDP} = \beta_0 + \beta_1\mathrm{YF} + \beta_2\mathrm{XD} + u \tag{11.37}$$

$$\mathrm{SR} = \beta_0 + \beta_1\mathrm{YF} + \beta_2\mathrm{XD} + u \tag{11.38}$$

本节将式(11.37)和式(11.38)作为基本模型,由于经济运行中存在着惯性行为,当前的经济运行情况也取决于过去的情况,所以本节将因变量的滞后阶也作为自变量。这样将更为精确地分析出研发投入与信贷扩张对经济增长的作用。

根据本节研究目的,本节建立如下两个动态面板模型:

$$\mathrm{GDP}_{i,t} = u_i + \sum_{l=0}^{p_1} \alpha_l \mathrm{XD}_{i,t-l} + \sum_{m=0}^{p_2} \beta_m \mathrm{YF}_{i,t-m} + \sum_{n=1}^{p_3} \lambda_n \mathrm{GDP}_{i,t-n} + \varepsilon_{i,t},$$

$$i = 1, \cdots, N; \quad t = 2, \cdots, T \tag{11.39}$$

$$\mathrm{SR}_{i,t} = u_i + \sum_{l=0}^{p_1} \alpha_l \mathrm{XD}_{i,t-l} + \sum_{m=0}^{p_2} \beta_m \mathrm{YF}_{i,t-m} + \sum_{n=1}^{p_3} \lambda_n \mathrm{SR}_{i,t-n} + \varepsilon_{i,t} \quad i = 1, \cdots, N; \quad t = 2, \cdots, T \tag{11.40}$$

其中,u_i 表示截距项;$\varepsilon_{i,t}$ 表示随机误差项;p_1、p_2、p_3 表示各变量的滞后阶数。

2. 估计方法与数据来源

动态面板的估计技术是动态面板中较为困难的部分,因为在设定的模型中,因变量的滞后项作为了解释变量,如果用标准的固定效应或随机效应对动态面板数据模型进行估计,必然会导致解释变量与随机扰动项相关(即解释变量的内生性),从而将会导致参数估计的非一致性,进而基于估计结果产生的经济含义也必定是扭曲的。针对这一问题,Arellano 和 Bond(1991)提出了一阶差分广义矩(first-differenced-GMM)估计法(以下称差分 GMM),差分 GMM 不但可以解决解释变量的内生性,还可以控制个体效应,但是差分 GMM 也存在一部分样本信息会损失及当解释变量在时间上有持续性时,工具变量有效性将减弱等缺陷。针对这些差分 GMM 的这些缺点,Blundell 和 Bond(1998)在 Arellano 和 Bond(1991)的基础上提出了系统广义矩估计法(system GMM),该估计法(以下称系统 GMM)对一阶差分广义矩估计法进行了修正,将差分方程与水平方程作为一个系统进行广义矩估计。其基本思想是通过增加新的、有效的工具变量以利用更多的样本信息从而达到减小偏误的效果。系统 GMM 分为一步法(one-step-system GMM)与两步法(two-step-system GMM)估计,相对于一步法,两步法估计不容易受到异方差的干扰。鉴于此,本节采用两步法进行估计。

明确估计方法后,本节选取了 1998～2012 年的中国 29 个省区市面板数据(由于数据缺失,省略了海南和西藏的数据),并分东、中、西部三大地区。根据式(11.39)和式(11.40)在被解释变量方面,我们从数量和质量两个维度对经济发展来进行衡量。衡量经济发展数量的指标是 GDP;衡量质量指标是居民收入,用 SR 表示。在解释变量方面,选取研究与试验经费内部支出作为新兴要素研发投入的指标,用 JF 表示;在传统要素信贷扩张方面选取的指标是金融机构贷款余额,用 XD 表示;以及 GDP 和居民收入自身的滞后变量作为解释变量。GDP 和居民收入及人口数据来源于《中国统计年鉴》(1998～2013 年)、《新中国成立 60 周年统计资料汇编》、《中国人口年鉴》(1998～2013 年)及一些省区市的统计年鉴。研究与试验经费内部支出数据来源于《中国科技统计年鉴》(1999～2013 年),金融机构贷款余额来源于《新中国成立 60 周年统计资料汇编》及《中国金融统计年鉴》(2010～2013 年)。为了保证数据不受宏观经济波动影响,所有数据均为人均值并剔除了物价指数的影响,再取对数。由于中国经济存在着明显的“城乡二元结构”,中国的人均收入由城镇居民可支配收入乘以城镇居民总人数再加上农村居民纯收入乘以农村居民总人数之和再除以全国人口总人数来获得,而由于统计年鉴在统计城镇化率时出现口径改变,本节的城镇化率借鉴了林坚(2010)的研究结果。具体见表 11.9。

表 11.9　各变量描述性统计结果

区域	观测值	变量	均值	标准差	最小值	最大值
全国	435	lnXD	9.5263	0.8466	7.7388	12.0000
	435	lnYF	4.75042	1.3170	1.2303	8.2961
	435	lnSR	8.7113	0.5695	7.6152	10.2795
	435	lnGDP	9.5022	0.7298	7.7403	11.2107
东部	150	lnXD	10.1598	0.8824	8.3720	12.0003
	150	lnYF	5.7515	1.2558	2.7026	8.2961
	150	lnSR	9.1488	0.5274	8.0157	10.2795
	150	lnGDP	10.0677	0.5941	8.7924	11.2107

续表

区域	观测值	变量	均值	标准差	最小值	最大值
中部	120	lnXD	9.1538	0.5258	8.1580	10.2093
	120	lnYF	4.4372	0.9143	2.3283	6.2453
	120	lnSR	8.5847	0.4294	7.7891	9.3641
	120	lnGDP	9.3058	0.5530	8.3837	10.4381
西部	165	lnXD	9.2213	0.6532	7.7388	11.6732
	165	lnYF	4.0681	1.0459	1.2303	6.3895
	165	lnSR	8.4202	0.4423	7.6152	9.5147
	165	lnGDP	9.1310	0.6384	7.7403	10.7722

3. 实证结果与分析

由于 GMM 估计一般不定义经典的拟合优度和 F 统计量，也不定义赤池信息量准则（Akaike information criterion，AIC）等准则。一般采取 Hendry 从一般到特殊的动态建模方法，即先选择各变量的一个较大滞后阶数（本节选择6 阶）进行回归，如果系数显著，则保留该项；如果不显著，则删除。经过反复的尝试，选取了因变量的滞后一阶和滞后两阶，自变量的当期和滞后一阶作为了解释变量。最后，为了验证检验结果的有效性，需要对模型进行随机误差项的二阶序列自相关检验和模型过度识别约束有效的 Sargan 值检验。如果模型的 AR(2) 检验值和 Sargan 检验值大于 0.1，则说明检验是有效的。估计结果如表 11.10 所示。表 11.10 结果显示，全国和分地区的回归方程整体设定良好，四个方程中回归系数的 Wald 卡方联合显著性检验均非常显著，AR(2) 值均大于 0.1，扰动项都不存在二阶自相关，Sargan 值大于 0.1，工具变量不存在过度识别约束。

表 11.10　研发投入、信贷扩张对中国经济发展"量"与"质"的 GMM 估计结果

解释变量系数	经济发展的"量"	经济发展的"质"	农村居民收入
α_1	0.990 5 (34.21)***	0.753 8 (41.46)***	0.895 8 (52.11)***
α_2	−0.252 6 (−14.21)***	0.087 7 (5.44)***	0.003 3 (0.19)
β_0	−0.013 1 (−5.90)***	−0.060 8 (−6.20)***	−0.050 7 (−8.32)***

续表

解释变量系数	经济发展的"量"	经济发展的"质"	农村居民收入
β_1	0.037 4 (2.61)***	0.050 1 (4.76)***	0.084 2 (9.05)***
λ_0	0.090 8 (11.07)***	0.011 1 (1.74)*	−0.008 7 (−1.18)
λ_1	0.075 8 (15.44)***	0.094 2 (14.89)***	0.091 6 (12.94)***
Cons	1.534 3 (15.23)***	1.090 6 (16.67)***	0.218 3 (7.66)***
Wald	124 363.48 (0.000 0)	293 874.95 (0.000 0)	417 749.64 (0.000 0)
AR(1)	0.002 4	0.006 3	0.009 5
AR(2)	0.359 7	0.577 2	0.182 9
Sargan	0.987 3	0.989 6	0.990 8

注：①括号内为 t 统计量；②Sargan 值为工具变量过度识别的约束检验的 P 值，该检验的原假设为工具变量是有效的；③AR(1) 和 AR(2) 分别为残差的 Arellano-Bond 一阶和二阶序列相关检验的 P 值

*、***分别表示在 10% 和 1% 的显著性水平下统计显著

α_1、α_2 分别度量了前一年度、前两年度国民收入对本年度经济增长"量"与"质"及农村居民收入的影响。从经济增长"量"来看，前一年度和前两年度 GDP 每增加一个百分点，本年度 GDP 分别增加与减少 0.9905 个与 0.2526个百分点。从经济增长"质"来看，前一年度和前两年度居民收入增加一个百分点，本年度居民收入将分别增加 0.7538 个百分点与 0.0877 个百分点。这说明无论从经济增长的"量"和"质"来看，中国经济受自身经济发展基础的惯性影响是比较大的，并且从滞后期来看，影响的时间比较长。同时，也可以看出，经济增长的"质"对自身产生的是长期的良性的影响，而经济增长的"量"对自身在一定时间后便开始产生负向影响，这说明经济的发展如果一味追求"量"的增加，将带来明显的副作用。从农村居民收入来看，前一年度 GDP 每增加一个百分点，本年度农村居民收入将增加 0.8958个百分点。

β_0、β_1 分别表示全国当年度和前一年度的信贷扩张对本年度经济增长"量"与"质"及农村居民收入的影响。从"量"来看，本年度与前一年度信

贷扩张每增加一个百分点，本年度 GDP 减少 0.0131 个与增加 0.0374 个百分点。从"质"来看，本年度和前一年度信贷扩张每增加一个百分点，本年度居民收入将分别减少 0.0608 个百分点与增加 0.0501 个百分点。综合来看，信贷扩张对经济增长的 "量"和"质"的影响存在着明显滞后效应，因为信贷资金投放以后并不会马上发挥正向效应，而存在一定的时滞。同时，信贷扩张对经济增长的"量"综合效应为正，而对经济增长的"质"综合效应为负。这说明中国的信贷扩张更多的是推动了经济数量的增长，而在改善中国经济增长的质量方面，未能形成良好的作用机制。从农村居民收入来看，目前的信贷扩张总体上有利于农民收入增长。

λ_0、λ_1 分别表示全国当年度和前一年度的研发投入对本年度经济增长"量"与"质"及农村居民收入的影响。从"量"来看，本年度和前一年度研发投入每增加一个百分点，本年度 GDP 将增加 0.0908 个和 0.0758 个百分点。从"质"来看，本年度居民收入将增加 0.0111 个和 0.0942 个百分点。综合来看，研发投入对经济增长的"量"和"质"的增长都起到了良好的促进作用，并且影响持续时间较长。从农村居民收入来看：目前的研发投入总体上能够有效促进农民收入增长。

表 11.11 结果显示，东部地区的回归方程整体设定良好，四个方程中回归系数的 Wald 卡方联合显著性检验非常显著，AR(2) 值均大于 0.1，扰动项都不存在二阶自相关，Sargan 值大于 0.1，工具变量不存在过度识别约束。综合来看，信贷扩张对东部地区经济增长的"量"表现为正效应，对其经济增长的"质"表现为负效应，而对其农村居民收入增长同样呈现负效应。研发投入对东部地区经济增长的"量""质"和农村居民收入均显示出良好的促进作用。

表 11.11　研发投入、信贷扩张对东部地区经济发展"量"与"质"的 GMM 估计结果

解释变量系数	经济发展的"量"	经济发展的"质"	农村居民收入
α_1	1.003 5 (10.59)***	0.642 2 (7.46)***	0.678 2 (2.51)**
α_2	−0.204 2 (−2.33)**	0.183 7 (2.67)***	0.209 4 (0.66)
β_0	0.023 8 (1.79)*	−0.280 2 (−3.62)***	−0.182 5 (−4.42)***

续表

解释变量系数	经济发展的"量"	经济发展的"质"	农村居民收入
β_1	0.026 6 (0.88)	0.128 4 (1.38)***	0.167 7 (3.67)***
λ_0	0.031 2 (0.90)	0.155 8 (1.68)*	0.101 0 (2.05)**
λ_1	0.049 0 (1.65)*	0.055 0 (1.07)	0.014 9 (0.74)
Cons	1.118 4 (2.23)**	2.034 7 (2.45)***	0.574 3 (1.07)
Wald	12 658.93 (0.000 0)	4 247.99 (0.000 0)	5 347.44 (0.000 0)
AR(1)	0.174 2	0.004 3	0.125 6
AR(2)	0.556 4	0.408 4	0.414 4
Sargan	1.000 0	1.000 0	1.000 0

注：①括号内为 t 统计量；②Sargan 值为工具变量过度识别的约束检验的 P 值，该检验的原假设为工具变量是有效的；③AR(1) 和 AR(2) 分别为残差的 Arellano-Bond 一阶和二阶序列相关检验的 P 值

*、**、***分别表示在 10%、5%、1%的显著性水平下统计显著

表 11.12 结果显示，中部地区的回归方程整体设定良好，四个方程中回归系数的 Wald 卡方联合显著性检验非常显著，AR(2) 值均大于 0.1，扰动项都不存在二阶自相关，Sargan 值大于 0.1，工具变量不存在过度识别约束。综合来看，信贷扩张对中部地区经济增长的"量"表现为正效应，对其经济增长的"质"表现为负效应，而对其农村居民收入增长同样呈现显著负效应。研发投入总体上对中部地区经济增长的"量"与"质"虽然呈现正向作用，但并不显著；而其对农村居民收入则显示出显著的促进作用。

表 11.12　研发投入、信贷扩张对中部地区经济发展"量"与"质"的 GMM 估计结果

解释变量系数	经济发展的"量"	经济发展的"质"	农村居民收入
α_1	0.451 1 (0.70)	0.848 7 (3.53)***	−0.120 1 (−0.22)
α_2	−0.321 9 (−0.29)	0.089 4 (0.19)	0.985 9 (1.80)*
β_0	−0.341 7 (−2.47)**	−0.461 4 (−1.80)*	−0.826 8 (−2.86)***

续表

解释变量系数	经济发展的"量"	经济发展的"质"	农村居民收入
β_1	0.708 6 (1.44)	0.327 6 (3.52)***	0.185 8 (1.03)
λ_0	0.414 2 (1.51)	0.258 6 (0.78)	0.497 0 (1.62)*
λ_1	−0.050 0 (−0.27)	−0.098 5 (−0.33)	0.087 3 (0.70)
Cons	−0.982 3 (−0.57)	1.143 4 (1.06)	4.532 9 (1.93)*
Wald	7 432.58 (0.000 0)	24 312.4 (0.000 0)	29 585.35 (0.000 0)
AR(1)	0.185 2	0.154 8	0.977 7
AR(2)	0.980 7	0.873 5	0.726 0
Sargan	1.000 0	1.000 0	1.000 0

注：①括号内为 t 统计量；②Sargan 值为工具变量过度识别的约束检验的 P 值，该检验的原假设为工具变量是有效的；③AR(1) 和 AR(2) 分别为残差的 Arellano-Bond 一阶和二阶序列相关检验的 P 值
*、**、***分别表示在 10%、5%、1%的显著性水平下统计显著

　　表 11.13 结果显示，西部地区的回归方程整体设定良好，四个方程中回归系数的 Wald 卡方联合显著性检验非常显著，AR(2)值均大于 0.1，扰动项都不存在二阶自相关，Sargan 值大于 0.1，工具变量不存在过度识别约束。综合来看，信贷扩张对西部地区经济增长的"量"表现为正效应，对其经济增长的"质"和农村居民收入增长的作用并不显著。研发投入总体上对西部地区经济增长的"量"的作用并不显著，但是其对经济增长的"质"和农村居民收入则显示出显著的促进作用。

表 11.13　研发投入、信贷扩张对西部地区经济发展"量"与"质"的 GMM 估计结果

解释变量系数	经济发展的"量"	经济发展的"质"	农村居民收入
α_1	0.965 8 (6.91)***	0.826 9 (7.19)***	0.859 9 (7.45)***
α_2	−0.176 9 (−2.07)**	0.052 5 (0.58)	0.019 9 (0.15)
β_0	0.014 3 (0.38)	−0.036 8 (−1.43)	−0.068 9 (−1.01)

续表

解释变量系数	经济发展的"量"	经济发展的"质"	农村居民收入
β_1	0.041 6 (1.84)*	0.038 2 (1.55)	0.078 9 (1.54)
λ_0	0.022 7 (0.41)	−0.010 9 (−0.16)	−0.005 4 (−0.10)
λ_1	0.098 2 (1.53)	0.095 3 (1.76)*	0.123 6 (2.58)***
Cons	1.020 8 (1.05)	0.763 2 (0.62)	0.482 8 (0.78)
Wald	21 863.31 (0.000 0)	60 591.21 (0.000 0)	59 735.82 (0.000 0)
AR(1)	0.005 5	0.026 6	0.015 2
AR(2)	0.491 4	0.660 6	0.783 8
Sargan	1.000 0	1.000 0	1.000 0

注：①括号内为 t 统计量；②Sargan 值为工具变量过度识别的约束检验的 P 值，该检验的原假设为工具变量是有效的；③AR(1) 和 AR(2) 分别为残差的 Arellano-Bond 一阶和二阶序列相关检验的 P 值

*、**、***分别表示在 10%、5%、1%的显著性水平下统计显著

　　上述结论表明：①传统要素物质资本投入对经济发展的"量"和农民收入存在着正效应，而对经济发展的"质"综合来看存在一定负效应。对经济发展 "量"的促进作用明显强于对经济发展 "质"的促进作用。政府主导的信贷扩张在调结构、转方式方面的效果不佳。②新兴要素研发投入对经济发展"量"和"质"以及农民收入的促进作用均为正向作用，且研发投入对经济的促进作用比信贷扩张持续时间更长，对经济的综合促进作用强于信贷扩张。③两者的促进效应也存在区域差别，二者对东部经济发展"量"和"质"的促进作用最强，中部和西部的促进作用相对较弱，但是对农民收入均呈现明显的促进作用，尤其是西部地区这种正向作用非常显著。④经济发展方式的转变和产业结构的调整，应该更多地依靠加大研发投入，促进创新驱动机制的形成；不能盲目地依赖信贷扩张来刺激经济增长，应当合理地调整信贷结构，提高资金配置的效率。因此，农民收入超常规增长战略与经济发展方式转变战略必须协同驱动。

11.3.2　战略协同的能力基础

经济发展方式的内容既包括经济增长方式的内容，还包括产业结构、收入分配、居民生活、城乡结构、区域结构、资源利用、生态环境等方面的内容。而经济增长方式一般是指通过生产要素变化包括数量增加、结构变化、质量改善、创新组合等，实现经济增长目标的方法和模式。

1. 综合国力与经济社会的协调性不断增强

2002～2014 年，我国 GDP 平均增长 9.9%，即使在遭受国际金融危机冲击最严重的 2009 年，GDP 依然实现了 9.2%的增速。这一时期的平均增速不仅远高于世界经济 3.9%的平均增速，而且与改革开放以来 9.9%的平均增速基本持平。我国经济总量占世界的份额由 2002 年的 4.4%提高到 2014 年的 12.9%左右，人均 GDP 由 2002 年的 1135 美元上升到 2014 年的 7485 美元，综合国力和人民生活水平显著提升。国家统计局数据显示，2014 年我国经济发展呈现稳中有进、稳中有为的良好态势，服务业增加值占 GDP 的比重达到 48.2%，比上年提高 1.3 个百分点，消费对 GDP 增长贡献率为 51.2%，较上年提高 3 个百分点，超过资本形成贡献率，结构调整呈现出新的进展。

2002～2014 年，我国农村居民消费快速增长，农村居民消费由 2002 年的 16 271 亿元增长到 2013 年的 47 113 亿元；农村居民人均生活消费支出由 2002 年 1834 元/人上升到 2012 年的 5908 元/人，平均增长率为 8.5%。农村居民收入持续快速增长为农村居民消费快速增长及进一步提升农村居民生活水平奠定了坚实的基础。近年来，我国加大了改善民生的力度，教育、医疗、环境等群众翘首以盼的问题正逐步得以化解，广大人民群众更多地分享到了改革、开放、发展的成果。国家财政教育支出由 2007 年的 7122 亿元增长到 2013 年的 22 001 亿元；国家财政医疗卫生支出由 2007 年的 1990 亿元增长到 2013 年的 8279 亿元；国家财政社会保障和就业支出由 2007 年的 5447 亿元增长到 2013 年的 14 491 亿元；国家财政环境保护支出由 2007 年的 996 亿元增长到 2013 年的 3435 亿元。

由惠民生到促增长，由保基本到促改革，大力改善民生不仅实现了社会进步、经济增长，更让广大人民群众分享到发展的福利。大力改善民生在我国扮演的角色,不仅是拉动经济增长的引擎,更是开启社会活力大门的钥匙。保障民生,我们经济的转型升级才有最坚实的保证,政府也才会收获人民群众的信任和支持。

2. 全社会形成了高度重视经济发展方式转变的氛围

一是转变经济发展方式的理念已经深入人心并正在转化为自觉行动。当前,中央和各级地方政府已经把单位 GDP 能耗的降低等一系列指标作为硬性考核指标,环境评估已经成为项目开工的必备条件。广大人民群众已经认识到传统的经济增长模式不可持续,必须走可持续的发展道路。特别是近年在世界范围内发生的极端天气,越来越多的城乡居民认识到这是环境长期被破坏的结果,要保护环境,保护自己的家园,就需要转变生产生活方式。绝大多数城乡居民开始倡导并践行节约、环保和循环经济。不少企业已经建立循环经济系统,节约了能源和资源,还有的地方建立了循环经济产业园区。

二是开始形成有利于转变经济发展方式的体制机制。如为了保护环境,节约资源能源,阶梯电价、阶梯水价已经在全国范围内推广;商场和超市不准提供免费的一次性塑料袋;节能建筑的新标准已经颁布并在实践中贯彻执行;不少企业更加注重资源的循环利用,不仅减少了排放甚至实现了对资源的"吃干榨尽",不对环境带来任何负面影响,同时也为企业增加了经济效益等。近年来,随着科学技术的进步,小水泥、小火电、小化肥等能耗高的项目被强制关闭,代之以能耗低、效率高的大型和特大型企业。

三是农业产业结构调整与发展方式转变取得成效。近年来,我国农业产业化持续快速发展,农业产业化组织不断增加,规模实力快速增长,保障了农产品的有效供给和农民收入的快速增长。我国农业产业化规模和效益持续增长,2013 年农业产业化组织达到 33.41 万个,龙头企业 12.34 万家,销售收入达 7.86 亿元,较上年增长 14.16%。农业产业化组织通过订单、合作和入股等形式,带动农户从事规模化种植、产业化经营,吸纳农民就业,2013年辐射带动农户 1.22 亿户,参与产业化经营户户均增收 3097 元。

3. 有利于转变经济发展方式的新技术不断被应用到实践中

随着科学技术进步,更多地利用可再生资源和能源,水电、太阳能发电、风电在我国能源供给中的比重逐步加大,一些节电、节能产品被广泛应用,如用 LED 灯具代替白炽灯；感应式水龙头的应用节约了大量的水；水资源循环利用实现了技术上的突破；企业内部科学技术进步既提高了劳动生产率，又节约了资源和能源。从总体效果来看，我国的资源和能源的利用效率在不断提高、单位 GDP 能耗不断降低，环境在逐步改善，特别是一些特大城市和大城市的环境总体越来越好。

农业科技创新与技术进步取得的成效，重大成果不断涌现。我国建立了超级稻、转基因抗虫棉、矮败小麦、杂交大豆等高效育种体系，现已培育出了一大批质优、高产、多抗、广适的农作物新品种，形成配套的栽培模式，促进了农产品单产提高和品质提升，粮食综合生产能力提高并稳定在 11 000 亿斤以上。动植物疫情防控和病虫害综合治理技术取得长足进步，保障了农业生产安全。开发了测土配方施肥技术、农业节水增效技术、农村户用沼气技术等，促进了农业资源利用效率。小麦生产基本实现全程机械化，水稻机插、机收推进我国农业生产方式实现人畜力向机械作业的历史性跨越。

4. 战略性新兴产业取得长足进步，有效带动农业现代化

战略性新兴产业对经济社会发展全局具有重大引领带动作用，是经济转型中必抓的重中之重。眼下，随着新一轮科技革命脚步的临近，一些新兴产业发展已展现出诱人前景。比如，云计算市场正在迅猛增长。据国际资深市场研究机构测算，2012 年到 2016 年间，公共云服务市场的年复合增长率将达到 26% 以上，是当下信息技术（information technology，IT）行业整体增速的 5 倍左右。又如，随着干细胞与再生医学技术、基因治疗与细胞治疗技术及生物农业技术等不断取得新突破，生物产业已从生物医药、生物农业向生物制造、生物环保等领域拓展，以 30% 左右的年增长率成为全球增长最快的经济门类，渐显跨越式发展的迹象。

总体而言，我国经济社会现实格局不仅要求通过创新驱动加快转变经济发展方式和促进农民收入超常规增长，而且二者之间协同发展的基础已经具备，条件成熟的发达地区，尤其是科技资源积聚、产业基础较好的地区，更要先行一步，形成典型示范。

11.3.3　战略协同驱动的路径

转变经济发展方式与农民收入超常规增长的协同驱动，是围绕农民收入超常规增长目标，多主体、多元素、多路径共同协作、相互补充、配合协作的经济发展方式转变的过程。具体路径包括创新驱动、经济结构战略性调整、城乡发展一体化、全面提高开放型经济水平、全面深化经济体制改革，推进农民收入超常规增长与经济发展方式转变的协同。在实现农民收入超常规增长的进程中必须依托经济发展方式转变，无论路径如何，都必须全面贯彻二者协同驱动这一理念。

1. 通过创新驱动，推进农民收入超常规增长与经济发展方式转变的协同

推进以市场为导向的科技创新驱动教育、人才和科技发展，努力把增强创新能力与完善现代产业体系结合起来，增强科技面向经济建设主战场、服务发展方式转变的支撑能力。充分发挥科技创新对产业优化升级与农业现代化的驱动作用，强化企业在技术创新中的主体地位，积极引导资金、人才、技术等创新资源要素向企业、向新型农业经营主体集聚。同时，切实建设、完善知识产权保护体系，加大财税、金融政策对企业技术创新的扶持力度，鼓励企业加强技术创新和服务模式创新，增强企业市场核心竞争力。深化教育和科技体制改革，积极探索创新人才的培养模式和激励机制，打造一批高素质的劳动者队伍与人才梯队，培育现代化的职业农民、产业工人和科教工作者。

2. 通过经济结构战略性调整，形成农民收入超常规增长与经济发展方式转变的协同

一方面，应坚持扩大内需战略，巨大的内需潜力是我国经济发展的内生性优势所在，应着力突破体制机制障碍，建立促进消费和扩大内需的长效机制，逐步释放内需潜力。同时，把扩大投资、促进就业、改善民生结合起来，着力优化投资结构，提高投资质量和效益，促进增投资与扩消费的良性互动。另一方面，必须加快推进产业转型升级。继续发挥我国比较优势，用先进适用技术改造、提升我国农业产业，提高农业整体素质；适应制造业转型升级和居民消费结构升级的需求，鼓励新型工业化和服务业现代化发展，铺平、拓宽科教创新产业发展空间；加快培育发展战略性新兴产业，构建创新价值链，提升产业核心竞争力。

3. 通过推动城乡发展一体化，促进农民收入超常规增长与经济发展方式转变的协同

统筹城乡经济发展，必须在工业化与城镇化的同时大力发展农业现代化，加快社会主义新农村建设。各级政府部门要继续加强农村基础设施和公共服务体系建设，完善农村跨越式发展的体制机制。在城镇化进程中，巨大的投资、消费需求是我国最具潜力的内需所在，是我国经济发展的巨大动力所在。应在积极稳妥地推进城镇化的同时，把符合落户条件的农业转移人口在一定条件和一定范围内逐步转为城镇居民，在城镇化中逐步释放内需潜力，并加快实现城乡基本公共服务均等化，促进城乡一体化发展。

4. 通过全面提高开放型经济水平，带动农民收入超常规增长与经济发展方式转变的协同

进一步扩大农业开放领域，拓展开放空间，提高开放质量，完善开放型经济体系。要下大力气推动外贸从规模速度型向质量效益型转变，推动我国农业产业在全球化分工中的地位。在继续提高利用外资水平的同时，加快"走出去"战略的步伐，推动我国从单一的贸易大国向贸易投资大国转变。同时，加快实施自由贸易区战略，积极参与全球经济治理和区域合作。我国农业已经处于全面开放的国际大环境、大市场中。积极参加国际交流与合作，是我国农业发展的必然选择。当今经济全球化日益明显，打破分散兼业小农的自给自足模式，通过国际交流合作充分利用国内市场和国外市场，将我国在国际竞争和分工中的比较优势转化为现实优势，是协同驱动的必由之路。推进农业"转方式、调结构"，也要有世界眼光，在全球化背景下谋划农业发展战略。引进高新农业技术，发展高科技农业，既是我国农业可持续发展和提高国际竞争力的内在要求，也是我国与世界发达国家在农业科技领域加强务实合作，加快高新技术引进、推广的客观要求。当然，全面提升开放型经济水平还需立足国际市场，扩大我国农产品在国际市场中交易的程度和范围，这就要适应市场，促进农产品国际商品化，充分发挥开放型农业和新型农业经营主体发展的联动效应。

5. 通过全面深化经济体制改革, 实现农民收入超常规增长与经济发展方式转变的协同

众多发展中国家的教训表明, 保持持续增长并创造出足以打破高度稳定均衡的发展动力, 有赖于突破既有的体制性障碍。中国作为世界上人口最多和经济规模居第二位的国家, 从中等偏上收入阶段迈向高收入阶段, 避免中等收入陷阱的命运, 是人类历史上前所未有的伟大实践, 为此需要进行的体制改革任重而道远(蔡昉, 2012)。我国在转变经济发展方式上还不够快, 一方面, 是现阶段传统发展方式仍有一定空间, 另一方面, 更重要的是现有体制机制不足以推动经济摆脱原有路径转向新的发展轨道。因此, 全面经济体制深化改革是加快转变经济发展方式的根本途径, 也是解决深层次矛盾和问题的关键。当前的形势变化, 为深化改革提供了时间窗口与空间维度。应抓住有利时机, 下决心推进重要领域和关键环节改革。应该看到, 目前尚存的一些深层次矛盾, 仍是市场机制不健全和不完善使然。在逐步加强和改善宏观调控手段的同时, 还应对完善市场机制给予较高的重视, 形成相对公平的市场竞争环境, 激发各类市场主体活力, 释放创新潜能。因此, 制度创新需要与时俱进, 深化经济体制改革是中国农民收入超常规增长的必由之路, 也是斩断导致"不平衡、不协调、不可持续"死结的万能之剑。

11.4　我国农民收入超常规增长战略与民生导向发展战略的协同驱动

强调"以人为本"才是经济增长和转变经济发展方式的真实诉求, "促民生、惠民生"就是"以人为本"稳增长, 也才能真正保增长。简单来讲, 民生问题本身在很大程度上就是收入问题, 就是收入持续、快速、稳定增长的问题(王小华等, 2014a)。因此, 一切问题的起点和终点都将会归结到"人", 归结到农民收入与民生发展的协同驱动实现全社会"人的全面发展"。

11.4.1　战略协同能力基础

1. 城乡经济一体化发展情况

实现城乡经济一体化发展是对农村民生的最大保障。中国城乡经济一体化包含商品市场一体化和要素市场一体化。要素市场一体化程度难以直接度量，商品市场一体化的度量虽有不同方法，但基于一价定律的度量方法相对较好（桂琦寒等，2006；欧阳志刚，2014）[①]。本节采用欧阳志刚(2014)的做法，基于一价定律度量中国商品市场的一体化程度，以城乡价格趋同度来近似地代替城乡经济一体化程度。这样替代的主要原因在于：当要素流动存在障碍时，若商品能够自由流动，商品的价格会趋同；当商品流动存在障碍时，只要要素能够自由流动，商品的价格最终也将趋同（桂琦寒等，2006）。无论是商品市场一体化还是要素市场一体化，最终都会体现为商品价格的趋同，而一价定律正是基于价格趋同的度量。基于此，我们可以计算城乡商品市场价格趋同度，也就是城乡经济一体化指数：

$$p_t = \ln(p_{u,t} / p_{r,t}) \tag{11.41}$$

其中，p_t 表示第 t 期全国的城乡一体化指数；$p_{u,t}$ 和 $p_{r,t}$ 分别表示以 1978 年为基期的第 t 期城镇居民消费价格指数和第 t 期农村居民消费价格指数。我们容易看出，p_t 值越小就表示城乡经济一体化程度越高，特别是当 p_t 趋近于零的时候，就表示城乡经济已经完全一体化。

同样的道理，我们可以计算我国各地区的城乡经济一体化情况，其表达式如下：

$$p_{it} = \ln(p_{u,it} / p_{r,it}) \tag{11.42}$$

其中，p_{it} 表示第 i 个地区第 t 期的城乡一体化指数；$p_{u,t}$ 和 $p_{r,t}$ 分别表示以

---

① 一价定律是指在市场经济条件下，如果不考虑运输成本、贸易壁垒和信息成本，商品套利机制将导致同种商品在不同国家通过汇率折算的价格相等。在国内市场上，则其表现为国内市场的分割使同种商品在不同地区(城市与农村之间，或者是在不同省区市之间)价格不同，但市场力量将使商品市场趋向整合，商品的价格将趋同。因此，如果中国城乡商品市场趋向整合，城乡商品价格将趋于相等。

1985 年为基期的第 i 个地区第 t 期城镇居民消费价格指数和第 t 期农村居民消费价格指数。另外需要指出的是，由于国家统计局并未提供直辖市的农村居民消费价格指数，只能得到非直辖市的城乡一体化指数。

1) 我国城乡经济一体化指数的总体情况

从我国城乡经济一体化指数运行情况来看 (图 11.9)，1978～2014 年的城乡经济一体化变化情况可以分为以下几个阶段：1978～1984 年、1985～1990 年，1991～2000 年、2001 年至今。

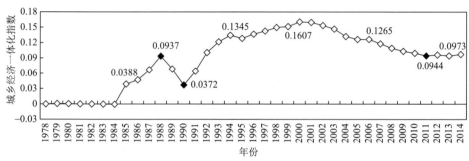

图 11.9　1978～2014 年中国城乡经济一体化指数

一是初始阶段 (1978～1984 年)，城乡价格趋同时期。该阶段主要以国家调整价格为主，逐步放开一些商品价格的管理权限①，因此该阶段的城乡经济一体化指数的平均值为 0。其中，最大的 1979 年为 0.0006，最小的 1984 年为 –0.0005。这一阶段恰好是城乡居民收入差距持续缩小和农民收入实现超常规增长时期，同样也是居民消费价格指数相对稳定时期。因为该阶段内的价格是以国家调整为主，所以城乡之间的商品价格基本保持了一致的

---

① 该阶段的价格调整，其重大政策措施有：第一，1979 年，粮食统购价格提高 20%，超购部分在这个基础上加价 50%，其他主要农产品收购价格也适当提高。粮、棉、油等主要农产品收购价格大幅度提高，销售价格没有变动。虽然增大了国家的价格补贴，但价格剪刀差明显缩小，增加了农民收入，对农业增产起了重大的促进作用。同时对八类副食品 (猪肉、牛肉、羊肉、禽类、鲜蛋、牛奶、水产品、蔬菜) 在提高收购价格之后，适当提高了销售价格。第二，1981 年提高了烟酒价格。第三，1982 年放开了工业品中 100 种小商品价格，以后逐年扩大放开的品种范围。第四，1983 年提高棉布价格，同时降低了涤棉布和部分轻工业品的价格。调价之后，解决了涤棉布大量积压的问题，促进了纺织工业的协调发展。

状态。

二是展开阶段(1985～1990 年),以放开价格管理权限为主,同时继续对由国家管理的价格进行若干调整①,但是 1984 年以后并非所有商品的价格都是由政府制定的。该阶段的城乡经济一体化指数由 1984 年的-0.0005 迅速上升到 1985 年的 0.0388,然后又迅速上升到 1988 年的 0.0937,随后又下降到 1990 年的 0.0372。主要是这一阶段的价格改革遇到诸多困难,一方面,由于经济过热,1985～1988 年严重通货膨胀,货币超经济发行引起了物价大幅度上涨,通货膨胀的加剧造成经济秩序的紊乱,1988 年 8 月出现挤兑存款、抢购商品的风潮。尽管政府为严格控制物价上涨,对部分已经放开的商品价格采取控制措施,但是通货膨胀引起总量失衡的深层次问题尚需进一步解决。另一方面,由于市场发育程度低,在放开价格过程中,对市场物价间接调控手段的建设及法治建设没有跟上,这在一定程度上妨碍价格保持相对稳定,不利于其对经济发展的调节作用。特别是部分紧俏出口农产品和工业原料价格几度暴涨、暴跌,影响了农业和工业生产的稳

---

① 该阶段的重大政策措施有:第一,1985 年,对粮食、棉花、食用植物油及油料实行按比例价收购(在收购粮食总量当中,30%按原统购价,70%按原超购加价,两者综合平均即为比例价),取消超购加价,同时实行合同定购和合同定购价格,取消统购制度和统购价格;除少数重要农产品和少数经济作物由国家定价外,其他农产品价格放开,实行市场调节;提高城市主要副食品销价,各地根据不同情况,分别给城市居民以适当补贴;提高返销给农村的粮食价格,把购销价格倒挂改为购销同价,向理顺粮食销价前进了一步;放开了生产资料计划外部分的价格,许多工业生产资料形成计划内平价、计划外议价的价格双轨制,由于供不应求,计划外议价上涨过多,1987 年对生产资料计划外部分的议价实行了最高限价。第二,1986 年,全部放开了小商品的价格,并放开了自行车、收录机、电冰箱、洗衣机、黑白电视机、中长纤维布和 80 支以上棉纱制品的价格。第三,1988 年,提高粮食、油料的收购价格和原油等重工业品的出厂价格;提高肉、蛋、糖、茶四类副食品价格,各地根据不同情况,给职工发放适当的补贴;放开名烟、名酒价格。第四,1989 年,提高粮、棉、油的收购价格;大部分进口商品的国内交货价格,从按国内价格作价改为按进口成本作价,即按代理作价。第五,1990 年,提高铁路、水运和公路的货物运价,加上 1989 年冬季提高铁路、水运和航空客运票价,增加建设资金 100 多亿元,支援了铁路建设;对近 40 年未动的邮政资费做了适当调整;较大幅度地提高煤炭、原油、有色金属和部分钢材的出厂价格和民用燃料的销售价格;部分城市提高了自来水、牛奶价格和公共交通票价;把橡胶、炭黑的计划内外"双轨制"价格合并为"单轨制"价格。

定发展。

三是改革深化阶段(1991~2000 年)，社会主义市场经济体制在这一阶段正式确立，并得到进一步深化。该阶段的城乡经济一体化指数一路高升，由最初的 0.0642 上升到 0.1607。其中 1994 年作为该阶段的一个转折点，前一阶段的城乡及一体化指数快速上升，后一阶段的上升幅度则明显降低。城乡经济一体化指数之所以在该阶段呈现持续上升的趋势，主要是因为发展战略偏向的进一步强化，导致农村经济劣势更加明显，城市经济加快发展，使城乡商品市场价格持续发生偏离。

四是全面深化改革时期(2001 年至今)，进入 21 世纪以来，特别是 2004 年以后的这段时间，中国的城乡发展不协调问题得到了高度重视，而城乡经济一体化成为经济发展的重要目标。由图 11.9 可知，城乡经济一体化指数由 0.1597 下降到 2011 年的 0.0944，之后保持相对稳定的状态。

欧阳志刚(2014)指出中国城乡经济一体化进程呈现上述特征的主要原因如下：偏向城市的发展政策使更多的社会资源流向了城镇地区，城市居民因此获得了更多的市场机会，其市场能力更强，获得的收入也自然更高。与此同时，改革早期典型的二元经济结构和二元体制，在城乡之间形成了资金、商品、技术、劳动力进入壁垒，这在很大程度上阻碍了生产要素和商品在城乡之间的流动。由于城市化和工业化的偏向政策与城乡二元结构的阻碍，共同导致了改革初期至 20 世纪末城乡经济分割程度的不断加深。在 1985 年以后，农村经济发展严重滞后，由于农民收入增长相对迟缓、增长质量低，"三农"问题日益成为中国经济和社会发展的短板和"瓶颈"。直到 21 世纪初，中央政府才认识到"三农"发展的重要性，并开始致力于探讨和实施解决中国"三农"问题的政策与措施。

近十多年以来，中国二元经济结构和二元体制得到显著改善，二元反差系数持续降低(图 11.10)。城镇的户籍制度管制逐步放松，阻碍城乡生产要素和商品流动的"壁垒"明显削弱，再加上近年来中国政府着力推进的"以城带乡""以工促农"及城乡经济协调发展为目标的城乡一体化政策逐步取得显著成效，城乡商品流通的运输成本和信息成本显著降低。因此，从 21 世纪开始，中国城乡经济一体化程度逐步加深。

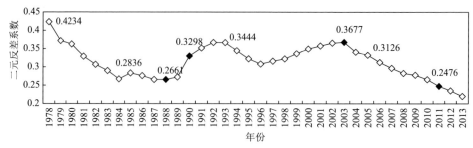

图 11.10 1978～2013 年中国的二元反差系数变化情况

二元反差指数,即第二、第三产业或非农业产值比重与劳动力比重之差的绝对值。二元反差指数理论上也在 0～1,与二元对比系数相反,反差指数越大,第一产业和第二、第三产业的差距越大,经济二元性越明显;当二元反差指数为 0 时,二元经济转变为一元经济,二元性消失

2)我国城乡经济一体化指数的区域差异

从我国城乡经济一体化指数的区域差异来看(表 11.14 和图 11.11),不管是同一个地区的不同时间还是同一个时期内的不同地区之间,都表现出了明显的差异。但是从各年的平均值来看,城乡经济一体化指数也遵循着"扩大→缩小→扩大→缩小"的规律。从 2013 年的区域差异来看,城乡一体化指数的绝对值小于 0.05 的地区分别有山西、内蒙古、安徽、湖北、湖南、广西、西藏、陕西和宁夏,不难发现它们全部位于我国的中西部地区;城乡一体化指数的绝对值大于 0.1 的地区分别有辽宁、江苏、浙江、福建、江西、海南、四川,其中最大的是浙江。这也说明,部分经济发达地区城乡经济差距明显、城乡一体化发展水平并不高。

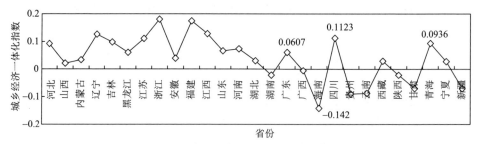

图 11.11 2013 年中国各地区城乡经济一体化指数

表 11.14　1986～2013 年部分年份城乡经济一体化指数的区域差异

地区	1986 年	1987 年	1988 年	1989 年	1990 年	1995 年	2000 年	2005 年	2010 年	2012 年	2013 年
河北	0.0057	0.0131	0.0173	−0.0356	−0.0227	0.1516	0.1933	0.1668	0.1091	0.0997	0.0925
山西	0.0152	0.0328	0.0527	−0.0025	−0.0172	0.0939	0.1417	0.0719	0.0282	0.0234	0.0208
内蒙古	0.0095	0.0328	0.0501	0.0148	0.0041	0.1070	0.1220	0.0514	0.0216	0.0275	0.0334
辽宁	0.0189	0.0579	0.0893	0.0649	0.0552	0.2214	0.2691	0.1790	0.1263	0.1264	0.1262
吉林	0.0085	0.0338	0.0716	0.0512	0.0107	0.1708	0.1713	0.1469	0.0988	0.0979	0.0983
黑龙江	−0.0141	0.0146	0.0359	0.0359	0.0293	0.1080	0.1661	0.1331	0.0753	0.0716	0.0610
江苏	−0.0121	0.0135	0.0234	0.0020	0.0059	0.1513	0.1854	0.1379	0.1207	0.1131	0.1110
浙江	0.0019	0.0433	0.0729	0.0492	0.0502	0.1680	0.2333	0.1863	0.1857	0.1819	0.1808
安徽	−0.0066	0.0081	0.0272	0.0008	−0.0012	0.0565	0.0759	0.0544	0.0476	0.0409	0.0396
福建	0.0141	0.0388	0.0468	0.0459	0.0610	0.1557	0.2001	0.1674	0.1727	0.1718	0.1747
江西	−0.0131	0.0132	0.0460	0.0249	0.0122	0.1099	0.1629	0.1661	0.1422	0.1336	0.1285
山东	0.0038	0.0186	0.0489	0.0216	0.0081	0.1217	0.1833	0.1204	0.0811	0.0706	0.0665
河南	0.0237	0.0472	0.0755	0.0156	0.0116	0.1459	0.1207	0.1156	0.0788	0.0741	0.0735
湖北	0.0114	0.0328	0.0605	0.0252	0.0060	0.0877	0.0948	0.0794	0.0429	0.0334	0.0305
湖南	0.0009	0.0237	0.0261	0.0108	0.0148	0.0682	0.0489	−0.0015	−0.0285	−0.0236	−0.0223
广东	−0.0057	0.0222	0.0237	0.0196	0.0176	0.0446	0.0880	0.0694	0.0675	0.0636	0.0607
广西	0.0000	0.0407	0.0813	0.0517	−0.0085	0.0245	0.0035	0.0185	0.0050	−0.0026	−0.0058
海南	−0.0134	−0.0134	0.0093	−0.0078	−0.0897	−0.0695	−0.0055	−0.0619	−0.1213	−0.1429	−0.1420
四川	0.0010	0.0427	0.0791	0.0499	0.0160	0.1365	0.1288	0.1201	0.1115	0.1127	0.1123
贵州	0.0066	0.0542	0.1926	0.1985	0.0372	0.1765	−0.0257	−0.0411	−0.1058	−0.1020	−0.0902
云南	−0.0152	−0.0077	0.0115	0.0022	−0.0153	−0.0616	−0.0748	−0.1003	−0.1000	−0.0942	−0.0879
西藏	−0.0054	0.0142	0.0410	0.0156	0.0203	0.0533	0.0553	0.0396	0.0241	0.0308	0.0292
陕西	0.0123	0.0392	0.0670	0.0385	0.0154	0.0893	0.0916	0.0046	−0.0107	−0.0146	−0.0217
甘肃	0.0094	0.0271	0.0660	0.0711	0.0439	0.0558	0.0420	−0.0497	−0.0633	−0.0663	−0.0704
青海	0.0066	0.0310	0.0515	0.0455	0.0182	0.1552	0.1844	0.1211	0.0950	0.0902	0.0936
宁夏	0.0085	0.0513	0.0684	0.0488	0.0162	0.1031	0.1183	0.0960	0.0436	0.0326	0.0277
新疆	0.0000	0.0376	0.0848	0.0522	0.0389	0.0749	0.0948	0.0505	−0.0430	−0.0677	−0.0707

续表

地区	1986 年	1987 年	1988 年	1989 年	1990 年	1995 年	2000 年	2005 年	2010 年	2012 年	2013 年
平均值	0.0027	0.0283	0.0563	0.0337	0.0125	0.1000	0.1137	0.0756	0.0446	0.0401	0.0389
标准差	0.0106	0.0176	0.0359	0.0414	0.0294	0.0672	0.0819	0.0796	0.0827	0.0835	0.0824
变异系数	3.9604	0.6242	0.6374	1.2268	2.3483	0.6719	0.7202	1.0524	1.8544	2.0850	2.1190

2. 经济社会发展和民生改善情况

从东、中、西和东北地区四个不同地区来看，发展与民生指数表现出了明显的差异并且呈现出"自东向西逐级递减，东北地区穿插其中"的经济地理特征(表 11.15)。其中，2013 年的发展与民生指数在东部地区最高的是北京，高达 90.57%；最低的是河北，只有 61.08%。中部地区各省区市较为均衡，均处于 60%～64% 的水平。西部地区的整体水平较低，最高的重庆也只有 68.67%，最低的西藏只有 52.54%。

表 11.15　2013 年各地区发展与民生指数及分类指数(单位：%)

地区	发展与民生指数		经济发展指数		民生改善指数		社会发展指数		生态建设指数		科技创新指数	
	2012 年	2013 年	2012 年	2013 年	2012 年	2013 年	2012 年	2013 年	2012 年	2013 年	2012 年	2013 年
东部	71.57	73.17	81.77	83.54	75.71	79.67	69.75	71.04	72.82	72.29	47.20	49.02
东北	62.04	63.53	75.86	76.64	67.67	70.34	68.22	69.02	62.61	65.97	16.66	17.10
中部	60.35	62.35	65.74	67.57	66.04	69.19	68.16	70.00	65.83	65.94	19.64	22.73
西部	58.22	60.08	66.73	68.19	61.81	64.85	66.45	67.86	62.07	63.25	18.02	20.62
东部地区												
北京	90.18	90.57	99.60	99.88	91.22	93.50	83.70	80.04	80.51	79.65	92.65	99.56
天津	78.65	79.74	94.88	96.18	80.68	83.31	73.93	74.72	76.28	74.64	58.03	63.26
河北	60.27	61.08	66.47	67.19	67.59	72.70	69.87	70.95	65.06	60.40	13.03	13.56
上海	85.53	86.44	99.80	99.98	85.49	88.82	79.33	79.51	79.79	80.61	71.38	71.50
江苏	77.02	77.98	84.82	87.48	77.01	81.62	71.49	72.31	74.14	72.11	76.81	74.25
浙江	75.43	77.80	81.79	83.55	83.15	87.53	67.61	69.12	74.61	75.45	62.99	67.13

续表

地区	发展与民生指数		经济发展指数		民生改善指数		社会发展指数		生态建设指数		科技创新指数	
	2012 年	2013 年	2012 年	2013 年	2012 年	2013 年	2012 年	2013 年	2012 年	2013 年	2012 年	2013 年
东部地区												
福建	68.54	70.86	79.29	80.64	73.48	78.04	69.66	71.08	76.29	77.53	27.92	30.84
山东	65.67	67.79	74.42	76.43	71.92	76.77	68.16	70.23	69.99	69.33	28.35	30.20
广东	72.85	74.79	87.86	89.62	75.51	77.74	65.52	67.65	74.49	76.51	51.71	54.97
海南	61.44	62.40	69.64	71.95	68.03	69.05	69.81	71.12	68.12	68.16	11.60	11.49
中部地区												
山西	59.77	61.54	66.86	68.63	64.89	67.54	70.23	72.30	59.71	57.92	20.66	26.80
安徽	60.09	63.62	64.35	67.03	64.77	69.32	66.04	70.27	68.74	70.34	21.96	25.93
江西	60.46	62.07	65.28	66.93	68.05	71.20	69.46	71.52	67.46	66.92	12.91	13.64
河南	59.04	60.91	62.56	64.21	64.79	68.19	67.93	68.24	65.58	64.63	18.17	23.74
湖北	62.41	63.98	69.75	71.41	68.97	70.82	67.23	68.70	64.10	66.24	26.75	27.76
湖南	60.88	62.42	67.73	69.33	65.68	68.60	69.19	71.08	67.26	67.26	17.46	17.97
西部地区												
内蒙古	59.14	59.64	76.31	77.05	62.63	65.02	65.01	67.07	63.23	60.19	7.97	9.28
广西	57.55	59.48	63.97	65.47	62.49	66.57	65.61	67.12	66.98	67.63	10.74	11.22
重庆	65.87	68.67	76.04	77.90	68.52	72.67	66.80	67.61	72.49	73.80	32.67	40.29
四川	61.54	63.82	67.63	68.70	62.53	67.87	68.47	70.35	65.33	66.15	32.83	34.06
贵州	54.07	55.83	62.17	64.25	58.22	60.86	65.47	66.90	58.92	60.56	6.89	7.64
云南	56.20	57.59	63.03	65.27	58.64	60.84	69.92	67.97	63.19	65.06	7.89	11.05
西藏	50.65	52.54	58.02	60.64	54.70	58.14	68.95	69.58	48.80	51.31	3.03	3.25
陕西	61.63	63.94	68.90	70.02	62.41	62.96	70.70	72.36	63.77	66.28	30.17	39.37
甘肃	52.40	54.10	60.98	62.44	59.95	60.43	61.34	64.42	51.17	54.65	10.02	11.07
青海	51.93	52.60	64.39	66.18	58.51	60.12	62.80	63.03	46.95	47.97	6.91	6.91
宁夏	53.88	55.75	66.89	67.97	61.17	62.92	61.03	65.73	50.93	53.11	9.79	10.55
新疆	52.10	53.47	65.86	66.79	63.38	65.42	57.18	60.92	46.23	46.89	6.14	7.13
东北地区												
辽宁	65.84	67.07	80.01	81.61	69.28	72.64	70.24	70.24	71.19	71.81	20.47	21.17
吉林	60.28	61.54	73.26	72.71	67.31	70.18	69.68	69.25	57.91	62.70	12.32	12.86
黑龙江	58.96	60.89	72.96	73.76	66.08	67.83	64.85	67.47	56.15	61.64	15.41	15.47

从发展与民生指数的五个分项指标来看，东部地区表现为明显的经济发展指数→民生改善指数→生态建设指数→社会发展指数→科技创新指数逐项递减的趋势，东北地区表现为明显的经济发展指数→民生改善指数→社会发展指数→生态建设指数→科技创新指数逐项递减的趋势，中部地区表现为明显的社会发展指数→民生改善指数→经济发展指数→生态建设指数→科技创新指数逐项递减的趋势，西部地区表现为明显的社会发展指数→经济发展指数→民生改善指数→生态建设指数→科技创新指数逐项递减的趋势。不同地区的社会发展指数之间的差距最小，科技创新指数差距最大；除了东部地区以外，东北、中部和西部地区的科技创新指数都要远远小于其他四分类指数，这说明我国的科技创新主要集中在沿海东部地区。

11.4.2 战略协同性的检验

1. 变量的选择与说明

为了进一步验证民生发展与农民增收的协同性，我们将利用省际面板数据进行实证。本节实证分析所设置的变量主要如下：被解释变量为农民收入，解释变量主要包括城乡一体化指数、发展与民生指数(经济发展指数、民生改善指数、社会发展指数、生态建设指数和科技创新指数)。各变量的选取、经济意义和变量的测算详细如表 11.16 所示。

表 11.16 被解释变量和解释变量的设置及其经济意义

变量	经济意义	变量取值	是否取对数	数据来源
FI	农民收入	农村居民人均纯收入	是	国家统计局网站
URI	城乡一体化	城乡一体化指数	否	
DLI	发展与民生	发展与民生指数	是	国家统计局网站发布的《2013 年地区发展与民生指数(DLI)统计监测结果》
EDI	经济发展	经济发展指数	是	
MGI	民生改善	民生改善指数	是	
SFI	社会发展	社会发展指数	是	
ECI	生态建设	生态建设指数	是	
ETII	科技创新	科技创新指数	是	

注：为了贯彻党的十八大精神，落实十八届三中全会《关于全面深化改革若干重大问题的决定》提出的"完善发展成果考核评价体系，纠正单纯以经济增长速度评定政绩的偏向"的要求，中国统计学会和国家统计统计科学研究所继续对各地区发展与民生指数(development and life index，DLI)进行监测。地区发展与民生指数评价指标体系包括经济发展、民生改善、社会发展、生态建设、科技创新和公众评价(另行开展)六大方面，共 42 项指标

2. 实证结果分析

由表 11.17 中模型一可以明显看出：①城乡一体化的系数显著为负，这说明 2000～2013 中国城乡一体化发展并没有形成有利于农民收入增长的格局。②发展与民生的系数显著为正，且远远大于城乡一体化系数的绝对值，这说明发展与民生指数的不断提高，将在很大程度上利于农民收入实现快速增收。这主要是经济快速发展和民生不断改善，一方面，由于经济增长能给农民带来好处，有利于农民实现收入增长；另一方面，由于民生的不断改善，有助于农民实现安居乐业。

由表 11.17 中模型二可以明显看出：①从发展与民生的分项指标的显著性来看，经济发展、民生改善、生态建设和科技创新的系数均显著为正，社会发展的系数为正但不显著；其中，民生改善的显著性最强，其次分别为经济发展、生态建设和科技创新。②从发展与民生分项指标的系数大小来看，经济发展和民生改善的系数远远大于社会发展、生态建设和科技创业的系数。这一结论证明了经济发展和民生改善对于农民收入增长的促进作用最强。

表 11.17　城乡一体化、发展与民生对农民增收的影响

变量		模型一		模型二	
		系数	P 值	系数	P 值
URI	城乡一体化	-0.5229^{**}	0.011	-0.1228^{*}	0.089
DLI	发展与民生	2.5134^{***}	0.000		
EDI	经济发展			1.5435^{**}	0.013
MGI	民生改善			1.1522^{***}	0.000
SFI	社会发展			0.5069	0.113
ECI	生态建设			0.3914^{**}	0.039
ETII	科技创新			0.1160^{*}	0.095
常数项		-1.4419^{***}	0.000	-6.5257^{***}	0.001

变量	模型一		模型二	
	系数	P 值	系数	P 值
样本区间	2000~2013 年		2012~2013 年	
R^2	0.9716		0.9426	
F 值	32.35(0.0000)		15.80(0.0000)	
Hausman	23.92(0.0000)		21.73(0.0028)	

注：被解释变量：农民收入(FI)。由于北京、天津、上海和重庆四个直辖市并未公布农村居民消费价格指数，所以四个直辖市并不能据此测算城乡一体化指数，故实证分析只有全国内地除四个直辖市以外的 27 个地区；由于国家统计局网站公布的发展与民生指数起始于 2000 年，所以模型一的样本区间只能开始于 2000 年；由于发展与民生指数分项指标只有 2012 年和 2013 年的数据，所以模型二的样本区间只能选取 2012~2013 年。但是上述原因导致的样本选择并不影响本部分关于城乡一体化和发展与民生指数对农民收入的影响分析

*、**、***分别表示在 10%、5%、1%的显著性水平下统计显著

11.4.3　战略协同驱动路径

1. 经济发展与农民收入超常规增长的协同推动

大量研究表明经济增长对减贫具有正效应，且有利于农民收入增长(林伯强，2003；胡鞍钢等，2006；胡兵等，2007；杜凤莲和孙婧芳，2009；罗楚亮，2012)。事实上，改革开放三十多年来，中国经济的快速增长为缓解农村贫困提供了坚实的经济基础，同样为广大农民的收入快速增长做出了重大贡献。但是，经济增长并不能自动地惠及穷人，也不能自动地改善分配状况。因为经济增长只是贫困减少的必要条件，而非充分条件。所以，要更好地发挥经济增长对贫困降低、农民收入增长和收入差距缩小的作用，这就要求政府必须加快相应调控制度和政策的有效供给，在公平和效率之间建立起联结的纽带和有效的社会保障机制，创造条件使必要条件转化为充分条件(胡兵等，2007)。历史经验事实已经表明，如果不能有效地改善恶化的收入分配状况，经济也不可能持续稳定地发展。让广大农民最大限度地参与到经济发展中来，让其更多地分享经济增长的好处，促进有利于最为广大群体的经济增长，无疑也是我们构建和谐社会、实现可持续发展的题中之意，也应当是今后扶贫开发的方向和着力点。因此，现阶段我们必须高度重视经济发展与农民收入超常规增长的同步推进。

2. 民生改善与农民收入超常规增长的协同推动

实现农民收入超常规增长，除了要拓宽农村内外部增收渠道，还应在农村民生改善上下功夫。要搞好新农村建设的规划和引导，做到合理布局、完善功能，加快改变村容村貌；加大农村饮水安全工程投入，加强水源保护、水质监测和工程运行管理；适应农村用电需求快速增长的趋势，结合推进农村电力体制改革，抓紧实施新一轮农村电网改造升级工程，大幅提升农网供电可靠性和供电能力；全面完成农村公路建设任务，落实农村公路管理养护责任，推进城乡客运交通一体化；支持农村开发利用新能源，推进农林废弃物资源化、清洁化利用；把支持农民正规建房作为扩大内需的重大举措，采取有效措施推动建材下乡，鼓励有条件的地方通过多种形式支持农民依法依规建设和改造自用住房；稳步推进农村环境综合整治，开展农村排水、河道疏浚等试点，做好垃圾、污水处理工作，改善农村人居环境，采取有效措施防止城市和工业污染物向农村扩散；积极支持农村电信和互联网基础设施建设，健全农村综合信息服务体系。总之，要通过生产生活条件改善夯实农民收入超常规增长的基础。

实现农民收入超常规增长，还要通过加大农村公共服务建设力度，形成合力的转移支付和收入调节机制。当前，重点要提高农村社会保障水平，逐步提高新型农村合作医疗筹资水平、政府补助标准和保障水平，做好新型农村合作医疗、农村医疗救助、城镇居民基本医疗保险、城镇职工基本医疗保险制度的政策衔接；继续抓好新型农村社会养老保险试点，有条件的地方可加快试点步伐，积极引导试点地区适龄农村居民参保，确保符合规定条件的老年居民按时足额领取养老金；合理确定农村最低生活保障标准和补助水平，实现动态管理下的应保尽保，落实和完善被征地农民的社会保障政策；逐步提高农村五保户集中供养水平，搞好农村养老院建设，发展农村养老服务，探索应对农村人口老龄化的有效办法；加大对农村残疾人生产扶助和生活救助力度，农村各项社会保障政策应做到优先覆盖残疾人；全面提高农村教育、卫生和文化事业发展水平。总之，要通过基本公共服务均等化有效提升农民收入水平和生活质量。

3. 生态建设与农民收入超常规增长的协同推动

全面开展农业资源休养生息试点,确保农业生态环境不断优化。抓紧编制农业生产环境突出问题治理总体规划和农业可持续发展规划。竭力避免垃圾从"非农业包围农业"的局面,启动重金属污染耕地修复试点,确保粮食生产安全;继续在全国范围内的陡坡耕地、严重沙化耕地及重要的水源地实施退耕还林还草,同时需要加强后期监控与管理;通过财政奖补、结构调整等综合措施,保证修复地区的农民总体收入增速不受环境整治的影响。加大生态保护建设力度,抓紧划定生态保护红线,完善林木良种、造林、森林抚育等林业补贴政策,加大天然草原退牧还草工程实施力度,启动南方草地开发利用和草原自然保护区建设工程;支持饲草料基地的品种改良、水利建设、鼠虫害和毒草防治;严格控制渔业捕捞强度,继续实施增殖放流和水产养殖生态环境修复补助政策;实施江河湖泊综合整治、水土保持重点建设工程,开展生态清洁小流域建设。总之,要通过生态建设,既保障农业的现代化发展和可持续发展,又确保农民收入超常规增长的持续性。

11.5　本　章　小　结

就农民收入超常规增长战略协同驱动的学理及现实价值而论,着墨于从经济学、管理学的理论基础出发,基于实证分析的内在逻辑加深对其协同性检验、能力基础及驱动路径的探讨,是必要的。本章的研究既强调了农民收入超常规增长战略协同驱动的可行性与必要性,也就其能力基础及驱动路径进行了深入探讨,发现以下几点。

(1) 以土地规模经营为代表的农业现代化不仅关系到农民务农的选择及收益,而且与农民务工选择及收益密切关联,农业现代化发展与农民整体收入提高两者具有联动性。加快促进农村土地适度规模经营,提高农业生产要素的集聚水平,既是实现农民收入超常规增长的现实要求,更是农业现代化发展的首要环节。因此,农民收入超常规增长与农业现代化战略必须协同驱动。

(2) 收入分配、农民收入增长及其结构变化不仅关系到农民自身经济利益，而且推动了中国城镇化的发展。从收入分配内部来看，城乡经济差距、农民收入结构的显著正向作用都说明了城镇的经济发展，农民务工、务农的收入差距，都成为农村剩余劳动力向城镇流动的有效拉力；在劳动力流动的同时，一方面，增加了城镇的劳动供给，提高了劳动力市场的竞争，进而降低城镇劳动力市场的工资水平；另一方面，农村剩余劳动力减少了，能够提高农业劳动的生产率。产业结构的不断升级则为农业剩余劳动力的转移提供了大量的就业机会，为劳动力要素从农村流到城镇提供了可能性。"人的城镇化"则体现在农村有效地积累了人力资本，为从事农业生产的劳动力向非农产业转移创造了基本条件，进而为第三产业的发展提供优质的劳动力。因此，农民收入超常规增长与新型城镇化战略必须协同驱动。

(3)传统要素物质资本投入对经济发展的"量"和农民收入存在着正效应，而对经济发展的"质"综合来看存在着负效应。对经济发展"量"的促进作用强于对经济发展"质"的促进作用。新兴要素研发投入对经济发展"量"和"质"及农民收入的促进作用均为正向作用，且研发投入对经济的促进作用比信贷扩张持续时间更长，对经济的综合促进作用强于信贷扩张。两者的促进效应也存在区域差别，二者对东部经济发展"量"和"质"的促进作用最强，中部和西部的促进作用相对较弱，但是对农民收入均呈现明显的促进作用，尤其是西部地区这种正向作用非常显著。经济发展方式的转变和产业结构的调整，应该更多地依靠加大研发投入，促进创新驱动机制的形成；不能盲目地依赖信贷扩张来刺激经济增长，应当合理地调整信贷结构，提高资金配置的效率。因此，农民收入超常规增长与经济发展方式转变战略必须协同驱动。

(4)发展与民生指数的不断提高,将在很大程度上有利于农民收入实现快速增收。这主要是经济快速发展和民生不断改善，一方面，通过经济增长能直接给农民带来好处，有利于其实现收入增长；另一方面，由于民生的不断改善，农民生产生活条件、基本公共服务得到明显提升，能够带动农民生活质量显著提高，实现农民安居乐业。因此，农民收入超常规增长与民生导向经济社会发展战略必须协同驱动。

第　12　章

确保我国农民收入超常规增长的制度
与政策创新

立国之道，唯在富民。中国的富民之路，重在农民。2004 年以来，国家支农惠农政策力度加大，使农民收入保持了较快增长。特别是自 2010 年开始，农民收入实际增速已经连续 5 年超过城镇居民，使城乡居民收入比持续缩小，各级政府促进农民增收、调整国民收入分配格局的政策效应开始显现。但是，城乡和区域之间居民绝对收入差距扩大、农民内部收入不平等问题尚未得到有效遏制，农民收入超常规增长的基础仍比较脆弱且极不稳定。此外，促进农民收入超常规增长的长效机制尚未建立，要在接下来三十多年的时间内持续保持超常规增长态势，还需要政府进一步深化改革，从转变政府职能入手，实现从直接介入经济活动到创造有利于竞争的宏观政策环境，以及承担更多的社会管理和基本公共服务供给职能的转变。与此同时，形成制度创新的常态化，从而使中国农民尽享制度创新红利，保持长期可持续的收入超常规增长。

12.1　农民收入超常规增长的金融制度与政策创新

理论与实证充分证实了金融要素及其与土地要素的有机结合对实现农民收入超常规增长和进一步持续缩小城乡居民收入差距的关键性作用。基于此，我们把金融创新作为第一突破口。总体而言，为了实现农民收入超常规增长，金融制度改革与政策创新应当定位为加强农业、农村经济主体和金融机构各自的发展能力，尤其是金融机构针对现代农业发展和农民收入超常规增长的金融产品与服务创新能力，由此通过金融创新拓展"三农"发展的金融服务手段，通过金融创新改善防范、抵御和化解金融风险的能力，实现"支农"与"营利"的双赢。

12.1.1 以顶层设计与全面配套的方式深化农村金融改革

农村金融发展的实践经验表明，农村金融市场有序运行且高效发挥其服务功能，需要科学立法予以保障。例如，美国通过《农业信贷法》这一农村金融立法的"顶层设计"，不断完善农村金融配套体系，化解农村金融风险，加强农村金融监管，提升农村金融效率，为其最终建成世界上最大、最强和最现代化的市场化农业提供资本保障。而中国由于缺乏对农村金融战略目标的清晰定位，农村金融制度供给一直陷入"双重抑制"的境地。一方面，缺乏对农村金融市场基础条件、宏观环境和运行监管的有效供给；另一方面，现存制度集中于对农村金融机构的调整，体现出"唯机构"的"单一性"特征，仓促易变、自相矛盾、急功近利、积重难返。进一步深化中国农村金融改革与创新，应当遵循"需求分析—目标定位—顶层设计—立法规范"的思路，通过制度供给为农村金融部门发展和农村金融市场有序运行保驾护航。农村金融顶层设计及配套改革的思路如下。

(1)农村金融改革要在制度层面矫正对农村金融机构的金融压抑和过度干预，在破除垄断和引导动态竞争的同时，要淡化显性的差别对待和隐性的政策排斥。1997 年农村金融改革以来，中国农业银行撤出农村，导致农村信用社一社支"三农"局面的形成，农村信用社一家独大的垄断局面直接导致大量农户的信贷需求无法得到满足。近些年来，新型农村金融机构的异军突起和改革中成型的农村商业银行备受监管部门和地方政府的青睐，而内生于民间带有农民自身特点的互助合作金融却备受冷落，进而被弱势化和边缘化。一些农村金融机构受政府"善意"的干预过重，另一些又苦于优惠政策无法覆盖。农贷市场结构的形成带有浓厚的行政意志，既往的农贷体系修补和市场调整更多体现的是供给导向和监管倾向，很大程度上忽视了需求方的行为特征及其产生效果的过程，因而不断调整的农村金融市场也无法有效满足具有庞大基数的普通农民的信贷需求。可见，只有在政策层面淡化对不同农村金融机构显性的差别对待和隐性的政策排斥，才有望通过多种形式满足"三农"信贷需求，进而迎合农民的利益诉求、农村经济实体的发展动机和传统农业弱质性的修复要求。

(2)农村金融的未来发展绝非强求"三农"领域来适应中国的现代金融体系，相反，需要农村金融体系在变革与调整中审视农村金融生态、环境和伦理，提供适应乡土社会经济、文化和历史的现代金融服务。一方面，从农户获取非正规贷款的角度来看，农户之间友情借贷主要是基于中国农村"熟人社会"的环境，具有"村庄共同体"的特点，农户的"圈层结构"表明农户对圈子内的人的信任是道德化的，具有良性导向的金融伦理约束；而农户对不熟悉或陌生的人或事物是不信任的，这是农村金融生态环境天然弱化及缺乏必要的道德诱导和制度规范的结果。另一方面，对于正规贷款而言，因为多数农户受教育程度有限并且获取信息的渠道有限，所以要农户主动适应和迎合金融体系是有难度甚至是不现实的，复杂而烦琐的贷款流程、手续和方式本身就是对作为"低端客户"的农户的一种排斥，大多数农户需要"来回跑"并且四处疏通关系才能获得贷款，农户"贷款难"是现实的难题。为了有效缓解农户的贷款问题，要通过制度安排、体系设计、产品创新、功能延伸等方面体现多样性和特色性，以适应农村社会金融环境，农村金融需要以内嵌于农村社会的角色提供金融服务。

(3)农村金融改革要通过一系列倡导"良治"与"善治"的行政法规体系和市场监管体系营造良好的市场环境，化解市场的劣化机制，保障农贷市场的公平性与正义性。农村金融市场是在外部政策资源注入下持续运行的，中央政府及宏观政策提供的面向"小微""三农"的定向降准、降息是国家层面"善意"的体现。然而受宏观经济波动、乡村基层治理变迁的多重作用，农贷市场中存在大量农贷资金被农村中的精英把控，其中不乏不法分子通过非法手段俘获农贷资金，相应也并非把有限的资金用于农业生产，甚至投放到高利贷之中，农贷市场的公平性与正义性遭受考验与挑战。这样的现象便对一系列倡导"良治"与"善治"行政法规体系的颁布实施和市场监管体系成型提出了现实要求，处理违规违法事件、淡化不公平现象是纠正劣化市场环境的基础，在此之上开展的农贷才能长期、可持续地服务"三农"。

(4)农村金融改革要激励与引导大型金融机构的支农战略及其创新，不限于激发其社会责任及一些边缘业务，更是要促进金融机构在业务拓展、运作模式、企业文化、风险控制等方面实现支农与自身运行并重，进而向广泛贫困群体、农业现代化和产业化主体提供长期、可持续、有特色的优质金融服务。大型商业银行在服务"三农"客户方面存在较为严重的信息不对称问题，需要在搜寻与处理客户信息上花费较高成本，并且存在防范风险难度大、甄别客户交易费用高等现实难题。因此，大型商业银行天生就不具备服务"三农"客户的内在动力和客观条件，相关涉及"小微""三农"领域的信贷投放、产品营销在一定程度上是基于其社会责任的附属业务。如何在市场机制主导的规则下把服务"三农"变为农村金融机构的主营业务，迫切需要相关的制度供给和机制设计。农业银行成立"三农金融事业部"进而实行独立的运营和管理模式，有望通过对传统业务及体制机制的创新实现全心全意服务"三农"的目标。

(5)农村金融改革要重视正规金融与非正规金融的协调性与互补性，把握农村金融与城市金融的整体性与相关性，厘清政策性、商业性与合作性金融的功能特色和作用边界。长期以来，农村非正规金融和正规金融并行运行表明，缺乏储蓄能力的农村正规金融市场需要非正规金融的功能性补充，农村正规金融和非正规金融并不具备替代性。因此，强调其产生效应的协调性和功能互补性是关键问题，同时合理引导非正规金融的规范化也同样重要。农村金融体系是中国金融体系中的一部分，农村金融体系的资金外流和资金流入实际上是农村金融与城市金融的一个动态平衡，要在时代发展需求的现实背景下，充分发挥城市金融和农村金融的互利、互惠和互补关系。同时要认识农村金融市场政策性、商业性和合作性金融的作用边界，因地制宜、因时制宜，发挥其不同的特色功能。

12.1.2 构建农村普惠信贷体系

实现农民收入超常规增长的难点在于低收入群体的快速发展，这也是金融服务的难点和盲点。经济落后地区由于人均收入和人均财富较低，一部分农民无法达到准入门槛，另一部分即使有能力达到也因为交易量小次频、交易手续烦琐、交易所负担的单位成本过高而没有激励去利用金融中介和金融市场；相应地，商业性金融机构也难以有效发挥自身服务功能，这就需要大力建设普惠信贷体系，并充分运用好政策性金融手段支持贫困农民发展。

(1)完善的金融基础设施建设是构建普惠信贷体系的前提。征信体系、担保体系和支付体系在农村地区的建设和完善是保障普惠信贷体系能够安全、有效运行的基础，基础设施的建立健全能够防范农村金融交易的风险，同时降低金融服务的成本。具体体现在：①征信体系的建设能够有效降低借贷双方的信息不对称，进而减少可能存在的道德风险和逆向选择；完善的征信体系还能够减少交易双方的交易费用并控制信贷风险，同时使农村金融机构能够优化整体水平上的信贷组合管理，提高其资产业务的价值，相应地增加了农村金融部门的市场竞争力和稳定性。②担保体系的完善需要创新，既有的担保方式主要是由机械、设备及应收账款等构成，而农户缺乏金融机构认可的抵押物是限制其贷款获得能力的关键因素。在控制风险硬敞口的前提下，挖掘农村产权抵押融资的潜力，将有望满足农户的信贷需求。③支付体系为交易双方提供便捷的基本技术和财务结算机制，不仅能够提高清算效率，而且能够快速、廉价、低风险地进行交易。完善的支付体系将为农民提供高质量的现代金融服务，移动手机终端、自动取款机(automatic teller machine，ATM)、销售终端(point of sale，POS)设备为分散兼业的广大农户突破地理障碍获取高效金融服务提供可能。

(2)构建普惠信贷体系内在要求创新，创新产品、服务和机构，重点扶持新型农村金融机构和互联网金融。要在贫困县建立普惠金融组织体系和政府主导的扶贫信贷机构，建立扶贫贷款风险补偿基金，提高扶贫贷款风险损失准备金计提标准，鼓励金融机构加强扶贫信贷产品与服务创新，为中低收入农户定制合适的信贷产品，扩大信贷对贫困农户支持的覆盖面，提高贫困农户金融需求满足率。同时要创新农村金融机构，新型农村金融机构在一定程度上克服了传统金融的缺陷，不需要农户提供担保和抵押，因而能够更大程度渗透到普通农户。然而，就小额贷款公司、村镇银行和资金互助社的运营模式来看，面向农户、带有普惠性色彩的贷款具有"福利"性质，新型农村金融机构多为非公众性金融机构身份，其开展的农户小额贷款业务更多是为

了获取国家优惠政策并保住"营业执照",因此持久稳定的普惠信贷体系尚未
完全形成。在中央政府的积极引导下,各级政府要用财政预算机制扶持新型
农村金融机构,促使其在不同地域、不同产业和不同阶段对弱势群体和资本
实力较弱的农村企业贷款;同时,要探索民间资本进入新型农村金融机构的
产权结构,通过资本实力扩大逐步提供多元化、多层次、有特色和可持续的
信贷服务,进而解决农户"小、频、急"的信贷资金需求。同时,普惠信贷
体系应积极利用互联网在信息传递、即时对接和便捷交易等方面的优势,以
互联网为依托大范围、大幅度地降低信贷服务的门槛,进而在财务可持续的
基础上服务更广泛的群体。

(3)建立普惠信贷体系离不开支持性的法律法规体系。通过尽快制定、完
善和落地相关的法律法规,既要充分发挥民间信贷进入门槛低、贴近大众的
特点,又要合理引导民间信贷阳光化、正规化、透明化、合法化,通过建立
健全检测、监管、防范的机制、组织和制度,在宏观调控体系内管理民间信
贷的资金规模、流向和风险特征。同时健全存款保险制度、破产清算制度和
信息披露制度等保障体系。

12.1.3　促进各类金融分工与协作

我国农村金融业已形成商业性金融、合作性金融、政策性金融相结合,
各种金融机构同时并存的新格局。但是,由于制度和政策的缺陷,加之金融
服务创新的激励严重不足,现有各类农村金融机构在机构设置、业务范围及
产品与服务品种等方面高度重合,不仅不能适应农业农村发展需求的动态变
化,而且服务效率低下、目标偏移严重。因此,必须精准定位各类金融的服
务对象,明确金融分工与协作,有效提升金融服务效率,才能充分发挥金融
促进农民收入超常规增长的功效。

(1)实现农民收入超常规增长,必须形成各类金融的分工与协作机制。这
种分工与协作不仅要做到宏观战略上的互补,而且要反映到具体的产品和服
务分类提供与创新上,其重点在于不同类型金融(商业、合作、政策及普惠金
融)产品和服务各自的针对性及协调配合。具体内容包括:一是分工与协作基
础下金融产品开发的目标与要求。要立足于各类农村金融需求与农村金融市

场环境特点，制定适宜的新产品设计目标，明确新产品设计的基本原则、要求与程序。二是分工与协作基础下金融产品开发的运行机制。要根据农村经济发展的要求，从政府主导、市场主导、政府与市场协调配合等层面探索各类金融产品开发的动力机制、激励机制、约束机制、调控机制等。三是分工与协作基础下金融产品开发的模式选择。要建立商业性、合作性、政策性金融有机结合的运营模式，并立足于农村金融市场各种类型金融机构的企业能力确定其独立开发、协作开发、技术引进开发等多种模式的现实选择。四是分工与协作基础下金融产品开发的类型及其营销策略。要针对我国农村市场的不同客户定位，科学设计具体的金融服务和产品，包括产品发明、产品改进、产品组合、产品模仿及产品定价，并探索各类产品适用范围、营销与推广策略。

(2)实现农民收入超常规增长，必须明确各类金融的战略重点。中国农业发展银行是较为典型的农业政策性金融机构，主要用于粮棉等农产品的收购，以确保国家粮食和其他农产品的供应安全。虽然国家信贷从某种程度上缓解了农村生产性投资长期不足的状况，但从农户的资金需求角度出发，政策性金融的效果甚微，主要原因是政策性金融的业务对象并不是农户，所以单个农户很难甚至根本不可能通过政策性金融机构获得生产资金，这就决定了农村政策性金融不可能是解决农村资金供给不足问题的主要途径。农村商业性金融机构的主体包括中国农业银行和地方性的农村商业银行、合作银行两大部分。近年来，中国农业银行虽然是农村金融业的重要构成，但其业务范围已经扩展到商业银行的各个业务系统，其以市场为导向的商业化改革步伐逐步加快。而且，中国农业银行营业机构数量逐年减少，经营战略是逐渐退出农村金融市场。这除了政府的特殊政策意图外，其基本符合金融机构的一般行为准则，即符合"成本-收益"的经营原则。商业性银行的市场性决定了它要以高利润、低风险的商业项目作为其首选业务，而农业的天然弱质性使商业性银行不愿意接触"三农"领域，其撤出农村地区造成了农村金融需求难以满足和农村资金流出等一系列消极后果。农村信用合作社是支持"三农"的主力军，其业务对象为农户与农村中小企业。虽然其资产、负债、存贷款余额均处于上升的趋势，但从管理制度、日常运营、业务结构来看，我国的农村信用合作社更像是官办金融和商业金融的混合体。在农信社中，社员的权利普遍被忽视，民主管理制度形同虚设，各级政府过多干预，农村信用合作社承担了过重的行政性和政策性义务。同时，由于农村经济结构发生变化，农村信用合作社的商业化倾向出现并逐步加强，商业化倾向导致合作金融忽视农业的生产性融资的需求，而更关注于利润丰厚企业的融资需求，由此难以满足农户的资金需求。新型农村金融机构等小微金融在消除贫困、消除性别歧视、为没有充分享受金融服务的人提供全方位金融服务及对健全整个金融系统方面的巨大作用，使其能够成为引领普惠金融发展的核心主体。

(3)实现农民收入超常规增长，必须明确各类金融的业务范围和边界。政策性金融具有低成本融资的优势，过多的政策性金融注入农村地区无疑会导致竞争秩序的混乱，进而导致农村金融市场结构扭曲、供需关系的横向断裂。因此，政策性金融存在的作用在于覆盖商业性金融较少涉及的领域，通过政策性金融的准公共性的特征，在保障市场公平竞争的条件下增加市场的宽度和广度，惠及更多区域、主体和具体项目。商业性金融要在农村地区或县域地区寻求利润，相应地，农村金融机构的经营形式通常表现为"大扶大、小扶小"，大型商业银行服务大企业、大客户，小型金融机构服务小资金需求者等零散客户。商业性金融与政策性金融需要注意其作用的边界，边界将会形成互补的状态，不过适度、有差别的竞争也是必要的。合作性金融则要在较大程度上与商业性金融及政策性金融有所区别，内生于农村的合作金融直接满足的是农民就地就近的金融需求，并通过合作加以满足。合作性金融需要多个层次的合作，既包括农户之间的非正规合作，也包括农户和组织、企业与社会团体合作，通过资金的合作不仅激发农户的协作能力，更能够增加资金的利用效率和回报率。农村金融市场的政策性金融、商业性金融和合作性金融需要通过合理地分工、协作，才能更好地服务"三农"。

12.1.4 发挥农贷服务功能，引导农业现代化发展

与传统农业生产相比，现代化农业是依托工业化生产方式和高新技术，以此打破传统农业生产方式单一、生产规模过小、生产效率低下、生产技术落后的短板，逐步实现投入-产出比率高、农产品质量高、农民收入水平高、抗风险水平高及农业与环境兼容性高的目标。现代化农业包括农产品的生产、

加工和销售，实现了农民、企业和市场的有机结合，有效促使了第一、第二和第三产业形成较为完整的体系。农业现代化的进程离不开农村金融体系的支持，深化农村部门的变革与调整，将为农贷引导农业现代化发展提供保障。

(1)积极探索直接对接新型农业经营主体的贷款模式，推动农业龙头企业、专业合作社、家庭农场、专业大户发展适应市场、具有区域特色、体现规模化和集约化的现代农业。具体而言，开展"公司+农户""合作社+农户""公司+合作社+农户"的贷款模式，简化信用状况良好的自然人主体的农户贷款流程，通过金融服务的流程优化、专业定位和产品创新来帮助企业理顺组织运行、拓宽业务范畴、提高经济实力。农贷要做好特色品牌的服务，跟进县、乡、村特色农业的发展，支持农村产业结构调整，与新型农业经营主体直接对接。同时在有条件的地区强调农业科技创新的驱动作用，重点扶持智能农业、生物育种、现代农机装备。

(2)需要通过完善资金自主定价权、信贷补贴、风险补偿、税收优惠、定向费用补贴、增量奖励以及健全有问题农村金融机构的退出机制等宏观制度建设，为金融服务于农业现代化提供连续的正向激励。政府的功能型引导和补缺是推动农村金融在更高水平上服务农业现代化的根本。通过政府引导的激励-约束机制和风险分担机制能够有效促进农村金融发展和农业现代化发展协同共进。中国政府及农村金融市场的特殊性决定了政府在改善农村金融服务过程中应起到的主导作用，并且在市场运行过程中为市场提供"补贴"和"兜底"，在控制市场风险的条件下承担最终风险，并结合行政手段和市场手段随时对农村金融体系运行过程中出现的问题进行动态修复与调整。

(3)应当通过培训、宣传、咨询等方式强化农民的金融意识，培养农民独立的金融人格，积极引导农民参与金融市场，发展现代农业。通过开展农村金融知识教育，提高现代化农业经营主体的金融意识和信用意识，建立负债经营意识，进而适应农村商业信贷市场，同时建立金融风险意识和自我保护意识，防止过度负债。在金融资本下乡的进程中培育农户在市场经济条件下的行为能力，塑造能够适应现代化生产生活方式、能够适应现代金融体系的新型农民，着力发挥金融的中介作用和催化剂作用，通过金融机构在市场中的特殊地位，以金融业务为依托引导农民接触现代化农业体系，实现更多的现代化投入和参与。

12.1.5 建立金融扶贫激励机制

农村弱势群体的增收发展，需要精准扶贫，而成功的关键在于金融精准扶贫，为要素缺乏的低收入农户注入启动资金，有效发挥金融扶贫增收效应。推动金融发挥扶贫效应，首先是引导资金流入贫困地区和欠发达地区。金融资本保本逐利的特征直接体现的是资金会自发流入高利润地区，这无可非议。然而，扶贫是一种具有社会效应的准公共性工程，与金融资本的本性相悖，金融扶贫有赖于中央当局的政策引导和补缺，进而形成相应的激励机制。具体的实现途径如下。

(1)通过再贷款、再贴现、宏观审慎政策、差异化监管等形式，降低并且稳定涉农金融机构利率和存款准备金率，引导地方法人金融机构和大型金融机构加大对贫困地区的支持力度，促进金融资源合理向贫困地区倾斜。贫困地区的农村商业银行、农村信用社、农村合作银行及村镇银行等地方法人金融机构地处偏远的农村地区，其不仅经营范围和规模有限、运营成本较高，并且吸储能力较差、资金来源不稳，资金匮乏是这类农村金融机构难以开展金融扶贫工作的重要原因。而中央银行和中国银行业监督管理委员会(以下简称银监会)的差异化政策实际上是为贫困地区实行了一个资金注入机制，中国人民银行通过加大扶贫再贷款支持力度，将为中西部连片特困地区、国家扶贫开发工作重点县及其他贫困区域提供金融资源，并由农村金融机构对接。实际上，上述贫困地区财力匮乏并主要来自财政转移支付，财政预算机制通常无法覆盖当地的扶贫重任。中央激励机制为当地提供低成本、长期限的金融资金支持，将为其脱贫攻坚和区域发展提供重要力量。

(2)培育长期、可持续的金融扶贫模式，对涉农金融机构的人事制度、业务权限、不良贷款控制等实行差异化的考核标准，适度增加区县支行的权限，重视县域之间的结构性差异。根据贫困地区的实际情况，在涉农金融机构财务可持续的条件下，可适当降低贫困县从业人员的考核标准，建立公开、公正、透明的绩效考核办法和职务晋升通道，并提高基层员工福利待遇。增加县域网点、县支行和分行部门(如农业银行的农村产业金融部和农户金融部)的审批权限和金融产品开发权限。同时提高对特殊地区涉农不良贷款的容忍度，但要着重强调基层客户经理、信贷员的"软"约束，让农村金融机构的一线职员自觉地履行工作职责、保障资金安全和有效率。

(3)保障涉农金融机构扶贫资金的"专款专用"并防止"目标偏离"，需要中国人民银行和银监会制定相应的监管、考核机制，金融机构自身制定扶贫资金管理办法，同时需要相应的法律法规以保障良好的市场环境。具体来讲，既需要中央及宏观层面的政策、制度保障，也需要各级金融机构的工作要求和实施办法。地方法人金融机构要建立扶贫资金的专用台账，上级机构需定时督导相关工作并及时开展扶贫资金专项风险排查，以确保扶贫信贷投放在规模、用途、利率、期限等各方面满足扶贫贷款的管理要求。同时，通过把信贷投放与已有"建档立卡"的农户直接对接，以"简式快速贷"的方式优先满足其信贷需求。对扶贫贷款的增量客户，积极与贫困地区的特色产业发展、贫困人群就业创业项目有机结合、协同作用，挂靠相关脱贫发展形式提供信贷服务。通过合理结合并促进优势互补，以较低利率降低贫困人群的还款压力，实现在功能定位、目标瞄准上的"精准"。

(4)金融扶贫要在信贷扶贫的基础上，开展多形式、多层次、多主体的金融服务，创新金融扶贫模式、丰富金融扶贫内容。通过保险、期货、租赁、债券等形式加大对贫困地区的支持力度，以政策性农业保险、扶贫小额保险和农产品期货化解贫困地区农民承担的自然风险与市场风险，以发行政府债券置换存量债务缓解贫困地区的债务风险，激励贫困地区农业企业通过发行债券、股票等直接融资。通过创新扶贫产品和服务，加大扶贫小额贷款、创业担保贷款、助学贷款、康复扶贫贷款等形式。丰富扶贫贷款内容，支持贫困农户易地搬迁扶贫、旅游扶贫、消费扶贫等，并支持贫困县城棚户区改造、农村危房改造、乡村环境治理、交通设施改造、水利电网设备更新、信息网络建设等。

12.1.6 实现农村金融市场供需主体协同发展

"三农"发展离不开农村金融的有效支持，农村金融发展也离不开农业农村经济的土壤，二者共同成长才能确保金融服务农民收入超常规增长的可持续性。中国农村金融市场的供需主体协同发展，必须在立足现代农业经营主体培植和农村金融自身财务可持续的基础上，构建一个基于二者共同成长的战略协同框架，为现代农业发展与农村金融自身可持续发展提供有效的战略指导。这一战略协同框架，既包含供给主体的适时调整，也包含需求主体自身实力的不断夯实，最终形成二者的良性互动。

(1)适时推进农贷市场的供给侧改革。当前，农贷市场供需主体协同发展的局面尚未完全形成。农贷市场的供给相对于需求来说是不充分的，因此农贷市场需求主体的金融需求特征无法得到有效契合，进而导致了农贷市场存在供需总量不平衡、用途错位、结构错位、期限错位等现实难题。农贷市场需求主体存在的问题在于：一是农业生产的总体水平偏低，由于农业本身的脆弱性，其风险偏高。这是供给方最为担心的部分，一些农户和合作社生产方式传统，生产水平不高。或者是从事高风险的养殖业，或者是缺乏科学规划，流转了不少土地，前期投入了设备设施，但是缺乏后续发展资金和能力。二是各自为政、单打独斗，缺乏协同及规模化生产能力。中小规模的农业生产主体大量存在，合作社从3～5名社员到几百人同时存在，关键是从事的生产内容又是雷同的。这样的情况下，中小规模的生产主体将很难有发展空间。只有走融合及协作的道路，才能在市场中占据主动权。三是资源闲置、浪费严重，不能充分发挥自身优势。一些地区，公路、铁路已经修到家门口了，但还是抱着"靠山吃山，靠水吃水"的思想，无休止地攫取宝贵的自然资源，对于自然资源的保护及利用远远不够。而我国农村农贷供给基本上是政府强制性制度变迁的结果，走的是一条"自上而下"的以正规金融机构市场化发展为主线的路径，因此始终没能形成一个内生性的农贷体系，农村融资需求与融资供给之间的结构性不匹配一直是制约我国农村金融改革发展的关键性难题之一。要实现供需主体协同发展，就需要供给侧相应地调整。

(2)充分把握战略机遇,培育现代农业经营主体。农贷市场供给方的调整，如果没有需求方的响应，也难以实现二者的良性互动循环。国际国内经验表明，培育现代农业经营主体和生产经营体系是提高农业盈利能力和竞争力的重要条件和途径；土地流转和适度规模经营是发展现代农业的必由之路，有利于优化土地资源配置和提高劳动生产率，有利于保障粮食安全和主要农产品供给，有利于促进农业技术推广应用和农业增效、农民增收。当前我国正在进行农村土地流转改革和农业现代化建设，这为加快推进农村土地适度规模经营、提高农业生产要素的集聚水平提供了重大战略机遇。各级政府致力于促进农地经营权向专业大户、家庭农场、农民合作社、农业企业等流转，通过实现规模经营增加农民收入，这既是提高农业盈利能力和市场竞争力的根本举措，更是农业现代化发展的核心环节。充分把握这一战略机遇，应从我国人多地少、农村情况千差万别的实际出发，积极稳妥地推进，通过构建新型农业经营体系、加快培育现代农业经营主体，发展适度规模经营。另外，当前我国正在实施创新驱动发展战略，能够为培育现代农业经营主体提供动力支持。我国已到了必须更加依靠科技进步促进现代农业发展的历史新阶段。在资源环境约束不断加剧的情况下，通过科技进步培育新型农业经营主体、实现农业发展方式转变，把农业发展建立在创新驱动的基础上，是现代农业发展和农民收入增长最重大、最关键、最根本的出路和措施。

(3)不同性质的金融机构应针对性地服务于不同收入水平的农户，并进行动态调整。实证研究表明：处于收入不同阶段的农民，因为自身资本积累水平和外源融资能力的不同，可能面临着不同性质和不同层次的融资约束。在提升农民收入水平、促进"生存小农"(也就是低收入农户和低水平生产农户)逐渐向"理性小农"(高收入农户、高水平生产农户和新型农业经营主体)进行转变这一动态过程中，金融服务机构不仅有所作为，而且是大有作为。针对不同收入层次的农民，为了实现区别对待及贯彻普惠性金融理念，其金融供给也应该有不同的供给主体和性质：对最低收入阶段和中低收入阶段的农民，国家主导的政策性农户贷款将对其具备积极的作用；对中等和中高收入阶段的农民，合理的民间金融、政策性及某些商业性金融可以对其共同发挥作用；而对那些处于最高收入阶段的农民，其资本供给将主要由正规性商业金融机构来实现。所以，我们认为确保农村金融市场供需主体之间的协调发展至关重要，因为一旦农民具备了一定的资本水平和生产能力，就会逐渐获得并增加其外源融资的能力，只要农民在自身资本形成和利用外源融资之间形成良性循环，这必然会推动"生存小农"向"理性小农"转变，最终实现农村金融市场可持续发展和农民收入持续增长。

12.2　农民收入超常规增长的财政制度与政策创新

财政制度与政策创新，是保障农民收入超常规增长的重要环节，其核心在于重塑作为农村公共品供给者的政府，充分利用财政投资政策、税收政策、补贴政策、价格政策等一系列政策工具，夯实现代农业发展基础、建立农业支持保护体系、促进农村产业融合、改造农村人力资本及推动城乡基本公共产品和公共服务均等化，引导和激励农民各项收入超常规增长。

12.2.1　加大财政对农民增收的战略性投入

"三农"历史欠账多，加大政府投入已经形成共识。但是，在增加总投入的同时，一定要做好资源的合理调配，既要保证转移性支出、补贴支出的合理水平，更要加大能够促进农民收入超常规增长的战略性投入力度，做到"既要授人以鱼、更要授人以渔"。

(1)加快政府改革，明确政府在农民收入超常规增长战略体系中的基本职能。改革开放以来，从政府、企业到个人都拧成一根绳共谋增长，创作了世界经济的奇迹。同时，中国的中央政府和地方政府作为一种典型的发展型政府，在推动工业化、城镇化，促进经济增长、减少贫困和提高居民收入方面成绩斐然。进入 21 世纪,中国共产党提出构建社会主义和谐社会的崭新理念，政府加大了在社会保障和社会保护领域的财政投入，提高了居民享受的基本公共服务水平。但是，在增强社会建设的同时，政府仍没有放手经济事务，结果便是形成了一个政府财政收入不断增长，在支出和工作强度方面却愈益捉襟见肘的紧运行局面，亟待加强的"三农"投入也一直没有得到充分保障。更重要的是，如果政府不能确立自身作为公共品供给者的唯一职能，基本公共服务的供给和均等化，尤其是极为薄弱的农村公共服务就不能在制度上得到保障，而常常只是对不断产生的压力做出被动反应(蔡昉，2012)。因此，当前促进农民收入超常规增长，必须通过改革把政府真正定位于公共服务供给者，让其为战略的实施提供基本的公共服务职能，通过加大投入力度有效提高农村基本公共服务供给水平和促进城乡均等化程度，为战略目标的实现创造基础性环境。

（2）合理界定事权和财权关系，明确不同层级政府财政农业投入的责任及其边界。确定不同层级政府在农民收入超常规增长战略实施中的投入责任，以及与之相适应的财权和财力，有利于保证政府资源的合理配置，形成中央和地方的联动机制。一般来讲，国家战略层面的投入，主要依靠中央政府，即国家战略性投入以中央政府为主。地方政府的投入范围则是国家战略具体分解到本区域的战术性投入、补充和地区配套政策实施的支持。具体来看，凡是直接影响国家战略全局发展的问题以及涉及多个省（自治区、直辖市）的工程和项目，应当由中央负责。如中央政府重点负责全局性农业和农村经济发展事项，包括大中型农业基础设施建设项目、重大农业科技项目、重大农业公共服务体系（全国性或跨区域性的信息体系、质量和安全检测体系、市场体系）、促进发展方式转变培育农业核心竞争力的重大项目、保障粮食安全及扶贫方面的重大战略性建设项目等。同时，对重大农业农村战略性投资项目，要成立由多部门和跨行政区组成的领导小组，制订统一的规划，实现各级政策、项目和预算的协调统一。在规划中，调整各部门、各行政区在规划方面相互矛盾和重复的部分，避免以往部门和行政区之间协调不够而出现的规划和投资重复的现象。对关系到一个区域范围内农业农村发展的项目，各级地方财政应根据实际情况负责相应的投入，能够区域共享的还要形成合理的分担机制。这种职责分工不仅有利于充分调动各级政府和财政部门筹措支农资金的积极性，而且可以使财政支农资金的使用同各地的农业发展实际相符合。

（3）充分保障农业农村基础设施建设的战略性投入，加快其现代化发展。长期以来，中国农业农村公共产品供给遵循的原则是"自力更生为主，国家支持为辅"。公共产品长期偏向城市的政策使城乡居民在享受公共产品方面存在巨大的差距。近年来，虽然国家加大对农村水利、道路等公共基础设施的投资力度，使农村公共产品供给水平有所提高，但由于历史欠账太多，农村基础设施供给不足的状况仍然没有大的改观。鉴于城乡公共产品的巨大差距，财政政策应当把农村农田水利、道路、物流等公共产品供给作为重要的战略性投入目标，加大农村水利、桥梁、道路、通信、电网等公共产品的财政投资力度，为加快农业农村发展创造良好的硬件基础条件，从而加快农业农村现代化进程。尤其是在粮食主产区的农业基础建设，既要重视地区投入的支持，更要从中央战略层面高度重视，尽快弥补历史欠账，为转变农业发展方式、培育核心竞争力创造条件。

(4) 充分保障农村人力资本改造的战略性投入，加快人的现代化进程。无论是农业现代化，抑或是农民收入超常规增长，最终可持续的源泉还是来自人力资本的积累和创新。长期以来，农村教育投入不足，限制了人力资本对农民增收的功效。现在，传统人口红利消失殆尽，已经到了必须将之置于国家整体发展战略高度并加大投入的关键时刻。要把教育发展作为国家核心战略，切实把教育事业办好，保障农村教育的财政支持力度，花好每一分钱，畅通农村和贫困地区学子纵向流动的渠道，让每个愿意通过教育向上流动的人都有机会通过教育改变自身命运；推进新型职业农民培养和新型农业经营主体培育融合发展，探索制定新型农民培养规划和职业农民认定管理办法，构建农村建设和农业生产的实用人才培训、认定和扶持政策体系，打造具有高素质的现代农业生产经营者队伍，持续为农村建设和农业生产培养适用的专业型人才，为农业现代化积累合理的人力资本。此外，还要通过针对性的教育政策，做好农村剩余劳动力、农民工的教育培训改造，落实农民工随迁子女在流入地接受义务教育政策，完善其后续升学政策，为新型城镇化、新型工业化及现代服务业长期可持续增长释放充足的人力资本。最后，还要加大对农村公共卫生、医疗等公共事业投资、建立健全的农村社会保障体系，积极推动农村低保、医疗、养老保险和农村社会福利事业的发展，为人力资本要素的身心健康和优化配置提供良好的基础保障。

12.2.2　合理运用转移支付工具支持 "三农" 发展

农业固有的自然属性和部分公共品属性，使其生产比第二、第三产业面临更多的风险。农业生产是经济再生产过程与自然再生产过程的有机统一，农产品需求弹性小，不仅使农业面临巨大的市场价格波动风险，更面临着人为不可抗拒的自然灾害风险。如果没有政府的财政补贴支持，农业风险由农业经营者承担，将会严重影响农业要素配置的积极性。因此，要促进农业要素优化配置，需要政府提供必要的财政补贴支持，以保护农业生产积极性。加大财政的农业支持保护补贴、养老金、社会福利救济等转移支付力度，可以直接增加农民的二次分配收入,对有效控制城乡居民收入差距和农民内部收入差距起到积极作用。

(1)重点加大农业补贴力度,完善农产品价格支持体系,发挥财政的再分配作用。要重点改革和进一步完善现有农业支持形式,继续增加财政支出中直接用于农业补贴的部分,最大限度地避免支农资金的"跑、冒、滴、漏"现象,让国家的惠农政策真正落实到农民手中;要完善农产品价格支持体系,通过建立价格调节基金和农产品的储备制度等手段维持农产品价格,扭转现代经济发展中农业部门贸易条件恶化的趋势,以形成良好的农业贸易条件;再次分配要根据"提低、扩中、调高"的原则,努力向低收入农民倾斜、向贫困地区农民倾斜、向粮食主产区农民倾斜、向革命老区农民倾斜、向偏远山区农民倾斜。

(2)重点保障农村养老、医疗和最低生活水平等需求最迫切的基本公共服务,加快建立统一的城乡居民基本养老、医疗保险制度,确保人人公平享有基本医疗卫生服务。农民有健康,才能规划美好未来。首先,应按照"广覆盖、保基本、多层次、可持续"的原则,加快健全农村社会保障体系,建立健全农民生存和生活的"安全网",逐步提升农民生活福利水平;完善新型农村合作医疗制度和农村医疗救助制度,增强农村基本医疗服务能力,建立健全各级财政补贴资金保障机制,减少农民防老储蓄,加大新型农村合作医疗保障力度,防止农村居民"因病致贫和因病返贫"现象发生。其次,应加快社会保险双轨制并轨改革,认真抓好国务院《关于建立统一的城乡居民基本养老保险制度的意见》的贯彻落实,加快建立统一的城乡居民基本养老保险制度,逐步提高财政补助标准,基本实现居民医疗费用省内直接结算,稳步推行退休人员、外出农民工的医疗费用跨省直接结算;全面实施城乡居民大病保险制度,合并实施新型农村社会养老保险和城镇居民社会养老保险,形成"四个统一"(制度名称统一、政策标准统一、管理服务统一、信息系统统一),使农村居民与城镇居民一样公平地享有基本养老保障。最后,应全面推进县级公立医院综合改革,在尽可能多的地级以上城市进行公立医院改革试点,进一步深化基层医疗卫生机构综合改革,加强基层的全科医生制度建设,完善分级诊疗体系;重点破除以药补医现象,降低虚高药品价格,合理调整医疗服务价格,通过医保支付等方式平衡就医人员所需支付的费用,尽最大可能减轻群众医疗负担。

(3)加大农业风险补偿力度，健全农业巨灾保险等政策性农业保险机制。自 2007 年中央财政实施农业保险保费补贴政策以来，通过地方财政资金的积极配套支持，中国的农业保险得到快速发展，服务"三农"能力显著增强，成为解决"三农"难题的重要政策组成部分。其中，2014 年的农业保险实现保费收入 325.7 亿元，同比增长 6.2%；提供风险保障 1.66 万亿元，同比增长 19.6%；承保主要农作物突破 15 亿亩，占全国主要农作物播种面积的 61.6%[①]。但是，随着农业现代化的推进，原有保险条款并不能很好地契合新形势下农业风险管理的需求，保险责任窄、保障程度低、理赔条件严苛等问题已严重影响到了农业保险覆盖面的进一步扩大和功能作用的进一步发挥。因此，必须牢牢把握农业保险的财政引导和支持功能，调动农户、农企、新型农业经营主体和保险公司等社会各界参与农业保险的积极性，充分发挥财政资金"四两拨千斤"的作用，引导社会资金的投入；逐步完善农业基层服务体系、加强和引入新的科技手段，提高承保理赔效率及降低保险过程中的道德风险等问题；科学应用农业生产、气象、自然灾害等各方面数据及保险精算理论，针对不同风险区域和不同风险种类匹配合理的保险费率，积极运用再保险渠道、规范设计巨灾风险分散机制。

(4)更加注重运用"绿箱"保护政策，保护支持农业发展和农民收入稳定。农业是弱势产业，支持和保护农业的力度只能增强，不能削弱。但农业保护的方式要符合现代农业和国际贸易规则发展方向。目前我国谷物价格已显著高于国际市场，农产品价格支持水平已逼近或超过世贸组织规定的"黄箱"政策支持上限。这种情况下，农业保护宜更多运用"绿箱"政策。建议及早调整农业支持保护结构，把目前事实上的收入补贴转变为非基于特定农产品的生产性补贴，尤其是大幅度增加对以农田水利为主的农业基础设施建设的投入力度。

12.2.3　充分运用税收政策拓展财政支农渠道

在农民收入超常规增长战略实施中，税收调节是财政政策的一项重要工具，它既可以对吸收农民工就业的企业和农民工创业进行成本与风险调节，从而为农业剩余劳动力转移就业和创业提供必要的激励机制，也可以通过合

---

① http://news.sohu.com/20150304/n409342730.shtml。

理的税收政策设计增加财政支农渠道，加强财政对"三农"发展的支持。

(1)通过税收优惠支持农民创业就业收入增长。一是对积极吸收农业剩余劳动力就业的城镇单位和企业，政府可以给予适当的税收减免、税率优惠政策，以鼓励企业给农民工提高工资标准，购买农民工医疗养老等社会保险，增加农民工的工资性收入。二是对积极在城乡创业的农业剩余劳动力和返乡创业农民工，按照现有创业财政税收补助支持政策予以资助，在 5 年甚至更长的时间内减免税收，以降低创业阶段的风险，并成立创业阶段的辅导机构，促进农民创业要素优化配置。三是对金融机构为农民就业创业提供的信贷服务提供税收优惠，激励其针对性的服务创新。

(2)征收新农村建设特种税支持农村基础建设。新农村建设特种税是为了筹集新农村建设资金而开征的特种税种。课征新农村建设特种税可以考虑以下两种：第一种是耕地占用特别税。对被占用的农用地和三年前曾用于种植农作物的土地征收特别税。纳税人为占用耕地从事建房或其他非农产业的单位和个人。第二种是土地增值特别税。征税范围是被转让的土地使用权、地上的建筑物及其附着物，纳税人为转让土地使用权、地上建筑物及其附着物并取得收入的单位和个人。目前，在我国开征新农村建设特种税也具有可行性：符合"工业反哺农业，城市支持农村"的方针政策，政治上可行；我国经济高速增长，经济总量大，税源充分，经济上可行；支持"三农"，是政界、学界和民间共同的所思所想，社会基础上可行；我国现行的税收征管体系完备，技术上可行，可选择部分基础相对较好的地区向中央争取先行试验。

(3)通过"税式支出"引导对农民增收支持的增加。"税式支出"这是一种间接渠道，即政府可以通过对税收政策的运用，间接发挥财政对农民收入超常规增长战略的资金支持作用。税法中的特殊条款，如有关扣除、减税、税收抵免等规定，从表面上看，是税收优惠政策，属于财政收入的范畴，但这些特殊条款使政府收入减少，在本质上与政府财政支出增加相同或类似。因此，也可把这些税收优惠看作是政府的一种支出，也就是"税式支出"，即政府为实现一定的社会经济目标，给予纳税人的优惠安排。通过税收优惠政策的间接资金注入，可以直接扩大农村民间的可支配资金规模，使资金投入主体自主地按照市场需求导向和效益原则增加对农村产业发展的资金投入。同时，税收政策的优惠，也可以成为吸引外来投资的一个重要条件。

12.2.4　严格财政支农资金配置的审查与监管

审查是一种事前行为，监管是一种事后行为，二者配合才能有效防范财政风险，提高财政资金配置效率。严格审查和监管就是要按照既定建设规划、按照区域产业发展政策、按照行业准入标准来审定和监督各类财政支农资金的投向和具体使用。

(1) 对于以具体项目为载体的支出，必须从技术上、财务上以及社会效益上来审查项目的可行性。这就需要加强项目管理，推行"阳光工程"，提高项目透明度，完善涉农投资项目公示制、项目法人负责制、重点项目招投标制、项目建设监理制，杜绝暗箱操作，确保涉农建设项目顺利实施。对于由财政支农资金支持或者是政府牵头实施的项目，应该由区、县级主要领导负责，并在财政部门设立领导小组办公室，围绕所规划的项目，建立相应的工作责任制，形成各有关部门按职责分口管理的"统分"结合的工作联系制度。要统筹安排支农资金的分配使用，根据建设项目和农业发展目标，区分轻重缓急，对申请的上级财政部门支农资金和本级支农资金的使用统筹安排，逐步做到支农项目申报、审批、实施的集中统一。要建立以主导产业和项目打造支农资金整合的平台，做好相关资金投放的绩效考核工作。要健全重大决策反馈纠偏机制和决策责任追究制度，强化工作执行力，继续坚持和完善重点工作联席会议制度、工作督导制度、领导联系点制度，强化重大事项督查、一般事项督办等具体措施。对于非财政资金支持的项目，如信贷资金与农户自有资金建设的项目，由于都是经济主体间基于"自主经营、自负盈亏"的理性决策，自然不在讨论之列。

(2) 对于农民的直补支出，实行直接集中支付方式，保证财政支持"三农"资金足额、安全、及时到位。目前，财政涉农补助资金由各部门发放，普遍存在着相互掣肘、推诿扯皮、挤占、挪用、截留的现象。由于资金管理程序不到位、补助对象审查不严密，虚报冒领、"权力寻租"等问题常有发生。财政涉农资金管理方式改革的思路可以考虑：凡是财政安排、直接发给农民的补助资金，都采取直接集中支付的方式，以减少资金的中间运行环节。通过金融机构作为支付的桥梁，形成财政—金融—农民的"一条线"资金运行轨迹。目前挤占、挪用全国财政支农资金的 90% 以上发生在县乡两级，而直接集中支付则能克服账户多、资金分散、运行环节复杂的弊端。

(3)对财政支农资金的使用,重点建设项目的实施,一定要加强监督与管理。第一,树立一个观念,牢固树立"抓资金管理就是抓资金投入、抓资金管理就是抓使用效益、抓资金管理就是抓资金安全"的新的理财观念,切实把强化财政支农资金监管与扩大资金投入放在同等重要的位置,彻底改变重资金分配、轻资金监管的现象。第二,建立一个制度,即建立和完善公示制度,确保资金在阳光下运行。要切实做到"三个公示":一是政策公示。即对建设项目、资金用途范围、补助对象、补助标准、申请审批程序和相关要求等通过媒体及乡村公告等形式进行公示。二是资格公示。各涉农单位在对补贴资金的申请情况进行审核后,对资格审核结果情况进行公示,公布符合补贴资格条件的名单。三是补贴对象公示。即将补贴对象名单张榜公示。在实行"三公示"中,要做到定点公示、按期限公示、监督举报电话公示。第三,创新一个机制,即创新资金规范监管机制。在充分发挥现有网络系统作用的基础上,建立健全支农惠农资金监控网络,对资金运行的全过程进行动态监控和监督检查,对检查中发现的问题,要查找原因,制定措施,堵塞漏洞,及时整改。第四,明确一个职责,即明确监管职责,形成齐抓共管合力。各级监察、纪检部门要督促有关部门加强对财政支农资金安全使用的监管,强化对资金拨付、使用、收支和补偿报销受益情况的检查,严肃查处违纪违法行为。各级财政部门要切实加强对财政支农资金的分配使用管理,确保资金安全高效运行,从源头上预防、制止截留、挪用、挤占、贪污支农惠农资金的行为,确保各项支农惠农资金安全、准确、便捷、足额到位。

12.2.5 健全财政金融支农政策的协调配合机制

金融政策在调节增长"总量"上作用更直接,财政政策则在调节增长"结构"上更有效。因此,促进农民收入超常规增长,要充分发挥两大政策各自侧重点,建立健全二者协调配合体制机制,形成更大合力保障战略目标实现。

(1)明确财政政策、金融政策在农民收入超常规增长战略体系中的侧重点,避免交叉、重复。财政资金主要功能是调结构和实现社会再分配,注重的是农村经济社会公平。财政支农资金应主要用于解决农村发展过程中市场解决不了的问题，即主要提供农业发展所需的公共产品，重点选择对农村发展有重大影响和作用的项目，以支持农村社会事业、农村基础设施建设、农业综合开发、扶贫开发等方面建设为主；而对于那些市场能够解决的投资项目，或者是能够在未来一定时期内能回收成本并有所收益的项目，财政则不必大包大揽，可以完全撤出或者是起一个"四两拨千斤"的引导作用。这里可以借鉴日本补助金农政经验。补助金农政是指日本政府把推行农业政策所必需的经费(人员经费、材料费、补助费、补助金、委托费等)列入财政预算，交付给执行政策的地方公共团体、法人、个人或者其他团体，以求农业政策的落实。补助金农政包括两个部分内容：一是无偿的财政性投入；二是有偿的政策性融资。无法回收的项目投入靠财政，能够回收的靠政策性金融。对于效益好、前景广阔的农业发展项目要充分发挥金融的服务功能。总之，财政和金融需要结合自身的特点与优势，找准各自在支持农民收入超常规增长中的有效区域。

(2)财政、金融及相关部门要在农村地区发挥衔接联动和协同作用机制。一是财政、银行、担保、保险、期货及合作组织要进行对接、互动和整合，为农户提供补贴、税收优惠、贷款、储蓄、理财、汇款及养老等一揽子完善的财政金融服务。二是深化中国人民银行、银监会、财政部门、国家发改委、农业部的协调合作，需要定期召开联席会议、农业项目推介会、农村财政金融发展座谈会及论坛等形式，共同形成支农的合力作用。三是运用财政政策手段促进大型银行金融机构与微型金融机构、担保机构、保险机构、期货机构和政府扶贫机构对接，有效改善农村财政金融机构的服务能力和服务效率。通过财政部门、银行金融机构和非银行金融机构的互动对接，将有望形成协同创新，体现在产品服务的多样性和规范性上，进而实现完备的财政金融服务体系。

12.3　农民收入超常规增长的产业制度与政策创新

产业管理制度与政策创新是指政府根据一国产业发展规律的客观要求，运用经济、法律及行政手段，来调整产业组织结构、产业布局政策和产业分布结构，以实现资源要素的最优化配置，推动整个产业持续、健康、稳定发展的制度和政策体系。促进农民收入超常规增长，归根结底是要依靠政府通过产业管理制度和产业政策的实施，重点培育新型农业经营主体，完善现代农业产业组织，建立健全现代农业生产体系、经营体系、产业体系和服务体系，实现农业规模化经营，推动农村产业融合，实现农业现代化、新型城镇化、工业化、信息化协同发展。由于第 10 章和第 11 章已经对相关内容进行了详细分析，本部分只重点对前文着墨不多的促进现代农业产业组织、服务体系及产业融合等政策措施予以探讨。

12.3.1　以合作社为核心打造现代农业产业组织

以家庭经营为核心的生产安排虽克服了集体产权形式的"低效率"和"搭便车"，但无法克服小规模分散化经营带来的"规模不经济"，农户往往为追求短期利益而忽视长期投资，导致对投资的"减退效应"。农户通过参与合作组织进入市场，可以克服农户因分散而产生的市场不平等地位，提高讨价还价的谈判能力，克服农户人力资本存量较少、市场知识不足的缺陷，抗衡经济领域各环节"歧视性"价格，避免中间商的中间盘剥(洪银兴，2015)。尤其是落后地区，政府可制定适合本地的产业政策，积极引导和规范农民经济合作组织，通过以龙头企业为依托，组建专业合作组织，形成"龙头企业+专业合作组织+农户"的产业化运行模式，把基地、农户与市场连接起来，结成紧密的产加销一条龙、农工贸一体化的生产经营体系，增强农民增收的能力。因此，加快发展现代化的农民合作社，并由此促进新型农业生产经营主体和现代农业产业组织构建，才能进一步发挥合作社对农户增收的促进作用，实现农业农村经济的健康快速发展。

(1)完善合作社外部法规和内部制度建设,依托合作社加快构建新型农业生产经营体系，为其促进农民增收提供制度保障。合作社外部法规的完善主要从具体的配套法规和统一的管理办法方面形成横向法律法规体系，以及各级地方政府因地制宜制定适合本地的配套法律实施细则,形成纵向法规体系。合作社内部制度建设主要包括对合作社内部决策、管理、监督、利益分配等制度的完善。此外还需要对合作社之间的联系制度、人才培训制度、合作社融资、保险、农地流转等配套制度进行完善。江浙沪地区的合作社能快速发展，得益于其所在地区政府制定的系列配套政策提供的有力保障。

(2) 促进农业产业链整合，提升合作社等新型主体在产业链中的地位，为合作社促进农民增收提供产业保障。农业产业链的主体是农户，通过合作社对农户的联合，提升农户在产业链中的地位，保护农户的利益。一是发展现代物流体系，包括农产品供应物流、生产物流和销售物流。二是建立农业产业链公共信息平台，包括农产品生产信息网、供销信息网、仓储运输信息网等网络，为区域农业交流与合作提供全方位、多层次的信息服务。三是建立农产品质量监督和检测平台，建立健全农业标准体系、质量检测体系、产品认证体系和质量监督制度；同时鼓励建立产业链品牌，提高农产品质量、保障农产品安全。四是建立新型的网络型农业产业链，向横、纵向两方面延伸产业链、增加农产品的附加值，提升农民的利益。

(3) 加强农业技术推广，增强合作社综合服务功能，为合作社促进农民增收提供技术保障。一是增强农业科技投入，包括用于基础研究和开拓性应用研究的经费投入。二是进一步培育科研力量，包括增强国家级研究机构和大学研究力量，创办以实习和实验为主要内容的科学技术大学，培养农业科技成果转化人才；兴办科学技术实体，为农业企业提供各类技术和咨询；改革农业科研的组织形式和合作方式，建立产学研一体的科研体制。三是形成以合作社为载体的农业技术推广方式，提高农业技术的推广效率及农户对农业技术的采纳效率，保障农产品质量安全。四是明确国家政府对农民专业合作社在农业技术推广方面的专门优惠政策。

(4) 加强金融和财政扶持，提升合作社等新型主体的资金实力和抗风险能力，为合作社促进农民增收提供资金保障。一是金融扶持政策，包括鼓励国家政策性金融机构和商业性金融机构采取多种形式为合作社提供优惠贷款等金融服务；鼓励发展新型农村合作金融组织，开展农村信用合作等。二是财政支持政策，应在坚持集中财力、保证重点原则的基础上，扩大财政支持范围和支持对象，并改革资金分配方法，加强对支持资金的监管。三是税收优惠政策，中央政府应根据各地成功的税收优惠政策统一制定专门的税收优惠政策，建立专门的合作社税收体系；地方政府应根据国家有关合作社的税收优惠政策，在地方税的范围内积极实施。四是保险支持政策，构建农户+合作社+省级政策性农业保险公司+国家农业再保险公司的保险支持体系。政府除了对商业保险公司提供一定的支持以外,对农户的保费补贴等措施应直接面向农户所在的合作社,并由中央政府统一组建政策性的全国农业再保险公司。

(5)着力合作社文化建设,提升合作社等新型主体的凝聚力和合作效率,为合作社促进农民增收提供文化保障。合作社文化是反映合作社本质规定性的、为合作社成员普遍认可的一整套思维模式、认知系统、行为规范等。一是鼓励和指导合作社创建自己的文化;包括提高全体社员参与合作社日常活动的积极性,增强合作社成员的凝聚力和主人翁意识;培育合作社品牌,建立品牌文化;建立培训体系培养专门的管理人才,形成合作社企业家精神;教育和引导合作社成员树立诚信意识,遵守社会公德和商业道德等。二是宣传和表彰那些既有生命力又有合作社文化意蕴的合作社,通过榜样的示范作用推动当前我国农民专业合作社组织文化建设。三是鼓励合作社带动当地文化建设和发展:包括组织文化团体到农村或合作社中演出和服务,以资金和人力支持合作社发展自己的文化事业,以喜闻乐见的形式将分散的农户在文化生活方面凝聚起来,增强农户的合作意识,逐步形成合作文化。

12.3.2　以服务体系为支撑转变农业发展方式

发达国家的经验表明,实现农业现代化必须建立现代化的农业社会化服务体系。当前制约中国农业要素优化配置的主要障碍在于农业社会化服务严重缺失。农业生产缺乏健全的产前、产中、产后的全过程社会化服务。因此,要通过产业政策的实施,促进农业社会化服务体系的建立健全,尽快补足这一薄弱环节,为现代农业发展提供有效支撑。

(1)依托完备的社会化服务,引导农户与市场有效对接。转变农业发展方式,目标之一是要提高我国农业综合生产能力,保证农产品的稳定供给。在坚持家庭经营为主体、适度规模经营的前提条件下,实现农业现代化,提高我国农业的竞争力和抗风险能力,必须构建便捷高效、覆盖全程、层次分明、形式多样、内容完备、主体多元的社会化服务体系。这一社会化服务体系的构建,旨在解决生产经营规模比较小的农户的组织化和协调性问题,使他们能够依托完备的社会化服务,处理单个农户解决不了也解决不好的问题,更好地与市场对接。这些服务包括农业科技服务、农业信息服务、农业病虫害防治服务、农产品加工服务、农产品销售服务，还有资金服务等。有些服务如技术服务、市场服务具有公益性，有些服务如加工服务等具有商业性。目前，对于公益性服务财政投入严重不足，建设严重滞后，制约了农业生产要素的优化配置。因此，各级政府应进一步增加农业社会化服务预算投入，以乡镇农业服务中心为基点，建立多层次农业社会化服务体系，为农户和现代农业经营组织提供必要的技术、信息和市场服务，激励和引导农户与市场有效对接。

(2) 建立多元投入体系，共建农业社会化服务体系。农业社会化服务体系是在家庭承包经营的基础上，为农业产前、产中、产后各个环节提供服务的各类机构和个人所形成的网络。这一服务网络，是由不同层次的主体共同组成的，这本身也蕴含着农业社会化服务体系主体的多样性、服务种类的全面性、服务形式的灵活性。因为农业社会化服务既存在市场失灵的问题，也存在政府失灵的问题，单独依靠政府或市场都无法实现帕累托最优的服务供给。这就要求农业社会化服务必须由政府、私人部门、集体组织、公益性组织、合作性组织来共同提供。针对不同服务的性质和特点，公共物品特征明显的服务由中央政府拨付财政资金给予支持；需要因地制宜、差别化实施的，又具有投入高、回报慢、受益广的特点的服务可由基层政府提供；涉及需要在农资购买、生产、销售等环节协调农户的农业社会化服务可由村集体或合作组织提供；涉及产业化经营、拓展农业经营内涵、延长农业产业链、打造农产品品牌的服务可由龙头企业提供；涉及转变农业经营人员理念、创新农业经营模式、提高农产品科技含量、提升农业从业人员素质等方面的服务，可由高等院校、科研院所或相关教育培训机构提供。

(3) 农业基础较好的地区，要稳步推进综合性服务机构建设。由于现代农业具有集约化、产业化、信息化、生态化的特征，基于农业生产环节的可分性，农户所需要的社会化服务也是多种多样的。一个完善的农业社会化服务体系应当涵盖生产资料供应、信息收集、生产辅助、金融保险、人员培训、技术指导、产品营销及农产品的加工储存运输与销售各个方面。而由于我国农业社会化服务体系的主要服务对象为农户，这就意味着我国农业服务的主体需求是一站式、综合性服务。适度规模经营农户的服务需求千差万别，涉及产供销各个环节，综合性服务机构将降低农户与不同专业性服务机构打交道的交易成本，从而成为我国农业社会化服务模式的最优选择。

12.3.3 以产业融合为途径提高农业产业效益

推进第一、第二、第三产业融合发展，是提高农民收入、提升农业产业效益的有效途径。各级政府的农业管理制度和政策要以产业化的理念、手段和管理思维促进农村产业融合，形成农业农村产业比较优势。

(1)以产业化的理念促进农村产业结构调整和产业融合发展。农村要发展，产业是支撑。然而，在欠发达农村地区，主要还是以家庭为单位的种养殖业为主，受自然环境与市场的影响较大，农村经济比较利益低下。这种经济发展水平要想吸引外来资金或者留住本地资金进一步促进农民增收自然是"异想天开"。因此，要想实现农村发展、农民增收，唯一的办法就是以现代产业理念加快农村产业结构调整，促进产业融合发展，构建起资源可持续回流的产业支撑。对于有条件发展第二、第三产业的地区，应结合本地资源优势，积极发展农村现代工业与农村现代服务业。首先，要加快农村工业化进程。一是推进乡村工业园区化聚集发展；二是依托农村丰富的农副产品资源和劳动力资源，坚持走"一村一品、一乡一业"和"特色化、专业化、大市场"的发展路子；三是发展产业集群，形成特色产业和特色经济。其次，要大力发展农村服务业。一是积极发展农村商贸流通服务业；二是加快农村社会化服务体系建设；三是着力培育和壮大生产性服务业。最后，培育农民成为市场主体，通过发展各类经济组织让农户形成经济主体，以增加农户的组织化程度与市场交易能力。

(2)以产业化的手段来提升农业的比较效益。农产品的生长有其生物特性，因而农产品的生产周期普遍比工业品长，农业面临着市场和自然的双重风险。经营农业的农户由于规模小，比较分散，在市场上的议价能力不强，往往受到上下游厂商的双重盘剥，形成工农业产品价格"剪刀差"。但同时也应看到，农业在产业链条上与第二、第三产业相互关联，通过延展贯通依附于农业的第二、第三产业，实现农业生产资料供应，农产品加工与销售的一体化经营，将极大地提高农产品的附加值。此外，农业的多功能性使农业的产业形态多样化，拓展挖掘农业的生态保护、自然风光、娱乐休闲等功能，发展农村服务业，将极大地提高农业效益。

（3）以产业化的思维来管理农业产业发展。农民收入不提高，农业的发展就没有保障。农业的强劲发展，需要大批新型农业生产经营和管理人才。提高农业收益，必须有农业产业化的管理思维意识，要合理适度利用工商资本，发挥龙头企业在农业产业化进程中的引领作用，国家要从金融、财政、税收、用地等方面给予政策支持，积极引导，合理规范。产业化经营要求合理规划区域布局，结合当地资源优势，大力发展农产品加工业、农业服务业和特色种养业，形成专业经济和集聚效应。大力发展特色农业、旅游农业、休闲农业、创意农业等现代农业业态，运用产业化思维和方法经营农业，在做强农业的基础上，利用其与第二、第三产业的关联，积极发展农业相关的第二、第三产业，延伸农业产业链，促进第一、第二、第三产业融合发展。

12.3.4　以反哺协作为手段加快农业现代化进程

当前中国城乡经济社会发展格局表明，加快农业农村现代化，仍然必须坚持工业反哺农业、城市支持农村的基本方针，进一步健全城乡发展一体化的体制机制，推进城乡要素平等交换、合理配置和公共服务均等化，在以城带乡、以工补农上取得更大进展。

（1）引导城市和工业资本反哺农业农村，加快对传统农业的改造。在目前的现实基础和条件下，中国农业现代化进程仅仅依靠农民无法全面实现，必须充分依靠城市和工业资本的力量。农民有土地、劳动力，城市和工业资本有资金、技术和先进要素优化配置经验，两者可以有机结合，对传统农业进行升级改造，能够加速农业农村现代化进程。政府应当通过农村土地用途的严格管制，为城市和工业资本下乡限定农村土地使用范围，而不是一味地采取限制和禁止的产业政策；应加强对城市和工业资本入农的引导、监督、考核，建立城市和工业资本健康入农的体制机制，促进农业要素优化配置的长效机制逐步形成。总之，政府通过鼓励城市资本下乡入农、对农村传统农业经营主体进行要素重组、改制、改造，转换经营机制，扩大经营规模，提高技术与管理水平，增强农业要素优化配置能力，从而提升农业农村产业发展的整体素质。

(2)发挥好新型城镇化、工业化、信息化对农业现代化的辐射带动作用。农业现代化、新型城镇化、新型工业化、信息化是相辅相成的关系，没有新型城镇化、工业化、信息化创造条件，辐射带动，农业现代化就难以推进。没有农业现代化提供农产品等保障，新型城镇化也难以持续。应努力推进农业现代化、城镇化、工业化、信息化互促共进，建立农业现代化互联互通体系。支持新型工业和现代服务业链条逐渐向农村延伸，促进农业专业化分工，同时推动劳动密集型产业、农产品加工业及农机、农药、化肥等涉农工业向县城和小城镇转移，就近利用原材料和劳动力资源，促进农村非农产业发展，拓宽农民增收渠道，大力发展农业中的第二、第三产业，延长农业产业链，推进农业要素非农化配置，提高农业附加值，促进农民收入超常规增长。政府通过信息化建立农业现代化与工业化、城镇化要素互联互通机制，促进要素自由流动和优化配置，实现农民收入超常规增长。

12.4　农民收入超常规增长的科技制度与政策创新

农民收入超常规增长的科技制度与政策创新，是指政府通过科技体制机制改革与政策激励，为现代要素进入农业农村创造条件，引导科技创新激发农业农村经济活力，通过创新驱动实现农业农村现代化，从而带动农民收入超常规增长。

12.4.1　加强农业农村的科技基础实力

农民懂科技，新型农业经营主体才会有技术支持，才能进一步促进农业要素的优化配置，才能进一步保证农业现代化。加快农业科技进步与创新，要立足于经济社会发展的全局和战略高度，不断加强农业科技基础实力，把农业发展重心转到依靠农业科技进步、农业劳动者素质提高和农业经营管理创新的轨道上来。

(1)增加农业科技创新投入。抓住农业科技革命的新机遇，增加投入、改革体制和组织重大科技行动，积极推进农业发展方式转变。农业产业政策以区域农业资源禀赋、比较优势为基础，对各地区农业产业重点发展方向进行合理分工布局，形成各农业功能区，并对各农业功能区的经营组织、产业结构等进行规划和引导。它对农业科技创新具有重要的方向性指引作用。政府要依托既定产业政策规划，根据各地区农村的生产发展需要、农业产业结构变化及农业科技长远发展趋势和竞争态势，进一步做好各地区农业科研机构的总体布局、系统规划和顶层设计，加快农业科研机构调整步伐，大力推动新型科研机构建设。

(2) 加强农业科技人才培养。农业发展方式转变和农业现代化都离不开农业科技支撑，科技必然需要依靠人才的培养。因此，新时期必须要把握好国内外市场发展的新特点，集中所有能集中的力量培养一批真正掌握有先进技术、能熟悉市场、懂管理、信息吸收能力强、能创新的农业科技人员；要把提高农民的科技文化水平放在整个经济发展的突出位置，大力发展和不断创新新型职业农民教育培训，切实加强农村企业和农业生产的实用人才培养，为农业科技进步、农业发展的转变、农业现代化及农民收入超常规增长提供强有力的技术型人才支撑。

(3) 促进农业科技成果转化和示范推广。当前农业科技中最薄弱的环节就是农业科技成果转化和示范推广，因此，要准确把握农业科技进步与创新的主攻方向，加快培育一批具有重大应用前景和自主知识产权的突破性优良品种，加快现代农业发展；积极发展农产品电子商务，加快农业信息化步伐，确保农产品交易透明化，强化农机作业的薄弱环节和后续服务，推进农业机械化与农业现代化深度融合。

12.4.2　建立农村科技公共服务平台

建立农村科技公共服务平台，提供包括科技创新基本信息、科技应用推广数据库、农民技术应用辅导等，能够帮助解决科技工作者与农业经营主体之间信息不对称问题，提升农民成功应用现代科技发展生产经营的可能性。

(1) 搭建农村科技基础信息平台。农业经营主体的项目、财务、技术、管理等信息存在不透明，造成相关信息采集与归纳分析滞后。而地方政府对其有较权威的第一手信息来源。因此，以政府为主体建设一个为农村科技信息平台，可有效缓解信息不对称，降低科技创新及应用风险。这个平台可以由政府科技部门进行管理，引进银行、创投、担保、保险、技术咨询、技术研发等公司和征信、评估机构，以及会计和律师事务所在平台内设立办事处，为农村科技创新提供一站式技术、融资、管理和法律等方面的咨询服务。

(2)建立农村科技应用的档案数据库。农村科技应用的档案数据库，有利于对本地区适宜技术创新进行识别。政府在档案建设方面应发挥主导作用，负责记录、归集、公布、查询、监督科技应用推广的相关信息，建立各类相关主体采纳应用某一科技、技术具体效果的档案数据库，包括其一般信息、提示信息、警示信息、良好信息、相关产出数据及阶段调整记录，并实现信息的实时动态更新，最终实现农民资信信息共享，降低农业技术创新推广应用的前期调查和后期监督成本。

(3)实施农村新技术应用的辅导计划。农村先进科技应用困难，除了科技创新条件不足外，还与农民素质有关。他们在技术应用、管理营运、市场拓展、风险评估规避、财务健全等方面缺乏经验和能力，有必要进行针对性辅导，以增强其应用能力。政府应指定专门机构，为农民提供技术咨询服务，帮助引进创业投资和风险投资资金，并设计未来发展策略、代办各类材料申请事宜、提供各类政策咨询服务，促成技术等服务机构与有意愿采纳技术的农民开展有效合作。

12.4.3　推动农村科技创新创业

农村科技创新创业是科技、资源、机会与科技创新创业实践者在农村地区以项目为载体的行为选择，对于创新驱动农业发展方式转变、加快农村现代化进程、实现农民收入超常规增长意义重大，政府必须高度重视、有效支持。

(1)推进农村科技创新创业是一项风险较高、公益性较强的社会性系统工程，有赖于政府的政策支持和培育。农村科技创新创业具有社会基础性、长周期性、高风险性和技术溢出性等特点，不仅需要创新创业者拥有一定的资本、技术、项目、土地和能力，而且需要有足够的市场空间和政府提供必要的政策和资金援助，更需要社会服务部门提供技术、市场信息、管理咨询、投融资等社会化服务。而资金在创新创业要素中起"第一"和"持续推动力"

作用。尽管创新创业资金可能来源于自有资金、财政资金、社会资金，但这些资金毕竟有限，仍需金融部门发挥核心作用。通过金融系统提供风险可控的资金支持，可以持续地将科技与农业生产要素有机结合，推进农村创新创业进程，不仅可以依靠科技抵消农业要素边际报酬递减规律的作用，提高单产，稳定我国主要农产品供应，而且可以培育新型农业经营主体，解决我国"谁来种地"的问题，实现农业现代化转型升级。

(2) 推进农村科技创新创业是我国农业现代化的重要路径，需要政府主动作为。我国中东部地区人口密集，人均耕地更加稀少，而粮食主产区又集中在中东部地区，确保国家粮食安全成为中东部地区农业发展的主要任务。如何跳出农业资源要素瓶颈，实现粮食增产，则需要依靠科技进步。湖北、东北、河南、山东等粮食主产区，在国家强农惠农政策和金融大力支持下，地方政府高度重视推进农村科技创新创业，形成了政府、银行和科技服务部门联合推进农村科技创新创业的格局，不仅使农村科技创新创业主体成为当地培育新型农业经营主体的重要渠道，而且对当地职业农民培养、农村留守劳动力就业、农民收入增长、农业集约化发展都发挥了重要的促进作用。农村科技创新创业在我国农业现代化转型升级中有极强的生命力，政府应当积极引导、加快发展。

(3) 推进农村科技创新创业需要高效配置科技资源，推动科技与金融有机结合。一是要充分利用科技资源，促进科技投入结构优化。要加大发展农村第二、第三产业的科技创新投入，促进新兴科技与新兴产业的深度融合。要适当增加技术创新投入，特别是对于经济实力相对较弱的西部农村地区，增加财政科技投入，能直接提高技术创新水平，进而推动农业发展方式的转变。二是要构筑科技创新创业投资风险的多元化分担机制。通过健全科技创新创业信贷担保体系，扩大现有政策性担保机构的职能，引导其开展政策性科技创新、创业担保业务，探索建立政策性、商业性、互助性、合作性等共存的农业龙头企业科技创新和农户科技创业担保体系。建立科技创新、创业保险和再保险体系，加强科技保险产品及衍生品开发，完善科技运用的风险补偿机制。鼓励各地区积极探索由"龙头企业、农户创业主体、银行、担保、财政、保险、期货、购买商、农业科研院所"等主体组合参与的各种风险分担模式，试点推广"银担""银保""银校政"合作支持农村科技创新、创业新模式。三是要构筑金融、财政、科技与地区产业政策协同支持科技创新的机制。应事先按照农业功能区的资源禀赋和比较优势，科学划分农业科技创新功能区，据此指引科技项目的选择，出台相应的科技、财政、金融政策。要根据财政信贷资金性质和目标差异，建立财政信贷分工支持机制。财政重点投向科技基础设施、市场条件、科技和社会化服务等领域。信贷资金重点支持科技创新的孵化进入生产领域。

12.4.4　构筑农村科技创新创业风险社会化分担机制

(1)建立大宗农产品收储调节机制，发展农产品期货期权市场，分担农村创新创业的市场风险。为了分散农村创新创业的市场价格波动风险，需建立两个机制：一是财政出资建立农产品市场调节基金。大宗农产品、畜产品创业，易遭遇市场价格异常波动，通过市场调节基金集中采购、收储、供应，可调节市场行情，稳定价格，避免价格大跌带来生产创新，提高产量反而损失。二是建立农产品期货期权交易市场。期货期权交易具有价格发现和风险规避功能，应进一步扩容大连、郑州等全国性大宗农产品期货市场，积极发展区域特色农产品期货市场，为农村科技创新创业主体规避市场风险创造良好条件。

(2)加快发展农业保险和再保险，分担创新创业的自然风险和科技风险。整合财政支农资金，建设好农业政策性保险公司和再保险公司，积极发展政策性创业农业保险；鼓励发展民营资本参股的商业性创业保险机构，适时推出农业科技研发和创业技术保险品种；强制实行巨灾创业保险，巨灾损失由原保险公司、再保险公司及政府三方共担，原保险及再保险公司按保险责任赔偿，其余由政府巨灾保障基金资助；积极推行农业巨灾风险证券化体系，加强农村科技保险产品及其衍生品的开发与发展，完善农村科技推广的风险补偿机制。

(3)建立农村科技创新创业的风险投资体系。风险投资以入股或贷款方式进入创新创业主体，并参与其经营决策，因而可解决融资与管理的双重难题，达到股权与债权互补、技术与资本有效对接的目的。第一，由财政全额出资，按年度农业财政预算支出的适当比例计提，建立农村科技投资基金，资助农村科技创新与创业。积极探索创业投资基金的管理模式、风险控制、项目组织、专家评审、盈利退出和激励约束机制。第二，加快发育多种所有制并存的农业创业投资机构，对将业务重心投资于农业和从事农村科技创业的投资机构，政府给予适当的利息补贴、担保补贴、项目补贴、税收减免，通过财政撬动更多社会资金投资农村科技创业。第三，加快创业板、代办股票转让系统建设，将该市场尽快延伸至农村科技创新创业领域，为农业风险投资者适时退出创造条件。第四，加快发展农业私募股权基金，为农村科技创新创业股权融资创造条件。第五，建立全国性农业风险投资协会，通过行业自律，规范农业风投机构的进入、投资和退出行为。

(4) 创新农村科技创新创业险组合分担模式。农村科技投资前引入担保公司，投资后引入保险、农产品市场调节基金、农产品期货交易机制、创新创业风险财政补偿基金，农村科技投资风险实际上变成"农业经营主体+银行+担保+财政+保险公司+期货商"共同承担，这就显著降低了投资风险。要鼓励各地积极探索"农业龙头企业、银行、担保、财政、保险、期货、购买商、合作社、科研院所"等主体多种组合参与的风险分担模式，如"担保+订单+保单+信贷"组合、"合作社+银行+政府+创业者"组合、"高校+政府+银行+创业者"组合等。积极探索"银担""银保""银校政"合作支持农村科技发展的新模式，大力推广集科技、信贷、财政服务有机结合的西南大学校地合作"石柱"模式和贵州三穗"园区合作融资创业"模式。

12.5　农民收入超常规增长的土地制度与政策创新

农民收入超常规增长的土地制度与政策创新，是指在政府的引导下和农民自愿的前提下，通过相关土地制度与政策措施调整，按照中央统一部署，坚持土地改革试点，探索可复制、可推广的土地改革成果，然后通过总结完善后将其宝贵经验逐步推开，为农民收入超常规增长的土地要素优化配置提供一个优良的环境，提升农业农村土地资源要素的优化配置能力，形成土地要素的适度规模经营，促进土地与金融要素有机融合。

12.5.1 通过制度创新激活土地价值

土地制度与政策要在农民收入超常规增长战略中实现既定的目标，必须在坚守农民根本利益不受损害的基础上深入推进农村土地制度改革，为农民创造更多的、可靠的财产性收益，可以采用的政策手段主要包括：落实和明确农村土地集体所有权，稳定和强化农户承包权，"放活"土地经营权，引导和鼓励农地经营权有序流转。只有如此，才能真正激活农村沉寂多年的土地资产、资本属性，才能让农民增收、农业增效、农村变美，农村土地才会产生最大价值。

（1）加强土地空间规划与管理水平。政府应不断加强土地的整体空间布局与规划和管理水平，避免土地资源的浪费；出台具有法律强制力的农田保护措施，切实保障农户的土地权益；加强对土地流转的服务和管理水平，制定统一、完善、规范的管理措施与办法，形成城乡一体的土地有形市场和土地市场监管体系。

（2）落实和明确农村土地集体所有权。落实集体所有权，必须加快农村的土地确权进程，统筹协调解决新型农业经营主体生产中的现实问题。经过确权、登记、颁证，可以直接让农村土地变成农民的"存折"，成为"活资产"，使进城的农民可以安心把土地流转给新型农业经营主体以土地换取收入或者是股权，种地的农民可以用土地抵押贷款以解决农户融资难问题；农村土地确权完成之后，必然会推动土地的加速流转，如此一来，需要扩大经营规模的新型农业经营主体就会更容易转入土地，一方面可以使农村的土地撂荒现象减少，另一方面又能提高土地的利用率和产出。

（3）稳定和强化农户的土地承包权。稳定和强化农户的土地承包权，就是公平合理地将承包权分配给每个有资格的集体成员，强化各成员所拥有的权益，保障土地承包户基于土地的全部收益。通过对农民的土地进行确权、登记、颁证，进一步明晰农民的土地承包权，充分稳定农民土地承包权的预期收益，为农村承包土地维权和土地的正常流转奠定稳定的制度基础。

（4）"放活"土地经营权。放活农村土地经营权，就是要提高农业有限土地资源的利用效率，将农村土地经营权配置给那些有经营意愿和经营能力的主体，尤其是新型农业经营主体，如此就能更好地破解"谁来种地以及谁能种好地"的难题。所以，这需要在农村土地使用权方面进行全方位的探索，从土地所有权、承包权、经营权"三权分置"入手，以土地经营权为突破口，在确权颁证基础上，从金融创新、交易流转及社会服务等方面多路突围，旨在"放活"农村土地经营权，探索具有各地特色的农村土地改革之路。

（5）引导和鼓励农地经营权有序流转。在坚持农地农用和依法自愿有偿的前提下，引导和鼓励农地经营权的有序流转，为土地的适度经营规模提供条件，进一步提高农民的劳动生产率。建立农村土地流转服务平台，提供土地流转信息服务，明确土地流转的政策边界，切实加强项目监管和土地征用管制，务必遏制耕地流转的"非农化"和"非粮化"倾向；土地流转时让农民自己做主，切勿过多进行行政干预，逐步完善利益分配机制。鼓励和引导新型农业经营主体与农户之间建立起长期、稳定、合理的利益联结机制，努力探索推广农产品实物计租货币结算、租金动态调整、农户的土地入股保底分红等利益分配方案，稳定土地流转双方关系，保护流转双方的合法权益。

（6）实现土地在城乡之间市场化流动。实现土地在城乡之间流动，就是要建立全国统一的土地市场，促进土地要素的自由流动，推动农地金融化，从而提升农村土地要素的配置效率。在市场化的条件下，农村土地将会流动到具有土地经营能力的农户，有效地提高了其土地生产规模，辅之以农业创新技术，能够加快农业现代化生产的实现。另外，不具备农村土地经营意愿的农户，在其向城镇转移的过程中或城市建设征地时，可以在政府的引导下将其所拥有农村土地的经营承包股权变现转让，并一次性纳入农业转移人口市民化的社会保障基金，用于农业转移人口的社会保障及保障性住房支出等。这不仅能够推动农村剩余劳动力向城镇有序转移，提升其非农收入，而且能够提高农业生产的经营效率，最终实现农民收入超常规增长。

12.5.2　通过政策引导土地要素优化配置

总体而言，普通农户以农业收入为主，土地是其重要的生产要素，然而在现行土地制度框架下其经营规模远低于最佳规模，拥有较强的土地转入意愿，但市场不完善所导致的信息不对称、交易成本过高阻碍了其土地转入行为；新型农业经营主体的最佳土地规模远大于普通农户，进而土地转入意愿更为强烈,同时鉴于其能够承担相对较高的土地租金,并且受到政府的支持,能够相对容易地转入土地;兼业农户基于边际产出拉平效应,倾向于维持现有的土地规模,信息不对称、社会保障的不确定性制约了其土地转出行为;工商农户对土地的依赖性最弱,土地转出意愿强烈,但当前种粮补贴政策的扭曲,加之土地租金过低、交易费用高,极大地制约了其土地转出行为。因此,政府必须通过合理政策设计,引导各类主体行为规划,促进土地要素优化配置。

(1)根据农民的分工分业修改完善相关土地政策。应加快研究政府在农户职业分化中的各项激励政策,加快清理和废除过时的支农政策,对四类农户建立有差异化的创新创业投资诱导政策,加快促进农户职业分化进程,为我国农业现代化转型和促进土地有序流转创造良好的经济条件。

(2)发挥市场机制在土地经营权流转中的积极作用。建议以县为中心加快建立农村土地交易所,及时引进土地互联网交易平台,培育农村土地流转服务中介,消除土地流转信息不对称、降低交易费用,为各类农户土地经营权流转创造良好的市场条件。

(3)实时扩大新型农业经营主体对土地转入的有效需求。根据各地农业资源禀赋,积极培育优质农业项目,发展农业园区,积极招商引资,有序引导城市资本下乡,培育和壮大新型农业经营主体,扩大新型农业经营主体对土地转入的有效需求;同时,按照去农业库存、消化过剩农业产能的要求,加强农业供给侧改革,立足市场需求引导新型农业经营主体优化调整种植结构,从而改善土地流转的需求结构。适时研究2028年第二轮土地承包经营权到期后新型农业经营主体拥有土地经营权的延期政策,打消其转入土地后对土地经营权获取期限不稳定的担忧,激励其进行长期性农业投资。建立政府补贴基础农业土地转入的长期机制,而对于特色效益农业,当新型农业经营主体能够实现稳健可持续经营时,政府的补贴政策(包括对土地转入进行补贴的情形)应适时退出,以便让市场机制在农地资源配置中发挥决定性作用。

(4)改革配套制度促进土地有序流转。建立城乡一体化社会保障制度,降低或消除土地的准社保功能,加快农民工在城镇购房的优惠政策落地,积极推进农民工和创业农户市民化,扩大农地流转有效供给水平。改革种粮补贴制度,真正做到"谁种粮""谁受益",确保补贴资金对种粮农户的激励作用,改变当前部分地区存在的"种粮不受益""受益不种粮"等补贴资源错配格局。通过以上举措因势利导地引导农户职业分化，改善农村土地供需结构，从而促进农业适度规模经营，助推农业现代化与全面小康的实现。

12.5.3　通过实践指导提高土地流转效率

根据前文的分析，无论是理论分析还是实证检验，农村土地流转是实现农民收入超常规增长的关键性因素之一，这也是当前理论与政策界的统一认识。然而，如何使农村土地有效地流转，还面临着诸多难题。总体而言，农村土地流转的主体主要涉及农民、企业、新型农业经营主体及政府。但是，目前几大主体在思想上仍存在着一定的问题。从农民的角度来看，随着城镇化进程的加快，农村青年劳动力逐年递减，在传统的耕种模式下难以盈利，从这一层面来看，绝大部分农民具备土地流出的意愿，但其对土地流转收益、土地流转后归属的担忧，以及对政府和经营大户的不信任，将导致其在土地流转行为上的抵触。从企业和新型农业经营主体的角度来看，由于农村土地流转合同往往是十几年的期限，若无明确的经营方向及管理经验，对土地流入后的收益担忧也会在一定程度上影响其土地流入意愿。从政府的角度来看，地方政府在实施土地流转政策时，更多的是基于政绩考虑，而非从农民的利益、农村土地流转的效益出发。因此，政府需要通过职能转变和政策引导，使相关主体树立起客观、准确的理念，提升农村土地的流转效率。

(1)加强农民土地流转的权益保护。要使农民切实提升土地流转意愿，首先，必须从思想上让其明确政府实施农村土地流转政策的根本意图，并从政策法律上明确其土地流转收益、土地流转后的归属等问题，让农民"敢于流转、乐于流转"；其次，在更新农民思想观念的基础上，还需对农民的切身利益予以法律保护，当出现土地流转纠纷时，必须通过专门的法律程序，使农村土地的流转符合规章制度，减少农民的后顾之忧，进而促进农村土地的流转。

(2)完善新型农业经营主体的经营指导。要使农村土地要素活跃起来，必须从土地的流出与土地的流入两方面入手。在农民具备土地流出意愿的基础上，如何有效提升新型农业经营主体的土地经营效率，是农村土地实现长效流转的关键。因此，政府应当对新型农业经营主体的发展给予足够的重视，从产前的布局规划、产中的技术指导及产后的市场对接三个方面，切实服务于新型农业经营主体，最大限度地降低其生产风险、市场风险，培育有效的土地经营效率，从而提升其土地流入意愿，扩大土地生产规模。

(3)改革农村土地流转的政绩考核。地方政府作为农村土地流转政策的实施者，其能否有效地引导农村土地流转的政策落地，直接关系到政策的成败。从农民收入超常规增长的目标来看，要有效实现增收要素的集聚，关键在于质量，而非数量。为了杜绝各级地方政府以土地流转的亩数作为其政策实施的标杆，国家应当对当前土地流转的政策绩效考核进行改革，将追求数量转变为追求质量，并以政策文件的形式进行规定，从而使地方政府科学地引导农村土地有序流转，切实提升农村土地的经营效率，促进农民收入超常规增长。

12.6　农民收入超常规增长的就业制度与政策创新

农民收入超常规增长的就业制度与政策创新，是指政府通过相关制度和政策调整，为农民提供一个优良的就业和创业发展环境，大力提升农民自身对资源要素的优化配置能力，从而确保其收入超常规增长目标实现。

12.6.1　推进城乡一体化的就业制度改革

长期以来，中国特殊的城乡二元经济结构，使生产要素的流动受到了严重的阻碍，尤其是农村地区的人力资本，长期处于落后状态。这不仅使城乡之间的收入差距日益扩大，不利于经济的可持续发展，同时也使农民在就业市场上无法得到公平的待遇，这极不利于农村剩余劳动力的顺利转移。而经济学理论已深刻地表明，农村剩余劳动力的流出是一个国家实现农业现代化的基础，也是实现农民收入快速增长的必要条件。因此，为了有效保障农民的非农就业，提升其工资性收入水平，就必须建立起城乡一体化的就业制度。

(1)彻底结束城乡分割的体制。在计划经济时期，中国政府依靠重工业优先发展这种违背比较优势的战略来推动工业化和经济增长，必然需要形成一种扭曲生产要素价格的宏观政策环境(蔡昉，2012)。而为了按照战略意图分配资源和组织生产，相应地形成了高度集中的计划体制，以及以国有经济和人民公社制度为组织特征的体制模式。在这样的制度格局下，统购统销政策、人民公社体制和户籍制度成为一种三位一体的体制模式，执行着割裂城乡市场的职能，使城乡关系和利益格局被城市偏向政策所主导。改革开放以来，人民公社体制首先被打破，继而农产品统购统销政策逐步得到改革，户籍制度也在一定程度上被劳动力流动所突破(蔡昉，2012)。然而，在三位一体模式下形成的城乡利益格局，并没有被彻底打破(洪银兴，2015)。在城乡收入差距仍然存在并且处在较高水平的同时，城乡居民就业环境差距明显，表现在职业健康、公共安全保障水平、各项社会保险和社会保护项目的覆盖率及保障水平等方面。在这些方面存在的城乡差别，不仅导致当下就业和生活质量的差距，而且使农村人力资本的积累落后于城市，成为农村贫困代际传递的基因。因此，必须彻底结束城乡分割的体制，建立城乡一体化的就业制度和政策支持保障体系。

(2)全面推进城乡就业制度改革。加快建立健全乡村两级公共就业服务机构，推进城乡公共就业服务机构之间的信息对接，降低结构性失业；全面彻底地取消不同地区主要针对农民工的就业准入限制和歧视性规定，从减免企业部分税收方面努力引导企业逐步提高农民工的工资水平，坚决查处企业拖欠农民工工资的行为；加强农民工的劳动合同管理，强化对用人单位订立和履行劳动合同的指导与监督，加大劳动执法监察力度；改善农民工的生活和工作环境，确保农民工进行安全生产和安居乐业；对农民工全面开展安全培训，强化职业卫生管理，搞好劳动保护，完善农民工职业病防治制度，重点依靠工伤、养老、医疗等保障手段不断扩大农民工的社会保障覆盖面。

(3)进一步深化户籍制度改革。加快推进户籍制度改革，赋予农民工在城镇地区的平等就业机会和就业报酬，引导农村剩余劳动力有序转移就业并落户城镇。建立统一、公平的城乡劳动力就业市场体系，重点保障农民工享有与城市职工无差别化的就业报酬权、劳动保护安全权、职业技能培训权、休息休假权；以中西部地区城镇、中小城市和县城镇为重要突破口，放宽农民落户城镇的条件，让更多长期在城镇就业或者已经在城镇稳定就业且愿意留在城镇的农民工逐步在城镇落户，新型城镇化的资金支持要优先保障农民工特别是新生代农民工及其家属融入城市。

12.6.2 依托国家战略引导非农就业创业

在当前中国经济处于"新常态"的现实背景下，为了促使经济健康、可持续地发展，党中央创新性地提出以"新型城镇化""创新驱动""产业布局"等战略，为中国的经济发展指明了前进的方向。国家的宏观战略在完善国民经济结构的同时，也为农村剩余劳动力的非农就业创造了新的机遇。因此，将国家战略与农民的非农就业创业有效结合，能够为实现农民收入超常规增长提供一条可行路径。

(1) 依托大众创业、万众创新的新形势，创造农民发展增收机会。李克强总理在 2015 年政府工作报告中指出打造大众创业、万众创新和增加公共产品、公共服务"双引擎"。农民增收发展应当充分利用这一难得的国家战略机遇。农户的自主创业既可以提升自己的收入，同时也能够带动本地农民就业。推动大众创业、万众创新和农村剩余劳动力充分就业，既有利于增加农民收入，又有利于促进社会纵向流动和公平正义。事实上，现在不少农民工经过多年的城市打拼，已经积累了一定的技能、资金和管理经验，大多数农民工也不愿意过着两地奔波的日子，其创业意愿强烈。因此，要不断深化改革，真正调动城乡所有群众，形成大众创业、万众创新的局面；要综合运用创业投资引导、小额担保贷款等办法，落实定向减税和普遍性降费等政策，帮助农民解决融资难题、降低创业成本，带动更多农民就业、创业、增收。

(2) 依托新型城镇化建设，创造农民发展增收机会。农民农业收入超常规增长的前提是稳步推进城镇化，通过城镇化的推进逐步减少农业内部劳动力，发展农业适度规模经营，如此才能显著提高农业劳动生产率，使农业生产同样具有比较优势，至少不低于第二、第三产业的水平。所以需要加快推进新型城镇化进程，让进城农民享受与城市居民相同的公共服务，成为真正意义上的市民。如此，才能坚定农民从农村向城镇转移的信心，因为即便是农民有可能在城市中难以获得工作，他们至少也能得到基本的生存保障，让他们在城镇住得放心。

(3) 依托区域发展规划和产业布局，创造农户非农创业增收机会。根据区域资源禀赋和经济发展进行因势利导，引导农民服从国家和地区的产业政策要求，选择农民最适合的创业门路。在农村大兴非农创新创业之风，运用科技发展农村的第二、第三产业，促进农村产业融合；加快农村先进生产力的布局，加快发展农村加工业，将农村资源优势转化为经济优势，积极培育农村创业商机，建立健全农村科技创业的风险分摊机制；积极引导农民工就近创业，建立科技教育培训机制，提高农民创业就业的能力，促进经营性要素的优化配置。

12.6.3　按部就班实施就业创业政策组合

加快形成政策组合拳，支持农民创业就业发展。政府实施的农户就业和创业政策组合主要有以下五种：城乡统一的就业制度和政策、有利于农民工市民化的户籍制度改革、城镇化建设的就业机会培育、培育新型农业经营主体促进剩余劳动力转移就业和引导并支持农户自主非农创业。

(1)加快建立健全城乡统一的就业制度和政策，推动城乡融合发展。城乡就业制度改革的核心在于如何不断地缩小城乡之间的就业差距，实现城乡就业的平等化。首先，政府应当通过《劳动法》，以法律的形式明确规定企事业单位在雇佣农民工时，所应承担的义务与责任，足额上缴农民工所享有的各项社会保障，并对漏缴的企事业单位予以行政处罚。其次，由于当前经济正处于转型期，各企业单位面临着较大的资金压力，政府应予以税收优惠、社保补贴等支持，从政策和法律上保障农民工的平等就业，推动城乡融合发展，促进农民的工资性收入快速增长。

(2)推进有利于农民工市民化的户籍制度改革，促进其公平发展。户籍制度是农村剩余劳动力有序转移的基础。长期以来，户籍制度的存在，是导致城乡就业、社会保障不平等的根本原因。尤其是在当前城镇化快速发展的经济背景下，大量流入城市的农民工生存在社会的最底层，无法享有与城镇居民等同的权利，这不仅不利于农民自身的发展，也使子女的受教育条件受到了严格的制约。因此，政府应当针对性进行户籍制度的改革，对于长期生活在城镇中、有条件落户的农业转移人口，应积极引导其落户，使农村劳动力真正实现公平就业、充分就业。

(3)以新型城镇化培育就业机会，创造良好的非农就业环境。新型城镇化的发展往往伴随着大量城镇基础设施的建设，在完善城镇居住环境的同时，也带来了大量的非农就业机会,为农业剩余劳动力的转移提供了很好的机遇。同时,新型城镇化的核心在于"以人为本",因此,政府应当通过财政转移支付等手段,推进城乡居民的基本公共服务水平均等化,提高进城农民非农就业的待遇标准,为农村剩余劳动力的转移提供良好的非农就业环境,从而实现农民非农收入的可持续性增长。

(4)加快培育新型农业经营主体,释放新的人力资本红利。新型农业经营主体的培育,不仅能够有效促进农业的规模化生产,而且是实现农业现代化发展的有效途径。新型农业经营主体的本质特征在于转变传统的农业生产方式,提升农业土地经营效率,从而释放出更多的农村剩余劳动力。因此,政府应通过财政金融政策的协调配合,着力培育符合农业现代化生产特征的新型农业经营主体,在转变农业生产方式、实现产业结构优化的同时,解放农村剩余劳动力,为产业结构的升级提供充足的劳动力资源。

(5)加大政府政策引导和直接支持,激励实现自主非农创业。与财政直接补贴等方式相比,引导与大力支持农户进行自主创业是一种使农民收入能够实现长期持续增长的内生机制,是真正意义上促进农民增收的长效机制。为此,政府要强化服务理念,简化手续、加大扶持,重点解决农民在创业过程中遇到的一系列突出问题和难题,如农民融资难和融资贵,科技、信息和人才资源缺乏,办事难、市场机制不健全等;重点加强农村的创业培训与创业指导,把有能力、懂科技、了解市场规律的农民培育成发展农村第二、第三产业的主力军和符合现代市场经济要求的企业家,不仅实现自身成长价值,而且成为反哺农业农村的桥头堡,带动全体农民共同实现收入超常规增长目标、共享发展成果。

研 究 结 论

农民收入增长是"三农"领域核心的主题。改变农民收入增长严重滞后于国民经济整体发展态势的格局，破解农民收入增长动力不足的困境，实现农民收入和经济发展水平的同步增长，需要用新的思路、方法和模式探索实现农民收入超常规增长的资源整合、战略模式与推进路径。"农民收入超常规增长的要素配置与战略协同研究"作为一项应用对策研究，主要由理论研究、实证研究和应用对策研究三大部分构成。其中，理论研究"农民收入超常规增长的理论内涵与实现机理"是本书的逻辑起点；实证研究"农民收入超常规增长的要素配置及现实障碍考察"是确保科学构建整体战略框架的关键性环节；应用对策研究"农民收入超常规增长的战略设计及配套制度和政策框架"是本书研究的重点与归宿，其主要体现了本书研究的主旨。经过上述三大部分的理论解构、实证检验和对策探索，本书最终形成的研究结论如下。

(1)过去三十多年的时间，借助改革开放释放的强大动力，中国从一个低收入国家跻身中等偏上收入国家行列，使起点极低的农民收入水平及结构明显改善、成绩斐然，但"不平衡、不协调、不可持续"的痼疾尚未破题。

第一，自中华人民共和国成立至20世纪70年代末，农民收入基本停滞不前，计划经济思想对民众行动的束缚较为严重，农民的营农思想无法得到良好贯彻，加之城乡二元壁垒森严，中国农村经济陷入长时期的困境。改革开放之后的三十多年，中国农业、农村和农民的经济资源和经济剩余不断地推动了中国经济以独特的"中国模式"创造"中国奇迹"的同时，农民收入自身也实现了空前增长；不过，与城镇居民可支配收入相比，农民收入长期维持在一个相对较低的水平上，并且农民收入起点低、增长稳定性差、增长质量不高。

第二，农村改革的成功和国家工业化、城镇化进程的推进，促使农民收入来源渐趋多元，收入结构得到一定程度上的优化，其中工资性收入已连同家庭经营性收入一并成为农民收入增长的两大重要源泉，改变了几十年来农民家庭经营性收入"一支独大"的局面；而财产性收入和转移性收入在近年来也渐成为农民增收新的突破点，随着农村改革的深化和政府的转型，财产性收入和转移性收入将会进一步扩大。然而，农民收入及其结构变化尚未形成对农村消费升级的牵引作用，低收入农民与其他农民之间的收入差距呈现不断扩大的趋势。

第三，改革开放以来，中国各地区之间的农民收入水平及其结构均存在较大差异。虽然各地区农民收入之间的差距正逐渐缩小，但与预期的历史最低差异水平时期仍存在一定的差距。另外，农民收入集聚表现出明显的空间依赖性，农民收入较高和较低的省域形成分块集聚现象。从分类来看，除了农民家庭经营性收入外，中国省域农民工资性收入、财产性收入和转移性收入的集聚同样存在着明显的地理空间分布依赖性，收入低的地区与其他收入低的地区、收入高的地区与其他收入高的地区分别发生集聚。

第四，相较于世界平均水平，中国的城乡收入差距偏高。城乡居民收入绝对差距不断扩张是改革以来的基本特征，其集聚同样存在着明显的地理空间分布上的依赖性。高城乡居民收入差距集聚的地区集中位于西部，而低城乡居民收入差距集聚的地区均位于东部和中部地区。农民收入水平相对较低、城乡收入绝对差距扩大的事实，一方面说明了农民收入的起点、增长稳定性和质量均较低，另一方面则主要源于过去长时期的城市偏向、地区偏向发展战略所导致的要素配置不合理。

(2)从宏观政策层面看，政府的高度重视、政策激励和要素注入，使近年来农民增收取得明显成效；但城乡和地区之间资源要素动员能力的差异，导致城乡居民收入差距和农民内部收入不平等问题尚未有效缓解，亟待科学规划促进要素优化配置，实现全面小康建设的目标。

第一，近年来，中国县域"三农"的要素投入力度不断加大。为了促进农民收入可持续增长，政府运用宏观经济政策引导的资源要素注入取得了一定成效，但是要素配置的整体效率不高且存在明显的分层和区域差异。一方面，促进资本形成无论对贫困县或是非贫困县农民收入增长均有显著的推动作用，但收入越低的农民越会因为受到财政、信贷政策的"忽视"和自身资本积累不足而陷入"贫困恶性循环"。另一方面，在国家级贫困县，农户信贷并没有成为推动农民收入增长的关键性资源要素，而县域财政支出仅仅对非贫困县高收入农民增收有积极影响，对低收入层次及贫困县农民增收效应均显著为负。可见，推进贫困县脱贫致富、实现全面小康建设目标，必须关注不同收入层次农民的增收制约因素，加快金融服务创新，引导财政资金合理向贫困县农民倾斜，促进农村资本形成并增强贫困县农民的自身发展能力，最终有效推动贫困县、低收入农民摆脱"贫困恶性循环"，步入"良性发展轨道"。

第二，省域层面的分析表明，中国财政金融支农政策的直接效应与空间外溢效应作用均得以显著发挥，尤其是在 2004 年中央加大对"三农"支持力度以后，支农政策的两类效应均明显提升。从全国整体省域来看，财政支农政策、金融支农政策、农户自有资金投入三个影响农民收入的主要因素均对农民增收有显著的正向促进作用；农村人力资本、农用机械总动力与农用化肥施用量对农村收入均有显著的直接效应。一个省域支农惠农政策的实施，其作用不仅局限于本省域范围内，同时对邻接的其他省域农民增收产生了促进作用。整体而言，财政金融政策在东部地区对农民增收发挥了较强作用，其政策实施更为有效；中部地区则是财政政策效果更好，金融政策的作用尚未有效发挥；而西部地区无论是财政政策，抑或是金融政策，其作用均非常有限。地区之间资源要素动员能力的差异，导致地区农民收入不平等问题明显，亟待中央顶层科学规划促进要素优化配置，进而实现区域协调发展。

(3) 从微观主体角度看，实现农民收入增长目标，不仅取决于农户自身行为抉择，而且关系到企业、金融机构和政府等核心利益相关主体的行为互动，归根结底要求通过相关各方行为激励相容促进创新要素进入农业、农村，引导农户逐步走向现代农业发展轨道。

第一，通过经验验证农户自身行为及企业、金融机构和政府等核心利益相关主体的行为动机及其特征、行为互动及其冲突，结果发现：一方面，培育新型农业经营主体能够逐步摆脱传统家庭经营低效性和弱质性的桎梏，促进土地与金融的有效结合，进而有望提升其金融要素配置能力。另一方面，各级政府往往是农民收入增长核心要素(金融资本)的强烈需求者，政府集金融服务需求者、供给者和管理者一身，通过"命令—服从"的行政手段和层层委托-代理关系实施具体行为时，容易出现目标和任务的非一致性，致使其对金融要素供求关系的调整并未取得预期的效果。因此，依托市场进行制度的有效设计与完善，从而规范政府行为，才能真正突破"三农"发展的金融抑制。

第二，异质性农户在关键性生产要素配置中的行为抉择呈现明显差异。以农业收入为主的两类农户均有较强的土地转入意愿，新型农业经营主体受到政府支持转入土地较容易。在金融要素配置方面，农户信贷约束严重，新型农业经营主体容易获得非正规信贷，却难以获得正规信贷。土地经营面积对两类农户的信贷获得作用甚微，生产性消费可以显著改善两类农户的非正规信贷获得。人力资本、实物资本可以缓解两类农户的信贷约束，而社会资本能够促使农户更容易获取信贷支持。据此，应针对不同农户土地流转意愿和行为特点，因势利导地推动农地有序流转和农业适度规模化经营，优化信贷供给结构；同时，围绕简化交易程序与建立价格评估机构完善"两权"抵押贷款制度，加快新型职业农民培养，推进普惠信贷体系建设，并加强农贷市场监管；通过内在制度设计和配套措施完善来缓解不同农业经营主体的"贷款难"问题，助推新型农业体系的构建，推进农业现代化进程。

第三，新常态反映在"三农"领域，归根结底要求通过各方形成合力共同支持农业生产经营体系创新，以引导农户逐步走向现代农业发展轨道，实现农业增产、农民增收的目标。以互惠、互利合作为原则的农民合作经济组织是当前家庭承包经营制度下的一种有效经营组织形式，通过协调交易降低农户的市场交易成本，其要素配置能够促进劳动分工的演进并使农户获得更高的实际收入。因此，应积极发展农民合作经济组织并促进组织创新、业态创新和模式创新，通过把分散的小农户有效地组织起来，节约交易费用、规避自然风险和市场风险，以获得农业专业化和规模化生产效益，实现小农户和大市场的有效衔接。同时，也需要高度重视土地流转的"非粮化"和内部成员收入差距扩大趋势。

（4）"新常态"下，中国要规避"中等收入陷阱"，实现转变经济发展方式和城乡一体化发展，彻底斩断"不平衡、不协调、不可持续"的死结，迫切需要加快布局和推进具有深邃时代内涵的农民收入超常规增长。

第一，众多发展中国家长期徘徊于中等收入阶段的教训表明，保持持续增长并创造出足以打破既定稳态的发展动力，有赖于突破既有体制性障碍的战略决策。新时期下基于这种高度的中国农民收入超常规增长，应该具备全新的内容：其一，要在国民经济稳步增长同时，确保农民收入快速增长；其二，国民收入分配要向农民倾斜，实现农民收入增速持续超过经济增速和城镇居民收入增速；其三，农民收入增长要保持稳定状态，其核心在于能够缩小城乡收入差距，建成惠及广大农民的全面小康社会；其四，农民收入增长要确保其可持续性，有利于突破"中等收入陷阱"，进而能够有效促进消费增长与扩大内需战略顺利实现；其五，要在既定时期实现城乡居民收入无差别发展目标，并最终实现农业现代化、城乡一体化和国民经济均衡发展。

第二，在当前中国经济社会发展现实格局下，农民收入超常规增长要形成新的战略突破，其核心内涵应当具备以下五个方面的维度：其一是数量。亦即在数量上实现农民收入的显著性提高。其二是质量。质量上实现农民收入增长的超越性、稳定性和可持续性。其三是结构。结构上实现城乡居民收入和农民收入优化。其四是效益。反映农民收入超常规增长所带来的经济效应。其五是目标。农民收入超常规增长要具备清晰、明确的目标定位。总之，欲实现国家既定发展战略目标，从理论上要求农民收入必须实现超常规增长，而且这一超常规增长必须是在国民收入增长相对平稳的基础上实现对城镇居民收入增长一段时间的超越，这种超越应该在未来三十多年的时间内保持高于城镇居民收入增长率 2 个百分点的增长水平。

第三，新时期，农民收入要突破常规而实现超常规增长，不仅需要资本、劳动力、技术、土地等传统要素的优化组合，而且需要组织创新、现代经营管理决策技术、创业就业机会等新兴要素的注入。需要特别关注两个方面：一是人力资本和技术创新对于农民收入自身可持续增长的重要性；二是新型城镇化和农业现代化背景下土地要素与金融要素有机结合对实现农民收入超常规增长和进一步持续缩小城乡居民收入差距的关键性作用。因此，为了实现农民收入增速在未来三十多年持续以 2 个百分点的速度超越城镇居民收入增速，客观上要在推进农业现代化和推进新型城镇化的同时，加大"三农"的金融要素投入并保证农民的土地权益，让农民的土地成为有形资产，使农地与金融要素紧密结合，为农民增收发挥更大的能量。

第四，促进全体农民均衡发展、缩小城乡和农民内部收入差距，实现农民收入超常规增长显然是必要的、更是紧迫的，政府必须高度重视并从宏观战略层面科学调控。但是，当前农民收入问题的性质已经发生了根本性转变，不再是一个单纯的农业问题，实质上演变成如何提高农业经营效率、解决剩余劳动力非农就业、还权赋能和合理确定转移支付等一系列问题。在全面深化改革时期，上述问题恰恰是中央高度重视、致力于推进改革的关键环节。伴随着改革红利的进一步释放和科学的战略规划，努力在经济发展"新常态"下保持农民收入快速提高、城乡居民收入差距持续缩小的势头，进而有望实现农民收入超常规增长。

（5）中国的农民收入超常规增长不仅取决于从国家到农户自上而下的条件塑造、决策优化、行为规范，也取决于乡土社会中"精英俘获"的现实；若舍此，奢谈中国农村制度和战略的变革、调整及资源优化配置，不过是一场徒劳。

第一，农民收入超常规增长在客观上对农业生产要素集聚、非农要素整合、经济结构优化提出了更高要求，同时也依赖于社会条件和农民自身条件的进一步改善。这不仅需要从国家到农户自上而下的条件塑造、决策优化、行为规范，以充分保障农业发展基本要素和基础性条件的结构、规模和功能匹配，而且需要全面深化改革的持续推进，促进工业化、信息化、城镇化、农业现代化四化同步发展，进一步加快产业结构优化升级，同时各产业内部结构不断优化，让"结构红利"逐步释放，为农民增收创造良好的条件。此外，当前中国农业供给侧改革与需求层面调整均有很大空间，这对农民收入超常规增长将是非常有利的条件。

第二，未来三十多年时间，中国农民收入增长在各时期均面临要素壁垒的制约，要实现平均7%左右的超常规增长率目标值，急需科学的战略规划、政策调控与制度保障。资本要素在未来10年存在明显缺口，面临较大的压力，通过合理的调控措施突破这一要素瓶颈对于目标的实现至关重要。劳动要素供给在2018~2028年仍然面临明显过剩，科学合理转移农村劳动力，对于这期间保持农民收入超常规增长很有必要；而2029~2035年劳动要素会出现一定短缺，但此后又会进入新一轮的劳动力转移周期。为了获得规模效益，实现农民收入超常规增长，土地要素是必须关注的重点环节，未来2018~2049年其一直面临缺口，尤其是进入2020年农民收入较2010年翻番以后，严重的缺口问题将延续到2030年后才能有所缓解。技术要素随着发展历程推进也将在 2023 年开始进入缺口时期。

第三，既有农村经济制度和乡村治理机制的现实格局，事实上导致了农业农村生产要素的集聚与配置形成了"精英俘获"机制，进而对农民收入超常规增长目标的整体实现产生了结构性抑制。例如，农贷资金进入乡村需要寻求内部化节约交易成本的主体与其对接，这一角色通常由乡村精英担任。而在长期"去组织化"的制度安排中，精英行为越发偏离整体利益，农贷资金呈现出被精英占有的"精英俘获"机制。农贷市场中部分农户被"客体化"和"边缘化"，导致了农民内部收入不平等加剧和农村消费增长困难，阻碍了全面小康建设和经济发展方式转变。农村要素市场的"精英俘获"机制反映了国家治理体系和国家治理能力在市场中遇到的考验与挑战。因此，需要从根本上实现全面深化改革中国家治理体系和治理能力现代化的总目标，必须在深刻而复杂的经济、社会、历史、政治和文化等诸多方面下厘清精英与农户、组织、企业、政府及国家在村庄治理、市场参与和农村发展中深刻而复杂的关系，各方协同、公平共进。

(6)农民收入超常规增长是一项系统工程，关系到国民经济发展全局，不再是可以给经济当事人带来即时有形收益的短期性政策激励，而应当是着眼于"三农"可持续发展和城乡经济社会长治久安的顶层设计与整体战略规划。

第一，农民收入超常规增长的总体战略目标必须从局部关注部分群体收入绝对增长转向国家的长治久安，既要通过转变农业发展方式实现农业现代化和确保粮食安全，更要彻底打破城乡利益格局以保证社会公正性不断提高，真正能够步入城乡一体化经济社会发展的建设轨道，让广大农民共享改革发展成果。近期目标：全国各地区要因地制宜，通过集聚创新资源和优化要素配置，科学推进农业供给侧改革与发展方式转变，稳步提升农业劳动生产效率；通过政策扶持和制度配套，合理转移农业剩余劳动力，并在国民经济稳步增长同时，确保农民各项收入快速增长；通过宏观调控，形成国民收入分配向农民倾斜，实现农民收入增速持续超过经济增速和城镇居民收入增速的稳定状态，缩小城乡收入差距，建成惠及广大农民的全面小康社会。中期目标：要立足中国特色的农业现代化、新型工业化、新型城镇化和信息化建设，逐步实现城乡基本公共服务均等化，彻底结束城乡分割体制；通过创造人力资本均衡积累与效率配置的制度环境，继续保证农民收入增长的超越性、稳定性和可持续性，不断缩小城乡和地区之间的收入差距，有效缓解农民收入内部不平等问题；力争 21 世纪中叶城乡居民收入比达到发达国家平均水平，全国整体进入城乡居民收入无差别发展时期，并由此突破"中等收入陷阱"，有效促进消费增长与扩大内需战略顺利实现，科学转变经济发展方式。最终目标：要立足全面深化改革，从体制机制上保证社会公正性不断提高，进而增强社会凝聚力，通过创新驱动实现可持续增长、确保粮食安全，为农业现代化、城乡一体化和国民经济均衡发展奠定基础。

第二，农民收入超常规增长战略的核心任务应当明确为在未来三十多年的时间保持农民收入平均实际增速不低于 7%这一基点，同时确保其高于同期国民经济整体增速，并超越同期城镇居民收入增速 2 个百分点及以上，在 21 世纪中叶达到发达国家城乡收入比的平均水平，最终实现城乡居民收入均衡增长和城乡一体化发展。为此，农民收入超常规增长战略设计必须坚持以人为本的公平性原则、全面性原则、协同性原则和可持续性原则，既有利于保障宏观经济的平稳运行，又能够实现农民收入快速增长；既实现农民收入增长与经济增长同步，又促进其增长质量提高、稳定性增强；既确保农民收入实际增速大于城镇居民收入增速，又要逐步形成城乡居民收入均衡增长格局。

第三，针对农民收入超常规增长的战略框架设计与实施，要求改变政府对经济增长目标的单极追逐，纠偏既有战略错位和政策不公，真正转变自身职能，成为联结相关利益主体、增强社会凝聚力的润滑剂，创造农民增收的包容性发展环境。总体而言，既有国家发展战略形成的城乡利益格局和政府目标函数，并不利于农民收入超常规增长。在城乡收入差距仍然存在并且处在较高水平的同时，城乡居民享受着反差巨大的基本公共服务，表现在基础教育的质量、医疗健康服务供给能力、公共安全保障水平、各项社会保险和社会保护项目的覆盖率和保障水平等方面。此外，城乡社区之间在交通、通信和网络服务等基础设施上的差距格外大。在这些方面存在的城乡差别，不仅导致当下生活质量的差距，而且因其使农村人力资本的积累落后于城市，对拉动经济增长的贡献滞后，导致政府关注和支持的忽视，进而成为农民收入增长困难、农村贫困代际传递的基因。因此，农民收入超常规增长，既要根据战略重点大力培育农业核心竞争力、努力创造农业和非农产业就业创业机会，也要通过政府加强国民收入分配的合理调节，为做好农民财产权利保护工作提供有益补充,最终合力助推战略目标的实现。

(7)由于资源禀赋、经济运行效率及制度基础不同,再加上不同地区农业、农村和农民所处发展阶段的时期差异,客观要求农民收入超常规增长战略设计不能采取"一刀切"的模式,必须因地制宜、因情而变。

第一,在农业发展基础较好的粮食主产区、现代化大农业和都市农业发展地区,应当基于不断推进农业现代化为核心构建农民收入超常规增长战略。具体内容包括:以农业专业化发展和创新驱动发展为双核,引领农业现代化建设;努力打造现代农业产业链、价值链、供应链,提升农业比较利益;着力构建现代农业生产体系、经营体系、产业体系,提高农业质量效益和竞争力;构建现代农业支持体系,努力形成适应现代农业发展、契合市场经济要求的体制机制;坚持工业反哺农业、城市支持农村,确保农民收入超常规增长,最终实现城乡发展一体化。

第二,在农业资源禀赋较弱、发展基础较差和小规模经营普遍的农业农村经济相对落后地区,如西部山地、丘陵及连片特困地区等,应当基于特色效益农业发展与新型城镇化双轮驱动为核心构建农民收入超常规增长战略。具体内容包括:充分发挥特色效益农业发展与新型城镇化对农民增收的双轮驱动作用;积极引导农户根据自身要素禀赋选择特色效益农业发展的品种、方式及外出务工的地区和行业;大力促进农村产业融合深度与非农产业就业能力同步提升;以培养职业农民和农民工市民化为突破口,破解城乡二元结构、实现农民收入超常规增长。

第三,农民收入超常规增长战略的实施及各阶段目标的落实,有赖于科学设计其保障体系,确保要素动员、力量部署、制度配套和政策调控的有效支持。作为国家顶层战略设计和实施,要求建立在法治的基础上,并确保资源、组织、社会、科教等方面形成整个战略保障。从宏观层面来看,决策主体应以战略目标为导向,科学构建战略保障体系,既要便于为地方政府提供风向标,使其能尽快推出符合自身现实情况的配套措施,还要切合阶段性目标落实好战略调控。从中观层面来看,地方政府应根据自身财力、经济发展水平和区域经济结构特征,因时因地制宜地制定更加详细和最适宜的区域保障政策体系,形成区域战略的实施保障和合理调控。从微观层面来看,各利益相关主体在市场基础性作用、政府有效引导配合下,依托战略实施共同发展，并进而推动农民收入超常规增长。

(8)农民收入超常规增长与当前政府着力推进的农业现代化、新型城镇化、转变经济发展方式、民生导向经济社会发展战略密切关联，五个战略协调推进，才能保证国家整体战略目标的一致性，最终确保全面建设小康、城乡一体化发展目标的实现。

第一，以土地规模经营为代表的农业现代化不仅关系到农民务农的选择及收益，而且与农民务工选择及收益密切关联，农业现代化发展与农民整体收入提高二者具有联动性。加快促进农村土地适度规模经营、提高农业生产要素的集聚水平不仅是实现农民收入超常规增长的现实要求，更是农业现代化发展的首要环节。实现转变农业发展方式、调整农业结构，必须确保农民收入超常规增长与国家粮食安全、农业规模化经营、农业技术创新、农业区域专业化、农产品质量安全、农业生态环境保护的同步成长。因此，农民收入超常规增长与农业现代化战略必须协同驱动。

第二，收入分配、农民收入增长及其结构变化不仅关系到农民自身经济利益，而且推动了中国城镇化的发展。从收入分配内部来看，城乡经济差距、农民收入结构的显著正向作用都说明了城镇的经济发展，农民务工、务农的收入差距，都成为农村剩余劳动力向城镇流动的有效拉力；在劳动力流动的同时，一方面，增加了城镇的劳动供给，提高了劳动力市场的竞争，进而降低城镇劳动力市场的工资水平。另一方面，农村剩余劳动力的减少，能够提高农业劳动的生产率。产业结构的不断升级则为农业剩余劳动力的转移提供了大量的就业机会，为劳动力、资本等要素从农村流到城镇提供了可能性。"人的城镇化"则体现在农村有效地积累了人力资本，为从事农业生产的劳动力向非农产业转移创造了基本条件，进而为第三产业的发展提供优质的劳动力。因此，农民收入超常规增长与新型城镇化战略必须协同驱动。

第三，传统要素物质资本投入对经济发展和农民收入"量"的促进作用强于对其"质"的促进作用。新兴要素研发投入对经济发展"量"和"质"及农民收入均表现出更强的正向促进作用，且作用持续时间更长，其对经济的综合促进作用显著强于物质资本扩张。两者的促进效应也存在区域差别，二者对东部经济发展"量"和"质"的促进作用最强，中部和西部的促进作用相对较弱，但是对农民收入均呈现明显的促进作用，尤其是西部地区这种正向作用非常显著。经济发展方式的转变和产业结构的调整，应该更多地依靠加大研发投入，促进创新驱动机制的形成。不能盲目地依赖信贷扩张来刺激经济增长，应当合理地调整信贷结构，加大对国家创新能力发展的支持，提高物质资本配置的效率。因此，农民收入超常规增长与经济发展方式转变战略必须协同驱动。

第四，发展与民生指数的不断提高，将在很大程度上有利于农民收入实现快速增收。这主要是经济快速发展和民生不断改善，一方面，通过经济增长能直接给农民带来好处，有利于其实现收入增长；另一方面，由于民生的不断改善，农民生产生活条件、基本公共服务得到明显提升，能够带动农民收入水平和生活质量显著提高，实现农民安居乐业。事实上，改革开放三十多年来，中国经济的快速增长为缓解农村贫困提供了坚实的经济基础，同样为广大农民的收入快速增长做出了重大贡献。但是，经济增长并不能自发地惠及穷人，也不存在自动改善分配状况的可能。所以，要更好地发挥经济增长对贫困降低、农民收入增长和收入差距缩小的作用，这就要求政府必须加快相应调控制度和政策的有效供给，在公平和效率之间建立起联结的纽带和有效的社会保障机制，创造条件使必要条件转化为充分条件。历史经验告诉我们，如果不能有效地改善恶化的收入分配状况，经济也不可能持续稳定地发展。让广大农民最大限度地参与到经济发展中来，让其更多地分享经济增长的好处，促进有利于最为广大群体的经济增长，无疑也是我们构建和谐社会、实现可持续发展的题中之意。可见，农民收入超常规增长与民生导向经济社会发展战略必须协同驱动。

在中国，"农民收入超常规增长"上升为国家战略，是客观的、必要的，更是刻不容缓的。然而，要在未来三十多年乃至更长的时间内保持农民收入的超常规增长，任重道远。客观上要求国家进一步深化改革进而创造有利于市场竞争的宏观政策环境，并承担更多的社会管理和基本公共服务职能。同时，改革应重点涉及金融、财政、产业、土地等更多领域，逐步形成社会创新性和中国特色，最终公平传递发展的红利惠及广大农民，实现农民收入长期、稳定、可持续的超常规增长。

参 考 文 献

安同良, 卞加振, 陆国庆. 2007. 中国工业反哺农业的机制与模式: 微观行为主体的视角. 经济研究, (7): 23-35.

白重恩, 李宏彬, 吴斌珍. 2012. 医疗保险与消费: 来自新型农村合作医疗的证据. 经济研究, 47(2): 41-53.

包宗顺, 徐志明, 高珊, 等. 2009. 农村土地流转的区域差异与影响因素——以江苏省为例. 中国农村经济, (4): 23-30, 47.

北京天则经济研究所《中国土地问题》课题组, 张曙光. 2010. 土地流转与农业现代化. 管理世界, (7): 66-85, 97.

贝克尔 G S. 1987. 人力资本, 梁小民译. 北京: 北京大学出版社.

贝克尔 G S. 2003. 人类行为的经济分析, 王业宇, 陈琪译. 上海: 上海三联出版社.

博源课题组. 2013. 价、财、税配套改革. 财经, (5): 56-65.

蔡昉. 1996. 劳动力迁移和流动的经济学分析. 中国社会科学季刊, 春季卷: 120-135.

蔡昉. 2001. 劳动力迁移的两个过程及其制度障碍. 社会学研究, (4): 44-51.

蔡昉. 2003. 城乡收入差距与制度变革的临界点. 中国社会科学, (5): 16-25, 205.

蔡昉. 2008. 刘易斯转折点后的农业发展政策选择. 中国农村经济, (8): 4-15.

蔡昉. 2010. 刘易斯转折点与公共政策方向的转变——关于中国社会保护的若干特征性事实. 中国社会科学, (6): 125-137.

蔡昉. 2012. 推进全面配套改革. 经济理论与经济管理, (10): 5-11.

蔡昉. 2013. 理解中国经济发展的过去、现在和将来——基于一个贯通的增长理论框架. 经济研究, (11): 4-16, 55.

蔡昉, 杨涛. 2000. 城乡收入差距的政治经济学. 中国社会科学, (4): 11-22, 204.

曹建华, 王红英, 黄小梅. 2007. 农村土地流转的供求意愿及其流转效率的评价研究. 中国土地科学, (5): 54-60.

常青, 张建华. 2011. 丹麦与中国农业合作社之比较研究. 农业经济问题, (2): 25-31, 110.

常艳军. 2014-06-27. 金融租赁探路"三农". 经济日报, (10).

陈斌开, 林毅夫. 2013. 发展战略、城市化与中国城乡收入差距. 中国社会科学, (4): 81-102, 206.

陈斌开, 张鹏飞, 杨汝岱. 2010. 政府教育投入、人力资本投资与中国城乡收入差距. 管理世界,
　　(1): 36-43.

陈吉元. 1991. 论中国农业剩余劳动力转移: 农业现代化的必由之路. 北京: 经济管理出版社.

陈琳, 袁志刚. 2012. 中国代际收入流动性的趋势与内在传递机制. 世界经济, 35(6): 115-131.

陈文胜. 2015-01-29. 系统看农业发展方式转变与科技创新. 人民日报, (7).

陈锡文. 1987. 中国农村经济: 从超常规增长转向常规增长. 经济研究, (12): 23-32.

陈锡文. 2001a. 巩固农业基础地位　努力增加农民收入. 上海农村经济, (1): 6-10.

陈锡文. 2001b. 试析新阶段的农业、农村和农民问题. 宏观经济研究, (11): 12-19.

陈锡文. 2003. 城乡统筹解决三农问题. 改革与理论, (3): 10-11.

陈锡文. 2010. 当前农业和农村经济形势与"三农"面临的挑战. 中国农村经济, (1): 4-9.

陈锡文. 2011a-05-18. 城镇化、规模化与农村土地制度并不矛盾. 经济参考报, (07).

陈锡文. 2011b. 工业化、城镇化要为解决"三农"问题做出更大贡献. 经济研究, 46(10): 8-10.

陈锡文. 2013. 构建新型农业经营体系　加快发展现代农业步伐. 经济研究, (2): 4-6.

陈锡文. 2015a. 适应经济发展新常态　加快转变农业发展方式——学习贯彻习近平总书记在中
　　央经济工作会议上的重要讲话精神. 求是, (6): 20-22.

陈锡文. 2015b-02-04. 中国农业发展转型需要新理念. 光明日报, (15).

陈锡文, 赵阳. 2009. 中国农村制度变迁 60 年. 北京: 人民出版社.

陈星. 2009. 农业剩余劳动力与农民收入关系研究. 经济学动态, (5): 61-64.

陈迅, 童华建. 2007. 城市化与城乡收入差距变动的实证研究——基于 1985 年~2003 年中国数
　　据. 生产力研究, (10): 64-66.

陈耀邦. 2000. 积极推进农业和农村经济结构的战略性调整. 求是, (20): 10-13.

陈雨露. 2010. 中国农村金融发展的五个核心问题. 中国金融, (19): 87-89.

陈雨露, 马勇. 2010. 中国农村金融论纲. 北京: 中国金融出版社.

陈玉宇, 邢春冰. 2004. 农村工业化以及人力资本在农村劳动力市场中的角色. 经济研究, (8):
　　105-116.

陈中伟, 陈浩. 2013. 农村劳动力转移与土地流转统筹发展分析. 中国人口科学, (3): 46-53, 127.

陈宗胜, 黎德福. 2004. 内生农业技术进步的二元经济增长模型——对"东亚奇迹"和中国经
　　济的再解释. 经济研究, (11): 16-27.

陈宗胜, 钟茂初, 周云波. 2008. 中国二元经济结构与农村经济增长和发展. 北京: 经济科学出
　　版社.

程恩江, 刘西川. 2010. 小额信贷缓解农户正规信贷配给了吗?——来自三个非政府小额信贷
　　项目区的经验证据. 金融研究, (12): 190-206.

程国强, 朱满德. 2012. 中国工业化中期阶段的农业补贴制度与政策选择. 管理世界, (1): 9-20.

程开明, 李金昌. 2007. 城市偏向、城市化与城乡收入差距的作用机制及动态分析. 数量经济技
　　术经济研究, (7): 116-125.

程名望, Jin Y H, 盖庆恩, 等. 2014a. 农村减贫: 应该更关注教育还是健康?——基于收入增长
　　和差距缩小双重视角的实证. 经济研究, (11): 130-144.

程名望, 史清华, Jin Y H. 2014b. 农户收入水平、结构及其影响因素——基于全国农村固定观

察点微观数据的实证分析. 数量经济技术经济研究, (5): 3-19.

程永奎. 1988. 关于前苏联初期工业化与农民问题. 六盘水师范高等专科学校学报, (2): 62-63.

迟福林. 2003. 给农民全面的国民待遇——新阶段中国农村改革的七项建议. 今日海南, (3): 12-13.

戴园晨. 1993. 从封闭型经济走向开放型经济. 厦门: 鹭江出版社.

戴园晨. 2003. 财政赤字与积极财政政策. 经济经纬, (5): 59-61.

党国英. 2002. 农民增收的希望所在相信和依靠农民. 致富之友, (6): 8.

邓大才. 2006. 社会化小农, 动机与行为. 华中师范大学学报(人文社会科学版), (3): 9-16.

邓大才. 2013. 小农政治: 社会化小农与乡村治理——小农社会化对乡村治理的冲击与治理转型. 北京: 中国社会科学出版社.

丁守海. 2011. 劳动剩余条件下的供给不足与工资上涨——基于家庭分工的视角. 中国社会科学, (5): 4-21.

丁志伟, 张清津, 裴红, 等. 2015-01-21. 以"三个导向"为指引　加快现代农业发展. 中国社会科学报, (B05).

董国礼, 李里, 任纪萍. 2009. 产权代理分析下的土地流转模式及经济绩效. 社会学研究, (1): 25-63, 243.

董婉璐, 杨军, 程申. 2014. 美国农业保险和农产品期货对农民收入的保障作用——以2012年美国玉米遭受旱灾为例. 中国农村经济, (9): 82-86.

董文杰. 2011. 财政金融支农政策的总体效应与时空差异研究. 重庆: 西南大学.

董筱丹, 温铁军. 2008. 宏观经济波动与农村"治理危机"——关于改革以来"三农"与"三治"问题相关性的实证分析. 管理世界, (9): 67-75, 89.

董志勇. 2009. 收入差距、公共教育与人力资本投资. 经济科学, 31(3): 84-93.

都阳, Giles J. 2006. 城市劳动力市场上的就业冲击对家庭教育决策的影响. 经济研究, (4): 58-67.

杜凤莲, 孙婧芳. 2009. 经济增长、收入分配与减贫效应——基于1991-2004年面板数据的分析. 经济科学, (3): 15-26.

杜润生. 1987. 把农村改革引向深入的几个问题. 农垦经济研究, (9): 1-8.

恩格斯 F. 1956. 英国工人阶级状况. 中共中央马恩列斯著作编译局译. 北京: 人民出版社.

樊丽淑, 朱孟进, 李雪艳. 2005. 论地区农民收入差距适度性判断指标体系的构建. 经济经纬, (6): 123-125.

范柏乃, 段忠贤, 江蕾. 2013. 中国科技投入的经济发展效应区域差异分析. 经济地理, (12): 10-15.

范从来, 张中锦. 2011. 分项收入不平等效应与收入结构的优化. 金融研究, (1): 40-51.

方建中. 1988. 对中国农业"超常规增长"的若干思考. 唯实, (6): 18-21.

方金兵, 张兵, 曹阳. 2009. 中国农村金融发展与农民收入增长关系研究. 江西农业学报, 21(1): 143-147.

方匡南, 章紫艺. 2013. 社会保障对城乡家庭消费的影响研究. 统计研究, 30(3): 51-58.

费丁 C H, 拉尼斯 G. 1989. 劳动力剩余经济的发展. 王文月, 等译. 北京: 华夏出版社.

费丁 C H, 拉尼斯 G. 2004. 增长和发展: 演进观点, 洪银兴, 郑江淮译. 北京: 商务印书馆.

封铁英, 杨洲. 2013. 引入土地流转因素的新型农村社会养老保险基金预测. 数量经济技术经济研究, (6): 3-18.

高帆. 2002. 我国农村中的需求型金融抑制及其解除. 中国农村经济, (12): 68-72.

高梦滔, 姚洋. 2006. 农户收入差距的微观基础: 物质资本还是人力资本?. 经济研究, (12): 71-80.

高伟, 张苏, 王婕. 2013. 土地流转、收入预期与农村高等教育参与意愿. 管理世界, (3): 82-95.

高玉强, 沈坤荣. 2014. 欧盟与美国的农业补贴制度及对我国的启示. 经济体制改革, (2): 173-177.

高远东, 温涛, 王小华. 2013. 中国财政金融支农政策减贫效应的空间计量研究. 经济科学, (1): 36-46.

郜亮亮, 黄季焜, Scott R, 徐志刚. 2011. 中国农地流转市场的发展及其对农户投资的影响. 经济学(季刊), 10(3): 1499-1514.

郜亮亮, 冀县卿, 黄季焜. 2013. 中国农户农地使用权预期对农地长期投资的影响分析. 中国农村经济, (11): 24-33.

工业化与城市化协调发展研究课题组. 2002. 工业化与城市化关系的经济学分析. 中国社会科学, (2): 44-55.

宫玉涛. 2007. 农业改革:朝鲜经济改革的先导. 世界农业, (10): 51-53.

顾海英, 史清华, 程英, 等. 2011. 现阶段"新二元结构"问题缓解的制度与政策——基于上海外来农民工的调研. 管理世界, (11): 55-65.

顾骅珊. 2013. 破解城乡"双二元结构": 基于浙江嘉兴的经验研究. 农业经济问题, (2): 99-105.

官兵. 2005. 企业家视野下的农村正规金融和非正规金融. 金融研究, (10): 153-161.

桂琦寒, 陈敏, 陆铭, 等. 2006. 中国国内商品市场趋于分割还是整合: 基于相对价格法的分析. 世界经济, (2): 20-30.

郭灿鹏. 2001. 中国财政体制(1979~2000)变迁的效率和方向. 改革, (4): 65-70.

郭嘉, 吕世辰. 2010. 土地流转影响因素实证研究. 经济问题, (6): 68-70, 74.

郭克莎. 1994. 论地区城乡经济的协调发展. 中国社会科学院研究生院学报, (5): 51-54.

郭庆旺. 1995. 现代经济增长模型比较研究. 东北财经大学出版社.

郭于华. 2002. "道义经济"还是"理性小农" 重读农民学经典论题. 读书, (5): 104-110.

郭志仪, 常晔. 2007. 农户人力资本投资与农民收入增长. 经济科学, 29(3): 115-123.

国务院发展研究中心课题组, 韩俊. 2010. "十二五"时期我国农村改革发展的政策框架与基本思路. 改革, (5): 5-20.

国务院发展研究中心课题组, 李剑阁, 韩俊, 等. 2007. 2749 个村庄调查. 农村金融研究, (8): 10-23.

韩俊. 2005. 农业和农村经济发展需确立的重大政策思路. 人民论坛, (3): 13-15.

韩俊. 2015. 新常态下如何加快转变农业发展方式. 决策探索, (2): 16-17.

韩玲. 2014. 经济增长的区域差异: 基于信贷投放的解释. 宏观经济研究, (4): 113-120.

韩轶春. 2007. 信息改变小农, 机会与风险. 华中师范大学学报(人文社会科学版), (4): 13-17.

韩长赋. 1999. 谈增加农民收入问题. 农业经济问题, (10): 8-12.

韩长赋. 2013. 科学把握农业农村发展新形势. 求是, (7): 23-25.

韩长赋. 2014-10-18. 土地经营规模不是越大越好. 经济日报, (05).

韩长赋. 2015. 坚定不移加快转变农业发展方式. 休闲农业与美丽乡村, (3): 4-5.

韩长赋. 2016. 以新的发展理念引领现代农业发展. 农民科技培训, (2): 4-6.

何国俊, 徐冲. 2007. 城郊农户土地流转意愿分析——基于北京郊区 6 村的实证研究. 经济科学, (5): 111-124.

何树平. 2010. 十六大以来党中央转变经济发展方式思想的形成与发展. 党的文献, (4): 78-84.

何问陶, 王松华. 2009. 地方政府隐性金融干预与信贷配给区域分化——基于面板数据的模型分析. 财经理论与实践, 30(1): 17-21.

何延治. 2009. 吉林省农民收入与农业技术进步计量经济模型及分析. 安徽农业科学, 37(12): 5676-5677.

贺京同, 张战平. 2004. 必须改善农民在我国收入分配中的地位——农民增收难问题的行为经济学模型分析. 南开学报, (3): 44-50.

贺雪峰. 2001. 缺乏分层与缺失记忆型村庄的权力结构——关于村庄性质的一项内部考察. 社会学研究, (2): 68-73.

贺雪峰, 印子. 2015. "小农经济"与农业现代化的路径选择——兼评农业现代化激进主义. 政治经济学评论, (2): 45-65.

贺振华. 2006. 劳动力迁移、土地流转与农户长期投资. 经济科学, (3): 10-18.

洪兴建, 李金昌. 2007. 两极分化测度方法述评与中国居民收入两极分化. 经济研究, (11): 139-153.

洪银兴. 2007. 工业和城市反哺农业、农村的路径研究——长三角地区实践的理论思考. 经济研究, (8): 13-20.

洪银兴. 2015. 以三农现代化补"四化"同步的短板. 经济学动态, (2): 4-11.

侯荣华. 2001. 中国财政支出效益研究. 北京: 中国计划出版社.

胡鞍钢, 地力夏提·吾布力, 鄢一龙. 2015. 粮食安全"十三五"规划基本思路. 清华大学学报(哲学社会科学版), (5): 158-165, 198-199.

胡鞍钢, 胡琳琳, 常志霄. 2006. 中国经济增长与减少贫困(1978—2004). 清华大学学报(哲学社会科学版), (5): 105-115.

胡兵, 赖景生, 胡宝娣. 2007. 经济增长、收入分配与贫困缓解——基于中国农村贫困变动的实证分析. 数量经济技术经济研究, (5): 33-42.

胡佛 E M. 1990. 区域经济学导论. 武友德, 等译. 北京: 商务印书馆.

胡士华, 卢满生. 2011. 信息、借贷交易成本与借贷匹配——来自农村中小企业的经验证据. 金融研究, (10): 100-111.

胡新艳, 罗必良, 2012. 现代农业发展政策推演: 基于农民收入的视角. 华中农业大学学报(社会科学版), (6): 20-25.

湖南经济信息中心课题组. 2001. 中国改革进程中的农民利益问题研究. 北京: 中共中央党校博士学位论文.

黄惠春. 2014. 农村土地承包经营权抵押贷款可得性分析——基于江苏试点地区的经验证据. 中国农村经济, (3)：48-57.

黄季焜, 胡瑞法. 2000. 农业科技投资体制与模式: 现状及国际比较. 管理世界, (3)：170-179.

黄群慧. 2014. "新常态"、工业化后期与工业增长新动力. 中国工业经济, (10)：5-19.

黄志钢, 刘霞辉. 2013. 中国经济可持续增长机制研究. 北京: 经济管理出版社.

黄宗智. 1986. 略论华北近数百年的小农经济与社会变迁——兼及社会经济史研究方法. 中国社会经济史研究, (2)：9-15.

黄宗智. 2003. 中国乡村研究. 北京: 商务印书馆.

黄宗智, 彭玉生. 2007. 三大历史性变迁的交汇与中国小规模农业的前景. 中国社会科学, (4)：74-88, 205-206.

黄祖辉, 扶玉枝, 徐旭初. 2011. 农民专业合作社的效率及其影响因素分析. 中国农村经济, (7)：4-13, 62.

黄祖辉, 王建英, 陈志钢. 2014. 非农就业、土地流转与土地细碎化对稻农技术效率的影响. 中国农村经济, (11)：4-16.

黄祖辉, 王敏, 宋瑜. 2005. 农村居民收入差距问题研究——基于村庄微观角度的一个分析框架. 管理世界, (3)：75-84.

黄祖辉, 俞宁. 2010. 新型农业经营主体: 现状、约束与发展思路——以浙江省为例的分析. 中国农村经济, (10)：16-26, 56.

回良玉. 2013. 坚持不懈做好"三农"这篇大文章. 求是, (3)：7-12.

贾康. 2014. 关于中国新型城镇化的解读与财政支持. 上海行政学院学报, 15(4)：22-23.

贾立, 王红明. 2010. 西部地区农村金融发展与农民收入增长关系的实证分析. 农业技术经济, (10)：40-49.

简新华. 2015. 中国农村改革和发展的争议性问题. 学术月刊, (7)：33-41.

江登英, 陈思. 2008. 加快农村城镇化发作进程的思考. 理论月刊, (2)：173.

姜长斌. 2007. 社会主人——俄国农民的悲剧命运——反思苏联模式中农业政策失败的沉痛教训. 探索与争鸣, (3)：62-68.

姜长云. 2001. 为农民增收献计献策——科学地对待农民增收、农村减负问题. 宏观经济管理, (8)：22-25.

姜长云. 2007. 促进我国生产性服务业发展的对策选择. 经济与管理研究, (5)：33-38.

姜长云. 2008. 中国农民收入增长趋势的变化. 中国农村经济, (9)：4-12.

姜长云. 2015a. 创新驱动视野的农业发展方式转变. 改革, (12)：83-93.

姜长云. 2015b. 中国农业发展的问题、趋势与加快农业发展方式转变的方向. 江淮论坛, (5)：26-35.

金太军. 2002. 村庄治理中三重权力互动的政治社会学分析. 战略与管理, (2)：105-114.

康帅. 2009. 越南通过革新土地政策促进农业农村发展. 当代世界, (2)：26.

柯炳生. 2005. 关于我国农民收入问题的若干思考. 农业经济问题, 26(1)：25-30.

克鲁格曼 P R. 2000. 地理与贸易. 张兆杰译. 北京: 北京大学出版社.

孔祥智. 2014. 新型农业经营主体的地位和顶层设计. 改革, (5)：32-34.

孔祥智, 郑力文, 周振. 2013. 新世纪十个"中央一号文件": 回顾与展望. 教学与研究, 47(7): 5-18.

李成贵. 2001. 当前我国农民收入的现状、成因和影响. 教学与研究, (4): 5-11.

李大胜, 李琴. 2007. 农业技术进步对农户收入差距的影响机理及实证研究. 农业技术经济, (3): 23-27.

李功奎, 钟甫宁. 2006. 农地细碎化、劳动力利用与农民收入——基于江苏省经济欠发达地区的实证研究. 中国农村经济, (4): 42-18.

李浩然, 楚永生. 2004. 农民收入增长的制度性障碍及解决途径. 人文杂志, (6): 184-187.

李家洋. 2015. 为农业插上科技的翅膀. 求是, (3): 45-47.

李嘉图 D. 1976. 政治经济学及赋税原理. 郭大力, 王亚南译. 北京: 商务印书馆.

李建民. 2002. 中国劳动力市场多重分隔及其对劳动力供求的影响. 中国人口科学, (2): 1-7.

李克强. 2015. 以改革创新为动力加快推进农业现代化. 求是, (4): 3-10.

李娜. 2006. 农民收入: 增长与政策(1978-2004 年). 农业经济问题, (5): 39-41.

李强. 2015. 新常态下新型城镇化建设的金融支持对策研究. 市场周刊: 理论研究, (9): 44-45.

李实. 2015-01-23. 贫富差距到底有多大? 人民日报.

李实, 李婷. 2010. 库兹涅茨假说可以解释中国的收入差距变化吗. 经济理论与经济管理, (3): 5-10.

李实, 罗楚亮. 2011. 中国收入差距究竟有多大?——对修正样本结构偏差的尝试. 经济研究, (4): 68-79.

李实, 岳希明. 2004. 中国城乡收入差距调查. 乡镇论坛, (8): 21-22.

李实, 赵人伟. 1999. 中国居民收入分配再研究. 经济研究, (4): 5-19.

李新荣, 李涛, 刘胜利. 2014. 政府信任与居民通货膨胀预期. 经济研究, (6): 58-72.

李学术, 向其凤. 2010. 农户创新与收入增长: 基于西部地区省际面板和微观调查数据的分析. 中国农村经济, (11): 40-52.

李颖晖. 2015. 教育程度与分配公平感: 结构地位与相对剥夺视角下的双重考察. 社会, (1): 143-160.

连雪君, 毛雁冰. 2013. 土地细碎化必然导致土地生产效率降低?——对土地细碎化与土地生产效率研究的批判性分析. 华中农业大学学报(社会科学版), (6): 109-115.

梁剑峰, 李静. 2015. "精英俘获": 农民专业合作社成长之困. 宏观经济研究, (3): 58-62.

梁志明. 2003. 现代化的启动和发展: 中国与越南. 东南亚南亚研究, (1): 22-28.

林伯强. 2003. 中国的经济增长、贫困减少与政策选择. 经济研究, (12): 15-25, 90.

林坚. 2010. 2000 年以来人口城镇化水平变动省际差异分析——基于统计数据的校正和修补. 城市规划, (3): 48-56.

林乐芬, 法宁. 2015. 新型农业经营主体融资难的深层原因及化解路径. 南京社会科学, (7): 150-156.

林万龙, 茹玉. 2014. 对 2001 年以来中国农民直接补贴政策体系与投入状况的初步分析. 中国农村经济, (12): 4-12.

林毅夫. 1988. 小农与经济理性. 中国农村观察, (3): 31-33.

林毅夫. 1992. 制度、技术与中国农业发展. 上海: 上海人民出版社.

林毅夫. 2000. 再论制度、技术与中国农业发展. 北京: 北京大学出版社.

林毅夫. 2001. 增加农民收入需要农村基础设施的牢固. 调研世界, (7): 3-4.

林毅夫. 2002a. 中国的城市发展与农村现代化. 北京大学学报(哲学社会科学版), (4): 12-15.

林毅夫. 2002b. 解决农村贫困问题需要有新的战略思路——评世界银行新的"惠及贫困人口的农村发展战略. 北京大学学报(哲学社会科学版), (5): 5-8.

林毅夫. 2003. "三农"问题与我国农村的未来发展. 农业经济问题, (1): 19-24, 79.

林毅夫. 2004. 有关当前农村政策的几点意见. 华中师范大学学报(人文社会科学版), 24(6): 4-7.

林毅夫. 2007-08-22. 城乡收入差距扩大主要症结是改革不到位. 人民日报.

林毅夫. 2012. 解读中国经济. 北京: 北京大学出版社.

林毅夫. 2014. 中国的奇迹: 发展战略与经济改革. 上海: 格致出版社.

林毅夫. 2015. 新常态下中国经济的转型和升级: 新结构经济学的视角. 新金融, (6): 4-8.

林毅夫, 蔡昉, 李周. 1994. 中国的奇迹: 发展战略与经济改革. 上海: 上海三联书店, 上海人民出版社.

林毅夫, 蔡昉, 李周. 1998. 中国经济转型时期的地区差距分析. 经济研究, (6): 5-12.

林毅夫, 刘培林. 2003. 中国的经济发展战略与地区收入差距. 经济研究, (3): 19-25.

林毅夫, 苏剑. 2007. 论中国经济增长方式的转换. 管理世界, (11): 5-13.

林远. 2015-02-06. 农地确权颁证试点再添九省份. 经济参考报.

刘旦. 2007. 我国农村金融发展效率与农民收入增长. 山西财经大学学报, 29(1): 44-49.

刘福毅, 邹东海. 2004. 从金融抑制到政策导向型金融深化: 农民增收的金融支持研究. 金融研究, (12): 128-134.

刘金海. 2007. 社会化小农的历史进程: 中国的经验. 华中师范大学学报(人文社会科学版), (4): 2-7.

刘明国. 2010. 我国农业发展进入新阶段. 宏观经济研究, (3): 38-41.

刘乃全. 2005. 劳动力流动对区域经济发展的影响分析. 上海: 上海财经大学出版社.

刘生龙, 周绍杰. 2011. 基础设施的可获得性与中国农村居民收入增长——基于静态和动态非平衡面板的回归结果. 中国农村经济, (1): 27-36.

刘世锦. 2014. 在改革中形成增长新常态. 北京: 中信出版社.

刘树成. 2013. 不可低估居民人均收入翻番的难度. 经济研究, (2): 6-8.

刘维奇, 韩媛媛. 2013. 城乡统筹视角下的农民经济模型研究. 经济评论, (5): 42-51.

刘伟, 苏剑. 2014. "新常态"下的中国宏观调控. 经济科学, (4): 5-13.

刘西川, 杨奇明, 陈立辉. 2014. 农户信贷市场的正规部门与非正规部门: 替代还是互补？. 经济研究, 49(11): 145-158.

刘易斯 W A. 1989. 二元经济论. 施玮译. 北京: 北京经济学院出版社.

刘颖琦, 郭名. 2009. 西部贫困县经济发展与农民收入增长研究——以内蒙古自治区为例. 中国软科学, (12): 80-89.

陆铭, 陈钊. 2004. 城市化、城市倾向的经济政策与城乡收入差距. 经济研究, (6): 50-58.

陆铭, 蒋仕卿, 陈钊, 等.2013. 摆脱城市化的低水平均衡——制度推动、社会互动与劳动力流动. 复旦学报(社会科学版), (3): 48-64.

陆铭, 向宽虎, 陈钊.2011. 中国城市化和城市体系调整: 基于文献的评论. 世界经济, (6): 3-25.

陆萍, 陈晓慧. 2015. 农业产业集群概念辨析、演化特点与发展对策. 农业现代化研究, (4): 575-579.

陆学艺. 1987. 当前的农村形势和粮食问题. 中国农村经济, (12): 1-13.

陆学艺. 1993. 农村改革、农业发展的新思路——反弹琵琶和加快城市化进程. 农业经济问题, (7): 2-10.

罗楚亮. 2012. 经济增长、收入差距与农村贫困. 经济研究, (2): 15-27.

罗东, 矫健. 2014. 国家财政支农资金对农民收入影响实证研究. 农业经济问题, (12): 48-53.

罗发友, 王建成. 2001. 农业经济增长及其影响因素的典型相关分析. 系统工程, (6): 34-38.

骆永民, 樊丽明. 2012. 中国农村基础设施增收效应的空间特征——基于空间相关性和空间异质性的实证研究. 管理世界, (5): 71-87.

吕晓, 黄贤金, 钟太洋, 等.2011. 中国农地细碎化问题研究进展. 自然资源学报, (3): 530-540.

马丁丑, 刘发跃, 杨林娟, 等. 2011. 欠发达地区农民专业合作社信贷融资与成长发育的实证分析——基于对甘肃省示范性农民专业合作社的调查. 中国农村经济, (7): 34-41.

马克思. 1963. 资本论(第一卷). 2 版. 郭大力, 王亚南译. 北京: 人民出版社.

马克思. 2004a. 资本论(第二卷). 北京: 人民出版社.

马克思. 2004b. 资本论(第三卷). 北京: 人民出版社.

马树才, 刘兆博. 2006. 中国农民消费行为影响因素分析. 数量经济技术经济研究, 23(5): 20-30.

马晓河, 蓝海涛, 黄汉权. 2005. 工业反哺农业的国际经验及中国的政策调整思路. 管理世界, (7): 55-63.

马歇尔 A. 2005. 经济学原理. 廉运杰译. 北京: 华夏出版社.

芒福德 L. 2005. 城市发展史——起源、演变和前景. 宋俊岭, 倪文彦译. 北京: 中国建筑工业出版社.

毛寿龙. 1995. 制度创新与政府功能. 浙江学刊, (5): 69-72.

蒙荫莉. 2003. 金融深化、经济增长与城市化的效应分析. 数量经济技术经济研究, (4): 138-140.

穆怀中, 张文晓. 2014. 中国耕地资源人口生存系数研究. 人口研究, 38(3): 14-27.

倪建伟, 胡彩娟. 2013-10-09. 提高农民消费能力及预期. 中国社会科学报, (A06).

农牧渔业部经济政策研究中心经济增长问题课题组. 1987. 常规增长, 抑或发展迟滞——对农村经济发展的现实判断. 经济研究, (9): 48-55.

欧阳志刚. 2014. 中国城乡经济一体化的推进是否阻滞了城乡收入差距的扩大. 世界经济, (2): 116-135.

配第 P. 1960. 政治算术. 陈冬野译. 北京: 商务印书馆.

彭晓博, 秦雪征. 2014. 医疗保险会引发事前道德风险吗?理论分析与经验证据. 经济学(季刊), 14(1): 159-184.

蒲艳萍. 2011. 劳动力流动对农村经济的影响——基于西部 289 个自然村的调查资料分析. 农业技术经济, (1): 70-79.

朴振焕. 2005. 韩国新村运动——20 世纪 70 年代韩国农村现代化之路. 北京: 中国农业出版社.

齐良书. 2011. 新型农村合作医疗的减贫、增收和再分配效果研究. 数量经济技术经济研究, 28(8): 35-52.

钱纳里 H, 赛尔昆 M. 1988. 发展的型式: 1950-1970. 李新华译. 北京: 经济科学出版社.

钱文荣, 郑黎义. 2011. 劳动力外出务工对农户农业生产的影响——研究现状与展望. 中国农村观察, (1): 31-38, 95, 97.

钱颖一, 许成钢. 2003. 中国的经济改革为什么与众不同——M 型的层级制和非国有部门的进入与扩张//钱颖一. 现代经济学与中国经济改革. 北京: 中国人民大学出版社: 177-196.

钱忠好. 2003. 农地承包经营权市场流转: 理论与实证分析——基于农户层面的经济分析. 经济研究, (2): 83-91, 94.

钱忠好. 2008. 非农就业是否必然导致农地流转——基于家庭内部分工的理论分析及其对中国农户兼业化的解释. 中国农村经济, (10): 13-21.

秦立建, 苏春江. 2014. 医疗保险对农民工工资效应的影响研究, 财政研究, (5): 14-17.

秦立建, 张妮妮, 蒋中一. 2011. 土地细碎化、劳动力转移与中国农户粮食生产——基于安徽省的调查. 农业技术经济, (11): 16-23.

仇焕广, 李登旺, 宋洪远. 2015. 新形势下我国农业发展战略的转变——重新审视我国传统的"粮食安全观". 经济社会体制比较, (4): 11-19.

冉光和. 2009. 财政金融政策与城乡协调发展. 北京: 科学出版社.

任远. 2014. 新型城镇化是以人为核心的城镇化. 上海行政学院学报, 15(4): 33-34.

萨缪尔森 P A, 诺德豪斯 W D. 2008. 经济学. 萧琛译. 北京: 人民邮电出版社.

萨姆索诺夫. 1977. 苏联简史(2). 上海: 生活·读书·新知三联书店.

萨伊 J. 1982. 政治经济学概论. 陈福生, 陈振骅译. 北京: 商务印书馆.

桑普斯福特 D, 桑纳托斯 Z. 2004. 劳动经济学前沿问题. 卢昌崇, 王询译. 北京: 机械工业出版社.

邵喜武. 2013. 美国农业合作社发展的成功经验及对中国的启示. 世界农业, (1): 3-5, 11.

沈坤荣. 2015-01-29. 把握经济新常态, 适应经济新常态. 光明日报, (16).

盛洪. 2003a. 现代制度经济学. 北京: 北京大学出版社.

盛洪. 2003b-01-27. 让农民自己代表自己. 经济观察报, (B2).

盛来运. 2005. 农民收入增长格局的变动趋势分析. 中国农村经济, (5): 21-25.

史清华. 2009. 民生化时代中国农民社会保险参与意愿与行为变化分析——来自国家农村固定观测点 2003～2006 年的数据. 学习与实践, (2): 20-36.

史正富. 2013a. 超常增长——1979-2049 年的中国经济. 上海: 上海人民出版社.

史正富. 2013b. 超常增长与超低波动并存. 浙江经济, (17): 61.

舒尔茨 T W. 1987. 改造传统农业. 梁小民译. 北京: 商务印书馆.

斯科特 J C. 2007. 弱者的武器. 郑广怀, 张敏何, 江穗, 等译. 南京: 译林出版社.

斯密 A. 1972. 国民财富的性质和原因的研究(上卷). 北京: 商务印书馆.

斯密 A. 1974. 国民财富的性质和原因的研究. 郭大力, 王亚南译. 北京: 商务印书馆.

宋宏谋. 2003. 中国农村金融发展问题研究. 山西: 山西经济出版社.

宋洪远, 庞丽华, 赵长保. 2003. 统筹城乡, 加快农村经济社会发展——当前的农村问题和未来的政策选择. 管理世界, (11): 71-77, 110.

宋莉莉. 2011. 中国农民收入增长及差异研究. 北京: 中国农业科学院.

宋晓梧. 2013-09-24. 从两方面完善社会主义市场经济体系. 人民政协报, (B01).

宋元梁, 肖卫东. 2005. 中国城镇化发展与农民收入增长关系的动态计量经济分析. 数量经济技术经济研究, (9): 31-40.

苏士儒, 段成东, 李文靖, 等. 2006. 农村非正规金融发展与金融体系建设. 金融研究, (5): 167-180.

苏素, 贺娅萍. 2011. 经济高速发展中的城镇化影响因素. 财经科学, (11): 93-100.

孙敬水, 张周静. 2010. 人力资本对城乡收入差距及其收敛性的影响——基于我国省际面板数据分析. 农业技术经济, (9): 105-113.

孙久文. 2010. 走向 2020 年的我国城乡协调发展战略. 北京: 中国人民大学出版社: 325.

孙立平, 王汉生, 王思斌, 等. 1994. 改革以来中国社会结构的变迁. 中国社会科学, (2): 47-62.

谭继军. 2004. 试析苏联特殊移民的饥饿现象. 俄罗斯研究, (1): 56-63.

谭燕芝. 2009. 农村金融发展与农民收入增长之关系的实证分析: 1978~2007. 上海经济研究, (4): 50-57.

唐礼智. 2009. 农村非正规金融对农民收入增长影响的实证分析——以福建省泉州市为例. 农业经济问题, 30(4): 76-79.

唐平. 1995. 我国农村居民收入水平及差异研析. 管理世界, (2): 173-181.

仝志辉, 温铁军. 2009. 资本和部门下乡与小农户经济的组织化道路——兼对专业合作社道路提出质疑. 开放时代, (4): 5-26.

托达罗 M P. 1988. 第三世界的经济发展. 北京: 中国人民大学出版社.

万广华. 1998. 中国农村区域间居民收入差异及其变化的实证分析. 经济研究, (5): 37-42, 50.

万广华. 2004. 解释中国农村区域间的收入不平等: 一种基于回归方程的分解方法. 经济研究, (8): 117-127.

万齐云. 2002. 增长经济学. 武汉: 湖北人民出版社.

汪发元. 2014. 中外新型农业经营主体发展现状比较及政策建议. 农业经济问题, (10): 26-32.

汪亭友. 2005. 朝鲜农村政策调整: 回顾与思考. 学术探索, (4): 94-99.

汪洋. 2015-11-16. 用发展新理念大力推进农业现代化. 人民日报, (6).

王春超. 2011. 农村土地流转、劳动力资源配置与农民收入增长: 基于中国 17 省份农户调查的实证研究. 农业技术经济, (1): 93-101.

王德文, 蔡昉. 2003. 宏观经济政策调整与农民增收. 中国农村观察, (4): 2-12, 80.

王德祥, 李建军. 2009. 新农村建设、财政支出与农民收入增长——基于贵州省遵义市 12 个县的实证分析. 农业经济问题, (2): 42-47.

王定祥. 2006. 金融产业资本循环理论与政策研究. 重庆: 西南大学.

王定祥, 等. 2011b. 农村金融市场成长论. 北京: 科学出版社.

王定祥, 李伶俐, 冉光和. 2009. 金融资本形成与经济增长. 经济研究, (9): 39-51, 105.

王定祥, 李伶俐, 王小华. 2010. 中国农村金融制度演化逻辑与改革启示. 上海经济研究, (11): 20-27.

王定祥, 田庆刚, 李伶俐, 等. 2011a. 贫困型农户信贷需求与信贷行为实证研究. 金融研究, (5): 124-138.

王桂新, 魏星, 沈建法. 2005. 中国省际人口迁移对区域经济发展作用关系之研究. 复旦学报 (社会科学版), (3): 148-161.

王红漫, 顾大男, 杜远举, 等. 2006. 新型农村合作医疗参与、满意度及持续性的影响因素分析. 中国人口科学, (5): 42-49.

王宏伟. 2000. 中国农村居民消费的基本趋势及制约农民消费行为的基本因素分析. 管理世界, (4): 163-174.

王建国, 罗楚亮, 李实. 2012. 外出从业收入核算方式对农村居民收入水平及收入分配的影响. 中国农村经济, (8): 56-65.

王健宇, 徐会奇. 2010. 收入性质对农民消费的影响分析. 中国农村经济, (4): 38-47.

王立成, 牛勇平. 2010. 科技投入与经济增长: 基于我国沿海三大经济区域的实证分析. 中国软科学, (8): 169-177.

王士录. 1995. 试论独立以来越南农村生产关系的三次变革. 东南亚, (2): 32-39.

王小华. 2012. 中国收入差距的演化历程及相关研究综述. 西部经济管理论坛, (3): 1-5, 10.

王小华. 2013. 财政金融政策影响城乡收入差距的阶段变化研究. 西部论坛, (2): 11-19.

王小华. 2014. 县域金融发展、财政支出与城乡居民收入差距的分层差异研究. 当代经济研究, (9): 68-74.

王小华. 2015. 信用约束、信贷调节与农民收入增长. 财贸研究, (5): 41-50.

王小华, 王定祥, 温涛. 2014b. 中国农贷的减贫增收效应: 贫困县与非贫困县的分层比较. 数量经济技术经济研究, (9): 40-55.

王小华, 温涛. 2011. 贫困型农户融资困境分析与政策建议——基于重庆市的调查数据分析. 区域金融研究, (8): 83-88.

王小华, 温涛. 2015. 城乡居民消费行为及结构演化的差异研究. 数量经济技术经济研究, (10): 90-107.

王小华, 温涛. 2016. 农民收入"超常规增长"的理论依据、积累效果与政策启示. 西南大学学报(社会科学版), (1): 55-63.

王小华, 温涛, 王定祥. 2014a. 县域农村金融抑制与农民收入内部不平等. 经济科学, 36(2): 44-54.

王小鲁, 樊纲. 2004. 中国地区差距的变动趋势和影响因素. 经济研究, (1): 33-44.

王兴国. 2016. 推进农村一二三产业融合发展的思路与政策研究. 东岳论丛, (2): 30-37.

王秀清, 苏旭霞. 2002. 农用地细碎化对农业生产的影响——以山东省莱西市为例. 农业技术经济, (2): 2-7.

王询. 2000-04-20. 劳动经济学前沿问题. 光明日报, (Z07).

王艳. 2007. 劳动力转移对东西部农民收入差距的影响. 兰州商学院学报, 23(1): 39-42.

王一鸣. 2014. 全面认识中国经济新常态. 求是, (22): 40-43.

王煜宇. 2012. 新型农村金融服务主体与发展定位: 解析村镇银行. 改革, (4): 116-123.

王云中. 2004. 论马克思资源配置理论的依据、内容和特点. 经济评论, (1): 31-38.

王震. 2010. 新农村建设的收入再分配效应. 经济研究, 45(6): 17-27.

韦伯 A. 1997. 工业区位论. 李刚剑, 陈志人, 张英译. 北京: 商务印书馆.

魏杰, 王韧. 2007. 中国农村居民收入增长的二元机制及其实证研究. 财经研究, (4): 28-40.

魏晓卓, 金丽馥, 吴君民. 2015. 为什么应将"农民增收"同"粮食安全"一样也上升为国家战略?——"粮食财政直接补贴"战略目标的视角. 中国软科学, (9): 173-181.

魏众. 2004. 健康对非农就业及其工资决定的影响. 经济研究, (2): 64-74.

温涛. 2008. 农村金融风险控制与战略重组研究——基于中国新农村建设的现实背景. 重庆: 西南师范大学出版社.

温涛. 2014a. 农村金融可持续发展的服务创新与动态竞争战略研究. 北京: 北京师范大学出版社.

温涛. 2014b. 统筹城乡教育发展模式与投融资体制改革研究: 重庆的经验和证据. 重庆: 西南师范大学出版社.

温涛, 董文杰. 2011. 财政金融支农政策的总体效应与时空差异——基于中国省际面板数据的研究. 农业技术经济, (1): 24-33.

温涛, 孟兆亮. 2012. 我国农村居民消费结构演化研究. 农业技术经济, (7): 4-14.

温涛, 冉光和, 熊德平. 2005. 中国金融发展与农民收入增长. 经济研究, (9): 30-431.

温涛, 田纪华, 王小华. 2013a. 农民收入结构对消费结构的总体影响与区域差异研究. 中国软科学, (3): 42-52.

温涛, 王小华. 2012. 财政金融支农政策对粮食价格波动的影响——基于中国 1952—2009 年的经验验证. 东南大学学报(哲学社会科学版), (3): 43-49, 127.

温涛, 王小华, 董文杰. 2013b. 政府教育资源配置的绩效评价与改进路径——以重庆市为例. 西南大学学报(社会科学版), (2): 48-56, 174.

温涛, 王小华, 董文杰. 2014. 金融发展、人力资本投入与缩小城乡收入差距——基于中国西部地区 40 个区县的经验研究. 吉林大学社会科学学报, (2): 27-36, 171-172.

温涛, 王小华, 杨丹, 等. 2015. 新形势下农户参与合作经济组织的行为特征、利益机制及决策效果. 管理世界, (7): 82-97.

温涛, 王小华, 宜文. 2012. 城乡居民收入差距的时空演化与区域差异——基于收入结构的视角. 当代经济研究, (11): 20-26.

温涛, 王煜宇. 2005. 政府主导的农业信贷、财政支农模式的经济效应——基于中国 1952～2002 年的经验验证. 中国农村经济, (10): 20-29.

温铁军. 2006. 农民社会保障与土地制度改革. 学习月刊, (19): 20-22.

温铁军, 高俊. 2015-04-08. 农业"三产化"阶段的制度创新. 中国社会科学报, (A07).

温铁军, 杨帅. 2012. 中国农村社会结构变化背景下的乡村治理与农村发展. 理论探讨, (6): 76-80.

温智良. 2009. 农民收入结构变化的实证分析: 基于外出务工的视角. 金融与经济, (2): 82-83.

翁贞林, 阮华. 2015. 新型农业经营主体: 多元模式、内在逻辑与区域案例分析. 华中农业大学学报(社会科学版), (5): 32-39.

吴敬琏. 2002. 农村剩余劳动力转移与 "三农" 问题. 宏观经济研究, (6): 6-9.

吴鸾莺, 李力行, 姚洋. 2014. 农业税费改革对土地流转的影响——基于状态转换模型的理论和实证分析. 中国农村经济, (7): 48-60.

吴毅. 2002. 双重边缘化: 村干部角色与行为的类型学分析. 管理世界, (11): 78-85, 155-156.

伍山林. 2008. 刘易斯模型适用性考察. 财经研究, (8): 4-16.

肖卫, 肖琳子. 2013. 二元经济中的农业技术进步、粮食增产与农民增收——来自 2001-2010 年中国省级面板数据的经验证据. 中国农村经济, (6): 4-13, 47.

谢嗣胜, 姚先国. 2006. 农民工工资歧视的计量分析. 中国农村经济, (4): 49-55.

新形势下我国农业管理改革及对策研究课题组, 叶贞琴. 2015. 新形势下我国农业管理改革研究. 农业经济问题, (9): 4-9.

邢成举, 李小云. 2013. 精英俘获与财政扶贫项目目标偏离的研究. 中国行政管理, (9): 109-113.

邢春冰. 2006. 中国农村非农就业机会的代际流动. 经济研究, (9): 103-116.

熊德平. 2009. 农村金融与农村经济协调发展的机制与模式研究. 北京: 社会科学文献出版社.

徐清. 2012. 工资"拉力"与城市劳动力流入峰值——基于"推拉"理论的中国经济实证. 财经科学, (10): 37-45.

徐祥临. 2002. 解决"三农问题"亟待理论创新. 群言, (6): 7-9.

徐勇. 1997. GOVERNANCE: 治理的阐释. 政治学研究, (1): 63-67.

徐月宾, 刘凤芹, 张秀兰. 2007. 中国农村反贫困政策的反思——从社会救助向社会保护转变. 中国社会科学, (3): 40-53.

徐璋勇, 杨贺. 2014. 农户信贷行为倾向及其影响因素分析——基于西部11省(区)1664户农户的调查. 中国软科学, (3): 45-56.

许崇正. 2003. 论增加农民收入的对策. 农业经济问题, (6): 8-13, 79.

许崇正, 高希武. 2005. 农村金融对增加农民收入支持状况的实证分析. 金融研究, (9): 156.

许经勇. 1994. 论农村土地市场的发育. 财经科学, (3): 35-39.

许庆, 田士超, 徐志刚, 等. 2008. 农地制度、土地细碎化与农民收入不平等. 经济研究, (2): 83-92.

许秀川, 王钊. 2008. 城市化、工业化与城乡收入差距互动关系的实证研究. 农业经济问题, (12): 65-71.

薛进军. 2013. 不平等的增长. 北京: 社会科学文献出版社.

杨丹. 2011. 农民合作经济组织对农业分工和专业发展的促进作用研究. 重庆: 西南大学.

杨穗, 高琴, 李实. 2013. 中国社会福利和收入再分配: 1988—2007 年. 经济理论与经济管理, (3): 29-38.

杨文, 孙蚌珠, 王学龙. 2012. 中国农村家庭脆弱性的测量与分解. 经济研究, 47(4): 40-51.

杨雯. 2007. 中国农村金融发展与农民收入增长因果关系研究. 财会研究, (11): 73-76.

杨志江, 罗掌华. 2010. 我国科技经费投入与经济增长的协整分析. 科学管理研究, (4): 98-101.

姚先国, 许庆明. 1996. 城市化影响因素和中国城市化对策. 江海学刊, (5): 28-33.

姚洋. 2000a. 集体决策下的诱导性制度变迁——中国农村地权稳定性演化的实证分析. 中国农村观察, (2): 11-19, 80.

姚洋. 2000b. 中国农地制度: 一个分析框架. 中国社会科学, (2): 54-65, 206.

姚洋. 2004a. 工业化、土地市场和农业投资. 经济学(季刊), (3): 983-1002.

姚洋. 2004b. 土地、制度和农业发展. 北京: 北京大学出版社.

姚耀军. 2005. 金融发展、城市化与城乡收入差距——协整分析及其 Granger 因果检验. 中国农村观察, (2): 2-8.

叶彩霞, 徐霞, 胡志丽. 2010. 城市化进程对农民收入结构的影响分析. 城市发展研究, 17(10): 26-30.

叶春辉, 许庆, 徐志刚. 2008. 农地细碎化的缘由与效应. 农业经济问题, (9): 9-15.

叶前林, 何伦志. 2014. 美国推进农业现代化发展的做法及启示. 经济纵横, (4): 105-108.

叶兴庆. 2015-03-16. 农业发展需要加快培育接续力量. 人民日报, (1).

易行健, 杨碧云. 2015. 世界各国(地区)居民消费率决定因素的经验检验. 世界经济, (1): 3-24.

殷林森, 胡文伟, 李湛. 2007. 我国科技投入与产业经济增长的关联性研究. 中国软科学, (11): 57-63.

尹继东, 王秀芝. 2008. 农村劳动力转移对城乡收入差距的影响: 基于江西的实证. 南昌大学学报 (人文社会科学版), 39(2): 38-45.

尹敬东, 周绍东. 2015. 基于劳动价值论的资源配置理论研究. 经济学动态, (5): 30-36.

游和远, 吴次芳. 2010. 农地流转、禀赋依赖与农村劳动力转移. 管理世界, (3): 65-75.

于春晖, 郑若谷, 余典范. 2011. 中国产业结构变迁对经济增长和波动的影响. 经济研究, (5): 4-16.

于铁, 李万超, 尹军. 2014-03-17. 新型城镇化是实现农民收入倍增的新动力源. 金融时报, (1).

于长永. 2012. 农民对新型农村合作医疗的福利认同及其影响因素. 中国农村经济, (4): 76-86.

余新平, 熊皛白, 熊德平. 2010. 中国农村金融发展与农民收入增长. 中国农村经济, (6): 77-86.

袁长军. 2014. 新常态是中国经济发展的必然过程. 红旗文稿, (24): 18-19.

岳希明, 李实. 2013. 真假基尼系数. 南风窗, (5): 65-67.

岳振飞, 孔祥智. 2015. 转变农业发展方式的四个导向与实现路径. 学习论坛, (7): 31-36.

战明华, 许月丽. 2006. 规模和产业结构的关联效应、城市化与经济内生增长——转轨时期我国城市化与经济增长关系的一个解释框架与经验结果. 经济科学, (3): 19-27.

张兵, 刘丹, 李祎雯. 2014. 匹配经济学视角下农户借贷匹配决定因素的实证分析. 经济科学, (4): 93-105.

张车伟, 程杰, 赵文. 2012-05-21. 再分配调节不足: 中国收入差距拉大的主因. 中国社会科学报, (1).

张川川, 陈斌开. 2014. "社会养老"能否替代"家庭养老"?——来自中国新型农村社会养老保险的证据. 经济研究, 49(11): 102-115.

张川川, Giles J, 赵耀辉. 2015. 新型农村社会养老保险政策效果评估——收入、贫困、消费、主观福利和劳动供给. 经济学(季刊), (4): 1611-1630.

张红宇, 张海阳, 李伟毅, 等. 2010. 农民收入增长阶段目标与长效机制. 农村工作通讯, (9): 40-42.

张红宇, 张海阳, 李伟毅, 等. 2013. 当前农民增收形势分析与对策思路. 农业经济问题, (4): 9-14.

张红宇. 2011-04-07. 努力构建农民增收长效机制. 农民日报.

张红宇. 2012a. 宏观经济下行背景下　如何促进农民增收和产权制度改革. 农村工作通讯, (15): 16-18.

张红宇. 2012b. 农业农村体制机制创新之途. 财经, (31).

张红宇. 2013a. 农民收入必须实现超常规增长. 农村财政与财务, (6): 5-6.

张红宇. 2013b. 实现农民收入超常规增长的意义及影响因素. 农村工作通讯, (8): 60-62.

张红宇. 2013c. 实现农民收入超常规增长要有新举措. 农村经济与科技: 农业产业化, (1): 26.

张红宇. 2013d. 努力实现农民收入超常规增长. 决策探索月刊, (4): 61-62.

张红宇. 2015. 新常态下的农民收入问题. 农业经济问题, (5): 4-11.

张继良, 徐荣华, 关冰, 等. 2009. 城乡收入差距变动趋势及影响因素——江苏样本分析. 中国农村经济, (12): 32-43.

张杰. 2003. 中国农村金融制度: 结构、变迁与政策. 北京: 中国人民大学出版社.

张杰. 2004. 解读中国农贷制度. 金融研究, (2): 1-8.

张敬石, 郭沛. 2011. 中国农村金融发展对农村内部收入差距的影响——基于 VAR 模型的分析. 农业技术经济, (1): 34-41.

张军扩. 2015-02-13. 新常态下的中长期增长前景. 经济日报, (14).

张丽琴, 陈烈. 2013. 新型城镇化影响因素的实证研究——以河北省为例. 中央财经大学学报, (12): 84-91.

张龙耀, 江春. 2011. 中国农村金融市场中非价格信贷配给的理论和实证分析. 金融研究, (7): 98-113.

张明斗. 2013. 城市化水平与经济增长的内生性研究. 宏观经济研究, (10): 87-93.

张宁, 张兵. 2015. 农村非正规金融、农户内部收入差距与贫困. 经济科学, (1): 53-65.

张卫东. 1994. 农民收入增长的决定因素分析. 经济学家, (6): 111-118.

张晓山, 崔红志. 2001. 关键是调整国民收入分配格局——农民增收问题之我见. 农业经济问题, (6): 2-10.

张孝德. 2015-02-10. 中国农村改革发展的五个新战略思路. 中国经济时报, (5).

张优智. 2014. 我国科技投入与经济增长的动态关系研究. 科研管理, (9): 58-68.

张幼文, 梁军. 2007. 要素集聚与中国在世界经济中的地位. 学术月刊, (3): 74-82.

张占贞, 王兆君. 2010. 我国农民工资性收入影响因素的实证研究. 农业技术经济, (2): 56-61.

张照新, 赵海. 2013. 新型农业经营主体的困境摆脱及其体制机制创新. 改革, (2): 78-87.

张忠根, 田万获. 2002. 中日韩农业现代化比较研究. 北京: 中国农业出版社.

张忠明, 钱文荣. 2014. 不同兼业程度下的农户土地流转意愿研究——基于浙江的调查与实证. 农业经济问题, (3): 19-24, 110.

章奇, 何帆, 刘明兴. 2003. 金融自由化、政策一致性和金融脆弱性: 理论框架与经验证据. 世界经济, (12): 3-14.

章元, 许庆, 邬璟璟. 2012. 一个农业人口大国的工业化之路: 中国降低农村贫困的经验. 经济研究, (11): 76-87.

赵树凯. 1998. 中国农村劳动力流动与城市就业. 当代亚太, (7): 10-15.

赵伟. 2014. 习近平统筹城乡发展思想研究. 井冈山大学学报(社会科学版), (6): 65-75.

赵延东, 王奋宇. 2002. 城乡流动人口的经济地位获得及决定因素. 中国人口科学, (4): 8-15.

赵耀辉. 1997. 中国农村劳动力流动及教育在其中的作用. 经济研究, (2): 37-43.

赵振宇. 2014. 基于不同经营主体的农地承包经营权抵押问题研究. 管理世界, (6): 174-175.

郑功成. 2015-03-10. 社会保障释放强大正能量. 人民日报, (7).

郑振源. 2013. 1985年的粮食大减产. 炎黄春秋, (3): 58-59.

中共中央编译局. 1959. 列宁全集(第十二卷). 北京: 人民出版社.

中共中央编译局. 1960. 斯大林全集(第十三卷). 北京: 人民出版社.

中共中央编译局. 1972. 马克思恩格斯全集(第二十六卷). 北京: 人民出版社.

中国经济增长前沿课题组, 张平, 刘霞辉, 等. 2013. 中国经济转型的结构性特征、风险与效率提升路径. 经济研究, (10): 4-17.

中国经济增长与宏观稳定课题组, 陈昌兵, 张平, 等. 2009. 城市化、产业效率与经济增长. 经济研究, (10): 4-21.

中国人民银行武汉分行课题组. 2005. 关于金融支持湖北农民增收问题的调查与思考. 金融研究, (7): 150-162.

中国社会科学院语言研究所词典编辑室. 1998. 现代汉语词典. 北京: 商务印书馆.

钟甫宁. 2010. 劳动力市场调节与城乡收入差距研究. 经济学动态, (4): 65-69.

钟晓兰, 李江涛, 冯艳芬, 等. 2013. 农户认知视角下广东省农村土地流转意愿与流转行为研究. 资源科学, (10): 2082-2093.

钟祖昌. 2013. 研发投入及其溢出效应对省区经济增长的影响. 科研管理, (5): 64-72.

周冰. 1996. 不可企及的目标. 长春: 长春出版社.

周波, 于冷. 2011. 农业技术应用对农户收入的影响——以江西跟踪观察农户为例. 中国农村经济, (1): 49-57.

周定溶. 2006. 促进农民增收新思路探析. 农村经济, (5): 65-67.

周建明, 束方圆. 2014. "组织起来", 还是 "去组织化"——中国农村建设应走向何方. 探索与争鸣, (1): 36-39.

周密, 张广胜. 2010. 村级迁移率与村内农户间收入差距. 世界经济文汇, (4): 78-88.

周天芸, 李杰. 2005. 中国农村二元金融结构的实证研究. 中国软科学, (7): 83-89.

周小亮. 2001. 新古典经济学市场配置资源论及其启示. 经济学动态, (3): 64-66.

周阳敏, 轩会永. 2013. 基于包容性的农民收入增长路径研究. 四川理工学院学报(社会科学版), (1): 12-19.

周晔馨. 2012. 社会资本是穷人的资本吗?——基于中国农户收入的经验证据. 管理世界, (7): 83-95.

周一鹿, 冉光和, 钱太一. 2010. 经济转型期农村金融资源开发对农民收入影响效应研究. 农业技术经济, (10): 33-39.

朱长存. 马敬芝. 2009. 农村人力资本的广义外溢性与城乡收入差距. 中国农村观察, (4): 37-46.

朱启臻. 2014. 新型职业农民培育: 提高农民地位的重要举措. 农村经济与科技: 农业产业化, 2(5): 28-29.

朱启臻, 胡鹏辉, 许汉泽. 2014. 论家庭农场: 优势、条件与规模. 农业经济问题, 35(7): 11-17, 110.

朱喜, 李子奈. 2006. 我国农村正式金融机构对农户的信贷配给——一个联立离散选择模型的实证分析. 数量经济技术经济研究, (3): 37-49.

朱信凯, 骆晨. 2011. 消费函数的理论逻辑与中国化: 一个文献综述. 经济研究, (1): 140-153.

朱云欢. 2010. 我国研发投入与经济增长的动态分析. 科学管理研究, (2): 102-106.

朱云章. 2009. 我国城乡劳动力流动与收入差距的关系检验. 农业经济, (1): 53-55.

朱子云. 2014. 中国城乡居民收入差距的分解分析. 数量经济技术经济研究, (2): 52-67.

庄起善, 窦菲菲, 王健. 2007. 转型国家劳动力流动及其宏观经济决定因素. 复旦学报(社会科学版), (5): 74-80.

Abramovitz M. 1956. Resource and output trends in the United States since 1870. NBER.

Abramovitz M. 1986. Catching up, forging ahead, and falling behind. The Journal of Economic History, 46(2): 385-406.

Acemoglu D, Aghion P, Zilibotti F. 2006. Distance to frontier, selection, and economic growth. Journal of the European Economic Association, 4(1): 37-74.

Acemoglu D, Gancia G, Zilibotti F. 2012. Competing engines of growth: innovation and standardization. Journal of Economic Theory, 147(2): 570-601.

Acemoglu D, Johnson S, Robinson J A. 2002. Reversal of fortune: geography and institutions in the making of the modern world income distribution. The Quarterly Journal of Economics, 117(4): 1231-1294.

Acemoglu D. 2003. Labor-and capital-augmenting technical change. Journal of the European Economic Association, 1(1): 1-37.

Acemoglu D. 2009. Introduction to Modern Economic Growth. Cambridge: MIT Press.

Ackerloff G. 1970. The market for lemons: quality uncertainty and the market mechanism. Quarterly Journal of Economics, 84(3): 488-500.

Adelman I G. 1958. A stochastic analysis of the size distribution of firms. Journal of the American Statistical Association, 53(284): 893-904.

Aghion P. 2002. Schumpeterian growth theory and the dynamics of income inequality. Econometrica, 70(3): 855-882.

Aghion P, Bolton P. 1997. A theory of trickle-down growth and development. The Review of Economic Studies, 64(2): 151-172.

Aghion P, Harris C, Howitt P, et al. 2001. Competition, imitation and growth with step-by-step innovation. The Review of Economic Studies, 68(3): 467-492.

Aghion P, Howitt P. 1992. A model of growth through creative destruction. Econometrica, 60(2): 323-351.

Aghion P, Howitt P. 1998a. Endogenous Economic Growth. Cambridge: MIT Press.

Aghion P, Howitt P. 1998b. On the macroeconomic effects of major technological change// Helpman E. General Purpose Technologies and Economic Growth. Cambridge: MIT Press.

Aghion P, Howitt P. 2009. The Economics of Growth. Cambridge: MIT Press.

Aghion P, Howitt P, Mayer-Foulkes D. 2005. The effect of financial development on convergence: theory and evidence. The Quarterly Journal of Economics, 120(1): 173-222.

Alatas V, Banerjee A, Hanna R, et al. 2013. Does elite capture matter? Local elites and targeted welfare programs in Indonesia. National Bureau of Economic Research.

Alene A D, Coulibaly O. 2009. The impact of agricultural research on productivity and poverty in Sub-Saharan Africa. Food Policy, 34(2): 198-209.

Alesina A, Rodrik D. 1994. Distributive politics and economic growth. The Quarterly Journal of Economics, 109(2): 465-490.

Anselin L, Arribas-Bel D. 2011. Spatial fixed effects and spatial dependence. GeoDa Center for Geospatial Analysis and Computation.

Anselin L, Arribas-Bel D. 2013. Spatial fixed effects and spatial dependence in a single cross-section. Papers in Regional Science, 92(1): 3-17.

Anselin L, Bera A, Florax R J, et al. 1996. Simple diagnostic tests for spatial dependence. Regional Science and Urban Economics, 26: 77-104.

Anselin L, Florax R J. 1995. Small sample properties of tests for spatial dependence in regression models: some further results// Anselin L, Florax R J. New Directions in Spatial Econometrics. Berlin: Springer-Verlag.

Anselin L, Getis A. 1992. Spatial statistical analysis and geographic information systems. Annals of Regional Science, 26(1): 19-33.

Anselin L, Rey S. 1991. Properties of tests for spatial dependence in linear regression models. Geographical Analysis, 23: 110-131.

Anselin L, Varga A, Acs Z. 1997. Local geographic spillovers between university researchand high technology innovations. Journal of Urban Economics, 42: 422-448.

Anselin L. 1980. Estimation methods for spatial autoregressive structures. Regional Science Dissertation & Monograph Series, Program in Urban and Regional Studies, Cornell University.

Anselin L. 1986. Non-nested tests on the weight structure in spatial autoregressive models: some monte carlo results. Journal of Regional Science, 26(2): 267-284.

Anselin L. 1988a. Spatial Econometrics: Methods and Models. New York: Springer.

Anselin L. 1988b. Lagrange multiplier test diagnostics for spatial dependence and spatial heterogeneity. Geographical Analysis, 20(1): 1-17.

Anselin L. 1988c. Model validation in spatial econometrics: a review and evaluation of alternative approaches. International Regional Science Review, 11(3): 279-316.

Anselin L. 2003. Spatial externalities, spatial multipliers and spatial econometrics. International Regional Science Review, 26: 153-166.

Anselin L. 2007. Spatial econometrics in RSUE: retrospect and prospect. Regional Science and Urban Economics, 37: 450-456.

Anselin L. 2010. Thirty years of spatial econometrics. Papers in Regional Science, 89(1): 3-25.

Anthony E. 2010. Agricultural credit and economic growth in Nigeria: an empirical analysis. Business and Economics Journal, 14(4): 1-7.

Arellano M, Bond S. 1991. Some tests of specification for panel data: Monte Carlo evidence and an application to employment equations. The Review of Economic Studies, 58(2): 277-297.

Arellano M, Bover O. 1995. Another look at the instrumental variable estimation of error-components models. Journal of Econometrics, 68(1): 29-51.

Arrow K J. 1962. The economic implications of learning by doing. The Review of Economic Studies, 29(3):155-173.

Aschauer D A. 1989. Is public expenditure productive?. Journal of Monetary Economics, 23(2): 177-200.

Autant-Bernard C. 2012. Spatial econometrics of innovation: recent contributions and research perspectives. Spatial Economic Analysis, 7(4): 403-419.

Azam J P, Gubert F. 2004. Those in Kayes: the impact of remittances on their recipients in Africa. IDEI Working Paper.

Badiru I O. 2010. Review of small farmer access to agricultural credit in Nigeria. Abuja: International Food Policy Research Institute.

Banerjee A V, Newman A F. 1991. Risk-bearing and the theory of income distribution. The Review of Economic Studies, 58(2): 211-235.

Banerjee A V, Newman A F. 1993. Occupational choice and the process of development. Journal of Political Economy, 101(2): 274 - 298.

Barnum H N, Sabot R H. 1977. Education, employment probabilities and rural-urban migration in Tanzania. Oxford Bulletin of Economics and Statistics, 39(2): 109-126.

Barro R J, Sala-i-Martin X. 1992. Public finance in models of economic growth. The Review of Economic Studies, 59(4): 645-661.

Barro R J, Sala-i-Martin X. 2003. Economic Growth. 2nd ed. Cambridge: MIT Press.

Barro R J. 1990. Government spending in a simple model of endogenous growth. Journal of Political Economy, 98(5): 103-125.

Barro R J. 1999. Inequality, growth, and investment. National Bureau of Economic Research.

Barslund M, Tarp F. 2008. Formal and informal rural credit in four provinces of Vietnam. The Journal of Development Studies, 44(4): 485-503.

Bartel A P, Borjas G J. 1981. Wage growth and job turnover: an empirical analysis. NBER Working Papers: 65-90.

Bartels C P, Ketellapper R. 1979. Exploratory and Explanatory Analysis of Spatial Data. Boston:

Martinus Nijhoff.

Baumol W J. 1994. Convergence of Productivity: Cross-National Studies and Historical Evidence. Oxford: Oxford University Press.

Baumol W J. 1996. Entrepreneurship: productive, unproductive, and destructive. Journal of Business Venturing, 11 (1): 3-22.

Beath A, Christia F, Enikolopov R. 2011. Elite capture of local institutions: evidence from a field experiment in Afghanistan. Egu General Assembly, 14: 1539.

Becker G S, Chiswick B R. 1966. Education and the distribution of earnings. The American Economic Review, 56 (1/2): 358-369.

Becker G S. 1962. Investment in human capital: a theoretical analysis. The Journal of Political Economy, 70 (5): 9-49.

Becker G S. 1975. A Theoretical and Empirical Analysis with Special Reference to Education. 2nd ed. New York: National Bureau of Economic Research.

Becker G S. 2009. Human Capital: A Theoretical and Empirical Analysis, With Special Reference to Education. Chicago: University of Chicago Press.

Bencivenga V R, Smith B D. 1991. Financial intermediation and endogenous growth. The Review of Economic Studies, 58 (2): 195-209.

Benhabib J, Spiegel M M. 1994. The role of human capital in economic development evidence from aggregate cross-country data. Journal of Monetary Economics, 34 (2): 143-173.

Benjamin D, Brandt L, Giles J, et al. 2005. Income inequality during China's economic transition. Working Paper.

Bergh A, Fink G. 2009. Higher education, elite institutions and inequality. European Economic Review, 53 (3): 376-384.

Berman J, Mulligan D. 1998. Privacy in the digital age: work in progress. Nova L Rev, 23: 551.

Besley T. 1995. Property rights and investment incentives: theory and evidence from Ghana. Journal of Political Economy, 103 (5): 903-937.

Binswanger H P, Sillers D A. 1983. Risk aversion and credit constraints in farmers' decision-making: a reinterpretation. The Journal of Development Studies, 20 (1): 5-21.

Blanchard O J. 1985. Debt, deficits, and finite horizons. Journal of Political Economy, 93 (2): 223-247.

Bloom D E, Sachs J D, Collier P, et al. 1998. Geography, demography, and economic growth in Africa. Brookings Papers On Economic Activity, (2):207-295.

Bloom D E, Williamson J G. 1998. Demographic transitions and economic miracles in emerging Asia. The World Bank Economic Review, 12 (3): 419-455.

Blundell R, Bond S. 1998. Initial conditions and moment restrictions in dynamic panel data models. Journal of Econometrics, 87 (1): 115-143.

Boucher S R, Guirkinger C, Trivelli C. 2009. Direct elicitation of credit constraints: conceptual and practical issues with an application to Peruvian agriculture. Economic Development and Cultural

Change, 57 (4) : 609-640.

Bourguignon F, Morrisson C. 1990. Income distribution, development and foreign trade: a cross-sectional analysis. European Economic Review, 34 (6) : 1113-1132.

Box G E, Jenkins G. 1970. Time series forecasting and control. Chapman & Hall/crc Boca Raton, 2 (3) , 131-133.

Brauw A D, Rozelle S. 2008. Migration and household investment in rural China. China Economic Review, 19 (2) : 320-335.

Braverman A, Guasch J L. 1986. Rural credit markets and institutions in developing countries: lessons for policy analysis from practice and modern theory. World Development, 14 (10/11) : 1253-1267.

Buchenau J. 2003. Innovative products and adaptations for rural finance. Paper for "Paving the Way Forward: An International Conference on Best Practices in Rural Finance", 2-4.

Burridge P, Fingleton B. 2010. Bootstrap inference in spatial econometrics: the j-test. Spatial Economic Analysis, 5 (1) : 93-119.

Carter R A. 1988. Innovation in urban systems: the interrelationships between urban and national economic development. The Annals of Regional Science, 22 (3) : 66-79.

Cass D. 1965. Optimum growth in an aggregative model of capital accumulation. The Review of Economic Studies, 32 (3) : 233-240.

Castroleal F. 1996. Poverty and inequality in the distribution of public education spending in south Africa.

Chang-Tai H, Klenow P J. 2009. Misallocation and manufacturing TFP in China and India. Quarterly Journal of Economics, 124 (4) : 1403-1448

Chayanov A V. 1925. The Theory of Peasant Economy. Madison: University of Wisconsin Press.

Chernozhukov V, Hansen C. 2005. An IV model of quantile treatment effects. Econometrica, 73 (1) : 245-261.

Chowdhury S, Yamauchi F. 2010. Has decentralization in indonesia led to elite capture or reflection of majority preference?. Working Papers.

Clark G, Xu L, Zou H F. 2003. Finance and income inequality: test of alternative theories. World Bank Policy Research Working Paper.

Clark J B. 1983. The Distribution of Wealth: A Theory of Wages, Interest and Profits. 北京: 经济科学出版社.

Colesb M G, Wright R. 2002. A dynamic equilibrium model of search, bargaining, and money. Journal of Economic Theory, 78 (1) : 32-54.

Crafts N, Mills T C. 2009. From malthus to solow: how did the malthusian economy really evolve? Journal of Macroeconomics, 31 (1) : 68-93.

Cressie N. 1991. Statistics for Spatial Data. New York: Wiley.

D'Exelle B, Riedl A. 2008. Elite capture, political voice and exclusion from aid: an experimental study. Social Science Electronic Publishing, 24 (9) .

Darrat A F. 1999. Are financial deepening and economic growth causally related? Another look at the evidence. International Economic Journal, 13(3): 19-35.

Davis J C, Henderson J V. 2003. Evidence on the political economy of the urbanization process. Journal of Urban Economics, 53(1): 98-125.

De Brauw A, Huang J, Rozelle S, et al. 2002. The evolution of China's rural labor markets during the reforms: rapid, accelerating, transforming. Journal of Comparative Economics, 30 (2): 329-353.

Deininger K, Ali D A, Alemu T. 2008. Assessing the functioning of land rental markets in Ethiopia. Economic Development and Cultural Change, 57(1): 67-100.

Deininger K, Jin S, 2005. The potential of land rental markets in the process of economic development: evidence from China. Journal of Development Economics, 78(1): 241-270.

Deininger K, Jin S, Davis U C. 2002. Land rental markets as an alternative to government reallocation. Equity and efficiency considerations in the Chinese land tenure system. World Bank Policy Research Working Paper.

Deininger K, Jin S. 2006. Tenure security and land-related investment: evidence from ethiopia. European Economic Review, 50(5): 1245-1277.

Denison E F. 1967. Why Growth Rates Differ: Post-War Experience in NineWestern Countries. Washington DC: The Brookings Institution.

Denison E F. 1974, Accounting for United States growth. 1929-1969. Washington DC: The Brookings Institution.

Denison E F. 1985, Trends in American Economic Growth. Washington DC: The Brookings Institution.

Diagne A, Zeller M, Sharma M. 2000. Empirical measurements of households' access to credit and credit constraints in developing countries: methodological issues and evidence. Washington D C: International Food Policy Research Institute.

Diggle P. 1983. Statistical Analysis of Spatial Point Patterns. London: Academic Press.

Dillon A, Sharma M, Zhang X. 2011. Estimating the impact of rural investments in Nepal. Food Policy, 36(2): 250-258.

Dixit A K, Stiglitz J E. 1977. Monopolistic competition and optimum product diversity. The American Economic Review, 67(3): 297-308.

Dixit A. 1970. Growth patterns in a dual economy. Oxford Economic Papers, 22(2): 229-234.

Djankov S, McLiesh C, Shleifer A. 2007. Private credit in 129 countries. Journal of financial Economics, 84(2): 299-329.

Dollar D, Kraay A. 2002a. Spreading the wealth. Foreign Affairs, 81 (1): 120-133.

Dollar D, Kraay A. 2002b. Growth is good for the poor. Journal of Economic Growth, 7(3): 195-225.

Dollar D, Kraay A. 2003. Institutions, trade, and growth. Journal of Monetary Economics, 50(1): 133-162.

Domar E D. 1946. Capital expansion, rate of growth, and employment. Econometrica. Journal of the

Econometric Society, 14(2): 137-147.

Durand J, Kandel W, Parrado E A, et al. 1996. International migration and development in mexican communities. Demography, 33(2): 249.

Duranton G, Puga D. 2004. Micro-foundations of urban agglomeration economies. Handbook of Regional and Urban Economics, 4: 2063-2117.

Eastwood R, Lipton M. 2004. Rural and urban income inequality and poverty: does convergence between sectors offset divergence within them?// Cornia G A. Inequality, Growth and Poverty in an Era of Liberalization and Globalization. Oxford: Oxford University Press for UNU-WIDER: 112-141.

Efron B. 1979. Bootstrap methods: another look at the jackknife. Annals of Statistics, 7(1): 1-26.

Elhorst J P. 2003. Specification and estimation of spatial panel data models. International Regional Science Review, 26(3): 244-268.

Elhorst J P. 2012. Matlab Software for Spatial Panels. International Regional Science Review, 37(3): 389-405.

Elhorst J P. 2014a. Spatial Panel Data Models. Berlin, Heidelberg: Springer.

Elhorst J P. 2014b. Linear Spatial Dependence Models for Cross-Section Data. Berlin, Heidelberg: Springer.

Elhorst J P. 2014c. Dynamic spatial panels: models, methods, and inferences. Berlin, Heidelberg: Springer.

El-Osta H. 2011. The impact of human capital on farm operator household income. Agricultural and Resource Economics Review, 40(1): 95.

Epstein T S, Jezeph D. 2001. Development—there is another way: a rural–urban partnership development paradigm. World Development, 29(8): 1443-1454.

Evans P, Karras G. 1994. Are government activities productive? Evidence from a panel of US states. The Review of Economics and Statistics, 76(1): 1-11.

Fan S G. 1990. Regional Productivity Growth in China's Agriculture. Colorado Boulder: Westview Press.

Fan S, Nyange D, Rao N. 2005. Public investment and poverty reduction in Tanzania (No. 18). International Food Policy Research Institute (IFPRI).

Fan S, Zhang X. 2004. Infrastructure and regional economic development in rural China. China economic review, 15(2): 203-214.

Fan S. 1991. Effects of technological change and institutional reform on production growth in Chinese agriculture. American Journal of Agricultural Economics, 73(2): 266-275.

Fan S. 2000. Research investment and the economic returns to Chinese agricultural research. Journal of Productivity Analysis, 14(2): 163-182.

Fay M, Opal C. 1999. Urbanization without growth: understanding an African phenomenon. World Bank Mimeo.

Feder G, Feeny D. 1991. Land tenure and property rights: theory and implications for development policy. The World Bank Economic Review, 5(1): 135-153.

Feder G. 1982. On exports and economic growth. Journal of Development Economics, 12(1/2): 59-73.

Fernandez-Cornejo J, Hendricks C, Mishra A. 2005. Technology adoption and off-farm household income: the case of herbicide-tolerant soybeans. Journal of Agricultural and Applied Economics, 37(3): 549-563.

Fiaschi D. 1999. Growth and inequality in an endogenous fiscal policy model with taxes on labor and capital. European Journal of Political Economy, 15(4): 727-746.

Fleisher B M, Chen J. 1997. The coast–noncoast income gap, productivity, and regional economic policy in China. Journal of Comparative Economics, 25(2): 220-236.

Foster A D, Rosenzweig M R. 1996. Technical change and human-capital returns and investments: evidence from the green revolution. American Economic Review, 86(4): 931-953.

Friedman M. 1962. Capitalism and Freedom. Chicago: The University of Chicago Press.

Gale J. D. 2002. Can agricultural labour adjustment occur primarily through creation of rural non-farm jobs in China?. Urban Studies, 39: 2163-2174.

Gallup J L, Sachs J D, Mellinger A D. 1999. Geography and economic development. International Regional Science Review, 22(2): 179-232.

Galor O, Moav O. 2000. Ability-biased technological transition, wage inequality, and economic growth. The Quarterly Journal of Economics, 115(2): 469-497.

Galor O, Moav O. 2006. Das human-kapital: a theory of the demise of the class structure. The Review of Economic Studies, 73(1): 85-117.

Galor O, Weil D N. 1999. From Malthusian stagnation to modern growth. American Economic Review, 89(2): 150-154.

Galor O, Weil D N. 2000. Population, technology, and growth: from malthusian stagnation to the demographic transition and beyond. American Economic Review, 90(4): 806-828.

Galor O, Zeira J. 1993. Income distribution and macroeconomics. The Review of Economic Studies, 60(1): 35-52.

Galor O. 2005. From stagnation to growth: unified growth theory. Handbook of Economic Growth, 1: 171-293.

Gan L, Xu L, Yao Y. 2005. Health shocks, village governance, and farmers' long-term income capabilities: evidence from rural China. Memo, CCER, Peking University.

Gao W, Smyth R. 2010. Job satisfaction and relative income in economic transition: status or signal? The case of urban China. China Economic Review, 21(3): 442-455.

Garcia-Mila T, McGuire T J, Porter R H. 1996. The effect of public capital in state-level production functions reconsidered. The Review of Economics and Statistics, 78(1): 177-180.

Gardner B. 2002. US commodity policies and land prices. Government Policy and Farmland Markets. USDA-ERS, Washington D C, University of Maryland.

Geda A, Shimeles A, Weeks J. 2009. Growth, poverty and inequality in Ethiopia: which way for pro-poor growth? Journal of International Development, 21 (7): 947-970.

Gerschenkron A. 1962. Economic Backwardness in Historical Perspective: A Book of Essays. Cambridge: Belknap Press of Harvard University Press.

Getis A. 1999. Spatial statistics. Geographical Information Systems, 1: 239-251.

Ghatak S, Ingersent K. 1984. Agriculture and Economic Development. Brighton: The Harvester Press.

Giles J. 2002. Rural-urban migration. China Asian Economic Journal, 16 (3): 263-263.

Glaeser E L, Mare D C. 2001. Cities and skills. Journal of Labor Economics, 19 (2): 316-342.

Goldin A L. 2001. Resurgence of sodium channel research. Annual Review of Physiology, 63 (1): 871-894.

Goldsmith R W. 1969. Financial Structure and Development. New Haven: Yale University Press.

Gonzalez-Vega C. 1984. Credit Rationing Behavior of Agricultural Lenders: The Iron Law of Interest Rate Restrictions. Boulder, London: Westview Press.

Gramlich E M. 1994. Infrastructure investment: a review essay. Journal of Economic Literature, 32 (3): 1176-1196.

Granovetter M. 1994. Getting a Job: A Study in Contacts and Careers. Chicago: University of Chicago Press, 4 (3): 251.

Greenwood J, Jovanovic B. 1990. Financial development, growth, and the distribution of income. The Journal of Political Economy, 98 (5): 1076-1107.

Gregorio J D, Lee J W. 2002. Education and income inequality: new evidence from cross-country data. Review of Income and Wealth, 48 (3): 395-416.

Gregory A W, Hansen B E. 1996. Residual-based tests for cointegration in models with regime shifts. Journal of Econometrics, 70 (1): 99-126.

Griffith D A. 1988. Advanced spatial statistics. Dordrecht: Kluwer Academic.

Griffith D A. 1993. Advanced spatial statistics for analysing and visualizing geo-referenced data. International Journal of Geographical Information Science, 7 (2): 107-123.

Griffith D A. 1990. Spatial statistics, past, present and future. Institute of Mathematical Geography.

Grossman G M. 1993. Innovation and Growth in the Global Economy. Cambridge: MIT press.

Haining R. 1990. Spatial Data Analysis in the Social and Environmental Sciences. Cambridge: Cambridge University Press.

Haining R. 2014. Spatial Data and Statistical Methods: A Chronological Overview. Berlin, Heidelberg: Spring.

Hall R E, Jones C I. 1997. Levels of economic activity across countries. The American Economic Review, 87 (2): 173-177.

Hall R E, Jones C. 1999. Why do some countries produce so much more output per worker than others? The Quarterly Journal of Economics, 114 (1): 83-116.

Hansen B E. 1999. Threshold effects in non-dynamic panels: estimation, testing, and inference. Journal of Econometrics, 93 (2): 345-368.

Hansen B E. 2000. Sample splitting and threshold estimation. Econometrica, 68(3): 575-603.

Hansen G D, Prescott E C. 2002. Malthus to solow. American Economic Review, 92(4): 1205-1217.

Hanson G H. 2005. Market potential, increasing returns and geographic concentration. Journal of international economics, 67(1): 1-24.

Harris J R, Todaro M P. 1968. A two sector model of migration with urban unemployment in developing economics. Working papers Massachusetts Institute of Technology (MIT), Department of Economics.

Harriss J, Moore M. 1984. Development and the rural-urban divide. Science, 5327(277): 772-773.

Harrod R F. 1939. An essay in dynamic theory. The Economic Journal, 49(193): 14-33.

Hausman J A. 1978. Specification tests in econometrics. Econometrica: Journal of the Econometric Society, 46(6): 1251-1271.

Hayami Y, Ruttan V W. 1971. Agricultural Development: An International Perspective. London: The Johns Hopkins Press.

Hayami Y, Ruttan V. 1970. Agricultural productivity differences among countries. The American Economic Review, 60(5): 895-911.

Hayami Y, Ruttan V. 1985. Agricultural Development: An International Perspective. Baltimore: JohnHopkins University Press.

Heckman J J. 2002. China's investment in human capital. National Bureau of Economic Research.

Heckman J J. 2003. China's investment in human capital. Economic Development and Cultural Change, 51(4): 795-804.

Henry M S, Schmitt B, Piguet V. 2001. Spatial econometric models for simultaneous systems: application to rural community growth in France. International Regional Science Review, 24(2): 171-193.

Hertel T W, Zhai F, Wang Z. 2004. Implications of WTO accession for poverty in China. China and the WTO: Accession, Policy Reform, and Poverty Reduction Strategies.

Hoff K, Stiglitz J E. 1990. Introduction: imperfect information and rural credit markets: puzzles and policy perspectives. The World Bank Economic Review, 4(3): 235-250.

Hofmann A, Wan G. 2013. Determinants of urbanization. ADB Economics Working Paper Series, (355): 1-25.

Holtz-Eakin D, Rosen H S, Tilly S. 1994. Intertemporal analysis of state and local government spending: theory and tests. Journal of Urban Economics, 35(2): 159-174.

Honohan P. 2004. Financial development, growth and poverty: how close are the links?// Financial Development and Economic Growth. London: Palgrave Macmillan Press.

Hsieh C, Klenow P J. 2009. Misallocation and manufacturing TFP in China and India. Quarterly Journal of Economics, 124(4): 1403-1448.

Huang J K, Scott R. 1996. Technological change: the re-discovery of the engine of productivity growth in China's rural economy. Journal of Development Economics, 49: 337-369.

Inada K I. 1964. Some structural characteristics of turnpike theorems. The Review of Economic Studies, 31(1): 43-58.

Jansson K H, Huisman C J, Lagerkvist, et al. 2013. Agricultural credit market institutions a comparison of selected european countries. FACTOR MARKETS Working Papers.

Jeanneney S G, Kpodar K. 2011. Financial development and poverty reduction: can there be a benefit without a cost? The Journal of Development Studies, 47(1): 143-163.

Jiao X, Smith-Hall C, Theilade I. 2015. Rural household incomes and land grabbing in Cambodia. Land Use Policy, 48: 317-328.

Jin S, Deininger K. 2009. Land rental markets in the process of rural structural transformation: productivity and equity impacts from China. Journal of Comparative Economics, 37(4): 629-646.

Johnson D G. 2001. The WTO and agriculture in China. China Economic Review, 11(4): 402-404.

Jones C I, romer P M. 2010. The new kaldor facts: ideas, institutions, population, and human capital. American Economic Journal: Macroeconomics, 2(1): 224-245.

Jones C I. 1998. Introduction to Economic Growth. 2nd ed. New York: W. W. Norton.

Jones C I. 1999. Growth: with or without scale effects? American Economic Review, 89(2): 139-144.

Jorgenson D W. 1996, Postwar US Economic Growth. Cambridge: MIT Press.

Jorgenson D W. 2001. Information technology and the US economy. American Economic Review, 91(1): 1-32.

Jovanovic B. 1979. Job matching and the theory of turnover. The Journal of Political Economy, 87(5): 972.

Kaldor N. 1961. Capital accumulation and economic growth // Lutz F A Hague D C. The Theory of Capital. New York: St Martin's Press.

Kalir B. 2005. The development of a migratory disposition: explaining a "new emigration". International Migration, 43(4): 167-196.

Kapoor M, Kelejian H H, Prucha I R. 2007. Panel data models with spatially correlated error components. Journal of Econometrics, 140(1): 97-130.

Kehinde A A. 2012. Agricultural financing in Nigeria: an assessment of the agricultural credit guarantee scheme fund (ACGSF) for food security in Nigeria (1978-2006), Journal Economics, 3(1): 39-48.

Khantachavana S V, Verteramo Chiu L, Turvey C, Kong R. 2012. Risk Rationing and the Demand for Agricultural Credit. New York: Science Electronic Publishing.

Klychova G S, Nizamutdinov M M, Safiullin L N, et al. 2014. Priorities of agricultural credit cooperation development. Mediterranean Journal of Social Sciences, 5(18): 215.

Knack S, Keefer P. 1995. Institutions and economic performance: cross - country tests using alternative institutional measures. Economics & Politics, 7(3): 207-227.

Knight F H. 1944. Realism and relevance in the theory of demand. Journal of Political Economy,

52 (4): 289-318.

Knight J B, Song L. 1993. The spatial contribution to income inequality in rural China. Cambridge Journal of Economics, 17 (2): 195-213.

Knight J, Li S. 2005. Wages, firm profitability and labor market segmentation in urban China. China Economic Review, 16 (3), pp. 205-228.

Koenker R, Bassett Jr G. 1978. Regression quantiles. Econometrica: Journal of the Econometric Society, 46 (1): 33-50.

Koenker R. 2005. Regression Quantiles. Cambridge: Cambridge University Press.

Koopmans T C. 1965. On the Concept of Optimal Economic Growth, In The Econometric Approach to Development Planning. Amsterdam: North Holland.

Krueger A O. 1997. Trade policy and economic development: how we learn. American Economic Review, 87 (1): 1-22.

Krugman P. 1991a. Geography and Trade. Cambridge: MIT Press.

Krugman P. 1991b. Increasing returns and economic geography. The Journal of Political Economy, 99 (3): 483-499.

Kseniya M, Sergey R. 2004. Choice among different job search channels: the evidence from russian labor market. EERC Working Paper.

Kuijs L. 2006. How will China's saving-investment balance evolve? Policy Research Working Paper: 1-32 (32).

Kung J K S. 2002. Off-farm labor markets and the emergence of land rental markets in rural China. Journal of Comparative Economics, 30 (2): 395-414.

Kuznets S, Murphy J T. 1966. Modern Economic Growth: Rate, Structure, and Spread. New Haven: Yale University Press.

Kuznets S. 1955. Economic growth and income inequality. The American economic review, 45 (1): 1-28.

Kydland F E, Prescott E C. 1982. Time to build and aggregate fluctuations. Econometrica: Journal of the Econometric Society, 50 (6): 1345-1370.

Lagerlöf N P. 2003. From malthus to modern growth: can epidemics explain the three regimes? International Economic Review, 44 (2): 755-777.

Lampard E E. 1955. The history of cities in the economically advanced areas. Economic Development and Cultural Change, 3 (2): 81-136.

Lee L F, Yu J. 2010. Estimation of spatial autoregressive panel data models with fixed effects. Journal of Econometrics, 154 (2): 165-185.

Lee L F. 2002. Consistency and efficiency of least squares estimation for mixed regressive, spatial autoregressive models. Econometric Theory, 18 (2): 252-277.

Lee L F. 2003. Best spatial two-stage least squares estimators for a spatial autoregressive model with autoregressive disturbances. Econometric Reviews, 22 (4): 307-335.

Lee L F. 2004. Asymptotic distributions of quasi-maximum likelihood estimators for spatial autoregressive models. Econometrica, 72(6): 1899-1925.

Lee L F. 2007a. GMM and 2SLS estimation of mixed regressive, spatial autoregressive models. Journal of Econometrics, 137(2): 489-514.

Lee L F. 2007b. The method of elimination and substitution in the GMM estimation of mixed regressive, spatial autoregressive models. Journal of Econometrics, 140(1): 155-189.

LeSage J P, Cashell B A. 2015. A comparison of vector autoregressive forecasting performance: spatial versus non-spatial Bayesian priors. The Annals of Regional Science, 54(2): 533-560.

LeSage J P, Kelley R P. 2004. Spatial and Spatiotemporal Econometrics. London: Emerald Group Publishing Press.

LeSage J P, Pace R K. 2007. A matrix exponential spatial specification. Journal of Econometrics, 140(1): 190-214.

LeSage J P, Pace R K. 2008. Spatial econometric modeling of origin-destination flows. Journal of Regional Science, 48(5): 941-967.

LeSage J P, Pace R K. 2014. Interpreting Spatial Econometric Models. Berlin: Springer Press.

LeSage J P, Pan Z. 1995. Using spatial contiguity as Bayesian prior information in regional forecasting models. International Regional Science Review, 18(1): 33-53.

LeSage J P. 1990. A comparison of the forecasting ability of ECM and VAR models. The Review of Economics and Statistics, 72(4): 664-671.

LeSage J P. 1997. Bayesian estimation of spatial autoregressive models. International Regional Science Review, 20(1-2): 113-129.

LeSage J P. 1999. The theory and practice of spatial econometrics. Toledo: University of Toledo.

LeSage J P. 2011. Discussion: applications and innovations in spatial econometrics. Journal of Agricultural and Applied Economics, 43(3): 339.

LeSage J P. 2013. Spatial econometric panel data model specification: a Bayesian approach. Working Paper.

LeSage J P. 2014. Spatial econometric panel data model specification: a Bayesian approach. Spatial Statistics, (9), 122-145.

LeSage J, Pace R K. 2009. Introduction to Spatial Econometrics. Florida: CRC Press.

Levine R, Zervos S. 1998. Stock markets, banks, and economic growth. American economic review, 88(3): 537-558.

Lewis W A. 1954. Economic development with unlimited supplies of labour. The Manchester School, 22(2): 139-191.

Leyshon A, Thrift N J. 1993. The restructuring of the UK financial services industry in the 1990s: a reversal of fortune? Journal of Rural Studies, 9(3): 223-292.

Lin C H A. 2007. Education expansion, educational inequality, and income inequality: evidence from Taiwan, 1976–2003. Social Indicators Research, 80(3): 601-615.

Lin J Y, Monga C. 2010. The growth report and new structural economics. Policy Research Working Paper.

Lin J Y. 1992. Rural reforms and agricultural growth in China. American Economic Review, 82(1): 34-51.

Lin J Y. 2011. New structural economics: a framework for rethinking development. The World Bank Research Observer, 26(2): 193-221.

Lipton M. 1980. Migration from rural areas of poor countries: the impact on rural productivity and income distribution. World Development, 8(1): 1-24.

Liu Y, Zou W. 2011. Rural-urban migration and dynamics of income distribution in China: a non-parametric approach. China & World Economy, 19(6): 37-55.

Llop M, Manresa A. 2004. Income distribution in a regional economy: a SAM model. Journal of Policy Modeling, 26(6): 689-702.

Lu Y, Shi W, Jiang L, et al. 2009. Rapid prototyping of paper-based microfluidics with wax for low-cost, portable bioassay. Electrophoresis, 30(9): 1497-1500.

Lucas Jr R E. 1974. The distribution of job characteristics. The Review of Economics and Statistics, 56(4): 530-540.

Lucas Jr R E. 1987. Emigration to South Africa's Mines. American Economic Review, 77(3): 313-330.

Lucas Jr R E. 1988. On the mechanics of economic development. Journal of Monetary Economics, 22(1): 3-42.

Lucas Jr R E. 1993. Making a miracle. Econometrica: Journal of the Econometric Society, 61(2): 251-272.

Lucas Jr R E. 2004. Life earnings and rural-urban migration. Journal of Political Economy, 112(1): S29-S59.

Lund J F, Saito-Jensen M. 2013. Revisiting the issue of elite capture of participatory initiatives. World Development, 46: 104-112.

Maddison A. 1972. Explaining economic growth. Banca Nazionale Del Lavoro Quarterly Review, 25: 211-262.

Maddison A. 1987. Growth and slowdown in advanced capitalist economies: techniques of quantitative assessment. Journal of Economic Literature, 25(2): 649-698.

Maddison A. 1991. A revised estimate of Italian economic growth, 1861-1989. BNL Quarterly Review, 177: 225-241.

Maddison A. 1995. Explaining the Economic Performance of Nations: Essays in Time and Space. Aldeshot: Elgar.

Maddison A. 2007. Chinese economic performance in the long run. OECD Publishing

Malthus T R. 1986. An Essay on the Principle of Population, as it Affects the Future Improvement of Society with Remarks on the Speculations of Mr. Godwin, M. Condorcet, and Other Writers. Detroit: University of Michigan Press.

Mankiw N G, Romer D, Weil D N. 1992. A contribution to the empirics of economic growth. The Quarterly Journal of Economics, 107(2): 407-437.

Mankiw N G. 1995. The growth of nations. Brookings Papers on Economic Activity.

Marshall A. 1920. Principles of economics. 8th ed. Political Science Quarterly, 77(31): 430-444.

Marx K, Fowkes B. 1967. Capital : A Critique of Political Economy. Progress Publilshers.

Mason A. 1995. Constructing community: moral pluralism and tragic conflicts. Journal of Applied Sciences, 7(4): 565-569.

Matin I, Rutherford S, Maniruzzaman M. 2000. Exploring client preferences in microfinance: some observations from Safesave. CGAP.

Matin I. Hulme D, Rutherford S. 2002. Finance for the poor: from microcredit to micro-financial services. Journal of International Development, 14(2): 273-294.

Matul M, Szubert D. 2005. Microfinance for protecting the vulnerable in rural Uzbekistan. Food and Agriculture Organization of the United Nations.

McCaig B, Stengos T. 2005. Financial intermediation and growth: some robustness results. Economics Letters, 88(3): 306-312.

McCall J J. 1970. Economics of information and job search. Quarterly Journal of Economics, 84(1): 113-126.

McKinnon R I. 1973. Money and capital in economic development. American Political Science Association, 163(41): 679-702.

Mendola M, Simtowe F. 2015. The welfare impact of land redistribution: evidence from a quasi-experimental initiative in Malawi. World Development, 72: 53-69.

Mincer J. 1958. Investment in human capital and personal income distribution. The Journal of Political Economy, 66(4): 281-302.

Mincer J. 1974. Schooling, Experience, and Earnings. New York: Columbia University Press.

Mincer J. 1984. Human capital and economic growth. Economics of Education Review, 3(3): 195-205.

Mines R, Janvry A. 1982. Migration to the united states and mexican rural development: a case study. American Journal of Agricultural Economics, 64(3): 444.

Mochebelele M T, Winter-Nelson A. 2000. Migrant labor and farm technical efficiency in Lesotho. World Development, 28(1): 143-153.

Monke J. 2010. Agricultural credit: institutions and issues. CRS Report For Congress.

Moomaw R L, Shatter A M. 1996. Urbanization and economic development: a bias toward large cities? Journal of Urban Economics, 40(1): 13-37.

Mortensen D T, Wright R. 2002. Competitive pricing and efficiency in search equilibrium. International Economic Review, 43(1): 1-20.

Mushinski D W. 1999. An analysis of offer functions of banks and credit unions in Guatemala. The Journal of Development Studies, 36(2): 88-112.

Nee V, Matthews R. 1996. Market transition and societal transformation in reforming state socialism. Annual Review of Sociology, 22(1): 401-435.

Nelson R R. 1956. A theory of low level equilibrium trap in underdevelopment countries. American

Economic Review, 45(5): 910-918.

Nelson R, Phelps E. 1966. Investment in humans, technological diffusion, and economic growth. American Economic Review, 61: 69-75.

Nelson R. 1997. How new is new growth theory? Challenge, 40(5): 29-58.

North D C. 1990. Institutions, institutional change and economic performance. Cambridge: Cambridge University Press.

Northam R M. 1979. Urban geography. Routledge, 23(2): 430-444.

Nurkse R. 1953. Problems of Capital Formation in Developing Countries. New York: Columbia Unviersity Press.

Nurkse R. 1953. Problems of Capital Formation in Underdeveloped Countries. New York: Oxford University Press.

O'Rourke K H, Williamson J G. 2005. From Malthus to Ohlin: trade, industrialisation and distribution since 1500. Journal of Economic Growth, 10(1): 5-34.

Odedokun M O. 1992. Supply-leading and demand-following relationship between economic activities and development banking in developing countries: an international evidence. Singapore Economic Review, 37: 46-58.

OECD-FAO. 2013. Agricultural Outlook 2013-2022. Organisation for Economic Co-operation and Development, Food and Agriculture Organization of the United Nations.

Olson M. 1996. Distinguished lecture on economics in government: big bills left on the sidewalk: why some nations are rich, and others poor. The Journal of Economic Perspectives, 10(2): 3-24.

Olson M. 2000. Power and Prosperity: Outgrowing Communist and Capitalist Dictatorships. New York: Basic Books.

Paelinck J H, Klaassen L H, Ancot J P, et al. 1979. Spatial Econometrics. Farnborough: Saxon House.

Pal D, Laha A K. 2015. Sectoral credit choice in rural India. Journal of Choice Modelling, 14: 1-16.

Parente S L, Prescott E C. 1991. Technology adoption and growth(No. w3733). National Bureau of Economic Research.

Parente S L, Prescott E C. 1994. Barriers to technology adoption and development. Journal of Political Economy, 102(2): 298-321.

Parente S L, Prescott E C. 2000. Barriers to Riches. Cambridge: MIT Press.

Penny D H. 1968. Farm credit policy in the early stages of agricultural development. Australian Journal of Agricultural and Resource Economics, 12(1): 32-45.

Perotti R. 1996. Growth, income distribution, and democracy: what the data say. Journal of Economic Growth, 1(2): 149-187.

Persson P, Zhuravskaya E. 2011. Elite capture in the absence of democracy: evidence from backgrounds of Chinese provincial leaders. Paris School of Economics Working Paper.

Phelps E S. 1966. Golden Rules of Economic Growth. New York: W. W. Norton.

Phelps E S. 1970. Microeconomic Foundations of Employment and Inflation Theory. New York: W.

W. Norton.

Platteau J P, Somville V. 2009. Elite capture through information distortion: uniformly distributed signal. Working Papers.

Polanyi K, Arensberg C M, Pearson H W. 1957. Trade and Market in the Early Empires: Economies in History and Theory. Glencoe: Free Press.

Popkin S L. 1979. The Rational Peasant: The Political Economy of Rural Society in Vietnam. Berkley: University of California Press.

Prinsen G, Titeca K. 2008. Uganda's decentralised primary education: musical chairs and inverted elite capture in school management committees. Public Administration and Development, 28(2): 149-164.

Pu Y P, Liu J. 2011. Effects of labor flow impact on the rural economy. Inqriry Into Economic Issues, (9): 43-49.

Quisumbing A R, McNiven S. 2007. Moving forward, looking back: the impact of migration and remittances on assets, consumption and credit constraints in rural Philippines. ESA Working Paper, No. 5.

Rajan R G, Zingales L. 1998. Financial dependence and growth. American Economic Review, 88(3): 559-586.

Ramsey F. 1928. A mathematical theory of saving. Economic Journal, 38: 543-559.

Rapanos V T. 2005. Minimum wage and income distribution in the Harris-Todaro model. Journal of Economic Development, 30(1): 1.

Rebelo S. 1991. Long-run policy analysis and long-run growth. The Journal of Political Economy, 99(3): 500-521.

Ricardo D. 1817. The works and correspondence of David Ricardo Vol. 1: on the principles of political economy and taxation.

Richard F, Witter S, Brouwere V D. 2010. Innovative approaches to reducing financial barriers to obstetric care in low-income countries. American Journal of Public Health, 100(10): 1845.

Rioja F, Valev N. 2004. Does one size fit all?: a reexamination of the finance and growth relationship. Journal of Development Economics, 74(2): 429-447.

Ripley B D. 1981. Spatial Statistics. New York: Wiley.

Robert E, Lucas B. 1987. Emigration to south Africa's mines. American Economic Review, 77(3): 313-330.

Rodan P N. 1943. The problems of industrialization of eastern and south-eastern Europe. Economic Journal, 53: 202-211.

Rodrik D, Subramanian A, Trebbi F. 2004. Institutions rule: the primacy of institutions over geography and integration in economic development. Journal of Economic Growth, 9(2): 131-165.

Rodrik D. 2003. In Search of Prosperity: Analytic Narratives on Economic Growth. Princeton: Princeton University Press.

Romer C D. 1989. The pre-war business cycle reconsidered: new estimates of GNP, 1869–1908, Journal of Political Economy, 97(1): 1-37.

Romer D. 1996. Advanced Macroeconomics. New York: McGraw-Hill.

Romer D. 2012. Advanced Macroeconomics. 4th ed. New York: McGraw-Hill.

Romer P M. 1986. Increasing returns and long-run growth. The Journal of Political Economy, 94(5): 1002-1037.

Romer P M. 1987. Growth based on increasing returns due to specialization. American Economic Review, 77(2): 56-62.

Romer P M. 1990. Endogenous technological change. Journal of Political Economy, 98(5): S71-102.

Romer P M. 1994. The origins of endogenous growth. The Journal of Economic Perspectives, 8(1): 3-22.

Rostow W W. 1990. The Stages of Economic Growth: A Non-Communist Manifesto. Cambridge: Cambridge University Press.

Rozelle S, Taylor J E, deBrauw A. 1999. Migration, remittances, and agricultural productivity in China. American Economic Review, 89(2): 287-291.

Rozelle S. 1994. Rural industrialization and increasing inequality: emerging patterns in China's reforming economy. Journal of Comparative Economics, 19(3): 362-391.

Rozelle S. 2003. Labor market liberalization, employment and gender in rural China. The Australian Journal of Agricultural and Resource Economics, 55: 323-335.

Sachs J D, Yang X. 2001. Development Economics: Inframarginal Versus Marginal Analyses. Oxford: Blackwell Press.

Sassi S, Goaied M. 2013. Financial development, ICT diffusion and economic growth: lessons from MENA region. Telecommunications Policy, 37(4): 252-261.

Schultz T P. 1988. Education investments and returns. Handbook of Development Economics, 1: 543-630.

Schultz T P. 1994. Human capital, family planning, and their effects on population growth. American Economic Review, 84(2): 255-260.

Schultz T P. 2003. Human Capital, Schooling and Health Returns. New Haven: Yale University Press.

Schultz T P. 2004. Human resources in China: the birth quota, returns to schooling, and migration. Pacific Economic Review, 9(3): 245-267.

Schultz T W. 1964. Transforming Traditional Agriculture. New Haven: Yale University Press.

Schultz T W. 1975. The value of the ability to deal with disequilibria. Journal of Economic Literature, 13(3): 827-846.

Schumpter J A. 1934. The Theory of Economic Development: An Inquiry Into Profits, Capital, Credit, Interest, and the Business Cycle. New Jersey: Transaction Publishers.

Scott J C. 1976. The Moral Economy of the Peasant: Rebellion and Subsistence in South East Asia.

New Haven, London : Yale University Press.

Segers K, Dessein J, Hagberg S, et al. 2010. Unravelling the dynamics of access to farmland in Tigray, Ethiopia: the 'emerging land market' revisited. Land Use Policy, 27(4): 1018-1026.

Segerstrom P S, Anant T C, Dinopoulos E. 1990. A Schumpeterian model of the product life cycle. American Economic Review, 80(5): 1077-1091.

Serrano F, Cesaratto S. 2002. The laws of return in the neoclassical theories of growth: a sraffian critique. Working Paper.

Seya H, Yamagata Y, Tsutsumi M. 2013. Automatic selection of a spatial weight matrix in spatial econometrics: application to a spatial hedonic approach. Regional Science and Urban Economics, 43(3): 429-444.

Shaw E S. 1973. Financial Deepening in Economic Development. New York: Oxford University Press.

Sheshinski E. 1967. Optimal accumulation with learning by doing// Shell K. Essays on the Theory of Optimal Economic Growth. Cambridge: MIT Press: 31-52.

Šimurina J, Tica J. 2010. Historical perspective of the role of technology in economic development. Faculty of Economics and Business, (6): 1-13.

Singh I, Squire L, Strauss J. 1986. A survey of agricultural household models: recent findings and policy implications. The World Bank Economic Review, 1(1): 149-179.

Smith A. 2011. An Inquiry into the Nature and Causes of the Wealth of Nations(1776). B&R Samizdat Express.

Solow R M. 1956. A contribution to the theory of economic growth. The Quarterly Journal of Economics, 70(1): 65-94.

Solow R M. 1957. Technical change and the aggregate production function. Review of Economics and Statistics, 39(3): 312-320.

Song Z, Storesletten K, Zilibotti F. 2011. Growing like china. The American Economic Review, 101(1): 196-233.

Spence M, Zeckhauser R. 1971. Insurance, information, and individual action. The American Economic Review, 61(2): 380-387.

Stiglitz J E, Weiss A. 1981. Credit rationing in markets with imperfect information. The American Economic Review, 71(3): 393-410.

Stock J H, Yogo M. 2002. Testing for weak instruments in linear iv regression. Nber Technical Working Papers, 14(1): 80-108.

Swain R B. 2002. Credit rationing in rural India. Journal of Economic Development, 27(2): 1-20.

Swan T W. 1956. Economic growth and capital accumulation. Economic Record, 32(2): 334-361.

Tabellini G. 2010. Culture and institutions: economic development in the regions of Europe. Journal of the European Economic Association, 8(4): 677-716.

Tacoli C. 2002. Changing rural-urban interactions in the Sub-Saharan Africa and their impact on livelihoods: a summary (Vol. 4). IIED.

Tariq M M. 2013. Inequality, financial development and government: evidence from low-income developing countries. MPRA Paper No. 50296.

Tatom J A. 1993. Paved with good intentions: the mythical national infrastructure crisis. Water Supply, 110: 2-8.

Taylor J E, Rozelle S, Brauw D A. 2003. Migration and incomes in source communities: a new economics of migration perspective from China. Economic Development and Cultural Change, 52(1): 75-101.

Taylor S. 2003. Lewiston's city administrator has completed his first year on the job. Public Management, 85(9): 1260-1267.

Temple J. 1999. The new growth evidence. Journal of Economic Literature, 37(1): 112-156.

Thomas D. Strauss J. 1997. Health and wages: evidence on men and women in urban Brazil. Journal of Econometrics, 77(1): 159-185.

Tilak J B G. 1989. Rates of return to education and income distribution. De Economist, 137(4): 454-465.

Tobler W R. 1979. Smooth pycnophylactic interpolation for geographical regions. Journal of the American Statistical Association, 74(367): 519-530.

Todaro M P. 1969. A model of labor migration and urban unemployment in less developed countries. American Economic Review, 59(1): 138-148.

Todaro M P. 1970. Labor migration and urban unemployment: reply. American Economic Review, 60(1): 187-188.

To-eh'ŏl Sin. 1990. Economic growth, structural transformation and agriculture: the case of U.S. and S. Korea. Ph. D. dissertation, University of Chicago.

Tsui K Y. 1991. China's regional inequality, 1952–1985. Journal of Comparative Economics, 15(1): 1-21.

Tsui K Y. 1993. Decomposition of China's regional inequalities. Journal of Comparative Economics, 17(3): 600-627.

Tsui K Y. 1998. Factor decomposition of Chinese rural income inequality: new methodology, empirical findings, and policy implications. Journal of Comparative Economics, 26(3): 502-528.

Turvey C G, Kong R. 2010. Informal lending amongst friends and relatives: can microcredit compete in rural China? China Economic Review, 21(4): 544-556.

Uddin G S, Shahbaz M, Arouri M, et al. 2014. Financial development and poverty reduction nexus: a cointegration and causality analysis in Bangladesh. Economic Modelling, 36: 405-412.

Unger J M, Rauch A, Frese M, et al. 2011. Human capital and entrepreneurial success: a meta-analytical review. Journal of Business Venturing, 26(3): 341-358.

Upton G J G, Fingleton B. 1985. Spatial Data analysis By Example. Chichester: Wiley.

Uzawa H. 1965. Optimum technical change in an aggregative model of economic growth. International Economic Review, 6(1): 18-31.

Wagstaff A, Lindelow M, Jun G, et al. 2009. Extending health insurance to the rural population: an impact evaluation of China's new cooperative medical scheme. Journal of Health Economics, 28(1): 1-19.

Warman M, Kennedy T L. 1998. Understanding cooperatives: agricultural marketing cooperatives. US Department of Agriculture.

Weber A. 1929. Theory of the Location of Industries. Chicago: Chicago University Press.

Weber R, Musshoff O. 2012. Is agricultural microcredit really more risky? Evidence from Tanzania. Agricultural Finance Review, 72(3): 416-435.

Whalley J, Zhang S. 2004. Inequality change in China and (Hukou) labour mobility restrictions (No. w10683). National Bureau of Economic Research.

Williamson J G. 1988. Migration and urbanization. Handbook of Development Economics, 1: 425-465.

Winters P, De Janvry A, Sadoulet E. 2001. Family and community networks in Mexico-US migration. Journal of Human Resources, 36(1): 159-184.

Wong S. 2010. Elite capture or capture elites? Lessons from the 'counter-elite' and 'co-opt-elite' approaches in Bangladesh and Ghana. UNU/Wider Working Paper.

Woo J. 2005. Social polarization, fiscal instability and growth. European Economic Review, 49(6): 1451-1477.

Woodruff C, Zenteno R. 2007. Migration networks and microenterprises in Mexico. Journal of Development Economics, 82(2): 509-528.

World Bank. 1997. World Development Report 1997: The State in a Changing World. Oxford: Oxford University Press.

World Bank. 2002. World development report 2002: building institutions for markets. World Bank Group.

Wouterse F, Taylor J E. 2008. Migration and income diversification: evidence from burkina faso. World Development, 36(4): 625-640.

Wright G A N. 1998. Beyond basic credit and savings: developing new financial service products for the poor. Nairobi: MicroSave Africa.

Wu H X, Meng X. 1997. Do Chinese farmers reinvest in grain production. China Economic Review, 7(2): 123-134.

Yamauchi F, Chowdhury S. 2010. Has decentralization in indonesia led to elite capture or reflection of majority preferences? Working Papers, 42(1): 83-92.

Yang D T. 1999. Urban-biased politics and rising income inequality in China. American Economic Review, 89(2): 306-310.

Yang D, Liu Z. 2012. Does farmer economic organization and agricultural specialization improve rural income? Evidence from China. Economic Modelling, 29(3): 990-993.

Yao S. 2000. Economic development and poverty reduction in China over 20 years of reforms. Economic Development and Cultural Change, 48(3): 447-474.

Young A A. 1928. Increasing returns and economic progress. The Economic Journal, 38(152):

527-542.

Yu J, de Jong R, Lee L F. 2008. Quasi-maximum likelihood estimators for spatial dynamic panel data with fixed effects when both n and T are large. Journal of Econometrics, 146(1): 118-134.

Yuandong G, Tao W, Wen Y, et al. 2013. A spatial econometric study on effects of fiscal and financial supports for agriculture in China. Agricultural Economics (Zemědělská Ekonomika), 59(7): 315-332.

Zahniser S. 2003. The determinants of temporary rural-to-urban migration in China. Journal of International Development, 15(8): 939-955.

Zeller M, Sharma M. 1998. Rural finance and poverty alleviation. Food Policy Report of IFPRI.

Zeller M. 2003. Models of rural financial institutions. Paving the Way Forward Conference, 45(4): 157-183.

Zhang Q F, Ma Q G, Xu X. 2004. Development of land rental markets in rural Zhejiang: growth of off-farm jobs and institution building. China Quarterly, 180: 1050-1072.

Zhao Y. 1999. Labor migration and earnings differences: the case of rural China. Economic Development and Cultural Change, 47(4): 767-782.

索 引